MW00737913

The 2020/2021
Comprehensive Vintage Motorcycle Price Guide

Antique, classic, and
special interest motorcycles

Model years 1901 through 1999

Data compiled by
The Motorcycle and Model Railroad Museum of Wisconsin

Halfcourt Press
Green Bay, Wisconsin

Copyright 2020 © by The Motorcycle and Model Railroad Museum of Wisconsin and Halfcourt Press

For more information or clarifications about *The Comprehensive Vintage Motorcycle Price Guide,* to purchase additional copies, or become a member of our worldwide pricing expert group, contact us via email at motorcycleandmodelrrmuseum@hotmail.com. We offer discounts to bookstores, booksellers, and motorcycle clubs for bulk quantity purchases. We will respond to all emails.

All rights reserved. With the exception of quoting brief passages for the purposes of review, no part of this publication may be reproduced or transmitted in any form or by any means, electronic or mechanical, including photocopy, recording, or any information storage or retrieval system, without permission in writing from the publisher.

We recognize that some words, model names, and designations mentioned herein are the property of the trademark holder. We use them for identification purposes only.

ISBN: 978-1-7329170-1-9

5   4   3   2   1

Printed in the United States

CONTENTS

PRICE MART SHOWROOM

What do the "experts" see for the upcoming year when examining current trends in vintage motorcycles?

For this issue of *The Comprehensive Vintage Motorcycle Price Guide,* we have brought back our "Price Mart Showroom" feature due to popular demand, after a one-issue hiatus. Many of you have asked for our feedback as far as "what we see" when examining the current state of the vintage motorcycle market, as well as "what are we predicting?" for the future. Here are our observations:

1. After a slow, consistent climb over the years, early BMW models are taking a good jump for nice examples, and because of this, we are seeing more of them come up for sale. Over a period of about 5 to 10 years, it seemed as if most major sales had very few early models (1950s and prior). Now, with prices increasing, those who have held onto them or have waited to do a restoration, seem to be doing so and are bringing them to market. While we do not see a glut of these bikes coming, we anticipate more will be up for sale, and because of low manufacturing quantities for many models, it is likely that the models for sale will vary. Get them while you can!!

2. The "small bike" craze is heating up faster than a liquid-cooled bike without coolant! The prices are skyrocketing on small 50cc mini-bikes, pocket bikes, dirt bikes, racing bikes, etc. Sometimes they are going for 5 to 10 times or more than their larger displacement counterparts from the same model year. People have asked us why over the last few years and before we made a call on this situation, we wanted to see if it was a fad or something that continued. Well, it is not a fad! We feel

the reasons can be traced to the fact that prime examples of many of these models (specifically Honda and Yamaha, but others as well) are just not available in quantity. It also comes from the fact that even if many of them were manufactured, these bikes were made to be ridden and "used up." Prime examples are rare and hard to find. Most were thrashed and put away wet, stashed in barns and garages to rust into oblivion. The scooter craze that began about eight years ago also helped bring out the interest in small bikes, and the popularity of these small machines has only grown across the board. When will it plateau? Unknown, but more people are using them for daily commute in large cities once again, too—even in the USA! Now, it's not even about the cost of gas in many cases, but being able to commute easily instead of having to wait in traffic in a car, or finding a parking spot, when you can take your mini-bike up an elevator into your apartment!

3. After many years of price increases, it seems that BSA and Norton have come to a plateau, with only certain rare or choice examples drawing increases. While they do not seem to be dropping in value, these bikes may be a "push" or "hold" when it comes to buying or selling for investment. We may have to wait a bit before the next big increase.

4. Premium, number one, perfect condition originals often top the prices seen in the price guide and may top them by a considerable margin. New, unassembled bikes in original crates (even if not in original condition due to age), and zero mileage or minimal mileage originals in collections that come up for sale seem to be a huge draw for collectors. Consider that these bikes still must be maintained to keep their value. Storing and protecting them has an expense of its own. Be prepared to do

the work if you invest in a bike of this nature. We know of situations where it can be a blessing, and also a curse!

5. Bikes released in the USA versus Europe, and vice-versa. We find it interesting to see the difference in what is valued in the USA versus Europe, or vice-versa. For example, Vincents: they seem to draw much higher money in the USA than overseas, where many of them are still ridden versus collected. Flip this around with Japanese bikes. We have seem some sell for a much higher price in European sales than what they may sell for here in the USA. Some of this differential comes down to the fact that certain models were only released in certain areas, and if someone wants a bike that was not released in their country, they may pay more, or even overpay, to get the one they want. It is difficult to "read between the lines" when two identical bikes of identical condition sell for much different figures in two different countries, and we then have to try to establish not only the reason, but the actual fair value. Do your research before buying, especially if for an investment. Check online for previous sale prices and make the comparison. So many models are now traded back and forth across oceans that demand has begun to drive price, even if the model is not "rare" in terms of numbers manufactured.

6. Original, high quality examples of the "lesser" marques draw premiums, and can be a good investment if held. Whether it be a Pope, a Flying Merkel, or something else— even a very early (pre-1920s) more common marque—high quality examples are in demand and sell for good money. These bikes may be looked at more as "art" and are the ones which find their way into living rooms, offices, and man-caves for protection and exhibition. But remember, even if they are not made to run, they still must be cleaned and maintained so

they can easily be made to run later if you wish to recoup or grow your investment!

7. We feel strongly about our data accuracy! Never will we claim to be perfect; this is why we update our data with real, live-time sales results from auctions, dealer sales, swap meet results, show results, online sales, documented individual sales, and more, using a network approaching 400 contributors world-wide who not only gather the data for compilation, but are experts in one or more individual marques. It makes us proud to see that thousands of people carry this book in their back pocket or jacket pocket when we see them at major vintage motorcycle sales, auctions, and events. It is extremely common for the final bid or sale price to come in right at or close to the price we have listed for each individual grade. It makes us proud that auctioneers, dealers, and insurance companies ask us to use our data or consult this book when putting together their promotional material and evaluations before the sale. Going into our 17th edition now, when other firms have dropped their book altogether, have cut back on their data, only put limited data on a website, or do not take the time to do the research that we do with our hundreds of experts, it is nice to hear from you that this book has become your number one source for vintage motorcycle pricing. We have added several new marques again with this edition, highlighted by Simplex, Ner-A-Car, Doodlebug, Kami, and others. It is our promise to you that as more data becomes available, we have more than 200 additional marques waiting to be completed, and which can be added in future editions. We will keep working to bring you the newest and freshest data!

HOW TO GRADE AND EVALUATE A MOTORCYCLE

The Comprehensive Vintage Motorcycle Price Guide uses a six-level grading scale to determine the value of a vintage motorcycle. By using this scale, you should be able to make a reasonably accurate assessment of the condition and value of any motorcycle in your collection or for sale. We recommend that you consult with experts in the field if questions arise, and recommend certification by such firms as the Vintage Motorcycle Certification Service (VMCS) for major purchases in order to be assured that the bike you are purchasing meets these criteria. The VMCS is an arm of the Motorcycle and Model Railroad Museum and can be reached at motorcycleandmodelrrmuseum@hotmail.com.

Condition 1 – PERFECT/NEW

New, unused motorcycles or perfect restorations. It should be noted that there are almost no Condition 1 motorcycles on the road. These are bikes that would have just left the showroom floor, or have been restored to showroom condition with proper factory specifications. Everything runs and operates perfectly. These bikes are rarely ridden, and often will be show winners. Many people save these bikes in climate-controlled rooms or museums as investment pieces or works of art. Note that in relationship to this price guide, there are often differences in prices between a Condition 1 original bike, and a Condition 1 restored bike, related to the demand and rarity. This is a factor that must be taken into consideration when purchasing a Condition 1 motorcycle.

Condition 2 – EXCELLENT

Without close examination, many Condition 2 motorcycles may appear as Condition 1. It may be a bike that is ridden, but usually for limited miles. It may be a well-restored bike, or a well-preserved original. There is almost no wear, or very minimal wear, on these motorcycles.

Condition 3 – VERY GOOD

Most bikes that are seen on the road are in Condition 3 or Condition 4. They are operable original bikes, or perhaps older restorations that have some wear. It may look good as you gaze at it in a parking lot, but as you get closer, you may see paint nicks or light fading; wear on the plastic, rubber, or leather parts; or light dulling of the chrome. All components of the bike are in working order.

Condition 4 – GOOD

This is a basic, usable motorcycle. This can be an original, well-used model, or a restoration that has been ridden and has begun to deteriorate. This bike may need some minor work, but most of the systems should function. Even from a distance, it is obvious that there are chips and fading in the paint, small dents, rust, poor chrome, or other areas of the motorcycle that need attention. Again, it is important to note that most motorcycles on the road would grade out as Condition 3 or Condition 4.

Condition 5 – FAIR

This is a motorcycle that needs close to a full restoration. It may or may not be running, but is in better shape than a Condition 6 motorcycle. These bikes usually have all of the original parts, or the parts may be available from the owners if they have modified the bike and have not discarded the original equipment. It has rust, faded or scratched paint, pitted or dull chrome, but not throughout the entire bike. This is a bike that would be considered as a good base for a restoration and would not present the restorer with a huge chore to find parts and supplies.

Condition 6 – POOR

These bikes are not running. They may be missing parts, may have been wrecked, and are in poor shape throughout, with faded and scratched paint, lots of rust, badly pitted or rusted chrome, tears in seats, cracked plastic and leather, worn or torn rubber pieces, and other problems. These bikes are usually good for parts to be used on other restorations, but can also be in the form of a complete bike in bad shape.

What to Look for When Inspecting a Bike for Condition

Helpful hints

- Cracked or worn footpeg rubbers/grips
- Torn seat covers, bad seat foam
- Holes in the mufflers/rusted mufflers. Run your hand underneath them, behind them and see what's there
- Paint fade, paint chips, paint bubbling, poor repainting
- Chrome pitting or peeling, rust in all areas
- Leaks of oil, forks, brake fluid, master cylinder, caliper, head gaskets, exhaust leaks
- Excessive play in levers, brakes, clutch, throttle
- Electrical: Is there a lot of electrical tape? Are there a lot of spliced wires? Exposed wires? Hanging wires? Do the electrics work?
- Decal and badge chipping and wear, bent badges

- Tire condition (cracks, wear, hole plugs)
- Bent wheels, bent forks, rusted or poorly maintained chains
- Look under the seat and side covers! Is the battery full of corrosion? Is there rust? Is there a lot of dirt and grime?
- How does the wiring look? Examine areas hidden to the eye!
- Pull the spark plugs. Plug condition can tell a lot.

PRICE GUIDE

Notes:

- Where available, we have included production quantity in parentheses after some model names; see for example, early Harley-Davidson.

- To save space in the listings, we have substituted the letter "K" for thousands, in prices 100,000 and higher. Thus 240,000 is abbreviated 240K; 1,000,000 is abbreviated 1,000K.

- All prices are in U.S. dollars.

- As this book goes to press, the exchange rates for certain currencies are as follows:

TO CONVERT A PRICE

From	To	Multiply by
US dollars	British pounds	.80
US dollars	Euros	.91
US dollars	Canadian dollars	1.33
US dollars	Australian dollars	1.48
US dollars	Mexican pesos	19.45
British pounds	US dollars	1.25
Euros	US dollars	1.10
Canadian dollars	US dollars	.75
Australian dollars	US dollars	.68
Mexican pesos	US dollars	.051

	6	5	4	3	2	1
ACE						
1920						
Ace Four (78-cid, inline 4-cyl.) (1,265cc four)	20,000	40,000	60,000	90,000	120K	150K
1921						
Ace Four (78-cid, inline 4-cyl.) (1,265cc four)	20,000	40,000	60,000	90,000	120K	150K
1922						
Ace Four (78-cid, inline 4-cyl.) (1,265cc four)	20,000	40,000	60,000	90,000	120K	150K
1923						
Ace Four (78-cid, inline 4-cyl.) (1,265cc four)	20,000	40,000	60,000	90,000	120K	150K
Sporting Solo (78-cid, inline 4-cyl, alloy pistons)	20,000	40,000	60,000	90,000	120K	150K
1924						
Ace Four (78-cid, inline 4-cyl.) (1,265cc four)	20,000	40,000	60,000	90,000	120K	150K
Sporting Solo (78-cid, inline 4-cyl, alloy pistons) (1,265cc four)	20,000	40,000	60,000	90,000	120K	150K
1925 (no production)						
1926						
Ace Four (78-cid, inline 4-cyl.) (1,265cc four)	20,000	40,000	60,000	90,000	120K	150K
Sporting Solo (78-cid, inline 4-cyl, alloy pistons) (1,265cc four)	20,000	40,000	60,000	90,000	120K	150K
1927						
Ace Four (78-cid, inline 4-cyl.) (1,265cc four)	20,000	40,000	60,000	90,000	120K	150K
Sporting Solo (78-cid, inline 4-cyl, alloy pistons) (1,265cc four)	20,000	40,000	60,000	90,000	120K	150K
ADLER						
1903						
Model 2 Single 2.5hp (500cc single)	2,500	5,000	10,000	15,000	20,000	25,000
1904						
Model 3 Single 2.5hp (500cc single)	2,500	5,000	10,000	15,000	20,000	25,000
Model 4 Single 3hp (576cc v-twin)	2,500	5,000	10,000	15,000	20,000	25,000
1905						
Model 4 2.5hp (450cc single)	2,500	5,000	10,000	15,000	20,000	25,000
Model 4 3hp (450cc single)	2,500	5,000	10,000	15,000	20,000	25,000
4hp (576cc v-twin)	2,500	5,000	10,000	15,000	20,000	25,000
1906						
Model 4 2.5hp (450cc single)	2,500	5,000	10,000	15,000	20,000	25,000
Model 4 3hp (450cc single)	2,500	5,000	10,000	15,000	20,000	25,000
3hp v-twin (576cc v-twin)	2,500	5,000	10,000	15,000	20,000	25,000
4hp (576cc v-twin)	2,500	5,000	10,000	15,000	20,000	25,000
1947						
M60 (60cc single)	500	1,000	2,000	3,000	4,000	5,000
1948						
M60 (60cc single)	500	1,000	2,000	3,000	4,000	5,000
1949						
M100 (98cc single) (35,000 made-8 yrs)	1,000	2,000	3,000	4,000	5,000	6,000
1950						
M100 (98cc single)	1,000	2,000	3,000	4,000	5,000	6,000
1951						
M100 (98cc single)	1,000	2,000	3,000	4,000	5,000	6,000
1952						
M100 (98cc single)	1,000	2,000	3,000	4,000	5,000	6,000
M125 (123cc single) (5,500 made-5 yrs)	1,000	2,000	3,000	4,000	5,000	6,000
M200 (195cc single)	750	1,500	2,500	4,000	5,500	7,000
M250 (247cc twin)	1,000	2,000	3,500	5,000	6,500	8,000
M250S (247cc twin)	1,000	2,000	3,500	5,000	6,500	8,000
1953						
M100 (98cc single)	1,000	2,000	3,000	4,000	5,000	6,000
M125 (123cc single)	1,000	2,000	3,000	4,000	5,000	6,000
M150 (147cc single)	1,000	2,000	3,000	4,000	5,500	7,000
M200 (195cc single)	750	1,500	2,500	4,000	5,500	7,000

	6	5	4	3	2	1
M250 (247cc twin)	1,000	2,000	3,500	5,000	6,500	8,000
1954						
M100 (98cc single)	1,000	2,000	3,000	4,000	5,000	6,000
M125 (123cc single)	1,000	2,000	3,000	4,000	5,000	6,000
M150 (147cc single)	1,000	2,000	3,000	4,000	5,500	7,000
MB150 (147cc single) (2,500 made-3 yrs)	1,000	2,000	3,000	4,000	5,500	7,000
M200 (195cc single)	1,000	2,000	3,000	4,000	5,500	7,000
MB200 (195cc twin)	2,000	4,000	8,000	12,000	16,000	20,000
M2011 (199cc single)	1,000	2,000	3,000	4,000	5,500	7,000
MB201 (199cc single)	1,000	2,000	3,000	4,000	5,500	7,000
M250 (247cc twin)	1,000	2,000	3,500	5,000	6,500	8,000
MB250 (247cc twin)	1,000	2,000	3,500	5,000	6,500	8,000
MB250S (247cc twin)	1,000	2,000	3,500	5,000	6,500	8,000
1955						
M100 (98cc single)	1,000	2,000	3,000	4,000	5,000	6,000
MR100 Roller Junior (98cc single)	500	1,000	2,000	3,000	4,000	5,000
M125 (123cc single)	1,000	2,000	3,000	4,000	5,000	6,000
MB150 (147cc single)	1,000	2,000	3,000	4,000	5,500	7,000
MB200 (195cc twin)	2,000	4,000	8,000	12,000	16,000	20,000
M2011 (199cc single)	1,000	2,000	3,000	4,000	5,500	7,000
MB250 (247cc twin)	1,000	2,000	3,500	5,000	6,500	8,000
MB280 (277cc twin)	1,500	3,000	4,500	6,000	7,500	9,000
1956						
M100 (98cc single)	1,000	2,000	3,000	4,000	5,000	6,000
MR100 Roller Junior (98cc single)	500	1,000	2,000	3,000	4,000	5,000
MR100 Roller Luxious (98cc single)	500	1,000	2,000	3,000	4,000	5,000
M125 (123cc single)	1,000	2,000	3,000	4,000	5,000	6,000
MR125 Roller Sport (123cc single)	1,000	2,000	3,000	4,000	5,000	6,000
MB150 (147cc single)	1,000	2,000	3,000	4,000	5,500	7,000
M2011 (199cc single)	1,000	2,000	3,000	4,000	5,500	7,000
MB250 (247cc twin)	1,000	2,000	3,500	5,000	6,500	8,000
MBS250 Favorit (247cc twin)	1,000	2,000	3,500	5,000	6,500	8,000
MBS250G Six Days (247cc twin)	1,000	2,000	3,500	5,000	6,500	8,000
MBS250S Sprint (247cc twin)	1,000	2,000	3,500	5,000	6,500	8,000
Motocross 250 (247cc twin)	1,000	2,000	3,500	5,000	6,500	8,000
MB280 (277cc twin)	1,500	3,000	4,500	6,000	7,500	9,000

AERMACCHI

**Note 50% stake purchased by Harley-Davidson in 1960;
some bikes also listed under other names in Harley-Davidson brand.**

	6	5	4	3	2	1
1955						
Zeffiro 125 (123cc single)	1,000	2,000	3,000	4,000	5,000	6,000
Zeffiro 150 (148cc single)	1,000	2,000	3,000	4,000	5,000	6,000
1956						
Zeffiro 125 (123cc single)	1,000	2,000	3,000	4,000	5,000	6,000
Zeffiro 150 (148cc single)	1,000	2,000	3,000	4,000	5,000	6,000
Chimera 175 (172cc single)	1,000	2,000	4,000	6,000	8,000	10,000
1957						
Zeffiro 125 (123cc single)	1,000	2,000	3,000	4,000	5,000	6,000
Zeffiro 150 (148cc single)	1,000	2,000	3,000	4,000	5,000	6,000
Chimera 175 (172cc single)	1,000	2,000	4,000	6,000	8,000	10,000
Ala Bianca 175 (174cc single)	1,000	2,000	3,000	4,000	5,000	6,000
1958						
Zeffiro 125 (123cc single)	1,000	2,000	3,000	4,000	5,000	6,000
Zeffiro 150 (148cc single)	1,000	2,000	3,000	4,000	5,000	6,000
Chimera 175 (172cc single)	2,000	4,000	8,000	12,000	16,000	20,000
Ala Bianca 175 (174cc single)	1,000	2,000	3,000	4,000	5,000	6,000
1959						
Zeffiro 125 (123cc single)	1,000	2,000	3,000	4,000	5,000	6,000
Zeffiro 150 (148cc single)	1,000	2,000	3,000	4,000	5,000	6,000

	6	5	4	3	2	1
Chimera 175 (172cc single)	2,000	4,000	8,000	12,000	16,000	20,000
Ala Bianca 175 (174cc single)	1,000	2,000	3,000	4,000	5,000	6,000
Ala Verde Serie 1 (240cc single)	1,000	2,000	3,000	4,000	5,000	6,000
1960						
Zeffiro 125 (123cc single)	1,000	2,000	3,000	4,000	5,000	6,000
Zeffiro 150 (148cc single)	1,000	2,000	3,000	4,000	5,000	6,000
Chimera 175 (172cc single).	2,000	4,000	8,000	12,000	16,000	20,000
Ala Bianca 175 (174cc single)	1,000	2,000	3,000	4,000	5,000	6,000
Ala D Oro 250 (246cc single)	1,000	2,000	3,000	5,000	6,500	8,000
Ala Verde Serie 1 (246cc single)	1,000	2,000	3,000	4,000	5,000	6,000
1961						
Chimera 175 (172cc single).	2,000	4,000	8,000	12,000	16,000	20,000
Ala Bianca 175 (174cc single)	1,000	2,000	3,000	4,000	5,000	6,000
Ala Azzurra 250 (246cc single)	1,000	2,000	3,000	4,000	5,500	7,000
Ala D Oro 250 (246cc single)	1,000	2,000	3,000	5,000	6,500	8,000
Ala Verde Serie 1 (246cc single)	1,000	2,000	3,000	4,000	5,000	6,000
Chimera 250 (246cc single)	2,000	4,000	8,000	12,000	16,000	20,000
C Sprint (250cc single)	1,000	2,000	3,000	4,000	5,000	6,000
1962						
Chimera 175 (172cc single).	2,000	4,000	8,000	12,000	16,000	20,000
Ala Bianca 175 (174cc single)	1,000	2,000	3,000	4,000	5,000	6,000
Ala Azzurra 250 (246cc single)	1,000	2,000	3,000	4,000	5,500	7,000
Ala D Oro 250 (246cc single)	1,000	2,000	3,000	5,000	6,500	8,000
Ala Verde Serie 1 (246cc single)	1,000	2,000	3,000	4,000	5,000	6,000
Chimera 250 (246cc single).	2,000	4,000	8,000	12,000	16,000	20,000
C Sprint (250cc single)	1,000	2,000	3,000	4,000	5,000	6,000
CH Sprint (250cc single)	1,000	2,000	3,000	4,000	5,000	6,000
1963						
Chimera 175 (172cc single).	2,000	4,000	8,000	12,000	16,000	20,000
Ala Bianca 175 (174cc single)	1,000	2,000	3,000	4,000	5,000	6,000
Ala Azzurra 250 (246cc single)	1,000	2,000	3,000	4,000	5,500	7,000
Ala D Oro 250 (246cc single)	1,000	2,000	3,000	5,000	6,500	8,000
Ala Verde Serie 1 (246cc single)	1,000	2,000	3,000	4,000	5,000	6,000
Chimera 250 (246cc single).	2,000	4,000	8,000	12,000	16,000	20,000
C Sprint (250cc single)	1,000	2,000	3,000	4,000	5,000	6,000
CH Sprint (250cc single)	1,000	2,000	3,000	4,000	5,000	6,000
1964						
Chimera 175 (172cc single).	2,000	4,000	8,000	12,000	16,000	20,000
Ala Bianca 175 (174cc single)	1,000	2,000	3,000	4,000	5,000	6,000
Ala Azzurra 250 (246cc single)	1,000	2,000	3,000	4,000	5,500	7,000
Ala D Oro 250 (246cc single)	1,000	2,000	3,000	5,000	6,500	8,000
Ala Verde Serie 1 (246cc single)	1,000	2,000	3,000	4,000	5,000	6,000
Chimera 250 (246cc single).	2,000	4,000	8,000	12,000	16,000	20,000
C Sprint (250cc single)	1,000	2,000	3,000	4,000	5,000	6,000
CH Sprint (250cc single)	1,000	2,000	3,000	4,000	5,000	6,000
1965						
Chimera 175 (172cc single).	2,000	4,000	8,000	12,000	16,000	20,000
Ala Azzurra 250 (246cc single)	1,000	2,000	3,000	4,000	5,500	7,000
Ala D Oro 250 (246cc single)	1,000	2,000	3,000	5,000	6,500	8,000
Ala Verde Serie 1 (246cc single)	1,000	2,000	3,000	4,000	5,000	6,000
Chimera 250 (246cc single).	2,000	4,000	8,000	12,000	16,000	20,000
C Sprint (250cc single)	1,000	2,000	3,000	4,000	5,000	6,000
CH Sprint (250cc single)	1,000	2,000	3,000	4,000	5,000	6,000
1966						
Ala D Oro 250 (246cc single)	1,000	2,000	3,000	5,000	6,500	8,000
Ala Verde Serie 1 (246cc single)	1,000	2,000	3,000	4,000	5,000	6,000
C Sprint (250cc single)	1,000	2,000	3,000	4,000	5,000	6,000
CH Sprint (250cc single)	1,000	2,000	3,000	4,000	5,000	6,000
1967						
Ala D Oro 250 (246cc single)	1,000	2,000	3,000	5,000	6,500	8,000

	6	5	4	3	2	1
Ala Verde Serie 1 (246cc single)	1,000	2,000	3,000	5,000	6,500	8,000
CH Sprint (250cc single)	1,000	2,000	3,000	4,000	5,000	6,000
SS Sprint (250cc single)	1,000	2,000	3,000	4,000	5,000	6,000
1968						
Ala D Oro 250 (246cc single)	1,000	2,000	3,000	5,000	6,500	8,000
Ala Verde Serie 2 (246cc single)	1,000	2,000	3,000	5,000	6,500	8,000
CH Sprint (250cc single)	1,000	2,000	3,000	4,000	5,000	6,000
SS Sprint (250cc single)	1,000	2,000	3,000	4,000	5,000	6,000
1969						
Ala Verde Serie 2 (246cc single)	1,000	2,000	3,000	4,000	5,000	6,000
SS Sprint (350cc single)	1,500	2,500	3,500	4,500	5,500	6,500
ERS Sprint (350cc single)	1,500	2,500	3,500	4,500	5,500	6,500
1970						
SS Sprint (350cc single)	1,500	2,500	3,500	4,500	5,500	6,500
ERS Sprint (350cc single)	1,500	2,500	3,500	4,500	5,500	6,500
1971						
SS Sprint (350cc single)	1,500	2,500	3,500	4,500	5,500	6,500
SX Sprint (350cc single)	1,500	2,500	3,500	4,500	5,500	6,500
ERS Sprint (350cc single)	1,500	2,500	3,500	4,500	5,500	6,500
1972						
SS Sprint (350cc single)	1,500	2,500	3,500	4,500	5,500	6,500
SX Sprint (350cc single)	1,500	2,500	3,500	4,500	5,500	6,500
ERS Sprint (350cc single)	1,500	2,500	3,500	4,500	5,500	6,500
1973						
S Sprint (350cc single)	1,500	2,500	3,500	4,500	5,500	6,500
SX Sprint (350cc single)	1,500	2,500	3,500	4,500	5,500	6,500
1974						
SS Sprint (350cc single)	1,500	2,500	3,500	4,500	5,500	6,500
SX Sprint (350cc single)	1,500	2,500	3,500	4,500	5,500	6,500
AJS						
1910						
Model A (3.5hp 315cc V-twin)	10,000	20,000	40,000	60,000	80,000	100K
Model B (3.5hp 315cc V-twin)	10,000	20,000	40,000	60,000	80,000	100K
Standard A (2.5hp 292cc single)	10,000	20,000	40,000	60,000	80,000	100K
Standard B (2.5hp 292cc single)	10,000	20,000	40,000	60,000	80,000	100K
1911						
Model A (3.5hp 315cc V-twin)	10,000	20,000	40,000	60,000	80,000	100K
Model B (3.5hp 315cc V-twin)	10,000	20,000	40,000	60,000	80,000	100K
Standard A (2.5hp 292cc single)	10,000	20,000	40,000	60,000	80,000	100K
Standard B (2.5hp 292cc single)	10,000	20,000	40,000	60,000	80,000	100K
1912						
Standard A (2.5hp 315cc single)	10,000	20,000	40,000	60,000	80,000	100K
Standard B (2.5hp 315cc single)	10,000	20,000	40,000	60,000	80,000	100K
Model D (631cc V-twin)	10,000	20,000	40,000	60,000	80,000	100K
1913						
Standard B (2.5hp 349cc single)	10,000	20,000	40,000	60,000	80,000	100K
Model D (696cc V-twin)	10,000	20,000	40,000	60,000	80,000	100K
1914						
Model B 2.75 HP (349cc single)	5,000	10,000	20,000	30,000	40,000	50,000
Model A 4HP (550cc V-twin)	10,000	20,000	40,000	60,000	80,000	100K
Model D 6HP (748cc V-twin)	10,000	20,000	40,000	60,000	80,000	100K
1915						
Model B 2.75 HP (349cc single)	5,000	10,000	20,000	30,000	40,000	50,000
Model A (550cc V-Twin)	5,000	10,000	20,000	30,000	40,000	50,000
Model D (748cc V-twin)	10,000	20,000	40,000	60,000	80,000	100K
1916						
Model B 2.75 HP (349cc single)	5,000	10,000	20,000	30,000	40,000	50,000
Model A (550cc V-Twin)	5,000	10,000	20,000	30,000	40,000	50,000
Model D (748cc V-twin)	10,000	20,000	40,000	60,000	80,000	100K

	6	5	4	3	2	1
1917						
Model D (748cc V-twin)	10,000	20,000	40,000	60,000	80,000	100K
1918						
Model D (748cc V-twin)	10,000	20,000	40,000	60,000	80,000	100K
1919						
Model D (748cc V-twin)	10,000	20,000	40,000	60,000	80,000	100K
1920						
Model D (748cc V-twin)	10,000	20,000	40,000	60,000	80,000	100K
1921						
Model B (349cc single)	1,500	3,000	6,000	9,000	12,000	15,000
Model D (799cc V-twin)	5,000	10,000	20,000	30,000	40,000	50,000
1922						
Model B (349cc single)	1,500	3,000	6,000	9,000	12,000	15,000
Model B1 (349cc single)	1,500	3,000	6,000	9,000	12,000	15,000
Model B2 (349cc single)	1,500	3,000	6,000	9,000	12,000	15,000
Model D (799cc V-twin)	5,000	10,000	20,000	30,000	40,000	50,000
1923						
Model B (350cc single)	1,500	3,000	6,000	9,000	12,000	15,000
Model B1 (350cc single)	1,500	3,000	6,000	9,000	12,000	15,000
Model D (799cc V-twin)	5,000	10,000	20,000	30,000	40,000	50,000
1924						
Model B (350cc single)	1,500	3,000	6,000	9,000	12,000	15,000
Model B1 (350cc single)	1,500	3,000	6,000	9,000	12,000	15,000
Model B3 (350cc single)	1,500	3,000	6,000	9,000	12,000	15,000
Model B5 (350cc single)	1,500	3,000	6,000	9,000	12,000	15,000
Model D (799cc V-twin)	5,000	10,000	20,000	30,000	40,000	50,000
Model D1 (799cc V-twin)	5,000	10,000	20,000	30,000	40,000	50,000
1925						
Model E1 (799cc V-twin)	5,000	10,000	20,000	30,000	40,000	50,000
Model E2 (799cc V-twin)	5,000	10,000	20,000	30,000	40,000	50,000
Model E3 (349cc single)	2,500	5,000	10,000	15,000	20,000	25,000
Model E4 (349cc single)	2,500	5,000	10,000	15,000	20,000	25,000
Model E5 (349cc single)	2,500	5,000	10,000	15,000	20,000	25,000
Model E6 (349cc single)	2,500	5,000	10,000	15,000	20,000	25,000
1926						
Model G1 (799cc V-twin)	5,000	10,000	20,000	30,000	40,000	50,000
Model G2 (799cc V-twin)	5,000	10,000	20,000	30,000	40,000	50,000
Model G3 (349cc single)	2,500	5,000	10,000	15,000	20,000	25,000
Model G4 (349cc single)	2,500	5,000	10,000	15,000	20,000	25,000
Model G5 (349cc single)	2,500	5,000	10,000	15,000	20,000	25,000
Model G6 Big Port (350cc)	2,500	5,000	10,000	15,000	20,000	25,000
Model G7 (349cc single)	2,500	5,000	10,000	15,000	20,000	25,000
Model G8 (349cc single)	2,500	5,000	10,000	15,000	20,000	25,000
1927						
Model H1 (799cc V-twin)	5,000	10,000	20,000	30,000	40,000	50,000
Model H2 (799cc V-twin)	5,000	10,000	20,000	30,000	40,000	50,000
Model H3 (349cc single)	1,500	3,000	6,000	9,000	12,000	15,000
Model H4 (349cc single)	1,500	3,000	6,000	9,000	12,000	15,000
Model H5 (349cc single)	1,500	3,000	6,000	9,000	12,000	15,000
Model H6 Big Port (350cc)	2,500	5,000	10,000	15,000	20,000	25,000
Model H8 (498cc single)	3,000	6,000	9,000	12,000	16,000	20,000
Model H9 (498cc single)	3,000	6,000	9,000	12,000	16,000	20,000
1928						
Model K1 (799cc V-twin)	5,000	10,000	20,000	30,000	40,000	50,000
Model K2 (799cc V-twin)	5,000	10,000	20,000	30,000	40,000	50,000
Model K3 (349cc single)	1,500	3,000	6,000	9,000	12,000	15,000
Model K4 (349cc single)	1,500	3,000	6,000	9,000	12,000	15,000
Model K5 (349cc single)	1,500	3,000	6,000	9,000	12,000	15,000
Model K6 Big Port (349cc single)	1,500	3,000	6,000	9,000	12,000	15,000
Model K8 (498cc single)	3,000	6,000	9,000	12,000	16,000	20,000

	6	5	4	3	2	1
Model K9 (498cc single)	3,000	6,000	9,000	12,000	16,000	20,000
Model K12 (248cc single)	1,500	3,000	6,000	9,000	12,000	15,000
1929						
Model M1 (996cc V-twin)	5,000	15,000	30,000	45,000	60,000	75,000
Model M2 (996cc V-twin)	5,000	15,000	30,000	45,000	60,000	75,000
Model M3 (349cc single)	1,500	3,000	6,000	9,000	12,000	15,000
Model M4 (349cc single)	1,500	3,000	6,000	9,000	12,000	15,000
Model M5 (349cc single)	1,500	3,000	6,000	9,000	12,000	15,000
Model M6 Big Port (349cc single)	1,500	3,000	6,000	9,000	12,000	15,000
Model M8 (498cc single)	3,000	6,000	9,000	12,000	16,000	20,000
Model M9 (498cc single)	3,000	6,000	9,000	12,000	16,000	20,000
Model M12 (248cc single)	1,500	3,000	6,000	9,000	12,000	15,000
1930						
Model R2 (996cc V-twin)	5,000	15,000	30,000	45,000	60,000	75,000
Model R4 (349cc single)	1,500	3,000	6,000	9,000	12,000	15,000
Model R5 (349cc single)	1,500	3,000	6,000	9,000	12,000	15,000
Model R6 Big Port (349cc single)	1,500	3,000	6,000	9,000	12,000	15,000
Model R7 (346cc single)	1,800	3,600	5,400	8,000	12,000	16,000
Model R8 (498cc single)	3,000	6,000	9,000	12,000	16,000	20,000
Model R9 (498cc single)	3,000	6,000	9,000	12,000	16,000	20,000
Model R12 (248cc single)	1,800	3,600	5,400	8,000	12,000	16,000
1931						
Model S2 (998cc V-Twin)	5,000	15,000	30,000	45,000	60,000	75,000
Model S3 (498cc single)	3,000	6,000	9,000	12,000	16,000	20,000
Model S4 (400cc single)	1,500	3,000	6,000	9,000	12,000	15,000
Model S5 (348cc single)	1,500	3,000	6,000	9,000	12,000	15,000
Model S6 (348cc single)	1,500	3,000	6,000	9,000	12,000	15,000
Model S8 (498cc single)	3,000	6,000	9,000	12,000	16,000	20,000
Model S9 (498cc single)	3,000	6,000	9,000	12,000	16,000	20,000
Model S12 (249cc single)	1,800	3,600	5,400	8,000	12,000	16,000
Model SB6 Big Port (348cc single)	1,500	3,000	6,000	9,000	12,000	15,000
Model SB8 Big Port (498cc single)	3,000	6,000	9,000	12,000	16,000	20,000
1932						
Model T2 (982cc V-Twin)	5,000	15,000	30,000	45,000	60,000	75,000
Model T5 (348cc single)	1,500	3,000	6,000	9,000	12,000	15,000
Model T6 (348cc single)	1,500	3,000	6,000	9,000	12,000	15,000
Model TB6 Big Port (348cc single)	1,500	3,000	6,000	9,000	12,000	15,000
Model T8 (498cc single)	3,000	6,000	9,000	12,000	16,000	20,000
Model TB8 Big Port (498cc single)	3,000	6,000	9,000	12,000	16,000	20,000
Model T9 (498cc single)	3,000	6,000	9,000	12,000	16,000	20,000
1933						
Model 2 (982cc V-twin)	5,000	15,000	30,000	45,000	60,000	75,000
Model 5 (348cc single)	1,500	3,000	6,000	9,000	12,000	15,000
Model 6 (348cc single)	1,500	3,000	6,000	9,000	12,000	15,000
Model B6 Big Port (348cc single)	1,500	3,000	6,000	9,000	12,000	15,000
Model 7 (346cc single)	1,500	3,000	6,000	9,000	12,000	15,000
Model 8 (499cc single)	1,500	3,000	6,000	9,000	12,000	15,000
Model B8 Big Port (499cc single)	3,000	6,000	9,000	12,000	16,000	20,000
Model 9 (499cc single)	3,000	6,000	9,000	12,000	16,000	20,000
Model 10 (495cc single)	5,000	10,000	15,000	20,000	25,000	30,000
Model 12 (249cc single)	1,800	3,600	5,400	8,000	12,000	16,000
1934						
Model 2 (982cc V-twin)	5,000	15,000	30,000	45,000	60,000	75,000
Model 5 (348cc single)	1,500	3,000	6,000	9,000	12,000	15,000
Model 6 (348cc single)	1,500	3,000	6,000	9,000	12,000	15,000
Model B6 Big Port (348cc single)	1,500	3,000	6,000	9,000	12,000	15,000
Model 7 (346cc single)	1,500	3,000	6,000	9,000	12,000	15,000
Model 8 (499cc single)	1,500	3,000	6,000	9,000	12,000	15,000
Model B8 Big Port (498cc single)	3,000	6,000	9,000	12,000	16,000	20,000
Model 9 (499cc single)	3,000	6,000	9,000	12,000	16,000	20,000

	6	5	4	3	2	1
Model 10 (495cc single).	5,000	10,000	15,000	20,000	25,000	30,000
Model 12 (249cc single).	1,800	3,600	5,400	8,000	12,000	16,000
1935						
Model 2 (982cc V-twin)	5,000	15,000	30,000	45,000	60,000	75,000
Model 4 (497cc single)	1,500	3,000	6,000	9,000	12,000	15,000
Model 5 (348cc single)	1,500	3,000	6,000	9,000	12,000	15,000
Model 6 (348cc single)	1,500	3,000	6,000	9,000	12,000	15,000
Model 7 (346cc single)	1,500	3,000	6,000	9,000	12,000	15,000
Model 8 (499cc single)	1,500	3,000	6,000	9,000	12,000	15,000
Model 9 (499cc single)	3,000	6,000	9,000	12,000	16,000	20,000
Model 10 (495cc single).	5,000	10,000	15,000	20,000	25,000	30,000
Model 12 (245cc single).	1,800	3,600	5,400	8,000	12,000	16,000
Model 14 (497cc single).	1,500	3,000	6,000	9,000	12,000	15,000
Model 16 (348cc single).	1,500	3,000	6,000	9,000	12,000	15,000
Model 18 (499cc single).	3,000	6,000	9,000	12,000	16,000	20,000
Model 22 (245cc single).	1,800	3,600	5,400	8,000	12,000	16,000
Model 26 (348cc single).	1,500	3,000	6,000	9,000	12,000	15,000
1936						
Model 2 (982cc V-twin)	5,000	15,000	30,000	45,000	60,000	75,000
Model 2A (982cc V-twin)	5,000	15,000	30,000	45,000	60,000	75,000
Model 5 (348cc single)	1,500	3,000	6,000	9,000	12,000	15,000
Model 7 (346cc single)	1,500	3,000	6,000	9,000	12,000	15,000
Model 8 (499cc single)	1,500	3,000	6,000	9,000	12,000	15,000
Model 9 (499cc single)	3,000	6,000	9,000	12,000	16,000	20,000
Model 12 (245cc single).	1,800	3,600	5,400	8,000	12,000	16,000
Model 14 (497cc single).	1,500	3,000	6,000	9,000	12,000	15,000
Model 18 (499cc single).	3,000	6,000	9,000	12,000	16,000	20,000
Model 22 (245cc single).	1,800	3,600	5,400	8,000	12,000	16,000
Model 26 (348cc single).	1,500	3,000	6,000	9,000	12,000	15,000
1937						
Model 2 (982cc V-twin)	5,000	15,000	30,000	45,000	60,000	75,000
Model 2A (982cc V-twin)	5,000	15,000	30,000	45,000	60,000	75,000
Model 8 (499cc single)	1,500	3,000	6,000	9,000	12,000	15,000
Model 9 (499cc single)	3,000	6,000	9,000	12,000	16,000	20,000
Model 12 (245cc single).	1,800	3,600	5,400	8,000	12,000	16,000
Model 16 (350cc single).	1,500	3,000	6,000	9,000	12,000	15,000
Model 18 (499cc single).	3,000	6,000	9,000	12,000	16,000	20,000
Model 18T (499cc single).	3,000	6,000	9,000	12,000	16,000	20,000
Model 22 (245cc single).	1,800	3,600	5,400	8,000	12,000	16,000
Model 26 (348cc single).	1,500	3,000	6,000	9,000	12,000	15,000
1938						
Model 2 (982cc V-twin)	5,000	15,000	30,000	45,000	60,000	75,000
Model 2A (982cc V-twin)	5,000	15,000	30,000	45,000	60,000	75,000
Model 8 (499cc single)	1,500	3,000	6,000	9,000	12,000	15,000
Model 9 (499cc single)	3,000	6,000	9,000	12,000	16,000	20,000
Model 12 (245cc single).	1,800	3,600	5,400	8,000	12,000	16,000
Model 16 (347cc single).	1,500	3,000	6,000	9,000	12,000	15,000
Model 18 (499cc single).	3,000	6,000	9,000	12,000	16,000	20,000
Model 18T (499cc single).	3,000	6,000	9,000	12,000	16,000	20,000
Model 22 (245cc single).	1,800	3,600	5,400	8,000	12,000	16,000
Model 22T (245cc single).	1,800	3,600	5,400	8,000	12,000	16,000
Model 26 (348cc single).	1,500	3,000	6,000	9,000	12,000	15,000
Model 26SS (348cc single).	1,500	3,000	6,000	9,000	12,000	15,000
Model 288SS (250cc single)	1,800	3,600	5,400	8,000	12,000	16,000
1939						
Model 2 (982cc V-twin)	5,000	15,000	30,000	45,000	60,000	75,000
Model 2A (982cc V-twin)	5,000	15,000	30,000	45,000	60,000	75,000
Model 7R (346cc single)	3,000	6,000	9,000	12,000	16,000	20,000
Model 8 (499cc single)	1,500	3,000	6,000	9,000	12,000	15,000
Model 9 (499cc single)	3,000	6,000	9,000	12,000	16,000	20,000

	6	5	4	3	2	1
Model 12 (245cc single).	1,800	3,600	5,400	8,000	12,000	16,000
Model 12M (245cc single).	1,800	3,600	5,400	8,000	12,000	16,000
Model 16 (347cc single).	1,500	3,000	6,000	9,000	12,000	15,000
Model 16M (347cc single).	1,500	3,000	6,000	9,000	12,000	15,000
Model 18 (499cc single).	3,000	6,000	9,000	12,000	16,000	20,000
Model 18SS (499cc single)	3,000	6,000	9,000	12,000	16,000	20,000
Model 18T (499cc single)	3,000	6,000	9,000	12,000	16,000	20,000
Model 22 (245cc single).	1,800	3,600	5,400	8,000	12,000	16,000
Model 22SS (245cc single)	1,800	3,600	5,400	8,000	12,000	16,000
Model 22T (245cc single).	1,800	3,600	5,400	8,000	12,000	16,000
Model 26SS (348cc single)	1,500	3,000	6,000	9,000	12,000	15,000
Model 26T (348cc single)	1,500	3,000	6,000	9,000	12,000	15,000
1940						
Model 2 (982cc V-twin)	5,000	15,000	30,000	45,000	60,000	75,000
Model 2A (982cc V-twin)	5,000	15,000	30,000	45,000	60,000	75,000
Model 8 (499cc single)	1,500	3,000	6,000	9,000	12,000	15,000
Model 8SS (499cc single).	1,500	3,000	6,000	9,000	12,000	15,000
Model 9 (499cc single)	3,000	6,000	9,000	12,000	16,000	20,000
Model 12 (245cc single).	1,800	3,600	5,400	8,000	12,000	16,000
Model 16M (347cc single)	1,500	3,000	6,000	9,000	12,000	15,000
Model 22 (245cc single).	1,800	3,600	5,400	8,000	12,000	16,000
Model 26SS (348cc single)	1,500	3,000	6,000	9,000	12,000	15,000
1942						
16M Military (350cc single)	2,000	2,500	3,500	4,600	6,800	8,000
18 (500cc single)	1,500	3,000	6,000	9,000	12,000	15,000
1943						
16M Military (350cc single)	2,000	2,500	3,500	4,600	6,800	8,000
18 (500cc single)	1,500	3,000	6,000	9,000	12,000	15,000
1944						
16M Military (350cc single)	2,000	2,500	3,500	4,600	6,800	8,000
18 (500cc single)	1,500	3,000	6,000	9,000	12,000	15,000
1945						
16M Military (350cc single)	2,000	2,500	3,500	4,600	6,800	8,000
18 (500cc single)	1,500	3,000	6,000	9,000	12,000	15,000
1946						
16M (350cc single)	1,400	2,100	3,200	4,200	5,600	7,000
16MC (350cc single)	1,400	2,100	3,200	4,200	5,600	7,000
18 (500cc single)	1,500	3,000	6,000	9,000	12,000	15,000
1947						
16M (350cc single)	1,400	2,100	3,200	4,200	5,600	7,000
16MC (350cc single)	1,400	2,100	3,200	4,200	5,600	7,000
18 (500cc single)	1,500	3,000	6,000	9,000	12,000	15,000
18C (500cc single)	1,500	3,000	6,000	9,000	12,000	15,000
1948						
7R Racer (350cc single)	5,000	7,500	14,000	21,000	28,000	35,000
16M (350cc single)	1,400	2,100	3,200	4,200	5,600	7,000
16MC (350cc single)	1,500	2,200	3,300	4,400	5,900	7,400
18 (500cc single)	1,500	3,000	6,000	9,000	12,000	15,000
18C (500cc single)	1,500	3,000	6,000	9,000	12,000	15,000
1949						
7R Racer (350cc single)	5,000	7,500	14,000	21,000	28,000	35,000
16M (350cc single)	1,400	2,100	3,200	4,200	5,600	7,000
16MC (350cc single)	1,500	2,200	3,300	4,400	5,900	7,400
16MS (350cc single)	1,400	2,100	3,200	4,200	5,600	7,000
18 (500cc single)	1,500	3,000	6,000	9,000	12,000	15,000
18C (500cc single)	1,500	3,000	6,000	9,000	12,000	15,000
20 (500cc twin)	1,200	1,900	3,000	4,500	6,000	7,500
20CSR (500cc twin).	1,500	2,500	4,000	5,500	7,000	8,500
1950						
7R Racer (350cc single)	5,000	10,000	15,000	20,000	25,000	30,000

	6	5	4	3	2	1
16M (350cc single)	1,400	2,100	3,200	4,200	5,600	7,000
16MC (350cc single)	1,500	2,200	3,300	4,400	5,900	7,400
16MCS (350cc single)	1,400	2,100	3,100	4,100	5,500	6,900
16MS (350cc single)	1,400	2,100	3,200	4,200	5,600	7,000
18 (500cc single)	1,500	3,000	6,000	9,000	12,000	15,000
18C (500cc single)	1,500	3,000	6,000	9,000	12,000	15,000
18CS (500cc single)	1,500	3,000	6,000	9,000	12,000	15,000
18S (500cc single)	1,200	1,900	3,000	4,400	5,800	7,200
20 (500cc twin)	1,200	1,900	3,000	4,500	6,000	7,500
20CSR (500cc twin).	1,500	2,500	4,000	5,500	7,000	8,500
1951						
7R Racer (350cc single)	5,000	10,000	15,000	20,000	25,000	30,000
16M (350cc single)	1,400	2,100	3,200	4,200	5,600	7,000
16MC (350cc single)	1,500	2,200	3,300	4,400	5,900	7,400
16MCS (350cc single)	1,400	2,100	3,100	4,100	5,500	6,900
16MS (350cc single)	1,400	2,100	3,200	4,200	5,600	7,000
18 (500cc single)	1,500	3,000	6,000	9,000	12,000	15,000
18C (500cc single)	1,500	3,000	6,000	9,000	12,000	15,000
18CS (500cc single)	1,500	3,000	6,000	9,000	12,000	15,000
18S (500cc single)	1,200	1,900	3,000	4,400	5,800	7,200
20 (500cc twin)	1,200	1,900	3,000	4,500	6,000	7,500
20CSR (500cc twin).	1,500	2,500	4,000	5,500	7,000	8,500
1952						
7R Racer (350cc single)	5,000	10,000	15,000	20,000	25,000	30,000
16M (350cc single)	1,400	2,100	3,200	4,200	5,600	7,000
16MC (350cc single)	1,500	2,200	3,300	4,400	5,900	7,400
16MCS (350cc single)	1,400	2,100	3,100	4,100	5,500	6,900
16MS (350cc single)	1,400	2,100	3,200	4,200	5,600	7,000
18 (500cc single)	1,500	3,000	6,000	9,000	12,000	15,000
18C (500cc single)	1,500	3,000	6,000	9,000	12,000	15,000
18CS (500cc single)	1,500	3,000	6,000	9,000	12,000	15,000
18S (500cc single)	1,200	1,900	3,000	4,400	5,800	7,200
20 (500cc twin)	1,200	1,900	3,000	4,500	6,000	7,500
20CSR (500cc twin).	1,500	2,500	4,000	5,500	7,000	8,500
1953						
7R Racer (350cc single)	5,000	10,000	15,000	20,000	25,000	30,000
16M (350cc single)	1,400	2,100	3,200	4,200	5,600	7,000
16MC (350cc single)	1,500	2,200	3,300	4,400	5,900	7,400
16MCS (350cc single)	1,400	2,100	3,100	4,100	5,500	6,900
16MS (350cc single)	1,400	2,100	3,200	4,200	5,600	7,000
18 (500cc single)	1,500	3,000	6,000	9,000	12,000	15,000
18C (500cc single)	1,500	3,000	6,000	9,000	12,000	15,000
18CS (500cc single)	1,500	3,000	6,000	9,000	12,000	15,000
18S (500cc single)	1,500	3,000	6,000	9,000	12,000	15,000
20 (500cc twin)	1,200	1,900	3,000	4,500	6,000	7,500
20CSR (500cc twin).	1,500	2,500	4,000	5,500	7,000	8,500
1954						
7R Racer (350cc single)	5,000	10,000	15,000	20,000	25,000	30,000
16M (350cc single)	1,400	2,100	3,200	4,200	5,600	7,000
16MC (350cc single)	1,500	2,200	3,300	4,400	5,900	7,400
16MCS (350cc single)	1,400	2,100	3,100	4,100	5,500	6,900
16MS (350cc single)	1,400	2,100	3,200	4,200	5,600	7,000
18 (500cc single)	1,500	3,000	6,000	9,000	12,000	15,000
18C (500cc single)	1,500	3,000	6,000	9,000	12,000	15,000
18CS (500cc single)	1,500	3,000	6,000	9,000	12,000	15,000
18S (500cc single)	1,500	3,000	6,000	9,000	12,000	15,000
20 (500cc twin)	1,200	1,900	3,000	4,500	6,000	7,500
20CSR (500cc twin).	1,500	2,500	4,000	5,500	7,000	8,500
20B (545cc twin)	1,500	2,500	4,000	5,500	7,000	8,500

	6	5	4	3	2	1
1955						
7R Racer (350cc single)	5,000	10,000	15,000	20,000	25,000	30,000
16M (350cc single)	1,400	2,100	3,200	4,200	5,600	7,000
16MC (350cc single)	1,500	2,200	3,300	4,400	5,900	7,400
16MCS (350cc single)	1,400	2,100	3,200	4,200	5,600	7,000
16MS (350cc single)	1,400	2,100	3,200	4,300	5,700	7,100
18 (500cc single)	1,500	3,000	6,000	9,000	12,000	15,000
18C (500cc single)	1,500	3,000	6,000	9,000	12,000	15,000
18CS (500cc single)	1,500	3,000	6,000	9,000	12,000	15,000
18S (500cc single)	1,500	3,000	6,000	9,000	12,000	15,000
20 (500cc twin)	1,200	1,900	3,000	4,500	6,000	7,500
20CSR (500cc twin)	1,500	2,500	4,000	5,500	7,000	8,500
20B (545cc twin)	1,500	2,500	4,000	5,500	7,000	8,500
1956						
7R Racer (350cc single)	5,000	10,000	15,000	20,000	25,000	30,000
16MCS (350cc single)	1,400	2,100	3,200	4,200	5,600	7,000
16MS (350cc single)	1,400	2,200	3,200	4,300	5,800	7,200
18CS (500cc single)	1,500	3,000	6,000	9,000	12,000	15,000
18S (500cc single)	1,500	3,000	6,000	9,000	12,000	15,000
20 (500cc twin)	1,200	1,900	2,800	3,700	5,000	6,200
20CSR (500cc twin)	1,200	1,900	3,000	4,500	6,000	7,500
30 (600cc twin)	1,300	2,000	3,500	5,000	6,500	8,000
30CSR (600cc twin)	1,500	2,500	4,000	5,500	7,000	8,500
1957						
7R Racer (350cc single)	5,000	10,000	15,000	20,000	25,000	30,000
16MCS (350cc single)	1,400	2,200	3,200	4,300	5,800	7,200
18CS (500cc single)	1,500	3,000	6,000	9,000	12,000	15,000
18S (500cc single)	1,500	3,000	6,000	9,000	12,000	15,000
20 (500cc twin)	1,200	1,900	2,800	3,700	5,000	6,200
20CSR (500cc twin)	1,200	1,900	3,000	4,500	6,000	7,500
30 (600cc twin)	1,300	2,000	3,500	5,000	6,500	8,000
30CSR (600cc twin)	1,500	2,500	4,000	5,500	7,000	8,500
1958						
14 (250cc single)	800	1,200	1,800	2,400	3,200	4,000
7R Racer (350cc single)	6,000	9,000	13,500	18,000	24,000	30,000
16MCS (350cc single)	1,400	2,200	3,200	4,300	5,800	7,200
18CS (500cc single)	1,500	3,000	6,000	9,000	12,000	15,000
18S (500cc single)	1,500	3,000	6,000	9,000	12,000	15,000
20 Deluxe (500cc twin)	1,200	1,900	3,000	4,500	6,000	7,500
20 (500cc twin)	1,400	2,100	3,200	4,200	5,600	7,000
20CSR (500cc twin)	1,500	2,500	4,000	5,500	7,000	8,500
30 (600cc twin)	1,400	2,100	3,200	4,200	5,600	7,000
30CSR (600cc twin)	1,500	2,500	4,000	5,500	7,000	8,500
31CS (650cc twin)	1,500	2,500	4,000	5,500	7,000	8,500
1959						
14 (250cc single)	700	1,100	1,600	2,100	2,800	3,500
14CS (250cc single)	800	1,200	1,800	2,300	3,100	3,900
7R Racer (350cc single)	6,000	9,000	13,500	18,000	24,000	30,000
16 (350cc single)	1,100	1,600	2,400	3,200	4,300	5,400
16C (350cc single)	1,300	2,000	3,000	4,000	5,400	6,700
16CS (350cc single)	1,300	2,000	3,000	4,000	5,400	6,700
18CS (500cc single)	1,500	3,000	6,000	9,000	12,000	15,000
18S (500cc single)	1,500	3,000	6,000	9,000	12,000	15,000
20 Deluxe (500cc twin)	1,200	1,900	3,000	4,500	6,000	7,500
20 (500cc twin)	1,400	2,100	3,200	4,200	5,600	7,000
20CSR (500cc twin)	1,200	1,900	3,000	4,500	6,000	7,500
31 Deluxe (650cc twin)	1,300	2,000	3,500	5,000	6,500	8,000
31 (650cc twin)	1,200	1,900	3,000	4,500	6,000	7,500
31CSR (650cc twin)	1,500	2,500	4,000	5,500	7,000	8,500

	6	5	4	3	2	1
1960						
14 (250cc single)	700	1,000	1,500	2,000	2,600	3,300
14CS (250cc single)	700	1,100	1,700	2,200	3,000	3,700
7R Racer (350cc single)	6,000	9,000	13,500	18,000	24,000	30,000
8 (350cc single)	900	1,300	2,000	2,600	3,500	4,400
16 (350cc single)	1,000	2,000	3,000	4,000	5,000	6,000
16C (350cc single)	1,300	2,000	3,000	4,000	5,400	6,700
18CS (500cc single)	1,500	3,000	6,000	9,000	12,000	15,000
18S (500cc single)	1,500	3,000	6,000	9,000	12,000	15,000
20 (500cc twin)	1,200	1,900	3,000	4,500	6,000	7,500
20CSR (500cc twin)	1,300	2,000	3,500	5,000	6,500	8,000
31 Deluxe (650cc twin)	1,300	2,000	3,500	5,000	6,500	8,000
31 (650cc twin)	1,200	1,900	3,000	4,500	6,000	7,500
31CSR (650cc twin).	1,500	2,500	4,000	5,500	7,000	8,500
1961						
14 (250cc single)	700	1,000	1,500	2,000	2,600	3,300
14CS (250cc single)	700	1,100	1,700	2,200	3,000	3,700
14S (250cc single)	800	1,200	1,800	2,300	3,100	3,900
7R Racer (350cc single)	6,000	9,000	13,500	18,000	24,000	30,000
8 (350cc single)	900	1,300	2,000	2,600	3,500	4,400
16 (350cc single)	1,000	2,000	3,000	4,000	5,000	6,000
16C (350cc single)	1,400	2,100	3,100	4,100	5,500	6,900
18CS (500cc single)	1,500	3,000	6,000	9,000	12,000	15,000
18S (500cc single)	1,500	3,000	6,000	9,000	12,000	15,000
20 (500cc twin)	1,400	2,100	3,200	4,200	5,600	7,000
20CSR (500cc twin)	1,200	1,900	3,000	4,500	6,000	7,500
31 Deluxe (650cc twin)	1,300	2,000	3,500	5,000	6,500	8,000
31 (650cc twin)	1,200	1,900	3,000	4,500	6,000	7,500
31CSR (650cc twin).	2,000	3,500	5,000	6,500	8,000	9,500
1962						
14 (250cc single)	700	1,000	1,500	2,000	2,600	3,300
14CS (250cc single)	700	1,100	1,700	2,200	3,000	3,700
14CSR (250cc single).	800	1,300	1,900	2,500	3,400	4,200
14S (250cc single)	800	1,200	1,800	2,300	3,100	3,900
7R Racer (350cc single)	6,000	9,000	13,500	18,000	24,000	30,000
8 (350cc single)	900	1,300	2,000	2,600	3,500	4,400
16 (350cc single)	1,000	2,000	3,000	4,000	5,000	6,000
16C (350cc single)	1,400	2,100	3,100	4,100	5,500	6,900
16S (350cc single)	1,000	1,600	2,300	3,100	4,200	5,200
18CS (500cc single)	1,500	3,000	6,000	9,000	12,000	15,000
18S (500cc single)	1,500	3,000	6,000	9,000	12,000	15,000
31 (650cc twin)	1,500	2,500	4,000	5,500	7,000	8,500
31CSR (650cc twin) (700 made)	2,000	3,500	5,000	6,500	8,000	9,500
1963						
14 (250cc single)	700	1,000	1,500	2,000	2,600	3,300
14CSR (250cc single).	800	1,300	1,900	2,500	3,400	4,200
7R Racer (350cc single)	6,000	9,000	13,500	18,000	24,000	30,000
16 (350cc single)	1,000	2,000	3,000	4,000	5,000	6,000
16C (350cc single)	1,300	2,000	3,000	4,000	5,400	6,700
18CS (500cc single)	1,500	3,000	6,000	9,000	12,000	15,000
18S (500cc single)	1,500	3,000	6,000	9,000	12,000	15,000
31 (650cc twin)	1,500	2,500	4,000	5,500	7,000	8,500
31CSR (650cc twin).	2,000	3,500	5,000	6,500	8,000	9,500
1964						
14CSR (250cc single).	800	1,300	1,900	2,500	3,400	4,200
16 (350cc single)	1,000	2,000	3,000	4,000	5,000	6,000
16C (350cc single)	1,300	2,000	3,000	4,000	5,400	6,700
18CS (500cc single)	1,500	3,000	6,000	9,000	12,000	15,000
18S (500cc single)	1,500	3,000	6,000	9,000	12,000	15,000
31 (650cc twin)	1,500	2,500	4,000	5,500	7,000	8,500

	6	5	4	3	2	1
31CSR (650cc twin)	2,000	3,500	5,000	6,500	8,000	9,500
33 (750cc twin)	1,500	3,000	4,500	6,000	7,500	9,000
33CSR (750cc twin)	2,000	3,500	5,000	6,500	8,000	9,500
1965						
14CSR (250cc single)	800	1,300	1,900	2,500	3,400	4,200
16 (350cc single)	1,000	2,000	3,000	4,000	5,000	6,000
18CS (500cc single)	1,500	3,000	6,000	9,000	12,000	15,000
18S (500cc single)	1,500	3,000	6,000	9,000	12,000	15,000
31 (650cc twin)	1,500	2,500	4,000	5,500	7,000	8,500
31CSR (650cc twin)	2,000	3,500	5,000	6,500	8,000	9,500
33 (750cc twin)	1,500	3,000	4,500	6,000	7,500	9,000
33CSR (750cc twin)	2,000	3,500	5,000	6,500	8,000	9,500
1966						
14CSR (250cc single)	800	1,300	1,900	2,500	3,400	4,200
16 (350cc single)	1,000	1,600	2,300	3,100	4,200	5,200
18S (500cc single)	1,500	3,000	6,000	9,000	12,000	15,000
31 (650cc twin)	1,500	2,500	4,000	5,500	7,000	8,500
31CSR (650cc twin)	2,000	3,500	5,000	6,500	8,000	9,500
33 (750cc twin)	1,500	3,000	4,500	6,000	7,500	9,000
33CSR (750cc twin)	2,000	3,500	5,000	6,500	8,000	9,500
1967						
33 (750cc twin)	1,500	3,000	4,500	6,000	7,500	9,000
33CSR (750cc twin)	2,000	3,500	5,000	6,500	8,000	9,500
1968						
37A Trials (250cc single)	1,000	2,000	3,000	4,000	5,000	6,000
33 (750cc twin)	1,500	3,000	4,500	6,000	7,500	9,000
33CSR (750cc twin)	2,000	3,500	5,000	6,500	8,000	9,500
1969						
37A Trials (250cc single)	1,000	2,000	3,000	4,000	5,000	6,000
33 (750cc twin)	1,500	3,000	4,500	6,000	7,500	9,000
33CSR (750cc twin)	2,000	3,500	5,000	6,500	8,000	9,500
1970						
Y4 Stormer (247cc single)	1,000	2,000	3,000	4,000	5,000	6,000
Y40 Stormer (250cc single)	1,000	2,000	3,000	4,000	5,000	6,000
Y5 Stormer (368cc single)	1,000	2,000	3,000	4,000	5,000	6,500
Y50 Stormer (370cc single)	1,000	2,000	3,000	4,000	5,000	6,500
1971						
Y4 Stormer (247cc single)	1,000	2,000	3,000	4,000	5,000	6,000
Y41 Stormer (246cc single)	1,000	2,000	3,000	4,000	5,000	6,000
Y5 Stormer (368cc single)	1,000	2,000	3,000	4,000	5,000	6,500
Y51 Stormer (368cc single)	1,000	2,000	3,000	4,000	5,000	6,500
1972						
Y4 Stormer (247cc single)	1,000	2,000	3,000	4,000	5,000	6,000
Stormer 370 (368cc single)	1,000	2,000	3,000	4,000	5,000	6,500
Stormer 410 (403cc single)	1,000	2,000	3,000	4,000	5,000	6,500
ANVIAN						
1980						
125cc single	200	400	800	1,200	1,600	2,000
250cc single	250	500	1,000	1,500	2,000	2,500
1981						
125cc single	200	400	800	1,200	1,600	2,000
250cc single	250	500	1,000	1,500	2,000	2,500
1982						
125cc single	200	400	800	1,200	1,600	2,000
250cc single	250	500	1,000	1,500	2,000	2,500
APRILIA						
1984						
RX125 (124cc single)	300	600	1,200	1,800	2,400	3,000
RX250 (246cc single)	500	1,000	2,000	3,000	4,000	5,000

	6	5	4	3	2	1
1985						
RX125 (124cc single)	300	600	1,200	1,800	2,400	3,000
RX250 (£40cc single)	500	1,000	2,000	3,000	4,000	5,000
Tuareg 250 (246cc single)	300	600	1,200	1,800	2,400	3,000
ETX 350 (349cc single)	300	600	1,200	1,800	2,400	3,000
ETX 600 (562cc single)	400	800	1,600	2,400	3,200	4,000
1986						
RX125 (124cc single)	300	600	1,200	1,800	2,400	3,000
RX250 (246cc single)	500	1,000	2,000	3,000	4,000	5,000
Tuareg 250 (246cc single)	300	600	1,200	1,800	2,400	3,000
TX311M (277cc single)	300	600	1,200	1,800	2,400	3,000
ETX 350E (349cc single)	300	600	1,200	1,800	2,400	3,000
ETX 350 Tuareg (349cc single)	300	600	1,200	1,800	2,400	3,000
ETX 600 (562cc single)	400	800	1,600	2,400	3,200	4,000
1987						
ETX125 (124cc single)	250	500	1,000	1,500	2,000	2,500
TX125 (124cc single)	250	500	1,000	1,500	2,000	2,500
AF1 125 Replica (125cc single)	300	600	1,200	1,800	2,400	3,000
Tuareg 125ES (124cc single)	300	600	1,200	1,800	2,400	3,000
RX250 (246cc single)	500	1,000	2,000	3,000	4,000	5,000
TX311M (277cc single)	300	600	1,200	1,800	2,400	3,000
Tuareg Rally 250 (246cc single)	500	1,000	2,000	3,000	4,000	5,000
ETX 350AE (349cc single)	300	600	1,200	1,800	2,400	3,000
Tuareg Rally 350 (349cc single)	1,000	2,000	3,000	4,000	5,000	6,000
Tuareg 6.35 Wind (349cc single)	500	1,000	2,000	3,000	4,000	5,000
1988						
TX125 (124cc single)	250	500	1,000	1,500	2,000	2,500
AF1 125 Replica (125cc single)	300	600	1,200	1,800	2,400	3,000
TX311M (277cc single)	300	600	1,200	1,800	2,400	3,000
TRX312M (277cc single)	300	600	1,200	1,800	2,400	3,000
ETX 6.5 (349cc single)	400	800	1,600	2,400	3,200	4,000
Tuareg 4.35 Wind (349cc single)	500	1,000	2,000	3,000	4,000	5,000
Tuareg 6.35 Wind (349cc single)	500	1,000	2,000	3,000	4,000	5,000
Tuareg 600 Wind (562cc single)	1,000	2,000	3,000	4,000	5,000	6,000
1989						
AF1 125 Sintesi Replica (125cc single)	300	600	1,200	1,800	2,400	3,000
Climber 300 (276cc single)	300	600	1,200	1,800	2,400	3,000
ETX 6.5 (349cc single)	400	800	1,600	2,400	3,200	4,000
Tuareg 6.35 Wind (349cc single)	500	1,000	2,000	3,000	4,000	5,000
Tuareg 600 Wind (562cc single)	1,000	2,000	3,000	4,000	5,000	6,000
1990						
AF1 125 Sintesi Sport (125cc single)	300	600	1,200	1,800	2,400	3,000
Pegaso 125 (125cc single)	300	600	1,200	1,800	2,400	3,000
Climber 300 (276cc single)	300	600	1,200	1,800	2,400	3,000
Pegaso 600 (562cc single)	400	800	1,600	2,400	3,200	4,000
Tuareg 600 Wind (562cc single)	1,000	2,000	3,000	4,000	5,000	6,000
1991						
AF1 125 Futura (125cc single)	300	600	1,200	1,800	2,400	3,000
F1 Pro Sport Replica (125cc single)	300	600	1,200	1,800	2,400	3,000
Pegaso 125 (125cc single)	300	600	1,200	1,800	2,400	3,000
Climber 300 (276cc single)	300	600	1,200	1,800	2,400	3,000
Pegaso 600 (562cc single)	400	800	1,600	2,400	3,200	4,000
Tuareg 600 Wind (562cc single)	1,000	2,000	3,000	4,000	5,000	6,000
1992						
SR50 (50cc single)	200	400	800	1,200	1,600	2,000
AF1 125 Sport Pro (125cc single)	1,000	2,000	3,000	4,000	5,000	6,000
Pegaso 125 (125cc single)	300	600	1,200	1,800	2,400	3,000
Climber 280R (280cc single)	300	600	1,200	1,800	2,400	3,000
Pegaso 650 (652cc single)	300	600	1,200	1,800	2,400	3,000

	6	5	4	3	2	1
1993						
SR50 (50cc single)	200	400	800	1,200	1,600	2,000
Climber 280R (280cc single)	300	600	1,200	1,800	2,400	3,000
Pegaso 650 (652cc single)	300	600	1,200	1,800	2,400	3,000
1994						
SR50 (50cc single)	200	400	800	1,200	1,600	2,000
Climber 280R (280cc single)	300	600	1,200	1,800	2,400	3,000
1995						
SR50 (50cc single)	200	400	800	1,200	1,600	2,000
1996						
SR50 (50cc single)	200	400	800	1,200	1,600	2,000
AF1 (80cc single)	200	400	800	1,200	1,600	2,000
RS250 (249cc V-twin)	2,000	4,000	6,000	8,000	10,000	12,000
Moto 6.5 (649cc single)	750	2,000	3,500	5,000	6,500	8,000
Pegaso 650 (652cc single)	300	600	1,200	1,800	2,400	3,000
1997						
SR50 (50cc single)	200	400	800	1,200	1,600	2,000
Classic 125 (125cc single)	200	400	800	1,200	1,600	2,000
Leonardo 125 (125cc single)	200	400	800	1,200	1,600	2,000
RS125 (125cc single)	200	400	800	1,200	1,600	2,000
RS250 (249cc V-twin)	2,000	4,000	6,000	8,000	10,000	12,000
Moto 6.5 (649cc single)	750	2,000	3,500	5,000	6,500	8,000
Pegaso 650 (652cc single)	300	600	1,200	1,800	2,400	3,000
1998						
RS50 (50cc single)	200	400	800	1,200	1,600	2,000
SR50 (50cc single)	200	400	800	1,200	1,600	2,000
Classic 125 (125cc single)	200	400	800	1,200	1,600	2,000
Leonardo 125 (125cc single)	200	400	800	1,200	1,600	2,000
RS125 (125cc single)	200	400	800	1,200	1,600	2,000
RS250 (249cc V-twin)	2,000	4,000	6,000	8,000	10,000	12,000
Moto 6.5 (649cc single)	750	2,000	3,500	5,000	6,500	8,000
Pegaso 650 (652cc single)	300	600	1,200	1,800	2,400	3,000
RSV Mille (998cc V-twin)	500	1,000	2,000	3,000	4,000	5,000
1999						
RS50 (50cc single)	200	400	800	1,200	1,600	2,000
RS125 Extrema (125cc single)	200	400	800	1,200	1,600	2,000
Leonardo 150 (150cc single)	200	400	800	1,200	1,600	2,000
RS250 (249cc V-twin)	500	1,000	2,000	3,000	4,000	5,000
Pegaso 650 (652cc single)	300	600	1,200	1,800	2,400	3,000
RSV Mille (998cc V-twin)	500	1,000	2,000	3,000	4,000	5,000

ARIEL

	6	5	4	3	2	1
1901						
1.5hp (211cc single)	25,000	50,000	100K	150K	200K	250K
1902						
2hp (239cc single)	25,000	50,000	100K	150K	200K	250K
1903						
2hp	5,000	10,000	20,000	30,000	40,000	50,000
2.25hp (249cc single)	5,000	10,000	20,000	30,000	40,000	50,000
2.75hp	5,000	10,000	20,000	30,000	40,000	50,000
3.5hp	5,000	10,000	20,000	30,000	40,000	50,000
1904						
2.25hp	5,000	10,000	20,000	30,000	40,000	50,000
2.75hp	5,000	10,000	20,000	30,000	40,000	50,000
3.5hp	5,000	10,000	20,000	30,000	40,000	50,000
1905						
2.5hp	5,000	10,000	20,000	30,000	40,000	50,000
1906						
6hp V-twin	20,000	40,000	80,000	120K	160K	200K

	6	5	4	3	2	1
1907						
6hp V-twin.	20,000	40,000	80,000	120K	160K	200K
1908						
6hp V-twin.	20,000	40,000	80,000	120K	160K	200K
1909						
6hp V-twin.	20,000	40,000	80,000	120K	160K	200K
1910						
3.5hp (498cc single)	7,500	15,000	30,000	45,000	60,000	75,000
Arielette.	25,000	50,000	75,000	100K	125K	150K
1911						
3.5hp (498cc single)	7,500	15,000	30,000	45,000	60,000	75,000
1912						
3.5hp (498cc single)	7,500	15,000	30,000	45,000	60,000	75,000
1913						
3.5hp (498cc single)	7,500	15,000	30,000	45,000	60,000	75,000
1914						
V-Twin (700cc V-twin).	5,000	10,000	20,000	30,000	40,000	50,000
1915						
V-Twin (700cc V-twin).	5,000	10,000	20,000	30,000	40,000	50,000
1916						
3.5hp single.	2,500	5,000	10,000	15,000	20,000	25,000
V-Twin (700cc V-twin).	5,000	10,000	20,000	30,000	40,000	50,000
1920						
Solo (498cc single)	1,200	1,800	3,000	4,500	6,000	7,500
Solo (586cc single)	1,400	2,000	3,000	4,500	6,000	7,500
Solo/SC (670cc V-twin)	3,000	4,500	6,800	9,000	12,000	15,000
Solo/SC (795cc V-twin)	3,000	4,500	6,800	9,000	12,000	15,000
1921						
Solo (498cc single)	1,200	1,800	2,700	4,500	6,000	7,500
Solo (586cc single)	1,500	2,300	3,400	4,500	6,000	7,500
Solo/SC (670cc V-twin)	3,000	4,500	6,800	9,000	12,000	15,000
Solo/SC (795cc V-twin)	3,000	4,500	6,800	9,000	12,000	15,000
1922						
Solo (498cc single)	1,200	1,800	2,700	4,500	6,000	7,500
Solo (665cc single)	1,500	2,300	3,400	4,500	6,000	7,500
Solo/SC (795cc V-twin)	2,800	4,200	6,300	9,000	12,000	15,000
Solo/SC (993cc V-twin)	3,600	5,400	8,100	10,800	14,400	18,000
1923						
Solo (249cc single)	1,100	1,700	2,500	4,500	6,000	7,500
Solo (498cc single)	1,200	1,800	2,700	4,500	6,000	7,500
Solo (665cc single)	1,500	2,300	3,400	4,500	6,000	7,500
Solo/SC (795cc V-twin)	2,800	4,200	6,300	9,000	12,000	15,000
Solo/SC (993cc V-twin)	3,600	5,400	8,100	10,800	14,400	18,000
1924						
Solo (249cc single)	1,100	1,700	3,000	4,500	6,000	7,500
Solo 1 (498cc single)	1,200	1,800	3,000	4,500	6,000	7,500
Solo 2 (498cc single)	1,200	1,800	3,000	4,500	6,000	7,500
Solo 3 (498cc single)	1,200	1,800	3,000	4,500	6,000	7,500
Solo/SC (993cc V-twin)	3,600	5,400	8,100	10,800	14,400	18,000
1925						
Solo (249cc single)	1,100	1,700	3,000	4,500	6,000	7,500
Sports (498cc single)	1,500	2,300	3,400	4,500	6,000	7,500
1926						
Sports C (500cc single).	1,500	3,500	7,000	10,000	13,000	16,000
Touring D (500cc single)	1,500	3,500	7,000	10,000	13,000	16,000
Sports A (557cc single)	1,500	3,500	7,000	10,000	13,000	16,000
Touring B (557cc single)	1,500	3,500	7,000	10,000	13,000	16,000
1927						
Sports C (500cc single).	1,500	3,500	7,000	10,000	13,000	16,000
Sports E (500cc single).	1,500	3,500	7,000	10,000	13,000	16,000

	6	5	4	3	2	1
Touring D (500cc single)	1,500	3,500	7,000	10,000	13,000	16,000
Sports A (557cc single)	1,500	3,500	7,000	10,000	13,000	16,000
Touring B (557cc single)	1,500	3,500	7,000	10,000	13,000	16,000
1928						
Sports C (500cc single)	1,500	3,500	7,000	10,000	13,000	16,000
Sports E (500cc single)	1,500	3,500	7,000	10,000	13,000	16,000
Touring D (500cc single)	1,500	3,500	7,000	10,000	13,000	16,000
Sports A (557cc single)	1,500	3,500	7,000	10,000	13,000	16,000
Touring B (557cc single)	1,500	3,500	7,000	10,000	13,000	16,000
1929						
LB Colt (250cc single)	1,300	2,000	3,500	4,500	6,000	7,500
LF Colt (250cc single)	1,300	2,000	3,500	4,500	6,000	7,500
Deluxe F (500cc single)	1,500	3,000	6,000	9,000	12,000	15,000
Model E (500cc single)	1,600	2,400	3,600	4,800	6,400	8,000
Deluxe B (557cc single)	1,600	2,400	3,600	4,800	6,400	8,000
Model A (557cc single)	1,600	2,400	3,600	4,800	6,400	8,000
1930						
LB Colt (250cc single)	1,300	2,000	3,500	4,500	6,000	7,500
LF Colt (250cc single)	1,300	2,000	3,500	4,500	6,000	7,500
LG Colt (250cc single)	1,300	2,000	2,900	3,900	5,200	6,500
Deluxe F (500cc single)	1,500	3,000	6,000	9,000	12,000	15,000
Model E (500cc single)	1,600	2,400	3,600	4,800	6,400	8,000
Model G (500cc single)	1,500	3,500	7,000	10,000	13,000	16,000
Deluxe B (557cc single)	1,600	2,400	3,600	4,800	6,400	8,000
Model A (557cc single)	1,600	2,400	3,600	4,800	6,400	8,000
4F Square Flour (500cc four)	5,000	12,000	18,000	27,000	36,000	45,000
1931						
LB31 (250cc single)	1,200	2,000	3,500	5,000	6,500	7,500
L1F31 (250cc single)	1,200	2,000	3,500	5,000	6,500	7,500
L2F31 (250cc single)	1,200	2,000	3,500	5,000	6,500	7,500
MF (250cc single)	1,200	2,000	3,500	5,000	6,500	7,500
VF (500cc single)	1,200	2,000	3,500	5,000	6,500	8,000
SF31 (500cc single)	1,500	3,000	6,000	9,000	12,000	15,000
SG31 (500cc single)	1,500	3,000	6,000	9,000	12,000	15,000
4F Square Flour (500cc four)	5,000	12,000	18,000	27,000	36,000	45,000
VG31 (500cc single)	1,100	1,700	3,500	5,000	6,500	8,000
SB31 (557cc single)	1,400	2,100	3,500	5,000	6,500	8,000
VB (557cc single)	1,400	2,100	3,500	5,000	6,500	8,000
1932						
LB32 (249cc single)	1,200	2,000	3,500	5,000	6,500	7,500
LF32 (249cc single)	1,200	2,000	3,500	5,000	6,500	7,500
MB32 (348cc single)	1,200	2,000	3,500	5,000	6,500	7,500
MF32 (348cc single)	1,200	2,000	3,500	5,000	6,500	7,500
MH32 (348cc single)	1,200	2,000	3,500	5,000	6,500	7,500
VG32 (499cc single)	1,200	2,000	3,500	5,000	6,500	8,000
SG32 (499cc single)	1,500	3,000	6,000	9,000	12,000	15,000
VH32 RH (499cc single)	2,000	4,000	6,000	8,000	10,000	12,000
VB32 (557cc single)	1,200	2,000	3,500	5,000	6,500	8,000
SB32 (557cc single)	1,200	2,000	3,500	5,000	6,500	8,000
4F/6 Square Four (601cc four)	5,000	12,000	18,000	27,000	36,000	45,000
1933						
LH (248cc single)	1,200	2,000	3,500	5,000	6,500	8,000
NF (346cc single)	1,200	2,000	3,500	5,000	6,500	7,500
NH (346cc single)	1,200	2,000	3,500	5,000	6,500	8,000
VF (499cc single)	1,200	2,000	3,500	5,000	6,500	8,000
VH (499cc single)	2,000	4,000	6,000	8,000	10,000	12,000
VA (557cc single)	1,200	2,000	3,500	5,000	6,500	8,000
VB Deluxe (557cc single)	1,300	2,000	3,500	5,000	7,000	9,000
4F/6 Square Four (601cc four)	5,000	12,000	18,000	27,000	36,000	45,000

	6	5	4	3	2	1
1934						
LF (248cc single)	1,200	2,000	3,500	5,000	6,500	7,500
LH/RH Sport (248cc single)	1,200	2,000	3,500	5,000	6,500	8,000
NF (346cc single)	1,200	2,000	3,500	5,000	6,500	7,500
NH/RH Sport (346cc single)	1,200	2,000	3,500	5,000	6,500	8,000
VF (499cc single)	1,200	2,000	3,500	5,000	6,500	8,000
VH/RH Sport (499cc single).	3,000	6,000	9,000	12,000	15,000	18,000
VA (557cc single)	1,200	2,000	3,500	5,000	6,500	8,000
VB Deluxe (557cc single)	1,300	2,000	3,500	5,000	7,000	9,000
4F/6 Square Four (601cc four) . . .	5,000	12,000	18,000	27,000	36,000	45,000
1935						
LF (248cc single)	1,200	2,000	3,500	5,000	6,500	7,500
LH/RH Sport (248cc single)	1,200	2,000	3,500	5,000	6,500	8,000
NF (346cc single)	1,200	2,000	3,500	5,000	6,500	7,500
NH/RH Sport (346cc single)	1,300	2,000	3,500	5,000	7,000	9,000
VF (499cc single)	1,200	2,000	3,500	5,000	6,500	8,000
VG Deluxe (499cc single)	1,200	2,000	4,000	6,000	8,000	10,000
VH/RH Sport (499cc single).	3,000	6,000	9,000	12,000	15,000	18,000
VA (557cc single)	1,200	2,000	3,500	5,000	6,500	8,000
VB Deluxe (557cc single)	1,300	2,000	3,500	5,000	7,000	9,000
4F/6 Square Four (601cc four) . . .	5,000	12,000	18,000	27,000	36,000	45,000
1936						
LG Deluxe (248cc single)	1,200	2,000	3,500	5,000	6,500	7,500
LH/RH Sport (248cc single).	1,200	2,000	3,500	5,000	6,500	8,000
NG Deluxe (346cc single).	1,200	2,500	5,000	7,000	8,500	10,000
NH/RH Sport (346cc single)	1,300	2,000	3,500	5,000	7,000	9,000
VG Deluxe (499cc single)	1,200	2,000	4,000	6,000	8,000	10,000
VH/RH Sport (499cc single).	3,000	6,000	9,000	12,000	15,000	18,000
VB Deluxe (557cc single)	1,300	2,000	3,500	5,000	7,000	9,000
4F/6 Square Four (601cc four) . . .	5,000	12,000	18,000	27,000	36,000	45,000
4G Square Four (1,000cc four) . . .	5,000	12,000	18,000	27,000	36,000	45,000
1937						
LG Deluxe (248cc single)	1,200	2,000	3,500	5,000	6,500	7,500
LH/RH Sport (248cc single).	1,200	2,000	3,500	5,000	6,500	8,000
NG Deluxe (346cc single).	1,200	2,500	5,000	7,000	8,500	10,000
NH/RH Sport (346cc single)	1,300	2,000	3,500	5,000	7,000	9,000
VG Deluxe (499cc single)	1,200	2,000	4,000	6,000	8,000	10,000
VH/RH (499cc single)	3,000	6,000	9,000	12,000	15,000	18,000
VB Deluxe (598cc single)	1,300	2,000	3,500	5,000	7,000	9,000
4F/6 Square Four (601cc four) . . .	5,000	12,000	18,000	27,000	36,000	45,000
4G Square Four (1,000cc four) . . .	5,000	12,000	18,000	27,000	36,000	45,000
1938						
LG Deluxe (248cc single)	1,200	2,000	3,500	5,000	6,500	7,500
LH/RH (248cc single)	1,200	2,000	3,500	5,000	6,500	8,000
NG Deluxe (346cc single).	1,200	2,500	5,000	7,000	8,500	10,000
NH/RH (346cc single)	1,200	2,000	3,500	5,000	6,500	8,000
VG Deluxe (499cc single)	1,200	2,000	4,000	6,000	8,000	10,000
VH/RH (499cc single)	3,000	6,000	9,000	12,000	15,000	18,000
VB Deluxe (598cc single)	1,400	2,100	3,500	5,000	7,000	9,000
4F Square Four (600cc four)	3,000	5,000	10,000	15,000	25,000	35,000
4G Square Four (995cc four)	5,000	12,000	18,000	27,000	36,000	45,000
4H Square Four (995cc four)	5,000	12,000	18,000	27,000	36,000	45,000
1939						
OG Deluxe (248cc single).	1,200	2,000	3,500	5,000	6,500	7,500
OH/RH (248cc single).	1,200	2,000	3,500	5,000	6,500	8,000
NG Deluxe (346cc single).	1,200	2,500	5,000	7,000	8,500	10,000
NH/RH (346cc single)	1,200	2,000	3,500	5,000	6,500	8,000
VG Deluxe (499cc single)	1,200	2,000	4,000	6,000	8,000	10,000
VH/RH (499cc single)	3,000	6,000	9,000	12,000	15,000	18,000
VB Deluxe (598cc single)	1,400	2,100	3,500	5,000	7,000	9,000

	6	5	4	3	2	1
4F Square Four (600cc four)	3,000	5,000	10,000	15,000	25,000	35,000
4G Square Four (995cc four)	5,000	12,000	18,000	27,000	36,000	45,000
4H Square Four (995cc four)	5,000	12,000	18,000	27,000	28,000	45,000
1940						
OG Deluxe (248cc single)	1,200	2,000	3,500	5,000	6,500	7,500
OH/RH (248cc single)	1,200	2,000	3,500	5,000	6,500	8,000
NG Deluxe (346cc single)	1,200	2,500	5,000	7,000	8,500	10,000
NH/RH (346cc single)	1,200	2,000	3,500	5,000	6,500	8,000
VG Deluxe (500cc single)	1,200	2,000	4,000	6,000	8,000	10,000
VH/RH (500cc single)	3,000	6,000	9,000	12,000	15,000	18,000
VA Deluxe (598cc single)	1,200	2,000	3,500	5,000	6,500	8,000
VB Deluxe (598cc single)	1,400	2,200	3,500	5,000	7,000	9,000
4F Square Four (600cc four)	3,000	5,000	10,000	15,000	25,000	35,000
4G Square Four (995cc four)	5,000	12,000	18,000	23,000	28,000	33,000
4H Square Four (995cc four)	5,000	12,000	18,000	23,000	28,000	33,000
1941-1945 (military production)						
Model W/NG (346cc single)	1,700	2,600	3,800	5,100	6,800	8,500
1946						
NG Deluxe (346cc single)	1,300	2,500	5,000	6,500	8,000	9,500
NH (346cc single)	1,600	2,500	4,000	5,500	7,000	8,500
VG Deluxe (500cc single)	1,200	2,000	4,000	6,000	8,000	10,000
VH (500cc single)	2,000	4,000	6,000	8,000	10,000	12,000
VB Deluxe (598cc single)	1,300	2,000	3,500	5,000	7,000	9,000
4G Square Four (995cc four)	5,000	12,000	18,000	23,000	28,000	33,000
1947						
NG (347cc single)	1,300	2,500	5,000	6,500	8,000	9,500
NH (347cc single)	1,600	2,500	4,000	5,500	7,000	8,500
VG (497cc single)	1,200	2,000	3,500	5,000	6,500	7,500
VH (497cc single)	2,000	4,000	6,000	8,000	10,000	12,000
VB (598cc single)	1,600	2,500	4,000	5,500	7,000	8,500
4G Square Four (997cc four)	5,000	12,000	18,000	23,000	28,000	33,000
1948						
NG (347cc single)	1,300	2,500	5,000	6,500	8,000	9,500
NH (347cc single)	1,600	2,500	4,000	5,500	7,000	8,500
VH (497cc single)	2,000	4,000	6,000	8,000	10,000	12,000
KG Deluxe (498cc twin)	1,600	2,500	4,000	5,500	7,000	8,500
KH (498cc twin)	1,800	2,800	4,100	5,500	7,400	9,200
VB (598cc single)	1,300	2,000	3,500	5,000	7,000	9,000
4G Mk. 1 Square Four (997cc four)	5,000	12,000	18,000	23,000	28,000	33,000
1949						
NG (347cc single)	1,300	2,500	5,000	6,500	8,000	9,500
NH (347cc single)	1,600	2,500	4,000	5,500	7,000	8,500
VG (497cc single)	1,600	2,500	4,000	5,500	7,000	8,500
VH (497cc single)	2,000	4,000	6,000	8,000	10,000	12,000
KH (498cc twin)	1,800	2,800	4,100	5,500	7,400	9,200
VB (598cc single)	1,600	2,500	4,000	5,500	7,000	8,500
4G Mk. 1 Square Four (997cc four)	5,000	12,000	18,000	23,000	28,000	33,000
1950						
NH (347cc single)	1,600	2,500	4,000	5,500	7,000	8,500
VCH (497cc single)	2,000	4,000	6,000	8,000	10,000	12,000
VG (497cc single)	1,300	2,000	3,500	5,000	7,000	9,000
VH (497cc single)	2,000	4,000	6,000	8,000	10,000	12,000
KG Deluxe (498cc twin)	1,300	2,000	3,500	5,000	7,000	9,000
KH (498cc twin)	1,900	2,900	4,300	5,700	7,600	9,500
VB (598cc single)	1,600	2,500	4,000	5,500	7,000	8,500
4G Mk. 1 Square Four (997cc four)	5,000	12,000	18,000	23,000	28,000	33,000
1951						
NH (347cc single)	1,600	2,500	4,000	5,500	7,000	8,500
VCH (497cc single)	2,000	4,000	6,000	8,000	10,000	12,000
VH (497cc single)	2,000	4,000	6,000	8,000	10,000	12,000

	6	5	4	3	2	1
KG Deluxe (498cc twin)	1,900	2,900	4,300	5,700	7,600	9,500
KH (498cc twin)	1,800	2,700	4,100	5,400	7,200	9,000
VD (500cc single)	1,600	2,500	4,000	5,500	7,000	8,500
4G Mk. 1 Square Four (997cc four)	5,000	12,000	18,000	23,000	28,000	33,000
1952						
NH (347cc single)	1,600	2,500	4,000	5,500	7,000	8,500
VCH (497cc single)	2,000	4,000	6,000	8,000	10,000	12,000
VH (497cc single)	2,000	4,000	6,000	8,000	10,000	12,000
VHA (497cc single)	1,800	2,700	4,100	5,400	7,200	9,000
KH (498cc twin)	1,900	2,900	4,300	5,700	7,600	9,500
VB (598cc single)	1,800	2,700	4,100	5,400	7,200	9,000
4G Mk. 1 Square Four (997cc four)	5,000	12,000	18,000	23,000	28,000	33,000
4G Mk. 2 Square Four (997cc four)	5,000	12,000	18,000	23,000	28,000	33,000
1953						
LH (197cc single)	1,200	2,000	3,500	5,000	6,500	7,500
NH (347cc single)	1,600	2,500	4,000	5,500	7,000	8,500
HT5 Trials (497cc single)	2,000	3,000	4,500	6,000	8,000	10,000
VH (497cc single)	2,000	4,000	6,000	8,000	10,000	12,000
KH (498cc twin)	1,900	2,900	4,300	5,700	7,600	9,500
VHA (500cc single)	2,000	3,000	4,500	6,000	8,000	10,000
KHA (500cc single) (500 made)	2,000	4,000	6,000	9,000	12,000	15,000
VB (598cc single)	1,300	2,000	3,500	5,000	7,000	9,000
4G Mk. 1 Square Four (997cc four)	5,000	12,000	18,000	23,000	28,000	33,000
4G Mk. 2 Square Four (997cc four)	5,000	12,000	18,000	23,000	28,000	33,000
1954						
LH (197cc single)	1,000	1,500	2,500	4,000	5,500	7,000
NH (347cc single)	1,600	2,500	4,000	5,500	7,000	8,500
HS Scrambler (497cc single)	3,000	6,000	9,000	12,000	15,000	18,000
HT5 Trials (497cc single)	2,000	3,000	4,500	6,000	8,000	10,000
VH (497cc single)	2,000	4,000	6,000	8,000	10,000	12,000
KH (498cc twin)	1,800	2,700	4,100	5,400	7,200	9,000
VB (598cc single)	1,700	2,600	3,800	5,100	6,800	8,500
FH (650cc twin)	1,900	2,900	4,300	5,700	7,600	9,500
4G Mk. 2 Square Four (997cc four)	5,000	12,000	18,000	23,000	28,000	33,000
1955						
LH (197cc single)	1,000	1,500	2,500	4,000	5,500	7,000
LM (197cc single)	1,000	1,500	2,500	4,000	5,500	7,000
NH (347cc single)	1,600	2,500	4,000	5,500	7,000	8,500
HS Scrambler (497cc single)	3,000	6,000	9,000	12,000	15,000	18,000
HT5 Trials (497cc single)	2,000	3,000	4,500	6,000	8,000	10,000
VH (497cc single)	2,000	4,000	6,000	8,000	10,000	12,000
KH (498cc twin)	1,800	2,700	4,100	5,400	7,200	9,000
VB (598cc single)	1,700	2,600	3,800	5,100	6,800	8,500
FH (650cc twin)	1,900	2,900	4,300	5,700	7,600	9,500
4G Mk. 2 Square Four (997cc four)	5,000	12,000	18,000	23,000	28,000	33,000
1956						
LH (197cc single)	1,000	1,500	2,500	4,000	5,500	7,000
LM (197cc single)	1,000	1,500	2,500	4,000	5,500	7,000
HT3 Trials (347cc single)	1,600	2,400	3,600	4,800	6,400	8,000
NH (347cc single)	1,600	2,500	4,000	5,500	7,000	8,500
HS Mk.3 (497cc single)	2,000	4,000	6,000	8,000	10,000	12,000
HT5 Trials (497cc single)	2,000	3,000	4,500	6,000	8,000	10,000
VH (497cc single)	2,000	4,000	6,000	8,000	10,000	12,000
KH (498cc twin)	1,800	2,700	4,100	5,400	7,200	9,000
VB (598cc single)	1,800	2,700	4,100	5,400	7,200	9,000
FH (650cc twin)	1,800	2,700	4,100	5,400	7,200	9,000
Cyclone (650cc twin)	1,400	2,100	4,000	6,000	9,000	12,000
4G Mk. 2 Square Four (997cc four)	5,000	12,000	18,000	23,000	28,000	33,000
1957						
LH (197cc single)	1,000	1,500	2,500	4,000	5,500	7,000

	6	5	4	3	2	1
HT3 Trials (347cc single)	1,600	2,400	3,600	4,800	6,400	8,000
NH (347cc single)	1,600	2,500	4,000	5,500	7,000	8,500
HS Mk.3 (497cc single)	2,000	4,000	6,000	8,000	10,000	12,000
HT5 Trials (497cc single)	2,000	3,000	4,500	6,000	8,000	10,000
VH (497cc single)	2,000	4,000	6,000	8,000	10,000	12,000
KH (498cc twin)	1,800	2,700	4,100	5,400	7,200	9,000
VB (598cc single)	1,800	2,700	4,100	5,400	7,200	9,000
FH (650cc twin)	1,800	2,700	4,100	5,400	7,200	9,000
Cyclone (650cc twin)	1,400	2,100	4,000	6,000	9,000	12,000
4G Mk. 2 Square Four (997cc four)	5,000	12,000	18,000	23,000	28,000	33,000
1958						
LH (197cc single)	1,000	1,500	2,500	4,000	5,500	7,000
Leader (247cc twin)	1,000	1,500	2,500	4,000	5,500	7,000
HT3 Trials (347cc single)	1,600	2,400	3,600	4,800	6,400	8,000
NH (347cc single)	1,600	2,500	4,000	5,500	7,000	8,500
HS Mk.3 (497cc single)	2,000	4,000	6,000	8,000	10,000	12,000
HT5 Trials (497cc single)	2,000	3,000	4,500	6,000	8,000	10,000
VH (497cc single)	2,000	4,000	6,000	8,000	10,000	12,000
VB (598cc single)	1,800	2,700	4,100	5,400	7,200	9,000
FH (650cc twin)	1,800	2,700	4,100	5,400	7,200	9,000
Cyclone (650cc twin)	1,400	2,100	4,000	6,000	9,000	12,000
4G Mk. 2 Square Four (997cc four)	5,000	12,000	18,000	23,000	28,000	33,000
1959						
Arrow (247cc twin)	2,000	3,000	4,500	6,000	8,000	10,000
Leader (247cc twin)	1,700	2,600	3,800	5,100	6,800	8,500
1960						
Arrow (247cc twin)	2,000	3,000	4,500	6,000	8,000	10,000
Arrow Sport (247cc twin)	2,000	3,000	4,500	6,000	8,000	10,000
Leader (247cc twin)	1,600	2,400	3,600	4,800	6,400	8,000
1961						
Fieldmaster	2,000	4,000	6,000	8,000	10,000	12,000
1962						
Golden Arrow	1,500	2,000	4,000	6,000	8,000	10,000
1963						
Pixie (49cc single)	500	1,000	1,800	2,700	3,600	4,500
Arrow (197cc twin)	1,600	2,400	3,600	4,800	6,400	8,000
Arrow (247cc twin)	1,700	2,600	3,800	5,100	6,800	8,500
Arrow Sport (247cc twin)	1,700	2,600	3,800	5,100	6,800	8,500
Leader (247cc twin)	1,300	2,000	3,500	5,000	7,000	9,000
ATK						
1985						
560	350	700	1,400	2,000	2,600	3,200
1986						
560	250	500	1,000	1,500	2,000	2,500
1987						
560	250	500	1,000	1,500	2,000	2,500
1988						
200	250	500	1,000	1,500	2,000	2,500
250	250	500	1,000	1,500	2,000	2,500
406	250	500	1,000	1,500	2,000	2,500
604	250	500	1,000	1,500	2,000	2,500
1989						
250	250	500	1,000	1,500	2,000	2,500
406	250	500	1,000	1,500	2,000	2,500
604	250	500	1,000	1,500	2,000	2,500
604 ES	300	600	1,200	1,800	2,400	3,000
1990						
250	250	500	1,000	1,500	2,000	2,500
406	250	500	1,000	1,500	2,000	2,500

	6	5	4	3	2	1
604 Electric Start	300	600	1,200	1,800	2,400	3,000
604 Kick Start	250	500	1,000	1,500	2,000	2,500
1001						
250 CC	250	500	1,000	1,500	2,000	2,500
250 MX	300	600	1,200	1,800	2,400	3,000
350 Electric Start	300	600	1,200	1,800	2,400	3,000
350 ES CC	300	600	1,200	1,800	2,400	3,000
350 ES MX	300	600	1,200	1,800	2,400	3,000
350 MX	300	600	1,200	1,800	2,400	3,000
350 STD	300	600	1,200	1,800	2,400	3,000
406 CC	250	500	1,000	1,500	2,000	2,500
406 MX	300	600	1,200	1,800	2,400	3,000
604 ES	300	600	1,200	1,800	2,400	3,000
604 ES CC	300	600	1,200	1,800	2,400	3,000
604 ES MX	300	700	1,400	2,100	2,800	3,500
604 MX	300	600	1,200	1,800	2,400	3,000
604 STD	300	600	1,200	1,800	2,400	3,000
1992						
250 CC	250	500	1,000	1,500	2,000	2,500
250 MX	300	600	1,200	1,800	2,400	3,000
350 ES	300	600	1,200	1,800	2,400	3,000
350 ES CC	300	600	1,200	1,800	2,400	3,000
350 ES CC EFI	300	700	1,400	2,100	2,800	3,500
350 ES EFI	300	600	1,200	1,800	2,400	3,000
350 ES MX	300	600	1,200	1,800	2,400	3,000
350 ES MX EFI	300	700	1,400	2,100	2,800	3,500
350 MX	300	600	1,200	1,800	2,400	3,000
350 MX EFI	300	700	1,400	2,100	2,800	3,500
350 STD	300	600	1,200	1,800	2,400	3,000
350 STD EFI	300	600	1,200	1,800	2,400	3,000
406 CC	250	500	1,000	1,500	2,000	2,500
406 MX	300	600	1,200	1,800	2,400	3,000
604 ES	300	600	1,200	1,800	2,400	3,000
604 ES CC	300	600	1,200	1,800	2,400	3,000
604 ES CC EFI	300	700	1,400	2,100	2,800	3,500
604 ES EFI	300	700	1,400	2,100	2,800	3,500
604 ES MX	300	700	1,400	2,100	2,800	3,500
604 ES MX EFI	300	700	1,400	2,100	2,800	3,500
604 MX	300	600	1,200	1,800	2,400	3,000
604 MX EFI	300	600	1,200	1,800	2,400	3,000
604 STD	300	600	1,200	1,800	2,400	3,000
604 STD EFI	300	600	1,200	1,800	2,400	3,000
1993						
250 CC	250	500	1,000	1,500	2,000	2,500
250 MX	300	600	1,200	1,800	2,400	3,000
350 ES	300	600	1,200	1,800	2,400	3,000
350 ES CC	300	600	1,200	1,800	2,400	3,000
350 ES CC EFI	300	700	1,400	2,100	2,800	3,500
350 ES EFI	300	600	1,200	1,800	2,400	3,000
350 ES MX	300	600	1,200	1,800	2,400	3,000
350 ES MX EFI	300	700	1,400	2,100	2,800	3,500
350 MX	300	600	1,200	1,800	2,400	3,000
350 MX EFI	300	700	1,400	2,100	2,800	3,500
350 STD	300	600	1,200	1,800	2,400	3,000
350 STD EFI	300	600	1,200	1,800	2,400	3,000
406 CC	250	500	1,000	1,500	2,000	2,500
406 MX	300	600	1,200	1,800	2,400	3,000
605 ES	400	800	1,600	2,400	3,200	4,000
605 ES CC	400	800	1,600	2,400	3,200	4,000
605 ES CC EFI	450	900	1,800	2,700	3,600	4,500

	6	5	4	3	2	1
605 ES EFI	450	900	1,800	2,700	3,600	4,500
605 ES MX	300	700	1,400	2,100	2,800	3,500
605 ES MX EFI	300	700	1,400	2,100	2,800	3,500
605 MX	300	700	1,400	2,100	2,800	3,500
605 MX EFI	300	700	1,400	2,100	2,800	3,500
605 STD	300	700	1,400	2,100	2,800	3,500
605 STD EFI	300	700	1,400	2,100	2,800	3,500
1994						
250 CC	300	600	1,200	1,800	2,400	3,000
350 CC	300	700	1,400	2,100	2,800	3,500
350 DS	300	700	1,400	2,100	2,800	3,500
350 ES CC	300	700	1,400	2,100	2,800	3,500
350 ES DS	400	800	1,600	2,400	3,200	4,000
406 CC	300	600	1,200	1,800	2,400	3,000
605 CC	300	700	1,400	2,100	2,800	3,500
605 DS	300	700	1,400	2,100	2,800	3,500
605 ES CC	300	700	1,400	2,100	2,800	3,500
605 ES DS	400	800	1,600	2,400	3,200	4,000
1995						
250 CC	300	600	1,200	1,800	2,400	3,000
250 LQ	150	300	600	900	1,200	1,500
260 LQ	150	300	600	900	1,200	1,500
350 CC	300	700	1,400	2,100	2,800	3,500
350 DS	400	800	1,600	2,400	3,200	4,000
350 ES CC	400	800	1,600	2,400	3,200	4,000
350 ES DS	450	900	1,800	2,700	3,600	4,500
406 CC	300	600	1,200	1,800	2,400	3,000
605 CC	300	700	1,400	2,100	2,800	3,500
605 DS	300	700	1,400	2,100	2,800	3,500
605 ES CC	300	700	1,400	2,100	2,800	3,500
605 ES DS	400	800	1,600	2,400	3,200	4,000
1996						
250 CC LTD	300	600	1,200	1,800	2,400	3,000
250 LQ 96	150	300	600	900	1,200	1,500
260 LQ 96	150	300	600	900	1,200	1,500
350 CC KS	300	600	1,200	1,800	2,400	3,000
350 ES CC	400	800	1,600	2,400	3,200	4,000
350 ES DS	450	900	1,800	2,700	3,600	4,500
406 CC LTD	300	600	1,200	1,800	2,400	3,000
605 CC KS	300	700	1,400	2,100	2,800	3,500
605 ES CC	400	800	1,600	2,400	3,200	4,000
605 ES DS	400	800	1,600	2,400	3,200	4,000
605 LE Police	400	800	1,600	2,400	3,200	4,000
1997						
250 LQ 96	150	300	600	900	1,200	1,500
260 LQ 96	150	300	600	900	1,200	1,500
350 CC	300	700	1,400	2,100	2,800	3,500
350 CC ES	300	700	1,400	2,100	2,800	3,500
350 DS	400	800	1,600	2,400	3,200	4,000
605 CC	300	700	1,400	2,100	2,800	3,500
605 CC ES	400	800	1,600	2,400	3,200	4,000
605 DS	400	800	1,600	2,400	3,200	4,000
605 LE Police	400	800	1,600	2,400	3,200	4,000
1998						
250 LQ	150	300	600	900	1,200	1,500
260 LQ	150	300	600	900	1,200	1,500
350 CC	300	700	1,400	2,100	2,800	3,500
350 CC ES	300	700	1,400	2,100	2,800	3,500
350 Enduro	400	800	1,600	2,400	3,200	4,000
600 DT	400	800	1,600	2,400	3,200	4,000

	6	5	4	3	2	1
600 DT ES	400	800	1,600	2,400	3,200	4,000
605 CC	400	800	1,600	2,400	3,200	4,000
605 CC ES	400	800	1,600	2,400	3,200	4,000
605 Enduro	400	800	1,600	2,400	3,200	4,000
605 Police LE	400	800	1,600	2,400	3,200	4,000
1999						
50 CC	100	200	400	600	800	1,000
50 MX	100	200	400	600	800	1,000
250 LQ	150	300	600	900	1,200	1,500
260 LO	500	1,000	1,500	2,000	2,500	3,000
350 CC	300	700	1,400	2,100	2,800	3,500
350 CC ES	300	700	1,400	2,100	2,800	3,500
350 Enduro	400	800	1,600	2,400	3,200	4,000
490 CC ES	350	700	1,400	2,000	2,600	3,200
490 Enduro	300	700	1,400	2,100	2,800	3,500
500 DTE	350	700	1,400	2,000	2,600	3,200
600 DT	400	800	1,600	2,400	3,200	4,000
600 DTE	400	800	1,600	2,400	3,200	4,000
605 CC	400	800	1,600	2,400	3,200	4,000
605 CC ES	400	800	1,600	2,400	3,200	4,000

BENELLI

	6	5	4	3	2	1
1919						
Single (75cc single)	20,000	40,000	80,000	120K	160K	200K
1921						
Velomotore A (98cc single)	20,000	40,000	80,000	120K	160K	200K
Velomotore B (123cc single)	20,000	40,000	80,000	120K	160K	200K
1924						
Motoleggera 1hp Tipo A (98cc single)	15,000	30,000	60,000	90,000	120K	150K
Motoleggera 1.25hp Tipo B (123cc single)	20,000	40,000	80,000	120K	160K	200K
Motoleggera 147 Tipo Sport (147cc single)	20,000	40,000	80,000	120K	160K	200K
1925						
Motoleggera 1254 Tipo Sport (123cc single)	20,000	40,000	80,000	120K	160K	200K
1926						
Bicicleta a Motore Tipo Signora (123cc single)	20,000	40,000	80,000	120K	160K	200K
1927						
175 Sport (172cc single)	2,500	5,000	10,000	15,000	20,000	25,000
1928						
175 Turismo (172cc single)	2,500	5,000	10,000	15,000	20,000	25,000
1929						
175 Extra Lusso (172cc single)	2,500	5,000	10,000	15,000	20,000	25,000
1930						
175 Gran Lusso (172cc single)	2,500	5,000	10,000	15,000	20,000	25,000
1931						
175 Gran Sport Monza (172cc single)	2,500	5,000	10,000	15,000	20,000	25,000
1933						
175 Con Carrozzino (172cc single)	2,500	5,000	10,000	15,000	20,000	25,000
175 Furgoncino (172cc single)	2,500	5,000	10,000	15,000	20,000	25,000
500 Turismo (493cc single)	5,000	10,000	20,000	30,000	40,000	50,000
1934						
220 Sport (215cc single)	2,500	5,000	10,000	15,000	20,000	25,000
220 Turismo (215cc single)	2,500	5,000	10,000	15,000	20,000	25,000
500 Sport (493cc single)	5,000	10,000	20,000	30,000	40,000	50,000
1935						
250 Turismo (246cc single)	2,500	5,000	10,000	15,000	20,000	25,000
500 Monalbero Sport (493cc single)	5,000	10,000	20,000	30,000	40,000	50,000
1936						
500 M36 Mototriciclo (493cc single)	5,000	10,000	20,000	30,000	40,000	50,000
1937						
250 M37 (246cc single)	1,500	3,000	6,000	9,000	12,000	15,000

	6	5	4	3	2	1
250 Sport (246cc single)	1,500	3,000	6,000	9,000	12,000	15,000
1938						
Single (250cc)	1,000	2,000	4,000	6,000	8,000	10,000
500 Motocarro (493cc single)	2,000	4,000	8,000	12,000	16,000	20,000
Grand Prix (500cc)	2,000	4,000	8,000	12,000	16,000	20,000
1939						
500 Turismo (493cc single)	2,000	4,000	8,000	12,000	16,000	20,000
1940						
250 4TSS Monotubo (246cc single)	1,500	3,000	6,000	9,000	12,000	15,000
500 VTA (493cc single)	2,000	4,000	8,000	12,000	16,000	20,000
500 VLC (493cc single)	2,000	4,000	8,000	12,000	16,000	20,000
500 VLM (493cc single)	2,000	4,000	8,000	12,000	16,000	20,000
500 VLMB (493cc single)	2,000	4,000	8,000	12,000	16,000	20,000
1941						
250 Monotubo SS (246cc single)	1,500	3,000	6,000	9,000	12,000	15,000
1942						
250 Four (246cc four)	2,000	4,000	8,000	12,000	16,000	20,000
1949						
Letizia Series 1 (97cc single)	1,000	2,000	3,000	4,000	5,000	6,000
1950						
Letizia Series 2 (97cc single)	1,000	2,000	3,000	4,000	5,000	6,000
1951						
Leoncino 125 (123cc single)	1,000	2,000	3,000	4,000	5,000	6,000
1952						
Leoncino 125 Normale (123cc single)	1,000	2,000	3,000	4,000	5,000	6,000
Leoncino 125 Sport (123cc single)	1,000	2,000	3,000	4,000	5,000	6,000
Leoncino 125 Carenato (123cc single)	1,000	2,000	3,000	4,000	5,000	6,000
1953						
Normale 125 (123cc single)	1,000	2,000	3,000	4,000	5,000	6,000
Leoncino Sport 125 (123cc single)	1,000	2,000	3,000	4,000	5,000	6,000
1954						
90cc	1,000	2,000	3,000	4,000	5,000	6,000
Montofurgoncino Leoncino 125 (123cc single)	1,000	2,000	3,000	4,000	5,000	6,000
Leonnessa OHV 250 (247cc single)	1,000	2,000	4,000	6,000	8,000	10,000
1955						
Normale 125 (123cc single)	1,000	2,000	3,000	4,000	5,000	6,000
Lusso 125 (123cc single)	1,000	2,000	3,000	4,000	5,000	6,000
Sport 125 (123cc single)	1,000	2,000	3,000	4,000	5,000	6,000
Furgonne 125 (123cc single)	1,000	2,000	3,000	4,000	5,000	6,000
Leonnessa OHV 250 (247cc single)	1,000	2,000	4,000	6,000	8,000	10,000
1956						
Leoncino Normale 125 (123cc single)	1,000	2,000	3,000	4,000	5,000	6,000
Leoncino Sport 125 (123cc single)	1,000	2,000	3,000	4,000	5,000	6,000
Leoncino Normale OHV 125 (123cc single)	1,000	2,000	3,000	4,000	5,000	6,000
Leoncino Sport OHV 125 (123cc single)	1,000	2,000	3,000	4,000	5,000	6,000
Triporteur 150 (145cc single)	1,000	2,000	3,500	5,000	6,500	8,000
Rickshaw 150 (145cc single)	1,000	2,000	3,500	5,000	6,500	8,000
Leonnessa OHV 250 (247cc single)	1,000	2,000	4,000	6,000	8,000	10,000
1957						
Leoncino Normal 125 (123cc single)	1,000	2,000	3,000	4,000	5,000	6,000
Leoncino Sport 125 (123cc single)	1,000	2,000	3,000	4,000	5,000	6,000
Leoncino Lusso 125 (123cc single)	1,000	2,000	3,000	4,000	5,000	6,000
Leoncino Normal SOHC (123cc single)	1,000	2,000	3,000	4,000	5,000	6,000
Leoncino Sport SOHC (123cc single)	1,000	2,000	3,000	4,000	5,000	6,000
Triporteur 150 (145cc single)	1,000	2,000	3,500	5,000	6,500	8,000
Rickshaw 150 (145cc single)	1,000	2,000	3,500	5,000	6,500	8,000
Leonnessa OHV 250 (247cc single)	1,000	2,000	4,000	6,000	8,000	10,000
1958						
Leoncino Normal 125 (123cc single)	1,000	2,000	3,000	4,000	5,000	6,000
Leoncino Sport 125 (123cc single)	1,000	2,000	3,000	4,000	5,000	6,000

	6	5	4	3	2	1
Leoncino Luxe 125 (123cc single)	1,000	2,000	3,000	4,000	5,000	6,000
Leoncino Normal SOHC (123cc single)	1,000	2,000	3,000	4,000	5,000	6,000
Leoncino Sport OOI IO (123cc single)	1,000	2,000	3,000	4,000	5,000	6,000
Leoncino 150 (145cc single)	1,000	2,000	3,500	5,000	6,500	8,000
Triporteur 150 (145cc single)	1,000	2,000	3,500	5,000	6,500	8,000
Rickshaw 150 (145cc single)	1,000	2,000	3,500	5,000	6,500	8,000
Leonnessa OHV 250 (247cc single)	1,000	2,000	4,000	6,000	8,000	10,000
1959						
Export 49 (49cc single)	400	800	1,600	2,400	3,200	4,000
Normal 49 (49cc single)	400	800	1,600	2,400	3,200	4,000
Sport 49 (49cc single)	400	800	1,600	2,400	3,200	4,000
Scooter 49 (49cc single)	400	800	1,600	2,400	3,200	4,000
Scooter 52 (52cc single)	400	800	1,600	2,400	3,200	4,000
Leoncino Normal 125 (123cc single)	1,000	2,000	3,000	4,000	5,000	6,000
Leoncino Sport 125 (123cc single)	1,000	2,000	3,000	4,000	5,000	6,000
Leoncino Normale OHV 125 (123cc single)	1,000	2,000	3,000	4,000	5,000	6,000
Leoncino Sport OHV 125 (123cc single)	1,000	2,000	3,000	4,000	5,000	6,000
Leoncino 150 (145cc single)	1,000	2,000	3,500	5,000	6,500	8,000
Triporteur 150 (145cc single)	1,000	2,000	3,500	5,000	6,500	8,000
Rickshaw 150 (145cc single)	1,000	2,000	3,500	5,000	6,500	8,000
Tempi Normale OHV 175 (173cc single)	1,000	2,000	4,000	5,500	7,000	8,500
Tempi Extra OHV 175 (173cc single)	1,000	2,000	4,000	5,500	7,000	8,500
Leonnessa OHV 250 (247cc single)	1,000	2,000	4,000	6,000	8,000	10,000
1960						
Trail Sport (48cc)	300	500	700	1,600	3,400	5,500
Touring OHV (125cc)	300	500	800	1,700	3,800	5,600
160 (160cc single)	300	500	800	1,700	3,800	5,600
Super Sport 175 (173cc single)	500	2,000	3,000	4,000	5,000	6,000
Sprite OHV (200cc)	500	2,000	3,000	4,000	5,000	6,000
1961						
Trail Sport (48cc)	300	500	700	1,600	3,400	5,500
Touring OHV (125cc)	300	500	800	1,700	3,800	5,600
Sprite OHV (200cc)	500	2,000	3,000	4,000	5,000	6,000
1962						
Trail Sport (48cc)	300	500	700	1,600	3,400	5,500
Touring OHV (125cc)	300	500	800	1,700	3,800	5,600
Sprite OHV (200cc)	500	2,000	3,000	4,000	5,000	6,000
Sprite OHV (250cc)	500	2,000	3,000	4,000	5,000	6,000
1963						
Trail Sport (48cc)	300	500	700	1,600	3,200	4,800
Touring OHV (125cc)	300	500	800	1,700	3,600	5,400
Sprite OHV (200cc)	300	500	900	1,900	3,800	5,500
Sprite OHV (250cc)	400	600	900	2,100	4,300	6,500
1964						
Trail Sport (48cc)	300	500	700	1,600	3,200	4,800
Touring OHV (125cc)	300	500	800	1,700	3,600	5,400
Sprite OHV (200cc)	300	500	900	1,900	3,800	5,500
Sprite OHV (250cc)	400	600	900	2,100	4,300	6,500
1965						
Trail Sport (48cc)	300	500	700	1,500	3,000	4,500
Touring OHV (125cc)	300	500	800	1,600	3,200	4,800
Sprite OHV (200cc)	300	500	900	1,800	3,400	5,000
Sprite OHV (250cc)	400	600	900	2,000	3,700	5,400
1966						
Trail (50cc)	200	400	600	1,100	2,300	3,500
Fireball (50cc)	200	400	600	1,100	2,400	3,700
Cobra (125cc)	300	500	800	1,500	2,700	3,900
Cobra Scrambler (125cc)	300	500	900	1,600	3,100	4,600
Sprite (125cc)	200	400	600	1,200	2,500	3,800
Sprite (200cc)	200	400	700	1,300	2,700	4,000

	6	5	4	3	2	1
Barracuda (250cc)	500	1,000	1,500	3,000	4,500	6,000
1967						
Automatic (50cc)	200	300	500	900	1,900	2,900
Fireball (50cc)	200	400	600	1,100	2,400	3,700
Mini Bike (50cc)	100	200	400	800	1,300	1,800
Trail (50cc)	200	400	600	1,100	2,300	3,500
Mini Sprite (100cc)	200	300	600	900	1,600	2,300
Cobra (125cc)	300	500	800	1,500	2,700	3,900
Cobra California (125cc)	300	500	900	1,600	2,800	4,000
Cobra Scrambler (125cc)	300	500	900	1,700	3,000	4,300
Sprite (125cc)	200	400	600	1,200	2,500	3,800
Sprite (200cc)	200	400	700	1,300	2,700	4,100
Barracuda (250cc)	500	1,000	1,500	3,000	4,500	6,000
Barracuda California (250cc)	500	1,000	1,500	3,000	4,500	6,000
1968						
Buzzer (50cc)	200	400	600	1,000	1,900	2,800
Dynamo Compact (50cc)	200	400	500	900	1,800	2,700
Fireball Trail (50cc)	200	400	500	900	1,800	2,700
Mini Sprite (100cc)	200	300	600	900	1,500	2,100
Cobra Scrambler (125cc)	300	500	900	1,600	2,800	4,000
Sprite 4 Speed (125cc)	200	400	500	900	2,200	3,500
Sprite 5 Speed (125cc)	200	400	600	1,100	2,300	3,500
Sprite (200cc)	300	500	700	1,200	2,400	3,600
Barracuda (250cc)	500	1,000	1,500	3,000	4,500	6,000
Barracuda 5 Speed (250cc)	500	1,000	1,500	3,000	4,500	6,000
Scorcher (360cc)	300	500	800	1,400	2,600	3,800
Tornado (650cc twin)	750	1,500	3,000	4,500	6,000	7,500
1969						
Buzzer (50cc)	200	400	600	1,000	1,900	2,800
Dynamo (50cc)	200	400	500	900	1,800	2,700
Dynamo Scrambler (50cc)	300	500	800	1,100	2,000	3,000
Fireball (50cc)	200	400	500	900	1,800	2,700
Hornet (50cc)	200	400	500	900	1,800	2,700
Maverick (50cc)	200	400	500	900	1,800	2,700
Cobra California (125cc)	400	600	700	1,100	2,100	3,100
Cobra Scrambler (125cc)	300	500	900	1,600	2,800	4,000
El Diablo 4 Speed (125cc)	200	400	600	1,100	2,300	3,500
El Diablo California (125cc)	200	400	600	1,100	2,300	3,500
Sprite 4 Speed (125cc)	200	400	500	900	2,200	3,500
Sprite 5 Speed (125cc)	200	400	600	1,100	2,300	3,500
Sprite California (125cc)	200	400	500	900	2,200	3,500
El Diablo 4 Speed (200cc)	300	500	700	1,100	2,400	3,700
Sprite (200cc)	300	500	700	1,200	2,400	3,600
Sprite California (200cc)	200	400	500	900	2,200	3,500
Barracuda 4 Speed (250cc)	500	1,000	1,500	3,000	4,500	6,000
Barracuda 5 Speed (250cc)	500	1,000	1,500	3,000	4,500	6,000
Barracuda California 4 Speed (250cc)	500	1,000	1,500	3,000	4,500	6,000
Barracuda California 5 Speed (250cc)	500	700	1,000	1,800	3,500	5,200
El Diablo 4 Speed (250cc)	300	500	700	1,200	2,500	3,800
El Diablo 5 Speed (250cc)	400	600	900	1,200	2,600	4,000
Tornado (650cc twin)	750	1,500	3,000	4,500	6,000	7,500
1970						
Buzzer-Hornet (60cc)	200	400	600	1,000	1,900	2,800
Cougar (60cc)	200	400	600	1,000	1,900	2,800
Dynamo Compact (65cc)	300	500	700	1,000	2,000	3,000
Dynamo Scrambler (65cc)	300	500	700	1,000	2,000	3,000
Dynamo Woodsbike (65cc)	300	500	700	1,000	2,000	3,000
Cobra Scrambler (125cc)	300	500	700	1,000	2,100	3,200
Sprite 5 Speed (125cc)	200	400	600	1,100	2,300	3,500
Volcano (180cc)	300	500	700	1,100	2,100	3,100

	6	5	4	3	2	1
Sprite El Diablo (200cc)	300	500	700	1,200	2,400	3,600
Barracuda Supersport (250cc)	500	1,000	1,500	3,000	4,500	6,000
Tornado (650cc twin)	750	1,500	3,000	4,500	6,000	7,500
1971						
Buzzer-Hornet (60cc)	200	400	600	1,000	1,900	2,800
Cougar (60cc)	200	400	600	1,000	1,900	2,800
Dynamo Compact (65cc)	300	500	700	1,000	2,000	3,000
Dynamo Scrambler (65cc)	300	500	700	1,000	2,000	3,000
Dynamo Woodsbike (65cc)	300	500	700	1,000	2,000	3,000
Hurricane (65cc)	300	500	700	1,000	2,000	3,000
Sprite 5 Speed (125cc)	300	500	600	1,100	2,300	3,500
Motocross (175cc)	300	500	700	1,000	2,000	3,000
Motocross (180cc)	300	500	700	1,100	2,100	3,100
Volcano (180cc)	300	500	700	1,100	2,100	3,100
Barracuda Supersport (250cc)	500	1,000	1,500	3,000	4,500	6,000
Tornado (650cc twin)	500	700	1,200	2,800	4,500	6,200
1972						
Buzzer (65cc)	200	400	600	900	1,900	2,900
Buzzer Jr (65cc)	300	500	700	1,000	2,000	3,000
Cougar (65cc)	200	400	600	900	1,900	2,900
Dynamo Compact (65cc)	200	400	600	900	1,900	2,900
Dynamo Trail (65cc)	200	400	600	900	1,900	2,900
Dynamo Woodsbike (65cc)	200	400	600	900	1,900	2,900
Hornet (65cc)	200	400	600	900	1,900	2,900
Hurricane (65cc)	200	400	600	900	1,900	2,900
Banshee (90cc)	300	500	700	1,000	2,100	3,200
Mini Enduro (90cc)	300	500	700	1,000	2,100	3,200
Panther (125cc)	300	500	700	1,100	2,100	3,100
Road Trail (125cc)	300	500	700	1,000	2,100	3,200
Enduro (175cc)	300	500	700	1,000	2,100	3,200
Volcano (180cc)	300	500	700	1,100	2,100	3,100
Twin Super Sport (250cc)	400	600	800	1,100	2,300	3,500
Tornado (650cc twin)	750	1,500	3,000	4,500	6,000	7,500
1973						
Buzzer (65cc)	200	400	600	900	1,900	2,900
Compact Chopper (65cc)	300	500	700	1,100	2,100	3,100
Dynamo Compact (65cc)	200	400	600	900	1,900	2,900
Dynamo Sidehack (65cc)	200	400	600	900	1,900	2,900
Dynamo Trail (65cc)	200	400	600	900	1,900	2,900
Dynamo Woodsbike (65cc)	200	400	600	900	1,900	2,900
Hornet (65cc)	200	400	600	900	1,900	2,900
Hurricane (65cc)	200	400	600	900	1,900	2,900
Mini Enduro (65cc)	200	400	600	900	1,900	2,900
Banshee (90cc)	300	500	700	1,000	2,100	3,200
Panther (125cc)	300	500	700	1,100	2,100	3,100
Enduro (175cc)	300	500	700	1,100	2,100	3,100
Volcano (180cc)	300	500	700	1,100	2,100	3,100
Phantom (250cc twin)	300	500	700	1,100	2,100	3,100
Supersport (250cc)	400	600	800	1,200	2,300	3,500
Tornado (650cc twin)	750	1,500	3,000	4,500	6,000	7,500
1974						
Dynamo Compact (65cc)	200	300	500	900	1,900	2,900
Dynamo Trail (65cc)	200	300	500	900	1,900	2,900
Dynamo Woodsbike (65cc)	200	300	500	900	1,900	2,900
Mini Enduro (65cc)	200	300	500	900	1,900	2,900
Banshee (90cc)	200	400	600	900	1,900	2,900
Panther (125cc)	200	400	600	1,000	2,100	3,200
Enduro (175cc)	200	400	600	900	1,900	2,900
Volcano (180cc)	200	400	600	900	1,900	2,900
Phantom (250cc twin)	200	400	600	1,000	2,100	3,200

	6	5	4	3	2	1
Supersport (250cc)	400	600	800	1,200	2,300	3,500
Quattro 4 Cylinder (500cc)	900	1,500	3,000	5,000	7,000	9,000
Tornado (650cc twin)	750	1,500	3,000	4,500	6,000	7,500
SEI 6 Cylinder (750cc)	1,500	3,000	6,000	10,000	13,000	16,000
1975						
Dynamo Compact (65cc)	200	300	500	900	1,900	2,900
Dynamo Trail (65cc).	200	300	500	900	1,900	2,900
Dynamo Woodsbike (65cc)	200	300	500	900	1,900	2,900
Mini Enduro (65cc)	200	300	500	900	1,900	2,900
Banshee (90cc)	200	400	600	900	1,900	2,900
Enduro (175cc)	200	400	600	900	1,900	2,900
Volcano (180cc).	200	400	600	900	1,900	2,900
Phantom (250cc twin).	200	400	600	1,000	2,100	3,200
Quattro 4 Cylinder (500cc)	900	1,500	3,000	5,000	7,000	9,000
Tornado (650cc twin)	750	1,500	3,000	4,500	6,000	7,500
SEI 6 Cylinder (750cc)	1,500	3,000	6,000	10,000	13,000	16,000
1976						
Dynamo Trail (65cc).	200	300	500	900	1,900	2,900
Dynamo Woodsbike (65cc)	200	300	500	900	1,900	2,900
Mini Enduro (65cc)	200	300	500	900	1,900	2,900
Banshee (90cc)	200	400	600	900	1,900	2,900
Panther (125cc)	200	400	600	1,000	2,100	3,200
Enduro (175cc)	200	400	600	900	1,900	2,900
Phantom (250cc twin).	200	400	600	1,000	2,100	3,200
Quattro 4 Cylinder (500cc)	900	1,500	3,000	5,000	7,000	9,000
Tornado (650cc twin)	750	1,500	3,000	4,500	6,000	7,500
SEI 6 Cylinder (750cc)	1,500	3,000	6,000	10,000	13,000	16,000
1977						
Dynamo Trail (65cc).	200	300	500	900	1,900	2,900
Dynamo Woodsbike (65cc)	200	300	500	900	1,900	2,900
Mini Enduro (65cc)	200	300	500	900	1,900	2,900
Enduro (175cc)	200	400	600	900	1,900	2,900
Phantom (250cc twin).	200	400	600	1,000	2,100	3,200
Quattro 4 Cylinder (500cc)	900	1,500	3,000	5,000	7,000	9,000
Tornado (650cc twin)	300	500	900	1,800	3,500	5,200
SEI 6 Cylinder (750cc)	1,500	3,000	6,000	10,000	13,000	16,000
1978						
Dynamo Woodsbike (65cc)	200	300	500	900	1,900	2,900
Phantom (250cc twin).	200	400	600	1,000	2,100	3,200
Quattro 4 Cylinder (500cc)	900	1,500	3,000	5,000	7,000	9,000
Tornado (650cc twin)	750	1,500	3,000	4,500	6,000	7,500
SEI 6 Cylinder (750cc)	1,500	3,000	6,000	10,000	13,000	16,000
1979						
Dynamo Woodsbike (65cc)	200	300	500	900	1,900	2,900
Phantom (250cc twin).	200	400	600	1,000	2,100	3,200
Quattro 4 Cylinder (500cc)	900	1,500	3,000	5,000	7,000	9,000
Tornado (650cc twin)	300	500	900	1,800	3,500	5,200
SEI 6 Cylinder (750cc)	1,500	3,000	6,000	10,000	13,000	16,000
SEI 6 Cylinder (906cc)	1,500	3,000	6,000	9,000	12,000	15,000
1980						
Quattro 4 Cylinder (250cc)	1,000	2,000	3,000	4,000	5,000	6,000
Quattro 4 Cylinder (500cc)	900	1,500	3,000	5,000	7,000	9,000
SEI 6 Cylinder (750cc)	1,500	3,000	6,000	10,000	13,000	16,000
SEI 6 Cylinder (906cc)	1,500	3,000	6,000	9,000	12,000	15,000
1981						
C2 Long St (50cc single)	200	300	500	900	1,900	2,900
250/4 (250cc four).	1,000	2,000	3,000	4,000	5,000	6,000
Quattro 4 Cylinder (500cc)	700	1,000	2,000	3,000	5,000	7,000
SEI 6 Cylinder (750cc)	1,500	3,000	6,000	10,000	13,000	16,000
SEI 6 Cylinder (906cc)	1,500	3,000	6,000	9,000	12,000	15,000

	6	5	4	3	2	1
1982						
250/4 (250cc four).	1,000	2,000	3,000	4,000	5,000	6,000
SEI 6 Cylinder (750cc)	1,500	3,000	6,000	10,000	13,000	16,000
SEI 6 Cylinder (906cc)	1,500	3,000	6,000	9,000	12,000	15,000
1983						
SEI 6 Cylinder (750cc)	1,500	3,000	6,000	10,000	13,000	16,000
SEI 6 Cylinder (906cc)	1,500	3,000	6,000	9,000	12,000	15,000
1984						
SEI 6 Cylinder (750cc)	1,500	3,000	6,000	10,000	13,000	16,000
SEI 6 Cylinder (906cc)	1,500	3,000	6,000	9,000	12,000	15,000
1985						
G2 (50cc single)	200	300	500	900	1,900	2,900
SEI 6 Cylinder (906cc)	1,500	3,000	6,000	9,000	12,000	15,000
1986						
SEI 6 Cylinder (906cc)	1,500	3,000	6,000	9,000	12,000	15,000
1987						
SEI 6 Cylinder (906cc)	1,500	3,000	6,000	9,000	12,000	15,000
1988						
SEI 6 Cylinder (906cc)	1,500	3,000	6,000	9,000	12,000	15,000
1989						
SEI 6 Cylinder (906cc)	1,500	3,000	6,000	9,000	12,000	15,000

BETA

	6	5	4	3	2	1
1971						
Nevada 50 (49cc single)	100	200	400	600	1,000	1,500
1975						
Cross 250 (250cc single)	100	200	400	600	1,000	1,500
1985						
TR32 Trials	100	200	400	600	1,000	1,500
1986						
TR32 Trials	100	200	400	600	1,000	1,500
TR33 Trials	100	200	400	600	1,000	1,500
Trekking 230	100	200	500	700	1,200	1,800
1987						
TR33 Trials	100	200	400	600	1,000	1,500
TR34 Trials	100	200	400	600	1,000	1,500
TR50 Trials	100	200	400	600	1,000	1,500
Trekking 230	100	200	400	600	1,000	1,500
1988						
TR34 Trials	100	200	400	600	1,000	1,500
Trekking	100	200	400	600	1,100	1,600
1989						
Mini Trail 50	100	200	300	600	1,000	1,400
Alp 240	100	300	600	900	1,500	2,100
TR 34 Campionato	100	200	300	600	1,000	1,400
TR 34 Replica.	100	200	500	700	1,200	1,700
1990						
Alp	100	300	500	800	1,200	1,600
TR34C 125	100	300	600	900	1,500	2,100
TR34C 240	100	300	600	900	1,500	2,100
TR34C 260	200	500	800	1,200	1,800	2,400
1991						
TR35 50.	100	200	300	600	1,000	1,400
TR35 125	100	300	600	900	1,500	2,100
TR35 240	100	300	600	900	1,500	2,100
TR35 260	300	500	1,000	1,400	2,000	2,600
Trial Mini	100	200	300	600	1,000	1,400
Trial-Alp 260.	300	500	1,000	1,400	2,000	2,600
Zero 240	100	300	600	900	1,500	2,100
Zero 260	300	500	1,000	1,400	2,000	2,600

	6	5	4	3	2	1
1992						
Trial Mini	100	200	300	600	1,000	1,400
Alp 240	100	300	600	900	1,500	2,100
Supertrial 240	100	300	700	1,200	1,800	2,400
Synt 260	300	500	1,000	1,400	2,000	2,600
Zero 260	300	500	1,000	1,400	2,000	2,600
1993						
Alp 240	100	300	600	900	1,500	2,100
Supertrial 240	100	300	700	1,200	1,800	2,400
Gara 260	300	500	1,000	1,400	2,000	2,600
Synt 260	100	300	600	900	1,500	2,100
1994						
Alp 50	100	200	300	600	1,000	1,400
MX 50R	100	200	300	600	1,000	1,400
RK 6 50	100	200	300	600	1,000	1,400
Super Trial 50	100	200	300	600	1,000	1,400
Trial Mini 50	100	200	300	600	1,000	1,400
Trial Mini Auto 50	100	200	300	600	1,000	1,400
Zero 50	100	200	300	600	1,000	1,400
Synt 125	100	200	500	700	1,200	1,700
Alp 240	100	300	600	900	1,500	2,100
Super Trial 240	100	200	700	1,200	1,800	2,400
Techno 250	300	500	1,000	1,400	2,000	2,600
Synt 260	100	300	600	900	1,500	2,100
1995						
Aero 50	100	200	400	600	800	1,000
Alp 240	200	400	800	1,200	1,600	2,000
Alp 250	100	200	400	600	800	1,000
Synt 260	200	400	800	1,200	1,600	2,000
Techno 50	100	200	400	600	800	1,000
Techno 125	200	400	600	800	1,000	1,200
Techno 250	300	600	1,200	1,800	2,400	3,000
1996						
Alp 260	250	500	1,000	1,500	2,000	2,500
Techno 50	100	200	400	600	800	1,000
Techno 125	200	400	600	800	1,000	1,200
Techno 250	300	600	1,200	1,800	2,400	3,000
1997						
Alp 250	200	400	600	800	1,000	1,200
Mini Trail	100	200	400	600	800	1,000
RKG	100	200	400	600	800	1,000
Super Trail	100	200	400	600	800	1,000
Techno 125	200	400	600	800	1,000	1,200
Techno 250	300	600	1,200	1,800	2,400	3,000
1998						
Alp 250	200	400	600	800	1,000	1,200
Techno 200	250	500	1,000	1,500	2,000	2,500
Techno 250	300	600	1,200	1,800	2,400	3,000
Techno 280	350	700	1,400	2,100	2,800	3,500
1999						
Alp 250	200	400	600	800	1,000	1,200
Techno 200	250	500	1,000	1,500	2,000	2,500
Techno 250	300	600	1,200	1,800	2,400	3,000
Techno 280	350	700	1,400	2,100	2,800	3,500

BIMOTA

	6	5	4	3	2	1
1974						
YB1 (350cc twin)-12 made	2,500	5,000	10,000	15,000	20,000	25,000
1975						
YB1 (350cc twin)-12 made	2,500	5,000	10,000	15,000	20,000	25,000

	6	5	4	3	2	1
HB1 (750cc four)-10 made	5,000	10,000	20,000	30,000	40,000	50,000
SB1 (500cc twin)-50 made	2,500	5,000	10,000	15,000	20,000	25,000
1976						
HB1-(750cc four) 10 made	5,000	10,000	20,000	30,000	40,000	50,000
HDB1 (500cc single)-1 made	2,500	5,000	10,000	15,000	20,000	25,000
HDB2 (250cc single)-35 made	2,500	5,000	10,000	15,000	20,000	25,000
HDB3 (350cc single)-2 made	2,500	5,000	10,000	15,000	20,000	25,000
SB1 (500cc twin)-50 made	2,500	5,000	10,000	15,000	20,000	25,000
1977						
YB2 (350cc twin)-15 made	2,500	5,000	10,000	15,000	20,000	25,000
HDB1 (500cc single)-1 made	2,500	5,000	10,000	15,000	20,000	25,000
HDB2 (250cc single)-35 made	2,500	5,000	10,000	15,000	20,000	25,000
HDB3 (350cc single)-2 made	2,500	5,000	10,000	15,000	20,000	25,000
SB1 (500cc twin)-50 made	2,500	5,000	10,000	15,000	20,000	25,000
SB2 (743cc four)-140 made	5,000	10,000	20,000	30,000	40,000	50,000
1978						
YB3 (350cc twin)-15 made	2,500	5,000	10,000	15,000	20,000	25,000
KB1 (900cc four)-319 made	2,500	5,000	10,000	15,000	20,000	25,000
SB2 (743cc four)-140 made	5,000	10,000	20,000	30,000	40,000	50,000
1979						
YB3 (350cc twin)-15 made	2,500	5,000	10,000	15,000	20,000	25,000
KB1 (900cc four)-319 made	2,500	5,000	10,000	15,000	20,000	25,000
SB2 (743cc four)-140 made	5,000	10,000	20,000	30,000	40,000	50,000
SB2/80 (743cc four)-30 made	2,500	5,000	10,000	15,000	20,000	25,000
1980						
YB3 (350cc twin)-15 made	2,500	5,000	10,000	15,000	20,000	25,000
KB1 (900cc four)-319 made	2,500	5,000	10,000	15,000	20,000	25,000
YB7 (400cc)-321 made	500	1,000	2,500	4,000	5,500	7,000
SB2/80 (743cc four)-30 made	2,500	5,000	10,000	15,000	20,000	25,000
SB3 (987cc)-402 made	1,500	3,000	6,000	9,000	12,000	15,000
1981						
KB1 (900cc four)-319 made	2,500	5,000	10,000	15,000	20,000	25,000
KB1 T2 (1000cc four)-508 made	1,500	3,000	6,000	9,000	12,000	15,000
KB2 Laser (543cc four)-37 made	1,500	3,000	6,000	9,000	12,000	15,000
KB2J (543cc four)-37 made	1,500	3,000	6,000	9,000	12,000	15,000
KB2S (543cc four)-72 made	1,500	3,000	6,000	9,000	12,000	15,000
KB2TT (543cc four)-62 made	1,500	3,000	6,000	9,000	12,000	15,000
SB3 (987cc)-402 made	1,500	3,000	6,000	9,000	12,000	15,000
1982						
KB1 T2 (1000cc four)-508 made	1,500	3,000	6,000	9,000	12,000	15,000
KB2 Laser (543cc four)-37 made	1,500	3,000	6,000	9,000	12,000	15,000
KB2J (543cc four)-37 made	1,500	3,000	6,000	9,000	12,000	15,000
KB2S (543cc four)-72 made	1,500	3,000	6,000	9,000	12,000	15,000
KB2TT (543cc four)-62 made	1,500	3,000	6,000	9,000	12,000	15,000
HB2 (900cc four)-193 made	1,500	3,000	6,000	9,000	12,000	15,000
SB3 (987cc)-402 made	1,500	3,000	6,000	9,000	12,000	15,000
1983						
HB2 (900cc four)-193 made	1,500	3,000	6,000	9,000	12,000	15,000
HB3 (1062cc four)-101 made	1,500	3,000	6,000	9,000	12,000	15,000
KB2 Laser (543cc four)-37 made	1,500	3,000	6,000	9,000	12,000	15,000
KB2J (543cc four)-37 made	1,500	3,000	6,000	9,000	12,000	15,000
KB2S (543cc four)-72 made	1,500	3,000	6,000	9,000	12,000	15,000
KB2TT (543cc four)-62 made	1,500	3,000	6,000	9,000	12,000	15,000
SB3 (987cc four)-402 made	1,500	3,000	6,000	9,000	12,000	15,000
SB4 Mirage (1075cc four)-272 made	1,500	3,000	6,000	9,000	12,000	15,000
1984						
HB3 (1062cc four)-101 made	1,500	3,000	6,000	9,000	12,000	15,000
KB2 Laser (543cc four)-37 made	1,500	3,000	6,000	9,000	12,000	15,000
KB2J (543cc four)-37 made	1,500	3,000	6,000	9,000	12,000	15,000
KB2S (543cc four)-72 made.	1,500	3,000	6,000	9,000	12,000	15,000

	6	5	4	3	2	1
KB2TT (543cc four)-62 made	1,500	3,000	6,000	9,000	12,000	15,000
KB3 (998cc four)-112 made.	1,500	3,000	6,000	9,000	12,000	15,000
SB4 Mirage (1075cc four)-272 made	1,500	3,000	6,000	9,000	12,000	15,000
1985						
DB1 (748cc V-Twin)-453 made	1,000	2,000	4,000	6,000	8,000	10,000
HB3 (1062cc four)-101 made	1,500	3,000	6,000	9,000	12,000	15,000
SB5 (1135cc four)-158 made	1,500	3,000	6,000	9,000	12,000	15,000
1986						
DB1J (400cc single)-52 made.	500	1,000	2,500	4,000	5,500	7,000
DB1 (748cc V-Twin)-453 made	1,000	2,000	4,000	6,000	8,000	10,000
DB1S (748cc V-Twin)-63 made	1,000	2,000	4,000	6,000	8,000	10,000
SB5 (1135cc four)-158 made	1,500	3,000	6,000	9,000	12,000	15,000
1987						
YB4R (749cc four)-2 made	1,500	3,000	6,000	9,000	12,000	15,000
YB5 (1188cc four)-208 made	1,500	3,000	6,000	9,000	12,000	15,000
DB1J (400cc single)-52 made.	500	1,000	2,500	4,000	5,500	7,000
DB1S (748cc V-Twin)-63 made	1,000	2,000	4,000	6,000	8,000	10,000
DB1SR (748cc V-Twin)-153 made.	1,000	2,000	4,000	6,000	8,000	10,000
YB7 (399cc four)-321 made.	500	1,000	2,500	4,000	5,500	7,000
1988						
DB1SR (748cc V-Twin)-153 made.	2,000	4,500	7,500	11,500	14,500	17,500
YB4 EI (749cc four)-303 made	1,500	3,000	6,000	9,000	12,000	15,000
YB4 EI SP (749cc four)-15 made	2,000	4,000	8,000	12,000	16,000	20,000
YB5 (1188cc four)-208 made	1,500	3,000	6,000	9,000	12,000	15,000
YB6 (1003cc four)-546 made	1,500	3,000	6,000	9,000	12,000	15,000
YB7 (399cc four)-321 made.	500	1,000	2,500	4,000	5,500	7,000
1989						
DB1SR (748cc V-Twin)-153 made.	2,000	4,500	7,500	11,500	14,500	17,500
YB4 EI (749cc four)-303 made	1,500	3,000	6,000	9,000	12,000	15,000
YB4 EI SP (749cc four)-15 made	2,000	4,000	8,000	12,000	16,000	20,000
YB6 (1003cc four)-546 made	1,500	3,000	6,000	9,000	12,000	15,000
YB6 Tuatara (1003cc four)-60 made	1,500	3,000	6,000	9,000	12,000	15,000
YB6 Exup (1003cc four)-114 made	1,500	3,000	6,000	9,000	12,000	15,000
1990						
YB6 (1003cc four)-546 made	1,500	3,000	6,000	9,000	12,000	15,000
YB6 Tuatara (1003cc four)-60 made	1,500	3,000	6,000	9,000	12,000	15,000
YB6 Exup (1003cc four)-114 made	1,500	3,000	6,000	9,000	12,000	15,000
Tesi 1D 851 (851cc V-twin)-127 made.	1,500	3,000	6,000	10,000	13,000	16,000
YB8 (1002cc four)-252 made	1,500	3,000	6,000	9,000	12,000	15,000
YB9 Bellaria (599cc four)-145 made	750	1,500	3,000	6,000	9,000	12,000
1991						
YB10 Dieci (1002cc four)-224 made	800	1,200	2,500	6,000	8,000	10,000
Tesi 1D 851 (851cc V-twin)-127 made.	1,500	3,000	6,000	10,000	13,000	16,000
Tesi 1D 906 (904cc V-twin)-20 made	5,000	10,000	15,000	20,000	25,000	30,000
YB8 (1002cc four)-252 made	1,500	3,000	6,000	9,000	12,000	15,000
YB9 Bellaria (599cc four)-145 made	750	1,500	3,000	6,000	9,000	12,000
1992						
YB10 Dieci (1002cc four)-224 made	800	1,200	2,500	6,000	8,000	10,000
Tesi 1DJ (400cc single)-51 made	500	1,000	2,500	4,000	5,500	7,000
Tesi 1D 906 (904cc V-twin)-20 made	2,000	4,000	8,000	12,000	16,000	20,000
Tesi 1DSR (904cc V-twin)-144 made	2,000	4,000	8,000	12,000	16,000	20,000
YB8 (1002cc four)-252 made	1,500	3,000	6,000	9,000	12,000	15,000
YB8 Furano (1002cc four)-152 made	1,500	3,000	6,000	9,000	12,000	15,000
YB9 Bellaria (599cc four)-145 made	750	1,500	3,000	6,000	9,000	12,000
YB10 Biposto (1002cc four)-38 made.	1,500	3,000	6,000	9,000	12,000	15,000
1993						
DB2 (904cc twin)-408 made	1,500	3,000	6,000	9,000	12,000	15,000
YB10 Dieci (1002cc four)-224 made	800	1,200	2,500	6,000	8,000	10,000
YB10 Biposto (1002cc four)-38 made.	1,500	3,000	6,000	9,000	12,000	15,000
Tesi 1DJ (400cc single)-51 made	500	1,000	2,500	4,000	5,500	7,000

	6	5	4	3	2	1
GB1 (750cc)-2 made	2,000	4,000	8,000	12,000	16,000	20,000
Tesi 1DSR (904cc V-twin)-144 made	2,000	4,000	8,000	12,000	16,000	20,000
Tesi 1DES (904cc V twin) 50 made	2,000	4,000	8,000	12,000	16,000	20,000
YB8 Furano (1002cc four)-152 made	1,500	3,000	6,000	9,000	12,000	15,000
YB8E (1002cc four)-169 made	1,500	3,000	6,000	9,000	12,000	15,000
YB9 Bellaria (599cc four)-145 made	750	1,500	3,000	6,000	9,000	12,000
1994						
DB2J (398cc single)-106 made	500	1,000	2,500	4,000	5,500	7,000
DB2 (904cc twin)-408 made	1,500	3,000	6,000	9,000	12,000	15,000
DB2 SR (904cc twin)-157 made	1,500	3,000	6,000	9,000	12,000	15,000
Tesi 1DEF (904cc V-twin)-25 made	2,000	4,000	8,000	12,000	16,000	20,000
SB6 (1052cc four)-1144 made	1,000	2,000	3,500	5,000	6,500	8,000
SB7 (748cc four)-600 made.	500	1,000	2,500	4,000	5,500	7,000
YB8E (1002cc four)-169 made	1,500	3,000	6,000	9,000	12,000	15,000
YB9 SR (599cc four)-651 made.	1,000	2,000	3,500	5,000	6,500	8,000
YB10 Dieci (1002cc four)-224 made	800	1,200	2,500	6,000	8,000	10,000
1995						
DB2J (398cc single)-106 made	500	1,000	2,500	4,000	5,500	7,000
BB1 Supermono (652cc single)-376 made	500	1,000	2,500	4,000	5,500	7,000
DB2 (904cc twin)-408 made	1,500	3,000	6,000	9,000	12,000	15,000
DB2 SR (904cc twin)-157 made	1,500	3,000	6,000	9,000	12,000	15,000
DB3 Mantra (904cc twin)-454 made	1,000	2,000	4,000	6,000	8,000	10,000
SB6 (1052cc four)-1144 made	1,000	2,000	3,500	5,000	6,500	8,000
SB7 (748cc four)-600 made.	500	1,000	2,500	4,000	5,500	7,000
YB9 SR (599cc four)-651 made	1,000	2,000	3,500	5,000	6,500	8,000
1996						
BB1 Supermono (652cc single)-376 made	500	1,000	2,500	4,000	5,500	7,000
BB1 Supermono Biposto (652cc single)-148 made	500	1,000	2,500	4,000	5,500	7,000
DB2 SR (904cc)-157 made	1,500	3,000	6,000	9,000	12,000	15,000
DB3 Mantra (904cc twin)-454 made	1,000	2,000	3,500	5,000	6,500	8,000
YB11 (1,002cc four)-100 made	1,000	2,000	4,000	6,000	8,000	10,000
SB6 (1052cc four)-1144 made	1,000	2,000	3,500	5,000	6,500	8,000
YB9 SR (599cc four)-651 made	1,000	2,000	3,500	5,000	6,500	8,000
YB9 SRI (599cc four)-225 made	1,000	2,000	3,500	5,000	6,500	8,000
YB11 Superleggera (1002cc four)-600 made	1,000	2,000	4,000	6,000	8,000	10,000
1997						
V Due (500cc V-twin)-150 made	1,000	2,000	4,000	6,000	8,000	10,000
BB1 Supermono (652cc single)-376 made	500	1,000	2,500	4,000	5,500	7,000
BB1 Supermono Biposto (652cc single)-148 made	500	1,000	2,500	4,000	5,500	7,000
DB2EF (904cc four)-100 made	1,500	3,000	6,000	9,000	12,000	15,000
DB3 Mantra (904cc twin)-454 made	1,000	2,000	3,500	5,000	6,500	8,000
YB11 Superleggera (1002cc four)-600 made	1,000	2,000	4,000	6,000	8,000	10,000
SB6R (1074cc four)-600 made	1,000	2,000	4,000	6,000	8,000	10,000
YB9 SRI (599cc four)-225 made	1,000	2,000	3,500	5,000	6,500	8,000
1998						
V Due (500cc V-twin)-150 made	1,000	2,000	4,000	6,000	8,000	10,000
DB2EF (904cc four)-100 made	1,500	3,000	6,000	9,000	12,000	15,000
DB3 Mantra (904cc twin)-454 made	1,000	2,000	3,500	5,000	6,500	8,000
YB11 25th Anniversary (1,002cc four)-600 made	1,000	2,000	4,000	6,000	8,000	10,000
SB6R (1074cc four)-600 made	1,000	2,000	4,000	6,000	8,000	10,000
SB8R (996cc twin)-250 made.	1,000	2,000	4,000	6,000	8,000	10,000
SB8RS (996cc twin)-250 made .	1,500	3,000	6,000	9,000	12,000	15,000
YB9 SRI (599cc four)-225 made	1,000	2,000	3,500	5,000	6,500	8,000
YB11 Superleggera (1002cc four)-600 made	1,000	2,000	4,000	6,000	8,000	10,000
1999						
V Due (500cc V-twin)-150 made	1,000	2,000	4,000	6,000	8,000	10,000
V Due Corsa (500cc V-twin)-26 made.	1,500	3,000	6,000	9,000	12,000	15,000
DB3 Mantra (904cc twin)-454 made	1,000	2,000	3,500	5,000	6,500	8,000
DB4 (904cc twin)-264 made	1,500	3,000	6,000	9,000	12,000	15,000
SB8R (996cc twin)-250 made.	1,000	2,000	4,000	6,000	8,000	10,000

	6	5	4	3	2	1
SB8RS (996cc twin)-250 made	1,500	3,000	6,000	9,000	12,000	15,000
2000						
V Due Corsa (500cc V-twin)-26 made.	1,500	3,000	6,000	9,000	12,000	15,000
DB4 (904cc twin)-264 made	1,500	3,000	6,000	9,000	12,000	15,000
SB8R (996cc twin)-250 made.	1,000	2,000	4,000	6,000	8,000	10,000
SB8RS (996cc twin)-250 made	1,500	3,000	6,000	9,000	12,000	15,000
SB8K (996cc twin)	1,500	3,000	6,000	9,000	12,000	15,000
2001						
V Due Corsa (500cc V-twin)-26 made.	1,500	3,000	6,000	9,000	12,000	15,000
SB8K (996cc twin)	1,500	3,000	6,000	9,000	12,000	15,000

BMW

	6	5	4	3	2	1
1923						
R32 (494cc twin)	25,000	50,000	100K	150K	200K	250K
1924						
R32 (494cc twin)	25,000	50,000	100K	150K	200K	250K
1925						
R32 (494cc twin)	25,000	50,000	100K	150K	200K	250K
R37 (494cc twin)	25,000	50,000	100K	150K	200K	250K
R39 (247cc single)	7,500	15,000	30,000	45,000	60,000	75,000
1926						
R32 (494cc twin) (3,090-4 yrs)	25,000	50,000	100K	150K	200K	250K
R37 (494cc twin) (152-2 yrs)	25,000	50,000	100K	150K	200K	250K
R39 (247cc single)	7,500	15,000	30,000	45,000	60,000	75,000
R42 (494cc twin)	5,000	10,000	20,000	30,000	40,000	50,000
1927						
R39 (247cc single) (855-3 yrs)	7,500	15,000	30,000	45,000	60,000	75,000
R42 (494cc twin)	5,000	10,000	20,000	30,000	40,000	50,000
R47 (494cc twin)	10,000	20,000	35,000	50,000	65,000	80,000
1928						
R42 (494cc twin) (6,502-3 yrs)	5,000	10,000	20,000	30,000	40,000	50,000
R47 (494cc twin) (1,720-2 yrs)	10,000	20,000	35,000	50,000	65,000	80,000
R52 (486cc twin)	5,000	10,000	15,000	30,000	45,000	60,000
R57 (494cc twin)	10,000	20,000	35,000	50,000	65,000	80,000
R62 (745cc twin)	5,000	10,000	15,000	30,000	45,000	60,000
R63 (735cc twin)	7,500	15,000	30,000	45,000	60,000	75,000
1929						
R11 (745cc twin)	4,000	8,000	16,000	24,000	32,000	40,000
R16 (736cc twin)	7,500	15,000	30,000	45,000	60,000	75,000
R52 (486cc twin) (4,377-2 yrs)	5,000	10,000	15,000	30,000	45,000	60,000
R57 (494cc twin)	10,000	20,000	30,000	45,000	60,000	75,000
R62 (745cc twin) (4,355-2yrs).	5,000	10,000	15,000	30,000	45,000	60,000
R63 (735cc twin) (794-2 yrs)	7,500	15,000	30,000	45,000	60,000	75,000
1930						
R11 (745cc twin)	4,000	8,000	16,000	24,000	32,000	40,000
R16 (736cc twin)	7,500	15,000	30,000	45,000	60,000	75,000
R57 (494cc twin) (1,005-3 yrs)	10,000	20,000	30,000	45,000	60,000	75,000
1931						
R2 (198cc single) (4,161)	1,400	2,500	4,000	6,000	9,000	15,000
R11 (745cc twin)	4,000	8,000	16,000	24,000	32,000	40,000
R16 (736cc twin)	7,500	15,000	30,000	45,000	60,000	75,000
1932						
R2 (198cc single) (1,850)	1,400	2,500	4,000	6,000	9,000	15,000
R4 (398cc single) (1,101)	2,600	4,000	8,000	12,000	16,000	20,000
R11 (745cc twin)	4,000	8,000	16,000	24,000	32,000	40,000
R16 (736cc twin)	7,500	15,000	30,000	45,000	60,000	75,000
1933						
R2 (198cc single) (2,000)	1,400	2,500	4,000	6,000	9,000	15,000
R4 (398cc single) (1,737)	2,600	4,000	8,000	12,000	16,000	20,000
R11 (745cc twin)	4,000	8,000	16,000	24,000	32,000	40,000

	6	5	4	3	2	1
R16 (736cc twin)	7,500	15,000	30,000	45,000	60,000	75,000
1934						
R2 (198cc single) (2,077)	1,400	2,500	4,000	6,000	9,000	15,000
R4 (398cc single) (3,671)	2,600	4,000	8,000	12,000	16,000	20,000
R11 (745cc twin) (7,500-6 yrs)	4,000	8,000	16,000	24,000	32,000	40,000
R16 (736cc twin) (1,006-5 yrs)	7,500	15,000	30,000	45,000	60,000	75,000
1935						
R2 (198cc single) (2,700)	1,400	2,500	4,000	6,000	9,000	15,000
R4 (398cc single) (3,651)	2,600	4,000	8,000	12,000	16,000	20,000
R12 (745cc twin)	5,000	10,000	20,000	30,000	40,000	50,000
R17 (735cc twin)	10,000	20,000	30,000	45,000	60,000	75,000
1936						
R2 (198cc single) (2,500)	1,400	2,500	4,000	6,000	9,000	15,000
R3 (305cc single) (740)	4,000	6,000	8,000	12,000	16,000	20,000
R4 (398cc single) (5,033)	2,600	6,000	8,000	12,000	16,000	20,000
R5 (494cc twin)	5,000	10,000	20,000	30,000	40,000	50,000
R12 (745cc twin)	5,000	10,000	20,000	30,000	40,000	50,000
R17 (735cc twin)	10,000	20,000	30,000	45,000	60,000	75,000
1937						
R20 (192cc single)	15,000	3,000	6,000	9,000	12,000	15,000
R35 (342cc twin)	3,800	4,000	8,000	12,000	16,000	20,000
R4 (398cc single)	3,800	4,000	8,000	12,000	16,000	20,000
R5 (494cc twin)	5,000	10,000	20,000	30,000	40,000	50,000
R6 (598cc twin)	3,000	6,000	12,000	18,000	24,000	30,000
R17 (735cc twin) (434-3 yrs)	10,000	20,000	30,000	45,000	60,000	75,000
R12 (745cc twin)	5,000	10,000	20,000	30,000	40,000	50,000
1938						
R20 (192cc single) (5,000-2 yrs)	2,000	4,000	6,000	8,000	10,000	12,000
R23 (247cc single)	2,000	4,000	6,000	8,000	10,000	12,000
R35 (342cc twin)	3,800	4,000	8,000	12,000	16,000	20,000
R51 (494cc twin)	5,000	10,000	20,000	30,000	40,000	50,000
R66 (597cc twin)	5,000	10,000	20,000	30,000	40,000	50,000
R61 (599cc twin)	3,500	7,000	14,000	21,000	28,000	35,000
R12 (745cc twin)	5,000	10,000	20,000	30,000	40,000	50,000
R71 (745cc twin)	3,500	7,000	14,000	21,000	28,000	35,000
1939						
R23 (247cc single)	2,000	4,000	6,000	8,000	10,000	12,000
R35 (342cc single)	3,800	4,000	8,000	12,000	16,000	20,000
R51 (494cc twin)	5,000	10,000	20,000	30,000	40,000	50,000
R61 (597cc twin)	3,500	7,000	14,000	21,000	28,000	35,000
R66 (597cc twin)	5,000	10,000	20,000	30,000	40,000	50,000
R12 (745cc twin)	5,000	10,000	20,000	30,000	40,000	50,000
R71 (745cc twin)	3,500	7,000	14,000	21,000	28,000	35,000
1940						
R23 (247cc single) (8,021-3 yrs)	2,000	4,000	6,000	8,000	10,000	12,000
R35 (342cc single) (15,386-4 yrs)	3,800	4,000	8,000	12,000	16,000	20,000
R51 (494cc twin) (3,775-3 yrs)	5,000	10,000	20,000	30,000	40,000	50,000
R61 (597cc twin)	3,500	7,000	14,000	21,000	28,000	35,000
R66 (597cc twin)	5,000	10,000	20,000	30,000	40,000	50,000
R12 (745cc twin)	5,000	10,000	20,000	30,000	40,000	50,000
R71 (745cc twin)	3,500	7,000	14,000	21,000	28,000	35,000
1941						
R61 (597cc twin) (3,747-4yrs)	3,500	7,000	14,000	21,000	28,000	35,000
R66 (597cc twin) (1,669-4 yrs)	5,000	10,000	20,000	30,000	40,000	50,000
R12 (745cc twin)	5,000	10,000	20,000	30,000	40,000	50,000
R71 (745cc twin) (3,458-4 yrs)	3,500	7,000	14,000	21,000	28,000	35,000
R75 (745cc twin)	4,000	8,000	16,000	24,000	32,000	40,000
1942						
R12 (745cc twin) (36,000-8 yrs)	5,000	10,000	20,000	30,000	40,000	50,000
R75 (745cc twin)	4,000	8,000	16,000	24,000	32,000	40,000

	6	5	4	3	2	1
1943						
R75 (745cc twin)	4,000	8,000	16,000	24,000	32,000	40,000
1944						
R75 (745cc twin) (18,000-4 yrs).	4,000	8,000	16,000	24,000	32,000	40,000
1945-1947 (no civilian motorcycle production)						
1948						
R24 (247cc single)	1,300	2,000	4,000	6,000	8,000	10,000
1949						
R24 (247cc single)	1,300	2,000	4,000	6,000	8,000	10,000
1950						
R24 (247cc single) (12,020-3 yrs).	1,300	2,000	4,000	6,000	8,000	10,000
R25 (247cc single)	1,500	3,000	6,000	9,000	12,000	15,000
R51/2 (494cc twin)	3,500	7,000	14,000	21,000	28,000	35,000
1951						
R25 (247cc single) (23,040-2 yrs).	1,500	3,000	6,000	9,000	12,000	15,000
R25/2 (247cc single)	1,500	3,000	6,000	9,000	12,000	15,000
R51/2 (494cc twin) (5,000-2 yrs)	3,500	7,000	14,000	21,000	28,000	35,000
R51/3 (494cc twin)	2,500	5,000	10,000	15,000	20,000	25,000
R67 (594cc twin) (1,470)	3,000	6,000	12,000	18,000	24,000	30,000
1952						
R25/2 (247cc single)	1,500	3,000	6,000	9,000	12,000	15,000
R51/3 (494cc twin)	2,500	5,000	10,000	15,000	20,000	25,000
R67/2 (594cc twin)	3,000	6,000	12,000	18,000	24,000	30,000
R68 (594cc twin)	4,000	8,000	16,000	24,000	32,000	40,000
1953						
R25/2 (247cc single) (38,651-3 yrs).	1,500	3,000	6,000	9,000	12,000	15,000
R25/3 (247cc single)	1,500	3,000	6,000	9,000	12,000	15,000
R51/3 (494cc twin)	2,500	5,000	10,000	15,000	20,000	25,000
R67/2 (594cc twin)	3,000	6,000	12,000	18,000	24,000	30,000
R68 (594cc twin)	5,500	11,000	22,000	33,000	44,000	55,000
1954						
R25/3 (247cc single)	1,500	3,000	6,000	9,000	12,000	15,000
R51/3 (494cc twin) (18,420-5 yrs).	2,500	5,000	10,000	15,000	20,000	25,000
R67/2 (594cc twin) (4,234-3 yrs)	3,000	6,000	12,000	18,000	24,000	30,000
R68 (594cc twin) (1,452-3 yrs)	5,500	11,000	22,000	33,000	44,000	55,000
1955						
R25/3 (247cc single)	1,500	3,000	6,000	9,000	12,000	15,000
R50 (494cc twin)	2,500	5,000	10,000	15,000	20,000	25,000
R51/3 (494cc twin)	3,500	7,000	12,000	17,000	22,000	27,500
R67/3 (594cc twin) (700-2 yrs)	3,000	6,000	12,000	18,000	24,000	30,000
R69 (594cc twin)	3,000	6,000	12,000	18,000	24,000	30,000
1956						
R25/3 (247cc single) (47,700-4 yrs).	1,500	3,000	6,000	9,000	12,000	15,000
R26 (247cc single)	2,000	4,000	7,000	10,000	13,000	16,000
R50 (494cc twin)	2,500	5,000	10,000	15,000	20,000	25,000
R60 (594cc twin)	1,500	3,000	6,000	9,000	12,000	15,000
R67/3 (594cc twin)	3,000	6,000	12,000	18,000	24,000	30,000
R69 (594cc twin)	3,000	6,000	12,000	18,000	24,000	30,000
1957						
R26 (247cc single)	2,000	4,000	7,000	10,000	13,000	16,000
R50 (494cc twin)	2,500	5,000	10,000	15,000	20,000	25,000
R60 (594cc twin)	1,500	3,000	6,000	9,000	12,000	15,000
R69 (594cc twin)	3,000	6,000	12,000	18,000	24,000	30,000
1958						
R26 (247cc single)	2,000	4,000	7,000	10,000	13,000	16,000
R50 (494cc twin)	2,500	5,000	10,000	15,000	20,000	25,000
R60 (594cc twin)	1,500	3,000	6,000	9,000	12,000	15,000
R69 (594cc twin)	3,000	6,000	12,000	18,000	24,000	30,000
1959						
R26 (247cc single)	2,000	4,000	7,000	10,000	13,000	16,000

	6	5	4	3	2	1
R50 (494cc twin)	2,500	5,000	10,000	15,000	20,000	25,000
R60 (594cc twin)	1,500	3,000	6,000	9,000	12,000	15,000
R69 (594cc twin)	3,000	6,000	12,000	18,000	24,000	30,000
1960						
R26 (247cc single) (30,236-5 yrs).	2,000	4,000	7,000	10,000	13,000	16,000
R27 (247cc single)	1,500	3,000	6,000	9,000	13,000	16,000
R50 (494cc twin) (13,510-6 yrs).	2,500	5,000	10,000	15,000	20,000	25,000
R50/2 (494cc twin)	2,500	5,000	10,000	15,000	20,000	25,000
R50S (494cc twin)	3,500	7,000	12,000	17,000	22,000	27,500
R60 (594cc twin) (3,530-5 yrs)	1,500	3,000	6,000	9,000	12,000	15,000
R60/2 (594cc twin)	2,500	5,000	10,000	15,000	20,000	25,000
R69 (594cc twin) (2,956-6 yrs)	3,000	6,000	12,000	18,000	24,000	30,000
R69S (594cc twin)	3,000	6,000	12,000	18,000	24,000	30,000
1961						
R27 (247cc single)	1,500	3,000	6,000	9,000	13,000	16,000
R50/2 (494cc twin)	2,500	5,000	10,000	15,000	20,000	25,000
R50S (494cc twin)	3,500	7,000	12,000	17,000	22,000	27,500
R60/2 (594cc twin)	2,500	5,000	10,000	15,000	20,000	25,000
R69S (594cc twin)	3,000	6,000	12,000	18,000	24,000	30,000
1962						
R27 (247cc single)	1,500	3,000	6,000	9,000	13,000	16,000
R50/2 (494cc twin)	2,500	5,000	10,000	15,000	20,000	25,000
R50S (494cc twin) (1,634-3 yrs)	3,500	7,000	12,000	17,000	22,000	27,500
R60/2 (594cc twin)	2,500	5,000	10,000	15,000	20,000	25,000
R69S (594cc twin)	3,000	6,000	12,000	18,000	24,000	30,000
1963						
R27 (247cc single)	1,500	3,000	6,000	9,000	13,000	16,000
R50/2 (494cc twin)	2,500	5,000	10,000	15,000	20,000	25,000
R60/2 (594cc twin)	2,500	5,000	10,000	15,000	20,000	25,000
R69S (594cc twin)	3,000	6,000	12,000	18,000	24,000	30,000
1964						
R27 (247cc single)	1,500	3,000	6,000	9,000	13,000	16,000
R50/2 (494cc twin)	2,500	5,000	10,000	15,000	20,000	25,000
R60/2 (594cc twin)	2,500	5,000	10,000	15,000	20,000	25,000
R69S (594cc twin)	3,000	6,000	12,000	18,000	24,000	30,000
1965						
R27 (247cc single)	1,500	3,000	6,000	9,000	13,000	16,000
R50/2 (494cc twin)	2,500	5,000	10,000	15,000	20,000	25,000
R60/2 (594cc twin)	2,500	5,000	10,000	15,000	20,000	25,000
R69S (594cc twin)	3,000	6,000	12,000	18,000	24,000	30,000
1966						
R27 (247cc single) (15,364-7 yrs).	1,500	3,000	6,000	9,000	13,000	16,000
R50/2 (494cc twin)	2,500	5,000	10,000	15,000	20,000	25,000
R60/2 (594cc twin)	2,500	5,000	10,000	15,000	20,000	25,000
R69S (594cc twin) (11,317-10 yrs)	3,000	6,000	12,000	18,000	24,000	30,000
1967						
R50US (294cc twin)	2,000	4,000	8,000	12,000	16,000	20,000
R50/2 (494cc twin)	2,500	5,000	10,000	15,000	20,000	25,000
R60/2 (594cc twin)	2,500	5,000	10,000	15,000	20,000	25,000
R60US (594cc twin).	2,500	5,000	10,000	15,000	20,000	25,000
R69S (594cc twin) (11,317-10 yrs)	3,000	6,000	12,000	18,000	24,000	30,000
R69US (594cc twin).	3,000	6,000	12,000	18,000	24,000	30,000
1968						
R50US (294cc twin).	2,000	4,000	8,000	12,000	16,000	20,000
R50/2 (494cc twin)	2,500	5,000	10,000	15,000	20,000	25,000
R60/2 (594cc twin)	2,500	5,000	10,000	15,000	20,000	25,000
R60US (594cc twin).	2,500	5,000	10,000	15,000	20,000	25,000
R69S (594cc twin)	3,000	6,000	12,000	18,000	24,000	30,000
R69US (594cc twin) (Incl in R69/S).	3,000	6,000	12,000	18,000	24,000	30,000

	6	5	4	3	2	1
1969						
R50US (294cc twin) (Incl in R50/2)	2,000	4,000	8,000	12,000	16,000	20,000
R50/2 (494cc twin) (19,036-10 yrs)	5,000	10,000	15,000	20,000	25,000	30,000
R50/5 (496cc twin)	1,000	2,000	3,500	5,000	6,500	8,000
R60/5 (594cc twin)	1,000	2,000	3,500	5,000	6,500	8,000
R60/2 (594cc twin) (17,306-10 yrs)	2,500	5,000	10,000	15,000	20,000	25,000
R60US (594cc twin) (Incl in R60/2)	2,500	5,000	10,000	15,000	20,000	25,000
R69US (594cc twin) (Incl in R69/S)	3,000	6,000	12,000	18,000	24,000	30,000
R69S (594cc twin)	3,000	6,000	12,000	18,000	24,000	30,000
R75/5 (745cc twin)	1,200	2,000	4,000	6,000	8,000	10,000
1970						
R50/5 (496cc twin)	1,000	2,000	3,500	5,000	6,500	8,000
R60/5 (594cc twin)	1,000	2,000	3,500	5,000	6,500	8,000
R75/5 (745cc twin)	1,200	2,000	4,000	6,000	8,000	10,000
1971						
R50/5 (496cc twin)	1,000	2,000	3,500	5,000	6,500	8,000
R60/5 (594cc twin)	1,000	2,000	3,500	5,000	6,500	8,000
R75/5 (745cc twin)	1,200	2,000	4,000	6,000	8,000	10,000
1972						
R50/5 (496cc twin)	1,000	2,000	3,500	5,000	6,500	8,000
R60/5 (594cc twin)	1,000	2,000	3,500	5,000	6,500	8,000
R75/5 (745cc twin)	1,200	2,000	4,000	6,000	8,000	10,000
1973						
R50/5 (496cc twin) (7,865-5 yrs)	1,000	2,000	3,500	5,000	6,500	8,000
R60/5 (594cc twin) (22,721-5 yrs).	1,000	2,000	3,500	5,000	6,500	8,000
R60/6 (599cc twin)	1,000	2,000	3,000	4,000	5,000	6,000
R75/5 (745cc twin) (38,370-5 yrs).	1,200	2,000	4,000	6,000	8,000	10,000
R90/6 (898cc twin)	1,300	2,000	4,000	6,000	9,000	12,000
R90S (898cc twin)	2,000	4,000	8,000	12,000	16,000	20,000
1974						
R60/6 (599cc twin)	1,000	2,000	3,000	4,000	5,000	6,000
R75/6 (745cc twin)	1,200	2,000	4,000	6,000	8,000	10,000
R90/6 (898cc twin)	1,300	2,000	4,000	6,000	9,000	12,000
R90S (898cc twin)	2,000	4,000	8,000	12,000	16,000	20,000
1975						
R60/6 (599cc twin)	1,000	2,000	3,000	4,000	5,000	6,000
R75/6 (745cc twin)	1,200	2,000	4,000	6,000	8,000	10,000
R90/6 (898cc twin)	1,300	2,000	4,000	6,000	9,000	12,000
R90S (898cc twin)	2,000	4,000	8,000	12,000	16,000	20,000
1976						
R60/6 (599cc twin) (13,511-4 yrs).	1,000	2,000	3,000	4,000	5,000	6,000
R60/7 (599cc twin)	1,000	2,000	3,000	4,000	5,000	6,000
R75/6 (745cc twin) (17,587-4 yrs).	1,200	2,000	4,000	6,000	8,000	10,000
R75/7 (745cc twin)	1,000	2,000	3,000	4,000	5,000	6,000
R90/6 (898cc twin) (21,097-4 yrs).	1,300	2,000	4,000	6,000	9,000	12,000
R90S (898cc twin) (17,465-4 yrs).	2,000	4,000	8,000	12,000	16,000	20,000
R100/7 (980cc twin)	1,000	2,000	3,000	4,000	5,000	6,000
R100RS (980cc twin)	1,000	2,000	4,000	6,000	8,000	10,000
R100S (980cc twin)	1,000	2,000	3,000	4,000	5,000	6,000
1977						
R60/7 (599cc twin)	1,000	2,000	3,000	4,000	5,000	6,000
R75/7 (745cc twin) (6,264-4 yrs)	1,000	2,000	3,000	4,000	5,000	6,000
R80/7 (797cc twin)	1,000	2,000	3,500	5,000	6,500	8,000
R100/7 (980cc twin).	1,000	2,000	3,000	4,000	5,000	6,000
R100RS (980cc twin)	1,000	2,000	4,000	6,000	8,000	10,000
R100S (980cc twin)	1,000	2,000	3,000	4,000	5,000	6,000
1978						
R45 (453cc twin)	800	1,200	1,800	2,400	3,200	4,000
R60/7 (599cc twin)	1,000	2,000	3,000	4,000	5,000	6,000
R65 (649cc twin)	1,000	2,000	3,000	4,000	5,000	6,000

	6	5	4	3	2	1
R75/7 (745cc twin)	1,000	2,000	3,000	4,000	5,000	6,000
R80/7 (797cc twin)	1,000	2,000	3,500	5,000	6,500	8,000
R100RS Motorsport Special Edition (980cc twin)	1,000	2,000	4,000	6,000	8,000	10,000
R100RT (980cc twin)	1,000	2,000	3,000	4,000	5,000	6,000
R100S (980cc twin) (11,762-5yrs)	1,000	2,000	3,000	4,000	5,000	6,000
R100T (980cc twin) (5,463-3 yrs)	1,000	2,000	3,500	5,000	6,500	8,000
R100/7 (980cc twin) (12,056-5 yrs)	1,000	2,000	3,000	4,000	5,000	6,000
1979						
R45 (453cc twin)	800	1,200	1,800	2,400	3,200	4,000
R60/7 (599cc twin)	1,000	2,000	3,000	4,000	5,000	6,000
R65 (649cc twin)	1,000	2,000	3,000	4,000	5,000	6,000
R75/7 (745cc twin)	1,000	2,000	3,000	4,000	5,000	6,000
R80/7 (797cc twin)	1,000	2,000	3,500	5,000	6,500	8,000
R100CS (1000cc twin)	1,000	2,000	3,000	4,000	5,000	6,000
R100RS (980cc twin)	1,000	2,000	4,000	6,000	8,000	10,000
R100RT (980cc twin)	1,000	2,000	3,000	4,000	5,000	6,000
R100S (980cc twin)	1,000	2,000	3,000	4,000	5,000	6,000
R100T (980cc twin)	1,000	2,000	3,500	5,000	6,500	8,000
R100/7 (980cc twin)	1,000	2,000	3,000	4,000	5,000	6,000
1980						
R45 (453cc twin)	800	1,200	1,800	2,400	3,200	4,000
R60/7 (599cc twin)	1,000	2,000	3,000	4,000	5,000	6,000
R65 (649cc twin)	1,000	2,000	3,000	4,000	5,000	6,000
R80 (797cc twin)	1,000	2,000	3,000	4,000	5,000	6,000
R80G/S (797cc twin)	1,500	3,000	6,000	9,000	12,000	15,000
R80G/S Paris Dakar (800cc twin)	1,500	3,000	6,000	9,000	12,000	15,000
R80/7 (797cc twin) (18,522-8 yrs)	1,000	2,000	3,500	5,000	6,500	8,000
R100 (1000cc twin)	1,000	2,000	3,500	5,000	6,500	8,000
R100CS (1000cc twin)	1,000	2,000	3,000	4,000	5,000	6,000
R100RS (980cc twin)	1,000	2,000	4,000	6,000	8,000	10,000
R100RT (980cc twin)	1,000	2,000	3,000	4,000	5,000	6,000
R100S (980cc twin)	1,000	2,000	3,000	4,000	5,000	6,000
R100T (980cc twin)	1,000	2,000	3,500	5,000	6,500	8,000
R100/7 (980cc twin)	1,000	2,000	3,000	4,000	5,000	6,000
MKM 1000 Krauser (980cc twin)-200 made	3,000	6,000	12,000	18,000	24,000	30,000
1981						
R45 (453cc twin)	800	1,200	1,800	2,400	3,200	4,000
R60/7 (599cc twin)	1,000	2,000	3,000	4,000	5,000	6,000
R65 (650cc twin)	1,000	2,000	3,000	4,000	5,000	6,000
R80 (797cc twin)	1,000	2,000	3,000	4,000	5,000	6,000
R80/7 (797cc twin)	1,000	2,000	3,500	5,000	6,500	8,000
R80G/S (797cc twin)	1,500	3,000	6,000	9,000	12,000	15,000
R80G/S Paris Dakar (800cc twin)	1,500	3,000	6,000	9,000	12,000	15,000
R80T (797cc twin)	800	1,800	2,600	3,400	4,200	5,000
R100 (1000cc twin)	1,000	2,000	3,000	4,000	5,000	6,000
R100CS (1000cc twin)	1,000	2,000	3,000	4,000	5,000	6,000
R100RS (1000cc twin)	1,000	2,000	4,000	6,000	8,000	10,000
R100RT (1000cc twin)	1,000	2,000	3,000	4,000	5,000	6,000
1982						
R45 (453cc twin)	800	1,200	1,800	2,400	3,200	4,000
R60/7 (599cc twin) (11,163-7yrs)	1,000	2,000	3,000	4,000	5,000	6,000
R65 (650cc twin)	1,000	2,000	3,000	4,000	5,000	6,000
R65LS (650cc twin)	1,000	1,800	2,600	3,400	4,200	5,000
R80 (797cc twin)	1,000	2,000	3,000	4,000	5,000	6,000
R80/7 (797cc twin)	1,000	2,000	3,500	5,000	6,500	8,000
R80G/S (797cc twin)	1,500	3,000	6,000	9,000	12,000	15,000
R80G/S Paris Dakar (800cc twin)	1,500	3,000	6,000	9,000	12,000	15,000
R80RT (800cc twin)	1,000	1,800	2,600	3,400	4,200	5,000
R80ST (800cc twin)	1,000	2,000	3,000	4,000	5,000	6,000
R100 (1000cc twin)	1,000	2,000	3,000	4,000	5,000	6,000

	6	5	4	3	2	1
R100CS (1000cc twin)	1,000	2,000	3,000	4,000	5,000	6,000
R100TR (1000cc twin)	1,000	2,000	3,000	4,000	5,000	6,000
R100RS (1000cc twin)	1,000	2,000	4,000	6,000	8,000	10,000
R100RT (1000cc twin)	1,000	2,000	3,000	4,000	5,000	6,000
K100 (987cc four)	1,000	2,000	3,500	5,000	6,500	8,000
1983						
R45 (453cc twin)	800	1,200	1,800	2,400	3,200	4,000
R65 (650cc twin)	1,000	2,000	3,000	4,000	5,000	6,000
R65LS (650cc twin)	1,000	1,800	2,600	3,400	4,200	5,000
R75/5 (750cc twin)	1,000	2,000	3,000	4,000	5,000	6,000
R80 (797cc twin)	1,000	2,000	3,000	4,000	5,000	6,000
R80/7 (797cc twin)	1,000	2,000	3,500	5,000	6,500	8,000
R80G/S (797cc twin)	1,500	3,000	6,000	9,000	12,000	15,000
R80G/S Paris Dakar (800cc twin) .	1,500	3,000	6,000	9,000	12,000	15,000
R80ST (800cc twin) .	1,000	2,000	3,000	4,000	5,000	6,000
R80RT (800cc twin)	1,000	1,800	2,600	3,400	4,200	5,000
R100 (1000cc twin) .	1,000	2,000	3,000	4,000	5,000	6,000
R100CS (1000cc twin)	1,000	2,000	3,000	4,000	5,000	6,000
R100S (1000cc twin)	1,000	2,000	3,000	4,000	5,000	6,000
R100RS (1000cc twin)	1,000	2,000	4,000	6,000	8,000	10,000
R100RT (1000cc twin)	1,000	2,000	3,000	4,000	5,000	6,000
K100 (987cc four)	1,000	2,000	3,500	5,000	6,500	8,000
K100RS (987cc four)	900	1,600	2,300	3,000	3,900	4,900
K100RT (987cc four)	900	1,600	2,300	3,000	3,900	4,900
1984						
R45 (453cc twin)	800	1,200	1,800	2,400	3,200	4,000
R65 (650cc twin) (29,454-9yrs)	1,000	2,000	3,000	4,000	5,000	6,000
R65LS (650cc twin)	1,000	1,800	2,600	3,400	4,200	5,000
R80 (797cc twin)	1,000	2,000	3,000	4,000	5,000	6,000
R80 Mono (797cc twin)	1,000	2,000	3,000	4,000	5,000	6,000
R80/7 (797cc twin)	1,000	2,000	3,500	5,000	6,500	8,000
R80G/S (797cc twin)	1,500	3,000	6,000	9,000	12,000	15,000
R80G/S Paris Dakar (800cc twin) .	1,500	3,000	6,000	9,000	12,000	15,000
R80ST (800cc twin) (5,963-3 yrs) .	1,000	2,000	3,000	4,000	5,000	6,000
R80RT (800cc twin) (7,315-3 yrs) .	1,000	1,800	2,600	3,400	4,200	5,000
R80RT Mono (800cc twin)	1,000	1,800	2,600	3,400	4,200	5,000
R100 (1000cc twin) (10,111-5 yrs) .	1,000	2,000	3,000	4,000	5,000	6,000
R100CS (1000cc twin) (4,038-5 yrs) .	1,000	2,000	3,000	4,000	5,000	6,000
R100RS (1000cc twin) (33,648-9 yrs) .	1,000	2,000	4,000	6,000	8,000	10,000
R100RT (1000cc twin) (18,015-7 yrs) .	1,000	2,000	3,000	4,000	5,000	6,000
K100 (987cc four)	1,000	2,000	3,500	5,000	6,500	8,000
K100RS (987cc four)	1,000	2,000	3,500	5,000	6,500	8,000
K100RT (987cc four)	1,000	2,000	3,500	5,000	6,500	8,000
1985						
R45 (453cc twin)	800	1,200	1,800	2,400	3,200	4,000
R65 Mono (650cc twin)	1,000	2,000	3,000	4,000	5,000	6,000
R65RT Mono (650cc twin)	1,000	2,000	3,000	4,000	5,000	6,000
K75S (750cc triple)	1,000	2,000	3,000	4,000	5,000	6,000
R80G/S (797cc twin)	1,500	3,000	6,000	9,000	12,000	15,000
R80G/S Paris Dakar (800cc twin) .	1,500	3,000	6,000	9,000	12,000	15,000
R80 (797cc twin)	1,000	2,000	3,000	4,000	5,000	6,000
R80 Mono (797cc twin)	1,000	2,000	3,000	4,000	5,000	6,000
R80RT (800cc twin) (7,315-3 yrs) .	1,000	1,800	2,600	3,400	4,200	5,000
R80RT Mono (800cc twin)	1,000	1,800	2,600	3,400	4,200	5,000
R100RS (1000cc twin)	1,000	2,000	4,000	6,000	8,000	10,000
K100 (987cc four)	1,000	2,000	3,500	5,000	6,500	8,000
K100RS (987cc four)	1,000	2,000	3,500	5,000	6,500	8,000
K100RT (987cc four)	1,000	2,000	3,500	5,000	6,500	8,000
1986						
R65 Mono (650cc twin)	1,000	2,000	3,000	4,000	5,000	6,000

	6	5	4	3	2	1
R65RT Mono (650cc twin)	1,000	2,000	3,000	4,000	5,000	6,000
K75 (750cc triple)	1,000	2,000	3,000	4,000	5,000	6,000
K75T (750cc triple)	1,000	2,000	3,000	4,000	5,000	6,000
K75C (750cc triple)	1,000	2,000	3,000	4,000	5,000	6,000
K75S (750cc triple)	1,000	2,000	3,000	4,000	5,000	6,000
R80 (797cc twin)	1,000	2,000	3,000	4,000	5,000	6,000
R80G/S (797cc twin)	800	1,800	2,600	3,400	4,200	5,000
R80RT (800cc twin)	1,000	1,800	2,600	3,400	4,200	5,000
R100RS Mono (980cc twin).	1,000	2,000	4,000	6,000	8,000	10,000
K100 (1000cc four) (12,871-9 yrs)	1,000	2,000	3,500	5,000	6,500	8,000
K100LT (1000cc four)	1,000	2,000	3,500	5,000	6,500	8,000
K100RS (1000cc four)	1,000	2,000	3,500	5,000	6,500	8,000
K100RT (1000cc four).	1,000	2,000	3,500	5,000	6,500	8,000
1987						
R65 Mono (650cc twin)	1,000	2,000	3,000	4,000	5,000	6,000
R65RT Mono (650cc twin)	1,000	2,000	3,000	4,000	5,000	6,000
R65GS (650cc twin).	1,000	2,000	3,000	4,000	5,000	6,000
K75C (750cc triple)	1,000	2,000	3,000	4,000	5,000	6,000
K75S (750cc triple)	1,000	2,000	3,000	4,000	5,000	6,000
K75T (750cc triple) (Incl in K75C).	1,000	2,000	3,000	4,000	5,000	6,000
R80 (800cc twin) (13,815-12 yrs)	1,000	2,000	3,000	4,000	5,000	6,000
R80GS (797cc twin).	800	1,800	2,600	3,400	4,200	5,000
R80RT (800cc twin)	1,000	1,800	2,600	3,400	4,200	5,000
R100RS Mono (980cc twin).	1,000	2,000	4,000	6,000	8,000	10,000
R100RT Mono (980cc twin).	1,000	2,000	4,000	6,000	8,000	10,000
R100GS (1000cc twin).	1,200	1,800	2,500	4,000	5,500	7,000
K100 (987cc four)	1,000	2,000	3,500	5,000	6,500	8,000
K100RS (1000cc four) (34,804-7 yrs)	1,000	2,000	3,500	5,000	6,500	8,000
K100RT (1000cc four)	1,000	2,000	3,500	5,000	6,500	8,000
K100LT (1000cc four)	1,000	2,000	3,500	5,000	6,500	8,000
1988						
R65 Mono (650cc twin)	1,000	2,000	3,000	4,000	5,000	6,000
R65RT Mono (650cc twin)	1,000	2,000	3,000	4,000	5,000	6,000
K75C (750cc triple)	1,000	2,000	3,000	4,000	5,000	6,000
K75 (750cc triple)	1,000	2,000	3,000	4,000	5,000	6,000
K75S (750cc triple).	1,000	2,000	3,000	4,000	5,000	6,000
K1 (987cc) (6,921 made-6 yrs)	1,500	3,000	6,000	9,000	12,000	15,000
R80GS (797cc twin).	800	1,800	2,600	3,400	4,200	5,000
R100GS (1000cc twin).	1,200	1,800	2,500	4,000	5,500	7,000
R100GS Bumble Bee (1000cc twin)	1,000	2,000	4,000	6,000	8,000	10,000
R100GS Paris Dakar (1000cc twin).	1,000	2,000	4,000	6,000	8,000	10,000
R100RS (1000cc twin)	900	1,600	2,500	4,000	5,500	7,000
R100RS Mono (980cc twin).	1,000	2,000	4,000	6,000	8,000	10,000
R100RT (1000cc twin)	900	1,600	2,500	4,000	5,500	7,000
R100RT Mono (980cc twin).	1,000	2,000	4,000	6,000	8,000	10,000
K100 (987cc four)	1,000	2,000	3,500	5,000	6,500	8,000
K100RS (1000cc four)	1,000	2,000	3,500	5,000	6,500	8,000
K100RS ABS Spcl Ed (1000cc four)	1,000	2,000	3,500	5,000	6,500	8,000
K100RT (1000cc four) (22,335-7 yrs)	1,000	2,000	3,500	5,000	6,500	8,000
K100LT (1000cc four) (14,899-6 yrs)	1,000	2,000	3,500	5,000	6,500	8,000
1989						
R65 Mono (650cc twin)	1,000	2,000	3,000	4,000	5,000	6,000
K75 (750cc triple)	1,000	2,000	3,000	4,000	5,000	6,000
K75RT (750cc triple)	1,000	2,000	3,000	4,000	5,000	6,000
K1 (987cc) (6,921 made-6 yrs)	1,500	3,000	6,000	9,000	12,000	15,000
R80GS (797cc twin).	800	1,800	2,600	3,400	4,200	5,000
R100GS (1000cc twin).	1,200	1,800	2,500	4,000	5,500	7,000
R100GS Paris Dakar (1000cc twin)	1,000	2,000	4,000	6,000	8,000	10,000
R100RS (1000cc twin)	900	1,600	2,300	3,100	4,100	5,100
R100RS Mono (980cc twin).	1,000	2,000	4,000	6,000	8,000	10,000

	6	5	4	3	2	1
R100RT (1000cc twin)	900	2,500	2,500	4,000	5,500	7,000
R100RT Mono (980cc twin)	1,000	2,000	4,000	6,000	8,000	10,000
K100 (987cc four)	1,000	2,000	3,500	5,000	6,500	8,000
K100RS ABS (1000cc four)	1,000	2,000	3,500	5,000	6,500	8,000
K100RS 16V (1000cc four)	1,000	2,000	3,500	5,000	6,500	8,000
K100RT (1000cc four)	1,000	2,000	3,500	5,000	6,500	8,000
K100LT ABS (1000cc four)	1,000	2,000	3,500	5,000	6,500	8,000
K1100LT (1092cc four)	1,600	2,600	3,600	4,800	5,800	7,000
1990						
R65 Mono (650cc twin)	1,000	2,000	3,000	4,000	5,000	6,000
K75 (750cc triple)	1,000	2,000	3,000	4,000	5,000	6,000
K75S (750cc triple)	1,000	2,000	3,000	4,000	5,000	6,000
K75RT (750cc triple)	1,000	2,000	3,000	4,000	5,000	6,000
R80 (797cc twin)	1,000	2,000	3,500	5,000	6,500	8,000
R80GS (797cc twin)	800	1,800	2,600	3,400	4,200	5,000
K1 (987cc) (6,921 made-6 yrs)	1,500	3,000	6,000	9,000	12,000	15,000
R100GS (1000cc twin)	1,200	1,800	2,500	4,000	5,500	7,000
R100GS Paris-Dakar (1000cc twin)	1,000	1,700	3,000	6,000	9,000	12,000
R100RT (1000cc twin)	900	2,500	2,500	4,000	5,500	7,000
R100RS Mono (980cc twin)	1,000	2,000	4,000	6,000	8,000	10,000
R100RT Mono (980cc twin)	1,000	2,000	4,000	6,000	8,000	10,000
K100 (987cc four)	1,000	2,000	3,500	5,000	6,500	8,000
K100LT ABS (1000cc four)	1,000	2,000	3,500	5,000	6,500	8,000
K100RS 16V (1000cc four)	1,000	2,000	3,500	5,000	6,500	8,000
1991						
R65 Mono (650cc twin)	1,000	2,000	3,000	4,000	5,000	6,000
K75 (750cc triple)	1,000	2,000	3,000	4,000	5,000	6,000
K75S (750cc triple)	1,000	2,000	3,000	4,000	5,000	6,000
K75S ABS (750cc triple)	1,000	2,000	3,000	4,000	5,000	6,000
K75RT (750cc triple)	1,000	2,000	3,000	4,000	5,000	6,000
K75RT ABS (750cc triple)	1,000	2,000	3,000	4,000	5,000	6,000
R80 (797cc twin)	1,000	2,000	3,500	5,000	6,500	8,000
R80GS (797cc twin)	800	1,800	2,600	3,400	4,200	5,000
R80R (797cc twin)	1,000	2,000	3,500	5,000	6,500	8,000
K1 (987cc) (6,921 made-6 yrs)	1,500	3,000	6,000	9,000	12,000	15,000
R100GS (1000cc twin)	1,200	1,800	2,500	4,000	5,500	7,000
R100GS Paris-Dakar (1000cc twin)	1,200	1,800	3,000	6,000	9,000	12,000
R100 (1000cc twin)	1,000	2,000	3,000	4,000	5,000	6,000
R100R (1000cc twin)	1,000	2,000	3,000	4,000	5,000	6,000
R100RS Mono (980cc twin)	1,000	2,000	4,000	6,000	8,000	10,000
R100RT (1000cc twin)	1,200	2,500	2,500	4,000	5,500	7,000
R100RT Mono (980cc twin)	1,000	2,000	4,000	6,000	8,000	10,000
K100RS (1000cc four)	1,000	2,000	3,500	5,000	6,500	8,000
K100RS ABS (1000cc four)	1,000	2,000	3,500	5,000	6,500	8,000
K100RS 16V (1000cc four)	1,000	2,000	3,500	5,000	6,500	8,000
K1 ABS (1000cc four)	2,100	3,200	4,500	6,000	7,500	9,000
K100LT ABS (1000cc four)	1,000	2,000	3,500	5,000	6,500	8,000
1992						
R65 Mono (650cc twin)	1,000	2,000	3,000	4,000	5,000	6,000
K75C (750cc triple) (9,566-6 yrs)	1,000	2,000	3,000	4,000	5,000	6,000
K75 (750cc triple)	1,000	2,000	3,000	4,000	5,000	6,000
K75RT ABS (750cc triple)	1,000	2,000	3,000	4,000	5,000	6,000
K75S (750cc triple)	1,000	2,000	3,000	4,000	5,000	6,000
K75S ABS (750cc triple)	1,000	2,000	3,000	4,000	5,000	6,000
K1 (987cc) (6,921 made-6 yrs)	1,500	3,000	6,000	9,000	12,000	15,000
R80GS (797cc twin)	800	1,800	2,600	3,400	4,200	5,000
R80R (797cc twin)	1,000	2,000	3,500	5,000	6,500	8,000
R100GS (1000cc twin)	1,200	1,800	2,500	4,000	5,500	7,000
R100GS Paris-Dakar (1000cc twin)	1,000	1,700	3,000	6,000	9,000	12,000
R100R (1000cc twin)	1,000	2,000	3,000	4,000	5,000	6,000

	6	5	4	3	2	1
R100RS Mono (980cc twin)	1,000	2,000	4,000	6,000	8,000	10,000
R100RS Sport (1000cc twin)	1,000	2,000	3,000	4,000	5,000	6,000
R100RS ABS (1000cc four) (12,666-4 yrs)	1,000	2,000	3,500	5,000	6,500	8,000
K100RS 16V (1000cc four)	1,000	2,000	3,500	5,000	6,500	8,000
K1 ABS (1000cc four)	2,200	3,400	4,500	6,000	7,500	9,000
R100RT (1000cc twin)	1,200	2,500	2,500	4,000	5,500	7,000
R100RT Mono (980cc twin)	1,000	2,000	4,000	6,000	8,000	10,000
K100LT ABS (1000cc four)	1,000	2,000	3,500	5,000	6,500	8,000
1993						
R65 Mono (650cc twin)	1,000	2,000	3,000	4,000	5,000	6,000
K75 (750cc triple)	1,000	2,000	3,000	4,000	5,000	6,000
K75RT ABS (750cc triple)	1,000	2,000	3,000	4,000	5,000	6,000
K75S (750cc triple)	1,000	2,000	3,000	4,000	5,000	6,000
K75S ABS (750cc triple)	1,000	2,000	3,000	4,000	5,000	6,000
K1 (987cc) (6,921 made-6 yrs)	1,500	3,000	6,000	9,000	12,000	15,000
R80GS (797cc twin)	1,500	3,000	6,000	9,000	12,000	15,000
R80R (797cc twin)	1,000	2,000	3,500	5,000	6,500	8,000
R100GS (1000cc twin)	1,200	1,800	2,500	4,000	5,500	7,000
R100GS Paris-Dakar (1000cc twin)	1,000	1,700	3,000	6,000	9,000	12,000
R100R (1000cc twin)	1,000	2,000	3,000	4,000	5,000	6,000
R100R Mystic (1000cc twin)	1,000	2,000	3,000	4,000	5,000	6,000
R100RS w/fairing (1000cc twin)	1,000	2,000	3,000	4,000	5,000	6,000
R100RS Mono (980cc twin)	1,000	2,000	4,000	6,000	8,000	10,000
K1 ABS (1000cc four)	2,200	3,400	4,500	6,000	7,500	9,000
R100RT (1000cc twin)	1,200	2,500	2,500	4,000	5,500	7,000
R100RT Mono (980cc twin)	1,000	2,000	4,000	6,000	8,000	10,000
R1100RS (1100cc twin)	1,600	2,600	3,600	4,800	5,800	7,000
K1100RS ABS w/fairing (1100cc four)	2,000	3,000	4,000	5,300	6,300	7,300
K1100LT Special Edition (1100cc four)	1,600	2,600	3,600	4,800	5,800	7,000
K1100LT ABS (1100cc four)	1,600	2,600	3,600	4,800	5,800	7,000
1994						
F650 Funduro (652cc single) (51,405-7 years)	900	1,500	2,200	2,900	3,800	4,800
K75 (750cc triple) (18,485-13 yrs)	1,000	2,000	3,000	4,000	5,000	6,000
K75RT ABS (750cc triple) (21,264-8 yrs)	1,000	2,000	3,000	4,000	5,000	6,000
K75RTA (750cc triple)	1,000	2,000	3,000	4,000	5,000	6,000
K75A (750cc triple)	1,000	2,000	3,000	4,000	5,000	6,000
K75S (750cc triple) (18,649-12 yrs)	1,000	2,000	3,000	4,000	5,000	6,000
K75SA (750cc triple)	1,000	2,000	3,000	4,000	5,000	6,000
R80GS (797cc twin)	1,500	3,000	6,000	9,000	12,000	15,000
R80R (797cc twin)	1,000	2,000	3,500	5,000	6,500	8,000
R850GS (848cc twin)	600	1,500	3,000	5,000	7,000	9,000
R100R (1000cc twin) (20,589-6 yrs)	1,000	2,000	3,000	4,000	5,000	6,000
R100GS (1000cc twin) (34,007-12 yrs)	1,200	1,800	2,500	4,000	5,500	7,000
R100GS Paris-Dakar (1000cc twin)	1,000	1,700	3,000	6,000	9,000	12,000
R100RS Mono (980cc twin)	1,000	2,000	4,000	6,000	8,000	10,000
R100RT	1,200	2,500	2,500	4,000	5,500	7,000
R100RT Mono (980cc twin)	1,000	2,000	4,000	6,000	8,000	10,000
K1100LT ABS (1100cc four)	1,600	2,600	3,600	4,800	5,800	7,000
K1100RS ABS w/fairing (1100cc four)	2,000	3,000	4,000	5,300	6,300	7,300
R1100GS (1100cc twin)	1,600	2,600	3,600	4,800	5,800	7,000
R1100R (1100cc twin)	1,000	2,000	3,500	5,000	6,500	8,000
R1100RS (1100cc twin)	1,600	2,600	3,600	4,800	5,800	7,000
R1100RSL (1100cc twin)	400	600	1,700	3,500	5,200	7,000
1995						
F650 Funduro (652cc single)	900	1,500	2,200	2,900	3,800	4,800
K75 (750cc triple)	1,000	2,000	3,000	4,000	5,000	6,000
K75/3 (750cc triple)	1,000	2,000	3,000	4,000	5,000	6,000
K75/3 ABS (750cc triple)	1,000	2,000	3,000	4,000	5,000	6,000
K75S (750cc triple)	1,000	2,000	3,000	4,000	5,000	6,000
K75RT ABS (750cc triple)	1,000	2,000	3,000	4,000	5,000	6,000

	6	5	4	3	2	1
R850R (848cc twin)	600	1,500	3,000	5,000	7,000	9,000
R100GS (1000cc twin)	1,200	1,800	2,500	4,000	5,500	7,500
R100GS Paris-Dakar (1000cc twin)	1,000	1,700	3,000	6,000	9,000	12,000
R100RT Classic (1000cc twin)	1,200	2,500	2,500	4,000	5,500	7,000
R100M Mystic (1000cc twin)	1,200	2,500	2,500	4,000	5,500	7,000
R100R Classic (1000cc twin)	1,200	2,500	2,500	4,000	5,500	7,000
R1100GS (1100cc twin)	1,600	2,600	3,600	4,800	5,800	7,000
R1100GS ABS (1100cc twin)	1,600	2,600	3,600	4,800	5,800	7,000
R1100R (1100cc twin)	1,600	2,600	3,600	4,800	5,800	7,000
R1100RA/S ABS (1100cc twin)	1,600	2,600	3,600	4,800	5,800	7,000
R1100R ABS (1100cc twin)	1,000	2,000	3,500	5,000	6,500	8,000
R1100RS ABS Special Edition (1100cc twin)	1,600	2,600	3,600	4,800	5,800	7,000
R1100RS ABS (1100cc twin)	1,600	2,600	3,600	4,800	5,800	7,000
R1100RSL ABS Special Edition (1100cc twin)	1,000	2,000	3,500	5,000	6,500	8,000
R1100RSL ABS (1100cc twin)	1,000	2,000	3,500	5,000	6,500	8,000
K1100LT ABS (1100cc four)	700	1,400	2,800	4,200	5,600	7,000
K1100RS ABS w/fairing (1100cc four)	1,000	2,000	3,500	5,000	6,500	8,000
R1100RT ABS (1100cc twin)	1,000	2,000	3,500	5,000	6,500	8,000
R1100RT Classic Edition (1100cc twin)	1,000	2,000	3,500	5,000	6,500	8,000
1996						
F650 Funduro (652cc single)	900	1,500	2,200	2,900	3,800	4,800
K75RTA Ultima (740cc triple)	1,000	2,000	3,000	4,000	5,000	6,000
R80GS Basic (797cc twin)	600	1,500	3,000	5,000	7,000	9,000
R850GS (848cc twin)	600	1,500	3,000	5,000	7,000	9,000
R850R (850cc twin)	600	1,500	3,000	5,000	7,000	9,000
R850R ABS (850cc twin)	800	2,000	4,000	6,000	8,000	10,700
R850RT (848cc twin)	600	1,500	3,000	5,000	7,000	9,000
R100GS (1000cc twin)	1,200	1,800	2,500	4,000	5,500	7,000
R100GS Paris-Dakar (1000cc twin)	1,200	1,800	2,500	4,000	5,500	7,000
R1100GS ABS (1100cc twin)	1,600	2,600	3,600	4,800	5,800	7,000
R1100R (1100cc twin)	1,600	2,600	3,600	4,800	5,800	7,000
R1100R ABS (1100cc twin)	1,600	2,600	3,600	4,800	5,800	7,000
R1100R ABS Spoke Wheel (1100cc twin)	1,600	2,600	3,600	4,800	5,800	7,000
R1100RS ABS (1100cc twin)	1,000	2,000	3,500	5,000	6,500	8,000
R1100RSL ABS (1100cc twin)	1,000	2,000	3,500	5,000	6,500	8,000
K1100RS ABS (1100cc four)	1,000	2,000	3,500	5,000	6,500	8,000
K1100RS ABS Special Edition (1100cc four) . . .	1,000	2,000	3,500	5,000	6,500	8,000
R1100RT ABS (1100cc twin)	1,000	2,000	3,500	5,000	6,500	8,000
R1100RTL ABS (1100cc twin)	1,000	2,000	3,500	5,000	6,500	8,000
K1100LT ABS (1100cc four)	700	1,400	2,800	4,200	5,600	7,000
K1100LT Highline (1092cc four)	700	1,400	2,800	4,200	5,600	7,000
R1200C (1170cc twin)	1,000	2,000	3,500	5,000	6,500	8,000
1997						
F650 Funduro (652cc single)	900	1,500	2,200	2,900	3,800	4,800
F650FT Strada (652cc single) (51,405-7 years) . . .	900	1,500	2,200	2,900	3,800	4,800
K1100LT Basic (1100cc four)	700	1,400	2,800	4,200	5,600	7,000
K1100LT High Line (1100cc four)	700	1,400	2,800	4,200	5,600	7,000
K1100LT Special Edition (1100cc four)	700	1,400	2,800	4,200	5,600	7,000
R1100GS (1100cc twin)	1,600	2,600	3,600	4,800	5,800	7,000
R1100R (1100cc twin)	1,600	2,600	3,600	4,800	5,800	7,000
R1100RS (1100cc twin)	1,600	2,600	3,600	4,800	5,800	7,000
R1100RT ABS (1100cc twin)	1,000	2,000	3,500	5,000	6,500	8,000
R1100RTL (1100cc twin)	1,000	2,000	3,500	5,000	6,500	8,000
R850C (848cc twin)	600	1,500	3,000	5,000	7,000	9,000
R850GS (848cc twin)	600	1,500	3,000	5,000	7,000	9,000
R850R (848cc twin)	600	1,500	3,000	5,000	7,000	9,000
R850R Special Edition (848cc twin)	600	1,500	3,000	5,000	7,000	9,000
R850RT (848cc twin)	600	1,500	3,000	5,000	7,000	9,000
R80GS Basic (797cc twin)	600	1,500	3,000	5,000	7,000	9,000
R80GS Kalahari (797cc twin)	600	1,500	3,000	5,000	7,000	9,000

	6	5	4	3	2	1
R80GS P/D Classic (797cc twin)	600	1,500	3,000	5,000	7,000	9,000
R1200C (1170cc twin)	1,000	2,000	3,500	5,000	6,500	8,000
K1200RS (1171cc four)	1,000	2,000	3,500	5,000	6,500	8,000
1998						
F650 Funduro (652cc single)	900	1,500	2,200	2,900	3,800	4,800
F650FT Strada (652cc single) (51,405-7 years)	900	1,500	2,200	2,900	3,800	4,800
R850C (848cc twin)	600	1,500	3,000	5,000	7,000	9,000
R850GS (848cc twin)	600	1,500	3,000	5,000	7,000	9,000
R850R (848cc twin)	600	1,500	3,000	5,000	7,000	9,000
R850RT (848cc twin)	600	1,500	3,000	5,000	7,000	9,000
R1100GS (1100cc twin)	1,600	2,600	3,600	4,800	5,800	7,000
R1100GS 75th Anniversary (1100cc twin)	1,600	2,600	3,600	4,800	5,800	7,000
R1100R (1100cc twin)	1,600	2,600	3,600	4,800	5,800	7,000
R1100R 75th Anniversary (1100cc twin)	1,600	2,600	3,600	4,800	5,800	7,000
R1100RS (1100cc twin)	1,600	2,600	3,600	4,800	5,800	7,000
R1100RS 75th Anniversary (1100cc twin)	1,600	2,600	3,600	4,800	5,800	7,000
R1100RT (1100cc twin)	1,000	2,000	3,500	5,000	6,500	8,000
R1100RT 75th Anniversary (1100cc twin)	1,000	2,000	3,500	5,000	6,500	8,000
R1200 (1170cc twin)	1,000	2,000	3,500	5,000	6,500	8,000
R1200C (1170cc twin)	1,000	2,000	3,500	5,000	6,500	8,000
K1200RS (1171cc four)	1,000	2,000	3,500	5,000	6,500	8,000
1999						
F650 (652cc single)	900	1,500	2,200	2,900	3,800	4,800
F650E (652cc single)	900	1,500	2,200	2,900	3,800	4,800
K1200LTC ABS (1,171cc four)	1,000	2,000	3,500	5,000	6,500	8,000
K1200LTI ABS (1,171cc four)	1,000	2,000	3,500	5,000	6,500	8,000
K1200KTS ABS (1,171cc four)	1,000	2,000	3,500	5,000	6,500	8,000
K1200R ABS (1,171cc four)	1,000	2,000	3,500	5,000	6,500	8,000
K1200RS Dakar (1,171cc four)	1,000	2,000	3,500	5,000	6,500	8,000
R1000GS (1,000cc twin)	1,600	2,600	3,600	4,800	5,800	7,000
R1000GS ABS (1,000cc twin)	1,600	2,600	3,600	4,800	5,800	7,000
R1100R (1,100cc twin)	1,600	2,600	3,600	4,800	5,800	7,000
R1100R ABS (1,100cc twin)	1,600	2,600	3,600	4,800	5,800	7,000
R1100R SE ABS (1,100cc twin)	1,600	2,600	3,600	4,800	5,800	7,000
R1100RS ABS (1,100cc twin)	1,600	2,600	3,600	4,800	5,800	7,000
R1100RT ABS (1,100cc twin)	1,000	2,000	3,500	5,000	6,500	8,000
R1100RT-P (1,100cc twin)	1,000	2,000	3,500	5,000	6,500	8,000
R1100S (1,100cc twin)	1,600	2,600	3,600	4,800	5,800	7,000
R1100SA ABS (1,100cc twin)	1,600	2,600	3,600	4,800	5,800	7,000
R1200C ABS (1,170cc twin)	1,000	2,000	3,500	5,000	6,500	8,000

BRIDGESTONE

	6	5	4	3	2	1
1963						
Bridgestone 7 (48cc single)	300	500	1,000	1,500	2,000	2,500
1964						
50 Homer (48cc single)	300	500	1,000	1,500	2,000	2,500
Bridgestone 7 (48cc single)	300	500	1,000	1,500	2,000	2,500
Bridgestone 90 (88cc single)	300	600	1,200	1,800	2,400	3,000
1965						
50 Sport (48cc single)	300	500	1,000	1,500	2,000	2,500
50 Homer (48cc single)	300	500	1,000	1,500	2,000	2,500
60 Sport (60cc single)	300	600	1,200	1,800	2,400	3,000
90 Deluxe (88cc single)	300	600	1,200	1,800	2,400	3,000
90 Mountain (88cc single)	300	600	1,200	1,800	2,400	3,000
90 Racer (88cc single)	300	600	1,200	1,800	2,400	3,000
90 Sport (88cc single)	300	600	1,200	1,800	2,400	3,000
1966						
50 Sport (48cc single)	300	500	1,000	1,500	2,000	2,500
50 Homer (48cc single)	300	500	1,000	1,500	2,000	2,500
60 Sport (60cc single)	300	600	1,200	1,800	2,400	3,000

	6	5	4	3	2	1
90 Deluxe (88cc single)	300	600	1,200	1,800	2,400	3,000
90 Mountain (88cc single)	300	600	1,200	1,800	2,400	3,000
90 Racer (88cc single)	300	600	1,200	1,800	2,400	3,000
90 Sport (88cc single)	300	600	1,200	1,800	2,400	3,000
DT 175 (177cc dual twin)	1,000	2,000	3,000	4,000	5,000	6,000
1967						
50 Sport (48cc single)	300	500	1,000	1,500	2,000	2,500
50 Homer (48cc single)	300	500	1,000	1,500	2,000	2,500
60 Sport (60cc single)	300	600	1,200	1,800	2,400	3,000
90 Deluxe (88cc single)	300	600	1,200	1,800	2,400	3,000
90 Mountain (88cc single)	300	600	1,200	1,800	2,400	3,000
90 Racer (88cc single)	300	600	1,200	1,800	2,400	3,000
90 Sport (88cc single)	300	600	1,200	1,800	2,400	3,000
90 Trail (88cc single)	300	600	1,200	1,800	2,400	3,000
DT 175 (177cc dual twin)	1,000	2,000	4,000	6,000	8,000	10,000
Hurricane Scrambler (177 cc dual twin)	1,000	2,000	3,500	5,000	6,500	8,000
1968						
50 Sport (48cc single)	300	500	1,000	1,500	2,000	2,500
50 Step-thru (48cc single)	300	500	1,000	1,500	2,000	2,500
60 Sport (60cc single)	300	600	1,200	1,800	2,400	3,000
90 Deluxe (88cc single)	300	600	1,200	1,800	2,400	3,000
90 Mountain (88cc single)	300	600	1,200	1,800	2,400	3,000
90 Racer (88cc single)	300	600	1,200	1,800	2,400	3,000
90 Sport (88cc single)	300	600	1,200	1,800	2,400	3,000
90 Trail (88cc single)	300	600	1,200	1,800	2,400	3,000
DT 175 (177cc dual twin)	1,000	2,000	4,000	6,000	8,000	10,000
Hurricane Scrambler (177 cc dual twin)	1,000	2,000	3,500	5,000	6,500	8,000
350 GTR (345cc twin)	600	1,400	2,600	3,400	4,200	5,000
1969						
60 Sport (60cc single)	300	600	1,200	1,800	2,400	3,000
SR 90 (90cc single)	300	600	1,200	1,800	2,400	3,000
SR 100 (100cc single)	900	1,400	2,000	2,700	3,600	4,500
100 GP (100cc single)	900	1,400	2,000	2,700	3,600	4,500
100 TMX (100cc single)	500	800	1,200	1,600	2,200	2,700
SR 175 (175cc twin)	1,000	2,000	4,000	6,000	8,000	10,000
350 GTR (345cc twin)	600	1,400	2,600	3,400	4,200	5,000
350 GTO (345cc twin)	600	1,400	2,600	3,400	4,200	5,000
1970						
60 Sport (60cc single)	300	600	1,200	1,800	2,400	3,000
SR 90 (90cc single)	300	600	1,200	1,800	2,400	3,000
SR 100 (100cc single)	900	1,400	2,000	2,700	3,600	4,500
100 Sport (100cc single)	900	1,400	2,000	2,700	3,600	4,500
350 GTR (345cc twin)	600	1,400	2,600	3,400	4,200	5,000
350 GTO (345cc twin)	600	1,400	2,600	3,400	4,200	5,000
1971						
SR 90 (90cc single)	300	600	1,200	1,800	2,400	3,000
SR 100 (100cc single)	900	1,400	2,000	2,700	3,600	4,500
350 GTR (345cc twin)	600	1,400	2,600	3,400	4,200	5,000
350 GTO (345cc twin)	600	1,400	2,600	3,400	4,200	5,000

BROUGH SUPERIOR

	6	5	4	3	2	1
1921						
Mk. I (side-valve J.A.P. twin, 976cc)	10,000	20,000	30,000	40,000	50,000	60,000
1922						
Mk. I (side-valve J.A.P. twin, 976cc)	10,000	20,000	30,000	40,000	50,000	60,000
SS80 (side valve J.A.P. twin, 976cc)	25,000	50,000	75,000	100K	125K	150K
1923						
Mk. I (side-valve J.A.P. twin, 976cc)	10,000	20,000	30,000	40,000	50,000	60,000
SS80 (side valve J.A.P. twin, 976cc)	25,000	50,000	75,000	100K	125K	150K

	6	5	4	3	2	1
1924						
Mk. I (side-valve J.A.P. twin, 976cc)	10,000	20,000	30,000	40,000	50,000	60,000
OOOO (side valve J.A.P. twin, 976cc)	25,000	50,000	75,000	100K	125K	150K
SS100(OHV J.A.P. twin, 984cc)	50,000	100K	150K	200K	275K	350K
1925						
SS80 (side valve J.A.P. twin, 976cc)	25,000	50,000	75,000	100K	125K	150K
SS100(OHV J.A.P. twin, 984cc)	50,000	100K	150K	200K	275K	350K
1926						
SS80 (side valve J.A.P. twin, 976cc)	25,000	50,000	75,000	100K	125K	150K
SS100(OHV J.A.P. twin, 984cc)	50,000	100K	150K	200K	275K	350K
Model 680 (OHV J.A.P. twin, 676cc)	10,000	20,000	40,000	60,000	80,000	100K
1927						
SS80 (side valve J.A.P. twin, 976cc)	25,000	50,000	75,000	100K	125K	150K
SS100 (OHV J.A.P. twin, 984cc)	50,000	100K	150K	200K	275K	350K
Model 680 (OHV J.A.P. twin, 676cc)	10,000	20,000	40,000	60,000	80,000	100K
1928						
SS80 (side valve J.A.P. twin, 976cc)	25,000	50,000	75,000	100K	125K	150K
SS100(OHV J.A.P. twin, 984cc)	50,000	100K	150K	200K	275K	350K
Model 680 (OHV J.A.P. twin, 676cc)	9,000	15,000	25,000	40,000	55,000	70,000
1929						
SS80 (side valve J.A.P. twin, 976cc)	25,000	50,000	75,000	100K	125K	150K
SS100(OHV J.A.P. twin, 984cc)	50,000	100K	150K	250K	350K	450K
Model 680 (OHV J.A.P. twin, 676cc)	10,000	20,000	40,000	60,000	80,000	100K
1930						
SS80 (side valve J.A.P. twin, 976cc)	25,000	50,000	75,000	100K	125K	150K
SS100(OHV J.A.P. twin, 984cc)	29,000	50,000	100K	150K	200K	250K
Model 680 (OHV J.A.P. twin, 676cc)	10,000	20,000	40,000	60,000	80,000	100K
1931						
SS80 (side valve J.A.P. twin, 976cc)	25,000	50,000	75,000	100K	125K	150K
SS100(OHV J.A.P. twin, 984cc)	29,000	44,000	100K	150K	200K	250K
Model 680 (OHV J.A.P. twin, 676cc)	10,000	20,000	40,000	60,000	80,000	100K
1932						
SS80 (side valve J.A.P. twin, 976cc)	25,000	50,000	75,000	100K	125K	150K
SS100(OHV J.A.P. twin, 984cc)	29,000	50,000	100K	150K	200K	250K
Model 680 (OHV J.A.P. twin, 676cc)	10,000	20,000	40,000	60,000	80,000	100K
1933						
SS80 (side valve J.A.P. twin, 976cc)	25,000	50,000	75,000	100K	125K	150K
SS100(OHV J.A.P. twin, 984cc)	29,000	50,000	100K	150K	200K	250K
Model 680 (OHV J.A.P. twin, 676cc)	10,000	20,000	40,000	60,000	80,000	100K
Model 1150 (side-valve J.A.P. twin, 1150cc)	20,000	40,000	80,000	100K	130K	160K
1934						
SS80 (side valve J.A.P. twin, 976cc) (630 from 1921-34)	25,000	50,000	75,000	100K	125K	150K
SS100(OHV J.A.P. twin, 984cc) (8 made)	29,000	50,000	100K	200K	300K	400K
Model 680 (OHV J.A.P. twin, 676cc)	10,000	20,000	40,000	60,000	80,000	100K
Model 1150 (side-valve J.A.P. twin, 1150cc)	20,000	40,000	80,000	100K	130K	160K
1935						
SS80 (side valve Matchless twin, 998cc)	15,000	25,000	50,000	75,000	120K	125K
SS100(OHV J.A.P. twin, 984cc)	29,000	50,000	100K	150K	200K	250K
Model 680 (OHV J.A.P. twin, 676cc)	10,000	20,000	40,000	60,000	80,000	100K
Model 1150 (side-valve J.A.P. twin, 1150cc)	20,000	40,000	80,000	100K	130K	160K
1936						
SS80 (side valve Matchless twin, 998cc)	15,000	25,000	50,000	75,000	120K	125K
SS100 (OHV Matchless twin, 998cc)	25,000	50,000	100K	150K	200K	250K
Model 1150 (side-valve J.A.P. twin, 1150cc)	20,000	40,000	80,000	100K	130K	160K
1937						
SS80 (side valve Matchless twin, 998cc)	15,000	25,000	50,000	75,000	120K	125K
SS100 (OHV Matchless twin, 998cc)	25,000	50,000	100K	150K	200K	250K
Model 1150 (side-valve J.A.P. twin, 1150cc)	20,000	40,000	80,000	100K	130K	160K
1938						
SS80 (side valve Matchless twin, 998cc)	15,000	25,000	50,000	75,000	120K	125K

	6	5	4	3	2	1
SS100 (OHV Matchless twin, 998cc)	25,000	50,000	100K	150K	200K	250K
Model 1150 (side-valve J.A.P. twin, 1150cc)	20,000	40,000	80,000	100K	130K	160K
1939						
SS80 (side valve Matchless twin, 998cc) (460 from 1935-39)	15,000	25,000	50,000	75,000	120K	125K
SS100 (OHV Matchless twin, 998cc)	40,000	75,000	125K	225K	325K	425K
Model 1150 (side-valve J.A.P. twin, 1150cc)	20,000	40,000	80,000	100K	130K	160K

BSA

	6	5	4	3	2	1
1910						
3.5hp (500cc single)	25,000	50,000	100K	150K	200K	250K
1911						
Fixed Engine (500cc single)	25,000	50,000	100K	150K	200K	250K
Free Engine (500cc single)	25,000	50,000	100K	150K	200K	250K
TT	25,000	50,000	100K	150K	200K	250K
1912						
Model A Fixed Engine Two Speed 3.5hp (500cc)	25,000	50,000	100K	150K	200K	250K
Model B Free Engine (500cc single)	25,000	50,000	100K	150K	200K	250K
Model C Two Speed Free Engine (500cc single)	25,000	50,000	100K	150K	200K	250K
Model D Tourist Trophy (500cc single)	25,000	50,000	100K	150K	200K	250K
Model E 4.25hp 3 speed (550cc)	25,000	50,000	100K	150K	200K	250K
1913						
Model A Fixed Engine Two Speed 3.5hp (500cc)	25,000	50,000	100K	150K	200K	250K
Model B Free Engine 3.5hp (500cc single)	25,000	50,000	100K	150K	200K	250K
Model C Two Speed Free Engine 3.5hp (500cc single)	25,000	50,000	100K	150K	200K	250K
Model D Tourist Trophy 3.5hp (500cc single)	25,000	50,000	100K	150K	200K	250K
Model E 3.5hp 3 speed (550cc)	25,000	50,000	100K	150K	200K	250K
1914						
3.5hp 2 Speed (500cc single)	12,000	25,000	50,000	75,000	100K	150K
Model H Flat Tank (557cc single)	3,000	6,000	12,000	18,000	24,000	30,000
1915						
Model K (557cc single)	2,500	5,000	10,000	15,000	20,000	25,000
Model H Flat Tank (557cc single)	3,000	6,000	12,000	18,000	24,000	30,000
1916						
Model K (557cc single)	2,500	5,000	10,000	15,000	20,000	25,000
Model H Flat Tank (557cc single)	3,000	6,000	12,000	18,000	24,000	30,000
1917						
Model H Flat Tank (557cc single)	3,000	6,000	12,000	18,000	24,000	30,000
1918						
Model H Flat Tank (557cc single)	3,000	6,000	12,000	18,000	24,000	30,000
1919						
Model H Flat Tank (557cc single)	3,000	6,000	12,000	18,000	24,000	30,000
1920						
Model A (770cc V-Twin)	2,500	5,000	10,000	15,000	20,000	25,000
Model H Flat Tank (557cc single)	3,000	6,000	12,000	18,000	24,000	30,000
1921						
Model A (770cc V-Twin)	2,500	5,000	10,000	15,000	20,000	25,000
Model H Flat Tank (557cc single)	3,000	6,000	12,000	18,000	24,000	30,000
1922						
Model A (770cc V-Twin)	2,500	5,000	10,000	15,000	20,000	25,000
Model K (557cc single)	2,500	5,000	10,000	15,000	20,000	25,000
Model H2 Flat Tank (557cc single)	3,000	6,000	12,000	18,000	24,000	30,000
1923						
Model A (770cc V-Twin)	2,500	5,000	10,000	15,000	20,000	25,000
Model H2 Flat Tank (557cc single)	3,000	6,000	12,000	18,000	24,000	30,000
Model K2 (557cc single)	2,500	5,000	10,000	15,000	20,000	25,000
Model K2 Deluxe (557cc single)	2,500	5,000	10,000	15,000	20,000	25,000
Model L (349cc single)	3,000	6,000	9,000	12,000	15,000	18,000
Model G25 (1000cc twin)	3,000	6,000	12,000	18,000	24,000	30,000

	6	5	4	3	2	1
1924						
Model B Round Tank (249cc single).	1,500	3,000	6,000	0,000	10,000	13,000
Model A (770cc V-Twin)	2,500	5,000	10,000	15,000	20,000	25,000
Model E (770cc V-Twin).	2,500	5,000	10,000	15,000	20,000	25,000
Model S24 Deluxe (500cc single).	2,500	5,000	10,000	15,000	20,000	25,000
Model H Flat Tank (557cc single)	3,000	6,000	12,000	18,000	24,000	30,000
Model L 2.75hp (349cc single)	3,000	6,000	9,000	12,000	15,000	18,000
Model L 3.5hp (349cc single)	3,000	6,000	9,000	12,000	15,000	18,000
Model G24 Colonial (1000cc twin)	3,000	6,000	12,000	18,000	24,000	30,000
1925						
Model B Round Tank (249cc single).	1,500	3,000	6,000	9,000	12,000	15,000
450 Light (450cc single).	2,500	5,000	10,000	15,000	20,000	25,000
Model S25 Deluxe (500cc single).	2,500	5,000	10,000	15,000	20,000	25,000
Model H Flat Tank (557cc single)	3,000	6,000	12,000	18,000	24,000	30,000
Model H25 (557cc single)	2,500	5,000	10,000	15,000	20,000	25,000
Model L25 2.75hp (349cc single)	3,000	6,000	9,000	12,000	15,000	18,000
Model L25 350OHV (349cc single)	4,000	8,000	16,000	24,000	32,000	40,000
Model E25 Deluxe (770cc V-Twin).	2,500	5,000	10,000	15,000	20,000	25,000
Model E25 Light (770cc V-Twin).	2,500	5,000	10,000	15,000	20,000	25,000
Model G25 Colonial (1000cc twin)	3,000	6,000	12,000	18,000	24,000	30,000
Model G25 Deluxe (1000cc twin)	3,000	6,000	12,000	18,000	24,000	30,000
Model G25 Light (1000cc twin)	3,000	6,000	12,000	18,000	24,000	30,000
1926						
Model B Round Tank (249cc single).	1,500	3,000	6,000	9,000	12,000	15,000
Model L26 2.75hp (349cc single)	3,000	6,000	9,000	12,000	15,000	18,000
Model L26 350OHV (349cc single)	4,000	8,000	16,000	24,000	32,000	40,000
Model S26 4.93hp (493cc single)	2,500	5,000	10,000	15,000	20,000	25,000
Model S26 4.98hp (493cc single)	2,500	5,000	10,000	15,000	20,000	25,000
Model S26 Deluxe (493cc single)	2,500	5,000	10,000	15,000	20,000	25,000
Model H Flat Tank (557cc single)	3,000	6,000	12,000	18,000	24,000	30,000
Model H27 (557cc single).	2,500	5,000	10,000	15,000	20,000	25,000
Model E26 Deluxe (770cc V-Twin).	2,500	5,000	10,000	15,000	20,000	25,000
Model E26 Light (770cc V-Twin).	2,500	5,000	10,000	15,000	20,000	25,000
Model G26 Colonial (1000cc twin)	3,000	6,000	12,000	18,000	24,000	30,000
Model G26 Deluxe (1000cc twin)	3,000	6,000	12,000	18,000	24,000	30,000
Model G26 Light (1000cc twin)	3,000	6,000	12,000	18,000	24,000	30,000
1927						
Model B Round Tank (249cc single).	1,500	3,000	6,000	9,000	12,000	15,000
Model B Deluxe (249cc single)	1,500	3,000	6,000	9,000	12,000	15,000
Model L27 2.75hp (349cc single)	3,000	6,000	9,000	12,000	15,000	18,000
Model L27 350OHV (350cc single)	4,000	8,000	16,000	24,000	32,000	40,000
Model S27 4.93hp Sloper (493cc single)	2,500	5,000	10,000	15,000	20,000	25,000
Model S27 4.93hp Standard (493cc single)	2,500	5,000	10,000	15,000	20,000	25,000
Model S27 4.93hp Special Sports (493cc single)	2,500	5,000	10,000	15,000	20,000	25,000
Model S27 4.98hp (493cc single)	2,500	5,000	10,000	15,000	20,000	25,000
Model H Flat Tank (557cc single)	3,000	6,000	12,000	18,000	24,000	30,000
Model H27 (557cc single).	2,500	5,000	10,000	15,000	20,000	25,000
Model E27 Deluxe (770cc V-Twin).	2,500	5,000	10,000	15,000	20,000	25,000
Model E27 Light (770cc V-Twin).	2,500	5,000	10,000	15,000	20,000	25,000
Model G27 Deluxe (1000cc twin)	3,000	6,000	12,000	18,000	24,000	30,000
1928						
Model A28 (174cc single)	2,500	5,000	10,000	15,000	20,000	25,000
Model B Round Tank (249cc single).	1,500	3,000	6,000	9,000	12,000	15,000
Model B Delux (249cc single).	1,500	3,000	6,000	9,000	12,000	15,000
Model L28 (350cc)	2,000	4,000	6,000	8,000	10,000	12,000
Model L28 Standard OHV (350cc single)	3,000	6,000	9,000	12,000	15,000	18,000
Model L28 Super OHV (350cc single)	4,000	8,000	16,000	24,000	32,000	40,000
Model M28 (493cc single).	2,000	4,000	5,500	7,000	8,500	10,000
Model S28 (493cc single).	2,000	4,000	6,000	9,000	12,000	15,000
Model S28 SV Sloper (493cc single)	2,000	4,000	6,000	9,000	12,000	15,000

	6	5	4	3	2	1
Model S28 OHV Sloper (493cc single)	2,000	4,000	6,000	9,000	12,000	15,000
Model H Flat Tank (557cc single)	3,000	6,000	12,000	18,000	24,000	30,000
Model E28 (770cc V-Twin)	2,500	5,000	10,000	15,000	20,000	25,000
Model G28 Deluxe (1000cc twin)	3,000	6,000	12,000	18,000	24,000	30,000
1929						
A29 Standard (174cc single)	2,500	5,000	10,000	15,000	20,000	25,000
A29 Deluxe (174cc single)	2,500	5,000	10,000	15,000	20,000	25,000
B29 Deluxe (249cc single)	1,500	3,000	6,000	9,000	12,000	15,000
Model L29 Deluxe (350cc single)	2,000	4,000	6,000	8,000	10,000	12,000
Model L29 OHV (350cc single)	3,000	6,000	9,000	12,000	15,000	18,000
Model L29 OHV 2 Port Sloper (350cc single)	4,000	8,000	16,000	24,000	32,000	40,000
S29 (493cc single)	2,000	4,000	8,000	12,000	16,000	20,000
S29 Standard (493cc single)	2,000	4,000	6,000	9,000	12,000	15,000
S29 2 Port Light (493cc single)	2,000	4,000	6,000	9,000	12,000	15,000
S29 SV Sloper (493cc single)	2,000	4,000	6,000	9,000	12,000	15,000
S29 OHV 2 Port Sloper (493cc single)	2,000	4,000	6,000	9,000	12,000	15,000
Model H Flat Tank (557cc single)	3,000	6,000	12,000	18,000	24,000	30,000
Model E29 (770cc V-Twin)	2,500	5,000	10,000	15,000	20,000	25,000
Model E29 Deluxe (770cc V-Twin)	2,500	5,000	10,000	15,000	20,000	25,000
Model G29 Deluxe (1000cc twin)	3,000	6,000	12,000	18,000	24,000	30,000
1930						
A30 (175cc single)	2,500	5,000	10,000	15,000	20,000	25,000
A-2 (150cc single)	1,100	1,700	2,500	3,400	4,500	5,600
B-3 (250cc single)	2,000	4,000	6,000	8,000	10,000	12,000
B-4 (250cc single)	1,200	1,700	2,600	3,500	4,600	5,800
B29 (249cc single)	2,000	4,000	5,500	7,000	8,500	10,000
B30 (249cc single)	2,000	4,000	5,500	7,000	8,500	10,000
L-11 (350cc single)	2,000	4,000	8,000	12,000	16,000	20,000
L-5 (350cc single)	1,200	1,800	2,700	3,600	4,800	6,000
L-6 (350cc single)	1,200	1,800	2,700	3,600	4,800	6,000
S-12 (500cc single)	1,200	1,800	2,700	3,600	4,800	6,000
S-13 Deluxe (500cc single)	1,200	2,200	3,200	4,200	5,200	7,200
S-18 Light (500cc single)	1,200	1,900	3,000	4,500	6,000	7,500
S-19 Light (500cc single)	1,200	1,900	3,000	4,500	6,000	7,500
S-7 (500cc single)	1,200	1,900	3,000	4,500	6,000	7,500
S-9 Deluxe (500cc single)	1,200	1,900	3,000	4,500	6,000	7,500
H-10 Deluxe (550cc single)	1,200	1,900	3,000	4,500	6,000	7,500
H-8 (550cc single)	1,400	2,000	3,500	5,000	6,400	7,800
E-14 (750cc twin)	1,400	2,000	3,100	4,100	5,400	6,800
G-14 (1000cc twin)	1,400	2,500	3,500	5,000	6,500	8,000
G-15 (1000cc twin)	2,000	3,000	5,000	8,000	11,000	14,000
G-16 World Tour (1000cc twin)	2,000	4,500	6,500	8,500	10,500	12,500
S31 Sloper (493cc single)	3,000	6,000	9,000	12,000	15,000	18,000
1931						
B-1 (250cc single)	2,000	4,000	6,000	8,000	10,000	12,000
B-3 (250cc single)	2,000	4,000	6,000	8,000	10,000	12,000
B-30 (249cc single)	2,000	4,000	5,500	7,000	8,500	10,000
L-4 (350cc single)	1,200	1,800	2,800	3,700	4,900	6,100
L-5 Deluxe (350cc single)	1,200	1,800	2,800	3,700	4,900	6,100
L-6 Deluxe (350cc single)	1,200	1,800	2,800	3,700	5,000	6,200
S-10 Deluxe (500cc single)	1,200	1,900	2,500	4,000	5,500	7,000
S-7 (500cc single)	1,200	1,900	2,500	4,000	5,500	7,000
S-9 (500cc single)	1,200	1,900	2,500	4,000	5,500	7,000
H-8 (550cc single)	1,200	1,900	3,000	4,500	6,000	7,500
E-11 (750cc twin, 3-gal.tank)	1,400	2,000	3,500	5,000	6,400	7,800
G-14 (1000cc twin)	2,000	3,000	5,000	8,000	11,000	14,000
S31 Sloper (493cc single)	3,000	6,000	9,000	12,000	15,000	18,000
1932						
B-1 (250cc single)	2,000	4,000	6,000	8,000	10,000	12,000
L-2 (350cc single)	1,300	2,000	2,900	3,900	5,200	6,500

	6	5	4	3	2	1
L-3 (350cc single)	1,300	2,000	2,900	3,900	5,200	6,500
L-4 Deluxe (350cc single)	1,300	2,000	2,900	3,900	5,200	6,500
L-5 Blue Star (350cc single)	1,500	2,200	3,300	4,400	5,900	7,400
L-5 Deluxe (350cc single)	1,300	2,000	2,900	3,900	5,200	6,500
S-8 Deluxe (500cc single)	1,200	1,900	2,500	4,000	5,500	7,000
W-6 (500cc single)	1,200	1,900	2,500	4,000	5,500	7,000
W-7 Blue Star (500cc single)	2,500	5,000	10,000	15,000	20,000	25,000
H-9 Deluxe (550cc single)	1,200	1,900	3,000	4,500	6,000	7,500
G-10 (1000cc twin)	2,000	3,000	6,000	9,500	13,500	16,500
G-14 (1000cc twin)	2,000	3,000	5,000	8,000	11,000	14,000
S31 Sloper (493cc single)	3,000	6,000	9,000	12,000	15,000	18,000
1933						
B-1 (250cc single)	2,000	4,000	6,000	8,000	10,000	12,000
B-2 (250cc single)	2,000	4,000	6,000	8,000	10,000	12,000
B-3 Blue Star Jr. (250cc single)	2,000	4,000	6,000	8,000	10,000	12,000
R-4 (350cc single)	2,000	4,000	6,000	8,000	10,000	12,000
R-5 Blue Star (350cc single)	1,500	2,200	3,300	4,400	5,900	7,400
W-6 (500cc single)	1,200	1,900	2,500	4,000	5,500	7,000
W-6 Post Office (500cc single)	1,200	1,900	2,500	4,000	5,500	7,000
W-7 (500cc single)	1,200	1,900	2,500	4,000	5,500	7,000
W-8 Blue Star (500cc single)	2,500	5,000	10,000	15,000	20,000	25,000
W-9 Special (500cc single)	1,200	1,900	3,000	4,500	6,000	7,500
M-10 (600cc single)	1,200	1,900	2,500	4,000	5,500	7,000
M-11 (600cc single)	1,200	1,900	2,500	4,000	5,500	7,000
G-13 Light (1000cc twin)	2,000	3,000	4,500	6,500	8,500	11,500
G-13 World Tour (1000cc twin)	1,900	2,900	4,300	6,000	9,000	12,000
G-14 War Office (1000cc twin)	1,900	2,900	4,300	6,000	9,000	12,000
S31 Sloper (493cc single)	3,000	6,000	9,000	12,000	15,000	18,000
1934						
X-0 (150cc single)	1,500	2,500	4,000	5,000	6,000	7,000
B-1 (250cc single)	2,000	4,000	6,000	8,000	10,000	12,000
B-2 (250cc single)	2,000	4,000	6,000	8,000	10,000	12,000
B-17 Sports (250cc single)	2,000	4,000	6,000	8,000	10,000	12,000
B-2 (250cc single)	2,000	4,000	6,000	8,000	10,000	12,000
B-3 Blue Star Jr. (250cc single)	2,000	4,000	6,000	8,000	10,000	12,000
R-4 (350cc single)	2,000	4,000	6,000	8,000	10,000	12,000
R-5 Blue Star (350cc single)	1,500	2,300	3,400	4,500	6,000	7,500
R-6 Special (350cc single)	1,300	2,000	3,000	4,000	5,300	6,600
W-7 (500cc single)	1,200	1,800	2,700	3,500	5,000	6,500
W-8 (500cc single)	1,200	1,900	2,500	4,000	5,500	7,000
W-9 Blue Star (500cc single)	2,500	5,000	10,000	15,000	20,000	25,000
W-10 Special (500cc single)	1,500	2,300	3,400	4,500	6,000	7,500
J-11 (500cc single)	1,900	2,900	4,300	6,000	8,000	10,000
M-12 (600cc single)	1,200	1,900	2,500	4,000	5,500	7,000
M-13 (600cc single)	1,200	1,900	2,500	4,000	5,500	7,000
G-14 World Tour (1000cc twin)	2,200	3,300	5,000	6,500	9,500	12,500
S31 Sloper (493cc single)	3,000	6,000	9,000	12,000	15,000	18,000
1935						
X-0 (150cc single)	1,500	2,500	4,000	5,000	6,000	7,000
B-1 (250cc single)	2,000	4,000	6,000	8,000	10,000	12,000
B-2 (250cc single)	2,000	4,000	6,000	8,000	10,000	12,000
B-3 Deluxe (250cc single)	2,000	4,000	6,000	8,000	10,000	12,000
R-4 Deluxe (350cc single)	2,000	4,000	6,000	8,000	10,000	12,000
R-5 Blue Star (350cc single)	1,400	2,100	3,200	4,200	5,600	7,000
R-17 Twin Port (350cc single)	1,300	2,000	2,900	3,900	5,200	6,500
W-6 (500cc single)	1,500	2,300	3,400	4,500	6,000	7,500
J-12 (500cc single)	1,900	2,900	6,000	9,000	12,000	15,000
W-7 (500cc single)	1,300	2,000	2,900	3,900	5,200	6,500
W-8 Blue Star (500cc single)	2,500	5,000	10,000	15,000	20,000	25,000
W-9 Special (500cc single)	1,200	1,900	2,500	4,000	5,500	7,000

	6	5	4	3	2	1
M-10 (600cc single).	1,200	1,900	2,500	4,000	5,500	7,000
J-15 War Office (750cc twin)	2,000	3,000	5,000	8,000	11,000	14,000
G-14 (1000cc twin)	2,000	3,000	5,000	8,000	11,000	14,000
S31 Sloper OHV (595cc single).	1,500	3,000	6,000	9,000	12,000	15,000
S31 Sloper SV (595cc single).	3,000	6,000	9,000	12,000	15,000	18,000
1936						
X-0 (150cc single).	1,500	2,500	4,000	5,000	6,000	7,000
B-1 (250cc single).	2,000	4,000	6,000	8,000	10,000	12,000
B-18 Light Deluxe (250cc single)	2,000	4,000	6,000	8,000	10,000	12,000
B-2 (250cc single).	2,000	4,000	6,000	8,000	10,000	12,000
B-3 Deluxe (250cc single)	2,000	4,000	6,000	8,000	10,000	12,000
R-4 Deluxe (350cc single).	2,000	4,000	6,000	8,000	10,000	12,000
R-17 (350cc single)	1,300	2,000	2,900	3,900	5,200	6,500
R-19 Comp. (350cc single)	1,600	2,400	3,600	4,800	6,400	8,000
R-20 New Blue Star (350cc single)	1,400	2,100	3,200	4,200	5,600	7,000
R-5 Empire Star (350cc single)	1,500	2,300	3,400	4,500	6,000	7,500
Q21 New Blue Star (500cc single)	2,200	3,300	5,000	7,000	9,000	12,000
Q7 (500cc single)	1,600	3,000	4,500	6,000	7,500	9,000
Q8 Empire Star (500cc single)	2,500	5,000	10,000	15,000	20,000	25,000
J-12 (500cc single)	2,200	3,300	6,000	9,000	12,000	15,000
W-6 (500cc single)	1,500	2,300	3,400	4,500	6,000	7,500
M-10 (600cc single).	1,400	2,100	3,200	4,200	5,600	7,000
Y-13 (750cc twin)	5,000	10,000	15,000	30,000	45,000	60,000
G-14 (1000cc twin)	2,000	3,000	5,000	8,000	11,000	14,000
1937						
B20 Tourer (250cc single).	1,000	2,000	4,000	6,000	8,000	10,000
B21 Sports (250cc single).	1,000	2,000	4,000	6,000	8,000	10,000
B22 Empire star (250cc single)	1,000	2,000	4,000	6,000	8,000	10,000
B23 Tourer (350cc single).	1,200	1,800	2,700	3,600	4,800	6,000
B24 Empire Star (350cc single)	1,500	2,300	3,400	6,000	9,000	12,000
B25 Comp,. (350cc single)	1,600	2,400	3,600	4,800	6,400	8,000
B26 Sports (350cc single).	1,400	2,200	3,200	4,300	5,800	7,200
M19 Deluxe (350cc single)	1,200	1,800	2,700	3,600	4,800	6,000
M20 Tourer (500cc single).	2,000	4,000	6,000	8,000	10,000	12,000
M22 Sports (500cc single)	1,400	2,100	3,200	4,200	5,600	7,000
M23 Empire Star (500cc single).	3,000	6,000	12,000	17,000	22,000	27,000
M21 Tourer (600cc Single)	1,200	1,800	3,000	4,000	6,000	8,000
Y13 (750cc twin)	5,000	10,000	15,000	30,000	45,000	60,000
G14 (1000cc twin).	2,000	3,000	5,000	8,000	11,000	14,000
1938						
B20 Tourer (250cc single).	1,000	2,000	4,000	6,000	8,000	10,000
B21 Sports (250cc single).	1,000	2,000	4,000	6,000	8,000	10,000
B22 Empire star (250cc single)	1,000	2,000	4,000	6,000	8,000	10,000
C10 (250cc single)	1,300	2,000	2,900	3,900	5,200	6,500
C11 (250cc single)	900	1,400	2,000	2,700	3,600	4,500
B23 Tourer (350cc single).	1,300	2,000	2,900	3,900	5,200	6,500
B24 Empire Star (350cc single)	1,600	2,400	3,600	6,000	9,000	12,000
B25 Comp,. (350cc single)	1,700	2,600	3,800	5,100	6,800	8,500
B26 Sports (350cc single).	1,400	2,200	3,200	4,300	5,800	7,200
M19 Deluxe (350cc single)	1,100	1,700	2,500	3,300	4,400	5,500
M22 Sports (500cc single)	1,400	2,100	3,200	4,200	5,600	7,000
M23 Empire Star (500cc single).	3,000	6,000	12,000	17,000	22,000	27,000
M24 Gold Star (500cc single)	3,000	6,000	12,000	18,000	24,000	30,000
M21 Tourer (600cc Single)	1,600	2,400	3,600	4,800	6,400	8,000
Y13 (750cc twin)	5,000	10,000	15,000	30,000	45,000	60,000
G14 (1000cc twin).	2,000	3,000	5,000	8,000	11,000	14,000
1939						
B21 Deluxe (250cc single)	1,000	2,000	4,000	6,000	8,000	10,000
B21 (250cc single)	1,000	2,000	4,000	6,000	8,000	10,000
C10 Deluxe (250cc single)	1,300	2,000	2,900	3,900	5,200	6,500

	6	5	4	3	2	1
C10 (250cc single)	1,300	2,000	2,900	3,900	5,200	6,500
C11 (250cc single)	1,200	1,800	2,700	3,600	4,800	6,000
B20 (250cc single)	1,200	1,800	2,700	3,600	4,800	6,000
B25 Comp,. (350cc single)	2,000	3,000	4,500	6,000	8,000	10,000
B26 (350cc single)	1,500	2,300	3,500	4,600	6,200	7,700
B23 Deluxe (350cc single)	1,200	1,800	2,700	3,600	4,800	6,000
B24 Silver Star (350cc single).	1,700	2,600	3,800	6,000	9,000	12,000
M20 Deluxe (500cc single)	2,000	4,000	6,000	8,000	10,000	12,000
M20 (500cc single)	2,000	4,000	6,000	8,000	10,000	12,000
M22 (500cc single)	1,400	2,100	3,200	4,200	5,600	7,000
M23 Silver Star (500cc single)	3,000	6,000	12,000	17,000	22,000	27,000
M24 Gold Star (500cc single)	3,000	6,000	12,000	18,000	24,000	30,000
M21 (600cc single)	1,600	2,400	3,600	4,800	6,400	8,000
G14 (1000cc twin).	2,000	3,000	5,000	8,000	11,000	14,000
1940						
WD/M20 (500cc single)	2,000	4,000	6,000	8,000	10,000	12,000
G14 (1000cc twin).	2,000	3,000	5,000	8,000	11,000	14,000
1941						
WD/M20 (500cc single)	2,000	4,000	6,000	8,000	10,000	12,000
1942						
WD/M20 (500cc single)	2,000	4,000	6,000	8,000	10,000	12,000
1943						
WD/M20 (500cc single)	2,000	4,000	6,000	8,000	10,000	12,000
1944						
WD/M20 (500cc single)	2,000	4,000	6,000	8,000	10,000	12,000
1945						
C10 (250cc single)	1,300	2,000	2,900	3,900	5,200	6,500
C11 (250cc single)	1,300	2,000	2,900	3,900	5,200	6,500
B31 (350cc single)	1,000	2,000	3,500	5,000	6,500	8,000
M20 (500cc single)	2,000	4,000	6,000	8,000	10,000	12,000
1946						
C10 (250cc single)	1,300	2,000	2,900	3,900	5,200	6,500
C11 (250cc single)	1,300	2,000	2,900	3,900	5,200	6,500
B31 (350cc single)	1,300	2,000	2,900	3,900	5,200	6,500
B32 comp. (350cc single)	1,300	2,000	2,900	3,900	5,200	6,500
M20 (500cc single)	1,600	3,000	4,500	6,000	7,500	9,000
A7 (500cc twin)	2,000	4,000	6,000	8,000	10,000	12,000
M21 (600cc Single)	1,600	3,000	4,500	6,000	7,500	9,000
1947						
C10 (250cc single)	1,300	2,000	2,900	3,900	5,200	6,500
C11 (250cc single)	1,300	2,000	2,900	3,900	5,200	6,500
B31 (350cc single)	1,000	2,000	3,500	5,000	6,500	8,000
B32 comp. (350cc single)	1,300	2,000	2,900	3,900	5,200	6,500
A7 (500cc twin)	2,000	4,000	6,000	8,000	10,000	12,000
B33 (500cc single)	1,000	2,000	4,000	6,000	8,000	10,000
B34 Comp. (500cc single).	2,600	5,000	8,000	12,000	16,000	20,000
M20 (500cc single)	1,000	2,000	4,000	6,000	8,000	10,000
M21 (600cc Single)	1,600	3,000	4,500	6,000	7,500	9,000
1948						
C10 (250cc single)	1,300	2,000	2,900	3,900	5,200	6,500
B31 (350cc single)	1,300	2,000	2,900	3,900	5,200	6,500
B32 comp. (350cc single)	1,300	2,000	2,900	3,900	5,200	6,500
A7 (500cc twin)	2,000	4,000	6,000	8,000	10,000	12,000
B33 (500cc single)	1,000	2,000	4,000	6,000	8,000	10,000
B34 Comp. (500cc single).	2,600	5,000	8,000	12,000	16,000	20,000
M20 (500cc single)	1,600	3,000	4,500	6,000	7,500	9,000
M33 (500cc single)	1,100	2,000	3,500	5,000	6,500	8,000
M21 (600cc Single)	1,600	3,000	4,500	6,000	7,500	9,000
1949						
D1 Bantam (125cc single).	1,000	1,800	3,000	4,500	6,000	7,500

	6	5	4	3	2	1
C10 (250cc single)	1,300	2,000	2,900	3,900	5,200	6,500
B31 (350cc single)	1,000	2,000	3,500	5,000	6,500	8,000
B31 Plunger (350cc single)	1,000	2,000	4,000	6,000	8,000	10,000
B32 Comp. (350cc single)	1,000	1,500	3,000	4,500	6,000	7,500
B32 Comp. Plunger (350cc single)	1,000	1,500	3,000	4,500	6,000	7,500
B32GS Gold Star Plunger (350cc single)	2,000	4,000	6,000	9,000	12,000	15,000
A7 (500cc twin)	2,000	4,000	6,000	8,000	10,000	12,000
A7 Plunger (500cc twin)	2,000	4,000	6,000	8,000	10,000	12,000
A7S Star Plunger (500cc twin)	2,000	4,000	6,000	8,000	10,000	12,000
B33 (500cc single)	1,000	2,000	4,000	6,000	8,000	10,000
B33 Plunger (500cc single)	1,000	2,000	4,000	6,000	8,000	10,000
B34 Comp (500cc single)	2,600	5,000	8,000	12,000	16,000	20,000
B34 Comp Plunger (500cc single)	2,000	4,000	6,000	9,000	12,000	15,000
B34GS Gold Star (500cc single)	2,600	5,000	8,000	12,000	16,000	20,000
B34GS Gold Star Plunger (500cc single)	2,000	4,000	6,000	9,000	12,000	15,000
M20 (500cc single)	1,000	2,000	4,000	6,000	8,000	10,000
M33 (500cc single)	1,600	2,400	3,600	4,800	6,400	8,000
M21 (600cc single)	1,600	2,400	3,600	4,800	6,400	8,000
1950						
D1 Bantam w/WIPAC (125cc single)	600	1,500	3,000	4,500	6,000	7,500
D1 Bantam w/Lucas (125cc single)	600	1,500	3,000	4,500	6,000	7,500
D1 Bantam Plunger w/WIPAC (125cc single) . .	600	1,500	3,000	4,500	6,000	7,500
D1 Bantam Plunger w/Lucus (125cc single) . . .	600	1,500	3,000	4,500	6,000	7,500
C10 (250cc single)	600	800	1,600	2,400	3,200	4,000
C11 (250cc single)	600	800	1,600	2,400	3,200	4,000
B31 (350cc single)	1,000	2,000	3,500	5,000	6,500	8,000
B31 Plunger (350cc single)	1,000	2,000	4,000	6,000	8,000	10,000
B32 Comp (350cc single)	1,500	2,800	3,800	4,800	5,800	6,800
B32 Comp Plunger (350cc single)	1,500	2,800	3,800	4,800	5,800	6,800
B32GS Gold Star (350cc single)	2,000	4,000	6,000	9,000	12,000	15,000
B32GS Gold Star Plunger (350cc single)	2,000	4,000	6,000	9,000	12,000	15,000
A7 (500cc twin)	2,000	4,000	6,000	8,000	10,000	12,000
A7Plunger (500cc twin)	2,000	4,000	6,000	8,000	10,000	12,000
A7S Star Plunger (500cc twin)	2,000	4,000	6,000	8,000	10,000	12,000
B33 (500cc single)	1,000	2,000	4,000	6,000	8,000	10,000
B33 Plunger (500cc single)	1,000	2,000	4,000	6,000	8,000	10,000
B34 Comp. (500cc single)	2,600	5,000	8,000	12,000	16,000	20,000
B34 Comp Plunger (500cc single)	2,000	4,000	6,000	9,000	12,000	15,000
B34GS Gold Star (500cc single)	2,600	5,000	8,000	12,000	16,000	20,000
B34GS Gold Star Plunger (500cc single)	2,000	4,000	6,000	9,000	12,000	15,000
M20 (500cc single)	1,000	2,000	4,000	6,000	8,000	10,000
M33 (500cc single)	1,600	2,400	3,600	4,800	6,400	8,000
M21 (600cc single)	1,600	2,400	3,600	4,800	6,400	8,000
1951						
D1 Bantam w/WIPAC (125cc single)	600	1,500	3,000	4,500	6,000	7,500
D1 Bantam w/Lucas (125cc single)	600	1,500	3,000	4,500	6,000	7,500
D1 Bantam Plunger w/WIPAC (125cc single) . .	600	1,500	3,000	4,500	6,000	7,500
D1 Bantam Plunger w/Lucas (125cc single) . . .	600	1,500	3,000	4,500	6,000	7,500
D1 Bantam Plunger GPO (125cc single)	600	1,500	3,000	4,500	6,000	7,500
C10 (250cc single)	600	800	1,600	2,400	3,200	4,000
C10 Plunger (250cc single)	600	800	1,600	2,400	3,200	4,000
C11 (250cc single)	600	800	1,600	2,400	3,200	4,000
C11 Plunger (250cc single)	600	800	1,600	2,400	3,200	4,000
B31 (350cc single)	1,000	2,000	3,500	5,000	6,500	8,000
B31 Plunger (350cc single)	1,000	2,000	4,000	6,000	8,000	10,000
B32 Comp (350cc single)	1,500	2,800	3,800	4,800	5,800	6,800
B32 Comp Plunger (350cc single)	1,500	2,800	3,800	4,800	5,800	6,800
B32GS Gold Star (350cc single)	2,000	4,000	6,000	9,000	12,000	15,000
B32GS Gold Star Plunger (350cc single)	2,000	4,000	6,000	9,000	12,000	15,000
A7 (500cc twin)	2,000	4,000	6,000	8,000	10,000	12,000

	6	5	4	3	2	1
A7 Plunger (500cc twin)	2,000	4,000	6,000	8,000	10,000	12,000
A7S Star Plunger (500cc twin)	2,000	4,000	6,000	8,000	10,000	12,000
B33 (500cc single)	1,000	2,000	4,000	6,000	8,000	10,000
B33 Plunger (500cc single)	1,000	2,000	4,000	6,000	8,000	10,000
B34 Comp. (500cc single)	2,600	5,000	8,000	12,000	16,000	20,000
B34 Comp Plunger (500cc single)	2,000	4,000	6,000	9,000	12,000	15,000
B34GS Gold Star (500cc single)	2,600	5,000	8,000	12,000	16,000	20,000
B34GS Gold Star Plunger (500cc single)	2,000	4,000	6,000	9,000	12,000	15,000
M20 (500cc single)	1,000	2,000	4,000	6,000	8,000	10,000
M20 Plunger (500cc single)	1,000	2,000	4,000	6,000	8,000	10,000
M33 (500cc single)	1,600	2,400	3,600	4,800	6,400	8,000
M33 Plunger (500cc single)	1,600	2,400	3,600	4,800	6,400	8,000
M21 (600cc single)	1,600	2,400	3,600	4,800	6,400	8,000
M21 Plunger (600cc single)	1,600	2,400	3,600	4,800	6,400	8,000
A10 Golden Flash (650cc twin)	2,000	4,000	6,000	8,000	10,000	12,000
A10 Golden Flash Plunger (650cc twin)	2,000	4,000	6,000	8,000	10,000	12,000
1952						
D1 Bantam w/WIPAC (125cc single)	600	1,500	3,000	4,500	6,000	7,500
D1 Bantam w/Lucas (125cc single)	600	1,500	3,000	4,500	6,000	7,500
D1 Bantam Plunger w/WIPAC (125cc single)	600	1,500	3,000	4,500	6,000	7,500
D1 Bantam Plunger w/Lucus (125cc single)	600	1,500	3,000	4,500	6,000	7,500
D1 Bantam Plunger GPO (125cc single)	600	1,500	3,000	4,500	6,000	7,500
C10 (250cc single)	600	800	1,600	2,400	3,200	4,000
C10 Plunger (250cc single)	600	800	1,600	2,400	3,200	4,000
C11 (250cc single)	600	800	1,600	2,400	3,200	4,000
C11 Plunger (250cc single)	600	800	1,600	2,400	3,200	4,000
B31 (350cc single)	1,000	2,000	3,500	5,000	6,500	8,000
B31 Plunger (350cc single)	1,000	2,000	4,000	6,000	8,000	10,000
B32 Comp (350cc single)	1,500	2,800	3,800	4,800	5,800	6,800
B32 Comp Plunger (350cc single)	1,500	2,800	3,800	4,800	5,800	6,800
B32GS Gold Star (350cc single)	2,000	4,000	6,000	9,000	12,000	15,000
B32GS Gold Star Plunger (350cc single)	2,000	4,000	6,000	9,000	12,000	15,000
B32GS Gold Star Clubman (350cc single)	2,700	4,100	6,100	9,000	12,000	15,000
B32GS Gold Star Clubman Plunger (350cc single)	2,700	4,100	6,100	9,000	12,000	15,000
A7 (500cc twin)	2,000	4,000	6,000	8,000	10,000	12,000
A7Plunger (500cc twin)	2,000	4,000	6,000	8,000	10,000	12,000
A7S Star Plunger (500cc twin)	2,000	4,000	6,000	8,000	10,000	12,000
B33 (500cc single)	1,000	2,000	4,000	6,000	8,000	10,000
B33 Plunger (500cc single)	1,000	2,000	4,000	6,000	8,000	10,000
B34 Comp. (500cc single)	2,000	4,000	8,000	12,000	16,000	20,000
B34 Comp Plunger (500cc single)	2,000	4,000	6,000	9,000	12,000	15,000
B34GS Gold Star (500cc single)	2,600	5,000	8,000	12,000	16,000	20,000
B34GS Gold Star Plunger (500cc single)	2,000	4,000	6,000	9,000	12,000	15,000
M20 (500cc single)	1,000	2,000	4,000	6,000	8,000	10,000
M20 Plunger (500cc single)	1,000	2,000	4,000	6,000	8,000	10,000
M33 (500cc single)	1,600	2,400	3,600	4,800	6,400	8,000
M33 Plunger (500cc single)	1,600	2,400	3,600	4,800	6,400	8,000
M21 (600cc single)	1,600	2,400	3,600	4,800	6,400	8,000
M21 Plunger (600cc single)	1,600	2,400	3,600	4,800	6,400	8,000
A10 Golden Flash (650cc twin)	2,000	4,000	6,000	8,000	10,000	12,000
A10 Golden Flash Plunger (650cc twin)	2,000	4,000	6,000	8,000	10,000	12,000
1953						
D1 Bantam w/WIPAC (125cc single)	600	1,500	3,000	4,500	6,000	7,500
D1 Bantam w/Lucas (125cc single)	600	1,500	3,000	4,500	6,000	7,500
D1 Bantam Plunger w/WIPAC (125cc single)	600	1,500	3,000	4,500	6,000	7,500
D1 Bantam Plunger w/Lucus (125cc single)	600	1,500	3,000	4,500	6,000	7,500
D1 Bantam Plunger GPO (125cc single)	600	1,500	3,000	4,500	6,000	7,500
C10 (250cc single)	600	800	1,600	2,400	3,200	4,000
C10 Plunger (250cc single)	600	800	1,600	2,400	3,200	4,000
C11 (250cc single)	600	800	1,600	2,400	3,200	4,000

	6	5	4	3	2	1
C11 Plunger (250cc single)	600	800	1,600	2,400	3,200	4,000
B31 (350cc single)	1,000	2,000	3,500	5,000	6,500	8,000
B31 Plunger (350cc single)	1,000	2,000	4,000	6,000	8,000	10,000
B32 Comp (350cc single)	1,500	2,800	3,800	4,800	5,800	6,800
B32 Comp Plunger (350cc single)	1,500	2,800	3,800	4,800	5,800	6,800
B32GS Gold Star (350cc single)	2,000	4,000	6,000	9,000	12,000	15,000
B32GS Gold Star Plunger (350cc single)	2,000	4,000	6,000	9,000	12,000	15,000
A7 (500cc twin)	2,000	4,000	6,000	8,000	10,000	12,000
A7 Plunger (500cc twin).	2,000	4,000	6,000	8,000	10,000	12,000
A7S Star Plunger (500cc twin)	2,000	4,000	6,000	8,000	10,000	12,000
B33 (500cc single)	1,000	2,000	4,000	6,000	8,000	10,000
B33 Plunger (500cc single)	1,000	2,000	4,000	6,000	8,000	10,000
B34 Comp. (500cc single)	2,000	4,000	8,000	12,000	16,000	20,000
B34 Comp Plunger (500cc single)	2,000	4,000	6,000	9,000	12,000	15,000
B34GS Gold Star (500cc single)	2,600	5,000	8,000	12,000	16,000	20,000
B34GS Gold Star Plunger (500cc single)	2,000	4,000	6,000	9,000	12,000	15,000
M20 (500cc single)	1,000	2,000	4,000	6,000	8,000	10,000
M20 Plunger (500cc single)	1,000	2,000	4,000	6,000	8,000	10,000
M33 (500cc single)	1,600	2,400	3,600	4,800	6,400	8,000
M33 Plunger (500cc single)	1,600	2,400	3,600	4,800	6,400	8,000
M21 (600cc single)	1,600	2,400	3,600	4,800	6,400	8,000
M21 Plunger (600cc single)	1,600	2,400	3,600	4,800	6,400	8,000
A10 Golden Flash (650cc twin)	2,000	4,000	6,000	8,000	10,000	12,000
A10 Golden Flash Plunger (650cc twin).	2,000	4,000	6,000	8,000	10,000	12,000
A10SF Super Flash Plunger (650cc twin). . . .	3,000	6,000	9,000	12,000	16,000	20,000
1954						
D1 Bantam w/direct elec. (125cc single) . . .	600	1,500	3,000	4,500	6,000	7,500
D1 Bantam w/batt. (125cc single).	600	1,500	3,000	4,500	6,000	7,500
D1 Bantam Plunger w/direc elec (125cc single). . .	600	1,500	3,000	4,500	6,000	7,500
D1 Bantam Plunger w/batt. (125cc single). . .	600	1,500	3,000	4,500	6,000	7,500
D1 Bantam Comp. Plunger (125cc single) . . .	600	1,500	3,000	4,500	6,000	7,500
D1 Bantam Plunger GPO (125cc single)	600	1,500	3,000	4,500	6,000	7,500
D3 Bantam w/direct elec. (153cc single) . . .	600	1,500	3,000	4,500	6,000	7,500
D3 Bantam w/batt. (153cc single)	600	1,500	3,000	4,500	6,000	7,500
D3 Bantam Plunger w/direct elec. (150cc single) . . .	600	1,500	3,000	4,500	6,000	7,500
D3 Bantam Plunger w/batt (150cc single). . .	600	1,500	3,000	4,500	6,000	7,500
D3 Bantan Comp. Plunger (150cc single) . . .	600	1,500	3,000	4,500	6,000	7,500
C10L (250cc single).	600	800	1,600	2,400	3,200	4,000
C11G (250cc single)	600	800	1,600	2,400	3,200	4,000
C11G Plunger (250cc single)	600	800	1,600	2,400	3,200	4,000
C11G Rigid (250cc single)	600	800	1,600	2,400	3,200	4,000
B31 (350cc single)	1,000	2,000	3,500	5,000	6,500	8,000
B31 Plunger (350cc single)	1,000	2,000	4,000	6,000	8,000	10,000
B32 Comp (350cc single)	1,500	2,800	3,800	4,800	5,800	6,800
B32GS Gold Star (350cc single)	2,000	4,000	6,000	9,000	12,000	15,000
B32GS Gold Star New Clubman (350cc single).	2,000	4,000	6,000	9,000	12,000	15,000
A7Plunger (500cc twin)	2,000	4,000	6,000	8,000	10,000	12,000
A7 (500cc single)	2,000	4,000	6,000	8,000	10,000	12,000
A7S Star Plunger (500cc twin)	2,000	4,000	6,000	8,000	10,000	12,000
A7SS Shooting Star (500cc twin)	2,000	4,000	6,000	8,000	10,000	12,000
B33 (500cc single)	1,000	2,000	4,000	6,000	8,000	10,000
B33 Plunger (500cc single)	1,000	2,000	4,000	6,000	8,000	10,000
B34 Comp. (500cc single)	2,000	4,000	8,000	12,000	16,000	20,000
B34GS Gold Star (500cc single)	2,000	4,000	8,000	12,000	16,000	20,000
B34GS Gold Star New Clubman (500cc single).	2,000	4,000	8,000	12,000	16,000	20,000
B34GS Gold Star Daytona (500cc single). . . .	2,600	5,000	8,000	12,000	16,000	20,000
M20 (500cc single)	1,000	2,000	4,000	6,000	8,000	10,000
M20 Plunger (500cc single)	1,000	2,000	4,000	6,000	8,000	10,000
M33 (500cc single)	1,600	2,400	3,600	4,800	6,400	8,000
M33 Plunger (500cc single)	1,600	2,400	3,600	4,800	6,400	8,000

	6	5	4	3	2	1
M21 (600cc single)	1,600	2,400	3,600	4,800	6,400	8,000
M21 Plunger (600cc single)	1,600	2,400	3,600	4,800	6,400	8,000
A10 Golden Flash Plunger (650cc twin) . . .	2,000	4,000	6,000	8,000	10,000	12,000
A10SF Super Flash Plunger (650cc twin)	3,000	6,000	9,000	12,000	16,000	20,000
A10SF Super Flash (650cc twin)	3,000	6,000	9,000	12,000	16,000	20,000
A10R Road Rocket (650cc twin)	2,000	3,000	4,500	6,000	8,000	11,000
1955						
D1 Bantam w/direct elec. (125cc single) . . .	600	1,500	3,000	4,500	6,000	7,500
D1 Bantam w/batt. (125cc single)	600	1,500	3,000	4,500	6,000	7,500
D3 Bantam w/direct elec. (153cc single) . . .	600	1,500	3,000	4,500	6,000	7,500
D3 Bantam w/batt. (153cc single)	600	1,500	3,000	4,500	6,000	7,500
C10L (250cc single)	600	800	1,600	2,400	3,200	4,000
C11G (250cc single)	600	800	1,600	2,400	3,200	4,000
B31 (350cc single)	1,000	2,000	3,500	5,000	6,500	8,000
B32 Comp (350cc single)	1,400	2,000	3,100	4,100	5,400	6,800
B32GS Gold Star (350cc single)	2,000	4,000	6,000	9,000	12,000	15,000
B32GS Gold Star Clubman (350cc single) . .	2,000	4,000	6,000	9,000	12,000	15,000
A7 (500cc single)	2,000	4,000	6,000	8,000	10,000	12,000
A7SS Shooting Star (500cc twin)	2,000	4,000	6,000	8,000	10,000	12,000
B33 (500cc single)	1,000	2,000	4,000	6,000	8,000	10,000
B34 Comp. (500cc single)	2,000	4,000	8,000	12,000	16,000	20,000
B34GS Gold Star (500cc single)	3,000	5,000	8,000	10,000	13,000	16,000
B34GS Gold Star New Clubman (500cc single)	3,000	5,000	8,000	10,000	13,000	16,000
M20 (500cc single)	1,000	2,000	4,000	6,000	8,000	10,000
M20 Plunger (500cc single)	1,000	2,000	4,000	6,000	8,000	10,000
M33 (500cc single)	1,600	2,400	3,600	4,800	6,400	8,000
M33 Plunger (500cc single)	1,600	2,400	3,600	4,800	6,400	8,000
M21 (600cc single)	1,600	2,400	3,600	4,800	6,400	8,000
M21 Plunger (600cc single)	1,600	2,400	3,600	4,800	6,400	8,000
A10 Golden Flash Plunger (650cc twin) . . .	2,000	4,000	6,000	8,000	10,000	12,000
A10 Golden Flash (650cc twin)	2,000	4,000	6,000	8,000	10,000	12,000
A10R Road Rocket (650cc twin)	2,000	3,000	4,500	6,000	8,000	11,000
1956						
D1 Bantam w/direct elec. (125cc single) . . .	600	1,500	3,000	4,500	6,000	7,500
D1 Bantam w/batt. (125cc single)	600	1,500	3,000	4,500	6,000	7,500
D3 Bantam w/direct elec. (153cc single) . . .	600	1,500	3,000	4,500	6,000	7,500
D3 Bantam w/batt. (153cc single)	600	1,500	3,000	4,500	6,000	7,500
C10L (250cc single)	600	800	1,600	2,400	3,200	4,000
C11G (250cc single)	600	800	1,600	2,400	3,200	4,000
C12 (250cc single)	600	800	1,600	2,400	3,200	4,000
B31 (350cc single)	1,000	2,000	3,500	5,000	6,500	8,000
B32 Comp (350cc single)	1,500	2,800	3,800	4,800	5,800	6,800
B32GS Gold Star (350cc single)	2,000	4,000	6,000	9,000	12,000	15,000
A7 (500cc single)	2,000	4,000	6,000	8,000	10,000	12,000
A7SS Shooting Star (500cc twin)	2,000	4,000	6,000	8,000	10,000	12,000
B33 (500cc single)	1,000	2,000	4,000	6,000	8,000	10,000
B34 Comp. (500cc single)	2,000	4,000	8,000	12,000	16,000	20,000
DBD34 Gold Star (500cc single)	4,000	6,000	12,000	18,000	24,000	30,000
DBD34 Gold Star Rigid US (500cc single) . .	4,000	6,000	12,000	18,000	24,000	30,000
M33 (500cc single)	1,600	2,400	3,600	4,800	6,400	8,000
M33 Plunger (500cc single)	1,600	2,400	3,600	4,800	6,400	8,000
M21 (600cc single)	1,600	2,400	3,600	4,800	6,400	8,000
M21 Plunger (600cc single)	1,600	2,400	3,600	4,800	6,400	8,000
A10 Golden Flash Plunger (650cc twin) . . .	2,000	4,000	6,000	8,000	10,000	12,000
A10 Golden Flash (650cc twin)	2,000	4,000	6,000	8,000	10,000	12,000
A10R Road Rocket (650cc twin)	2,000	4,000	6,000	8,000	10,000	12,000
1957						
Dandy (70cc single)	400	700	1,400	2,100	2,800	3,500
Dandy w/Lucas (70cc single)	400	700	1,400	2,100	2,800	3,500
D1 Bantam w/direct elec. (125cc single) . . .	600	1,500	3,000	4,500	6,000	7,500

	6	5	4	3	2	1
D1 Bantam w/batt. (125cc single)	600	1,500	3,000	4,500	6,000	7,500
D3 Bantam w/direct elec. (153cc single)	600	1,500	3,000	4,500	6,000	7,500
D3 Bantam w/batt. (153cc single)	600	1,500	3,000	4,500	6,000	7,500
C10L (250cc single).	600	800	1,600	2,400	3,200	4,000
C12 (250cc single)	600	800	1,600	2,400	3,200	4,000
B31 (350cc single)	1,000	2,000	3,500	5,000	6,500	8,000
B32 Comp (350cc single)	1,500	2,800	3,800	4,800	5,800	6,800
B32GS Gold Star (350cc single)	2,000	4,000	6,000	9,000	12,000	15,000
A7 (500cc twin)	2,000	4,000	6,000	8,000	10,000	12,000
A7SS Shooting Star (500cc twin)	2,000	4,000	6,000	8,000	10,000	12,000
B33 (500cc single)	1,000	2,000	4,000	6,000	8,000	10,000
B34 Comp. (500cc single).	2,000	4,000	8,000	12,000	16,000	20,000
DBD34 Gold Star (500cc single)	4,000	6,000	12,000	18,000	24,000	30,000
DBD34 Gold Star Rigid US (500cc single)	4,000	6,000	12,000	18,000	24,000	30,000
M33 (500cc single)	1,600	2,400	3,600	4,800	6,400	8,000
M33 Plunger (500cc single)	1,600	2,400	3,600	4,800	6,400	8,000
M21 (600cc single)	1,600	2,400	3,600	4,800	6,400	8,000
M21 Plunger (600cc single)	1,600	2,400	3,600	4,800	6,400	8,000
A10 Golden Flash Plunger (650cc twin).	2,000	4,000	6,000	8,000	10,000	12,000
A10 Golden Flash (650cc twin)	2,000	4,000	6,000	8,000	10,000	12,000
A10R Road Rocket (650cc twin)	2,000	4,000	6,000	8,000	10,000	12,000
A10S Spitfire Scrambler (650cc twin)	2,000	4,000	8,000	12,000	16,000	20,000
1958						
Dandy (70cc single).	400	700	1,400	2,100	2,800	3,500
Dandy w/Lucus (70cc single)	400	700	1,400	2,100	2,800	3,500
D1 Bantam w/direct elec. (125cc single)	600	1,500	3,000	4,500	6,000	7,500
D1 Bantam w/batt. (125cc single)	600	1,500	3,000	4,500	6,000	7,500
D5 Bantam w/direct elec. (175cc single)	600	1,500	3,000	4,500	6,000	7,500
D5 Bantam w/batt. (175cc single)	600	1,500	3,000	4,500	6,000	7,500
C12 (250cc single)	600	800	1,600	2,400	3,200	4,000
B31 (350cc single)	1,000	2,000	3,500	5,000	6,500	8,000
A7 (500cc twin)	2,000	4,000	6,000	8,000	10,000	12,000
A7SS Shooting Star (500cc twin)	2,000	4,000	6,000	8,000	10,000	12,000
B33 (500cc single)	1,000	2,000	4,000	6,000	8,000	10,000
DBD34 Gold Star (500cc single)	4,000	6,000	12,000	18,000	24,000	30,000
M21 (600cc single)	1,600	2,400	3,600	4,800	6,400	8,000
M21 Plunger (600cc single)	1,600	2,400	3,600	4,800	6,400	8,000
A10 Golden Flash (650cc twin)	2,000	4,000	6,000	8,000	10,000	12,000
A10R Road Rocket (650cc twin)	2,000	4,000	6,000	8,000	10,000	12,000
A10S Spitfire Scrambler (650cc twin)	2,000	4,000	8,000	12,000	16,000	20,000
1959						
Dandy (70cc single).	400	700	1,400	2,100	2,800	3,500
Dandy w/Lucus (70cc single)	400	700	1,400	2,100	2,800	3,500
D1 Bantam w/direct elec. (125cc single)	600	1,500	3,000	4,500	6,000	7,500
D1 Bantam w/batt. (125cc single)	600	1,500	3,000	4,500	6,000	7,500
D7 Bantam w/direct elec. (175cc single)	600	1,500	3,000	4,500	6,000	7,500
D7 Bantam w/batt. (175cc single)	600	1,500	3,000	4,500	6,000	7,500
Sunbeam Scooter (250cc twin)	1,000	2,000	3,000	4,000	5,000	6,000
C15 Star (250cc single).	1,000	2,000	3,500	5,000	6,500	8,000
C15 Scrambler (250cc single).	1,500	3,000	6,000	9,000	12,000	15,000
C15 Trails (250cc single)	1,000	2,000	3,500	5,000	6,500	8,000
B31 (350cc single)	1,600	2,400	3,600	5,000	6,500	8,000
B34GS Gold Star (350cc single)	2,000	3,000	5,000	7,000	10,000	13,000
A7 (500cc twin)	2,000	4,000	6,000	8,000	10,000	12,000
A7SS Shooting Star (500cc twin)	2,000	4,000	6,000	8,000	10,000	12,000
B33 (500cc single)	1,000	2,000	4,000	6,000	8,000	10,000
DBD34 Gold Star (500cc single)	4,000	6,000	12,000	18,000	24,000	30,000
DBD34 Gold Star Catalina (500cc single).	3,800	6,000	10,000	15,000	20,000	25,000
M21 (600cc single)	1,600	2,400	3,600	4,800	6,400	8,000
M21 Plunger (600cc single).	1,600	2,400	3,600	4,800	6,400	8,000

	6	5	4	3	2	1
A10 Golden Flash (650cc twin)	2,000	4,000	6,000	8,000	10,000	12,000
A10R Super Rocket (650cc twin)	0,000	4,000	8,000	12,000	16,000	20,000
A10S Spitfire Scrambler (650cc twin)	2,000	4,000	8,000	12,000	16,000	20,000
1960						
Dandy (70cc single)	400	700	1,400	2,100	2,800	3,500
Dandy w/Lucus (70cc single)	400	700	1,400	2,100	2,800	3,500
D1 Bantam w/direct elec. (125cc single)	600	1,500	3,000	4,500	6,000	7,500
D1 Bantam w/batt. (125cc single)	600	1,500	3,000	4,500	6,000	7,500
D7 Bantam w/direct elec. (175cc single)	600	1,500	3,000	4,500	6,000	7,500
D7 Bantam w/batt. (175cc single)	600	1,500	3,000	4,500	6,000	7,500
Sunbeam Scooter (250cc twin)	1,000	2,000	3,000	4,000	5,000	6,000
C15 Star (250cc single)	1,000	2,000	3,500	5,000	6,500	8,000
C15 Scrambler (250cc single)	1,500	3,000	6,000	9,000	12,000	15,000
C15 Trails (250cc single)	1,000	2,000	3,500	5,000	6,500	8,000
A7 (500cc twin)	2,000	4,000	6,000	8,000	10,000	12,000
A7SS Shooting Star (500cc twin)	2,000	4,000	6,000	8,000	10,000	12,000
B33 (500cc single)	1,000	2,000	4,000	6,000	8,000	10,000
DBD34 Gold Star (500cc single)	4,000	6,000	12,000	18,000	24,000	30,000
DBD34 Gold Star Catalina (500cc single)	3,800	6,000	10,000	15,000	20,000	25,000
M21 (600cc single)	1,600	2,400	3,600	4,800	6,400	8,000
M21 Plunger (600cc single)	1,600	2,400	3,600	4,800	6,400	8,000
A10 Golden Flash (650cc twin)	2,000	4,000	6,000	8,000	10,000	12,000
A10R Super Rocket (650cc twin)	2,000	4,000	8,000	12,000	16,000	20,000
A10S Spitfire Scrambler (650cc twin)	2,000	4,000	8,000	12,000	16,000	20,000
1961						
Dandy (70cc single)	400	700	1,400	2,100	2,800	3,500
Dandy w/Lucus (70cc single)	400	700	1,400	2,100	2,800	3,500
D1 Bantam w/direct elec. (125cc single)	600	1,500	3,000	4,500	6,000	7,500
D1 Bantam w/batt. (125cc single)	600	1,500	3,000	4,500	6,000	7,500
D7 Bantam w/direct elec. (175cc single)	600	1,500	3,000	4,500	6,000	7,500
D7 Bantam w/batt. (175cc single)	600	1,500	3,000	4,500	6,000	7,500
Sunbeam Scooter (250cc twin)	1,000	2,000	3,000	4,000	5,000	6,000
C15 Star (250cc single)	1,000	2,000	3,500	5,000	6,500	8,000
C15 SS80 Sports Start 80 (250cc single)	1,000	2,000	3,500	5,000	6,500	8,000
C15 Scrambler (250cc single)	1,500	3,000	6,000	9,000	12,000	15,000
C15 Trails (250cc single)	1,000	2,000	3,500	5,000	6,500	8,000
B40 Star (350cc single)	1,000	2,000	3,500	5,000	6,500	8,000
A7 (500cc twin)	2,000	4,000	6,000	8,000	10,000	12,000
A7 Shooting Star (500cc twin)	2,000	4,000	6,000	8,000	10,000	12,000
DBD34 Gold Star (500cc single)	4,000	6,000	12,000	18,000	24,000	30,000
DBD34 Gold Star Catalina (500cc single)	3,800	6,000	10,000	15,000	20,000	25,000
M21 (600cc single)	1,600	2,400	3,600	4,800	6,400	8,000
A10 Golden Flash (650cc twin)	2,000	4,000	6,000	8,000	10,000	12,000
A10R Super Rocket (650cc twin)	2,000	4,000	8,000	12,000	16,000	20,000
A10S Spitfire Scrambler (650cc twin)	2,000	4,000	8,000	12,000	16,000	20,000
1962						
Dandy (70cc single)	400	700	1,400	2,100	2,800	3,500
Dandy w/Lucus (70cc single)	400	700	1,400	2,100	2,800	3,500
D1 Bantam w/direct elec. (125cc single)	600	1,500	3,000	4,500	6,000	7,500
D1 Bantam w/batt. (125cc single)	600	1,500	3,000	4,500	6,000	7,500
D7 Bantam w/direct elec. (175cc single)	600	1,500	3,000	4,500	6,000	7,500
D7 Bantam w/batt. (175cc single)	600	1,500	3,000	4,500	6,000	7,500
Sunbeam Scooter (250cc twin)	1,000	2,000	3,000	4,000	5,000	6,000
C15 Star (250cc single)	1,000	2,000	3,500	5,000	6,500	8,000
C15 SS80 Sports Start 80 (250cc single)	1,000	2,000	3,500	5,000	6,500	8,000
C15 Scrambler (250cc single)	1,500	3,000	6,000	9,000	12,000	15,000
C15 Trails (250cc single)	1,000	2,000	3,500	5,000	6,500	8,000
C15 Scrambler Special (250cc single)	1,000	2,000	3,500	5,000	6,500	8,000
C15 Trails Special (250cc single)	1,000	2,000	3,500	5,000	6,500	8,000
B40 Star (350cc single)	1,000	2,000	3,500	5,000	6,500	8,000

	6	5	4	3	2	1
B40 SS90 Sports Star 90 (350cc single)	1,000	2,000	3,500	5,000	6,500	8,000
A50 Star (500cc twin)	2,000	3,500	5,000	6,500	7,000	8,500
DBD34 Gold Star (500cc single)	4,000	6,000	12,000	18,000	24,000	30,000
DBD34 Gold Star Catalina (500cc single)	3,800	6,000	10,000	15,000	20,000	25,000
M21 (600cc single)	1,600	2,400	3,600	4,800	6,400	8,000
A10 Golden Flash (650cc twin)	2,000	4,000	6,000	8,000	10,000	12,000
A10R Super Rocket (650cc twin)	2,000	4,000	8,000	12,000	16,000	20,000
A10S Spitfire Scrambler (650cc twin)	2,000	4,000	7,000	10,000	14,000	18,000
A10RGS Rocket Gold Star (650cc twin)	4,000	8,000	13,000	18,000	24,000	30,000
A65 Star (650cc twin)	2,000	3,500	5,000	6,500	7,000	8,500
1963						
D1 Bantam w/direct elec. (125cc single)	600	1,500	3,000	4,500	6,000	7,500
D1 Bantam w/batt. (125cc single)	600	1,500	3,000	4,500	6,000	7,500
D7 Bantam w/direct elec. (175cc single)	600	1,500	3,000	4,500	6,000	7,500
D7 Bantam w/batt. (175cc single)	600	1,500	3,000	4,500	6,000	7,500
D7 Bantam US. (175cc single)	600	1,500	3,000	4,500	6,000	7,500
D7 Bantam US w/batt. (175cc single)	600	1,500	3,000	4,500	6,000	7,500
D7 Bantam Police (175cc single)	600	1,500	3,000	4,500	6,000	7,500
D7 Bantam Trail (175cc single)	600	1,500	3,000	4,500	6,000	7,500
Sunbeam Scooter (250cc twin)	1,000	2,000	3,000	4,000	5,000	6,000
C15 Star (250cc single)	1,000	2,000	3,500	5,000	6,500	8,000
C15 Police (250cc single)	1,000	2,000	3,500	5,000	6,500	8,000
C15 SS80 Sports Start 80 (250cc single)	1,000	2,000	3,500	5,000	6,500	8,000
C15 Scrambler (250cc single)	1,500	3,000	6,000	9,000	12,000	15,000
C15 Star US (250cc single)	1,000	2,000	3,500	5,000	6,500	8,000
C15 Starfire Roadster (250cc single)	1,000	2,000	3,500	5,000	6,500	8,000
C15 Trails (250cc single)	1,000	2,000	3,500	5,000	6,500	8,000
C15 Trials Pastoral (250cc single)	1,000	2,000	3,500	5,000	6,500	8,000
B40 Star (350cc single)	1,000	2,000	3,500	5,000	6,500	8,000
B40 SS90 Sports Star 90 (350cc single)	1,000	2,000	3,500	5,000	6,500	8,000
B40 Star US (350cc single)	1,000	2,000	3,500	5,000	6,500	8,000
A50 Star (500cc twin)	2,000	3,500	5,000	6,500	7,000	8,500
DBD34 Gold Star Clubman (500cc single)	4,000	6,000	12,000	18,000	24,000	30,000
DBD34 Gold Star Catalina (500cc single)	3,800	6,000	10,000	15,000	20,000	25,000
M21 (600cc single)	1,600	2,400	3,600	4,800	6,400	8,000
A10 Golden Flash (650cc twin)	2,000	4,000	6,000	8,000	10,000	12,000
A10R Super Rocket (650cc twin)	2,000	4,000	8,000	12,000	16,000	20,000
A10S Spitfire Scrambler (650cc twin)	2,000	4,000	7,000	10,000	14,000	18,000
A10RGS Rocket Gold Star (650cc twin)	4,000	8,000	13,000	18,000	24,000	30,000
A65 Star (650cc twin)	2,000	3,500	5,000	6,500	7,000	8,500
1964						
Beagle (75cc single)	400	700	1,400	2,100	2,800	3,500
Starlite 75 (75cc single)	400	700	1,400	2,100	2,800	3,500
D1 Bantam Plunger GPO (125cc single)	600	1,500	3,000	4,500	6,000	7,500
D7 Bantam w/direct elec. (175cc single)	600	1,500	3,000	4,500	6,000	7,500
D7 Bantam w/batt. (175cc single)	600	1,500	3,000	4,500	6,000	7,500
D7 Bantam US. (175cc single)	600	1,500	3,000	4,500	6,000	7,500
D7 Bantam US w/batt. (175cc single)	600	1,500	3,000	4,500	6,000	7,500
D7 Bantam Trail (175cc single)	600	1,500	3,000	4,500	6,000	7,500
Sunbeam Scooter (250cc twin)	1,000	2,000	3,000	4,000	5,000	6,000
C15 Star (250cc single)	1,000	2,000	3,500	5,000	6,500	8,000
C15 SS80 Sports Start 80 (250cc single)	1,000	2,000	3,500	5,000	6,500	8,000
C15 Police (250cc single)	1,000	2,000	3,500	5,000	6,500	8,000
C15 Star US (250cc single)	1,000	2,000	3,500	5,000	6,500	8,000
C15 Scrambler (250cc single)	1,500	3,000	6,000	9,000	12,000	15,000
C15 Starfire Roadster (250cc single)	1,000	2,000	3,500	5,000	6,500	8,000
C15 Trails (250cc single)	1,000	2,000	3,500	5,000	6,500	8,000
C15 Trials Pastoral (250cc single)	1,000	2,000	3,500	5,000	6,500	8,000
B40 Star (350cc single)	1,000	2,000	3,500	5,000	6,500	8,000
B40 Police (350cc single)	1,000	2,000	3,500	5,000	6,500	8,000

	6	5	4	3	2	1
B40 Super Star US (350cc single)	1,000	2,000	3,500	5,000	6,500	8,000
B40 SS90 Sports Star 90 (350cc single)	1,000	2,000	3,500	5,000	6,500	0,000
B40 Enduro Star UO (350cc single)	1,000	2,000	3,000	4,000	5,000	6,000
A50 Star (500cc twin)	2,000	3,500	5,000	6,500	7,000	8,500
A50C Cyclone (500cc twin)	2,000	3,500	5,000	6,500	8,000	9,500
A65 Star (650cc twin)	1,000	2,000	3,000	6,000	9,000	12,000
A65R Rocket (650cc twin)	1,000	2,000	3,000	6,000	9,000	12,000
A65T Thunderbolt Rocket (650cc twin)	1,000	2,000	3,000	6,000	9,000	12,000
A65L Lightning Rocket (650cc twin)	2,000	4,000	7,000	10,000	13,000	16,000
A65SH Spitfire Hornet (650cc twin)	1,000	2,000	3,500	6,000	9,000	12,000
1965						
Beagle (75cc single)	400	700	1,400	2,100	2,800	3,500
Starlite 75 (75cc single)	400	700	1,400	2,100	2,800	3,500
D1 Bantam Plunger GPO (125cc single)	600	1,500	3,000	4,500	6,000	7,500
D7 Bantam w/direct elec. (175cc single)	600	1,500	3,000	4,500	6,000	7,500
D7 Bantam w/batt. (175cc single) .	600	1,500	3,000	4,500	6,000	7,500
D7 Bantam Pastoral (175cc single)	600	1,500	3,000	4,500	6,000	7,500
D7 Bantam Trail Bonc (175cc single)	600	1,500	3,000	4,500	6,000	7,500
C15 Star (250cc single)	1,000	2,000	3,500	5,000	6,500	8,000
C15 Star US (250cc single)	1,000	2,000	3,500	5,000	6,500	8,000
C15 Police (250cc single) .	1,000	2,000	3,500	5,000	6,500	8,000
C15 SS80 Sports Start 80 (250cc single) .	1,000	2,000	3,500	5,000	6,500	8,000
C15 Scrambler (250cc single) .	1,500	3,000	6,000	9,000	12,000	15,000
C15 Starfire Roadster (250cc single) .	1,000	2,000	3,500	5,000	6,500	8,000
C15 Trails (250cc single)	1,000	2,000	3,000	4,000	5,000	6,000
C15 Trails Cat (250cc single) .	1,000	2,000	3,500	5,000	6,500	8,000
C15 Trials Pastoral (250cc single).	1,000	2,000	3,500	5,000	6,500	8,000
B40 Star (350cc single)	1,000	2,000	3,500	5,000	6,500	8,000
B40 Police (350cc single) .	1,000	2,000	3,500	5,000	6,500	8,000
B40 SS90 Sports Star 90 (350cc single)	1,000	2,000	3,500	5,000	6,500	8,000
B40 Enduro Star US (350cc single) .	1,000	2,000	3,500	5,000	6,500	8,000
B40 Sportsman US (350cc single)	1,000	2,000	3,500	5,000	6,500	8,000
A50 Star (500cc twin)	2,000	3,500	5,000	6,500	7,000	8,500
A50 Cyclone Comp UK (500cc twin)	2,000	3,500	5,000	6,500	8,000	9,500
A50 Cyclone UK (500cc twin)	2,000	3,500	5,000	6,500	8,000	9,500
A50C Cyclone (500cc twin) .	2,000	3,500	5,000	6,500	8,000	9,500
A50CC Cyclone Comp (500cc twin).	2,000	3,500	5,000	6,500	8,000	9,500
A65 Star (650cc twin)	1,000	2,000	3,000	6,000	9,000	12,000
A65 Lightning (650cc twin)	1,000	2,000	3,000	6,000	9,000	12,000
A65 Lightning Clubman (650cc twin)	2,000	4,000	7,000	10,000	13,000	16,000
A65L Lightning Rocket (650cc twin) .	2,000	4,000	7,000	10,000	13,000	16,000
A65R Rocket (650cc twin)	2,000	3,500	5,000	6,500	7,000	8,500
A65SH Spitfire Hornet (650cc twin)	1,000	2,500	4,000	6,000	9,000	12,000
1966						
D7 Silver Bantam (175cc single)	400	1,500	3,000	4,500	6,000	7,500
D7 Bantam Deluxe (175cc single) .	400	1,500	3,000	4,500	6,000	7,500
D7 Bantam Silver Deluxe (175cc single)	400	1,500	3,000	4,500	6,000	7,500
D7 Bantam GPO (175cc single).	400	1,500	3,000	4,500	6,000	7,500
C15 Star (250cc single)	1,000	2,000	3,500	5,000	6,500	8,000
C15 Sportsman (250cc single) .	1,000	2,000	3,500	5,000	6,500	8,000
B40 Star (350cc single)	1,000	2,000	3,500	5,000	6,500	8,000
B40 Star Mod (350cc single) .	1,000	2,000	3,500	5,000	6,500	8,000
B44 Victor Grand Prix (441cc single)	1,500	3,000	6,000	9,000	12,000	15,000
B44 Victor Enduro (441cc single) .	1,000	2,000	4,000	6,000	8,000	10,000
A50R Royal Star (500cc twin).	2,000	4,000	6,000	8,000	10,000	12,000
A50W Wasp (500cc Twin)	900	1,500	3,000	4,500	6,500	8,500
A65T Thunderbolt (650cc twin)	1,000	2,000	3,000	6,000	9,000	12,000
A65L Lightning (650cc twin)	1,500	3,500	7,000	10,000	13,000	16,000
A65LC Lightning Clubman(650cc twin) .	1,500	3,500	7,000	10,000	13,000	16,000
A65S Spitfire Mk II (650cc twin).	2,000	4,000	6,000	9,000	12,000	15,000

	6	5	4	3	2	1
A65H Hornet (650cc twin).	1,000	2,000	4,000	6,000	9,000	12,000
1967						
D10 Bantam Silver (175cc single).	500	1,000	2,000	3,000	4,000	5,000
D10 Bantam GPO (175cc single)	500	1,000	2,000	3,000	4,000	5,000
D10 Bantam Supreme (175cc single). . . .	500	1,000	2,000	3,000	4,000	5,000
D10 Bantam Sport (175cc single).	500	1,000	2,000	3,000	4,000	5,000
D10 Bushman (175cc single)	500	1,000	2,000	3,000	4,000	5,000
D10 Bushman Pastoral (175cc single). . .	500	1,000	2,000	3,000	4,000	5,000
B25 Starfire US (250cc single)	800	1,500	2,000	2,500	3,000	4,000
C15 Star (250cc single).	1,000	2,000	3,500	5,000	6,500	8,000
C15 Police (250cc single).	1,000	2,000	3,500	5,000	6,500	8,000
C15 Sportsman (250cc single)	1,000	2,000	3,500	5,000	6,500	8,000
C25 Barracuda (250cc single).	400	700	1,400	2,100	2,800	3,500
B40 Star (350cc single).	1,000	2,000	3,500	5,000	6,500	8,000
B40 Military (350cc single)	1,000	2,000	3,500	5,000	6,500	8,000
B44 Victor Grand Prix (441cc single) . . .	1,500	3,000	6,000	9,000	12,000	15,000
B44 Victor Enduro (441cc single)	1,000	2,000	4,000	6,000	8,000	10,000
B44 Victor Roadster (441cc single)	1,000	2,000	4,000	6,000	8,000	10,000
A50R Royal Star (500cc twin).	2,000	4,000	6,000	8,000	10,000	12,000
A50W Wasp (500cc Twin).	900	1,500	3,000	4,500	6,500	8,500
A65T Thunderbolt (650cc twin)	1,000	2,000	3,000	6,000	9,000	12,000
A65L Lightning (650cc twin).	1,500	3,500	7,000	10,000	13,000	16,000
A65S Spitfire Mk II (650cc twin).	2,000	4,000	6,000	9,000	12,000	15,000
A65H Hornet (650cc twin).	1,000	2,000	4,000	6,000	8,000	10,000
1968						
D13 Bantam Supreme (175cc single) . . .	500	1,000	2,000	3,000	4,000	5,000
D13 Bantam Sports (175cc single)	500	1,000	2,000	3,000	4,000	5,000
D13 Bantam Bushman (175cc single). . .	500	1,000	2,000	3,000	4,000	5,000
D14/4 Bantam (175cc single)	500	1,000	2,000	3,000	4,000	5,000
D14/4 Sports (175cc single)	500	1,000	2,000	3,000	4,000	5,000
D14/4 Bantam Bushman (175cc single). .	500	1,000	2,000	3,000	4,000	5,000
B25 Starfire US (250cc single)	800	1,500	2,000	2,500	3,000	4,000
B25 Fleetstar (250cc single)	600	1,000	1,700	2,400	3,100	3,800
B40 Military (350cc single)	1,000	2,000	3,500	5,000	6,500	8,000
B44 Shooting Star (441cc single)	1,000	2,000	4,000	6,000	8,000	10,000
B44 Victor Special (441cc single)	1,500	3,000	6,000	9,000	12,000	15,000
A50R Royal Star (500cc twin).	2,000	4,000	6,000	8,000	10,000	12,000
A50W Wasp (500cc Twin).	900	1,500	3,000	4,500	6,500	8,500
A65T Thunderbolt (650cc twin)	1,000	2,000	3,000	6,000	9,000	12,000
A65L Lightning (650cc twin).	1,500	3,500	7,000	10,000	13,000	16,000
A65F Firebird Scrambler (650cc twin). . .	2,000	4,000	6,000	8,000	10,000	12,000
A65S Spitfire Mk IV (650cc twin).	2,000	4,000	6,000	9,000	12,000	15,000
1969						
B175 Bantam (175cc single)	500	1,000	2,000	3,000	4,000	5,000
B175 Bantam Bushman (175cc single) . .	500	1,000	2,000	3,000	4,000	5,000
B25 Starfire (250cc single)	800	1,500	2,000	2,500	3,000	4,000
B25FS Fleetstar (250cc single)	400	700	1,400	2,100	2,800	3,500
B40 Military (350cc single)	700	1,100	1,600	2,400	3,200	4,000
B40 Roughrider (350cc single)	1,000	2,000	3,500	5,000	6,500	8,000
B44SS Shooting Star (441cc single) . . .	1,000	2,000	4,000	6,000	8,000	10,000
B44VS Victor Special (441cc single) . . .	1,500	3,000	6,000	8,000	10,000	12,000
A50 Royal Star (500cc twin).	2,000	4,000	6,000	8,000	10,000	12,000
A65T Thunderbolt (650cc twin)	1,000	2,000	3,000	6,000	9,000	12,000
A65L Lightning (650cc twin).	1,500	3,500	7,000	10,000	13,000	16,000
A65F Firebird Scrambler (650cc twin) . .	1,000	1,500	3,000	6,000	9,000	12,000
A75 Rocket III (750cc triple).	2,500	5,000	10,000	15,000	20,000	25,000
1970						
B175 Bantam (175cc single)	500	1,000	2,000	3,000	4,000	5,000
B175 Bantam Bushman (175cc single) . .	500	1,000	2,000	3,000	4,000	5,000
B25 Starfire (250cc single)	800	1,500	2,000	2,500	3,000	4,000

	6	5	4	3	2	1
B25FS Fleetstar (250cc single)	400	700	1,400	2,100	2,800	3,500
B40 Military (350cc single)	1,000	2,000	3,500	5,000	6,500	8,000
B44 Shooting Star (441cc single)	1,000	2,000	4,000	5,500	7,500	9,000
B44 Victor Special (441cc single)	1,500	3,000	6,000	8,000	10,000	12,000
A50 Royal Star (500cc twin)	2,000	4,000	6,000	8,000	10,000	12,000
A65T Thunderbolt (650cc twin)	1,000	2,000	4,000	6,000	8,000	10,000
A65L Lightning (650cc twin)	1,500	3,500	7,000	10,000	13,000	16,000
A65F Firebird Scrambler (650cc twin)	1,000	1,500	3,000	6,000	9,000	12,000
A75 Rocket III (750cc triple)	2,500	5,000	10,000	15,000	20,000	25,000
1971						
B175 Bantam (175cc single)	500	1,000	2,000	3,000	4,000	5,000
B25 Victor Trail (250cc single)	700	1,100	1,600	2,100	2,800	3,500
B25FS Fleetstar (250cc single)	400	700	1,400	2,100	2,800	3,500
B25SS Gold Star 250 (250cc single)	400	700	1,400	2,100	2,800	3,500
B50 Motorcross (500cc single)	1,000	2,000	4,000	6,000	8,000	10,000
B50 Victor Trial (500cc single)	1,000	2,000	4,000	6,000	8,000	10,000
B50SS Gold Star 500 (500cc single)	1,000	2,000	4,000	6,000	8,000	10,000
A65 Thunderbolt (650cc twin)	1,000	2,000	4,000	6,000	8,000	10,000
A65 Lightning (650cc twin)	1,500	3,000	6,000	8,000	10,000	12,000
A65 Firebird Scrambler (650cc twin)	1,500	3,000	6,000	8,000	10,000	12,000
A70 Lightning 750 (750cc twin)	3,000	6,000	10,000	16,000	22,000	28,500
A75 Rocket III (750cc triple)	2,500	5,000	10,000	15,000	20,000	25,000
1972						
Ariel 3 (48cc single)	200	400	800	1,200	1,600	2,000
B50 Motorcross (500cc single)	1,000	2,000	4,000	6,000	8,000	10,000
B50 Victor Trial (500cc single)	1,000	2,000	4,000	6,000	8,000	10,000
B50SS Gold Star 500 (500cc single)	1,000	2,000	4,000	6,000	8,000	10,000
A65 Thunderbolt (650cc twin)	1,000	2,000	4,000	6,000	8,000	10,000
A65 Lightning (650cc twin)	1,500	3,000	6,000	8,000	10,000	12,000
A75 Rocket III (750cc triple)	2,500	5,000	10,000	15,000	20,000	25,000
1973						
Ariel 3 (48cc single)	200	400	800	1,200	1,600	2,000
B50 Motorcross (500cc single)	1,000	2,000	4,000	6,000	8,000	10,000
T65 (660cc Twin)	900	1,500	3,000	4,500	6,500	8,500
1974						
Ariel 3 (48cc single)	200	400	800	1,200	1,600	2,000

BUELL

	6	5	4	3	2	1
1987						
RR1000 (1,000cc twin)	500	800	2,200	4,600	6,800	9,000
1988						
RR1000 (1,000cc twin)	600	900	2,400	4,900	7,300	9,900
RR1200 Battletwin (1,200cc twin) (65 made)	1,700	3,500	7,000	12,000	18,000	24,000
1989						
RR1200 (1,200cc twin)	1,700	3,500	7,000	12,000	18,000	24,000
RS1200 (1,200cc twin)	500	1,000	3,000	5,000	7,000	9,000
1990						
RR1200 (1,200cc twin)	1,700	3,500	7,000	12,000	18,000	24,000
RS1200 (1,200cc twin)	500	1,000	3,000	5,000	7,000	9,000
1991						
RS1200 (1,200cc twin)	500	1,000	3,000	5,000	7,000	9,000
1992						
RS1200 (1,200cc twin)	300	700	1,800	3,700	5,800	6,900
RSS1200 (1,200cc twin)	300	600	1,700	3,500	5,200	6,900
1993						
RS1200 (1,200cc twin)	300	700	1,900	3,900	5,800	7,700
RSS1200 (1,200cc twin)	300	700	1,800	3,800	5,500	7,200
1995						
S2 Thunderbolt w/Fairing (1,203cc twin)	300	700	1,800	3,800	5,500	7,200

	6	5	4	3	2	1
1996						
S1 Lightning w/Fairing (1,203cc twin)	300	700	1,800	3,800	5,500	7,200
S2 Thunderbolt w/Fairing (1,203cc twin)	300	700	1,900	3,900	5,800	7,700
S2T Thunderbolt (1,203cc twin)	300	700	1,900	3,900	5,800	7,700
1997						
M2 Cyclone Mk I (1203cc V-Twin)	500	1,000	3,000	5,000	7,000	9,000
S1 Lightning (1,203cc twin)	300	700	1,800	3,800	5,500	7,200
S2T Thunderbolt (1,203cc twin)	300	700	1,900	3,900	5,800	7,700
S3 Thunderbolt (1,203cc twin)	500	1,000	3,000	5,000	7,000	9,000
1998						
M2 Cyclone Mk I (1203cc V-Twin)	500	1,000	3,000	5,000	7,000	9,000
S1 Lightning (1,203cc twin)	300	700	1,800	3,800	5,500	7,200
S1 White Lightning (1,203cc twin)	300	700	1,800	3,800	5,500	7,200
S3 Thunderbolt (1,203cc twin)	500	1,000	3,000	5,000	7,000	9,000
S3T Thunderbolt (1,203cc twin)	500	1,000	3,000	5,000	7,000	9,000
1999						
M2 Cyclone Mk I (1,203cc V-Twin)	500	1,000	3,000	5,000	7,000	9,000
S3 Thunderbolt (1,203cc twin)	500	1,000	3,000	5,000	7,000	9,000
S3T Thunderbolt (1,203cc twin)	500	1,000	3,000	5,000	7,000	9,000
X1 Lightning (1,203cc twin)	500	1,000	3,000	5,000	7,000	9,000

BULTACO

	6	5	4	3	2	1
1959						
Tralla 101 (125cc single)	2,000	4,000	8,000	12,000	16,000	20,000
1960						
Mercurio 125 (125cc single)	500	1,000	2,500	4,000	5,500	7,000
Sherpa S125 (125cc single)	1,000	2,000	3,500	5,000	6,500	8,000
Tralla 101 (125cc single)	2,000	4,000	8,000	12,000	16,000	20,000
TSS 125 Aire 4 Vel (125cc single)	1,500	3,000	5,000	8,000	11,000	14,000
Bultaco 155 (153cc single) (6915 made-3 yrs)	1,500	3,000	5,000	8,000	11,000	14,000
Sherpa N 155 (155cc single)	1,500	3,000	5,000	8,000	11,000	14,000
1961						
Campera 125 (125cc single)	1,000	2,000	3,500	5,000	6,500	8,000
Mercurio 125 (125cc single)	500	1,000	2,500	4,000	5,500	7,000
Sherpa S125 (125cc single)	1,000	2,000	3,500	5,000	6,500	8,000
Tralla 101 (125cc single)	2,000	4,000	8,000	12,000	16,000	20,000
Bultaco 155 (153cc single) (6915 made-3 yrs)	1,500	3,000	5,000	8,000	11,000	14,000
Sherpa N 155 (155cc single)	1,500	3,000	5,000	8,000	11,000	14,000
Sherpa S175 (175cc single)	1,000	2,000	3,500	5,000	6,500	8,000
1962						
Sherpa S100 (100cc single)	1,500	3,000	5,000	8,000	11,000	14,000
Campera 125 (125cc single)	1,000	2,000	3,500	5,000	6,500	8,000
Mercurio 125 (125cc single)	500	1,000	2,500	4,000	5,500	7,000
Sherpa S125 (125cc single)	1,000	2,000	3,500	5,000	6,500	8,000
Tralla 101 (125cc single)	2,000	4,000	8,000	12,000	16,000	20,000
Bultaco 155 (153cc single) (6915 made-3 yrs)	1,500	3,000	5,000	8,000	11,000	14,000
Sherpa N 155 (155cc single)	1,500	3,000	5,000	8,000	11,000	14,000
Sherpa S175 (175cc single)	1,000	2,000	3,500	5,000	6,500	8,000
TSS 175 Aire 4 Vel (175cc single)	2,000	4,000	8,000	12,000	16,000	20,000
Matador 200 (200cc single)	1,000	2,000	3,500	5,000	6,500	8,000
Metralla 62 (200cc single)	1,000	2,000	3,500	5,000	6,500	8,000
Sherpa S200 (200cc single)	1,000	2,000	4,000	6,000	8,000	10,000
TSS 200 Aire 4 Vel (200cc single)	2,000	4,000	8,000	12,000	16,000	20,000
1963						
Sherpa S100 (100cc single)	1,500	3,000	5,000	8,000	11,000	14,000
Mercurio 125 (125cc single)	500	1,000	2,500	4,000	5,500	7,000
Sherpa S125 (125cc single)	1,000	2,000	3,500	5,000	6,500	8,000
Tralla 101 (125cc single)	2,000	4,000	8,000	12,000	16,000	20,000
Tralla 102 (125cc single)	2,000	4,000	8,000	12,000	16,000	20,000
TSS 125 5 Vel (125cc single)	2,000	4,000	8,000	12,000	16,000	20,000

	6	5	4	3	2	1
TSS 125 6 Vel (125cc single)	2,000	4,000	8,000	12,000	16,000	20,000
Campera 155 (155cc single)	1,000	2,000	3,500	5,000	6,500	8,000
Mercurio 155 (155cc single)	1,000	2,000	3,500	5,000	6,500	8,000
Sherpa N 155 (155cc single)	1,500	3,000	5,000	8,000	11,000	14,000
Sherpa S175 (175cc single)	1,000	2,000	3,500	5,000	6,500	8,000
TSS 175 5 Vel (175cc single)	2,000	4,000	8,000	12,000	16,000	20,000
TSS 175 6 Vel (175cc single)	2,000	4,000	8,000	12,000	16,000	20,000
Campera 200 (200cc single)	1,000	2,000	3,500	5,000	6,500	8,000
Matador 200 (200cc single)	1,000	2,000	3,500	5,000	6,500	8,000
Metralla 62 (200cc single)	1,000	2,000	3,500	5,000	6,500	8,000
TSS 200 5 Vel (200cc single)	2,000	4,000	8,000	12,000	16,000	20,000
TSS 200 6 Vel (200cc single)	2,000	4,000	8,000	12,000	16,000	20,000
Sherpa N200 (200cc single)	1,000	2,000	3,500	5,000	6,500	8,000
Sherpa S200 (200cc single)	1,000	2,000	4,000	6,000	8,000	10,000
TSS 250 6 Vel (200cc single)	2,000	4,000	8,000	12,000	16,000	20,000
1964						
Sherpa S100 (100cc single)	1,500	3,000	5,000	8,000	11,000	14,000
Mercurio 125 (125cc single)	500	1,000	2,500	4,000	5,500	7,000
Sherpa S125 (125cc single)	1,000	2,000	3,500	5,000	6,500	8,000
Tralla 102 (125cc single)	1,000	2,000	3,500	5,000	6,500	8,000
Campera 155 (155cc single)	1,000	2,000	3,500	5,000	6,500	8,000
Mercurio 155 (155cc single)	1,000	2,000	3,500	5,000	6,500	8,000
Mercurio 175A (175cc single)	1,000	2,000	3,500	5,000	6,500	8,000
Sherpa S175 (175cc single)	1,000	2,000	3,500	5,000	6,500	8,000
Campera 200 (200cc single)	1,000	2,000	3,500	5,000	6,500	8,000
Matador 200 (200cc single)	1,000	2,000	3,500	5,000	6,500	8,000
Metralla 62 (200cc single)	1,000	2,000	3,500	5,000	6,500	8,000
Saturno 200 (200cc single)	1,000	2,000	3,500	5,000	6,500	8,000
Sherpa N200 (200cc single)	1,000	2,000	3,500	5,000	6,500	8,000
Sherpa S200 (200cc single)	1,000	2,000	4,000	6,000	8,000	10,000
Sherpa T Sammy Miller (244cc single)	2,000	4,000	6,000	8,000	10,000	12,000
Metisse (250cc single)	1,000	2,000	4,000	6,000	8,000	10,000
1965						
Sherpa S100 (100cc single)	1,500	3,000	5,000	8,000	11,000	14,000
Mercurio 125 (125cc single)	500	1,000	2,500	4,000	5,500	7,000
Sherpa S125 (125cc single)	1,000	2,000	3,500	5,000	6,500	8,000
Tralla 102 (125cc single)	1,000	2,000	3,500	5,000	6,500	8,000
TSS 125 Agua (125cc single)	2,000	4,000	8,000	12,000	16,000	20,000
Campera 155 (155cc single)	1,000	2,000	3,500	5,000	6,500	8,000
Mercurio 155 (155cc single)	1,000	2,000	3,500	5,000	6,500	8,000
Sherpa S175 (175cc single)	1,000	2,000	3,500	5,000	6,500	8,000
Metralla 62 (200cc single)	1,000	2,000	3,500	5,000	6,500	8,000
Saturno 200 (200cc single)	1,000	2,000	3,500	5,000	6,500	8,000
Sherpa N200 (200cc single)	1,000	2,000	3,500	5,000	6,500	8,000
Sherpa S200 (200cc single)	1,000	2,000	4,000	6,000	8,000	10,000
Campera 200 (200cc single)	1,000	2,000	3,500	5,000	6,500	8,000
Sherpa T Sammy Miller (244cc single)	2,000	4,000	6,000	8,000	10,000	12,000
Metisse (250cc single)	1,000	2,000	4,000	6,000	8,000	10,000
Matador MK II (250cc single)	1,000	2,000	3,500	5,000	6,500	8,000
1966						
Junior 74 (74cc single)	1,400	2,300	3,200	4,300	6,400	8,500
Lobito 100 USA (100cc single)	1,400	2,300	3,200	4,300	6,400	8,500
Lobito 100 Nacional (100cc single)	1,400	2,300	3,200	4,300	6,400	8,500
Sherpa S100 (100cc single)	1,500	3,000	5,000	8,000	11,000	14,000
Mercurio 125 (125cc single)	500	1,000	2,500	4,000	5,500	7,000
Sherpa S125 (125cc single)	1,000	2,000	3,500	5,000	6,500	8,000
Tralla 102 (125cc single)	1,000	2,000	3,500	5,000	6,500	8,000
TSS 125 Agua (125cc single)	2,000	4,000	8,000	12,000	16,000	20,000
Mercurio 155 (155cc single)	1,000	2,000	3,500	5,000	6,500	8,000
Campera USA 175 (175cc single)	1,500	2,500	3,500	4,500	5,500	6,500

	6	5	4	3	2	1
Campera Nacional 175 (175cc single)	1,500	2,500	3,500	4,500	5,500	6,500
Campera Agurcultura 175 (175cc single)	1,500	2,500	3,500	4,500	5,500	6,500
Mercurio 175 (175cc single)	1,500	2,500	3,500	4,500	5,500	6,500
Senior 200 (175cc single)	1,000	2,000	3,500	5,000	6,500	8,000
Sherpa S175 (175cc single)	1,000	2,000	3,500	5,000	6,500	8,000
Matador (200cc single)	1,000	2,000	3,000	4,000	5,000	6,000
Mercurio (200cc single)	1,000	2,000	3,500	5,000	6,500	8,000
Metralla 62 (200cc single)	1,000	2,000	3,500	5,000	6,500	8,000
Saturno 200 (200cc single)	1,000	2,000	3,500	5,000	6,500	8,000
Sherpa S200 (200cc single)	1,000	2,000	4,000	6,000	8,000	10,000
Sherpa T Sammy Miller (244cc single)	2,000	4,000	6,000	8,000	10,000	12,000
Matador MK II (250cc single)	1,000	2,000	3,500	5,000	6,500	8,000
Metisse (250cc single)	1,000	2,000	4,000	6,000	8,000	10,000
Metralla MK II (250cc single)	1,000	2,000	4,000	6,000	8,000	10,000
Pursang (250cc single)	3,000	4,400	5,400	6,500	9,300	12,000
TSS 250 Agua (250cc single)	2,000	4,000	8,000	12,000	16,000	20,000
1967						
Junior 74 (74cc single)	1,400	2,300	3,200	4,300	6,400	8,500
Lobito MK II 74 (74cc single)	1,400	2,300	3,200	4,300	6,400	8,500
Junior 100 (100cc single)	1,000	2,000	3,500	5,000	6,500	8,000
Lobito 100 USA (100cc single)	1,400	2,300	3,200	4,300	6,400	8,500
Sherpa S100 (100cc single)	1,500	3,000	5,000	8,000	11,000	14,000
Junior 125 (125cc single)	1,000	2,000	3,500	5,000	6,500	8,000
Tralla 102 (125cc single)	1,000	2,000	3,500	5,000	6,500	8,000
TSS 125 Agua (125cc single)	2,000	4,000	8,000	12,000	16,000	20,000
Mercurio 155 (155cc single)	1,000	2,000	3,500	5,000	6,500	8,000
Campera Agurcultura 175 (175cc single)	1,500	2,500	3,500	4,500	5,500	6,500
Campera Nacional 175 (175cc single)	1,500	2,500	3,500	4,500	5,500	6,500
Campera USA 175 (175cc single)	1,500	2,500	3,500	4,500	5,500	6,500
Mercurio 175 (175cc single)	1,500	2,500	3,500	4,500	5,500	6,500
Senior 200 (175cc single)	1,000	2,000	3,500	5,000	6,500	8,000
Sherpa S175 (175cc single)	1,000	2,000	3,500	5,000	6,500	8,000
Mercurio (200cc single)	1,000	2,000	3,500	5,000	6,500	8,000
Sherpa S200 (200cc single)	1,000	2,000	4,000	6,000	8,000	10,000
Sherpa T (244cc single)	1,000	2,000	4,000	6,000	8,000	10,000
Sherpa T Sammy Miller (244cc single)	2,000	4,000	6,000	8,000	10,000	12,000
Matador MK II (250cc single)	1,000	2,000	3,500	5,000	6,500	8,000
Matador MK III (250cc single)	1,300	1,900	2,700	3,900	5,600	8,000
Metisse (250cc single)	1,000	2,000	4,000	6,000	8,000	10,000
Metralla MK II (250cc single)	1,000	2,000	4,000	6,000	8,000	10,000
Pursang MK II (250cc single)	3,000	4,400	5,400	6,500	9,300	12,000
TSS 250 Agua (250cc single)	2,000	4,000	8,000	12,000	16,000	20,000
El Bandito (350cc single)	1,000	2,000	4,000	6,000	8,000	10,000
1968						
Lobito MK II 74 (74cc single)	1,400	2,300	3,200	4,300	6,400	8,500
Junior 100 (100cc single)	1,000	2,000	3,500	5,000	6,500	8,000
Lobito 100 USA (100cc single)	1,400	2,300	3,200	4,300	6,400	8,500
Sherpa S100 (100cc single)	1,500	3,000	5,000	8,000	11,000	14,000
Junior 125 (125cc single)	1,000	2,000	3,500	5,000	6,500	8,000
Sherpa S (125cc single)	1,500	2,800	4,200	5,800	9,000	12,000
Tralla 102 (125cc single)	1,000	2,000	3,500	5,000	6,500	8,000
TSS 125 Agua (125cc single)	2,000	4,000	8,000	12,000	16,000	20,000
TSS 125 Agua Doble Cuna (125cc single)	2,000	4,000	8,000	12,000	16,000	20,000
Mercurio 155 (155cc single)	1,000	2,000	3,500	5,000	6,500	8,000
Campera Agurcultura 175 (175cc single)	1,500	2,500	3,500	4,500	5,500	6,500
Campera Nacional 175 (175cc single)	1,500	2,500	3,500	4,500	5,500	6,500
Campera USA 175 (175cc single)	1,500	2,500	3,500	4,500	5,500	6,500
Mercurio 175 (175cc single)	1,500	2,500	3,500	4,500	5,500	6,500
Senior 200 (175cc single)	1,000	2,000	3,500	5,000	6,500	8,000
Sherpa S (175cc single)	1,500	2,500	3,500	4,500	5,500	6,500

	6	5	4	3	2	1
Mercurio (200cc single)	1,000	2,000	3,500	5,000	6,500	8,000
Sherpa S (200cc single)	1,500	2,500	3,500	4,500	5,500	6,500
Sherpa T (244cc single)	1,000	2,000	4,000	6,000	8,000	10,000
El Tigre (250cc single)	1,000	2,000	4,000	6,000	8,000	10,000
Matador MK III (250cc single)	1,300	1,900	2,700	3,900	5,600	8,000
Metralla MK II (250cc single)	1,000	2,000	4,000	6,000	8,000	10,000
Pursang MK II (250cc single)	3,000	4,400	5,400	6,500	9,300	12,000
Pursang MK III (250cc single)	3,000	4,400	5,400	6,500	9,300	12,000
TSS 250 Agua (250cc single)	2,000	4,000	8,000	12,000	16,000	20,000
TSS 250 Agua Doble Cuna (125cc single)	2,000	4,000	8,000	12,000	16,000	20,000
El Bandito (350cc single)	1,000	2,000	4,000	6,000	8,000	10,000
El Montadero (350cc single)	1,000	2,000	4,000	6,000	8,000	10,000
El Bandito (360cc single)	1,000	2,000	4,000	6,000	8,000	10,000
El Bandito 360 TT/Cross (360cc single)	1,000	2,000	4,000	6,000	8,000	10,000
El Montadero (360cc single)	1,000	2,000	3,500	5,000	6,500	8,000
1969						
Lobito MK II 74 (74cc single)	1,400	2,300	3,200	4,300	6,400	8,500
Junior 100 (100cc single)	1,000	2,000	3,500	5,000	6,500	8,000
Lobito 100 USA (100cc single)	1,400	2,300	3,200	4,300	6,400	8,500
Sherpa S100 (100cc single)	1,500	3,000	5,000	8,000	11,000	14,000
Junior 125 (125cc single)	1,000	2,000	3,500	5,000	6,500	8,000
Lobito MK III (125cc single)	1,000	2,000	3,500	5,000	6,500	8,000
Sherpa S (125cc single)	1,000	2,000	3,500	5,000	6,500	8,000
Tralla 102 (125cc single)	1,000	2,000	3,500	5,000	6,500	8,000
TSS 125 Agua Doble Cuna (125cc single)	2,000	4,000	8,000	12,000	16,000	20,000
Campera Agurcultura 175 (175cc single)	1,500	2,500	3,500	4,500	5,500	6,500
Campera MK II USA 175 (175cc single)	1,500	2,500	3,500	4,500	5,500	6,500
Campera Nacional 175 (175cc single)	1,500	2,500	3,500	4,500	5,500	6,500
Mercurio 155 (155cc single)	1,000	2,000	3,500	5,000	6,500	8,000
Mercurio 175 (175cc single)	1,500	2,500	3,500	4,500	5,500	6,500
Senior 200 (175cc single)	1,000	2,000	3,500	5,000	6,500	8,000
Sherpa S (175cc single)	1,500	2,500	3,500	4,500	5,500	6,500
Mercurio (200cc single)	800	1,300	1,900	2,400	3,400	4,400
Sherpa S (200cc single)	1,500	2,500	3,500	4,500	5,500	6,500
Sherpa T (244cc single)	1,000	2,000	4,000	6,000	8,000	10,000
El Tigre (250cc single)-(700 made)	1,000	2,000	4,000	6,000	8,000	10,000
Matador MK III (250cc single)	1,300	1,900	2,700	3,900	5,600	8,000
Metralla MK II (250cc single)	1,000	2,000	4,000	6,000	8,000	10,000
Pursang MK IV (250cc single)	1,500	3,000	6,000	9,000	12,000	15,000
TSS 250 Agua (250cc single)	2,000	4,000	8,000	12,000	16,000	20,000
TSS 250 Agua Doble Cuna (250cc single)	2,000	4,000	8,000	12,000	16,000	20,000
El Bandito (350cc single)	1,000	2,000	4,000	6,000	8,000	10,000
El Montadero (350cc single)	1,000	2,000	4,000	6,000	8,000	10,000
TSS 350 (350cc single) (57 made)	1,500	3,000	6,000	9,000	12,000	15,000
El Bandito (360cc single)	1,000	2,000	4,000	6,000	8,000	10,000
El Bandito 360 TT/Cross (360cc single)	1,000	2,000	4,000	6,000	8,000	10,000
El Montadero (360cc single)	1,000	2,000	3,500	5,000	6,500	8,000
1970						
Model 49 (49cc single)	500	1,000	2,000	3,500	5,000	6,500
Model 49GT (49cc single)	500	1,000	2,000	3,500	5,000	6,500
Junior 100 (100cc single)	1,000	2,000	3,500	5,000	6,500	8,000
Lobito MK III (100cc single)	1,400	2,300	3,200	4,300	6,400	8,500
Sherpa S100 (100cc single)	1,500	3,000	5,000	8,000	11,000	14,000
Junior 125 (125cc single)	1,000	2,000	3,500	5,000	6,500	8,000
Lobito MK III (125cc single)	1,000	2,000	3,500	5,000	6,500	8,000
Lobito MK IV (125cc single)	1,000	2,000	3,500	5,000	6,500	8,000
Sherpa S MK II (125cc single)	1,500	2,800	4,200	5,800	9,000	12,000
Tralla 102 (125cc single)	1,000	2,000	3,500	5,000	6,500	8,000
Mercurio 155 (155cc single)	1,000	2,000	3,500	5,000	6,500	8,000
Campera MK II USA 175 (175cc single)	1,500	2,500	3,500	4,500	5,500	6,500

	6	5	4	3	2	1
Mercurio 175 (175cc single).	1,500	2,500	3,500	4,500	5,500	6,500
Senior 200 (175cc single).	1,000	2,000	3,500	5,000	6,500	8,000
Sherpa S MK II (175cc single)	1,500	2,500	3,500	4,500	5,500	6,500
El Tigre (200cc single)	800	1,300	1,900	2,400	3,400	4,400
Mercurio (200cc single).	800	1,300	1,900	2,400	3,400	4,400
Sherpa S MK II (200cc single)	1,500	2,500	3,500	4,500	5,500	6,500
Sherpa T (244cc single).	1,000	2,000	4,000	6,000	8,000	10,000
El Tigre (250cc single)	1,000	2,000	4,000	6,000	8,000	10,000
Matador MK III (250cc single).	1,300	1,900	2,700	3,900	5,600	8,000
Matador MK IV (250cc single).	1,300	1,900	2,700	3,900	5,600	8,000
Metralla MK II (250cc single).	1,000	2,000	4,000	6,000	8,000	10,000
Metralla MK III (250cc single).	1,800	2,300	3,200	4,200	6,100	7,500
Pursang MK IV (250cc single).	1,500	3,000	6,000	9,000	12,000	15,000
TSS 250 Agua (250cc single).	2,000	4,000	8,000	12,000	16,000	20,000
TSS 250 Agua Doble Cuna (250cc single)	2,000	4,000	8,000	12,000	16,000	20,000
El Bandito (350cc single).	1,000	2,000	4,000	6,000	8,000	10,000
El Montadero (350cc single).	1,000	2,000	4,000	6,000	8,000	10,000
TSS 350 (350cc single) (57 made)	1,500	3,000	6,000	9,000	12,000	15,000
El Bandito (360cc single).	1,000	2,000	4,000	6,000	8,000	10,000
El Bandito TT (360cc single).	1,300	1,900	2,700	3,900	5,600	8,000
El Montadero (360cc single).	1,000	2,000	3,500	5,000	6,500	8,000
1971						
Model 49 (49cc single) .	500	1,000	2,000	3,500	5,000	6,500
Model 49GT (49cc single).	500	1,000	2,000	3,500	5,000	6,500
Junior 100 (100cc single).	1,000	2,000	3,500	5,000	6,500	8,000
Lobito (100cc single)	500	2,000	3,000	4,000	5,000	6,000
Sherpa S (100cc single)	1,400	2,300	3,200	4,300	6,400	8,500
Tiron Mini Bike (100cc single).	500	2,000	3,000	4,000	5,000	6,000
Junior 125 (125cc single).	1,000	2,000	3,500	5,000	6,500	8,000
Lobito MK III (125cc single).	1,000	2,000	3,500	5,000	6,500	8,000
Lobito MK IV(125cc single).	1,000	2,000	3,500	5,000	6,500	8,000
Lobito MK V USA (125cc single)	1,000	2,000	3,500	5,000	6,500	8,000
Pursang MK V (125cc single)	1,300	1,900	3,200	4,600	6,700	8,500
Sherpa S MK II (125cc single)	1,500	2,800	4,200	5,800	9,000	12,000
Tralla 102 (125cc single)	1,000	2,000	3,500	5,000	6,500	8,000
TSS Water Cooled (125cc single).	700	1,100	2,200	3,300	4,000	4,800
Mercurio 155 (155cc single).	1,000	2,000	3,500	5,000	6,500	8,000
Campera MK II USA 175 (175cc single)	1,500	2,500	3,500	4,500	5,500	6,500
Lobito MK IV (175cc single).	1,500	2,500	3,500	4,500	5,500	6,500
Lobito MK V USA (175cc single)	1,500	2,500	3,500	4,500	5,500	6,500
Mercurio 175 (175cc single).	1,500	2,500	3,500	4,500	5,500	6,500
Senior 200 (175cc single).	1,000	2,000	3,500	5,000	6,500	8,000
Sherpa S MK II (175cc single)	1,500	2,500	3,500	4,500	5,500	6,500
Sherpa S MkII (200cc single)	1,500	2,500	3,500	4,500	5,500	6,500
El Tigre (200cc single)	800	1,300	1,900	2,400	3,400	4,400
Mercurio (200cc single)	800	1,300	1,900	2,400	3,400	4,400
Sherpa T (244cc single).	1,000	2,000	4,000	6,000	8,000	10,000
Astro (250cc single).	1,000	2,000	3,500	5,000	6,500	8,000
Alpina (250cc single) .	700	1,500	3,000	4,500	5,500	6,500
El Tigre (250cc single)	1,000	2,000	4,000	6,000	8,000	10,000
Matador MK III (250cc single).	500	1,000	1,600	2,200	3,400	4,500
Matador MK IV (250cc single).	1,300	1,900	2,700	3,900	5,600	8,000
Matador MK IV SD (250cc single).	1,300	1,900	2,700	3,900	5,600	8,000
Metralla MK II (250cc single).	1,000	2,000	4,000	6,000	8,000	10,000
Pursang MK IV (250cc single)	1,500	3,000	6,000	9,000	12,000	15,000
Pursang MK V (250cc single).	1,000	2,000	4,000	6,000	8,000	10,000
TSS Water Cooled (250cc single).	1,000	1,700	2,800	4,000	5,800	7,500
El Bandito (350cc single).	1,000	2,000	4,000	6,000	8,000	10,000
El Montadero MK II (350cc single)	1,000	2,000	4,000	6,000	8,000	10,000
El Bandito (360cc single).	1,000	2,000	4,000	6,000	8,000	10,000

	6	5	4	3	2	1
El Bandito TT (360cc single)	1,300	1,900	2,700	3,900	5,600	8,000
El Montadero MK II (360cc single)	1,000	2,000	3,500	5,000	6,500	8,000
TSS Air Cooled (250cc single)	900	1,500	2,700	3,900	5,300	6,500
1972						
Model 49GT (49cc single).	500	1,000	2,000	3,500	5,000	6,500
Lobito MK VI 74 (74cc single).	500	1,000	2,000	3,500	5,000	6,500
Tiron Mini Bike (100cc single).	500	2,000	3,000	4,000	5,000	6,000
Lobito MK III (125cc single)	1,000	2,000	3,500	5,000	6,500	8,000
Lobito MK V USA (125cc single)	1,000	2,000	3,500	5,000	6,500	8,000
Lobito MK VI USA (125cc single).	1,000	2,000	3,500	5,000	6,500	8,000
Pursang MK V (125cc single)	1,300	1,900	3,200	4,600	6,700	8,500
Pursang MK VI (125cc single)	1,300	1,900	3,200	4,600	6,700	8,500
Sherpa S MK II (125cc single)	1,500	2,800	4,200	5,800	9,000	12,000
Sherpa T (125cc single).	1,300	1,900	3,200	4,600	6,700	8,500
Junior Portugal 150 (150cc single)	1,000	2,000	3,500	5,000	6,500	8,000
Mercurio 155 (155cc single).	1,000	2,000	3,500	5,000	6,500	8,000
Campera Agricultura (175cc single).	1,500	2,500	3,500	4,500	5,500	6,500
Campera MK II USA 175 (175cc single)	1,500	2,500	3,500	4,500	5,500	6,500
Lobito MK V USA (175cc single)	1,500	2,500	3,500	4,500	5,500	6,500
Lobito MK VI USA (175cc single)	1,500	2,500	3,500	4,500	5,500	6,500
Mercurio 175 (175cc single).	1,500	2,500	3,500	4,500	5,500	6,500
Sherpa S MK II (175cc single)	1,500	2,500	3,500	4,500	5,500	6,500
Pursang MK VI (200cc single)	1,000	1,500	2,300	3,200	4,600	6,000
Sherpa S MK II (200cc single)	1,500	2,500	3,500	4,500	5,500	6,500
Sherpa T (244cc single)	1,000	2,000	4,000	6,000	8,000	10,000
Alpina (250cc single)	700	1,500	3,000	4,500	5,500	6,500
Astro MK VI (250cc single)	1,000	2,000	3,500	5,000	6,500	8,000
Matador MK IV SD (250cc single).	1,300	1,900	2,700	3,900	5,600	8,000
Metralla MK II (250cc single)	1,000	2,000	4,000	6,000	8,000	10,000
Pursang MK V (250cc single)	1,000	2,000	4,000	6,000	8,000	10,000
Pursang MK VI (250cc single)	1,000	2,000	4,000	6,000	8,000	10,000
Alpina (350cc single)	1,000	1,700	2,900	4,100	5,900	7,500
El Bandito (350cc single)	1,000	2,000	4,000	6,000	8,000	10,000
El Montadero MK II (350cc single)	1,000	2,000	4,000	6,000	8,000	10,000
Pursang MK VI (350cc single)	1,000	2,000	4,000	6,000	8,000	10,000
El Montadero MK II (360cc single)	1,000	2,000	3,500	5,000	6,500	8,000
Pursang (360cc single)	1,000	2,000	3,500	5,000	6,500	8,000
1973						
Model 49GT (49cc single).	500	1,000	2,000	3,500	5,000	6,500
Lobito MK VI 74 (74cc single).	500	1,000	2,000	3,500	5,000	6,500
Lobito MK VII 75 (75cc single)	500	1,000	2,000	3,500	5,000	6,500
Tiron Mini Bike (100cc single).	500	2,000	3,000	4,000	5,000	6,000
Alpina (125cc single)	500	1,000	2,000	3,000	4,000	5,000
Lobito MK V USA (125cc single)	1,000	2,000	3,500	5,000	6,500	8,000
Lobito MK VI USA (125cc single)	1,000	2,000	3,500	5,000	6,500	8,000
Lobito MK VII USA (125cc single).	1,000	2,000	3,500	5,000	6,500	8,000
Pursang MK VI (125cc single)	1,300	1,900	3,200	4,600	6,700	8,500
Pursang MK VII (125cc single)	500	2,000	3,000	4,000	5,000	6,000
Junior Portugal 150 (150cc single)	1,000	2,000	3,500	5,000	6,500	8,000
Mercurio 155 (155cc single).	1,000	2,000	3,500	5,000	6,500	8,000
Alpina (175cc single)	1,000	1,700	2,900	4,100	5,900	7,500
Lobito MK V USA (175cc single)	1,500	2,500	3,500	4,500	5,500	6,500
Lobito MK VI USA (175cc single)	1,500	2,500	3,500	4,500	5,500	6,500
Lobito MK VII USA (175cc single).	1,500	2,500	3,500	4,500	5,500	6,500
Mercurio 175 (175cc single).	1,500	2,500	3,500	4,500	5,500	6,500
Pursang MK VII (175cc single)	1,500	2,500	3,500	4,500	5,500	6,500
Pursang MK VI (200cc single)	1,000	1,500	2,300	3,200	4,600	6,000
Pursang MK VII (200cc single)	1,000	1,500	2,300	3,200	4,600	6,000
Sherpa T (244cc single).	1,000	2,000	4,000	6,000	8,000	10,000
Alpina (250cc single)	700	1,500	3,000	4,500	5,500	6,500

	6	5	4	3	2	1
Astro MK VI (250cc single)	1,000	2,000	3,500	5,000	6,500	8,000
Matador MK IV SD (250cc single)	1,300	1,900	2,700	3,900	5,600	8,000
Metralla MK II (250cc single)	1,000	2,000	4,000	6,000	8,000	10,000
Pursang MK VI (250cc single)	1,000	2,000	4,000	6,000	8,000	10,000
Pursang MK VII (250cc single)	1,000	2,000	4,000	6,000	8,000	10,000
Alpina (350cc single)	1,000	1,700	2,900	4,100	5,900	7,500
Astro (350cc single)	1,900	2,600	3,600	4,700	6,900	9,000
Pursang MK VI (350cc single)	1,000	2,000	4,000	6,000	8,000	10,000
Sherpa T (350cc single)	1,000	2,000	3,500	5,000	6,500	8,000
Astro (360cc single)	1,000	2,000	4,000	6,000	8,000	10,000
Pursang MK VII (360cc single)	1,000	2,000	3,500	5,000	6,500	8,000
1974						
Chispa (49cc single)	500	2,000	3,000	4,000	5,000	6,000
Lobito MK VII 75 (75cc single)	500	1,000	2,000	3,500	5,000	6,500
Junior GT2 75 (75cc single)	500	1,000	2,000	3,500	5,000	6,500
Lobito MK III 75 (75cc single)	500	1,000	2,000	3,500	5,000	6,500
Tiron Mini Bike (100cc single)	500	2,000	3,000	4,000	5,000	6,000
Alpina (125cc single)	500	1,000	2,000	3,000	4,000	5,000
Junior GT2 125 (125cc single)	1,000	2,000	3,500	5,000	6,500	8,000
Lobito MK VII USA (125cc single)	1,000	2,000	3,500	5,000	6,500	8,000
Lobito MK VIII USA (125cc single)	1,000	2,000	3,500	5,000	6,500	8,000
Pursang MK VII (125cc single)	500	2,000	3,000	4,000	5,000	6,000
Junior Portugal 150 (150cc single)	1,000	2,000	3,500	5,000	6,500	8,000
Mercurio 155 GT (155cc single)	1,000	2,000	3,500	5,000	6,500	8,000
Alpina (175cc single)	1,000	1,700	2,900	4,100	5,900	7,500
Lobito MK VII USA (175cc single)	1,500	2,500	3,500	4,500	5,500	6,500
Lobito MK VIII USA (175cc single)	1,500	2,500	3,500	4,500	5,500	6,500
Mercurio 175 (175cc single)	1,500	2,500	3,500	4,500	5,500	6,500
Pursang MK VI (175cc single)	1,500	2,500	3,500	4,500	5,500	6,500
Pursang MK VII (175cc single)	1,500	2,500	3,500	4,500	5,500	6,500
Pursang MK VII (200cc single)	1,000	1,500	2,300	3,200	4,600	6,000
Pursang MK VIII (200cc single)	1,000	1,500	2,300	3,200	4,600	6,000
Sherpa T (244cc single)	1,000	2,000	4,000	6,000	8,000	10,000
Alpina (250cc single)	700	1,500	3,000	4,500	5,500	6,500
Astro (250cc single)	700	1,500	3,000	4,500	5,500	6,500
Matador MK IV SD (250cc single)	1,300	1,900	2,700	3,900	5,600	8,000
Metralla MK II (250cc single)	1,000	2,000	4,000	6,000	8,000	10,000
Pursang MK VII (250cc single)	1,000	2,000	4,000	6,000	8,000	10,000
Pursang MK VIII (250cc single)	1,000	2,000	4,000	6,000	8,000	10,000
Alpina (350cc single)	1,000	1,700	2,900	4,100	5,900	7,500
Sherpa T (350cc single)	1,000	2,000	3,500	5,000	6,500	8,000
Astro (360cc single)	1,000	2,000	4,000	6,000	8,000	10,000
El Bandito MX (360cc single)	1,600	2,200	3,100	4,100	5,900	7,500
Montadero MK II (360cc single)	1,000	1,500	2,700	3,900	5,300	6,500
Pursang MK VII (360cc single)	1,000	2,000	3,500	5,000	6,500	8,000
Pursang MK VIII (360cc single)	1,000	2,000	3,500	5,000	6,500	8,000
1975						
Chispa (49cc single)	500	2,000	3,000	4,000	5,000	6,000
Lobito T 74 (74cc single)	500	1,000	2,000	3,500	5,000	6,500
Junior GT2 75 (75cc single)	500	1,000	2,000	3,500	5,000	6,500
Lobito MK VIII 75 (75cc single)	500	1,000	2,000	3,500	5,000	6,500
Junior GT2 125 (125cc single)	1,000	2,000	3,500	5,000	6,500	8,000
Lobito MK VIII USA (125cc single)	1,000	2,000	3,500	5,000	6,500	8,000
Lobito T (125cc single)	1,000	2,000	3,500	5,000	6,500	8,000
Pursang MK VIII (125cc single)	500	2,000	3,000	4,000	5,000	6,000
Pursang MK IX (125cc)	500	800	1,100	1,400	3,000	4,500
Mercurio 155 GT (155cc single)	1,000	2,000	3,500	5,000	6,500	8,000
Lobito MK VIII USA (175cc single)	1,500	2,500	3,500	4,500	5,500	6,500
Pursang MK VIII (200cc single)	1,000	1,500	2,300	3,200	4,600	6,000
Sherpa T (244cc single)	1,000	2,000	4,000	6,000	8,000	10,000

	6	5	4	3	2	1
Alpina (250cc single)	700	1,500	3,000	4,500	5,500	6,500
Astro (250cc single).	700	1,500	3,000	4,500	5,500	6,500
Frontera MK IX (250cc single)	1,000	1,700	2,900	4,100	5,900	7,500
Matador MK IV SD (250cc single).	1,300	1,900	2,700	3,900	5,600	8,000
Metralla GT (250cc single)	700	1,500	3,000	4,500	5,500	6,500
Pursang MK VIII (250cc single)	1,000	2,000	4,000	6,000	8,000	10,000
Alpina (350cc single)	1,000	1,700	2,900	4,100	5,900	7,500
Astro (350cc single).	1,500	2,100	2,900	3,700	5,600	7,500
Matador MK IX (350cc single).	700	1,500	3,000	4,500	5,500	6,500
Sherpa T (350cc single).	1,000	2,000	3,500	5,000	6,500	8,000
Astro (360cc single).	1,000	2,000	4,000	6,000	8,000	10,000
Frontera MK IX (360cc single)	700	1,500	3,000	4,500	5,500	6,500
Pursang MK VIII (360cc single)	1,000	2,000	3,500	5,000	6,500	8,000
1976						
Chispa (49cc single)	500	2,000	3,000	4,000	5,000	6,000
TSS MK II (50cc single) (7 made).	1,000	2,000	4,000	6,000	8,000	10,000
Frontera 74 (74cc single)	500	2,000	3,000	4,000	5,000	6,000
Lobito T 74 (74cc single)	500	1,000	2,000	3,500	5,000	6,500
Sherpa T 74 (74cc single)	500	1,000	2,000	3,500	5,000	6,500
Junior GT2 75 (75cc single).	500	1,000	2,000	3,500	5,000	6,500
Lobito MK VIII 75 (75cc single)	500	1,000	2,000	3,500	5,000	6,500
Frontera (125cc single)	500	2,000	3,000	4,000	5,000	6,000
Junior GT2 125 (125cc single)	1,000	2,000	3,500	5,000	6,500	8,000
Lobito MK VIII USA (125cc single)	1,000	2,000	3,500	5,000	6,500	8,000
Lobito T (125cc single)	1,000	2,000	3,500	5,000	6,500	8,000
Pursang MK VIII (125cc single)	500	2,000	3,000	4,000	5,000	6,000
Pursang MK IX (125cc single)	500	2,000	3,000	4,000	5,000	6,000
Sherpa T (125cc single).	500	2,000	3,000	4,000	5,000	6,000
Mercurio 155 GT (155cc single).	1,000	2,000	3,500	5,000	6,500	8,000
Alpina (175cc single)	1,500	2,500	3,500	4,500	5,500	6,500
Lobito MK VIII USA (175cc single)	1,500	2,500	3,500	4,500	5,500	6,500
Mercurio 175 GT (175cc single)	1,500	2,500	3,500	4,500	5,500	6,500
Pursang MK VIII (200cc single)	1,000	1,500	2,300	3,200	4,600	6,000
Pursang MK IX (200cc single)	1,000	1,500	2,300	3,200	4,600	6,000
Sherpa T (244cc single).	1,000	2,000	4,000	6,000	8,000	10,000
Alpina (250cc single)	700	1,500	3,000	4,500	5,500	6,500
Astro (250cc single).	700	1,500	3,000	4,500	5,500	6,500
Frontera MK IX (250cc single)	1,000	1,700	2,900	4,100	5,900	7,500
Frontera MK X (250cc single)	1,000	1,700	2,900	4,100	5,900	7,500
Frontera Guardia Civil (250cc single)	1,000	2,000	4,000	6,000	8,000	10,000
Metralla GT (250cc single)	700	1,500	3,000	4,500	5,500	6,500
Pursang MK VIII (250cc single)	1,000	2,000	4,000	6,000	8,000	10,000
Pursang MK IX (250cc single)	1,000	2,000	4,000	6,000	8,000	10,000
Alpina (350cc single)	1,000	1,700	2,900	4,100	5,900	7,500
Astro (350cc single).	1,000	2,000	3,500	5,000	6,500	8,000
Matador MK IX (350cc single)	700	1,500	3,000	4,500	5,500	6,500
Sherpa T (350cc single).	700	1,500	3,000	4,500	5,500	6,500
Astro (360cc single).	1,000	2,000	4,000	6,000	8,000	10,000
Frontera MK IX (360cc single)	700	1,500	3,000	4,500	5,500	6,500
Pursang MK VIII (360cc single)	1,000	2,000	3,500	5,000	6,500	8,000
Frontera MK X (370cc single)	1,000	2,000	4,000	6,000	8,000	10,000
Pursang MK IX (370cc single)	1,000	2,000	4,000	6,000	8,000	10,000
1977						
Chispa (49cc single)	500	2,000	3,000	4,000	5,000	6,000
Frontera 74 (74cc single)	500	2,000	3,000	4,000	5,000	6,000
Sherpa T 74 (74cc single).	500	1,000	2,000	3,500	5,000	6,500
Streaker (74cc single).	500	2,000	3,000	4,000	5,000	6,000
Frontera (125cc single)	500	2,000	3,000	4,000	5,000	6,000
Pursang MK IX (125cc single)	500	2,000	3,000	4,000	5,000	6,000
Pursang MK XI (125cc single)	500	2,000	3,000	4,000	5,000	6,000

	6	5	4	3	2	1
Sherpa T (125cc single)	500	2,000	3,000	4,000	5,000	6,000
Streaker (125cc single)	700	1,500	3,000	4,500	5,500	6,500
TSS MK II (125cc single)	500	2,000	3,000	4,000	5,000	6,000
Alpina (175cc single)	1,500	2,500	3,500	4,500	5,500	6,500
Mercurio 175 GT (175cc single)	1,500	2,500	3,500	4,500	5,500	6,500
Pursang MK X (200cc single)	500	1,000	2,000	3,500	5,000	6,500
Sherpa T (244cc single)	1,000	2,000	4,000	6,000	8,000	10,000
Alpina (250cc single)	700	1,500	3,000	4,500	5,500	6,500
Astro (250cc single)	700	1,500	3,000	4,500	5,500	6,500
Frontera MK X (250cc single)	1,000	1,700	2,900	4,100	5,900	7,500
Metralla GT (250cc single)	700	1,500	3,000	4,500	5,500	6,500
Metralla GTS/A (250cc single)	1,000	1,700	2,900	4,100	5,900	7,500
Pursang MK X (250cc single)	1,000	1,600	2,700	3,800	5,500	7,000
Pursang MK XI (250cc single)	1,000	1,600	2,700	3,800	5,500	7,000
Alpina (350cc single)	1,000	1,700	2,900	4,100	5,900	7,500
Matador MK IX (350cc single)	700	1,500	3,000	4,500	5,500	6,500
Matador MK X (350cc single)	700	1,500	3,000	4,500	5,500	6,500
Sherpa T (350cc single)	700	1,500	3,000	4,500	5,500	6,500
Astro (360cc single)	1,000	2,000	4,000	6,000	8,000	10,000
Frontera MK X (370cc single)	1,000	2,000	4,000	6,000	8,000	10,000
Pursang MK X (370cc single)	1,000	2,000	4,000	6,000	8,000	10,000
Pursang MK XI (370cc single)	1,000	2,000	4,000	6,000	8,000	10,000
1978						
Chispa (49cc single)	500	2,000	3,000	4,000	5,000	6,000
Frontera 74 (74cc single)	500	2,000	3,000	4,000	5,000	6,000
Sherpa T 74 (74cc single)	500	1,000	2,000	3,500	5,000	6,500
Streaker (74cc single)	500	2,000	3,000	4,000	5,000	6,000
Frontera (125cc single)	500	2,000	3,000	4,000	5,000	6,000
Pursang MK XI (125cc single)	500	2,000	3,000	4,000	5,000	6,000
Sherpa T (125cc single)	500	2,000	3,000	4,000	5,000	6,000
Streaker (125cc single)	700	1,500	3,000	4,500	5,500	6,500
Alpina (175cc single)	1,500	2,500	3,500	4,500	5,500	6,500
Mercurio 175 GT (175cc single)	1,500	2,500	3,500	4,500	5,500	6,500
Pursang (200cc single)	800	1,300	2,400	3,500	4,700	5,900
Sherpa T (244cc single)	1,000	2,000	3,500	5,000	6,500	8,000
Alpina (250cc single)	700	1,500	3,000	4,500	5,500	6,500
Astro (250cc single)	700	1,500	3,000	4,500	5,500	6,500
Frontera MK X (250cc single)	1,000	1,700	2,900	4,100	5,900	7,500
Frontera MK XI (250cc single)	1,000	1,700	2,900	4,100	5,900	7,500
Metralla GTS/A (250cc single)	1,000	1,700	2,900	4,100	5,900	7,500
Pursang MK XI (250cc single)	1,000	1,600	2,700	3,800	5,500	7,000
Pursang MK XII (250cc single)	1,000	1,600	2,700	3,800	5,500	7,000
TSS MK II (250cc single)	700	1,500	3,000	4,500	5,500	6,500
Alpina (350cc single)	1,000	1,700	2,900	4,100	5,900	7,500
Matador MK IX (350cc single)	700	1,500	3,000	4,500	5,500	6,500
Matador MK X (350cc single)	700	1,500	3,000	4,500	5,500	6,500
Sherpa T (350cc single)	700	1,500	3,000	4,500	5,500	6,500
Frontera MK IX (360cc single)	700	1,100	1,700	2,300	3,200	4,100
Pursang MK XI (370cc single)	1,000	2,000	4,000	6,000	8,000	10,000
Pursang MK XII (370cc single)	1,000	2,000	4,000	6,000	8,000	10,000
Frontera MK X (370cc single)	1,000	2,000	4,000	6,000	8,000	10,000
Frontera MK XI (370cc single)	1,000	2,000	4,000	6,000	8,000	10,000
1979						
Chispa (49cc single)	500	2,000	3,000	4,000	5,000	6,000
Frontera 74 (74cc single)	500	2,000	3,000	4,000	5,000	6,000
Sherpa T 74 (74cc single)	500	1,000	2,000	3,500	5,000	6,500
Streaker (74cc single)	500	2,000	3,000	4,000	5,000	6,000
Pursang MK XI (125cc single)	500	2,000	3,000	4,000	5,000	6,000
Sherpa T (125cc single)	500	2,000	3,000	4,000	5,000	6,000
Streaker (125cc single)	700	1,500	3,000	4,500	5,500	6,500

	6	5	4	3	2	1
Alpina (175cc single)	1,500	2,500	3,500	4,500	5,500	6,500
Mercurio 175 GT (175cc single)	1,500	2,500	3,500	4,500	5,500	6,500
Sherpa T (244cc single)	1,000	2,000	3,500	5,000	6,500	8,000
Alpina (250cc single)	700	1,500	3,000	4,500	5,500	6,500
Astro (250cc single)	700	1,500	3,000	4,500	5,500	6,500
Frontera MK XI (250cc single)	1,000	1,700	2,900	4,100	5,900	7,500
Frontera MK XIB (250cc single)	1,000	1,700	2,900	4,100	5,900	7,500
Metralla GTS/A (250cc single)	1,000	1,700	2,900	4,100	5,900	7,500
Metralla GTS/B (250cc single)	1,000	1,700	2,900	4,100	5,900	7,500
Pursang MK XI (250cc single)	1,000	1,600	2,700	3,800	5,500	7,000
Alpina (350cc single)	1,000	1,700	2,900	4,100	5,900	7,500
Matador MK X (350cc single)	700	1,500	3,000	4,500	5,500	6,500
Sherpa T (350cc single)	700	1,500	3,000	4,500	5,500	6,500
Frontera MK XI (370cc single)	1,000	2,000	4,000	6,000	8,000	10,000
Frontera MK XIB (370cc single)	1,000	2,000	4,000	6,000	8,000	10,000
Pursang MK XI (370cc single)	1,000	2,000	4,000	6,000	8,000	10,000
Pursang MK XII Everts (370cc single)	900	1,300	2,100	2,900	4,300	5,500
1980						
Chispa (49cc single)	500	2,000	3,000	4,000	5,000	6,000
Frontera 74 (74cc single)	500	2,000	3,000	4,000	5,000	6,000
Sherpa T 74 (74cc single)	500	1,000	2,000	3,500	5,000	6,500
Sherpa T (125cc single)	500	2,000	3,000	4,000	5,000	6,000
Mercurio 175 GT (175cc single)	1,500	2,500	3,500	4,500	5,500	6,500
Sherpa T (244cc single)	1,000	2,000	3,500	5,000	6,500	8,000
Astro (250cc single)	700	1,500	3,000	4,500	5,500	6,500
Frontera MK XIB (250cc single)	1,000	1,700	2,900	4,100	5,900	7,500
Sherpa T (350cc single)	700	1,500	3,000	4,500	5,500	6,500
Frontera MK XIB (370cc single)	1,000	2,000	4,000	6,000	8,000	10,000
Pursang MKXV (420cc single)	700	1,500	3,000	4,500	5,500	6,500
1981						
Frontera 74 (74cc single)	500	2,000	3,000	4,000	5,000	6,000
Sherpa T 74 (74cc single)	500	1,000	2,000	3,500	5,000	6,500
Sherpa T (125cc single)	600	1,000	1,600	2,300	2,900	3,500
Mercurio 175 GT (175cc single)	1,500	2,500	3,500	4,500	5,500	6,500
Sherpa T (244cc single)	1,000	2,000	3,500	5,000	6,500	8,000
Astro (250cc single)	700	1,500	3,000	4,500	5,500	6,500
Frontera MK XIB (250cc single)	1,000	1,700	2,900	4,100	5,900	7,500
Pursang (250cc single)	800	1,300	2,400	3,600	5,800	7,500
Sherpa T (350cc single)	700	1,500	3,000	4,500	5,500	6,500
Frontera MK XIB (370cc single)	1,000	2,000	4,000	6,000	8,000	10,000
Astro (450cc single)	900	1,400	2,100	3,000	4,400	5,800
Pursang (450cc single)	1,000	1,500	2,600	3,800	6,000	8,000
1982						
Sherpa T 74 (74cc single)	500	1,000	2,000	3,500	5,000	6,500
Mercurio 175 GT (175cc single)	1,500	2,500	3,500	4,500	5,500	6,500
Astro (200cc single)	700	1,500	3,000	4,500	5,500	6,500
Sherpa T (244cc single)	1,000	2,000	3,500	5,000	6,500	8,000
Frontera (250cc single)	700	1,300	1,900	2,600	3,400	4,200
Pursang (250cc single)	600	1,000	1,800	2,800	4,100	5,400
Sherpa T (350cc single)	700	1,500	3,000	4,500	5,500	6,500
1983						
Sherpa T (125cc single)	700	1,000	1,600	2,300	2,900	3,500
Mercurio 175 GT (175cc single)	1,500	2,500	3,500	4,500	5,500	6,500
Astro (250cc single)	800	1,500	3,000	4,500	5,500	6,500
Pursang (250cc single)	800	1,300	2,400	3,600	5,800	7,500
Sherpa T (250cc single)	700	1,000	1,600	2,400	3,200	4,000
Sherpa T (350cc single)	700	1,500	3,000	4,500	5,500	6,500
Astro (450cc single)	900	1,400	2,100	3,000	4,400	5,800
Pursang (450cc single)	1,000	1,500	2,600	3,800	6,000	8,000

	6	5	4	3	2	1
1984						
Sherpa T (350cc single)	700	1,500	3,000	4,500	5,500	6,500
1985						
Sherpa T (350cc single)	700	1,500	3,000	4,500	5,500	6,500
1986						
Mercurio 175 GT (175cc single)	1,500	2,500	3,500	4,500	5,500	6,500
CAGIVA						
1979						
SST 125 (125cc single)	400	800	1,600	2,400	3,200	4,000
SST 250 (243cc single)	450	900	1,800	2,700	3,600	4,500
MXR 250 (248cc single)	1,000	2,000	3,000	4,000	5,000	6,000
RX 250 (248cc single)	1,000	2,000	3,000	4,000	5,000	6,000
SST 350 (341cc single)	1,500	3,500	3,500	4,500	5,500	6,500
1980						
SST 125 (125cc single)	400	800	1,600	2,400	3,200	4,000
SST 250 (243cc single)	450	900	1,800	2,700	3,600	4,500
MXR 250 (248cc single)	1,000	2,000	3,000	4,000	5,000	6,000
RX 250 (248cc single)	1,000	2,000	3,000	4,000	5,000	6,000
SST 350 (341cc single)	1,500	3,500	3,500	4,500	5,500	6,500
1981						
SST 125 (125cc single)	400	800	1,600	2,400	3,200	4,000
WMX 125 (125cc single)	300	500	1,500	3,500	4,500	5,500
SST 250 (243cc single)	450	900	1,800	2,700	3,600	4,500
MXR 250 (248cc single)	1,000	2,000	3,000	4,000	5,000	6,000
RX 250 (248cc single)	1,000	2,000	3,000	4,000	5,000	6,000
RXR 250 (250cc single)	900	1,800	2,600	3,400	4,200	5,000
SST 350 (341cc single)	1,500	3,500	3,500	4,500	5,500	6,500
1982						
SXT 125 Ala Rossa (123cc single)	400	800	1,600	2,400	3,200	4,000
SST 125 (125cc single)	400	800	1,600	2,400	3,200	4,000
SXT 200 Ala Rossa (242cc single)	400	800	1,600	2,400	3,200	4,000
SST 250 (243cc single)	450	900	1,800	2,700	3,600	4,500
SST 350 (341cc single)	1,500	3,500	3,500	4,500	5,500	6,500
SXT 350 (341cc single)	900	1,800	2,600	3,400	4,200	5,000
1983						
SXT 125 Ala Rossa (123cc single)	400	800	1,600	2,400	3,200	4,000
SST 125 (125cc single)	400	800	1,600	2,400	3,200	4,000
SXT 200 Ala Rossa (242cc single)	400	800	1,600	2,400	3,200	4,000
SST 250 (243cc single)	450	900	1,800	2,700	3,600	4,500
SST 350 (341cc single)	1,500	3,500	3,500	4,500	5,500	6,500
SXT 350 (341cc single)	900	1,800	2,600	3,400	4,200	5,000
1984						
Elefant 125 (125cc single)	300	500	1,500	2,500	3,000	3,500
WMX 125 (125cc single)	300	500	1,500	2,500	3,000	3,500
WRX 125 (125cc single)	300	500	700	1,300	2,000	2,700
WRX 200 (200cc single)	300	500	1,500	2,000	3,000	4,000
WMX 250 (250cc single)	300	500	1,500	3,500	4,500	5,500
DG 350 (350cc single)	300	500	1,000	1,500	2,500	3,500
MXR 500 (498cc single)	1,000	2,000	3,000	4,000	5,000	6,000
1985						
Aletta Oro S1 (125cc single)	500	1,000	1,500	2,000	2,500	3,000
Elefant II 125 (125cc single)	300	500	1,500	2,500	3,000	3,500
Elefant 200 (190cc single)	300	500	1,500	2,500	3,000	3,500
WMX 125 (125cc single)	300	500	700	1,300	2,000	2,700
Alazzurra 350 (349cc twin)	400	800	1,600	2,400	3,200	4,000
Elefant 350 (349cc twin)	400	800	1,600	2,400	3,200	4,000
WMX 500 (498cc single)	1,000	2,000	3,000	4,000	5,000	6,000
Elefant 650 (649cc twin)	300	500	1,600	2,000	3,000	4,000
Alazzurra 650SS (649cc twin)	500	1,000	2,000	3,000	4,000	5,000

	6	5	4	3	2	1
Alazzurra 650GT (649cc twin)	500	1,000	2,000	3,000	4,000	5,000
1986						
Aletta Oro S2 (125cc single)	500	1,000	1,500	2,000	2,500	3,000
Elefant II 125 (125cc single)	300	500	1,500	2,500	3,000	3,500
WMX 125 (125cc single)	300	500	700	1,300	2,000	2,700
Elefant 200 (190cc single)	300	500	1,500	2,500	3,000	3,500
Elefant 350 (349cc twin)	400	800	1,600	2,400	3,200	4,000
WMX 500 (498cc single)	400	800	1,600	2,400	3,200	4,000
Alazzurra 650SS (649cc twin)	500	1,000	2,000	3,000	4,000	5,000
Alazzurra 650GT (649cc twin)	500	1,000	2,000	3,000	4,000	5,000
Elefant 650 (649cc twin)	300	500	1,600	2,000	3,000	4,000
1987						
Cruiser 125 (125cc single)	300	500	1,000	1,500	2,000	2,500
Elefant 125 (125cc single)	300	500	1,500	2,500	3,000	3,500
Freccia 125 C9 (125cc single)	300	500	1,500	2,500	3,000	3,500
WMX 125 (125cc single)	300	500	700	1,300	1,800	2,300
T4 350 E (343cc single)	400	800	1,600	2,400	3,200	4,000
T4 350 R (343cc single)	400	800	1,600	2,400	3,200	4,000
Elefant 350 (349cc twin)	400	800	1,600	2,400	3,200	4,000
Alazzurra 650SS (649cc twin)	500	1,000	2,000	3,000	4,000	5,000
Alazzurra 650GT (649cc twin)	500	1,000	2,000	3,000	4,000	5,000
Elefant 650 (649cc twin)	300	500	1,600	2,000	3,000	4,000
Elefant 650 SE (649cc twin)	300	500	1,600	2,000	3,000	4,000
Elefant 750 (748c twin)	500	1,000	2,000	3,000	4,000	5,000
WMX 500 (498cc single)	400	800	1,600	2,400	3,200	4,000
1988						
Custom Blue 125 (125cc single)	300	500	1,000	1,500	2,000	2,500
Elefant 125 (125cc single)	300	500	1,500	2,500	3,000	3,500
Freccia 125 C10R (125cc single)	300	500	1,500	2,500	3,000	3,500
Freccia 125 C10R (125cc single) (800 made)	300	500	1,500	2,500	3,000	3,500
Tamanaco 125 (125cc single)	300	500	1,500	2,500	3,000	3,500
WMX 125 (125cc single)	300	500	700	1,300	1,600	2,000
WRK 125 (125cc single)	300	500	700	1,300	1,800	2,300
WMX 250 (250cc single)	300	500	700	1,300	2,000	2,700
T4 350 E (343cc single)	400	800	1,600	2,400	3,200	4,000
T4 350 R (343cc single)	400	800	1,600	2,400	3,200	4,000
Elefant 350 (349cc twin)	400	800	1,600	2,400	3,200	4,000
T4 500E (451cc single)	500	1,000	2,000	3,000	4,000	5,000
Elefant 650 (649cc twin)	300	500	1,600	2,000	3,000	4,000
Elefant 750 (748c twin)	500	1,000	2,000	3,000	4,000	5,000
1989						
N90 125 (125cc single)	300	500	1,500	2,500	3,000	3,500
Elefant 125 (125cc single)	300	500	1,500	2,500	3,000	3,500
Freccia 125 C12R (125cc single)	300	500	1,500	2,500	3,000	3,500
Tamanaco 125 (125cc single)	300	500	1,500	2,500	3,000	3,500
WMX 125 (125cc single)	300	500	700	1,300	1,800	2,300
WMX 250 (250cc single)	300	500	700	1,300	2,000	2,700
T4 350 E (343cc single)	400	800	1,600	2,400	3,200	4,000
T4 350 R (343cc single)	400	800	1,600	2,400	3,200	4,000
Elefant 350 (349cc twin)	400	800	1,600	2,400	3,200	4,000
T4 500E (451cc single)	500	1,000	2,000	3,000	4,000	5,000
Elefant 650 (649cc twin)	300	500	1,600	2,000	3,000	4,000
Elefant 750 (748c twin)	500	1,000	2,000	3,000	4,000	5,000
1990						
Elefant 125 Lucky Explorer (125cc single)	300	500	1,500	2,500	3,000	3,500
Freccia 125 C12R (125cc single)	300	500	1,500	2,500	3,000	3,500
Freccia 125 C12R-SP Lucky Explorer Competition (125cc single)	300	500	1,500	2,500	3,000	3,500
K7 125 (125cc single)	300	500	1,500	2,500	3,000	3,500
Mito I (125cc single)	300	500	1,500	2,500	3,000	3,500

	6	5	4	3	2	1
Mito I Naked (125cc single)	300	500	1,500	2,500	3,000	3,500
Tamanaco 125 (125cc single)	300	500	1,500	2,500	3,000	3,500
T4 500E (451cc single)	500	1,000	2,000	3,000	4,000	5,000
1991						
Freccia 125 C12R (125cc single)	300	500	1,500	2,500	3,000	3,500
Mito I (125cc single)	300	500	1,500	2,500	3,000	3,500
Mito I Denim (125cc single)	300	500	1,500	2,500	3,000	3,500
Mito 1 Racing Production Spoort Lucky Explorer (125cc single)	500	1,000	2,000	3,000	4,000	5,000
Tamanaco 125 (125cc single)	300	500	1,500	2,500	3,000	3,500
W8 (125cc single)	300	500	1,500	2,500	3,000	3,500
T4 500E (451cc single)	500	1,000	2,000	3,000	4,000	5,000
Elefant 900ie Lucky Explorer (904cc twin)	1,000	2,000	3,000	4,000	5,000	6,000
1992						
Freccia 125 C12R Final Edition (125cc single)	300	500	1,500	2,500	3,000	3,500
Mito I Lawson Replica (125cc single)	300	500	1,500	2,500	3,000	3,500
Mito II (125cc single)	300	500	1,500	2,500	3,000	3,500
Mito II Koncinski Replica (125cc single)	300	500	1,500	2,500	3,000	3,500
Mito II Lucky Explorer (125cc single)	300	500	1,500	2,500	3,000	3,500
Supercity (125cc single)	300	500	1,500	2,500	3,000	3,500
W8 (125cc single)	300	500	1,500	2,500	3,000	3,500
W12 (350cc single)	400	800	1,600	2,400	3,200	4,000
Elefant 900ie Lucky Explorer (904cc twin)	1,000	2,000	3,000	4,000	5,000	6,000
Elefant 900ie GT (904cc twin)	1,000	2,000	3,000	4,000	5,000	6,000
1993						
Mito II (125cc single)	300	500	1,500	2,500	3,000	3,500
Mito II Lucky Explorer (125cc single)	300	500	1,500	2,500	3,000	3,500
Mito II Rothman's Replica (125cc single)	300	500	1,500	2,500	3,000	3,500
Roadster 521 (125cc single)	400	800	1,600	2,400	3,200	4,000
Supercity (125cc single)	300	500	1,500	2,500	3,000	3,500
W8 (125cc single)	300	500	1,500	2,500	3,000	3,500
W12 (350cc single)	400	800	1,600	2,400	3,200	4,000
Elefant 900ie Lucky Explorer (904cc twin)	1,000	2,000	3,000	4,000	5,000	6,000
Elefant 900AC (904cc twin)	1,000	2,000	3,000	4,000	5,000	6,000
1994						
Mito II Evoluziono (125cc single)	300	500	1,500	2,500	3,000	3,500
Mito II Lawson Replica (125cc single)	300	500	1,500	2,500	3,000	3,500
Roadster 521 (125cc single)	400	800	1,600	2,400	3,200	4,000
Supercity (125cc single)	300	500	1,500	2,500	3,000	3,500
W8 (125cc single)	300	500	1,500	2,500	3,000	3,500
W12 (350cc single)	400	800	1,600	2,400	3,200	4,000
W16 (604cc single)	500	1,000	2,000	3,000	4,000	5,000
Elefant 750C ie (748cc twin)	500	1,000	2,000	3,000	4,000	5,000
Elefant 900AC (904cc twin)	1,000	2,000	3,000	4,000	5,000	6,000
1995						
Mito 125 EV (125cc single)	300	500	1,500	2,500	3,000	3,500
Roadster 521 (125cc single)	400	800	1,600	2,400	3,200	4,000
Supercity (125cc single)	300	500	1,500	2,500	3,000	3,500
W8 (125cc single)	300	500	1,500	2,500	3,000	3,500
W16 (604cc single)	500	1,000	2,000	3,000	4,000	5,000
Elefant 750C ie (748cc twin)	500	1,000	2,000	3,000	4,000	5,000
Elefant E900 (904cc twin)	1,000	2,000	3,000	4,000	5,000	6,000
1996						
Mito 125 EV (125cc single)	300	500	1,500	2,500	3,000	3,500
Roadster 521 (125cc single)	400	800	1,600	2,400	3,200	4,000
Supercity (125cc single)	300	500	1,500	2,500	3,000	3,500
W8 (125cc single)	300	500	1,500	2,500	3,000	3,500
Roadster 200 (199cc single)	400	800	1,600	2,400	3,200	4,000
W12 (350cc single)	400	800	1,600	2,400	3,200	4,000
River 500 (497cc single)	400	800	1,600	2,400	3,200	4,000

	6	5	4	3	2	1
Canyon 600 (601cc single)	500	1,000	1,500	2,000	2,500	3,000
River 600 (601cc single)	450	900	1,800	2,700	3,600	4,500
W10 (004cc single)	500	1,000	2,000	3,000	4,000	5,000
Elefant 750C (748cc twin)	500	1,000	2,000	3,000	4,000	5,000
Elefant E900 (904cc twin)	1,000	2,000	3,000	4,000	5,000	6,000
1997						
Mito 125 EV (125cc single)	300	500	1,500	2,500	3,000	3,500
N1 (125cc single)	300	500	1,500	2,500	3,000	3,500
Roadster 521 (125cc single)	400	800	1,600	2,400	3,200	4,000
Supercity (125cc single).	300	500	1,500	2,500	3,000	3,500
W8 (125cc single).	300	500	1,500	2,500	3,000	3,500
W12 (350cc single)	400	800	1,600	2,400	3,200	4,000
River 500 (497cc single)	400	800	1,600	2,400	3,200	4,000
Canyon 600 (601cc single)	500	1,000	1,500	2,000	2,500	3,000
River 600 (601cc single)	450	900	1,800	2,700	3,600	4,500
W16 (604cc single)	500	1,000	2,000	3,000	4,000	5,000
Elefant 750C ie (748cc twin)	500	1,000	2,000	3,000	4,000	5,000
Elefant 750C ie Lucky Explorer (748cc twin) . . .	500	1,000	2,000	3,000	4,000	5,000
Gran Canyon 900 (904cc twin)	1,000	2,000	3,000	4,000	5,000	6,000
1998						
Mito 125 EV (125cc single)	300	500	1,500	2,500	3,000	3,500
Mito 125 SP (125cc single)	300	500	1,500	2,500	3,000	3,500
Planet 125 (125cc single)	300	500	1,500	2,500	3,000	3,500
Supercity (125cc single).	300	500	1,500	2,500	3,000	3,500
Roadster 521 (125cc single)	400	800	1,600	2,400	3,200	4,000
W8 (125cc single).	300	500	1,500	2,500	3,000	3,500
W12 (350cc single)	400	800	1,600	2,400	3,200	4,000
Canyon 500 (498cc single)	500	1,000	1,500	2,000	2,500	3,000
River 500 (497cc single)	400	800	1,600	2,400	3,200	4,000
River 600 (601cc single)	450	900	1,800	2,700	3,600	4,500
Gran Canyon 900 (904cc twin)	1,000	2,000	3,000	4,000	5,000	6,000
1999						
Mito 125 (125cc single)	300	500	1,500	2,500	3,000	3,500
Mito 125 SP (125cc single)	300	500	1,500	2,500	3,000	3,500
River 500 (497cc single)	400	800	1,600	2,400	3,200	4,000
Canyon 500 (498cc single)	500	1,000	1,500	2,000	2,500	3,000
Gran Canyon 900 (904cc twin)	1,000	2,000	3,000	4,000	5,000	6,000
Navigator 1000 (996cc twin)	500	1,000	2,500	4,000	5,500	7,000
Raptor 1000 (996cc twin)	500	1,000	2,500	4,000	5,500	7,000
V-Raptor 1000 (996cc twin)	500	1,000	2,500	4,000	5,500	7,000

CAN AM

	6	5	4	3	2	1
1965						
Bombardier (50cc single)	1,000	2,000	3,000	4,000	5,000	6,000
1974						
125 MX (125cc single)	1,000	1,600	2,200	2,900	4,500	6,000
125 TNT (125cc single)	600	900	1,300	1,700	2,500	3,300
175 MX (175cc single)	1,000	2,000	3,000	4,000	5,000	6,000
175 TNT (175cc single)	1,200	1,900	2,500	3,300	5,200	6,500
1975						
125 MX-2 (125cc single)	1,000	2,000	3,000	4,000	5,000	6,000
125 TNT (125cc single)	600	900	1,300	1,700	2,600	3,500
175 MX-2 (175cc single)	1,000	2,000	3,000	4,000	5,000	6,000
175 TNT (175cc single)	1,200	1,900	2,500	3,500	5,300	7,100
250 MX-2 (250cc single)	2,000	3,000	4,000	6,000	8,000	10,000
250 TNT (250cc single)	1,700	2,300	3,100	4,200	6,500	7,800
1976						
175 OR (175cc single)	1,400	2,000	2,800	3,600	5,600	7,600
1977						
125 Qualifier (125cc single)	400	700	900	1,200	1,800	2,400

	6	5	4	3	2	1
175 MX-3 (175cc single)	1,000	2,000	3,000	4,000	5,000	6,000
175 Qualifier (175cc single)	1,400	2,100	2,800	3,700	5,700	7,700
175 TNT (175cc single)	1,200	1,900	2,500	3,300	5,300	7,300
250 MX-3 (250cc single)	2,000	3,000	4,000	6,000	8,000	10,000
250 Qualifier (250cc single)	600	900	1,200	1,600	2,300	3,000
250 TNT (250cc single)	1,700	2,300	3,100	4,200	6,500	7,800
1978						
250 MX-4 (250cc single)	2,000	3,000	4,000	6,000	8,000	10,000
370 MX (370cc single)	2,000	3,000	4,000	6,000	9,000	12,000
1979						
175 Qualifier (175cc single)	1,400	2,100	2,800	3,700	5,700	7,700
250 MX-5 (250cc single)	2,000	3,000	4,000	6,000	8,000	10,000
250 Qualifier (250cc single)	600	900	1,200	1,600	2,300	3,000
370 MX-5 (370cc single)	2,000	3,000	4,000	6,000	8,000	10,000
370 Qualifier (370cc single)	2,000	3,000	4,000	6,000	9,000	12,000
1980						
125 MX-6 (125cc single)	400	800	1,600	2,400	3,200	4,000
175 Qualifier III (175cc single)	350	700	1,400	2,100	2,800	3,500
250 MX-6 Ohlins (250cc single)	400	800	1,600	2,400	3,200	4,000
250 MX-6 S&W (250cc single)	400	800	1,600	2,400	3,200	4,000
250 Qualifier (250cc single)	350	700	1,400	2,100	2,800	3,500
350 Qualifier (350cc single)	350	700	1,400	2,100	2,800	3,500
400 MX-6 Ohlins (400cc single)	800	1,500	3,000	4,500	6,000	7,500
400 MX-6 S&W (400cc single)	500	1,000	2,000	3,000	4,000	5,000
400 Qualifier (400cc single)	500	1,000	2,000	3,000	4,000	5,000
1981						
125 MX-6 (125cc single)	400	800	1,600	2,400	3,200	4,000
175 Qualifier III (175cc single)	350	700	1,400	2,100	2,800	3,500
250 MX-6 Ohlins (250cc single)	400	800	1,600	2,400	3,200	4,000
250 MX-6 S&W (250cc single)	400	800	1,600	2,400	3,200	4,000
250 Qualifier (250cc single)	350	700	1,400	2,100	2,800	3,500
350 Qualifier (350cc single)	350	700	1,400	2,100	2,800	3,500
400 MX-6 Ohlins (400cc single)	800	1,500	3,000	4,500	6,000	7,500
400 MX-6 S&W (400cc single)	500	1,000	2,000	3,000	4,000	5,000
400 Qualifier (400cc single)	500	1,000	2,000	3,000	4,000	5,000
1982						
125 MXB (125cc single)	400	800	1,600	2,400	3,200	4,000
125 Qualifier (125cc single)	350	700	1,400	2,100	2,800	3,500
175 Qualifier (175cc single)	350	700	1,400	2,100	2,800	3,500
250 MXB (250cc single)	400	800	1,600	2,400	3,200	4,000
250 Qualifier (250cc single)	350	700	1,400	2,100	2,800	3,500
320 Trials (320cc single)	500	1,000	1,500	2,000	2,500	3,000
400 MX6B (400cc single)	500	1,000	2,000	3,000	4,000	5,000
400 Qualifier (400cc single)	500	1,000	2,000	3,000	4,000	5,000
500 Sonic MX (494cc single)	1,000	2,000	4,000	6,000	8,000	10,000
1983						
125 MX L/C (125cc single)	400	800	1,600	2,400	3,200	4,000
250 MX L/C (250cc single)	450	900	1,800	2,700	3,600	4,500
250 Road Race (250cc single)	1,000	2,000	3,500	5,000	6,500	8,000
310 T (310cc single)	500	1,000	1,500	2,000	2,500	3,000
500 MX (494cc single)	1,000	1,600	2,200	2,900	4,500	6,000
500 Sonic MX (494cc single)	1,000	2,000	4,000	6,000	8,000	10,000
1984						
125 MC L/C (125cc single)	350	700	1,400	2,100	2,800	3,500
175 ASE (175cc single)	500	1,000	1,500	2,000	2,500	3,000
250 ASE (250cc single)	350	700	1,400	2,100	2,800	3,500
250 MX L/C (250cc single)	400	800	1,600	2,400	3,200	4,000
320 Trials (320cc single)	500	1,000	1,500	2,000	2,500	3,000
500 MX (494cc single)	1,000	1,600	2,200	2,900	4,500	6,000
500 Sonic MX (494cc single)	1,000	2,000	4,000	6,000	8,000	10,000

	6	5	4	3	2	1
1985						
125 MC L/C (125cc single)	500	1,000	1,500	2,000	2,500	3,000
200 ASE (200cc single)	500	1,000	1,500	2,000	2,500	3,000
240 Trials (240cc single)	500	1,000	1,500	2,000	2,500	3,000
250 ASE (250cc single)	500	1,000	1,500	2,000	2,500	3,000
250 ASE L/C (250cc single)	500	1,000	1,500	2,000	2,500	3,000
250 MX L/C (250cc single)	500	1,000	1,500	2,000	2,500	3,000
350 Trials (350cc single)	500	1,000	1,500	2,000	2,500	3,000
500 ASE (494cc single)	500	1,000	1,500	2,000	2,500	3,000
500 MX (494cc single)	1,000	1,600	2,200	2,900	4,500	6,000
500 Sonic MX (494cc single)	1,000	2,000	4,000	6,000	8,000	10,000
1986						
200 ASE (200cc single)	500	1,000	1,500	2,000	2,500	3,000
240 Trials (240cc single)	500	1,000	1,500	2,000	2,500	3,000
250 ASE (250cc single)	500	1,000	1,500	2,000	2,500	3,000
250 MC L/C (250cc single)	500	1,000	1,500	2,000	2,500	3,000
300 Trials (300cc single)	500	1,000	1,500	2,000	2,500	3,000
350 ASE (350cc single)	500	1,000	1,500	2,000	2,500	3,000
500 ASE (494cc single)	500	1,000	1,500	2,000	2,500	3,000
500 MX (494cc single)	1,000	1,600	2,200	2,900	4,500	6,000
560 Sonic (560cc single)	1,000	2,000	4,000	6,000	8,000	10,000
1987						
200 ASE (200cc single)	500	1,000	1,500	2,000	2,500	3,000
250 ASE (250cc single)	500	1,000	1,500	2,000	2,500	3,000
300 AT (300cc single)	500	1,000	1,500	2,000	2,500	3,000
406 ASE (406cc single)	350	700	1,400	2,100	2,800	3,500
500 ASE (494cc single)	350	700	1,400	2,100	2,800	3,500

CCM

	6	5	4	3	2	1
1910						
Lightweight	10,000	20,000	30,000	40,000	50,000	60,000
1973						
Clews Bix Six 608	2,000	4,000	8,000	11,000	14,000	17,000
Clews Short Five 498	800	1,500	2,800	5,800	8,200	10,500
1974						
CCM 500	900	1,500	3,300	6,400	8,700	11,000
CCM 550	900	1,500	3,300	6,400	8,700	11,000
CCM 608	2,000	4,000	8,000	11,000	14,000	17,000
1975						
CCM Banks Replica 498	1,500	2,500	3,800	7,400	10,300	13,500
CCM 550	1,200	2,000	2,800	6,400	8,700	11,000
1976						
MX (500cc single)	1,200	2,000	2,800	6,400	8,700	11,000
1979						
MX 4 Valve 498	1,200	2,000	3,300	5,300	7,600	10,000
MX 2 Valve 572	1,200	2,000	2,800	5,300	7,100	9,000
1980						
CCM Honda MX 500	1,200	2,000	3,300	5,300	7,600	10,000
CCM MX 500	1,200	2,000	2,900	5,300	7,100	9,000
CCM MX 580	1,200	2,000	3,300	5,300	7,600	10,000
1981						
CCM MX 500	1,200	2,000	2,800	5,300	6,500	7,800
CCM MX 580	1,200	2,000	2,800	5,300	6,500	7,800
CCM MX 620	1,200	2,000	2,800	5,300	7,100	9,000
1998						
Sport Supermoto (600cc single)	400	800	1,600	2,400	3,200	4,000

CLEVELAND

	6	5	4	3	2	1
1915						
Model A Single (220cc single)	20,000	40,000	60,000	80,000	100K	120K

	6	5	4	3	2	1
1916						
13.5 ci Lightweight	3,000	6,000	9,000	12,000	15,000	20,000
Model A Single	1,000	3,000	7,000	10,000	13,000	16,000
1917						
13.5 ci Lightweight	3,000	6,000	9,000	12,000	15,000	20,000
1919						
Model A Single	10,000	14,000	18,000	22,000	27,000	35,000
A2 Deluxe (221cc single)	10,000	14,000	18,000	22,000	27,000	35,000
1920						
Model A Single	3,000	6,000	9,000	12,000	15,000	20,000
A2 Deluxe (221cc single)	10,000	14,000	18,000	22,000	27,000	35,000
1921						
Model A Single	3,000	5,000	10,000	15,000	20,000	25,000
1922						
Model A Single	3,000	5,000	10,000	15,000	20,000	25,000
1923						
A2 Deluxe (260cc single)	10,000	14,000	18,000	22,000	27,000	35,000
1924						
Model A Single	3,000	5,000	10,000	15,000	20,000	25,000
1925						
Single 21.25ci SV	3,000	5,000	10,000	15,000	20,000	25,000
1926						
Fowler 4 (600cc single)	10,000	20,000	40,000	60,000	80,000	100K
1927						
4-45 Four (750cc four)	5,000	10,000	30,000	50,000	70,000	90,000
4-61 Four (1,000cc four)	10,000	20,000	40,000	60,000	80,000	100K
1928						
Single	3,000	5,000	10,000	15,000	20,000	25,000
4-45 Four (750cc four)	5,000	10,000	30,000	50,000	70,000	90,000
4-61 Four (1,000cc four)	10,000	20,000	40,000	60,000	80,000	100K
1929						
Tornado (1,000cc four)	20,000	40,000	60,000	90,000	120K	150K

CUSHMAN

	6	5	4	3	2	1
1934						
Autoglide Model 34	1,000	2,000	4,000	6,000	8,000	10,000
1936						
Autoglide Model 1 (20 made)	1,000	2,000	4,000	6,000	8,000	10,000
1937						
Autoglide Model 1 (20 made)	1,000	2,000	4,000	6,000	8,000	10,000
1938						
Autoglide Model 2	1,000	2,000	4,000	6,000	8,000	10,000
Model 3	1,000	2,000	4,000	6,000	8,000	10,000
Model 4	1,000	2,000	4,000	6,000	8,000	10,000
Model 5	1,000	2,000	4,000	6,000	8,000	10,000
Model 6	1,000	2,000	4,000	6,000	8,000	10,000
Model 7	1,000	2,000	4,000	6,000	8,000	10,000
Model 8	1,000	2,000	4,000	6,000	8,000	10,000
Model R-1	1,000	2,000	4,000	6,000	8,000	10,000
Model R-2	1,000	2,000	4,000	6,000	8,000	10,000
Model R-V Autoglide	1,000	2,000	4,000	6,000	8,000	10,000
1940						
Autoglide Milk Stool	1,000	2,000	4,000	6,000	8,000	10,000
Model 12	1,000	2,000	4,000	6,000	8,000	10,000
Model 14	1,000	2,000	4,000	6,000	8,000	10,000
Model 21 Economy	1,000	2,000	4,000	6,000	8,000	10,000
Model 22 Standard	1,000	2,000	4,000	6,000	8,000	10,000
Model 24 Deluxe	1,000	2,000	4,000	6,000	8,000	10,000
1941						
Autoglide Milk Stool	1,000	2,000	4,000	6,000	8,000	10,000

	6	5	4	3	2	1
Series 20	1,000	2,000	4,000	6,000	8,000	10,000
1942						
Series 20	1,000	2,000	4,000	6,000	8,000	10,000
Model 32 Autoglide	500	1,000	2,000	3,000	4,000	5,000
Model 34 Autoglide	500	1,000	2,000	3,000	4,000	5,000
1943						
Model 32 Autoglide	500	1,000	2,000	3,000	4,000	5,000
Model 34 Autoglide	500	1,000	2,000	3,000	4,000	5,000
1944						
Military Airborne Model 53	1,000	2,000	4,000	6,000	8,000	10,000
Model 32 Autoglide	500	1,000	2,000	3,000	4,000	5,000
Model 34 Autoglide	500	1,000	2,000	3,000	4,000	5,000
1945						
Airborne Model 53	1,000	2,000	4,000	6,000	8,000	10,000
Model 32 Autoglide	500	1,000	2,000	3,000	4,000	5,000
Model 34 Autoglide	500	1,000	2,000	3,000	4,000	5,000
1946						
Model 52 Pacemaker	1,000	2,000	3,000	4,000	5,500	7,000
Model 53A Civilian Airborne	1,000	2,000	3,500	5,000	6,500	8,000
Model 54 Road King	1,000	2,000	3,000	4,000	5,000	6,000
1947						
Husky	1,000	2,000	3,000	4,000	5,000	6,000
Scooter	1,000	2,000	3,000	4,000	5,000	6,000
Model 59 Package Kar	750	1,500	3,000	4,500	6,000	7,500
Model 52 Pacemaker	1,000	2,000	3,000	4,000	5,500	7,000
Model 54 Road King	400	800	1,600	2,400	3,200	4,000
Model 53A Civilian Airborne	1,000	2,000	3,500	5,000	6,500	8,000
1948						
MC	1,000	2,000	3,000	4,000	5,000	6,000
Turtleback 60 Series	1,500	2,000	2,600	3,200	4,000	5,000
Model 54 Road King	500	800	1,300	1,800	2,500	3,500
Scooter	1,000	2,000	3,000	4,000	5,000	6,000
Model 52A Pacemaker Tubular . . .	1,000	2,000	3,000	4,000	5,000	6,000
Model 53A Civilian Airborne	1,000	2,000	3,500	5,000	6,500	8,000
Model 54A Road King	1,000	2,000	3,500	5,000	6,500	8,000
Model 54B Road King	1,000	2,000	3,000	4,000	5,000	6,000
Model 59B Package Kar	1,000	2,000	3,500	5,000	6,500	8,000
Model 62 Pacemaker	1,000	2,000	3,000	4,000	5,000	6,000
Model 62A Tubular Pacemaker . . .	1,000	2,000	3,000	4,000	5,000	6,000
Model 64 Sport	1,000	2,000	3,000	4,000	5,000	6,000
Model 64A Sport	1,000	2,000	3,000	4,000	5,000	6,000
Model 69	1,000	2,000	3,000	4,000	5,000	6,000
Model 69A	1,000	2,000	3,000	4,000	5,000	6,000
1949						
Eagle	1,000	2,000	3,000	4,000	5,500	7,000
Model 54 Road King	500	800	1,300	1,800	2,500	3,500
Model 61 Highlander	500	1,000	2,000	3,000	4,000	5,000
Model 62A Tubular Pacemaker . . .	1,000	2,000	3,000	4,000	5,000	6,000
Model 64 Sport	1,000	2,000	3,000	4,000	5,000	6,000
Model 65	1,000	2,000	3,000	4,000	5,000	6,000
Model 65A	1,000	2,000	3,000	4,000	5,000	6,000
Model 66	1,000	2,000	3,000	4,000	5,000	6,000
Model 68	1,000	2,000	3,000	4,000	5,000	6,000
Model 69	1,000	2,000	3,000	4,000	5,000	6,000
Turtleback 60 Series	1,500	2,000	2,600	3,200	4,000	5,000
1950						
Model 61 Highlander	500	1,000	2,000	3,000	4,000	5,000
Model 62A Tubular Pacemaker . . .	1,000	2,000	3,000	4,000	5,000	6,000
Model 64 Sport	1,000	2,000	3,000	4,000	5,000	6,000
Model 66	1,000	2,000	3,000	4,000	5,000	6,000

	6	5	4	3	2	1
Model 68	1,000	2,000	3,000	4,000	5,000	6,000
Model 69	1,000	2,000	3,000	4,000	5,000	6,000
811 Highlander	500	800	1,300	1,800	2,500	3,500
Eagle	1,000	2,000	3,000	4,000	5,500	7,000
Husky	1,000	2,000	3,000	4,000	5,000	6,000
Step Through	500	800	1,300	1,800	2,500	3,500
765 Barrel Spring Eagle	1,000	2,000	3,000	4,000	5,500	8,000
Turtleback 60 Series	1,500	2,000	2,600	3,200	4,000	5,000
1951						
765 Barrel Spring Eagle	1,000	2,000	3,000	4,000	5,500	6,000
Model 64 Sport	1,000	2,000	3,000	4,000	5,000	6,000
Model 66	1,000	2,000	3,000	4,000	5,000	6,000
Model 68	1,000	2,000	3,000	4,000	5,000	6,000
Model 69	1,000	2,000	3,000	4,000	5,000	6,000
Eagle	1,000	2,000	3,000	4,000	5,500	7,000
Model 2A Sport	900	1,800	2,600	3,400	4,200	5,000
Model 61 Highlander	500	1,000	2,000	3,000	4,000	5,000
Model 62A Tubular Pacemaker	1,000	2,000	3,000	4,000	5,000	6,000
711 Highlander	500	1,000	2,000	3,000	4,000	5,000
714 Highlander	500	1,000	2,000	3,000	4,000	5,000
Turtleback 60 Series	1,500	2,000	2,600	3,200	4,000	5,000
1952						
Model 62A Tubular Pacemaker	1,000	2,000	3,000	4,000	5,000	6,000
Model 64 Sport	1,000	2,000	3,000	4,000	5,000	6,000
Model 66	1,000	2,000	3,000	4,000	5,000	6,000
Model 68	1,000	2,000	3,000	4,000	5,000	6,000
Model 69	1,000	2,000	3,000	4,000	5,000	6,000
765 Barrel Spring Eagle	1,000	2,000	3,000	4,000	5,500	8,000
762 Springer Eagle	1,000	2,000	3,000	4,000	5,500	7,000
711 Highlander	500	1,000	2,000	3,000	4,000	5,000
714 Highlander	500	1,000	2,000	3,000	4,000	5,000
Model 765	1,000	2,000	3,000	4,000	5,000	6,000
Truckster	1,000	2,000	3,000	4,000	5,000	6,000
Turtleback 60 Series	1,500	2,000	2,600	3,200	4,000	5,000
1953						
765 Barrel Spring Eagle	1,000	2,000	3,000	4,000	5,500	8,000
Model 62A Tubular Pacemaker	1,000	2,000	3,000	4,000	5,000	6,000
Model 64 Sport	1,000	2,000	3,000	4,000	5,000	6,000
Model 66	1,000	2,000	3,000	4,000	5,000	6,000
Model 68	1,000	2,000	3,000	4,000	5,000	6,000
Model 69	1,000	2,000	3,000	4,000	5,000	6,000
780 Truckster	1,000	2,000	3,000	4,000	5,000	6,000
Model 715 Highlander	400	800	1,600	2,400	3,200	4,000
Model 715 Deluxe Highlander	500	1,000	2,000	3,000	4,000	5,000
Turtleback 60 Series	1,500	2,000	2,600	3,200	4,000	5,000
Eagle	900	1,800	2,600	3,400	4,200	5,000
Model 53 Military Airborne	1,000	2,000	3,000	4,000	5,000	6,000
1954						
Model 64 Sport	1,000	2,000	3,000	4,000	5,000	6,000
765 Barrel Spring Eagle	1,000	2,000	3,000	4,000	5,500	8,000
Eagle	1,000	2,000	3,000	4,000	5,500	7,000
Model 715 Deluxe Highlander	500	1,000	2,000	3,000	4,000	5,000
Model 781 Pickup	1,000	2,000	3,000	4,000	5,000	6,000
Model 782 Truckster	1,000	2,000	3,000	4,000	5,000	6,000
1955						
Truckster	1,000	2,000	3,000	4,000	5,000	6,000
Eagle-Tubular Fork	1,000	2,000	3,000	4,000	5,500	7,000
Model 715 Deluxe Highlander	500	1,000	2,000	3,000	4,000	5,000
1956						
Eagle-Tubular Fork	1,000	2,000	3,000	4,000	5,500	7,000

	6	5	4	3	2	1
Model 715 Deluxe Highlander	500	1,000	2,000	3,000	4,000	5,000
Husky	1,000	2,000	3,000	4,000	5,000	6,000
Truckster	1,000	2,000	3,000	4,000	5,000	6,000
1957						
722 Gator Pacemaker	1,000	2,000	3,000	4,000	5,000	6,000
725 Gator Road King	1,000	2,000	3,000	4,000	5,000	6,000
Junior Road King	1,000	2,000	3,000	4,000	5,000	6,000
Model 715 Deluxe Highlander	500	1,000	2,000	3,000	4,000	5,000
Eagle-Tubular Fork	1,000	2,000	3,000	4,000	5,500	7,000
Junior Pacemaker	1,000	2,000	3,000	4,000	5,000	6,000
Truckster	2,000	4,000	6,000	8,000	10,000	12,000
Model 711-51	1,000	2,000	3,000	4,000	5,000	6,000
1958						
720 Step Through	500	1,000	1,500	2,500	3,500	4,500
721 Highlander-Open Frame	500	1,000	2,000	3,000	4,000	5,000
721 Highlander-Fiberglass	500	1,000	2,000	3,000	4,000	5,000
Model 765 Eagle	1,000	2,000	3,000	4,000	5,500	7,000
Model 765-27 Eagle	1,000	2,000	3,000	4,000	5,500	7,000
722 Gator Pacemaker	1,000	2,000	3,000	4,000	5,000	6,000
725 Gator Road King	1,000	2,000	3,000	4,000	5,000	6,000
734 Truckster	1,000	2,000	3,000	4,000	5,000	6,000
780 Truckster	1,000	2,000	3,000	4,000	5,000	6,000
1959						
Scooter	500	1,000	2,000	3,000	4,000	5,000
Eagle	1,000	2,000	3,000	4,000	5,500	7,000
Super Eagle	1,000	2,000	3,000	4,000	5,500	7,000
Truckster	2,000	4,000	6,000	8,000	10,000	12,000
722 Gator Pacemaker	1,000	2,000	3,000	4,000	5,000	6,000
725 Gator Road King	1,000	2,000	3,000	4,000	5,000	6,000
721 Highlander-Fiberglass	500	1,000	2,000	3,000	4,000	5,000
1960						
721 Highlander-Fiberglass	500	1,000	2,000	3,000	4,000	5,000
Husky	1,000	2,000	3,000	4,000	5,000	6,000
Model 720	400	800	1,600	2,400	3,200	4,000
3 Wheeler	800	1,500	2,500	3,500	4,500	6,000
Eagle	1,000	2,000	3,000	4,000	5,500	7,000
Super Eagle	1,000	2,000	3,000	4,000	5,500	7,000
Truckster	500	800	1,300	1,800	2,500	3,500
722 Gator Pacemaker	1,000	2,000	3,000	4,000	5,000	6,000
725 Gator Road King	1,000	2,000	3,000	4,000	5,000	6,000
Trailster	400	800	1,600	2,400	3,200	4,000
1961						
Trailster	400	800	1,600	2,400	3,200	4,000
735 Golfster	1,000	2,000	3,000	4,000	5,000	6,000
Eagle	1,000	2,000	3,000	4,000	5,000	6,000
Super Eagle	1,000	2,000	3,000	4,000	5,500	7,000
Silver Eagle	1,000	2,000	3,000	4,000	5,500	7,000
721 Highlander-Fiberglass	500	1,000	2,000	3,000	4,000	5,000
722 Gator Pacemaker	1,000	2,000	3,000	4,000	5,000	6,000
725 Gator Road King	1,000	2,000	3,000	4,000	5,000	6,000
1962						
721 Highlander-Fiberglass	500	1,000	2,000	3,000	4,000	5,000
780 Truckster	1,000	2,000	3,000	4,000	5,000	6,000
Truckster Runabout	1,000	2,000	3,000	4,000	5,000	6,000
Eagle	1,000	2,000	3,000	4,000	5,500	7,000
Silver Eagle	1,000	2,000	3,000	4,000	5,500	7,000
Super Silver Eagle	1,000	2,000	3,000	4,000	5,500	7,000
Trailster	400	800	1,600	2,400	3,200	4,000
1963						
Eagle	1,000	2,000	3,000	4,000	5,500	7,000

	6	5	4	3	2	1
Silver Eagle	1,000	2,000	3,000	4,000	5,500	7,000
Trailster	400	800	1,600	2,400	3,200	4,000
Trailster Husky	800	1,400	2,000	3,000	4,000	5,000
721 Highlander-Fiberglass	500	1,000	2,000	3,000	4,000	5,000
Truckster	1,000	2,000	3,000	4,000	5,000	6,000
1964						
Eagle	1,000	2,000	3,000	4,000	5,500	7,000
Trailster	400	800	1,600	2,400	3,200	4,000
Silver Eagle	1,000	2,000	3,000	4,000	5,500	7,000
Super Silver Eagle	1,000	2,000	3,000	4,000	5,500	7,000
721 Highlander-Fiberglass	500	1,000	2,000	3,000	4,000	5,000
1965						
Eagle	800	1,400	2,000	3,000	4,000	5,000
Silver Eagle	1,000	2,000	3,000	4,000	5,500	7,000
Super Eagle	1,000	2,000	3,000	4,000	5,500	7,000
Super Silver Eagle	1,000	2,000	3,000	4,000	5,500	7,000
Trailster	400	800	1,600	2,400	3,200	4,000
1966						
Silver Eagle	1,000	2,000	3,000	4,000	5,500	7,000
Lobster-(500 Made)	400	800	1,600	2,400	3,200	4,000
1967						
Husky	600	1,200	2,500	4,000	5,500	7,000
1970						
Truckster	500	1,000	2,000	2,500	3,000	3,500
1972						
Truckster	500	1,000	2,000	2,500	3,000	3,500
1974						
Truckster	500	1,000	2,000	2,500	3,000	3,500
CZ						
1938						
Sport	1,500	2,200	4,400	6,600	9,900	14,000
Tourist (175cc single)	1,500	2,200	4,400	6,600	9,900	14,000
1939						
125 (125cc single)	1,500	2,200	4,400	6,600	9,900	14,000
1946						
Twin Port (125cc single)	1,500	2,200	4,400	6,600	9,900	14,000
1947						
125 (125cc single)	1,500	2,200	4,400	6,600	9,900	14,000
1948						
125 (125cc single)	1,500	2,200	4,400	6,600	9,900	14,000
1949						
125 (125cc single)	1,500	2,200	4,400	6,600	9,900	14,000
1952						
150 (150cc single)	1,000	2,000	4,000	6,000	8,000	10,000
1960						
360 Twin Port	1,000	2,000	4,000	6,000	8,000	10,000
1961						
250cc	1,000	2,000	4,000	6,000	8,000	10,000
1964						
250 Twin Pipe	3,500	6,000	8,100	11,000	16,000	21,000
360 Twin Pipe	4,000	6,500	9,100	12,000	18,000	24,000
1965						
250 Twin Pipe	3,000	5,500	7,200	9,300	14,000	19,000
360 Twin Pipe	3,500	6,000	8,100	11,000	16,000	21,000
1966						
250 Twin Pipe	3,000	5,500	7,200	9,300	14,000	19,000
360 Twin Pipe	3,500	6,000	8,100	11,000	16,000	21,000
1967						
250 Twin Pipe	3,000	5,500	7,200	9,300	14,000	19,000

	6	5	4	3	2	1
360 Twin Pipe	3,500	6,000	8,100	11,000	16,000	21,000
1968						
250 Side Pipe	2,000	2,700	1,200	6,100	9,000	12,500
360 Side Pipe	2,000	3,000	6,000	9,000	12,000	15,000
1969						
250 Side Pipe	1,800	2,500	3,900	5,700	8,500	12,500
360 Side Pipe	2,000	3,000	6,000	9,000	12,000	15,000
1970						
250 Side Pipe	1,800	2,500	3,900	5,700	8,500	12,500
360 Side Pipe	2,000	3,000	6,000	9,000	12,000	15,000
1971						
125 Yellow Tank	1,800	2,500	3,900	5,700	8,500	11,500
250 Yellow Tank	1,400	2,000	3,500	5,400	8,000	11,000
400 Yellow Tank	1,800	2,500	3,900	5,700	8,500	11,500
1972						
125 Yellow Tank	1,800	2,500	3,900	5,700	8,500	11,500
250 Yellow Tank	1,400	2,000	3,500	5,400	8,000	11,000
400 Yellow Tank	1,800	2,500	3,900	5,700	8,500	11,500
1973						
125 White Tank	1,400	2,000	3,500	5,400	8,000	11,000
250 Red Tank	800	1,200	2,700	4,700	6,900	8,100
400 Blue Tank	900	1,500	3,000	5,000	7,500	10,000
1974						
125 Red Frame	1,800	2,500	3,900	5,700	8,500	11,500
250 Red Frame	1,400	2,000	3,500	5,400	8,000	11,000
400 Red Frame	1,800	2,500	4,000	7,000	10,000	13,000
1975						
125 Falta	1,800	2,500	3,900	5,700	8,500	11,500
250 Falta	1,400	2,000	3,500	5,400	8,000	11,000
400 Falta	1,800	2,500	4,000	6,000	9,000	12,000
1976						
125 Falta	2,700	3,500	4,900	6,800	10,000	14,000
250 Falta	1,400	2,000	3,500	5,400	8,000	11,000
400 Falta	1,800	2,500	4,000	6,000	9,000	12,000
1978						
125 Red Tank	300	500	1,000	1,800	2,700	3,600
1984						
250 #513	500	700	1,400	2,500	3,700	4,900
400 #514	500	700	1,600	2,900	4,200	5,500
1985						
250 #513	500	700	1,400	2,500	3,700	4,900
400 #514	500	700	1,600	2,900	4,200	5,500
DKW						
1921						
Golem (117cc single)	1,500	3,000	6,000	8,000	10,000	12,000
1922						
Golem (117cc single)	1,500	3,000	6,000	8,000	10,000	12,000
Lomos-Sesselrad (142cc single)	1,500	3,000	6,000	8,000	10,000	12,000
Lomos-Sesselrad (169cc single)	1,500	3,000	6,000	8,000	10,000	12,000
1923						
Lomos-Sesselrad (142cc single)	1,500	3,000	6,000	8,000	10,000	12,000
Lomos-Sesselrad (169cc single)	1,500	3,000	6,000	8,000	10,000	12,000
1924						
Lomos-Sesselrad (142cc single)	1,500	3,000	6,000	8,000	10,000	12,000
Lomos-Sesselrad (169cc single)	1,500	3,000	6,000	8,000	10,000	12,000
Stahlmodell SM (205cc single)	1,500	3,000	6,000	9,000	12,000	15,000
1925						
Lomos-Sesselrad (142cc single)	1,500	3,000	6,000	8,000	10,000	12,000
Lomos-Sesselrad (169cc single)	1,500	3,000	6,000	8,000	10,000	12,000

	6	5	4	3	2	1
Stahlmodell SM (205cc single)	1,500	3,000	6,000	9,000	12,000	15,000
E206 (205cc single)	1,000	2,000	4,000	6,000	8,000	10,000
1926						
E200 (199cc single)	1,000	2,000	4,000	6,000	8,000	10,000
E206 (205cc single)	1,000	2,000	4,000	6,000	8,000	10,000
1927						
E200 (199cc single)	1,000	2,000	4,000	6,000	8,000	10,000
E206 (205cc single)	1,000	2,000	4,000	6,000	8,000	10,000
E250 (247cc single)	1,000	2,000	4,000	6,000	8,000	10,000
1928						
E200 (199cc single)	1,000	2,000	4,000	6,000	8,000	10,000
E206 (205cc single)	1,000	2,000	4,000	6,000	8,000	10,000
E250 (247cc single)	1,000	2,000	4,000	6,000	8,000	10,000
E300 (292cc single)	1,000	2,000	4,000	6,000	8,000	10,000
ZSW 500 (493cc twin)	1,500	3,000	6,000	9,000	12,000	15,000
1929						
E200 (199cc single)	1,000	2,000	4,000	6,000	8,000	10,000
E300 (292cc single)	1,000	2,000	4,000	6,000	8,000	10,000
ZSW 500 (493cc twin)	1,500	3,000	6,000	9,000	12,000	15,000
1930						
KM 175 (175cc single)	500	700	1,100	1,400	1,900	2,400
Volksrad ES 200 (198cc single)	500	800	1,100	1,500	2,000	2,500
ZiS (198cc single)	600	900	1,300	1,700	2,300	2,900
Special 200/Luxus Special (192cc)	900	1,300	2,000	2,600	3,500	4,400
Luxux 200 (198cc single)	600	900	1,300	1,700	2,300	2,800
Luxus 300 (293cc single)	500	800	1,100	1,500	2,000	2,500
Luxus Sport 300 (293cc single)	500	800	1,100	1,500	2,000	2,500
Luxus 500 (494cc twin)	1,600	2,400	3,600	4,800	6,400	8,000
Supersport 500 (500cc twin)	1,600	2,400	3,600	4,800	6,400	8,000
1931						
KM 175 (175cc single)	500	700	1,100	1,400	1,900	2,400
ZiS (198cc single)	600	900	1,300	1,700	2,300	2,900
Volksrad ES 200 (198cc single)	500	800	1,100	1,500	2,000	2,500
Block 200 (192cc single)	400	700	1,000	1,300	1,800	2,200
Block 300 (292cc single)	600	900	1,300	1,700	2,300	2,800
Block 350 (345cc single)	600	900	1,300	1,700	2,300	2,800
Special 200/Luxus Special (192cc single)	900	1,300	2,000	2,600	3,500	4,400
Luxux 200 (198cc single)	600	900	1,300	1,700	2,300	2,800
Luxus Sport 300 (293cc single)	500	800	1,100	1,500	2,000	2,500
Supersport 500 (500cc twin)	1,600	2,400	3,600	4,800	6,400	8,000
Supersport 600 (586cc twin)	1,900	2,900	4,300	5,700	7,600	9,500
1932						
KM 175 (175cc single)	500	700	1,100	1,400	1,900	2,400
TM 200 (192cc single)	400	700	1,000	1,300	1,800	2,200
Block 200 (192cc) single	400	700	1,000	1,300	1,800	2,200
Block 300 (292cc single)	600	900	1,300	1,700	2,300	2,800
Block 350 (345cc single)	600	800	1,300	1,700	2,200	2,800
Luxus 200 (198cc single)	600	900	1,300	1,700	2,300	2,800
Supersport 500 (500cc twin)	1,600	2,400	3,600	4,800	6,400	8,000
Supersport 600 (586cc twin)	1,900	2,900	4,300	5,700	7,600	9,500
1933						
KM 175 (175cc single)	500	700	1,100	1,400	1,900	2,400
Block 175 (175cc single)	500	700	1,100	1,400	1,900	2,400
SB 200 (192cc single)	1,000	2,000	3,000	4,000	5,000	6,000
TM 200 (192cc single)	400	700	1,000	1,300	1,800	2,200
BM 200 (199cc single)	500	800	1,200	1,600	2,200	2,700
Block 300 (292cc single)	600	900	1,300	1,700	2,300	2,800
Sport 350 (345cc single)	600	900	1,400	1,800	2,400	3,000
Block 500 (494cc twin)	1,000	1,500	2,300	3,000	4,000	5,000

	6	5	4	3	2	1
1934						
RT 100 (98cc single)	250	500	1,000	1,500	2,000	2,500
OD 200 (192cc single).	1,000	2,000	3,000	4,000	5,000	6,000
KM 200 (200cc single)	500	700	1,100	1,400	1,900	2,400
Sport 350 (345cc single)	600	900	1,400	1,800	2,400	3,000
SB 500 (490cc twin).	1,100	2,000	4,000	6,000	8,000	10,000
1935						
RT 100 (98cc single)	250	500	1,000	1,500	2,000	2,500
SB 200 (192cc single).	1,000	2,000	3,000	4,000	5,000	6,000
KM 200 (200cc single)	500	700	1,100	1,400	1,900	2,400
SB 500 (490cc twin).	1,100	2,000	4,000	6,000	8,000	10,000
1936						
RT 3 PS (97cc single).	250	500	1,000	1,500	2,000	2,500
RT 100 (98cc single)	300	500	700	1,000	1,300	1,600
SB 200 (192cc single).	1,000	2,000	3,000	4,000	5,000	6,000
KS 200 (198cc single).	400	600	900	1,100	1,500	1,900
KM 200 (200cc single)	500	700	1,100	1,400	1,900	2,400
Sport 250 (247cc single)	600	900	1,400	1,800	2,400	3,000
SB 500 (490cc twin).	1,100	2,000	4,000	6,000	8,000	10,000
1937						
RT 3 PS (97cc single).	250	500	1,000	1,500	2,000	2,500
SB 200 (192cc single).	1,000	2,000	3,000	4,000	5,000	6,000
KS 200 (198cc single).	400	600	900	1,100	1,500	1,900
Sport 250 (247cc single)	600	900	1,400	1,800	2,400	3,000
SB 500 (490cc twin).	1,100	2,000	4,000	6,000	8,000	10,000
1938						
RT 3 PS (97cc single).	250	500	1,000	1,500	2,000	2,500
SB 200 (192cc single).	1,000	2,000	3,000	4,000	5,000	6,000
KS 200 (198cc single).	400	600	900	1,100	1,500	1,900
NZ 250 (245cc single).	600	1,000	1,400	1,900	2,600	3,200
Sport 250 (247cc single)	600	900	1,400	1,800	2,400	3,000
NZ 350 (343cc single).	1,000	2,000	4,000	6,000	8,000	10,000
SB 500 (490cc twin).	1,100	2,000	4,000	6,000	8,000	10,000
1939						
RT 3 PS (97cc single).	250	500	1,000	1,500	2,000	2,500
RT 125 (123cc single).	300	500	800	1,200	1,600	2,000
KS 200 (198cc single).	400	600	900	1,100	1,500	1,900
NZ 250 (245cc single).	600	1,000	1,400	1,900	2,600	3,200
NZ 350 (343cc single).	1,000	2,000	4,000	6,000	8,000	10,000
NZ 500 (489cc twin).	1,000	1,500	2,300	3,000	4,000	5,000
SB 500 (490cc twin).	1,100	2,000	4,000	6,000	8,000	10,000
1940						
RT 3 PS (97cc single).	250	500	1,000	1,500	2,000	2,500
RT 125 (123cc single).	300	500	800	1,200	1,600	2,000
KS 200 (198cc single).	400	600	900	1,100	1,500	1,900
NZ 250 (245cc single).	600	1,000	1,400	1,900	2,600	3,200
NZ 350 (343cc single).	1,000	2,000	4,000	6,000	8,000	10,000
NZ 500 (489cc twin).	1,000	1,500	2,300	3,000	4,000	5,000
1941						
RT 125 (123cc single).	300	500	800	1,200	1,600	2,000
NZ 250 (245cc single).	600	1,000	1,400	1,900	2,600	3,200
NZ 350 (343cc single).	1,000	2,000	4,000	6,000	8,000	10,000
NZ 500 (489cc twin).	1,000	1,500	2,300	3,000	4,000	5,000
1942						
NZ 350 (343cc single).	1,000	2,000	4,000	6,000	8,000	10,000
1943						
RT 125-1 (123cc single).	300	500	700	1,000	1,300	1,600
NZ 350 (343cc single).	1,000	2,000	4,000	6,000	8,000	10,000
1944						
RT 125-1 (123cc single).	300	500	700	900	1,200	1,500

	6	5	4	3	2	1
NZ 350-1 (343cc single).	700	1,000	1,500	2,000	2,700	3,400
1945						
NZ 350-1 (343cc single).	700	1,000	1,500	2,000	2,700	3,400
1946-1948 (no production)						
1949						
RT 125 W (123cc single)	400	700	1,000	1,300	1,800	2,200
1950						
RT 125 W (123cc single)	400	700	1,000	1,300	1,800	2,200
1951						
RT 125 W (123cc single)	400	700	1,000	1,300	1,800	2,200
RT 200 (191cc single).	500	800	1,100	1,500	2,000	2,500
1952						
RT 125/2 (123cc single)	300	500	700	900	1,200	1,500
RT 125 W (123cc single)	400	700	1,000	1,300	1,800	2,200
RT 200 (191cc single).	500	800	1,100	1,500	2,000	2,500
RT 200 H (191cc single)	400	600	900	1,100	1,500	1,900
RT 250 H (244cc single)	400	700	1,000	1,300	1,800	2,200
1953						
RT 125/2 (123cc single)	300	500	700	900	1,200	1,500
RT 200 H (191cc single)	400	600	900	1,100	1,500	1,900
RT 250/1 (244cc single).	400	600	1,000	1,300	1,700	2,100
RT 250/2 (244cc single)	400	700	1,000	1,300	1,800	2,200
RT 250 H (244cc single)	400	700	1,000	1,300	1,800	2,200
1954						
RT 125/2 (123cc single).	300	500	700	900	1,200	1,500
RT 125/2 H (123cc single)	400	600	900	1,100	1,500	1,900
RT 175 (174cc single).	400	600	900	1,100	1,500	1,900
RT 200/2 (197cc single)	400	700	1,000	1,300	1,800	2,200
RT 250 H (244cc single)	400	700	1,000	1,300	1,800	2,200
1955						
RT 125/2. H (123cc single)	400	600	900	1,100	1,500	1,900
RT 175 (174cc single).	400	600	900	1,100	1,500	1,900
RT 175 S (174cc single)	300	500	700	900	1,200	1,500
RT 200/2 (197cc single)	400	700	1,000	1,300	1,800	2,200
RT 200 S (197cc single)	300	500	700	900	1,200	1,500
RT 250/2 (244cc single).	400	700	1,000	1,300	1,800	2,200
RT 250 S (244cc single)	500	800	1,100	1,500	2,000	2,500
RT 350 S (348cc twin)	900	1,400	2,100	2,800	3,800	4,700
1956						
RT 125/2 H (123cc single)	400	600	900	1,100	1,500	1,900
RT 175 S (174cc single)	300	500	700	900	1,200	1,500
RT 175 VS (174cc single).	300	500	700	900	1,200	1,500
RT 200 S (197cc single).	300	500	700	900	1,200	1,500
RT 200 VS (197cc single).	300	500	700	900	1,200	1,500
RT 250 S (244cc single)	500	800	1,100	1,500	2,000	2,500
RT 250 VS (244cc single)	500	800	1,100	1,500	2,000	2,500
RT 350 S (348cc twin)	900	1,400	2,100	2,800	3,800	4,700
1957						
RT 125/2 H (123cc single)	400	600	900	1,100	1,500	1,900
RT 175 VS (174cc single)	300	500	700	900	1,200	1,500
RT 200 VS (197cc single).	300	500	700	900	1,200	1,500
RT 250 VS (244cc single).	500	800	1,100	1,500	2,000	2,500
1958						
RT 175 VS (174cc single).	300	500	700	900	1,200	1,500
1961						
Hummel 115 (48cc single)	2,500	5,000	10,000	15,000	20,000	25,000
1962						
Hummel 115 (48cc single)	2,500	5,000	10,000	15,000	20,000	25,000
1963						
Hummel 115 (48cc single)	2,500	5,000	10,000	15,000	20,000	25,000

	6	5	4	3	2	1
1964						
Hummel 155 (50cc single)	2,500	5,000	10,000	15,000	20,000	25,000
1966						
Hummel 155 (50cc single)	2,500	5,000	10,000	15,000	20,000	25,000
1971						
100 Moto Cross (100cc single)	450	900	1,800	2,700	3,600	4,500
125 Enduro (125cc single)	500	1,000	2,000	3,000	4,000	5,000
125 Moto Cross (125cc single)	1,000	2,000	3,000	4,000	5,000	6,000
1972						
100 Moto Cross (100cc single)	450	900	1,800	2,700	3,600	4,500
125 Boondocker (125cc single)	1,000	2,000	3,000	4,000	5,000	6,000
125 Enduro (125cc single)	500	1,000	2,000	3,000	4,000	5,000
125 Hornet (125cc single)	1,000	2,000	3,000	4,000	5,000	6,000
125 Moto Cross (125cc single)	1,000	2,000	3,000	4,000	5,000	6,000
1973						
100 Moto Cross (100cc single)	450	900	1,800	2,700	3,600	4,500
125 Boondocker (125cc single)	1,000	2,000	3,000	4,000	5,000	6,000
125 Boondocker II (125cc single)	1,000	2,000	3,000	4,000	5,000	6,000
125 Enduro (125cc single)	500	1,000	2,000	3,000	4,000	5,000
125 Hornet (125cc single).	1,000	2,000	3,000	4,000	5,000	6,000
125 Moto Cross (125cc single)	1,000	2,000	3,000	4,000	5,000	6,000
1974						
100 Hornet (100cc single).	450	900	1,800	2,700	3,600	4,500
100 Moto Cross L/L (100cc single)	450	900	1,800	2,700	3,600	4,500
125 Boondocker (125cc single)	1,000	2,000	3,000	4,000	5,000	6,000
125 Enduro L (125cc single)	1,000	2,000	3,000	4,000	5,000	6,000
125 Hornet (125cc single).	1,000	2,000	3,000	4,000	5,000	6,000
125 Moto Cross (125cc single)	1,000	2,000	3,000	4,000	5,000	6,000
1977						
W2000 (294cc single).	2,000	3,000	4,000	6,000	8,000	10,000
1978						
W2000 (294cc single).	2,000	3,000	4,000	6,000	8,000	10,000
1979						
W2000 (294cc single).	2,000	3,000	4,000	6,000	8,000	10,000

DOODLEBUG

	6	5	4	3	2	1
1946						
Model A (9,000-9,250 made-2 yrs)	500	1,000	2,000	3,000	4,000	5,000
Model B (750-1000 made-2 yrs)	1,000	2,000	3,000	4,000	5,000	6,000
1947						
Model A.	500	1,000	2,000	3,000	4,000	5,000
Model B.	500	1,000	2,000	3,000	4,000	5,000
Model C (10,000 made-2 yrs).	500	1,000	2,000	3,000	4,000	5,000
Model D (10,000 made-2 yrs).	500	1,000	2,000	3,000	4,000	5,000
1948						
Model C.	500	1,000	2,000	3,000	4,000	5,000
Model D.	500	1,000	2,000	3,000	4,000	5,000
Model E Super (10,000 made)	500	1,000	2,000	3,000	4,000	5,000

DOUGLAS

	6	5	4	3	2	1
1907 (30 made)						
Model A (350cc twin)	5,000	10,000	20,000	30,000	40,000	50,000
1908 (30 made)						
Model B (350cc twin)	5,000	10,000	20,000	30,000	40,000	50,000
1909 (280 made)						
Model C (350cc twin)	5,000	10,000	20,000	30,000	40,000	50,000
1910 (1022 made)						
Model D (350cc twin)	2,000	4,000	8,000	12,000	16,000	20,000
1911 (2534 made)						
Model D (350cc twin)	2,000	4,000	8,000	12,000	16,000	20,000
Model E (350cc twin)	2,000	4,000	8,000	12,000	16,000	20,000

	6	5	4	3	2	1
Model F (350cc twin)	2,000	4,000	8,000	12,000	16,000	20,000
1912 (3100 made)						
Model G (350cc twin)	2,000	4,000	8,000	12,000	16,000	20,000
Model H (350cc twin)	2,000	4,000	8,000	12,000	16,000	20,000
Model J (350cc twin)	2,000	4,000	8,000	12,000	16,000	20,000
Model K (350cc twin)	2,000	4,000	8,000	12,000	16,000	20,000
Model L (350cc twin)	2,000	4,000	8,000	12,000	16,000	20,000
1913 (5560 made)						
Model N (350cc twin)	2,000	4,000	8,000	12,000	16,000	20,000
Model O (350cc twin)	2,000	4,000	8,000	12,000	16,000	20,000
Model P (350cc twin)	2,000	4,000	8,000	12,000	16,000	20,000
Model R (350cc twin)	2,000	4,000	8,000	12,000	16,000	20,000
Model S (350cc twin)	2,000	4,000	8,000	12,000	16,000	20,000
1914						
Model T (350cc twin)	2,000	4,000	8,000	12,000	16,000	20,000
Model U (350cc twin)	2,000	4,000	8,000	12,000	16,000	20,000
Model V (350cc twin)	2,000	4,000	8,000	12,000	16,000	20,000
Model W (350cc twin)	2,000	4,000	8,000	12,000	16,000	20,000
Model X (350cc twin)	2,000	4,000	8,000	12,000	16,000	20,000
Model A Twin (600cc twin)	2,500	5,000	10,000	15,000	20,000	25,000
Model B Twin (600cc twin)	2,500	5,000	10,000	15,000	20,000	25,000
1915						
Model T (350cc twin)	2,000	4,000	8,000	12,000	16,000	20,000
Model U (350cc twin)	2,000	4,000	8,000	12,000	16,000	20,000
Model V (350cc twin)	2,000	4,000	8,000	12,000	16,000	20,000
Model W (350cc twin)	2,000	4,000	8,000	12,000	16,000	20,000
Model X (350cc twin)	2,000	4,000	8,000	12,000	16,000	20,000
Model WD (350cc twin)	2,000	4,000	8,000	12,000	16,000	20,000
Model A Twin (600cc twin)	2,500	5,000	10,000	15,000	20,000	25,000
Model B Twin (600cc twin)	2,500	5,000	10,000	15,000	20,000	25,000
1916						
Model U (350cc twin)	2,000	4,000	8,000	12,000	16,000	20,000
Model V (350cc twin)	2,000	4,000	8,000	12,000	16,000	20,000
Model W (350cc twin)	2,000	4,000	8,000	12,000	16,000	20,000
Model X (350cc twin)	2,000	4,000	8,000	12,000	16,000	20,000
Model WS (350cc twin)	2,000	4,000	8,000	12,000	16,000	20,000
Model A Twin (600cc twin)	2,500	5,000	10,000	15,000	20,000	25,000
Model B Twin (600cc twin)	2,500	5,000	10,000	15,000	20,000	25,000
1917						
Model A Twin (600cc twin)	2,500	5,000	10,000	15,000	20,000	25,000
Model B Twin (600cc twin)	2,500	5,000	10,000	15,000	20,000	25,000
350cc	2,000	4,000	8,000	12,000	16,000	20,000
1918						
Model U (350cc twin)	2,000	4,000	8,000	12,000	16,000	20,000
Model V (350cc twin)	2,000	4,000	8,000	12,000	16,000	20,000
Model W (350cc twin)	2,000	4,000	8,000	12,000	16,000	20,000
Model A Twin (600cc twin)	2,500	5,000	10,000	15,000	20,000	25,000
Model B Twin (600cc twin)	2,500	5,000	10,000	15,000	20,000	25,000
1919						
Model U (350cc twin)	2,000	4,000	8,000	12,000	16,000	20,000
Model V (350cc twin)	2,000	4,000	8,000	12,000	16,000	20,000
Model W (350cc twin)	2,000	4,000	8,000	12,000	16,000	20,000
Model A Twin (600cc twin)	2,500	5,000	10,000	15,000	20,000	25,000
Model B Twin (600cc twin)	2,500	5,000	10,000	15,000	20,000	25,000
1920						
Model WD (350cc)	3,000	6,000	9,000	12,000	15,000	18,000
Model W20 (350cc twin)	3,000	6,000	9,000	12,000	15,000	18,000
Model B20 Twin (600cc twin)	2,500	5,000	10,000	15,000	20,000	25,000
1921						
Model WD (350cc twin)	3,000	6,000	9,000	12,000	15,000	18,000

	6	5	4	3	2	1
Model W21 (350cc twin)	3,000	6,000	9,000	12,000	15,000	18,000
Model B21 Twin (600cc twin)	2,500	5,000	10,000	15,000	20,000	25,000
Model S1 (500cc twin)	1,500	2,500	5,000	8,000	11,000	14,000
1922						
Model WD (350cc twin)	3,000	6,000	9,000	12,000	15,000	18,000
Model W21 (350cc twin)	3,000	6,000	9,000	12,000	15,000	18,000
Model B21 Twin (600cc twin)	2,500	5,000	10,000	15,000	20,000	25,000
Model S1 (500cc twin)	1,500	2,500	5,000	8,000	11,000	14,000
1923						
Model W (350cc twin)	3,000	6,000	9,000	12,000	15,000	18,000
Model 3SC (350cc twin)	1,000	2,000	3,000	5,000	8,000	11,000
Model RA (500cc twin)	1,500	2,500	5,000	8,000	11,000	14,000
Model B Twin (600cc twin)	2,500	5,000	10,000	15,000	20,000	25,000
Model S1 (500cc twin)	1,500	2,500	5,000	8,000	11,000	14,000
Model S2 (733cc twin)	3,000	6,000	12,000	18,000	24,000	30,000
1924						
Model SW (350cc twin)	3,000	6,000	9,000	12,000	15,000	18,000
Model TS (350cc twin)	1,000	2,000	3,000	5,000	8,000	11,000
Model RW (350cc twin)	3,000	6,000	9,000	12,000	15,000	18,000
Model CW (350cc twin)	1,000	2,000	3,000	5,000	8,000	11,000
Model RA (500cc twin)	1,500	2,500	5,000	8,000	11,000	14,000
Model OB (600cc twin)	2,000	4,000	8,000	12,000	16,000	20,000
Model S2 (733cc twin)	3,000	6,000	12,000	18,000	24,000	30,000
1925						
Model TS25 (350cc twin)	1,000	2,000	3,000	5,000	8,000	11,000
Model CW25 (350cc twin)	1,000	2,000	3,000	5,000	8,000	11,000
Model RW (350cc twin)	1,500	2,500	5,000	8,000	11,000	14,000
Model RA (500cc twin)	1,500	2,500	5,000	8,000	11,000	14,000
Model OB (600cc twin)	2,000	4,000	8,000	12,000	16,000	20,000
1926						
Model TS26 (350cc twin)	1,000	2,000	3,000	5,000	8,000	11,000
Model CW26 (350cc twin)	1,000	2,000	3,000	5,000	8,000	11,000
Model EW (350cc twin)	2,500	5,000	10,000	14,000	18,000	22,000
Model IOM (350cc twin)	1,500	2,500	5,000	8,000	11,000	14,000
Model IOM-TT (600cc twin)	2,000	4,000	8,000	12,000	16,000	20,000
Model OC (600cc twin)	2,000	4,000	8,000	12,000	16,000	20,000
1927						
Model EW (350cc twin)	2,500	5,000	10,000	14,000	18,000	22,000
Model EW Sport (600cc twin)	2,500	5,000	10,000	14,000	18,000	22,000
Model IOM (350cc twin)	1,500	2,500	5,000	8,000	11,000	14,000
Model IOM-TT (600cc twin)	2,000	4,000	8,000	12,000	16,000	20,000
Model OC (600cc twin)	2,000	4,000	8,000	12,000	16,000	20,000
1928						
Model IOM (350cc twin)	1,500	2,500	5,000	8,000	11,000	14,000
Model IOM-TT (600cc twin)	2,000	4,000	8,000	12,000	16,000	20,000
Model EW (350cc twin)	2,500	5,000	10,000	14,000	18,000	22,000
Model EW Sport (600cc twin)	2,500	5,000	10,000	14,000	18,000	22,000
Model B28 (350cc twin)	1,500	2,500	5,000	8,000	11,000	14,000
Model G28 (500cc twin)	1,500	3,000	6,000	12,000	18,000	24,000
Model H29 (600cc twin)	2,000	4,000	8,000	12,000	16,000	20,000
Model DT5 (500cc twin)	1,500	3,000	6,000	12,000	18,000	24,000
Model DT6 (600cc twin)	2,000	4,000	8,000	12,000	16,000	20,000
Model SW5 (500cc twin)	1,500	3,000	6,000	12,000	18,000	24,000
Model SW6 (600cc twin)	2,000	4,000	8,000	12,000	16,000	20,000
1929						
Model IOM (350cc twin)	1,500	2,500	5,000	8,000	11,000	14,000
Model IOM-TT (600cc twin)	2,000	4,000	8,000	12,000	16,000	20,000
Model EW (350cc twin)	2,500	5,000	10,000	14,000	18,000	22,000
Model EW Sport (600cc twin)	2,500	5,000	10,000	14,000	18,000	22,000
Model B29 (350cc twin)	1,500	2,500	5,000	8,000	11,000	14,000

	6	5	4	3	2	1
Model L29 (350cc twin)	1,500	2,500	5,000	8,000	11,000	14,000
Model G29 (600cc twin)	2,000	4,000	8,000	12,000	16,000	20,000
Model H29 (600cc twin)	2,000	4,000	8,000	12,000	16,000	20,000
Model DT5 (500cc twin)	1,500	3,000	6,000	12,000	18,000	24,000
Model DT6 (600cc twin)	2,000	4,000	8,000	12,000	16,000	20,000
Model SW5 (500cc twin)	1,500	3,000	6,000	12,000	18,000	24,000
Model SW6 (600cc twin)	2,000	4,000	8,000	12,000	16,000	20,000
1930						
Model H3 (350cc twin)	1,500	2,500	5,000	8,000	11,000	14,000
Model L3 (350cc twin)	1,500	2,500	5,000	8,000	11,000	14,000
Model S5 (500cc twin)	1,500	2,500	5,000	8,000	11,000	14,000
Model S6 (600cc twin)	3,000	6,000	12,000	18,000	24,000	30,000
Model T6 (750cc twin)	2,000	4,000	8,000	12,000	16,000	20,000
Model DT5 (500cc twin)	1,500	2,500	5,000	8,000	11,000	14,000
Model DT6 (600cc twin)	2,000	4,000	8,000	12,000	16,000	20,000
Model SW5 (500cc twin)	1,500	2,500	5,000	8,000	11,000	14,000
Model SW6 (600cc twin)	2,000	4,000	8,000	12,000	16,000	20,000
1931						
Model B31 (350cc twin)	1,500	3,000	6,000	9,000	12,000	15,000
Model DT5 (500cc twin)	1,500	3,000	6,000	12,000	18,000	24,000
Model DT6 (600cc twin)	2,000	4,000	8,000	12,000	16,000	20,000
Model SW5 (500cc twin)	1,500	3,000	6,000	12,000	18,000	24,000
Model SW6 (600cc twin)	2,000	4,000	8,000	12,000	16,000	20,000
Model C31 (500cc twin)	1,500	2,500	5,000	8,000	11,000	14,000
Model E31 (600cc twin)	2,000	4,000	8,000	12,000	16,000	20,000
Model A31 (500cc twin)	2,500	5,500	7,500	9,500	12,000	14,000
Model F31 (500cc twin)	1,500	2,500	5,000	8,000	11,000	14,000
Model G31 (600cc twin)	2,000	4,000	8,000	12,000	16,000	20,000
1932						
Model B32 (350cc twin)	1,500	3,000	6,000	9,000	12,000	15,000
Model DT5 (500cc twin)	1,500	3,000	6,000	12,000	18,000	24,000
Model DT6 (600cc twin)	2,000	4,000	8,000	12,000	16,000	20,000
Model SW5 (500cc twin)	1,500	3,000	6,000	12,000	18,000	24,000
Model SW6 (600cc twin)	2,000	4,000	8,000	12,000	16,000	20,000
Model D32 (600cc twin)	2,000	4,000	8,000	12,000	16,000	20,000
Model E32 (600cc twin)	2,000	4,000	8,000	12,000	16,000	20,000
Model H32 (750cc twin)	2,000	4,000	8,000	12,000	16,000	20,000
Model A32 (500cc twin)	1,500	2,500	5,000	8,000	11,000	14,000
Model F32 (500cc twin)	1,500	2,500	5,000	8,000	11,000	14,000
Model G32 (600cc twin)	2,000	4,000	8,000	12,000	16,000	20,000
Model C32 (500cc twin)	1,500	2,500	5,000	8,000	11,000	14,000
Model K32 (500cc twin)	1,500	2,500	5,000	8,000	11,000	14,000
Model M32 (600cc twin)	2,000	4,000	8,000	12,000	16,000	20,000
1933						
Model D32 (600cc twin)	2,000	4,000	8,000	12,000	16,000	20,000
Model E32 (600cc twin)	2,000	4,000	8,000	12,000	16,000	20,000
Model H32 (750cc twin)	2,000	4,000	8,000	12,000	16,000	20,000
Model F33 (500cc twin)	1,500	2,500	5,000	8,000	11,000	14,000
Model G33 (600cc twin)	2,000	4,000	8,000	12,000	16,000	20,000
Model X (150cc)	1,000	2,000	3,000	4,000	5,000	6,000
1934						
Model X (150cc)	1,000	2,000	3,000	4,000	5,000	6,000
Model X1 (150cc)	1,000	2,000	3,000	4,000	5,000	6,000
Model Y (250cc)	1,000	2,000	3,000	4,000	5,000	6,000
Model Y1 (350cc twin)	1,500	3,000	6,000	9,000	12,000	15,000
Model Y2 (500cc twin)	1,500	2,500	5,000	8,000	11,000	14,000
Model Z (600cc twin)	2,000	4,000	8,000	12,000	16,000	20,000
Model Z1 (750cc twin)	2,000	4,000	8,000	12,000	16,000	20,000
Model OW (500cc twin)	2,000	4,000	8,000	12,000	16,000	20,000
Model OW1 (600cc twin)	2,000	4,000	8,000	12,000	16,000	20,000

	6	5	4	3	2	1
1935						
Model X (150cc)	1,000	2,000	3,000	4,000	5,000	6,000
Model X1 (150cc)	1,000	2,000	3,000	4,000	5,000	6,000
Model Y (250cc)	1,000	2,000	3,000	4,000	5,000	6,000
Model 5Y1 (350cc twin)	1,500	3,000	6,000	9,000	12,000	15,000
Model 5Z (600cc twin)	2,000	4,000	8,000	12,000	16,000	20,000
Model 5Z1 (750cc twin)	2,000	4,000	8,000	12,000	16,000	20,000
Model OW (500cc twin)	2,000	4,000	8,000	12,000	16,000	20,000
Model OW1 (600cc twin)	2,000	4,000	8,000	12,000	16,000	20,000
Blue Chief (500cc twin)	2,000	4,000	8,000	12,000	16,000	20,000
Endeavor (500cc twin)	2,500	5,000	10,000	15,000	20,000	25,000
1936						
Aero (250cc)	1,000	2,000	3,000	4,000	5,000	6,000
Aero (500cc twin)	1,500	3,000	6,000	9,000	12,000	15,000
Aero (600cc twin)	2,000	4,000	8,000	12,000	16,000	20,000
Endeavor (500cc twin)	2,500	5,000	10,000	15,000	20,000	25,000
1937						
Aero (600cc twin)	2,000	4,000	8,000	12,000	16,000	20,000
1938						
Aero (600cc twin)	2,000	4,000	8,000	12,000	16,000	20,000
Model CL/38 (150cc)	1,000	2,000	3,000	4,000	5,000	6,000
1946						
T35 (348cc twin)	1,000	2,000	4,000	6,000	8,000	10,000
1947						
T35 (348cc twin)	1,000	2,000	4,000	6,000	8,000	10,000
1948						
T35 (348cc twin)	1,000	2,000	4,000	6,000	8,000	10,000
Mark III (350cc twin)	1,000	2,000	3,000	4,000	5,500	8,000
Mark III Sport (350cc twin)	1,000	2,000	3,000	4,000	5,500	8,000
Model DV60 (600cc)	1,500	3,000	6,000	9,000	12,000	15,000
1949						
Mark III (350cc twin)	1,000	2,000	3,000	4,000	5,500	8,000
Mark III Sport (350cc twin)	1,000	2,000	3,000	4,000	5,500	8,000
Competition (350cc twin)	1,000	2,000	3,000	4,000	5,500	8,000
1950						
Mark IV (350cc twin)	1,000	2,000	3,000	4,000	5,500	8,000
Mark IV Sport (350cc twin)	1,000	2,000	3,000	4,000	5,500	8,000
Mark V (350cc twin)	1,000	2,000	3,000	4,000	5,500	8,000
Competition (350cc twin)	1,000	2,000	3,000	4,000	5,500	8,000
Plus 80 (350cc twin)	1,000	2,000	3,000	4,000	5,500	8,000
Plus 90 (350cc twin)	1,000	2,000	3,000	4,000	5,500	8,000
1951						
Competition (350cc twin)	1,000	2,000	3,000	4,000	5,500	8,000
Mark V (350cc twin)	1,000	2,000	3,000	4,000	5,500	8,000
Plus 80 (350cc twin)	1,000	2,000	3,000	4,000	5,500	8,000
Plus 90 (350cc twin)	1,000	2,000	3,000	4,000	5,500	8,000
1952						
Mark V (350cc twin)	1,000	2,000	3,000	4,000	5,500	8,000
Plus 90 (350cc twin)	1,000	2,000	3,000	4,000	5,500	8,000
1953						
Mark V (350cc twin)	1,000	2,000	3,000	4,000	5,500	8,000
Plus 90 (350cc twin)	1,000	2,000	3,000	4,000	5,500	8,000
1954						
Mark V (350cc twin)	1,000	2,000	3,000	4,000	5,500	8,000
Dragonfly Mark VI (350cc twin)	2,500	5,000	8,000	11,000	14,000	17,000
1955						
Dragonfly Mark VI (350cc twin)	2,500	5,000	8,000	11,000	14,000	17,000
1956						
Dragonfly Mark VI (350cc twin)	2,500	5,000	8,000	11,000	14,000	17,000

	6	5	4	3	2	1

DUCATI

1945
Cucciolo (48cc single)	5,000	10,000	20,000	30,000	40,000	50,000

1946
Cucciolo (48cc single)	5,000	10,000	20,000	30,000	40,000	50,000

1947
Cucciolo (48cc single)	5,000	10,000	20,000	30,000	40,000	50,000

1948
Cucciolo (48cc single)	5,000	10,000	20,000	30,000	40,000	50,000

1949
Cucciolo (48cc single)	5,000	10,000	20,000	30,000	40,000	50,000

1950
Cucciolo (48cc single)	1,000	2,000	4,000	6,000	8,000	10,000
60 Sport	1,000	2,000	3,500	5,000	6,500	8,000

1951
Cucciolo (48cc single)	1,000	2,000	4,000	6,000	8,000	10,000

1952
Cucciolo (48cc single)	1,000	2,000	4,000	6,000	8,000	10,000
98 Sport (98cc single)	1,000	2,000	3,500	5,000	6,500	8,000
Cruiser (175cc single)	1,000	2,000	3,500	5,000	6,500	8,000

1953
Cucciolo (48cc single)	1,000	2,000	4,000	6,000	8,000	10,000
98 Sport (98cc single)	1,000	2,000	3,500	5,000	6,500	8,000
Cruiser (175cc single)	1,000	2,000	3,500	5,000	6,500	8,000

1954
Cucciolo (48cc single)	1,000	2,000	4,000	6,000	8,000	10,000
98 Sport (98cc single)	1,000	2,000	3,500	5,000	6,500	8,000
98 Super Sport (98cc single)	1,300	2,000	2,900	3,900	5,200	6,500
Cruiser (175cc single)	1,000	2,000	3,500	5,000	6,500	8,000

1955
Cucciolo (48cc single)	1,000	2,000	4,000	6,000	8,000	10,000
98 Sport (98cc single)	1,000	2,000	3,500	5,000	6,500	8,000
98 Super Sport (98cc single)	1,300	2,000	2,900	3,900	5,200	6,500
Gran Sport Marianna (98cc single)	4,800	7,200	11,000	14,000	19,000	24,000

1956
98 Sport (98cc single)	1,000	2,000	3,500	5,000	6,500	8,000
98 Super Sport (98cc single)	1,000	2,000	3,500	5,000	6,500	8,000
Gran Sport Marianna (98cc single)	4,800	7,200	11,000	14,000	19,000	24,000
Grand Prix Desmo (125cc single)	10,000	25,000	40,000	55,000	70,000	85,000

1957
98 Sport (98cc single)	1,000	2,000	3,500	5,000	6,500	8,000
Gran Sport Marianna (98cc single)	4,800	7,200	11,000	14,000	19,000	24,000
Grand Prix Desmo (125cc single)	10,000	25,000	40,000	55,000	70,000	85,000

1958
98 Sport (98cc single)	1,000	2,000	3,500	5,000	6,500	8,000
Grand Prix Desmo (125cc single)	10,000	25,000	40,000	55,000	70,000	85,000
125 F3 (125cc single)	2,400	3,600	5,400	7,200	9,600	12,000
175 F3 (175cc single)	2,500	5,000	10,000	15,000	20,000	25,000

1959
85 Sport (85 cc single)	1,000	2,000	3,500	5,000	6,500	8,000
98 Sport (98cc single)	1,000	2,000	3,500	5,000	6,500	8,000
Grand Prix Desmo (125cc single)	10,000	25,000	40,000	55,000	70,000	85,000
125 F3 (125cc single)	2,400	3,600	5,400	7,200	9,600	12,000
175 F3 (175cc single)	2,500	5,000	10,000	15,000	20,000	25,000
200 Elite (203cc single)	2,500	5,500	8,500	11,500	14,500	17,500

1960
Bronco (85cc single)	500	1,000	2,000	3,000	4,000	5,000
98 Sport (98cc single)	1,000	2,000	3,500	5,000	6,500	8,000
Bronco (125cc single)	1,000	2,000	3,000	4,000	5,000	6,000

	6	5	4	3	2	1
125 F3 (125cc single)	2,400	3,600	5,400	7,200	9,600	12,000
125 Grand Prix (125cc single)	5,200	7,800	18,000	16,000	21,000	26,000
125 SS (125cc single)	1,000	2,000	3,000	4,000	5,000	6,000
173 F3 (175cc single)	2,500	5,000	10,000	15,000	20,000	25,000
200 Americano (200cc single)	700	1,100	1,600	2,100	2,800	3,500
200 Elite (203cc single)	2,500	5,500	8,500	11,500	14,500	17,500
200 Motocross (200cc single)	1,000	1,500	2,300	3,000	4,000	5,000
220 Grand Prix (220cc single)	6,400	9,600	14,000	19,000	26,000	32,000
1961						
Bronco (85cc single)	500	1,000	2,000	3,000	4,000	5,000
98 Sport (98cc single)	1,000	2,000	3,500	5,000	6,500	8,000
Bronco (125cc single)	1,000	2,000	3,000	4,000	5,000	6,000
Grand Prix (125cc single)	5,200	7,800	18,000	16,000	21,000	26,000
125 F3 (125cc single)	2,400	3,600	5,400	7,200	9,600	12,000
175 F3 (175cc single)	2,500	5,000	10,000	15,000	20,000	25,000
200 Americano (200cc single)	900	1,400	2,000	2,700	3,600	4,500
200 Elite (203cc single)	2,500	5,500	8,500	11,500	14,500	17,500
200 Motocross (200cc single)	1,000	1,500	2,300	3,000	4,000	5,000
Monza Tourer (250cc single)	1,000	2,000	4,000	6,000	8,000	10,000
250 F3 (250cc single)	3,400	5,100	7,700	10,000	14,000	17,000
1962						
48 Sport Falcon (48cc single)	600	1,000	1,600	2,400	3,200	4,000
Bronco (85cc single)	500	1,000	2,000	3,000	4,000	5,000
98 Sport (98cc single)	1,000	2,000	3,500	5,000	6,500	8,000
Bronco (125cc single)	1,000	2,000	3,000	4,000	5,000	6,000
200 Elite (203cc single)	2,500	5,500	8,500	11,500	14,500	17,500
Diana (250cc single)	1,000	2,000	3,000	6,000	9,000	12,000
250 F3 (250cc single)	3,400	5,100	7,700	10,000	14,000	17,000
Monza Tourer (250cc single)	1,000	2,000	4,000	6,000	8,000	10,000
250 Scrambler (250cc single)	1,000	2,000	4,000	6,000	8,000	10,000
1963						
48 Sport Falcon (48cc single)	600	1,000	1,600	2,400	3,200	4,000
Bronco (85cc single)	500	1,000	2,000	3,000	4,000	5,000
Bronco (125cc single)	1,000	2,000	3,000	4,000	5,000	6,000
TS 125 (125cc single)	1,000	2,000	3,000	4,000	5,000	6,000
200 Elite (203cc single)	2,500	5,500	8,500	11,500	14,500	17,500
Diana (250cc single)	1,000	2,000	3,000	6,000	9,000	12,000
Monza Tourer (250cc single)	1,000	2,000	4,000	6,000	8,000	10,000
250 Scrambler (250cc single)	1,000	2,000	4,000	6,000	8,000	10,000
1964						
48 SL (48cc single)	1,000	2,000	3,000	4,000	5,000	6,000
48 Sport Falcon (48cc single)	600	1,000	1,600	2,400	3,200	4,000
Cadet Falcon 100 (98cc single)	600	900	1,400	2,100	2,800	3,500
Mountaineer (98cc single)	600	900	1,400	2,100	2,800	3,500
Bronco (125cc single)	1,000	2,000	3,000	4,000	5,000	6,000
200 Elite (203cc single)	2,500	5,500	8,500	11,500	14,500	17,500
Diana (250cc single)	1,100	2,000	3,000	6,000	9,000	12,000
Monza Tourer (250cc single)	1,000	2,000	4,000	6,000	8,000	10,000
250 GT (250cc single)	1,000	2,000	4,000	6,000	8,000	10,000
250 Mach 1 (250cc single)	1,000	2,000	4,000	6,000	8,000	10,000
Desmo DM450 (250cc single)	1,500	3,000	6,000	9,000	12,000	15,000
250 Scrambler (250cc single)	1,000	2,000	4,000	6,000	8,000	10,000
1965						
48 SL (48cc single)	1,000	2,000	3,000	4,000	5,000	6,000
48 Sport Falcon (48cc single)	600	1,000	1,600	2,400	3,200	4,000
Cadet Falcon 100 (98cc single)	600	900	1,400	2,100	2,800	3,500
Mountaineer (98cc single)	600	900	1,400	2,100	2,800	3,500
Bronco (125cc single)	1,000	2,000	3,000	4,000	5,000	6,000
200 Elite (203cc single)	2,500	5,500	8,500	11,500	14,500	17,500
Diana (250cc single)	1,100	2,000	3,000	6,000	9,000	12,000

	6	5	4	3	2	1
Monza Tourer (250cc single)	1,000	2,000	4,000	6,000	8,000	10,000
250 GT (250cc single)	1,000	2,000	4,000	6,000	8,000	10,000
250 Mach 1 (250cc single)	1,000	2,000	4,000	6,000	8,000	10,000
Mark 3 (250cc single)	1,500	3,000	4,500	6,000	7,500	9,000
Scrambler (250cc single)	1,000	2,000	4,000	6,000	8,000	10,000
1966						
50 SL (50cc single)	600	800	1,300	1,800	2,400	3,000
Cadet Falcon 100 (98cc single)	600	900	1,400	2,100	2,800	3,500
Mountaineer (98cc single)	600	900	1,400	2,100	2,800	3,500
Bronco (125cc single)	1,000	2,000	3,000	4,000	5,000	6,000
Monza Tourer (250cc single)	1,000	2,000	4,000	6,000	8,000	10,000
250 GT (250cc single)	1,000	2,000	4,000	6,000	8,000	10,000
250 Mach 1 (250cc single)	1,000	2,000	4,000	6,000	8,000	10,000
Scrambler (250cc single)	1,000	2,000	4,000	6,000	8,000	10,000
1967						
50 SL (50cc single)	600	800	1,300	1,800	2,400	3,000
Cadet Falcon 100 (98cc single)	600	900	1,400	2,100	2,800	3,500
Mountaineer (98cc single)	600	900	1,400	2,100	2,800	3,500
Monza (250cc single)	1,000	2,000	4,000	7,000	10,000	13,000
250 GT (250cc single)	1,000	2,000	4,000	6,000	8,000	10,000
250 Mach 1 (250cc single)	1,000	2,000	4,000	6,000	8,000	10,000
Scrambler (250cc single)	1,000	2,000	4,000	6,000	8,000	10,000
1968						
50 SL (50cc single)	600	800	1,300	1,800	2,400	3,000
160 Monza (152cc single)	600	900	1,600	2,400	3,200	4,000
250 Mark 3 (250cc single)	1,000	2,000	4,000	6,000	8,000	10,000
250 Mark 3 Desmo (250cc single)	1,500	3,000	4,500	6,000	7,500	9,000
250 Street Scrambler (250cc single)	1,000	2,000	4,000	6,000	8,000	10,000
350 Mark 3 (340cc single)	1,000	2,000	4,000	6,000	8,000	10,000
350 Mark 3 Desmo (340cc single)	1,000	2,000	4,000	6,000	8,000	11,000
350 Street Scrambler (340cc single)	1,000	2,000	4,000	6,000	8,000	10,000
350 Sebring (340cc single)	1,000	2,000	3,000	4,000	5,000	6,000
1969						
50 Scrambler (50cc single)	500	700	1,100	1,400	1,900	2,400
50 SL (50cc single)	600	800	1,300	1,800	2,400	3,000
100 Scrambler (100cc single)	400	600	1,200	1,800	2,400	3,000
160 Monza Junior (152cc single)	600	900	1,600	2,400	3,200	4,000
250 Mark 3 (250cc single)	1,000	2,000	4,000	6,000	8,000	10,000
250 Mark 3 Desmo (250cc single)	1,500	3,000	4,500	6,000	7,500	9,000
250 Street Scrambler (250cc single)	1,000	2,000	4,000	6,000	8,000	10,000
350 Mark 3 (340cc single)	1,000	2,000	4,000	6,000	8,000	10,000
350 Mark 3 Desmo (340cc single)	1,000	2,000	4,000	6,000	8,000	11,000
350 Street Scrambler (340cc single)	1,000	2,000	4,000	6,000	8,000	10,000
350 Sebring (340cc single)	1,000	2,000	3,000	4,000	5,000	6,000
450 Street Scrambler (436cc single)	1,000	2,000	4,000	6,000	8,000	10,000
1970						
50 Scrambler (50cc single)	500	700	1,100	1,400	1,900	2,400
100 Scrambler (100cc single)	400	600	1,200	1,800	2,400	3,000
160 Monza Junior (152cc single)	600	900	1,600	2,400	3,200	4,000
250 Mark 3 (250cc single)	1,000	2,000	4,000	6,000	8,000	10,000
250 Mark 3 Desmo (250cc single)	1,500	3,000	4,500	6,000	7,500	9,000
250 Street Scrambler (250cc single)	1,000	2,000	4,000	6,000	8,000	10,000
350 Mark 3 (340cc single)	1,000	2,000	4,000	6,000	8,000	10,000
350 Mark 3 Desmo (340cc single)	1,000	2,000	4,000	6,000	8,000	11,000
350 Sebring (340cc single)	1,000	2,000	3,000	4,000	5,000	6,000
350 Street Scrambler (340cc single)	1,000	2,000	4,000	6,000	8,000	10,000
450 Mark 3 (436cc single)	1,500	3,000	4,500	6,000	7,500	9,000
450 Mark 3 Desmo (436cc single)	3,000	6,000	9,000	12,000	18,000	24,000
450 Street Scrambler (436cc single)	1,000	2,000	4,000	6,000	8,000	10,000

	6	5	4	3	2	1
1971						
Motorcross (49cc single)	150	300	600	900	1,200	1,500
125 Scrambler (125cc single)	100	600	800	1,200	1,600	2,000
250 Mark 3 (250cc single)	1,000	2,000	4,000	6,000	8,000	10,000
250 Mark 3 Desmo (250cc single)	1,000	2,000	4,000	6,000	8,000	10,000
250 Street Scrambler (250cc single)	1,000	2,000	4,000	6,000	8,000	10,000
350 Mark 3 (340cc single)	1,000	2,000	4,000	6,000	8,000	10,000
350 Mark 3 Desmo (340cc single)	1,000	2,000	4,000	6,000	8,000	11,000
350 Sebring (340cc single)	1,000	2,000	3,000	4,000	5,000	6,000
350 Street Scrambler (340cc single)	1,000	2,000	4,000	6,000	8,000	10,000
450 Mark 3 (436cc single)	1,500	3,000	4,500	6,000	7,500	9,000
450 Mark 3 Desmo (436cc single)	3,000	6,000	9,000	12,000	18,000	24,000
450 Street Scrambler (436cc single)	1,000	2,000	4,000	6,000	8,000	10,000
750 GT (748cc V-twin)	3,500	7,000	12,000	17,000	22,000	27,000
1972						
250 Mark 3 (250cc single)	1,000	2,000	4,000	6,000	8,000	10,000
250 Mark 3 Desmo (250cc single)	1,000	2,000	4,000	6,000	8,000	10,000
250 Street Scrambler (250cc single)	1,000	2,000	4,000	6,000	8,000	10,000
350 Mark 3 (340cc single)	1,000	2,000	4,000	6,000	8,000	10,000
350 Mark 3 Desmo (340cc single)	1,000	2,000	4,000	6,000	8,000	11,000
350 Desmo Silver Shotgun (340cc single)	1,000	2,000	4,000	6,000	8,000	10,000
350 Sebring (340cc single)	1,000	2,000	3,000	4,000	5,000	6,000
350 Street Scrambler (340cc single)	1,000	2,000	4,000	6,000	8,000	10,000
450 Mark 3 (436cc single)	1,500	3,000	4,500	6,000	7,500	9,000
450 Mark 3 Desmo (436cc single)	3,000	6,000	9,000	12,000	18,000	24,000
450 Street Scrambler (436cc single)	1,000	2,000	4,000	6,000	8,000	10,000
750 GT (748cc V-twin)	3,500	7,000	12,000	17,000	22,000	27,000
750 Sport (748cc V-twin)	5,000	10,000	20,000	30,000	40,000	50,000
1973						
250 Mark 3 (250cc single)	1,000	2,000	4,000	6,000	8,000	10,000
250 Mark 3 Desmo (250cc single)	1,000	2,000	4,000	6,000	8,000	10,000
250 Street Scrambler (250cc single)	1,000	2,000	4,000	6,000	8,000	10,000
350 Mark 3 (340cc single)	1,000	2,000	4,000	6,000	8,000	10,000
350 Mark 3 Desmo (340cc single)	1,000	2,000	4,000	6,000	8,000	11,000
350 Street Scrambler (340cc single)	1,000	2,000	4,000	6,000	8,000	10,000
450 Mark 3 (436cc single)	1,500	3,000	4,500	6,000	7,500	9,000
450 Mark 3 Desmo (436cc single)	3,000	6,000	9,000	12,000	18,000	24,000
750 GT (748cc V-twin)	3,500	7,000	12,000	17,000	22,000	27,000
750 Sport (748cc V-twin)	5,000	10,000	20,000	30,000	40,000	50,000
750 SS Round Case (748cc V-twin)	20,000	40,000	80,000	120K	160K	200K
1974						
250 Mark 3 (250cc single)	1,000	2,000	4,000	6,000	8,000	10,000
250 Mark 3 Desmo (250cc single)	1,000	2,000	4,000	6,000	8,000	10,000
250 Street Scrambler (250cc single)	1,000	2,000	4,000	6,000	8,000	10,000
350 Mark 3 (340cc single)	1,000	2,000	4,000	6,000	8,000	10,000
350 Mark 3 Desmo (340cc single)	1,000	2,000	4,000	6,000	8,000	11,000
350 Street Scrambler (340cc single)	1,000	2,000	4,000	6,000	8,000	10,000
450 Mark 3 (436cc single)	1,500	3,000	4,500	6,000	7,500	9,000
450 Mark 3 Desmo (436cc single)	3,000	6,000	9,000	12,000	18,000	24,000
750 GT (748cc V-twin)	3,500	7,000	12,000	17,000	22,000	27,000
750 Sport (748cc V-twin)	5,000	10,000	20,000	30,000	40,000	50,000
750 SS Round Case (748cc V-twin)	20,000	40,000	80,000	120K	160K	200K
860 GT (864cc V-twin) (1,671 made-3 yrs)	9,000	18,000	26,000	34,000	42,000	50,000
1975						
125 Regolarita (125cc single)	400	700	1,000	1,300	1,800	2,200
GTL 350 (350cc twin)	800	1,100	1,600	2,200	2,900	3,600
GTL 500 (496cc twin)	1,000	2,000	4,000	7,000	10,000	13,000
750 GT (748cc V-twin)	3,500	7,000	12,000	17,000	22,000	27,000
750 SS Round Case (748cc V-twin)	20,000	40,000	80,000	120K	160K	200K
750 SS Square Case (748cc V-twin)	3,000	6,000	9,000	12,000	15,000	18,000

	6	5	4	3	2	1
750 Sport (748cc V-twin)	5,000	10,000	20,000	30,000	40,000	50,000
860 GT (864cc V-twin)	9,000	18,000	26,000	34,000	42,000	50,000
900 SS (864cc V-twin)	5,000	10,000	18,000	27,000	36,000	45,000
1976						
125 Regolarita (125cc single)	500	700	1,000	1,400	1,900	2,300
GTL 350 (350cc twin)	700	1,100	1,600	2,100	2,800	3,500
GTL 500 (496cc twin)	1,000	2,000	4,000	7,000	10,000	13,000
750 SS Square Case (748cc V-twin)	3,000	6,000	9,000	12,000	15,000	18,000
860 GT (864cc V-twin)	9,000	18,000	26,000	34,000	42,000	50,000
860 GTS (864cc V-twin)	1,200	1,800	2,700	3,600	4,800	6,000
900 GTS (864cc V-twin)	1,000	2,000	3,500	5,000	6,500	8,000
900 SS (864cc V-twin)	5,000	10,000	18,000	27,000	36,000	45,000
1977						
125 Six Days (125cc single)	700	1,100	1,600	2,100	2,800	3,500
GTL 350 (350cc twin)	700	1,100	1,600	2,100	2,800	3,500
Sport Desmo 350 (350cc twin)	450	900	1,800	2,700	3,600	4,500
GTL 500 (496cc twin)	1,000	2,000	4,000	7,000	10,000	13,000
Sport Desmo 500 (496cc twin)	450	900	1,800	2,700	3,600	4,500
750 SS Square Case (748cc V-twin)	3,200	6,000	9,000	12,000	15,000	18,000
Darmah SD (864cc V-twin)	1,000	2,000	3,500	5,000	6,500	8,000
900 GTS (864cc V-twin)	1,000	2,000	3,500	5,000	6,500	8,000
900 SS (864cc V-twin)	5,000	10,000	18,000	27,000	36,000	45,000
1978						
Sport Desmo 350 (350cc twin)	450	900	1,800	2,700	3,600	4,500
GTV500 (500cc twin) (453 made-1 yr)	500	1,000	2,000	3,000	4,000	5,000
Sport Desmo 500 (496cc twin)	450	900	1,800	2,700	3,600	4,500
Darmah SD (864cc V-twin)	1,000	2,000	3,500	5,000	6,500	8,000
900 GTS (864cc V-twin)	1,000	2,000	3,500	5,000	6,500	8,000
900 SS (864cc V-twin)	5,000	10,000	18,000	27,000	36,000	45,000
1979						
GTV 350 (350cc twin)	500	1,000	1,000	3,000	4,000	5,000
Sport Desmo 350 (350cc twin)	450	900	1,800	2,700	3,600	4,500
GTV 500 (496cc twin)	500	1,000	1,000	3,000	4,000	5,000
Sport Desmo 500 (496cc twin)	450	900	1,800	2,700	3,600	4,500
500 SL Pantah (500cc V-twin)	1,000	2,000	3,000	4,000	5,000	6,000
Darmah SD (864cc V-twin)	1,000	2,000	3,500	5,000	6,500	8,000
Darmah SD Sport (864cc V-twin)	1,000	2,000	3,500	5,000	6,500	8,000
Darmah SS (864cc V-twin)	1,100	1,700	2,600	3,400	4,600	5,700
Mike Hailwood Replica (864cc V-twin)	2,400	4,000	8,000	12,000	17,000	22,000
900 SS (864cc V-twin)	2,400	4,000	8,000	12,000	16,000	20,000
1980						
GTV 350 (350cc twin)	500	1,000	1,000	3,000	4,000	5,000
Sport Desmo 350 (350cc twin)	450	900	1,800	2,700	3,600	4,500
GTV 500 (496cc twin)	500	1,000	1,000	3,000	4,000	5,000
Sport Desmo 500 (496cc twin)	450	900	1,800	2,700	3,600	4,500
500 SL Pantah (500cc V-twin)	1,000	2,000	3,000	4,000	5,000	6,000
600GPM (600cc twin)	1,000	2,000	3,500	5,000	6,500	8,000
Darmah SD (864cc V-twin)	1,000	2,000	3,500	5,000	6,500	8,000
Darmah SD Sport (864cc V-twin)	1,000	2,000	3,500	5,000	6,500	8,000
Darmah SS (864cc V-twin)	1,100	1,700	2,600	3,400	4,600	5,700
Mike Hailwood Replica (864cc V-twin)	2,400	4,000	8,000	12,000	17,000	22,000
900 SS (864cc V-twin)	2,400	4,000	8,000	12,000	16,000	20,000
1981						
GTV 350 (350cc twin)	500	1,000	1,000	3,000	4,000	5,000
Sport Desmo 350 (350cc twin)	450	900	1,800	2,700	3,600	4,500
GTV 500 (496cc twin)	500	1,000	1,000	3,000	4,000	5,000
Sport Desmo 500 (496cc twin)	450	900	1,800	2,700	3,600	4,500
Pantah (500cc twin)	1,500	2,000	3,000	5,000	6,500	8,000
500 SL Pantah (500cc V-twin)	1,000	2,000	3,000	4,000	5,000	6,000
Darmah (900cc twin)	1,500	2,500	4,000	6,000	7,500	9,000

	6	5	4	3	2	1
Darmah SD (864cc V-twin)	1,000	2,000	3,500	5,000	6,500	8,000
Mike Hailwood Replica (864cc V-twin)	2,400	4,000	8,000	12,000	17,000	22,000
Darmah SS (000ss twin)	2,000	3,000	4,300	5,800	7,900	9,000
Super Sport (900cc twin)	2,400	4,000	8,000	12,000	16,000	20,000
1982						
GTV 350 (350cc twin).	500	1,000	1,000	3,000	4,000	5,000
Sport Desmo 350 (350cc twin)	450	900	1,800	2,700	3,600	4,500
350 SL (350cc twin).	500	1,000	1,000	3,000	4,000	5,000
Sport Desmo 500 (496cc twin)	450	900	1,800	2,700	3,600	4,500
350 SX (350cc twin).	500	1,000	1,000	3,000	4,000	5,000
GTV 500 (496cc twin).	500	1,000	1,000	3,000	4,000	5,000
Pantah (500cc twin).	1,500	2,500	4,000	5,300	7,100	8,500
500 SL (500cc twin).	750	1,500	2,500	3,500	4,500	5,500
600 Pantah (600cc twin)	750	1,500	2,500	3,500	4,500	5,500
600 SL (600cc twin).	1,000	2,000	3,000	4,000	5,000	6,000
600 TL (600cc twin).	500	1,000	1,000	3,000	4,000	5,000
Mike Hailwood Replica (864cc V-twin)	2,400	4,000	8,000	12,000	17,000	22,000
Darmah (900cc twin)	2,400	3,200	4,200	5,600	7,500	8,700
Darmah SS (900cc twin)	2,000	3,000	4,500	6,100	8,200	9,200
Super Sport (900cc twin)	2,400	4,000	8,000	12,000	16,000	20,000
864 S2 (900cc twin).	2,400	3,600	5,200	6,550	8,800	10,000
1983						
GTV 350 (350cc twin).	500	1,000	1,000	3,000	4,000	5,000
350 SL (350cc twin).	500	1,000	1,000	3,000	4,000	5,000
350 XL (350cc twin).	500	1,000	1,000	3,000	4,000	5,000
GTV 500 (496cc twin).	500	1,000	1,000	3,000	4,000	5,000
500 SL (500cc twin).	750	1,500	2,500	3,500	4,500	5,500
600 SL (600cc twin).	1,000	2,000	3,000	4,000	5,000	6,000
600 TL (600cc twin).	500	1,000	1,000	3,000	4,000	5,000
650 SL (650cc twin)	1,000	2,000	3,000	4,000	5,000	6,000
Mike Hailwood Replica (864cc V-twin)	2,400	4,000	8,000	12,000	17,000	22,000
Darmah SD (900cc twin)	2,400	3,200	4,200	5,600	7,500	8,700
864 S2 (900cc twin).	2,400	3,600	5,200	6,550	8,800	10,000
1984						
Mike Hailwood Replica (864cc V-twin)	2,400	4,000	8,000	12,000	16,000	20,000
864 S2 (900cc twin) (1,236 made-3 yrs)	2,400	3,600	5,200	6,550	8,800	10,000
1985						
F3 (350cc twin)	1,000	2,000	3,000	4,000	5,000	6,000
F1-A (750cc twin).	2,000	4,000	6,000	8,000	10,000	12,000
Mike Hailwood Replica Mille (1000cc V-twin)	4,000	8,000	16,000	24,000	32,000	40,000
S2 (1000cc twin)	1,000	2,000	4,000	7,000	10,000	13,000
1986						
F1-B Road Racer (750cc twin)	2,000	4,000	6,000	8,000	10,000	12,000
F1-S Road Racer (750cc twin)	2,000	4,000	6,000	8,000	10,000	12,000
F1 Montjuich (750cc twin) (200).	3,500	7,000	1,400	21,000	28,000	35,000
1987						
Indiana (650cc twin).	1,100	1,600	2,200	2,900	3,600	4,300
Paso (750cc twin).	1,100	1,600	2,200	2,850	4,700	6,400
F1 Santamonica (750cc twin) (204 made-1 yr)	2,500	5,000	10,000	15,000	20,000	25,000
F1-B Road Racer (750cc twin)	2,000	4,000	6,000	8,000	10,000	12,000
Laguna Seca (750 cc twin) (200)	3,500	7,000	1,400	21,000	28,000	35,000
Desmo (750 cc twin) (134)	2,000	4,000	8,000	12,000	16,000	20,000
1988						
Paso (750cc twin).	1,200	1,800	2,300	3,000	4,800	6,700
Paso Limited (750cc twin).	1,200	1,800	2,400	3,100	5,100	7,200
F1-A Desmo (750cc twin)	2,500	5,000	9,000	13,000	17,000	21,000
F1-B Road Racer (750cc twin)	2,000	4,000	6,000	8,000	10,000	12,000
851 Tricolore (850cc twin).	4,000	8,000	16,000	24,000	32,000	40,000

	6	5	4	3	2	1
1989 (no production)						
1990						
750 Sport (750cc twin)	1,500	3,000	4,500	6,000	7,500	9,000
851 Sport (850cc twin)	5,000	10,000	15,000	20,000	25,000	30,000
906 Paso (900cc twin)	1,300	1,900	2,600	3,500	5,100	7,800
1991						
851 Sport (850cc twin)	5,000	10,000	15,000	20,000	25,000	30,000
900 Super Sport (900cc twin)	1,600	2,200	3,000	3,900	5,900	7,900
907 Paso I.E. (900cc twin)	2,000	2,600	3,300	4,400	5,500	8,700
1992						
750SS (750cc twin)	1,500	2,100	2,700	3,600	5,400	7,400
851 Sport (850cc twin)	5,000	10,000	15,000	20,000	25,000	30,000
900 Super Sport (900cc twin)	1,900	2,500	3,200	4,200	6,300	8,500
907 Paso I.E. (900cc twin)	2,200	2,800	3,500	4,600	6,700	9,300
1993						
750SS (750cc twin)	1,700	2,300	2,900	3,800	5,500	7,500
888SPO (888cc twin)	2,500	4,200	6,300	8,400	10,500	13,000
900 Super Light (900cc twin)	2,000	4,000	6,000	8,000	10,000	12,000
900 Super Sport (900cc twin)	1,900	2,500	3,400	4,500	6,400	8,600
907 Paso I.E. (900cc twin)	2,300	2,900	3,700	5,000	7,000	9,300
M900 (900cc twin)	1,500	2,200	3,000	3,900	4,900	5,900
1994						
888 LTD (888cc twin)	800	1,200	2,100	4,300	6,300	9,100
900 CR (900cc twin)	200	500	1,400	2,900	4,300	5,700
900 SP (900cc twin)	300	600	1,600	3,300	4,900	6,500
E900 (900cc twin)	300	600	1,500	3,000	4,500	6,000
M900 (900cc twin)	1,500	2,200	3,000	3,900	4,900	5,900
916 (916cc twin)	2,000	4,000	8,000	12,000	16,000	20,000
1995						
E900 (900cc twin)	600	1,300	2,400	3,500	4,600	5,700
900 CR (900cc twin)	500	1,000	2,100	3,200	4,300	5,400
M900 (900cc twin)	600	1,200	2,300	3,400	4,500	5,600
900 SP (900cc twin)	700	1,300	2,500	3,700	4,900	6,100
916 (916cc twin)	2,000	4,000	8,000	12,000	16,000	20,000
1996						
900 CR (900cc twin)	500	1,000	2,100	3,200	4,300	5,400
M900 (900cc twin)	600	1,200	2,300	3,400	4,500	5,600
900 SP (900cc twin)	700	1,300	2,500	3,700	4,900	6,100
916 (916cc twin)	2,000	4,000	8,000	12,000	16,000	20,000
1997						
900 CR (900cc twin)	500	1,000	2,100	3,200	4,300	5,400
900 SP (900cc twin)	700	1,300	2,500	3,700	4,900	6,100
Monster 750 (750cc twin)	400	800	1,600	2,400	3,200	4,000
Monster 900 (900cc twin)	500	1,000	2,000	3,000	4,000	5,000
SB748 (748cc twin)	1,000	2,000	3,000	4,000	5,000	6,000
SB916 (916cc twin)	1,000	2,500	4,000	5,500	6,000	7,500
SB916 Biposto (916cc twin)	1,000	2,500	4,000	5,500	6,000	7,500
1998						
748 Biposto (748cc twin)	1,000	2,000	4,000	6,000	8,000	10,000
748 Monster (748cc twin)	1,000	2,000	3,000	4,000	5,000	6,000
900 CR (900cc twin)	500	1,000	2,100	3,200	4,300	5,400
900 FE Final Edition (900cc twin)	500	1,000	2,000	3,000	4,000	5,000
916 Biposto (916cc twin)	1,000	2,500	4,000	5,500	6,000	7,500
916 Monoposto (916cc twin)	1,000	2,500	4,000	5,500	6,000	7,500
Monster 750 (750cc twin)	400	800	1,600	2,400	3,200	4,000
Monster 900 (900cc twin)	500	1,000	2,100	3,200	4,300	5,400
ST2 (944cc twin)	1,000	2,500	4,000	5,500	6,000	7,500
1999						
748 (748cc twin)	1,000	2,000	3,000	4,000	5,000	6,000
748 Biposto (748cc twin)	1,000	2,000	4,000	6,000	8,000	10,000

	6	5	4	3	2	1
Monster 750 (750cc twin)	400	800	1,600	2,400	3,200	4,000
Monster 750 Dark (750cc twin)	400	800	1,600	2,400	3,200	4,000
Super Sport 750 Full Fairing (750cc twin)	400	800	1,600	2,400	3,200	4,000
Super Sport 750 Half Fairing (750cc twin)	400	800	1,600	2,400	3,200	4,000
900 Special (900cc twin)	500	1,000	2,100	3,200	4,300	5,400
Monster 900 (900cc twin)	500	1,000	2,100	3,200	4,300	5,400
Monster 900 City (900cc twin)	500	1,000	2,100	3,200	4,300	5,400
Monster 900 Cromo (900cc twin)	500	1,000	2,100	3,200	4,300	5,400
Super Sport 900 Full Fairing (900cc twin)	500	1,000	2,100	3,200	4,300	5,400
Super Sport 900 Half Fairing (900cc twin)	500	1,000	2,100	3,200	4,300	5,400
ST4 (916cc twin)	500	1,000	2,100	3,200	4,300	5,400
ST2 (944cc twin)	1,000	2,500	4,000	5,500	6,000	7,500
996 (996cc twin)	500	1,000	2,500	4,000	5,500	7,000
996 Biposto (996cc twin)	500	1,000	2,500	4,000	5,500	7,000
996 Special (996cc twin)	500	1,000	2,500	4,000	5,500	7,000

EXCELSIOR-BRITISH

	6	5	4	3	2	1
1909						
3.5 hp	5,000	10,000	20,000	30,000	40,000	50,000
1922						
2.75 hp Blackburne	2,000	4,000	8,000	12,000	16,000	20,000
4.5 hp 650cc	2,500	5,000	10,000	15,000	20,000	25,000
8 hp V-twin	3,000	6,000	12,000	18,000	24,000	30,000
1923						
147cc Villiers (147cc single)	2,000	4,000	6,000	8,000	10,000	12,000
250cc open frame (Lady's Model) (250cc single)	2,500	5,000	10,000	15,000	20,000	25,000
349cc Blackburne (349cc single)	2,500	5,000	10,000	15,000	20,000	25,000
350cc JAP (350cc single)	2,500	5,000	10,000	15,000	20,000	25,000
976cc JAP (976cc twin)	3,000	6,000	12,000	18,000	24,000	30,000
1924						
350cc (350cc single)	2,500	5,000	10,000	15,000	20,000	25,000
545cc Blackburne (545cc single)	3,000	6,000	12,000	18,000	24,000	30,000
600cc (600cc single)	3,000	6,000	12,000	18,000	24,000	30,000
1925						
172cc Villiers (172cc single)	2,000	4,000	6,000	8,000	10,000	12,000
249cc Villiers (249cc single)	2,500	5,000	10,000	15,000	20,000	25,000
250cc open frame (Lady's Model) (250cc single)	3,000	6,000	10,000	15,000	20,000	25,000
349cc Bradshaw (349cc single)	2,500	5,000	10,000	15,000	20,000	25,000
1926						
174cc (174cc single)	2,000	4,000	6,000	8,000	10,000	12,000
346cc JAP (346cc single)	2,500	5,000	10,000	15,000	20,000	25,000
500cc Blackburne (500cc single)	2,500	5,000	10,000	15,000	20,000	25,000
1927						
490cc Villiers/JAP (490cc single)	2,500	5,000	10,000	15,000	20,000	25,000
1928						
247cc (247cc single)	2,000	4,000	8,000	12,000	16,000	20,000
1929						
250cc JAP (250cc single)	2,000	4,000	8,000	12,000	16,000	20,000
B14 JAP (498cc single)	2,500	5,000	10,000	15,000	20,000	25,000
1930						
147cc Villiers (147cc single)	2,000	4,000	6,000	8,000	10,000	12,000
Model 7 (250cc single)	2,000	4,000	8,000	12,000	16,000	20,000
Model 9 (250cc single)	2,000	4,000	8,000	12,000	16,000	20,000
A11 (350cc single)	2,500	5,000	10,000	15,000	20,000	25,000
490cc JAP (490cc single)	2,500	5,000	10,000	15,000	20,000	25,000
1931						
Universal (98cc single)	400	800	1,600	2,400	3,200	4,000
350cc (350cc single)	2,500	5,000	10,000	15,000	20,000	25,000
1932						
Universal (98cc single)	400	800	1,600	2,400	3,200	4,000

	6	5	4	3	2	1
250cc (250cc single)	2,000	4,000	8,000	12,000	16,000	20,000
350cc (350cc single)	2,500	5,000	10,000	15,000	20,000	25,000
B14 (497cc single)	3,000	6,000	12,000	18,000	24,000	30,000
1933						
Universal (98cc single)	400	800	1,600	2,400	3,200	4,000
C14 (497cc single)	3,000	6,000	12,000	18,000	24,000	30,000
1934						
Universal (98cc single)	400	800	1,600	2,400	3,200	4,000
Pioneer (150cc single)	2,000	4,000	6,000	8,000	10,000	12,000
Tradesman (248cc single)	2,000	4,000	8,000	12,000	16,000	20,000
1935						
Universal (98cc single)	400	800	1,600	2,400	3,200	4,000
Pioneer (150cc single)	2,000	4,000	6,000	8,000	10,000	12,000
Manxman (250cc single)	3,000	6,000	12,000	18,000	24,000	30,000
Manxman (350cc single)	3,000	6,000	12,000	18,000	24,000	30,000
1936						
Universal (98cc single)	400	800	1,600	2,400	3,200	4,000
Pioneer (150cc single)	2,000	4,000	6,000	8,000	10,000	12,000
Manxman (250cc single)	3,000	6,000	12,000	18,000	24,000	30,000
Manxman (350cc single)	3,000	6,000	12,000	18,000	24,000	30,000
Manxman (500cc single)	3,000	6,000	12,000	18,000	24,000	30,000
1937						
Autobyk (98cc single)	400	800	1,600	2,400	3,200	4,000
Sprite (98cc single)	400	800	1,600	2,400	3,200	4,000
Universal (98cc single)	400	800	1,600	2,400	3,200	4,000
Universal (125cc single)	400	800	1,600	2,400	3,200	4,000
Pioneer (150cc single)	2,000	4,000	6,000	8,000	10,000	12,000
Scout (250cc single)	2,000	4,000	8,000	12,000	16,000	20,000
Manxman (250cc single)	3,000	6,000	12,000	18,000	24,000	30,000
Meritor (250cc single)	2,000	4,000	8,000	12,000	16,000	20,000
Norseman (250cc single)	2,000	4,000	8,000	12,000	16,000	20,000
Manxman (350cc single)	3,000	6,000	12,000	18,000	24,000	30,000
Warrior (350cc single)	2,000	4,000	8,000	12,000	16,000	20,000
Manxman (500cc single)	3,000	6,000	12,000	18,000	24,000	30,000
Manxman Special (500cc single)	3,000	6,000	12,000	18,000	24,000	30,000
GR12 Racing Manxman (250cc single)	3,500	7,000	14,000	21,000	28,000	35,000
GR12 Racing Manxman (350cc single)	3,500	7,000	14,000	21,000	28,000	35,000
1938						
Autobyk (98cc single)	400	800	1,600	2,400	3,200	4,000
Universal (98cc single)	400	800	1,600	2,400	3,200	4,000
Universal (125cc single)	400	800	1,600	2,400	3,200	4,000
Pioneer (150cc single)	2,000	4,000	6,000	8,000	10,000	12,000
Scout (250cc single)	2,000	4,000	8,000	12,000	16,000	20,000
Manxman (250cc single)	3,000	6,000	12,000	18,000	24,000	30,000
Meritor (250cc single)	2,000	4,000	8,000	12,000	16,000	20,000
Norseman (250cc single)	2,000	4,000	8,000	12,000	16,000	20,000
Manxman (350cc single)	3,000	6,000	12,000	18,000	24,000	30,000
Warrior (350cc single)	2,000	4,000	8,000	12,000	16,000	20,000
Manxman (500cc single)	3,000	6,000	12,000	18,000	24,000	30,000
Manxman Special (500cc single)	3,000	6,000	12,000	18,000	24,000	30,000
1939						
Welbike (98cc single) (3,853 made-7 years)	1,000	2,000	4,000	6,000	8,000	10,000
Autobyk (98cc single)	400	800	1,600	2,400	3,200	4,000
Universal (98cc single)	400	800	1,600	2,400	3,200	4,000
Universal (125cc single)	400	800	1,600	2,400	3,200	4,000
J1 Pioneer (150cc single)	2,000	4,000	6,000	8,000	10,000	12,000
JD1 Pioneer (150cc single)	2,000	4,000	6,000	8,000	10,000	12,000
J4 Meritor (250cc single)	2,000	4,000	8,000	12,000	16,000	20,000
JD4 Meritor (250cc single)	2,000	4,000	8,000	12,000	16,000	20,000
Norseman (350cc single)	2,000	4,000	8,000	12,000	16,000	20,000

	6	5	4	3	2	1
Warrior (350cc single)	2,000	4,000	8,000	12,000	16,000	20,000
Manxman (250cc single)	3,000	6,000	12,000	18,000	24,000	30,000
Manxman Special (250cc single)	3,000	6,000	12,000	18,000	24,000	30,000
Manxman (350cc single)	3,000	6,000	12,000	18,000	24,000	30,000
Manxman Special (350cc single)	3,000	6,000	12,000	18,000	24,000	30,000
Manxman (450cc single)	3,000	6,000	12,000	18,000	24,000	30,000
Manxman Special (450cc single)	3,000	6,000	12,000	18,000	24,000	30,000
1940						
Welbike (98cc single)	1,000	2,000	4,000	6,000	8,000	10,000
1941						
Welbike (98cc single)	1,000	2,000	4,000	6,000	8,000	10,000
1942						
Welbike (98cc single)	1,000	2,000	4,000	6,000	8,000	10,000
1943						
Welbike (98cc single)	1,000	2,000	4,000	6,000	8,000	10,000
1944						
Welbike (98cc single)	1,000	2,000	4,000	6,000	8,000	10,000
1945						
Welbike (98cc single)	1,000	2,000	4,000	6,000	8,000	10,000
1946						
Autobyk (98cc single)	400	800	1,600	2,400	3,200	4,000
1947						
Autobyk (98cc single)	400	800	1,600	2,400	3,200	4,000
1948						
Autobyk (98cc single)	400	800	1,600	2,400	3,200	4,000
Universal (98cc single)	400	800	1,600	2,400	3,200	4,000
Universal (125cc single)	400	800	1,600	2,400	3,200	4,000
1949						
Autobyk (98cc single)	400	800	1,600	2,400	3,200	4,000
Universal (98cc single)	400	800	1,600	2,400	3,200	4,000
Roadmaster (197cc single)	400	800	1,600	2,400	3,200	4,000
Talisman (249cc single)	500	1,000	2,000	3,000	4,000	5,000
1950						
Autobyk (98cc single)	400	800	1,600	2,400	3,200	4,000
Super Autobyk (98cc single)	400	800	1,600	2,400	3,200	4,000
Universal (98cc single)	400	800	1,600	2,400	3,200	4,000
Roadmaster (197cc single)	400	800	1,600	2,400	3,200	4,000
Talisman Twin (243cc twin)	500	1,000	2,000	3,000	4,000	5,000
1951						
Autobyk (98cc single)	400	800	1,600	2,400	3,200	4,000
Super Autobyk (98cc single)	400	800	1,600	2,400	3,200	4,000
Universal (98cc single)	400	800	1,600	2,400	3,200	4,000
Roadmaster (197cc single)	400	800	1,600	2,400	3,200	4,000
Talisman Twin (243cc twin)	500	1,000	2,000	3,000	4,000	5,000
1952						
Autobyk (98cc single)	400	800	1,600	2,400	3,200	4,000
Super Autobyk (98cc single)	400	800	1,600	2,400	3,200	4,000
Universal (98cc single)	400	800	1,600	2,400	3,200	4,000
Roadmaster (197cc single)	400	800	1,600	2,400	3,200	4,000
Talisman Twin (243cc twin)	500	1,000	2,000	3,000	4,000	5,000
Talisman Twin Sports (250cc twin)	500	1,000	2,000	3,000	4,000	5,000
1953						
Consort (99cc single)	400	800	1,600	2,400	3,200	4,000
Condex (125cc single)	300	600	1,200	1,800	2,400	3,000
Courier (147cc single)	300	600	1,200	1,800	2,400	3,000
Roadmaster (197cc single)	400	800	1,600	2,400	3,200	4,000
Talisman Twin (243cc twin)	500	1,000	2,000	3,000	4,000	5,000
Talisman Twin Sports (250cc twin)	500	1,000	2,000	3,000	4,000	5,000
1954						
Consort (99cc single)	400	800	1,600	2,400	3,200	4,000

	6	5	4	3	2	1
Condex (125cc single)	300	600	1,200	1,800	2,400	3,000
Courier (147cc single).	300	600	1,200	1,800	2,400	3,000
Roadmaster (197cc single)	400	800	1,600	2,400	3,200	4,000
Talisman Twin (243cc twin)	500	1,000	2,000	3,000	4,000	5,000
Talisman Twin Sports (250cc twin)	500	1,000	2,000	3,000	4,000	5,000
1955						
Consort (99cc single)	400	800	1,600	2,400	3,200	4,000
Condex (125cc single)	300	600	1,200	1,800	2,400	3,000
Courier (147cc single).	300	600	1,200	1,800	2,400	3,000
Roadmaster (197cc single)	400	800	1,600	2,400	3,200	4,000
Talisman Twin (243cc twin)	500	1,000	2,000	3,000	4,000	5,000
Talisman Twin Sports (250cc twin)	500	1,000	2,000	3,000	4,000	5,000
1956						
Autobyk (98cc single)	400	800	1,600	2,400	3,200	4,000
Super Autobyk (98cc single)	400	800	1,600	2,400	3,200	4,000
Condex (125cc single)	400	800	1,600	2,400	3,200	4,000
Consort (99cc single)	400	800	1,600	2,400	3,200	4,000
Roadmaster (197cc single)	400	800	1,600	2,400	3,200	4,000
Autocrat (197cc single)	400	800	1,600	2,400	3,200	4,000
Courier (147cc single).	300	600	1,200	1,800	2,400	3,000
Talisman Twin (243cc twin)	500	1,000	2,000	3,000	4,000	5,000
Talisman Twin Sports (250cc twin)	500	1,000	2,000	3,000	4,000	5,000
1957						
Skutabike (98cc single)	400	800	1,600	2,400	3,200	4,000
Consort (99cc single)	400	800	1,600	2,400	3,200	4,000
Convoy (150cc single).	400	800	1,600	2,400	3,200	4,000
Talisman Twin (243cc twin)	500	1,000	2,000	3,000	4,000	5,000
Talisman Twin Sports (250cc twin)	500	1,000	2,000	3,000	4,000	5,000
1958						
Skutabike (98cc single)	400	800	1,600	2,400	3,200	4,000
Universal (98cc single)	400	800	1,600	2,400	3,200	4,000
Consort (99cc single)	400	800	1,600	2,400	3,200	4,000
Talisman Twin (250cc twin)	500	1,000	2,000	3,000	4,000	5,000
Talisman Twin Special (328cc twin)	750	1,500	2,500	3,500	4,500	5,500
Super Talisman Twin (328cc twin).	750	1,500	2,500	3,500	4,500	5,500
1959						
Skutabike (98cc single)	400	800	1,600	2,400	3,200	4,000
Universal (98cc single)	400	800	1,600	2,400	3,200	4,000
Consort (99cc single)	400	800	1,600	2,400	3,200	4,000
Monarch (147cc single)	400	800	1,600	2,400	3,200	4,000
Talisman Twin (250cc twin)	500	1,000	2,000	3,000	4,000	5,000
Talisman Twin Special (328cc twin)	750	1,500	2,500	3,500	4,500	5,500
Super Talisman Twin (328cc twin).	750	1,500	2,500	3,500	4,500	5,500
1960						
Skutabike (98cc single)	400	800	1,600	2,400	3,200	4,000
Universal (98cc single)	400	800	1,600	2,400	3,200	4,000
Consort (99cc single)	400	800	1,600	2,400	3,200	4,000
Monarch (147cc single)	400	800	1,600	2,400	3,200	4,000
Talisman Twin (250cc twin)	500	1,000	2,000	3,000	4,000	5,000
Talisman Twin Special (328cc twin)	750	1,500	2,500	3,500	4,500	5,500
Super Talisman Twin (328cc twin).	750	1,500	2,500	3,500	4,500	5,500
1961						
Monarch (147cc single)	400	800	1,600	2,400	3,200	4,000
Consort (99cc single)	400	800	1,600	2,400	3,200	4,000
Universal (98cc single)	400	800	1,600	2,400	3,200	4,000
Roadmaster (197cc single)	400	800	1,600	2,400	3,200	4,000
Talisman Twin (250cc twin)	500	1,000	2,000	3,000	4,000	5,000
Talisman Twin Special (328cc twin)	750	1,500	2,500	3,500	4,500	5,500
1962						
Consort (99cc single)	400	800	1,600	2,400	3,200	4,000

	6	5	4	3	2	1
1963						
Consort (99cc single)	400	800	1,600	2,400	3,200	4,000

EXCELSIOR-USA

	6	5	4	3	2	1
1907 (289 made)						
Single (344cc single)	15,000	20,000	26,000	35,000	45,000	55,000
1908 (546 made)						
Single (344cc single)	15,000	20,000	26,000	35,000	45,000	55,000
1909 (2,892 made)						
Single (344cc single)	5,000	10,000	15,000	25,000	35,000	45,000
1910 (5,519 made)						
Model 4 Single 30.5 (500cc single)	5,000	10,000	15,000	25,000	35,000	45,000
Model 7 Auto Cycle Twin 50ci (819cc twin)	15,000	25,000	40,000	60,000	80,000	100K
1911 (6,073 made)						
Model 4 Single 30.5 (500cc single)	10,000	20,000	30,000	40,000	50,000	60,000
Model 7 Auto Cycle Twin 50ci (819cc twin)	10,000	20,000	30,000	50,000	70,000	90,000
1912 (2,744 made)						
Model 4 Single 30.5 (500cc single)	5,000	10,000	15,000	25,000	35,000	45,000
Model 7 Auto Cycle Twin 50ci (819cc twin)	10,000	20,000	30,000	50,000	70,000	90,000
1913 (30,914 made)						
Model 4 Single 30.5 ci (500cc single)	5,000	10,000	15,000	25,000	35,000	45,000
Model 7 Auto Cycle Twin 50ci (819cc twin)	15,000	25,000	35,000	50,000	60,000	70,000
1914 (20,432 made)						
Model 4 Single 30.5 (500cc single)	5,000	10,000	20,000	35,000	50,000	65,000
Super X Twin-Model 61 (1000cc twin)	10,000	20,000	40,000	60,000	80,000	100K
1915						
Super X Twin-Model 61 (1000cc twin) (11,500 made). . .	25,000	35,000	45,000	55,000	70,000	90,000
1916						
Super X Twin-Model 61 (1000cc twin) (13,200 made). . .	25,000	35,000	45,000	55,000	70,000	90,000
1917						
Super X Twin-Model 61 (1000cc twin) (5175 made). . . .	25,000	35,000	45,000	55,000	70,000	90,000
1918						
Super X Twin-Model 61 (1000cc twin) (3,998 made) . . .	25,000	35,000	45,000	55,000	70,000	90,000
1919						
Super X Twin-Model 61 (1000cc twin) (6,127 made) . . .	25,000	35,000	45,000	55,000	70,000	90,000
1920						
Super X Twin-Model 61 (1000cc twin) (4,000 made) . . .	25,000	35,000	45,000	55,000	70,000	90,000
1921 (500 made)						
Super X Twin-Model 61 (1000cc twin)	25,000	35,000	45,000	55,000	70,000	90,000
Big X Model 74 (1200 cc twin)	10,000	25,000	35,000	45,000	55,000	65,000
1922 (500 made)						
Super X Twin-Model 61 (1000cc twin)	25,000	35,000	45,000	55,000	70,000	90,000
Big X Model 74 (1200 cc twin)	10,000	25,000	35,000	45,000	55,000	65,000
1923 (500 made)						
Super X Twin-Model 61 (1000cc twin)	25,000	35,000	45,000	55,000	70,000	90,000
Big X Model 74 (1200 cc twin)	10,000	25,000	35,000	45,000	55,000	65,000
1924						
Super X Twin-Model 61 (1000cc twin).	25,000	35,000	45,000	55,000	70,000	90,000
Big X Model 74 (1200 cc twin)	10,200	25,000	35,000	45,000	55,000	65,000
1925						
Super X 45 (750cc twin)	10,000	20,000	35,000	50,000	65,000	80,000
1926						
Super X 45 (750cc twin)	10,000	20,000	35,000	50,000	65,000	80,000
1927						
Super X 45 (750cc twin)	10,000	20,000	35,000	50,000	65,000	80,000
1928						
Super X 45 (750cc twin)	10,000	20,000	40,000	60,000	80,000	100K
1929						
Super X 45 (750cc twin)	10,000	20,000	40,000	60,000	80,000	100K

	6	5	4	3	2	1
1930						
Super X 45 (750cc twin)	10,000	20,000	35,000	50,000	65,000	80,000
1931						
Super X 45 (750cc twin)	10,000	20,000	35,000	50,000	65,000	80,000
1999 (new production)						
Super X (1,386cc V-twin) (1,161 made)	1,000	2,000	3,500	5,000	6,500	8,000
2000						
Super X (1,386cc V-twin) (643 made)	1,000	2,000	3,500	5,000	6,500	8,000
Deadwood (1,386cc V-twin) (77 made)	1,000	2,000	3,500	5,000	6,500	8,000

FLANDERS

	6	5	4	3	2	1
1911						
4HP single (485cc single)	10,000	20,000	30,000	40,000	50,000	60,000
1912						
4HP single (485cc single)	10,000	20,000	30,000	40,000	50,000	60,000
1913						
4HP single (485cc single)	10,000	20,000	30,000	40,000	50,000	60,000
1914						
67ci (485cc single)	15,000	30,000	45,000	60,000	80,000	100K
Model B (485cc single)	15,000	30,000	45,000	60,000	80,000	100K
Model D 67 cu. in twin.	15,000	30,000	45,000	60,000	80,000	100K

FLYING MERKEL

	6	5	4	3	2	1
1909						
Model U Single 3.5 hp (500cc single)	10,000	20,000	30,000	40,000	50,000	60,000
Model W Single 3.5 hp (500cc single).	10,000	20,000	30,000	40,000	50,000	60,000
Model V Twin 6.5 hp	50,000	100K	150K	200K	250K	300K
1910						
Model U Single (500cc single)	10,000	20,000	30,000	40,000	50,000	60,000
Model V Twin 6 hp (50 ci)	50,000	100K	150K	200K	250K	300K
Model V Twin 7 hp (61 ci)	50,000	100K	150K	200K	250K	300K
1911						
Model W-S Single 4 hp (500cc single)	10,000	20,000	30,000	40,000	50,000	60,000
Model V Twin 6 hp (50 ci)	50,000	100K	150K	200K	250K	300K
Model V-S Twin 7 hp (61 ci)	50,000	100K	150K	200K	250K	300K
1912						
Model W-S Single 4 hp (500cc single)	10,000	20,000	30,000	40,000	50,000	60,000
Model V Twin 6 hp (50 ci)	50,000	75,000	100K	125K	150K	200K
Model V-S Twin 7 hp (61 ci)	50,000	75,000	100K	125K	150K	200K
1913						
Model 40 Single 4 hp	10,000	20,000	30,000	40,000	50,000	60,000
Model 41 Single 4 hp	10,000	20,000	30,000	40,000	50,000	60,000
Model 45 Single 4 hp	10,000	20,000	30,000	40,000	50,000	60,000
Model 7-75 V-Twin 7 hp (ci ci)	50,000	75,000	100K	125K	150K	200K
Model 70 V-Twin 7 hp (61 ci)	50,000	75,000	100K	125K	150K	200K
Model 71 V-Twin 7 hp (61 ci)	50,000	75,000	100K	125K	150K	200K
1914						
Model 440 Single 4 hp	10,000	20,000	30,000	40,000	50,000	60,000
Model 441 Single 4 hp	10,000	20,000	30,000	40,000	50,000	60,000
Model 470 V-Twin 7 hp (61 ci)	50,000	75,000	100K	125K	150K	200K
Model 471 V-Twin 7 hp (61 ci).	50,000	75,000	100K	125K	150K	200K
Model 473 V-Twin 7 hp (61 ci)	50,000	75,000	100K	125K	150K	200K
1915						
Model 541 Single 5.5 hp	10,000	20,000	30,000	40,000	50,000	60,000
Model 570 V-Twin 9 hp (61 ci).	50,000	75,000	100K	125K	150K	200K
Model 571 V-Twin 9 hp (61 ci).	50,000	75,000	100K	125K	150K	200K
Model 573 V-Twin 9 hp (61 ci).	50,000	75,000	100K	125K	150K	200K
Model 575 V-Twin 9 hp (61 ci).	50,000	75,000	100K	125K	150K	200K
1916						
Model 641 Single 5.5 hp	10,000	20,000	30,000	40,000	50,000	60,000
Model 643 Single 5.5 hp	10,000	20,000	30,000	40,000	50,000	60,000

	6	5	4	3	2	1
Model 671 V-Twin 9 hp (61 ci).	50,000	75,000	100K	125K	150K	200K
Model 673 V-Twin 9 hp (61 ci).	50,000	75,000	100K	125K	150K	200K
Model 673 V-Twin 9 hp (61 ci).	50,000	75,000	100K	125K	150K	200K
1917						
Motorwheel (250cc single)	4,000	8,000	15,000	22,000	29,000	36,000

GAS GAS						
1991						
Delta GT25 (238cc single)	150	300	600	900	1,200	1,500
Delta GT32 (327cc single)	150	300	600	900	1,200	1,500
1992						
Contact GT25 (238cc single)	150	350	700	1,000	1,300	1,600
Contact GT32 (327cc single)	150	350	700	1,000	1,300	1,600
1993						
Contact GT12 (124cc single)	300	600	900	1,200	1,500	1,800
Contact GT16 (143cc single)	200	400	700	1,100	1,400	1,700
Contact GT25 (238cc single)	300	600	900	1,200	1,500	1,800
Contact GT32 (327cc single)	300	600	900	1,200	1,500	1,800
1994						
Endurocross TT80 (80cc single)	150	300	600	900	1,200	1,500
Motocross TT80 (80cc single).	150	350	700	1,000	1,300	1,600
Endurocross TT125 (125cc single)	300	600	900	1,200	1,500	1,800
Motocross TT125 (125cc single)	200	400	800	1,200	1,600	2,000
Contact GT16 (143cc single)	300	600	900	1,200	1,500	1,800
Contact GT25 JT (238cc single)	200	400	800	1,200	1,600	2,000
Endurocross TT250 (250cc single)	250	500	1,000	1,500	2,000	2,500
Motocross TT250 (250cc single)	250	500	1,000	1,500	2,000	2,500
Contact GT32 JT (328cc single)	200	400	800	1,200	1,600	2,000
1995						
Endurocross TT80 (80cc single)	150	300	600	900	1,200	1,500
Cross CR125 (124cc single)	200	400	800	1,200	1,600	2,000
Endurocross TT124 (125cc single)	200	400	800	1,200	1,600	2,000
Contact JT16 (144cc single)	200	400	800	1,200	1,600	2,000
Contact JT25 (238cc single)	200	400	800	1,200	1,600	2,000
Cross CR250 (249cc single)	250	500	1,000	1,500	2,000	2,500
Endurocross TT250 (250cc single)	250	500	1,000	1,500	2,000	2,500
Contact JT32 (327cc single)	200	400	800	1,200	1,600	2,000
1996						
JTR160 (160cc single)	150	300	600	900	1,200	1,500
JTR250 (250cc single)	150	300	600	900	1,200	1,500
Pampera 250 (250cc single)	200	400	800	1,200	1,600	2,000
JTR270 (270cc single)	150	300	600	900	1,200	1,500
JTR370 (370cc single)	300	600	900	1,200	1,500	1,800
1997						
EC125 (125cc single).	300	600	900	1,200	1,500	1,800
JTX200 (200cc single)	150	300	600	900	1,200	1,500
EC250 (250cc single).	200	400	800	1,200	1,600	2,000
Pampera 250 (250cc single)	200	400	800	1,200	1,600	2,000
JTX270 (270cc single)	150	300	600	900	1,200	1,500
JTX320 (320cc single)	300	600	900	1,200	1,500	1,800
Pampera 370 (370cc single)	200	400	800	1,200	1,600	2,000
1998						
EC125 (125cc single).	300	600	900	1,200	1,500	1,800
TX200 (200cc single)	150	300	600	900	1,200	1,500
EC250 (250cc single).	200	400	800	1,200	1,600	2,000
Pampera 250 (250cc single)	200	400	800	1,200	1,600	2,000
TX270 (270cc single)	150	300	600	900	1,200	1,500
Pampera 320 (320cc single)	200	400	800	1,200	1,600	2,000
TX320 (320cc single)	300	600	900	1,200	1,500	1,800

	6	5	4	3	2	1
1999						
EC200 (200cc single)	200	400	800	1,200	1,600	2,000
TX200 (200cc single)	150	300	600	900	1,200	1,500
EC250 (250cc single)	200	400	800	1,200	1,600	2,000
MC250 (250cc single)	200	400	600	800	1,000	1,200
MX250 (250cc single)	200	400	600	800	1,000	1,200
Pampera 250 (250cc single)	200	400	800	1,200	1,600	2,000
TX270 (270cc single)	150	300	600	900	1,200	1,500
EC300 (300cc single)	200	400	800	1,200	1,600	2,000
Pampera 320 (320cc single)	200	400	800	1,200	1,600	2,000
TX320 (320cc single)	300	600	900	1,200	1,500	1,800
GILERA						
1909						
317cc single (1 made-first bike made)	50,000	100K	250K	500K	750K	1,000K
1921						
496cc single.	5,000	10,000	20,000	30,000	40,000	50,000
1927						
Super Sport (500cc single)	5,000	10,000	20,000	30,000	40,000	50,000
1932						
Sirio (175cc single)	2,500	5,000	10,000	15,000	20,000	25,000
1933						
Sirio (175cc single)	2,500	5,000	10,000	15,000	20,000	25,000
1934						
220 (220cc single)	2,500	5,000	10,000	15,000	20,000	25,000
500 (500cc single)	3,000	6,000	12,000	18,000	24,000	30,000
1935						
VL 500 (500cc single).	3,000	6,000	12,000	18,000	24,000	30,000
1936						
VT GSE 500 (500cc single)	3,000	6,000	12,000	18,000	24,000	30,000
1937						
500 Rondine (500cc single)	4,000	8,000	16,000	24,000	32,000	40,000
1938						
L250 (250cc single)	2,500	5,000	10,000	15,000	20,000	25,000
VLE500 (498cc single)	3,000	6,000	12,000	18,000	24,000	30,000
1939						
L250 (250cc single).	2,500	5,000	10,000	15,000	20,000	25,000
LTE500 Military (498cc single)	2,500	5,000	10,000	15,000	20,000	25,000
Saturno (500cc single)	1,000	2,000	4,000	6,000	9,000	12,000
1940						
L250 (250cc single).	2,500	5,000	10,000	15,000	20,000	25,000
LTE500 Military (498cc single)	2,500	5,000	10,000	15,000	20,000	25,000
1941						
L250 (250cc single).	2,500	5,000	10,000	15,000	20,000	25,000
LTE500 Military (498cc single)	2,500	5,000	10,000	15,000	20,000	25,000
1942						
LTE500 Military (498cc single)	2,500	5,000	10,000	15,000	20,000	25,000
1943						
LTE500 Military (498cc single)	2,500	5,000	10,000	15,000	20,000	25,000
1944						
LTE500 Military (498cc single)	2,500	5,000	10,000	15,000	20,000	25,000
1945						
LTE500 Military (498cc single)	2,500	5,000	10,000	15,000	20,000	25,000
1947 (6,026 Saturnos made, 13 yrs)						
Nettuno (250cc single)	2,000	4,000	6,000	8,000	10,000	12,000
Saturno San Remo (499cc single)	3,000	6,000	10,000	15,000	20,000	25,000
Saturno Sport (499cc single)	1,500	3,000	6,000	9,000	12,000	15,000
Saturno Turismo (499cc single)	1,500	3,000	6,000	9,000	12,000	15,000
1948						
Nettuno (250cc single)	2,000	4,000	6,000	8,000	10,000	12,000

	6	5	4	3	2	1
Saturno San Remo (499cc single)	3,000	6,000	10,000	15,000	20,000	25,000
Saturno Sport (499cc single)	1,500	3,000	6,000	9,000	12,000	15,000
Saturno Turismo (499cc single)	1,500	3,000	6,000	9,000	12,000	15,000
1949						
Saturno San Remo (499cc single)	3,000	6,000	10,000	15,000	20,000	25,000
Saturno Sport (499cc single)	1,500	3,000	6,000	9,000	12,000	15,000
Saturno Turismo (499cc single)	1,500	3,000	6,000	9,000	12,000	15,000
1950						
Saturno San Remo (499cc single)	3,000	6,000	10,000	15,000	20,000	25,000
Saturno Turismo (499cc single)	1,500	3,000	6,000	9,000	12,000	15,000
1951						
125 (125cc single)	1,000	2,000	3,000	4,000	5,000	6,000
Saturno Corsa (499cc single)	1,000	2,000	4,000	6,000	9,000	12,000
Saturno San Remo (499cc single)	3,000	6,000	10,000	15,000	20,000	25,000
Saturno Sport (499cc single)	1,500	3,000	6,000	9,000	12,000	15,000
Saturno Turismo (499cc single)	1,500	3,000	6,000	9,000	12,000	15,000
1952						
Saturno Corsa (499cc single)	1,000	2,000	4,000	6,000	9,000	12,000
Saturno San Remo (499cc single)	3,000	6,000	10,000	15,000	20,000	25,000
Saturno Sport (499cc single)	1,500	3,000	6,000	9,000	12,000	15,000
1953						
Saturno Corsa (499cc single)	1,000	2,000	4,000	6,000	9,000	12,000
Saturno San Remo (499cc single)	3,000	6,000	10,000	15,000	20,000	25,000
Saturno Sport (499cc single)	1,500	3,000	6,000	9,000	12,000	15,000
1954						
Sport 150 (150cc single)	1,000	2,000	3,500	5,000	6,500	8,000
B300 Bicilindrica (300cc twin)	1,000	2,000	3,000	4,000	5,000	6,000
Melani Touring (150cc)	400	800	1,600	2,400	3,200	4,000
Saturno Corsa (499cc single)	1,000	2,000	4,000	6,000	9,000	12,000
Saturno Sport (499cc single)	1,500	3,000	6,000	9,000	12,000	15,000
1955						
Sport 150 (150cc single)	1,000	2,000	3,500	5,000	6,500	8,000
B300 Bicilindrica (300cc twin)	1,000	2,000	3,000	4,000	5,000	6,000
Saturno Corsa (499cc single)	1,000	2,000	4,000	6,000	9,000	12,000
Saturno Sport (499cc single)	1,500	3,000	6,000	9,000	12,000	15,000
1956						
125 (125cc single)	500	800	1,200	2,000	3,000	4,000
GT150 (150cc single)	1,000	2,000	3,000	4,000	5,000	6,000
175 Sport (175cc single)	1,000	2,000	3,500	5,000	6,500	8,000
Milano Taranto 175 (175cc single)	1,000	2,000	3,500	5,000	6,500	8,000
Saturno Corsa (499cc single)	1,000	2,000	4,000	6,000	9,000	12,000
Saturno Cross (499cc single)	2,000	4,000	6,000	8,000	10,000	12,000
Saturno Sport (499cc single)	1,500	3,000	6,000	9,000	12,000	15,000
1957						
125 (125cc single)	500	800	1,200	2,000	3,000	4,000
GT150 Gran Turismo (150cc single)	1,000	2,000	3,500	5,000	6,500	8,000
Turismo 150 (150cc single)	1,000	2,000	3,000	4,000	5,000	6,000
150 Sport (150cc single)	1,000	2,000	3,000	4,000	5,000	6,000
Giubileo 175 (175cc single)	300	600	900	1,500	2,100	3,000
Milano Taranto 175 (175cc single)	1,000	2,000	3,500	5,000	6,500	8,000
Extra Rossa 175 (175cc single)	1,000	2,000	3,000	4,000	5,000	6,000
B300 Bicilindrica (300cc twin)	300	600	900	1,500	2,100	3,000
Saturno Corsa (499cc single)	1,000	2,000	4,000	6,000	9,000	12,000
Saturno Cross (499cc single)	2,000	4,000	6,000	8,000	10,000	12,000
Saturno Sport (499cc single)	1,500	3,000	6,000	9,000	12,000	15,000
1958						
GP (125cc single)	1,000	2,000	4,000	6,000	9,000	12,000
Giubileo 125 (125cc single)	1,000	2,000	3,000	4,000	5,000	6,000
Rossa Sport 125 (125cc single)	1,000	2,000	3,000	4,000	5,000	6,000
150 Super Sport (150cc single)	1,000	2,000	3,000	4,000	5,000	6,000

	6	5	4	3	2	1
Rossa Sport 175 (175cc single)	1,000	2,000	3,000	4,000	5,000	6,000
Extra Rossa 175 (175cc single)	1,000	2,000	3,000	4,000	5,000	6,000
300 Twin (300cc twin)	1,000	2,000	3,000	4,000	5,000	6,000
Saturno Cross (499cc single)	2,000	4,000	6,000	8,000	10,000	12,000
Saturno Sport (499cc single)	1,500	3,000	6,000	9,000	12,000	15,000
1959						
Giubileo 98 (98cc single)	400	800	1,600	2,400	3,200	4,000
Giubileo 125 (125cc single)	1,000	2,000	3,000	4,000	5,000	6,000
Extra Rossa 175 (175cc single)	1,000	2,000	3,000	4,000	5,000	6,000
Saturno Cross (499cc single)	2,000	4,000	6,000	8,000	10,000	12,000
1960						
124 Extra (124cc single)	1,000	2,000	3,000	4,000	5,000	6,000
Sport (150cc single)	1,000	2,000	3,000	4,000	5,000	6,000
Sport (175cc single)	1,000	2,000	3,000	4,000	5,000	6,000
1961						
Giubileo 98 (98cc single)	400	800	1,600	2,400	3,200	4,000
GT175 (175cc single)	1,000	2,000	3,000	4,000	5,000	6,000
200 Super (202cc single)	1,000	2,000	3,500	5,000	6,500	8,000
1962						
G50 Scooter (50cc single)	400	800	1,600	2,400	3,200	4,000
G50T Scooter (50cc single)	400	800	1,600	2,400	3,200	4,000
Giubileo 98 (98cc single)	400	800	1,600	2,400	3,200	4,000
124 Extra (124cc single)	1,000	2,000	3,000	4,000	5,000	6,000
Giubileo (150cc single)	1,000	2,000	3,000	4,000	5,000	6,000
150 Super Sport (150cc single)	1,000	2,000	3,000	4,000	5,000	6,000
175 Super Sport (175cc single)	1,000	2,000	3,000	4,000	5,000	6,000
B300 (300 cc single)	1,000	2,500	4,000	5,500	7,000	8,500
1963						
G50 Scooter (50cc single)	400	800	1,600	2,400	3,200	4,000
G50T Scooter (50cc single)	400	800	1,600	2,400	3,200	4,000
G80 Scooter (80cc single)	400	800	1,600	2,400	3,200	4,000
106SS (106cc single)	1,000	2,000	3,000	4,000	5,000	6,000
124SS (124cc single)	400	800	1,600	2,400	3,200	4,000
200 Extra (200cc single)	1,000	2,000	3,500	5,000	6,500	8,000
1964						
G50 Scooter (50cc single)	400	800	1,600	2,400	3,200	4,000
G50T Scooter (50cc single)	400	800	1,600	2,400	3,200	4,000
G80 Scooter (80cc single)	400	800	1,600	2,400	3,200	4,000
124 Sei Giorni (124cc single)	1,000	2,000	3,000	4,000	5,000	6,000
Giubileo (124cc single)	1,000	2,000	3,000	4,000	5,000	6,000
Giubileo (175cc single)	1,000	2,000	3,000	4,000	5,000	6,000
300 Extra (300cc single)	1,000	2,500	4,000	5,500	7,000	8,500
1965						
G50 Scooter (50cc single)	400	800	1,600	2,400	3,200	4,000
G50T Scooter (50cc single)	400	800	1,600	2,400	3,200	4,000
G80 Scooter (80cc single)	400	800	1,600	2,400	3,200	4,000
Giubileo (175cc single)	1,000	2,000	3,000	4,000	5,000	6,000
200 Super (202cc single)	1,000	2,000	3,500	5,000	6,500	8,000
300 Extra (300cc single)	1,000	2,500	4,000	5,500	7,000	8,500
1966						
G50 Scooter (50cc single)	400	800	1,600	2,400	3,200	4,000
G50T Scooter (50cc single)	400	800	1,600	2,400	3,200	4,000
G80 Scooter (80cc single)	400	800	1,600	2,400	3,200	4,000
Giubileo (175cc single)	1,000	2,000	3,000	4,000	5,000	6,000
200 Super (202cc single)	1,000	2,000	3,500	5,000	6,500	8,000
300 Extra (300cc single)	1,000	2,500	4,000	5,500	7,000	8,500
1967						
G50 Scooter (50cc single)	400	800	1,600	2,400	3,200	4,000
G50T Scooter (50cc single)	400	800	1,600	2,400	3,200	4,000
G80 Scooter (80cc single)	400	800	1,600	2,400	3,200	4,000

	6	5	4	3	2	1
124 Militare (124cc single)	1,000	2,000	3,000	4,000	5,000	6,000
Giubileo (175cc single)	1,000	2,000	3,000	4,000	5,000	6,000
200 Super (202cc single)	1,000	2,000	3,500	5,000	6,500	8,000
300 Extra (300cc single)	1,000	2,500	4,000	5,500	7,000	8,500
G50 Scooter (50cc single)	400	800	1,600	2,400	3,200	4,000
1968						
G50 Scooter (50cc single)	400	800	1,600	2,400	3,200	4,000
G50T Scooter (50cc single)	400	800	1,600	2,400	3,200	4,000
Giubileo (175cc single)	1,000	2,000	3,000	4,000	5,000	6,000
200 Super (202cc single)	1,000	2,000	3,500	5,000	6,500	8,000
300 Extra (300cc single)	1,000	2,500	4,000	5,500	7,000	8,500
1969						
G50 Scooter (50cc single)	400	800	1,600	2,400	3,200	4,000
Giubileo (175cc single)	1,000	2,000	3,000	4,000	5,000	6,000
200 Super (202cc single)	1,000	2,000	3,500	5,000	6,500	8,000
300 Extra (300cc single)	1,000	2,500	4,000	5,500	7,000	8,500
1970						
124 5V (124cc single)	500	1,000	2,000	3,000	4,000	5,000
1972						
RS50 (50cc single)	400	800	1,600	2,400	3,200	4,000
125 Strada (124cc single)	500	1,000	2,000	3,000	4,000	5,000
150 Strada (152cc single)	1,000	2,000	3,000	4,000	5,000	6,000
1973						
RS50 (50cc single)	400	800	1,600	2,400	3,200	4,000
125 Strada (124cc single)	500	1,000	2,000	3,000	4,000	5,000
150 Strada (152cc single)	1,000	2,000	3,000	4,000	5,000	6,000
1974						
150 Strada (152cc single)	1,000	2,000	3,000	4,000	5,000	6,000
1975						
50 Touring Sports (50cc single)	400	800	1,600	2,400	3,200	4,000
150 Strada (152cc single)	1,000	2,000	3,000	4,000	5,000	6,000
1976						
50 Touring Sports (50cc single)	400	800	1,600	2,400	3,200	4,000
150 Strada (152cc single)	1,000	2,000	3,000	4,000	5,000	6,000
1977						
Trail 50 (50cc single)	400	800	1,600	2,400	3,200	4,000
GR2 (50cc single)	400	800	1,600	2,400	3,200	4,000
1979						
T4 (198cc single)	500	1,000	2,000	3,000	4,000	5,000
1980						
TG1 (122cc single)	500	1,000	2,000	3,000	4,000	5,000
T4 (198cc single)	500	1,000	2,000	3,000	4,000	5,000
1981						
TS50 (50cc single)	400	800	1,600	2,400	3,200	4,000
TG1 (122cc single)	500	1,000	2,000	3,000	4,000	5,000
1983						
RV125 (124cc single)	500	1,000	2,000	3,000	4,000	5,000
RX125 (124cc single)	500	1,000	2,000	3,000	4,000	5,000
1984						
RTX125 (124cc single)	500	1,000	2,000	3,000	4,000	5,000
RV125 (124cc single)	500	1,000	2,000	3,000	4,000	5,000
RX125 (124cc single)	500	1,000	2,000	3,000	4,000	5,000
RTX200 (183cc single)	1,000	2,000	3,000	4,000	5,000	6,000
RX200 Arizona Hawk (183cc single)	1,000	2,000	3,000	4,000	5,000	6,000
NGR250 (249cc single)	1,000	2,000	3,000	4,000	5,000	6,000
1985						
KZ125 (124cc single)	500	1,000	2,000	3,000	4,000	5,000
RTX125 (124cc single)	500	1,000	2,000	3,000	4,000	5,000
RV125 (124cc single)	500	1,000	2,000	3,000	4,000	5,000
RX125 Arizona (124cc single)	500	1,000	2,000	3,000	4,000	5,000

	6	5	4	3	2	1
RTX200 (183cc single)	1,000	2,000	3,000	4,000	5,000	6,000
RX200 Arizona Hawk (183cc single)	1,000	2,000	3,000	4,000	5,000	6,000
NGR250 (249cc single)	1,000	2,000	3,000	4,000	5,000	6,000
RC250 Rally (249cc single)	1,000	2,000	3,000	4,000	5,000	6,000
1986						
ER125 (124cc single)	500	1,000	2,000	3,000	4,000	5,000
KK125 (124cc single)	500	1,000	2,000	3,000	4,000	5,000
KZ125 (124cc single)	500	1,000	2,000	3,000	4,000	5,000
RC125 Rally (124cc single)	500	1,000	2,000	3,000	4,000	5,000
RRT125 Nebraska (124cc single)	500	1,000	2,000	3,000	4,000	5,000
RX125 Arizona (124cc single)	500	1,000	2,000	3,000	4,000	5,000
RC250 Rally (249cc single)	1,000	2,000	3,000	4,000	5,000	6,000
1987						
ER125 (124cc single)	500	1,000	2,000	3,000	4,000	5,000
Fastbike 125 (124cc single)	500	1,000	2,000	3,000	4,000	5,000
KK125 (124cc single)	500	1,000	2,000	3,000	4,000	5,000
KZ125 (124cc single)	500	1,000	2,000	3,000	4,000	5,000
KZ125 Endurance (124cc single)	500	1,000	2,000	3,000	4,000	5,000
MX1 125 (124cc single)	500	1,000	2,000	3,000	4,000	5,000
RC125 Rally (124cc single)	500	1,000	2,000	3,000	4,000	5,000
RRT125 Nebraska (124cc single)	500	1,000	2,000	3,000	4,000	5,000
SP01 125 (124cc single)	500	1,000	2,000	3,000	4,000	5,000
XR1 125 (124cc single)	500	1,000	2,000	3,000	4,000	5,000
ER200 (183cc single)	1,000	2,000	3,000	4,000	5,000	6,000
Fastbike 200 (183cc single)	1,000	2,000	3,000	4,000	5,000	6,000
ER350 Dakota (349cc single)	750	1,000	2,500	4,000	5,500	7,000
Saturno 350 (349cc single)	750	1,000	2,500	4,000	5,500	7,000
Saturno 500 (492cc single)	750	1,500	3,000	4,500	6,000	7,500
1988						
Fastbike 125 (124cc single)	500	1,000	2,000	3,000	4,000	5,000
KK125 (124cc single)	500	1,000	2,000	3,000	4,000	5,000
KZ125 Endurance (124cc single)	500	1,000	2,000	3,000	4,000	5,000
MX1 125 (124cc single)	500	1,000	2,000	3,000	4,000	5,000
MX1 125 Record (124cc single)	500	1,000	2,000	3,000	4,000	5,000
MXR 125 Endurance (124cc single)	500	1,000	2,000	3,000	4,000	5,000
RC125 Rally (124cc single)	500	1,000	2,000	3,000	4,000	5,000
SP01 125 (124cc single)	500	1,000	2,000	3,000	4,000	5,000
XR1 125 (124cc single)	500	1,000	2,000	3,000	4,000	5,000
ER200 (183cc single)	1,000	2,000	3,000	4,000	5,000	6,000
Fastbike 200 (183cc single)	1,000	2,000	3,000	4,000	5,000	6,000
ER350 Dakota (349cc single)	750	1,000	2,500	4,000	5,500	7,000
Saturno 350 (349cc single)	750	1,000	2,500	4,000	5,500	7,000
ER500 Dakota (492cc single)	750	1,500	3,000	4,500	6,000	7,500
Saturno 500 (492cc single)	750	1,500	3,000	4,500	6,000	7,500
RC600 Enduro (558cc single)	1,000	2,000	3,500	5,000	6,500	8,000
1989						
KK125 (124cc single)	500	1,000	2,000	3,000	4,000	5,000
KZ125 Endurance (124cc single)	500	1,000	2,000	3,000	4,000	5,000
MX1 125 Record (124cc single)	500	1,000	2,000	3,000	4,000	5,000
MXR 125 Endurance (124cc single)	500	1,000	2,000	3,000	4,000	5,000
RC125 Rally (124cc single)	500	1,000	2,000	3,000	4,000	5,000
SP02 125 (124cc single)	500	1,000	2,000	3,000	4,000	5,000
XR2 125 (124cc single)	500	1,000	2,000	3,000	4,000	5,000
ER500 Dakota (492cc single)	750	1,500	3,000	4,500	6,000	7,500
Saturno 500 (492cc single)	750	1,500	3,000	4,500	6,000	7,500
RC600 Enduro (558cc single)	1,000	2,000	3,500	5,000	6,500	8,000
1990						
Crono 125 (124cc single)	500	1,000	2,000	3,000	4,000	5,000
KK125 (124cc single)	500	1,000	2,000	3,000	4,000	5,000
MXR 125 Endurance (124cc single)	500	1,000	2,000	3,000	4,000	5,000

	6	5	4	3	2	1
SP02 125 (124cc single)	500	1,000	2,000	3,000	4,000	5,000
XR2 125 (124cc single)	500	1,000	2,000	3,000	4,000	5,000
Saturno 500 (492cc single)	750	1,500	3,000	4,500	6,000	7,500
Nordcape 600 (558cc single)	1,000	2,000	3,500	5,000	6,500	8,000
Nordwest 600 (558cc single)	1,000	2,000	3,500	5,000	6,500	8,000
1991						
Apache 125 (124cc single)	500	1,000	2,000	3,000	4,000	5,000
Crono 125 (124cc single)	500	1,000	2,000	3,000	4,000	5,000
CX125 (124cc single)	500	1,000	2,000	3,000	4,000	5,000
Freestyle 125 (124cc single)	500	1,000	2,000	3,000	4,000	5,000
MXR 125 Endurance (124cc single)	500	1,000	2,000	3,000	4,000	5,000
Nordwest 350 (349cc single)	750	1,000	2,500	4,000	5,500	7,000
Nordcape 600 (558cc single)	1,000	2,000	3,500	5,000	6,500	8,000
Nordwest 600 (558cc single)	1,000	2,000	3,500	5,000	6,500	8,000
RC600C (558cc single)	1,000	2,000	3,500	5,000	6,500	8,000
RC600R (558cc single)	1,000	2,000	3,500	5,000	6,500	8,000
1992						
Apache 125 (124cc single)	500	1,000	2,000	3,000	4,000	5,000
Crono 125 (124cc single)	500	1,000	2,000	3,000	4,000	5,000
CX125 (124cc single)	500	1,000	2,000	3,000	4,000	5,000
Freestyle 125 (124cc single)	500	1,000	2,000	3,000	4,000	5,000
GFR125 (125cc single)	500	1,000	2,000	3,000	4,000	5,000
Nordwest 350 (349cc single)	750	1,000	2,500	4,000	5,500	7,000
Nordwest 600 (558cc single)	1,000	2,000	3,500	5,000	6,500	8,000
RC600C (558cc single)	1,000	2,000	3,500	5,000	6,500	8,000
RC600R (558cc single)	1,000	2,000	3,500	5,000	6,500	8,000
1993						
Nordwest 600 (558cc single)	1,000	2,000	3,500	5,000	6,500	8,000
1994						
GFR125 (125cc single)	500	1,000	2,000	3,000	4,000	5,000

GREEVES

	6	5	4	3	2	1
1954						
20D Deluxe Roadster (197cc single)	1,000	2,000	4,000	6,000	8,000	10,000
20R Standard Roadster (197cc single)	1,000	2,000	4,000	6,000	8,000	10,000
20S Scrambles Scrambler (197cc single)	1,000	2,000	4,000	6,000	8,000	10,000
20T Trials Trials (197cc single)	1,000	2,000	4,000	6,000	8,000	10,000
25D Fleetwing Roadster (242cc twin)	1,000	2,000	3,500	5,000	6,500	8,000
1955						
20D Deluxe Roadster (197cc single)	1,000	2,000	4,000	6,000	8,000	10,000
20R3 Standard Roadster (197cc single)	1,000	2,000	4,000	6,000	8,000	10,000
20S Scrambles Scrambler (197cc single)	1,000	2,000	4,000	6,000	8,000	10,000
20T Trials Trials (197cc single)	1,000	2,000	4,000	6,000	8,000	10,000
25D Fleetwing Roadster (242cc twin)	1,000	2,000	3,500	5,000	6,500	8,000
25R Fleetwing Roadster (242cc twin)	1,000	2,000	3,500	5,000	6,500	8,000
20R4 Standard Roadster (246cc single)	1,000	2,000	4,000	6,000	8,000	10,000
32D Sports Twin Fleetmaster Roadster (322cc twin) . . .	1,000	2,000	3,500	5,000	6,500	8,000
1956						
20D Fleetstar Deluxe Roadster (197cc single)	1,000	2,000	4,000	6,000	8,000	10,000
20R3 Standard Roadster (197cc single)	1,000	2,000	4,000	6,000	8,000	10,000
20S Scrambles Scrambler (197cc single)	1,000	2,000	4,000	6,000	8,000	10,000
20T Trials Trials (197cc single)	1,000	2,000	4,000	6,000	8,000	10,000
25D Fleetwing Roadster (242cc twin)	1,000	2,000	3,500	5,000	6,500	8,000
25R Fleetwing Roadster (242cc twin)	1,000	2,000	3,500	5,000	6,500	8,000
20R4 Standard Roadster (246cc single)	1,000	2,000	4,000	6,000	8,000	10,000
32D Sports Twin Fleetmaster Roadster (322cc twin) . . .	1,000	2,000	3,500	5,000	6,500	8,000
1957						
20R4 Standard Roadster (197cc single)	1,000	2,000	3,500	5,000	6,500	8,000
20S Scrambles Scrambler (197cc single)	1,000	2,000	4,000	6,000	8,000	10,000
20T Trials Trials (197cc single)	1,000	2,000	4,000	6,000	8,000	10,000

	6	5	4	3	2	1
25R Fleetwing Roadster (242cc twin)	1,000	2,000	3,500	5,000	6,500	8,000
20D Fleet Star Delux Roadster (246cc single)	1,000	2,000	3,500	5,000	6,500	8,000
25D Fleetwing Roadster (249cc twin)	1,000	2,000	3,500	5,000	6,500	8,000
32D Sports Twin Fleetmaster Roadster (322cc twin) . . .	1,000	2,000	3,500	5,000	6,500	8,000
1958						
20D Fleetstar Deluxe Roadster (197cc single)	1,000	2,000	3,000	4,000	5,000	6,000
20TA Scottish Trials (197cc single)	1,000	2,000	3,000	4,000	5,000	6,000
20SA Hawkstone Scrambler (197cc single)	1,000	2,000	3,000	4,000	5,000	6,000
20SAS Hawkstone Special (197cc single)	1,000	2,000	3,000	4,000	5,000	6,000
25D Fleetwing Roadster (249cc twin)	1,000	2,000	3,500	5,000	6,500	8,000
25SA Hawkstone Twin Scrambler (249cc twin)	1,000	2,000	3,500	5,000	6,500	8,000
25TA Scottish Twin Trials (249cc twin)	1,000	2,000	3,500	5,000	6,500	8,000
1959						
20TA Scottish Trials (197cc single)	1,000	2,000	3,000	4,000	5,000	6,000
20SAS Hawkstone Special Scrambler (197cc single) . . .	1,000	2,000	3,000	4,000	5,000	6,000
24DB Sports Single Roadster Roadster (246cc single) . .	1,000	2,000	3,500	5,000	6,500	8,000
24SAS Hawkstone Special Scrambler (246cc single) . . .	1,000	2,000	3,500	5,000	6,500	8,000
24TAS Scottish Special Trials (246cc single)	1,000	2,000	3,500	5,000	6,500	8,000
25DB Sports Twin Roadster (249cc twin)	1,000	2,000	3,500	5,000	6,500	8,000
25SA Hawkstone Twin Scrambler (249cc twin)	1,000	2,000	3,500	5,000	6,500	8,000
1960						
20SCS Hawkstone Scrambler (197cc single)	1,000	2,000	3,000	4,000	5,000	6,000
20TC Scottish Trials (197cc single)	1,500	3,000	4,000	5,000	6,000	7,000
24DB Sports Single Roadster (246cc single)	1,000	2,000	3,500	5,000	6,500	8,000
24SCS Hawkstone Scrambler (246cc single)	1,000	2,000	3,500	5,000	6,500	8,000
24TCS Scottish Trials (246cc single)	1,000	2,000	3,500	5,000	6,500	8,000
25DB Sports Twin Roadster (249cc twin)	1,000	2,000	3,500	5,000	6,500	8,000
32D Sports Twin Roadster (324cc twin)	1,000	2,000	3,500	5,000	6,500	8,000
1961						
20DB Sports Single Roadster (197cc single)	1,000	2,000	3,000	4,000	5,000	6,000
20DC Sports Single Roadster (197cc single)	1,000	2,000	3,000	4,000	5,000	6,000
20SCS Hawkstone Scrambler (197cc single)	1,000	2,000	3,000	4,000	5,000	6,000
20TD Scottish Trials (197cc single)	1,000	2,000	3,000	4,000	5,000	6,000
24DB Sports Single Roadster (246cc single)	1,000	2,000	3,500	5,000	6,500	8,000
24DC Sports Single Roadster (246cc single)	1,000	2,000	3,500	5,000	6,500	8,000
24MCS Moto Cross Scrambler (246cc single)	1,500	3,000	4,500	6,000	7,500	9,000
24SCS Hawkstone Scrambler (246cc single)	1,000	2,000	3,500	5,000	6,500	8,000
24TDS Scottish Trials (246cc single)	1,000	2,000	3,500	5,000	6,500	8,000
25DC Sports Twin Roadster (249cc twin)	1,000	2,000	3,500	5,000	6,500	8,000
32DC Sports Twin Roadster (324cc twin)	1,000	2,000	3,500	5,000	6,500	8,000
1962						
20DC Sports Single Roadster (197cc single)	1,000	2,000	3,000	4,000	5,000	6,000
20SC Hawkstone Scrambler (197cc single)	1,000	2,000	3,000	4,000	5,000	6,000
20SCS Hawkstone Scrambler (197cc single)	1,000	2,000	3,000	4,000	5,000	6,000
20TD Scottish Trials (197cc single)	1,000	2,000	3,000	4,000	5,000	6,000
20TE Scottish Trials (197cc single)	1,000	2,000	3,000	4,000	5,000	6,000
24DC Sports Single Roadster (246cc single)	1,000	2,000	3,500	5,000	6,500	8,000
24MCS Moto Cross Scrambler (246cc single)	1,500	3,000	4,500	6,000	7,500	9,000
24MDS Moto Cross Scrambler (246cc single)	1,500	3,000	4,500	6,000	7,500	9,000
24SC Hawkstone Scrambler (246cc single)	1,000	2,000	3,500	5,000	6,500	8,000
24TD Scottish Trials (246cc single)	1,000	2,000	3,000	4,000	5,000	6,000
24TE Scottish Trials (246cc single)	1,000	2,000	3,000	4,000	5,000	6,000
24TES Scottish Trials (246cc single)	1,000	2,000	3,000	4,000	5,000	6,000
25DC Sports Twin Roadster (249cc twin)	1,000	2,000	3,500	5,000	6,500	8,000
25DCX Sportsman Roadster (249cc twin)	1,000	2,000	3,500	5,000	6,500	8,000
32DC Sports Twin Roadster (324cc twin)	1,000	2,000	3,500	5,000	6,500	8,000
32DCX Sportsman Roadster (324cc twin)	1,000	2,000	3,500	5,000	6,500	8,000
1963						
20SC Hawkstone Scrambler (197cc single)	1,000	2,000	3,000	4,000	5,000	6,000
20TE Scottish Trials (197cc single)	1,000	2,000	3,000	4,000	5,000	6,000

	6	5	4	3	2	1
24MD Moto Cross Scrambler (246cc single)	1,500	3,000	4,500	6,000	7,500	9,000
24RAS Silverstone MK 1 (246 cc single) (20 made)	1,000	2,000	3,000	4,000	5,000	6,000
24TE Scottish Trials (246cc single)	1,000	2,000	3,000	4,000	5,000	6,000
24TES Scottish Trials (246cc single)	1,000	2,000	3,000	4,000	5,000	6,000
24ME Moto Cross Starmaker Scrambler (247cc twin)-89 made	1,000	2,000	4,000	6,000	8,000	10,000
25DC Sports Twin Roadster (249cc twin)	1,000	2,000	3,500	5,000	6,500	8,000
25DCX Sportsman Roadster (249cc twin)	1,000	2,000	3,500	5,000	6,500	8,000
25DD MK I Essex Twin Roadster (249cc twin)	1,000	2,000	3,500	5,000	6,500	8,000
32DC Sports Twin Roadster (324cc twin)	1,000	2,000	3,500	5,000	6,500	8,000
32DCX Sportsman Roadster (324cc twin)	1,000	2,000	3,500	5,000	6,500	8,000
32DD MK I Essex Twin Roadster (324cc twin)	1,000	2,000	3,500	5,000	6,500	8,000
1964						
20DC Sports Roadster Single (197cc single)	500	1,000	2,000	3,000	4,000	5,000
20TE Scottish Trials (197cc single)	1,000	2,000	3,000	4,000	5,000	6,000
24MDS Moto Cross Scrambler (246cc single)	1,500	3,000	4,500	6,000	7,500	9,000
24MX1 Challenger Scrambler (246cc single)	1,000	2,000	3,000	5,000	7,000	9,000
24RBS Silverstone MK II Scrambler Racer (246cc single)	1,000	2,000	3,000	5,000	7,000	9,000
24TE Scottish Trials (246cc single)	1,000	2,000	3,000	4,000	5,000	6,000
24TES MK II Scottish Trials (246cc single)	1,000	2,000	3,000	4,000	5,000	6,000
25DC Sports Twin Roadster (249cc twin)	1,000	2,000	3,500	5,000	6,500	8,000
25DCX Sportsman Roadster (249cc twin)	1,000	2,000	3,500	5,000	6,500	8,000
25DD Essex Twin Roadster (249cc twin)	1,000	2,000	3,500	5,000	6,500	8,000
25DD MK II Essex Twin Roadster (249cc twin)	1,000	2,000	3,500	5,000	6,500	8,000
1965						
20DC Sports Roadster Single (197cc single)	500	1,000	2,000	3,000	4,000	5,000
20TE Scottish Trials (197cc single)	1,000	2,000	3,000	4,000	5,000	6,000
24TES Scottish Trials (246cc single)	1,000	2,000	3,000	4,000	5,000	6,000
24TFS Scottish Trials (246cc single)	1,000	2,000	3,000	4,000	5,000	6,000
24MDS Moto Cross Scrambler (246cc single)	1,500	3,000	4,500	6,000	7,500	9,000
24MX2 Challenger Scrambler (246cc single)	1,000	2,000	3,000	5,000	7,000	9,000
24RCS Silverstone MK III Racer (246cc single)	1,000	2,000	3,000	5,000	7,000	9,000
25DC MK II Sports Twin Roadster (249cc twin)	1,000	2,000	3,500	5,000	6,500	8,000
25DCE MK II East Coaster Roadster (249cc twin)	1,000	2,000	3,500	5,000	6,500	8,000
25DD MK II Essex Twin Roadster (249cc twin)	1,000	2,000	3,500	5,000	6,500	8,000
1966						
20DC Sports Roadster Single (197cc single)	500	1,000	2,000	3,000	4,000	5,000
24MX3 Challenger Scrambler (246cc single)	1,000	2,000	3,000	5,000	7,000	9,000
24RDS Silverstone MK IV Racer (246cc single)	1,000	2,000	3,000	5,000	7,000	9,000
24TGS Anglian Trials (246cc single)	1,000	2,000	3,500	5,000	6,500	8,000
25DCE MK II East Coaster Roadster (249cc twin)	1,000	2,000	3,500	5,000	6,500	8,000
1967						
24CS Ranger Trail (246cc single)	1,000	2,000	4,000	6,000	8,000	10,000
24MX5 Challenger Scrambler (246cc single)	1,000	2,000	3,000	5,000	7,000	9,000
24RES Silverstone MK V Racer (246 cc single)	1,000	2,000	3,000	4,000	5,000	6,000
24THS Anglian Trials (246cc single)	1,000	2,000	3,500	5,000	6,500	8,000
36MX4 Challenger Scrambler (362cc single)	1,000	2,000	4,000	6,000	8,000	10,000
1968						
24CS Ranger Trail (246cc single)	1,000	2,000	4,000	6,000	8,000	10,000
24DF City Patrol Police Roadster (246cc single)	1,000	2,000	3,000	4,000	5,000	6,000
24JT Wessex Trials (250cc single) (120 made)	1,000	2,000	3,000	4,000	5,000	6,000
24MX4 Challenger Scrambler (246cc single)	1,000	2,000	3,000	5,000	7,000	9,000
24RES Silverstone MK V Racer (246 cc single)	1,000	2,000	3,000	4,000	5,000	6,000
24TJS Anglian Trials (246cc single)	1,000	2,000	3,500	5,000	6,500	8,000
35RFS Oulton Racer (346cc single)	500	1,000	2,500	4,000	5,500	7,000
1969						
24CS Ranger Trail (246cc single)	1,000	2,000	4,000	6,000	8,000	10,000
250 Griffon (250cc single)	1,200	1,700	2,300	3,100	4,800	6,500
380 Griffon (380cc single)	1,200	1,700	2,300	3,100	4,800	6,500

	6	5	4	3	2	1
1970						
Pathfinder Trials (169cc single)	1,000	2,000	3,000	4,000	5,000	6,000
250 Desert (250cc single).	1,200	1,700	2,300	3,100	4,800	6,500
250 Moto Cross (250cc single)	1,600	2,100	2,800	3,700	5,800	8,000
380 Desert (380cc single).	1,100	1,600	2,100	2,800	4,400	7,000
380 Moto Cross (380cc single)	2,100	2,900	3,900	5,200	8,100	10,000
1971						
Pathfinder Trials (169cc single)	1,000	2,000	3,000	4,000	5,000	6,000
250 Desert (250cc single).	1,200	1,700	2,300	3,100	4,800	6,500
250 Moto Cross (250cc single)	1,600	2,100	2,800	3,700	5,800	8,000
380 Desert (380cc single).	1,100	1,600	2,100	2,800	4,400	7,000
380 Moto Cross QUB Griffon (380cc single)	2,100	2,900	3,900	5,200	8,100	10,000
1972						
250 Desert (250cc single).	1,200	1,700	2,300	3,100	4,800	6,500
250 Moto Cross (250cc single)	1,600	2,100	2,800	3,700	5,800	8,000
380 Desert (380cc single).	1,100	1,600	2,100	2,800	4,400	7,000
380 Moto Cross QUB Griffon (380cc single)	2,100	2,900	3,900	5,200	8,100	10,000
1973						
250 Desert (250cc single).	1,200	1,700	2,300	3,100	4,800	6,500
250 Moto Cross (250cc single)	1,600	2,100	2,800	3,700	5,800	8,000
380 Desert (380cc single).	1,100	1,600	2,100	2,800	4,400	7,000
380 Moto Cross QUB Griffon (380cc single)	2,100	2,900	3,900	5,200	8,100	10,000
1974						
250 Desert (250cc single).	1,200	1,700	2,300	3,100	4,800	6,500
250 Moto Cross (250cc single)	1,600	2,100	2,800	3,700	5,800	8,000
380 Desert (380cc single).	1,100	1,600	2,100	2,800	4,400	7,000
380 Moto Cross QUB Griffon (380cc single)	2,100	2,900	3,900	5,200	8,100	10,000
1975						
250 Desert (250cc single).	1,200	1,700	2,300	3,100	4,800	6,500
250 Griffon (250cc single).	900	1,400	1,900	2,500	3,900	5,300
380 Desert (380cc single).	1,100	1,600	2,100	2,800	4,400	7,000
380 Moto Cross QUB Griffon (380cc single)	1,400	2,000	2,300	3,500	5,000	6,500	8,000
1976						
250 Griffon (250cc single).	900	1,400	1,900	2,500	3,900	5,300
QUB Mark II (380cc single)	1,200	1,700	2,300	3,100	4,800	6,500
1977						
250 Griffon (250cc single).	900	1,400	1,900	2,500	3,900	5,300
QUB Mark II (380cc single)	1,200	1,700	2,300	3,100	4,800	6,500

HARLEY-DAVIDSON

	6	5	4	3	2	1
1903						
Single (24.74ci) (3)	3,000K	4,500K	6,000K	9,000K	12000K	15000K
1904						
Model 0 (24.74ci) (8)	1,000K	1,500K	2,000K	3,000K	4,000K	5,000K
1905						
Model 1 (24.74ci) (16).	500K	750K	1,000K	1,500K	2,000K	2,500K
1906						
Model 2 (24.74 ci) (50)	270K	360K	480K	720K	990K	1,200K
1907						
Model 3 (24.74ci) (150)	150K	250K	350K	450K	600K	715K
1908						
Model 4 (26.8ci) (450).	50,000	75,000	100K	150K	175K	200K
1909						
5 Single (30ci) (864)	18,000	28,000	40,000	58,000	88,000	120K
5A Single (30ci) (54)	20,000	30,000	42,000	69,000	100K	130K
5B Single (30ci) (168).	18,000	28,000	40,000	58,000	88,000	120K
5C Single (35ci) (36)	20,000	30,000	42,000	69,000	100K	130K
5D Single (50ci) (27)	20,000	30,000	42,000	69,000	100K	130K
1910						
6 Single (35ci) (2,302)	10,000	15,000	24,000	38,000	62,000	85,000

	6	5	4	3	2	1
6A Single (35ci) (334)	10,000	15,000	24,000	38,000	62,000	85,000
6B Single (35ci) (443)	10,000	15,000	24,000	38,000	62,000	85,000
6C Single (35ci) (88)	10,000	15,000	24,000	38,000	62,000	85,000
1911						
7 Single (35ci)	9,000	14,000	21,000	31,000	47,000	60,000
7A Single (35ci)	10,000	20,000	35,000	50,000	65,000	80,000
7B Single (35ci)	9,000	14,000	21,000	31,000	47,000	60,000
7C Single (35ci)	9,000	14,000	21,000	31,000	47,000	60,000
7D Twin (49.48ci) (4 known)	25,000	50,000	100K	150K	200K	260K
1912						
8 Single (35ci)	8,000	12,000	19,000	27,000	41,000	55,000
8A Single (35ci)	25,000	50,000	100K	150K	200K	250K
8D Twin (49.48ci)	12,000	19,000	33,000	48,000	70,000	90,000
X8 Single (35ci)	11,000	15,000	21,000	31,000	47,000	60,000
X8A Single (35ci)	10,000	15,000	30,000	45,000	60,000	75,000
X8D Twin (49.48ci)	15,000	21,000	31,000	47,000	68,000	90,000
X8E Twin (61ci)	14,000	20,000	40,000	60,000	80,000	100K
1913						
9A Single (35ci) (1,510)	7,000	11,000	16,000	24,000	38,000	50,000
9B Single (35ci) (4,601)	7,000	10,000	25,000	40,000	55,000	70,000
9E Twin (61ci) (6,732)	13,000	19,000	29,000	40,000	63,000	85,000
9F Twin (61ci) (49)	29,000	39,000	52,000	79,000	113K	140K
9G Delivery Twin (61ci)	29,000	39,000	52,000	79,000	113K	140K
1914						
10A Single (35ci) (316)	12,000	17,000	23,000	35,000	56,000	75,000
10B Single (35ci) (2,034)	8,000	15,000	25,000	35,000	45,000	55,000
10C Single (35ci) (877)	8,000	15,000	25,000	35,000	45,000	55,000
10E Twin (61ci) (5,055)	12,000	20,000	40,000	60,000	80,000	100K
10F Twin (61ci) (7,956)	15,000	30,000	50,000	70,000	90,000	115K
10G Twin (61ci) (171)	29,000	39,000	52,000	79,000	113K	140K
1915						
11B Single (35ci) (670)	7,000	11,000	15,000	22,000	38,000	55,000
11C Single (35ci) (545)	7,000	11,000	15,000	22,000	38,000	55,000
11E Twin (61cici) (1,275)	10,000	20,000	35,000	50,000	65,000	80,000
11F Twin (61ci) (985)	11,000	75,000	100K	125K	150K	175K
11G Twin (61ci) (93)	12,000	20,000	40,000	60,000	80,000	100K
11H Twin (61ci) (140)	12,000	20,000	40,000	60,000	80,000	100K
11J Twin (61ci) (1,719)	11,000	75,000	100K	125K	150K	175K
1916						
B Single (35ci) (292)	7,000	11,000	15,000	21,000	34,000	45,000
C Single (35ci) (862)	7,000	11,000	15,000	21,000	34,000	45,000
E Twin (61ci) (252)	9,000	12,000	17,000	28,000	45,000	60,000
F Twin (61ci) (9496)	10,000	13,000	19,000	31,000	48,000	65,000
J Twin (61ci) (5898)	10,000	30,000	45,000	60,000	75,000	90,000
1917						
B Single (35ci) (124)	4,000	6,000	7,000	12,000	23,000	35,000
C Single (35ci) (605)	4,000	6,000	7,000	12,000	23,000	35,000
E Twin (61ci) (68)	4,000	7,000	10,000	20,000	34,000	45,000
F Twin (61ci) (8,527)	4,000	7,000	10,000	20,000	34,000	45,000
J Twin (61ci) (9,180)	10,000	30,000	45,000	60,000	75,000	90,000
1918						
B Single (35ci) (19)	4,000	6,000	7,000	12,000	22,000	32,000
C Single (35ci) (251)	4,000	6,000	7,000	12,000	22,000	32,000
E Twin (61ci) (5)	4,000	7,000	10,000	20,000	34,000	45,000
F Twin (61ci) (11,764)	10,000	20,000	30,000	40,000	50,000	60,000
J Twin (61ci) (6,571)	10,000	30,000	45,000	60,000	75,000	90,000
1919						
F Twin (61ci) (5,064)	4,000	6,000	9,000	16,000	29,000	40,000
J Twin (61ci) (9,941)	4,000	6,000	10,000	16,000	30,000	45,000
W Twin (61 ci)	5,000	10,000	25,000	40,000	55,000	70,000

	6	5	4	3	2	1
1920						
WF (35.64ci twin) (4,459)	4,800	6,000	12,000	18,000	24,000	30,000
WJ (35.64ci twin) (810)	4,800	6,000	12,000	18,000	24,000	30,000
F (60.34ci V-twin) (7,579)	5,000	7,500	14,000	21,000	28,000	35,000
FS (60.34ci V-twin)	5,000	7,500	14,000	21,000	28,000	35,000
J (60.34ci V-twin) (14,192)	10,000	20,000	30,000	40,000	50,000	60,000
JS (60.34ci V-twin)	5,000	7,500	14,000	21,000	28,000	35,000
1921						
WF (35.64ci twin) (1,100)	4,800	6,000	12,000	18,000	24,000	30,000
WJ (35.64ci twin) (823)	4,800	6,000	12,000	18,000	24,000	30,000
CD (37ci single)	4,400	6,600	9,900	13,000	18,000	22,000
F (60.34ci V-twin) (2,413)	4,800	6,000	12,000	18,000	24,000	30,000
FS (60.34ci V-twin)	4,800	6,000	12,000	18,000	24,000	30,000
J (60.34ci V-twin) (4,526)	10,000	15,000	20,000	25,000	30,000	35,000
JS (60.34ci V-twin)	10,000	15,000	20,000	25,000	30,000	35,000
FD (74ci V-twin) (277)	5,000	7,500	14,000	21,000	28,000	35,000
FDS (74ci V-twin)	5,000	7,500	14,000	21,000	28,000	35,000
JD (74ci V-twin) (2,321)	6,000	10,000	16,000	24,000	32,000	40,000
JDS (74ci V-twin)	6,000	10,000	16,000	24,000	32,000	40,000
1922						
WF (35.64ci twin)	4,800	6,000	12,000	18,000	24,000	30,000
WJ (35.64ci twin) (455)	4,800	6,000	12,000	18,000	24,000	30,000
CD (37ci single) (39)	4,400	6,600	9,900	13,000	18,000	22,000
F (60.34ci V-twin) (1,824)	4,800	6,000	12,000	18,000	24,000	30,000
FS (60.34ci V-twin)	4,800	6,000	12,000	18,000	24,000	30,000
J (60.34ci V-twin) (3,183)	10,000	15,000	20,000	25,000	30,000	35,000
JS (60.34ci V-twin)	10,000	15,000	20,000	25,000	30,000	35,000
FD (74ci V-twin) (909)	5,000	7,500	14,000	21,000	28,000	35,000
FDS (74ci V-twin)	5,000	7,500	14,000	21,000	28,000	35,000
JD (74ci V-twin) (3,988)	6,000	10,000	16,000	24,000	32,000	40,000
JDS (74ci V-twin)	6,000	10,000	16,000	24,000	32,000	40,000
1923						
WF (35.64ci twin) (614)	4,800	6,000	12,000	18,000	24,000	30,000
WJ (35.64ci twin) (481)	4,800	6,000	12,000	18,000	24,000	30,000
F (60.34ci V-twin) (2,822)	4,800	6,000	12,000	18,000	24,000	30,000
FS (60.34ci V-twin)	4,800	6,000	12,000	18,000	24,000	30,000
J (60.34ci V-twin) (4,802)	10,000	15,000	20,000	25,000	30,000	35,000
JS (60.34ci V-twin)	10,000	15,000	20,000	25,000	30,000	35,000
FD (74ci V-twin) (869)	5,000	7,500	14,000	21,000	28,000	35,000
FDS (74ci V-twin)	5,000	7,500	14,000	21,000	28,000	35,000
JD (74ci V-twin) (7,458)	6,000	10,000	16,000	24,000	32,000	40,000
JDS (74ci V-twin)	6,000	10,000	16,000	24,000	32,000	40,000
1924						
FE (60.34ci V-twin)	4,800	6,000	12,000	18,000	24,000	30,000
FES (60.34ci V-twin)	4,800	6,000	12,000	18,000	24,000	30,000
JE (60.34ci V-twin)	4,800	6,000	12,000	18,000	24,000	30,000
JES (60.34ci V-twin)	4,800	6,000	12,000	18,000	24,000	30,000
FD (74ci V-twin)	5,000	7,500	14,000	21,000	28,000	35,000
FDS (74ci V-twin)	5,000	7,500	14,000	21,000	28,000	35,000
FDCA (74ci V-twin)	5,000	7,500	14,000	21,000	28,000	35,000
FDSCA (74ci V-twin)	5,000	7,500	14,000	21,000	28,000	35,000
FDCB (74ci V-twin)	5,000	7,500	14,000	21,000	28,000	35,000
JD (74ci V-twin)	6,000	10,000	16,000	24,000	32,000	40,000
JDS (74ci V-twin)	6,000	10,000	16,000	24,000	32,000	40,000
JDCA (74ci V-twin)	6,000	10,000	16,000	24,000	32,000	40,000
JDSCA (74ci V-twin)	6,000	10,000	16,000	24,000	32,000	40,000
JDCB (74ci V-twin)	6,000	10,000	16,000	24,000	32,000	40,000
1925						
FE (60.34ci V-twin)	4,800	6,000	12,000	18,000	24,000	30,000
FES (60.34ci V-twin)	4,800	6,000	12,000	18,000	24,000	30,000

	6	5	4	3	2	1
JE (60.34ci V-twin)	4,800	6,000	12,000	18,000	24,000	30,000
JES (60.34ci V-twin)	4,800	6,000	12,000	18,000	24,000	30,000
FDCB (74ci V-twin)	5,000	7,500	11,000	21,000	28,000	35,000
FDCBS (74ci V-twin)	5,000	7,500	14,000	21,000	28,000	35,000
JDCB (74ci V-twin)	5,000	7,000	14,000	21,000	28,000	35,000
JDCBS (74ci/V—twin)	5,000	7,000	14,000	21,000	28,000	35,000
1926						
A (21.35ci single)	4,000	6,000	9,000	12,000	16,000	20,000
B (21.35ci single)	3,000	8,000	13,000	18,000	23,000	28,000
AA (21.35ci single)	4,000	6,000	9,000	12,000	16,000	20,000
BA (21.35ci single)	4,000	8,000	16,000	24,000	32,000	40,000
S (21.35ci single)	4,400	6,600	10,000	15,000	20,000	25,000
J (60.34ci V-twin)	4,600	6,900	12,000	18,000	24,000	30,000
JS (60.34ci V-twin)	4,600	6,900	12,000	18,000	24,000	30,000
JD (74ci V-twin)	5,000	15,000	25,000	35,000	45,000	55,000
JDS (74ci V-twin)	6,000	10,000	16,000	24,000	32,000	40,000
1927						
A (21.35ci single)	4,000	6,000	9,000	12,000	16,000	20,000
B (21.35ci single)	4,000	6,000	9,000	12,000	16,000	20,000
AA (21.35ci single)	3,900	5,900	8,800	12,000	16,000	20,000
BA (21.35ci single)	4,000	8,000	16,000	24,000	32,000	40,000
S (21.35ci single)	4,400	6,600	10,000	15,000	20,000	25,000
J (60.34ci V-twin)	4,600	6,900	12,000	18,000	24,000	30,000
JS (60.34ci V-twin)	4,600	6,900	12,000	18,000	24,000	30,000
JD (74ci V-twin)	5,000	15,000	25,000	35,000	45,000	55,000
JDS (74ci V-twin)	6,000	10,000	16,000	24,000	32,000	40,000
1928						
B (21.35ci single)	4,000	6,000	9,000	12,000	16,000	20,000
BA (21.35ci single)	4,000	8,000	16,000	24,000	32,000	40,000
J (60.34ci V-twin)	4,000	8,000	16,000	24,000	32,000	40,000
JS (60.34ci V-twin)	4,600	6,900	10,000	15,000	20,000	25,000
JL (60.34ci V-twin)	5,000	7,500	11,000	15,000	20,000	25,000
JH (60.34ci V-twin)	8,400	13,000	19,000	25,000	35,000	45,000
JD (74ci V-twin)	5,000	15,000	25,000	35,000	45,000	55,000
JDS (74ci V-twin)	6,000	10,000	16,000	24,000	32,000	40,000
JDL (74ci V-twin)	4,000	8,000	16,000	24,000	32,000	40,000
JDH (74ci V-twin)	20,000	40,000	60,000	80,000	100K	120K
1929						
B (21.35ci single)	3,000	6,000	9,000	12,000	16,000	20,000
BA (21.35ci single)	4,600	6,900	12,000	18,000	24,000	30,000
C (30.50ci single)	3,400	6,000	9,000	12,000	16,000	20,000
D (45ci V-twin)	3,800	7,000	14,000	21,000	28,000	35,000
DL (45ci V-twin)	4,000	6,000	10,000	15,000	20,000	25,000
J (60.34ci V-twin)	4,600	6,900	12,000	18,000	24,000	30,000
JS (60.34ci V-twin)	4,600	6,900	10,000	15,000	20,000	25,000
JH 60.34ci V-twin)	8,400	13,000	19,000	25,000	35,000	45,000
JD (74ci V-twin)	5,000	15,000	25,000	35,000	45,000	55,000
JDS (74ci V-twin)	6,000	10,000	16,000	24,000	32,000	40,000
JDH (74ci V-twin)	20,000	40,000	60,000	80,000	100K	120K
1930						
B (21.35ci single)	3,000	6,000	9,000	12,000	16,000	20,000
C (30.50ci single)	3,000	6,000	9,000	12,000	16,000	20,000
D (45ci V-twin)	3,800	6,000	9,000	12,000	16,000	20,000
DS (45ci V-twin)	3,800	6,000	9,000	12,000	16,000	20,000
DL (45ci V-twin)	4,000	6,000	10,000	15,000	20,000	25,000
DLD (45ci V-twin)	4,000	6,000	9,000	12,000	16,000	20,000
V (74ci V-twin)	4,400	8,000	16,000	24,000	32,000	40,000
VL (74ci V-twin)	5,000	10,000	15,000	21,000	28,000	35,000
VS (74ci V-twin)	4,400	6,600	10,000	15,000	20,000	25,000
VC (74ci V-twin)	4,400	6,600	10,000	15,000	20,000	25,000

	6	5	4	3	2	1
1931						
C (30.50ci single)	2,800	6,000	9,000	12,000	16,000	20,000
D (45ci V-twin)	3,400	6,000	9,000	12,000	16,000	20,000
DS (45ci V-twin)	3,400	6,000	9,000	12,000	16,000	20,000
DL (45ci V-twin)	3,600	5,400	10,000	15,000	20,000	25,000
DLD (45ci V-twin)	3,700	6,000	9,000	12,000	16,000	20,000
V (74ci V-twin)	4,400	6,600	10,000	15,000	20,000	25,000
VS (74ci V-twin)	4,400	6,600	10,000	15,000	20,000	25,000
VL (74ci V-twin)	4,800	7,200	14,000	21,000	28,000	35,000
VC (74ci V-twin)	4,000	6,000	10,000	15,000	20,000	25,000
1932						
B (21.35ci single)	3,000	6,000	9,000	12,000	16,000	20,000
C (30.50ci single)	2,800	6,000	9,000	12,000	16,000	20,000
R (45ci V-twin)	2,000	4,000	8,000	12,000	16,000	20,000
RS (45ci V-twin)	2,600	6,000	9,000	12,000	16,000	20,000
RL (45ci V-twin)	2,500	5,000	10,000	15,000	20,000	25,000
RLD (45ci V-twin)	3,000	6,000	9,000	12,000	16,000	20,000
G Servi-Car (45ci V-twin)	2,000	4,000	8,000	13,000	18,000	23,000
GA Servi-Car (45ci V-twin)	2,000	4,000	8,000	13,000	18,000	23,000
GD Servi-Car (45ci V-twin)	2,500	5,000	10,000	15,000	20,000	25,000
GE Servi-Car (45ci V-twin)	2,000	4,000	8,000	13,000	18,000	23,000
V (74ci V-twin)	4,400	6,600	10,000	15,000	20,000	25,000
VS (74ci V-twin)	4,400	6,600	10,000	15,000	20,000	25,000
VL (74ci V-twin)	4,800	8,000	16,000	24,000	32,000	40,000
VC (74ci V-twin)	4,000	6,000	10,000	15,000	20,000	25,000
1933						
B (21.35ci single)	3,000	6,000	9,000	12,000	16,000	20,000
C (30.50ci single)	3,000	6,000	9,000	12,000	16,000	20,000
CB (30.50ci single)	3,000	6,000	9,000	12,000	16,000	20,000
R (45ci V-twin)	2,000	4,000	8,000	12,000	16,000	20,000
RS (45ci V-twin)	3,000	6,000	9,000	12,000	16,000	20,000
RL (45ci V-twin)	2,500	5,000	10,000	15,000	20,000	25,000
RLD (45ci V-twin)	3,000	6,000	9,000	12,000	16,000	20,000
G Servi-Car (45ci V-twin)	2,000	4,000	8,000	13,000	18,000	23,000
GA Servi-Car (45ci V-twin)	2,000	4,000	8,000	13,000	18,000	23,000
GD Servi-Car (45ci V-twin)	2,500	5,000	10,000	15,000	20,000	25,000
GDT Servi-Car (45ci V-twin)	2,000	4,000	8,000	13,000	18,000	23,000
GE Servi-Car (45ci V-twin)	2,000	4,000	8,000	13,000	18,000	23,000
V (74ci V-twin)	4,400	6,600	10,000	15,000	20,000	25,000
VS (74ci V-twin)	4,400	6,600	10,000	15,000	20,000	25,000
VL (74ci V-twin)	4,900	7,400	11,000	15,000	20,000	25,000
VLD (74ci V-twin)	6,000	12,000	17,000	22,000	27,000	32,000
VC (74ci V-twin)	4,200	6,300	10,000	15,000	20,000	25,000
1934						
B (21.35ci single)	3,000	6,000	9,000	12,000	16,000	20,000
C (30.50ci single)	3,000	6,000	9,000	12,000	16,000	20,000
CB (30.50ci single)	3,000	6,000	9,000	12,000	16,000	20,000
R (45ci V-twin)	2,000	4,000	8,000	12,000	16,000	20,000
RL (45ci V-twin)	2,500	5,000	10,000	15,000	20,000	25,000
RLD (45ci V-twin)	3,300	6,000	9,000	12,000	16,000	20,000
G Servi-Car (45ci V-twin)	2,000	4,000	8,000	13,000	18,000	23,000
GA Servi-Car (45ci V-twin)	2,000	4,000	8,000	13,000	18,000	23,000
GD Servi-Car (45ci V-twin)	2,500	5,000	10,000	15,000	20,000	25,000
GDT Servi-Car (74ci V-twin)	2,000	4,000	8,000	13,000	18,000	23,000
GE Servi-Car (74ci V-twin)	2,000	4,000	8,000	13,000	18,000	23,000
VLD (74ci V-twin)	5,000	10,000	15,000	20,000	25,000	30,000
VD (74ci V-twin)	5,000	7,500	11,000	15,000	20,000	25,000
VDS (74ci V-twin)	3,800	6,000	9,000	12,000	16,000	20,000
VFDS (74ci V-twin)	4,000	6,000	10,000	15,000	20,000	25,000

	6	5	4	3	2	1
1935						
R (45ci V-twin)	2,600	4,000	8,000	12,000	16,000	20,000
HL (45ci V-twin)	3,000	6,000	9,000	12,000	16,000	20,000
RS (45ci V-twin)	2,600	4,000	8,000	12,000	16,000	20,000
RLD (45ci V-twin)	3,000	6,000	9,000	12,000	16,000	20,000
RLDR (45ci V-twin)	3,200	6,000	9,000	12,000	16,000	20,000
G Servi-Car (45ci V-twin)	2,000	4,000	8,000	13,000	18,000	23,000
GA Servi-Car (45ci V-twin)	2,000	4,000	8,000	13,000	18,000	23,000
GD Servi-Car (45ci V-twin)	2,500	5,000	10,000	15,000	20,000	25,000
GDT Servi-Car (45ci V-twin)	2,000	4,000	8,000	13,000	18,000	23,000
GE Servi-Car (45ci V-twin)	2,000	4,000	8,000	13,000	18,000	23,000
VD (74ci V-twin)	5,000	7,500	11,000	15,000	20,000	25,000
VDS (74ci V-twin)	3,800	6,000	9,000	12,000	16,000	20,000
VLD (74ci V-twin)	5,000	10,000	15,000	20,000	25,000	30,000
VLDJ (74ci V-twin)	5,000	7,500	11,000	15,000	20,000	25,000
VLDD (80ci V-twin)	5,000	7,500	11,000	15,000	20,000	25,000
VLDS (80ci V-twin)	5,000	7,500	11,000	15,000	20,000	25,000
1936						
R (45ci V-twin)	2,600	4,000	8,000	12,000	16,000	20,000
RL (45ci V-twin)	3,000	6,000	9,000	12,000	16,000	20,000
RLD (45ci V-twin)	3,200	6,000	9,000	12,000	16,000	20,000
RLDR (45ci V-twin)	3,200	6,000	9,000	12,000	16,000	20,000
RS (45ci V-twin)	2,600	4,000	8,000	12,000	16,000	20,000
G Servi-Car (45ci V-twin)	2,000	4,000	8,000	13,000	18,000	23,000
GA Servi-Car (45ci V-twin)	2,000	4,000	8,000	13,000	18,000	23,000
GD Servi-Car (45ci V-twin)	2,000	4,000	8,000	13,000	18,000	23,000
GDT Servi-Car (45ci V-twin)	2,000	4,000	8,000	13,000	18,000	23,000
GE Servi-Car (45ci V-twin)	2,000	4,000	8,000	13,000	18,000	23,000
E (61ci V-twin)	9,400	14,000	21,000	30,000	40,000	50,000
ES (61ci V-twin)	9,400	14,000	21,000	30,000	40,000	50,000
EL (61ci V-twin)	15,000	25,000	45,000	85,000	125K	165K
VD (74ci V-twin)	5,000	7,500	11,000	15,000	20,000	25,000
VDS (74ci V-twin)	4,000	6,000	9,000	12,000	16,000	20,000
VLD (74ci V-twin)	4,500	6,800	10,000	15,000	20,000	25,000
VLH (80ci V-twin)	5,000	10,000	16,000	24,000	32,000	40,000
VHS (80ci V-twin)	4,800	7,200	11,000	15,000	20,000	25,000
1937						
W (45ci V-twin)	3,000	6,000	9,000	12,000	16,000	20,000
WS (45ci V-twin)	3,000	6,000	9,000	12,000	16,000	20,000
WL (45ci V-twin)	4,000	7,000	13,000	18,000	23,000	28,000
WLD (45ci V-twin)	4,000	7,000	13,000	18,000	23,000	28,000
WLDR (45ci V-twin)	4,000	9,000	13,000	18,000	24,000	30,000
G Servi-Car (45ci V-twin)	2,000	4,000	8,000	13,000	18,000	23,000
GA Servi-Car (45ci V-twin)	2,000	4,000	8,000	13,000	18,000	23,000
GD Servi-Car (45ci V-twin)	2,000	4,000	8,000	13,000	18,000	23,000
GDT Servi-Car (45ci V-twin)	2,000	4,000	8,000	13,000	18,000	23,000
GE Servi-Car (45ci V-twin)	2,000	4,000	8,000	12,000	16,000	20,000
E (61ci V-twin)	8,000	12,000	18,000	24,000	32,000	40,000
ES (61ci V-twin)	8,000	12,000	18,000	24,000	32,000	40,000
EL (61ci V-twin)	10,000	20,000	40,000	60,000	80,000	100K
U (74ci V-twin)	4,400	6,600	10,000	15,000	20,000	25,000
US (74ci V-twin)	4,400	6,600	10,000	15,000	20,000	25,000
UL (74ci V-twin)	5,000	10,000	15,000	20,000	25,000	30,000
UH (80ci V-twin)	4,400	6,600	10,000	15,000	20,000	25,000
UHS (80ci V-twin)	4,400	6,600	10,000	15,000	20,000	25,000
ULH (80ci V-twin)	5,000	12,000	20,000	26,000	32,000	38,000
1938						
WL (45ci V-twin)	4,000	7,000	13,000	18,000	23,000	28,000
WLD (45ci V-twin)	4,000	7,000	13,000	18,000	23,000	28,000
WLDR (45ci V-twin)	4,000	9,000	13,000	18,000	24,000	30,000

	6	5	4	3	2	1
G Servi-Car (45ci V-twin)	2,000	4,000	8,000	13,000	18,000	23,000
GA Servi-Car (45ci V-twin)	2,000	4,000	8,000	13,000	18,000	23,000
GD Servi-Car (45ci V-twin)	2,000	4,000	8,000	13,000	18,000	23,000
GDT Servi-Car (45ci V-twin)	2,000	4,000	8,000	13,000	18,000	23,000
EL (61ci V-twin)	10,000	20,000	40,000	60,000	80,000	100K
ES (61ci V-twin)	8,000	12,000	18,000	24,000	32,000	40,000
U (74ci V-twin)	5,000	9,100	13,000	17,000	21,000	25,000
US (74ci V-twin)	4,000	6,000	9,000	12,000	16,000	20,000
UL (74ci V-twin)	5,000	10,000	15,000	20,000	25,000	30,000
UH (80ci V-twin)	4,000	6,000	9,000	12,000	16,000	20,000
UHS (80ci V-twin)	4,000	6,000	9,000	12,000	16,000	20,000
ULH (80ci V-twin)	5,000	12,000	20,000	26,000	32,000	38,000
1939						
WL (45ci V-twin).	4,000	7,000	13,000	18,000	23,000	28,000
WLD (45ci V-twin).	4,000	7,000	13,000	18,000	23,000	28,000
WLDR (45ci V-twin)	4,000	9,000	13,000	18,000	24,000	30,000
G Servi-Car (45ci V-twin)	2,000	4,000	8,000	13,000	18,000	23,000
GA Servi-Car (45ci V-twin)	2,000	4,000	8,000	13,000	18,000	23,000
GD Servi-Car (45ci V-twin)	2,000	4,000	8,000	13,000	18,000	23,000
GDT Servi-Car (45ci V-twin)	2,000	4,000	8,000	13,000	18,000	23,000
EL (61ci V-twin)	10,000	20,000	35,000	50,000	70,000	90,000
ES (61ci V-twin)	8,000	12,000	18,000	24,000	32,000	40,000
U (74ci V-twin)	4,000	6,000	9,000	12,000	16,000	20,000
US (74ci V-twin).	4,000	6,000	9,000	12,000	16,000	20,000
UL (74ci V-twin).	5,000	10,000	15,000	20,000	25,000	30,000
UH (80ci V-twin).	4,000	6,000	9,000	12,000	16,000	20,000
UHS (80ci V-twin)	4,000	6,000	9,000	12,000	16,000	20,000
ULH (80ci V-twin)	5,000	12,000	20,000	26,000	32,000	38,000
1940						
WL (45ci V-twin).	4,000	7,000	13,000	18,000	23,000	28,000
WLD (45ci V-twin).	4,000	7,000	13,000	18,000	23,000	28,000
WLDR (45ci V-twin)	4,000	9,000	13,000	18,000	24,000	30,000
G Servi-Car (45ci V-twin)	2,000	4,000	8,000	13,000	18,000	23,000
GA Servi-Car (45ci V-twin)	2,000	4,000	8,000	13,000	18,000	23,000
GD Servi-Car (45ci V-twin)	2,000	4,000	8,000	13,000	18,000	23,000
GDT Servi-Car (45ci V-twin)	2,000	4,000	8,000	13,000	18,000	23,000
EL (61ci V-twin)	10,000	20,000	35,000	50,000	70,000	90,000
ES (61ci V-twin)	8,000	12,000	18,000	24,000	32,000	40,000
U (74ci V-twin)	4,000	6,000	9,000	12,000	16,000	20,000
UL (74ci V-twin)	5,000	10,000	15,000	20,000	25,000	30,000
US (74ci V-twin)	4,000	6,000	9,000	12,000	16,000	20,000
UH (80ci V-twin).	4,000	6,000	9,000	12,000	16,000	20,000
ULH (80ci V-twin)	4,200	6,300	10,000	15,000	20,000	25,000
UHS (80ci V-twin)	4,000	6,000	9,000	12,000	16,000	20,000
1941						
WL (45ci V-twin).	4,000	7,000	13,000	18,000	23,000	28,000
WLA (45ci V-twin).	5,000	10,000	15,000	20,000	25,000	30,000
WLD (45ci V-twin).	4,000	7,000	13,000	18,000	23,000	28,000
WLDR (45ci V-twin).	4,000	9,000	13,000	18,000	24,000	30,000
G Servi-Car (45ci V-twin)	2,000	4,000	8,000	13,000	18,000	23,000
GA Servi-Car (45ci V-twin)	2,000	4,000	8,000	13,000	18,000	23,000
GD Servi-Car (45ci V-twin)	2,000	4,000	8,000	13,000	18,000	23,000
GDT Servi-Car (45ci V-twin)	2,000	4,000	8,000	13,000	18,000	23,000
EL (61ci V-twin)	10,000	20,000	30,000	40,000	50,000	60,000
ES (61ci V-twin)	7,600	11,000	17,000	23,000	30,000	38,000
U (74ci V-twin)	4,000	7,000	10,000	12,000	16,000	20,000
UL (74ci V-twin)	5,000	10,000	15,000	20,000	25,000	30,000
US (74ci V-twin)	4,000	6,000	9,000	12,000	16,000	20,000
FL (74ci V-twin)	10,000	20,000	30,000	40,000	50,000	65,000
FS (74ci V-twin)	5,500	83,000	12,000	17,000	22,000	28,000

	6	5	4	3	2	1
UH (80ci V-twin)	4,000	8,000	16,000	24,000	32,000	40,000
UH H (80ci V-twin)	4,200	6,300	10,000	15,000	20,000	25,000
UHS (80ci V-twin)	4,000	6,000	9,000	12,000	16,000	20,000
1942						
WL (45ci V-twin)	4,000	7,000	13,000	18,000	23,000	28,000
WLA (45ci V-twin)	5,000	10,000	15,000	20,000	25,000	30,000
WLC (45ci V-twin)	3,000	5,100	8,000	12,000	16,000	20,000
WLD (45ci V-twin)	4,000	7,000	13,000	18,000	23,000	28,000
G Servi-Car (45ci V-twin)	2,000	4,000	8,000	13,000	18,000	23,000
GA Servi-Car (45ci V-twin)	2,000	4,000	8,000	13,000	18,000	23,000
XA (45ci V-twin)	4,000	8,000	16,000	24,000	32,000	40,000
E (61ci V-twin)	6,800	10,000	16,000	24,000	32,000	40,000
EL (61ci V-twin)	10,000	20,000	30,000	40,000	50,000	60,000
U (74ci V-twin)	3,800	5,700	8,600	12,000	16,000	20,000
UL (74ci V-twin)	5,000	10,000	15,000	20,000	25,000	30,000
F (74ci V-twin)	5,400	8,100	14,000	21,000	28,000	35,000
FL (74ci V-twin)	5,600	8,400	16,000	30,000	45,000	60,000
1943						
WLA (45ci V-twin)	5,000	10,000	15,000	20,000	25,000	30,000
WLC (45ci V-twin)	3,400	5,100	8,000	12,000	16,000	20,000
G Servi-Car (45ci V-twin)	2,000	4,000	8,000	13,000	18,000	23,000
GA Servi-Car (45ci V-twin)	2,000	4,000	8,000	13,000	18,000	23,000
XA (45ci twin)	4,000	8,000	16,000	24,000	32,000	40,000
E (61ci V-twin)	6,800	10,000	16,000	24,000	32,000	40,000
EL (61ci V-twin)	10,000	20,000	30,000	40,000	50,000	60,000
U (74ci V-twin)	3,800	5,700	8,600	12,000	16,000	20,000
UL (74ci V-twin)	5,000	10,000	15,000	20,000	25,000	30,000
F (74ci V-twin)	5,400	8,100	14,000	21,000	28,000	35,000
FL (74ci V-twin)	5,600	8,400	16,000	30,000	45,000	60,000
1944						
WLA (45ci V-twin)	5,000	10,000	15,000	20,000	25,000	30,000
WLC (45ci V-twin)	3,400	5,100	8,000	12,000	16,000	20,000
G Servi-Car (45ci V-twin)	2,000	4,000	8,000	13,000	18,000	23,000
GA Servi-Car (45ci V-twin)	2,000	4,000	8,000	13,000	18,000	23,000
E (61ci V-twin)	6,500	9,800	16,000	24,000	32,000	40,000
EL (61ci V-twin)	10,000	30,000	45,000	60,000	75,000	90,000
U (74ci V-twin)	3,600	5,400	8,100	12,000	16,000	20,000
UL (74ci V-twin)	5,000	10,000	15,000	20,000	25,000	30,000
F (74ci V-twin)	5,400	8,100	14,000	21,000	28,000	35,000
FL (74ci V-twin)	5,600	8,400	16,000	30,000	45,000	60,000
1945						
WL (45ci V-twin)	3,200	4,800	8,000	13,000	18,000	23,000
WLA (45ci V-twin)	5,000	10,000	15,000	20,000	25,000	30,000
G Servi-Car (45ci V-twin)	2,200	4,000	8,000	13,000	18,000	23,000
GA Servi-Car (45ci V-twin)	2,200	4,000	8,000	13,000	18,000	23,000
E (61ci V-twin)	6,400	9,600	16,000	24,000	32,000	40,000
EL (61ci V-twin)	10,000	30,000	45,000	60,000	75,000	90,000
ES (61ci V-twin)	6,400	9,600	14,000	19,000	26,000	32,000
U (74ci V-twin)	3,600	5,400	8,100	12,000	16,000	20,000
UL (74ci V-twin)	5,000	10,000	15,000	20,000	25,000	30,000
US (74ci V-twin)	3,600	5,400	8,100	12,000	16,000	20,000
F (74ci V-twin)	5,300	8,000	14,000	21,000	28,000	35,000
FL (74ci V-twin)	5,600	8,400	16,000	30,000	45,000	60,000
FS (74ci V-twin)	5,300	8,000	12,000	16,000	21,000	27,000
1946						
WL (45ci V-twin)	3,400	5,100	8,000	13,000	18,000	23,000
G Servi-Car (45ci V-twin)	2,400	4,000	8,000	13,000	18,000	23,000
GA Servi-Car (45ci V-twin)	2,400	4,000	8,000	13,000	18,000	23,000
E (61ci V-twin)	6,000	9,000	16,000	24,000	32,000	40,000
EL (61ci V-twin)	10,000	30,000	45,000	60,000	75,000	90,000

	6	5	4	3	2	1
ES (61ci V-twin)	6,000	9,000	13,500	18,000	24,000	30,000
U (74ci V-twin)	5,000	7,000	9,000	13,000	16,000	20,000
UL (74ci V-twin)	5,000	10,000	15,000	20,000	25,000	30,000
US (74ci V-twin)	3,600	5,400	8,100	12,000	16,000	20,000
F (74ci V-twin)	5,300	8,000	14,000	21,000	28,000	35,000
FL (74ci V-twin)	5,600	8,400	16,000	30,000	45,000	60,000
FS (74ci V-twin)	5,300	8,000	12,000	16,000	21,000	27,000
1947						
WL (45ci V-twin)	3,400	5,100	8,000	13,000	18,000	23,000
G Servi-Car (45ci V-twin)	2,400	4,000	8,000	13,000	18,000	23,000
GA Servi-Car (45ci V-twin)	2,400	4,000	8,000	13,000	18,000	23,000
E (61ci V-twin)	5,600	8,400	13,000	17,000	22,000	28,000
EL (61ci V-twin)	5,600	8,400	14,000	21,000	28,000	35,000
ES (61ci V-twin)	5,600	8,400	13,000	17,000	22,000	28,000
U (74ci V-twin)	3,600	5,400	8,100	12,000	16,000	20,000
UL (74ci V-twin)	5,000	10,000	15,000	20,000	25,000	30,000
US (74ci V-twin)	3,600	5,400	8,100	12,000	16,000	20,000
F (74ci V-twin)	5,200	7,800	14,000	21,000	28,000	35,000
FL (74ci V-twin)	5,600	8,400	16,000	30,000	45,000	60,000
FS (74ci V-twin)	5,200	7,800	14,000	21,000	28,000	35,000
1948						
S Hummer (125cc single)	1,000	2,000	4,000	6,000	8,000	10,000
WL (45ci V-twin)	3,300	5,000	8,000	13,000	18,000	23,000
G Servi-Car (45ci V-twin)	2,400	4,000	8,000	13,000	18,000	23,000
GA Servi-Car (45ci V-twin)	2,400	4,000	8,000	13,000	18,000	23,000
E (61ci V-twin)	4,100	6,200	9,200	12,000	16,000	21,000
EL (61ci V-twin)	5,600	8,400	14,000	21,000	28,000	35,000
ES (61ci V-twin)	4,100	6,200	9,200	12,000	16,000	21,000
U (74ci V-twin)	3,200	4,800	8,000	12,000	16,000	20,000
UL (74ci V-twin)	5,000	10,000	15,000	20,000	25,000	30,000
US (74ci V-twin)	3,200	4,800	8,000	12,000	16,000	20,000
F (74ci V-twin)	5,200	7,800	14,000	21,000	28,000	35,000
FL (74ci V-twin)	5,600	8,400	16,000	30,000	45,000	60,000
FS (74ci V-twin)	5,200	7,800	14,000	21,000	28,000	35,000
1949						
S Hummer (125cc single)	1,000	2,000	4,000	6,000	8,000	10,000
WL (45ci V-twin)	3,300	5,000	8,000	13,000	18,000	23,000
G Servi-Car (45ci V-twin)	2,600	4,000	8,000	13,000	18,000	23,000
GA Servi-Car (45ci V-twin)	2,600	4,000	8,000	13,000	18,000	23,000
E (61ci V-twin)	3,800	5,700	8,600	11,000	15,000	19,000
EL (61ci V-twin)	5,600	8,400	14,000	21,000	28,000	35,000
ES (61ci V-twin)	3,800	5,700	8,600	12,000	16,000	20,000
EP (61ci V-twin)	4,000	5,900	8,900	12,000	16,000	20,000
ELP (61ci V-twin)	4,100	6,200	9,200	12,000	16,000	21,000
F Hydra-Glide (74ci V-twin)	4,200	6,300	10,000	15,000	20,000	25,000
FL Hydra-Glide (74ci V-twin)	4,700	7,100	11,000	16,000	24,000	30,000
FS Hydra-Glide (74ci V-twin)	4,700	7,100	11,000	16,000	24,000	30,000
FP Hydra-Glide (74ci V-twin)	4,700	7,100	11,000	16,000	24,000	30,000
FLP Hydra-Glide (74ci V-twin)	4,700	7,100	11,000	16,000	24,000	30,000
1950						
S Hummer (125cc single)	1,000	2,000	4,000	6,000	8,000	10,000
WL (45ci V-twin)	3,300	5,000	8,000	13,000	18,000	23,000
G Servi-Car (45ci V-twin)	2,600	4,000	8,000	13,000	18,000	23,000
GA Servi-Car (45ci V-twin)	2,600	4,000	8,000	13,000	18,000	23,000
E (61ci V-twin)	4,200	6,300	9,500	13,000	17,000	21,000
EL (61ci V-twin)	4,200	6,300	12,000	17,000	22,000	27,000
ES (61ci V-twin)	4,200	6,300	9,500	13,000	17,000	21,000
F Hydra-Glide (74ci V-twin)	4,200	6,300	10,000	15,000	20,000	25,000
FL Hydra-Glide (74ci V-twin)	4,500	6,800	10,000	15,000	20,000	25,000
FS Hydra-Glide (74ci V-twin)	4,500	6,800	10,000	15,000	20,000	25,000

	6	5	4	3	2	1
1951						
S Hummer (125cc single)	1,000	2,000	4,000	6,000	8,000	10,000
WL (45ci V-twin)	3,300	5,000	8,000	13,000	18,000	23,000
G Servi-Car (45ci V-twin)	2,600	4,000	8,000	13,000	18,000	23,000
GA Servi-Car (45ci V-twin)	2,600	4,000	8,000	13,000	18,000	23,000
EL (61ci V-twin)	4,200	6,300	12,000	17,000	22,000	27,000
ELS (61ci V-twin)	4,200	6,300	9,500	13,000	17,000	21,000
FL Hydra-Glide (74ci V-twin)	4,500	6,800	10,000	15,000	20,000	25,000
FLS Hydra-Glide (74ci V-twin)	4,500	6,800	10,000	15,000	20,000	25,000
1952						
S Hummer (125cc single)	1,000	2,000	4,000	6,000	8,000	10,000
K (45ci V-twin)	2,900	4,400	8,000	12,000	16,000	20,000
G Servi-Car (45ci V-twin)	2,600	4,000	8,000	13,000	18,000	23,000
GA Servi-Car (45ci V-twin)	2,600	4,000	8,000	13,000	18,000	23,000
EL (61ci V-twin)	4,200	6,300	10,000	15,000	20,000	25,000
ELF (61ci V-twin)	4,200	6,300	10,000	15,000	20,000	25,000
ELS (61ci V-twin)	4,200	6,300	9,500	13,000	17,000	21,000
FL Hydra-Glide (74ci V-twin)	4,200	6,300	10,000	15,000	20,000	25,000
FLF Hydra-Glide (74ci V-twin)	4,500	6,800	10,000	15,000	20,000	25,000
FLS Hydra-Glide (74ci V-twin)	4,500	6,800	10,000	15,000	20,000	25,000
1953						
ST Hummer (165cc single)	1,000	2,000	4,000	6,000	8,000	10,000
K (45ci V-twin)	2,900	4,400	8,000	12,000	16,000	20,000
G Servi-Car (45ci V-twin)	2,600	4,000	8,000	13,000	18,000	23,000
GA Servi-Car (45ci V-twin)	2,600	4,000	8,000	13,000	18,000	23,000
FL Hydra-Glide (74ci V-twin)	4,200	6,300	10,000	15,000	20,000	25,000
FLF Hydra-Glide (74ci V-twin)	4,200	6,300	10,000	15,000	20,000	25,000
FLE Hydra-Glide (74ci V-twin)	4,200	6,300	10,000	15,000	20,000	25,000
FLEF Hydra-Glide (74ci V-twin)	4,200	6,300	10,000	15,000	20,000	25,000
1954						
ST Hummer (165cc single)	1,000	2,000	4,000	6,000	8,000	10,000
STU Hummer (165cc single)	1,000	2,000	4,000	6,000	8,000	10,000
G Servi-Car (45ci V-twin)	2,600	4,000	8,000	13,000	18,000	23,000
GA Servi-Car (45ci V-twin)	2,600	4,000	8,000	13,000	18,000	23,000
KH (55ci V-twin)	4,000	6,000	8,000	12,000	16,000	20,000
FL Hydra-Glide (74ci V-twin)	4,600	6,900	10,000	15,000	20,000	25,000
FLF Hydra-Glide (74ci V-twin)	4,200	6,300	10,000	15,000	20,000	25,000
FLE Hydra-Glide (74ci V-twin)	4,200	6,300	10,000	15,000	20,000	25,000
FLEF Hydra-Glide (74ci V-twin)	4,200	6,300	10,000	15,000	20,000	25,000
1955						
B Hummer (125cc single)	1,000	2,000	4,000	6,000	8,000	10,000
ST Hummer (165cc single)	1,000	2,000	4,000	6,000	8,000	10,000
STU Hummer (165cc single)	1,000	2,000	4,000	6,000	8,000	10,000
G Servi-Car (45ci V-twin)	2,600	4,000	8,000	12,000	16,000	20,000
GA Servi-Car (45ci V-twin)	4,000	6,000	8,000	12,000	16,000	20,000
KH (55ci V-twin)	2,600	4,000	8,000	12,000	16,000	20,000
KHK (55ci V-twin)	2,600	4,000	8,000	12,000	16,000	20,000
FL Hydra-Glide (74ci V-twin)	4,000	6,000	10,000	15,000	20,000	25,000
FLE Hydra-Glide (74ci V-twin)	4,200	6,300	10,000	15,000	20,000	25,000
FLEF Hydra-Glide (74ci V-twin)	4,200	6,300	10,000	15,000	20,000	25,000
FLF Hydra-Glide (74ci V-twin)	4,200	6,300	10,000	15,000	20,000	25,000
FLH Hydra-Glide (74ci V-twin)	5,000	10,000	15,000	20,000	25,000	30,000
FLHF Hydra-Glide (74ci V-twin)	5,000	10,000	15,000	20,000	25,000	30,000
1956						
B Hummer (125cc single)	1,000	2,000	4,000	6,000	8,000	10,000
ST Hummer (165cc single)	1,000	2,000	4,000	6,000	8,000	10,000
STU Hummer (165cc single)	1,000	2,000	4,000	6,000	8,000	10,000
G Servi-Car (45ci V-twin)	2,600	4,000	8,000	12,000	16,000	20,000
GA Servi-Car (45ci V-twin)	2,600	4,000	8,000	12,000	16,000	20,000
KH (55ci V-twin)	4,000	6,000	8,000	12,000	16,000	20,000

	6	5	4	3	2	1
KHK (55ci V-twin)	2,600	4,000	8,000	12,000	16,000	20,000
FL Hydra-Glide (74ci V-twin)	4,000	6,000	10,000	15,000	20,000	25,000
FLE Hydra-Glide (74ci V-twin).	4,000	6,000	9,000	12,000	16,000	20,000
FLEF Hydra-Glide (74ci V-twin)	4,000	6,000	9,000	12,000	16,000	20,000
FLF Hydra-Glide (74ci V-twin).	4,000	6,000	9,000	12,000	16,000	20,000
FLH Hydra-Glide (74ci V-twin)	5,000	10,000	16,000	24,000	32,000	40,000
FLHF Hydra-Glide (74ci V-twin)	5,000	10,000	15,000	20,000	25,000	30,000
1957						
B Hummer (125cc single)	1,000	2,000	4,000	6,000	8,000	10,000
ST Hummer (165cc single)	1,000	2,000	4,000	6,000	8,000	10,000
STU Hummer (165cc single)	1,000	2,000	4,000	6,000	8,000	10,000
G Servi-Car (45ci V-twin)	2,600	4,000	8,000	12,000	16,000	20,000
GA Servi-Car (45ci V-twin)	2,600	4,000	8,000	12,000	16,000	20,000
XL Sportster (55ci V-twin)	4,000	8,000	16,000	24,000	32,000	40,000
FL Hydra-Glide (74ci V-twin)	4,200	6,300	10,000	15,000	20,000	25,000
FLF Hydra-Glide (74ci V-twin).	4,200	6,300	10,000	15,000	20,000	25,000
FLH Hydra-Glide (74ci V-twin)	5,000	10,000	15,000	20,000	25,000	30,000
FLHF Hydra-Glide (74ci V-twin)	5,000	10,000	15,000	20,000	25,000	30,000
1958						
B Hummer (125cc single)	1,000	2,000	4,000	6,000	8,000	10,000
ST Hummer (165cc single)	1,000	2,000	4,000	6,000	8,000	10,000
STU Hummer (165cc single)	1,000	2,000	4,000	6,000	8,000	10,000
G Servi-Car (45ci V-twin)	2,600	4,000	8,000	12,000	16,000	20,000
GA Servi-Car (45ci V-twin)	2,600	4,000	8,000	12,000	16,000	20,000
XL Sportster (55ci V-twin)	2,000	5,000	7,000	10,000	13,000	16,000
XLH Sportster (55ci V-twin)	2,500	5,000	7,000	10,000	13,000	16,000
XLC Sportster (55ci V-twin)	2,200	5,000	7,000	10,000	13,000	16,000
XLCH Sportster (55ci V-twin)	2,300	5,000	7,000	10,000	13,000	16,000
FL Duo-Glide (74ci V-twin)	4,000	8,000	12,000	16,000	20,000	24,000
FLF Duo-Glide (74ci V-twin)	4,000	8,000	12,000	16,000	20,000	24,000
FLH Duo-Glide (74ci V-twin)	4,200	7,000	14,000	21,000	28,000	35,000
FLHF Duo-Glide (74ci V-twin)	5,000	10,000	15,000	20,000	25,000	30,000
1959						
B Hummer (125cc single)	1,000	2,000	4,000	6,000	8,000	10,000
ST Hummer (165cc single)	1,000	2,000	4,000	6,000	8,000	10,000
STU Hummer (165cc single)	1,000	2,000	4,000	6,000	8,000	10,000
G Servi-Car (45ci V-twin)	2,600	4,000	8,000	12,000	16,000	20,000
GA Servi-Car (45ci V-twin)	2,600	4,000	8,000	12,000	16,000	20,000
XL Sportster (55ci V-twin)	2,000	3,000	4,500	9,000	13,000	16,000
XLH Sportster (55ci V-twin)	2,200	5,000	7,000	10,000	13,000	16,000
XLCH Sportster (55ci V-twin)	2,300	5,000	7,000	10,000	13,000	16,000
FL Duo-Glide (74ci V-twin)	4,000	8,000	12,000	16,000	20,000	24,000
FLF Duo-Glide (74ci V-twin).	4,000	6,000	9,000	12,000	16,000	20,000
FLH Duo-Glide (74ci V-twin)	4,200	7,000	14,000	21,000	28,000	35,000
FLHF Duo-Glide (74ci V-twin)	4,000	6,000	10,000	15,000	20,000	25,000
1960						
A Topper (165cc single)	1,000	1,500	2,300	3,000	4,000	5,000
AU Topper (165cc single)	600	1,100	2,500	4,000	5,500	7,000
BT Pacer (165cc single).	600	1,100	2,200	3,300	4,400	5,500
BTU Pacer (165cc single)	600	1,100	2,200	3,300	4,400	5,500
G Servi-Car (45ci V-twin)	2,400	4,000	8,000	12,000	16,000	20,000
GA Servi-Car (45ci V-twin)	2,400	4,000	8,000	12,000	16,000	20,000
XLH Sportster (55ci V-twin)	2,200	5,000	7,000	10,000	13,000	16,000
XLCH Sportster (55ci V-twin)	2,300	5,000	7,000	10,000	13,000	16,000
FL Duo-Glide (74ci V-twin)	4,000	8,000	12,000	16,000	20,000	24,000
FLF Duo-Glide (74ci V-twin)	4,000	6,000	9,000	12,000	16,000	20,000
FLH Duo-Glide (74ci V-twin)	4,200	7,000	14,000	21,000	28,000	35,000
FLHF Duo-Glide (74ci V-twin)	4,000	6,000	10,000	15,000	20,000	25,000
1961						
AH Topper (165cc single)	1,000	1,500	3,500	4,000	5,500	7,000

	6	5	4	3	2	1
AU Topper (165cc single)	600	1,100	2,500	4,000	5,500	7,000
BT Pacer (165cc single)	600	1,100	2,200	3,300	4,400	5,500
BTU Pacer (165cc single)	600	1,100	2,200	3,300	4,400	5,500
C Sprint (250cc single)	1,000	2,000	3,500	5,000	6,500	8,000
G Servi-Car (45ci V-twin)	2,400	4,000	8,000	12,000	16,000	20,000
GA Servi-Car (45ci V-twin)	2,400	4,000	8,000	12,000	16,000	20,000
XLH Sportster (55ci V-twin)	2,200	5,000	7,000	10,000	13,000	16,000
XLCH Sportster (55ci V-twin)	2,200	5,000	7,000	10,000	13,000	16,000
FL Duo-Glide (74ci V-twin)	4,000	8,000	12,000	16,000	20,000	24,000
FLF Duo-Glide (74ci V-twin)	4,000	6,000	9,000	12,000	16,000	20,000
FLH Duo-Glide (74ci V-twin)	4,200	7,000	14,000	21,000	28,000	35,000
FLHF Duo-Glide (74ci V-twin)	4,000	6,000	10,000	15,000	20,000	25,000
1962						
AH Topper (165cc single)	1,000	1,500	3,500	4,000	5,500	7,000
AU Topper (165cc single)	600	1,100	2,500	4,000	5,500	7,000
BTF Ranger (165cc single)	600	1,100	2,200	3,300	4,400	5,500
BTU Pacer (165cc single)	600	1,100	2,200	3,300	4,400	5,500
BT Pacer (175cc single)	600	1,100	2,200	3,300	4,400	5,500
BTH Scat (175cc single)	600	1,100	2,200	3,300	4,400	5,500
C Sprint (250cc single)	1,000	2,000	3,500	5,000	6,500	8,000
CH Sprint (250cc single)	1,000	2,000	3,500	5,000	6,500	8,000
G Servi-Car (45ci V-twin)	2,000	3,000	6,000	12,000	15,000	18,000
GA Servi-Car (45ci V-twin)	2,000	3,000	6,000	12,000	15,000	18,000
XLH Sportster (55ci V-twin)	2,400	5,000	7,000	10,000	13,000	16,000
XLCH Sportster (55ci V-twin)	2,400	5,000	7,000	10,000	13,000	16,000
FL Duo-Glide (74ci V-twin)	4,000	8,000	12,000	16,000	20,000	24,000
FLF Duo-Glide (74ci V-twin)	4,000	6,000	9,000	12,000	16,000	20,000
FLH Duo-Glide (74ci V-twin)	4,200	7,000	14,000	21,000	28,000	35,000
FLHF Duo-Glide (74ci V-twin)	4,000	6,000	10,000	15,000	20,000	25,000
1963						
AH Topper (165cc single)	1,000	1,500	3,500	4,000	5,500	7,000
AU Topper (165cc single)	600	1,100	2,500	4,000	5,500	7,000
BT Pacer (175cc single)	600	1,100	2,200	3,300	4,400	5,500
BTU Pacer (165cc single)	600	1,100	2,200	3,300	4,400	5,500
BTH Scat (175cc single)	600	1,100	2,200	3,300	4,400	5,500
C Sprint (250cc single)	1,000	2,000	3,500	5,000	6,500	8,000
CH Sprint (250cc single)	1,000	2,000	3,500	5,000	6,500	8,000
G Servi-Car (45ci V-twin)	2,400	3,600	5,400	7,200	9,600	12,000
GA Servi-Car (45ci V-twin)	2,000	3,000	6,000	12,000	15,000	18,000
XLH Sportster (55ci V-twin)	2,400	5,000	7,000	10,000	13,000	16,000
XLCH Sportster (55ci V-twin)	2,400	5,000	7,000	10,000	13,000	16,000
FL Duo-Glide (74ci V-twin)	4,000	8,000	12,000	16,000	20,000	24,000
FLF Duo-Glide (74ci V-twin)	4,000	6,000	9,000	12,000	16,000	20,000
FLH Duo-Glide (74ci V-twin)	4,200	7,000	14,000	21,000	28,000	35,000
FLHF Duo-Glide (74ci V-twin)	4,000	6,000	10,000	15,000	20,000	25,000
1964						
AH Topper (165cc single)	1,000	1,500	3,500	4,000	5,500	7,000
AU Topper (165cc single)	600	1,100	2,500	4,000	5,500	7,000
BT Pacer (175cc single)	600	1,100	2,200	3,300	4,400	5,500
BTU Pacer (165cc single)	600	1,100	2,200	3,300	4,400	5,500
BTH Scat (175cc single)	600	1,100	2,200	3,300	4,400	5,500
C Sprint (250cc single)	1,000	2,000	3,500	5,000	6,500	8,000
CH Sprint (250cc single)	1,000	2,000	3,500	5,000	6,500	8,000
GE Servi-Car (45ci V-twin)	2,000	3,000	6,000	12,000	15,000	18,000
XLH Sportster (55ci V-twin)	2,400	5,000	7,000	10,000	13,000	16,000
XLCH Sportster (55ci V-twin)	2,400	5,000	7,000	10,000	13,000	16,000
FL Duo-Glide (74ci V-twin)	4,000	8,000	12,000	16,000	20,000	24,000
FLF Duo-Glide (74ci V-twin)	4,000	6,000	9,000	12,000	16,000	20,000
FLH Duo-Glide (74ci V-twin)	4,200	6,300	9,500	13,000	17,000	21,000
FLHF Duo-Glide (74ci V-twin)	4,000	6,000	9,000	12,000	16,000	20,000

	6	5	4	3	2	1
1965						
M50 (50cc single)	1,000	2,000	3,500	5,000	6,500	8,000
AH Topper (165cc single)	1,000	1,500	3,500	4,000	5,500	7,000
BT Pacer (175cc single)	600	1,100	2,200	3,300	4,400	5,500
BTH Scat (175cc single)	600	1,100	2,200	3,300	4,400	5,500
C Sprint (250cc single)	1,000	2,000	3,500	5,000	6,500	8,000
CH Sprint (250cc single)	1,000	2,000	3,500	5,000	6,500	8,000
GE Servi-Car (45ci V-twin)	2,000	3,000	6,000	12,000	15,000	18,000
XLH Sportster (55ci V-twin)	2,400	5,000	7,000	10,000	13,000	16,000
XLCH Sportster (55ci V-twin)	2,400	5,000	7,000	10,000	13,000	16,000
FLB Electra-Glide (74ci V-twin)	4,200	6,300	9,500	13,000	17,000	21,000
FLFB Electra-Glide (74ci V-twin)	4,000	6,000	9,000	12,000	16,000	20,000
FLHB Electra-Glide (74ci V-twin)	2,500	5,000	10,000	15,000	20,000	25,000
FLHFB Electra-Glide (74ci V-twin)	2,500	5,000	10,000	15,000	20,000	25,000
1966						
M50 (50cc single)	1,000	2,000	3,500	5,000	6,500	8,000
MS (50cc single)	600	1,100	2,200	3,300	4,400	5,500
BTH Bobcat (175cc single)	600	1,100	2,200	3,300	4,400	5,500
C Sprint (250cc single)	1,000	2,000	3,500	5,000	6,500	8,000
CH Sprint (250cc single)	1,000	2,000	3,500	5,000	6,500	8,000
GE Servi-Car (45ci V-twin)	2,000	3,000	6,000	12,000	15,000	18,000
XLH Sportster (55ci V-twin)	2,200	5,000	7,000	10,000	13,000	16,000
XLCH Sportster (55ci V-twin)	2,200	5,000	7,000	10,000	13,000	16,000
FLB Electra-Glide (74ci V-twin)	3,300	5,000	8,000	12,000	16,000	20,000
FLFB Electra-Glide (74ci V-twin)	3,300	5,000	8,000	12,000	16,000	20,000
FLHB Electra-Glide (74ci V-twin)	3,300	5,000	8,000	12,000	16,000	20,000
FLHFB Electra-Glide (74ci V-twin)	3,300	5,000	8,000	12,000	16,000	20,000
1967						
M (65cc single)	600	1,100	2,200	3,300	4,400	5,500
MS (65cc single)	600	1,100	2,200	3,300	4,400	5,500
SS Sprint (250cc single)	1,500	2,500	3,500	4,500	5,500	6,500
CH Sprint (250cc single)	1,000	2,000	3,500	5,000	6,500	8,000
GE Servi-Car (45ci V-twin)	2,000	3,000	6,000	12,000	15,000	18,000
XLH Sportster (55ci V-twin)	2,200	5,000	7,000	10,000	13,000	16,000
XLCH Sportster (55ci V-twin)	2,200	5,000	7,000	10,000	13,000	16,000
FLB Electra-Glide (74ci V-twin)	3,300	5,000	8,000	12,000	16,000	20,000
FLFB Electra-Glide (74ci V-twin)	3,300	5,000	8,000	12,000	16,000	20,000
FLHB Electra-Glide (74ci V-twin)	3,300	5,000	8,000	12,000	16,000	20,000
FLHFB Electra-Glide (74ci V-twin)	3,300	5,000	8,000	12,000	16,000	20,000
1968						
M (65cc single)	600	1,100	2,200	3,300	4,400	5,500
MS (65cc single)	600	1,100	2,200	3,300	4,400	5,500
ML Rapido (125cc single)	600	1,100	2,200	3,300	4,400	5,500
SS Sprint (250cc single)	1,500	2,500	3,500	4,500	5,500	6,500
CH Sprint (250cc single)	1,000	2,000	3,500	5,000	6,500	8,000
GE Servi-Car (45ci V-twin)	2,000	3,000	6,000	12,000	15,000	18,000
XLH Sportster (55ci V-twin)	1,900	2,900	4,300	6,000	9,000	12,000
XLCH Sportster (55ci V-twin)	2,200	3,300	6,000	9,000	12,000	15,000
FLB Electra-Glide (74ci V-twin)	3,300	5,000	8,000	12,000	16,000	20,000
FLFB Electra-Glide (74ci V-twin)	3,300	5,000	8,000	12,000	16,000	20,000
FLHB Electra-Glide (74ci V-twin)	3,300	5,000	8,000	12,000	16,000	20,000
FLHFB Electra-Glide (74ci V-twin)	3,300	5,000	8,000	12,000	16,000	20,000
1969						
M (65cc single)	600	1,100	2,200	3,300	4,400	5,500
MS (65cc single)	600	1,100	2,200	3,300	4,400	5,500
ML Rapido (125cc single)	600	1,100	2,200	3,300	4,400	5,500
MLS Rapido Scrambler (125cc single)	600	1,100	2,200	3,300	4,400	5,500
SS Sprint (350cc single)	1,500	2,500	3,500	4,500	5,500	6,500
ERS Sprint (350cc single)	1,500	2,500	3,500	4,500	5,500	6,500
GE Servi-Car (45ci V-twin)	2,000	3,000	6,000	12,000	15,000	18,000

	6	5	4	3	2	1
XLH Sportster (55ci V-twin)	1,900	3,000	5,000	6,000	9,000	12,000
XLCH Sportster (55ci V-twin)	2,200	3,300	6,000	9,000	12,000	15,000
FLB Electra-Glide (74ci V-twin)	3,300	5,000	8,000	12,000	16,000	20,000
FLFB Electra-Glide (74ci V-twin)	3,300	5,000	8,000	12,000	16,000	20,000
FLHB Electra-Glide (74ci V-twin)	3,300	5,000	8,000	12,000	16,000	20,000
FLHFB Electra-Glide (74ci V-twin)	3,300	5,000	8,000	12,000	16,000	20,000
1970						
MS Leggero (65cc single)	600	1,100	2,200	3,300	4,400	5,500
MSR Baja 100 (100cc single)	1,000	2,000	4,000	6,000	8,000	10,000
MLS Scrambler (125cc single)	600	1,100	2,200	3,300	4,400	5,500
SS Sprint (350cc single)	1,500	2,500	3,500	4,500	5,500	6,500
ERS Sprint (350cc single)	1,500	2,500	3,500	4,500	5,500	6,500
GE Servi-Car (45ci V-twin)	2,000	3,000	6,000	12,000	15,000	18,000
XLH Sportster (55ci V-twin)	1,800	2,700	4,050	6,000	9,000	12,000
XLCH Sportster (55ci V-twin)	2,200	3,300	6,000	9,000	12,000	15,000
FLB Electra-Glide (74ci V-twin)	2,900	4,400	6,500	9,000	12,000	15,000
FLFB Electra-Glide (74ci V-twin)	2,800	4,200	6,300	9,000	12,000	15,000
FLHB Electra-Glide (74ci V-twin)	2,900	4,400	6,500	9,000	12,000	15,000
FLHFB Electra-Glide (74ci V-twin)	2,800	4,200	6,300	9,000	12,000	15,000
1971						
MS (65cc single)	600	1,100	2,200	3,300	4,400	5,500
MSR Baja 100 (100cc single)	1,000	2,000	4,000	6,000	8,000	10,000
MLS Scrambler (125cc single)	600	1,100	2,200	3,300	4,400	5,500
SS Sprint (350cc single)	1,500	2,500	3,500	4,500	5,500	6,500
SX Sprint (350cc single)	1,500	2,500	3,500	4,500	5,500	6,500
ERS Sprint (350cc single)	1,500	2,500	3,500	4,500	5,500	6,500
GE Servi-Car (45ci V-twin)	2,000	3,000	6,000	12,000	15,000	18,000
XLH Sportster (55ci V-twin)	1,600	2,400	4,000	6,000	9,000	12,000
XLCH Sportster (55ci V-twin)	2,200	3,300	6,000	9,000	12,000	15,000
FX Super Glide (74ci V-twin)	5,000	10,000	15,000	20,000	25,000	30,000
FLP Electra-Glide (74ci V-twin)	2,900	4,400	6,500	9,000	12,000	15,000
FLPF Electra-Glide (74ci V-twin)	2,800	4,200	6,300	9,000	12,000	15,000
FLH Electra-Glide (74ci V-twin)	2,900	4,400	6,500	9,000	12,000	15,000
FLHF Electra-Glide (74ci V-twin)	2,800	4,200	6,300	9,000	12,000	15,000
1972						
MC Shortster (65cc single)	600	800	1,400	2,100	2,800	3,500
MS (65cc single)	600	1,100	2,200	3,300	4,400	5,500
MSR Baja 100 (100cc single)	1,000	2,000	4,000	6,000	8,000	10,000
MLS Scrambler (125cc single)	600	1,100	2,200	3,300	4,400	5,500
SS Sprint (350cc single)	1,500	2,500	3,500	4,500	5,500	6,500
SX Sprint (350cc single)	1,500	2,500	3,500	4,500	5,500	6,500
ERS Sprint (350cc single)	1,500	2,500	3,500	4,500	5,500	6,500
GE Servi-Car (45ci V-twin)	2,000	3,000	6,000	12,000	15,000	18,000
XLH Sportster (61ci V-twin)	1,600	2,400	4,000	6,000	9,000	12,000
XLCH Sportster (61ci V-twin)	2,200	3,300	6,000	9,000	12,000	15,000
FX Super Glide (74ci V-twin)	2,400	3,600	5,400	9,000	12,000	15,000
FLP Electra-Glide (74ci V-twin)	2,600	3,900	6,000	9,000	12,000	15,000
FLPF Electra-Glide (74ci V-twin)	2,500	3,800	6,000	9,000	12,000	15,000
FLH Electra-Glide (74ci V-twin)	2,600	3,900	6,000	9,000	12,000	15,000
FLHF Electra-Glide (74ci V-twin)	2,500	3,800	6,000	9,000	12,000	15,000
1973						
X (90cc single)	1,000	2,000	3,000	4,000	5,000	6,000
Z (90cc single)	400	800	1,600	2,400	3,200	4,000
MSR Baja 100 (100cc single)	1,000	2,000	4,000	6,000	8,000	10,000
TX (125cc single)	400	600	1,400	2,100	2,800	3,500
S Sprint (350cc single)	1,500	2,500	3,500	4,500	5,500	6,500
SX Sprint (350cc single)	1,500	2,500	3,500	4,500	5,500	6,500
GE Servi-Car (45ci V-twin)	2,000	3,000	6,000	12,000	15,000	18,000
XLH Sportster (61ci V-twin)	1,400	2,000	4,000	6,000	8,000	10,000
XLCH Sportster (61ci V-twin)	1,400	2,000	4,000	6,000	8,000	10,000

	6	5	4	3	2	1
FX Super Glide (74ci V-twin)	2,200	3,300	6,000	9,000	12,000	15,000
FL Electra-Glide (74ci V-twin)	2,500	3,800	6,000	9,000	12,000	15,000
FLH Electra-Glide (74ci V-twin)	2,500	3,800	6,000	9,000	12,000	15,000
1974						
X (90cc single)	1,000	2,000	3,000	4,000	5,000	6,000
Z (90cc single)	400	800	1,600	2,400	3,200	4,000
SR (100cc single)	1,000	2,000	3,000	4,000	5,000	6,000
SX (125cc single)	400	600	1,400	2,100	2,800	3,500
SX (175cc single)	400	600	1,400	2,100	2,800	3,500
SS Sprint (350cc single)	1,500	2,500	3,500	4,500	5,500	6,500
SX Sprint (350cc single)	1,500	2,500	3,500	4,500	5,500	6,500
XLH Sportster (61ci V-twin)	1,400	2,000	4,000	6,000	8,000	10,000
XLCH Sportster (61ci V-twin)	1,400	2,000	4,000	6,000	8,000	10,000
FX Super Glide (74ci V-twin)	2,200	3,300	5,000	6,600	8,800	11,000
FXE Super Glide (74ci V-twin)	2,200	3,300	5,000	8,000	11,000	14,000
FLH Electra-Glide (74ci V-twin)	2,300	3,500	5,200	6,900	9,200	12,000
FLHF Electra-Glide (74ci V-twin)	2,300	3,500	5,200	6,900	9,200	12,000
FLP Electra-Glide (74ci V-twin)	2,400	3,600	5,400	7,200	9,600	12,000
1975						
X (90cc single)	1,000	2,000	3,000	4,000	5,000	6,000
Z (90cc single)	400	800	1,600	2,400	3,200	4,000
SXT (125cc single)	400	700	1,400	2,100	2,800	3,500
SX (175cc single)	400	600	1,400	2,100	2,800	3,500
SX (250cc single)	500	700	1,400	2,100	2,800	3,500
SS Sprint (250cc single)	400	600	1,400	2,100	2,800	3,500
XLH Sportster (61ci V-twin)	1,400	2,000	4,000	6,000	8,000	10,000
XLCH Sportster (61ci V-twin)	1,400	2,000	4,000	6,000	8,000	10,000
FX Super Glide (74ci V-twin)	2,200	3,300	5,000	6,600	8,800	11,000
FXE Super Glide (74ci V-twin)	2,200	3,300	5,000	8,000	11,000	14,000
FLH Electra-Glide (74ci V-twin)	2,300	3,500	5,200	6,900	9,200	12,000
FLHF Electra-Glide (74ci V-twin)	2,300	3,500	6,000	8,000	11,000	13,000
FLP Electra-Glide (74ci V-twin)	2,400	3,600	5,400	7,200	9,600	12,000
1976						
SS (125cc single)	400	600	1,200	1,800	2,400	3,000
SXT (125cc single)	400	700	1,400	2,100	2,800	3,500
SS (175cc single)	400	700	1,400	2,100	2,800	3,500
SX (175cc single)	400	600	1,400	2,100	2,800	3,500
SS (250cc single)	400	600	1,400	2,100	2,800	3,500
SX (250cc single)	500	800	1,400	2,100	2,800	3,500
XLH Sportster (61ci V-twin)	1,300	2,000	2,900	3,900	5,200	6,500
XLCH Sportster (61ci V-twin)	1,300	2,000	2,900	3,900	5,200	6,500
FX Super Glide (74ci V-twin)	2,200	3,300	5,000	6,600	8,800	11,000
FXE Super Glide (74ci V-twin)	2,200	3,300	6,000	9,000	12,000	15,000
FLH Electra-Glide (74ci V-twin)	2,400	3,600	7,000	10,000	13,000	16,000
1977						
SS (125cc single)	400	600	1,200	1,800	2,400	3,000
SXT (125cc single)	400	700	1,400	2,100	2,800	3,500
SS (175cc single)	400	600	900	1,200	1,600	2,000
MX250 (250cc single) (1,000 made-2 years)	3,000	6,000	10,000	14,000	18,000	22,000
SS (250cc single)	400	600	1,400	2,100	2,800	3,500
SX (250cc single)	500	800	1,400	2,100	2,800	3,500
XLH Sportster (61ci V-twin)	1,300	2,000	2,900	3,900	5,200	6,500
XLT Sportster (61ci V-twin)	1,300	2,000	2,900	3,900	5,200	6,500
XLCH Sportster (61ci V-twin)	1,300	2,000	4,000	6,000	8,000	10,000
XLCR Sportster (61ci V-twin) (3,133 made-2 yrs)	3,000	6,000	9,000	13,000	17,000	21,000
FX Super Glide (74ci V-twin)	2,000	3,000	4,500	6,000	8,000	10,000
FXE Super Glide (74ci V-twin)	2,000	3,000	4,500	6,000	8,000	10,000
FXS Low Rider (74ci V-twin)	2,200	3,300	4,500	6,000	8,000	10,000
FLH Electra-Glide (74ci V-twin)	2,500	3,800	5,600	7,500	10,000	13,000
FLHS Electra-Glide (74ci V-twin)	2,500	3,800	5,600	7,500	10,000	13,000

	6	5	4	3	2	1
1978						
SS (125cc single)	400	600	1,200	1,800	2,400	3,000
MX250 (250cc single)	2,000	6,000	10,000	14,000	18,000	22,000
XLH Sportster (61ci V-twin)	1,300	2,000	2,900	3,900	5,200	6,500
XLH Sportster (61ci V-twin, 75th Anniversary)	1,300	2,000	2,900	3,900	5,200	6,500
XLT Sportster (61ci V-twin)	1,300	2,000	2,900	3,900	5,200	6,500
XLCH Sportster (61ci V-twin)	1,300	2,000	4,000	6,000	8,000	10,000
XLCR Sportster (61ci V-twin)	3,000	6,000	9,000	13,000	17,000	21,000
FX Super Glide (74ci V-twin)	2,000	3,000	4,500	6,000	8,000	10,000
FXE Super Glide (74ci V-twin)	2,000	3,000	4,500	6,000	8,000	10,000
FXS Low Rider (74ci V-twin)	2,200	3,300	5,000	6,600	8,800	11,000
FLH Electra-Glide (74ci V-twin, 75th Anniversary)	2,500	3,800	5,600	7,500	10,000	13,000
FLH-80 Electra-Glide (80ci V-twin)	2,500	3,800	5,600	7,500	10,000	13,000
1979						
XLS Sportster (61ci V-twin)	1,300	2,000	2,900	3,900	5,200	6,500
XLH Sportster (61ci V-twin)	1,300	2,000	2,900	3,900	5,200	6,500
XLCH Sportster (61ci V-twin)	1,300	2,000	2,900	3,900	5,200	6,500
FXE Super Glide (74ci V-twin)	2,000	3,000	4,500	6,000	8,000	10,000
FXS-74 Super Glide (74ci V-twin)	2,000	3,000	4,500	6,000	8,000	10,000
FXS-80 Super Glide (80ci V-twin)	2,000	3,000	4,500	6,000	8,000	10,000
FXEF-74 Fat Bob (74ci V-twin)	2,300	3,500	5,200	6,900	9,200	12,000
FXEF-80 Fat Bob (80ci V-twin)	2,300	3,500	5,200	6,900	9,200	12,000
FLH-74 Electra Glide (74ci V-twin)	2,500	3,800	5,600	7,500	10,000	13,000
FXH-80 Electra Glide (80ci V-twin)	2,500	3,800	5,600	7,500	10,000	13,000
FLHC Electra Glide (80ci V-twin)	2,500	3,800	5,600	7,500	10,000	13,000
FLHCE Electra Glide (80ci V-twin)	2,500	3,800	5,600	7,500	10,000	13,000
FLHP-74 Electra Glide (74ci V-twin)	2,500	3,800	5,600	7,500	10,000	13,000
FLH-80 Electra-Glide (80ci V-twin)	2,500	3,800	5,600	7,500	10,000	13,000
1980						
XLS Sportster (61ci V-twin)	1,300	2,000	2,900	3,900	5,200	6,500
XLH Sportster (61ci V-twin)	1,300	2,000	2,900	3,900	5,200	6,500
FXB-80 Super Glide Sturgis (80ci V-twin)	2,600	3,900	5,900	7,800	10,000	13,000
FXS-74 Super Glide (74ci V-twin)	2,200	3,300	5,000	6,600	8,800	11,000
FXEF-80 Fat Bob (80ci V-twin)	2,300	3,500	5,200	6,900	9,200	12,000
FXS-74 Low Rider (74ci V-twin)	2,000	3,000	4,500	6,000	8,000	10,000
FXS-80 Low Rider (80ci V-twin)	2,000	3,000	4,500	6,000	8,000	10,000
FXWG-80 Wide Glide (80ci V-twin)	2,100	3,200	4,700	6,300	8,400	11,000
FLH-74 Electra Glide (74ci V-twin)	2,000	3,000	4,500	6,000	8,000	10,000
FLH-80 Electra Glide (80ci V-twin)	2,100	3,200	4,700	6,300	8,400	11,000
FLHC-80 Electra Glide Classic (50ci V-twin)	2,100	3,200	4,700	6,300	8,400	11,000
FLHCE-80 Electra Glide Classic (80ci V-twin)	2,100	3,200	4,700	6,300	8,400	11,000
FLHP-74 Electra Glide (74ci V-twin)	2,200	3,300	5,000	6,600	8,800	11,000
FLHP-80 Electra-Glide (80ci V-twin)	2,200	3,300	5,000	6,600	8,800	11,000
FLT Tour Glide (80ci V-twin)	2,000	3,000	4,500	6,000	8,000	10,000
1981						
XLS Sportster (61ci V-twin)	2,300	3,500	5,200	6,900	9,200	12,000
XLH Sportster (61ci V-twin)	1,300	2,000	2,900	3,900	5,200	6,500
FXB Super Glide Sturgis (80ci V-twin)	2,100	3,200	4,700	7,000	10,000	13,000
FXE Super Glide (80ci V-twin)	2,200	3,300	5,000	6,600	8,800	11,000
FXEF Fat Bob (80ci V-twin)	2,300	3,500	5,200	6,900	9,200	12,000
FXWG Wide Glide (80ci V-twin)	2,100	3,200	4,700	6,300	8,400	11,000
FLH Electra Glide (80ci V-twin)	2,200	3,300	5,000	6,600	8,800	11,000
FLH Electra Glide Heritage (80ci V-twin)	2,200	3,300	6,000	9,000	12,000	15,000
FLHC Electra Glide Classic (80ci V-twin)	2,200	3,300	5,000	6,600	8,800	11,000
FLHCE Electra Glide Classic (80ci V-twin)	2,200	3,300	5,000	6,600	8,800	11,000
FLHP Electra-Glide (80ci V-twin)	2,200	3,300	5,000	6,600	8,800	11,000
FLT Tour Glide (80ci V-twin)	2,000	3,000	4,500	6,000	8,000	10,000
FLT Tour Glide Classic (80ci V-twin)	2,000	3,000	4,500	6,000	8,000	10,000
1982						
XLH Sportster (61ci V-twin)	1,300	2,000	2,900	3,900	5,200	6,500

	6	5	4	3	2	1
XLHA Sportster (61ci V-twin, 25th Anniv)	1,500	2,200	3,300	4,400	5,800	7,300
XLS Sportster (61ci V-twin)	1,300	2,000	2,900	3,900	5,200	6,500
XLSA Sportster (61ci V-twin, 25th Anniv)	1,500	2,200	3,300	4,400	5,800	7,300
FLH Electra Glide (80ci V-twin)	2,200	3,300	5,000	6,600	8,800	11,000
FLHC Electra Glide Classic (80ci V-twin)	2,200	3,300	5,000	6,600	8,800	11,000
FLT Tour Glide (80ci V-twin)	2,000	3,000	4,500	6,000	8,000	10,000
FLT Tour Glide Classic (80ci V-twin)	2,000	3,000	4,500	6,000	8,000	10,000
FXB Super Glide "Sturgis" (80ci V-twin)	2,800	4,200	6,300	9,000	12,000	15,000
FXE Super Glide (80ci V-twin)	2,200	3,300	5,000	6,600	8,800	11,000
FXR Super Glide II (80ci V-twin)	2,200	3,300	5,000	6,600	8,800	11,000
FXRS Super Glide II (80ci V-twin)	2,200	3,300	5,000	6,600	8,800	11,000
FXS Low Rider (80ci V-twin)	2,300	3,500	5,200	6,900	9,200	12,000
FXWG Wide Glide (80ci V-twin)	2,300	3,500	5,200	6,900	9,200	12,000
1983						
XLH Sportster (61ci V-twin)	1,300	2,000	2,900	3,900	5,200	6,500
XLS Sportster (61ci V-twin)	1,300	2,000	2,900	3,900	5,200	6,500
XLX Sportster (61ci V-twin)	1,300	2,000	2,900	3,900	5,200	6,500
XR-1000 Sportster (61ci V-twin)	3,000	6,000	10,000	14,000	18,000	22,000
FLH Electra Glide (80ci V-twin)	2,200	3,300	5,000	6,600	8,800	11,000
FLHT Electra Glide (80ci V-twin)	2,200	3,300	5,000	6,600	8,800	11,000
FLHTC Electra Glide Classic (80ci V-twin)	2,200	3,300	5,000	6,600	8,800	11,000
FLT Tour Glide (80ci V-twin)	2,000	3,000	4,500	6,000	8,000	10,000
FLTC Tour Glide Classic (80ci V-twin)	2,000	3,000	4,500	6,000	8,000	10,000
FXDG Super Glide (80ci V-twin)	2,200	3,300	5,000	6,600	8,800	11,000
FXE Super Glide (80ci V-twin)	2,200	3,300	5,000	6,600	8,800	11,000
FXR Super Glide II (80ci V-twin)	2,200	3,300	5,000	6,600	8,800	11,000
FXRS Super Glide II (80ci V-twin)	2,200	3,300	5,000	6,600	8,800	11,000
FXRT Super Glide II Touring (80ci V-twin)	2,200	3,300	5,000	6,600	8,800	11,000
FXSB Low Rider (80ci V-twin)	2,300	3,500	5,200	6,900	9,200	12,000
FXWG Wide Glide (80ci V-twin)	2,300	3,500	5,200	6,900	9,200	12,000
1984						
XLH Sportster (61ci V-twin)	1,300	2,000	2,900	3,900	5,200	6,500
XLS Sportster (61ci V-twin)	1,300	2,000	2,900	3,900	5,200	6,500
XLX Sportster (61ci V-twin)	1,300	2,000	2,900	3,900	5,200	6,500
XR-1000 Sportster (61ci V-twin)	3,000	5,000	8,000	10,000	13,000	16,000
FLH Electra Glide (80ci V-twin)	2,200	3,300	5,000	6,600	8,800	11,000
FLHT "Last Edition" (80ci V-twin)	2,700	4,100	6,100	8,100	11,000	14,000
FLHTC Electra Glide Classic (80ci V-twin)	2,200	3,300	5,000	6,600	8,800	11,000
FLTC Tour Glide Classic (80ci V-twin)	2,000	3,000	4,500	6,000	8,000	10,000
FXE Super Glide (80ci V-twin)	2,200	3,300	5,000	6,600	8,800	11,000
FXRDG Disc Glide (80ci V-twin)	2,400	3,600	5,400	7,200	9,600	12,000
FXRP Super Glide (80ci V-twin)	2,200	3,300	5,000	6,600	8,800	11,000
FXRS Low Glide (80ci V-twin)	2,300	3,500	5,200	6,900	9,200	12,000
FXRT Sport Glide (80ci V-twin)	2,400	3,600	5,400	7,200	9,600	12,000
FXSB Low Rider (80ci V-twin)	2,300	3,500	5,200	6,900	9,200	12,000
FXST Softail (80ci V-twin)	2,700	4,100	6,100	8,100	11,000	14,000
FXWG Wide Glide (80ci V-twin)	2,300	3,500	5,200	6,900	9,200	12,000
1985						
XLH Sportster (61ci V-twin)	1,300	2,000	2,900	3,900	5,200	6,500
XLS Sportster (61ci V-twin)	1,300	2,000	2,900	3,900	5,200	6,500
XLX Sportster (61ci V-twin)	1,300	2,000	2,900	3,900	5,200	6,500
FLHTC Electra Glide Classic (80ci V-twin)	2,000	3,000	4,500	6,000	8,000	10,000
FLTC Tour Glide Classic (80ci V-twin)	2,000	3,000	4,500	6,000	8,000	10,000
FXEF Fat Bob (80ci V-twin)	2,300	3,500	5,200	6,900	9,200	12,000
FXRC Low Glide Custom (80ci V-twin)	2,500	3,800	5,600	7,500	10,000	13,000
FXRP Super Glide (80ci V-twin)	2,200	3,300	5,500	6,600	8,800	11,000
FXRS Low Glide (80ci V-twin)	2,400	3,600	5,400	7,200	9,600	12,000
FXRT Sport Glide (80ci V-twin)	2,400	3,600	5,400	7,200	9,600	12,000
FXSB Low Rider (80ci V-twin)	2,300	3,500	5,200	6,900	9,200	12,000
FXST Softail (80ci V-twin)	2,700	4,100	6,100	8,100	11,000	14,000

	6	5	4	3	2	1
FXWG Wide Glide (80ci V-twin).	2,300	3,500	5,200	6,900	9,200	12,000
1986						
XLH-883 Sportster (883cc V-twin).	1,300	2,000	2,900	3,900	5,200	6,500
XLH-1100 Sportster (1100cc V-twin)	1,800	2,700	4,100	5,400	7,200	9,000
FLHT Electra Glide (80ci V-twin).	2,000	3,000	4,500	6,000	8,000	10,000
FLHTC Electra Glide Classic (80ci V-twin) . . .	2,000	3,000	4,500	6,000	8,000	10,000
FLTC Tour Glide Classic (80ci V-twin).	2,000	3,000	4,500	6,000	8,000	10,000
FXR Super Glide (80ci V-twin)	2,200	3,300	5,000	6,600	8,800	11,000
FXRD Sport Glide Deluxe (80ci V-twin)	2,200	3,300	5,000	6,600	8,800	11,000
FXRP Super Glide (80ci V-twin)	2,200	3,300	5,000	6,600	8,800	11,000
FXRS Low Rider (80ci V-twin).	2,400	3,600	5,400	7,200	9,600	12,000
FXRT Sport Glide (80ci V-twin)	2,200	3,300	5,000	6,600	8,800	11,000
FXST Softail (80ci V-twin).	2,700	4,100	6,100	8,100	11,000	14,000
FXSTC Softail Custom (80ci V-twin)	2,700	4,100	6,100	8,100	11,000	14,000
FXSTH Softail Heritage (80ci V-twin)	2,700	4,100	6,100	8,100	11,000	14,000
1987						
XLH-883 Sportster (883cc V-twin).	1,300	2,000	2,900	3,900	5,200	6,500
XLH-1100 Sportster (1100cc V-twin)	1,700	2,600	3,800	5,100	6,800	8,500
XLH-1100 Sportster (1100cc V-twin, 30th Anniv)	2,100	3,500	4,700	6,300	8,400	11,000
FLHS Electra Glide Sport (80ci V-twin)	2,000	3,000	4,500	6,000	8,000	10,000
FLHTC Electra Glide Classic (80ci V-twin) . . .	2,000	3,000	4,500	6,000	8,000	10,000
FLST Heritage Softail (80ci V-twin)	2,300	3,500	5,200	6,900	9,200	12,000
FLSTC Heritage Softail Special (80ci V-twin) . .	2,300	3,500	5,200	6,900	9,200	12,000
FLTC Tour Glide Classic (80ci V-twin).	2,000	3,000	4,500	6,000	8,000	10,000
FXLR Low Rider Custom (80ci V-twin)	2,400	3,600	5,400	7,200	9,600	12,000
FXLR Low Rider Custom (80ci V-twin, 10th Anniv.) . . .	2,700	4,100	6,100	8,100	11,000	14,000
FXR Super Glide (80ci V-twin)	2,200	3,300	5,000	6,600	8,800	11,000
FXRP Super Glide (80ci V-twin).	2,200	3,300	5,000	6,600	8,800	11,000
FXRS Low Rider (80ci V-twin).	2,400	3,600	5,400	7,200	9,600	12,000
FXRS-SP Low Rider Sport (80ci V-twin)	2,600	3,800	5,700	7,700	10,000	13,000
FXRT Sport Glide (80ci V-twin)	2,200	3,300	5,000	6,600	8,800	11,000
FXST Softail (80ci V-twin).	2,700	4,100	6,100	8,100	11,000	14,000
FXSTC Softail Custom (80ci V-twin)	2,700	4,100	6,100	8,100	11,000	14,000
1988						
XLH-883 Sportster (883cc V-twin).	1,300	2,000	2,900	3,900	5,200	6,500
XLH-883 Sportster Hugger (883cc V-twin) . . .	1,400	2,100	3,200	4,200	5,600	7,000
XLH-883 Sportster Deluxe (883cc V-twin). . . .	1,400	2,100	3,200	4,200	5,600	7,000
XLH-1200 Sportster (1200cc V-twin)	2,000	3,000	4,000	5,000	7,000	8,000
FLHS Electra Glide Sport (80ci V-twin)	2,000	3,000	4,500	6,000	8,000	10,000
FLHTC Electra Glide Classic (80ci V-twin) . . .	2,000	3,000	4,500	6,000	8,000	10,000
FLHTC Electra Glide Classic (80ci V-twin, 85th Anniv.) . .	2,600	3,900	5,900	7,800	10,000	13,000
FLST Heritage Softail (80ci V-twin)	2,300	3,500	5,200	6,900	9,200	12,000
FLSTC Heritage Softail Custom (80ci V-twin) . .	2,300	3,500	5,200	6,900	9,200	12,000
FLTC Tour Glide Classic (80ci V-twin).	2,200	3,300	5,000	6,600	8,800	11,000
FLTC Tour Glide Classic (80ci V-twin, 85th Anniv.) . . .	2,600	6,900	5,900	7,800	10,000	13,000
FXLR Low Rider Custom (80ci V-twin)	2,400	3,600	5,400	7,200	9,600	12,000
FXR Super Glide (80ci V-twin)	2,200	3,300	5,000	6,600	8,800	11,000
FXRP Super Glide (80ci V-twin).	2,200	3,300	5,000	6,600	8,800	11,000
FXRS Low Rider (80ci V-twin).	2,400	3,600	5,400	7,200	9,600	12,000
FXRS Low Rider (80ci V-twin, 85th Anniv) . . .	2,700	4,100	6,100	8,100	11,000	14,000
FXRS-SP Low Rider Sport (80ci V-twin)	2,400	3,800	5,700	7,700	10,000	13,000
FXRT Sport Glide (80ci V-twin)	2,200	3,300	5,000	6,600	8,800	11,000
FXST Softail (80ci V-twin).	2,700	4,100	6,100	8,100	11,000	14,000
FXST Softail (80ci V-twin, 85th Anniv.)	2,900	4,400	6,500	8,700	12,000	15,000
FXSTC Softail Custom (80ci V-twin)	2,700	4,100	6,100	8,100	11,000	14,000
1989						
XLH-883 Sportster (883cc V-twin).	1,300	2,000	2,900	3,900	5,200	6,500
XLH-883 Sportster Hugger (883cc V-twin) . . .	1,400	2,100	3,200	4,200	5,600	7,000
XLH-883 Sportster Deluxe (883cc V-twin). . . .	1,400	2,100	3,200	4,200	5,600	7,000
XLH-1200 Sportster (1200cc V-twin)	2,000	3,000	4,000	5,000	7,000	8,000

	6	5	4	3	2	1
FLHS Electra Glide Sport (80ci V-twin)	2,200	3,300	5,000	6,600	8,800	11,000
FLHTC Electra Glide Classic (80ci V-twin)	2,200	3,300	5,000	6,600	8,800	11,000
FLHTCU Electra Glide Ultra Classic (80ci V-twin)	2,800	4,200	6,300	8,400	11,000	14,000
FLST Heritage Softail (80ci V-twin)	2,300	3,500	5,200	6,900	9,200	12,000
FLSTC Heritage Softail Custom (80ci V-twin)	2,300	3,500	5,200	6,900	9,200	12,000
FLTC Tour Glide Classic (80ci V-twin)	2,300	3,500	5,200	6,900	9,200	12,000
FLTCU Tour Glide Ultra Classic (80ci V-twin)	2,800	4,200	6,300	8,400	11,000	14,000
FXLR Low Rider Custom (80ci V-twin)	2,400	3,600	5,400	7,200	9,600	13,000
FXR Super Glide (80ci V-twin)	2,200	3,300	5,000	6,600	8,800	11,000
FXRP Super Glide (80ci V-twin)	2,200	3,300	5,000	6,600	8,800	11,000
FXRS Low Rider (80ci V-twin)	2,500	3,800	5,600	7,500	10,000	13,000
FXRS-C Low Rider Convertible (80ci V-twin)	2,500	3,800	5,600	7,500	10,000	13,000
FXRS-SP Low Rider Sport (80ci V-twin)	2,500	3,800	5,600	7,500	10,000	13,000
FXRT Sport Glide (80ci V-twin)	2,200	3,300	5,000	6,600	8,800	11,000
FXST Softail (80ci V-twin)	2,600	3,900	5,900	7,800	10,000	13,000
FXSTC Softail Custom (80ci V-twin)	2,700	4,100	6,100	8,100	11,000	14,000
FXSTS Springer Softail (80ci V-twin)	2,700	4,100	6,100	8,100	11,000	14,000
1990						
XLH-883 Sportster (883cc V-twin)	1,300	2,000	2,900	3,900	5,200	6,500
XLH-883 Sportster Hugger (883cc V-twin)	1,400	2,100	3,200	4,200	5,600	7,000
XLH-883 Sportster Deluxe (883cc V-twin)	1,400	2,100	3,200	4,200	5,600	7,000
XLH-1200 Sportster (1200cc V-twin)	2,000	3,000	4,000	5,000	7,000	8,000
FLHS Electra Glide Sport (80ci V-twin)	2,200	3,300	5,000	6,600	8,800	11,000
FLHTC Electra Glide Classic (80ci V-twin)	2,200	3,300	5,000	6,600	8,800	11,000
FLHTCU Electra Glide Ultra Classic (80ci V-twin)	2,800	4,200	6,300	8,400	11,000	14,000
FLST Heritage Softail (80ci V-twin)	2,300	3,500	5,200	6,900	9,200	12,000
FLSTC Heritage Softail Custom (80ci V-twin)	2,300	3,500	5,200	6,900	9,200	12,000
FLSTF Fat Boy (80ci V-twin)	2,600	3,900	5,900	7,800	10,000	13,000
FLTC Tour Glide Classic (80ci V-twin)	2,500	3,800	5,600	7,500	10,000	13,000
FLTCU Tour Glide Ultra Classic (80ci V-twin)	2,800	4,200	6,300	8,400	11,000	14,000
FXLR Low Rider Custom (80ci V-twin)	2,400	3,600	5,400	7,200	9,600	12,000
FXR Super Glide (80ci V-twin)	2,200	3,300	5,000	6,600	8,800	11,000
FXRP Super Glide (80ci V-twin)	2,200	3,300	5,000	6,600	8,800	11,000
FXRS Low Rider (80ci V-twin)	2,500	3,800	5,600	7,500	10,000	13,000
FXRS-C Low Rider Convertible (80ci V-twin)	2,500	3,800	5,600	7,500	10,000	13,000
FXRS-SP Low Rider Sport (80ci V-twin)	2,500	3,800	5,600	7,500	10,000	13,000
FXRT Sport Glide (80ci V-twin)	2,200	3,300	5,000	6,600	8,800	11,000
FXST Softail (80ci V-twin)	2,600	3,900	5,900	7,800	10,000	13,000
FXSTC Softail Custom (80ci V-twin)	2,700	4,100	6,100	8,100	11,000	14,000
FXSTS Springer Softail (80ci V-twin)	2,700	4,100	6,100	8,100	11,000	14,000
1991						
XLH-883 Sportster (883cc V-twin)	1,300	2,000	2,900	3,900	5,200	6,500
XLH-883 Sportster Hugger (883cc V-twin)	1,400	2,100	3,200	4,200	5,600	7,000
XLH-883 Sportster Deluxe (883cc V-twin)	1,400	2,100	3,200	4,200	5,600	7,000
XLH-1200 Sportster (1200cc V-twin)	2,000	3,000	4,000	5,000	7,000	8,000
FXR Super Glide (80ci V-twin)	2,200	3,300	5,000	6,600	8,800	11,000
FXRS Low Rider (80ci V-twin)	2,500	3,800	5,600	7,500	10,000	13,000
FXRS-SP Low Rider Sport (80ci V-twin)	2,500	3,800	5,600	7,500	10,000	13,000
FXLR Low Rider Custom (80ci V-twin)	2,400	3,600	5,400	7,200	9,600	12,000
FXRS-C Low Rider Convertible (80ci V-twin)	2,500	3,800	5,600	7,500	10,000	13,000
FXSTC Softail Custom (80ci V-twin)	2,700	4,100	6,100	8,100	11,000	14,000
FLSTF Fat Boy (80ci V-twin)	2,600	3,900	5,900	7,800	10,000	13,000
FXSTS Springer Softail (80ci V-twin)	2,700	4,100	6,100	8,100	11,000	14,000
FLSTC Heritage Softail Custom (80ci V-twin)	2,300	3,500	5,200	6,900	9,200	12,000
FXDB Dyna Sturgis (80ci V-twin)	3,000	5,000	7,000	10,000	14,000	18,000
FLHS Electra Glide Sport (80ci V-twin)	2,200	3,300	5,000	6,600	8,800	11,000
FXRT Sport Glide (80ci V-twin)	2,200	3,300	5,000	6,600	8,800	11,000
FLTC Tour Glide Classic (80ci V-twin)	2,200	3,300	5,000	6,600	8,800	11,000
FLHTC Electra Glide Classic (80ci V-twin)	2,200	3,300	5,000	6,600	8,800	11,000
FLTCU Tour Glide Ultra Classic (80ci V-twin)	2,800	4,200	6,300	8,400	11,000	14,000

	6	5	4	3	2	1
FLHTCU Electra Glide Ultra Classic (80ci V-twin)	2,800	4,200	6,300	8,400	11,000	14,000
1992						
XLH 883 Sportster (883cc V twin)	1,300	2,000	2,900	3,900	5,200	6,500
XLH-883 Sportster Hugger (883cc V-twin)	1,400	2,100	3,200	4,200	5,600	7,000
XLH-883 Sportster Deluxe (883cc V-twin)	1,400	2,100	3,200	4,200	5,600	7,000
XLH-1200 Sportster (1200cc V-twin)	2,000	3,000	4,000	5,000	7,000	8,000
FXR Super Glide (80ci V-twin)	2,200	3,300	5,000	6,600	8,800	11,000
FXRS Low Rider (80ci V-twin).	2,500	3,800	5,600	7,500	10,000	13,000
FXRS-SP Low Rider Sport (80ci V-twin)	2,500	3,800	5,600	7,500	10,000	13,000
FXLR Low Rider Custom (80ci V-twin)	2,400	3,600	5,400	7,200	9,600	12,000
FXRS-C Low Rider Convertible (80ci V-twin)	2,500	3,800	5,600	7,500	10,000	13,000
FXSTC Softail Custom (80ci V-twin)	2,700	4,100	6,100	8,100	11,000	14,000
FXDC Dyna Custom (80ci V-twin).	2,700	4,100	6,100	8,100	11,000	14,000
FLSTF Fat Boy (80ci V-twin)	2,600	3,900	5,900	7,800	10,000	13,000
FXSTS Springer Softail (80ci V-twin)	2,700	4,100	6,100	8,100	11,000	14,000
FXDB Dyna Daytona (80ci V-twin)	3,000	5,000	7,000	9,200	12,000	14,000
FLSTC Heritage Softail Custom (80ci V-twin)	2,300	3,500	5,200	6,900	9,200	12,000
FXRT Sport Glide (80ci V-twin)	2,200	3,300	5,000	6,600	8,800	11,000
FLHTC Electra Glide Classic (80ci V-twin)	2,200	3,300	5,000	6,600	8,800	11,000
FLTCU Tour Glide Ultra Classic (80ci V-twin)	2,800	4,200	6,300	8,400	11,000	14,000
FLHTCU Electra Glide Ultra Classic (80ci V-twin)	2,800	4,200	6,300	8,400	11,000	14,000
1993						
XLH-883 Sportster (883cc V-twin).	1,500	2,200	3,200	4,400	5,500	6,600
XLH-883 Sportster Hugger (883cc V-twin)	1,800	2,500	3,500	4,800	5,600	6,700
XLH-883 Sportster Deluxe (883cc V-twin)	1,900	2,600	3,600	4,900	5,700	6,800
XLH-1200 Sportster (1200cc V-twin)	2,000	2,600	4,100	5,500	6,200	7,000
XLH-1200 Sportster Annversary (1200cc V-twin) . .	2,000	2,600	4,300	5,800	6,300	7,500
FXR Super Glide (80ci V-twin)	2,100	3,200	5,100	7,100	9,600	12,000
FXRS-SP Low Rider Sport (80ci V-twin)	2,200	3,300	5,300	7,500	10,100	13,000
FXLR Low Rider Custom (80ci V-twin)	2,300	3,400	5,400	7,600	10,300	13,000
FXDL Dyna Low Rider (80ci V-twin).	2,400	3,500	5,500	7,700	10,500	13,000
FXRS Low Rider Convertible (80ci V-twin)	2,500	3,600	5,600	7,800	10,600	13,000
FXLR Low Rider Custom Annivesary(80ci V-twin) . .	2,300	3,400	5,400	7,700	10,500	13,000
FXSTC Softail Custom (80ci V-twin)	2,500	4,100	6,200	8,600	11,700	14,000
FXDWG Dyna Wide Glide (80ci V-twin)	2,400	4,000	6,000	8,200	11,200	14,000
FXSTS Springer Softail (80ci V-twin)	2,500	4,100	6,200	8,600	11,700	14,000
FLSTF Fat Boy (80ci V-twin)	2,600	4,200	6,300	8,800	12,000	15,000
FLSTC Heritage Softail Custom (80ci V-twin)	2,600	4,200	6,300	8,800	12,000	15,000
FXDWG Dyna Wide Glide Anniversary (80ci V-twin) . . .	2,400	4,000	6,000	8,300	11,300	14,000
FLSTN Heritage Nostalgia (80ci V-twin) (2,700 made) . .	4,200	6,300	10,000	15,000	20,000	25,000
FLHS Electra Glide Sport (80ci V-twin)	2,200	3,300	5,300	7,500	12,200	15,000
FLHTC Electra Glide Classic (80ci V-twin)	2,400	4,000	6,000	8,200	11,200	14,000
FLHTC Electra Glide Classic Anniversary (80ci V-twin) . . .	2,500	4,100	6,100	8,300	11,300	14,000
FLTCU Tour Glide Ultra Classic (80ci V-twin)	2,400	4,000	6,000	8,200	11,200	14,000
FLHTCU Electra Glide Ultra Classic (80ci V-twin).	2,500	4,100	6,100	8,300	11,300	14,000
FLTCU Tour Glide Ultra Classic Anniv (80ci V-twin) . . .	2,500	4,100	6,100	8,300	11,300	14,000
FLHTCU Electra Glide Ultra Classic Anniv (80ci V-twin) . .	2,500	4,100	6,200	8,400	11,400	14,000
1994						
XL-883 Sportster (883cc V-twin)	1,500	2,200	3,200	4,400	5,500	6,600
XL-883 Sportster Hugger (883cc V-twin)	1,800	2,500	3,500	4,800	5,600	6,700
XL-883 Sportster Deluxe (883cc V-twin)	1,900	2,600	3,600	4,900	5,700	6,800
XL-1200 Sportster (1200cc V-twin)	2,000	2,600	4,100	5,500	6,200	7,000
FLHR Road King (80ci V-twin)	800	1,200	3,500	7,200	10,500	13,000
FLHTC Electra Glide Classic (80ci V-twin)	2,400	4,000	6,000	8,200	11,200	14,000
FLHTCU Electra Glide Ultra Classic (80ci V-twin) . . .	2,500	4,100	6,100	8,300	11,300	14,000
FLSTC Heritage Softail (80ci V-twin)	2,500	4,100	6,200	8,600	11,700	14,000
FLSTF Fat Boy (80ci V-twin)	2,600	4,200	6,300	8,800	12,000	15,000
FLSTN Heritage Nostalgia (80ci V-twin).	4,200	6,300	8,400	11,000	14,600	17,000
FLTCU Tour Glide Ultra Classic (80ci V-twin)	2,500	4,100	6,100	8,300	11,300	14,000
FXDL Dyna Low Rider (80ci V-twin).	2,400	3,500	5,500	7,700	10,500	13,000

	6	5	4	3	2	1
FXDS Convertible Low Rider (80ci V-twin)	2,000	3,000	4,700	7,200	9,700	12,500
FXDWG Dyna Wide Glide (80ci V-twin)	2,400	4,000	6,000	8,200	11,200	14,000
FXLR Low Rider (80ci V-twin)	2,300	3,400	5,400	7,700	10,500	13,000
FXR Super Glide (80ci V-twin)	2,100	3,200	5,100	7,100	9,600	12,000
FXSTC Softail (80ci V-twin)	2,500	4,100	6,200	8,600	11,700	14,000
FXSTS Springer Softail (80ci V-twin)	2,500	4,100	6,200	8,600	11,700	14,000
1995						
XL-883 Sportster (883cc V-twin)	900	2,100	3,300	4,500	5,700	7,000
XL-883 Sportster Hugger (883cc V-twin)	1,000	2,300	3,600	4,900	5,900	7,000
XL-883 Sportster Deluxe (883cc V-twin)	1,100	2,400	3,700	5,000	5,300	7,000
XL-1200 Sportster (1200cc V-twin)	1,200	2,700	4,200	5,700	6,600	7,500
FXD Dyna Super Glide (80ci V-twin)	1,200	2,200	4,200	6,400	8,600	10,800
FXDL Dyna Low Rider (80ci V-twin)	1,200	2,400	5,400	8,400	11,400	14,500
FXDS Convertible Dyna Low Rider (80ci V-twin)	1,100	2,100	4,800	7,500	10,200	13,000
FXSTC Softail Custom (80ci V-twin)	1,500	3,300	6,300	9,300	12,700	16,000
FXSTS Springer Softail (80ci V-twin)	1,500	3,300	6,300	9,300	12,600	16,000
FXDWG Dyna Wide Glide (80ci V-twin)	1,500	3,000	5,900	8,900	12,100	14,500
FLSTF Fat Boy Softail (80ci V-twin)	1,700	3,500	6,500	9,500	12,900	16,000
FLSTN Heritage Softail Special (80ci V-twin)	2,000	4,000	7,200	10,200	13,700	16,500
FXSTSB Bad Boy Softail (80ci V0twin)	1,800	3,500	7,000	10,000	13,400	16,500
FLSTC Heritage Softail (80ci V-twin)	1,800	3,500	6,500	9,500	12,900	16,000
FLHT Electra Glide (80ci V-twin)	1,200	2,500	5,000	8,000	10,900	14,000
FLHR Electra Road King (80ci V-twin)	1,500	3,000	6,000	9,000	12,000	15,000
FLHTC Classic (80ci V-twin)	1,500	3,000	6,000	8,900	12,100	15,000
FLTCU Tour Glide Ultra Classic (80ci V-twin)	1,500	3,000	6,000	9,000	12,200	15,000
FLHTCU Electra Glide Ultra Classic (80ci V-twin)	1,500	3,000	6,000	9,100	12,300	15,000
FLHTCUI Anniversary (80ci V-twin)	1,500	3,100	6,200	9,600	13,100	15,500
1996						
XL-883 Sportster (883cc V-twin)	900	1,200	1,500	3,000	4,000	5,100
XL-883 Sportster Hugger (883cc V-twin)	900	1,400	2,100	3,300	4,500	5,800
XL-1200 Sportster (1200cc V-twin)	1,200	2,700	4,200	5,700	6,600	7,500
XL-1200 Sportster Sport (1200cc V-twin)	1,200	2,700	4,200	5,700	6,600	7,700
XL-1200 Sportster Custom (1200cc V-twin)	1,200	2,700	4,200	5,700	6,600	7,900
FXD Dyna Super Glide (80ci V-twin)	1,200	2,200	4,200	6,400	8,600	10,200
FXDL Dyna Low Rider (80ci V-twin)	1,200	2,400	5,400	8,400	11,400	13,000
FXDS Convertible Dyna Low Rider (80ci V-twin)	1,100	2,100	4,800	7,500	10,200	13,300
FXSTC Softail Custom (80ci V-twin)	1,500	3,300	6,300	8,500	11,000	13,600
FLSTF Fat Boy Softail (80ci V-twin)	1,700	3,500	6,000	8,500	11,000	13,900
FXDWG Dyna Wide Glide (80ci V-twin)	1,500	3,000	5,000	8,000	11,000	14,000
FXSTS Springer Softail (80ci V-twin)	1,500	3,000	5,000	8,000	11,000	14,000
FXSTSB Bad Boy Softail (80ci V-twin)	1,500	3,000	5,000	8,000	11,000	14,400
FLSTC Heritage Softail Classic (80ci V-twin)	1,500	3,000	5,000	8,000	11,000	14,400
FLSTN Heritage Softail Special (80ci V-twin)	1,500	3,000	5,000	8,000	11,000	14,700
FLHT Electra Glide (80ci V-twin)	1,000	1,500	3,000	6,000	9,000	12,200
FLHR Road King (80ci V-twin)	1,500	3,000	5,000	8,000	11,000	14,000
FLHTC Classic (80ci V-twin)	1,500	3,000	5,000	8,000	11,000	14,400
FLHRI Road King (80ci V-twin)	1,500	3,000	5,000	8,000	11,000	14,800
FLHTCI Classic (80 ci V-twin)	1,500	3,000	6,000	9,000	12,000	15,000
FLHTCU Ultra Classic (80ci V-twin)	1,500	3,000	6,000	9,000	12,000	15,000
FLTCUI Ultra TG Classic (80ci V-twin)	1,500	3,000	6,000	9,000	12,000	15,000
FLHTCUI Ultra Classic (80ci V-twin)	1,500	3,000	6,000	9,000	12,000	15,000
1997						
XL883 Sportster (883cc V-Twin)	900	1,200	1,500	3,000	4,000	5,100
XL883 Sportster Hugger (883cc V-twin)	900	1,400	2,100	3,300	4,500	5,800
XL1200S Sportster (1200cc V-Twin)	1,200	2,700	4,200	5,700	6,600	7,500
XL1200S Sportster Sport (1200cc V-Twin)	1,200	2,700	4,200	5,700	6,600	7,700
XL1200S Sportster Custom (1200cc V-Twin)	1,200	2,700	4,200	5,700	6,600	7,900
FXD Dyna Super Glide (80ci V-twin)	1,200	2,200	4,200	6,400	8,600	10,200
FXDL Dyna Low Rider (80ci V-twin)	1,200	2,400	5,400	8,400	11,400	13,000
FXDS Convertible Dyna Low Rider (80ci V-twin)	1,100	2,100	4,800	7,500	10,200	13,300

	6	5	4	3	2	1
FXSTC Softail Custom (80ci V-twin)	1,500	3,300	6,300	8,500	11,000	13,600
FLSTF Fat Boy Softail (80ci V-twin)	1,700	3,500	6,000	8,500	11,000	13,900
FXDWG Dyna Wide Glide (80ci V-twin)	1,500	3,000	5,000	8,000	11,000	14,000
FXSTS Springer Softail (80ci V-twin)	1,500	3,000	5,000	8,000	11,000	14,000
FXSTSB Bad Boy Softail (80ci V-twin)	1,500	3,000	5,000	8,000	11,000	14,400
FLSTC Heritage Softail Classic (80ci V-twin)	1,500	3,000	5,000	8,000	11,000	14,400
FLSTS Heritage Springer (80ci V-twin) (9,717 made). . .	1,500	4,000	8,000	12,000	16,000	20,000
FLHT Electra Glide (80ci V-twin)	1,000	1,500	3,000	6,000	9,000	12,200
FLHR Road King (80ci V-twin)	1,500	3,000	5,000	8,000	11,000	14,000
FLHTC Classic (80ci V-twin)	1,500	3,000	5,000	8,000	11,000	14,400
FLHRI Road King (80ci V-twin)	1,500	3,000	5,000	8,000	11,000	14,800
FLHTCI Classic (80 ci V-twin)	1,500	3,000	9,000	9,000	12,000	15,200
FLHTCU Ultra Classic (80ci V-twin)	1,500	3,000	6,000	9,000	12,000	15,000
FLHTCUI Ultra Classic (80ci V-twin)	1,500	3,000	6,000	9,000	12,000	15,000
FLHTPI Police (80ci V-Twin).	2,000	4,000	6,000	8,000	10,000	12,000
1998						
XL883 Sportster (883cc V-Twin).	900	1,200	1,500	3,000	4,000	5,100
XL883 Sportster Hugger (883cc V-Twin)	900	1,400	2,100	3,300	4,500	5,800
XL1200S Sportster (1200cc V-Twin)	1,200	2,700	4,200	5,700	6,600	7,500
XL1200C Sportster Sport (1200cc V-twin)	1,200	2,700	4,200	5,700	6,600	7,700
XL1200C Sportster Custom (1200cc V-twin)	1,200	2,700	4,200	5,700	6,600	7,900
XL1200C Sportster Custom Anniversary (1200cc V-twin)	1,400	2,900	4,400	5,900	6,800	8,100
FXSTS Springer Softail (80ci V-twin)	1,500	3,000	5,000	8,000	11,000	14,000
FXDWG Dyna Wide Glide (80ci V-twin)	1,500	3,000	5,000	8,000	11,000	14,000
FXDWG Dyna Wide Glide Anniversary (80ci V-twin) . . .	1,500	3,000	5,000	8,000	11,000	14,000
FXDS Convertible Dyna Low Rider (80ci V-twin) . . .	1,100	2,100	4,800	7,500	10,200	13,300
FXDL Dyna Low Rider (80ci V-twin).	1,200	2,400	5,400	8,400	11,400	13,000
FXD Dyna Super Glide (80ci V-twin)	1,200	2,200	4,200	6,400	8,600	10,200
FLSTS Heritage Springer (80ci V-twin)	1,500	3,000	5,000	8,000	11,000	14,400
FLSTF Fat Boy Softail (80ci V-twin)	1,700	3,500	6,000	8,500	11,000	13,900
FLSTF Fat Boy Softail Anniversary (80ci V-twin) . . .	1,700	3,500	6,000	8,500	11,000	13,900
FXSTC Softail Custom (80ci V-twin)	1,500	3,300	6,300	8,500	11,000	13,600
FLHR Road King (80ci V-twin)	1,500	3,000	5,000	8,000	11,000	14,000
FLHRCI Road King Classic Anniversary (80ci V-twin) . .	1,500	3,000	6,000	9,000	12,000	15,000
FLHRCI Road King Classic (80ci V-Twin)	1,500	3,000	6,000	9,000	12,000	15,000
FLHT Electra Glide (80ci V-twin)	1,000	1,500	3,000	6,000	9,000	12,200
FLHTC Classic (80ci V-twin)	1,500	3,000	5,000	8,000	11,000	14,400
FLHTCI Classic (80 ci V-twin)	1,500	3,000	6,000	9,000	12,000	15,000
FLHTCI Classic Anniversary (80 ci V-twin)	1,500	3,000	6,000	9,000	12,000	15,000
FLHTCU Ultra Classic (80ci V-twin)	1,500	3,000	6,000	9,000	12,000	15,000
FLHTCUI Ultra Classic Anniversary (80ci V-twin)	1,500	3,000	6,000	9,000	12,000	15,000
FLTR Road Glide (80ci V-Twin)	1,500	3,000	6,000	9,000	12,000	15,000
FLTRI Road Glide (80ci V-Twin).	1,500	3,000	6,000	9,000	12,000	15,000
FLTRI Road Glide Anniversary (80ci V-twin)	1,500	3,000	6,000	9,000	12,000	15,000
1999						
XL883 Sportster (883cc V-Twin).	900	1,200	1,500	3,000	4,000	5,100
XL883 Sportster Hugger (883cc V-Twin)	900	1,400	2,100	3,300	4,500	5,800
XL883C Sportster Custom (883cc V-Twin).	900	1,400	2,100	3,300	4,500	5,800
XL1200 (1200cc V-twin).	900	1,400	2,500	4,000	5,000	6,000
XL1200S Sportster (1200cc V-Twin)	1,200	2,700	4,200	5,700	6,600	7,500
XL1200C Sportster Custom (1200cc V-twin)	1,200	2,700	4,200	5,700	6,600	7,900
FXST Softail (80ci V-twin)	2,000	4,000	6,000	8,000	10,000	12,000
FXSTB Night Train (80ci V-twin).	2,000	4,000	6,000	8,000	10,000	12,000
FXSTS Springer Softail (80ci V-twin)	1,500	3,000	5,000	8,000	11,000	14,000
FXDWG Dyna Wide Glide (80ci V-twin)	1,500	3,000	5,000	8,000	11,000	14,000
FXDS Convertible Dyna Low Rider (80ci V-twin) . . .	1,100	2,100	4,800	7,500	10,200	13,300
FXDL Dyna Low Rider (80ci V-twin).	1,200	2,400	5,400	8,400	11,400	13,000
FXD Dyna Super Glide (80ci V-twin)	1,200	2,200	4,200	6,400	8,600	10,200
FXDX Dyna Super Glide Sport (80ci V-twin)	1,000	2,000	4,000	6,000	8,000	10,000

	6	5	4	3	2	1
FLSTC Heritage Softail (80ci V-twin)	2,000	4,000	6,000	8,000	10,000	12,000
FLSTS Heritage Springer (80ci V-twin)	1,500	3,000	5,000	8,000	11,000	14,400
FLSTF Fat Boy Softail (80ci V-twin)	1,700	3,500	6,000	8,500	11,000	13,900
FXSTC Softail Custom (80ci V-twin)	1,500	3,300	6,300	8,500	11,000	13,600
FLHR Road King (80ci V-twin)	1,500	3,000	5,000	8,000	11,000	14,000
FLHRCI Road King Classic (80ci V-twin)	1,500	3,000	6,000	9,000	12,000	15,000
FLHT Electra Glide (80ci V-twin)	1,000	1,500	3,000	6,000	9,000	12,200
FLHTC Classic (80ci V-twin)	1,500	3,000	5,000	8,000	11,000	14,400
FLHTCI Classic (80ci V-twin)	1,500	3,000	6,000	9,000	12,000	15,200
FLHTCUI Ultra Classic (80ci V-twin)	1,500	3,000	6,000	9,000	12,000	15,000
FLTR Road Glide (80ci V-Twin)	1,500	3,000	6,000	9,000	12,000	15,000
FLTRI Road Glide (80ci V-Twin)	1,500	3,000	6,000	9,000	12,000	15,000
FXR2 (80ci V-twin) (900 made)	1,500	3,000	6,000	9,000	12,000	15,000
FXR3 (80ci V-twin) (900 made)	1,500	3,000	6,000	9,000	12,000	15,000

HENDERSON

1912

	6	5	4	3	2	1
Model A Four (6 known)	50,000	100K	200K	300K	400K	500K

1913

Model B Four Cylinder Deluxe	25,000	50,000	75,000	100K	125K	150K

1914

Model C Four	10,000	20,000	40,000	70,000	100K	130K

1915 (1,871 made)

Model D Four	10,000	20,000	40,000	70,000	100K	130K
Model E Four	10,000	20,000	40,000	70,000	100K	130K

1916 (1,257 made)

Model F Four	10,000	20,000	40,000	70,000	100K	130K

1917

Model G Four	20,000	40,000	80,000	120K	160K	200K

1918

Model H/Z (72 cid, inline 4-cyl)	15,000	25,000	35,000	50,000	65,000	80,000

1919

Model 2H/2Z (72 cid, inline 4-cyl)	15,000	25,000	35,000	50,000	65,000	80,000

1920 (699 made)

Model K (80-cid, inline 4-cyl)	11,000	16,000	24,000	40,000	55,000	70,000

1921

Model K (80-cid, inline 4-cyl)	11,000	16,000	24,000	40,000	55,000	70,000

1922 (1,999 made)

DeLuxe (80-cid, inline 4-cyl)	11,000	16,000	24,000	40,000	55,000	70,000

1923 (1,999 made)

DeLuxe (80-cid, inline 4-cyl)	11,000	16,000	24,000	40,000	55,000	70,000

1924 (7,299 made)

DeLuxe (80-cid, inline 4-cyl)	11,000	16,000	24,000	40,000	55,000	70,000

1925 (6,999 made)

DeLuxe (80-cid, inline 4-cyl)	11,000	16,000	24,000	40,000	55,000	70,000

1926 (2,999 made)

DeLuxe (80-cid, inline 4-cyl)	11,000	16,000	24,000	40,000	55,000	70,000

1927 (1,999 made)

DeLuxe (80-cid, inline 4-cyl)	11,000	20,000	30,000	40,000	55,000	70,000

1928 (2,999 made)

DeLuxe (80-cid, inline 4-cyl)	11,000	20,000	30,000	40,000	55,000	70,000

1929 (4,999 made)

Streamline KJ (80-cid, inline 4-cyl)	15,000	25,000	35,000	55,000	75,000	95,000

1930 (1,999 made)

Streamline KJ (80-cid, inline 4-cyl)	15,000	25,000	35,000	55,000	75,000	95,000
Streamline KL (high comp.)	12,000	17,000	26,000	35,000	50,000	65,000

1931

Streamline KJ (80-cid, inline 4-cyl)	15,000	25,000	35,000	55,000	75,000	95,000
Streamline KL (high comp.)	12,000	17,000	26,000	35,000	50,000	65,000

	6	5	4	3	2	1
HERCULES						
1930						
Liliput Nieder (74cc single)	1,000	2,000	4,000	6,000	8,000	10,000
Liliput Normal (74cc single)	1,000	2,000	4,000	6,000	8,000	10,000
K200 Sport (200cc single)	2,000	4,000	6,000	8,000	10,000	12,000
SS500 (500cc single)	1,500	3,000	6,000	9,000	12,000	15,000
1931						
Liliput Nieder (74cc single)	1,000	2,000	4,000	6,000	8,000	10,000
Liliput Normal (74cc single)	1,000	2,000	4,000	6,000	8,000	10,000
K200 Sport (200cc single)	2,000	4,000	6,000	8,000	10,000	12,000
K350 (350cc single)	2,000	4,000	6,000	8,000	10,000	12,000
HJ500 (500cc single)	1,500	3,000	6,000	9,000	12,000	15,000
SS500 (500cc single)	1,500	3,000	6,000	9,000	12,000	15,000
1932						
Liliput Nieder (74cc single)	1,000	2,000	4,000	6,000	8,000	10,000
Liliput Normal (74cc single)	1,000	2,000	4,000	6,000	8,000	10,000
MF100 (98cc single)	1,000	2,000	4,000	6,000	8,000	10,000
B50 (200cc single)	2,000	4,000	6,000	8,000	10,000	12,000
K200 Sport (200cc single)	2,000	4,000	6,000	8,000	10,000	12,000
K350 (350cc single)	2,000	4,000	6,000	8,000	10,000	12,000
HJ500 (500cc single)	1,500	3,000	6,000	9,000	12,000	15,000
K500 (500cc single)	1,500	3,000	6,000	9,000	12,000	15,000
1933						
MF100 (98cc single)	1,000	2,000	4,000	6,000	8,000	10,000
B50 (200cc single)	2,000	4,000	6,000	8,000	10,000	12,000
K200 Sport (200cc single)	2,000	4,000	6,000	8,000	10,000	12,000
K350 (350cc single)	2,000	4,000	6,000	8,000	10,000	12,000
HJ500 (500cc single)	1,500	3,000	6,000	9,000	12,000	15,000
K500 (500cc single)	1,500	3,000	6,000	9,000	12,000	15,000
1934						
MF100 (98cc single)	1,000	2,000	4,000	6,000	8,000	10,000
B50 (200cc single)	2,000	4,000	6,000	8,000	10,000	12,000
HS350 (350cc single)	1,500	3,000	6,000	9,000	12,000	15,000
K500 (500cc single)	1,500	3,000	6,000	9,000	12,000	15,000
1935						
MF100 (98cc single)	1,000	2,000	4,000	6,000	8,000	10,000
B50 (200cc single)	2,000	4,000	6,000	8,000	10,000	12,000
S200 (200cc single)	1,500	3,000	6,000	9,000	12,000	15,000
V30 (200cc single)	2,000	4,000	6,000	8,000	10,000	12,000
HS350 (350cc single)	1,500	3,000	6,000	9,000	12,000	15,000
K500 (500cc single)	1,500	3,000	6,000	9,000	12,000	15,000
1936						
Liliput Propspektseite 1 (98cc single)	1,000	2,000	4,000	6,000	8,000	10,000
Liliput Propspektseite 2 (98cc single)	1,000	2,000	4,000	6,000	8,000	10,000
MF100 (98cc single)	1,000	2,000	4,000	6,000	8,000	10,000
S200 (200cc single)	1,500	3,000	6,000	9,000	12,000	15,000
S204 (200cc single)	1,500	3,000	6,000	9,000	12,000	15,000
V30 (200cc single)	2,000	4,000	6,000	8,000	10,000	12,000
1937						
MF100 (98cc single)	1,000	2,000	4,000	6,000	8,000	10,000
S204 (200cc single)	1,500	3,000	6,000	9,000	12,000	15,000
V30 (200cc single)	2,000	4,000	6,000	8,000	10,000	12,000
1938						
Saxonette (60cc single)	1,000	2,000	4,000	6,000	8,000	10,000
MF100 (98cc single)	1,000	2,000	4,000	6,000	8,000	10,000
S125 (125cc single)	1,500	3,000	4,500	6,000	7,500	9,000
S204 (200cc single)	1,500	3,000	6,000	9,000	12,000	15,000
V30 (200cc single)	2,000	4,000	6,000	8,000	10,000	12,000

	6	5	4	3	2	1
1939						
Saxonette (60cc single)	1,000	2,000	4,000	6,000	8,000	10,000
MF100 (98cc single)	1,000	2,000	4,000	6,000	8,000	10,000
S125 (125cc single)	1,500	3,000	4,500	6,000	7,500	9,000
1940						
S125 (125cc single)	1,500	3,000	4,500	6,000	7,500	9,000
1941						
S125 (125cc single)	1,500	3,000	4,500	6,000	7,500	9,000
1942						
S125 (125cc single)	1,500	3,000	4,500	6,000	7,500	9,000
1943						
S125 (125cc single)	1,500	3,000	4,500	6,000	7,500	9,000
1949						
Model 212 (98cc single)	1,000	2,000	3,000	4,000	5,000	6,000
1950						
Model 212 (98cc single)	1,000	2,000	3,000	4,000	5,000	6,000
Model 312 (125cc single)	500	1,000	2,500	4,000	5,500	7,000
1951						
Model 212 (98cc single)	1,000	2,000	3,000	4,000	5,000	6,000
Model 316 (98cc single)	1,000	2,000	3,000	4,000	5,000	6,000
Model 312 (125cc single)	500	1,000	2,500	4,000	5,500	7,000
Model 313 (150cc single)	500	1,000	2,500	4,000	5,500	7,000
Model 314 (175cc single)	500	2,000	3,500	5,000	6,500	8,000
1952						
Model 212 (98cc single)	1,000	2,000	3,000	4,000	5,000	6,000
Model 316 (98cc single)	1,000	2,000	3,000	4,000	5,000	6,000
Model 312 (125cc single)	500	1,000	2,500	4,000	5,500	7,000
Model 313 (150cc single)	500	1,000	2,500	4,000	5,500	7,000
Model 314 (175cc single)	500	2,000	3,500	5,000	6,500	8,000
Model 319 (175cc single)	500	2,000	3,500	5,000	6,500	8,000
Model 317 (200cc single)	1,000	2,000	4,000	6,000	8,000	10,000
Model 315 (250cc single)	1,000	2,000	4,000	6,000	8,000	10,000
Model 318 (250cc single)	1,000	2,000	4,000	6,000	8,000	10,000
1953						
Model 316 (98cc single)	1,000	2,000	3,000	4,000	5,000	6,000
Model 312 (125cc single)	500	1,000	2,500	4,000	5,500	7,000
Model 313 (150cc single)	500	1,000	2,500	4,000	5,500	7,000
Model 319 (175cc single)	500	2,000	3,500	5,000	6,500	8,000
Model 320 (175cc single)	500	2,000	3,500	5,000	6,500	8,000
Model 317 (200cc single)	1,000	2,000	4,000	6,000	8,000	10,000
Model 321 (200cc single)	1,000	2,000	4,000	6,000	8,000	10,000
Model 315 (250cc single)	1,000	2,000	4,000	6,000	8,000	10,000
Model 318 (250cc single)	1,000	2,000	4,000	6,000	8,000	10,000
Model 322 (250cc twin)	1,000	2,000	4,000	6,000	8,000	10,000
1954						
Model 316 (98cc single)	1,000	2,000	3,000	4,000	5,000	6,000
Model 320 (175cc single)	500	2,000	3,500	5,000	6,500	8,000
Model 321 (200cc single)	1,000	2,000	4,000	6,000	8,000	10,000
Model 322 (250cc twin)	1,000	2,000	4,000	6,000	8,000	10,000
1955						
Model 216 (50cc single)	350	700	1,400	2,100	2,800	3,500
Model 316 (98cc single)	1,000	2,000	3,000	4,000	5,000	6,000
A175 (175cc single)	1,000	2,000	4,000	6,000	8,000	10,000
K175 (175cc single)	1,000	2,000	4,000	6,000	8,000	10,000
Model 320 (175cc single)	500	2,000	3,500	5,000	6,500	8,000
Model 321 (200cc single)	1,000	2,000	4,000	6,000	8,000	10,000
Roller R200 (200cc single)	400	800	1,600	2,400	3,200	4,000
Model 322 (250cc twin)	1,000	2,000	4,000	6,000	8,000	10,000
1956						
Model 316 (98cc single)	1,000	2,000	3,000	4,000	5,000	6,000

	6	5	4	3	2	1
K100 (100cc single).	500	1,000	2,000	3,000	4,000	5,000
A175 (175cc single).	1,000	2,000	4,000	6,000	8,000	10,000
K175 (175cc single).	1,000	2,000	4,000	6,000	8,000	10,000
Model 321 (200cc single).	1,000	2,000	4,000	6,000	8,000	10,000
Roller R200 (200cc single).	400	800	1,600	2,400	3,200	4,000
Model 322 (250cc twin).	1,000	2,000	4,000	6,000	8,000	10,000
1957						
Model 217 (50cc single).	350	700	1,400	2,100	2,800	3,500
K100 (100cc single).	500	1,000	2,000	3,000	4,000	5,000
A175 (175cc single).	1,000	2,000	4,000	6,000	8,000	10,000
K175 (175cc single).	1,000	2,000	4,000	6,000	8,000	10,000
K175S (175cc single).	1,000	2,000	3,000	4,000	5,000	6,000
Roller R200 (200cc single).	400	800	1,600	2,400	3,200	4,000
Model 322 (250cc twin).	1,000	2,000	4,000	6,000	8,000	10,000
1958						
Model 217 (50cc single).	350	700	1,400	2,100	2,800	3,500
Model 218 (50cc single).	350	700	1,400	2,100	2,800	3,500
K100 (100cc single).	500	1,000	2,000	3,000	4,000	5,000
K175S (175cc single).	1,000	2,000	3,000	4,000	5,000	6,000
Roller R200 (200cc single).	400	800	1,600	2,400	3,200	4,000
1959						
Model 217 (50cc single).	350	700	1,400	2,100	2,800	3,500
Model 218 (50cc single).	350	700	1,400	2,100	2,800	3,500
Model 219 (50cc single).	350	700	1,400	2,100	2,800	3,500
Model 220 (50cc single).	350	700	1,400	2,100	2,800	3,500
Model 220L (50cc single).	350	700	1,400	2,100	2,800	3,500
Model 220PL (50cc single).	200	400	800	1,200	1,600	2,000
K100 (100cc single).	500	1,000	2,000	3,000	4,000	5,000
K101 (100cc single).	1,000	2,000	3,000	4,000	5,000	6,000
K175S (175cc single).	1,000	2,000	3,000	4,000	5,000	6,000
Roller R200 (200cc single).	400	800	1,600	2,400	3,200	4,000
1960						
Model 218 (50cc single).	350	700	1,400	2,100	2,800	3,500
Model 219 (50cc single).	350	700	1,400	2,100	2,800	3,500
Model 220 (50cc single).	350	700	1,400	2,100	2,800	3,500
Model 220K (50cc single).	350	700	1,400	2,100	2,800	3,500
Model 220L (50cc single).	350	700	1,400	2,100	2,800	3,500
Model 220PL (50cc single).	200	400	800	1,200	1,600	2,000
J-Be Sachs K125 (125cc single)	500	1,000	2,000	3,000	4,000	5,000
J-Be Sachs Scooter (100cc single)	400	800	1,600	2,400	3,200	4,000
J-Be Sachs Road (200cc single)	1,000	2,000	3,000	4,000	5,000	6,000
K50 (50cc single)	350	700	1,400	2,100	2,800	3,500
K100 (100cc single).	500	1,000	2,000	3,000	4,000	5,000
K101 (100cc single).	1,000	2,000	3,000	4,000	5,000	6,000
K175S (175cc single).	1,000	2,000	3,000	4,000	5,000	6,000
K175SE (175cc single).	1,000	2,000	3,000	4,000	5,000	6,000
Roller R200 (200cc single).	400	800	1,600	2,400	3,200	4,000
1961						
Model 218 (50cc single).	350	700	1,400	2,100	2,800	3,500
Model 219 (50cc single).	350	700	1,400	2,100	2,800	3,500
Model 220 (50cc single).	350	700	1,400	2,100	2,800	3,500
Model 220K (50cc single).	350	700	1,400	2,100	2,800	3,500
Model 220L (50cc single).	350	700	1,400	2,100	2,800	3,500
Model 220PL (50cc single).	200	400	800	1,200	1,600	2,000
K50 (50cc single).	350	700	1,400	2,100	2,800	3,500
K101 (100cc single).	1,000	2,000	3,000	4,000	5,000	6,000
K175SE (175cc single).	1,000	2,000	3,000	4,000	5,000	6,000
Roller R200 (200cc single).	400	800	1,600	2,400	3,200	4,000
1962						
Model 219 (50cc single).	350	700	1,400	2,100	2,800	3,500

	6	5	4	3	2	1
Model 220 (50cc single)	350	700	1,400	2,100	2,800	3,500
Model 220K (50cc single)	350	700	1,400	2,100	2,800	3,500
Model 220L (50cc single)	350	700	1,400	2,100	2,800	3,500
Model 220PL (50cc single)	200	400	800	1,200	1,600	2,000
K50 (50cc single)	300	600	1,200	1,800	2,400	3,000
K101 (100cc single)	1,000	2,000	3,000	4,000	5,000	6,000
K102 (100cc single)	400	800	1,600	2,400	3,200	4,000
K175SE (175cc single)	1,000	2,000	3,000	4,000	5,000	6,000
Roller R200 (200cc single)	400	800	1,600	2,400	3,200	4,000
1963						
Model 220K (50cc single)	350	700	1,400	2,100	2,800	3,500
Model 220PL (50cc single)	200	400	800	1,200	1,600	2,000
Model 221TS (50cc single)	300	600	1,200	1,800	2,400	3,000
K50 (50cc single)	300	600	1,200	1,800	2,400	3,000
K102 (100cc single)	400	800	1,600	2,400	3,200	4,000
K103 (100cc single)	450	900	1,800	2,700	3,600	4,500
K175SE (175cc single)	1,000	2,000	3,000	4,000	5,000	6,000
1964						
K50 (50cc single)	300	600	1,200	1,800	2,400	3,000
K50 Sport (50cc single)	350	700	1,400	2,100	2,800	3,500
Model 220PL (50cc single)	200	400	800	1,200	1,600	2,000
Model 221TS (50cc single)	300	600	1,200	1,800	2,400	3,000
Roller 50S (50cc single)	150	300	600	900	1,200	1,500
K103 (100cc single)	450	900	1,800	2,700	3,600	4,500
K103S (100cc single)	450	900	1,800	2,700	3,600	4,500
1965						
K50 (50cc single)	300	600	1,200	1,800	2,400	3,000
K50 Sport (50cc single)	350	700	1,400	2,100	2,800	3,500
Model 220PL (50cc single)	200	400	800	1,200	1,600	2,000
Model 221TS (50cc single)	300	600	1,200	1,800	2,400	3,000
Roller 50S (50cc single)	150	300	600	900	1,200	1,500
K103S (100cc single)	450	900	1,800	2,700	3,600	4,500
1966						
K50 (50cc single)	300	600	1,200	1,800	2,400	3,000
K50 Sport (50cc single)	350	700	1,400	2,100	2,800	3,500
Model 220PL (50cc single)	200	400	800	1,200	1,600	2,000
Roller 50S (50cc single)	150	300	600	900	1,200	1,500
K103S (100cc single)	450	900	1,800	2,700	3,600	4,500
1967						
K50 (50cc single)	300	600	1,200	1,800	2,400	3,000
K50 Sport (50cc single)	350	700	1,400	2,100	2,800	3,500
K50 Supersport (50cc single)	350	700	1,400	2,100	2,800	3,500
K80S (80cc single)	400	800	1,600	2,400	3,200	4,000
Model 220PL (50cc single)	200	400	800	1,200	1,600	2,000
Roller 50S (50cc single)	150	300	600	900	1,200	1,500
K103S (100cc single)	450	900	1,800	2,700	3,600	4,500
1968						
K50 (50cc single)	300	600	1,200	1,800	2,400	3,000
K50 Sport (50cc single)	350	700	1,400	2,100	2,800	3,500
K50 Supersport (50cc single)	350	700	1,400	2,100	2,800	3,500
K50RS (50cc single)	350	700	1,400	2,100	2,800	3,500
Model 220PL (50cc single)	150	300	600	900	1,200	1,500
Roller 50 (50cc single)	150	300	600	900	1,200	1,500
Roller 50S (50cc single)	150	300	600	900	1,200	1,500
K103S (100cc single)	450	900	1,800	2,700	3,600	4,500
MC100 (100cc single)	400	800	1,600	2,400	3,200	4,000
Zwierad Union RT159 (50cc single)	400	800	1,600	2,400	3,200	4,000
Zwierad Union RT159 TS Super (50cc single)	400	800	1,600	2,400	3,200	4,000
Zwierad Union 159 Jet (50cc single)	400	800	1,600	2,400	3,200	4,000
Zwierad Union TS125 (125cc single)	500	1,000	2,000	3,000	4,000	5,000

	6	5	4	3	2	1
Zwierad Union TS125-Motorrad Anzeige (125cc single) .	500	1,000	2,000	3,000	4,000	5,000
1969						
K50 (50cc single)	000	000	1,000	1,900	2,100	2,000
K50 Standard (50cc single)	300	600	1,200	1,800	2,400	3,000
K50 Supersport (50cc single)	350	700	1,400	2,100	2,800	3,500
K50RS (50cc single)	350	700	1,400	2,100	2,800	3,500
Model 220PL (50cc single)	150	300	600	900	1,200	1,500
Roller 50 (50cc single)	150	300	600	900	1,200	1,500
Roller 50S (50cc single)	150	300	600	900	1,200	1,500
K105 (100cc single)	350	700	1,400	2,100	2,800	3,500
MC100 (100cc single)	400	800	1,600	2,400	3,200	4,000
MC125 (125cc single)	300	600	1,200	1,800	2,400	3,000
Zwierad Union TS125 (125cc single)	500	1,000	2,000	3,000	4,000	5,000
1970						
K50 (50cc single)	300	600	1,200	1,800	2,400	3,000
K50 Sprint (50cc single)	300	600	1,200	1,800	2,400	3,000
K50 Standard (50cc single)	300	600	1,200	1,800	2,400	3,000
K50RX (50cc single)	350	700	1,400	2,100	2,800	3,500
K50SX (50cc single)	350	700	1,400	2,100	2,800	3,500
Model 220PL (50cc single)	150	300	600	900	1,200	1,500
Roller 50 (50cc single)	150	300	600	900	1,200	1,500
Roller 50S (50cc single)	150	300	600	900	1,200	1,500
Zwierad Union 139 (50cc single)	400	800	1,600	2,400	3,200	4,000
Zwierad Union 139 S (50cc single)	400	800	1,600	2,400	3,200	4,000
Zwierad Union RT159 Super (50cc single)	400	800	1,600	2,400	3,200	4,000
Zwierad Union RT159 Jet (50cc single)	400	800	1,600	2,400	3,200	4,000
K105 (100cc single)	350	700	1,400	2,100	2,800	3,500
Cross Country 125 (125cc single)	300	600	1,200	1,800	2,400	3,000
K125X (125cc single)	400	800	1,600	2,400	3,200	4,000
K125BW Military (125cc single)	400	800	1,600	2,400	3,200	4,000
MC125 (125cc single)	300	600	1,200	1,800	2,400	3,000
Zwierad Union RT125 (125cc single)	500	1,000	2,000	3,000	4,000	5,000
Zwierad Union TS125 (125cc single)	500	1,000	2,000	3,000	4,000	5,000
1971						
K50 Standard (50cc single)	300	600	1,200	1,800	2,400	3,000
K50RX (50cc single)	350	700	1,400	2,100	2,800	3,500
K50SX (50cc single)	350	700	1,400	2,100	2,800	3,500
MF1 (50cc single)	200	400	800	1,200	1,600	2,000
Model 220PL (50cc single)	150	300	600	900	1,200	1,500
Roller 50 (50cc single)	150	300	600	900	1,200	1,500
Roller 50S (50cc single)	150	300	600	900	1,200	1,500
SB1 Sportbike (50cc single)	300	600	1,200	1,800	2,400	3,000
SB2 Sportbike (50cc single)	300	600	1,200	1,800	2,400	3,000
K105 (100cc single)	350	700	1,400	2,100	2,800	3,500
K105X (100cc single)	400	800	1,600	2,400	3,200	4,000
K125X (125cc single)	400	800	1,600	2,400	3,200	4,000
K125BW Military (125cc single)	400	800	1,600	2,400	3,200	4,000
MC125 (125cc single)	300	600	1,200	1,800	2,400	3,000
Zwierad Union RT125 (125cc single)	500	1,000	2,000	3,000	4,000	5,000
1972						
HR1 Hobby Rider (50cc single)	200	400	800	1,200	1,600	2,000
K50RE (50cc single)	350	700	1,400	2,100	2,800	3,500
K50RX (50cc single)	350	700	1,400	2,100	2,800	3,500
K50SE (50cc single)	300	600	1,200	1,800	2,400	3,000
K50SX (50cc single)	350	700	1,400	2,100	2,800	3,500
Model 220PL (50cc single)	150	300	600	900	1,200	1,500
Roller 50 (50cc single)	150	300	600	900	1,200	1,500
Roller 50S (50cc single)	150	300	600	900	1,200	1,500
SB1 Sportbike (50cc single)	300	600	1,200	1,800	2,400	3,000
SB2 Sportbike (50cc single)	300	600	1,200	1,800	2,400	3,000

	6	5	4	3	2	1
K105X (100cc single)	400	800	1,600	2,400	3,200	4,000
Hornet 125 (125cc single)	300	600	1,200	1,800	2,400	3,000
K125X (125cc single)	400	800	1,600	2,400	3,200	4,000
K125BW Military (125cc single)	400	800	1,600	2,400	3,200	4,000
MC125 (125cc single)	300	600	1,200	1,800	2,400	3,000
Zwierad Union RT125 (125cc single)	400	800	1,600	2,400	3,200	4,000
1973						
C1 City Bike (50cc single)	200	400	800	1,200	1,600	2,000
HR1 Hobby Rider (50cc single)	200	400	800	1,200	1,600	2,000
K50RE (50cc single)	350	700	1,400	2,100	2,800	3,500
K50SE (50cc single)	300	600	1,200	1,800	2,400	3,000
K50 Sprint (50cc single)	300	600	1,200	1,800	2,400	3,000
Model 220PL (50cc single)	150	300	600	900	1,200	1,500
Roller 50 (50cc single)	150	300	600	900	1,200	1,500
Roller 50S (50cc single)	150	300	600	900	1,200	1,500
SB1 Sportbike (50cc single)	300	600	1,200	1,800	2,400	3,000
SB2 Sportbike (50cc single)	300	600	1,200	1,800	2,400	3,000
Zwierad Union 139M (50cc single)	400	800	1,600	2,400	3,200	4,000
Zwierad Union RT 159 Jet (50cc single)	400	800	1,600	2,400	3,200	4,000
Zwierad Union RT 159 ES (50cc single)	400	800	1,600	2,400	3,200	4,000
K125T (125cc single)	400	800	1,600	2,400	3,200	4,000
K125BW Military (125cc single)	400	800	1,600	2,400	3,200	4,000
Zwierad Union RT125E (125cc single)	400	800	1,600	2,400	3,200	4,000
MC125 (125cc single)	300	600	1,200	1,800	2,400	3,000
Hercules Wankel 2000 (294cc single)	2,000	3,000	4,000	6,000	8,000	10,000
1974						
K50RE (50cc single)	350	700	1,400	2,100	2,800	3,500
K50SE (50cc single)	300	600	1,200	1,800	2,400	3,000
MK3M (50cc single)	300	600	1,200	1,800	2,400	3,000
MK4M (50cc single)	300	600	1,200	1,800	2,400	3,000
Roller 50 (50cc single)	150	300	600	900	1,200	1,500
Roller 50S (50cc single)	150	300	600	900	1,200	1,500
SB1 Sportbike (50cc single)	300	600	1,200	1,800	2,400	3,000
SB2 Sportbike (50cc single)	300	600	1,200	1,800	2,400	3,000
GS125 (125cc single)	400	800	1,600	2,400	3,200	4,000
K125T (125cc single)	400	800	1,600	2,400	3,200	4,000
K125BW Military (125cc single)	400	800	1,600	2,400	3,200	4,000
Zwierad Union RT125E (125cc single)	400	800	1,600	2,400	3,200	4,000
MC125 (125cc single)	250	500	1,000	1,500	2,000	2,500
Hercules Wankel 2000 (294cc single)	2,000	3,000	4,000	6,000	8,000	10,000
1975						
K50RL (50cc single)	350	700	1,400	2,100	2,800	3,500
K50SL (50cc single)	350	700	1,400	2,100	2,800	3,500
K50 Sprint (50cc single)	300	600	1,200	1,800	2,400	3,000
MK1 (50cc single)	300	600	1,200	1,800	2,400	3,000
MK2 (50cc single)	400	800	1,600	2,400	3,200	4,000
Roller 50 (50cc single)	150	300	600	900	1,200	1,500
Roller 50S (50cc single)	150	300	600	900	1,200	1,500
SB1 Sportbike (50cc single)	300	600	1,200	1,800	2,400	3,000
SB2 Sportbike (50cc single)	300	600	1,200	1,800	2,400	3,000
GS100 (100cc single)	300	600	1,200	1,800	2,400	3,000
GS125 (125cc single)	300	600	1,200	1,800	2,400	3,000
K125S (125cc single)	300	600	1,200	1,800	2,400	3,000
K125T (125cc single)	400	800	1,600	2,400	3,200	4,000
K125BW Military (125cc single)	400	800	1,600	2,400	3,200	4,000
Zwierad Union RT125E (125cc single)	400	800	1,600	2,400	3,200	4,000
GS175 (175cc single)	500	1,000	2,000	3,000	4,000	5,000
MC125 (125cc single)	250	500	1,000	1,500	2,000	2,500
Hercules Wankel 2000 (294cc single)	2,000	3,000	4,000	6,000	8,000	10,000

	6	5	4	3	2	1
1976						
K50RL (50cc single)	350	700	1,400	2,100	2,800	3,500
K50SL (50cc single)	350	700	1,100	2,100	2,800	3,500
K50 Sprint (50cc single)	300	600	1,200	1,800	2,400	3,000
K50 Ultra (50cc single)	250	500	1,000	1,500	2,000	2,500
MK1 (50cc single)	300	600	1,200	1,800	2,400	3,000
MK2 (50cc single)	400	800	1,600	2,400	3,200	4,000
Roller 50 (50cc single)	150	300	600	900	1,200	1,500
SB1 Sportbike (50cc single)	300	600	1,200	1,800	2,400	3,000
SB2 Sportbike (50cc single)	300	600	1,200	1,800	2,400	3,000
SB5 Sportbike (50cc single)	300	600	1,200	1,800	2,400	3,000
K125S (125cc single)	300	600	1,200	1,800	2,400	3,000
K125BW Military (125cc single)	400	800	1,600	2,400	3,200	4,000
MC125 (125cc single)	250	500	1,000	1,500	2,000	2,500
Hercules Wankel 2000 (294cc single)	2,000	3,000	4,000	6,000	8,000	10,000
1977						
K50RL (50cc single)	350	700	1,400	2,100	2,800	3,500
K50RLC (50cc single)	300	600	1,200	1,800	2,400	3,000
K50SL (50cc single)	350	700	1,400	2,100	2,800	3,500
K50 Sprint (50cc single)	300	600	1,200	1,800	2,400	3,000
K50 Ultra (50cc single)	250	500	1,000	1,500	2,000	2,500
MK1 (50cc single)	300	600	1,200	1,800	2,400	3,000
MK2 (50cc single)	400	800	1,600	2,400	3,200	4,000
Roller 50 (50cc single)	150	300	600	900	1,200	1,500
SB5 Sportbike (50cc single)	300	600	1,200	1,800	2,400	3,000
Supra IV GP (50cc single)	300	600	1,200	1,800	2,400	3,000
Ultra I LC (50cc single)	250	500	1,000	1,500	2,000	2,500
K125S (125cc single)	300	600	1,200	1,800	2,400	3,000
K125BW Military (125cc single)	400	800	1,600	2,400	3,200	4,000
Hercules Wankel 2000 (294cc single)	2,000	3,000	4,000	6,000	8,000	10,000
1978						
K50RL (50cc single)	350	700	1,400	2,100	2,800	3,500
K50RLC (50cc single)	300	600	1,200	1,800	2,400	3,000
K50SL (50cc single)	350	700	1,400	2,100	2,800	3,500
K50 Sprint (50cc single)	300	600	1,200	1,800	2,400	3,000
MK1 (50cc single)	300	600	1,200	1,800	2,400	3,000
MK2 (50cc single)	400	800	1,600	2,400	3,200	4,000
Roller 50 (50cc single)	150	300	600	900	1,200	1,500
SB5 Sportbike (50cc single)	300	600	1,200	1,800	2,400	3,000
Supra IV GP (50cc single)	300	600	1,200	1,800	2,400	3,000
Ultra I LC (50cc single)	250	500	1,000	1,500	2,000	2,500
GS125 (125cc single)	1,000	2,000	3,500	5,000	6,500	8,000
K125S (125cc single)	300	600	1,200	1,800	2,400	3,000
K125BW Military (125cc single)	400	800	1,600	2,400	3,200	4,000
GS175 (175cc single)	1,000	2,000	4,000	6,000	8,000	10,000
MC250 (250cc single)	1,000	2,000	5,000	8,000	11,000	14,000
Hercules Wankel 2000 (294cc single)	2,000	3,000	4,000	6,000	8,000	10,000
GS350 (350cc single)	2,000	3,000	4,000	6,000	8,000	10,000
1979						
K50RL (50cc single)	350	700	1,400	2,100	2,800	3,500
K50RLC (50cc single)	300	600	1,200	1,800	2,400	3,000
K50SL (50cc single)	350	700	1,400	2,100	2,800	3,500
K50 Sprint (50cc single)	300	600	1,200	1,800	2,400	3,000
Supra IV GP (50cc single)	300	600	1,200	1,800	2,400	3,000
Ultra I LC (50cc single)	250	500	1,000	1,500	2,000	2,500
Ultra II LC (50cc single)	300	600	1,200	1,800	2,400	3,000
GS175 (175cc single)	1,000	2,000	4,000	6,000	8,000	10,000
K125S (125cc single)	300	600	1,200	1,800	2,400	3,000
K125BW Military (125cc single)	400	800	1,600	2,400	3,200	4,000
GS250 (250cc single)	2,000	3,000	4,000	6,000	8,000	10,000

	6	5	4	3	2	1
MC250 (250cc single)	1,000	2,000	5,000	8,000	11,000	14,000
GS350 (350cc single)	2,000	3,000	4,000	6,000	8,000	10,000
1980						
Supra IV Enduro (50cc single)	300	600	1,200	1,800	2,400	3,000
Supra IV GP (50cc single)	300	600	1,200	1,800	2,400	3,000
Ultra II LC (50cc single)	300	600	1,200	1,800	2,400	3,000
K125BW Military (125cc single)	400	800	1,600	2,400	3,200	4,000
1981						
Supra IV Enduro (50cc single)	300	600	1,200	1,800	2,400	3,000
Supra IV GP (50cc single)	300	600	1,200	1,800	2,400	3,000
Ultra II LC (50cc single)	300	600	1,200	1,800	2,400	3,000
K125BW Military (125cc single)	400	800	1,600	2,400	3,200	4,000
1982						
Supra IV Enduro (50cc single)	300	600	1,200	1,800	2,400	3,000
Supra IV GP (50cc single)	300	600	1,200	1,800	2,400	3,000
Ultra II LC (50cc single)	300	600	1,200	1,800	2,400	3,000
Ultra 50 (50cc single)	300	600	1,200	1,800	2,400	3,000
Ultra RS 50 (50cc single)	300	600	1,200	1,800	2,400	3,000
RS80 (80cc single)	300	600	1,200	1,800	2,400	3,000
Ultra 80 (80cc single)	300	600	1,200	1,800	2,400	3,000
Ultra 80 AC (80cc single)	350	700	1,400	2,100	2,800	3,500
Ultra RS80AC (80cc single)	350	700	1,400	2,100	2,800	3,500
Ultra 80 Chopper (80cc single)	400	800	1,600	2,400	3,200	4,000
Ultra 80 AC Chopper (80cc single)	400	800	1,600	2,400	3,200	4,000
K125BW Military (125cc single)	400	800	1,600	2,400	3,200	4,000
1983						
Supra IV Enduro (50cc single)	300	600	1,200	1,800	2,400	3,000
Supra IV GP (50cc single)	300	600	1,200	1,800	2,400	3,000
RX9 (80cc single)	250	500	1,000	1,500	2,000	2,500
K125BW Military (125cc single)	400	800	1,600	2,400	3,200	4,000
1984						
Supra IV Enduro (50cc single)	300	600	1,200	1,800	2,400	3,000
RX9 (80cc single)	250	500	1,000	1,500	2,000	2,500
RX9 Replica (80cc single)	250	500	1,000	1,500	2,000	2,500
XE9 (80cc single)	250	500	1,000	1,500	2,000	2,500
K125BW Military (125cc single)	400	800	1,600	2,400	3,200	4,000
1985						
CV50 (50cc single)	200	400	600	800	1,000	1,200
Supra IV Enduro (50cc single)	300	600	1,200	1,800	2,400	3,000
XE5 (50cc single)	250	500	1,000	1,500	2,000	2,500
CV80 (80cc single)	200	400	600	800	1,000	1,200
RX9 Replica (80cc single)	250	500	1,000	1,500	2,000	2,500
XE9 (80cc single)	250	500	1,000	1,500	2,000	2,500
K125BW Military (125cc single)	400	800	1,600	2,400	3,200	4,000
1986						
CV50 (50cc single)	200	400	600	800	1,000	1,200
XE5 (50cc single)	250	500	1,000	1,500	2,000	2,500
CV80 (80cc single)	200	400	600	800	1,000	1,200
RX9 Replica (80cc single)	250	500	1,000	1,500	2,000	2,500
XE9 (80cc single)	250	500	1,000	1,500	2,000	2,500
K125BW Military (125cc single)	400	800	1,600	2,400	3,200	4,000
1987						
CV50 (50cc single)	200	400	600	800	1,000	1,200
XE5 (50cc single)	250	500	1,000	1,500	2,000	2,500
ZX1 (50cc single)	300	600	1,200	1,800	2,400	3,000
CV80 (80cc single)	200	400	600	800	1,000	1,200
RX9 Replica (80cc single)	250	500	1,000	1,500	2,000	2,500
XE9 (80cc single)	250	500	1,000	1,500	2,000	2,500
K125BW Military (125cc single)	400	800	1,600	2,400	3,200	4,000

	6	5	4	3	2	1
1988						
CV50 (50cc single)	200	400	600	800	1,000	1,200
)(C0 (C0ss single)	250	500	1,000	1,500	2,000	2,500
ZX1 (50cc single)	300	600	1,200	1,800	2,400	3,000
CV80 (80cc single)	200	400	600	800	1,000	1,200
RX9 Replica (80cc single)	250	500	1,000	1,500	2,000	2,500
XE9 (80cc single)	250	500	1,000	1,500	2,000	2,500
K125BW Military (125cc single)	400	800	1,600	2,400	3,200	4,000
1989						
CV50 (50cc single)	200	400	600	800	1,000	1,200
XE5 (50cc single)	250	500	1,000	1,500	2,000	2,500
ZX1 (50cc single)	300	600	1,200	1,800	2,400	3,000
CV80 (80cc single)	200	400	600	800	1,000	1,200
RX9 Replica (80cc single)	250	500	1,000	1,500	2,000	2,500
XE9 (80cc single)	250	500	1,000	1,500	2,000	2,500
K125BW Military (125cc single)	400	800	1,600	2,400	3,200	4,000
1990						
CV50 (50cc single)	200	400	600	800	1,000	1,200
ZX1 (50cc single)	300	600	1,200	1,800	2,400	3,000
CV80 (80cc single)	200	400	600	800	1,000	1,200
K125BW Military (125cc single)	400	800	1,600	2,400	3,200	4,000
1991						
CV50 (50cc single)	200	400	600	800	1,000	1,200
Prima 5S (50cc single)	200	400	600	800	1,000	1,200
ZX1 (50cc single)	300	600	1,200	1,800	2,400	3,000
CV80 (80cc single)	200	400	600	800	1,000	1,200
K125BW Military (125cc single)	400	800	1,600	2,400	3,200	4,000
1992						
Fox 50 (50cc single)	200	400	600	800	1,000	1,200
Prima 5S (50cc single)	200	400	600	800	1,000	1,200
KX5 (50cc single)	150	300	600	900	1,200	1,500
K125BW Military (125cc single)	400	800	1,600	2,400	3,200	4,000
K180BW Military (180cc single)	450	900	1,800	2,700	3,600	4,500
1993						
KX5 (50cc single)	150	300	600	900	1,200	1,500
Prima 5S (50cc single)	200	400	600	800	1,000	1,200
Samba SR50 (50cc single)	200	400	600	800	1,000	1,200
Samba SR80 (80cc single)	200	400	600	800	1,000	1,200
Samba SR125 (125cc single)	200	400	600	800	1,000	1,200
K180BW Military (180cc single)	450	900	1,800	2,700	3,600	4,500
1994						
KX5 (50cc single)	150	300	600	900	1,200	1,500
Prima 5S (50cc single)	200	400	600	800	1,000	1,200
Samba SR50 (50cc single)	200	400	600	800	1,000	1,200
Samba SR80 (80cc single)	200	400	600	800	1,000	1,200
Samba SR125 (125cc single)	200	400	600	800	1,000	1,200
K180BW Military (180cc single)	450	900	1,800	2,700	3,600	4,500
1995						
KX5 (50cc single)	150	300	600	900	1,200	1,500
Prima 5S (50cc single)	200	400	600	800	1,000	1,200
K180BW Military (180cc single)	450	900	1,800	2,700	3,600	4,500
1996						
KX5 (50cc single)	150	300	600	900	1,200	1,500
Prima 5S (50cc single)	200	400	600	800	1,000	1,200
K180BW Military (180cc single)	450	900	1,800	2,700	3,600	4,500
1997						
KX5 (50cc single)	150	300	600	900	1,200	1,500
Prima 5S (50cc single)	200	400	600	800	1,000	1,200
K180BW Military (180cc single)	450	900	1,800	2,700	3,600	4,500

	6	5	4	3	2	1
1998						
Prima 5S (50cc single)	200	400	600	800	1,000	1,200

HILDEBRAND & WOLFMULLER

	6	5	4	3	2	1
1894						
First known motorcycle in world	25,000	50,000	100K	125K	150K	175K

HODAKA

	6	5	4	3	2	1
1964						
ACE 90 (90cc single)	500	1,500	3,000	4,000	5,000	6,000
1965						
ACE 90 (90cc single)	500	1,500	3,000	4,000	5,000	6,000
1966						
ACE 90 (90cc single)	500	1,500	3,000	4,000	5,000	6,000
1967						
ACE 90 (90cc single)	500	1,500	3,000	4,000	5,000	6,000
1968						
ACE 100 (100cc single)	500	1,000	2,000	3,000	4,000	5,000
1969						
ACE 100A (100cc single)	500	1,000	2,000	3,000	4,000	5,000
ACE 100 Super Rat (100cc single)	500	1,000	2,500	4,000	6,000	8,000
1970						
ACE 100B (100cc single)	500	1,000	2,000	3,000	4,000	5,000
ACE 100 Super Rat (100cc single)	500	1,000	2,500	4,000	6,000	8,000
1971						
ACE 100B+ (100cc single)	500	1,000	2,000	3,000	4,000	5,000
ACE 100 Super Rat (100cc single)	500	1,000	2,500	4,000	6,000	8,000
1972						
ACE 100B+ (100cc single)	500	1,000	2,000	3,000	4,000	5,000
ACE 100 Super Rat (100cc single)	500	1,000	2,500	4,000	6,000	8,000
125 Wombat (125cc single)	500	1,000	2,500	4,000	5,500	7,000
1973						
100 Dirt Squirt (100cc single)	500	1,000	2,000	3,500	5,000	6,500
125 Combat Wombat (125cc single)	500	1,000	2,500	4,000	5,500	7,000
125 Wombat (125cc single)	500	1,000	2,500	4,000	5,500	7,000
1974						
100 Dirt Squirt (100cc single)	500	1,000	2,000	3,500	5,000	6,500
100 Road Toad (100cc single)	500	1,000	2,000	3,500	5,000	6,500
100 Super Rat (100cc single)	800	1,200	2,200	3,300	4,400	5,500
125 Super Combat (125cc single)	1,000	2,000	3,000	4,000	5,000	6,000
1975						
100 Dirt Squirt (100cc single)	500	1,000	2,000	3,500	5,000	6,500
100 Road Toad (100cc single)	500	1,000	2,000	3,500	5,000	6,500
1976						
100 Road Toad (100cc single)	500	1,000	2,000	3,500	5,000	6,500
125 Wombat (125cc single)	500	1,000	2,500	4,000	5,500	7,000
250 ED (250cc single)	500	800	1,600	2,400	3,200	4,000
250 SL (250cc single)	500	800	1,600	2,400	3,200	4,000
1977						
Dirt Squirt 80 (80cc single)	500	800	1,600	2,400	3,200	4,000
175 SL (175cc single)	700	1,100	1,800	2,700	3,600	4,500
250 SL (250cc single)	500	800	1,600	2,400	3,200	4,000
1978						
Dirt Squirt 80 (80cc single)	500	800	1,600	2,400	3,200	4,000
175 SL (175cc single)	700	1,100	1,800	2,700	3,600	4,500
250 SL 70A (250cc single)	500	800	1,600	2,400	3,200	4,000

HONDA

	6	5	4	3	2	1
1949						
Dream Type D (98cc single)	5,000	10,000	20,000	30,000	40,000	50,000

	6	5	4	3	2	1
1950						
Dream Type D (98cc single)	5,000	10,000	20,000	30,000	40,000	50,000
1951						
Dream Type D (98cc single)	5,000	10,000	20,000	30,000	40,000	50,000
Dream Type E (146cc single)	2,500	5,000	10,000	15,000	20,000	25,000
1952						
Dream Type F (50cc single)	2,500	5,000	10,000	15,000	20,000	25,000
Dream Type E (146cc single)	2,500	5,000	10,000	15,000	20,000	25,000
1953						
Benly J (89cc single)	2,000	4,000	8,000	12,000	16,000	20,000
Dream Type E (146cc single)	2,500	5,000	10,000	15,000	20,000	25,000
1954						
Benly J (89cc single)	2,000	4,000	8,000	12,000	16,000	20,000
Juno (200cc single)	2,000	4,000	8,000	12,000	16,000	20,000
1955						
Benly JC125 (125 cc single)	3,500	7,000	11,000	15,000	19,000	23,000
1956						
Benly JC125 (125 cc single)	3,500	7,000	11,000	15,000	19,000	23,000
1957						
Benly JC125 (125 cc single)	3,500	7,000	11,000	15,000	19,000	23,000
Dream ME250 (250 cc twin)	2,000	4,000	8,000	12,000	16,000	20,000
1958						
Benly JC 58 (125 cc single)	3,500	7,000	11,000	15,000	19,000	23,000
Dream ME250 (250 cc twin)	2,000	4,000	8,000	12,000	16,000	20,000
1959						
C100 Super Cub (49cc single)	1,000	2,000	3,000	4,000	5,000	6,000
CA92 Benly Touring 125 (124cc twin)	1,000	2,000	4,000	6,000	8,000	10,000
CB92 Benly Super Sport 125 (124cc twin)	2,400	3,600	5,400	7,200	10,000	13,000
CA95 Benly Touring 150 Early (154cc twin)	1,000	2,000	4,000	6,000	8,000	10,000
CA71 Dream Touring 250 (247 cc twin)	1,000	2,000	4,000	6,000	8,000	10,000
CE71 Dream Sport 250 (247cc twin)	2,400	3,600	5,400	7,200	9,600	12,000
C76 Dream Touring 300 (305cc twin)	1,000	2,000	4,000	6,000	8,000	10,000
CA76 Dream Touring 300 (305cc twin)	1,000	2,000	4,000	6,000	8,000	10,000
1960						
C100 Super Cub (49cc single)	1,000	2,000	3,000	4,000	5,000	6,000
C102 Super Cub (49cc single)	1,000	2,000	3,000	4,000	5,000	6,000
C110 Super Sports Cub (49cc single)	1,000	2,000	3,000	4,000	5,000	6,000
CB92 Benly Super Sport 125 (124cc twin)	2,400	3,600	5,400	7,200	10,000	13,000
CA95 Benly Touring 150 Early (154cc twin)	1,000	2,000	3,000	4,000	5,000	6,000
CA71 Dream Touring 250 (247cc twin)	1,000	2,000	4,000	6,000	8,000	10,000
CA72 Dream Touring 250 Early (247cc twin)	1,000	2,000	3,000	4,000	5,000	6,000
CE71 Dream Sport 250 (247cc twin)	2,200	3,300	5,000	6,600	8,800	11,000
C76 Dream Touring 300 (305cc twin)	1,000	2,000	4,000	6,000	8,000	10,000
CA76 Dream Touring 300 (305cc twin)	1,000	2,000	4,000	6,000	8,000	10,000
CA77 Dream Touring 305 Early (305cc twin)	2,000	4,000	6,000	8,000	10,000	12,000
CS76 Dream Sport 300 (305cc twin)	2,200	3,300	5,000	6,600	8,800	11,000
CSA76 Dream Sport 300 (305cc twin)	1,000	2,000	4,000	6,000	8,000	10,000
CSA77 (CS77) Dream Sport 305 (305cc twin)	1,000	2,000	4,000	6,000	8,000	10,000
1961						
C100 Super Cub (49cc single)	1,000	2,000	3,000	4,000	5,000	6,000
C102 Super Cub (49cc single)	1,000	2,000	3,000	4,000	5,000	6,000
CA100T Trail 50 (49cc single)	500	1,000	2,000	3,000	4,000	5,000
C110 Super Sports Cub (49cc single)	1,000	2,000	3,000	4,000	5,000	6,000
Z100 (49cc single)	3,000	5,000	8,000	11,000	14,000	17,000
CB92 Benly Super Sport 125 (124cc twin)	2,400	3,600	5,400	7,200	10,000	13,000
CB92R Benly SS Racer 125 (124cc twin)	4,400	6,600	9,900	13,200	17,600	22,000
CA95 Benly Touring 150 Early (154cc twin)	1,000	2,000	3,000	4,000	5,000	6,000
C72 Dream Touring 250 (247cc twin)	1,000	2,000	4,000	6,000	8,000	10,000
CA72 Dream Touring 250 Early (247cc twin)	1,000	2,000	4,000	6,000	8,000	10,000
CB72 Hawk 250 (247cc twin)	1,000	2,000	3,500	5,000	6,500	8,000

	6	5	4	3	2	1
C77 Dream Touring 305 (305cc twin)	1,000	2,000	3,500	5,000	6,500	8,000
CA77 Dream Touring 305 Early (305cc twin)	2,000	4,000	6,000	8,000	10,000	12,000
CB77 Super Hawk 305 (305cc twin)	1,000	2,000	4,000	6,000	8,000	10,000
CSA77 (CS77) Dream Sport 305 (305cc twin)	1,000	1,500	2,300	3,000	4,000	5,000
1962						
C100 Super Cub (49cc single)	1,000	2,000	3,000	4,000	5,000	6,000
C102 Super Cub (49cc single)	1,000	2,000	3,000	4,000	5,000	6,000
C110 Super Sports Cub (49cc single)	1,000	2,000	3,000	4,000	5,000	6,000
CA100 Honda 50 (49cc single)	500	1,000	2,000	3,000	4,000	5,000
CA100T Trail 50 (49cc single)	500	1,000	2,000	3,000	4,000	5,000
CA102 Honda 50 (49cc single)	1,000	2,000	3,000	4,000	5,000	6,000
C110 Sport 50 (49cc single)	500	1,000	2,000	3,000	4,000	5,000
Z100 (49cc single)	3,000	5,000	8,000	11,000	14,000	17,000
C115 Sport Cub (55cc single)	500	1,000	2,500	4,000	5,500	7,000
C105T Trail 55 (55cc single)	500	1,000	2,000	3,000	4,000	5,000
CB92 Benly Super Sport 125 (124cc twin)	2,400	3,600	5,400	7,200	10,000	13,000
CB92R Benly SS Racer 125 (124cc twin)	4,400	6,600	9,900	13,200	17,600	22,000
CA95 Benly Touring 150 Early (154cc twin)	1,000	2,000	3,000	4,000	5,000	6,000
CA72 Dream Touring 250 (247cc twin)	1,000	2,000	3,000	4,000	5,000	6,000
CB72 Hawk 250 (247cc twin)	1,000	2,000	3,500	5,000	6,500	8,000
CL72 Scrambler 250 (247cc twin)	1,000	2,000	4,000	7,000	10,000	13,000
C77 Dream Touring 305 (305cc twin)	1,000	2,000	3,500	5,000	6,500	8,000
CA77 Dream Touring 305 Early (305cc twin)	2,000	4,000	6,000	8,000	10,000	12,000
CB77 Super Hawk 305 (305cc twin)	1,000	2,000	4,000	6,000	8,000	10,000
CSA77 (CS77) Dream Sport 305 (305cc twin)	1,000	1,500	2,300	3,000	4,000	5,000
1963						
CA100 Honda 50 (49cc single)	500	1,000	2,000	3,000	4,000	5,000
C102 Super Cub (49cc single)	1,000	2,000	3,000	4,000	5,000	6,000
CA102 Honda 50 (49cc single)	1,000	2,000	3,000	4,000	5,000	6,000
CA110 Sport 50 (49cc single)	500	1,000	2,000	3,000	4,000	5,000
CZ100 (49cc single)	3,000	5,000	8,000	11,000	14,000	17,000
C105T Trail 55 (55cc single)	500	1,000	2,000	3,000	4,000	5,000
CA105T Trail 55 (55cc single)	500	1,000	2,000	3,000	4,000	5,000
CA200 Honda 90 (89cc single)	1,000	2,000	3,000	4,000	5,500	7,000
CA95 Benly Touring 150 Early (154cc twin)	900	1,800	2,600	3,400	4,200	5,000
CA95 Benly Touring 150 Late (154cc twin)	1,000	2,000	3,000	4,000	5,000	6,000
CA72 Dream Touring 250 Early (247cc twin)	1,000	2,000	3,000	4,000	5,000	6,000
CA72 Dream Touring 250 Late (247cc twin)	1,000	2,000	3,000	4,000	5,000	6,000
CB72 Hawk 250 (247cc twin)	1,000	2,000	3,500	5,000	6,500	8,000
CL72 Scrambler 250 (247cc twin)	1,000	2,000	4,000	7,000	10,000	13,000
C77 Dream Touring 305 (305cc twin)	1,000	2,000	3,500	5,000	6,500	8,000
CA77 Dream Touring 305 Early (305cc twin)	2,000	4,000	6,000	8,000	10,000	12,000
CA77 Dream Touring 305 Late (305cc twin)	2,000	4,000	6,000	8,000	10,000	12,000
CB77 Super Hawk 305 (305cc twin)	1,000	2,000	4,000	6,000	8,000	10,000
CSA77 (CS77) Dream Sport 305 (305cc twin)	1,000	1,500	2,300	3,000	4,000	5,000
1964						
CA100 Honda 50 (49cc single)	500	1,000	2,000	3,000	4,000	5,000
CA102 Honda 50 (49cc single)	1,000	2,000	3,000	4,000	5,000	6,000
CA110 Sport 50 (49cc single)	500	1,000	2,000	3,000	4,000	5,000
PC 50 (49cc single)	500	1,000	2,000	3,000	4,000	5,000
CZ100 (49cc single)	3,000	5,000	8,000	11,000	14,000	17,000
CA105T Trail 55 (55cc single)	500	1,000	2,000	3,000	4,000	5,000
C200 Honda 90 (87cc single)	1,000	2,000	3,000	4,000	5,500	7,000
CA200 Honda 90 (87cc single)	1,000	2,000	3,000	4,000	5,500	7,000
CT200 Trail 90 (87cc single)	400	800	1,600	2,400	3,200	4,000
S90 Super 90 (89cc single)	500	1,000	2,500	4,000	5,500	7,000
CA95 Benly Touring 150 Late (154cc twin)	1,000	2,000	3,000	4,000	5,000	6,000
C240 Port Cub (240cc single)	500	1,000	2,000	3,000	4,000	5,000
CA72 Dream Touring 250 Late (247cc twin)	1,000	2,000	3,000	4,000	5,000	6,000
CB72 Hawk 250 (247cc twin)	1,000	2,000	3,500	5,000	6,500	8,000

	6	5	4	3	2	1
CL72 Scrambler 250 (247cc twin)	1,000	2,000	4,000	7,000	10,000	13,000
C77 Dream Touring 305 (305cc twin)	1,000	2,000	3,500	5,000	6,500	8,000
CA77 Dream Touring 305 Late (305cc twin)	2,000	4,000	6,000	8,000	10,000	12,000
CA78 Dream Touring 305 (305cc twin)	800	1,200	2,000	3,000	4,000	5,000
CB77 Super Hawk 305 (305cc twin)	1,000	2,000	4,000	6,000	8,000	10,000
1965						
CA100 Honda 50 (49cc single)	500	1,000	2,000	3,000	4,000	5,000
CA102 Honda 50 (49cc single)	1,000	2,000	3,000	4,000	5,000	6,000
CA110 Sport 50 (49cc single)	500	1,000	2,000	3,000	4,000	5,000
CZ100 (49cc single)	3,000	5,000	8,000	11,000	14,000	17,000
CA105T Trail 55 (55cc single)	500	1,000	2,000	3,000	4,000	5,000
S65 Sport 65 (63cc single)	500	1,000	2,000	3,000	4,000	5,000
CA200 Honda 90 (87cc single)	1,000	2,000	3,000	4,000	5,500	7,000
CT200 Trail 90 (87cc single)	400	800	1,600	2,400	3,200	4,000
S90 Super 90 (89cc single)	500	1,000	2,500	4,000	5,500	7,000
CM90 (89cc single)	400	800	1,600	2,400	3,200	4,000
CA95 Benly Touring 150 Late (154cc twin)	1,000	2,000	3,000	4,000	5,000	6,000
CB160 Sport 160 (161cc twin)	1,000	2,000	3,000	4,000	5,000	6,000
CA72 Dream Touring 250 Late (247cc twin)	1,000	2,000	3,000	4,000	5,000	6,000
CB72 Hawk 250 (247cc twin)	1,000	2,000	3,500	5,000	6,500	8,000
CL72 Scrambler 250 (247cc twin)	1,000	2,000	4,000	7,000	10,000	13,000
CA77 Dream Touring 305 Late (305cc twin)	2,000	4,000	6,000	8,000	10,000	12,000
CB77 Super Hawk 305 (305cc twin)	1,000	2,000	4,000	6,000	8,000	10,000
CL77 Scrambler 305 (305cc twin)	1,500	2,500	3,500	4,500	5,500	7,000
C78 (305cc twin)	1,000	2,000	4,000	6,000	8,000	10,000
CB450K0 Super Sport 450 (444cc twin)	1,500	3,000	5,000	7,000	9,000	11,000
1966						
CA100 Honda 50 (49cc single)	500	1,000	2,000	3,000	4,000	5,000
CA102 Honda 50 (49cc single)	1,000	2,000	3,000	4,000	5,000	6,000
CA110 Sport 50 (49cc single)	500	1,000	2,000	3,000	4,000	5,000
S65 Sport 65 (63cc single)	500	1,000	2,000	3,000	4,000	5,000
CA200 Honda 90 (87cc single)	1,000	2,000	3,000	4,000	5,500	7,000
CT200 Trail 90 (87cc single)	400	800	1,600	2,400	3,200	4,000
CM91 Honda 90 (89cc single)	400	800	1,600	2,400	3,200	4,000
CT90 Trail 90 (89cc single)	400	800	1,600	2,400	3,200	4,000
S90 Super 90 (89cc single)	500	1,000	2,500	4,000	5,500	7,000
CA95 Benly Touring 150 (154cc twin)	1,000	2,000	3,000	4,000	5,000	6,000
CA160 Touring 160 (161cc twin)	1,000	2,000	3,000	4,000	5,000	6,000
CB160 Sport 160 (161cc twin)	1,000	2,000	3,000	4,000	5,000	6,000
CL160 Scrambler 160 (161cc twin)	1,000	2,000	3,000	4,000	5,000	6,000
CA72 Dream Touring 250 Late (247cc twin)	1,000	2,000	3,000	4,000	5,000	6,000
CB72 Hawk 250 (247cc twin)	1,000	2,000	3,500	5,000	6,500	8,000
CL72 Scrambler 250 (247cc twin)	1,000	2,000	4,000	7,000	10,000	13,000
CA77 Dream Touring 305 Late (305cc twin)	2,000	4,000	6,000	8,000	10,000	12,000
CB77 Super Hawk 305 (305cc twin)	1,000	2,000	4,000	6,000	8,000	10,000
CL77 Scrambler 305 (305cc twin)	1,500	2,500	3,500	4,500	5,500	7,000
CB450K0 Super Sport 450 (444cc twin)	1,500	3,000	5,000	7,000	9,000	11,000
1967						
C110 Super Sports Cub (49cc single)	600	900	1,400	1,800	2,400	3,000
CA100 Honda 50 (49cc single)	500	1,000	2,000	3,000	4,000	5,000
CA102 Honda 50 (49cc single)	400	600	1,200	1,800	2,400	3,000
CA110 Sport 50 (49cc single)	500	1,000	2,000	3,000	4,000	5,000
P50 Little Honda (49cc single)	400	600	1,000	1,500	2,000	2,500
Z50 AK1 Mini Trail (49cc single)	800	1,500	2,500	3,500	4,500	5,500
Z50M JDM (49cc single)	1,000	2,000	3,000	4,000	5,000	6,000
S65 Sport 65 (63cc single)	500	1,000	2,000	3,000	4,000	5,000
CL90 Scrambler 90 (89cc single)	400	800	1,600	2,400	3,200	4,000
CM91 Honda 90 (89cc single)	400	700	1,400	2,100	2,800	3,500
CT90 Trail 90 (89cc single)	300	1,000	1,500	2,000	2,500	
S90 Super 90 (89cc single)	500	1,000	2,500	4,000	5,500	7,000

	6	5	4	3	2	1
CL125A Scrambler 125 (124cc twin)	400	700	1,400	2,100	2,800	3,500
SS125A Super Sport 125 (124cc twin)	550	1,100	2,200	3,300	4,400	5,500
CA160 Touring 160 (161cc twin)	1,000	2,000	3,000	4,000	5,000	6,000
CB160 Sport 160 (161cc twin)	1,000	2,000	3,000	4,000	5,000	6,000
CL160 Scrambler 160 (161cc twin)	1,000	2,000	3,000	4,000	5,000	6,000
CL160D Scrambler 160D (161cc twin)	1,000	2,000	3,000	4,000	5,000	6,000
C200 (200cc single)	500	1,000	1,500	2,000	2,500	3,000
C72 Dream (249cc twin)	500	1,000	1,500	2,000	2,500	3,000
CA77 Dream Touring 305 Late (305cc twin)	2,000	4,000	6,000	8,000	10,000	12,000
CB77 Super Hawk 305 (305cc twin)	1,000	2,000	4,000	6,000	8,000	10,000
CL77 Scrambler 305 (305cc twin)	1,500	2,500	3,500	4,500	5,500	7,000
CB450K0 Super Sport 450 (444cc twin)	1,500	3,000	5,000	7,000	9,000	11,000
CB450K0D Super Sport 450D (444cc twin)	800	2,000	3,500	5,000	6,500	8,000
CL450 Scrambler 450 (444cc twin)	500	1,000	2,000	3,000	4,000	5,000
CL450D Scrambler 450 (444cc twin)	500	1,000	2,000	3,000	4,000	5,000
1968						
CA100 Honda 50 (49cc single)	500	1,000	2,000	3,000	4,000	5,000
CA102 Honda 50 (49cc single)	400	600	1,200	1,800	2,400	3,000
CA110 Sport 50 (49cc single)	400	600	1,000	1,500	2,000	2,500
P50 Little Honda (49cc single)	400	600	1,000	1,500	2,000	2,500
Z50 AK0 Mini Trail (49cc single)	800	1,500	2,500	3,500	4,500	5,500
Z50M JDM (49cc single)	1,000	2,000	3,000	4,000	5,000	6,000
S65 Sport 65 (63cc single)	500	1,000	2,000	3,000	4,000	5,000
CL90 Scrambler 90 (89cc single)	400	800	1,600	2,400	3,200	4,000
CL90L Scrambler 90 (89cc single)	400	800	1,600	2,400	3,200	4,000
CM91 Honda 90 (89cc single)	400	700	1,400	2,100	2,800	3,500
CT90 Trail 90 (89cc single)	300	500	1,000	1,500	2,000	2,500
CZ50M (90cc single)	400	600	900	1,200	1,600	2,000
S90 Super 90 (89cc single)	500	1,000	2,500	4,000	5,500	7,000
CL125A Scrambler 125 (124cc twin)	400	700	1,400	2,100	2,800	3,500
SS125A Super Sport 125 (124cc twin)	550	1,100	2,200	3,300	4,400	5,500
CA160 Touring 160 (161cc twin)	1,000	2,000	3,000	4,000	5,000	6,000
CB160 Sport 160 (161cc twin)	800	1,800	2,600	3,400	4,200	5,000
CL160D Scrambler 160D (161cc twin)	1,000	2,000	3,000	4,000	5,000	6,000
CA(CD)175 Touring 175 (174cc twin)	500	1,000	2,000	3,000	4,000	5,000
CL175K0 Scrambler 175 (174cc twin)	300	700	1,400	2,100	2,800	3,500
CB250 (249cc twin)	300	700	1,400	2,100	2,800	3,500
CA77 Dream Touring 305 Late (305cc twin)	2,000	4,000	6,000	8,000	10,000	12,000
CB77 Super Hawk 305 (305cc twin)	1,000	2,000	4,000	6,000	8,000	10,000
CL77 Scrambler 305 (305cc twin)	1,500	2,500	3,500	4,500	5,500	7,000
CB350K0 Super Sport 350 (325cc twin)	1,000	2,000	3,000	4,000	5,000	6,000
CL350K0 Scrambler 350 (325cc twin)	1,000	2,000	3,000	4,500	6,000	7,500
CB450K0 Super Sport 450 (444cc twin)	800	2,000	3,500	5,000	6,500	8,000
CB450K1 Super Sport 450 (444cc twin)	800	2,000	3,500	5,000	6,500	8,000
CL450K1 Scrambler 450 (444cc twin)	500	1,000	2,000	3,000	4,000	5,000
1969						
PC50 Little Honda (49cc single)	400	600	1,000	1,500	2,000	2,500
Z50 AK1 Mini Trail (49cc single)	2,000	4,000	7,000	10,000	13,000	16,000
Z50M JDM (49cc single)	1,000	2,000	3,000	4,000	5,000	6,000
CA100 Honda 50 (49cc single)	500	1,000	2,000	3,000	4,000	5,000
CA102 Honda 50 (49cc single)	400	600	1,200	1,800	2,400	3,000
CA110 Sport 50 (49cc single)	400	600	1,000	1,500	2,000	2,500
S65 Sport 65 (63cc single)	500	1,000	2,000	3,000	4,000	5,000
CL70 Scrambler 70 (72cc single)	400	800	1,600	2,400	3,200	4,000
CT70K0 Trail 70 (72cc single)	450	900	1,800	2,700	3,600	4,500
CL90 Scrambler 90 (89cc single)	400	800	1,600	2,400	3,200	4,000
CL90L Scrambler 90 (89cc single)	400	800	1,600	2,400	3,200	4,000
CM91 Honda 90 (89cc single)	400	700	1,400	2,100	2,800	3,500
CT90K1 Trail 90 (89cc single)	300	500	1,000	1,500	2,000	2,500
S90 Super 90 (89cc single)	500	1,000	2,500	4,000	5,500	7,000

	6	5	4	3		
SL90 Motosport 90 (89cc single)	400	800	1,600	2,400	3,200	
CL125A Scrambler 125 (124cc twin)	400	700	1,400	2,100	2,800	
SS125A Super Sport 125 (124cc twin)	550	1,100	2,200	3,300	4,400	5,500
CA160 Touring 160 (161cc twin)	1,000	2,000	3,000	4,000	5,000	6,000
CB160 Sport 160 (161cc twin)	800	1,800	2,600	3,400	4,200	5,000
CA(CD)175 Touring 175 (174cc twin)	500	1,000	2,000	3,000	4,000	5,000
CA(CD)175K3 Touring 175 (174cc twin)	500	1,000	2,000	3,000	4,000	5,000
CB175K3 Super Sport 175 Early (174cc twin)	300	700	1,400	2,100	2,800	3,500
CB175K3 Super Sport 175 Late (174cc twin)	300	700	1,400	2,100	2,800	3,500
CL175 Scrambler 175 (174cc twin)	300	700	1,400	2,100	2,800	3,500
CL175K3 Scrambler 175 (174cc twin)	300	700	1,400	2,100	2,800	3,500
CB250 (249cc twin)	400	600	1,000	1,500	2,000	2,500
CA77 Dream Touring 305 Late (305cc twin)	2,000	4,000	6,000	8,000	10,000	12,000
CB350K0 Super Sport 350 (325cc twin)	1,000	2,000	3,000	4,000	5,000	6,000
CB350K1 Super Sport 350 (325cc twin)	1,000	2,000	3,000	4,000	5,000	6,000
CL350K0 Scrambler 350 (325cc twin)	1,000	2,000	3,000	4,000	5,000	6,000
CL350K1 Scrambler 350 (325cc twin)	1,000	2,000	3,000	4,500	6,000	7,500
SL350K0 Motosport 350 (325cc twin)	1,000	2,000	3,000	4,000	5,000	6,000
CB450K1 Super Sport 450 (444cc twin)	800	2,000	3,500	5,000	6,500	8,000
CB450K2 Super Sport 450 (444cc twin)	800	2,000	3,500	5,000	6,500	8,000
CL450K1 Scrambler 450 (444cc twin)	500	1,000	2,000	3,000	4,000	5,000
CL450K2 Scrambler 450 (444cc twin)	500	1,000	2,000	3,000	4,000	5,000
CB750K0 Four Sandcast (736cc four)	5,000	10,000	16,000	24,000	32,000	40,000
CB750K0 Four Diecast (736cc four)	2,000	4,000	8,000	12,000	16,000	20,000
1970						
PC50 Little Honda (49cc single)	400	600	1,000	1,500	2,000	2,500
CA100 Honda 50 (49cc single)	200	400	500	700	1,000	1,200
QA50 (49cc single)	450	900	1,800	2,700	3,600	4,500
Z50 AK2 Mini Trail (49cc single)	1,000	2,000	3,000	4,000	5,000	6,000
C70M Honda 70 (72cc single)	300	500	600	900	1,200	1,500
CL70K1 Scrambler 70 (72cc single)	400	800	1,600	2,400	3,200	4,000
CT70K0 Trail 70 (72cc single)	1,000	2,000	5,000	8,000	11,000	14,000
CT70HK0 (72cc single)	1,000	2,000	5,000	8,000	11,000	14,000
ST70 (72cc single)	400	700	1,000	2,000	3,000	4,000
CL90L Scrambler 90 (89cc single)	300	500	700	900	1,200	1,500
CT90K2 Trail 90 (89cc single)	300	500	1,000	1,500	2,000	2,500
CB100K0 Super Sport 100 (99cc single)	300	500	1,000	1,500	2,000	2,500
CL100K0 Scrambler 100 (99cc single)	300	500	1,000	1,500	2,000	2,500
SL100K0 Motosport 100 (99cc single)	400	800	1,600	2,400	3,200	4,000
CA(CD)175K3 Touring 175 (174cc twin)	500	1,000	2,000	3,000	4,000	5,000
CB175K4 Super Sport 175 (174cc twin)	300	700	1,400	2,100	2,800	3,500
CL175K3 Scrambler 175 (174cc twin)	300	700	1,400	2,100	2,800	3,500
CL175K4 Scrambler 175 (174cc twin)	300	700	1,400	2,100	2,800	3,500
SL175K0 Motosport 175 (174cc twin)	1,000	2,000	3,000	4,000	5,000	6,000
CB350K2 Super Sport 350 (325cc twin)	1,000	2,000	3,000	4,000	5,000	6,000
CL350K2 Scrambler 350 (325cc twin)	1,000	2,000	3,000	4,500	6,000	7,500
SL350K0 Motosport 350 (325cc twin)	1,000	2,000	3,000	4,000	5,000	6,000
SL350K1 Motosport 350 (325cc twin)	1,000	2,000	3,000	4,000	5,000	6,000
CB450K3 Super Sport 450 (444cc twin)	800	2,000	3,500	5,000	6,500	8,000
CL450K3 Scrambler 450 (444cc twin)	1,000	2,000	3,000	4,000	5,000	6,000
CB750K0 750 Four (736cc four)	3,000	6,000	10,000	15,000	18,000	22,000
CB750K1 750 Four (736cc four)	3,000	6,000	10,000	15,000	18,000	22,000
1971						
Z50 AK2 Mini Trail (49cc single)	1,000	2,000	3,500	5,000	7,500	9,000
QA50 (49cc single)	450	900	1,800	2,700	3,600	4,500
Z50K1 (49cc single)	1,000	2,000	3,000	4,000	5,000	6,000
C70M Honda 70 (72cc single)	400	800	1,600	2,400	3,200	4,000
CL70K2 Scrambler 70 (72cc single)	400	800	1,600	2,400	3,200	4,000
CT70 (72cc single)	600	1,000	1,600	2,400	3,200	4,000
CT70K0 Trail 70 (72cc single)	450	900	1,800	2,700	3,600	4,500

	6	5	4	3	2	1
. . . .)	600	1,000	1,600	2,400	3,200	4,000
. . . .) (72cc single).	1,000	2,000	3,000	4,000	5,000	6,000
. . . . . cc single).	300	500	1,000	1,500	2,000	2,500
. . . . port 100 (99cc single)	300	500	1,000	1,500	2,000	2,500
CL . . . . per 100 (99cc single)	300	500	1,000	1,500	2,000	2,500
CL100S0 Scrambler 100S (99cc single)	300	500	1,000	1,500	2,000	2,500
SL100K1 Motosport 100 (99cc single)	400	800	1,600	2,400	3,200	4,000
SL125K0 Motosport 125 (122cc single)	500	1,000	1,800	2,700	3,600	4,500
CB175K5 Super Sport 175 (174cc twin)	300	700	1,400	2,100	2,800	3,500
CL175K5 Scrambler 175 (174cc twin)	300	700	1,400	2,100	2,800	3,500
SL175K1 Motosport 175 (174cc twin)	1,000	2,000	3,000	4,000	5,000	6,000
CB350K3 Super Sport 350 (325cc twin)	1,000	2,000	3,000	4,000	5,000	6,000
CL350K3 Scrambler 350 (325cc twin)	1,000	2,000	3,000	4,500	6,000	7,500
SL350K0 Motosport 350 (325cc twin)	1,000	2,000	3,000	4,000	5,000	6,000
SL350K1 Motosport 350 (325cc twin)	1,000	2,000	3,000	4,000	5,000	6,000
CB450K4 Super Sport 450 (444cc twin)	800	2,000	3,500	5,000	6,500	8,000
CL450K4 Scrambler 450 (444cc twin)	1,000	2,000	3,000	4,000	5,000	6,000
CB500K0 500 Four (498cc four)	700	1,100	2,000	3,000	4,000	5,000
CB750K1 750 Four (736cc four)	2,000	4,000	6,000	9,000	12,000	15,000
1972						
QA50 (49cc single)	450	900	1,800	2,700	3,600	4,500
Z50 AK3 Mini Trail (49cc single)	1,000	2,000	3,000	4,000	5,000	6,000
C70K1 Honda 70 (72cc single)	400	800	1,600	2,400	3,200	4,000
CL70K3 Scrambler 70 (72cc single)	400	800	1,600	2,400	3,200	4,000
CT70HK1 Trail 70 (72cc single)	400	800	1,600	2,400	3,200	4,000
SL70K0 Motosport 70 (72cc single)	1,000	2,000	3,000	4,000	5,000	6,000
CT90K4 Trail 90 (89cc single)	300	500	1,000	1,500	2,000	2,500
CB100K2 Super Sport 100 (99cc single)	300	500	1,000	1,500	2,000	2,500
CL100K2 Scrambler 100 (99cc single)	300	500	1,000	1,500	2,000	2,500
CL100S2 Scrambler 100S (99cc single)	300	500	1,000	1,500	2,000	2,500
SL100K2 Motosport 100 (99cc single)	400	800	1,600	2,400	3,200	4,000
CR125K0 Elsinore (123cc single)	500	1,000	2,500	4,000	5,500	7,000
SL125K1 Motosport 125 (122cc single)	500	1,000	1,500	2,000	2,500	3,000
CB175K6 Super Sport 175 (174cc twin)	300	700	1,400	2,100	2,800	3,500
CL175K6 Scrambler 175 (174cc twin)	300	700	1,400	2,100	2,800	3,500
SL175K1 Motosport 175 (174cc twin)	1,000	2,000	3,000	4,000	5,000	6,000
XL250K0 Motosport 250 (248cc single)	500	1,000	2,000	3,000	4,000	5,000
CB350K4 Super Sport 350 (325cc twin)	1,000	2,000	3,000	4,000	5,000	6,000
CL350K4 Scrambler 350 (325cc twin)	1,000	2,000	3,000	4,500	6,000	7,500
CL350K4 Scrambler "Flying Dragon" (325cc twin)	1,000	2,000	4,000	6,000	8,000	10,000
SL350K2 Motosport 350 (325cc twin)	1,000	2,000	3,000	4,000	5,000	6,000
CB350F0 (347cc four)	1,000	2,000	3,000	4,500	6,000	7,500
CB450K5 Super Sport 450 (444cc twin)	800	2,000	3,500	5,000	6,500	8,000
CL450K5 Scrambler 450 (444cc twin)	1,000	2,000	3,000	4,000	5,000	6,000
CB500K1 500 Four (498cc four)	600	1,000	1,600	2,400	3,200	4,000
CB750K2 750 Four (736cc four)	2,000	4,000	6,000	8,000	10,000	12,000
1973						
QA50K1 (49cc single)	450	900	1,800	2,700	3,600	4,500
Z50 AK4 Mini Trail (49cc single)	400	800	1,600	2,400	3,200	4,000
C70K1 Honda 70 (72cc single)	200	300	600	900	1,200	1,500
CL70K3 Scrambler 70 (72cc single)	200	300	600	900	1,200	1,500
CT70HK1 Trail 70 (72cc single)	400	800	1,600	2,400	3,200	4,000
CT70K2 (72cc single)	400	700	1,000	2,000	3,000	4,000
SL70K1 Motosport 70 (72cc single)	1,000	2,000	3,000	4,000	5,000	6,000
XR75K0 (72cc single)	750	1,500	3,000	5,000	7,000	9,000
CT90K4 Trail 90 (89cc single)	300	400	800	1,200	1,600	2,000
ST90K0 Trailsport (89cc single)	500	1,000	2,000	3,000	4,000	5,000
CL100S3 Scrambler 100S (99cc single)	300	500	1,000	1,500	2,000	2,500
SL100K3 Motosport 100 (99cc single)	400	800	1,600	2,400	3,200	4,000
CB125S0 (122cc single)	300	500	1,000	1,500	2,000	2,500

	6	5	4	3	2	1
CL125S0 Scrambler 125 (122cc single).	300	500	1,000	1,500	2,000	2,500
SL125K2 Motosport 125 (122cc single).	500	1,000	1,500	2,000	2,500	3,000
TL125K0 Trials 125 (122cc single)	400	800	1,600	2,400	3,200	4,000
XL175K0 (173cc single).	500	1,000	2,000	3,000	4,000	5,000
CB175K7 Super Sport 175 (174cc twin)	300	700	1,400	2,100	2,800	3,500
CL175K7 Scrambler 175 (174cc twin)	300	700	1,400	2,100	2,800	3,500
CR250M0 Elsinore (248cc single).	1,000	2,000	3,000	5,000	7,500	9,000
XL250K0 Motosport 250 (248cc single).	500	1,000	2,000	3,000	4,000	5,000
CB350G Super Sport 350 (325cc twin)	1,000	2,000	3,000	4,000	5,000	6,000
CB350K4 Super Sport 350 (325cc twin)	1,000	2,000	3,000	4,000	5,000	6,000
CL350K4 Scrambler 350 (325cc twin).	1,000	2,000	3,000	4,500	6,000	7,500
CL350K5 Scrambler 350 (325cc twin).	1,000	2,000	3,000	4,500	6,000	7,500
SL350K2 Motosport 350 (325cc twin).	1,000	2,000	3,000	4,000	5,000	6,000
CB350F1 (347cc four).	1,000	2,000	3,000	4,500	6,000	7,500
CB450K6 Super Sport 450 (444cc twin)	800	2,000	3,500	5,000	6,500	8,000
CL450K5 Scrambler 450 (444cc twin).	1,000	2,000	3,000	4,000	5,000	6,000
CB500K2 500 Four (498cc four)	600	900	1,600	2,400	3,200	4,000
CB750K3 750 Four (736cc four)	2,000	4,000	6,000	8,000	10,000	12,000
1974						
MR50 Elsinore (49cc single)	1,000	2,000	3,000	4,000	5,000	6,000
QA50K2 (49cc single).	450	900	1,800	2,700	3,600	4,500
Z50 AK5 (49cc single)	400	800	1,600	2,400	3,200	4,000
CT70K3 (72cc single).	400	700	1,000	2,000	3,000	4,000
XL70K0 (72cc single).	300	500	600	900	1,200	1,500
XR75K1 (72cc single).	550	1,100	2,200	3,300	4,400	5,500
CT90K5 Trail 90 (89cc single)	200	400	800	1,200	1,600	2,000
ST90K1 Trailsport (89cc single)	500	1,000	2,000	3,000	4,000	5,000
XL100K0 Motosport 100 (99cc single)	200	500	1,000	1,500	2,000	2,500
CL125S1 Scrambler 125 (122cc single).	300	500	1,000	1,500	2,000	2,500
CL125S1 Scrambler 125 (122cc single).	300	500	1,000	1,500	2,000	2,500
TL125K1 Trails 125 (122cc single)	400	800	1,600	2,400	3,200	4,000
XL125K1 (122cc single).	500	1,000	1,500	2,000	2,500	3,000
CR125M0 Elsinore (123cc single).	1,000	2,000	3,500	5,000	6,500	8,000
MT125K0 Elsinore (123cc single).	1,000	2,000	3,000	4,000	5,000	6,000
XL175K0 (173cc single).	500	1,000	2,000	3,000	4,000	5,000
CB200K0 (198cc twin)	300	500	1,000	1,500	2,000	2,500
CL200 Scrambler (198cc twin)	300	500	1,000	1,500	2,000	2,500
CR250M Elsinore (248cc single)	1,000	2,000	3,000	4,500	6,000	8,000
MT250K0 Elsinore (248cc single).	400	800	1,600	2,400	3,200	4,000
XL250K1 (248cc single).	500	1,000	2,000	3,000	4,000	5,000
CB350F1 (347cc four).	1,000	2,000	3,000	4,000	5,000	6,000
XL350K0 (348cc single).	350	700	1,400	2,100	2,800	3,500
CB360K0 (356cc twin)	400	500	1,500	2,500	3,500	4,500
CB360G (356cc twin)	400	500	1,500	2,500	3,500	4,500
CL360K0 Scrambler 360 (356cc twin).	400	500	1,000	1,500	2,000	2,500
CB450K7 Super Sport 450 (444cc twin)	400	800	1,600	2,400	3,200	4,000
CL450K6 Scrambler 450 (444cc twin).	1,000	2,000	3,000	4,000	5,000	6,000
CB500T0 500 Four (498cc four).	400	800	1,600	2,400	3,200	4,000
CB550K0 550 Four (544cc four)	1,000	2,000	3,000	4,000	5,500	7,000
CB750K4 750 Four (736cc four)	1,000	2,000	4,000	6,000	8,000	10,000
1975						
MR50K1 Elsinore (49cc single)	500	1,000	2,000	3,000	4,000	5,000
QA50K3 (49cc single)	450	900	1,800	2,700	3,600	4,500
Z50 AK6 (49cc single)	400	800	1,600	2,400	3,200	4,000
CT70K4 (72cc single)	400	700	1,000	2,000	3,000	4,000
ST70 (72cc single)	300	500	1,000	1,900	2,800	3,700
XL70K1 (72cc single)	300	500	600	900	1,200	1,500
XR75K2 (72cc single).	550	1,100	2,200	3,300	4,400	5,500
CT90K6 Trail 90 (89cc single).	200	400	800	1,200	1,600	2,000
ST90K2 Trailsport (89cc single).	500	1,000	2,000	3,000	4,000	5,000

	6	5	4	3	2	1
XL100K1 (99cc single)	200	500	1,000	1,500	2,000	2,500
CB125S2 (122cc single)	300	500	1,000	1,500	2,000	2,500
TL125K2 Trials 125 (122cc single)	400	800	1,600	2,400	3,200	4,000
XL125K1 (122cc single)	500	1,000	1,500	2,000	2,500	3,000
CR125M1 Elsinore (123cc single)	1,000	2,000	3,500	5,000	6,500	8,000
MT125K1 Elsinore (123cc single)	1,000	2,000	3,000	4,000	5,000	6,000
MR175K0 Elsinore (171cc single)	200	500	1,000	1,500	2,000	2,500
XL175K2 (173cc single)	500	1,000	2,000	3,000	4,000	5,000
CB200T (198cc twin)	300	500	1,000	1,500	2,000	2,500
CR250M1 Elsinore (248cc single)	1,000	2,000	3,000	4,500	6,000	8,000
MT250K1 Elsinore (248cc single)	400	800	1,600	2,400	3,200	4,000
TL250K0 Trials 250 (248cc single)	400	600	1,000	2,000	3,000	4,000
XL250K2 (248cc single)	300	500	700	900	1,200	1,500
XL350K1 (348cc single)	350	700	1,400	2,100	2,800	3,500
CB360TK0 (356cc twin)	300	500	1,000	1,500	2,000	2,500
CL360K1 Scrambler 360 (356cc twin)	300	500	800	1,000	1,400	1,700
CB400F Super Sport 400 Four (408cc four)	1,000	2,000	3,500	5,000	6,500	8,000
CB500T 500 Twin (498cc twin)	500	1,500	2,500	3,500	4,500	5,500
CB550F0 Super Sport 550 (544cc four)	500	1,000	2,000	3,000	4,000	5,000
CB550K1 550 Four (544cc four)	1,000	2,000	3,000	4,000	5,500	7,000
CB750F0 750 Super Sport (736cc four)	900	1,800	2,600	4,000	5,500	7,000
CB750K5 750 Four (736cc four)	1,500	3,000	4,500	6,000	7,500	9,000
GL1000K0 Gold Wing (999cc four)	1,500	3,000	4,500	6,000	8,000	10,000
1976						
PA50 (49cc single)	300	400	700	900	1,200	1,500
Z50A Mini Trail (49cc single)	200	500	1,000	1,500	2,000	2,500
CT70 Trail (72cc single)	200	500	1,000	1,500	2,000	2,500
XL70 (72cc single)	200	300	500	700	900	1,100
XR75 (72cc single)	550	1,100	2,200	3,300	4,400	5,500
CT90 Trail 90 (89cc single)	200	400	800	1,200	1,600	2,000
XL100 (99cc single)	200	500	1,000	1,500	2,000	2,500
CR125M Elsinore (123cc single)	1,000	2,000	3,500	5,000	6,500	8,000
MT125 Elsinore (123cc single)	1,000	2,000	3,000	4,000	5,000	6,000
CB125S (124cc single)	300	500	1,000	1,500	2,000	2,500
TL125S Trias 125 (124cc single)	400	800	1,600	2,400	3,200	4,000
XL125 (124cc single)	500	1,000	1,500	2,000	2,500	3,000
MR175 Elsinore (171cc single)	300	500	1,000	1,500	2,000	2,500
XL175 (171cc single)	300	500	1,000	1,500	2,000	2,500
CB200T (198cc twin)	300	500	1,000	1,500	2,000	2,500
CR250M Elsinore (248cc single)	1,000	2,000	3,000	4,500	6,000	8,000
MR250 Elsinore (248cc single)	400	800	1,600	2,400	3,200	4,000
MT250 Elsinore (248cc single)	400	800	1,600	2,400	3,200	4,000
TL250 Trials 250 (248cc single)	400	600	1,000	2,000	3,000	4,000
XL250 (248cc single)	300	500	1,000	1,500	2,000	2,500
XL350 (348cc single)	350	700	1,400	2,100	2,800	3,500
CB360T (356cc twin)	300	500	800	1,200	1,600	2,000
CJ360T (356cc twin)	300	500	800	1,200	1,600	2,000
CB400F Super Sport 400 Four (408cc four)	1,000	2,000	3,000	4,000	5,000	6,000
CB500T 500 Twin (498cc twin)	500	1,500	2,500	3,500	4,500	5,500
CB550F Super Sport 550 (544cc four)	500	1,000	2,000	3,000	4,000	5,000
CB550K 550 Four K (544cc four)	1,000	2,000	3,000	4,000	5,000	6,000
CB750A 750 Hondamatic (736cc four)	600	1,000	2,000	3,000	4,000	5,000
CB750F 750 Super Sport (736cc four)	900	1,800	2,600	4,000	5,500	7,000
CB750K 750 Four K (736cc four)	1,500	3,000	4,500	6,000	7,500	9,000
GL1000 Gold Wing (999cc four)	1,200	2,000	3,500	5,000	6,500	8,000
GL1000LTD Gold Wing Limited Edition (999cc four)	1,500	2,500	4,000	5,500	7,000	8,500
1977						
NC50 Express (49cc single)	300	400	700	900	1,200	1,500
PA50 (49cc single)	300	400	700	900	1,200	1,500
Z50A Mini Trail (49cc single)	200	500	1,000	1,500	2,000	2,500

	6	5	4	3	2	1
CT70 Trail (72cc single)	200	500	1,000	1,500	2,000	2,500
XR75 (72cc single)	550	1,100	2,200	3,300	4,400	5,500
XL76 (76cc single)	200	300	500	700	900	1,100
CT90 Trail 90 (89cc single)	200	400	800	1,200	1,600	2,000
XL100 (99cc single)	200	500	1,000	1,500	2,000	2,500
CR125M Elsinore (123cc single)	1,000	2,000	3,500	5,000	6,500	8,000
CT125 Trail 125 (123cc single)	200	400	500	700	1,000	1,200
MT125R (123cc single)	1,000	2,000	3,000	4,000	5,000	6,000
XL125 (124cc single)	500	1,000	1,500	2,000	2,500	3,000
MR175 Elsinore (171cc single)	300	500	1,000	1,500	2,000	2,500
XL175 (171cc single)	200	500	1,000	1,500	2,000	2,500
XL350 (348cc single)	350	700	1,400	2,100	2,800	3,500
CJ360T (356cc twin)	300	500	800	1,200	1,600	2,000
CB400F Super Sport 400 Four (408cc four) . . .	1,000	2,000	3,000	4,000	5,000	6,000
CB550F Super Sport 550 (544cc four)	500	1,000	2,000	3,000	4,000	5,000
CB550K 550 Four K (544cc four)	600	1,000	2,000	3,000	4,000	5,000
CB750A 750 Hondamatic (736cc four)	600	1,000	2,000	3,000	4,000	5,000
CB750F 750 Super Sport (736cc four)	900	1,800	2,600	4,000	5,500	7,000
CB750K 750 Four K (736cc four)	1,000	2,000	3,000	4,000	5,000	6,000
GL1000 Gold Wing (999cc four)	1,000	2,000	3,000	4,000	5,000	6,000
1978						
NC50 Express (49cc single)	300	400	700	900	1,200	1,500
PA50 I (49cc single)	300	400	700	900	1,200	1,500
PA50 II (49cc single)	300	400	700	900	1,200	1,500
Z50A Mini Trail (49cc single)	200	500	1,000	1,500	2,000	2,500
CT70 Trail (72cc single)	200	500	1,000	1,500	2,000	2,500
XR75 (72cc single)	550	1,100	2,200	3,300	4,400	5,500
XL75 (75cc single)	200	300	500	600	800	1,000
CT90 Trail 90 (89cc single)	200	400	800	1,200	1,600	2,000
XL100 (99cc single)	200	500	1,000	1,500	2,000	2,500
CB125S (122cc single)	200	400	800	1,200	1,600	2,000
CR125M Elsinore (123cc single)	1,000	2,000	3,500	5,000	6,500	8,000
MT125R (123cc single)	1,000	2,000	3,000	4,000	5,000	6,000
XL125 (124cc single)	500	1,000	1,500	2,000	2,500	3,000
XL175 (173cc single)	200	500	1,000	1,500	2,000	2,500
CM185T Twinstar (181cc twin)	200	400	500	700	1,000	1,200
CR250R Elsinore (247cc single)	1,000	2,500	3,500	4,500	5,500	6,500
XL250S (249cc single)	500	1,000	1,500	2,000	2,500	3,000
XL350 (348cc single)	350	700	1,400	2,100	2,800	3,500
CB400A Hawk Hondamatic (395cc twin) . . .	500	1,000	1,500	2,000	2,500	3,000
CB400TI Hawk I (395cc twin)	500	1,000	1,500	2,000	2,500	3,000
CB400TII Hawk II (395cc twin)	500	1,000	1,500	2,000	2,500	3,000
CX500 (496cc V-twin)	1,000	2,000	3,000	4,000	5,500	7,000
CB550K 550 Four K (544cc four)	600	1,000	2,000	3,000	4,000	5,000
CB750A 750 Hondamatic (736cc four)	600	1,000	2,000	3,000	4,000	5,000
CB750F 750 Super Sport (736cc four)	900	1,800	2,600	4,000	5,500	7,000
CB750K 750 Four K (736cc four)	1,000	2,000	3,000	4,000	5,000	6,000
GL1000 Gold Wing (999cc four)	1,000	2,000	3,000	4,000	5,000	6,000
1979						
NA50 Express (49cc single)	300	400	700	900	1,200	1,500
NC50 Express (49cc single)	300	400	700	900	1,200	1,500
PA50 I (49cc single)	300	400	700	900	1,200	1,500
PA50 II (49cc single)	300	400	700	900	1,200	1,500
Z50R (49cc single)	2,000	4,000	6,000	8,000	10,000	12,000
CT70 Trail (72cc single)	200	500	1,000	1,500	2,000	2,500
XL75 (75cc single)	200	300	400	500	700	900
XR80 (80cc single)	500	1,000	1,500	2,000	2,500	3,000
CT90 Trail 90 (89cc single)	200	400	800	1,200	1,600	2,000
XL100S (99cc single)	300	400	700	900	1,200	1,500
CB125S (122cc single)	200	400	800	1,200	1,600	2,000

	6	5	4	3	2	1
CR125R Elsinore (124cc single)	1,000	2,000	3,500	5,000	6,500	8,000
XL125S (124cc single)	500	1,000	1,500	2,000	2,500	3,000
XL185S (180cc single)	500	1,000	1,500	2,000	2,500	3,000
XR185 (180cc single)	200	400	500	700	1,000	1,200
CM185T Twinstar (181cc twin)	200	400	500	700	1,000	1,200
CR250R Elsinore (247cc single)	1,000	2,500	3,500	4,500	5,500	6,500
XL250S (249cc single)	500	1,000	1,500	2,000	2,500	3,000
XR250 (249cc single)	400	800	1,600	2,400	3,200	4,000
CB400TI Hawk I (395cc twin)	500	1,000	1,500	2,000	2,500	3,000
CB400TII Hawk II (395cc twin)	500	1,000	1,500	2,000	2,500	3,000
CM400A Hondamatic (395cc twin)	500	1,000	1,500	2,000	2,500	3,000
CM400T (395cc twin)	400	600	1,000	1,300	1,700	2,100
CX500 (496cc V-twin)	1,000	2,000	3,000	4,000	5,500	7,000
CX500C Custom (496cc V-twin)	1,000	2,000	3,000	4,000	5,500	7,000
CX500D Deluxe (496cc V-twin)	1,000	2,000	3,000	4,000	5,500	7,000
XL500S (498cc single)	200	500	1,000	1,500	2,000	2,500
XR500 (498cc single)	200	500	1,000	1,500	2,000	2,500
CB650 (627cc four)	200	500	1,000	1,500	2,000	2,500
CB750F 750 Super Sport (736cc four)	900	1,800	2,600	3,400	4,200	5,000
CB750K 750 Four K (736cc four)	900	1,800	2,600	3,400	4,200	5,000
CB750K Limited Edition (749cc four)	1,000	2,500	4,000	5,500	7,000	8,500
GL1000 Gold Wing (999cc four)	600	1,000	2,000	4,000	6,000	8,000
CBX Super Sport (1047cc six)	3,000	6,000	9,000	12,000	16,000	20,000
1980						
NA50 Express (49cc single)	300	400	700	900	1,200	1,500
NC50 Express (49cc single)	300	400	700	900	1,200	1,500
PA50 II (49cc single)	300	400	700	900	1,200	1,500
Z50R (49cc single)	2,000	4,000	6,000	8,000	10,000	12,000
C70 Passport (72cc single)	200	400	700	1,000	1,300	1,600
CR80R Elsinore (80cc single)	200	400	700	1,000	1,300	1,600
CT70 Trail (72cc single)	200	500	1,000	1,500	2,000	2,500
XL80S (80cc single)	300	400	700	900	1,200	1,500
XR80 (80cc single)	500	1,000	1,500	2,000	2,500	3,000
XL100S (99cc single)	300	400	700	900	1,200	1,500
CT110 Trail 110 (105cc single)	200	500	1,000	1,500	2,000	2,500
CB125S (124cc single)	200	400	800	1,200	1,600	2,000
CR125R Elsinore (124cc single)	1,000	2,000	3,000	4,000	5,000	6,000
XL125S (124cc single)	500	1,000	1,500	2,000	2,500	3,000
XL185S (180cc single)	500	1,000	1,500	2,000	2,500	3,000
CM200T Twinstar (194cc twin)	200	400	800	1,200	1,600	2,000
XR200 (195cc single)	300	400	600	800	1,100	1,400
CR250R Elsinore (247cc single)	1,000	2,500	3,500	4,500	5,500	6,500
XL250S (249cc single)	500	1,000	1,500	2,000	2,500	3,000
XR250 (249cc single)	400	800	1,600	2,400	3,200	4,000
CB400T Hawk (395cc twin)	500	1,000	1,500	2,000	2,500	3,000
CM400A Hondamatic (395cc twin)	500	1,000	1,500	2,000	2,500	3,000
CM400E (395cc twin)	400	600	900	1,200	1,600	2,000
CM400T (395cc twin)	400	600	900	1,200	1,600	2,000
CX500 (496cc V-twin)	1,000	2,000	3,000	4,000	5,500	7,000
CX500C Custom (496cc V-twin)	1,000	2,000	3,000	4,000	5,500	7,000
CX500D Deluxe (496cc V-twin)	1,000	2,000	3,000	4,000	5,500	7,000
XL500S (498cc single)	200	500	1,000	1,500	2,000	2,500
XR500 (498cc single)	200	500	1,000	1,500	2,000	2,500
CB650 (627cc four)	200	500	1,000	1,500	2,000	2,500
CB650C 650 Custom (627cc four)	300	500	1,000	1,500	2,000	2,500
CB750C 750 Custom (749cc four)	500	800	1,200	1,800	2,400	3,000
CB750F 750 Super Sport (736cc four)	900	1,800	2,600	3,400	4,200	5,000
CB750K 750 Four K (736cc four)	500	800	1,600	2,400	3,200	4,000
CB900C 900 Custom (902cc four)	500	800	1,600	2,400	3,200	4,000
CBX Super Sport (1047cc six)	1,500	3,000	6,000	9,000	12,000	15,000

	6	5	4	3	2	1
GL1100 Gold Wing (1085cc four)	1,000	2,000	3,000	4,000	5,000	6,000
GL1100I Gold Wing Interstate (1085cc four)	1,500	2,500	3,500	4,500	5,500	6,500
1991						
AB12 Motocompo (49cc single)	1,000	2,000	4,000	6,000	8,000	10,000
NA50 Express (49cc single)	300	400	700	900	1,200	1,500
NC50 Express (49cc single)	300	400	700	900	1,200	1,500
NX50M Express Sr (49cc single)	300	400	700	900	1,200	1,500
PA50 II (49cc single)	300	400	700	900	1,200	1,500
Z50R (49cc single)	2,000	4,000	6,000	8,000	10,000	12,000
C70 Passport (72cc single)	200	400	700	1,000	1,300	1,600
CT70 Trail (72cc single)	200	500	1,000	1,500	2,000	2,500
C80R Elsinore (80cc single)	300	400	700	900	1,200	1,500
XL80S (80cc single)	300	400	700	900	1,200	1,500
XR80 (80cc single)	500	1,000	1,500	2,000	2,500	3,000
XL100S (99cc single)	300	400	700	900	1,200	1,500
XR100 (99cc single)	300	400	700	900	1,200	1,500
CT110 Trail 110 (105cc single)	200	500	1,000	1,500	2,000	2,500
CR125R Elsinore (123cc single)	400	800	1,600	2,400	3,200	4,000
CB125S (124cc single)	200	400	800	1,200	1,600	2,000
XL125S (124cc single)	500	1,000	1,500	2,000	2,500	3,000
XL185S (180cc single)	500	1,000	1,500	2,000	2,500	3,000
CM200T Twinstar (194cc twin)	200	400	800	1,200	1,600	2,000
XR200 (195cc single)	300	400	600	800	1,100	1,400
XR200R (195cc single)	300	500	800	1,000	1,400	1,700
CR250R Elsinore (246cc single)	1,000	2,500	3,500	4,500	5,500	6,500
XL250S (249cc single)	500	1,000	1,500	2,000	2,500	3,000
XR250R (249cc single)	400	800	1,600	2,400	3,200	4,000
CB400T Hawk (395cc twin)	500	1,000	1,500	2,000	2,500	3,000
CM400A Hondamatic (395cc twin)	500	1,000	1,500	2,000	2,500	3,000
CM400C Custom (395cc twin)	400	600	900	1,200	1,600	2,000
CM400E (395cc twin)	400	600	900	1,200	1,600	2,000
CM400T (395cc twin)	400	600	900	1,200	1,600	2,000
CR450R Elsinore (431cc single)	500	1,000	2,000	3,000	4,000	5,000
CX500C Custom (496cc V-twin)	1,000	2,000	3,000	4,000	5,500	7,000
CX500D Deluxe (496cc V-twin)	1,000	2,000	3,000	4,000	5,500	7,000
GL500 Silver Wing (496cc V-twin)	600	900	1,350	1,800	2,400	3,000
GL500I Silver Wing Interstate (496cc V-twin)	600	900	1,350	1,800	2,400	3,000
XL500S (498cc single)	200	500	1,000	1,500	2,000	2,500
XR500R (498cc single)	200	500	1,000	1,500	2,000	2,500
CB650 (627cc four)	200	500	1,000	1,500	2,000	2,500
CB650C 650 Custom (627cc four)	300	500	1,000	1,500	2,000	2,500
CB750C 750 Custom (749cc four)	500	800	1,200	1,800	2,400	3,000
CB750F 750 Super Sport (749cc four)	900	1,800	2,600	3,400	4,200	5,000
CB750K 750 Four K (749cc four)	500	800	1,600	2,400	3,200	4,000
CB900C 900 Custom (902cc four)	500	800	1,600	2,400	3,200	4,000
CB900F 900 Super Sport (902cc four)	1,000	2,000	3,000	4,000	5,000	6,000
CBX Super Sport (1,047cc six)	1,000	2,000	4,000	6,000	8,000	10,000
CB1100R (1,062cc four)	1,000	2,000	3,000	4,000	5,000	6,000
GL1100 Gold Wing (1,085cc four)	1,000	2,000	3,000	4,000	5,000	6,000
GL1100I Gold Wing Interstate (1,085cc four)	1,500	2,500	3,500	4,500	5,500	6,500
1982						
MB5 (49cc single)	400	600	1,000	1,500	2,000	2,500
AB12 Motocompo (49cc single)	1,000	2,000	4,000	6,000	8,000	10,000
NC50 Express (49cc single)	300	400	700	900	1,200	1,500
NU50 Urban Express (49cc single)	300	400	700	900	1,200	1,500
NU50M Urban Express Deluxe (49cc single)	300	400	700	900	1,200	1,500
NX50M Express Sr (49cc single)	300	400	700	900	1,200	1,500
PA50 II (49cc single)	300	400	700	900	1,200	1,500
CT50 Motra (49cc single)	400	800	1,600	2,400	3,200	4,000
Z50R (49cc single)	2,000	4,000	6,000	8,000	10,000	12,000

	6	5	4	3	2	1
C70 Passport (72cc single)	200	400	700	1,000	1,300	1,600
CT70 Trail (72cc single)	200	500	1,000	1,500	2,000	2,500
C80R Elsinore (80cc single)	300	400	700	900	1,200	1,500
XL80S (80cc single)	300	400	700	900	1,200	1,500
XR80 (80cc single)	500	1,000	1,500	2,000	2,500	3,000
XL100S (99cc single)	300	400	700	900	1,200	1,500
XR100 (99cc single)	300	400	700	900	1,200	1,500
CT110 Trail 110 (105cc single)	200	500	1,000	1,500	2,000	2,500
CR125R (123cc single)	400	800	1,600	2,400	3,200	4,000
CB125S (124cc single)	200	400	800	1,200	1,600	2,000
XL125S (124cc single)	500	1,000	1,500	2,000	2,500	3,000
XL185S (180cc single)	500	1,000	1,500	2,000	2,500	3,000
CM200T Twinstar (194cc twin)	200	400	800	1,200	1,600	2,000
XR200 (195cc single)	300	400	600	800	1,100	1,400
XR200R (195cc single)	300	500	700	900	1,200	1,500
CM250C 250 Custom (234cc twin)	300	500	700	900	1,200	1,500
CR250R (246cc single)	1,000	2,500	3,500	4,500	5,500	6,500
XL250R (249cc single)	400	800	1,600	2,400	3,200	4,000
XR250R (249cc single)	400	600	900	1,200	1,600	2,000
CB450SC Nighthawk 450 (447cc twin)	400	600	900	1,200	1,600	2,000
CB450T Hawk (447cc twin)	400	500	800	1,100	1,400	1,800
CM450A Hondamatic (447cc twin)	400	600	900	1,200	1,600	2,000
CM450C Custom (447cc twin)	400	600	900	1,200	1,600	2,000
CM450E (447cc twin)	400	600	900	1,100	1,500	1,900
CR480R (431cc single)	500	1,000	2,500	4,000	5,500	7,000
CX500C Custom (496cc V-twin)	1,000	2,000	3,000	4,000	5,500	7,000
CBX550F2 (550cc four)	1,000	2,000	3,000	4,000	5,000	6,000
GL500 Silver Wing (496cc V-twin)	600	900	1,400	1,800	2,400	3,000
GL500I Silver Wing Interstate (496cc V-twin)	600	900	1,400	1,800	2,400	3,000
CX500TC 500 Turbo (497cc turbo V-twin)	1,200	2,000	3,500	4,000	5,500	7,000
FT500 Ascot (498cc single)	500	1,000	2,500	4,000	5,500	7,000
XL500R (498cc single)	400	600	900	1,200	1,600	2,000
XR500R (498cc single)	500	800	1,100	1,500	2,000	2,500
CB650 (627cc four)	500	800	1,100	1,500	2,000	2,500
CB650SC Nighthawk 650 (627cc four)	1,000	2,500	3,500	4,500	5,500	6,500
VF750C V45 Magna (748cc V-four)	600	1,000	1,400	1,900	2,600	3,200
VF750S V45 Sabre (748cc V-four)	600	1,000	1,400	1,900	2,600	3,200
CB750C 750 Custom (749cc four)	500	800	1,200	1,800	2,400	3,000
CB750F 750 Super Sport (749cc four)	600	1,000	1,600	2,400	3,200	4,000
CB750K 750 Four K (749cc four)	500	800	1,600	2,400	3,200	4,000
CB750SC Nighthawk 750 (749cc four)	1,000	1,500	2,300	3,000	4,000	5,000
CB900C 900 Custom (902cc four)	500	800	1,600	2,400	3,200	4,000
CB900F 900 Super Sport (902cc four)	1,000	2,000	3,000	4,000	5,000	6,000
CBX Super Sport (1,047cc six)	2,000	3,000	4,500	6,000	8,000	10,000
CB1100R (1,062cc four)	1,000	2,000	3,000	4,000	5,000	6,000
GL1100 Gold Wing (1,085cc four)	1,000	2,000	3,000	4,000	5,000	6,000
GL1100A Gold Wing Aspencade (1,085cc four)	1,500	2,500	3,500	4,500	5,500	6,500
GL1100I Gold Wing Interstate (1,085cc four)	1,500	2,500	3,500	4,500	5,500	6,500
1983						
FC30 Beat (48cc single)	500	1,000	2,000	3,000	4,000	5,000
CT50 Motra (49cc single)	400	800	1,600	2,400	3,200	4,000
AB12 Motocompo (49cc single)	1,000	2,000	4,000	6,000	8,000	10,000
NB50M Aero (49cc single)	200	300	400	600	900	1,200
NC50 Express (49cc single)	300	400	700	900	1,200	1,500
NU50 Urban Express (49cc single)	300	400	700	900	1,200	1,500
NU50M Urban Express Deluxe (49cc single)	300	400	700	900	1,200	1,500
PA50 II (49cc single)	300	400	700	900	1,200	1,500
Z50R (49cc single)	2,000	4,000	6,000	8,000	10,000	12,000
CR60R (58cc single)	200	300	500	600	800	1,000
C70 Passport (72cc single)	200	400	700	1,000	1,300	1,600

	6	5	4	3	2	1
C80R Elsinore (80cc single)	300	400	700	900	1,200	1,500
NH80MD Aero (80cc single)	200	300	400	600	900	1,200
XL80S (80cc single)	200	400	700	900	1,200	1,500
XR80 (80cc single)	500	1,000	1,500	2,000	2,500	3,000
XL100S (99cc single)	300	400	700	900	1,200	1,500
XR100 (99cc single)	300	400	700	900	1,200	1,500
CT110 Trail 110 (105cc single)	200	500	1,000	1,500	2,000	2,500
CR125R (123cc single)	500	1,000	2,000	3,000	4,000	5,000
XL185S (180cc single)	500	1,000	1,500	2,000	2,500	3,000
XL200R (195cc single)	300	400	800	1,200	1,600	2,000
XR200 (195cc single)	300	500	700	900	1,200	1,500
XR200R (195cc single)	400	600	900	1,100	1,500	1,900
CM250C 250 Custom (234cc twin)	300	500	700	900	1,200	1,500
CR250R (246cc single)	1,000	2,500	3,500	4,500	5,500	6,500
GB250 Clubman (250cc single)	500	1,000	2,000	3,000	4,000	5,000
XL250R (249cc single)	400	800	1,600	2,400	3,200	4,000
XR350R (339cc single)	400	700	1,000	1,300	1,800	2,200
CB450SC Nighthawk 450 (447cc twin)	400	600	900	1,200	1,600	2,000
CM450A Hondamatic (447cc twin)	500	700	1,000	1,500	2,000	2,500
CM450E (447cc twin)	400	600	900	1,100	1,500	1,900
CR480R (431cc single)	500	1,000	2,500	4,000	5,500	7,000
VT500C Shadow 500 (491cc V-twin)	600	900	1,400	1,800	2,400	3,000
VT500FT Ascot (498cc single)	500	1,500	3,000	4,000	5,000	6,000
XR500R (498cc single)	500	800	1,100	1,500	2,000	2,500
CB550SC Nighthawk 550 (572cc four)	600	900	1,400	1,900	2,500	3,100
CBX550F (550cc four)	1,000	2,000	3,000	4,000	5,000	6,000
XL600R (589cc single)	400	800	1,600	2,400	3,200	4,000
CB650SC Nighthawk 650 (627cc four)	1,000	2,500	3,500	4,500	5,500	6,500
CX650C Custom (674cc V-twin)	600	1,000	1,400	1,900	2,600	3,200
CX650T 650 Turbo (674cc turbo V-twin) (1,777 made)	3,000	6,000	9,000	12,000	15,000	18,000
GL650 Silver Wing (674cc V-twin)	700	1,100	1,600	2,100	2,800	3,500
GL650I Silver Wing Interstate (674cc V-twin)	700	1,100	1,600	2,100	2,800	3,500
VF750C V45 Magna (748cc V-four)	600	1,000	1,400	1,900	2,600	3,200
VF750F V45 Interceptor (748cc V-four)	900	1,500	2,500	3,500	4,500	5,500
VF750S V45 Sabre (748cc V-four)	700	1,000	1,500	2,000	2,700	3,400
VT750C Shadow 750 (749cc V-twin)	700	1,000	1,500	2,000	2,700	3,400
XLV750R (749cc V-twin)	1,100	2,200	3,300	4,400	5,500	6,500
XLV750RD (749cc twin)	2,000	4,000	6,000	8,000	10,000	12,000
CB750SC Nighthawk 750 (749cc four)	1,000	1,400	2,200	2,900	3,800	4,800
CB1000C 1000 Custom (973cc four)	600	1,500	2,500	3,500	4,500	5,500
CB1100F Super Sport (1,067cc four)	2,000	3,500	7,000	11,000	14,000	18,000
CB1100R (1,062cc four)	1,000	2,000	3,000	4,000	5,000	6,000
GL1100 Gold Wing (1,085cc four)	1,000	2,000	3,000	4,000	5,000	6,000
GL1100A Gold Wing Aspencade (1,085cc four)	1,500	2,500	3,500	4,500	5,500	6,500
GL1100I Gold Wing Interstate (1,085cc four)	1,500	2,500	3,500	4,500	5,500	6,500
VF1100 V65 Magna (1,098cc V-four)	700	1,100	1,600	2,400	3,200	4,000
1984						
NB50M Aero (49cc single)	200	300	400	600	900	1,200
NN50MD Gyro (49cc single)	200	300	400	600	900	1,200
NQ50 Spree (49cc single)	200	300	400	600	900	1,200
Z50R (49cc single)	2,000	4,000	6,000	8,000	10,000	12,000
CR60R (58cc single)	200	300	500	600	800	1,000
CR80R (80cc single)	200	300	500	700	900	1,100
NH80MD Aero (80cc single)	200	300	400	600	900	1,200
XL80S (80cc single)	300	400	700	900	1,200	1,500
XR80 (80cc single)	500	1,000	1,500	2,000	2,500	3,000
XL100S (99cc single)	300	400	700	900	1,200	1,500
XR100 (99cc single)	300	400	700	900	1,200	1,500
CT110 Trail 110 (105cc single)	200	500	1,000	1,500	2,000	2,500
CH125 Elite (124cc single)	200	300	600	900	1,200	1,500

	6	5	4	3	2	1
CR125R (123cc single)	500	1,000	2,000	3,000	4,000	5,000
CB125S (124cc single)	200	400	800	1,200	1,600	2,000
NH125 Aero (124cc single)	200	300	600	900	1,200	1,500
XL125S (124cc single)	200	400	500	700	1,000	1,200
XL200R (195cc single)	300	400	600	800	1,100	1,400
XR200 (195cc single)	300	500	700	900	1,200	1,500
XR200R (195cc single)	400	600	900	1,100	1,500	1,900
CR250R (246cc single)	1,000	2,500	3,500	4,500	5,500	6,500
GB250 Clubman (250cc single)	500	1,000	2,000	3,000	4,000	5,000
XL250R (249cc single)	400	600	900	1,100	1,500	1,900
XR250R (249cc single)	400	800	1,600	2,400	3,200	4,000
XL350R (339cc single)	400	700	1,000	1,300	1,800	2,200
XR350R (339cc single)	400	700	1,000	1,300	1,800	2,200
CBX550F (550cc four)	1,000	2,000	3,000	4,000	5,000	6,000
CR500R (491cc single)	500	1,000	2,000	3,000	4,000	5,000
VT500C Shadow 500 (491cc V-twin)	600	900	1,400	1,800	2,400	3,000
VT500FT Ascot (491cc V-twin)	500	1,500	3,000	4,000	5,000	6,000
VF500C V30 Magna (498cc V-four)	350	700	1,400	2,100	2,800	3,500
VF500F 500 Interceptor (498cc V-four)	500	1,000	2,000	3,000	4,000	5,000
XR500R (498cc single)	500	700	1,000	1,400	1,800	2,300
XL600R (589cc single)	400	800	1,600	2,400	3,200	4,000
CB650SC Nighthawk 650 (655cc four)	1,000	2,500	3,500	4,500	5,500	6,500
VT700C Shadow (694cc V-twin)	700	1,000	1,500	2,000	2,700	3,400
CB700SC Nighthawk S (696cc V-four)	800	1,200	1,800	2,400	3,200	4,000
VF700C Magna (699cc V-four)	600	900	1,400	1,800	2,400	3,000
VF700F Interceptor (699cc V-four)	600	1,000	1,400	1,900	2,600	3,200
VF700S Sabre (699cc V-four)	600	900	1,400	1,800	2,400	3,000
CBX750F (747cc four)	500	1,000	2,000	3,000	4,000	5,000
VF750F V45 Interceptor (748cc V-four)	900	1,300	2,000	2,600	3,500	4,400
XLV750R (749cc V-twin)	1,100	2,200	3,300	4,400	5,500	6,500
XLV750RD (749cc twin)	2,000	4,000	6,000	8,000	10,000	12,000
VF1000F 1000 Interceptor (998cc V-four)	1,000	2,000	4,000	6,000	8,000	11,000
VF1100C V65 Magna (1,098cc V-four)	700	1,100	1,600	2,400	3,200	4,000
VF1100S V65 Sabre (1,098cc V-four)	800	1,200	1,800	2,400	3,200	4,000
GL1200 Gold Wing (1,182cc four)	500	1,000	2,000	3,500	5,000	6,500
GL1200A Gold Wing Aspencade (1,182cc four) . .	500	1,000	2,500	4,000	5,500	7,000
GL1200I Gold Wing Interstate (1,182cc four) . . .	1,000	1,500	2,500	3,500	4,500	5,500
1985						
NB50M Aero (49cc single)	200	300	400	600	900	1,200
NQ50 Spree (49cc single)	200	300	400	600	900	1,200
TG50M Gyro S (49cc single)	200	300	400	600	900	1,200
Z50R (49cc single)	2,000	4,000	6,000	8,000	10,000	12,000
CH80 Elite (80cc single)	200	300	400	600	900	1,200
NH80 Aero (80cc single)	200	300	400	600	900	1,200
XL80S (80cc single)	300	400	700	900	1,200	1,500
XR80R (80cc single)	500	1,000	1,500	2,000	2,500	3,000
CR80R (80cc single)	300	400	700	900	1,200	1,500
XL100S (99cc single)	300	400	700	900	1,200	1,500
XR100R (99cc single)	300	400	700	900	1,200	1,500
CB125S (124cc single)	200	400	800	1,200	1,600	2,000
CR125R (123cc single)	500	1,000	2,000	3,000	4,000	5,000
XL125S (124cc single)	200	400	500	700	1,000	1,200
CH150 Elite (153cc single)	200	300	600	900	1,200	1,500
CH150D Elite Deluxe (153cc single)	200	300	600	900	1,200	1,500
XR200R (195cc single)	300	400	600	800	1,100	1,400
CH250 Elite (244cc single)	300	600	900	1,200	1,500	1,800
CMX250C Rebel 250 (234cc twin)	300	400	700	1,000	1,500	2,000
CR250R (246cc single)	1,000	2,500	3,500	4,500	5,500	6,500
GB250 Clubman (250cc single)	500	1,000	2,000	3,000	4,000	5,000
XL250R (249cc single)	400	600	900	1,100	1,500	1,900

	6	5	4	3	2	1
XR250R (249cc single)	400	800	1,600	2,400	3,200	4,000
XL350R (339cc single)	400	600	1,000	1,300	1,700	2,100
XR350R (339cc single)	500	700	1,100	1,400	1,900	2,400
NS400R (387cc triple)	3,500	7,000	12,000	17,000	22,000	27,000
CB450SC Nighthawk 450 (447cc twin)	400	600	1,000	1,300	1,700	2,100
CBX550F (550cc four)	1,000	2,000	3,000	4,000	5,000	6,000
CR500R (491cc single)	500	1,000	2,000	3,000	4,000	5,000
VF500C V30 Magna (498cc V-four) . . .	350	700	1,400	2,100	2,800	3,500
VF500F 500 Interceptor (498cc V-four) .	500	1,000	2,000	3,000	4,000	5,000
VT500C Shadow 500 (491cc V-twin)	600	900	1,400	1,800	2,400	3,000
XBR500 (499cc single)	500	1,000	2,000	3,000	4,000	5,000
XL600R (589cc single)	400	800	1,600	2,400	3,200	4,000
XR600R (591cc single)	500	1,000	2,500	4,000	5,500	7,000
CB650SC Nighthawk 650 (655cc four)	1,000	2,500	3,500	4,500	5,500	6,500
CB700SC Nighthawk S (696cc V-four)	800	1,100	1,700	2,300	3,000	3,800
VT700C Shadow (694cc V-twin)	700	1,000	1,500	2,000	2,700	3,400
VF700C Magna (699cc V-four)	600	900	1,400	1,900	2,500	3,100
VF700F Interceptor (699cc V-four) . . .	700	1,000	1,500	2,000	2,600	3,300
VF700S Sabre (699cc V-four)	600	900	1,400	2,100	2,800	3,500
CBX750F (747cc four)	500	1,000	2,000	3,000	4,000	5,000
XLV750R (749cc V-twin)	1,100	2,200	3,300	4,400	5,500	6,500
VF1000R (998cc V-four)	2,000	4,000	6,000	9,000	12,000	15,000
VF1100C V65 Magna (1,098cc V-four)	700	1,100	1,600	2,400	3,200	4,000
VF1100S V65 Sabre (1,098cc V-four) .	800	1,200	1,800	2,400	3,200	4,000
VT1100C Shadow 1100 (1,099cc V-twin)	900	1,300	1,900	2,500	3,400	4,200
GL1200A Gold Wing Aspencade (1,182cc four)	500	1,000	2,500	4,000	5,500	7,000
GL1200I Gold Wing Interstate (1,182cc four) . . .	1,000	1,500	2,500	3,500	4,500	5,500
GL1200 Gold Wing Ltd Edition (1,182cc four).	1,000	2,000	3,000	4,500	6,000	7,500
1986						
NB50 Aero (49cc single)	200	300	400	600	900	1,200
NQ50 Spree (49cc single)	200	300	400	600	900	1,200
NQ50D Spree Special (49cc single) . . .	200	300	400	600	900	1,200
TG50 Gyro S (49cc single)	200	300	400	600	900	1,200
Z50R (49cc single)	2,000	4,000	6,000	8,000	10,000	12,000
Z50RDG Special (49cc single)	2,000	4,000	6,000	9,000	12,000	15,000
CH80 Elite (80cc single)	200	300	400	600	900	1,200
XR80R (80cc single)	500	1,000	1,500	2,000	2,500	3,000
CR80R (83cc single)	300	400	700	900	1,200	1,500
XR100R (99cc single).	300	400	700	900	1,200	1,500
CT110 Trail 110 (105cc single)	200	300	500	600	800	1,000
CR125R (124cc single)	500	1,000	2,000	3,000	4,000	5,000
CH150D Elite Deluxe (153cc single) . . .	200	300	600	900	1,200	1,500
TLR200 Reflex (195cc single).	400	800	1,600	2,400	3,200	4,000
XR200R (195cc single)	200	400	500	700	1,000	1,200
TR200 Fat Cat (199cc single)	200	400	700	1,000	1,500	2,000
CH250 Elite (244cc single)	300	600	900	1,200	1,500	1,800
CMX250C Rebel 250 (234cc twin)	300	400	700	1,000	1,500	2,000
CMX250CD Rebel 250 Ltd (234cc twin) .	300	400	700	1,000	1,500	2,000
CN250 Helix (244cc single)	300	600	900	1,200	1,500	1,800
CR250R (246cc single)	1,000	2,500	3,500	4,500	5,500	6,500
GB250 Clubman (250cc single).	500	1,000	2,000	3,000	4,000	5,000
XL250R (249cc single)	400	600	900	1,100	1,500	1,900
XR250R (249cc single)	400	800	1,600	2,400	3,200	4,000
NS400R (387cc triple)	3,500	7,000	12,000	17,000	22,000	27,000
VFR400R NC21 (399cc four)	500	1,000	2,000	3,000	4,000	5,000
CB450SC Nighthawk 450 (447cc twin) .	400	600	1,000	1,300	1,700	2,100
CMX450C Rebel 450 (447cc twin)	300	500	800	1,000	1,400	1,700
XBR500 (499cc single)	500	1,000	2,000	3,000	4,000	5,000
CBX550F (550cc four)	1,000	2,000	3,000	4,000	5,000	6,000
CR500R (491cc single)	500	1,000	2,000	3,000	4,000	5,000

	6	5	4	3	2	1
VF500F 500 Interceptor (498cc V-four)	500	1,000	2,000	3,000	4,000	5,000
VT500C Shadow 500 (491cc V-twin)	600	900	1,400	1,800	2,400	3,000
XL600R (589cc single)	400	800	1,600	2,400	3,200	4,000
XR600R (591cc single)	500	1,000	2,500	4,000	5,500	7,000
VT700C Shadow (694cc V-twin)	700	1,100	1,600	2,100	2,800	3,500
CB700SC Nighthawk S (696cc V-four)	800	1,200	1,800	2,300	3,100	3,900
VFR700F Interceptor (699cc V-four) .	700	1,000	1,500	2,000	2,700	3,400
VFR700F2 Interceptor (699cc V-four)	800	1,100	1,700	2,300	3,000	3,800
VF700C Magna (699cc V-four)	600	900	1,400	1,900	2,500	3,100
CBX750F (747cc four)	500	1,000	2,000	3,000	4,000	5,000
VFR750F Interceptor (748cc V-four)	800	1,200	2,200	3,100	3,800	4,500
XLV750R (749cc V-twin)	1,100	2,200	3,300	4,400	5,500	6,500
VF1000F (998cc V-four).	1,000	2,000	3,000	4,000	5,000	6,000
VF1000R (998cc V-four)	2,000	4,000	6,000	9,000	12,000	15,000
VF1100C V65 Magna (1,098cc V-four)	700	1,000	1,600	2,400	3,200	4,000
VT1100C Shadow 1100 (1,099cc V-twin)	800	1,200	1,900	2,500	3,300	4,100
GL1200A Gold Wing Aspencade (1,182cc four)	500	1,000	2,500	4,000	5,500	7,000
GL1200I Gold Wing Interstate (1,182cc four)	1,000	1,500	2,500	3,500	4,500	5,500
GL1200SEI Gold Wing Aspencade (1,182cc four)	500	1,000	2,500	4,000	5,500	7,000
1987						
NB50 Aero (49cc single)	200	300	400	600	900	1,200
NQ50 Spree (49cc single).	200	300	400	600	900	1,200
SE50 Elite S (49cc single)	200	300	400	600	900	1,200
SE50P Elite (49cc single).	200	300	400	600	900	1,200
Z50H (49cc single)	2,000	4,000	6,000	8,000	10,000	12,000
CH80 Elite (80cc single)	200	300	400	600	900	1,200
XR80R (80cc single)	500	1,000	1,500	2,000	2,500	3,000
CR80R (83cc single)	300	400	700	900	1,200	1,500
XR100R (99cc single).	300	400	700	900	1,200	1,500
CR125R (124cc single)	500	1,000	2,000	3,000	4,000	5,000
CH150 Elite (153cc single)	200	300	600	900	1,200	1,500
TLR200 Reflex (195cc single).	400	800	1,600	2,400	3,200	4,000
XR200R (195cc single)	200	400	500	700	1,000	1,200
TR200 Fat Cat (199cc single)	200	400	500	700	1,000	1,200
CH250 Elite (244cc single)	300	600	900	1,200	1,500	1,800
CMX250C Rebel 250 (234cc twin)	300	400	700	1,000	1,500	2,000
CN250 Helix (244cc single).	300	600	900	1,200	1,500	1,800
CR250R (246cc single)	1,000	2,500	3,500	4,500	5,500	6,500
GB250 Clubman (250cc single).	500	1,000	2,000	3,000	4,000	5,000
NSR250 (249cc V-Twin).	500	1,000	2,500	4,000	5,500	7,000
XL250R (249cc single)	400	600	900	1,100	1,500	1,900
XR250R (249cc single)	400	800	1,600	2,400	3,200	4,000
NS400R (387cc triple)	1,000	2,000	3,500	5,000	7,500	9,000
VFR400R NC24 (399cc four)	500	1,000	2,000	3,000	4,000	5,000
CMX450C Rebel 450 (447cc twin)	300	500	800	1,000	1,400	1,700
CR500R (491cc single)	500	1,000	2,000	3,000	4,000	5,000
XBR500 (499cc single)	500	1,000	2,000	3,000	4,000	5,000
XL600R (589cc single)	400	800	1,600	2,400	3,200	4,000
XR600R (591cc single)	500	1,000	2,500	4,000	5,500	7,000
CBR600F Hurricane 600 (598cc four).	450	900	1,800	2,700	3,600	4,500
VT700C Shadow (694cc V-twin)	700	1,000	1,500	2,000	2,600	3,300
VFR700F2 Interceptor (699cc V-four)	700	1,100	1,700	2,300	3,000	3,700
VF700C Magna (699cc V-four)	600	1,000	1,400	2,100	2,800	3,500
CBR750F Hurricane (748cc four)	400	800	1,600	2,400	3,200	4,000
CBX750F (747cc four)	500	1,000	2,000	3,000	4,000	5,000
CBR1000F 1000 Hurricane (998cc four)	800	1,200	1,800	2,400	3,200	4,000
VT1100C Shadow 1100 (1,099cc V-twin)	800	1,200	1,800	2,400	3,200	4,000
GL1200A Gold Wing Aspencade (1,182cc four)	500	1,000	2,500	4,000	5,500	7,000
GL1200I Gold Wing Interstate (1,182cc four)	1,000	1,500	2,500	3,500	4,500	5,500

	6	5	4	3	2	1
1988						
SA50 Elite LX (49cc single)	200	300	400	600	900	1,200
SB50 Elite EC (10cc single)	200	300	400	600	900	1,200
SB50P Elite E (49cc single)	200	300	400	600	900	1,200
Z50R (49cc single)	2,000	4,000	6,000	8,000	10,000	12,000
ZB50 (49cc single) (3,058 made)	1,000	2,000	3,000	4,000	5,500	7,000
CH80 Elite (80cc single)	200	300	400	600	900	1,200
XR80R (80cc single)	500	1,000	1,500	2,000	2,500	3,000
CR80R (83cc single)	300	400	700	900	1,200	1,500
XR100R (99cc single)	300	400	700	900	1,200	1,500
CR125R (124cc single)	500	1,000	2,000	3,000	4,000	5,000
NX125 (124cc single)	200	400	800	1,200	1,600	2,000
TL125 (125cc single)	200	500	1,000	1,500	2,000	2,500
XR200R (195cc single)	200	400	500	700	1,000	1,200
CH250 Elite (244cc single)	300	600	900	1,200	1,500	1,800
CR250R (246cc single)	1,000	2,500	3,500	4,500	5,500	6,500
GB250 Clubman (250cc single)	500	1,000	2,000	3,000	4,000	5,000
NSR250 (249cc V-Twin)	500	1,000	2,500	4,000	5,500	7,000
NX250 (249cc single)	200	400	800	1,200	1,600	2,000
VTR250 Interceptor VTR (249cc twin)	200	400	800	1,200	1,600	2,000
XR250R (249cc single)	400	800	1,600	2,400	3,200	4,000
NS400R (387cc triple)	1,000	2,000	3,500	5,000	7,500	9,000
VFR400R NC24 (399cc four)	500	1,000	2,000	3,000	4,000	5,000
CR500R (491cc single)	500	1,000	2,000	3,000	4,000	5,000
XBR500 (499cc single)	500	1,000	2,000	3,000	4,000	5,000
VT600C Shadow VLX (598cc four)	700	1,100	1,600	2,100	2,800	3,500
XR600R (591cc single)	500	1,000	2,500	4,000	5,500	7,000
CBR600F Hurricane 600 (598cc four)	450	900	1,800	2,700	3,600	4,500
NX650 (644cc single)	400	700	1,000	1,300	1,800	2,200
NT650 Hawk GT (647cc V-twin)	500	800	1,200	1,600	2,200	2,700
XRV650 Africa Twin (647cc twin)	550	1,100	2,200	3,300	4,400	5,500
CBR750F Hurricane ((748cc four)	400	800	1,600	2,400	3,200	4,000
CBX750F (747cc four)	500	1,000	2,000	3,000	4,000	5,000
VF750C V45 Magna (748cc V-four)	600	1,000	1,400	1,900	2,600	3,200
VFR750R RC30 (748cc V-four)	10,000	20,000	30,000	40,000	50,000	60,000
VT800C Shadow (800cc V-twin)	1,000	1,500	2,300	3,000	4,000	5,000
CBR1000F 1000 Hurricane (998cc four)	800	1,200	1,900	2,500	3,300	4,100
VT1100C Shadow 1100 (1,099cc V-twin)	800	1,200	1,800	2,400	3,200	4,000
GL1500 Gold Wing (1,520cc six)	2,300	3,300	4,500	5,000	6,500	8,000
1989						
SA50 Elite LX (49cc single)	200	300	400	600	900	1,200
SB50P Elite E (49cc single)	200	300	400	600	900	1,200
Z50R (49cc single)	2,000	4,000	6,000	8,000	10,000	12,000
CH80 Elite (80cc single)	200	300	400	600	900	1,200
CR80R (83cc single)	300	400	700	900	1,200	1,500
XR100R (99cc single)	300	400	700	900	1,200	1,500
NX125 (124cc single)	200	400	800	1,200	1,600	2,000
CR125R (125cc single)	500	1,000	2,000	3,000	4,000	5,000
CH250 Elite (244cc single)	300	600	900	1,200	1,500	1,800
CR250R (246cc single)	500	1,000	2,000	3,000	4,000	5,000
GB250 Clubman (250cc single)	500	1,000	2,000	3,000	4,000	5,000
NSR250 (249cc V-Twin)	500	1,000	2,500	4,000	5,500	7,000
NX250 (249cc single)	200	400	800	1,200	1,600	2,000
VTR250 VTR (249cc twin)	200	400	800	1,200	1,600	2,000
XR250R (249cc single)	300	500	700	900	1,200	1,500
CB400F CB1 (399cc four)	400	600	1,000	1,300	1,700	2,100
VFR400R NC30 (399cc four)	1,500	3,000	6,000	9,000	12,000	15,000
CR500R (491cc single)	500	1,000	2,000	3,000	4,000	5,000
GB500 Tourist Trophy (499cc single)	2,000	4,000	6,000	8,000	10,000	13,000
XBR500 (499cc single)	500	1,000	2,000	3,000	4,000	5,000

	6	5	4	3	2	1
VT600C Shadow VLX (598cc four)	700	1,100	1,600	2,100	2,800	3,500
XL600V TransAlp (583cc V-twin)	1,000	1,500	2,300	3,000	4,000	5,000
XR600R (591cc single)	500	1,000	2,500	4,000	5,500	7,000
CBR600F (598cc four)	450	900	1,800	2,700	3,600	4,500
NX650 (644cc single)	400	700	1,000	1,300	1,800	2,200
NT650 Hawk GT (647cc V-twin)	500	800	1,200	1,600	2,500	3,000
XRV650 Africa Twin (647cc twin)	550	1,100	2,200	3,300	4,400	5,500
VFR750R RC30 (748cc V-four)	10,000	20,000	30,000	40,000	50,000	60,000
XRV750 Africa Twin (746cc twin)	550	1,100	2,200	3,300	4,400	5,500
PC800 Pacific Coast (800cc V-twin)	800	1,200	1,800	2,400	3,200	4,000
VT1100C Shadow 1100 (1,099cc V-twin)	800	1,200	1,800	2,400	3,200	4,000
GL1500 Gold Wing (1,520cc six)	2,300	3,300	4,500	5,000	6,500	8,000
1990						
NS50F (49cc single)	200	300	400	600	800	1,000
SA50 Elite LX (49cc single)	200	300	400	600	900	1,200
SB50P Elite E (49cc single)	200	300	400	600	900	1,200
Z50R (49cc single)	300	400	700	900	1,200	1,500
CH80 Elite (80cc single)	200	300	400	600	900	1,200
XR80R (80cc single)	200	300	500	800	800	1,000
CR80R (83cc single)	300	400	700	900	1,200	1,500
XR100R (99cc single)	300	400	700	900	1,200	1,500
NX125 (124cc single)	200	400	800	1,200	1,600	2,000
CR125R (125cc single)	250	500	1,000	1,500	2,000	2,500
XR200R (195cc single)	300	400	700	900	1,200	1,500
CH250 Elite (244cc single)	300	600	900	1,200	1,500	1,800
CR250R (246cc single)	500	1,000	2,000	3,000	4,000	5,000
GB250 Clubman (250cc single)	500	1,000	2,000	3,000	4,000	5,000
NSR250 (249cc V-Twin)	500	1,000	2,500	4,000	5,500	7,000
NX250 (249cc single)	200	400	800	1,200	1,600	2,000
VTR250 VTR (249cc twin)	200	400	800	1,200	1,600	2,000
XR250R (249cc single)	300	500	700	900	1,200	1,500
CB400F CB1 (399cc four)	400	600	1,000	1,300	1,700	2,100
VFR400R NC30 (399cc four)	1,500	3,000	6,000	9,000	12,000	15,000
CR500R (491cc single)	500	800	1,200	1,600	2,100	2,600
GB500 Tourist Trophy (499cc single)	2,000	4,000	6,000	8,000	10,000	13,000
XL600V TransAlp (583cc V-twin)	1,000	1,500	2,300	3,000	4,000	5,000
XR600R (591cc single)	500	1,000	2,500	4,000	5,500	7,000
CBR600F (598cc four)	450	900	1,800	2,700	3,600	4,500
NT650 Hawk GT (647cc V-twin)	500	800	1,200	1,600	2,200	2,700
VFR750F VFR (748cc V-four)	700	1,000	1,500	2,500	3,500	4,500
VFR750R RC30 (748cc V-four)	5,000	10,000	20,000	30,000	40,000	50,000
XRV750 Africa Twin (746cc twin)	550	1,100	2,200	3,300	4,400	5,500
PC800 Pacific Coast (800cc V-twin)	800	1,200	1,800	2,400	3,200	4,000
CBR1000F (998cc four)	800	1,200	2,000	3,000	4,000	5,000
VT1100C Shadow 1100 (1,099cc V-twin)	800	1,200	1,800	2,400	3,200	4,000
GL1500 Gold Wing (1,520cc six)	2,300	3,300	4,500	5,000	6,500	8,000
GL1500SE Gold Wing SE (1,520cc six)	2,400	3,500	5,100	6,000	7,500	9,000
1991						
ZR50R Mini (50cc single)	200	300	600	900	1,200	1,500
CT70 (70cc single)	200	400	800	1,200	1,600	2,000
CH80 Elite (80cc single)	200	300	400	600	900	1,200
XR80R (80cc single)	200	300	500	800	800	1,000
CR80R (83cc single)	300	400	700	900	1,200	1,500
EZ90 Cub (90cc single)	200	400	800	1,200	1,600	2,000
XR100R (99cc single)	300	400	700	900	1,200	1,500
CR125R (125cc single)	250	500	1,000	1,500	2,000	2,500
XR200R (195cc single)	300	400	700	900	1,200	1,500
CR250R (246cc single)	500	1,000	2,000	3,000	4,000	5,000
GB250 Clubman (250cc single)	500	1,000	2,000	3,000	4,000	5,000
NSR250 (249cc V-Twin)	500	1,000	2,500	4,000	5,500	7,000

	6	5	4	3	2	1
XR250 (249cc single)	200	400	800	1,200	1,600	2,000
XR250L (249cc single)	200	400	800	1,200	1,600	2,000
XR250R (249cc single)	200	400	800	1,200	1,600	2,000
CB250 Nighthawk (250cc twin)	500	700	1,000	1,400	1,700	2,200
VFR400R NC30 (399cc four)	1,500	3,000	6,000	9,000	12,000	15,000
CR500R (491cc single)	500	800	1,200	1,600	2,100	2,600
XR600R (591cc single)	500	1,000	2,500	4,000	5,500	7,000
VT600C Shadow VLX (598cc four)	600	1,000	1,600	2,200	2,800	3,400
CBR600F2 Super Sport (598cc four)	450	900	1,800	2,700	3,600	4,500
NT650 Hawk GT (647cc V-twin)	500	800	1,200	1,600	2,200	2,700
VFR750F VFR (748cc V-four)	700	1,000	1,500	2,500	3,500	4,500
CB750 Nighthawk (750cc four)	700	1,100	1,700	2,300	2,900	3,500
XRV750 Africa Twin (746cc twin)	550	1,100	2,200	3,300	4,400	5,500
CBR1000F (998cc four)	800	1,200	2,000	3,000	4,000	5,000
ST1100 (1,100cc four)	1,000	2,000	3,000	4,000	5,500	7,000
GL1500I Gold Wing Interstate (1,520cc six)	2,100	3,100	4,100	5,000	6,500	8,000
GL1500A Gold Wing Aspencade (1,520cc six)	2,300	3,300	4,500	6,500	6,500	8,000
GL1500SE Gold Wing SE (1,520cc six)	2,400	3,500	5,100	6,000	7,500	9,000
1992						
SA50 Elite SR (49cc single)	200	300	400	600	900	1,200
ZR50R Mini (50cc single)	200	300	600	900	1,200	1,500
CT70 (70cc single)	200	400	800	1,200	1,600	2,000
CH80 Elite (80cc single)	200	300	400	600	900	1,200
CR80R (83cc single)	300	400	700	900	1,200	1,500
EZ90 Cub (90cc single)	200	400	800	1,200	1,600	2,000
XR100R (99cc single)	300	400	700	900	1,200	1,500
CR125R (125cc single)	250	500	1,000	1,500	2,000	2,500
CN250 Helix (244cc single)	300	600	900	1,200	1,500	1,800
CR250R (246cc single)	500	1,000	2,000	3,000	4,000	5,000
GB250 Clubman (250cc single)	500	1,000	2,000	3,000	4,000	5,000
NSR250 (249cc V-Twin)	500	1,000	2,500	4,000	5,500	7,000
XR250 (249cc single)	200	400	800	1,200	1,600	2,000
XR250L (249cc single)	200	400	800	1,200	1,600	2,000
XR250R (249cc single)	200	400	800	1,200	1,600	2,000
CB250 Nighthawk (250cc twin)	500	700	1,000	1,400	1,700	2,200
VFR400R NC30 (399cc four)	1,500	3,000	6,000	9,000	12,000	15,000
CR500R (491cc single)	500	800	1,200	1,600	2,100	2,600
XR600R (591cc single)	500	1,000	2,500	4,000	5,500	7,000
VT600C Shadow VLX (598cc twin)	600	1,000	1,600	2,200	2,800	3,400
CBR600F2 Super Sport (598cc four)	450	900	1,800	2,700	3,600	4,500
NR750 (748cc four) (300 made)	10,000	20,000	40,000	60,000	80,000	100K
VFR750F VFR (748cc V-four)	700	1,000	1,500	2,500	3,500	4,500
CB750 Nighthawk (750cc four)	700	1,100	1,700	2,300	2,900	3,500
XRV750 Africa Twin (746cc twin)	550	1,100	2,200	3,300	4,400	5,500
VT1100C Shadow (1,100cc twin)	1,000	1,600	2,200	3,000	3,800	4,600
ST1100 (1,100cc four)	1,000	2,000	3,000	4,000	5,500	7,000
ST1100A ABS-TCS (1,100cc four)	1,000	2,000	3,500	5,000	6,500	8,000
GL1500I Gold Wing Interstate (1,520cc six)	2,100	3,100	4,100	5,000	6,500	8,000
GL1500A Gold Wing Aspencade (1,520cc six)	2,300	3,300	4,500	5,000	6,500	8,000
GL1500SE Gold Wing SE (1,520cc six)	2,400	3,500	5,100	6,000	7,500	9,000
1993						
SA50 Elite SR (49cc single)	200	300	400	600	900	1,200
ZR50R Mini (50cc single)	200	300	600	900	1,200	1,500
CT70 (70cc single)	200	400	800	1,200	1,600	2,000
CH80 Elite (80cc single)	200	300	400	600	900	1,200
XR80R (80cc single)	300	400	700	900	1,200	1,500
CR80R (83cc single)	300	400	700	900	1,200	1,500
EZ90 Cub (90cc single)	200	400	800	1,200	1,600	2,000
XR100R (99cc single)	300	400	700	900	1,200	1,500
CR125R (125cc single)	250	500	1,000	1,500	2,000	2,500

	6	5	4	3	2	1
XR200R (200cc single)	300	600	1,000	1,400	1,800	2,200
CN250 Helix (244cc single)	300	600	900	1,200	1,500	1,800
CR250R (246cc single)	500	1,000	2,000	3,000	4,000	5,000
NSR250 (249cc V-Twin)	500	1,000	2,500	4,000	5,500	7,000
XR250L (249cc single)	200	400	800	1,200	1,600	2,000
XR250R (249cc single)	200	400	800	1,200	1,600	2,000
CB250 Nighthawk (250cc twin)	500	700	1,000	1,400	1,700	2,200
VFR400R NC30 (399cc four)	1,500	3,000	6,000	9,000	12,000	15,000
CR500R (491cc single)	500	800	1,200	1,600	2,100	2,600
XR600R (591cc single)	500	1,000	2,500	4,000	5,500	7,000
VT600C Shadow VLX (598cc twin)	600	1,000	1,600	2,200	2,800	3,400
VT600CD Shadow VLX Deluxe (598cc twin)	700	1,200	1,800	2,400	3,000	3,600
CBR600F2 Super Sport (598cc four)	450	900	1,800	2,700	3,600	4,500
XR650L (650cc single)	200	400	800	1,200	1,600	2,000
NR750 (748cc four) (200 made)	10,000	20,000	35,000	50,000	65,000	80,000
VFR750F VFR (748cc V-four)	700	1,000	1,500	2,500	3,500	4,500
CB750 Nighthawk (750cc four)	700	1,100	1,700	2,300	2,900	3,500
XRV750 Africa Twin (746cc twin)	550	1,100	2,200	3,300	4,400	5,500
CBR900RR (900cc four)	1,000	2,000	4,000	6,000	8,000	10,000
CBR1000F (1000cc four)	1,200	1,800	2,500	3,400	4,300	5,200
VT1100C Shadow (1,100cc twin)	1,000	1,600	2,200	3,000	3,800	4,600
ST1100 (1,100cc four)	1,000	2,000	3,000	4,000	5,500	7,000
ST1100A ABS-TCS (1,100cc four)	1,000	2,000	3,500	5,000	6,500	8,000
GL1500I Gold Wing Interstate (1,520cc six)	2,100	3,100	4,100	5,000	6,500	8,000
GL1500A Gold Wing Aspencade (1,520cc six) . . .	2,300	3,300	4,500	5,000	6,500	8,000
GL1500SE Gold Wing SE (1,520cc six)	2,400	3,500	5,100	6,000	7,500	9,000
1994						
SA50 Elite SR (49cc single)	200	300	400	600	900	1,200
SA50P Elite S (49cc single)	200	300	400	600	900	1,200
ZR50R Mini (50cc single)	200	300	600	900	1,200	1,500
CT70 (70cc single)	200	400	800	1,200	1,600	2,000
CH80 Elite (80cc single)	200	300	400	600	900	1,200
XR80R (80cc single)	300	400	700	900	1,200	1,500
CR80R (83cc single)	300	400	700	900	1,200	1,500
EZ90 Cub (90cc single)	200	400	800	1,200	1,600	2,000
XR100R (99cc single)	300	400	700	900	1,200	1,500
CR125R (125cc single)	250	500	1,000	1,500	2,000	2,500
XR200R (200cc single)	300	600	1,000	1,400	1,800	2,200
CN250 Helix (244cc single)	300	600	900	1,200	1,500	1,800
CR250R (246cc single)	500	1,000	2,000	3,000	4,000	5,000
NSR250 (249cc V-Twin)	500	1,000	2,500	4,000	5,500	7,000
XR250L (249cc single)	200	400	800	1,200	1,600	2,000
XR250R (249cc single)	200	400	800	1,200	1,600	2,000
CB250 Nighthawk (250cc twin)	500	700	1,000	1,400	1,700	2,200
CR500R (491cc single)	500	800	1,200	1,600	2,100	2,600
XR600R (591cc single)	500	1,000	2,500	4,000	5,500	7,000
VT600C Shadow VLX (598cc twin)	600	1,000	1,600	2,200	2,800	3,400
VT600CD Shadow VLX Deluxe (598cc twin)	700	1,200	1,800	2,400	3,000	3,600
CBR600F2 Super Sport (598cc four)	450	900	1,800	2,700	3,600	4,500
XR650L (650cc single)	200	400	800	1,200	1,600	2,000
VF750C Magna (750cc four)	500	900	1,800	2,600	3,400	4,200
VFR750F VFR (748cc V-four)	700	1,000	1,500	2,500	3,500	4,500
RVF750R RC45 (750cc four)	5,000	10,000	20,000	30,000	40,000	50,000
XRV750 Africa Twin (746cc twin)	550	1,100	2,200	3,300	4,400	5,500
PC800 Pacific Coast (800cc V-twin)	500	1,000	1,900	2,800	3,700	4,600
CBR900RR (900cc four)	1,000	2,000	4,000	6,000	8,000	10,000
CB1000 (1000cc four)	500	1,000	1,800	2,700	3,500	4,300
CBR1000F (1000cc four)	1,200	1,800	2,500	3,400	4,300	5,200
VT1100C Shadow (1,100cc twin)	1,000	1,600	2,200	3,000	3,800	4,600
ST1100 (1,100cc four)	1,000	2,000	3,000	4,000	5,500	7,000

	6	5	4	3	2	1
ST1100A ABS-TCS (1,100cc four)	1,000	2,000	3,500	5,000	6,500	8,000
GL1500I Gold Wing Interstate (1,520cc six)	2,100	3,100	4,100	5,000	6,500	8,000
GL1500A Gold Wing Aspencade (1,520cc six)	2,300	3,300	4,300	5,000	6,500	8,000
GL1500SE Gold Wing SE (1,520cc six).	2,400	3,500	5,100	6,000	7,500	9,000
1995						
SA50 Elite SR (49cc single).	200	300	400	600	900	1,200
SA50P Elite S (49cc single).	200	300	400	600	900	1,200
ZR50R Mini (50cc single).	200	300	600	900	1,200	1,500
XR80R (80cc single)	300	500	600	700	900	1,100
CH80 Elite (80cc single)	200	300	400	600	900	1,200
CR80R (80cc single)	300	400	700	900	1,200	1,500
EZ90 Cub (90cc single)	200	400	800	1,200	1,600	2,000
XR100R (99cc single).	300	400	700	900	1,200	1,500
CR125R (125cc single).	250	500	1,000	1,500	2,000	2,500
XR200R (200cc single)	300	600	1,000	1,400	1,800	2,200
CN250 Helix (244cc single).	300	600	900	1,200	1,500	1,800
CR250R (246cc single)	500	1,000	2,000	3,000	4,000	5,000
NSR250 (249cc V-Twin).	500	1,000	2,500	4,000	5,500	7,000
XR250L (249cc single)	200	400	800	1,200	1,600	2,000
XR250R (249cc single)	200	400	800	1,200	1,600	2,000
CB250 Nighthawk (250cc twin)	500	700	1,000	1,400	1,700	2,200
RVF400R NC35 (400cc twin)	1,000	2,000	3,000	4,000	5,000	6,000
CR500R (491cc single)	500	800	1,200	1,600	2,100	2,600
XR600R (591cc single)	500	1,000	2,500	4,000	5,500	7,000
VT600C Shadow VLX (598cc twin)	600	1,000	1,600	2,200	2,800	3,400
VT600CD Shadow VLX Deluxe (598cc twin)	700	1,200	1,800	2,400	3,000	3,600
CBR600F3 Super Sport (598cc four)	450	900	1,800	2,700	3,600	4,500
XR650L (650cc single)	200	400	800	1,200	1,600	2,000
VFR750F VFR (748cc V-four).	770	1,000	1,500	2,500	3,500	4,500
CB750 Nighthawk (750cc four)	500	800	1,400	2,000	2,700	3,400
VF750C Magna (750cc four)	500	900	1,800	2,600	3,400	4,200
VF750CD Magna Deluxe (750cc four)	700	1,400	2,000	2,700	3,600	4,500
XRV750 Africa Twin (746cc twin)	550	1,100	2,200	3,300	4,400	5,500
PC800 Pacific Coast (800cc V-twin).	500	1,000	1,900	2,800	3,700	4,600
CBR900RR (900cc four)	1,400	2,000	2,900	3,800	4,700	5,600
CB1000 (1000cc four).	500	1,000	1,800	2,700	3,500	4,300
CBR1000F (1000cc four)	1,200	1,800	2,500	3,400	4,300	5,200
VT1100C Shadow (1,100cc twin)	1,000	1,600	2,200	3,000	3,800	4,600
VT1100C2 Shadow American Classic (1,100 cc twin) . .	600	1,200	2,200	3,200	4,200	5,200
ST1100 (1,100cc four)	1,000	2,000	3,000	4,000	5,500	7,000
ST1100A ABS-TCS (1,100cc four)	1,000	2,000	3,500	5,000	6,500	8,000
GL1500I Gold Wing Interstate (1,520cc six)	2,100	3,100	4,100	5,000	6,500	8,000
GL1500A Gold Wing Aspencade (1,520cc six) . . .	2,300	3,300	4,500	5,000	6,500	8,000
GL1500SE Gold Wing SE (1,520cc six).	2,400	3,500	5,100	6,000	7,500	9,000
1996						
NSR50 (49cc single).	500	1,000	2,000	3,000	4,000	5,000
SA50 Elite SR (49cc single).	200	300	400	600	900	1,200
SA50P Elite S (49cc single).	200	300	400	600	900	1,200
Z50R Mini (50cc single).	200	300	600	900	1,200	1,500
CH80 Elite (80cc single)	200	300	400	600	900	1,200
CR80R (80cc single)	300	400	700	900	1,200	1,500
CR80RB Expert Mini (80cc single)	300	400	700	900	1,200	1,500
NSR80 (80cc single)	500	1,000	2,000	3,000	4,000	5,000
XR80R (80cc single)	300	500	600	700	900	1,100
EZ90 Cub (90cc single)	200	400	800	1,200	1,600	2,000
XR100R (99cc single).	300	400	700	900	1,200	1,500
CR125R (125cc single).	250	500	1,000	1,500	2,000	2,500
XR200R (200cc single)	300	600	1,000	1,400	1,800	2,200
CMX250C Rebel 250 (234cc twin)	500	700	1,000	1,400	1,700	2,200
CN250 Helix (244cc single)	300	600	900	1,200	1,500	1,800

	6	5	4	3	2	1
CR250R (246cc single)	500	1,000	2,000	3,000	4,000	5,000
NSR250 (249cc V-Twin)	500	1,000	2,500	4,000	5,500	7,000
XR250R (249cc single)	200	400	800	1,200	1,600	2,000
XR250L (249cc single)	200	400	800	1,200	1,600	2,000
CB250 Nighthawk (250cc twin)	500	700	1,000	1,400	1,700	2,200
XR400R (400cc single)	300	600	900	1,200	1,500	2,100
CR500R (491cc single)	500	800	1,200	1,600	2,100	2,600
XR600R (591cc single)	500	1,000	2,500	4,000	5,500	7,000
VT600C Shadow VLX (598cc twin)	600	1,000	1,600	2,200	2,800	3,400
VT600CD Shadow VLX Deluxe (598cc twin)	700	1,200	1,800	2,400	3,000	3,600
CBR600F3 Super Sport (598cc four)	450	900	1,800	2,700	3,600	4,500
CBR600SJR (600cc four)	500	1,000	2,000	3,000	4,000	5,000
XR650L (650cc single)	200	400	800	1,200	1,600	2,000
CB750 Nighthawk (750cc four)	500	800	1,400	2,000	2,700	3,400
VF750C Magna (750cc four)	500	900	1,800	2,600	3,400	4,200
VF750CD Magna Deluxe (750cc four)	700	1,400	2,000	2,700	3,600	4,500
VFR750F VFR (750cc four)	700	1,400	2,600	3,400	4,200	5,000
XRV750 Africa Twin (746cc twin)	550	1,100	2,200	3,300	4,400	5,500
PC800 Pacific Coast (800cc V-twin)	500	1,000	1,900	2,800	3,700	4,600
CBR900RR (900cc four)	1,400	2,000	2,900	3,800	4,700	5,600
CBR1000F (1,000cc four)	1,000	2,000	3,000	4,000	5,000	6,000
VT1100C Shadow (1,100cc twin)	1,000	1,600	2,200	3,000	3,800	4,600
VT1100C2 Shadow American Classic (1,100 cc twin)	600	1,200	2,200	3,200	4,200	5,200
ST1100 (1,100cc four)	1,000	2,000	3,000	4,000	5,500	7,000
ST1100A ABS-TCS (1,100cc four)	1,000	2,000	3,500	5,000	6,500	8,000
GL1500I Gold Wing Interstate (1,520cc six)	2,100	3,100	4,100	5,000	6,500	8,000
GL1500A Gold Wing Aspencade (1,520cc six)	2,300	3,300	4,500	5,000	6,500	8,000
GL1500SE Gold Wing SE (1,520cc six)	2,400	3,500	5,100	6,000	7,500	9,000
1997						
NSR50 (49cc single)	500	1,000	2,000	3,000	4,000	5,000
AC15 Dream 50 (49cc single)	1,000	2,000	4,000	6,000	8,000	10,000
SA50 Elite SR (49cc single)	200	300	400	600	900	1,200
SA50P Elite S (49cc single)	200	300	400	600	900	1,200
Z50R Mini (50cc single)	200	300	600	900	1,200	1,500
XR70R (70cc single)	200	400	500	600	800	1,000
CH80 Elite (80cc single)	200	300	400	600	900	1,200
CR80R (80cc single)	200	400	800	1,200	1,600	2,000
CR80RB Expert (80cc single)	250	500	1,000	1,500	2,000	2,500
NSR80 (80cc single)	500	1,000	2,000	3,000	4,000	5,000
XR80R (80cc single)	300	500	600	700	900	1,100
CR125R (125cc single)	250	500	1,000	1,500	2,000	2,500
XR100R (100cc single)	300	600	1,000	1,400	1,800	2,200
XR200R (200cc single)	300	600	1,000	1,400	1,800	2,200
CMX250C Rebel 250 (234cc twin)	200	400	800	1,200	1,600	2,000
NSR250 (249cc V-Twin)	500	1,000	2,500	4,000	5,500	7,000
XR250R (249cc single)	300	500	700	900	1,200	1,500
CB250 Nighthawk (250cc twin)	250	500	1,000	1,500	2,000	2,500
CN250 Helix (250cc single)	300	600	1,200	1,800	2,400	3,000
CR250R (250cc single)	500	1,000	2,000	3,000	4,000	5,000
XR400R (400cc single)	300	600	900	1,200	1,500	2,100
CR500R (500cc single)	350	700	1,400	2,100	2,800	3,500
XR600R (591cc single)	200	400	800	1,200	1,600	2,000
CBR600F3 (598cc four)	450	900	1,800	2,700	3,600	4,500
VT600C Shadow VLX (598cc twin)	600	1,000	1,600	2,200	2,800	3,400
VT600CD Shadow VLX Deluxe (598cc twin)	700	1,200	1,800	2,400	3,000	3,600
XR650L (650cc single)	200	400	800	1,200	1,600	2,000
CB750 Nighthawk (750cc four)	350	700	1,400	2,100	2,800	3,500
VF750C Magna (750cc four)	500	900	1,800	2,600	3,400	4,200
VF750C2 Magna (750cc four)	700	1,400	2,000	2,700	3,600	4,500
VFR750F VFR (750cc four)	700	1,400	2,600	3,400	4,200	5,000

	6	5	4	3	2	1
XRV750 Africa Twin (746cc twin)	550	1,100	2,200	3,300	4,400	5,500
PC800 Pacific Coast (800cc V-twin).	500	1,000	1,900	2,800	3,700	4,600
CBR900RR (900cc four)	1,000	2,000	3,000	4,000	5,000	6,000
ST1100A ABD II (1,100cc four)	1,000	2,000	3,500	5,000	6,500	8,000
ST1100 (1,100cc four)	1,000	2,000	3,000	4,000	5,500	7,000
VT1100C Shadow Spirit(1,1100cc twin)	500	1,000	2,000	3,000	4,000	5,000
VT1100C2 Shadow Classic Edition (1,100cc twin)	500	1,000	2,000	3,000	4,000	5,000
VT1100C2 Shadow Classic Edition-2 Tone (1,100cc twin)	500	1,000	2,000	3,000	4,000	5,000
CBR1100XX (1,137cc four)	600	1,100	2,200	3,300	4,400	5,500
GL1500SE Goldwing SE (1,520cc six)	1,500	3,000	5,000	7,000	9,000	11,000
GL1500A Gold Wing Aspencade (1,520cc six)	1,000	2,000	4,000	6,000	8,000	10,000
GL1500C Valkyrie (1,520cc six).	1,000	2,500	4,000	5,500	7,000	8,500
GL1500CT Valkyrie Touring (1,520cc six)	1,000	2,500	4,000	5,500	7,500	9,500
1998						
NSR50 (49cc single)	500	1,000	2,000	3,000	4,000	5,000
AC15 Dream 50 (49cc single).	1,000	2,000	4,000	6,000	8,000	10,000
SA50 Elite SR (49cc single).	200	300	400	600	900	1,200
SA50P Elite S (49cc single).	200	300	400	600	900	1,200
Z50R Mini (50cc single)	200	300	600	900	1,200	1,500
XR70R (70cc single)	200	400	500	600	800	1,000
CH80 Elite (80cc single)	200	300	400	600	900	1,200
CR80R (80cc single)	200	400	800	1,200	1,600	2,000
CR80RB Expert (80cc single).	250	500	1,000	1,500	2,000	2,500
NSR80 (80cc single)	500	1,000	2,000	3,000	4,000	5,000
XR80R (80cc single)	300	500	600	700	900	1,100
CR125R (125cc single)	250	500	1,000	1,500	2,000	2,500
XR100R (100cc single)	300	600	1,000	1,400	1,800	2,200
XR200R (200cc single)	300	600	1,000	1,400	1,800	2,200
NSR250 (249cc V-Twin)	500	1,000	2,500	4,000	5,500	7,000
XR250R (249cc single)	200	400	800	1,200	1,600	2,000
CN250 Helix (250cc single)	300	600	1,200	1,800	2,400	3,000
CR250R (250cc single)	500	1,000	2,000	3,000	4,000	5,000
XR400R (400cc single)	300	600	900	1,200	1,500	2,100
CR500R (500cc single)	350	700	1,400	2,100	2,800	3,500
XR600R (591cc single)	200	400	800	1,200	1,600	2,000
CBR600F3 (598cc four)	450	900	1,800	2,700	3,600	4,500
CBR600SE Smokin Joe's (600cc four)	500	1,100	2,200	3,300	4,400	5,500
VT600CD Shadow VLX Deluxe (598cc twin)	500	1,000	1,500	2,000	2,500	3,000
XR650L (650cc single)	200	400	800	1,200	1,600	2,000
CB750 Nighthawk (750cc four)	350	700	1,400	2,100	2,800	3,500
VF750C Magna (750cc four)	500	900	1,800	2,600	3,400	4,200
VF750C2 Magna (750cc four).	700	1,400	2,000	2,700	3,600	4,500
VT750C Shadow American Classic (750cc v-twin) . . .	500	1,000	1,500	2,000	2,500	3,000
VT750CD Shadow American Classic (750cc v-twin) . . .	500	1,000	1,500	2,000	2,500	3,000
XRV750 Africa Twin (746cc twin)	550	1,100	2,200	3,300	4,400	5,500
PC800 Pacific Coast (800cc v-twin)	500	1,000	1,900	2,800	3,700	4,600
VFR800F1 Interceptor (800cc v-twin)	1,000	2,000	3,000	4,000	5,000	6,000
CBR900RR (900cc four)	1,000	2,000	3,000	4,000	5,000	6,000
VTR1000F Super Hawk (1,000cc twin)	1,000	2,000	3,000	4,000	5,000	6,000
ST1100A ABS II (1,100cc four)	1,000	2,000	3,500	5,000	6,500	8,000
ST1100 (1,100cc four)	1,000	2,000	3,000	4,000	5,500	7,000
VT1100C Shadow Spirit (1,1100cc twin)	500	1,000	2,000	3,000	4,000	5,000
VT1100C2 Shadow Classic Edition (1,100cc twin) . . .	500	1,000	2,000	3,000	4,000	5,000
VT1100C2 Shadow Classic Edition-2 Tone (1,100cc twin)	500	1,000	2,000	3,000	4,000	5,000
VT1100C3 Shadow Aero (1,100cc twin)	600	1,100	2,100	3,100	4,100	5,100
VT1100T Shadow American Classic Edition Tourer						
(1,100cc twin)	600	1,100	2,200	3,300	4,400	5,500
CBR1100XX (1,137cc four)	600	1,100	2,200	3,300	4,400	5,500
GL1500SE Goldwing SE (1,520cc six)	1,500	3,000	5,000	7,000	9,000	11,000
GL1500A Gold Wing Aspencade (1,520cc six)	1,000	2,000	4,000	6,000	8,000	10,000

	6	5	4	3	2	1
GL1500C Valkyrie (1,520cc six)	1,000	2,500	4,000	5,500	7,000	8,500
GL1500CT Valkyrie Touring (1,520cc six)	1,000	2,500	4,000	5,500	7,500	9,500
1999						
NSR50 (49cc single)	500	1,000	2,000	3,000	4,000	5,000
AC15 Dream 50 (49cc single)	1,000	2,000	4,000	6,000	8,000	10,000
SA50X Elite SR (49cc single)	200	300	400	600	900	1,200
SA50PX Elite S (49cc single)	200	300	400	600	900	1,200
Z50RX Mini (50cc single)	200	500	600	800	1,000	
XR70RX (70cc single)	200	300	400	600	900	1,200
CH80X Elite (80cc single)	200	300	400	600	900	1,200
CR80RX (80cc single)	300	600	1,000	1,400	1,800	2,200
CR80RBX Expert (80cc single)	250	500	1,000	1,500	2,000	2,500
NSR80 (80cc single)	500	1,000	2,000	3,000	4,000	5,000
XR80RX (80cc single)	300	500	600	700	900	1,100
CR125RX (125cc single)	250	500	1,000	1,500	2,000	2,500
XR100RX (100cc single)	200	300	600	900	1,200	1,500
XR200RX (200cc single)	200	300	600	900	1,200	1,500
CB250X Nighthawk (250cc twin)	250	500	1,000	1,500	2,000	2,500
XR250RX (249cc single)	200	400	800	1,200	1,600	2,000
CMX250C Rebel 250 (234cc twin)	200	400	800	1,200	1,600	2,000
CN250LX Helix (250cc single)	300	600	1,200	1,800	2,400	3,000
CR250RX (250cc single)	300	600	1,200	1,800	2,400	3,000
XR400RX (400cc single)	300	600	900	1,200	1,500	2,100
CR500RX (500cc single)	350	700	1,400	2,100	2,800	3,500
XR600RX (591cc single)	200	400	800	1,200	1,600	2,000
CBR600F4X (598cc four)	450	900	1,800	2,700	3,600	4,500
VT600CX Shadow VLX (598cc twin)	500	1,000	1,500	2,000	2,500	3,000
VT600CDX Shadow VLX Deluxe (598cc twin)	500	1,000	1,500	2,000	2,500	3,000
XR650LX (650cc single)	200	400	800	1,200	1,600	2,000
CB750X Nighthawk (750cc four)	350	700	1,400	2,100	2,800	3,500
VF750CX Magna (750cc four)	500	900	1,800	2,600	3,400	4,200
VF750C2X Magna (750cc four)	700	1,400	2,000	2,700	3,600	4,500
VT750CX Shadow American Classic Edition (750cc v-twin)	500	1,000	1,500	2,000	2,500	3,000
VT750CDX Shadow American Classic Edition (750cc v-twin)	500	1,000	1,500	2,000	2,500	3,000
XRV750 Africa Twin (746cc twin)	550	1,100	2,200	3,300	4,400	5,500
VFR800F1X Interceptor (800cc v-twin)	1,000	2,000	3,000	4,000	5,000	6,000
CBR900RRX (900cc four)	1,000	2,000	3,000	4,000	5,000	6,000
VTR1000FX Super Hawk (1,000cc twin)	1,000	2,000	3,000	4,000	5,000	6,000
ST1100AX ABS II (1,100cc four)	1,000	2,000	3,500	5,000	6,500	8,000
ST1100X (1,100cc four)	1,000	2,000	3,000	4,000	5,500	7,000
VT1100CX Shadow Spirit (1,1100cc twin)	500	1,000	2,000	3,000	4,000	5,000
VT1100C2X Shadow American Classic Edition (1,100cc twin)	500	1,000	2,000	3,000	4,000	5,000
VT1100C3X Shadow Aero (1,100cc twin)	600	1,100	2,100	3,100	4,100	5,100
VT1100TX Shadow American Classic Edition Tourer (1,100cc twin)	600	1,100	2,200	3,300	4,400	5,500
CBR1100XX (1,137cc four)	600	1,100	2,200	3,300	4,400	5,500
GL1500SEX Goldwing SE (1,520cc six)	1,500	3,000	5,000	7,000	9,000	11,000
GL1500A2X Goldwing Aspencade (1,520cc six)	1,000	2,000	4,000	6,000	8,000	10,000
GL1500CX Valkyrie (1,520cc six)	1,000	2,500	4,000	5,500	7,000	8,500
GL1500CFX Valkyrie Interstate (1,520cc six)	1,000	2,000	4,000	6,000	8,000	10,000
GL1500CTX Valkyrie Touring (1,520cc six)	1,000	2,500	4,000	5,500	7,500	9,500

HUSABERG

	6	5	4	3	2	1
1990						
501E (501cc single)	200	400	800	1,200	1,600	2,000
1991						
350E (349cc single)	200	400	800	1,200	1,600	2,000

	6	5	4	3	2	1
501E (504cc single)	200	400	800	1,200	1,600	2,000
1992						
350C (349cc single)	200	400	800	1,200	1,600	2,000
499C (499cc single)	200	400	800	1,200	1,600	2,000
501E (501cc single)	200	400	800	1,200	1,600	2,000
600C (595cc single)	200	400	800	1,200	1,600	2,000
1993						
350E (349cc single)	200	400	800	1,200	1,600	2,000
499C (499cc single)	200	400	800	1,200	1,600	2,000
501E (501cc single)	200	400	800	1,200	1,600	2,000
600C (595cc single)	200	400	800	1,200	1,600	2,000
600E (595cc single)	250	500	1,000	1,500	2,000	2,500
1994						
350E (349cc single)	300	600	1,100	1,600	2,100	2,600
501C (501cc single)	200	400	800	1,200	1,600	2,000
501E (501cc single)	300	600	1,100	1,600	2,100	2,600
600C (595cc single)	200	400	800	1,200	1,600	2,000
600E (595cc single)	300	600	1,100	1,600	2,100	2,600
1995						
FE350 (349cc single)	100	200	400	900	1,500	2,100
FC501 (501cc single)	100	300	600	1,100	1,700	2,300
FE501 (501cc single)	100	300	600	1,100	1,600	2,100
FC600 (595cc single)	100	300	600	1,200	1,800	2,400
FE600 (595cc single)	100	200	500	1,000	1,600	2,200
1996						
FC350 (349cc single)	100	200	400	800	1,100	1,400
FE350 (349cc single)	200	400	800	1,200	1,600	2,000
FE350E (349cc single)	250	450	900	1,300	1,700	2,100
FC400 (399cc single)	100	200	400	800	1,100	1,400
FE400 (399cc single)	200	400	800	1,200	1,600	2,000
FE400E (399cc single)	250	450	900	1,300	1,700	2,100
FC501 (501cc single)	100	200	400	800	1,100	1,400
FE501 (501cc single)	200	400	800	1,200	1,600	2,000
FE501E (501cc single)	200	400	800	1,200	1,600	2,000
FC600 (595cc single)	100	200	400	900	1,200	1,500
FE600 (595cc single)	250	450	900	1,300	1,700	2,100
FE600E (595cc single)	250	450	900	1,300	1,700	2,100
1997						
FE400 (399cc single)	250	450	900	1,300	1,700	2,100
FE400E (399cc single)	350	700	1,100	1,500	1,900	2,300
FC501 (501cc single)	100	200	400	900	1,200	1,500
FE501 (501cc single)	250	450	900	1,300	1,700	2,100
FE501E (501cc single)	350	700	1,100	1,500	1,900	2,300
FX501E (501cc single)	200	400	600	1,000	1,400	1,800
FE600E (595cc single)	400	800	1,200	1,600	2,000	2,400
FX600E (595cc single)	200	400	600	1,000	1,400	1,800
1998						
FC400 (399cc single)	100	200	400	900	1,200	1,500
FE400 (399cc single)	250	450	900	1,300	1,700	2,100
FE400E (399cc single)	350	700	1,100	1,500	2,000	2,500
FC501 (501cc single)	100	200	400	900	1,200	1,500
FE501 (501cc single)	250	450	900	1,300	1,700	2,100
FE501E (501cc single)	250	500	1,000	1,500	2,000	2,500
FX501E (501cc single)	200	400	600	1,000	1,400	1,800
FC600 (595cc single)	100	200	400	900	1,200	1,500
FE600E (595cc single)	250	500	1,000	1,500	2,000	2,500
FES600E (595cc single)	500	1,000	1,500	2,000	2,500	3,000
FX600E (595cc single)	200	400	800	1,200	1,600	2,000
1999						
FC400 (399cc single)	100	200	400	900	1,200	1,500

	6	5	4	3	2	1
FE400 (399cc single)	250	450	900	1,300	1,700	2,100
FE400E (399cc single)	350	700	1,100	1,500	2,000	2,500
FC501 (501cc single)	100	200	400	900	1,200	1,500
FE501 (501cc single)	250	450	900	1,300	1,700	2,100
FE501E (501cc single)	250	500	1,000	1,500	2,000	2,500
FX501E (501cc single)	200	400	600	1,000	1,400	1,800
FC600 (595cc single)	100	200	400	900	1,200	1,500
FE600E (595cc single)	250	500	1,000	1,500	2,000	2,500
FS600E (595cc single)	500	1,000	1,500	2,000	2,500	3,000
FX600E (595cc single)	200	400	800	1,200	1,600	2,000

HUSQVARNA

	6	5	4	3	2	1
1916						
T145	10,000	20,000	40,000	60,000	80,000	100K
1921						
Model 200 (560cc v-twin)	4,000	8,000	16,000	24,000	32,000	40,000
1925						
Model 600 (1000cc v-twin)	10,000	20,000	30,000	40,000	50,000	60,000
1926						
Model 180 (550cc v-twin)	4,000	8,000	16,000	24,000	32,000	40,000
Model 600 (1000cc v-twin)	10,000	20,000	30,000	40,000	50,000	60,000
1927						
Model 20 (175cc single)	3,000	6,000	9,000	12,000	15,000	18,000
Model 170 (500cc v-twin)	4,000	8,000	16,000	24,000	32,000	40,000
Model 180 (550cc v-twin)	4,000	8,000	16,000	24,000	32,000	40,000
Model 600 (1000cc v-twin)	10,000	20,000	30,000	40,000	50,000	60,000
1928						
Model 180 (550cc v-twin)	4,000	8,000	16,000	24,000	32,000	40,000
Model 600 (1000cc v-twin)	10,000	20,000	30,000	40,000	50,000	60,000
1929						
Model 30SV (250cc single)	2,000	4,000	6,000	9,000	12,000	15,000
Model 180 (550cc v-twin)	4,000	8,000	16,000	24,000	32,000	40,000
JAP50 TVA (500cc v-twin) (408 made-3 yrs)	5,000	10,000	20,000	30,000	40,000	50,000
1930						
Model 30 SV (250cc single)	2,000	4,000	6,000	9,000	12,000	15,000
Model 30 TV (250cc single)	2,000	4,000	6,000	9,000	12,000	15,000
Model 180 (550cc v-twin)	4,000	8,000	16,000	24,000	32,000	40,000
JAP50 TVA (500cc v-twin)	5,000	10,000	20,000	30,000	40,000	50,000
1931						
Model SV (350cc single)	3,500	7,000	14,000	21,000	28,000	35,000
JAP50 TVA (500cc v-twin)	5,000	10,000	20,000	30,000	40,000	50,000
Model 180 (550cc v-twin)	4,000	8,000	16,000	24,000	32,000	40,000
Model 200 (560cc v-twin)	4,000	8,000	16,000	24,000	32,000	40,000
1932						
Model 35 SV (350cc single)	3,500	7,000	14,000	21,000	28,000	35,000
Model 35 TV (350cc single)	3,500	7,000	14,000	21,000	28,000	35,000
Model 50 TVX (496cc twin)	2,500	5,000	10,000	15,000	20,000	25,000
Model 120 (1000cc v-twin)	4,000	8,000	16,000	24,000	32,000	40,000
Model 200 (560cc v-twin)	4,000	8,000	16,000	24,000	32,000	40,000
1933						
Model 31SV (248cc single)	1,500	3,000	6,000	9,000	12,000	15,000
Model SV (350cc single)	3,500	7,000	14,000	21,000	28,000	35,000
Model 508 TV (500cc twin)	2,000	4,000	6,000	9,000	12,000	15,000
Model 200 (560cc v-twin)	4,000	8,000	16,000	24,000	32,000	40,000
1934						
Model 31SV (248cc single)	1,500	3,000	6,000	9,000	12,000	15,000
Model 110 SV (500cc twin)	3,500	7,000	14,000	21,000	28,000	35,000
Model 110 TV (500cc twin)	3,500	7,000	14,000	21,000	28,000	35,000
Model 112SW (500cc twin)	2,000	4,000	6,000	9,000	12,000	15,000
TT500 (500cc v-twin)	5,000	15,000	30,000	45,000	60,000	75,000

	6	5	4	3	2	1
Model 120 (1000cc v-twin)	4,000	8,000	16,000	24,000	32,000	40,000
1935						
Model 110 SV (500cc twin)	3,500	7,000	14,000	21,000	28,000	35,000
Model 110 TV (500cc twin)	3,500	7,000	14,000	21,000	28,000	35,000
Model 112SW (500cc twin)	2,000	4,000	6,000	9,000	12,000	15,000
TT500 (500cc v-twin)	5,000	15,000	30,000	45,000	60,000	75,000
1936						
Model 40SV (348cc single)	2,000	4,000	6,000	9,000	12,000	15,000
Model 110 SV (500cc twin)	3,500	7,000	14,000	21,000	28,000	35,000
Model 110 TV (500cc twin)	3,500	7,000	14,000	21,000	28,000	35,000
1938						
Model 301 (98cc single).	2,000	4,000	6,000	8,000	10,000	12,000
1946						
Model 24 (118cc single).	2,000	4,000	6,000	8,000	10,000	12,000
1947						
Model 24 (118cc single).	2,000	4,000	6,000	8,000	10,000	12,000
1948						
Model 24 (118cc single).	2,000	4,000	6,000	8,000	10,000	12,000
1949						
Model NR (118cc single)	2,000	4,000	6,000	8,000	10,000	12,000
1950						
Model 227 (118cc single)	2,000	4,000	6,000	8,000	10,000	12,000
Apollo (120cc single)	2,000	4,000	6,000	8,000	10,000	12,000
Apollo (150cc single)	2,000	4,000	6,000	9,000	12,000	15,000
1951						
Model 228 (120cc single)	2,000	4,000	6,000	8,000	10,000	12,000
1952						
Novolette (50cc single)	1,300	2,000	2,800	3,600	5,300	7,000
Model 29 (120cc single).	1,300	2,000	2,800	3,600	5,300	7,000
1953						
Novolette (50cc single)	1,300	2,000	2,800	3,600	5,300	7,000
1954						
Novolette (50cc single)	1,300	2,000	2,800	3,600	5,300	7,000
Model 281 Dreambike Sport (175cc single).	1,500	3,000	6,000	9,000	12,000	15,000
1955						
Novolette (50cc single)	1,300	2,000	2,800	3,600	5,300	7,000
Model 31 (120cc single).	1,300	2,000	2,800	3,600	5,300	7,000
Silverpilen (175cc single)	1,000	2,500	5,000	7,000	9,000	11,000
Model 281 Dreambike Sport (175cc single).	1,500	3,000	6,000	9,000	12,000	15,000
1956						
Novolette (50cc single)	1,300	2,000	2,800	3,600	5,300	7,000
Silverpilen (175cc single)	1,000	2,500	5,000	7,000	9,000	11,000
Model 281 Dreambike Sport (175cc single).	1,500	3,000	6,000	9,000	12,000	15,000
1957						
Novolette (125cc single)	1,300	2,000	2,800	3,600	5,300	7,000
Silverpilen (175cc single)	1,000	2,500	5,000	7,000	9,000	11,000
Moto Cross (250cc single)	400	800	1,600	2,400	3,200	4,000
1958						
Corona (50cc single)	600	900	1,200	1,600	2,100	3,000
Glider (50cc single)	600	900	1,200	1,600	2,100	3,000
Silverpilen (175cc single)	1,000	2,500	5,000	7,000	9,000	11,000
Model 283 Golden Arrow (200cc single)	2,000	4,000	6,000	8,000	10,000	12,000
1959						
Glider (50cc single)	600	900	1,200	1,600	2,100	3,000
Silverpilen (175cc single)	1,000	2,500	5,000	7,000	9,000	11,000
1960						
Silverpilen (175cc single)	1,000	2,500	5,000	7,000	9,000	11,000
Guldpilen (200cc single)	1,300	2,000	2,800	3,600	5,300	7,000
1965						
Moto Cross (250cc single)	1,500	3,000	6,000	9,000	12,000	15,000

	6	5	4	3	2	1
1966						
Moto Cross (250cc single)	1,500	3,000	6,000	9,000	12,000	15,000
Moto Cross (360cc single)	2,600	4,000	6,000	10,000	15,000	21,000
1967						
Moto Cross (250cc single)	1,500	3,000	6,000	9,000	12,000	15,000
Viking (360cc single)	1,300	2,000	4,000	6,000	8,000	10,000
1968						
Commando T (250cc single)	1,300	2,000	2,800	3,600	5,300	7,000
Moto Cross (250cc single)	1,300	2,000	2,800	3,600	5,300	7,000
Sportsman Enduro (360cc single)	2,000	3,500	7,000	10,000	13,000	16,000
Viking (360cc single)	1,300	2,000	4,000	6,000	8,000	10,000
1969						
Moto Cross (250cc single)	1,300	2,000	2,800	3,600	5,300	7,000
Desert Master (250cc single)	500	1,000	2,000	3,000	4,000	5,000
Sportsman Enduro T (250cc single)	1,300	2,000	2,800	3,600	5,300	7,000
Moto Cross (360cc single)	1,300	2,000	2,800	5,000	8,000	11,000
Sportsman Enduro (360cc single)	2,000	3,500	7,000	10,000	13,000	16,000
Moto Cross (400cc single)	1,500	2,200	4,000	6,000	8,000	10,000
1970						
Moto Cross (250cc single)	1,300	2,000	2,800	3,600	5,300	7,000
Sportsman (360cc single)	2,000	3,500	7,000	10,000	13,000	16,000
Viking (360cc single)	1,300	2,000	4,000	6,000	8,000	10,000
Moto Cross (400cc single)	1,500	2,200	4,000	6,000	8,000	10,000
1971						
Moto Cross 4 Speed (250cc single)	1,300	2,000	4,000	6,000	8,000	10,000
Moto Cross 6 Speed (250cc single)	1,300	2,000	4,000	6,000	8,000	10,000
Moto Cross 8 Speed (250cc single)	1,300	2,000	4,000	6,000	8,000	10,000
Enduro C 4 Speed (360cc single)	1,300	2,000	4,000	6,000	8,000	10,000
Enduro C 8 Speed (360cc single)	1,300	2,000	4,000	6,000	8,000	10,000
Moto Cross 4 Speed (360cc single)	1,300	2,000	4,000	6,000	8,000	10,000
Moto Cross 8 Speed (360cc single)	1,300	2,000	4,000	6,000	8,000	10,000
Moto Cross 4 Speed (400cc single)	1,200	1,800	3,000	5,000	7,000	9,000
Moto Cross 8 Speed (400cc single)	1,200	1,800	3,000	5,000	7,000	9,000
1972						
CR (125cc single)	800	1,200	1,700	2,300	3,300	4,300
WR (125cc single)	800	1,200	1,700	2,300	3,300	4,300
CR (250cc single)	500	800	1,100	1,900	2,700	3,500
WR (250cc single)	1,000	2,000	3,000	4,000	5,500	7,000
Enduro (360cc single)	900	1,400	2,000	2,600	3,700	4,800
CR (400cc single)	1,300	2,000	3,000	5,000	8,000	11,000
MX (400cc single)	800	1,200	1,700	2,300	3,300	4,300
CR (450cc single)	600	900	1,200	1,500	2,100	2,700
WR (450cc single)	1,000	2,000	4,000	5,500	7,000	8,500
DM (450cc single)	600	900	1,200	1,500	2,100	2,700
1973						
CR (125cc single)	800	1,200	1,700	2,300	3,300	4,300
WR (125cc single)	800	1,200	1,700	2,300	3,300	4,300
CR (250cc single)	900	1,400	2,100	2,800	3,800	4,800
Cross Country (250cc single)	900	1,800	2,600	3,400	4,200	5,000
WR (250cc single)	1,000	2,000	3,000	4,000	5,500	7,000
WR RT (250cc single)	600	900	1,200	1,500	2,100	2,700
WR RT (360cc single)	900	1,400	2,000	2,600	3,700	4,800
CR (400cc single)	1,300	2,000	3,000	5,000	8,000	11,000
CR (450cc single)	600	900	1,200	1,500	2,100	2,700
WR (450cc single)	1,000	2,500	4,000	5,500	7,000	8,500
1974						
CR (125cc single)	1,300	2,000	2,800	3,600	5,300	7,000
SC (125cc single)	1,300	2,000	2,800	3,600	5,300	7,000
WR (175cc single)	1,300	2,000	2,800	3,600	5,300	7,000
CR (250cc single)	1,300	2,000	2,800	3,600	5,300	7,000

	6	5	4	3	2	1
WR (250cc single)	1,000	2,000	3,000	4,000	5,500	7,000
RT SK (360cc single)	1,300	2,000	2,800	3,600	5,300	7,000
CH (400cc single)	1,300	2,000	3,000	5,000	8,000	11,000
WR (400cc single)	1,300	2,000	2,800	3,600	5,300	7,000
SC (400cc single)	1,300	2,000	2,800	3,600	5,300	7,000
CR (450cc single)	500	1,500	2,000	3,000	4,000	5,000
WR (450cc single)	1,000	2,500	4,000	5,500	7,000	8,500
1975						
CC GP (175cc single)	900	1,400	2,000	2,500	3,700	4,900
CR GP (250cc single)	900	1,400	2,100	2,800	3,800	4,800
WR (250cc single)	1,000	2,000	3,000	4,000	5,500	7,000
CR GP (360cc single)	900	1,400	2,000	2,600	3,700	4,800
WR (400cc single)	700	1,000	1,300	1,700	2,400	3,100
CR (460cc single)	800	1,200	1,800	2,400	3,300	4,500
1976						
CR (125cc single)	800	1,200	1,700	2,300	3,300	4,300
CC GP (175cc single)	900	1,400	2,000	2,500	3,700	4,900
CR (250cc single)	900	1,400	2,100	2,800	3,800	4,800
WR (250cc single)	1,000	2,000	3,000	4,000	5,500	7,000
Automatic (360cc single)	1,000	2,000	3,000	4,000	5,000	6,000
CR (360cc single)	1,600	2,200	3,000	4,000	5,800	7,500
WR (360cc single)	1,300	2,000	2,800	3,600	5,300	7,000
1977						
CR (125cc single)	800	1,200	1,700	2,300	3,300	4,300
CR (250cc single)	900	1,400	2,100	2,800	3,800	4,800
WR (250cc single)	400	800	1,400	2,100	2,800	3,500
Automatic (360cc single)	1,000	2,000	3,000	4,000	5,000	6,000
WR (360cc single)	900	1,500	2,500	3,500	4,500	5,500
CR (390cc single)	900	1,400	2,000	2,600	3,700	4,800
1978						
CR (125cc single)	800	1,200	1,700	2,300	3,300	4,300
CR (250cc single)	900	1,400	2,100	2,800	3,800	4,800
OR (250cc single)	900	1,400	2,100	2,800	3,800	4,800
WR (250cc single)	1,000	2,000	3,000	4,000	5,000	6,000
CR (390cc single)	1,300	2,000	2,800	3,600	5,300	7,000
OR (390cc single)	1,000	2,000	3,500	5,000	6,500	8,000
WR (390cc single)	800	1,200	1,700	2,300	3,300	4,300
1979						
CR (125cc single)	800	1,200	1,700	2,300	3,300	4,300
WR (125cc single)	800	1,200	1,700	2,300	3,300	4,300
CR (250cc single)	600	900	1,200	1,500	2,100	2,700
OR (250cc single)	900	1,400	2,100	2,800	3,800	4,800
WR (250cc single)	1,000	2,000	3,000	4,000	5,000	6,000
ACC (390cc single)	1,000	1,600	2,200	2,900	4,100	5,300
CR (390cc single)	1,300	2,000	2,800	3,600	5,300	7,000
OR (390cc single)	1,000	2,000	3,500	5,000	6,500	8,000
WR (390cc single)	800	1,200	1,700	2,300	3,300	4,300
1980						
CR (125cc single)	800	1,200	1,700	2,300	3,300	4,300
CR (250cc single)	400	600	800	1,000	1,400	2,000
OR (250cc single)	900	1,400	2,100	2,800	3,800	4,800
WR (250cc single)	1,000	2,000	3,000	4,000	5,000	6,000
ACC (390cc single)	1,100	1,700	2,400	3,100	4,500	5,900
CR (390cc single)	1,300	2,000	2,800	3,600	5,300	7,000
OR (390cc single)	1,000	2,000	3,500	5,000	6,500	8,000
WR (390cc single)	800	1,200	1,700	2,300	3,300	4,300
1981						
CR (125cc single)	800	1,200	1,700	2,300	3,300	4,300
WR (125cc single)	800	1,200	1,700	2,300	3,300	4,300
CR (250cc single)	800	1,200	1,600	2,000	2,400	3,000

	6	5	4	3	2	1
WR (250cc single)	1,000	2,000	3,000	4,000	5,000	6,000
XC (250cc single)	900	1,400	2,100	2,800	3,800	4,800
AE 4 Speed Automatic (420cc single)	900	1,400	2,100	2,800	3,800	4,800
AXC 4 Speed Automatic (420cc single)	900	1,400	2,100	2,800	3,800	4,800
CR (430cc single)	900	1,400	2,100	2,800	3,800	4,800
WR (430cc single)	900	1,400	2,100	2,800	3,800	4,800
XC (430cc single)	900	1,400	2,100	3,000	4,000	5,000
1982						
CR (125cc single)	800	1,200	1,600	2,000	2,400	3,000
WR (125cc single)	800	1,200	1,600	2,000	2,400	3,000
XC (125cc single)	800	1,200	1,600	2,000	2,400	3,000
CR (250cc single)	800	1,200	1,600	2,000	2,400	3,000
WR (250cc single)	1,000	2,000	3,000	4,000	5,000	6,000
XC (250cc single)	900	1,400	2,100	2,800	3,800	4,800
Automatic (420cc single)	900	1,400	2,100	2,800	3,800	4,800
CR (430cc single)	900	1,400	2,100	2,800	3,800	4,800
WR (430cc single)	900	1,400	2,100	2,800	3,800	4,800
XC (430cc single)	900	1,400	2,100	3,000	4,000	5,000
CR (500cc single)	800	1,200	1,600	2,000	2,400	3,000
1983						
CR (125cc single)	800	1,200	1,600	2,000	2,400	3,000
WR (125cc single)	800	1,200	1,600	2,000	2,400	3,000
XC (125cc single)	800	1,200	1,600	2,000	2,400	3,000
WR (175cc single)	800	1,200	1,600	2,000	2,400	3,000
XC (175cc single)	800	1,200	1,600	2,000	2,400	3,000
CR (250cc single)	800	1,200	1,600	2,000	2,400	3,000
WR (250cc single)	1,000	2,000	3,000	4,000	5,000	6,000
XC (250cc single)	900	1,400	2,100	3,000	4,000	5,000
WR (430cc single)	1,000	2,000	3,000	4,000	5,000	6,000
CR (500cc single)	800	1,200	1,600	2,000	2,400	3,000
TC (500cc single)	800	1,200	1,600	2,000	2,400	3,000
XC (500cc single)	800	1,200	1,600	2,000	2,400	3,000
1984						
CR (125cc single)	800	1,200	1,600	2,000	2,400	3,000
WR (125cc single)	800	1,200	1,600	2,000	2,400	3,000
XC (125cc single)	800	1,200	1,600	2,000	2,400	3,000
CR (250cc single)	800	1,200	1,600	2,000	2,400	3,000
WR (250cc single)	1,000	2,000	3,000	4,000	5,000	6,000
XC (250cc single)	900	1,400	2,100	2,800	3,800	4,800
WR (400cc single)	1,000	2,000	3,000	4,000	5,000	6,000
AE Automatic (500cc single)	800	1,200	1,600	2,000	2,400	3,000
CR (500cc single)	800	1,200	1,600	2,000	2,400	3,000
WR (500cc single)	800	1,200	1,600	2,000	2,400	3,000
XC (500cc single)	800	1,200	1,600	2,000	2,400	3,000
1985						
CR (125cc single)	300	600	1,000	1,400	1,800	2,200
XC (125cc single)	300	600	1,000	1,400	1,800	2,200
WR (125cc single)	300	700	1,300	1,900	2,600	3,300
CR (250cc single)	400	800	1,400	2,000	2,600	3,300
XC (250cc single)	300	700	1,300	2,000	2,600	3,200
WR (250cc single)	1,000	2,000	3,000	4,000	5,000	6,000
WR (400cc single)	1,000	2,000	3,000	4,000	5,000	6,000
AE Automatic (500cc single)	300	700	1,300	2,000	2,800	3,600
TC (500cc single)	300	700	1,300	2,000	2,700	3,500
CR (500cc single)	800	1,200	1,600	2,000	2,400	3,000
XC (500cc single)	300	700	1,400	2,100	2,800	3,500
TX (510cc single)	300	700	1,300	2,000	2,800	3,600
TE (510cc single)	500	900	1,600	2,300	3,000	3,700
1986						
CR (125cc single)	300	600	1,000	1,400	1,800	2,200

	6	5	4	3	2	1
XC (125cc single)	300	600	1,000	1,400	1,800	2,200
WR (125cc single)	300	700	1,300	1,900	2,600	3,300
CR (250cc single)	100	600	1,100	2,000	2,600	3,300
XC (250cc single)	300	700	1,300	2,000	2,600	3,200
WR (250cc single)	1,000	2,000	3,000	4,000	5,000	6,000
WR (400cc single)	1,000	2,000	3,000	4,000	5,000	6,000
XC (400cc single)	300	700	1,300	2,000	2,800	3,600
AE Automatic (500cc single)	300	700	1,300	2,000	2,800	3,600
TC (500cc single)	300	700	1,300	2,000	2,700	3,500
CR (500cc single)	800	1,200	1,600	2,000	2,400	3,000
XC (500cc single)	300	700	1,400	2,100	2,800	3,500
TX (510cc single)	300	700	1,300	2,000	2,800	3,600
TE (510cc single)	500	900	1,600	2,300	3,000	3,700
1987						
CR (250cc single)	400	800	1,400	2,000	2,600	3,300
XC (250cc single)	300	700	1,300	2,000	2,600	3,200
WR (250cc single)	1,000	2,000	3,000	4,000	5,000	6,000
CR (430cc single)	300	700	1,300	2,000	2,700	3,400
XC (430cc single)	300	700	1,300	2,000	2,700	3,400
WR (430cc single)	1,000	2,000	4,000	6,000	8,000	11,000
AE Automatic (430cc single)	300	700	1,300	2,000	2,800	3,600
XC (500cc single)	300	700	1,400	2,100	2,800	3,500
TC (510cc single)	300	700	1,300	2,000	2,700	3,500
TX (510cc single)	300	700	1,300	2,000	2,800	3,600
TE (510cc single)	500	900	1,600	2,300	3,000	3,700
1988						
WRK (125cc single)	400	800	1,200	1,600	2,000	2,200
XC (250cc single)	400	1,000	1,600	2,300	3,000	3,700
WR (250cc single)	1,000	2,000	3,000	4,000	5,000	6,000
CR (430cc single)	500	1,100	1,600	2,400	3,200	4,000
XC (430cc single)	900	1,400	2,100	2,800	3,400	4,100
WR (430cc single)	1,000	2,000	4,000	6,000	8,000	11,000
AE Automatic (430cc single)	800	1,200	1,600	2,200	3,200	4,200
TC (510cc single)	500	1,000	2,000	3,000	4,000	5,000
TX (510cc single)	900	1,400	2,100	2,800	3,800	5,000
TE (510cc single)	900	1,400	2,100	2,800	3,800	5,000
1989 (no production)						
1990						
WMX (125cc single)	300	700	1,400	2,100	2,800	3,500
WMX (250cc single)	500	1,000	1,800	2,600	3,400	4,200
WMX (510cc single)	600	1,200	2,000	2,800	3,600	4,400
WXE (125cc single)	600	1,200	2,000	2,800	3,600	4,400
WXE (250cc single)	700	1,400	2,200	3,200	4,200	5,200
WXE (510cc single)	800	1,500	2,500	3,500	4,500	5,500
1991						
WMX (125cc single)	300	700	1,400	2,100	2,800	3,500
WXE (125cc single)	600	1,200	2,000	2,800	3,600	4,400
WMX (250cc single)	500	1,000	1,800	2,600	3,400	4,200
WXE (250cc single)	700	1,400	2,200	3,200	4,200	5,200
WXE (260cc single)	800	1,500	2,500	3,500	4,500	5,500
WXE (350cc single)	900	1,700	2,700	3,700	4,700	5,700
WMX (610cc single)	800	1,500	2,300	3,100	3,900	4,700
WXE (610cc single)	1,000	2,000	3,000	4,000	5,000	6,000
1992						
WXC (125cc single)	400	800	1,600	2,400	3,200	4,000
WXE (125cc single)	600	1,200	2,000	2,800	3,600	4,400
WXC (250cc single)	600	1,200	2,100	3,000	3,900	4,800
WXE (250cc single)	700	1,400	2,200	3,200	4,200	5,200
WXC (350cc single)	600	1,200	2,100	3,100	4,100	5,100
WXE (350cc single)	800	1,500	2,500	3,500	4,500	5,500

	6	5	4	3	2	1
WXC (360cc single)	700	1,400	2,400	3,400	4,400	5,400
WXE (360cc single)	900	1,700	2,700	3,700	4,700	5,700
WXC (610cc single)	900	1,800	2,800	3,800	4,800	5,800
WXE (610cc single)	1,000	2,000	3,000	4,000	5,000	6,000
1993						
WXC (250cc single)	600	1,200	2,100	3,000	3,900	4,800
WXC (350cc single)	600	1,200	2,100	3,100	4,100	5,100
WXC (360cc single)	700	1,400	2,400	3,400	4,400	5,400
WXC (610cc single)	900	1,800	2,800	3,800	4,800	5,800
1994						
WXC (125cc single)	400	800	1,600	2,400	3,200	4,000
WXE (125cc single)	600	1,200	2,000	2,800	3,600	4,400
WXC (250cc single)	600	1,200	2,100	3,000	3,900	4,800
WXE (250cc single)	700	1,400	2,200	3,200	4,200	5,200
WXC (350cc single)	600	1,200	2,100	3,100	4,100	5,100
WXE (350cc single)	700	1,500	2,500	3,500	4,500	5,500
WXC (360cc single)	700	1,400	2,400	3,400	4,400	5,400
WXE (360cc single)	900	1,700	2,700	3,700	4,700	5,700
WXC (610cc single)	900	1,800	2,800	3,800	4,800	5,800
WXE (610cc single)	1,000	2,000	3,000	4,000	5,000	6,000
1995						
WXE (125cc single)	600	1,200	2,000	2,800	3,600	4,400
WXE (250cc single)	700	1,400	2,200	3,200	4,200	5,200
WXE (350cc single)	800	1,500	2,500	3,500	4,500	5,500
WXE (360cc single)	900	1,700	2,700	3,700	4,700	5,700
WXE (610cc single)	1,000	2,000	3,000	4,000	5,000	6,000
1996						
WXC (125cc single)	400	800	1,800	2,600	3,400	4,200
WXE (125cc single)	600	1,200	2,000	2,800	3,600	4,400
WXC (250cc single)	600	1,000	2,000	3,000	4,000	5,000
WXE (250cc single)	700	1,400	2,200	3,200	4,200	5,200
WXC (360cc single)	700	1,400	2,400	3,400	4,400	5,400
WXE (360cc single)	900	1,700	2,700	3,700	4,700	5,700
WXC (410cc single)	900	1,700	2,700	3,700	4,700	5,700
WXE (410cc single)	900	1,800	2,800	3,800	4,800	5,800
WXC (610cc single)	900	1,900	3,000	4,100	5,200	6,300
WXE (610cc single)	1,000	2,500	3,500	4,500	5,500	6,500
1997 (no production)						
1998						
CR50 (49cc single)	200	600	400	800	1,100	1,400
CR125 (125cc single)	500	1,000	1,800	2,600	3,400	4,200
WR125 (125cc single)	600	1,000	2,000	3,000	4,000	5,000
WR250 (250cc single)	700	1,400	2,200	3,200	4,200	5,200
WR360 (360cc single)	700	1,400	2,400	3,400	4,400	5,400
TE410 (410cc single)	900	1,800	2,800	3,800	4,800	5,800
TC610 (577cc single)	1,000	2,500	3,500	4,500	5,500	6,500
TE610 (577cc single)	900	1,800	2,800	3,800	4,800	5,800
1999						
CR50J (49cc single)	200	600	400	800	1,100	1,400
CR50S (49cc single)	200	600	400	800	1,100	1,400
CR125 (125cc single)	500	1,000	1,800	2,600	3,400	4,200
WR125 (125cc single)	600	1,000	2,000	3,000	4,000	5,000
CR250 (250cc single)	200	400	800	1,200	1,600	2,000
WR250 (250cc single)	700	1,400	2,200	3,200	4,200	5,200
WR360 (360cc single)	700	1,400	2,400	3,400	4,400	5,400
TE410 (410cc single)	900	1,800	2,800	3,800	4,800	5,800
TE410E (410cc single)	900	1,800	2,800	3,800	4,800	5,800
SM610 (577cc single)	900	1,800	2,800	3,800	4,800	5,800
TC610 (577cc single)	1,000	2,500	3,500	4,500	5,500	6,500
TE610 (577cc single)	900	1,800	2,800	3,800	4,800	5,800

	6	5	4	3	2	1
TE610E (577cc single)	900	1,800	2,800	3,800	4,800	5,800
IFA-MZ-MuZ						
1950 (IFA begins)						
RT 125 (123cc single).	2,500	5,000	10,000	15,000	20,000	25,000
1951						
RT 125 (123cc single).	2,500	5,000	10,000	15,000	20,000	25,000
1952						
RT 125 (123cc single).	1,500	3,000	6,000	9,000	12,000	15,000
BK 350 (346cc twin).	2,500	5,000	10,000	15,000	20,000	25,000
1953						
RT 125 (123cc single).	1,500	3,000	6,000	9,000	12,000	15,000
BK 350 (346cc twin).	2,500	5,000	10,000	15,000	20,000	25,000
1954						
RT 125 (123cc single).	1,500	3,000	6,000	9,000	12,000	15,000
BK 350 (346cc twin).	2,500	5,000	10,000	15,000	20,000	25,000
1955						
RT 125 (123cc single).	1,500	3,000	6,000	9,000	12,000	15,000
BK 350 (346cc twin).	2,500	5,000	10,000	15,000	20,000	25,000
1956 (MZ begins)						
RE 125 (123cc single)	500	1,000	2,000	3,000	4,000	5,000
RT 125 (123cc single).	500	1,000	2,000	3,000	4,000	5,000
ES 175 (173cc single).	1,000	2,000	3,500	5,000	6,500	8,000
ES 250 (243cc single).	500	2,000	3,500	5,000	6,500	8,000
ES 250 Doppelport (243cc single)	500	2,000	3,500	5,000	6,500	8,000
BK 350 (346cc twin).	1,000	2,000	4,000	6,000	8,000	10,000
1957						
RE 125 (123cc single)	500	1,000	2,000	3,000	4,000	5,000
RT 125 (123cc single).	500	1,000	2,000	3,000	4,000	5,000
ES 175 (173cc single).	1,000	2,000	3,500	5,000	6,500	8,000
ES 250 (243cc single).	500	2,000	3,500	5,000	6,500	8,000
ES 250 Doppelport (243cc single)	500	2,000	3,500	5,000	6,500	8,000
BK 350 (346cc twin).	1,000	2,000	4,000	6,000	8,000	10,000
1958						
RE 125 (123cc single)	500	1,000	2,000	3,000	4,000	5,000
RT 125 (123cc single).	500	1,000	2,000	3,000	4,000	5,000
ES 175 (173cc single).	1,000	2,000	3,500	5,000	6,500	8,000
ES 250 (243cc single).	1,000	2,000	3,500	5,000	6,500	8,000
BK 350 (346cc twin).	1,000	2,000	4,000	6,000	8,000	10,000
1959						
RE 125 (123cc single)	500	1,000	2,000	3,000	4,000	5,000
RT 125 (123cc single).	500	1,000	2,000	3,000	4,000	5,000
ES 175 (173cc single).	1,000	2,000	3,500	5,000	6,500	8,000
ES 250 (243cc single).	1,000	2,000	3,500	5,000	6,500	8,000
BK 350 (346cc twin).	1,000	2,000	4,000	6,000	8,000	10,000
1960						
RE 125 (123cc single)	500	1,000	2,000	3,000	4,000	5,000
RT 125 (123cc single).	500	1,000	2,000	3,000	4,000	5,000
ES 175 (173cc single).	1,000	2,000	3,000	4,000	5,000	6,000
ES 250 (243cc single).	1,000	2,000	3,500	5,000	6,500	8,000
BK 350 (346cc twin).	1,000	2,000	4,000	6,000	8,000	10,000
1961						
RE 125 (123cc single)	500	1,000	2,000	3,000	4,000	5,000
RT 125 (123cc single).	500	1,000	2,000	3,000	4,000	5,000
ES 150 (143cc single).	500	1,000	2,000	3,000	4,000	5,000
ES 175 (173cc single).	1,000	2,000	3,000	4,000	5,000	6,000
ES 250 (243cc single).	1,000	2,000	3,500	5,000	6,500	8,000
BK 350 (346cc twin).	1,000	2,000	4,000	6,000	8,000	10,000
1962						
RE 125 (123cc single)	500	1,000	2,000	3,000	4,000	5,000

	6	5	4	3	2	1
RT 125 (125cc single).	500	1,000	2,000	3,000	4,000	5,000
ES 125 (123cc single).	500	1,000	2,000	3,000	4,000	5,000
ES 150 (143cc single).	500	1,000	2,000	3,000	4,000	5,000
ES 175 (173cc single).	1,000	2,000	3,000	4,000	5,000	6,000
ES 250 (243cc single).	1,000	2,000	3,500	5,000	6,500	8,000
BK 350 (346cc twin).	1,000	2,000	4,000	6,000	8,000	10,000
1963						
RE 125 (123cc single)	500	1,000	2,000	3,000	4,000	5,000
ES 125 (123cc single).	500	1,000	2,000	3,000	4,000	5,000
ES 150 (143cc single).	500	1,000	2,000	3,000	4,000	5,000
ES 175 (173cc single).	1,000	2,000	3,000	4,000	5,000	6,000
ES 250 (243cc single).	1,000	2,000	3,500	5,000	6,500	8,000
ES 300 (293cc single).	1,000	2,000	3,500	5,000	6,500	8,000
BK 350 (346cc twin).	1,000	2,000	4,000	6,000	8,000	10,000
1964						
RE 125 (123cc single)	500	1,000	2,000	3,000	4,000	5,000
ES 125 (123cc single).	500	1,000	2,000	3,000	4,000	5,000
ES 150 (143cc single).	500	1,000	2,000	3,000	4,000	5,000
ES 175 (173cc single).	1,000	2,000	3,000	4,000	5,000	6,000
ES 250 (243cc single).	1,000	2,000	3,500	5,000	6,500	8,000
ES 300 (293cc single).	1,000	2,000	3,500	5,000	6,500	8,000
BK 350 (346cc twin).	1,000	2,000	4,000	6,000	8,000	10,000
1965						
RE 125 (123cc single)	500	1,000	2,000	3,000	4,000	5,000
ES 125 (123cc single).	500	1,000	2,000	3,000	4,000	5,000
ES 150 (143cc single).	500	1,000	2,000	3,000	4,000	5,000
ES 175 (173cc single).	1,000	2,000	3,000	4,000	5,000	6,000
ES 250 (243cc single).	1,000	2,000	3,500	5,000	6,500	8,000
ES 300 (293cc single).	1,000	2,000	3,500	5,000	6,500	8,000
1966						
ES 125 (123cc single).	500	1,000	2,000	3,000	4,000	5,000
ES 150 (143cc single).	500	1,000	2,000	3,000	4,000	5,000
ES 175 (173cc single).	500	1,000	2,000	3,000	4,000	5,000
ES 250 (243cc single).	1,000	2,000	3,000	4,000	5,000	6,000
1967						
ES 125 (123cc single).	500	1,000	2,000	3,000	4,000	5,000
ES 150 (143cc single).	500	1,000	2,000	3,000	4,000	5,000
ES 175 (173cc single).	500	1,000	2,000	3,000	4,000	5,000
ES 250 (243cc single).	1,000	2,000	3,000	4,000	5,000	6,000
1968						
ES 125 (123cc single).	500	1,000	2,000	3,000	4,000	5,000
ES 150 (143cc single).	500	1,000	2,000	3,000	4,000	5,000
ES 175 (173cc single).	500	1,000	2,000	3,000	4,000	5,000
ES 250 (243cc single).	1,000	2,000	3,000	4,000	5,000	6,000
1969						
ES 125 (123cc single).	300	600	1,200	1,800	2,400	3,000
ES 150 (143cc single).	300	600	1,200	1,800	2,400	3,000
ES 175 (173cc single).	300	600	1,200	1,800	2,400	3,000
ES 250 (243cc single).	400	800	1,600	2,400	3,200	4,000
ETS 250 (243cc single)	400	800	1,600	2,400	3,200	4,000
1970						
ES 125 (123cc single).	150	300	600	900	1,200	1,500
ETS 125 (123cc single)	150	300	600	900	1,200	1,500
ES 150 (143cc single).	150	300	600	900	1,200	1,500
ETS 150 Trophy Sport (143cc single)	150	300	600	900	1,200	1,500
ES 175 (173cc single).	300	600	1,200	1,800	2,400	3,000
ES 250 (243cc single).	300	700	1,400	2,100	2,800	3,500
ETS 250 (243cc single).	300	700	1,400	2,100	2,800	3,500
1971						
ES 125 (123cc single).	150	300	600	900	1,200	1,500

	6	5	4	3	2	1
ETS 125 (123cc single)	150	300	600	900	1,200	1,500
ES 150 (143cc single)	150	300	600	900	1,200	1,500
ETS 150 Trophy Sport (143cc single)	150	300	600	900	1,200	1,500
ES 175 (173cc single)	250	500	1,000	1,500	2,000	2,500
ES 250 (243cc single)	300	700	1,400	2,100	2,800	3,500
ETS 250 Trophy Sport (243cc single)	300	700	1,400	2,100	2,800	3,500
1972						
ES 125 (123cc single)	150	300	600	900	1,200	1,500
ETS 125 (123cc single)	150	300	600	900	1,200	1,500
ES 150 (143cc single)	150	300	600	900	1,200	1,500
ETS 150 Trophy Sport (143cc single)	150	300	600	900	1,200	1,500
ES 175 (173cc single)	250	500	1,000	1,500	2,000	2,500
ES 250 (243cc single)	300	700	1,400	2,100	2,800	3,500
ETS 250 Trophy Sport (243cc single)	300	700	1,400	2,100	2,800	3,500
1973						
ES 125 (123cc single)	150	300	600	900	1,200	1,500
ETS 125 (123cc single)	150	300	600	900	1,200	1,500
TS 125 (123cc single)	150	300	600	900	1,200	1,500
ES 150 (143cc single)	150	300	600	900	1,200	1,500
ETS 150 Trophy Sport (143cc single)	150	300	600	900	1,200	1,500
TS 150 (143cc single)	150	300	600	900	1,200	1,500
ES 250 (243cc single)	300	700	1,400	2,100	2,800	3,500
ETS 250 Trophy Sport (243cc single)	300	700	1,400	2,100	2,800	3,500
TS 250 (243cc single)	300	700	1,400	2,100	2,800	3,500
1974						
ES 125 (123cc single)	150	300	600	900	1,200	1,500
TS 125 (123cc single)	150	300	600	900	1,200	1,500
ES 150 (143cc single)	150	300	600	900	1,200	1,500
TS 150 (143cc single)	150	300	600	900	1,200	1,500
TS 250 (243cc single)	250	500	1,000	1,500	2,000	2,500
1975						
ES 125 (123cc single)	150	300	600	900	1,200	1,500
TS 125 (123cc single)	150	300	600	900	1,200	1,500
ES 150 (143cc single)	150	300	600	900	1,200	1,500
TS 150 (143cc single)	150	300	600	900	1,200	1,500
TS 250 (249cc single)	250	500	1,000	1,500	2,000	2,500
1976						
ES 125 (123cc single)	150	300	600	900	1,200	1,500
TS 125 (123cc single)	150	300	600	900	1,200	1,500
ES 150 (143cc single)	150	300	600	900	1,200	1,500
TS 150 (143cc single)	150	300	600	900	1,200	1,500
TS 250/1 (243cc single)	250	500	1,000	1,500	2,000	2,500
1977						
ES 125 (123cc single)	150	300	600	900	1,200	1,500
TS 125 (123cc single)	150	300	600	900	1,200	1,500
ES 150 (143cc single)	150	300	600	900	1,200	1,500
TS 150 (143cc single)	150	300	600	900	1,200	1,500
TS 250/1 (243cc single)	250	500	1,000	1,500	2,000	2,500
1978						
ES 125 (123cc single)	150	300	600	900	1,200	1,500
TS 125 (123cc single)	150	300	600	900	1,200	1,500
ES 150 (143cc single)	150	300	600	900	1,200	1,500
TS 150 (143cc single)	150	300	600	900	1,200	1,500
TS 250/1 (243cc single)	250	500	1,000	1,500	2,000	2,500
1979						
TS 125 (123cc single)	150	300	600	900	1,200	1,500
TS 150 (143cc single)	150	300	600	900	1,200	1,500
TS 250/1 (243cc single)	250	500	1,000	1,500	2,000	2,500
1980						
TS 125 (123cc single)	150	300	600	900	1,200	1,500

	6	5	4	3	2	1
TS 150 (143cc single)	150	300	600	900	1,200	1,500
TS 250/1 (243cc single)	250	500	1,000	1,500	2,000	2,500
1981						
TS 125 (123cc single)	150	300	600	900	1,200	1,500
TS 150 (143cc single)	150	300	600	900	1,200	1,500
TS 250/1 (243cc single)	250	500	1,000	1,500	2,000	2,500
ETZ 250 (243cc single)	250	500	1,000	1,500	2,000	2,500
1982						
TS 125 (123cc single)	150	300	600	900	1,200	1,500
TS 150 (143cc single)	150	300	600	900	1,200	1,500
ETZ 250 (243cc single)	250	500	1,000	1,500	2,000	2,500
1983						
TS 125 (123cc single)	150	300	600	900	1,200	1,500
TS 150 (143cc single)	150	300	600	900	1,200	1,500
ETZ 250 (243cc single)	250	500	1,000	1,500	2,000	2,500
1984						
TS 125 (123cc single)	150	300	600	900	1,200	1,500
TS 150 (143cc single)	150	300	600	900	1,200	1,500
ETZ 250 (243cc single)	250	500	1,000	1,500	2,000	2,500
1985						
ETZ 125 (123cc single)	150	300	600	900	1,200	1,500
TS 125 (123cc single)	150	300	600	900	1,200	1,500
TS 150 (143cc single)	150	300	600	900	1,200	1,500
ETZ 250 (243cc single)	250	500	1,000	1,500	2,000	2,500
1986						
Simson 50 (49cc single)	100	200	400	600	800	1,000
ETZ 125 (123cc single)	150	300	600	900	1,200	1,500
ETZ Saxon Roadstar 125 (123cc single)	150	300	600	900	1,200	1,500
ETZ Saxon Sportstar 125 (123cc single)	150	300	600	900	1,200	1,500
ETZ 150 (143cc single)	150	300	600	900	1,200	1,500
ETZ 250 (243cc single)	250	500	1,000	1,500	2,000	2,500
1987						
ETZ 125 (123cc single)	150	300	600	900	1,200	1,500
ETZ Saxon Roadstar 125 (123cc single)	150	300	600	900	1,200	1,500
ETZ 150 (143cc single)	150	300	600	900	1,200	1,500
ETZ 250 (243cc single)	250	500	1,000	1,500	2,000	2,500
1988						
ETZ 125 (123cc single)	150	300	600	900	1,200	1,500
ETZ Saxon Roadstar 125 (123cc single)	150	300	600	900	1,200	1,500
ETZ 150 (143cc single)	150	300	600	900	1,200	1,500
ETZ 250 (243cc single)	250	500	1,000	1,500	2,000	2,500
ETZ 301 (291cc single)	300	600	1,200	1,800	2,400	3,000
1989						
ETZ 125 (123cc single)	150	300	600	900	1,200	1,500
ETZ Saxon Roadstar 125 (123cc single)	150	300	600	900	1,200	1,500
ETZ 150 (143cc single)	150	300	600	900	1,200	1,500
ETZ 251 (243cc single)	150	300	600	900	1,200	1,500
ETZ 301 (291cc single)	300	600	1,200	1,800	2,400	3,000
1990						
ETZ 125 (123cc single)	150	300	600	900	1,200	1,500
ETZ Saxon Roadstar 125 (123cc single)	150	300	600	900	1,200	1,500
ETZ 150 (143cc single)	150	300	600	900	1,200	1,500
ETZ 251 (243cc single)	250	500	1,000	1,500	2,000	2,500
ETZ 301 (291cc single)	300	600	1,200	1,800	2,400	3,000
1991						
ETZ Saxon Roadstar 125 (123cc single)	200	400	800	1,200	1,600	2,000
ETZ 150 (143cc single)	200	400	800	1,200	1,600	2,000
ETZ 251 Saxon Tour (243cc single)	300	600	1,200	1,800	2,400	3,000
ETZ 251 Saxon Fun (243cc single)	300	600	1,200	1,800	2,400	3,000
ETZ 301 Saxon Tour (291cc single)	300	600	1,200	1,800	2,400	3,000

	6	5	4	3	2	1
ETZ 301 Saxon Fun (291cc single)	300	600	1,200	1,800	2,400	3,000
Saxon Tour 500 (494cc single)	500	1,000	1,500	2,000	2,500	3,000
RS 500 Silver Star Classic (494cc single).	500	1,000	1,500	2,000	2,500	3,000
1992 (MuZ Begins)						
ETZ Saxon Roadstar 125 (123cc single)	200	400	800	1,200	1,600	2,000
ETZ 150 (143cc single)	200	400	800	1,200	1,600	2,000
ETZ 251 Saxon Tour (243cc single).	300	600	1,200	1,800	2,400	3,000
ETZ 251 Saxon Fun (243cc single)	300	600	1,200	1,800	2,400	3,000
ETZ 301 Saxon Tour (291cc single).	300	600	1,200	1,800	2,400	3,000
ETZ 301 Saxon Fun (291cc single)	300	600	1,200	1,800	2,400	3,000
R 500 (494cxc single)	500	1,000	1,500	2,000	2,500	3,000
R Fun 500 (494cc single)	500	1,000	1,500	2,000	2,500	3,000
Saxon Tour 500 (494cc single)	500	1,000	1,500	2,000	2,500	3,000
RS 500 Silver Star Classic (494cc single). .	500	1,000	1,500	2,000	2,500	3,000
1993						
ETZ Saxon Roadstar 125 (123cc single)	200	400	800	1,200	1,600	2,000
ETZ 251 Saxon Tour (243cc single).	300	600	1,200	1,800	2,400	3,000
ETZ 251 Saxon Fun (243cc single)	300	600	1,200	1,800	2,400	3,000
ETZ 301 Saxon Tour (291cc single).	300	600	1,200	1,800	2,400	3,000
ETZ 301 Saxon Fun (291cc single)	300	600	1,200	1,800	2,400	3,000
Saxon 500 Country (494cc single)	500	1,000	1,500	2,000	2,500	3,000
Saxon 500 Tour (494cc single)	500	1,000	1,500	2,000	2,500	3,000
Saxon 500 Voyageur (494cc single)	500	1,000	1,500	2,000	2,500	3,000
R Fun 500 (494cc single)	500	1,000	1,500	2,000	2,500	3,000
RS 500 Silver Star Classic (494cc single). .	500	1,000	1,500	2,000	2,500	3,000
1994						
ETZ Saxon Roadstar 125 (123cc single)	200	400	800	1,200	1,600	2,000
ETZ 251 Saxon Tour (243cc single).	300	600	1,200	1,800	2,400	3,000
ETZ 251 Saxon Fun (243cc single)	300	600	1,200	1,800	2,400	3,000
ETZ 301 Saxon Tour (291cc single).	300	600	1,200	1,800	2,400	3,000
ETZ 301 Saxon Fun (291cc single)	300	600	1,200	1,800	2,400	3,000
RS 500 Silver Star Classic (494cc single). .	500	1,000	1,500	2,000	2,500	3,000
Saxon 500 Country (494cc single)	500	1,000	1,500	2,000	2,500	3,000
Skorpion Sport (660cc single).	400	800	1,600	2,400	3,200	4,000
Skorpion Tour (660cc single)	400	800	1,600	2,400	3,200	4,000
Kobra 850 (849cc twin)	1,000	2,000	3,000	4,000	5,000	6,000
1995						
ETZ Saxon Roadstar 125 (123cc single)	200	400	800	1,200	1,600	2,000
ETZ 251 Saxon Tour (243cc single).	300	600	1,200	1,800	2,400	3,000
ETZ 251 Saxon Fun (243cc single)	300	600	1,200	1,800	2,400	3,000
ETZ 301 Saxon Tour (291cc single).	300	600	1,200	1,800	2,400	3,000
ETZ 301 Saxon Fun (291cc single)	300	600	1,200	1,800	2,400	3,000
RS 500 Silver Star Classic (494cc single). .	500	1,000	1,500	2,000	2,500	3,000
Saxon 500 Country (494cc single)	500	1,000	1,500	2,000	2,500	3,000
Saxon 500 Tour (494cc single)	500	1,000	1,500	2,000	2,500	3,000
Saxon 500 Sportster (494cc single).	500	1,000	1,500	2,000	2,500	3,000
Skorpion Sport (660cc single).	400	800	1,600	2,400	3,200	4,000
Skorpion Tour (660cc single)	400	800	1,600	2,400	3,200	4,000
Kobra 850 (849cc twin)	1,000	2,000	3,000	4,000	5,000	6,000
1996						
ETZ Saxon Roadstar 125 (123cc single)	200	400	800	1,200	1,600	2,000
ETZ 251 Saxon Tour (243cc single).	300	600	1,200	1,800	2,400	3,000
ETZ 251 Saxon Fun (243cc single)	300	600	1,200	1,800	2,400	3,000
ETZ 301 Saxon Tour (291cc single).	300	600	1,200	1,800	2,400	3,000
ETZ 301 Saxon Fun (291cc single)	300	600	1,200	1,800	2,400	3,000
Saxon 500 Country (494cc single)	500	1,000	1,500	2,000	2,500	3,000
Saxon 500 Tour (494cc single)	500	1,000	1,500	2,000	2,500	3,000
RS 500 Silver Star Classic (494cc single). .	500	1,000	1,500	2,000	2,500	3,000
Mastiff (660cc single)	400	800	1,600	2,400	3,200	4,000
Skorpion Sport (660cc single).	400	800	1,600	2,400	3,200	4,000

	6	5	4	3	2	1
Skorpion Sport Replica (660cc single)	1,000	2,000	3,000	4,000	5,000	6,000
Skorpion Tour (660cc single)	400	800	1,600	2,400	3,200	4,000
Skorpion Traveler (660cc single)	400	800	1,600	2,400	3,200	4,000
Kobra 850 (849cc twin)	1,000	2,000	3,000	4,000	5,000	6,000
1997						
Classic 125 (123cc single)	200	400	800	1,200	1,600	2,000
Sportstar 125 (123cc single)	200	400	800	1,200	1,600	2,000
ETZ Saxon Roadstar 125 (123cc single)	200	400	800	1,200	1,600	2,000
ETZ 251 Saxon Tour (243cc single)	300	600	1,200	1,800	2,400	3,000
ETZ 251 Saxon Fun (243cc single)	300	600	1,200	1,800	2,400	3,000
ETZ 301 Saxon Tour (291cc single)	300	600	1,200	1,800	2,400	3,000
ETZ 301 Saxon Fun (291cc single)	300	600	1,200	1,800	2,400	3,000
Sportstar 300 (291cc single)	300	600	1,200	1,800	2,400	3,000
Red Star 500 (494cc single)	500	1,000	1,500	2,000	2,500	3,000
RS 500 Silver Star Classic (494cc single)	500	1,000	1,500	2,000	2,500	3,000
Saxon 500 Country (494cc single)	500	1,000	1,500	2,000	2,500	3,000
Saxon 500 Sportstar (494cc single)	500	1,000	1,500	2,000	2,500	3,000
Saxon 500 Tour (494cc single)	500	1,000	1,500	2,000	2,500	3,000
Mastiff (660cc single)	400	800	1,600	2,400	3,200	4,000
Skorpion Sport (660cc single)	400	800	1,600	2,400	3,200	4,000
Skorpion Sport Replica (660cc single)	1,000	2,000	3,000	4,000	5,000	6,000
Skorpion Tour (660cc single)	400	800	1,600	2,400	3,200	4,000
Skorpion Traveler (660cc single)	400	800	1,600	2,400	3,200	4,000
1998						
Sportstar 125 (123cc single)	200	400	800	1,200	1,600	2,000
ETZ Saxon Roadstar 125 (123cc single)	200	400	800	1,200	1,600	2,000
Classic 300 (291cc single)	300	600	1,200	1,800	2,400	3,000
ETZ 301 Saxon Tour (291cc single)	300	600	1,200	1,800	2,400	3,000
ETZ 301 Saxon Fun (291cc single)	300	600	1,200	1,800	2,400	3,000
Sportstar 300 (291cc single)	300	600	1,200	1,800	2,400	3,000
Saxon 500 Tour (494cc single)	500	1,000	1,500	2,000	2,500	3,000
Baghira (660cc single)	400	800	1,600	2,400	3,200	4,000
Baghira Enduro (660cc single)	400	800	1,600	2,400	3,200	4,000
Mastiff (660cc single)	400	800	1,600	2,400	3,200	4,000
Skorpion Sport (660cc single)	400	800	1,600	2,400	3,200	4,000
Skorpion Sport Replica (660cc single)	1,000	2,000	3,000	4,000	5,000	6,000
Skorpion Tour (660cc single)	400	800	1,600	2,400	3,200	4,000
Skorpion Traveler (660cc single)	400	800	1,600	2,400	3,200	4,000
1999						
ETZ Saxon Roadstar 125 (123cc single)	200	400	800	1,200	1,600	2,000
Baghira (660cc single)	400	800	1,600	2,400	3,200	4,000
Baghira Black Panther (660cc single)	400	800	1,600	2,400	3,200	4,000
Baghira Enduro (660cc single)	400	800	1,600	2,400	3,200	4,000
Baghira Street Mono (660cc single)	400	800	1,600	2,400	3,200	4,000
Mastiff (660cc single)	400	800	1,600	2,400	3,200	4,000
Skorpion Sport Replica (660cc single)	1,000	2,000	3,000	4,000	5,000	6,000
Skorpion Tour (660cc single)	400	800	1,600	2,400	3,200	4,000

IMME

	6	5	4	3	2	1
1948						
R100 (99cc single)	2,000	4,000	6,000	8,000	10,000	12,000
1949						
R100 (99cc single)	2,000	4,000	6,000	8,000	10,000	12,000
1950						
R100 (99cc single)	2,000	4,000	6,000	8,000	12,000	16,000

INDIAN

	6	5	4	3	2	1
1901						
Single 1.75hp (3)	60,000	75,000	100K	130K	160K	190K
1902						
Single 1.75hp (143)	60,000	75,000	100K	130K	160K	190K

	6	5	4	3	2	1
1903						
Single 1.75hp (376)	60,000	75,000	100K	130K	160K	190K
1904						
Single 1.75hp (596)	60,000	75,000	100K	130K	160K	190K
1905						
Single 2.25hp (1,181)	10,000	25,000	45,000	65,000	85,000	105K
1906						
Single 2.5hp (1,698)	10,000	25,000	45,000	65,000	85,000	105K
1907						
Single 2.25hp (2,176)	10,000	20,000	35,000	50,000	65,000	80,000
Twin 3.5hp (incl. above)	20,000	40,000	60,000	80,000	100K	120K
1908						
Single 3.5hp (3,257)	5,000	10,000	25,000	40,000	55,000	70,000
Twin 5hp (incl. above)	7,000	12,000	21,000	38,000	59,000	80,000
1909						
Single 2hp (4,771)	5,000	10,000	25,000	40,000	55,000	70,000
Single 3.5hp (incl. above)	5,000	10,000	25,000	40,000	55,000	70,000
Single 4hp (incl. above)	5,000	10,000	25,000	40,000	55,000	70,000
Twin 5hp (incl. above)	9,000	15,000	22,000	34,000	57,000	80,000
Twin 7hp (incl. above)	9,000	15,000	22,000	34,000	57,000	80,000
1910 (Model B)						
Single 2.75hp (6,137)	5,000	10,000	25,000	40,000	55,000	70,000
Single 4hp (incl. above)	5,000	10,000	25,000	40,000	55,000	70,000
Twin 5hp (incl. above)	9,000	15,000	22,000	34,000	57,000	80,000
Twin 7hp (incl. above)	9,000	15,000	22,000	34,000	57,000	80,000
1911 (Model C)						
Single 2.75hp (9,763)	6,000	9,000	14,000	24,000	42,000	60,000
Single 4hp (incl. above)	6,000	9,000	14,000	24,000	42,000	60,000
Twin 5hp (incl. above)	9,000	15,000	22,000	34,000	57,000	80,000
Twin 7hp (incl. above)	9,000	15,000	22,000	34,000	57,000	80,000
1912 (Model D)						
Single 4hp (19,500)	6,000	9,000	14,000	24,000	42,000	60,000
Twin 7hp (incl. above)	9,000	15,000	22,000	34,000	57,000	80,000
1913 (Model E)						
Single 4hp (32,000)	6,000	9,000	14,000	24,000	42,000	60,000
Twin 7hp (incl. above)	9,000	15,000	22,000	34,000	57,000	80,000
1914 (Model F)						
Hendee Special 7hp (25,000)	10,000	20,000	40,000	60,000	80,000	100K
Single 4hp (incl. above)	6,000	9,000	14,000	24,000	42,000	60,000
Twin 7hp (incl. above)	9,000	15,000	22,000	34,000	57,000	80,000
1915						
Hendee Special 7hp (21,000)	10,000	20,000	40,000	60,000	80,000	100K
Single 4hp (incl. above)	6,000	9,000	14,000	24,000	42,000	60,000
Twin 7hp (incl. above)	9,000	15,000	22,000	34,000	57,000	80,000
1916						
Model K Featherweight 2.5hp (22,000)	6,000	9,000	14,000	24,000	42,000	60,000
Single 4hp (incl. above)	6,000	9,000	14,000	24,000	42,000	60,000
Powerplus (33ci single) (incl. above)	6,000	9,000	14,000	24,000	42,000	60,000
Twin 7hp (incl. above)	9,000	15,000	22,000	34,000	57,000	80,000
Powerplus (61ci twin) (incl. above)	10,000	20,000	30,000	40,000	50,000	60,000
1917						
Single 4hp (20,500)	6,000	9,000	14,000	24,000	42,000	60,000
Powerplus (33ci single) (incl. above)	6,000	9,000	14,000	24,000	42,000	60,000
Twin 2.5hp (incl. above)	7,500	15,000	30,000	45,000	60,000	75,000
Twin 7hp (incl. above)	9,000	15,000	22,000	34,000	57,000	80,000
Model O Light (15.7ci twin) (incl. above)	4,000	8,000	16,000	24,000	32,000	40,000
Powerplus (61ci twin) (incl. above)	10,000	20,000	30,000	40,000	50,000	60,000
1918						
Single 4hp (22,000)	6,000	9,000	14,000	24,000	42,000	60,000
Powerplus (33ci single) (incl. above)	6,000	9,000	14,000	24,000	42,000	60,000

	6	5	4	3	2	1
Twin 2.5hp (incl. above)	7,500	15,000	30,000	45,000	60,000	75,000
Twin 7hp (incl. above)	9,000	15,000	22,000	34,000	57,000	80,000
Model O Light (15.7ci twin) (incl. above)	4,000	8,000	16,000	24,000	32,000	40,000
Powerplus (61ci twin) (incl. above)	10,000	20,000	30,000	40,000	50,000	60,000
1919						
Single 4hp (21,500)	5,000	10,000	25,000	40,000	55,000	70,000
Powerplus (33ci single) (incl. above)	5,000	10,000	25,000	40,000	55,000	70,000
Twin 2.5hp (incl. above)	7,500	15,000	30,000	45,000	60,000	75,000
Twin 7hp (incl. above)	9,000	15,000	22,000	34,000	57,000	80,000
Twin Big Valve 8hp (incl. above)	9,000	15,000	22,000	34,000	57,000	80,000
Model O Light (15.7ci twin) (incl. above)	4,000	8,000	16,000	24,000	32,000	40,000
Powerplus (61ci twin) (incl. above)	10,000	20,000	30,000	40,000	50,000	60,000
1920						
Powerplus (33-cid single)	5,000	7,000	14,000	21,000	28,000	35,000
Scout (37-cid V-twin)	8,000	15,000	20,000	25,000	35,000	45,000
Powerplus (61 V-twin)	10,000	20,000	30,000	40,000	50,000	60,000
1921						
Powerplus (33-cid single)	5,000	7,000	14,000	21,000	28,000	35,000
Scout (37-cid V-twin)	8,000	15,000	20,000	25,000	35,000	45,000
Powerplus (61-cid V-twin)	10,000	20,000	30,000	40,000	50,000	60,000
1922						
Powerplus (33-cid single)	4,000	7,000	14,000	21,000	28,000	35,000
Scout (37-cid V-twin)	4,000	7,000	14,000	21,000	28,000	35,000
Powerplus (61-cid V-twin)	10,000	20,000	30,000	40,000	50,000	60,000
Chief (61-cid V-twin)	7,500	15,000	30,000	45,000	60,000	75,000
1923						
Powerplus (33-cid single)	4,000	6,500	10,000	13,000	17,000	22,000
Scout (37-cid V-twin)	4,000	7,000	14,000	21,000	28,000	35,000
Powerplus (61-cid V-twin)	10,000	20,000	30,000	40,000	50,000	60,000
Chief (61-cid V-twin)	15,000	30,000	50,000	70,000	90,000	110K
Big Chief (74-cid V-twin)	9,000	13,000	19,000	25,000	34,000	44,000
1924						
Powerplus (33-cid single)	4,000	6,000	10,000	13,000	17,000	22,000
Scout (37-cid V-twin)	4,000	7,000	14,000	21,000	28,000	35,000
Powerplus (61-cid V-twin)	10,000	20,000	30,000	40,000	50,000	60,000
Chief (61-cid V-twin)	7,500	15,000	30,000	45,000	60,000	75,000
Big Chief (74-cid V-twin)	9,000	13,000	19,000	25,000	34,000	44,000
1925						
Prince (21-cid single)	3,500	7,000	14,000	21,000	28,000	35,000
Scout (37-cid V-twin)	5,000	7,000	11,000	14,000	19,000	24,000
Chief (61-cid V-twin)	7,500	15,000	30,000	45,000	60,000	75,000
Big Chief (74-cid V-twin)	9,000	13,000	19,000	25,000	34,000	44,000
1926						
Prince (21-cid single)	3,500	7,000	14,000	21,000	28,000	35,000
Scout (37-cid V-twin)	5,000	7,000	11,000	14,000	19,000	24,000
Chief (61-cid V-twin)	7,500	15,000	30,000	45,000	60,000	75,000
Big Chief (74-cid V-twin)	9,000	13,000	19,000	25,000	34,000	44,000
1927						
Prince (21-cid single)	3,000	5,000	8,000	10,000	14,000	17,000
Scout (37-cid V-twin)	4,000	6,000	9,000	13,000	17,000	21,000
Scout (45-cid V-twin)	5,000	9,000	13,000	17,000	21,000	25,000
Chief (61-cid V-twin)	7,500	15,000	30,000	45,000	60,000	75,000
Big Chief (74-cid V-twin)	9,000	13,000	19,000	26,000	34,000	44,000
Indian Ace (78-cid, inline 4-cyl)	10,000	20,000	40,000	60,000	80,000	100K
1928						
Prince (21-cid single)	3,000	5,000	8,000	10,000	14,000	17,000
101 Scout (37-cid V-twin)	4,000	8,000	16,000	24,000	32,000	40,000
101 Scout (45-cid V-twin)	10,000	20,000	30,000	40,000	50,000	60,000
Chief (61-cid V-twin)	7,500	15,000	30,000	45,000	60,000	75,000
Big Chief (74-cid V-twin)	9,000	13,000	19,000	26,000	35,000	44,000

	6	5	4	3	2	1
Indian Ace (78-cid, inline 4-cyl)	20,000	35,000	50,000	65,000	80,000	95,000
1929						
101 Scout (37-cid V-twin)	1,000	0,000	10,000	24,000	00,000	40,000
101 Scout (45-cid V-twin)	10,000	20,000	30,000	40,000	50,000	60,000
Chief (74-cid V-twin).	7,500	15,000	30,000	45,000	60,000	75,000
Model 401 (78-cid, inline 4-cyl)	20,000	35,000	50,000	65,000	80,000	95,000
Model 402 (78-cid, inline 4-cyl)	20,000	35,000	50,000	65,000	80,000	95,000
1930						
101 Scout (37-cid V-twin)	4,000	8,000	16,000	24,000	32,000	40,000
101 Scout (45-cid V-twin)	10,000	20,000	30,000	40,000	50,000	60,000
Chief (74-cid V-twin).	7,500	15,000	30,000	45,000	60,000	75,000
Model 402 (78-cid, inline 4-cyl)	20,000	35,000	50,000	65,000	80,000	95,000
1931						
101 Scout (37-cid V-twin) (4,557)	4,000	8,000	16,000	24,000	32,000	40,000
101 Scout (45-cid V-twin) (incl. above)	10,000	20,000	30,000	40,000	50,000	60,000
Chief (74-cid V-twin) (incl. above)	7,500	15,000	30,000	45,000	60,000	75,000
Model 402 (78-cid, inline 4-cyl) (incl. above)	20,000	35,000	50,000	65,000	80,000	95,000
1932						
Scout Pony (30-cid, V-twin) (2,360)	3,000	5,000	7,000	10,000	13,000	16,000
Scout (45-cid V-twin) (incl. above).	4,000	6,000	9,000	13,000	17,000	21,000
Chief (74-cid V-twin) (incl. above)	7,500	15,000	30,000	45,000	60,000	75,000
Model 403 (78-cid, inline 4-cyl) (incl. above)	20,000	35,000	50,000	65,000	80,000	95,000
1933						
Junior Scout (30.5-cid V-twin) (1,667)	5,000	7,000	14,000	21,000	28,000	35,000
Standard Scout (45-cid V-twin) (incl. above).	4,000	6,000	9,000	12,000	16,000	20,000
Motoplane (45-cid V-twin) (incl. above)	20,000	30,000	40,000	50,000	60,000	70,000
Chief (74-cid V-twin) (incl. above)	7,500	15,000	30,000	45,000	60,000	75,000
Model 403 (78-cid, inline 4-cyl) (incl. above)	20,000	35,000	50,000	65,000	80,000	95,000
1934						
Junior Scout (30.5-cid V-twin) (2,809)	5,000	7,000	14,000	21,000	28,000	35,000
Standard Scout (45-cid V-twin) (incl. above).	4,000	6,000	9,000	11,000	15,000	19,000
Sport Scout (45-cid V-twin) (incl. above)	5,000	7,000	14,000	21,000	28,000	35,000
Chief (74-cid V-twin) (incl. above)	7,500	15,000	30,000	45,000	60,000	75,000
Model 434 (78-cid, inline 4-cyl) (incl. above)	20,000	35,000	50,000	65,000	80,000	95,000
1935						
Junior Scout (30.5-cid V-twin) (3,703)	5,000	7,000	14,000	21,000	28,000	35,000
Standard Scout (45-cid V-twin) (incl. above).	4,000	6,000	9,000	11,000	15,000	19,000
Sport Scout (45-cid V-twin) (incl. above)	5,000	7,000	14,000	21,000	28,000	35,000
Chief (74-cid V-twin) (incl. above)	7,500	15,000	30,000	45,000	60,000	75,000
Model 435 (78-cid, inline 4-cyl) (incl. above)	20,000	35,000	50,000	65,000	80,000	95,000
1936						
Junior Scout (30.5-cid V-twin) (5,028)	5,000	7,000	14,000	21,000	28,000	35,000
Scout 45 (45-cid V-twin) (incl. above)	4,000	5,000	8,000	11,000	14,000	18,000
Sport Scout (45-cid V-twin) (incl. above)	5,000	7,000	14,000	21,000	28,000	35,000
Chief (74-cid V-twin) (incl. above)	7,500	15,000	30,000	45,000	60,000	75,000
Model 436 (78-cid, inline 4-cyl) (incl. above)	20,000	35,000	50,000	65,000	80,000	95,000
1937						
Junior Scout (30.5-cid V-twin) (6,037)	3,000	6,000	12,000	18,000	24,000	30,000
Scout 45 (45-cid V-twin) (incl. above)	5,000	7,000	14,000	21,000	28,000	35,000
Sport Scout (45-cid V-twin) (incl. above)	5,000	7,000	14,000	21,000	28,000	35,000
Chief (74-cid V-twin) (incl. above)	7,000	13,000	21,000	29,000	38,000	47,000
Model 437 (78-cid, inline 4-cyl) (incl. above)	20,000	35,000	50,000	65,000	80,000	95,000
1938						
Junior Scout (30.5-cid V-twin) (3,650)	5,000	7,000	14,000	21,000	28,000	35,000
Sport Scout (45-cid V-twin) (incl. above)	5,000	15,000	25,000	35,000	45,000	55,000
Chief (74-cid V-twin) (incl. above)	8,000	13,000	21,000	29,000	38,000	47,000
Model 438 (78-cid, inline 4-cyl) (incl. above)	20,000	35,000	50,000	65,000	80,000	95,000
1939						
Junior Scout (30.5-cid V-twin) (3,012)	5,000	7,000	14,000	21,000	28,000	35,000
Sport Scout (45-cid V-twin) (incl. above)	5,000	7,000	14,000	21,000	28,000	35,000

	6	5	4	3	2	1
Chief (74-cid V-twin) (incl. above)	8,000	13,000	21,000	29,000	38,000	47,000
Model 439 (78-cid, inline 4-cyl) (incl. above)	20,000	35,000	50,000	65,000	80,000	95,000
1940						
Thirty-fifty (30.5-cid V-twin) (10,431)	3,000	5,000	7,000	9,000	12,000	15,000
Sport Scout (45-cid V-twin) (incl. above)	6,000	8,000	14,000	21,000	28,000	35,000
Chief (74-cid V-twin) (incl. above)	8,000	13,000	21,000	29,000	38,000	47,000
Model 440 (78-cid, inline 4-cyl) (incl. above)	20,000	35,000	50,000	65,000	80,000	95,000
1941						
Thirty-fifty (30.5-cid V-twin) (8,739)	3,000	4,000	6,000	8,000	11,000	14,000
Model 741 (30.5-cid V-twin, military) (incl. above)	3,000	5,000	10,000	16,000	22,000	28,000
Sport Scout (45-cid V-twin) (incl. above)	6,000	8,000	14,000	21,000	28,000	35,000
Model 640-B (45-cid V-twin, military) (incl. above)	3,000	5,000	7,000	10,000	13,000	16,000
Model 841 (45-cid V-twin, shaft-drive, military) (incl. above)	5,000	10,000	16,000	24,000	32,000	40,000
Chief (74-cid V-twin) (incl. above)	8,000	12,000	18,000	23,000	31,000	39,000
Model 441 (78-cid, inline 4-cyl) (incl. above)	20,000	35,000	50,000	65,000	80,000	95,000
1942						
Model 741 (30.5-cid V-twin, military) (16,647).	3,000	5,000	10,000	16,000	22,000	28,000
Model 640-B (45-cid V-twin, military) (incl. above)	3,000	5,000	7,000	10,000	13,000	16,000
Model 841 (45-cid V-twin, shaft-drive, military) (incl. above)	5,000	10,000	16,000	24,000	32,000	40,000
Chief (74-cid V-twin) (incl. above)	8,000	12,000	18,000	23,000	31,000	39,000
Chief (74-cid V-twin, military) (incl. above)	8,000	12,000	18,000	23,000	31,000	39,000
Model 442 (78-cid, inline 4-cyl) (incl. above)	20,000	35,000	50,000	65,000	80,000	95,000
1943						
Model 640-B (45-cid V-twin, military) (16,456).	3,000	5,000	7,000	10,000	13,000	16,000
Model 841 (45-cid V-twin, shaft-drive, military) (incl. above)	5,000	10,000	16,000	24,000	32,000	40,000
Chief (74-cid V-twin, military) (incl. above)	7,000	10,000	15,000	20,000	27,000	34,000
1944						
Chief (74-cid V-twin, military) (17,006)	6,000	10,000	14,000	19,000	26,000	32,000
1945						
Chief (74-cid V-twin) (2,070)	7,000	11,000	16,000	21,000	28,000	35,000
Chief (74-cid V-twin, military) (incl. above)	6,000	10,000	14,000	19,000	26,000	32,000
1946						
Chief (74-cid V-twin) (3,621)	7,000	10,000	20,000	30,000	40,000	50,000
1947						
Papoose Scooter (98cc single)	500	700	1,000	1,500	2,500	3,500
Chief (74-cid V-twin) (11,849)	7,000	11,000	16,000	21,000	28,000	35,000
Chief Roadmaster (74-cid V-twin) (incl. above)	7,000	11,000	16,000	22,000	25,000	30,000
1948						
Papoose Scooter (98cc single)	500	700	1,000	1,500	2,500	3,500
Chief (74-cid V-twin) (9,000)	7,000	11,000	16,000	21,000	28,000	35,000
Chief Roadmaster (74-cid V-twin)	7,000	11,000	16,000	22,000	25,000	30,000
1949						
Papoose Scooter (98cc single)	500	700	1,000	1,500	2,500	3,500
Arrow (13-cid single) (incl. above)	2,000	4,000	8,000	12,000	16,000	20,000
Warrior (30.5-cid vertical twin) (incl. above)	2,000	3,000	6,000	8,000	10,000	12,000
Scout (27-cid vertical twin) (incl. above).	2,000	4,000	8,000	12,000	16,000	20,000
1950						
Papoose Scooter (98cc single)	500	700	1,000	1,500	2,500	3,500
Arrow (13-cid single) (2,000)	2,000	4,000	8,000	12,000	16,000	20,000
Scout (27-cid vertical twin) (incl. above).	2,000	4,000	8,000	12,000	16,000	20,000
Warrior (30.5-cid vertical twin) (incl. above)	2,000	3,000	6,000	8,000	10,000	12,000
Warrior TT (30.5-cid vertical twin) (incl. above)	2,000	3,000	6,000	8,000	10,000	12,000
Chief (80-cid V-twin) (incl. above)	9,000	13,000	20,000	26,000	35,000	44,000
1951						
Papoose Scooter (98cc single)	500	700	1,000	1,500	2,500	3,500
Brave (15-cid single) (500)	1,000	2,000	3,000	4,000	7,000	9,000
Warrior (30.5-cid vertical twin) (incl. above)	2,000	3,000	6,000	8,000	10,000	12,000
Warrior TT (30.5-cid vertical twin) (incl. above)	2,000	3,000	6,000	8,000	10,000	12,000
Chief (80-cid V-twin) (incl. above)	9,000	13,000	20,000	26,000	35,000	44,000

	6	5	4	3	2	1
1952						
Papoose Scooter (98cc single)	500	700	1,000	1,500	2,500	3,500
Brave (15 cid single) (500)	1,000	2,000	3,000	4,000	7,000	9,000
Warrior (30.5-cid vertical twin) (incl. above)	2,000	3,000	6,000	8,000	10,000	12,000
Warrior TT (30.5-cid vertical twin) (incl. above)	2,000	3,000	6,000	8,000	10,000	12,000
Chief (80-cid V-twin) (incl. above)	9,000	13,000	20,000	26,000	35,000	44,000
1953						
Papoose Scooter (98cc single)	500	700	1,000	1,500	2,500	3,500
Brave (15-cid single) (2,000)	1,000	2,000	3,000	4,000	7,000	9,000
Chief (80-cid V-twin) (incl. above)	9,000	13,000	20,000	26,000	35,000	44,000
ENFIELD INDIAN						
1954						
Papoose Scooter (98cc single)	500	700	1,000	1,500	2,500	3,500
Woodsman (500cc single) (993 made-7 years)	1,000	2,000	4,000	6,000	8,000	10,000
1955						
Fire Arrow (250cc single) (401 total Arrows made)	1,000	2,000	3,000	4,000	5,000	6,000
Woodsman (500cc single)	1,000	2,000	4,000	6,000	8,000	10,000
Trailblazer (700cc twin) (2,310 made-5 years)	1,500	3,000	6,000	9,000	12,000	15,000
1956						
Fire Arrow (250cc single)	1,000	2,000	3,000	4,000	5,000	6,000
Woodsman (500cc single)	1,000	2,000	4,000	6,000	8,000	10,000
Tomahawk (500cc twin) (942 made-4 years)	1,000	2,000	4,000	6,000	8,000	10,000
Trailblazer (700cc twin)	1,500	3,000	6,000	9,000	12,000	15,000
1957						
Hounds Arrow (250cc single) (401 total Arrows made) . .	1,000	2,000	3,000	4,000	5,000	6,000
Westerner (500cc single) (180 made-3 years)	1,000	2,000	4,000	6,000	8,000	10,000
Woodsman (500cc single)	1,000	2,000	4,000	6,000	8,000	10,000
Tomahawk (500cc twin)	1,000	2,000	4,000	6,000	8,000	10,000
Apache (700cc twin) (455 made-3 years)	1,000	2,000	3,000	4,000	5,000	6,000
Trailblazer (700cc twin)	1,500	3,000	6,000	9,000	12,000	15,000
1958						
Lance (150cc single) (unknown quantity)	1,000	2,000	3,000	4,000	5,000	6,000
Hounds Arrow (250cc single) (401 total Arrows made) . .	1,000	2,000	3,000	4,000	5,000	6,000
Patrol Car Trike (350cc single) (few made)	1,500	3,000	6,000	9,000	12,000	15,000
Westerner (500cc single) (180 made-3 years)	1,000	2,000	4,000	6,000	8,000	10,000
Woodsman (500cc single)	1,000	2,000	4,000	6,000	8,000	10,000
Tomahawk (500cc twin)	1,000	2,000	4,000	6,000	8,000	10,000
Apache (700cc twin)	1,000	2,000	3,000	4,000	5,000	6,000
Chief (700cc twin) (800 made-3 years)	1,500	3,000	6,000	9,000	12,000	15,000
Trailblazer (700cc twin)	1,500	3,000	6,000	9,000	12,000	15,000
1959						
Lance (150cc single) (unknown quantity)	1,000	2,000	3,000	4,000	5,000	6,000
Fire Arrow (250cc single)	1,000	2,000	3,000	4,000	5,000	6,000
Hounds Arrow (250cc single) (401 total Arrows made) . .	1,000	2,000	3,000	4,000	5,000	6,000
Patrol Car Trike (350cc single)	1,500	3,000	6,000	9,000	12,000	15,000
Westerner (500cc single) (180 made-3 years)	1,000	2,000	4,000	6,000	8,000	10,000
Woodsman (500cc single)	1,000	2,000	4,000	6,000	8,000	10,000
Tomahawk (500cc twin)	1,000	2,000	4,000	6,000	8,000	10,000
Apache (700cc twin)	1,000	2,000	3,000	4,000	5,000	6,000
Chief (700cc twin)	1,500	3,000	6,000	9,000	12,000	15,000
Trailblazer (700cc twin)	1,500	3,000	6,000	9,000	12,000	15,000
1960						
Fire Arrow (250cc single)	1,000	2,000	3,000	4,000	5,000	6,000
Woodsman (500cc single)	1,000	2,000	4,000	6,000	8,000	10,000
Chief (700cc twin)	1,500	3,000	6,000	9,000	12,000	15,000
JAMES						
1919						
Single	2,500	5,000	10,000	15,000	20,000	125K

	6	5	4	3	2	1
1928						
Deluxe Super Sports (172cc single).	500	1,000	3,500	5,000	6,500	8,000
1929						
Model D1 OHV Flying Ace (498cc V-twin).	3,500	7,000	14,000	21,000	28,000	35,000
Model D2 SV Gray Ghost (498cc V-twin)	3,500	7,000	14,000	21,000	28,000	35,000
1930						
Model D1 OHV Flying Ace (498cc V-twin).	3,500	7,000	14,000	21,000	28,000	35,000
Model D2 SV Gray Ghost (498cc V-twin)	3,500	7,000	14,000	21,000	28,000	35,000
1931						
Model D1 OHV Flying Ace (498cc V-twin).	3,500	7,000	14,000	21,000	28,000	35,000
Model D2 SV Gray Ghost (498cc V-twin)	3,500	7,000	14,000	21,000	28,000	35,000
1932						
Model D1 OHV Flying Ace (498cc V-twin).	3,500	7,000	14,000	21,000	28,000	35,000
Model D2 SV Gray Ghost (498cc V-twin)	3,500	7,000	14,000	21,000	28,000	35,000
1933						
Model D1 OHV Flying Ace (498cc V-twin).	3,500	7,000	14,000	21,000	28,000	35,000
Model D2 SV Gray Ghost (498cc V-twin)	3,500	7,000	14,000	21,000	28,000	35,000
1934						
Model D1 OHV Flying Ace (498cc V-twin).	3,500	7,000	14,000	21,000	28,000	35,000
Model D2 SV Gray Ghost (498cc V-twin)	3,500	7,000	14,000	21,000	28,000	35,000
1935						
Model D1 OHV Flying Ace (498cc V-twin).	3,500	7,000	14,000	21,000	28,000	35,000
Model D2 SV Gray Ghost (498cc V-twin)	3,500	7,000	14,000	21,000	28,000	35,000
1940						
Cadet	800	1,500	2,000	2,500	3,000	3,500
1945						
ML (125cc single)	1,000	2,000	4,000	6,000	8,000	10,000
1946						
Autocycle Deluxe (98cc single)	350	700	1,400	2,100	2,800	3,500
ML (125cc single)	1,000	2,000	4,000	6,000	8,000	10,000
1947						
Autocycle Deluxe (98cc single)	350	700	1,400	2,100	2,800	3,500
ML (125cc single)	1,000	2,000	4,000	6,000	8,000	10,000
1948						
Autocycle Deluxe (98cc single)	350	700	1,400	2,100	2,800	3,500
ML (125cc single)	1,000	2,000	4,000	6,000	8,000	10,000
1949						
Autocycle Deluxe (98cc single)	350	700	1,400	2,100	2,800	3,500
Autocycle Superlux (98cc single)	350	700	1,400	2,100	2,800	3,500
Comet 1F Standard (98cc single)	400	800	1,600	2,400	3,200	4,000
Comet 1F Deluxe (98cc single)	400	800	1,600	2,400	3,200	4,000
10D Deluxe (125cc single)	1,000	2,000	3,000	4,000	5,000	6,000
Model 6E (200cc single)	1,000	2,000	3,500	5,000	6,500	8,000
Trials Rigid Frame (200cc single)	1,000	2,000	3,500	5,000	6,500	8,000
1950						
Autocycle Superlux (98cc single)	350	700	1,400	2,100	2,800	3,500
Comet 1F Standard (98cc single)	400	800	1,600	2,400	3,200	4,000
Comet 1F Deluxe (98cc single)	400	800	1,600	2,400	3,200	4,000
Cadet Standard (125cc single)	1,000	2,000	3,000	4,000	5,000	6,000
Cadet Deluxe (125cc single)	1,000	2,000	3,000	4,000	5,000	6,000
Captain Rigid Deluxe (200cc single)	1,000	2,000	3,500	5,000	6,500	8,000
Captain J8 Plunger Deluxe (200cc single)	1,000	2,000	3,500	5,000	6,500	8,000
Trials Rigid Frame (200cc single)	1,000	2,000	3,500	5,000	6,500	8,000
1951						
Autocycle Superlux (98cc single)	350	700	1,400	2,100	2,800	3,500
Comet 1F Standard (98cc single)	400	800	1,600	2,400	3,200	4,000
Comet 1F Deluxe (98cc single)	400	800	1,600	2,400	3,200	4,000
J4 Commodore (98cc single)	1,000	2,000	3,000	4,000	5,000	6,000
Cadet Standard (125cc single)	1,000	2,000	3,000	4,000	5,000	6,000
Cadet Deluxe (125cc single)	1,000	2,000	3,000	4,000	5,000	6,000

	6	5	4	3	2	1
Captain Rigid Standard (200cc single)	1,000	2,000	3,500	5,000	6,500	8,000
Captain J8 Plunger Deluxe (200cc single)	1,000	2,000	3,500	5,000	6,500	8,000
Trials Rigid Frame (200cc single)	1,000	2,000	3,500	5,000	6,500	8,000
1952						
Autocycle Superlux (98cc single)	350	700	1,400	2,100	2,800	3,500
Comet 1F Standard (98cc single)	400	800	1,600	2,400	3,200	4,000
Comet 1F Deluxe (98cc single)	400	800	1,600	2,400	3,200	4,000
J4 Commodore (98cc single)	1,000	2,000	3,000	4,000	5,000	6,000
Cadet Standard (125cc single)	1,000	2,000	3,000	4,000	5,000	6,000
J6 Cadet Deluxe (125cc single)	1,000	2,000	3,000	4,000	5,000	6,000
Captain Rigid Standard (200cc single)	1,000	2,000	3,500	5,000	6,500	8,000
Captain J8 Plunger Deluxe (200cc single)	1,000	2,000	3,500	5,000	6,500	8,000
Trials Colonel MK1 (200cc single).	1,000	2,000	3,500	5,000	6,500	8,000
1953						
Autocycle Superlux (98cc single)	350	700	1,400	2,100	2,800	3,500
Comet 1F Standard (98cc single)	400	800	1,600	2,400	3,200	4,000
Comet 1F Deluxe (98cc single)	400	800	1,600	2,400	3,200	4,000
J4 Commodore (98cc single)	1,000	2,000	3,000	4,000	5,000	6,000
J5 Cadet (125cc single)	1,000	2,000	3,000	4,000	5,000	6,000
J6 Cadet Deluxe (125cc single).	1,000	2,000	3,000	4,000	5,000	6,000
Captain Rigid Standard (200cc single)	1,000	2,000	3,500	5,000	6,500	8,000
Captain J8 Plunger Deluxe (200cc single)	1,000	2,000	3,500	5,000	6,500	8,000
J9 Trials (200cc single)	1,000	2,000	3,500	5,000	6,500	8,000
1954						
J11 Comet (98cc single)	500	1,000	2,000	3,000	4,000	5,000
J5 Cadet (125cc single).	1,000	2,000	3,000	4,000	5,000	6,000
K7 Captain (200cc single).	1,000	2,000	3,000	4,000	5,000	6,000
J9 Trials (200cc single)	1,000	2,000	3,500	5,000	6,500	8,000
K7C Scrambler (200cc single)	1,000	2,000	3,500	5,000	6,500	8,000
K12 Colonel (225cc single)	1,000	2,000	3,500	5,000	6,500	8,000
1955						
J11 Comet (98cc single)	500	1,000	2,000	3,000	4,000	5,000
J15 Cadet (150cc single)	1,000	2,000	3,000	4,000	5,000	6,000
K7 Captain (200cc single).	1,000	2,000	3,000	4,000	5,000	6,000
J9 Trials (200cc single)	1,000	2,000	3,500	5,000	6,500	8,000
K7C Scrambler (200cc single)	1,000	2,000	3,500	5,000	6,500	8,000
K12 Colonel (225cc single)	1,000	2,000	3,500	5,000	6,500	8,000
1956						
L1 Comet (98cc single)	500	1,000	2,000	3,000	4,000	5,000
L15 Cadet (150cc single)	1,000	2,000	3,000	4,000	5,000	6,000
K7 Captain (200cc single).	1,000	2,000	3,000	4,000	5,000	6,000
J9 Trials (200cc single)	1,000	2,000	3,500	5,000	6,500	8,000
KT7 Trials Commando (200cc single)	1,000	2,000	3,500	5,000	6,500	8,000
K7C Scrambler (200cc single)	1,000	2,000	3,500	5,000	6,500	8,000
K12 Colonel (225cc single)	1,000	2,000	3,500	5,000	6,500	8,000
1957						
L1 Comet (98cc single)	500	1,000	2,000	3,000	4,000	5,000
L15 Cadet (150cc single)	1,000	2,000	3,000	4,000	5,000	6,000
K7 Captain (200cc single)	1,000	2,000	3,000	4,000	5,000	6,000
KT7 Trials Commando (200cc single).	1,000	2,000	3,500	5,000	6,500	8,000
K7C Scrambler (200cc single)	1,000	2,000	3,500	5,000	6,500	8,000
K12 Colonel (225cc single)	1,000	2,000	3,500	5,000	6,500	8,000
L25 Commodore (250cc single).	1,000	2,000	3,500	5,000	6,500	8,000
1958						
L1 Comet (98cc single)	500	1,000	2,000	3,000	4,000	5,000
L15 Cadet (150cc single)	1,000	2,000	3,000	4,000	5,000	6,000
L17 Cavalier (175cc single)	1,000	2,000	3,000	4,000	5,000	6,000
K7 Captain (200cc single)	1,000	2,000	3,000	4,000	5,000	6,000
KT7 Trials Commando (200cc single).	1,000	2,000	3,500	5,000	6,500	8,000
K7C Scrambler (200cc single)	1,000	2,000	3,500	5,000	6,500	8,000

	6	5	4	3	2	1
L25 Commodore (250cc single).	1,000	2,000	3,500	5,000	6,500	8,000
1959						
L1 Comet (98cc single)	500	1,000	2,000	3,000	4,000	5,000
L15 Cadet (150cc single)	1,000	2,000	3,000	4,000	5,000	6,000
L15A Cadet (150cc single)	1,000	2,000	3,000	4,000	5,000	6,000
L17 Cavalier (175cc single)	1,000	2,000	3,000	4,000	5,000	6,000
K7 Captain (200cc single).	1,000	2,000	3,000	4,000	5,000	6,000
L25 Commodore (250cc single).	1,000	2,000	3,500	5,000	6,500	8,000
L25T Trials (250cc single).	1,000	2,000	3,500	5,000	6,500	8,000
L25S Scrambler (250cc single)	1,000	2,000	3,500	5,000	6,500	8,000
1960						
L1 Comet (98cc single)	500	1,000	2,000	3,000	4,000	5,000
L15A Cadet (150cc single)	1,000	2,000	3,000	4,000	5,000	6,000
SC1 Scooter (150cc single)	1,000	2,000	3,000	4,000	5,000	6,000
L20 Captain (200cc single)	1,000	2,000	3,000	4,000	5,000	6,000
L25 Commodore (250cc single).	1,000	2,000	3,500	5,000	6,500	8,000
L25T Trials (250cc single).	1,000	2,000	3,500	5,000	6,500	8,000
L25S Scrambler (250cc single)	1,000	2,000	3,500	5,000	6,500	8,000
1961						
L1 Comet (98cc single)	500	1,000	2,000	3,000	4,000	5,000
L15A Cadet (150cc single)	1,000	2,000	3,000	4,000	5,000	6,000
SC1 Scooter (150cc single)	1,000	2,000	3,000	4,000	5,000	6,000
L20 Captain (200cc single)	1,000	2,000	3,000	4,000	5,000	6,000
L20S Sports Captain (200cc single)	1,000	5,000	3,500	4,500	5,500	6,500
L25 Commodore (250cc single).	1,000	2,000	3,500	5,000	6,500	8,000
L25T Trials (250cc single).	1,000	2,000	3,500	5,000	6,500	8,000
L25S Scrambler (250cc single)	1,000	2,000	3,500	5,000	6,500	8,000
1962						
L1 Comet (98cc single)	500	1,000	2,000	3,000	4,000	5,000
M15 (150cc single)	1,000	2,000	3,000	4,000	5,000	6,000
SC4 Scooter (150cc single)	1,000	2,000	3,000	4,000	5,000	6,000
L20 Captain (200cc single)	1,000	2,000	3,000	4,000	5,000	6,000
L20S Sports Captain (200cc single)	1,000	5,000	3,500	4,500	5,500	6,500
L25 Commodore (250cc single).	1,000	2,000	3,500	5,000	6,500	8,000
M25 Superswift (250cc single)	1,000	2,000	3,500	5,000	6,500	8,000
L25T Trials (250cc single).	1,000	2,000	3,500	5,000	6,500	8,000
L25S Scrambler (250cc single)	1,000	2,000	3,500	5,000	6,500	8,000
1963						
L1 Comet (98cc single)	500	1,000	2,000	3,000	4,000	5,000
M15 Cadet (150cc single).	1,000	2,000	3,000	4,000	5,000	6,000
SC4 Scooter (150cc single)	1,000	2,000	3,000	4,000	5,000	6,000
L20 Captain (200cc single)	1,000	2,000	3,000	4,000	5,000	6,000
L20S Sports Captain (200cc single)	1,000	5,000	3,500	4,500	5,500	6,500
M25 Superswift (250cc single)	1,000	2,000	3,500	5,000	6,500	8,000
M25S Sports Superswift (250cc single).	1,000	2,000	3,500	5,000	6,500	8,000
M25T Trials (250cc single).	1,000	2,000	3,500	5,000	6,500	8,000
M25R Scrambler (250cc single).	1,000	2,000	3,500	5,000	6,500	8,000
1964						
L1 Comet (98cc single)	500	1,000	2,000	3,000	4,000	5,000
M15 Cadet (150cc single).	1,000	2,000	3,000	4,000	5,000	6,000
SC4 Scooter (150cc single).	1,000	2,000	3,000	4,000	5,000	6,000
L20 Captain (200cc single)	1,000	2,000	3,000	4,000	5,000	6,000
L20S Sports Captain (200cc single)	1,000	5,000	3,500	4,500	5,500	6,500
M25S Sports Superswift (250cc single).	1,000	2,000	3,500	5,000	6,500	8,000
M25T Trials (250cc single).	1,000	2,000	3,500	5,000	6,500	8,000
M25R Scrambler (250cc single).	1,000	2,000	3,500	5,000	6,500	8,000
1965						
M15 Cadet (150cc single).	1,000	2,000	3,000	4,000	5,000	6,000
M16 (150cc single)	1,000	2,000	3,000	4,000	5,000	6,000
L20 Captain (200cc single)	1,000	2,000	3,000	4,000	5,000	6,000

	6	5	4	3	2	1
L20S Sports Captain (200cc single)	1,000	5,000	3,500	4,500	5,500	6,500
M25S Sports Superswift (250cc single)	1,000	2,000	3,500	5,000	6,500	8,000
M25T Trials (250cc single)	1,000	2,000	3,500	5,000	6,500	8,000
M25RS Scrambler (250cc single)	1,000	2,000	3,500	5,000	6,500	8,000
1966						
M16 (150cc single)	1,000	2,000	3,000	4,000	5,000	6,000
L20 Captain (200cc single)	1,000	2,000	3,000	4,000	5,000	6,000
L20S Sports Captain (200cc single)	1,000	5,000	3,500	4,500	5,500	6,500
M25S Sports Superswift (250cc single)	1,000	2,000	3,500	5,000	6,500	8,000
M25T Trials (250cc single)	1,000	2,000	3,500	5,000	6,500	8,000
M25RS Scrambler (250cc single)	1,000	2,000	3,500	5,000	6,500	8,000

JAWA

	6	5	4	3	2	1
1932						
175 (175cc single)	2,000	4,000	8,000	12,000	16,000	20,000
1933						
175 (175cc single)	2,000	4,000	8,000	12,000	16,000	20,000
1934						
175 (175cc single)	2,000	4,000	8,000	12,000	16,000	20,000
250 Special (249cc single)	3,500	7,000	12,000	17,000	22,000	27,000
350SV (343cc single)	2,500	5,000	10,000	15,000	20,000	25,000
1935						
175 (175cc single)	2,000	4,000	8,000	12,000	16,000	20,000
250 Special (249cc single)	3,500	7,000	12,000	17,000	22,000	27,000
350SV (343cc single)	2,500	5,000	10,000	15,000	20,000	25,000
1936						
175 (175cc single)	2,000	4,000	8,000	12,000	16,000	20,000
250 Special (249cc single)	3,500	7,000	12,000	17,000	22,000	27,000
350SV (343cc single)	2,500	5,000	10,000	15,000	20,000	25,000
350 OHV (343 single)	2,500	5,000	10,000	15,000	20,000	25,000
1937						
Robot 100 (100cc single)	1,000	2,000	3,000	4,000	5,000	6,000
175 (175cc single)	2,000	4,000	8,000	12,000	16,000	20,000
250 Special (249cc single)	3,500	7,000	12,000	17,000	22,000	27,000
350 OHV (343 single)	2,500	5,000	10,000	15,000	20,000	25,000
1938						
Robot 100 (100cc single)	1,000	2,000	3,000	4,000	5,000	6,000
175 (175cc single)	2,000	4,000	8,000	12,000	16,000	20,000
250 Special (249cc single)	3,500	7,000	12,000	17,000	22,000	27,000
350 OHV (343 single)	2,500	5,000	10,000	15,000	20,000	25,000
1939						
Robot 100 (100cc single)	1,000	2,000	3,000	4,000	5,000	6,000
175 (175cc single)	2,000	4,000	8,000	12,000	16,000	20,000
250 Special (249cc single)	3,500	7,000	12,000	17,000	22,000	27,000
350 OHV (343 single)	2,500	5,000	10,000	15,000	20,000	25,000
1940						
Robot 100 (100cc single)	1,000	2,000	3,000	4,000	5,000	6,000
175 (175cc single)	1,000	2,000	4,000	6,000	8,000	10,000
250 Special (249cc single)	3,500	7,000	12,000	17,000	22,000	27,000
350 OHV (343 single)	2,500	5,000	10,000	15,000	20,000	25,000
1941						
Robot 100 (100cc single)	1,000	2,000	3,000	4,000	5,000	6,000
175 (175cc single)	1,000	2,000	4,000	6,000	8,000	10,000
350 OHV (343 single)	2,500	5,000	10,000	15,000	20,000	25,000
1942						
Robot 100 (100cc single)	1,000	2,000	3,000	4,000	5,000	6,000
175 (175cc single)	1,000	2,000	4,000	6,000	8,000	10,000
350 OHV (343 single)	2,500	5,000	10,000	15,000	20,000	25,000
1943						
Robot 100 (100cc single)	1,000	2,000	3,000	4,000	5,000	6,000

	6	5	4	3	2	1
175 (175cc single)	1,000	2,000	4,000	6,000	8,000	10,000
350 OHV (343 single)	2,500	5,000	10,000	15,000	20,000	25,000
1944						
Robot 100 (100cc single)	1,000	2,000	3,000	4,000	5,000	6,000
175 (175cc single)	1,000	2,000	4,000	6,000	8,000	10,000
350 OHV (343 single)	2,500	5,000	10,000	15,000	20,000	25,000
1945						
Robot 100 (100cc single)	1,000	2,000	3,000	4,000	5,000	6,000
175 (175cc single)	1,000	2,000	4,000	6,000	8,000	10,000
350 OHV (343 single)	2,500	5,000	10,000	15,000	20,000	25,000
1946						
Robot 100 (100cc single)	1,000	2,000	3,000	4,000	5,000	6,000
175 (175cc single)	1,000	2,000	4,000	6,000	8,000	10,000
250 Perak (249cc single)	1,000	1,500	2,500	4,000	5,500	7,000
350 OHV (343 single)	2,500	5,000	10,000	15,000	20,000	25,000
1947						
250 Perak (249cc single)	1,000	1,500	2,500	4,000	5,500	7,000
1948						
250 Perak (249cc single)	1,000	1,500	2,500	4,000	5,500	7,000
350 Perak (343cc twin)	1,500	3,000	4,500	6,000	7,500	9,000
1949						
Model 352 (150cc single)	500	1,000	2,000	3,000	4,000	5,000
250 Perak (249cc single)	1,000	1,500	2,500	4,000	5,500	7,000
350 Perak (343cc twin)	1,500	3,000	4,500	6,000	7,500	9,000
1950						
Model 352 (150cc single)	500	1,000	2,000	3,000	4,000	5,000
250 Perak (249cc single)	1,000	1,500	2,500	4,000	5,500	7,000
350 Perak (343cc twin)	1,500	3,000	4,500	6,000	7,500	9,000
1951						
Model 352 (150cc single)	500	1,000	2,000	3,000	4,000	5,000
250 Perak (249cc single)	1,000	1,500	2,500	4,000	5,500	7,000
350 Perak (343cc twin)	1,500	3,000	4,500	6,000	7,500	9,000
1952						
Model 352 (150cc single)	500	1,000	2,000	3,000	4,000	5,000
250 Perak (249cc single)	1,000	1,500	2,500	4,000	5,500	7,000
350 Perak (343cc twin)	1,500	3,000	4,500	6,000	7,500	9,000
Model 15 (500cc twin)	2,000	4,000	6,000	8,000	10,000	12,000
1953						
Model 352 (150cc single)	500	1,000	2,000	3,000	4,000	5,000
250 Perak (249cc single)	1,000	1,500	2,500	4,000	5,500	7,000
350 Perak (343cc twin)	1,500	3,000	4,500	6,000	7,500	9,000
Model 15 (500cc twin)	2,000	4,000	6,000	8,000	10,000	12,000
1954						
Model 352 (150cc single)	500	1,000	2,000	3,000	4,000	5,000
250 Perak (249cc single)	1,000	1,500	2,500	4,000	5,500	7,000
350 Perak (343cc twin)	1,500	3,000	4,500	6,000	7,500	9,000
Roadster 354 (343cc twin)	1,000	2,000	3,000	4,000	5,000	6,000
Model 15 (500cc twin)	2,000	4,000	6,000	8,000	10,000	12,000
1955						
Pioneer 50/550 (50cc single)	400	800	1,600	2,400	3,200	4,000
Model 352 (150cc single)	500	1,000	2,000	3,000	4,000	5,000
350 Perak (343cc twin)	1,500	3,000	4,500	6,000	7,500	9,000
Roadster 354 (343cc twin)	1,000	2,000	3,000	4,000	5,000	6,000
Speedway (500cc single)	1,000	2,000	3,000	4,000	5,000	6,000
Model 15 (500cc twin)	2,000	4,000	6,000	8,000	10,000	12,000
1956						
Pioneer 50/550 (50cc single)	400	800	1,600	2,400	3,200	4,000
Model 356 (175cc single)	400	600	1,000	2,000	3,500	5,000
350 Perak (343cc twin)	1,500	3,000	4,500	6,000	7,500	9,000
Roadster 350/354 (343cc twin)	1,000	2,000	3,000	4,000	5,000	6,000

	6	5	4	3	2	1
Model 15 (500cc twin).	2,000	4,000	6,000	8,000	10,000	12,000
1957						
Pioneer 50/550 (50cc single)	400	800	1,000	2,400	3,200	4,000
Model 355 (123cc single)	400	800	1,600	2,400	3,200	4,000
Model 356 (175cc single)	400	600	1,000	2,000	3,500	5,000
Bicilidrica 250 (250cc single)	200	400	800	1,200	1,600	2,000
Roadster 353 (250cc single)	500	1,000	2,000	3,000	4,000	5,000
Roadster 350/354 (343cc twin)	1,000	2,000	3,000	4,000	5,000	6,000
Model 15 (500cc twin)	2,000	4,000	6,000	8,000	10,000	12,000
1958						
Pioneer 50/550 (50cc single)	400	800	1,600	2,400	3,200	4,000
Manet (98cc single).	300	600	1,200	1,800	2,400	3,000
Model 355 (123cc single)	400	800	1,600	2,400	3,200	4,000
Cezeta (175cc single).	1,000	2,000	3,000	4,000	5,000	6,000
Model 356 (175cc single)	400	800	1,600	2,400	3,200	4,000
Roadster 353 (250cc single)	500	1,000	2,000	3,000	4,000	5,000
Roadster 350/354 (343cc twin)	1,000	2,000	3,000	4,000	5,000	6,000
Model 15 (500cc twin)	2,000	4,000	6,000	8,000	10,000	12,000
1959						
Pioneer 50/550 (50cc single)	400	800	1,600	2,400	3,200	4,000
Manet (98cc single).	300	600	1,200	1,800	2,400	3,000
Model 355 (123cc single)	400	800	1,600	2,400	3,200	4,000
Cezeta (175cc single)	1,000	2,000	3,000	4,000	5,000	6,000
Model 356 (175cc single)	400	800	1,600	2,400	3,200	4,000
Roadster 353 (250cc single)	500	1,000	2,000	3,000	4,000	5,000
Roadster 350/354 (343cc twin)	1,000	2,000	3,000	4,000	5,000	6,000
1960						
Pioneer 50/550 (50cc single)	400	800	1,600	2,400	3,200	4,000
Jawaetta Sport (50cc single)	400	800	1,600	2,400	3,200	4,000
Model 355 (123cc single)	400	800	1,600	2,400	3,200	4,000
Cezeta (175cc single).	1,000	2,000	3,000	4,000	5,000	6,000
Model 356 (175cc single)	400	800	1,600	2,400	3,200	4,000
Roadster 353 (250cc single)	500	1,000	2,000	3,000	4,000	5,000
Roadster 350/354 (343cc twin)	1,000	2,000	3,000	4,000	5,000	6,000
Twin 500 (500cc twin).	1,500	3,000	4,200	5,400	6,600	8,000
Scrambler 125	400	800	1,600	2,400	3,200	4,000
Scrambler 175	500	1,000	2,000	3,000	4,000	5,000
Scrambler 250	400	800	1,600	2,400	3,200	4,000
Scrambler 350	1,000	2,000	3,000	4,000	5,000	6,000
1961						
Roadster 175/356 (175cc single)	400	800	1,600	2,400	3,200	4,000
Roadster 353 (250cc single)	500	1,000	2,000	3,000	4,000	5,000
Roadster 350/354 (343cc twin)	1,000	2,000	3,000	4,000	5,000	6,000
Roadster 175	400	800	1,600	2,400	3,200	4,000
Twin 500 (500cc twin).	1,500	3,000	4,200	5,400	6,600	8,000
1962						
Road Cruiser 353 (248cc single)	400	800	1,600	2,400	3,200	4,000
Road Cruiser 350/354 (344cc twin)	1,000	2,000	3,000	4,000	5,000	6,000
Twin 500 (500cc twin).	1,500	3,000	4,200	5,400	6,600	8,000
1963						
Single 353 (250cc single).	400	800	1,600	2,400	3,200	4,000
Twin 350/354 (350cc twin)	1,000	2,000	3,000	4,000	5,000	6,000
Automatic 350/360 (343cc twin).	1,000	2,000	3,000	4,000	5,000	6,000
1964						
Cruiser 353 (250cc single)	400	800	1,600	2,400	3,200	4,000
Cruiser 350/354 (350cc twin)	1,000	2,000	3,000	4,000	5,000	6,000
Automatic 350/360 (343cc twin).	1,000	2,000	3,000	4,000	5,000	6,000
1965						
Motocross 250 (250cc single).	500	1,000	2,000	3,000	4,000	5,000
Motocross 350 (350cc single).	1,000	2,000	3,000	4,000	5,000	6,000

	6	5	4	3	2	1
Sport 353 (250cc single)	400	800	1,600	2,400	3,200	4,000
Sport 361 (350cc twin)	1,000	2,000	3,000	4,000	5,000	6,000
Automatic 350/360 (343cc twin).	1,000	2,000	3,000	4,000	5,000	6,000
1966						
Sport 250/475 (250cc single)	400	800	1,600	2,400	3,200	4,000
Sport 361 (350cc twin)	1,000	2,000	3,000	4,000	5,000	6,000
Automatic 350/360 (343cc twin).	1,000	2,000	3,000	4,000	5,000	6,000
1967						
Junior (250cc).	1,500	3,000	4,200	5,400	6,600	8,000
Californian (248cc twin).	1,000	2,000	3,500	5,000	6,500	8,000
Californian 350/362 (343cc twin)	1,000	2,000	4,000	6,000	8,000	10,000
Sport 361 (350cc twin)	1,000	2,000	3,000	4,000	5,000	6,000
CZ 590 (250cc single).	500	1,000	1,500	2,000	2,500	3,000
Automatic 350/360 (343cc twin).	1,000	2,000	3,000	4,000	5,000	6,000
1968						
Californian 353 (248cc twin)	1,000	2,000	3,500	5,000	6,500	8,000
Jawa 250 (246cc twin)	400	800	1,600	2,400	3,200	4,000
Sport 361 (350cc twin)	1,000	2,000	3,000	4,000	5,000	6,000
Californian 350/362 (343cc twin)	1,000	2,000	4,000	6,000	8,000	10,000
Automatic 350/360 (343cc twin).	1,000	2,000	3,000	4,000	5,000	6,000
1969						
Mustang 23 (49cc single)	150	300	600	900	1,200	1,500
Jawa 90 Roadster (89cc single).	400	800	1,600	2,400	3,200	4,000
Speedway (500cc single)	1,000	2,000	4,000	6,000	8,000	10,000
Californian 250/362 (343cc twin)	1,000	2,000	4,000	6,000	8,000	10,000
Automatic 350/360 (343cc twin).	1,000	2,000	3,000	4,000	5,000	6,000
1970						
Babetta 28 (49cc single)	200	400	800	1,200	1,600	2,000
Mustang 23 (49cc single)	150	300	600	900	1,200	1,500
Jawa 90 (89cc single).	300	600	1,200	1,800	2,400	3,000
Californian (249cc single).	500	1,000	2,500	4,000	5,500	7,000
Californian 350/362 (343cc twin)	1,500	3,000	4,200	5,400	6,600	8,000
Speedway (500cc single)	1,000	2,000	4,000	6,000	8,000	10,000
Jawa 350/634 (343cc twin)	500	1,000	2,500	4,000	5,500	7,000
Bizon 350/633 (343 twin)	500	1,000	2,500	4,000	5,500	7,000
Automatic 350/360 (343cc twin).	1,000	2,000	3,000	4,000	5,000	6,000
1971						
Babetta 28 (49cc single)	200	400	800	1,200	1,600	2,000
Mustang 23 (49cc single)	150	300	600	900	1,200	1,500
Jawa 90 (89cc single).	300	600	1,200	1,800	2,400	3,000
Californian (249cc single).	500	1,000	2,500	4,000	5,500	7,000
Californian 350/362 (343cc twin)	1,500	3,000	4,200	5,400	6,600	8,000
Jawa 350/634 (343cc twin)	500	1,000	2,500	4,000	5,500	7,000
Bizon 350/633 (343 twin)	500	1,000	2,500	4,000	5,500	7,000
Automatic 350/360 (343cc twin).	1,000	2,000	3,000	4,000	5,000	6,000
1972						
Babetta 28 (49cc single)	200	400	800	1,200	1,600	2,000
Mustang 23 (49cc single)	150	300	600	900	1,200	1,500
Golden Sport Mustang (49cc single)	200	400	800	1,200	1,600	2,000
Roadster (90cc single)	150	300	600	900	1,200	1,500
Jawa 250 (249cc single)	1,000	2,000	3,000	4,000	5,000	6,000
Californian (249cc single).	500	1,000	2,500	4,000	5,500	7,000
250 Twin (249cc twin)	1,000	2,000	3,000	4,000	5,000	6,000
Californian 350/362 (343cc twin)	1,500	3,000	4,200	5,400	6,600	8,000
Jawa 350/634 (343cc twin)	500	1,000	2,500	4,000	5,500	7,000
Bizon 350/633 (343 twin)	500	1,000	2,500	4,000	5,500	7,000
DT 500 Speedway (500cc single).	500	1,000	1,500	2,000	2,500	3,000
Automatic 350/360 (343cc twin).	1,000	2,000	3,000	4,000	5,000	6,000
1973						
Babetta 206 (49cc single).	200	400	800	1,200	1,600	2,000

	6	5	4	3	2	1
Mustang 23 (49cc single)	150	300	600	900	1,200	1,500
125 MX Desert (125cc single)	1,000	1,700	2,300	3,100	4,800	6,500
175 Trial (175cc single)	800	1,000	1,000	1,700	£,000	0,500
Californian (249cc single)	500	1,000	2,500	4,000	5,500	7,000
Jawa 250 (249cc single)	1,000	2,000	3,000	4,000	5,000	6,000
250 MX (250cc single)	700	1,200	1,600	2,100	3,400	4,700
Californian 350/362 (343cc twin) . . .	1,500	3,000	4,200	5,400	6,600	8,000
Jawa 350 (343cc twin)	500	1,000	2,500	4,000	5,500	7,000
400 MX (400cc single)	1,500	2,200	3,000	4,000	6,300	8,600
Automatic 350/360 (343cc twin). . . .	1,000	2,000	3,000	4,000	5,000	6,000
1974						
Babetta 206 (49cc single).	200	400	800	1,200	1,600	2,000
Mustang 23 (49cc single)	150	300	600	900	1,200	1,500
125 MX Desert (125cc single)	1,000	1,700	2,300	3,100	4,800	6,500
125 Sport (125cc single)	300	600	800	1,000	1,500	2,000
175 Sport 4 Speed (175cc single). . .	1,000	1,600	2,200	3,000	4,600	6,200
175 Sport 6 Speed (175cc single). . .	1,100	1,800	2,400	3,300	4,900	6,800
Jawa 250 (249cc single)	1,000	2,000	3,000	4,000	5,000	6,000
250 MX Desert (250cc single)	700	1,200	1,700	2,200	3,500	4,800
Jawa 350 (343cc twin)	500	1,000	2,500	4,000	5,500	7,000
400 MX Desert (400cc single)	1,500	2,000	2,800	3,700	5,800	8,000
Automatic 350 (343cc twin)	1,000	2,000	3,000	4,000	5,000	6,000
1975						
Babetta 206 (49cc single).	200	400	800	1,200	1,600	2,000
Babetta 207 (49cc single).	200	400	600	800	1,000	1,200
Mustang 23 (49cc single)	150	300	600	900	1,200	1,500
125 Moto Cross (125cc single)	1,100	1,800	2,500	3,300	5,100	7,000
125 Street (125cc single)	1,000	1,600	2,200	2,900	4,500	6,100
Jawa 250 (249cc single)	1,000	2,000	3,000	4,000	5,000	6,000
250 Enduro (250cc single)	700	1,200	1,700	2,200	3,500	4,800
250 GP Moto Cross (250cc single) . .	800	1,300	1,800	2,400	3,800	5,000
250 MX Desert (250cc single)	700	1,200	1,700	2,200	3,500	4,800
Jawa 350 (343cc twin)	500	1,000	2,500	4,000	5,500	7,000
400 GP Moto Cross (400cc single) . .	800	1,300	1,800	2,400	3,800	5,000
400 MX Desert (400cc single)	1,500	2,000	2,800	3,700	5,800	8,000
1976						
Babetta 207 (49cc single).	200	400	600	800	1,000	1,200
Babetta Transistor 40 (49cc single) .	200	400	600	800	1,000	1,200
Mustang 23 (49cc single)	150	300	600	900	1,200	1,500
250 Enduro (250cc single)	1,100	1,800	2,500	3,300	5,100	7,000
250 Falta GP-C (250cc single)	1,300	2,000	2,700	3,600	5,600	7,600
Jawa 350 (343cc twin)	500	1,000	2,500	4,000	5,500	7,000
350 TSII-C (350cc single)	1,700	2,200	3,000	3,800	5,000	6,500
400 Falta GP-C (400cc single)	1,500	2,000	2,800	3,700	5,800	8,000
1977						
Babetta 207 (49cc single).	200	400	600	800	1,000	1,200
Babetta Transistor 40 (49cc single) .	200	400	600	800	1,000	1,200
Mustang 23 (49cc single)	150	300	600	900	1,200	1,500
Jawa 50-20 Yedzi Colt (60cc single).	150	300	600	900	1,200	1,500
175 Enduro (175cc single)	700	1,200	1,700	2,200	3,400	4,600
250 Enduro (250cc single)	1,100	1,800	2,500	3,300	5,100	7,000
250 MX (250cc single)	800	1,300	1,900	2,400	3,800	5,200
Jawa 350 (343cc twin)	500	1,000	2,500	4,000	5,500	7,000
1978						
Babetta (49cc single)	200	400	600	800	1,000	1,200
Jawa 50C (49cc single)	200	400	600	800	1,000	1,200
Jawa 50DL (49cc single)	200	400	600	800	1,000	1,200
Mustang 23 (49cc single)	150	300	600	900	1,200	1,500
250 Enduro (250cc single)	450	900	1,800	2,700	3,600	4,500
350 Enduro (350cc single)	1,000	2,000	3,000	4,000	5,000	6,000

	6	5	4	3	2	1
360 Enduro (360 single)	1,000	2,000	3,000	4,000	5,000	6,000
Jawa 350 (343cc twin)	500	1,000	2,500	4,000	5,500	7,000
1979						
Babetta 207 (49cc single)	200	400	600	800	1,000	1,200
Jawa 50DL (49cc single)	200	400	600	800	1,000	1,200
Jawa 50DLX (49cc single)	200	400	600	800	1,000	1,200
Mustang 23 (49cc single)	150	300	600	900	1,200	1,500
125 MX (125cc single)	900	1,500	2,100	2,800	4,200	5,500
Jawa 350 (343cc twin)	500	1,000	2,500	4,000	5,500	7,000
1980						
Babetta 207 (49cc single)	200	400	600	800	1,000	1,200
X20 Moped (49cc single)	200	400	600	800	1,000	1,200
X25 Moped (49cc single)	200	400	600	800	1,000	1,200
X30 Moped (49cc single)	200	400	600	800	1,000	1,200
Mustang 23 (49cc single)	150	300	600	900	1,200	1,500
Jawa 350 (343cc twin)	500	1,000	2,500	4,000	5,500	7,000
500 Jawa 894.1 (494cc single)	1,100	1,800	2,500	3,300	5,100	7,000
1981						
Babetta 207 (49cc single)	200	400	600	800	1,000	1,200
X20 Moped (49cc single)	200	400	600	800	1,000	1,200
X25 Moped (49cc single)	200	400	600	800	1,000	1,200
X30 Moped (49cc single)	200	400	600	800	1,000	1,200
207/300 Deluxe (50cc single)	200	400	600	800	1,000	1,200
207/311C C/Bee Moped (50cc single)	200	400	600	800	1,000	1,200
207/311DL Sport Moped (50cc single)	200	400	600	800	1,000	1,200
Mustang 23 (49cc single)	150	300	600	900	1,200	1,500
Speedway 890 (493cc single)	400	800	1,600	2,400	3,200	4,000
Speedway 894 (494cc single)	400	800	1,600	2,400	3,200	4,000
Type 634.6 (343cc twin)	300	600	1,200	1,800	2,400	3,000
1982						
Babetta 207 (49cc single)	200	400	600	800	1,000	1,200
Speedway 890 (493cc single)	400	800	1,600	2,400	3,200	4,000
Speedway 894 (494cc single)	400	800	1,600	2,400	3,200	4,000
Mustang 23 (49cc single)	150	300	600	900	1,200	1,500
Supreme Moped (49cc single)	150	300	600	900	1,200	1,500
X20 Moped (49cc single)	200	400	600	800	1,000	1,200
X25 Moped (49cc single)	200	400	600	800	1,000	1,200
X30 Moped (49cc single)	200	400	600	800	1,000	1,200
Type 634.6 (343cc twin)	300	600	1,200	1,800	2,400	3,000
Type 420 (420cc single)	400	800	1,600	2,400	3,200	4,000
1983						
Speedway 894.1 (494cc single)	400	800	1,600	2,400	3,200	4,000
Speedway 894.3 (494cc single)	400	800	1,600	2,400	3,200	4,000
Supreme 2 Moped (49cc single)	150	300	600	900	1,200	1,500
Supreme 3 Moped (49cc single)	150	300	600	900	1,200	1,500
X20 Moped (49cc single)	200	400	600	800	1,000	1,200
X25 Moped (49cc single)	200	400	600	800	1,000	1,200
X30 Moped (49cc single)	200	400	600	800	1,000	1,200
Type 634.6 (343cc twin)	300	600	1,200	1,800	2,400	3,000
1984						
210 Moped (49cc single)	200	400	600	800	1,000	1,200
Speedway 894.1 (494cc single)	400	800	1,600	2,400	3,200	4,000
Speedway 894.3 (494cc single)	400	800	1,600	2,400	3,200	4,000
Supreme 2 Moped (49cc single)	150	300	600	900	1,200	1,500
Supreme 3 Moped (49cc single)	150	300	600	900	1,200	1,500
X20 Moped (49cc single)	200	400	600	800	1,000	1,200
X25 Moped (49cc single)	200	400	600	800	1,000	1,200
X30 Moped (49cc single)	200	400	600	800	1,000	1,200
Type 638.5 (343 cc twin)	300	600	1,200	1,800	2,400	3,000

	6	5	4	3	2	1
1985						
210-010E Moped (49cc single)	200	400	600	800	1,000	1,200
010 Moped (10cc single)	200	400	600	800	1,000	1,200
Speedway	400	800	1,600	2,400	3,200	4,000
Supreme 2 Moped (49cc single)	150	300	600	900	1,200	1,500
Supreme 3 Moped (49cc single)	150	300	600	900	1,200	1,500
Type 638.5 (343 cc twin)	300	600	1,200	1,800	2,400	3,000
1986						
Automatic 120 (49cc single)	200	400	600	800	1,000	1,200
Automatic 130 (49cc single)	200	400	600	800	1,000	1,200
Jawa 130 (49cc single)	200	400	600	800	1,000	1,200
Jawa 210 (49cc single)	200	400	600	800	1,000	1,200
Jawa Speedway 897 (493cc single)	400	800	1,600	2,400	3,200	4,000
Sport 210 (49cc single)	200	400	600	800	1,000	1,200
Type 638.5 (343 cc twin)	300	600	1,200	1,800	2,400	3,000
1987						
Automatic 120 (49cc single)	200	400	600	800	1,000	1,200
Automatic 130 (49cc single)	200	400	600	800	1,000	1,200
CZ250 (250cc single)	300	600	1,200	1,800	2,400	3,000
CZ400 (400cc single)	300	600	1,200	1,800	2,400	3,000
Jawa Speedway 897 (493cc single)	400	800	1,600	2,400	3,200	4,000
Jawa 130 (49cc single)	200	400	600	800	1,000	1,200
Sport 210 (49cc single)	200	400	600	800	1,000	1,200
350TS (343cc twin)	300	600	1,200	1,800	2,400	3,000
500R (481cc single)	400	800	1,600	2,400	3,200	4,000
1988						
Automatic 120 (49cc single)	200	400	600	800	1,000	1,200
Automatic 130 (49cc single)	200	400	600	800	1,000	1,200
CZ250 (250cc single)	300	600	1,200	1,800	2,400	3,000
CZ400 (400cc single)	300	600	1,200	1,800	2,400	3,000
Jawa 130 (49cc single)	200	400	600	800	1,000	1,200
Jawa 210 (49cc single)	200	400	600	800	1,000	1,200
Jawa Speedway 897 (493cc single)	400	800	1,600	2,400	3,200	4,000
Sport 210 (49cc single)	200	400	600	800	1,000	1,200
Chopper 125 (124cc single)	200	400	800	1,200	1,600	2,000
350TS (343cc twin)	300	600	1,200	1,800	2,400	3,000
1989						
Alley Cat (49cc single)	200	400	600	800	1,000	1,200
Breeze (49cc single)	150	300	600	900	1,200	1,500
Cat (49cc single)	200	400	600	800	1,000	1,200
Jawa 130 (49cc single)	200	400	600	800	1,000	1,200
Jawa 230 (49cc single)	200	400	600	800	1,000	1,200
350TS (343cc twin)	300	600	1,200	1,800	2,400	3,000
1990						
Alley Cat (49cc single)	200	400	600	800	1,000	1,200
Breeze (49cc single)	150	300	600	900	1,200	1,500
Cat (49cc single)	200	400	600	800	1,000	1,200
CZ250 (250cc single)	300	600	1,200	1,800	2,400	3,000
CZ400 (400cc single)	300	600	1,200	1,800	2,400	3,000
Jawa 130 (49cc single)	200	400	600	800	1,000	1,200
Jawa 225 (49cc single)	200	400	600	800	1,000	1,200
Jawa 230 (49cc single)	200	400	600	800	1,000	1,200
Sport 130 (49cc single)	200	400	600	800	1,000	1,200
350TS (343cc twin)	300	600	1,200	1,800	2,400	3,000
1991						
CZ250 (250cc single)	300	600	1,200	1,800	2,400	3,000
CZ400 (400cc single)	300	600	1,200	1,800	2,400	3,000
Jawa 130 (49cc single)	200	400	600	800	1,000	1,200
Jawa 210 2/S (49cc single)	200	400	600	800	1,000	1,200
Jawa 210 S/S (49cc single)	200	400	600	800	1,000	1,200

	6	5	4	3	2	1
Jawa 225 (49cc single)	200	400	600	800	1,000	1,200
Jawa 230 (49cc single)	200	400	600	800	1,000	1,200
Jawa 530 (350cc twin)	300	600	1,200	1,800	2,400	3,000
Jawa 630 (350cc twin)	300	600	1,200	1,800	2,400	3,000
350TS (343cc twin)	300	600	1,200	1,800	2,400	3,000
Type 639 (344cc twin)	300	600	1,200	1,800	2,400	3,000
1992						
CZ125 (125cc single)	400	800	1,600	2,400	3,200	4,000
CZ400 (400cc single)	300	600	1,200	1,800	2,400	3,000
Jawa 130 (49cc single)	200	400	600	800	1,000	1,200
Jawa 210 (49cc single)	200	400	600	800	1,000	1,200
Jawa 230 (49cc single)	200	400	600	800	1,000	1,200
350TS (343cc twin)	300	600	1,200	1,800	2,400	3,000
1993						
CZ125 (125cc single)	400	800	1,600	2,400	3,200	4,000
CZ400 (400cc single)	300	600	1,200	1,800	2,400	3,000
Jawa 130 (49cc single)	200	400	600	800	1,000	1,200
T350 (343cc twin)	300	600	1,200	1,800	2,400	3,000
1994						
TS 350 Twin Sport (344cc)	300	600	1,200	1,800	2,400	3,000
CZ125 (125cc single)	400	800	1,600	2,400	3,200	4,000
CZ180 (185cc single)	300	600	1,200	1,800	2,400	3,000
Jawa 130 (49cc single)	200	400	600	800	1,000	1,200
Sport Top Tank (49cc single)	150	300	600	900	1,200	1,500
Super Sport (49cc single)	150	300	600	900	1,200	1,500
Ultra Sport (49cc single)	150	300	600	900	1,200	1,500
Classic 640 (350cc twin)	300	600	1,200	1,800	2,400	3,000
Chopper 644 (344cc twin)	300	600	1,200	1,800	2,400	3,000
1995						
Jawa 130 (49cc single)	200	400	600	800	1,000	1,200
Sport (49cc single)	150	300	600	900	1,200	1,500
Super Sport (49cc single)	150	300	600	900	1,200	1,500
Ultra Sport (49cc single)	150	300	600	900	1,200	1,500
CZ180 (185cc single)	300	600	1,200	1,800	2,400	3,000
Black Style 640 (343cc twin)	300	600	1,200	1,800	2,400	3,000
White Style 640 (343cc twin)	300	600	1,200	1,800	2,400	3,000
Chopper 350 (343cc twin)	300	600	1,200	1,800	2,400	3,000
1996						
Enduro City 593 (250cc single)	250	500	1,000	1,500	2,000	2,500
Enduro Sport 593 (246cc single)	250	500	1,000	1,500	2,000	2,500
Style 330 (326cc twin)	300	600	1,200	1,800	2,400	3,000
Sport 640 (343cc twin)	300	600	1,200	1,800	2,400	3,000
Style 640 (343cc twin)	300	600	1,200	1,800	2,400	3,000
1997						
Chopper 125 (124cc single)	200	400	800	1,200	1,600	2,000
Travel 125 (124cc single)	200	400	800	1,200	1,600	2,000
Master Tempo (249cc single)	250	500	1,000	1,500	2,000	2,500
Chopper 350 (343cc twin)	300	600	1,200	1,800	2,400	3,000
Style 350 (343cc twin)	300	600	1,200	1,800	2,400	3,000
Tramp 640 (343cc twin)	300	600	1,200	1,800	2,400	3,000
1998						
Master Tempo (249cc single)	250	500	1,000	1,500	2,000	2,500
Chopper 350 (343cc twin)	300	600	1,200	1,800	2,400	3,000
Style 350 (343cc twin)	300	600	1,200	1,800	2,400	3,000
1999						
Style 640 Deluxe (343cc twin)	300	600	1,200	1,800	2,400	3,000

JEFFERSON

1913						
Single (30.5 ci)	10,000	20,000	35,000	50,000	65,000	80,000

	6	5	4	3	2	1
Twin (1000cc V-Twin)	10,000	20,000	40,000	50,000	70,000	90,000
1914						
Twin (1000cc V-Twin)	10,000	20,000	40,000	50,000	70,000	90,000

KAMI

	6	5	4	3	2	1
1972						
JT Junior Trail (80cc single)	200	400	800	1,200	1,600	2,000
JX Junior Moto Cross (80cc single)	200	400	800	1,200	1,600	2,000
MT Mini Trail (80cc single)	200	400	800	1,200	1,600	2,000
MX Mini Moto Cross (80cc single)	200	400	800	1,200	1,600	2,000
1973						
JT Junior Trail (80cc single)	200	400	800	1,200	1,600	2,000
JX Junior Moto Cross (80cc single)	200	400	800	1,200	1,600	2,000
MT Mini Trail (80cc single)	200	400	800	1,200	1,600	2,000
MX Mini Moto Cross (80cc single)	200	400	800	1,200	1,600	2,000
KA100 Enduro (100cc single).	300	600	1,200	1,800	2,400	3,000
1974						
KA100 Enduro (100cc single).	300	600	1,200	1,800	2,400	3,000
1975						
KA100 Enduro (100cc single).	300	600	1,200	1,800	2,400	3,000
1976						
KA100 Enduro (100cc single).	300	600	1,200	1,800	2,400	3,000

KAWASAKI

	6	5	4	3	2	1
1962						
B8 (125cc single)	1,000	2,000	3,000	4,000	5,000	6,000
1963						
B8 (125cc single) .	1,000	2,000	3,000	4,000	5,000	6,000
B8T (125cc single)	1,000	2,000	3,000	4,000	5,000	6,000
1964						
B8 (125cc single) .	1,000	2,000	3,000	4,000	5,000	6,000
B8T (125cc single)	1,000	2,000	3,000	4,000	5,000	6,000
SG (250cc single).	1,000	2,000	3,000	4,000	5,000	6,000
1965						
J1 (85cc single) .	400	800	1,600	2,400	3,200	4,000
J1T (85cc single) .	400	800	1,600	2,400	3,200	4,000
B8 (125cc single) .	600	900	1,800	2,700	3,600	4,500
B8T (125cc single) .	600	900	1,800	2,700	3,600	4,500
B8S (125cc single) .	600	900	1,800	2,700	3,600	4,500
SG (250cc single).	1,000	2,000	3,000	4,000	5,000	6,000
1966						
M10 (50cc single) .	300	600	1,200	1,800	2,400	3,000
M11 (50cc single) .	300	600	1,200	1,800	2,400	3,000
J1 (85cc single) .	400	800	1,600	2,400	3,200	4,000
J1T (85cc single) .	400	800	1,600	2,400	3,200	4,000
J1R (85cc single) .	400	800	1,600	2,400	3,200	4,000
D1 (100cc single) .	300	600	1,200	1,800	2,400	3,000
C1 (120cc single) .	400	700	1,400	2,100	2,800	3,500
C1D (120 cc single) .	400	700	1,400	2,100	2,800	3,500
B1 (125cc single) .	400	700	1,400	2,100	2,800	3,500
B1T (125cc single) .	400	700	1,400	2,100	2,800	3,500
B1TL (125cc single).	400	700	1,400	2,100	2,800	3,500
B8 (125cc single) .	600	900	1,800	2,700	3,600	4,500
B8T (125cc single) .	600	900	1,800	2,700	3,600	4,500
B8S (125cc single) .	600	900	1,800	2,700	3,600	4,500
F1 (175cc single) .	400	800	1,600	2,400	3,200	4,000
F1TR (175cc single) .	400	800	1,600	2,400	3,200	4,000
F2 (175cc single) .	400	800	1,600	2,400	3,200	4,000
SG (250cc single).	1,000	2,000	3,000	4,000	5,000	6,000
W1 (624cc twin).	2,000	4,000	6,000	8,000	11,000	14,000

	6	5	4	3	2	1
1967						
M10 (50cc single)	300	600	1,200	1,800	2,400	3,000
M11 (50cc single)	300	600	1,200	1,800	2,400	3,000
J1D (85cc single)	300	600	1,200	1,800	2,400	3,000
J1TL (85cc single)	300	600	1,200	1,800	2,400	3,000
J1TRL (85cc single)	300	600	1,200	1,800	2,400	3,000
G1M (90cc single)	350	700	1,400	2,100	2,800	3,500
D1 (100cc single)	300	600	1,200	1,800	2,400	3,000
C1DL (120 cc single)	400	700	1,400	2,100	2,800	3,500
C1L (120cc single)	400	700	1,400	2,100	2,800	3,500
C2SS Roadrunner (120cc single)	400	700	1,400	2,100	2,800	3,500
C2TR Roadrunner (120cc single)	400	700	1,400	2,100	2,800	3,500
B1 (125cc single)	400	700	1,400	2,100	2,800	3,500
B1T (125cc single)	400	700	1,400	2,100	2,800	3,500
B1TL (125cc single)	400	700	1,400	2,100	2,800	3,500
F2 (175cc single)	400	800	1,600	2,400	3,200	4,000
F2TR (175cc single)	400	800	1,600	2,400	3,200	4,000
A1 Samurai (247cc twin)	500	1,000	2,000	3,000	4,000	5,000
A1R (247cc twin)	2,000	4,000	8,000	12,000	16,000	20,000
A1SS Samurai (247cc twin)	500	1,000	2,000	3,000	4,000	5,000
SG (250cc single)	1,000	2,000	3,000	4,000	5,000	6,000
A7 Avenger (338cc twin)	800	1,500	2,500	3,500	4,500	5,500
A7SS Avenger (338cc twin)	800	1,500	2,500	3,500	4,500	5,500
W1 (624cc twin)	2,000	4,000	6,000	8,000	11,000	14,000
1968						
M10 (50cc single)	300	600	1,200	1,800	2,400	3,000
M11 (50cc single)	300	600	1,200	1,800	2,400	3,000
J1L (85cc single)	300	600	1,200	1,800	2,400	3,000
G1L (90cc single)	350	700	1,400	2,100	2,800	3,500
G1M (90cc single)	350	700	1,400	2,100	2,800	3,500
D1 (100cc single)	300	600	1,200	1,800	2,400	3,000
C2SS Roadrunner (120cc single)	400	700	1,400	2,100	2,800	3,500
C2TR Roadrunner (120cc single)	400	700	1,400	2,100	2,800	3,500
B1L (125cc single)	400	700	1,400	2,100	2,800	3,500
B1T (125cc single)	400	700	1,400	2,100	2,800	3,500
B1TL (125cc single)	400	700	1,400	2,100	2,800	3,500
F2 (175cc single)	400	800	1,600	2,400	3,200	4,000
F3 Bushwacker (175cc single)	400	700	1,400	2,100	2,800	3,500
A1 Samurai (247cc twin)	500	1,000	2,000	3,000	4,000	5,000
A1R (247cc twin)	2,000	4,000	8,000	12,000	16,000	20,000
A1SS Samurai (247cc twin)	500	1,000	2,000	3,000	4,000	5,000
F21M Greenstreak (250cc single)	1,000	2,000	4,000	7,000	10,000	13,000
SG (250cc single)	1,000	2,000	3,000	4,000	5,000	6,000
A7 Avenger (338cc twin)	800	1,500	2,500	3,500	4,500	5,500
A7SS Avenger (338cc twin)	800	1,500	2,500	3,500	4,500	5,500
W1 (624cc twin)	2,000	4,000	6,000	8,000	10,000	12,000
W1SS (624cc twin)	2,000	4,000	6,000	8,000	10,000	12,000
W2SS Commander (624cc twin)	2,000	4,000	6,000	8,000	10,000	12,000
1969						
M10 (50cc single)	300	600	1,200	1,800	2,400	3,000
M11 (50cc single)	300	600	1,200	1,800	2,400	3,000
GA1 (90cc single)	300	600	1,200	1,800	2,400	3,000
GA2 (90cc single)	300	600	1,200	1,800	2,400	3,000
GA3 Street Scrambler (90cc single)	300	600	1,200	1,800	2,400	3,000
G1DL (90cc single)	300	600	1,200	1,800	2,400	3,000
G1TRL (90cc single)	300	600	1,200	1,800	2,400	3,000
G3SS (90cc single)	300	600	1,200	1,800	2,400	3,000
G3TR Bushmaster (90cc single)	300	600	1,200	1,800	2,400	3,000
B1L (125cc single)	400	700	1,400	2,100	2,800	3,500
B1T (125cc single)	400	700	1,400	2,100	2,800	3,500

	6	5	4	3	2	1
B1TL (125cc single).	400	700	1,400	2,100	2,800	3,500
MB1A Coyote (130cc single)	300	600	1,200	1,800	2,400	3,000
F2 (175cc single)	400	700	1,400	2,100	2,800	3,500
F3 Bushwacker (175cc single)	400	700	1,400	2,100	2,800	3,500
A1 Samurai (247cc twin)	500	1,000	2,000	3,000	4,000	5,000
A1SS Samurai (247cc twin).	500	1,000	2,000	3,000	4,000	5,000
F4 Sidewinder (250cc single)	700	1,000	2,000	3,000	4,000	5,000
F21M Greenstreak (250cc single).	1,000	2,000	4,000	7,000	10,000	13,000
SG (250cc single).	1,000	2,000	3,000	4,000	5,000	6,000
A7 Avenger (338cc twin)	800	1,500	2,500	3,500	4,500	5,500
A7SS Avenger (338cc twin)	800	1,500	2,500	3,500	4,500	5,500
H1 Mach III (498cc triple) .	3,000	6,000	9,000	13,000	18,000	23,000
H1R Roadracer (498cc triple) .	5,200	7,800	12,000	16,000	21,000	26,000
W1SS (624cc twin)	2,000	4,000	6,000	8,000	10,000	12,000
W2SS Commander (624cc twin)	2,000	4,000	6,000	8,000	10,000	12,000
W2TT Commander (624cc twin)	3,000	6,000	9,000	12,000	15,000	18,000
1970						
GA1 (90cc single).	300	600	1,200	1,800	2,400	3,000
GA2 (90cc single).	300	600	1,200	1,800	2,400	3,000
GA3 Street Scrambler (90cc single).	300	600	1,200	1,800	2,400	3,000
G3SS (90cc single).	300	600	1,200	1,800	2,400	3,000
G3TR Bushmaster (90cc single)	300	600	1,200	1,800	2,400	3,000
G4TR Trail Boss (100cc single)	300	600	1,200	1,800	2,400	3,000
G31M Centurian (100cc single) .	1,500	2,500	3,500	5,000	7,500	9,000
B1LA (125cc single).	300	600	1,200	1,800	2,400	3,000
MB1A Coyote (130cc single)	300	600	1,200	1,800	2,400	3,000
F3 Bushwacker (175cc single)	400	700	1,400	2,100	2,800	3,500
A1A Samurai (247cc twin) .	500	1,000	2,000	3,000	4,000	5,000
A1SSA Samurai (247cc twin) .	500	1,000	2,000	3,000	4,000	5,000
F4 Sidewinder (250cc single)	700	1,000	2,000	3,000	4,000	5,000
F21M Greenstreak (250cc single).	1,000	2,000	4,000	7,000	10,000	13,000
A7A Avenger (338cc twin).	800	1,500	2,500	3,500	4,500	5,500
A7SSA Avenger (338 cc twin).	800	1,500	2,500	3,500	4,500	5,500
F5 Big Horn (350cc single)	800	1,500	2,500	3,500	4,500	5,500
H1 Mach III (498cc triple) .	3,000	6,000	9,000	12,000	15,500	19,000
H1R Roadracer (498cc triple).	5,200	7,800	12,000	16,000	21,000	26,000
W1SS (624cc twin) .	2,000	4,000	6,000	8,000	10,000	12,000
W2SS Commander (624cc twin) .	2,000	4,000	6,000	8,000	10,000	12,000
1971						
MT1 (75 cc single) .	500	1,000	2,000	3,000	4,000	5,000
GA1A (90cc single) .	300	600	1,200	1,800	2,400	3,000
GA2A (90cc single) .	300	600	1,200	1,800	2,400	3,000
G3SS (90cc single) .	300	600	1,200	1,800	2,400	3,000
GA5A (100cc single) .	300	600	1,200	1,800	2,400	3,000
G3TRA (100cc single) .	300	600	1,200	1,800	2,400	3,000
G4TRA Trail Boss (100cc single) .	300	600	1,200	1,800	2,400	3,000
G31M Centurian (100cc single) .	1,500	2,500	3,500	5,000	7,500	9,000
F6 (125cc single) .	300	600	1,200	1,800	2,400	3,000
MB1A Coyote (130cc single) .	300	600	1,200	1,800	2,400	3,000
F7 (175cc single) .	300	600	1,200	1,800	2,400	3,000
A1B Samurai (247cc twin) .	500	1,000	2,000	3,000	4,000	5,000
A1SSB Samurai (247cc twin) .	500	1,000	2,000	3,000	4,000	5,000
F8 (250cc single) .	1,000	2,000	3,000	4,000	5,000	6,000
A7B Avenger (338cc twin).	800	1,500	2,500	3,500	4,500	5,500
A7SSB Avenger (338 cc twin).	800	1,500	2,500	3,500	4,500	5,500
F5B Big Horn (350cc single)	800	1,500	2,500	3,500	4,500	5,500
H1 Mach III (498cc triple) .	2,000	4,000	6,000	8,000	10,000	12,000
H1R Roadracer (498cc triple) .	5,200	7,800	12,000	16,000	21,000	26,000
W1SS (624cc twin) .	1,500	2,300	3,600	5,000	7,000	9,000

	6	5	4	3	2	1
1972						
MT1 (75 cc single)	500	1,000	2,000	3,000	4,000	5,000
GA1A (90cc single)	300	600	1,200	1,800	2,400	3,000
GA2A (90cc single)	300	600	1,200	1,800	2,400	3,000
G3SS (90cc single)	300	600	1,200	1,800	2,400	3,000
GA5A (100cc single)	300	600	1,200	1,800	2,400	3,000
G4TRB Trail Boss (100cc single)	300	600	1,200	1,800	2,400	3,000
G5 (100cc single)	250	500	1,000	1,500	2,000	2,500
B1LA (125cc single)	250	500	1,000	1,500	2,000	2,500
F6A (125cc single)	300	600	1,200	1,800	2,400	3,000
MB1A 132 (130cc single)	300	600	1,200	1,800	2,400	3,000
F7A (175cc single)	300	600	1,200	1,800	2,400	3,000
S1 Mach I (249cc triple)	1,000	2,000	3,000	4,000	5,000	6,000
F8A Bison (250cc single)	1,000	2,000	3,000	4,000	5,000	6,000
F11 (250cc single)	300	600	1,200	1,800	2,400	3,000
F9 Big Horn (350cc single)	800	1,500	2,500	3,500	4,500	5,500
S2 Mach II (350cc triple)	1,500	3,000	4,500	6,000	7,500	9,000
H1B Mach III (498cc triple)	2,000	4,000	6,000	8,000	10,000	12,000
H2 Mach IV (750cc triple) (23,670 made)	2,500	4,000	6,000	10,000	14,000	18,000
1973						
MT1 (75 cc single)	500	1,000	2,000	3,000	4,000	5,000
GA1A (90cc single)	300	600	1,200	1,800	2,400	3,000
GA2A (90cc single)	300	600	1,200	1,800	2,400	3,000
G3SS (90cc single)	300	600	1,200	1,800	2,400	3,000
MC1 90 (90cc single)	250	500	1,000	1,500	2,000	2,500
GA5A (100cc single)	300	600	1,200	1,800	2,400	3,000
G4TRC Trail Boss (100cc single)	300	600	1,200	1,800	2,400	3,000
G7S (100cc single)	250	500	1,000	1,500	2,000	2,500
G7T (100cc single)	250	500	1,000	1,500	2,000	2,500
B1LA (125cc single)	250	500	1,000	1,500	2,000	2,500
F6B (125cc single)	300	600	1,200	1,800	2,400	3,000
F7B (175cc single)	300	600	1,200	1,800	2,400	3,000
S1A Mach I (249cc triple)	1,000	2,000	3,000	4,000	5,000	6,000
F11 (250cc single)	300	600	1,200	1,800	2,400	3,000
F9A Big Horn (350cc single)	800	1,500	2,500	3,500	4,500	5,500
S2A Mach II (350cc triple)	500	700	1,000	1,500	2,000	2,500
F12MX (450cc single)	1,000	2,000	3,500	5,000	7,500	9,000
H1D Mach III (498cc triple)	2,000	4,000	6,000	8,000	10,000	12,000
H2A Mach IV (750cc triple) (8,550 made)	2,500	4,000	6,000	10,000	14,000	18,000
Z2 (750cc four)	5,000	10,000	15,000	20,000	25,000	30,000
Z1 (903cc four) (20,000 made)	2,500	5,000	10,000	15,000	20,000	25,000
1974						
MT1B (75 cc single)	500	1,000	2,000	3,000	4,000	5,000
GA1A (90cc single)	300	600	1,200	1,800	2,400	3,000
GA2A (90cc single)	300	600	1,200	1,800	2,400	3,000
G2S (90cc single)	200	400	600	1,200	1,600	2,000
G2T (90cc single)	200	400	600	1,200	1,600	2,000
G3SS (90cc single)	200	400	600	1,200	1,600	2,000
MC1A (90cc single)	250	500	1,000	1,500	2,000	2,500
GA5A (100cc single)	300	600	1,200	1,800	2,400	3,000
G4TRD Trail Boss (100cc single)	300	600	1,200	1,800	2,400	3,000
G5B (100cc single)	200	500	800	1,200	1,600	2,000
G7S (100cc single)	250	500	1,000	1,500	2,000	2,500
G7T (100cc single)	250	500	1,000	1,500	2,000	2,500
B1LA (125cc single)	250	500	1,000	1,500	2,000	2,500
KS125 (125cc single)	200	400	600	1,200	1,600	2,000
S1B Mach I (249cc triple)	1,000	2,000	3,000	4,000	5,000	6,000
F11A (250cc single)	300	600	1,200	1,800	2,400	3,000
KX250 (250cc single)	500	1,000	2,500	4,000	5,500	7,000
F9B Big Horn (350cc single)	800	1,500	2,500	3,500	4,500	5,500

	6	5	4	3	2	1
KZ400D (400cc twin)	250	500	1,000	1,500	2,000	2,500
S3 (400cc triple)	800	1,200	1,600	2,500	3,200	4,000
KX150 (150cc single)	1,000	2,000	3,000	4,500	6,000	7,900
H1E Mach III (498cc triple)	1,000	2,000	4,000	6,000	8,500	11,000
H2B Mach IV (750cc triple) (18,600 made) . . .	1,500	3,000	6,000	9,000	12,000	15,000
Z2A (750cc four)	2,500	5,000	10,000	15,000	20,000	25,000
Z1A (903cc four) (27,500 made)	2,500	5,000	9,000	13,000	17,000	22,000
1975						
MT1C (75 cc single).	500	1,000	2,000	3,000	4,000	5,000
GA1A (90cc single)	300	600	1,200	1,800	2,400	3,000
G2T (90cc single)	200	400	800	1,200	1,600	2,000
MC1B (90cc single)	250	500	1,000	1,500	2,000	2,500
G3SSE (100cc single)	200	400	800	1,200	1,600	2,000
G3T (100cc single)	200	400	800	1,200	1,600	2,000
G4TRE Trail Boss (100cc single)	300	600	1,200	1,800	2,400	3,000
G5C (100cc single)	200	400	800	1,200	1,600	2,000
G7SA (100cc single)	200	400	800	1,200	1,600	2,000
G7TA (100cc single).	200	400	800	1,200	1,600	2,000
B1LA (125cc single)	250	500	1,000	1,500	2,000	2,500
KD125 (125cc single)	200	400	800	1,200	1,600	2,000
KS125A (125cc single)	200	400	600	1,200	1,600	2,000
KX125A (125cc single)	1,000	2,000	3,000	4,000	5,000	6,000
F7D (175cc single)	250	500	1,000	1,500	2,000	2,500
KD175-A1 (175cc single)	350	700	1,400	2,100	2,800	3,500
KD250B1-Mach 1 (249cc triple).	800	1,200	1,600	2,500	3,200	4,500
F11B (250cc single)	300	600	1,200	1,800	2,400	3,000
KT250 (250cc single)	500	1,000	2,500	4,000	5,500	7,000
KX250-A3 (250cc single)	500	1,000	2,500	4,000	5,500	7,000
S1C Mach I (250cc triple)	1,000	2,000	3,000	4,000	5,000	6,000
F9C Big Horn (350cc single)	800	1,500	2,500	3,500	4,500	5,500
KZ400-D3 (398cc twin)	250	500	1,000	1,500	2,000	2,500
KZ400S (398cc twin)	250	500	1,000	1,500	2,000	2,500
S3/KH400-A3 (400cc triple).	800	1,200	1,800	2,700	3,600	4,500
KX400 (400cc single)	500	1,000	2,500	4,000	5,500	7,000
KH500-AB Mach III (498cc triple)	1,000	2,000	4,000	6,000	8,500	11,000
H2C (750cc triple) (5,000 made)	2,500	4,000	6,000	10,000	14,500	19,000
Z2B (750cc four)	2,500	5,000	10,000	15,000	20,000	25,000
Z1B (903cc four) (38,200 made)	2,500	5,000	6,000	10,000	14,000	18,000
1976						
KV75-A5 (75cc single)	500	1,000	2,000	3,000	4,000	5,000
KD80-A2 Mini (80cc single)	200	400	800	1,200	1,600	2,000
G2T (90cc single)	200	400	800	1,200	1,600	2,000
KM90-A4 Mini (90cc single).	200	400	800	1,200	1,600	2,000
G3T (100cc single)	200	400	800	1,200	1,600	2,000
G7TA (100cc single).	200	400	800	1,200	1,600	2,000
KD100-M1 Mini (100cc single)	200	400	800	1,200	1,600	2,000
KM100-A1 Mini (100cc single)	200	400	800	1,200	1,600	2,000
KE100-A5 (100cc single)	200	400	800	1,200	1,600	2,000
KH100-B7 (100cc single)	300	600	1,200	1,800	2,400	3,000
KV100A7 Trail Boss (100cc single)	250	500	1,000	1,500	2,000	2,500
KV100-B2 (100cc single)	250	500	1,000	1,500	2,000	2,500
B1LA (125cc single).	250	500	1,000	1,500	2,000	2,500
KD125 (125cc single)	200	400	800	1,200	1,600	2,000
KE125-A3 (125cc single)	200	400	800	1,200	1,600	2,000
KX125-A3 (125cc single)	500	1,000	2,000	3,000	4,000	5,000
KD175-A1 (175cc single)	350	700	1,400	2,100	2,800	3,500
KE175-B1 (175cc single)	250	500	1,000	1,500	2,000	2,500
KH250-A5 (249cc triple)	800	1,200	1,600	2,500	3,200	4,000
KT250 (250cc single)	500	1,000	2,500	4,000	5,500	7,000
KX250-A3 (250cc single)	500	1,000	2,500	4,000	5,500	7,000

	6	5	4	3	2	1
KH400-A3 (398cc single)	500	1,000	2,500	4,000	5,500	7,000
KX400 (398cc single)	500	1,000	2,500	4,000	5,500	7,000
KX400-A2 (398cc single)	1,000	2,000	3,000	4,000	5,000	6,000
KZ400-D3 (398cc single)	250	500	1,000	1,500	2,000	2,500
KZ400-S2 (398cc twin)	250	500	1,000	1,500	2,000	2,500
KH500-A8 (498cc triple)	1,000	2,000	3,500	4,000	5,500	7,000
KZ750-B1 (750cc twin)	400	500	1,000	1,500	2,000	2,500
Z750-A4 (750cc four)	2,500	5,000	10,000	15,000	20,000	25,000
KZ900-A4 (903cc four)	2,000	4,000	6,000	8,000	11,000	14,000
KZ900-B1LTD (903cc four)	1,200	2,000	3,500	5,000	6,500	8,000
1977						
KV75-A6 (75cc single)	500	1,000	2,000	3,000	4,000	5,000
KC90-C1 (90cc single)	200	400	800	1,200	1,600	2,000
KM90-A5 Mini (90cc single)	200	400	800	1,200	1,600	2,000
KD100-M2 (100cc single)	200	400	800	1,200	1,600	2,000
KE100-A6 (100cc single)	200	400	800	1,200	1,600	2,000
KH100-A2 (100cc single)	300	600	1,200	1,800	2,400	3,000
KH100-B8 (100cc single)	300	600	1,200	1,800	2,400	3,000
KH100-C1 (100cc single)	300	600	1,200	1,800	2,400	3,000
KH100-E1ES (100cc single)	300	600	1,200	1,800	2,400	3,000
KM100-A2 Mini (100cc single)	200	400	800	1,200	1,600	2,000
KV100A8 Trail Boss (100cc single)	250	500	1,000	1,500	2,000	2,500
KV100-B3 (100cc single)	250	500	1,000	1,500	2,000	2,500
KC125-A6 (125cc single)	200	400	800	1,200	1,600	2,000
KD125-A2 (125cc single)	200	400	800	1,200	1,600	2,000
KE125-A4 (125cc single)	200	400	800	1,200	1,600	2,000
KH125-A1 (125cc single)	200	400	800	1,200	1,600	2,000
KX125 (125cc single)	450	900	1,800	2,700	3,600	4,500
KD175-A1 (175cc single)	350	700	1,400	2,100	2,800	3,500
KE175-B2 (175cc single)	250	500	1,000	1,500	2,000	2,500
KZ200 (200cc single)	300	600	1,200	1,800	2,400	3,000
KH250-B2 Mach 1 (249cc triple)	600	900	1,200	2,000	2,700	3,500
KE250-B1 (250cc single)	250	500	1,000	1,500	2,000	2,500
KX250-A3 (250cc single)	500	1,000	2,500	4,000	5,500	7,000
KH400-A4 (398cc triple)	800	1,200	1,800	2,700	3,600	4,500
KX400 (398cc single)	500	1,000	2,500	4,000	5,500	7,000
KZ400-A1 (398cc twin)	250	500	1,000	1,500	2,000	2,500
KZ400-D4 (398cc twin)	250	500	1,000	1,500	2,000	2,500
KZ400-S3 (398cc twin)	200	400	800	1,200	1,600	2,000
KZ650 (652cc four)	350	700	1,400	2,100	2,800	3,500
KZ650-B1 (652cc four)	400	800	1,600	2,400	3,200	4,000
KZ750-B2 (750cc twin)	300	600	1,200	1,800	2,400	3,000
Z750-A5 (750cc four)	2,500	5,000	10,000	15,000	20,000	25,000
KZ1000-A1 (1,015cc four)	1,000	2,000	4,000	6,000	8,000	10,000
KZ1000-B1LTD (1,015cc four)	1,000	2,000	3,500	5,000	6,500	7,500
1978						
KV75-A6 (75cc single)	500	1,000	2,000	3,000	4,000	5,000
KM90-A6 Mini (90cc single)	200	400	800	1,200	1,600	2,000
KD100-M3 (100cc single)	200	400	800	1,200	1,600	2,000
KE100-A7 (100cc single)	200	400	800	1,200	1,600	2,000
KM100-A3 Mini (100cc single)	200	400	800	1,200	1,600	2,000
KV100A8 Trail Boss (100cc single)	250	500	1,000	1,500	2,000	2,500
KV100-B4 (100cc single)	250	500	1,000	1,500	2,000	2,500
KD125-A2 (125cc single)	200	400	800	1,200	1,600	2,000
KE125-A5 (125cc single)	200	400	800	1,200	1,600	2,000
KH125-A2 (125cc single)	200	400	800	1,200	1,600	2,000
KX125-A4 (125cc single)	1,000	2,000	3,500	5,000	6,500	8,000
KD175-A1 (175cc single)	350	700	1,400	2,100	2,800	3,500
KE175-B3 (175cc single)	250	500	1,000	1,500	2,000	2,500
KZ200 (200cc single)	300	600	1,200	1,800	2,400	3,000

	6	5	4	3	2	1
KE250-B2 (250cc single)	250	500	1,000	1,500	2,000	2,500
KH250-B3 Mach 1 (249cc triple)	600	900	1,200	2,000	2,700	3,500
KL250-A1 (250cc single)	200	400	800	1,200	1,600	2,000
KX250-A4 (250cc single)	2,000	3,500	5,000	6,500	8,000	9,500
KH400-A5 (398cc single)	800	1,200	1,800	2,700	3,600	4,500
KZ400-A2 (398cc twin)	250	500	1,000	1,500	2,000	2,500
KZ400-B1 (398cc twin)	250	500	1,000	1,500	2,000	2,500
KZ400-C1 (398cc twin)	200	400	800	1,200	1,600	2,000
KZ650-B2 (652cc four)	400	800	1,600	2,400	3,200	4,000
KZ650-C2 (652cc four)	400	800	1,600	2,400	3,200	4,000
KZ650-D1SR (652cc four)	400	800	1,600	2,400	3,200	4,000
KZ750-B3 (750cc twin)	300	600	1,200	1,800	2,400	3,000
Z750-D1 (750cc four)	2,500	5,000	10,000	15,000	20,000	25,000
KZ1000-A2 (1,015cc four)	1,000	2,000	4,000	6,000	8,000	10,000
KZ1000-D1Z1R (1,015cc four)	1,000	2,000	5,000	9,000	13,000	17,000
KZ1000-D1Z1R Turbo (1,015cc four)	3,000	6,000	9,000	12,000	15,000	18,000
1979						
KV75-A8 (75cc single)	500	1,000	2,000	3,000	4,000	5,000
KX80-A1 Mini (80cc single)	200	400	800	1,200	1,600	2,000
KD100-M4 (100cc single)	200	400	800	1,200	1,600	2,000
KE100-A8 (100cc single)	200	400	800	1,200	1,600	2,000
KM100-A4 (100cc single)	200	400	800	1,200	1,600	2,000
KD125-A2 (125cc single)	200	400	800	1,200	1,600	2,000
KE125-A6 (125cc single)	200	400	800	1,200	1,600	2,000
KX125-A5 (125cc single)	500	1,000	2,500	4,000	5,500	7,000
KD175-A4 (175cc single)	350	700	1,400	2,100	2,800	3,500
KZ200-A2 (200cc single)	300	600	1,200	1,800	2,400	3,000
KE250-B3 (250cc single)	250	500	1,000	1,500	2,000	2,500
KL250-A2 (250cc single)	200	400	800	1,200	1,600	2,000
KX250-A5 (250cc single)	1,000	2,000	3,500	5,000	6,500	8,000
KDX400 (398cc single)	300	600	1,200	1,800	2,400	3,000
KZ400-B2 (398cc twin)	250	500	1,000	1,500	2,000	2,500
KZ650-B3 (652cc four)	400	800	1,600	2,400	3,200	4,000
KZ650-C3 (652cc four)	400	800	1,600	2,400	3,200	4,000
KZ650-D2 (652cc four)	500	700	1,100	1,400	1,900	2,400
KZ750-B4 (750cc twin)	300	600	1,200	1,800	2,400	3,000
KZ1000-A3 (1,015cc four)	1,000	2,000	4,000	6,000	8,000	10,000
KZ1000-B3LTD (1,015cc four)	600	1,000	2,500	4,000	5,500	7,000
KZ1000-E1 (1,015cc four)	600	1,000	2,500	4,000	5,500	7,000
KZ1000-D1Z1R Turbo (1,015cc four)	3,000	6,000	9,000	12,000	15,000	18,000
KZ1300-A1 (1,286cc six)	1,000	2,000	3,500	5,000	6,500	8,000
1980						
KV75-A9 (75cc single)	500	1,000	2,000	3,000	4,000	5,000
KD80-M1 Mini (80cc single)	200	400	800	1,200	1,600	2,000
KDX80-A1 Mini (80cc single)	200	400	800	1,200	1,600	2,000
KX80-A2 Mini (80cc single)	200	400	800	1,200	1,600	2,000
KE100-A9 (100cc single)	200	400	800	1,200	1,600	2,000
KM100-A6 Mini (100cc single)	200	400	800	1,200	1,600	2,000
KE125-A7 (125cc single)	200	400	800	1,200	1,600	2,000
KX125-A6 (125cc single)	500	1,000	2,000	3,000	4,000	5,000
KDX175-A1 (175cc single)	400	800	1,600	2,400	3,200	4,000
KD175-D2 (175cc single)	350	700	1,400	2,100	2,800	3,500
KZ250-D1 LTD (249cc twin)	300	600	1,200	1,800	2,400	3,000
KDX250-A1 (250cc single)	250	500	1,000	1,500	2,000	2,500
KL250-A3 (250cc single)	200	400	800	1,200	1,600	2,000
KLX250-A2 (250cc single)	300	600	1,200	1,800	2,400	3,000
KX250-A6 (250cc single)	500	1,000	2,000	3,000	4,000	5,000
KDX400-A2 (398cc single)	300	600	1,200	1,800	2,400	3,000
KX400 (398cc single)	300	600	1,200	1,800	2,400	3,000
KX420 (420cc single)	500	1,000	2,000	3,000	4,000	5,000

	6	5	4	3	2	1
KX420-A1 (420cc single)	300	600	1,200	1,800	2,400	3,000
KZ440-A1 (443cc twin)	300	600	1,200	1,800	2,400	3,000
KZ440-B1 (443cc twin)	300	600	1,200	1,800	2,400	3,000
KZ440-D1 (443cc twin)	300	600	1,200	1,800	2,400	3,000
KZ550-A1 (553cc four)	350	700	1,400	2,100	2,800	3,500
KZ550-C1 (553cc four)	350	700	1,400	2,100	2,800	3,500
KZ650-E1LTD (652cc four)	200	400	800	1,200	1,600	2,000
KZ650-F1 (652cc four)	200	400	800	1,200	1,600	2,000
KZ750-E1 (739cc four)	200	400	800	1,200	1,600	2,000
KZ750-G1LTD (739cc four)	200	400	800	1,200	1,600	2,000
KZ750-H1 (739cc four)	200	400	800	1,200	1,600	2,000
KZ1000-B4LTD (1,015cc four)	600	700	1,500	2,100	2,800	3,500
KZ1000-D3Z1R (1,015cc four)	1,500	3,000	6,000	9,000	12,000	15,000
KZ1000-E3 Shaft (1,015cc four)	600	900	1,800	2,700	3,600	4,500
KZ1000-G1 Classic (1,015cc four)	600	900	1,800	2,700	3,600	4,500
KZ1300-A2 (1,286cc six)	700	1,100	2,200	3,300	4,400	5,500
KZ1300-B2 (1,286cc six)	700	1,100	2,200	3,300	4,400	5,500
1981						
KD80-M2 Mini 80 (80cc single)	200	400	800	1,200	1,600	2,000
KDX80-A2 Mini 80 (80cc single)	200	400	800	1,200	1,600	2,000
KX80-C1 Mini 80 (80cc single)	250	500	1,000	1,500	2,000	2,500
KE100-A10 (100cc single)	200	400	800	1,200	1,600	2,000
KM100-A7 (100cc single)	200	400	800	1,200	1,600	2,000
KE125-A7 (125cc single)	200	400	800	1,200	1,600	2,000
KX125-A7 (125cc single)	500	1,000	2,000	3,500	5,000	6,500
KDX175-A2 (175cc single)	400	800	1,600	2,400	3,200	4,000
KE175-D3 (175cc single)	200	400	800	1,200	1,600	4,000
KDX250-B1 (250cc single)	400	800	1,600	2,400	3,200	4,000
KL250-A3 (250cc single)	200	400	800	1,200	1,600	2,000
KX250-A7 (250cc single)	400	800	1,600	2,400	3,200	4,000
KZ250-D2 CSR (250cc single)	250	500	1,000	1,500	2,000	2,500
KZ305-A1 CSR (305cc twin)	250	500	1,000	1,500	2,000	2,500
KX420-A2 (420cc single)	400	800	1,600	2,400	3,200	4,000
KDX420-B1 (420cc single)	400	800	1,600	2,400	3,200	4,000
KZ440-B2 STD (440cc twin)	300	500	800	1,000	1,300	1,600
KZ440-A2 LTD (440cc twin)	300	500	800	1,200	1,500	1,900
KZ440-D2 LTD (440cc twin)	300	600	1,200	1,800	2,400	3,000
KZ550-A2 STD (550cc four)	350	700	1,400	2,100	2,800	3,500
KZ550-C2 LTD (550cc four)	350	700	1,400	2,100	2,800	3,500
KZ550-D1 GPZ (550cc four)	450	900	1,800	2,700	3,600	4,500
KZ650-H1 (650cc four)	200	400	800	1,200	1,600	2,000
KZ650-H1 CSR (650cc four)	500	700	1,000	1,400	1,800	2,200
KZ750-E2 STD (750cc four)	500	800	1,100	1,700	2,300	2,900
KZ750-H2 LTD (750cc four)	400	600	1,000	1,600	2,300	3,000
KZ1000-M1 CSR (1,000cc four)	400	800	1,600	2,400	3,200	4,000
KZ1000-K1 LTD (1,000cc four)	1,000	2,000	4,000	6,000	8,000	10,000
KZ1100-M1 (1,100cc four)	600	800	1,200	2,000	2,800	3,700
KZ1100-J1 STD (1,100cc four)	600	900	1,300	2,100	2,900	3,800
KZ1100-A1 (1,100cc four)	600	1,100	2,200	3,300	4,400	5,500
KZ1100-B1 GP (1,100cc four)	1,100	1,400	1,900	2,800	3,600	4,400
KZ1300-A3 (1,300cc six)	550	1,100	2,200	3,300	4,400	5,500
1982						
AR50-A1 Mini GP (50cc single)	300	600	900	1,200	1,500	1,800
AR80-A1 Mini GP (80cc single)	300	600	900	1,200	1,500	1,800
KD80-M3 (80cc single)	200	400	800	1,200	1,600	2,000
KDX80-B2 (80cc single)	200	400	800	1,200	1,600	2,000
KX80-C2 (80cc single)	250	500	1,000	1,500	2,000	2,500
KE100-B1 (100cc single)	200	400	800	1,200	1,600	2,000
KE125-A9 (125cc single)	200	400	800	1,200	1,600	2,000
KX125-B1 (125cc single)	450	900	1,800	2,700	3,600	4,500

	6	5	4	3	2	1
KDX175-A3 (175cc single)	400	800	1,600	2,400	3,200	4,000
KE175-D4 (175cc single)	200	400	800	1,200	1,600	2,000
KDX250-B1 (250cc single)	400	800	1,600	2,400	3,200	4,000
KL250-A5 (250cc single)	200	400	800	1,200	1,600	2,000
KX250-B1 (250cc single)	450	900	1,800	2,700	3,600	4,500
KZ250-L1 CSR (250cc single)	250	500	1,000	1,500	2,000	2,500
KZ305-A2 CSR (305cc twin)	250	500	1,000	1,500	2,000	2,500
KZ305-B1 CSR (305cc twin)	250	500	1,000	1,500	2,000	2,500
KX420-A1 (420cc single)	400	800	1,600	2,400	3,200	4,000
KZ440-G1 Sports (440cc twin)	300	500	800	1,100	1,400	1,800
KZ440-A3 LTD (440cc twin)	300	500	900	1,200	1,500	1,900
KZ440-D4 LTD (440cc twin)	300	600	1,200	1,800	2,400	3,000
KDX450-A1 (450cc single)	400	800	1,600	2,400	3,200	4,000
KZ550-A3 Sports (550cc four)	350	700	1,400	2,100	2,800	3,500
KZ550-C3 LTD (550cc four)	350	700	1,400	2,100	2,800	3,500
KZ550-H1 GPZ (550cc four)	450	900	1,800	2,700	3,600	4,500
KZ650-H2 CSR (650cc four)	500	700	1,100	1,400	1,800	2,200
KZ750-E3 Sports (750cc four)	500	800	1,100	1,700	2,300	3,000
KZ750-H3 LTD (750cc four)	400	600	1,000	1,700	2,400	3,100
KZ750-M1 CSR Twin (750cc twin)	400	600	1,000	1,400	1,800	2,300
KZ750-R1 GPZ (750cc twin)	550	1,100	2,200	3,300	4,400	5,500
KZ750-N1 Spectre (750cc four)	500	700	1,100	1,800	2,600	3,400
KZ1000-M2 CSR (1,000cc four)	700	1,000	1,400	1,800	2,600	3,500
KZ1000-J2 Sports (1,000cc four)	700	1,000	1,400	2,100	2,900	3,700
KZ1000-K2 LTD (1,000cc four)	1,000	2,000	4,000	6,000	8,000	10,000
KZ1000-R1 (1,000cc four)	2,000	4,000	8,000	12,000	16,000	20,000
KZ1100-A2 Sports (1,100cc four)	700	1,000	1,300	2,100	3,100	4,100
KZ1100-D1 Spectre (1,100cc four)	700	1,000	1,500	2,400	3,300	4,300
KZ1100-B2 GPZ (1,100cc four)	1,100	1,400	2,000	2,800	3,600	4,400
KZ1300-A4 Sports (1,300cc six)	550	1,100	2,200	3,300	4,400	5,500
1983						
KX60-A1 (60cc single)	200	400	800	1,200	1,600	2,000
KD80-M4 (80cc single)	200	400	800	1,200	1,600	2,000
KDX80-B (80cc single)	200	400	800	1,200	1,600	2,000
KX80-E1 (80cc single)	200	400	800	1,200	1,600	2,000
KE100-B2 (100cc single)	200	400	800	1,200	1,600	2,000
KX125-B2 (125cc single)	450	900	1,800	2,700	3,600	4,500
KDX200-A1 (200cc single)	400	800	1,600	2,400	3,200	4,000
KDX250-B3 (250cc single)	400	800	1,600	2,400	3,200	4,000
KL250-C1 (250cc single)	200	400	800	1,200	1,600	2,000
KX250-C1 (250cc single)	450	900	1,800	2,700	3,600	4,500
KZ250-W1 LTD (250cc single)	250	500	1,000	1,500	2,000	2,500
EX305-B1 GPZ (305cc twin)	200	400	800	1,200	1,600	2,000
KZ440-D5 (440cc twin)	350	700	1,400	2,100	2,800	3,500
KX500-A1 (500cc single)	450	900	1,800	2,700	3,600	4,500
KZ550-A4 Sports (550cc four)	350	700	1,400	2,100	2,800	3,500
KZ550-C4 LTD (550cc four)	350	700	1,400	2,100	2,800	3,500
KZ550-M1 LTD (550cc four)	350	700	1,400	2,100	2,800	3,500
KZ550-F1 Spectre (550cc four)	350	700	1,400	2,100	2,800	3,500
KZ550-H2 GPZ (550cc four)	450	900	1,800	2,700	3,600	4,500
KZ650-H3 CSR (650cc four)	500	700	1,100	1,500	2,000	2,500
KZ750-K1 LTD (750cc four)	500	700	1,100	1,500	2,000	2,500
KZ750-H4 LTD (750cc four)	500	700	1,000	1,700	2,400	3,100
KZ750-L3 Sports (750cc four)	500	700	1,100	1,700	2,400	3,100
KZ750-F1 LTD (750cc four)	500	700	1,100	1,700	2,400	3,200
KZ750-N2 Spectre (750cc four)	500	700	1,100	1,800	2,600	3,400
ZX750-A1 GPZ (750cc four)	400	800	1,600	2,400	3,200	4,000
ZX750-E1 Turbo (750cc four)	1,000	2,000	4,000	6,000	8,000	10,000
KZ1000-R2 Replica (1000cc four) (750 made-2 yrs)	2,000	4,000	8,000	12,000	16,000	20,000
KZ1100-A3 (1,100cc four)	600	900	1,400	2,300	3,200	4,100

	6	5	4	3	2	1
KZ1100-L1 LTD (1,100cc four)	700	1,000	1,500	2,300	3,200	4,100
KZ1100-D2 Spectre (1,100cc four)	800	1,000	1,600	2,500	3,400	4,300
ZX1100-A1 GPZ (1,100cc four)	1,100	1,500	2,000	2,800	3,600	4,500
KZ1300-A5 (1,300cc six)	550	1,100	2,200	3,300	4,400	5,500
ZN1300-A Voyager (1,300cc six)	1,900	2,300	3,050	4,200	5,600	7,000
1984						
KX60-A2 (60cc single)	200	400	800	1,200	1,600	2,000
KD80-M5 (80cc single)	200	400	800	1,200	1,600	2,000
KDX80-C1 (80cc single)	200	400	800	1,200	1,600	2,000
KX80-E2 (80cc single)	200	400	800	1,200	1,600	2,000
KE100-B3 (100cc single)	200	400	800	1,200	1,600	2,000
KX125-C1 (125cc single)	450	900	1,800	2,700	3,600	4,500
KDX200-A2 (200cc single)	400	800	1,600	2,400	3,200	4,000
KDX250-B4 (250cc single)	400	800	1,600	2,400	3,200	4,000
KX250-C2 (250cc single)	450	900	1,800	2,700	3,600	4,500
KX500-A2 (500cc single)	450	900	1,800	2,700	3,600	4,500
KZ550-F2 LTD (550cc four)	350	700	1,400	2,100	2,800	3,500
ZX550-A1 GPZ (550cc four)	500	800	1,100	1,700	2,300	2,900
KL600A1 (600cc single)	250	500	1,000	1,500	2,000	2,500
KZ700-A1 Sports (700cc four)	500	800	1,100	1,800	2,400	3,000
ZN700-A1 LTD (700cc four)	800	1,100	1,500	2,100	2,600	3,100
ZX750-A2 GPZ (750cc four)	400	800	1,600	2,400	3,200	4,000
ZX750-E1 Turbo (750cc four)	1,000	2,000	4,000	6,000	8,000	10,000
ZX900-A1 Ninja (900cc four)	1,000	2,000	3,000	4,000	5,000	6,000
KZ1000-P3 Police (1,000cc four)	800	1,100	1,500	2,500	3,500	4,500
ZN1100-B1 LTD (1,100cc four)	700	1,000	1,400	2,400	3,400	4,400
ZX1100-A2 GPZ (1,100cc four)	500	1,000	2,000	3,000	4,000	5,000
ZG1300 (1,286cc six)	1,500	3,000	6,000	9,000	12,000	15,000
ZN1300-A2 Voyager (1,300cc six)	1,000	1,300	3,100	4,200	5,600	7,000
1985						
KX60-B1 (60cc single)	200	400	800	1,200	1,600	2,000
KDX80-C2 (80cc single)	200	400	800	1,200	1,600	2,000
KX80-E3 (80cc single)	200	400	800	1,200	1,600	2,000
KX125-D1 (125cc single)	300	500	800	1,200	1,600	2,000
KDX200-A3 (200cc single)	400	800	1,600	2,400	3,200	4,000
KL250-D2 KLR (250cc single)	250	500	1,000	1,500	2,000	2,500
KX250-D1 (250cc single)	400	800	1,600	2,400	3,200	4,000
EN450-A1 454 LTD (450cc twin)	700	900	1,200	1,400	1,700	2,000
KX500-B1 (500cc single)	400	600	900	1,500	2,100	2,700
ZX550-A2 GPZ (550cc four)	500	800	1,400	2,100	2,800	3,500
KL600-B1 KLR (600cc single)	400	600	900	1,500	2,000	2,500
ZX600-A1 Ninja R (600cc four)	400	800	1,600	2,400	3,200	4,000
ZN700-A2 LTD (700cc four)	700	1,100	1,500	2,000	2,600	3,100
VN700-A1 Vulcan (700cc twin)	800	1,100	1,600	2,100	2,700	3,300
ZX750-A3 GPZ (750cc four)	400	800	1,600	2,400	3,200	4,000
ZX750-E2 Turbo (750cc four)	1,400	2,000	4,000	6,000	8,000	10,000
XL900-A1 Eliminator (900cc four)	1,100	2,200	3,300	4,400	5,500	6,500
ZX900-A2 Ninja (900cc four)	1,000	2,000	3,000	4,000	5,000	6,000
ZN1100-B2 LTD (1,100cc four)	700	1,000	1,400	2,400	3,400	4,550
ZG1300 (1,286cc six)	1,500	3,000	6,000	9,000	12,000	15,000
ZN1300-A3 Voyager (1,300cc six)	1,000	1,300	3,100	4,200	5,600	7,000
1986						
KX60-B2 Mini (60cc single)	200	400	800	1,200	1,600	2,000
KD80-M7 (80cc single)	200	400	800	1,200	1,600	2,000
KDX80-C3 Mini (80cc single)	200	400	800	1,200	1,600	2,000
KX80-G1 Mini (80cc single)	200	400	700	800	1,000	1,100
KE100-B5 (100cc single)	200	400	800	1,200	1,600	2,000
KX125-E1 (125cc single)	400	600	900	1,300	1,700	2,100
KDX200-C1 (200cc single)	400	800	1,600	2,400	3,200	4,000
EX250-E1 Ninja (250cc twin)	500	800	1,100	1,500	1,900	2,300

	6	5	4	3	2	1
KL250-D3 KLR (250cc single)	250	500	1,000	1,500	2,000	2,500
KX250-D2 (250cc single)	400	800	1,600	2,400	3,200	4,000
EN450-A3 454 LTD (450cc twin)	600	900	1,200	1,600	1,900	2,200
KX500-B2 (500cc single)	500	700	1,000	1,600	2,200	2,800
KL600-B2 KLR (560cc single).	400	600	1,000	1,500	2,000	2,600
ZL600-A1 (600cc four)	700	1,000	1,400	2,100	2,800	3,500
ZX600-A2 Ninja R (600cc four)	400	800	1,600	2,400	3,200	4,000
VN750-A2 Vulcan (750cc twin)	1,100	1,500	2,100	2,500	3,000	3,500
ZL900-A2 Eliminator (900cc four).	1,100	2,200	3,300	4,400	5,500	6,500
ZX900-A3 Ninja (900cc four)	1,000	2,000	3,000	4,000	5,000	6,000
ZX1000-A1 Ninja R (1,000cc four)	1,000	2,000	3,000	4,000	5,000	6,000
ZG1000-A1 Concours (1,000cc four)	1,200	1,600	2,100	3,300	4,400	5,700
ZG1200-A1 Voyager XII (1,200cc four)	1,900	2,400	3,200	4,200	5,600	7,000
ZG1300 (1,286cc six)	1,500	3,000	6,000	9,000	12,000	15,000
ZN1300-A4 Voyager (1,300cc six).	1,900	2,400	3,200	4,200	5,600	7,000
1987						
KX60-B3 (60cc single)	200	400	700	800	900	1,000
KD80-M8 (80cc single)	200	400	800	1,200	1,600	2,000
KDX80-C4 (80cc single)	200	400	700	800	900	1,000
KX80-G2 (80cc single)	300	500	700	900	1,000	1,200
KX80-J2 (80cc single).	300	500	800	900	1,100	1,300
KE100-B6 (100cc single)	200	400	700	800	900	1,000
KX125-E2 (125cc single)	400	800	1,600	2,400	3,200	4,000
KDX200-C2 (200cc single)	300	500	900	1,300	1,700	2,100
EX250-E2 Ninja R (250cc twin)	500	800	1,200	1,600	2,000	2,400
KL250D4 KLR (250cc single)	400	600	1,000	1,400	1,800	2,300
KX250-E1 (250cc single)	400	800	1,600	2,400	3,200	4,000
KZ305-B2 LTD (305cc twin)	500	700	1,000	1,300	1,600	1,900
EN450-A3 454 LTD (450cc twin)	600	900	1,300	1,700	2,100	2,500
EX500-A1 (500cc four)	600	900	1,300	1,800	2,300	2,900
KX500-C1 (500cc single)	400	800	1,600	2,400	3,200	4,000
ZL600-A2 (600cc four)	700	1,000	1,400	2,100	2,800	3,500
ZX600-A3 Ninja R (600cc four)	400	800	1,600	2,400	3,200	4,000
ZX600-B1 Ninja RX (600cc four)	700	1,000	1,500	2,300	3,100	4,000
KL650-A1 KLR (650cc single).	500	700	1,000	1,700	2,300	3,000
VN750-A3 Vulcan (750cc twin)	1,200	1,600	2,100	2,600	3,200	3,800
ZX750-F1 Ninja R (750cc four)	900	1,200	1,700	2,700	3,800	4,800
ZG1000-A2 Concours (1,000cc four)	1,200	1,600	2,200	3,500	4,900	6,300
ZL1000-A1 (1,000cc four).	1,400	1,900	2,500	3,300	4,100	4,900
ZX1000-A2 Ninja R (1,000cc four)	1,000	2,000	3,000	4,000	5,000	6,000
ZG1200-B1 Voyager XII (1,200cc four)	1,900	2,400	3,200	4,200	5,600	7,000
ZG1300 (1,286cc six)	1,500	3,000	6,000	9,000	12,000	15,000
ZN1300-A5 Voyager (1,300cc six).	1,900	2,400	3,200	4,300	5,700	7,200
VN1500-A1 Vulcan 88 (1,500cc twin)	1,300	1,700	2,300	3,400	4,700	5,900
VN1500-B1 Vulcan 88SE (1,500cc twin)	1,300	1,700	2,300	3,400	4,700	5,900
1988						
KX60-B4 (60cc single)	200	400	700	900	1,000	1,200
KD80-N1 (80cc single)	200	400	700	800	900	1,000
KDX80-C5 Mini (80cc single)	200	400	700	900	1,000	1,200
KX80-L1 (80cc single)	300	500	800	1,000	1,200	1,400
KX80-N1 (80cc single)	300	500	800	1,000	1,200	1,500
KE100-B7 (100cc single)	300	500	800	900	1,000	1,100
KX125-F1 (125cc single)	400	800	1,600	2,400	3,200	4,000
KDX200-C3 (200cc single)	400	600	900	1,300	1,800	2,200
EL250-B2 Eliminator (250cc twin).	500	800	1,100	1,500	2,000	2,400
EX250-F2 Ninja R (250c twin)	600	800	1,200	1,700	2,300	2,800
KL250-D5 KLR (250cc single)	500	700	1,000	1,500	2,000	2,500
KX250-F1 (250cc single)	400	800	1,600	2,400	3,200	4,000
KZ305-B3 LTD (305cc twin).	500	700	1,000	1,300	1,600	1,900
EN450-A4 454 LTD (450cc twin)	600	900	1,300	1,800	2,200	2,600

	6	5	4	3	2	1
EX500-A2 (500cc twin)	600	900	1,300	1,900	2,500	3,100
KX500-D1 (500cc single)	400	800	1,600	2,400	3,200	4,000
ZX600-C1 Ninja R (600cc four)	900	1,200	1,700	2,400	3,200	4,000
KL650-A2 KLR (650cc single)	500	800	1,100	1,700	2,400	3,100
VN750-A4 Vulcan (750cc twin)	1,200	1,600	2,200	2,800	3,400	4,000
ZX750-F2 Ninja R (750cc four)	1,000	1,300	1,800	3,000	4,000	5,000
ZX1000-B1 Ninja ZX10 (1,000cc four)	1,300	1,800	2,400	3,600	4,800	6,000
ZG1000-A3 Concours (1,000cc four)	1,300	1,700	2,300	3,800	5,300	6,600
ZG1200-B2 Voyager XII (1,200cc four)	2,000	2,500	3,300	4,600	5,900	7,200
ZG1300 (1,286cc six)	1,500	3,000	6,000	9,000	12,000	15,000
ZN1300-A6 Voyager (1,300cc six)	2,000	2,500	3,300	4,700	6,000	7,400
VN1500-A2 Vulcan 88 (1,500cc twin)	1,300	1,800	2,400	3,700	4,900	6,200
VN1500-B2 Vulcan 88SE (1,500cc twin)	1,300	1,800	2,400	3,700	4,900	6,200
1989						
KX60 (60cc single)	300	500	800	1,000	1,200	1,500
KD80-N2 (80cc single)	200	400	500	900	1,000	1,200
KD80X Mini (80cc single)	200	400	700	900	1,000	1,200
KX80-L2 (80cc single)	300	500	800	1,200	1,500	1,800
KX80-N2 (80cc single)	300	500	800	1,200	1,500	1,900
KE100-B8 (100cc single)	300	500	800	1,000	1,100	1,300
KX125-G1 (125cc single)	400	800	1,600	2,400	3,200	4,000
KDX200-E1 (200cc single)	400	600	1,000	1,500	2,100	2,700
EL250-B3 Eliminator (250cc twin)	500	800	1,200	1,700	2,200	2,700
EX250-F3 (250cc twin)	600	900	1,300	1,900	2,600	3,300
KL250-D6 KLR (250cc single)	500	700	1,100	1,600	2,200	2,800
KX250-G1 (250cc single)	400	800	1,600	2,400	3,200	4,000
EN450-A45 454 LTD (450cc twin)	600	900	1,300	1,900	2,500	3,100
EX500-A3 (500cc twin)	700	1,000	1,300	1,900	2,600	3,300
KX500-E1 (500cc single)	400	800	1,600	2,400	3,200	4,000
ZX600-C2 Ninja R (600cc four)	900	1,300	1,700	2,600	3,500	4,400
KL650-A3 KLR (650cc single)	500	800	1,200	1,900	2,700	3,500
VN750-A5 Vulcan (750cc twin)	1,300	1,700	2,200	2,900	3,600	4,300
ZX750-F3 Ninja R (750cc four)	1,000	1,400	1,900	3,000	4,100	5,200
ZX750-H1 Ninja ZX7 (750cc four)	1,800	3,500	5,000	6,500	8,000	9,500
ZX1000-B2 Ninja ZX10 (1,000cc four)	1,500	1,900	2,500	3,800	5,000	6,200
ZG1200 Voyager XII (1,200cc four)	2,100	2,600	3,500	4,700	6,000	7,400
ZG1300 (1,286cc six)	1,500	3,000	6,000	9,000	12,000	15,000
VN1500-A3 Vulcan 88 (1,500cc twin)	1,500	1,900	2,500	3,800	5,000	6,300
1990						
KX60-B6 (60cc single)	300	500	800	1,100	1,300	1,600
KX80-L3 (80cc single)	300	500	900	1,200	1,500	1,900
KX80-N3 (80cc single)	400	600	900	1,200	1,600	2,000
KE100-B9 (100cc single)	300	500	800	1,000	1,100	1,300
KX125-H1 (125cc single)	500	800	1,200	1,900	2,500	3,200
KDX200-E2 (200cc single)	500	700	1,100	1,600	2,200	2,800
EX250-F4 Ninja R (250cc twin)	600	900	1,300	2,000	2,700	3,400
KL250-D7 KLR (250cc single)	500	800	1,200	1,700	2,300	2,900
KR-1S (249cc twin)	500	700	1,100	1,600	2,200	2,800
KX250-H1 (250cc single)	700	1,000	1,400	2,200	3,000	3,900
EN450-A6 454 LTD (450cc twin)	700	1,000	1,400	1,900	2,500	3,100
EX500-A4 (500cc twin)	700	1,100	1,500	2,200	2,800	3,400
EN500-A1 Vulcan (500cc twin)	900	1,300	1,800	2,400	3,000	3,700
KX500-E2 (500cc single)	700	1,000	1,400	2,200	3,100	4,000
ZR550-B1 Zephyr (550cc four)	900	1,200	1,700	2,400	3,200	4,000
ZX600-C3 Ninja R (600cc four)	900	1,300	1,800	2,500	3,300	4,500
ZX600-D1 Ninja ZX6 (600cc four)	1,200	1,700	2,300	3,300	4,400	5,500
KL650-A4 KLR (650cc single)	600	900	1,300	2,000	2,800	3,600
KL650-B2 Tengai (650cc single)	600	900	1,300	2,200	3,000	3,900
VN750-A6 Vulcan (750cc twin)	1,200	1,700	2,300	3,000	3,700	4,500
ZX750-F4 Ninja R (750cc four)	1,100	1,500	2,000	3,100	4,200	5,400

	6	5	4	3	2	1
ZX750-H2 Ninja ZX7 (750cc four)	1,800	3,500	5,000	6,500	8,000	9,500
KZ1000 Police (1,000cc four)	900	1,300	1,800	3,000	4,000	5,000
ZG1000-A5 Concours (1,000cc four)	1,300	1,800	2,400	3,900	5,400	6,800
ZX1000-B3 Ninja ZX10 (1,000cc four)	1,500	2,000	2,700	4,000	5,300	6,600
ZX1100-C1 Ninja ZX11 (1,100cc four)	1,800	2,300	3,000	4,500	6,000	7,600
ZG1200 Voyager XII (1,200cc four)	2,000	2,700	3,500	4,700	6,000	7,600
VN1500-B4 Vulcan 88SE (1,500cc twin)	1,300	1,900	2,600	3,900	5,200	6,400
VN1500A4 Vulcan 88 (1,500cc twin)	1,300	1,900	2,600	3,900	5,200	6,500
1991						
KX60-B7 (60cc single)	300	500	900	1,100	1,300	1,600
KX80-R1 (80cc single)	400	600	900	1,400	1,700	2,000
KX80-T1 (80cc single)	400	650	900	1,300	1,700	2,100
KE100-B10 (100cc single)	400	600	900	1,000	1,200	1,400
KX125-H2 (125cc single)	600	900	1,300	2,000	2,700	3,300
KDX200-E3 (200cc single)	500	800	1,100	1,700	2,300	2,900
EL250-E1 250HS (250cc twin)	500	800	1,200	1,800	2,400	3,000
KDX250-D1 (250cc single)	500	800	1,200	2,100	3,000	4,000
KL250-D8 KLR (250cc single)	600	900	1,300	1,800	2,300	2,900
KX250-H2 (250cc single)	700	1,000	1,500	2,300	3,100	4,000
EX500-A5 (500cc twin)	800	1,100	1,600	2,200	2,800	3,500
EN500-A2 Vulcan (500cc twin)	1,000	1,400	1,900	2,500	3,100	3,700
KX500-E3 (500cc single)	700	1,100	1,500	2,400	3,200	4,000
ZR550-B2 Zephyr (550cc four)	1,000	1,300	1,800	2,500	3,200	4,000
ZX600-C4 Ninja R (600cc four)	1,000	1,400	1,900	2,800	3,800	4,700
ZX600-D2 Ninja ZX6 (600cc four)	1,300	1,800	2,400	3,500	4,600	5,600
KL650-A5 KLR (650cc single)	700	1,000	1,400	2,100	2,800	3,600
VN750-A7 Vulcan (750cc twin)	1,300	1,800	2,400	3,100	3,800	4,600
ZR750-C1 Zephyr (750cc four)	1,000	1,300	1,900	2,800	3,700	4,700
ZX750-J1 Ninja ZX7 (750cc four)	1,800	3,500	5,000	6,500	8,000	9,500
ZX750-K1 Ninja ZX7R (750cc four)	1,800	2,300	3,100	5,000	7,000	9,000
KZ1000 Police (1,000cc four)	1,100	1,500	2,000	3,000	4,000	5,000
ZG1000-A6 Concours (1,000cc four)	1,300	1,800	2,500	3,900	5,300	6,900
ZX1100-C2 Ninja ZX11 (1,100cc four)	1,900	2,400	3,200	4,800	6,400	8,000
ZG1200 Voyager XII (1,200cc four)	2,000	2,700	3,600	5,000	6,300	7,700
VN1500-A5 Vulcan 88 (1,500cc twin)	1,500	2,000	2,700	3,900	5,400	6,600
1992						
KX60-B8 (60cc single)	400	600	900	1,100	1,400	1,700
KX80-R2 (80cc single)	400	600	1,000	1,300	1,700	2,000
KX80-T2 (80cc single)	400	600	1,000	1,400	1,800	2,200
KE100-B11 (100cc single)	400	600	900	1,100	1,200	1,400
KX125-J1 (125cc single)	700	1,000	1,400	2,100	2,700	3,400
KDX200-E4 (200cc single)	500	800	1,200	1,800	2,400	3,000
EX250-F6 Ninja R (250cc twin)	700	1,000	1,400	2,000	2,500	3,000
KDX250-D2 (250cc single)	600	900	1,300	2,100	3,000	4,000
KL250-D9 KLR (250cc single)	700	1,000	1,400	1,900	2,400	3,000
KX250-J1 (250cc single)	800	1,100	1,500	2,400	3,200	4,200
EX500-A6 (500cc twin)	800	1,200	1,700	2,300	2,900	3,500
EN500-A3 Vulcan (500cc twin)	1,000	1,400	1,900	2,600	3,200	3,800
KX500-E4 (500cc single)	800	1,100	1,600	2,400	3,300	4,200
ZX600-C5 Ninja R (600cc four)	1,100	1,500	2,100	3,000	3,900	4,700
ZX600-D3 Ninja ZX6 (600cc four)	1,400	1,900	2,500	3,500	4,500	5,600
KL650-A6 KLR (650cc single)	800	1,100	1,500	2,200	2,900	3,700
VN750-A8 Vulcan (750cc twin)	1,300	1,800	2,400	3,200	3,900	4,800
ZR750-C2 Zephyr (750cc four)	1,000	1,400	2,000	2,900	3,900	4,800
ZX750-J2 Ninja ZX7 (750cc four)	1,800	3,500	5,000	6,500	8,000	9,500
ZX750-K2 Ninja ZX7R (750cc four)	1,800	3,500	5,000	6,500	8,000	9,500
KZ1000 Police (1,000cc four)	1,100	1,600	2,100	3,000	4,000	5,000
ZG1000-A7 Concours (1,000cc four)	1,400	1,900	2,500	4,000	5,500	7,100
ZX1100-C3 Ninja ZX11 (1,100cc four)	1,900	2,500	3,000	4,500	5,900	7,000
ZG1200 Voyager XII (1,200cc four)	2,200	2,800	3,700	5,100	6,500	8,000

	6	5	4	3	2	1
VN1500-A6 Vulcan 88 (1,500cc twin)	1,500	2,000	2,700	4,000	5,300	6,700
1993						
KX60-B9 (60cc single)	400	600	900	1,100	1,400	1,700
KX80-R3 (80cc single)	400	600	1,000	1,300	1,700	2,100
KX80-T3 Big Wheel (80cc single)	400	600	1,000	1,400	1,800	2,200
KE100-B12 (100cc single)	400	600	900	1,100	1,200	1,400
KX125-J2 (125cc single)	700	1,000	1,400	2,100	2,700	3,400
KDX200-E5 (200cc single)	500	800	1,200	1,800	2,400	3,000
EX250-F7 Ninja R (250cc twin)	700	1,000	1,400	2,000	2,500	3,000
KDX250-D3 (250cc single)	600	900	1,300	2,100	3,000	4,000
KL250-D10 KLR (250cc single)	700	1,000	1,400	1,900	2,400	3,000
KX250-J2 (250cc single)	800	1,100	1,500	2,400	3,200	4,200
EN500-A4 Vulcan (500cc twin)	1,000	1,400	1,900	2,600	3,200	3,800
EX500-A7 (500cc twin)	800	1,200	1,700	2,300	2,900	3,500
KX500-E5 (500cc single)	800	1,100	1,600	2,400	3,300	4,200
ZX600-C6 Ninja R (600cc four)	1,100	1,500	2,100	3,000	3,900	4,700
ZX600-D4 Ninja ZX6 (600cc four)	1,400	1,900	2,500	3,500	4,500	5,600
ZX600-E1 Ninja ZX6 (600cc four)	1,400	1,900	2,500	3,500	4,500	5,600
KLX650-A1 (650cc single)	800	1,100	1,500	2,200	2,900	3,700
KL650-A7 KLR (650cc single)	800	1,100	1,500	2,200	2,900	3,700
KLX650-C1 (650cc single)	800	1,100	1,500	2,200	2,900	3,700
VN750-A9 Vulcan (750cc twin)	1,300	1,800	2,400	3,200	3,900	4,800
ZX750-L1 Ninja ZX7 (750cc four)	1,800	3,500	5,000	6,500	8,000	9,500
ZX750-M1 Ninja ZX7R (750cc four)	1,900	2,500	3,300	5,300	7,300	9,400
YZF750-SP (749cc four)	1,000	2,000	4,000	6,000	8,000	10,000
KZ1000 Police (1,000cc four)	1,100	1,600	2,100	3,000	4,000	5,000
ZG1000-A8 Concours (1,000cc four)	1,400	1,900	2,500	4,000	5,500	7,100
ZR1100-A2 ZR1100 (1100cc four)	1,300	1,800	2,400	3,200	3,900	4,800
ZX1100-C4 Ninja ZX11 (1,100cc four)	1,900	2,500	3,000	4,000	5,000	7,000
ZX1100-D1 Ninja ZX11 (1,100cc four)	1,900	2,500	3,000	4,000	5,000	7,000
ZG1200 Voyager XII (1,200cc four)	2,200	2,800	3,700	5,100	6,500	8,000
VN1500-A7 Vulcan 88 (1,500cc twin)	1,500	2,000	2,700	4,000	5,300	6,700
1994						
KX60-B10 (60cc single)	400	600	900	1,100	1,400	1,700
KX80-R4 (80cc single)	400	600	1,000	1,300	1,700	2,100
KX80-T4 Big Wheel (80cc single)	400	600	1,000	1,400	1,800	2,200
KE100-B13 (100cc single)	400	600	900	1,100	1,200	1,400
KX125-K1 (125cc single)	700	1,000	1,400	2,100	2,700	3,400
KDX200-E6 (200cc single)	500	800	1,200	1,800	2,400	3,000
EX250-F8 Ninja R (250cc twin)	700	1,000	1,400	2,000	2,500	3,000
KDX250-D4 (250cc single)	600	900	1,300	2,100	3,000	4,000
KL250-D11 KLR (250cc single)	700	1,000	1,400	1,900	2,400	3,000
KLX250-D2 (250cc single)	500	900	1,300	1,800	2,300	2,800
KX250-K2 (250cc single)	800	1,100	1,500	2,400	3,200	4,200
EN500-A5 Vulcan (500cc twin)	1,000	1,400	1,900	2,600	3,200	3,800
EX500-D1 Ninja (500cc twin)	700	1,000	1,700	2,200	2,700	3,200
KX500-E6 (500cc single)	800	1,100	1,600	2,400	3,300	4,200
ZX600-C7 Ninja R (600cc four)	1,100	1,500	2,100	3,000	3,900	4,700
ZX600-E2 Ninja ZX6 (600cc four)	1,400	1,900	2,500	3,500	4,500	5,600
KLX650-A2 (650cc single)	800	1,100	1,500	2,200	2,900	3,700
KL650-A8 KLR (650cc single)	800	1,100	1,500	2,200	2,900	3,700
KLX650-C2 (650cc single)	800	1,100	1,500	2,200	2,900	3,700
VN750-A10 Vulcan (750cc twin)	1,300	1,800	2,400	3,200	3,900	4,800
ZX750-L2 Ninja ZX7 (750cc four)	1,800	3,500	5,000	6,500	8,000	9,500
ZX750-M2 Ninja ZX7R (750cc four)	1,900	2,500	3,300	5,300	7,300	9,400
YZF750-SP (749cc four)	1,000	2,000	4,000	6,000	8,000	10,000
ZX900-B1 Ninja (900cc four)	1,000	2,000	2,900	3,800	4,700	6,000
KZ1000 Police (1,000cc four)	1,100	1,600	2,100	3,000	4,000	5,000
ZG1000-A9 Concours (1,000cc four)	1,400	1,900	2,500	4,000	5,500	7,100
ZX1100-D2 Ninja ZX11 (1,100cc four)	1,900	2,500	3,000	4,000	5,000	7,000

	6	5	4	3	2	1
ZG1200 Voyager XII (1,200cc four)	2,200	2,800	3,700	5,100	6,500	8,000
VN1500-A8 Vulcan 88 (1,500cc twin)	1,500	2,000	2,700	4,000	5,300	6,700
1995						
KX60-B11 (60cc single).	200	400	800	1,200	1,600	2,000
KX80-R5 (80cc single)	300	700	1,100	1,600	2,100	2,600
KX100-B5 (100cc single)	400	800	1,200	1,800	2,400	3,000
KE100-B14 (100cc single)	200	400	600	1,000	1,400	1,800
KX125-K2 (125cc single)	400	700	1,400	2,400	3,400	4,400
KDH200-H1 (200cc single)	400	800	1,600	2,400	3,200	4,000
KLX250-D3 (250cc single)	800	1,700	2,500	3,300	4,100	4,900
KX250-K2 (250cc single)	600	1,200	2,200	3,200	4,200	5,200
KL250-D12 KLR (250cc single)	300	600	1,300	2,100	2,900	3,700
EX250-F9 Ninja R (250cc twin)	500	1,100	1,700	2,300	2,900	3,500
KX500-E7 (500cc single)	500	1,100	2,100	3,100	4,100	5,100
EN500-A6 Vulcan (500cc twin)	700	1,400	2,200	3,000	3,800	4,600
EX500-D2 Ninja (500cc twin)	700	1,400	2,200	3,000	3,800	4,600
ZX600-C8 Ninja R (600cc four)	900	2,000	2,900	3,800	4,700	5,600
ZX600-E3 Ninja ZX6 (600cc four)	1,000	2,500	3,700	4,900	6,000	7,100
ZX600-F1 Ninja ZX6R (600cc four)	1,000	2,000	3,500	5,000	6,500	7,900
KLX650-A3 (650cc single)	600	1,200	2,200	3,200	4,200	5,200
KL650-A9 KLR (650cc single).	600	1,300	2,100	2,900	3,700	4,500
KLX650-C3 (650cc single)	800	1,600	2,500	3,400	4,300	5,400
VN750-A11 Vulcan (750cc twin)	600	1,200	2,500	3,500	5,100	6,100
ZX750-L3 Ninja ZX7 (750cc four)	1,800	3,500	5,000	6,500	8,000	9,500
ZX750 Ninja ZX7R (750cc four).	1,500	3,000	4,500	6,000	7,500	9,000
YZF750-SP (749cc four)	1,000	2,000	4,000	6,000	8,000	10,000
VN800-A1 Vulcan (800cc twin)	800	1,500	2,800	4,100	5,400	6,700
ZX900-B2 Ninja ZX9R (900cc four)	800	1,600	3,600	5,600	7,600	9,600
KZ1000P Police (1,000cc four)	600	1,200	2,500	4,000	5,500	7,000
ZG1000-A10 Concours (1,000cc four)	1,500	3,000	4,500	6,000	7,500	9,000
ZX1100-E1 GPZ (1,100cc four)	1,000	2,000	3,500	5,000	6,500	8,000
ZX1100-D3 Ninja ZX11 (1,100cc four)	1,000	2,000	4,000	6,000	8,000	10,000
ZG1200-B9 Voyager XII (1,200cc four)	1,000	2,000	4,000	6,000	8,000	10,000
VN1500-A9 Vulcan 88 (1,500cc twin)	800	1,500	2,800	4,300	6,700	8,200
1996						
KX60-B12 (60cc single).	200	400	800	1,200	1,600	2,000
KX80-R6 (80cc single)	300	700	1,100	1,600	2,100	2,600
KE100-B15 (100cc single)	200	400	600	1,000	1,400	1,800
KX100-B6 (100cc single)	400	800	1,200	1,800	2,400	3,000
KX125-K3 (125cc single)	400	700	1,400	2,400	3,400	4,400
KDH200-H2 (200cc single)	400	800	1,600	2,400	3,200	4,000
EX250-F10 Ninja R (250cc twin)	500	1,100	1,700	2,300	2,900	3,500
KL250-D13 KLR (250cc single)	300	600	1,300	2,100	2,900	3,700
KLX250-D4 (250cc single)	800	1,700	2,500	3,300	4,100	4,900
KLX250R (250cc single)	800	1,700	2,500	3,300	4,100	4,900
KX250-K3 (250cc single)	600	1,200	2,200	3,200	4,200	5,200
EX500-D3 Ninja (500cc twin)	700	1,400	2,200	3,000	3,800	4,600
EN500-A7 Vulcan (500cc twin)	700	1,400	2,200	3,000	3,800	4,600
EN500-C1 Vulcan LTD (500cc twin).	700	1,400	2,200	3,000	3,800	4,600
KX500-E8 (500cc single)	500	1,000	2,000	3,000	4,000	5,000
ZX600-C9 Ninja R (600cc four)	900	2,000	2,900	3,800	4,700	5,600
ZL600-B2 Eliminator (600cc four)	900	2,000	3,000	4,000	5,000	6,000
ZX600-E4 Ninja ZX6 (600cc four)	1,000	2,500	3,700	4,900	6,000	7,100
ZX600-F2 Ninja ZX6R (600cc four)	1,000	2,000	3,500	5,000	6,500	7,900
KLX650-D1 (650cc single)	700	1,500	2,500	3,500	4,500	5,500
KLX650R (650cc single)	700	1,500	2,500	3,500	4,500	5,500
KL650-A10 KLR (650cc single)	600	1,300	2,100	2,900	3,700	4,500
KLX650-C4 (650cc single)	800	1,600	2,500	3,400	4,300	5,400
VN750-A12 Vulcan (750cc twin)	600	1,200	2,500	3,500	5,100	6,100
ZX750-P1 Ninja ZX7R (750cc four)	1,500	3,000	4,500	6,000	7,500	9,000

	6	5	4	3	2	1
ZX750-N1 Ninja ZX7RR (750cc four)	1,500	3,000	4,500	6,000	8,000	10,000
YZF750-SP (749cc four)	1,000	2,000	4,000	6,000	8,000	10,000
VN800-A2 Vulcan (800cc twin)	800	1,500	2,800	4,100	5,400	6,700
ZX900-B3 Ninja ZX9R (900cc four)	800	1,600	3,600	5,600	7,600	9,600
KZ1000P Police (1,000cc four)	600	1,200	2,500	4,000	5,500	7,000
ZX1100-E2 GPZ (1,100cc four)	1,000	2,000	3,500	5,000	6,500	8,000
ZX1100-F1 GPZ ABS (1,100cc four)	1,000	2,000	3,500	500	7,000	8,500
ZX1100-D4 Ninja ZX11 (1,100cc four)	1,000	2,000	4,000	6,000	8,000	10,000
ZG1200-B10 Voyager XII (1,200cc four)	1,000	2,000	4,000	6,000	8,000	10,000
VN1500-A10 Vulcan 88 (1,500cc twin)	800	1,500	2,800	4,300	6,700	8,200
VN1500-C3 Vulcan L (1,500cc twin)	800	1,600	2,900	4,400	6,800	8,600
VN1500-D1 Vulcan Classic (1,500cc twin)	900	1,700	3,000	4,500	7,000	9,000
1997						
KX60-B13 (60cc single)	200	400	800	1,200	1,600	2,000
KX80-R7 (80cc single)	300	700	1,100	1,600	2,100	2,600
KX100-B7 (100cc single)	400	800	1,200	1,800	2,400	3,000
KX100-B16 (100cc single)	200	400	600	1,000	1,400	1,800
KX125-K4 (125cc single)	400	700	1,400	2,400	3,400	4,400
KDH200-H3 (200cc single)	400	800	1,600	2,400	3,200	4,000
KDX220A4 (220cc single)	450	900	1,800	2,700	3,600	4,500
EX250-F11 Ninja R (250cc twin)	500	1,100	1,700	2,300	2,900	3,500
KL250-D14 KLR (250cc single)	300	600	1,300	2,100	2,900	3,700
KX250-K4 (250cc single)	600	1,200	2,200	3,200	4,200	5,200
KLX300A2 (300cc single)	400	800	1,600	2,400	3,200	4,000
KX500-E9 (500cc single)	500	1,000	2,000	3,000	4,000	5,000
EN500-C2 Vulcan LTD (500cc twin)	250	500	1,000	1,500	2,000	2,500
EX500-D4 Ninja (500cc twin)	700	1,400	2,200	3,000	3,800	4,600
ZL600-B3 Eliminator (600cc four)	900	2,000	3,000	4,000	5,000	6,000
ZX600-C10 Ninja R (600cc four)	900	2,000	2,900	3,800	4,700	5,600
ZX600-E5 Ninja ZX6 (600cc four)	350	700	1,400	2,100	2,800	3,500
ZX600-F3 Ninja ZX6R (600cc four)	400	800	1,600	2,400	3,200	4,000
KL650-A11 KLR (650cc single)	600	1,300	2,100	2,900	3,700	4,500
VN750-A13 Vulcan (750cc twin)	200	400	800	1,600	2,400	3,000
ZX750-P2 Ninja ZX7R (750cc four)	1,500	3,000	4,500	6,000	7,500	9,000
YZF750-SP (749cc four)	1,000	2,000	4,000	6,000	8,000	10,000
VN800-A3 Vulcan (800cc twin)	800	1,500	2,800	4,100	5,400	6,700
VN800-B2 Vulcan Classic (800cc twin)	800	1,500	2,800	4,100	5,400	6,700
ZX900-B4 Ninja ZX9R (900cc four)	800	1,600	3,600	5,600	7,600	9,600
ZG1000A12 Concours (997cc four)	400	800	1,600	2,400	3,200	4,000
ZX1100-D5 Ninja ZX11 (1,100cc four)	1,000	2,000	4,000	6,000	8,000	10,000
ZG1200-B11 Voyager XII (1,200cc four)	1,000	2,000	4,000	6,000	8,000	10,000
VN1500-A11 Vulcan 88 (1,500cc twin)	1,000	2,000	3,500	5,000	6,500	8,000
VN1500-C4 Vulcan L (1,500cc twin)	1,000	2,000	3,500	5,000	6,500	8,000
VN1500-D2 Vulcan Classic (1,500cc twin)	1,000	2,000	4,000	6,000	8,000	10,000
1998						
KX60-B14 (60cc single)	200	400	800	1,200	1,600	2,000
KX80-W1 (80cc single)	300	700	1,100	1,600	2,100	2,600
KE100B17 (100cc single)	200	400	600	1,000	1,400	1,800
KX100-C1 (100cc single)	400	800	1,200	1,800	2,400	3,000
KX125-K5 (125cc single)	400	700	1,400	2,400	3,400	4,400
KDX200H4 (200cc single)	400	800	1,600	2,400	3,200	4,000
KDX220A5 (220cc single)	450	900	1,800	2,700	3,600	4,500
EX250-F12 Ninja R (250cc twin)	500	1,100	1,700	2,300	2,900	3,500
KL250-D15 KLR250 (250cc single)	300	600	1,300	2,100	2,900	3,700
KX250-K5 (250cc single)	600	1,200	2,200	3,200	4,200	5,200
KLX300A3 (300cc single)	400	800	1,600	2,400	3,200	4,000
EN500-C3 Vulcan LTD (500cc twin)	450	900	1,800	2,700	3,600	4,500
EX500-D5 Ninja (500cc twin)	700	1,400	2,200	3,000	3,800	4,600
KX500-E10 (500cc single)	500	1,000	2,000	3,000	4,000	5,000
ZX600-E6 Ninja ZX6 (600cc four)	900	2,000	2,900	3,800	4,700	5,600

	6	5	4	3	2	1
ZX600-G1 Ninja ZX6R (600cc four)	1,000	2,000	3,000	4,000	5,000	6,000
KL650-A12 KLR650 (650cc single)	600	1,300	2,100	2,900	3,700	4,500
VN750-A14 Vulcan (750cc twin)	1,000	2,000	3,000	4,000	5,000	6,000
ZX750-P3 Ninja ZX7R (750cc four)	1,500	3,000	4,500	6,000	7,500	9,000
VN800-A4 Vulcan (800cc twin)	800	1,500	2,800	4,100	5,400	6,700
VN800-B3 Vulcan Classic (800cc twin)	500	1,000	2,500	4,000	5,500	7,000
ZX900-C1 Ninja ZX9R (900cc four)	800	1,600	3,600	5,600	7,600	9,600
ZG1000-A13 Concours (997cc four)	1,000	2,000	3,500	5,000	6,500	8,000
ZX1100-D6 Ninja ZX11 (1,100cc four)	1,000	2,000	4,000	6,000	8,000	10,000
ZG1200-B12 Voyager XII (1,200cc four)	1,000	2,000	4,000	6,000	8,000	10,000
VN1500-A12 Vulcan 88 (1,500cc twin)	1,000	2,000	3,500	5,000	6,500	8,000
VN1500-E1 Vulcan Classic (1,500cc twin)	1,000	2,000	3,500	5,000	6,500	8,000
1999						
KX60-B15 (60cc single)	200	400	800	1,200	1,600	2,000
KX80-W2 (80cc single)	300	700	1,100	1,600	2,100	2,600
KE100B18 (100cc single)	200	400	600	1,000	1,400	1,800
KX100-C2 (100cc single)	400	800	1,200	1,800	2,400	3,000
KX125-L1 (125cc single)	400	700	1,400	2,400	3,400	4,400
KDX200H5 (200cc single)	400	800	1,600	2,400	3,200	4,000
KDX220A6 (220cc single)	450	900	1,800	2,700	3,600	4,500
EX250-F13 Ninja R (250cc twin)	500	1,100	1,700	2,300	2,900	3,500
KL250-D16 KLR250 (250cc single)	300	600	1,300	2,100	2,900	3,700
KX250-L1 (250cc single)	600	1,200	2,200	3,200	4,200	5,200
KLX300A4 (300cc single)	400	800	1,600	2,400	3,200	4,000
EN500-C4 Vulcan LTD (500cc twin)	450	900	1,800	2,700	3,600	4,500
EX500-D6 Ninja (500cc twin)	700	1,400	2,200	3,000	3,800	4,600
KX500-E11 (500cc single)	500	1,000	2,000	3,000	4,000	5,000
ZX600-E7 Ninja ZX6 (600cc four)	900	2,000	2,900	3,800	4,700	5,600
ZX600-G2 Ninja ZX6R (600cc four)	1,000	2,000	3,000	4,000	5,000	6,000
KL650-A13 KLR650 (650cc single)	600	1,300	2,100	2,900	3,700	4,500
VN750-A15 Vulcan (750cc twin)	1,000	2,000	3,000	4,000	5,000	6,000
ZX750-P4 Ninja ZX7R (750cc four)	1,500	3,000	4,500	6,000	7,500	9,000
VN800-A5 Vulcan (800cc twin)	800	1,500	2,800	4,100	5,400	6,700
VN800-B4 Vulcan Classic (800cc twin)	500	1,000	2,500	4,000	5,500	7,000
ZX900-C2 Ninja ZX9R (900cc four)	800	1,600	3,600	5,600	7,600	9,600
ZG1000-A14 Concours (997cc four)	1,000	2,000	3,500	5,000	6,500	8,000
ZR1100-C3 (1,052cc four)	1,000	2,000	3,500	5,000	6,500	8,000
ZX1100-D7 Ninja ZX11 (1,100cc four)	1,000	2,000	4,000	6,000	8,000	10,000
ZG1200-B13 Voyager XII (1,200cc four)	1,000	2,000	4,000	6,000	8,000	10,000
VN1500-A13 Vulcan 88 (1,500cc twin)	1,000	2,000	3,500	5,000	6,500	8,000
VN1500-E2 Vulcan Classic (1,500cc twin)	1,000	2,000	3,500	5,000	6,500	8,000
VN1500-G1 Vulcan Nomad (1,500cc twin)	1,000	2,000	3,500	5,000	6,500	8,000
VN1500-J1 Vulcan Drifter (1,500cc twin)	1,000	2,000	3,500	5,000	6,500	8,000

KTM

	6	5	4	3	2	1
1951						
R100 (98cc single)	2,000	4,000	6,000	8,000	10,000	12,000
1952						
R100 (98cc single)	2,000	4,000	6,000	8,000	10,000	12,000
1953						
R100 (98cc single)	2,000	4,000	6,000	8,000	10,000	12,000
1954						
R100 (98cc single)	2,000	4,000	6,000	8,000	10,000	12,000
1955						
R100 (98cc single)	2,000	4,000	6,000	8,000	10,000	12,000
Tourist (125cc single)	1,000	2,000	4,000	6,000	8,000	10,000
Grand Tourist (125cc single)	1,000	2,000	4,000	6,000	8,000	10,000
Mirabell (125cc single)	1,000	2,000	3,000	4,000	5,000	6,000
1956						
R100 (98cc single)	2,000	4,000	6,000	8,000	10,000	12,000

	6	5	4	3	2	1
Tourist (125cc single)	1,000	2,000	4,000	6,000	8,000	10,000
Grand Tourist (125cc single)	1,000	2,000	4,000	6,000	8,000	10,000
Mirabell (125cc single)	1,000	2,000	3,000	4,000	5,000	6,000
1957						
Mecky (50cc single)	500	1,000	1,500	2,000	2,500	3,000
R100 (98cc single)	2,000	4,000	6,000	8,000	10,000	12,000
Trophy (125cc single)	1,000	2,000	4,000	6,000	8,000	10,000
Mirabell (125cc single)	1,000	2,000	3,000	4,000	5,000	6,000
1958						
Mecky (50cc single)	500	1,000	1,500	2,000	2,500	3,000
R100 (98cc single)	2,000	4,000	6,000	8,000	10,000	12,000
Mirabell (125cc single)	1,000	2,000	3,000	4,000	5,000	6,000
Mirabell (150cc single)	1,000	2,000	3,500	5,000	6,500	8,000
1959						
Mecky (50cc single)	500	1,000	1,500	2,000	2,500	3,000
1960						
Ponny (50cc single)	250	500	1,000	1,500	2,000	2,500
1961						
Ponny (50cc single)	250	500	1,000	1,500	2,000	2,500
R100 (98cc single)	2,000	4,000	6,000	8,000	10,000	12,000
1962						
Ponny II (50cc single)	250	500	1,000	1,500	2,000	2,500
1963						
Ponny II (50cc single)	200	400	800	1,200	1,600	2,000
Comet (50cc single)	1,000	2,000	3,500	5,000	6,500	8,000
1964						
Ponny II (50cc single)	200	400	800	1,200	1,600	2,000
Comet (50cc single)	1,000	2,000	3,000	4,000	5,000	6,000
1965						
Ponny II (50cc single)	200	400	800	1,200	1,600	2,000
Comet (50cc single)	1,000	2,000	3,000	4,000	5,000	6,000
1966						
Ponny II (50cc single)	200	400	800	1,200	1,600	2,000
Comet (50cc single)	1,000	2,000	3,000	4,000	5,000	6,000
1967						
Ponny II (50cc single)	200	400	800	1,200	1,600	2,000
Comet (50cc single)	1,000	2,000	3,000	4,000	5,000	6,000
1968						
Ponny II (50cc single)	200	400	800	1,200	1,600	2,000
Comet Mustang (50cc single)	1,000	2,000	3,000	4,000	5,000	6,000
1969						
Ponny II (50cc single)	200	400	600	900	1,200	1,500
Comet Mustang (50cc single)	1,000	2,000	3,000	4,000	5,000	6,000
Comet Super (50cc single)	500	1,000	2,000	3,000	4,000	5,000
Comet 500S (50cc single)	500	1,000	2,000	3,000	4,000	5,000
1970						
Ponny II (50cc single)	200	400	600	900	1,200	1,500
Comet Super 4 (50cc single)	500	1,000	2,000	3,000	4,000	5,000
1971						
Ponny II (50cc single)	200	400	600	900	1,200	1,500
Comet Cross (50cc single)	500	1,000	2,000	3,000	4,000	5,000
Comet 500 (50cc single)	500	1,000	2,000	3,000	4,000	5,000
Comet 504S (50cc single)	500	1,000	2,000	3,000	4,000	5,000
MC125 (125cc single)	500	1,000	2,000	3,000	4,000	5,000
GS125 (125cc single)	800	1,300	1,800	2,300	3,700	5,100
1972						
Ponny II (50cc single)	200	400	600	900	1,200	1,500
Comet 504 (50cc single)	500	1,000	2,000	3,000	4,000	5,000
GS125 (125cc single)	800	1,300	1,800	2,300	3,700	5,100

	6	5	4	3	2	1
1973						
Ponny II (50cc single)	200	400	600	900	1,200	1,500
Comet RS50 (50cc single)	500	1,000	1,500	2,000	2,500	3,000
Comet 50S (50cc single)	500	1,000	1,500	2,000	2,500	3,000
GS Enduro (125cc single)	500	1,000	2,000	3,000	4,000	5,000
MX250 (250cc single)	800	1,300	1,800	2,300	3,500	4,700
1974						
Foxi GT (50cc single)	200	400	600	800	1,000	1,200
Ponny II (50cc single)	200	400	600	900	1,200	1,500
Comet Cross (50cc single)	500	1,000	1,500	2,000	2,500	3,000
Comet 500S (50cc single)	500	1,000	1,500	2,000	2,500	3,000
Comet GT50 (50cc single)	500	1,000	1,500	2,000	2,500	3,000
GS175 (175cc single)	1,000	1,600	2,200	2,800	4,500	6,200
1975						
Foxi GT (50cc single)	200	400	600	800	1,000	1,200
Ponny II (50cc single)	200	400	600	900	1,200	1,500
Comet Grand Prix (50cc single)	500	1,000	1,500	2,000	2,500	3,000
Comet Grand Prix (125cc single)	500	1,000	2,000	3,000	4,000	5,000
GS125 (125cc single)	800	1,300	1,800	2,300	3,700	5,100
GS250 (250cc single)	800	1,300	1,800	2,300	3,500	4,700
GS360 (360cc single)	700	1,400	2,100	2,800	3,500	4,800
1976						
Foxi GT (50cc single)	200	400	600	800	1,000	1,200
Ponny II (50cc single)	200	400	600	800	1,000	1,200
GP50 Deluxe (50cc single)	500	1,000	1,500	2,000	2,500	3,000
Comet Grand Prix (125cc single)	500	1,000	2,000	3,000	4,000	5,000
Comet 125RS (125cc single)	500	1,000	2,000	3,000	4,000	5,000
Cross Country 125 (125cc single)	800	1,300	1,800	2,300	3,700	5,100
ISDT Enduro 125 (125cc single)	800	1,300	1,800	2,300	3,700	5,100
Moto Cross 125 (125cc single)	800	1,300	1,800	2,300	3,700	5,100
Cross Country 175 (175cc single)	1,000	1,600	2,200	2,800	4,500	6,200
ISDT Enduro 175 (175cc single)	1,000	1,600	2,200	2,800	4,500	6,200
Moto Cross 175 (175cc single)	1,000	1,600	2,200	2,800	4,500	6,200
Cross Country 250 (250cc single)	800	1,300	1,800	2,300	3,500	4,700
ISDT Enduro 250 (250cc single)	800	1,300	2,000	3,000	4,000	5,000
Moto Cross 250 (250cc single)	800	1,500	2,500	3,500	4,500	5,500
Cross Country 400 (400cc single)	700	1,400	2,100	2,800	3,500	4,800
ISDT Enduro 400 (400cc single)	700	1,400	2,100	2,800	3,500	4,800
Moto Cross 400 (400cc single)	700	1,400	2,200	3,300	4,400	5,500
1977						
Foxi GT (50cc single)	200	400	600	800	1,000	1,200
Ponny II (50cc single)	200	400	600	800	1,000	1,200
Comet (50cc single)	500	1,000	1,500	2,000	2,500	3,000
Cross Country 125 (125cc single)	800	1,300	1,800	2,300	3,700	5,100
ISDT Enduro 125 (125cc single)	800	1,300	1,800	2,300	3,700	5,100
Moto Cross 125 (125cc single)	800	1,300	1,800	2,300	3,700	5,100
Cross Country 175 (175cc single)	1,000	1,600	2,200	2,800	4,500	6,200
SD Enduro 175 (175cc single)	1,000	1,600	2,200	2,800	4,500	6,200
Moto Cross 175 (175cc single)	1,000	1,600	2,200	2,800	4,500	6,200
Cross Country 250 (250cc single)	800	1,300	1,800	2,300	3,500	4,700
Moto Cross 250 (250cc single)	800	1,300	1,800	2,300	3,500	4,700
SD Enduro 250 (250cc single)	800	1,300	1,800	2,300	3,500	4,700
Cross Country 400 (400cc single)	700	1,400	2,100	2,800	3,500	4,800
Moto Cross 400 (400cc single)	700	1,400	2,100	2,800	3,500	4,800
SD Enduro 400 (400cc single)	700	1,400	2,100	2,800	3,500	4,800
1978						
Foxi GT (50cc single)	200	400	600	800	1,000	1,200
Ponny II (50cc single)	200	400	600	800	1,000	1,200
Comet (50cc single)	500	1,000	1,500	2,000	2,500	3,000
GS340 (340cc single)	700	1,500	2,500	3,500	4,500	5,500

	6	5	4	3	2	1
MC5 125 (125cc single)	800	1,200	1,600	2,200	3,400	4,600
MC5 175 (174cc single)	1,000	1,600	2,200	2,800	4,500	6,200
MC5 250 (250cc single)	800	1,300	1,800	2,300	3,500	4,700
MC5 400 (400cc single)	1,300	2,000	2,700	3,500	5,500	7,500
1979						
Ponny II (50cc single)	200	400	600	800	1,000	1,200
Comet (50cc single)	500	1,000	1,500	2,000	2,500	3,000
LC 125 (125cc single)	800	1,200	1,600	2,200	3,400	4,600
WR 175 (175cc single)	1,000	1,600	2,200	2,800	4,500	6,200
MX 250 (247cc single)	800	1,300	1,800	2,300	3,500	4,700
MX 400 (400cc single)	700	1,400	2,100	2,800	3,500	4,800
MX 420 (420cc single)	700	1,400	2,100	2,800	3,500	4,800
1980						
Ponny II (50cc single)	200	400	600	800	1,000	1,200
LC 125 (125cc single)	800	1,200	1,600	2,200	3,400	4,600
WR 175 (175cc single)	1,000	1,600	2,200	2,800	4,500	6,200
MX 250 (250cc single)	800	1,300	1,800	2,300	3,500	4,700
MX 420 (420cc single)	700	1,400	2,100	2,800	3,500	4,800
1981						
Ponny II (50cc single)	200	400	600	800	1,000	1,200
LC 125 (125cc single)	800	1,200	1,600	2,200	3,400	4,600
RV/WR 125 (125cc single)	800	1,200	1,600	2,200	3,400	4,600
WR 175 (175cc single)	1,000	1,600	2,200	2,800	4,500	6,200
MX 250 (250cc single)	800	1,300	1,800	2,300	3,500	4,700
WR 250 (250cc single)	800	1,300	1,800	2,300	3,500	4,700
WR 390 (390cc single)	700	1,400	2,100	2,800	3,500	4,800
MX 420 (420cc single)	700	1,400	2,100	2,800	3,500	4,800
MX 495 (495cc single)	800	1,400	2,100	3,000	4,000	5,000
1982						
Ponny II (50cc single)	200	400	600	800	1,000	1,200
LC/MX 125 (125cc single)	800	1,200	1,600	2,200	3,400	4,600
WR 125 (125cc single)	800	1,200	1,600	2,200	3,400	4,600
MX 250 (250cc single)	800	1,300	1,800	2,300	3,500	4,700
WR 250 (250cc single)	800	1,300	1,800	2,300	3,500	4,700
WR 400 (400cc single)	700	1,400	2,100	2,800	3,500	4,800
MX 495 (495cc single)	800	1,400	2,100	3,000	4,000	5,000
1983						
GSA 50 (50cc single)	200	400	600	800	1,000	1,200
MX 125 (125cc single)	800	1,200	1,600	2,200	3,400	4,600
MXC 125 (125cc single)	800	1,200	1,600	2,200	3,400	4,600
GS 250 (250cc single)	800	1,300	1,800	2,300	3,500	4,700
MX 250 (250cc single)	800	1,300	1,800	2,300	3,500	4,700
MXC 250 (250cc single)	800	1,300	1,800	2,300	3,500	4,700
GS 400 (400cc single)	700	1,400	2,100	2,800	3,500	4,800
MX 495 (495cc single)	800	1,400	2,100	3,000	4,000	5,000
GS 504 (504cc single)	800	1,400	2,100	3,000	4,000	5,000
MX 504 (504cc single)	800	1,400	2,100	3,000	4,000	5,000
1984						
Ponny II (50cc single)	200	400	600	800	1,000	1,200
MX 125 (125cc single)	800	1,200	1,600	2,200	3,400	4,600
MXC 125 (125cc single)	800	1,200	1,600	2,200	3,400	4,600
MX 250 (250cc single)	800	1,300	1,800	2,300	3,500	4,700
MXC 250 (250cc single)	800	1,300	1,800	2,300	3,500	4,700
MXC 420 (420cc single)	700	1,400	2,100	2,800	3,500	4,800
MX 495 (495cc single)	800	1,400	2,100	3,000	4,000	5,000
MXC 495 (495cc single)	800	1,400	2,100	3,000	4,000	5,000
560 (560cc single)	800	1,400	2,100	3,000	4,000	5,000
1985						
Ponny II (50cc single)	200	400	600	800	1,000	1,200
Comet RS50 (50cc single)	200	400	600	900	1,200	1,500

	6	5	4	3	2	1
MX 125 (123cc single)	300	600	1,200	1,800	2,400	3,000
MXC 125 (123cc single)	300	600	1,200	1,800	2,400	3,000
MX 250 (247cc single)	300	600	1,200	1,800	2,400	3,000
MXC 250 (247cc single)	300	600	1,200	1,800	2,400	3,000
MXC 350 (350cc single)	300	600	1,200	1,800	2,400	3,000
MX 500 (488cc single)	400	800	1,600	2,400	3,200	4,000
MXC 500 (488cc single)	300	600	1,200	1,800	2,400	3,000
MXC 600 (560cc single)	450	900	1,800	2,700	3,600	4,500
1986						
Ponny II (50cc single)	200	400	600	800	1,000	1,200
MX 80 (80cc single)	200	400	800	1,200	1,600	2,000
MX 125 (125cc single)	300	600	1,200	1,800	2,400	3,000
MXC 125 (125cc single)	300	600	1,200	1,800	2,400	3,000
MX 250 (250cc single)	300	600	1,200	1,800	2,400	3,000
MXC 250 (250cc single)	300	600	1,200	1,800	2,400	3,000
MXC 350 (350cc single)	300	600	1,200	1,800	2,400	3,000
MX 500 (500cc single)	300	600	1,200	1,800	2,400	3,000
MXC 500 (500cc single)	300	600	1,200	1,800	2,400	3,000
1987						
Ponny II (50cc single)	200	400	600	800	1,000	1,200
MX 80 (82cc single)	200	400	800	1,200	1,600	2,000
MX 125 (124cc single)	300	600	1,200	1,800	2,400	3,000
MX 250 (247cc single)	300	600	1,200	1,800	2,400	3,000
D/CC 250 (247cc single)	300	600	1,200	1,800	2,400	3,000
D/CC 350 (349cc single)	300	600	1,200	1,800	2,400	3,000
MX 500 (497cc single)	300	600	1,200	1,800	2,400	3,000
1988						
MX 80 (83cc single)	200	300	500	800	1,100	1,400
MX 125 (125cc single)	300	600	1,200	1,800	2,400	3,000
D/CC 125 (125cc single)	300	600	1,200	1,800	2,400	3,000
MX 250 (246cc single)	300	600	1,200	1,800	2,400	3,000
D/CC 250 (246cc single)	300	600	1,200	1,800	2,400	3,000
D/CC 350 (345cc single)	300	600	1,200	1,800	2,400	3,000
MX 500 (485cc single)	300	600	1,200	1,800	2,400	3,000
MX 600 (553cc single)	300	600	1,200	1,800	2,400	3,000
D/CC 600 (553cc single)	300	600	1,200	1,800	2,400	3,000
1989						
MX 125 (125cc single)	300	600	1,200	1,800	2,400	3,000
EXC 125 (125cc single)	700	1,400	2,100	2,800	3,500	4,200
MX 250 (250cc single)	300	600	1,200	1,800	2,400	3,000
DXC 250 (250cc single)	250	500	1,000	1,500	2,000	2,500
EXC 250 (250cc single)	250	500	1,000	1,500	2,000	2,500
MX 350 (350cc single)	250	500	1,000	1,500	2,000	2,500
EXC 350 (350cc single)	900	1,900	2,700	3,500	4,300	5,100
MX 500 (500cc single)	300	600	1,200	1,800	2,400	3,000
DXC 500 (500cc single)	250	500	1,000	1,500	2,000	2,500
MX 600 (600cc single)	300	600	1,200	1,800	2,400	3,000
EXC 600 (600cc single)	250	500	1,000	1,500	2,000	2,500
1990						
MX 85 (83cc single)	200	400	600	900	1,200	1,500
MX 125 (125cc single)	300	600	900	1,200	1,500	1,800
DXC 125 (125cc single)	200	400	700	1,000	1,300	1,600
EXC 125 (125cc single)	700	1,400	2,100	2,800	3,500	4,200
MX 250 (249cc single)	400	700	1,000	1,400	1,800	2,200
DXC 250 (249cc single)	300	500	800	1,200	1,600	2,000
EXC 250 (249cc single)	900	1,900	2,700	3,500	4,300	5,100
MX 300 (297cc single)	900	1,900	2,700	3,500	4,300	5,100
DXC 300 (297cc single)	300	500	800	1,200	1,600	2,000
EXC 300 (297cc single)	900	1,900	2,700	3,500	4,300	5,100
EXC 350 (345cc single)	300	600	900	1,200	1,500	1,800

	6	5	4	3	2	1
MX 500 (498cc single)	400	700	1,000	1,500	2,000	2,500
DXC 540 (534cc single)	300	500	800	1,200	1,600	2,000
MX 600 (553cc single)	400	700	1,100	1,500	1,900	2,300
DXC 600 (553cc single)	300	600	900	1,300	1,700	2,100
1991						
MX 125 (125cc single)	400	700	1,000	1,400	1,800	2,200
EXC 125 (125cc single)	700	1,400	2,100	2,800	3,500	4,200
MX 250 (249cc single)	400	700	1,100	1,600	2,100	2,600
DXC 250 (249cc single)	300	600	900	1,300	1,700	2,100
EXC 250 (249cc single)	900	1,900	2,700	3,500	4,300	5,100
MX 300 (297cc single)	900	1,900	2,700	3,500	4,300	5,100
DXC 300 (297cc single)	300	600	900	1,300	1,700	2,100
TXC 300 (297cc single)	300	600	900	1,300	1,700	2,100
EXC 300 (297cc single)	900	1,900	2,700	3,500	4,300	5,100
MX 500 (498cc single)	400	700	1,100	1,600	2,100	2,600
DXC 540 (548cc single)	300	600	900	1,300	1,700	2,100
LC4 600 (553cc single)	400	700	1,000	1,400	1,800	2,200
1992						
SX 125 (125cc single)	700	1,400	2,100	2,800	3,500	4,200
EXC 125 (125cc single)	700	1,400	2,100	2,800	3,500	4,200
SX 250 (249cc single)	400	800	1,200	1,700	2,200	2,700
DXC 250 (249cc single)	400	700	1,000	1,400	1,800	2,200
EXC 250 (249cc single)	900	1,900	2,700	3,500	4,300	5,100
SX 300 (297cc single)	400	800	1,200	1,700	2,200	2,700
DXC 300 (297cc single)	400	700	1,000	1,400	1,800	2,200
TXC 300 (297cc single)	400	700	1,000	1,400	1,800	2,200
EXC 300 (297cc single)	900	1,900	2,700	3,500	4,300	5,100
SX 500 (498cc single)	400	800	1,200	1,700	2,200	2,700
DXC 540 (548cc single)	400	700	1,000	1,400	1,800	2,200
LC4 600 (553cc single)	400	700	1,100	1,500	1,900	2,300
1993						
SX 125 (125cc single)	700	1,400	2,100	2,800	3,500	4,200
EXC 125 (125cc single)	700	1,400	2,100	2,800	3,500	4,200
SX 250 (249cc single)	800	1,600	2,400	3,400	4,200	5,000
EXC 250 (249cc single)	900	1,900	2,700	3,500	4,300	5,100
MXC 300 (297cc single)	900	1,900	2,700	3,500	4,300	5,100
EXC 300 (297cc single)	900	1,900	2,700	3,500	4,300	5,100
LC4 EXC 400 (400cc single)	1,000	2,100	3,100	4,100	5,100	6,100
MXC 550 (548cc single)	800	1,600	2,500	3,400	4,300	5,200
LC4 EXC 600 (600cc single)	900	1,800	2,900	3,900	4,900	5,900
1994						
SX 125 (125cc single)	700	1,400	2,100	2,800	3,500	4,200
EXC 125 (125cc single)	700	1,400	2,100	2,800	3,500	4,200
SX 250 (249cc single)	800	1,600	2,400	3,400	4,200	5,000
EXC 250 (249cc single)	900	1,900	2,700	3,500	4,300	5,100
MXC 300 (297cc single)	900	1,900	2,700	3,500	4,300	5,100
EXC 300 (297cc single)	900	1,900	2,700	3,500	4,300	5,100
LC4 RXC 400 (398cc single)	1,000	2,100	3,100	4,100	5,100	6,100
LC4 EXC 400 (398cc single)	600	1,200	2,200	3,400	4,600	5,800
MXC 440 (435cc single)	800	1,600	2,500	3,400	4,300	5,200
EXC 440 (435cc single)	800	1,600	2,500	3,400	4,300	5,300
MXC 550 (548cc single)	800	1,600	2,500	3,400	4,300	5,200
LC4 RXC 620 (609cc single)	700	1,400	2,600	3,800	5,000	6,200
LC4 EXC 620 (609cc single)	900	1,800	2,900	3,900	4,900	5,900
Duke 620 (609cc single)	1,200	2,300	4,300	5,700	7,000	8,300
1995						
SX 125 (125cc single)	700	1,400	2,100	2,800	3,500	4,200
EXC 125 (125cc single)	700	1,400	2,100	2,800	3,500	4,200
SX 250 (249cc single)	800	1,600	2,400	3,400	4,200	5,000
EXC 250 (249cc single)	900	1,900	2,700	3,500	4,300	5,100

	6	5	4	3	2	1
MXC 300 (297cc single)	900	1,900	2,700	3,500	4,300	5,100
EXC 300 (297cc single)	900	1,900	2,700	3,500	4,300	5,100
LC1 RXC 100 (000cc single)	1,000	0,100	0,100	1,100	0,100	0,100
LC4 EXC 400 (398cc single)	600	1,200	2,200	3,400	4,600	5,800
MXC 440 (435cc single)	800	1,600	2,500	3,400	4,300	5,200
EXC 440 (435cc single)	800	1,600	2,500	3,400	4,300	5,300
MXC 550 (548cc single)	800	1,600	2,500	3,400	4,300	5,200
LC4 RXC 620 (609cc single)	700	1,400	2,600	3,800	5,000	6,200
LC4 EXC 620 (609cc single)	900	1,800	2,900	3,900	4,900	5,900
Duke 620 (609cc single)	1,200	2,300	4,300	5,700	7,000	8,300
1996						
SX 50 (50cc single)	300	500	700	900	1,100	1,300
SXR 50 (50cc single)	300	500	700	900	1,200	1,500
SX3 50 (50cc single)	300	500	800	1,100	1,400	1,700
SXR Pro (50cc single)	300	600	900	1,200	1,500	1,800
EXC 125 (125cc single)	700	1,400	2,100	2,800	3,500	4,200
SX 125 (125cc single)	700	1,400	2,100	2,800	3,500	4,200
EXC 250 (249cc single)	900	1,900	2,700	3,500	4,300	5,100
SX 250 (249cc single)	800	1,600	2,400	3,400	4,200	5,000
EXC 300 (297cc single)	900	1,900	2,700	3,500	4,300	5,100
MXC 300 (297cc single)	500	1,000	2,000	3,400	4,500	5,600
EXC 360 (354cc single)	900	1,900	2,900	3,900	4,900	5,900
MXC 360 (354cc single)	600	1,400	2,500	3,600	4,700	5,800
SX 360 (354cc single)	500	900	1,900	3,200	4,500	5,700
EXC 400 (398cc single)	900	1,800	2,900	4,000	5,100	6,200
RXC 400 (398cc single)	900	1,700	2,900	4,100	5,300	6,500
MXC 550 (548cc single)	800	1,600	2,500	3,400	4,300	5,200
EXC 620 (609cc single)	900	1,700	2,900	4,100	5,300	6,500
SX 620 (609cc single)	500	1,000	2,000	3,500	5,000	6,500
RXC 620 (609cc single)	1,000	2,000	3,000	4,200	5,500	6,800
Duke 620 (609cc single)	1,200	2,300	4,300	5,700	7,000	8,300
1997						
Adventure 50 (50cc single)	150	300	600	900	1,200	1,500
SXR Junior 50 (50cc single)	300	600	900	1,200	1,500	1,800
SXR Senior 50 (50cc single)	200	400	800	1,200	1,600	2,000
EXC 125 (125cc single)	500	1,000	2,000	3,000	4,000	5,000
SX 125 (125cc single)	500	1,000	2,000	3,000	4,000	5,000
EXC 250 (249cc single)	1,000	2,000	3,000	4,000	5,000	6,000
SX 250 (249cc single)	550	1,100	2,200	3,300	4,400	5,500
EXC 300 (297cc single)	1,000	2,000	3,000	4,000	5,000	6,000
MXC 300 (297cc single)	1,000	2,000	3,000	4,000	5,000	6,000
EXC 360 (354cc single)	1,000	2,000	3,000	4,000	5,000	6,000
MXC 360 (354cc single)	1,000	2,000	3,000	4,000	5,000	6,000
SX 360 (354cc single)	1,000	2,000	3,000	4,000	5,000	6,000
EXC 400 LC4 (398cc single)	1,000	2,000	3,000	4,000	5,000	6,000
RXC 400 E (398cc single)	1,000	2,000	3,000	4,000	5,000	6,000
Duke 620E (609cc single)	1,000	2,000	3,000	4,000	5,000	6,000
EXC 620 LC4 (609cc single)	500	1,000	2,000	3,500	5,000	6,500
RXC 620 E (609cc single)	500	1,000	2,000	3,500	5,000	6,500
SX 620 (609cc single)	500	1,000	2,000	3,500	5,000	6,500
Duke 620 (609cc single)	1,200	2,300	4,300	5,700	7,000	8,300
1998						
Adventure 50 (50cc single)	150	300	600	900	1,200	1,500
SXR Pro Junior 50 (50cc single)	300	600	900	1,200	1,500	1,800
SXR Pro Senior 50 (50cc single)	200	400	800	1,200	1,600	2,000
SX 65 (65cc single)	250	500	1,000	1,500	2,000	2,500
EXC 125 (125cc single)	500	1,000	2,000	3,000	4,000	5,000
SX 125 (125cc single)	500	1,000	2,000	3,000	4,000	5,000
EXC 200 (200cc single)	550	1,100	2,200	3,300	4,400	5,500
MXC 200 (200cc single)	550	1,100	2,200	3,300	4,400	5,500

	6	5	4	3	2	1
EXC 250 (250cc single)	1,000	2,000	3,000	4,000	5,000	6,000
MXC 250 (250cc single)	550	1,100	2,200	3,300	4,400	5,500
SX 250 (249cc single)	550	1,100	2,200	3,300	4,400	5,500
EXC 300 (297cc single)	1,000	2,000	3,000	4,000	5,000	6,000
MXC 300 (297cc single)	1,000	2,000	3,000	4,000	5,000	6,000
EXC 380 (380cc single)	1,000	2,000	3,000	4,000	5,000	6,000
MXC 380 (380cc single)	1,000	2,000	3,000	4,000	5,000	6,000
SX 380 (380cc single)	1,000	2,000	3,000	4,000	5,000	6,000
EXC 400 LC4 (398cc single)	1,000	2,000	3,000	4,000	5,000	6,000
SX 400 (398cc single)	1,000	2,000	3,000	4,000	5,000	6,000
EXC 620 LC4 (609cc single)	500	1,000	2,000	3,500	5,000	6,500
SX 620 (609cc single)	500	1,000	2,000	3,500	5,000	6,500
Duke 620 (609cc single)	1,200	2,300	4,300	5,700	7,000	8,300
1999						
Adventure 50 (50cc single)	150	300	600	900	1,200	1,500
SXR Pro Junior 50 (50cc single)	300	600	900	1,200	1,500	1,800
SXR Pro Senior 50 (50cc single)	200	400	800	1,200	1,600	2,000
SX 65 (65cc single)	250	500	1,000	1,500	2,000	2,500
EXC 125 (125cc single)	500	1,000	2,000	3,000	4,000	5,000
SX 125 (125cc single)	500	1,000	2,000	3,000	4,000	5,000
EXC 200 (200cc single)	550	1,100	2,200	3,300	4,400	5,500
MXC 200 (200cc single)	550	1,100	2,200	3,300	4,400	5,500
EXC 250 (250cc single)	1,000	2,000	3,000	4,000	5,000	6,000
MXC 250 (250cc single)	550	1,100	2,200	3,300	4,400	5,500
SX 250 (249cc single)	550	1,100	2,200	3,300	4,400	5,500
EXC 300 (297cc single)	1,000	2,000	3,000	4,000	5,000	6,000
MXC 300 (297cc single)	1,000	2,000	3,000	4,000	5,000	6,000
EXC 380 (380cc single)	1,000	2,000	3,000	4,000	5,000	6,000
MXC 380 (380cc single)	1,000	2,000	3,000	4,000	5,000	6,000
SX 380 (380cc single)	1,000	2,000	3,000	4,000	5,000	6,000
LC4 640 Adventure R (625cc single)	500	1,000	2,000	3,000	4,000	5,000
LC4 640 Dual Sport (625cc single)	500	1,000	2,000	3,000	4,000	5,000
LAMBRETTA						
1947						
125M (125cc single)	2,000	4,000	6,000	8,000	10,000	12,000
1948						
125B (125cc single)	1,000	2,000	3,500	5,000	6,500	8,000
125M (125cc single)	2,000	4,000	6,000	8,000	10,000	12,000
1949						
125B (125cc single)	1,000	2,000	3,500	5,000	6,500	8,000
1950						
125B (125cc single)	1,000	2,000	3,500	5,000	6,500	8,000
125C Sports (125cc single)	1,000	2,000	3,500	5,000	6,500	8,000
125FC (125cc single)	1,000	2,000	4,000	6,000	8,000	10,000
125LC (125cc single)	1,000	2,000	3,500	5,000	6,500	8,000
1951						
125C Sports (125cc single)	1,000	2,000	3,500	5,000	6,500	8,000
125D Series I (125cc single)	1,000	2,000	3,500	5,000	6,500	8,000
125FC (125cc single)	1,000	2,000	4,000	6,000	8,000	10,000
125LC (125cc single)	1,000	2,000	3,500	5,000	6,500	8,000
125LD Series I (125cc single)	1,000	2,000	3,500	5,000	6,500	8,000
1952						
125D Series I (125cc single)	1,000	2,000	3,500	5,000	6,500	8,000
125FC (125cc single)	1,000	2,000	4,000	6,000	8,000	10,000
Lambro 125FD Series I (125cc single)	1,000	2,000	4,000	6,000	8,000	10,000
125LD Series I (125cc single)	1,000	2,000	3,500	5,000	6,500	8,000
1953						
125D Series I (125cc single)	1,000	2,000	3,500	5,000	6,500	8,000
125D Series II (125cc single)	1,000	2,000	3,500	5,000	6,500	8,000

	6	5	4	3	2	1
125E Pull Start (125cc single)	2,000	4,000	6,000	8,000	10,000	12,000
Lambro 125FD Series I (125cc single)	1,000	2,000	4,000	6,000	8,000	10,000
125LD Series I (125cc single)	1,000	2,000	3,500	5,000	6,500	8,000
125LD Series II (125cc single)	500	1,000	2,500	4,000	5,500	7,000
1954						
125D Series II (125cc single)	1,000	2,000	3,500	5,000	6,500	8,000
125E Pull Start (125cc single)	2,000	4,000	6,000	8,000	10,000	12,000
125F (125cc single).	1,000	2,000	3,500	5,000	6,500	8,000
Lambro 125FD Series II (125cc single) (8,280 made-2 yrs)	1,000	2,000	4,000	6,000	8,000	10,000
125LD Series II (125cc single)	500	1,000	2,500	4,000	5,500	7,000
125LDA Series II Electric Start (125cc single)	1,000	2,000	3,500	5,000	6,500	8,000
150D Series II (150cc single)	1,000	2,000	3,500	5,000	6,500	8,000
150LD Series II (150cc single)	500	1,000	2,500	4,000	5,500	7,000
1955						
Lambrettino Ribot 48 Moped Series I (48cc single)	400	800	1,600	2,400	3,200	4,000
125D Series III (125cc single) (500 made-4 yrs)	1,000	2,000	4,000	6,000	8,000	10,000
125F (125cc single).	1,000	2,000	3,500	5,000	6,500	8,000
Lambro 125FD Series II (125cc single)	1,000	2,000	4,000	6,000	8,000	10,000
Lambro 150FD Series II (150cc single)	1,000	2,000	4,000	6,000	8,000	10,000
125LD Series II (125cc single)	500	1,000	2,500	4,000	5,500	7,000
150D Series II (150cc single)	1,000	2,000	3,500	5,000	6,500	8,000
150LD Series II (150cc single)	500	1,000	2,500	4,000	5,500	7,000
150LDA Series II Electric Start (150cc single)	1,000	2,000	3,500	5,000	6,500	8,000
1956						
Lambrettino Ribot 48 Moped Series I (48cc single)	400	800	1,600	2,400	3,200	4,000
125D Series III (125cc single).	1,000	2,000	4,000	6,000	8,000	10,000
125LD Series II (125cc single)	500	1,000	2,500	4,000	5,500	7,000
150D Series II (150cc single)	500	1,000	2,500	4,000	5,500	7,000
Lambro 150FD Series II (150cc single)	1,000	2,000	4,000	6,000	8,000	10,000
150LD Series II (150cc single)	500	1,000	2,500	4,000	5,500	7,000
150LDA Series II Electric Start (150cc single)	1,000	2,000	3,500	5,000	6,500	8,000
1957						
Lambrettino Ribot 48 Moped Series I (48cc single)	400	800	1,600	2,400	3,200	4,000
125D Series III (125cc single)	1,000	2,000	4,000	6,000	8,000	10,000
125LD Series III (125cc single)	1,000	2,000	3,000	4,000	5,000	6,000
125LDA Series III Electric Start (125cc single) (52 made-2 yrs)	1,000	2,000	4,000	6,000	8,000	10,000
150D Series III (150cc single).	500	1,000	2,500	4,000	5,500	7,000
Lambro 150FD Series III (150cc single). . . .	1,000	2,000	3,500	5,000	6,500	8,000
Lambro 150FDC (150cc single).	1,000	2,000	3,500	5,000	6,500	8,000
150LD Series II (150cc single)	500	1,000	2,500	4,000	5,500	7,000
150LD Series III (150cc single)	500	1,000	2,500	4,000	5,500	7,000
150LDA Series III Electric Start (150cc single)	500	1,000	2,500	4,000	5,500	7,000
Mayfair 150LDA (150cc single)	1,000	2,000	3,500	5,000	6,500	8,000
150LDB Riviera (150cc single)	1,000	2,000	3,500	5,000	6,500	8,000
TV175 Series I (175cc single).	1,000	2,000	4,000	6,000	8,000	10,000
1958						
125D Series III (125cc single).	1,000	2,000	4,000	6,000	8,000	10,000
125LD Series III (125cc single)	1,000	2,000	3,000	4,000	5,000	6,000
125LDA Series III Electric Start (125cc single) (52 made-2 yrs)	1,000	2,000	4,000	6,000	8,000	10,000
125LI Series I (125cc single)	1,000	2,000	3,000	4,000	5,000	6,000
Lambro 150FD Series III (150cc single). . . .	1,000	2,000	3,500	5,000	6,500	8,000
Lambro 150FDC (150cc single).	1,000	2,000	3,500	5,000	6,500	8,000
150LD Series III (150cc single)	500	1,000	2,500	4,000	5,500	7,000
150LDB Riviera (150cc single)	1,000	2,000	3,500	5,000	6,500	8,000
150LI Series I (150cc single)	1,000	2,000	3,000	4,000	5,000	6,000
175TV Series I (175cc single).	1,000	2,000	4,000	6,000	8,000	10,000
1959						
Lambrettino 48 Moped Series II (48cc single).	400	800	1,600	2,400	3,200	4,000

	6	5	4	3	2	1
125FB (125cc single)	500	1,000	2,500	4,000	5,500	7,000
125LI Series I (125cc single)	1,000	2,000	3,000	4,000	5,000	6,000
125LI Series II (125cc single)	1,000	2,000	3,000	4,000	5,000	6,000
Lambro 150FD Series III (150cc single)	1,000	2,000	3,500	5,000	6,500	8,000
Lambro 150FDC (150cc single)	1,000	2,000	3,500	5,000	6,500	8,000
150LI Series I (150cc single)	1,000	2,000	3,000	4,000	5,000	6,000
150LI Series II (150cc single)	1,000	2,000	3,000	4,000	5,000	6,000
Lambro 175FLI Series I (175cc single)	1,000	2,000	3,500	5,000	6,500	8,000
175TV Series I (175cc single)	1,000	2,000	4,000	6,000	8,000	10,000
175TV Series II (175cc single)	3,000	6,000	12,000	18,000	24,000	30,000
1960						
Lambrettino 48 Moped Series II (48cc single)	400	800	1,600	2,400	3,200	4,000
125FB (125cc single)	500	1,000	2,500	4,000	5,500	7,000
125LI Series II (125cc single)	1,000	2,000	3,000	4,000	5,000	6,000
150LI Series II (150cc single)	1,000	2,000	3,000	4,000	5,000	6,000
Lambro 175FLI Series I (175cc single)	1,000	2,000	3,500	5,000	6,500	8,000
Lambro 175FLI Series II (175cc single)	1,000	2,000	3,500	5,000	6,500	8,000
175TV Series II (175cc single)	3,000	6,000	12,000	18,000	24,000	30,000
1961						
Lambrettino 48 Moped Series II (48cc single)	400	800	1,600	2,400	3,200	4,000
125FB (125cc single)	500	1,000	2,500	4,000	5,500	7,000
125LI Series II (125cc single)	1,000	2,000	3,000	4,000	5,000	6,000
125LI Series III (125cc single)	500	1,000	2,000	3,000	4,000	5,000
150LI Series II (150cc single)	1,000	2,000	3,000	4,000	5,000	6,000
150LI Rallymaster (150cc single)	500	1,000	2,500	4,000	5,500	7,000
Lambro 175FLI Series II (175cc single)	1,000	2,000	3,500	5,000	6,500	8,000
175TV Series II (175cc single)	3,000	6,000	12,000	18,000	24,000	30,000
1962						
125LI Series III (125cc single)	500	1,000	2,000	3,000	4,000	5,000
150LI Rallymaster (150cc single)	500	1,000	2,500	4,000	5,500	7,000
150LI Series III (150cc single)	500	1,000	2,000	3,000	4,000	5,000
Lambro 175FLI Series II (175cc single)	1,000	2,000	3,500	5,000	6,500	8,000
175TV Series III (175cc single)	1,000	2,000	3,000	4,000	5,000	6,000
1963						
125LI Series III (125cc single)	500	1,000	2,000	3,000	4,000	5,000
150LI Series III (150cc single)	500	1,000	2,000	3,000	4,000	5,000
150LI Special (150cc single)	1,000	2,000	3,000	4,000	5,000	6,000
Lambro 175FLI Series II (175cc single)	1,000	2,000	3,500	5,000	6,500	8,000
175TV Series III (175cc single)	1,000	2,000	3,000	4,000	5,000	6,000
Lambro 200 (200cc single)	500	1,000	2,500	4,000	5,500	7,000
200TV (200cc single)	1,000	2,000	3,000	4,000	5,000	6,000
1964						
50J (50cc single)	250	500	1,000	1,500	2,000	2,500
Cento (98cc single)	400	800	1,600	2,400	3,200	4,000
125J (125cc single)	450	900	1,800	2,700	3,600	4,500
125LI Series III (125cc single)	500	1,000	2,000	3,000	4,000	5,000
150LI Series III (150cc single)	500	1,000	2,000	3,000	4,000	5,000
150LI Special (150cc single)	1,000	2,000	3,000	4,000	5,000	6,000
Lambro 175FLI Series II (175cc single)	1,000	2,000	3,500	5,000	6,500	8,000
175TV Series III (175cc single)	1,000	2,000	3,000	4,000	5,000	6,000
Lambro 200 (200cc single)	500	1,000	2,500	4,000	5,500	7,000
200TV (200cc single)	1,000	2,000	3,000	4,000	5,000	6,000
Turismo Veloce Series III (225cc single)	1,000	2,000	4,000	6,000	8,000	10,000
1965						
50J (50cc single)	250	500	1,000	1,500	2,000	2,500
Cento (98cc single)	400	800	1,600	2,400	3,200	4,000
125J (125cc single)	450	900	1,800	2,700	3,600	4,500
125LI Series III (125cc single)	500	1,000	2,000	3,000	4,000	5,000
125SX Special (125cc single)	500	1,000	2,000	3,000	4,000	5,000
150LI Series III (150cc single)	500	1,000	2,000	3,000	4,000	5,000

	6	5	4	3	2	1
150LI Special (150cc single)	1,000	2,000	3,000	4,000	5,000	6,000
Lambro 175FLI Series II (175cc single)	1,000	2,000	3,500	5,000	6,500	8,000
175TV Series III (175cc single)	1,000	2,000	0,000	4,000	5,000	0,000
Lambro 200 (200cc single)	500	1,000	2,500	4,000	5,500	7,000
200TV (200cc single)	1,000	2,000	3,000	4,000	5,000	6,000
Lambro 450 (200cc single)	1,000	2,000	4,000	6,000	8,000	10,000
Lambro 550 (200cc single)	1,000	2,000	4,000	6,000	8,000	10,000
1966						
Lambrettino (48cc single)	250	500	1,000	1,500	2,000	2,500
50J (50cc single)	250	500	1,000	1,500	2,000	2,500
125J (125cc single)	450	900	1,800	2,700	3,600	4,500
125J Starstream (125cc single)	500	1,000	2,000	3,000	4,000	5,000
125LI Series III (125cc single)	500	1,000	2,000	3,000	4,000	5,000
125SX Special (125cc single)	500	1,000	2,000	3,000	4,000	5,000
150LI Series III (150cc single)	500	1,000	2,000	3,000	4,000	5,000
150LI Special (150cc single)	1,000	2,000	3,000	4,000	5,000	6,000
150SX (150cc single)	500	1,000	2,000	3,000	4,000	5,000
Lambro 450 (200cc single)	1,000	2,000	4,000	6,000	8,000	10,000
Lambro 550 (200cc single)	1,000	2,000	4,000	6,000	8,000	10,000
1967						
Lambrettino (48cc single)	250	500	1,000	1,500	2,000	2,500
Lambrettino SX Automatic (50cc single)	500	1,000	1,500	2,000	2,500	3,000
125J Starstream (125cc single)	500	1,000	2,000	3,000	4,000	5,000
125LI Series III (125cc single)	500	1,000	2,000	3,000	4,000	5,000
125SX Special (125cc single)	500	1,000	2,000	3,000	4,000	5,000
150LI Series III (150cc single)	500	1,000	2,000	3,000	4,000	5,000
150SX (150cc single)	500	1,000	2,000	3,000	4,000	5,000
Lambro 500L (175cc single)	1,500	3,000	4,500	6,000	7,500	9,000
Lambro 550 (200cc single)	1,000	2,000	4,000	6,000	8,000	10,000
Lambro 550N (200cc single)	1,000	2,000	4,000	6,000	8,000	10,000
1968						
50J Deluxe (50cc single)	250	500	1,000	1,500	2,000	2,500
50J Vega/Lui (50cc single)	250	500	1,000	1,500	2,000	2,500
Lambrettino SX Automatic (50cc single)	500	1,000	1,500	2,000	2,500	3,000
75 Vega (75cc single)	500	1,000	1,600	2,300	3,000	3,700
75SL Cometa (75cc single)	500	1,000	1,600	2,300	3,000	3,700
125J Starstream (125cc single)	500	1,000	2,000	3,000	4,000	5,000
125SX Special (125cc single)	500	1,000	2,000	3,000	4,000	5,000
150SX (150cc single)	500	1,000	2,000	3,000	4,000	5,000
Lambro 500L (175cc single)	1,500	3,000	4,500	6,000	7,500	9,000
Lambro 550A (200cc single)	1,000	2,000	4,000	6,000	8,000	10,000
Lambro 550N (200cc single)	1,000	2,000	4,000	6,000	8,000	10,000
1969						
50J Deluxe (50cc single)	250	500	1,000	1,500	2,000	2,500
50J Vega/Lui (50cc single)	250	500	1,000	1,500	2,000	2,500
75 Vega (75cc single)	500	1,000	1,600	2,300	3,000	3,700
75SL Cometa (75cc single)	500	1,000	1,600	2,300	3,000	3,700
125DL Grand Prix (125cc single)	500	1,000	2,000	3,000	4,000	5,000
125J Starstream (125cc single)	500	1,000	2,000	3,000	4,000	5,000
125SX Special (125cc single)	500	1,000	2,000	3,000	4,000	5,000
150DL Grand Prix (150cc single)	500	1,000	2,000	3,000	4,000	5,000
150SX (150cc single)	500	1,000	2,000	3,000	4,000	5,000
Lambro 500L (175cc single)	1,500	3,000	4,500	6,000	7,500	9,000
200DL Grand Prix (200cc single)	1,000	2,000	3,000	4,000	5,000	6,000
Lambro 550A (200cc single)	1,000	2,000	4,000	6,000	8,000	10,000
Lambro 550M (200cc single)	1,000	2,000	4,000	6,000	8,000	10,000
Lambro 550N (200cc single)	1,000	2,000	4,000	6,000	8,000	10,000
Lambro 550V (200cc single)	1,000	2,000	4,000	6,000	8,000	10,000
1970						
50J Deluxe (50cc single)	250	500	1,000	1,500	2,000	2,500

	6	5	4	3	2	1
50J Special (50cc single)	250	500	1,000	1,500	2,000	2,500
75 Vega (75cc single)	500	1,000	1,600	2,300	3,000	3,700
75SL Cometa (75cc single)	500	1,000	1,600	2,300	3,000	3,700
125DL Grand Prix (125cc single)	500	1,000	2,000	3,000	4,000	5,000
150DL Grand Prix (150cc single)	500	1,000	2,000	3,000	4,000	5,000
Lambro 500ML (175cc single)	1,500	3,000	4,500	6,000	7,500	9,000
200DL Grand Prix (200cc single)	1,000	2,000	3,000	4,000	5,000	6,000
Lambro 550ML (200cc single)	1,000	2,000	4,000	6,000	8,000	10,000
Lambro 600M (200cc single)	1,000	2,000	4,000	6,000	8,000	10,000
Lambro 600V (200cc single)	1,000	2,000	4,000	6,000	8,000	10,000
1971						
50J Special (50cc single)	250	500	1,000	1,500	2,000	2,500
75 Vega (75cc single)	500	1,000	1,600	2,300	3,000	3,700
125DL Grand Prix (125cc single)	500	1,000	2,000	3,000	4,000	5,000
150DL Grand Prix (150cc single)	500	1,000	2,000	3,000	4,000	5,000
Lambro 500ML (175cc single)	1,500	3,000	4,500	6,000	7,500	9,000
200DL Grand Prix (200cc single)	1,000	2,000	3,000	4,000	5,000	6,000
Lambro 550ML (200cc single)	1,000	2,000	4,000	6,000	8,000	10,000
Lambro 600M (200cc single)	1,000	2,000	4,000	6,000	8,000	10,000
Lambro 600V (200cc single)	1,000	2,000	4,000	6,000	8,000	10,000
1972						
Lambro 600V (200cc single)	1,000	2,000	4,000	6,000	8,000	10,000
LAVERDA						
1950						
Laverda 75 Turismo (75cc single)	1,000	2,000	4,000	6,000	8,000	10,000
1951						
Laverda 75 Turismo (75cc single)	1,000	2,000	4,000	6,000	8,000	10,000
1952						
Laverda 75 Tarantina (75cc single)	1,000	2,000	4,000	6,000	8,000	10,000
Laverda 75 Sport (75cc single)	1,000	2,000	4,000	6,000	8,000	10,000
1952						
Laverda 75 Sport (75cc single)	1,000	2,000	4,000	6,000	8,000	10,000
1953						
Laverda 75 Normale (75cc single)	1,000	2,000	4,000	6,000	8,000	10,000
Laverda 75 Sport (75cc single)	1,000	2,000	4,000	6,000	8,000	10,000
1954						
Laverda 75 Corsa (75cc single)	1,000	2,000	4,000	6,000	8,000	10,000
Laverda 75 Sport (75cc single)	1,000	2,000	4,000	6,000	8,000	10,000
Laverda 100 Turismo (98cc single)	1,000	2,000	3,500	5,000	6,500	8,000
1955						
Laverda 100 GT (98cc single)	1,000	2,000	3,500	5,000	6,500	8,000
Laverda 100 Sport (98cc single)	1,000	2,000	3,500	5,000	6,500	8,000
Laverda 100 Turismo (98cc single)	1,000	2,000	3,500	5,000	6,500	8,000
1956						
Laverda 100 Sport (98cc single)	1,000	2,000	3,500	5,000	6,500	8,000
Laverda 100 Turismo (98cc single)	1,000	2,000	3,500	5,000	6,500	8,000
1957						
Laverda 100 Sport (98cc single)	1,000	2,000	3,500	5,000	6,500	8,000
Laverda 100 Sport Lusso (98cc single)	1,000	2,000	3,500	5,000	6,500	8,000
Laverda 100 Turismo (98cc single)	1,000	2,000	3,500	5,000	6,500	8,000
1958						
Laverda 100 GT (98cc single)	1,000	2,000	3,500	5,000	6,500	8,000
Laverda 100 Sport (98cc single)	1,000	2,000	3,500	5,000	6,500	8,000
Laverda 100 Sport Lusso (98cc single)	1,000	2,000	3,500	5,000	6,500	8,000
Laverda 100 Turismo (98cc single)	1,000	2,000	3,500	5,000	6,500	8,000
1959						
Miniscooter 2 (49cc single)	500	1,000	2,000	3,000	4,000	5,000
Laverda 100 Sport (98cc single)	1,000	2,000	3,500	5,000	6,500	8,000
Laverda 100 Sport Lusso (98cc single)	1,000	2,000	3,500	5,000	6,500	8,000

	6	5	4	3	2	1
Laverda 100 Turismo (98cc single)	1,000	2,000	3,500	5,000	6,500	8,000
1960						
Miniscooter L (10ss single)	500	1,000	2,000	2,000	4,000	5,000
Laverda 100 Sport (98cc single)	1,000	2,000	3,500	5,000	6,500	8,000
1961						
Miniscooter 2 (49cc single)	500	1,000	2,000	3,000	4,000	5,000
Bicilindrico 200 (194cc twin)	750	1,500	2,500	4,000	5,500	7,000
1962						
Miniscooter 2 (49cc single)	500	1,000	2,000	3,000	4,000	5,000
Miniscooter 49 (49cc single)	500	1,000	2,000	3,000	4,000	5,000
Miniscooter 60 (60cc single)	1,000	2,000	3,000	4,000	5,000	6,000
Bicilindrico 200 (194cc twin)	750	1,500	2,500	4,000	5,500	7,000
1963						
Miniscooter 49 (49cc single)	500	1,000	2,000	3,000	4,000	5,000
Miniscooter 60 (60cc single)	1,000	2,000	3,000	4,000	5,000	6,000
Bicilindrico 200 (194cc twin)	750	1,500	2,500	4,000	5,500	7,000
1964						
Miniscooter 49 (49cc single)	500	1,000	2,000	3,000	4,000	5,000
Miniscooter 60 (60cc single)	1,000	2,000	3,000	4,000	5,000	6,000
Bicilindrico 200 (194cc twin)	750	1,500	2,500	4,000	5,500	7,000
1965						
Miniscooter 49 (49cc single)	500	1,000	2,000	3,000	4,000	5,000
Miniscooter 60 (60cc single)	1,000	2,000	3,000	4,000	5,000	6,000
Sport 125 (125cc single)	1,000	2,000	3,000	4,000	5,000	6,000
Trail 125 (125cc single)	1,000	2,000	3,000	4,000	5,000	6,000
Bicilindrico/Gemini 200 (194cc twin)	750	1,500	2,500	4,000	5,500	7,000
1966						
Laverda 125 America (125cc single)	1,000	2,000	3,000	4,000	5,000	6,000
Sport 125 (125cc single)	1,000	2,000	3,000	4,000	5,000	6,000
Trail 125 (125cc single)	1,000	2,000	3,000	4,000	5,000	6,000
Bicilindrico/Gemini 200 (194cc twin)	750	1,500	2,500	4,000	5,500	7,000
1967						
Sport 125 (125cc single)	1,000	2,000	3,000	4,000	5,000	6,000
Trail 125 (125cc single)	1,000	2,000	3,000	4,000	5,000	6,000
Bicilindrico/Gemini 200 (194cc twin)	750	1,500	2,500	4,000	5,500	7,000
1968						
Sport 125 (125cc single)	1,000	2,000	3,000	4,000	5,000	6,000
Trail 125 (125cc single)	1,000	2,000	3,000	4,000	5,000	6,000
American Eagle (150cc single)	1,000	2,000	3,000	4,000	5,000	6,000
Bicilindrico/Gemini 200 (194cc twin)	750	1,500	2,500	4,000	5,500	7,000
Laverda 650 (650cc twin)	1,300	2,000	2,900	3,900	5,200	6,500
1969						
Bicilindrico/Gemini 200 (194cc twin)	750	1,500	2,500	4,000	5,500	7,000
American Eagle (750cc twin)	1,300	2,000	2,900	3,900	5,200	6,500
1970						
Bicilindrico/Gemini 200 (194cc twin)	750	1,500	2,500	4,000	5,500	7,000
American Eagle (750cc twin)	1,400	2,100	3,200	4,200	5,600	7,000
750 S (750cc twin)	1,400	2,100	3,200	4,200	5,600	7,000
1971						
Bicilindrico/Gemini 200 (194cc twin)	750	1,500	2,500	4,000	5,500	7,000
GT750 (750cc twin).	1,400	2,100	3,200	4,200	5,600	7,000
SFC750 Racer (750cc twin) (549 made-6 years)	5,000	10,000	25,000	40,000	55,000	70,000
1972						
Bicilindrico/Gemini 200 (194cc twin)	750	1,500	2,500	4,000	5,500	7,000
GT750 (750cc twin).	1,400	2,100	3,200	4,200	5,600	7,000
SF750 (750cc twin)	1,500	2,300	3,400	6,000	9,000	12,000
SFC750 Racer (750cc twin).	5,000	10,000	25,000	40,000	55,000	70,000
1973						
Bicilindrico/Gemini 200 (194cc twin)	750	1,500	2,500	4,000	5,500	7,000
GT750 (750cc twin).	1,400	2,100	3,200	4,200	5,600	7,000

	6	5	4	3	2	1
SF750 (750cc twin)	1,500	2,300	3,400	6,000	9,000	12,000
SFC750 Racer (750cc twin).	5,000	10,000	25,000	40,000	55,000	70,000
3C (1,000cc triple)	1,500	3,000	6,000	9,000	12,000	15,000
1974						
Bicilindrico/Gemini 200 (194cc twin)	750	1,500	2,500	4,000	5,500	7,000
GT750 (750cc twin)	1,400	2,100	3,200	4,200	5,600	7,000
SF750 (750cc twin)	1,500	2,300	3,400	6,000	9,000	12,000
SFC750 Racer (750cc twin).	5,000	10,000	25,000	40,000	55,000	70,000
3C (1,000cc triple)	1,500	3,000	6,000	9,000	12,000	15,000
1975						
GTL750 (750cc twin)	1,300	2,000	2,900	3,900	5,200	6,500
SF750 (750cc twin)	1,500	2,300	3,400	6,000	9,000	12,000
SFC750 Racer (750cc twin).	5,000	10,000	25,000	40,000	55,000	70,000
3C (1,000cc triple)	1,500	3,000	6,000	9,000	12,000	15,000
1976						
GTL750 (750cc twin)	1,300	2,000	2,900	3,900	5,200	6,500
SF750 (750cc twin)	1,500	2,300	3,400	6,000	9,000	12,000
SFC750 Racer (750cc twin).	5,000	10,000	25,000	40,000	55,000	70,000
3CL (1,000cc triple)	1,500	3,000	6,000	9,000	12,000	15,000
Jota (981cc triple).	2,500	4,000	8,000	12,000	16,000	20,000
1977						
Alpino (500cc twin)	1,200	1,800	2,700	3,600	4,800	6,000
GTL750 (750cc twin)	1,300	2,000	2,900	3,900	5,200	6,500
SF750 (750cc twin)	1,500	2,300	3,400	6,000	9,000	12,000
3CL (1,000cc triple)	1,500	3,000	6,000	9,000	12,000	15,000
Jota (981cc triple).	2,500	4,000	8,000	12,000	16,000	20,000
Jarama (1,000cc triple)	1,500	3,000	5,000	7,000	9,000	11,000
1200 (1,116cc triple)	1,600	2,400	3,600	4,800	6,400	8,000
1978						
Alpino (500cc twin)	1,200	1,800	2,700	3,600	4,800	6,000
Montjuic (500cc twin)	2,000	4,000	6,000	8,000	10,000	12,000
GTL750 (750cc twin)	1,300	2,000	2,900	3,900	5,200	6,500
3CL (1,000cc triple)	1,500	3,000	6,000	9,000	12,000	15,000
Jarama (1,000cc triple)	1,500	3,000	5,000	7,000	9,000	11,000
Jota (981cc triple).	2,500	4,000	8,000	12,000	16,000	20,000
1200 (1,116cc triple)	1,600	2,400	3,600	4,800	6,400	8,000
1979						
Alpino (500cc twin)	1,200	1,800	2,700	3,600	4,800	6,000
Montjuic (500cc twin)	1,200	1,800	2,700	3,600	4,800	6,000
GTL750 (750cc twin)	1,300	2,000	2,900	3,900	5,200	6,500
3CL (1,000cc triple)	1,500	3,000	6,000	9,000	12,000	15,000
Jota (981cc triple).	2,500	4,000	8,000	12,000	16,000	20,000
1200 (1,116cc triple)	1,600	2,400	3,600	4,800	6,400	8,000
1980						
Alpino (500cc twin)	1,200	1,800	2,700	3,600	4,800	6,000
Montjuic (500cc twin)	2,000	4,000	6,000	8,000	10,000	12,000
GTL750 (750cc twin)	1,300	2,000	2,900	3,900	5,200	6,500
3CL (1,000cc triple)	1,500	3,000	6,000	9,000	12,000	15,000
Jota (981cc triple).	2,500	4,000	8,000	12,000	16,000	20,000
1200 (1,116cc triple)	1,600	2,400	3,600	4,800	6,400	8,000
1981						
Alpino (500cc twin)	1,200	1,800	2,700	3,600	4,800	6,000
Montjuic (500cc twin)	2,000	4,000	6,000	8,000	10,000	12,000
GTL750 (750cc twin)	1,300	2,000	2,900	3,900	5,200	6,500
3CL (1,000cc triple)	1,500	3,000	6,000	9,000	12,000	15,000
Jota (981cc triple).	2,500	4,000	8,000	12,000	16,000	20,000
Jota 120 (1,116cc triple)	2,000	3,000	4,500	6,000	8,000	10,000
1200 (1,116cc triple)	1,600	2,400	3,600	4,800	6,400	8,000
1982						
Alpino (500cc twin)	1,200	1,800	2,700	3,600	4,800	6,000

	6	5	4	3	2	1
Montjuic (500cc twin)	2,000	4,000	6,000	8,000	10,000	12,000
Jota 120 (1,116cc triple)	2,500	4,000	5,000	7,000	10,000	12,000
RGS (1,000cc triple)	1,600	2,500	4,000	6,000	7,500	9,000
SFC (1,000cc triple)	1,600	3,000	5,000	7,000	9,000	11,000
1983						
RGS (1,000cc triple)	1,600	2,500	4,000	6,000	7,500	9,000
SFC (1,000cc triple)	1,600	3,000	5,000	7,000	9,000	11,000
TS Mjirage (1,200cc triple)	1,600	2,500	4,000	6,000	7,500	9,000
1984						
RGA Jota (1,000cc triple)	1,600	2,500	4,000	6,000	7,500	9,000
RGS (1,000cc triple)	1,600	2,500	4,000	6,000	7,500	9,000
SFC (1,000cc triple)	1,600	3,000	5,000	7,000	9,000	11,000
1985						
RGA Jota (1,000cc triple)	1,600	2,500	4,000	6,000	7,500	9,000
RGS Corsa (1,000cc triple)	1,600	2,500	4,000	6,000	7,500	9,000
RGS Executive (1,000cc triple)	1,600	2,500	4,000	6,000	7,500	9,000
RGS Jota (1,000cc triple)	1,600	2,500	4,000	6,000	7,500	9,000
SFC (1,000cc triple)	1,600	3,000	5,000	7,000	9,000	11,000
1986						
RGA Jota (1,000cc triple)	1,600	2,500	4,000	6,000	7,500	9,000
RGS Corsa (1,000cc triple)	1,600	2,500	4,000	6,000	7,500	9,000
RGS Executive (1,000cc triple)	1,600	2,500	4,000	6,000	7,500	9,000
RGS Jota (1,000cc triple)	1,600	2,500	4,000	6,000	7,500	9,000
SFC (1,000cc triple)	1,600	3,000	5,000	7,000	9,000	11,000
1987						
RGA Jota (1,000cc triple)	1,600	2,500	4,000	6,000	7,500	9,000
RGS Corsa (1,000cc triple)	1,600	2,500	4,000	6,000	7,500	9,000
RGS Executive (1,000cc triple)	1,600	2,500	4,000	6,000	7,500	9,000
RGS Jota (1,000cc triple)	1,600	2,500	4,000	6,000	7,500	9,000
SFC (1,000cc triple)	1,600	3,000	5,000	7,000	9,000	11,000
1991						
Toledo 125 (125cc single)						
Sport 650 (668cc twin)	400	800	1,600	2,400	3,200	4,000
1992						
Sport 650 (668cc twin)	400	800	1,600	2,400	3,200	4,000
1993						
Sport 650 (668cc twin)	400	800	1,600	2,400	3,200	4,000
1994						
Sport 650 (668cc twin)	400	800	1,600	2,400	3,200	4,000
1995						
Sport 650 (668cc twin)	400	800	1,600	2,400	3,200	4,000
1996						
Sport 650 (668cc twin)	400	800	1,600	2,400	3,200	4,000
1997						
Sport 650 (668cc twin)	400	800	1,600	2,400	3,200	4,000
1998						
Sport 650 (668cc twin)	400	800	1,600	2,400	3,200	4,000
Ghost 650 (668cc twin)	1,000	2,000	3,500	5,000	6,500	8,000
Ghost Strike 650 (668cc twin)	1,000	2,500	4,000	5,500	7,000	8,500
1999						
Sport 650 (668cc twin)	400	800	1,600	2,400	3,200	4,000
Formula 750 (747cc twin)	400	800	1,600	2,400	3,200	4,000
750S Full Fairing (747cc twin)	500	1,000	2,000	3,000	4,000	5,000
750S Half Fairing (747cc twin)	500	1,000	2,000	3,000	4,000	5,000
750 Strike (747cc twin)	400	800	1,600	2,400	3,200	4,000
MAICO						
1948						
M125 (123cc single)	2,000	4,000	8,000	12,000	16,000	20,000

	6	5	4	3	2	1
1949						
M125 (123cc single)	2,000	4,000	8,000	12,000	16,000	20,000
M150 (143cc single)	2,000	4,000	8,000	12,000	16,000	20,000
1950						
M125 (123cc single)	2,000	4,000	8,000	12,000	16,000	20,000
M150 (143cc single)	2,000	4,000	8,000	12,000	16,000	20,000
Mobil (150cc single)	2,000	4,000	8,000	12,000	16,000	20,000
1951						
M125 (123cc single)	2,000	4,000	8,000	12,000	16,000	20,000
M150 (143cc single)	2,000	4,000	8,000	12,000	16,000	20,000
Mobil (150cc single)	1,000	2,000	4,000	6,000	8,000	10,000
M200 (197cc single)	2,000	4,000	8,000	12,000	16,000	20,000
1952						
M150 (143cc single)	2,000	4,000	8,000	12,000	16,000	20,000
M175 (175cc single)	2,000	4,000	8,000	12,000	16,000	20,000
Mobil (150cc single)	1,000	2,000	4,000	6,000	8,000	10,000
M200 (197cc single)	2,000	4,000	8,000	12,000	16,000	20,000
1953						
M175 (175cc single)	2,000	4,000	8,000	12,000	16,000	20,000
Mobil (175cc single)	2,000	4,000	6,000	8,000	10,000	12,000
M200 (197cc single)	2,000	4,000	8,000	12,000	16,000	20,000
Typhoon (395cc single)	1,000	2,000	4,000	6,000	8,000	10,000
1954						
M175 (175cc single)	2,000	4,000	8,000	12,000	16,000	20,000
Mobil (175cc single)	1,000	2,000	4,000	6,000	8,000	10,000
M200 (197cc single)	2,000	4,000	8,000	12,000	16,000	20,000
Typhoon (395cc single)	1,000	2,000	4,000	6,000	8,000	10,000
1955						
Maicoletta (147cc single)	1,000	2,000	3,000	4,000	5,000	6,000
Mobil (175cc single)	1,000	2,000	4,000	6,000	8,000	10,000
M200 (197cc single)	2,000	4,000	8,000	12,000	16,000	20,000
Mobil (200cc single)	1,000	2,000	4,000	6,000	8,000	10,000
Maicoletta (247cc single)	1,500	2,500	3,500	4,500	5,500	6,500
Blizzard (247cc single)	1,000	2,000	3,500	5,000	6,500	8,000
Typhoon (395cc single)	1,000	2,000	4,000	6,000	8,000	10,000
1956						
Maicoletta (147cc single)	1,000	2,000	3,000	4,000	5,000	6,000
Mobil (175cc single)	1,000	2,000	4,000	6,000	8,000	10,000
M200 (197cc single)	2,000	4,000	8,000	12,000	16,000	20,000
Mobil (200cc single)	1,000	2,000	4,000	6,000	8,000	10,000
Maicoletta (247cc single)	1,500	2,500	3,500	4,500	5,500	6,500
Blizzard (247cc single)	1,000	2,000	3,500	5,000	6,500	8,000
Typhoon (395cc single)	1,000	2,000	4,000	6,000	8,000	10,000
1957						
Maicoletta (147cc single)	1,000	2,000	3,000	4,000	5,000	6,000
Mobil (175cc single)	1,000	2,000	4,000	6,000	8,000	10,000
Mobil (200cc single)	1,000	2,000	4,000	6,000	8,000	10,000
Maicoletta (247cc single)	1,000	2,000	3,000	4,000	5,000	6,000
Blizzard (247cc single)	1,000	2,000	3,500	5,000	6,500	8,000
Maicoletta (277cc single)	1,500	2,500	3,500	4,500	5,500	6,500
Typhoon (395cc single)	1,000	2,000	4,000	6,000	8,000	10,000
1958						
Maicoletta (147cc single)	1,000	2,000	3,000	4,000	5,000	6,000
Mobil (175cc single)	1,000	2,000	4,000	6,000	8,000	10,000
Mobil (200cc single)	1,000	2,000	4,000	6,000	8,000	10,000
Maicoletta (247cc single)	1,000	2,000	3,000	4,000	5,000	6,000
Blizzard (247cc single)	1,000	2,000	3,500	5,000	6,500	8,000
Maicoletta (277cc single)	1,500	2,500	3,500	4,500	5,500	6,500
Typhoon (395cc single)	1,000	2,000	4,000	6,000	8,000	10,000

	6	5	4	3	2	1
1959						
Maicoletta (147cc single)	1,000	2,000	3,000	4,000	5,000	6,000
Maicoletta (247cc single)	1,000	2,000	3,000	4,000	5,000	6,000
M250 Blizzard (250cc single)	1,000	2,000	3,500	5,000	6,500	8,000
Maicoletta (277cc single)	1,500	2,500	3,500	4,500	5,500	6,500
1960						
Maicoletta (147cc single)	1,000	2,000	3,000	4,000	5,000	6,000
Maicoletta (247cc single)	1,000	2,000	3,000	4,000	5,000	6,000
Blizzard (247cc single)	1,000	2,000	3,500	5,000	6,500	8,000
Maicoletta (277cc single)	1,500	2,500	3,500	4,500	5,500	6,500
1961						
Maicoletta (147cc single)	1,000	2,000	3,000	4,000	5,000	6,000
Maicoletta (247cc single)	1,000	2,000	3,000	4,000	5,000	6,000
Blizzard (247cc single)	1,000	2,000	3,500	5,000	6,500	8,000
Maicoletta (277cc single)	1,500	2,500	3,500	4,500	5,500	6,500
1962						
Maicoletta (147cc single)	1,000	2,000	3,000	4,000	5,000	6,000
Maicoletta (247cc single)	1,000	2,000	3,000	4,000	5,000	6,000
Blizzard (247cc single)	1,000	2,000	3,500	5,000	6,500	8,000
Maicoletta (277cc single)	1,500	2,500	3,500	4,500	5,500	6,500
1963						
Super Sport 175 (175cc single)	1,000	2,000	3,000	4,000	5,000	6,000
Maicoletta (247cc single)	1,000	2,000	3,000	4,000	5,000	6,000
Blizzard (247cc single)	1,000	2,000	3,500	5,000	6,500	8,000
1964						
Maicoletta (247cc single)	1,500	2,500	3,500	4,500	5,500	6,500
Blizzard (247cc single)	1,000	2,000	3,500	5,000	6,500	8,000
1965						
Maicoletta (247cc single)	1,000	2,000	3,000	4,000	5,000	6,000
1966						
125 Rotary Super (125cc single)	500	1,000	2,500	4,000	5,500	7,000
Maicoletta (247cc single)	1,000	2,000	3,000	4,000	5,000	6,000
1967						
Maicoletta (247cc single)	1,000	2,000	3,000	4,000	5,000	6,000
390 (390cc single)	900	1,600	3,200	4,300	6,800	8,300
1968						
MC250 (250cc single)	1,000	2,000	3,000	4,000	5,000	6,000
360 X3 (360cc single)	900	1,600	3,200	4,300	6,800	8,300
360 X4 (360cc single)	900	1,600	3,200	4,300	6,800	8,300
1969						
MC250 (250cc single)	1,000	2,000	3,000	4,000	5,000	6,000
360 X4A (360cc single)	900	1,600	3,200	4,300	6,800	8,300
1970						
250 MC (250cc single)	400	800	1,600	2,400	3,200	4,000
250 T5 (250cc single)	800	1,300	2,500	3,700	6,300	8,900
400 MC (400cc single)	900	1,500	2,800	4,000	6,600	9,200
400 X5 (400cc single)	900	1,500	2,800	4,000	6,600	9,200
1971						
250 K (250cc single)	800	1,300	2,500	3,900	6,300	8,700
400 K (400cc single)	900	1,500	2,800	4,000	6,600	9,200
501 K (500cc single)	1,500	3,000	4,500	6,500	9,800	12,000
1972						
125 K (125cc single)	900	1,500	2,000	2,700	4,200	5,700
250 K (250cc single)	900	1,500	2,000	2,700	4,200	5,700
400 K (400cc single)	800	1,300	2,500	3,700	6,300	8,900
501 K (500cc single)	1,500	3,000	4,500	6,500	9,800	12,000
1973						
125 K (125cc single)	900	1,500	2,000	2,700	4,200	5,700
250 R (250cc single)	1,000	2,000	3,400	4,900	7,300	9,700
400 R (400cc single)	1,100	2,200	3,700	5,100	7,400	9,700

	6	5	4	3	2	1
400 MX (400cc single)	800	1,300	2,500	3,700	6,300	8,900
450 R 450cc single)	1,300	2,500	3,900	5,300	7,700	10,100
1974						
50 MC (50cc single)	1,000	2,000	3,000	4,000	5,000	6,000
125 K (125cc single)	1,000	2,000	3,400	4,900	7,300	9,700
250 R (250cc single)	1,000	2,000	3,400	4,900	7,300	9,700
400 R (400cc single)	1,400	2,700	3,700	5,100	7,800	10,500
400 GP (400cc single)	1,000	2,000	4,000	6,000	8,000	10,000
400 MC (400cc single)	1,000	2,000	4,000	6,000	8,000	10,000
450 R 450cc single)	1,300	2,500	3,900	5,300	8,300	11,300
1975						
125 MC U (125cc single)	900	1,500	2,000	2,700	4,200	5,700
250 GS K Enduro (250cc single)	600	1,000	1,400	1,800	5,400	9,000
250 MC U (250cc single)	1,000	1,700	2,300	3,000	6,500	10,000
400 GP (400cc single)	900	1,500	2,200	2,800	5,500	9,200
400 GS K Enduro (400cc single)	900	1,500	2,200	2,800	5,500	9,200
400 MC U (400cc single)	1,300	2,600	3,600	5,100	7,300	9,500
450 GS K Enduro (450cc single)	900	1,500	2,200	2,700	5,500	9,300
450 MC K (450cc single)	1,000	2,000	3,400	4,900	7,300	9,700
450 MC U (450cc single)	1,000	2,000	3,400	4,900	7,300	9,700
1976						
250 AW (250cc single)	800	1,300	2,500	3,700	6,300	8,900
250 WR Enduro (250cc single)	600	1,000	1,800	2,400	4,900	7,400
400 AW (400cc single)	900	1,500	2,500	3,700	6,300	8,900
400 WR Enduro (400cc single)	600	1,100	2,000	2,800	5,400	8,000
450 AW (450cc single)	1,000	1,700	2,800	4,000	6,600	9,200
450 WR Enduro (450cc single)	700	1,200	2,100	3,800	5,600	9,000
1977						
125 AW (125cc single)	1,000	2,000	3,000	6,000	8,000	10,000
250 AW (250cc single)	1,000	18,000	3,000	4,600	6,800	9,000
250 WR Enduro (250cc single)	900	1,400	1,700	2,400	4,400	6,400
400 AW (400cc single)	1,000	2,000	3,700	5,100	7,300	9,500
400 WR Enduro (400cc single)	600	1,000	1,800	2,400	4,900	7,400
450 AW (450cc single)	1,100	2,200	3,800	5,600	7,800	10,000
450 WR Enduro (450cc single)	800	1,300	2,200	2,700	5,900	8,100
1978						
125 Magnum (125cc single)	700	1,200	2,200	2,700	5,900	8,300
250 Magnum (250cc single)	700	1,200	2,200	2,700	5,900	8,300
250 Magnum Enduro (250cc single)	600	1,000	1,800	2,400	4,900	7,400
400 Magnum (250cc single)	700	1,300	2,200	2,700	5,900	8,300
400 Magnum Enduro (400cc single)	600	1,100	1,800	2,600	5,400	8,200
450 Magnum (450cc single)	700	1,300	2,200	2,700	5,900	8,300
450 Magnum Enduro (450cc single)	600	1,100	1,800	2,600	5,400	8,200
1979						
125 Magnum (125cc single)	800	1,200	2,200	2,800	6,000	9,400
250 Magnum Enduro (250cc single)	600	900	1,700	2,400	4,400	6,400
250 Magnum II (250cc single)	800	1,200	3,200	6,000	8,800	
400 Magnum Enduro (400cc single)	600	1,000	1,800	2,400	4,900	7,400
400 Magnum II (400cc single)	800	1,300	2,000	3,200	6,000	8,800
450 Magnum Enduro (450cc single)	600	1,000	1,800	2,400	4,900	7,400
450 Magnum II (450cc single)	800	1,300	2,500	3,700	6,300	8,900
1980						
250 Enduro (250cc single)	600	900	1,500	2,400	4,400	6,400
250 M1 (250cc single)	700	1,200	2,300	2,800	5,600	8,400
400 Enduro (400cc single)	600	1,000	1,900	2,600	4,900	7,200
400 M1 (400cc single)	700	1,300	2,200	2,800	5,900	9,000
450 Enduro (450ccc single)	600	1,100	1,800	2,600	5,400	8,200
450 M1 (450cc single)	700	1,300	2,200	2,800	5,900	9,000
1981						
250 Mega 2 (250cc single)	1,300	2,100	3,600	5,000	7,800	10,600

	6	5	4	3	2	1
250 Mega E (250cc single)	1,300	2,100	3,600	5,000	7,800	10,600
400 Mega 2 (400cc single)	1,400	2,900	3,800	5,300	8,300	11,300
400 Mega E (400cc single)	1,400	2,900	3,600	5,300	8,300	11,300
490 Mega 2 (490cc single)	1,500	2,500	4,000	6,000	9,000	12,000
490 Mega E (490cc single)	1,500	3,000	6,000	9,000	12,000	15,000
1982						
250 Alpha E (250cc single)	700	1,200	1,800	2,600	5,400	8,200
250 Alpha I MX (250cc single)	700	1,200	1,800	2,600	5,400	8,200
490 Alpha E (490cc single)	900	1,500	2,800	4,000	6,600	9,200
490 Alpha I MX (490cc single)	900	1,500	2,800	4,000	6,600	9,200
1983						
250 Spider (250cc single)	1,200	2,100	3,600	5,000	7,800	10,600
250 Spider E (250cc single)	1,200	2,100	3,600	5,000	7,800	10,600
490 Spider (490cc single)	1,400	2,300	3,800	5,300	8,300	11,300
490 Spider E (490cc single)	1,400	2,300	3,800	5,300	8,300	11,300
1992						
250 GS (250cc single)	300	600	800	1,100	1,600	2,100
250 MC (250cc single)	200	500	700	900	1,400	1,900
320 GS (320cc single)	200	500	700	900	1,400	1,900
320 MC (320cc single)	300	700	900	1,300	1,700	2,100
440 GS (440cc single)	200	500	700	900	1,400	1,900
440 MC (440cc single)	200	500	800	1,100	1,600	2,100
500 GS (500cc single)	200	500	700	900	1,400	1,900
500 MC (500cc single)	300	600	900	1,100	1,600	2,100
1993						
250 GS (250cc single)	300	600	700	900	1,400	1,900
250 MC (250cc single)	200	500	700	900	1,500	2,100
320 GS (320cc single)	300	600	900	1,200	1,700	2,200
320 MC (320cc single)	200	500	700	900	1,500	2,100
440 GS (440cc single)	300	700	900	1,300	1,700	2,100
440 MC (440cc single)	200	500	700	900	1,400	1,900
500 GS (500cc single)	300	700	1,000	1,400	2,000	2,600
500 MC (500cc single)	300	600	900	1,200	1,700	2,200
1994						
250 GS (250cc single)	300	600	900	1,200	1,700	2,200
250 MC (250cc single)	300	600	700	900	1,500	2,100
320 GS (320cc single)	300	600	900	1,200	1,700	2,200
320 MC (320cc single)	300	600	800	1,000	1,600	2,200
440 GS (440cc single)	500	800	1,400	2,100	2,700	3,300
440 MC (440cc single)	300	600	900	1,200	1,700	2,200
500 GS (500cc single)	300	700	1,000	1,400	2,000	2,600
500 MC (500cc single)	300	600	900	1,200	1,700	2,200
545 GS (545cc single)	400	700	1,200	1,600	2,100	2,600
545 MC (545cc single)	300	600	900	1,200	1,700	2,200
1996						
RC250 (250cc single)	300	700	1,100	1,500	2,100	2,700
RE250 (250cc single)	300	600	1,000	1,400	1,900	2,400
RC320 (320cc single)	300	700	1,100	1,500	2,100	2,700
RE320 (320cc single)	300	600	1,000	1,400	1,900	2,400
RC440 (440cc single)	300	700	1,100	1,500	2,100	2,700
RE440 (440cc single)	300	600	1,000	1,400	1,900	2,400
RC500 (500cc single)	300	700	1,100	1,600	2,100	2,700
RE500 (500cc single)	300	600	1,000	1,400	1,900	2,400
1997						
RC250 (250cc single)	300	700	1,100	1,500	2,100	2,700
RE250 (250cc single)	300	600	1,000	1,400	1,900	2,400
RC320 (320cc single)	300	700	1,100	1,500	2,100	2,700
RE320 (320cc single)	300	600	1,000	1,400	1,900	2,400
RC440 (440cc single)	300	700	1,100	1,500	2,100	2,700
RE440 (440cc single)	300	600	1,000	1,400	1,900	2,400

	6	5	4	3	2	1
RC500 (500cc single)	300	700	1,100	1,600	2,100	2,700
RE500 (500cc single)	300	600	1,000	1,400	1,900	2,400

MASERATI

1954
	6	5	4	3	2	1
Tipo 125/GT Super (123cc single)	1,500	3,000	6,000	10,000	14,000	18,000
Tipo L/125/T2 Turismo Lusso (123cc single)	1,500	3,000	6,000	9,000	12,000	15,000
Tipo L/160/T4 Turismo Lusso (158cc single)	2,000	4,000	8,000	12,000	16,000	20,000

1955
	6	5	4	3	2	1
Tipo 125/GT Super (123cc single)	1,500	3,000	6,000	10,000	14,000	18,000
Tipo L/125/T2 Turismo Lusso (123cc single)	1,500	3,000	6,000	9,000	12,000	15,000
Tipo L/160/T4 Turismo Lusso (158cc single)	2,000	4,000	8,000	12,000	16,000	20,000
Tipo 175/T4/S (174cc single)	2,500	5,000	10,000	15,000	20,000	25,000

1956
	6	5	4	3	2	1
Tipo 50/T2/D Turismo Donna (49cc single)	1,000	2,000	4,000	6,000	8,000	10,000
Tipo 50/T2/U Turismo Uomo (49cc single)	1,000	2,000	4,000	6,000	8,000	10,000
Tipo 50/T2/MT Ciclocarro 3 Wheel (49cc single)	1,500	3,000	6,000	9,000	12,000	15,000
Tipo 50/T2/S Sport (49cc single)	1,000	2,000	4,000	6,000	9,000	12,000
Tipo 50/T2/SS Super Sport (49cc single)	1,000	2,000	4,000	6,000	9,000	12,000
Tipo 125/GT Super (123cc single)	1,500	3,000	6,000	10,000	14,000	18,000
Tipo L/125/T2 Turismo Lusso (123cc single)	1,500	3,000	6,000	9,000	12,000	15,000
Tipo L/160/T4 Turismo Lusso (158cc single)	2,000	4,000	8,000	12,000	16,000	20,000

1957
	6	5	4	3	2	1
Tipo 50/T2/D Turismo Donna (49cc single)	1,000	2,000	4,000	6,000	8,000	10,000
Tipo 50/T2/U Turismo Uomo (49cc single)	1,000	2,000	4,000	6,000	8,000	10,000
Tipo 50/T2/MT Ciclocarro 3 Wheel (49cc single)	1,500	3,000	6,000	9,000	12,000	15,000
Tipo 50/T2/S Sport (49cc single)	1,000	2,000	4,000	6,000	9,000	12,000
Tipo 50/T2/SS Super Sport (49cc single)	1,000	2,000	4,000	6,000	9,000	12,000
Tipo L/75/T2 Turismo Lusso (74cc single)	1,500	3,000	6,000	9,000	12,000	15,000
Tipo 125/GT Super (123cc single)	1,500	3,000	6,000	10,000	14,000	18,000
Tipo L/125/T2 Turismo Lusso (123cc single)	1,500	3,000	6,000	9,000	12,000	15,000
Tipo L/160/T4 Turismo Lusso (158cc single)	2,000	4,000	8,000	12,000	16,000	20,000

1958
	6	5	4	3	2	1
Tipo 50/T2/D Turismo Donna (49cc single)	1,000	2,000	4,000	6,000	8,000	10,000
Tipo 50/T2/U Turismo Uomo (49cc single)	1,000	2,000	4,000	6,000	8,000	10,000
Tipo 50/T2/MT Ciclocarro 3 Wheel (49cc single)	1,500	3,000	6,000	9,000	12,000	15,000
Tipo 50/T2/S Sport (49cc single)	1,000	2,000	4,000	6,000	9,000	12,000
Tipo 50/T2/SS Super Sport (49cc single)	1,000	2,000	4,000	6,000	9,000	12,000
Tipo L/75/T2 Turismo Lusso (74cc single)	1,500	3,000	6,000	9,000	12,000	15,000
Tipo 125/GT Super (123cc single)	1,500	3,000	6,000	10,000	14,000	18,000
Tipo L/125/T2 Turismo Lusso (123cc single)	1,500	3,000	6,000	9,000	12,000	15,000
Tipo L/160/T4 Turismo Lusso (158cc single)	2,000	4,000	8,000	12,000	16,000	20,000
Tipo 250/T4 Gran Turismo Lusso (246cc single)	5,000	10,000	20,000	30,000	40,000	50,000

1959
	6	5	4	3	2	1
Tipo 50/T2/D Turismo Donna (49cc single)	1,000	2,000	4,000	6,000	8,000	10,000
Tipo 50/T2/U Turismo Uomo (49cc single)	1,000	2,000	4,000	6,000	8,000	10,000
Tipo 50/T2/MT Ciclocarro 3 Wheel (49cc single)	1,500	3,000	6,000	9,000	12,000	15,000
Tipo 50/T2/S Sport (49cc single)	1,000	2,000	4,000	6,000	9,000	12,000
Tipo 50/T2/SS Super Sport (49cc single)	1,000	2,000	4,000	6,000	9,000	12,000
Tipo L/75/T2 Turismo Lusso (74cc single)	1,500	3,000	6,000	9,000	12,000	15,000
Tipo 125/GT Super (123cc single)	1,500	3,000	6,000	10,000	14,000	18,000
Tipo L/125/T2 Turismo Lusso (123cc single)	1,500	3,000	6,000	9,000	12,000	15,000
Tipo L/160/T4 Turismo Lusso (158cc single)	2,000	4,000	8,000	12,000	16,000	20,000
Tipo 250/T4 Gran Turismo Lusso (246cc single)	5,000	10,000	20,000	30,000	40,000	50,000

MATCHLESS

1909
	6	5	4	3	2	1
JAP V-Twin (1000cc v-twin)	10,000	20,000	40,000	60,000	80,000	100K

1910
	6	5	4	3	2	1
JAP V-Twin (1000cc v-twin)	10,000	20,000	40,000	60,000	80,000	100K

	6	5	4	3	2	1
1911						
JAP V-Twin (1000cc v-twin)	10,000	20,000	40,000	60,000	80,000	100K
1912						
Model 1 (2.5hp single)	5,000	10,000	20,000	30,000	40,000	50,000
Model 2 (770cc v-twin)	10,000	20,000	40,000	60,000	80,000	100K
Model 3 (3hp single)	5,000	10,000	20,000	30,000	40,000	50,000
Model 4 (3.5hp single)	5,000	10,000	20,000	30,000	40,000	50,000
Model 5 (770cc v-twin)	10,000	20,000	40,000	60,000	80,000	100K
Model 6 (770cc v-twin)	10,000	20,000	40,000	60,000	80,000	100K
Model 7 (770cc v-twin)	10,000	20,000	40,000	60,000	80,000	100K
1913						
Model 7B (1000cc v-twin)	10,000	20,000	40,000	60,000	80,000	100K
1914						
Model 2B (1000cc v-twin)	10,000	20,000	30,000	40,000	50,000	60,000
Model 8 (1000cc v-twin)	10,000	20,000	30,000	40,000	50,000	60,000
Model 8B (1000cc v-twin)	10,000	20,000	30,000	40,000	50,000	60,000
1915						
Model 8B (1000cc v-twin)	10,000	20,000	30,000	40,000	50,000	60,000
1916						
Model 8B (1000cc v-twin)	10,000	20,000	30,000	40,000	50,000	60,000
1917						
Model 8B (1000cc v-twin)	10,000	20,000	30,000	40,000	50,000	60,000
1918						
Model 8B (1000cc v-twin)	10,000	20,000	30,000	40,000	50,000	60,000
1919						
Model 8B (1000cc v-twin)	10,000	20,000	30,000	40,000	50,000	60,000
1920						
Model H (1000cc v-twin)	10,000	20,000	30,000	40,000	50,000	60,000
Model H2 (1000cc v-twin)	10,000	20,000	30,000	40,000	50,000	60,000
1921						
Model H (1000cc v-twin)	10,000	20,000	30,000	40,000	50,000	60,000
Model H2 (1000cc v-twin)	10,000	20,000	30,000	40,000	50,000	60,000
1922						
Model L (349 cc single)	1,000	2,000	4,000	6,000	8,000	10,000
Model H (1000cc v-twin)	10,000	20,000	30,000	40,000	50,000	60,000
Model H2 (1000cc v-twin)	10,000	20,000	30,000	40,000	50,000	60,000
Model J (1000cc v-twin)	10,000	20,000	30,000	40,000	50,000	60,000
1923						
Model H2 (1000cc v-twin)	10,000	20,000	30,000	40,000	50,000	60,000
Model J (1000cc v-twin)	10,000	20,000	30,000	40,000	50,000	60,000
1924						
Model L/3 (348cc single) (1,750 made-1 year)	1,000	2,000	4,000	6,000	8,000	10,000
Model L/S (500cc single)	3,000	6,000	12,000	18,000	24,000	30,000
Model M2 (1000cc v-twin)	4,000	8,000	16,000	24,000	32,000	40,000
Model M3 (1000cc v-twin)	4,000	8,000	16,000	24,000	32,000	40,000
1925						
Model L4 (350cc single)	1,000	2,000	4,000	6,000	8,000	10,000
Model L5 (500cc single)	3,000	6,000	12,000	18,000	24,000	30,000
Model M3 (1000cc v-twin)	4,000	8,000	16,000	24,000	32,000	40,000
1926						
Model R (246cc single)	1,000	2,000	4,000	6,000	8,000	10,000
Model L4 (350cc single)	1,000	2,000	4,000	6,000	8,000	10,000
Model L5 (500cc single)	3,000	6,000	12,000	18,000	24,000	30,000
Model M3 (1000cc v-twin)	4,000	8,000	16,000	24,000	32,000	40,000
1927						
Model R (246cc single)	1,000	2,000	4,000	6,000	8,000	10,000
Model T3 (500cc single)	3,000	6,000	12,000	18,000	24,000	30,000
Model M3 (1000cc v-twin)	4,000	8,000	16,000	24,000	32,000	40,000
1928						
Model R (246cc single)	1,000	2,000	4,000	6,000	8,000	10,000

	6	5	4	3	2	1
Model R/S (246cc single)	1,000	2,000	4,000	6,000	8,000	10,000
Model T4 (347cc single)	2,000	4,000	8,000	12,000	16,000	20,000
Model T3 (500cc single)	3,000	6,000	12,000	18,000	24,000	30,000
Model T/S (347cc single)	2,000	4,000	8,000	12,000	16,000	20,000
Model LR2 (347cc single)	2,000	4,000	8,000	12,000	16,000	20,000
Model V2 (495cc single)	3,000	6,000	12,000	18,000	24,000	30,000
Model M (1000cc v-twin)	4,000	8,000	16,000	24,000	32,000	40,000
Model M3 (1000cc v-twin).	4,000	8,000	16,000	24,000	32,000	40,000
Model M3S Sports Solo (1000cc v-twin)	4,000	8,000	16,000	24,000	32,000	40,000
1929						
Model R/3 (246cc single)	1,000	2,000	4,000	6,000	8,000	10,000
Model R/S (246cc single)	1,000	2,000	4,000	6,000	8,000	10,000
Model T4 (347cc single)	2,000	4,000	8,000	12,000	16,000	20,000
Model T/S (347cc single)	2,000	4,000	8,000	12,000	16,000	20,000
Model LR2 (347cc single)	2,000	4,000	8,000	12,000	16,000	20,000
Silver Arrow (397cc v-twin)	5,000	10,000	20,000	30,000	40,000	50,000
Model T3 (500cc single)	3,000	6,000	12,000	18,000	24,000	30,000
Model V2 Super Sports (495cc single)	3,000	6,000	12,000	18,000	24,000	30,000
Model V5 (586cc single)	3,000	6,000	12,000	18,000	24,000	30,000
Model X (990cc v-twin)	5,000	10,000	16,000	24,000	32,000	40,000
Model XR Sports Tourist (990cc v-twin)	5,000	10,000	16,000	24,000	32,000	40,000
1930						
Model R/4 (246cc single)	1,000	2,000	4,000	6,000	8,000	10,000
Model R/S (246cc single)	1,000	2,000	4,000	6,000	8,000	10,000
Model R/6 (246cc single)	2,000	4,000	6,000	8,000	10,000	12,000
Model T/S2 (347cc single)	2,000	4,000	8,000	12,000	16,000	20,000
Silver Arrow (397cc v-twin)	5,000	10,000	20,000	30,000	40,000	50,000
Model V/3 (495cc twin)	2,000	4,000	8,000	12,000	16,000	20,000
Model T5 (498cc single)	2,000	4,000	8,000	12,000	16,000	20,000
Model V/6 (586cc single)	2,500	5,000	10,000	15,000	20,000	25,000
Model X2 Sports Tourist (990cc v-twin)	5,000	10,000	16,000	24,000	32,000	40,000
Model X/R2 (990cc v-twin)	5,000	10,000	16,000	24,000	32,000	40,000
1931						
Model D/S (246cc single)	1,000	2,000	4,000	6,000	8,000	10,000
Model R/7 (246cc single)	2,000	4,000	6,000	8,000	10,000	12,000
Model D3 (347cc single)	1,000	2,000	4,000	6,000	8,000	10,000
Model D6 (347cc single)	1,000	2,000	4,000	6,000	8,000	10,000
Silver Arrow (397cc v-twin)	5,000	10,000	20,000	30,000	40,000	50,000
Model D5 (500cc single)	2,000	4,000	8,000	12,000	16,000	20,000
Model C (586cc single)	2,500	5,000	10,000	15,000	20,000	25,000
Model C/S (586cc single)	2,500	5,000	10,000	15,000	20,000	25,000
Silver Hawk (592cc v-four) (500 made-5 years)	5,000	10,000	20,000	40,000	60,000	80,000
Model X3 Sports Tourist (990cc v-twin)	5,000	10,000	16,000	24,000	32,000	40,000
1932						
Model D3 (347cc single)	1,000	2,000	4,000	6,000	8,000	10,000
Model D6 (347cc single)	1,000	2,000	4,000	6,000	8,000	10,000
Silver Arrow (397cc v-twin)	5,000	10,000	20,000	30,000	40,000	50,000
Model D5 (500cc single)	2,000	4,000	8,000	12,000	16,000	20,000
Model C (586cc single)	2,500	5,000	10,000	15,000	20,000	25,000
Model C/S (586cc single)	2,500	5,000	10,000	15,000	20,000	25,000
Model B Silver Hawk (592cc v-four).	5,000	10,000	20,000	40,000	60,000	80,000
Model X3 Sports Tourist (990cc v-twin)	5,000	10,000	16,000	24,000	32,000	40,000
1933						
Model D2 (246cc single)	1,000	2,000	4,000	6,000	8,000	10,000
Model D7 (246cc single)	1,000	2,000	4,000	6,000	8,000	10,000
Model D3 (347cc single)	1,000	2,000	4,000	6,000	8,000	10,000
Model D6 (347cc single)	1,000	2,000	4,000	6,000	8,000	10,000
Silver Arrow (397cc v-twin)	5,000	10,000	20,000	30,000	40,000	50,000
Model D5 (498cc single)	2,000	4,000	8,000	12,000	16,000	20,000
Model C (586cc single)	2,500	5,000	10,000	15,000	20,000	25,000

	6	5	4	3	2	1
Model C/S (586cc single)	2,500	5,000	10,000	15,000	20,000	25,000
Model B Silver Hawk (592cc v-four)	5,000	10,000	20,000	40,000	60,000	80,000
Model X3 Sports Tourist (990cc v-twin)	5,000	10,000	16,000	24,000	32,000	40,000
1934						
Model F4 Sports (246cc single)	1,000	2,000	4,000	6,000	8,000	10,000
Model F7 (246cc single)	1,000	2,000	4,000	6,000	8,000	10,000
Model D3 (347cc single)	1,000	2,000	4,000	6,000	8,000	10,000
Model CS (495cc twin)	2,000	4,000	8,000	12,000	16,000	20,000
Model D5 (498cc single)	2,000	4,000	8,000	12,000	16,000	20,000
Model D80 Sports (498cc single)	2,000	4,000	8,000	12,000	16,000	20,000
Model C (586cc single)	2,500	5,000	10,000	15,000	20,000	25,000
Silver Hawk (592cc v-four)	5,000	10,000	20,000	40,000	60,000	80,000
Model X4 Sports Tourist (990cc v-twin)	5,000	10,000	16,000	24,000	32,000	40,000
1935						
Model F4 Sports (246cc single)	1,000	2,000	4,000	6,000	8,000	10,000
Model F7 (246cc single)	1,000	2,000	4,000	6,000	8,000	10,000
Model D3 (347cc single)	1,000	2,000	4,000	6,000	8,000	10,000
G3 (350cc single)	1,000	2,000	4,000	6,000	8,000	10,000
Model CS (495cc twin)	2,000	4,000	8,000	12,000	16,000	20,000
Model D5 (498cc single)	2,000	4,000	8,000	12,000	16,000	20,000
Model D80 Sports (498cc single)	2,000	4,000	8,000	12,000	16,000	20,000
Model C (586cc single)	2,500	5,000	10,000	15,000	20,000	25,000
Silver Hawk (592cc v-four)	5,000	10,000	20,000	40,000	60,000	80,000
Model X4 Sports Tourist (990cc v-twin)	5,000	10,000	16,000	24,000	32,000	40,000
1936						
G2 (250cc single)	1,000	2,000	4,000	6,000	8,000	10,000
G2M (250cc single)	1,000	2,000	4,000	6,000	8,000	10,000
G3 (350cc single)	1,000	2,000	4,000	6,000	8,000	10,000
G80 (500cc single)	1,500	3,000	6,000	9,000	12,000	15,000
D5 (500cc single)	1,500	3,000	6,000	9,000	12,000	15,000
Model X4 Sports Tourist (990cc v-twin)	5,000	10,000	16,000	24,000	32,000	40,000
1937						
G2 (250cc single)	1,000	2,000	4,000	6,000	8,000	10,000
G2M (250cc single)	1,000	2,000	4,000	6,000	8,000	10,000
G2MC (250cc single)	1,000	2,000	4,000	6,000	8,000	10,000
G7 (250cc single)	1,000	2,000	4,000	6,000	8,000	10,000
G3 (350cc single)	2,000	4,000	6,000	8,000	10,000	12,000
G3C (350cc single)	2,000	4,000	6,000	8,000	10,000	12,000
G5 (500cc single)	1,500	3,000	6,000	9,000	12,000	15,000
G80 (500cc single)	1,500	3,000	6,000	9,000	12,000	15,000
G80C (500cc single)	1,500	3,000	6,000	9,000	12,000	15,000
Model X Sports Tourist (990cc v-twin)	5,000	10,000	16,000	24,000	32,000	40,000
1938						
G2 (250cc single)	1,000	2,000	4,000	6,000	8,000	10,000
G7 (250cc single)	1,000	2,000	4,000	6,000	8,000	10,000
G2M (250cc single)	1,000	2,000	4,000	6,000	8,000	10,000
G2MC (250cc single)	1,000	2,000	4,000	6,000	8,000	10,000
G3 (350cc single)	2,000	4,000	6,000	8,000	10,000	12,000
G3C (350cc single)	2,000	4,000	6,000	8,000	10,000	12,000
G4 (350cc single)	2,000	4,000	6,000	8,000	10,000	12,000
G5 (500cc single)	1,500	3,000	6,000	9,000	12,000	15,000
G80 (500cc single)	1,500	3,000	6,000	9,000	12,000	15,000
G90 (500cc single)	1,500	3,000	6,000	9,000	12,000	15,000
G90C (500cc single)	1,500	3,000	6,000	9,000	12,000	15,000
Model X Sports Tourist (990cc v-twin)	5,000	10,000	16,000	24,000	32,000	40,000
1939						
G2 (250cc single)	1,000	2,000	4,000	6,000	8,000	10,000
G7 (250cc single)	1,000	2,000	4,000	6,000	8,000	10,000
G2M (250cc single)	1,000	2,000	4,000	6,000	8,000	10,000
G2MC (250cc single)	1,000	2,000	4,000	6,000	8,000	10,000

	6	5	4	3	2	1
G3 (350cc single)	2,000	4,000	6,000	8,000	10,000	12,000
G3C (350cc single)	2,000	4,000	6,000	8,000	10,000	12,000
G4 (350cc single)	2,000	4,000	6,000	8,000	10,000	12,000
G5 (500cc single)	1,500	3,000	6,000	9,000	12,000	15,000
G80 (500cc single)	1,500	3,000	6,000	9,000	12,000	15,000
G90 (500cc single)	1,500	3,000	6,000	9,000	12,000	15,000
G90C (500cc single)	1,500	3,000	6,000	9,000	12,000	15,000
Model X Sports Tourist (990cc v-twin)	5,000	10,000	16,000	24,000	32,000	40,000
1940						
Model X Sports Tourist (990cc v-twin)	5,000	10,000	16,000	24,000	32,000	40,000
1941						
G3L (350cc single)	1,000	2,000	4,000	6,000	8,000	10,000
1945						
G3L (350cc single)	1,200	1,700	2,500	3,900	6,500	9,000
G80 Clubman (500cc single)	1,500	3,000	6,000	9,000	12,000	15,000
1946						
G3L (350cc single)	1,200	1,700	2,500	3,900	6,500	9,000
G80 Clubman (500cc single)	1,500	3,000	6,000	9,000	12,000	15,000
1947						
G3L (350cc single)	1,200	1,700	2,500	3,900	6,500	9,000
G80 Clubman (500cc single)	1,500	3,000	6,000	9,000	12,000	15,000
1948						
G3L (350cc single)	1,200	1,700	2,500	3,900	6,300	8,500
G3LC Competition (350cc single)	1,500	1,900	2,700	4,300	7,000	9,500
G80 Clubman (500cc single)	1,500	3,000	6,000	9,000	12,000	15,000
G80C Competition (500cc single)	1,500	3,000	6,000	9,000	12,000	15,000
1949						
G3L (350cc single)	1,200	1,800	2,500	4,000	5,500	7,000
G3LC (350cc single)	1,200	1,800	2,500	4,000	5,500	7,000
G3LS (350cc single)	1,200	1,800	2,500	4,000	5,500	7,000
G9 (500cc twin)	1,200	2,000	4,000	6,000	8,000	10,000
G9CSR (500cc twin)	1,200	2,000	4,000	6,000	8,000	11,000
G80 (500cc single)	1,300	2,000	4,000	6,000	8,000	10,000
G80C (500cc single)	1,400	2,000	3,500	5,500	7,500	9,500
1950						
G3L (350cc single)	1,200	1,800	2,500	4,000	5,500	7,000
G3LC (350cc single)	1,200	1,800	2,500	4,000	5,500	7,000
G3LCS (350cc single)	1,400	2,100	3,200	4,200	5,600	7,000
G3LS (350cc single)	1,400	2,100	3,200	4,200	5,600	7,000
G9 (500cc twin)	1,200	2,000	4,000	6,000	8,000	10,000
G9CSR (500cc twin)	1,200	2,000	4,000	6,000	8,000	11,000
G80 (500cc single)	1,300	2,000	4,000	6,000	8,000	10,000
G80C (500cc single)	1,300	2,000	4,000	6,000	8,000	10,000
G80CS (500cc single)	2,000	4,000	6,000	9,000	12,000	15,000
G80S (500cc single)	2,000	4,000	8,000	12,000	16,000	20,000
1951						
G3L (350cc single)	1,200	1,800	2,500	4,000	5,500	7,000
G3LC (350cc single)	1,200	1,800	2,500	4,000	5,500	7,000
G3LCS (350cc single)	1,400	2,100	3,200	4,200	5,600	7,000
G3LS (350cc single)	1,400	2,100	3,200	4,200	5,600	7,000
G9 (500cc twin)	1,200	2,000	4,000	6,000	8,000	10,000
G9CSR (500cc twin)	1,200	2,000	4,000	6,000	8,000	11,000
G80 (500cc single)	1,300	2,000	4,000	6,000	8,000	10,000
G80C (500cc single)	1,300	2,000	4,000	6,000	8,000	10,000
G80CS (500cc single)	2,000	4,000	6,000	9,000	12,000	15,000
G80S (500cc single)	2,000	4,000	8,000	12,000	16,000	20,000
1952						
G3L (350cc single)	1,200	1,800	2,500	4,000	5,500	7,000
G3LC (350cc single)	1,200	1,800	2,500	4,000	5,500	7,000
G3LCS (350cc single)	1,400	2,100	3,200	4,200	5,600	7,000

	6	5	4	3	2	1
G3LS (350cc single)	1,400	2,100	3,200	4,200	5,600	7,000
G9 (500cc twin)	1,200	2,000	4,000	6,000	8,000	10,000
G9CSR (500cc twin)	1,200	2,000	4,000	6,000	8,000	11,000
G80 (500cc single)	1,300	2,000	4,000	6,000	8,000	10,000
G80C (500cc single)	1,300	2,000	4,000	6,000	8,000	10,000
G80CS (500cc single)	2,000	4,000	6,000	9,000	12,000	15,000
G80S (500cc single)	2,000	4,000	8,000	12,000	16,000	20,000
1953						
G3L (350cc single)	1,200	1,800	2,500	4,000	5,500	7,000
G3LC (350cc single)	1,200	1,800	2,500	4,000	5,500	7,000
G3LCS (350cc single)	1,400	2,100	3,200	4,200	5,600	7,000
G3LS (350cc single)	1,400	2,100	3,200	4,200	5,600	7,000
G9 (500cc twin)	1,200	2,000	4,000	6,000	8,000	10,000
G9CSR (500cc twin)	1,200	2,000	4,000	6,000	8,000	11,000
G45 (500cc twin)	6,000	10,000	20,000	30,000	40,000	50,000
G80 (500cc single)	1,300	2,000	4,000	6,000	8,000	10,000
G80C (500cc single)	1,300	2,000	4,000	6,000	8,000	10,000
G80CS (500cc single)	2,000	4,000	6,000	9,000	12,000	15,000
G80S (500cc single)	2,000	4,000	8,000	12,000	16,000	20,000
1954						
G3L (350cc single)	1,200	1,800	2,500	4,000	5,500	7,000
G3LC (350cc single)	1,200	1,800	2,500	4,000	5,500	7,000
G3LCS (350cc single)	1,400	2,100	3,200	4,200	5,600	7,000
G3LS (350cc single)	1,400	2,100	3,200	4,200	5,600	7,000
G9 (500cc twin)	1,300	2,000	3,500	5,000	7,500	9,000
G9CSR (500cc twin)	1,200	2,000	4,000	6,000	8,000	11,000
G45 (500cc twin)	6,000	10,000	20,000	30,000	40,000	50,000
G80 (500cc single)	1,300	2,000	4,000	6,000	8,000	10,000
G80C (500cc single)	1,300	2,000	4,000	6,000	8,000	10,000
G80CS (500cc single)	2,000	4,000	6,000	9,000	12,000	15,000
G80S (500cc single)	2,000	4,000	8,000	12,000	16,000	20,000
G9B (545cc twin)	1,300	2,000	3,500	5,000	7,500	9,000
G9BCSR (545cc twin)	1,200	2,000	4,000	6,000	8,000	11,000
1955						
G3L (350cc single)	1,200	1,800	2,500	4,000	5,500	7,000
G3LC (350cc single)	1,200	1,800	2,500	4,000	5,500	7,000
G3LCS (350cc single)	1,400	2,100	3,200	4,200	5,600	7,000
G3LS (350cc single)	1,400	2,100	3,200	4,200	5,600	7,000
G9 (500cc twin)	1,300	2,000	3,500	5,000	7,500	9,000
G9CSR (500cc twin)	1,200	2,000	4,000	6,000	8,000	11,000
G45 (500cc twin)	6,000	10,000	20,000	30,000	40,000	50,000
G80 (500cc single)	1,300	2,000	4,000	6,000	8,000	10,000
G80C (500cc single)	1,300	2,000	4,000	6,000	8,000	10,000
G80CS (500cc single)	2,000	4,000	6,000	9,000	12,000	15,000
G80S (500cc single)	2,000	4,000	8,000	12,000	16,000	20,000
G9B (545cc twin)	1,300	2,000	3,500	5,000	7,500	9,000
G9BCSR (545cc twin)	1,200	2,000	4,000	6,000	8,000	11,000
1956						
G3LCS (350cc single)	1,400	2,100	3,200	4,200	5,600	7,000
G3LS (350cc single)	1,400	2,100	3,200	4,200	5,600	7,000
G9 (500cc twin)	1,300	2,000	3,500	5,000	7,500	9,000
G9CSR (500cc twin)	1,200	2,000	4,000	6,000	8,000	11,000
G45 (500cc twin)	6,000	10,000	20,000	30,000	40,000	50,000
G80CS (500cc single)	2,000	4,000	6,000	9,000	12,000	15,000
G80S (500cc single)	2,000	4,000	8,000	12,000	16,000	20,000
G11 (600cc twin)	2,000	4,000	6,000	8,000	10,000	12,000
G11CSR (600cc twin)	1,200	2,000	4,000	6,000	8,000	11,000
1957						
G3LCS (350cc single)	1,400	2,100	3,200	4,200	5,600	7,000
G3LS (350cc single)	1,400	2,100	3,200	4,200	5,600	7,000

	6	5	4	3	2	1
G9 (500cc twin)	1,300	2,000	3,500	5,000	7,500	9,000
G9CSR (500cc twin)	1,400	2,000	4,000	6,000	8,000	10,000
G45 (500cc twin)	6,000	10,000	20,000	30,000	40,000	50,000
G80CS (500cc single)	2,000	4,000	6,000	9,000	12,000	15,000
G80R/R Dirt Tracker (500cc single)	2,400	3,600	5,400	7,200	9,600	12,000
G80S (500cc single)	2,000	4,000	8,000	12,000	16,000	20,000
G11 (600cc twin)	2,000	4,000	6,000	8,000	10,000	12,000
G11CSR (600cc twin)	1,500	2,700	3,000	5,000	8,000	11,000
1958						
G2 (250cc single)	500	1,000	2,000	3,000	4,000	5,000
G3LCS (350cc single)	1,400	2,100	3,200	4,200	5,600	7,000
G3LS (350cc single)	1,400	2,100	3,200	4,200	5,600	7,000
G9 (500cc twin)	1,300	2,000	3,500	5,000	7,500	9,000
G9CSR (500cc twin)	1,200	2,000	4,000	6,000	8,000	10,000
G45 (500cc twin)	6,000	10,000	20,000	30,000	40,000	50,000
G80CS (500cc single)	2,000	4,000	6,000	9,000	12,000	15,000
G80S (500cc single)	2,000	4,000	8,000	12,000	16,000	20,000
G11 (600cc twin)	2,000	4,000	6,000	8,000	10,000	12,000
G11CS (600cc twin)	1,200	2,000	4,000	6,000	8,000	10,000
G11 CSR (600cc twin)	1,200	2,000	4,000	6,000	8,000	11,000
1959						
G2 (250cc single)	500	1,000	2,000	3,000	4,000	5,000
G2CS (250cc single)	1,000	1,700	2,400	3,100	4,000	5,000
G3 (350cc single)	1,200	1,900	2,800	3,700	5,000	6,200
G3C (350cc single)	1,400	2,100	3,200	4,200	5,600	7,000
G3CS (350cc single)	1,400	2,100	3,200	4,300	5,700	7,100
G9 (500cc twin)	1,300	2,000	3,500	5,000	7,500	9,000
G9CS (500cc twin)	1,200	2,000	4,000	6,000	8,000	10,000
G9CSR (500cc twin)	1,200	2,000	4,000	6,000	8,000	10,000
G45 (500cc twin)	6,000	10,000	20,000	30,000	40,000	50,000
G50 (500cc single)	5,000	10,000	20,000	30,000	40,000	50,000
G80CS (500cc single)	2,000	4,000	6,000	9,000	12,000	15,000
G80S (500cc single)	2,000	4,000	8,000	12,000	16,000	20,000
G80 Typhoon (600cc single)	1,500	3,000	5,000	9,000	13,000	17,000
G12 Deluxe (650cc twin)	1,300	2,000	3,500	5,000	7,500	9,000
G12 (650cc twin)	1,300	2,000	3,500	5,000	7,500	9,000
G12CS (650cc twin)	1,300	2,000	3,500	5,000	7,500	9,000
G12CSR (650cc twin)	1,200	2,000	4,000	6,000	8,000	11,000
1960						
G2 (250cc single)	500	1,000	2,000	3,000	4,000	5,000
G2CS (250cc single)	1,000	1,700	2,400	3,100	4,000	5,000
G3 (350cc single)	1,200	1,900	2,800	3,700	5,000	6,200
G3C (350cc single)	1,400	2,100	3,200	4,200	5,600	7,000
G5 (350cc single)	1,100	1,700	2,500	3,300	4,400	5,500
G9 (500cc twin)	1,200	2,000	3,500	5,000	6,500	8,000
G9CSR (500cc twin)	1,300	2,000	3,500	5,000	7,500	9,000
G50 (500cc single)	5,000	10,000	20,000	30,000	40,000	50,000
G80 (500cc single)	1,300	2,000	3,500	5,000	7,500	9,000
G80CS (500cc single)	2,000	4,000	6,000	9,000	12,000	15,000
G80 Typhoon (600cc single)	1,500	3,000	5,000	9,000	13,000	17,000
G12 (650cc twin)	1,200	2,000	3,500	5,000	6,500	8,000
G12 Deluxe (650cc twin)	1,300	2,000	3,500	5,000	7,500	9,000
G12CS (650cc twin)	1,300	2,000	3,500	5,000	7,500	9,000
G12CSR (650cc twin)	1,200	2,000	4,000	6,000	8,000	11,000
1961						
G2 (250cc single)	500	1,000	2,000	3,000	4,000	5,000
G2CS (250cc single)	1,000	1,700	2,400	3,100	4,000	5,000
G2S (250cc single)	500	1,000	2,000	3,000	4,000	5,000
G3 (350cc single)	1,200	1,900	2,800	3,700	5,000	6,200
G3C (350cc single)	1,400	2,100	3,200	4,200	5,600	7,000

	6	5	4	3	2	1
G5 (350cc single)	1,100	1,700	2,500	3,300	4,400	5,500
G9 (500cc twin)	1,200	2,000	3,500	5,000	6,500	8,000
G9OON (500cc twin)	1,000	2,000	3,500	5,000	7,500	9,000
G50 (500cc single)	5,000	10,000	20,000	30,000	40,000	50,000
G80 (500cc single)	1,300	2,000	3,500	5,000	7,500	9,000
G80CS (500cc single)	2,000	4,000	6,000	9,000	12,000	15,000
G80 Typhoon (600cc single)	1,500	3,000	5,000	9,000	13,000	17,000
G12 (650cc twin)	1,200	2,000	3,500	5,000	6,500	8,000
G12 Deluxe (650cc twin)	1,300	2,000	3,500	5,000	7,500	9,000
G12CSR (650cc twin)	1,200	2,000	4,000	6,000	8,000	11,000
1962						
G2 (250cc single)	500	1,000	2,000	3,000	4,000	5,000
G2CS (250cc single)	1,000	1,700	2,400	3,100	4,000	5,000
G2CSR (250cc single)	500	1,000	2,000	3,000	4,000	5,000
G2S (250cc single)	500	1,000	2,000	3,000	4,000	5,000
G3 (350cc single)	1,200	1,900	2,800	3,700	5,000	6,200
G3C (350cc single)	1,400	2,100	3,200	4,200	5,600	7,000
G3S (350cc single)	1,200	1,900	2,800	3,700	5,000	6,200
G5 (350cc single)	1,100	1,600	2,400	3,200	4,300	5,400
G50 (500cc single)	5,000	10,000	20,000	30,000	40,000	50,000
G80 (500cc single)	1,300	2,000	3,000	4,500	6,000	7,500
G80CS (500cc single)	2,000	4,000	6,000	9,000	12,000	15,000
G80 Typhoon (600cc single)	1,500	3,000	5,000	9,000	13,000	17,000
G12 (650cc twin)	1,200	2,000	3,500	5,000	6,500	8,000
G12CSR (650cc twin)	1,200	2,000	4,000	6,000	8,000	11,000
1963						
G2 (250cc single)	500	1,000	2,000	3,000	4,000	5,000
G2CSR (250cc single)	1,000	1,700	2,400	3,100	4,000	5,000
G3 (350cc single)	1,200	1,900	2,800	3,700	5,000	6,200
G3C (350cc single)	1,400	2,100	3,200	4,200	5,600	7,000
G50 (500cc single)	5,000	10,000	20,000	30,000	40,000	50,000
G80 (500cc single)	1,300	2,000	4,000	5,500	7,000	8,500
G80CS (500cc single)	2,000	4,000	6,000	9,000	12,000	15,000
G80 Typhoon (600cc single)	1,500	3,000	5,000	9,000	13,000	17,000
G12 (650cc twin)	1,200	2,000	3,500	5,000	6,500	8,000
G12CSR (650cc twin)	1,500	3,000	4,500	6,000	7,500	9,000
G15 (750cc twin)	1,500	3,000	4,500	6,000	7,500	9,000
G15CSR (750cc twin)	2,000	3,000	4,500	6,000	8,000	10,000
1964						
G2CSR (250cc single)	1,000	1,700	2,400	3,100	4,000	5,000
G3 (350cc single)	1,200	1,900	2,800	3,700	5,000	6,200
G3C (350cc single)	1,300	2,000	3,000	4,000	5,400	6,700
G80 (500cc single)	1,300	2,000	4,000	5,500	7,000	8,500
G80CS (500cc single)	2,000	4,000	6,000	9,000	12,000	15,000
G80 Typhoon (600cc single)	1,500	3,000	5,000	9,000	13,000	17,000
G12 (650cc twin)	1,200	2,000	3,500	5,000	6,500	8,000
G12CSR (650cc twin)	1,500	3,000	4,500	6,000	7,500	9,000
G15 (750cc twin)	1,100	1,700	2,500	4,000	6,000	8,000
G15CSR (750cc twin)	2,000	3,000	4,500	6,000	8,000	10,000
1965						
G2CSR (250cc single)	1,000	1,700	2,400	3,100	4,000	5,000
G3 (350cc single)	1,200	1,800	2,700	3,600	4,800	6,000
G80 (500cc single)	1,300	2,000	4,000	5,500	7,000	8,500
G80CS (500cc single)	2,000	4,000	6,000	9,000	12,000	15,000
G80 Typhoon (600cc single)	1,500	3,000	5,000	9,000	13,000	17,000
G12 (650cc twin)	1,200	2,000	3,500	5,000	6,500	8,000
G12CSR (650cc twin)	1,500	3,000	4,500	6,000	7,500	9,000
G15 (750cc twin)	1,100	1,700	2,500	4,000	6,000	8,000
G15CSR (750cc twin)	2,000	3,000	4,500	6,000	8,000	10,000

	6	5	4	3	2	1
1966						
G2CSR (250cc single)	1,000	1,700	2,400	3,100	4,000	5,000
G3 (350cc single)	1,200	1,800	2,700	3,600	4,800	6,000
G80 (500cc single)	1,300	2,000	4,000	5,500	7,000	8,500
G85CS (500cc single)	2,000	5,000	8,000	11,000	14,000	18,000
G80 Typhoon (600cc single)	1,500	3,000	5,000	9,000	13,000	17,000
G12 (650cc twin)	1,200	2,000	3,500	5,000	6,500	8,000
G12CSR (650cc twin)	1,500	3,000	4,500	6,000	7,500	9,000
G15 (750cc twin)	1,100	1,700	2,500	4,000	6,000	8,000
G15CSR (750cc twin)	2,000	3,000	4,500	6,000	8,000	10,000
P11 (750cc twin)	1,500	3,000	6,000	9,000	12,000	15,000
1967						
G80CS (500cc single)	2,000	4,000	6,000	8,000	10,000	12,000
G85CS (500cc single)	2,000	5,000	8,000	11,000	14,000	18,000
G15 (750cc twin)	2,000	3,000	4,500	6,000	8,000	10,000
G15CSR (750cc twin)	2,000	4,000	6,000	8,000	10,000	12,000
1968						
G85CS (500cc single)	2,000	5,000	8,000	11,000	14,000	18,000
G15 (750cc twin)	1,500	3,000	4,500	6,000	7,500	9,000
G15CSR (750cc twin)	1,200	2,000	4,000	6,000	8,000	11,000
1969						
G80SS (500cc single)	1,500	3,000	4,500	6,000	7,500	9,000
G85CS (500cc single)	2,000	5,000	8,000	11,000	14,000	18,000
G15 (750cc twin)	1,500	3,000	4,500	6,000	7,500	9,000
G15CSR (750cc twin)	1,200	2,000	4,000	6,000	8,000	11,000

MONTESA

	6	5	4	3	2	1
1945						
A-45 (98cc single)	5,000	10,000	20,000	30,000	40,000	50,000
1946						
A-45 (98cc single)	5,000	10,000	20,000	30,000	40,000	50,000
B46/49 Villiers (125cc single) (2 made)	5,000	10,000	20,000	30,000	40,000	50,000
1947						
A-45 (98cc single)	5,000	10,000	20,000	30,000	40,000	50,000
B-46 (125cc single)	5,000	10,000	20,000	30,000	40,000	50,000
B-46/49 Normal (125cc single) (2,600 made-5 years)	3,000	6,000	12,000	18,000	24,000	30,000
1948						
B-46 (125cc single)	4,000	8,000	16,000	24,000	32,000	40,000
B-46/49 Lady (125cc single) (7 made-2 years)	5,000	10,000	20,000	30,000	40,000	50,000
B-46/49 Normal (125cc single)	3,000	6,000	12,000	18,000	24,000	30,000
1949						
B-46 (125cc single)	4,000	8,000	16,000	24,000	32,000	40,000
B-46/49 Lady (125cc single)	5,000	10,000	20,000	30,000	40,000	50,000
B-46/49 Normal (125cc single)	3,000	6,000	12,000	18,000	24,000	30,000
1950						
B-46 (125cc single)	4,000	8,000	16,000	24,000	32,000	40,000
B-46/49 Normal (125cc single)	3,000	6,000	12,000	18,000	24,000	30,000
1951						
B-46 (125cc single)	4,000	8,000	16,000	24,000	32,000	40,000
B-46/49 Normal (125cc single)	3,000	6,000	12,000	18,000	24,000	30,000
D-51 (125cc single) (2,831 made-3 years)	3,000	6,000	12,000	18,000	24,000	30,000
1952						
D-51 (125cc single)	3,000	6,000	12,000	18,000	24,000	30,000
1953						
Brio 90 (125cc single) (2,656 total 90s made-4 years)	2,000	4,000	8,000	12,000	16,000	20,000
D-51 (125cc single)	3,000	6,000	12,000	18,000	24,000	30,000
1954						
Brio 80 (125cc single) (13,784 total 80s made-4 years)	1,000	2,000	3,500	5,000	6,500	8,000
Brio 90 (125cc single)	2,000	4,000	8,000	12,000	16,000	20,000

	6	5	4	3	2	1
1955						
Brio 80 (125cc single)	1,000	2,000	3,500	5,000	6,500	8,000
Brio 80/55 (125cc single)	1,000	2,000	3,500	5,000	6,500	8,000
Brio 90 (125cc single)	2,000	4,000	8,000	12,000	16,000	20,000
Brio 90/55 (125cc single)	2,000	4,000	8,000	12,000	16,000	20,000
1956						
Brio 80/56 (125cc single)	1,000	2,000	3,500	5,000	6,500	8,000
Brio 90 (125cc single)	2,000	4,000	8,000	12,000	16,000	20,000
Brio 91 (125cc single) (5,204 made-4 years)	1,000	2,000	4,000	6,000	8,000	10,000
1957						
Brio Cabra (125cc single)	1,000	2,000	3,500	5,000	6,500	8,000
Brio 80 (125cc single)	1,000	2,000	3,500	5,000	6,500	8,000
Brio 81 (125cc single) (18,544 made-3 years)	750	1,500	2,500	4,000	5,500	7,000
Brio 91 (125cc single)	1,000	2,000	4,000	6,000	8,000	10,000
1958						
Brio 81 (125cc single)	750	1,500	2,500	4,000	5,500	7,000
Brio 91 (125cc single)	1,000	2,000	4,000	6,000	8,000	10,000
1959						
Brio 81 (125cc single)	750	1,500	2,500	4,000	5,500	7,000
Brio 82 (125cc single) (7,477 made-3 years)	1,000	2,000	3,500	5,000	6,500	8,000
Brio 91 (125cc single)	1,000	2,000	4,000	6,000	8,000	10,000
Brio 110 (125cc single) (6,295 made-4 years)	1,000	2,000	3,500	5,000	6,500	8,000
1960						
Brio 82 (125cc single)	1,000	2,000	3,500	5,000	6,500	8,000
Brio 110 (125cc single)	1,000	2,000	3,500	5,000	6,500	8,000
1961						
Brio 82 (125cc single)	1,000	2,000	3,500	5,000	6,500	8,000
Brio 110 (125cc single)	1,000	2,000	3,500	5,000	6,500	8,000
Brio 110S (125cc single) (250 made-2 years)	1,000	2,000	4,000	6,000	8,000	10,000
Brio Cross (125cc single)	1,000	2,000	3,500	5,000	6,500	8,000
1962						
Brio 110 (125cc single)	1,000	2,000	3,500	5,000	6,500	8,000
Brio 110S (125cc single)	1,000	2,000	4,000	6,000	8,000	10,000
Impala (175cc single)	1,000	2,000	3,000	4,000	5,000	6,000
1963						
Brio 110 (125cc single)	1,000	2,000	3,500	5,000	6,500	8,000
Impala (175cc single)	1,000	2,000	3,000	4,000	5,000	6,000
1964						
Impala (175cc single)	1,000	2,000	3,000	4,000	5,000	6,000
Diablo (250cc single)	1,300	2,000	2,700	3,600	5,500	7,400
1965						
Diablo (250cc single)	1,300	2,000	2,700	3,600	5,500	7,400
1966						
Impala (175cc single)	1,000	2,000	3,000	4,000	5,000	6,000
Scorpion 250 (2,410 made-6 years)	1,300	2,000	2,700	3,600	5,500	7,400
1967						
Impala (175cc single)	1,000	2,000	3,000	4,000	5,000	6,000
La Cross 250 (250cc single)	1,500	3,000	4,500	6,000	7,500	9,000
Scorpion 250 (250cc single)	1,300	2,000	2,700	3,600	5,500	7,400
1968						
Cappra 250 (250cc single)	1,500	2,500	4,000	5,500	7,000	8,500
Impala Special 250 (250cc single)	1,300	2,000	2,700	3,600	5,500	7,400
La Cross 250 (250cc single)	1,500	3,000	4,500	6,000	7,500	9,000
Scorpion 250 (250cc single)	1,300	2,000	2,700	3,600	5,500	7,400
Cappra 360 (360cc single)	1,500	3,000	4,500	6,000	7,500	9,000
1969						
Impala (175cc single)	1,000	2,000	3,000	4,000	5,000	6,000
Cota 247 (247cc single)	900	1,400	2,200	3,000	4,000	6,200
Cappra 5 Speed 250 (250cc single)	1,500	2,500	5,000	8,000	11,000	14,000
Cappra 250GP (250cc single)	2,000	3,000	5,000	7,000	9,000	11,000

	6	5	4	3	2	1
Cappra 360GP (360cc single).	1,500	3,000	4,500	6,000	7,500	9,000
1970						
Brio 50 (49cc single) (1900 made-2 years)	500	1,000	2,000	3,000	4,000	5,000
Impala (175cc single)	1,000	2,000	3,000	4,000	5,000	6,000
Cota 247 (247cc single)	900	1,400	2,200	3,000	4,000	6,200
Scorpion 250 (250cc single)	1,300	2,000	2,700	3,600	5,500	7,400
Cappra 5 Speed 250 (250cc single).	1,500	2,500	5,000	8,000	11,000	14,000
Cappra 250GP (250cc single).	2,000	3,000	5,000	7,000	9,000	11,000
Cappra 360GP (360cc single).	1,500	3,000	4,500	6,000	7,500	9,000
1971						
Brio 50 (49cc single)	500	1,000	2,000	3,000	4,000	5,000
Cappra 125MX (125cc single).	1,000	2,000	3,000	4,000	5,000	6,000
Impala (175cc single)	1,000	2,000	3,000	4,000	5,000	6,000
Texas T175 (175cc single)	900	1,400	1,900	2,600	3,900	5,200
Texas XLT175	900	1,400	1,900	2,600	3,900	5,200
Cota 247 (247cc single).	900	1,400	2,200	3,000	4,000	6,200
Cappra 5 Speed 250 (250cc single).	1,500	2,500	5,000	8,000	11,000	14,000
Scorpion 250 (250cc single)	1,300	2,000	2,700	3,600	5,500	7,400
Cappra 250GP (250cc single).	2,000	3,000	5,000	7,000	9,000	11,000
Cappra 360GP (360cc single).	1,500	3,000	4,500	6,000	7,500	9,000
1972						
Cota 25 50 (50cc single)	550	1,100	2,200	3,300	4,400	5,500
Cota 125 (125cc single)	900	1,400	1,900	2,600	3,900	5,200
Cappra 125MX (125cc single).	1,000	2,000	3,000	4,000	5,000	6,000
Cota 247 (247cc single).	900	1,400	2,200	3,000	4,000	6,200
King Scorpion 250 (250cc single)	1,300	2,000	2,700	3,600	5,500	7,400
Cappra 250MX (250cc single).	2,000	3,000	5,000	7,000	9,000	11,000
1973						
Cota 25 50 (50cc single)	550	1,100	2,200	3,300	4,400	5,500
Cota 125 (125cc single).	900	1,400	1,900	2,600	3,900	5,200
Cappra 125MX (125cc single)	1,000	2,000	3,000	4,000	5,000	6,000
Cota 247 (247cc single)	900	1,400	2,200	3,000	4,000	6,200
King Scorpion 250 (250cc single)	1,300	2,000	2,700	3,600	5,500	7,400
Cappra 250MX (250cc single).	2,000	3,000	5,000	7,000	9,000	11,000
Cappra 250VR (250cc single).	1,000	2,000	3,500	5,000	7,500	9,000
1974						
Cota 50 (50cc single)	500	1,000	2,000	3,000	4,000	5,000
Cota 25 50 (50cc single)	550	1,100	2,200	3,300	4,400	5,500
Cota 123 (123cc single)	900	1,400	1,900	2,600	4,000	5,400
Cota 123T (123cc single)	900	1,500	2,000	2,700	4,100	5,500
Cota 247 (247cc single)	900	1,400	2,200	3,000	4,000	6,200
Cota 247T (247cc single)	900	1,400	2,200	3,000	4,000	6,200
Enduro 250 (250cc single)	1,300	2,000	2,700	3,600	5,500	7,400
King Scorpion 250 (250cc single).	1,300	2,000	2,700	3,600	5,500	7,400
Rapita 250 (250cc single).	1,300	2,000	2,700	3,600	5,500	7,400
Cappra 250VR (250cc single).	1,000	2,000	3,500	5,000	7,500	9,000
1975						
Cota 50 (50cc single)	500	1,000	2,000	3,000	4,000	5,000
Cota 25 50 (50cc single)	550	1,100	2,200	3,300	4,400	5,500
Cota 123 (123cc single)	900	1,400	1,900	2,600	4,000	5,400
Cota 123T (123cc single)	900	1,500	2,000	2,700	4,100	5,500
Cappra 125 (125cc single)	1,100	1,800	2,500	3,200	5,100	7,000
Cota 247 (247cc single)	900	1,400	2,200	3,000	4,000	6,200
Cota 247T (247cc single)	900	1,400	2,200	3,000	4,000	6,200
Enduro 250 (250cc single)	1,300	2,000	2,700	3,600	5,500	7,400
King Scorpion 250 (250cc single).	1,300	2,000	2,700	3,600	5,500	7,400
Rapita 250 (250cc single).	1,300	2,000	2,700	3,600	5,500	7,400
Cappra 250VR (250cc single).	1,000	2,000	3,500	5,000	7,500	9,000
1976						
Cota 25C 50 (50cc single)	500	1,000	2,000	3,000	4,000	5,000

	6	5	4	3	2	1
Cota 123 (123cc single)	900	1,400	1,900	2,600	4,000	5,400
Cota 123T (123cc single)	900	1,500	2,000	2,700	4,100	5,500
Cappra 125 (125cc single)	1,100	1,800	2,500	3,200	5,100	7,000
Cota 172 (172cc single)	900	1,400	1,900	2,600	3,900	5,200
Cota 247 (247cc single)	900	1,400	2,200	3,000	4,000	6,200
Cota 247T (247cc single)	900	1,400	2,200	3,000	4,000	6,200
Cappra 250 (250cc single)	1,000	2,000	3,500	5,000	7,500	9,000
Enduro 250 (250cc single)	1,300	1,400	2,700	3,600	5,500	7,400
Cota 348 (348cc single)	900	1,400	1,900	2,500	3,900	5,300
Cappra 360 (360cc single)	1,000	2,000	3,500	5,000	7,500	9,000
1977						
Cota 25C 50 (50cc single)	500	1,000	2,000	3,000	4,000	5,000
Cota 123 (123cc single)	900	1,400	1,900	2,600	4,000	5,400
Enduro 125 (125cc single)	1,100	1,600	2,100	2,800	4,500	6,200
Cappra 125VB (125cc single)	1,100	1,600	2,500	4,000	5,500	7,000
Cota 247 (247cc single)	900	1,400	2,200	3,000	4,000	6,200
Cota 247T (247cc single)	900	1,400	2,200	3,000	4,000	6,200
Cappra 250VB (250cc single)	1,000	2,000	3,500	5,000	7,500	9,000
1978						
Cota 49 (49cc single)	500	1,000	2,000	3,000	4,000	5,000
Cota 123 (123cc single)	900	1,400	1,900	2,600	4,000	5,400
Enduro 125H (125cc single)	1,100	1,600	2,100	2,800	4,500	6,200
Cappra 125VB (125cc single)	1,100	1,600	2,500	4,000	5,500	7,000
Cota 247 (247cc single)	900	1,400	2,200	3,000	4,000	6,200
Enduro 250HG (250cc single)	1,500	2,200	2,900	3,900	5,900	7,900
Cappra 250VB (250cc single)	1,000	2,000	3,500	5,000	7,500	9,000
Cota 348 (348cc single)	900	1,400	1,900	2,500	3,900	5,300
Cota 348T (348cc single)	900	1,400	1,900	2,500	3,900	5,300
Enduro 360H (360cc single)	900	1,400	1,900	2,500	3,900	5,300
Cappra 360VB (360cc single)	1,000	2,000	3,500	5,000	7,500	9,000
1979						
Cota 49 (49cc single)	500	1,000	2,000	3,000	4,000	5,000
Cappra 125VF (125cc single)	1,100	1,600	2,100	2,800	4,500	6,200
Cota 247C (247cc single)	900	1,400	2,200	3,000	4,000	6,200
Cappra 250VF (250cc single)	1,000	2,000	3,500	5,000	7,500	9,000
Cota 348T (348cc single)	900	1,400	1,900	2,500	3,900	5,300
Cota 349 (349cc single)	300	600	1,200	1,800	2,400	3,000
Enduro 360H (360cc single)	900	1,400	1,900	2,500	3,900	5,300
Cappra 414VF (414cc single)	450	900	1,800	2,700	3,600	4,500
1980						
Cota 49 (49cc single)	500	1,000	2,000	3,000	4,000	5,000
Cappra 125VF (125cc single)	1,100	1,600	2,100	2,800	4,500	6,200
Cota 247C (247cc single)	900	1,400	2,200	3,000	4,000	6,200
Cappra 250VF (250cc single)	1,000	2,000	3,500	5,000	7,500	9,000
Cota 348T (348cc single)	900	1,400	1,900	2,500	3,900	5,300
Cota 349 (349cc single)	300	600	1,200	1,800	2,400	3,000
Enduro 360H (360cc single)	900	1,400	1,900	2,500	3,900	5,300
Cappra 414VF (414cc single)	450	900	1,800	2,700	3,600	4,500
1981						
Cappra 125VF (125cc single)	1,100	1,600	2,100	2,800	4,500	6,200
Cappra 250VF (250cc single)	1,000	2,000	3,500	5,000	7,500	9,000
Cappra 414VF (414cc single)	450	900	1,800	2,700	3,600	4,500
Cota 123 (123cc single)	400	700	900	1,200	1,700	2,200
Cota 200 (200cc single)	400	700	900	1,200	1,700	2,200
Cota 247 (247cc single)	400	700	900	1,200	1,700	2,200
Cota 248 (248cc single)	400	700	900	1,200	1,700	2,200
Cota 348T (348cc single)	1,000	1,600	2,100	2,800	4,400	6,000
Cota 349 (349cc single)	300	600	1,200	1,800	2,400	3,000
Enduro 250H6 (250cc single)	400	700	900	1,200	1,700	2,200
Enduro 360H6 (350cc single)	400	700	900	1,200	1,700	2,200

	6	5	4	3	2	1
1982						
Cappra 250VG (250cc single)	1,000	2,000	3,500	5,000	7,500	9,000
Cappra 414VG (414cc single)	1,000	2,000	3,000	4,000	5,000	6,000
Cota 123 (123cc single)	400	700	900	1,200	1,700	2,200
Cota 200 (200cc single)	400	700	900	1,200	1,700	2,200
Cota 349 (349cc single)	400	700	900	1,200	1,700	2,200
Enduro 250H6 (250cc single)	400	700	900	1,200	1,700	2,200
Enduro 360H7 (360cc single)	400	700	900	1,200	1,700	2,200
1983						
Cappra 250VG (250cc single)	1,000	2,000	3,500	5,000	7,500	9,000
Cota 123 (123cc single)	400	700	900	1,200	1,700	2,200
Cota 200 (200cc single)	400	700	900	1,200	1,700	2,200
Cota 349 (349cc single)	400	700	900	1,200	1,700	2,200
Enduro 250H6 (250cc single)	400	700	900	1,200	1,700	2,200
Enduro 360H7 (360cc single)	400	700	900	1,200	1,700	2,200
1984						
Cota 200 (200cc single)	400	700	900	1,200	1,700	2,200
Cota 242 (240cc single)	400	700	900	1,200	1,700	2,200
Cota 350 (350cc single)	400	700	900	1,200	1,700	2,200
Enduro 250 H7 (250cc single)	400	700	900	1,200	1,700	2,200
Enduro 360 H7 (250cc single)	400	700	900	1,200	1,700	2,200
1985						
Cota 242 (240cc single)	400	700	900	1,200	1,700	2,200
Cota 330 (330 cc single)	400	700	900	1,200	1,700	2,200
Cota 348 (348cc single)	400	700	900	1,200	1,700	2,200
Enduro 250 H7 (250cc single)	400	700	900	1,200	1,700	2,200
Enduro 360 H7 (250cc single)	400	700	900	1,200	1,700	2,200
1986						
Cota 123 (123cc single)	400	700	900	1,200	1,700	2,200
Cota 242 (240cc single)	400	700	900	1,200	1,700	2,200
Cota 304 (240cc single)	400	700	900	1,200	1,700	2,200
Cota 330 (330cc single)	400	700	900	1,200	1,700	2,200
1987						
Cota 242 (240cc single)	400	700	900	1,200	1,700	2,200
Cota 304 (240cc single)	400	700	900	1,200	1,700	2,200
Cota 335 (330cc single)	400	700	900	1,200	1,700	2,200
1988						
Cota 307 (240cc single)	400	700	900	1,200	1,700	2,200
1989						
Cota 307 (240cc single)	400	700	900	1,200	1,700	2,200
Cota 309 (260cc single)	400	700	900	1,200	1,700	2,200
1990						
Cota 309 (260cc single)	400	700	900	1,200	1,700	2,200
1991						
Cota 310 (260cc single)	400	700	900	1,200	1,700	2,200
1993						
Cota 311 (260cc single)	400	700	900	1,200	1,700	2,200
1994						
Cota 314 (260cc single)	400	700	900	1,200	1,700	2,200
1995						
Cota 314R (260cc single)	200	400	800	1,300	1,800	2,300
MOTO GUZZI						
1919						
OHV 4 Valve (498cc single)	10,000	20,000	40,000	60,000	80,000	100K
1921						
Standard (500cc single)	5,000	10,000	20,000	30,000	40,000	50,000
1922						
Normale 500 (498cc single)	6,000	9,000	14,000	18,000	24,000	30,000

	6	5	4	3	2	1
1923						
Normale 500 (498cc single)	6,000	9,000	14,000	18,000	24,000	30,000
1924						
Normale 500 (498cc single)	6,000	9,000	14,000	18,000	24,000	30,000
1925 (no production)						
1926 (no production)						
1927						
250SS (250cc single)	3,000	6,000	12,000	18,000	24,000	30,000
GT (500cc single)	3,000	6,000	12,000	18,000	24,000	30,000
1928						
Norge GT (500cc single)	3,000	6,000	12,000	18,000	24,000	30,000
GT(500cc single)	3,000	6,000	12,000	18,000	24,000	30,000
1929						
Sport 14 (500cc single)	10,000	20,000	30,000	40,000	50,000	60,000
GT(500cc single)	3,000	6,000	12,000	18,000	24,000	30,000
1930						
Sport 15 (498cc single)	5,000	10,000	20,000	30,000	40,000	50,000
GT(500cc single)	3,000	6,000	12,000	18,000	24,000	30,000
1931						
Sport 15 (498cc single)	25,000	5,000	10,000	15,000	20,000	25,000
GT16/2VT (500cc)	3,000	6,000	12,000	18,000	24,000	30,000
1932						
P175 (175cc single)	1,000	2,000	4,000	6,000	8,000	10,000
Sport 15 (498cc single)	2,500	5,000	10,000	15,000	20,000	25,000
GT16/2VT (500cc single)	3,000	6,000	12,000	18,000	24,000	30,000
1933						
P175 (175cc single)	1,200	1,800	2,700	3,600	4,800	6,000
Sport 15 (498cc single)	2,500	5,000	10,000	15,000	20,000	25,000
GT16/2VT (500cc single)	3,000	6,000	12,000	18,000	24,000	30,000
1934						
P175 (175cc single)	1,200	1,800	2,700	3,600	4,800	6,000
PE250 (238cc single)	1,500	2,300	4,000	6,000	8,000	10,000
Sport 15 (498cc single)	2,500	5,000	10,000	15,000	20,000	25,000
GT16/2VT (500cc single)	3,000	6,000	12,000	18,000	24,000	30,000
1935						
P175 (175cc single)	1,200	1,800	2,700	3,600	4,800	6,000
PE250 (238cc single)	1,500	2,300	4,000	6,000	8,000	10,000
Sport 15 (498cc single)	2,500	5,000	10,000	15,000	20,000	25,000
GTV500 (499cc single)	2,000	3,000	6,000	9,000	12,000	15,000
GTW500 (499cc single)	2,000	3,000	6,000	9,000	12,000	15,000
1936						
P175 (175cc single)	1,200	1,800	2,700	3,600	4,800	6,000
PE250 (238cc single)	1,500	2,300	4,000	6,000	8,000	10,000
Sport 15 (498cc single)	2,500	5,000	10,000	15,000	20,000	25,000
GTV500 (499cc single)	2,000	3,000	6,000	9,000	12,000	15,000
GTW500 (499cc single)	2,000	3,000	6,000	9,000	12,000	15,000
1937						
P175 (175cc single)	1,200	1,800	2,700	3,600	4,800	6,000
PE250 (238cc single)	1,200	1,800	4,000	6,000	8,000	10,000
PL250 (247cc single) (1,474 made-3 yrs)	1,200	1,800	4,000	6,000	8,000	10,000
PLS 250 Sports (247cc single)	1,200	1,800	4,000	6,000	8,000	10,000
Sport 15 (498cc single)	2,000	4,000	8,000	12,000	16,000	20,000
GTV500 (499cc single)	2,000	3,000	6,000	9,000	12,000	15,000
GTW500 (499cc single)	2,000	3,000	6,000	9,000	12,000	15,000
1938						
PE250 (238cc single)	1,200	1,800	4,000	6,000	8,000	10,000
PL250 (247cc single)	1,200	1,800	4,000	6,000	8,000	10,000
Condor 500 Sport (498cc single)	3,000	6,000	9,000	12,000	15,000	18,000
Sport 15 (498cc single)	2,000	4,000	8,000	12,000	16,000	20,000
GTV500 (499cc single)	2,000	3,000	6,000	9,000	12,000	15,000

	6	5	4	3	2	1
GTW500 (499cc single)	2,000	3,000	6,000	9,000	12,000	15,000
1939						
PE250 (238cc single)	1,200	1,800	4,000	6,000	8,000	10,000
PL250 (247cc single)	1,200	1,800	4,000	6,000	8,000	10,000
Airone (247cc single)	1,000	2,000	4,000	6,000	8,000	10,000
Egretta (250cc single) (784-2 yrs.)	2,000	4,000	8,000	12,000	16,000	20,000
Condor 500 Sport (498cc single)	3,000	6,000	9,000	12,000	15,000	18,000
Sport 15 (498cc single)	2,000	3,000	6,000	9,000	12,000	15,000
GTV500 (499cc single)	2,000	3,000	6,000	9,000	12,000	15,000
GTW500 (499cc single)	2,000	3,000	6,000	9,000	12,000	15,000
Alce (500cc)	1,600	2,400	3,600	4,800	6,400	8,000
1940						
Airone (247cc single)	1,000	2,000	4,000	6,000	8,000	10,000
Egretta (250cc single)	2,000	4,000	8,000	12,000	16,000	20,000
Condor 500 Sport (498cc single)	3,000	6,000	9,000	12,000	15,000	18,000
GTW500 (499cc single)	2,000	3,000	6,000	9,000	12,000	15,000
1941						
Airone (247cc single)	1,000	2,000	4,000	6,000	8,000	10,000
GTW500 (499cc single)	2,000	3,000	6,000	9,000	12,000	15,000
1942						
Airone (247cc single)	1,000	2,000	4,000	6,000	8,000	10,000
GTW500 (499cc single)	2,000	3,000	6,000	9,000	12,000	15,000
1943						
Airone (247cc single)	1,000	2,000	4,000	6,000	8,000	10,000
GTW500 (499cc single)	2,000	3,000	6,000	9,000	12,000	15,000
Super Alce (500cc single)	2,500	5,000	7,500	10,000	12,500	15,000
1944						
Airone (247cc single)	1,000	2,000	4,000	6,000	8,000	10,000
GTW500 (499cc single)	2,000	3,000	6,000	9,000	12,000	15,000
Super Alce (500cc single)	2,500	5,000	7,500	10,000	12,500	15,000
1945						
Galletto 160 (160cc single)	1,000	2,000	3,000	4,000	5,000	6,000
Airone (247cc single)	1,000	2,000	4,000	6,000	8,000	10,000
GTW500 (499cc single)	2,000	3,000	6,000	9,000	12,000	15,000
Super Alce (500cc single)	2,500	5,000	7,500	10,000	12,500	15,000
1946						
Guzzino 65 (64cc single)	400	600	1,400	2,200	3,000	3,800
Galletto 160 (160cc single)	1,000	2,000	3,000	4,000	5,000	6,000
Airone 250 Turismo (247cc single)	1,300	2,500	4,000	5,500	7,000	8,500
GTV500 Alloy (499cc single)	2,400	3,600	5,400	7,200	9,600	12,000
GTW500 (499cc single)	2,000	3,000	6,000	9,000	12,000	15,000
GTW500 Competition (499cc single)	2,000	3,000	6,000	9,000	12,000	15,000
Super Alce (500cc single)	2,500	5,000	7,500	10,000	12,500	15,000
1947						
Guzzino 65 (64cc single)	400	600	1,400	2,200	3,000	3,800
Galletto 160 (160cc single)	1,000	2,000	3,000	4,000	5,000	6,000
Airone 250 Turismo (247cc single)	1,300	2,500	4,000	5,500	7,000	8,500
GTV500 Alloy (499cc single)	2,400	3,600	5,400	7,200	9,600	12,000
GTW500 (499cc single)	2,000	3,000	6,000	9,000	12,000	15,000
Super Alce (500cc single)	2,500	5,000	7,500	10,000	12,500	15,000
1948						
Guzzino 65 (64cc single)	400	600	1,400	2,200	3,000	3,800
Galletto 160 (160cc single)	1,000	2,000	3,000	4,000	5,000	6,000
Airone 250 Turismo (247cc single)	1,300	2,500	4,000	5,500	7,000	8,500
GTV500 Alloy (499cc single)	2,400	3,600	5,400	7,200	9,600	12,000
GTW500 (499cc single)	2,000	3,000	6,000	9,000	12,000	15,000
Super Alce (500cc single)	2,500	5,000	7,500	10,000	12,500	15,000
1949						
Galletto 160 (160cc single)	1,000	2,000	3,000	4,000	5,000	6,000
Airone 250 Sport (247cc single)	1,500	3,000	4,500	6,000	8,000	10,000

	6	5	4	3	2	1
Airone 250 Turismo (247cc single)	1,300	2,500	4,000	5,500	7,000	8,500
GTV500 Alloy (499cc single)	2,400	3,600	5,400	7,200	10,000	13,000
GTV500 (499cc single)	2,000	3,000	6,000	9,000	12,000	15,000
Super Alce (500cc single)	2,500	5,000	7,500	10,000	12,500	15,000
1950						
Guzzino 65 (64cc single)	400	600	1,400	2,200	3,000	3,800
Galleto 160 (160cc single)	1,000	2,000	3,000	4,000	5,000	6,000
Airone 250 Sport (247cc single)	1,500	3,000	4,500	6,000	8,000	10,000
Airone 250 Turismo (247cc single)	1,300	2,500	4,000	5,500	7,000	8,500
Astore 500 (497cc single)	2,000	4,000	7,000	10,000	13,000	16,000
Falcone 500 Sport (498cc single)	3,000	6,000	12,000	18,000	24,000	30,000
Falcone 500 Tourismo (498cc single)	3,000	6,000	12,000	18,000	24,000	30,000
Ercole (500cc single)	1,500	3,000	6,000	9,000	12,000	15,000
Super Alce (500cc single)	2,500	5,000	7,500	10,000	12,500	15,000
1951						
Guzzino 65 (64cc single)	400	600	1,400	2,200	3,000	3,800
Galleto 160 (160cc single)	1,000	2,000	3,000	4,000	5,000	6,000
Airone 250 Sport (247cc single)	1,500	3,000	4,500	6,000	8,000	10,000
Airone 250 Turismo (247cc single)	1,300	2,500	4,000	5,500	7,000	8,500
Astore 500 (497cc single)	1,700	3,000	6,000	9,000	12,000	15,000
Falcone 500 Sport (498cc single)	2,000	4,000	8,000	12,000	16,000	20,000
Falcone 500 Tourismo (498cc single)	2,000	4,000	8,000	12,000	16,000	20,000
Super Alce (500cc single)	2,500	5,000	7,500	10,000	12,500	15,000
1952						
Galleto 160 (160cc single)	1,000	2,000	3,000	4,000	5,000	6,000
Airone 250 Sport (247cc single)	1,500	3,000	4,500	6,000	8,000	10,000
Airone 250 Turismo (247cc single)	1,300	2,000	2,900	3,900	5,200	6,500
Astore 500 (497cc single)	1,700	3,000	6,000	9,000	12,000	15,000
Falcone 500 Sport (498cc single)	2,000	4,000	8,000	12,000	16,000	20,000
Falcone 500 Tourismo (498cc single)	2,000	4,000	8,000	12,000	16,000	20,000
Super Alce (500cc single)	2,500	5,000	7,500	10,000	12,500	15,000
1953						
Guzzino 65 (64cc single)	400	600	1,400	2,200	3,000	3,800
Motoleggera (65cc single)	1,000	2,000	3,000	4,000	5,000	6,000
Galleto 160 (160cc single)	1,000	2,000	3,000	4,000	5,000	6,000
Airone 250 Sport (247cc single)	1,500	3,000	4,500	6,000	8,000	10,000
Airone 250 Turismo (247cc single)	1,300	2,500	4,000	5,500	7,000	8,500
Astore 500 (497cc single)	1,700	3,000	6,000	9,000	12,000	15,000
Falcone 500 Sport (498cc single)	2,000	4,000	8,000	12,000	16,000	20,000
Falcone 500 Tourismp (498cc single)	2,000	4,000	8,000	12,000	16,000	20,000
Super Alce (500cc single)	2,500	5,000	7,500	10,000	12,500	15,000
1954						
Guzzino 65 (64cc single)	400	600	1,400	2,200	3,000	3,800
Zigolo 100 (98cc single)	600	900	1,800	2,700	3,600	4,500
Galleto 160 (160cc single)	1,000	2,000	3,000	4,000	5,000	6,000
Galleto 192 (192cc single)	1,000	2,000	3,000	4,000	5,000	6,000
Airone 250 Sport (247cc single)	1,500	3,000	4,500	6,000	8,000	10,000
Airone 250 Turismo (247cc single)	1,300	2,500	4,000	5,500	7,000	8,500
Astore 500 (497cc single)	1,700	3,000	6,000	9,000	12,000	15,000
Falcone 500 Sport (498cc single)	2,000	4,000	8,000	12,000	16,000	20,000
Falcone 500 Tourismo (498cc single)	2,000	4,000	8,000	12,000	16,000	20,000
Super Alce (500cc single)	2,500	5,000	7,500	10,000	12,500	15,000
1955						
Cardellino 65 (64cc single)	400	700	1,400	2,100	2,800	3,500
Zigolo 100 (98cc single)	600	900	1,800	2,700	3,600	4,500
Galleto 192 (192cc single)	1,000	2,000	3,000	4,000	5,000	6,000
Airone 250 Sport (247cc single)	1,500	3,000	4,500	6,000	8,000	10,000
Airone 250 Turismo (247cc single)	1,300	2,500	4,000	5,500	7,000	8,500
Falcone 500 Sport (498cc single)	2,000	4,000	8,000	12,000	16,000	20,000
Falcone 500 Tourismo (498cc single)	2,000	4,000	8,000	12,000	16,000	20,000

	6	5	4	3	2	1
Super Alce (500cc single).	2,500	5,000	7,500	10,000	12,500	15,000
1956						
Cardellino 65 (64cc single)	400	700	1,400	2,100	2,800	3,500
Zigolo 100 (98cc single).	600	900	1,800	2,700	3,600	4,500
Lodola 175 (174cc single).	1,000	2,500	4,000	5,500	7,000	8,500
Galleto 192 (192cc single)	1,000	2,000	3,000	4,000	5,000	6,000
Airone 250 Sport (247cc single).	1,500	3,000	4,500	6,000	8,000	10,000
Airone 250 Turismo (247cc single).	1,300	2,500	4,000	5,500	7,000	8,500
Falcone 500 Sport (498cc single)	2,000	4,000	8,000	12,000	16,000	20,000
Falcone 500 Tourismo (498cc single)	2,000	4,000	8,000	12,000	16,000	20,000
1957						
Cardellino 65 (64cc single)	400	700	1,400	2,100	2,800	3,500
Zigolo 100 (98cc single).	600	900	1,800	2,700	3,600	4,500
Lodola 175 (174cc single).	1,000	2,500	4,000	5,500	7,000	8,500
Galleto 192 (192cc single)	1,000	2,000	3,000	4,000	5,000	6,000
Airone 250 Sport (247cc single).	1,500	3,000	4,500	6,000	8,000	10,000
Airone 250 Turismo (247cc single).	1,300	2,500	4,000	5,500	7,000	8,500
Falcone 500 Sport (498cc single)	2,000	4,000	8,000	12,000	16,000	20,000
Falcone 500 Tourismo (498cc single)	2,000	4,000	8,000	12,000	16,000	20,000
1958						
Motleggera Guzzino 65cc single)	400	700	1,400	2,100	2,800	3,500
Cardellino 65 (64cc single)	400	700	1,400	2,100	2,800	3,500
Zigolo 100 (98cc single).	600	900	1,800	2,700	3,600	4,500
Lodola 175 (174cc single).	1,000	2,500	4,000	5,500	7,000	8,500
Galleto 192 (192cc single)	1,000	2,000	3,000	4,000	5,000	6,000
Falcone 500 Sport (498cc single)	2,000	4,000	8,000	12,000	16,000	20,000
Falcone 500 Tourismo (498cc single)	2,000	4,000	8,000	12,000	16,000	20,000
1959						
Cardellino 75 (73cc single)	400	700	1,400	2,100	2,800	3,500
Zigolo 110 (110cc single)	500	1,000	2,000	3,000	4,000	5,000
Galleto 192 (192cc single)	1,000	2,000	3,000	4,000	5,000	6,000
Lodola 235 (235cc single).	1,200	2,000	3,500	5,500	7,500	9,500
Falcone 500 Sport (498cc single)	2,000	4,000	7,000	10,000	13,000	16,000
Falcone 500 Tourismo (498cc single)	3,000	6,000	9,000	12,000	15,000	18,000
1960						
Cardellino 75 (73cc single)	400	700	1,400	2,100	2,800	3,500
Zigolo 110 (110cc single)	500	1,000	2,000	3,000	4,000	5,000
Lodola 175 Regolarita (175cc single)	1,600	2,400	3,600	4,800	6,400	8,000
Galleto 192 (192cc single)	1,000	2,000	3,000	4,000	5,000	6,000
Lodola 235 (235cc single).	1,200	2,000	3,500	5,500	7,500	9,500
Lodola 235 Regolarita (235cc single)	1,700	2,600	3,800	5,100	6,800	8,500
Falcone 500 Sport (498cc single)	2,000	4,000	7,000	10,000	13,000	16,000
Falcone 500 Tourismo (498cc single)	3,000	6,000	9,000	12,000	15,000	18,000
1961						
Cardellino 75 (73cc single)	400	700	1,400	2,100	2,800	3,500
Zigolo 110 (110cc single)	500	1,000	2,000	3,000	4,000	5,000
Stornello Sport (125cc single).	1,000	2,000	3,000	4,000	5,000	6,000
Lodola 175 Regolarita (175cc single)	1,600	2,400	3,600	4,800	6,400	8,000
Galleto 192 (192cc single)	1,000	2,000	3,000	4,000	5,000	6,000
Lodola 235 (235cc single).	1,200	2,000	3,500	5,500	7,500	9,500
Lodola 235 Regolarita (235cc single)	1,700	2,600	4,000	6,000	8,000	10,000
Falcone 500 Sport (498cc single)	2,000	4,000	7,000	10,000	13,000	16,000
Falcone 500 Tourismo (498cc single)	3,000	6,000	9,000	12,000	15,000	18,000
1962						
Cardellino 75 (73cc single)	400	700	1,400	2,100	2,800	3,500
Zigolo 110 (110cc single)	500	1,000	2,000	3,000	4,000	5,000
Stornello Sport (125cc single).	1,000	2,000	3,000	4,000	5,000	6,000
Galleto 192 (192cc single)	1,000	2,000	3,000	4,000	5,000	6,000
Lodola 235 (235cc single).	1,200	2,000	3,500	5,500	7,500	9,500
Falcone 500 Sport (498cc single)	2,000	4,000	7,000	10,000	13,000	16,000

	6	5	4	3	2	1
Falcone 500 Tourismo (498cc single)	3,000	6,000	9,000	12,000	15,000	18,000
1963						
Cardellino 75 (73cc single)	400	700	1,400	2,100	2,800	3,500
Zigolo 110 (110cc single)	500	1,000	2,000	3,000	4,000	5,000
Galleto 192 (192cc single)	1,000	2,000	3,000	4,000	5,000	6,000
Lodola 235 (235cc single).	1,200	2,000	3,500	5,500	7,500	9,500
Falcone 500 Sport (498cc single)	2,000	4,000	7,000	10,000	13,000	16,000
Falcone 500 Tourismo (498cc single)	3,000	6,000	9,000	12,000	15,000	18,000
1964						
Cardellino 85 (83cc single)	400	700	1,400	2,100	2,800	3,500
Zigolo 110 (110cc single)	500	1,000	2,000	3,000	4,000	5,000
Stornello Sport (125cc single).	1,000	2,000	3,000	4,000	5,000	6,000
Galleto 192 (192cc single)	1,000	2,000	3,000	4,000	5,000	6,000
Lodola 235 (235cc single).	1,200	2,000	3,500	5,500	7,500	9,500
Falcone 500 Sport (498cc single)	2,000	4,000	7,000	10,000	13,000	16,000
Falcone 500 Tourismo (498cc single)	3,000	6,000	9,000	12,000	15,000	18,000
1965						
Cardellino 85 (83cc single)	400	700	1,400	2,100	2,800	3,500
Zigolo 110 (110cc single)	500	1,000	2,000	3,000	4,000	5,000
Stornello Sport (125cc single).	1,000	2,000	3,000	4,000	5,000	6,000
Galleto 192 (192cc single)	1,000	2,000	3,000	4,000	5,000	6,000
Lodola 235 (235cc single).	1,200	1,800	2,700	3,600	4,800	6,000
1966						
Zigolo 110 (110cc single)	500	1,000	2,000	3,000	4,000	5,000
Stornello Sport (125cc single).	1,000	2,000	3,000	4,000	5,000	6,000
Lodola 235 (235cc single).	1,200	1,800	2,700	3,600	4,800	6,000
1967						
Zigolo 110 (110cc single)	500	1,000	2,000	3,000	4,000	5,000
Stornello 125 American (123cc single)	700	1,100	2,200	3,300	4,400	5,500
Stornello 125 Sport (123cc single)	1,000	2,000	3,000	4,000	5,000	6,000
V7 700 (703cc twin).	1,000	2,000	4,000	6,000	8,000	11,000
1968						
Zigolo 110 (110cc single)	500	1,000	2,000	3,000	4,000	5,000
Stornello 125 American (123cc single)	700	1,100	2,200	3,300	4,400	5,500
Stornello 125 Sport (123cc single)	1,000	2,000	3,000	4,000	5,000	6,000
V7 700 (703cc twin).	1,000	2,000	4,000	6,000	8,000	11,000
1969						
Stornello 125 American (123cc single)	700	1,100	2,200	3,300	4,400	5,500
Falcone 500 Nuovo (498cc single)	1,000	2,000	3,000	4,000	5,000	6,000
V7 700 (703cc twin).	1,000	2,000	4,000	6,000	8,000	11,000
V7 750 Ambassador (757cc twin).	2,000	3,000	4,500	6,000	8,000	10,000
1970						
Stornello 125 American (123cc single)	700	1,100	2,200	3,300	4,400	5,500
Falcone 500 Nuovo (498cc single)	1,000	2,000	3,000	4,000	5,000	6,000
V7 750 Ambassador (757cc twin).	2,000	3,000	4,500	6,000	8,000	10,000
1971						
Stornello 125 American (123cc single)	700	1,100	2,200	3,300	4,400	5,500
Falcone 500 Nuovo (498cc single)	1,000	2,000	3,000	4,000	5,000	6,000
V7 750 Police (750cc twin)	2,000	3,000	4,500	6,000	8,000	10,000
V7 750 Ambassador (757cc twin).	2,000	3,000	4,500	6,000	8,000	10,000
1972						
Stornello 125 American (123cc single)	700	1,100	2,200	3,300	4,400	5,500
Falcone 500 Nuovo (498cc single)	1,000	2,000	3,000	4,000	5,000	6,000
V7 750 Police (750cc twin)	2,000	3,000	4,500	6,000	8,000	10,000
V7 750 Sport (748cc twin)	2,500	5,000	7,000	9,000	11,000	13,000
Eldorado 850GT (844cc twin)	2,500	5,000	7,000	9,000	11,000	13,000
V850 California (844cc twin)	2,400	3,600	5,400	7,200	9,600	12,000
1973						
Stornello 125 American (123cc single)	700	1,100	2,200	3,300	4,400	5,500
Falcone 500 Nuovo (498cc single)	1,000	2,000	3,000	4,000	5,000	6,000

	6	5	4	3	2	1
850 Eldorado LAPD (844cc twin)	2,200	3,300	5,000	6,600	8,800	11,000
V7 750 Sport (748cc twin)	2,500	5,000	7,000	9,000	11,000	13,000
Eldorado 850GT (844cc twin)	2,500	5,000	7,000	9,000	11,000	13,000
V850 California (844cc twin)	2,400	3,600	5,400	7,200	9,600	12,000
1974						
Stornello 125 American (123cc single)	700	1,100	2,200	3,300	4,400	5,500
Falcone 500 Nuovo (498cc single)	1,000	2,000	3,000	4,000	5,000	6,000
V7 750 Sport (748cc twin)	2,500	5,000	7,000	9,000	11,000	13,000
850T (844cc twin)	1,300	2,000	2,900	3,900	5,200	6,500
Eldorado 850GT (844cc twin)	2,500	5,000	7,000	9,000	11,000	13,000
V850 California (844cc twin)	2,400	3,600	5,400	7,200	9,600	12,000
1975						
Falcone 500 Nuovo (498cc single)	1,000	2,000	3,000	4,000	5,000	6,000
750 S3 Twin (748cc twin)	1,000	4,000	6,000	8,000	10,000	12,000
750 Sport Twin (748cc twin)	1,000	4,000	6,000	8,000	10,000	12,000
850T (844cc twin)	1,300	2,000	2,900	3,900	5,200	6,500
850T3 (844cc twin)	1,700	2,600	3,800	5,100	6,800	8,500
V1000 Convert (948cc twin)	1,200	1,800	2,700	3,600	4,800	6,000
1976						
Falcone 500 Nuovo (498cc single)	1,000	2,000	3,000	4,000	5,000	6,000
750 S3 Twin (748cc twin)	1,000	4,000	6,000	8,000	10,000	12,000
750 Sport Twin (748cc twin)	1,000	4,000	6,000	8,000	10,000	12,000
850T3 (844cc twin)	1,700	2,600	3,800	5,100	6,800	8,500
LeMans I 850 (844cc twin)	2,400	4,000	8,000	12,000	16,000	20,000
V1000 Convert (948cc twin)	1,200	1,800	2,700	3,600	4,800	6,000
1977						
V35 Twin (346cc twin)	350	700	1,400	2,100	2,800	3,500
V50 Twin (490cc twin)	400	800	1,600	2,400	3,200	4,000
850T3 (844cc twin)	1,700	2,600	3,800	5,100	6,800	8,500
LeMans I 850 (844cc twin)	2,400	4,000	8,000	12,000	16,000	20,000
V1000 Convert (948cc twin)	1,200	1,800	2,700	3,600	4,800	6,000
1978						
V35 (346cc twin)	350	700	1,400	2,100	2,800	3,500
V50 (490cc twin)	400	800	1,600	2,400	3,200	4,000
850T3 (844cc twin)	1,700	2,600	3,800	5,100	6,800	8,500
LeMans MK I 850 (844cc twin)	2,400	4,000	8,000	12,000	16,000	20,000
LeMans MK II 850 (844cc twin)	2,000	4,000	7,000	10,000	13,000	16,000
1000SP (948cc twin)	1,300	2,000	2,900	3,900	5,200	6,500
V1000 Convert (948cc twin)	1,200	1,800	2,700	3,600	4,800	6,000
1979						
V35 Imola (346cc twin)	350	700	1,400	2,100	2,800	3,500
V50 II (490cc twin)	400	800	1,600	2,400	3,200	4,000
V50 (490cc twin)	400	800	1,600	2,400	3,200	4,000
850T3 (844cc twin)	1,700	2,600	3,800	5,100	6,800	8,500
LeMans MK II 850 (844cc twin)	2,000	4,000	7,000	10,000	13,000	16,000
1000 G5 (948cc twin)	1,300	2,000	2,900	3,900	5,200	6,500
1000SP (948cc twin)	1,300	2,000	2,900	3,900	5,200	6,500
V1000 Convert (948cc twin)	1,200	1,800	2,700	3,600	4,800	6,000
1980						
V35 Imola (346cc twin)	600	900	1,350	1,800	2,400	3,000
V50 II (490cc twin)	600	900	1,350	1,800	2,400	3,000
V50 Monza (490cc twin)	1,000	1,400	2,200	2,900	3,800	4,800
850T3 (844cc twin)	1,700	2,600	3,800	5,100	6,800	8,500
850T4 (844cc twin)	1,700	2,600	3,800	5,100	6,800	8,500
LeMans MK II 850 (844cc twin)	2,000	4,000	7,000	10,000	13,000	16,000
1000 G5 (948cc twin)	1,300	2,000	2,900	3,900	5,200	6,500
1000SP (948cc twin)	1,300	2,000	2,900	3,900	5,200	6,500
V1000 Convert (948cc twin)	1,200	1,800	2,700	3,600	4,800	6,000
LeMans CX1000 (998cc twin)	1,700	2,550	3,830	5,100	6,800	8,500

	6	5	4	3	2	1
1981						
V35 Imola (346cc twin)	600	900	1,350	1,800	2,400	3,000
V35 II (346cc twin)	500	1,000	2,000	3,000	4,000	5,000
V50MKIII (490cc twin)	800	1,200	1,700	2,300	2,800	3,300
500 Monza (490cc twin)	900	1,100	1,800	2,400	2,900	3,400
850T3 (844cc twin)	1,700	2,600	3,800	5,100	6,800	8,500
850T4 (844cc twin)	1,700	2,600	3,800	5,100	6,800	8,500
G5 1000 (948cc twin)	1,300	2,000	2,900	3,900	5,200	6,500
California II (948cc twin)	1,300	2,000	2,900	3,900	5,200	6,500
V1000 Convert (948cc twin)	1,200	1,800	2,700	3,600	4,800	6,000
1000 LAPD (1000cc twin)	1,000	1,200	1,900	2,500	3,000	3,500
1000SP (948cc twin)	1,400	1,900	2,400	3,700	4,100	4,500
CX1000 LeMans (998cc twin)	2,100	2,700	3,300	4,300	4,900	5,500
1982						
V35 Imola (346cc twin)	600	900	1,350	1,800	2,400	3,000
V35 II (346cc twin)	500	1,000	2,000	3,000	4,000	5,000
V50MKIII (490cc twin)	800	1,200	1,700	2,300	2,800	3,300
500 Monza (490cc twin)	900	1,100	1,800	2,400	2,900	3,400
V65 (643cc twin)	450	900	1,800	2,700	3,600	4,500
850T3 (844cc twin)	1,700	2,600	3,800	5,100	6,800	8,500
850T4 (844cc twin)	1,700	2,600	3,800	5,100	6,800	8,500
LeMans III (844cc twin)	1,300	2,000	2,700	4,200	5,100	6,200
G5 1000 (948cc twin)	1,300	2,000	2,900	3,900	5,200	6,500
1000 LAPD (1000cc twin)	1,000	1,200	1,900	2,500	3,000	3,500
1000SP NT (948cc twin)	1,400	1,900	2,400	3,700	4,500	5,000
CX1000 LeMans (998cc twin)	2,100	2,700	3,300	4,300	4,900	5,500
V1000 Convert (948cc twin)	1,200	1,800	2,500	3,900	4,900	6,000
California II (948cc twin)	1,200	1,800	2,500	3,900	4,900	6,000
1983						
V35 Imola (346cc twin)	600	900	1,350	1,800	2,400	3,000
V35 II (346cc twin)	500	1,000	2,000	3,000	4,000	5,000
V50MKIII (490cc twin)	800	1,200	1,700	2,300	2,800	3,300
V65 (643cc twin)	450	900	1,800	2,700	3,600	4,500
LeMans III (850cc twin)	1,300	2,000	2,700	4,200	5,100	6,200
850T4 (844cc twin)	1,700	2,600	3,800	5,100	6,800	8,500
850T5 (844cc twin)	1,700	2,600	3,800	5,100	6,800	8,500
V1000 Convert (948cc twin)	1,200	1,800	2,500	3,900	4,900	6,000
1000SP/NT (948cc twin)	1,400	1,900	2,400	3,700	4,500	5,000
California II (948cc twin)	1,200	1,800	2,500	3,900	4,900	6,000
1984						
V35 II (346cc twin)	500	1,000	2,000	3,000	4,000	5,000
V35 Imola (346cc twin)	600	900	1,350	1,800	2,400	3,000
V35 Imola II (350cc twin)	1,500	3,000	4,500	6,000	7,500	9,000
V35TT (346cc twin)	500	700	1,000	1,500	3,500	5,000
V50MKIII (490cc twin)	800	1,200	1,700	2,300	2,800	3,300
V65 (643cc twin)	450	900	1,800	2,700	3,600	4,500
V65C (643cc twin)	450	900	1,800	2,700	3,600	4,500
V650SP (650cc twin)	450	900	1,800	2,700	3,600	4,500
850T5 (850cc twin)	700	900	1,300	1,800	2,300	4,500
LeMans III (850cc twin)	1,000	1,800	2,700	3,600	4,500	5,400
SP/NT (948cc twin)	800	1,600	2,400	3,200	4,000	4,800
V1000 Convert (948cc twin)	1,200	1,800	2,500	3,900	4,900	6,000
California II (948cc twin)	900	1,600	2,500	3,400	4,300	5,200
California II Automatic (950cc twin)	900	1,600	2,500	3,400	4,300	5,200
1985						
V35 II (346cc twin)	500	1,000	2,000	3,000	4,000	5,000
V35 Imola II (350cc twin)	1,500	3,000	4,500	6,000	7,500	9,000
V35TT (346cc twin)	500	700	1,000	1,500	3,500	5,000
V35 III (346cc twin)	500	700	1,000	1,500	3,500	5,000
V50MKIII (490cc twin)	800	1,200	1,700	2,300	2,800	3,300

	6	5	4	3	2	1
V65 Lario (643cc twin)	450	900	1,800	2,700	3,600	4,500
LeMans IV (844cc twin)	1,000	1,800	2,700	3,600	4,500	5,400
850T5 (850cc twin)	700	900	1,300	1,800	2,300	4,500
LeMans 1000 (948cc twin)	1,000	1,800	2,700	3,600	4,500	5,400
1000 SP II (948cc twin)	900	1,600	2,400	3,200	4,000	4,800
California II (948cc twin)	900	1,700	2,600	3,500	4,400	5,300
California II Automatic (948cc twin)	900	1,700	2,600	3,500	4,400	5,300
1986						
V35 II (346cc twin)	500	1,000	2,000	3,000	4,000	5,000
V35 Imola II (350cc twin)	1,500	3,000	4,500	6,000	7,500	9,000
V35TT (346cc twin)	500	700	1,000	1,500	3,500	5,000
V35 III (346cc twin)	500	700	1,000	1,500	3,500	5,000
V35 NTX (346cc twin)	500	700	1,000	1,500	3,500	5,000
V65TT (643cc twin)	500	700	1,000	1,500	3,500	5,000
V65 Lario (643cc twin)	450	900	1,800	2,700	3,600	4,500
LeMans 1000 (948cc twin)	1,000	1,800	2,700	3,600	4,500	5,400
1000 SP II (948cc twin)	900	1,600	2,400	3,200	4,000	4,800
California II (948cc twin)	1,000	1,900	2,800	3,700	4,600	5,500
California II Automatic (948cc twin)	1,000	1,900	2,800	3,700	4,600	5,500
1987						
V35TT (346cc twin)	500	700	1,000	1,500	3,500	5,000
V35 III (346cc twin)	500	700	1,000	1,500	3,500	5,000
V35 NTX (346cc twin)	500	700	1,000	1,500	3,500	5,000
V65 NTX (643cc twin)	450	900	1,800	2,700	3,600	4,500
V75 (744cc twin)	450	900	1,800	2,700	3,600	4,500
LeMans 1000 (948cc twin)	1,100	2,100	3,100	4,100	5,100	6,100
Lemans SE 1000 (948cc twin)	1,300	2,300	3,300	4,300	5,300	6,300
1000 SP II (948cc twin)	1,200	2,200	3,200	4,200	5,200	6,200
1988 (no production)						
1989						
V35 III (346cc twin)	500	700	1,000	1,500	3,500	5,000
V35 NTX (346cc twin)	500	700	1,000	1,500	3,500	5,000
Mille GT (950cc twin)	1,000	2,000	2,900	3,800	4,700	5,600
California III (950cc twin)	1,000	2,000	3,000	4,000	5,000	6,000
LeMans V (950cc twin)	1,200	2,300	3,400	4,500	5,600	6,500
California III Touring (950cc twin)	1,100	2,200	3,200	4,300	5,400	6,300
1990						
V35 III (346cc twin)	500	700	1,000	1,500	3,500	5,000
V35 NTX (346cc twin)	500	700	1,000	1,500	3,500	5,000
Mille GT (950cc twin)	1,100	2,100	3,100	4,100	5,100	6,100
California III (950cc twin)	1,200	2,200	3,200	4,200	5,200	6,200
LeMans V (950cc twin)	1,300	2,400	3,600	4,800	5,800	6,600
California III Touring (950cc twin)	1,300	2,400	3,500	4,600	5,700	6,500
1991						
1000S (950cc twin)	1,200	2,400	3,500	4,600	5,700	6,500
1000SP III (950cc twin)	1,900	2,800	3,800	5,000	6,000	7,000
1992						
1000S (950cc twin)	1,900	2,800	3,800	5,000	6,000	7,000
1000SP III (950cc twin)	2,000	3,000	4,000	5,300	6,600	7,500
1993						
1000S (950cc twin)	1,900	2,800	3,800	5,000	6,000	7,000
1000SP III (950cc twin)	2,000	3,000	4,000	5,300	6,600	7,500
California (950cc twin)	2,000	3,000	4,000	5,300	6,600	7,500
Daytona 1000 FI (1000cc twin)	2,200	3,300	4,400	5,700	7,400	9,000
1994						
California (1,064cc twin)	2,000	3,900	5,400	6,900	7,500	8,900
California IE (1,064 twin)	1,900	3,400	5,000	6,600	8,200	9,800
Sport (1,064cc twin)	2,000	3,900	5,400	6,900	7,500	8,900
Sport IE (1,064 twin)	1,900	3,500	5,100	6,700	8,400	10,400

	6	5	4	3	2	1
1995						
California (1,064cc twin)	1,900	3,300	4,700	6,100	7,500	8,900
Sport (1,064cc twin)	1,900	3,400	4,900	6,400	7,900	9,400
California IE (1,064 twin)	1,900	3,400	5,000	6,600	8,200	9,800
Sport IE (1,064 twin)	1,900	3,500	5,100	6,700	8,400	10,400
1996						
California (1,064cc twin)	1,900	3,300	4,700	6,100	7,500	8,900
California I (1,064 twin)	1,900	3,400	5,000	6,600	8,200	9,800
Sport (1,064cc twin)	1,900	3,400	4,900	6,400	7,900	9,400
1997						
Centauro V10 (992cc twin)	3,000	5,000	7,000	9,000	11,000	13,000
Daytona RS (992cc twin)	1,900	3,400	4,900	6,400	7,900	9,400
California 1100I (1,064cc twin)	1,900	3,400	5,000	6,600	8,200	9,800
Sport 1100I (1,064cc twin)	1,900	3,400	4,900	6,400	7,900	9,400
1998						
Centauro V10 GT (992cc twin)	1,900	3,400	4,900	6,400	7,900	9,400
Centauro V10 Sport (992cc twin)	1,900	3,400	4,900	6,400	7,900	9,400
V11 EV (1,064cc twin)	2,000	3,000	4,000	5,300	6,600	7,500
1999						
V11 Bassa (1,064cc twin)	2,000	3,000	4,000	5,300	6,600	7,500
V11 EV (1,064cc twin)	2,000	3,000	4,000	5,300	6,600	7,500
V11 Quota ES (1,064cc twin)	2,000	3,000	4,000	5,300	6,600	7,500
V11 Sport (1,064cc twin)	2,000	3,000	4,000	5,300	6,600	7,500

MOTO MORINI

	6	5	4	3	2	1
1946						
T125 (123cc single)	2,000	4,000	8,000	12,000	16,000	20,000
1947						
T125 (123cc single)	1,000	2,000	4,000	8,000	12,000	16,000
1948						
T125 (123cc single)	1,000	2,000	4,000	8,000	12,000	16,000
1949						
T125 (123cc single)	1,000	2,000	4,000	8,000	12,000	16,000
1950						
T125 (123cc single)	1,000	2,000	4,000	8,000	12,000	16,000
1951						
T125 (123cc single)	1,000	2,000	4,000	6,000	8,000	10,000
1952						
T125 (123cc single)	1,000	2,000	4,000	6,000	8,000	10,000
1953						
T125 (123cc single)	1,000	2,000	4,000	6,000	8,000	10,000
Settebello 175 (175cc single)	1,000	2,000	3,000	4,000	5,000	6,000
Turismo (175cc single)	1,000	2,000	3,500	5,000	6,500	8,000
1954						
T125 (123cc single)	1,000	2,000	4,000	6,000	8,000	10,000
Settebello 175 (175cc single)	1,000	2,000	4,000	6,000	8,000	10,000
Gran Turismo (175cc single)	1,000	2,000	3,500	5,000	6,500	8,000
1955						
T125 (123cc single)	1,000	2,000	4,000	6,000	8,000	10,000
Settebello 175 (175cc single)	1,000	2,000	4,000	6,000	8,000	10,000
Gran Turismo (175cc single)	1,000	2,000	3,500	5,000	6,500	8,000
Rebello (175cc single)	1,000	2,000	3,500	5,000	6,500	8,000
Super Sport (175cc single)	1,000	2,000	3,500	5,000	6,500	8,000
1956						
Settebello 175 (175cc single)	1,000	2,000	4,000	6,000	8,000	10,000
Gran Turismo (175cc single)	1,000	2,000	3,500	5,000	6,500	8,000
Rebello (175cc single)	1,000	2,000	3,500	5,000	6,500	8,000
Briscola (175cc single)	1,000	2,000	3,500	5,000	6,500	8,000
Sbarazzino (98cc single)	200	400	800	1,200	1,600	2,000

	6	5	4	3	2	1
1957						
Briscola (175cc single)	1,000	2,000	3,500	5,000	6,500	8,000
Settebello 175 (175cc single)	1,000	2,000	4,000	6,000	8,000	10,000
Rebello (175cc single)	1,000	2,000	3,500	5,000	6,500	8,000
Tresette (175cc single)	1,000	2,000	3,000	4,000	5,000	6,000
Sbarazzino (98cc single)	200	400	800	1,200	1,600	2,000
1958						
Settebello 175 (175cc single)	1,000	2,000	4,000	6,000	8,000	10,000
Tressette (175cc single)	1,000	2,000	3,000	4,000	5,000	6,000
Tressette Sprint (175cc single)	1,000	2,000	3,000	4,000	5,000	6,000
Sbarazzino (98cc single)	200	400	800	1,200	1,600	2,000
Corsaro (123cc single)	500	1,000	2,000	3,500	5,000	6,500
1959						
Settebello 175 (175cc single)	1,000	2,000	4,000	6,000	8,000	10,000
Tressette (175cc single)	1,000	2,000	3,000	4,000	5,000	6,000
Tressette Sprint (175cc single)	1,000	2,000	3,000	4,000	5,000	6,000
Sbarazzino (98cc single)	200	400	800	1,200	1,600	2,000
Corsaro (123cc single)	500	1,000	2,000	3,500	5,000	6,500
1960						
Sbarazzino (98cc single)	200	400	800	1,200	1,600	2,000
Settebello 175 (175cc single)	1,000	2,000	4,000	6,000	8,000	10,000
Tressette (175cc single)	1,000	2,000	3,000	4,000	5,000	6,000
Tressette Sprint (175cc single)	1,000	2,000	3,000	4,000	5,000	6,000
Corsaro (123cc single)	500	1,000	2,000	3,500	5,000	6,500
1961						
Tressette (175cc single)	1,000	2,000	3,000	4,000	5,000	6,000
Tressette Sprint (175cc single)	1,000	2,000	3,000	4,000	5,000	6,000
Sbarazzino (98cc single)	200	400	800	1,200	1,600	2,000
Settebello 175 (175cc single)	1,000	2,000	4,000	6,000	8,000	10,000
Corsaro (123cc single)	500	1,000	2,000	3,500	5,000	6,500
1962						
Bronco (100cc)	200	300	500	800	1,000	1,500
Sbarazzino (98cc single)	200	300	500	800	1,000	1,500
Settebello Aste Corte 175 (175cc single)	1,000	2,000	3,000	4,000	5,000	6,000
Tressette (175cc single)	1,000	2,000	3,000	4,000	5,000	6,000
Tressette Sprint (175cc single)	1,000	2,000	3,000	4,000	5,000	6,000
Corsaro (123cc single)	500	1,000	2,000	3,500	5,000	6,500
1963						
Corsarino (49cc single)	400	800	1,600	2,400	3,200	4,000
Corsaro (123cc single)	500	1,000	2,000	3,500	5,000	6,500
Sbarazzino (98cc single)	200	300	500	800	1,000	1,500
Settebello Aste Corte 175 (175cc single)	1,000	2,000	4,000	6,000	8,000	10,000
Tressette Sprint (175cc single)	1,000	2,000	3,000	4,000	5,000	6,000
1964						
Corsarino (49cc single)	400	800	1,600	2,400	3,200	4,000
Corsaro (123cc single)	500	1,000	2,000	3,500	5,000	6,500
Corsaro Gran Turismo (150cc single)	500	1,000	2,500	4,000	5,500	7,000
Apache (100cc)	200	300	500	800	1,100	1,500
Sbarazzino (98cc single)	200	300	500	800	1,000	1,500
1965						
Corsarino (49cc single)	400	800	1,600	2,400	3,200	4,000
Sbarazzino (98cc single)	200	300	500	800	1,000	1,500
Corsaro Gran Turismo (150cc single)	500	1,000	2,500	4,000	5,500	7,000
Settebello 250 (247cc single) (700 made-4 yrs)	1,000	2,000	3,500	5,000	6,500	8,000
1966						
Corsarino (49cc single)	400	800	1,600	2,400	3,200	4,000
Twister (60cc single)	500	1,000	2,000	3,000	4,000	5,000
Corsaro Regolarita (100cc single)	1,000	2,000	3,000	4,000	5,000	6,000
Corsaro Regolarita (125cc single)	500	1,000	2,000	3,500	5,000	6,500
Corsaro Gran Turismo (150cc single)	500	1,000	2,500	4,000	5,500	7,000

	6	5	4	3	2	1
Sbarazzino (98cc single)	200	300	500	800	1,000	1,500
Settebello 250 (247cc single)	1,000	2,000	3,500	5,000	6,500	8,000
1967						
Corsarino (49cc single)	400	800	1,600	2,400	3,200	4,000
Twister (60cc single)	500	1,000	2,000	3,000	4,000	5,000
Corsaro Regolarita (100cc single).	1,000	2,000	3,000	4,000	5,000	6,000
Corsaro Regolarita (125cc single).	500	1,000	2,000	3,500	5,000	6,500
Corsaro Gran Turismo (150cc single)	500	1,000	2,500	4,000	5,500	7,000
Cosaro Regolarita (165cc single)	500	1,000	2,500	4,000	5,500	7,000
Settebello 250 (247cc single)	1,000	2,000	3,500	5,000	6,500	8,000
1968						
Corsarino (49cc single)	400	800	1,600	2,400	3,200	4,000
Twister (60cc single)	500	1,000	2,000	3,000	4,000	5,000
Corsaro Regolarita (100cc single).	1,000	2,000	3,000	4,000	5,000	6,000
Corsaro Regolarita (125cc single).	500	1,000	2,000	3,500	5,000	6,500
Corsaro Gran Turismo (150cc single)	500	1,000	2,500	4,000	5,500	7,000
Cosaro Regolarita (165cc single)	500	1,000	2,500	4,000	5,500	7,000
Settebello 250 (247cc single)	1,000	2,000	3,500	5,000	6,500	8,000
1969						
Corsarino (49cc single)	300	600	1,200	1,800	2,400	3,000
Twister (60cc single)	500	1,000	2,000	3,000	4,000	5,000
Corsaro Regolarita (100cc single).	1,000	2,000	3,000	4,000	5,000	6,000
Corsaro Regolarita (125cc single).	500	1,000	2,000	3,500	5,000	6,500
Corsaro Super Sport (125cc single).	500	1,000	2,000	3,500	5,000	6,500
Corsaro Gran Turismo (150cc single)	500	1,000	2,500	4,000	5,500	7,000
Cosaro Regolarita (165cc single)	500	1,000	2,500	4,000	5,500	7,000
1970						
Corsarino (49cc single)	300	600	1,200	1,800	2,400	3,000
Twister (60cc single)	500	1,000	2,000	3,000	4,000	5,000
Corsaro Regolarita (100cc single).	1,000	2,000	3,000	4,000	5,000	6,000
Corsaro Country (125cc single)	1,000	2,000	3,000	4,000	5,000	6,000
Corsaro Super Sport (125cc single).	500	1,000	2,000	3,500	5,000	6,500
Corsaro Gran Turismo (150cc single)	500	1,000	2,500	4,000	5,500	7,000
Cosaro Regolarita (165cc single)	500	1,000	2,500	4,000	5,500	7,000
1971						
Corsarino (49cc single)	300	600	1,200	1,800	2,400	3,000
Corsaro Regolarita (100cc single).	1,000	2,000	3,000	4,000	5,000	6,000
Corsaro Country (125cc single).	1,000	2,000	3,000	4,000	5,000	6,000
Corsaro Super Sport (125cc single).	500	1,000	2,000	3,500	5,000	6,500
Corsaro Gran Turismo (150cc single)	500	1,000	2,500	4,000	5,500	7,000
Corsaro Regolarita (165cc single).	500	1,000	2,500	4,000	5,500	7,000
1972						
Corsarino (49cc single)	300	600	1,200	1,800	2,400	3,000
Corsaro Regolarita (100cc single).	1,000	2,000	3,000	4,000	5,000	6,000
Corsaro Country (125cc single)	1,000	2,000	3,000	4,000	5,000	6,000
Corsaro Super Sport (125cc single).	500	1,000	2,000	3,500	5,000	6,500
Corsaro Gran Turismo (150cc single)	500	1,000	2,500	4,000	5,500	7,000
Corsaro Regolarita (165cc single).	500	1,000	2,500	4,000	5,500	7,000
1973						
Corsarino (49cc single)	300	600	1,200	1,800	2,400	3,000
Corsaro Country (125cc single).	1,000	2,000	3,000	4,000	5,000	6,000
Corsaro Super Sport (125cc single).	500	1,000	2,000	3,500	5,000	6,500
Corsaro Gran Turismo (150cc single)	500	1,000	2,500	4,000	5,500	7,000
350 Sport/Cafe (344cc twin)	1,000	2,000	3,500	5,000	6,500	8,000
350 Strada/Standard (344cc twin).	1,000	2,000	3,500	5,000	6,500	8,000
1974						
Corsarino (49cc single)	300	600	1,200	1,800	2,400	3,000
Corsaro Country (125cc single).	1,000	2,000	3,000	4,000	5,000	6,000
Corsaro Super Sport (125cc single).	500	1,000	2,000	3,500	5,000	6,500
350 Sport/Cafe (344cc twin)	1,000	2,000	3,500	5,000	6,500	8,000

	6	5	4	3	2	1
350 Strada/Standard (344cc twin)	1,000	2,000	3,500	5,000	6,500	8,000
1975						
Corsarino (49cc single)	300	600	1,200	1,800	2,400	3,000
Corsaro Super Sport (125cc single)	500	1,000	2,000	3,500	5,000	6,500
125H (123cc single)	500	1,000	2,000	3,000	4,000	5,000
250T (239cc single)	750	1,500	2,500	3,500	4,500	5,500
350 Sport/Cafe (344cc twin)	1,000	2,000	3,500	5,000	6,500	8,000
350 Strada/Standard (344cc twin)	1,000	2,000	3,500	5,000	6,500	8,000
1976						
125H (123cc single)	500	1,000	2,000	3,000	4,000	5,000
250T (239cc single)	750	1,500	2,500	3,500	4,500	5,500
350 Sport/Cafe (344cc twin)	1,000	2,000	3,500	5,000	6,500	8,000
350 Strada/Standard (344cc twin)	1,000	2,000	3,500	5,000	6,500	8,000
1977						
125H (123cc single)	500	1,000	2,000	3,000	4,000	5,000
250T (239cc single)	750	1,500	2,500	3,500	4,500	5,500
350 Sport/Cafe (344cc twin)	1,000	2,000	3,500	5,000	6,500	8,000
350 Strada/Standard (344cc twin)	1,000	2,000	3,500	5,000	6,500	8,000
1978						
125H (123cc single)	500	1,000	2,000	3,000	4,000	5,000
250T (239cc single)	750	1,500	2,500	3,500	4,500	5,500
350 Sport/Cafe (344cc twin)	1,000	2,000	3,500	5,000	6,500	8,000
350 Strada/Standard (344cc twin)	1,000	2,000	3,500	5,000	6,500	8,000
500 Sport (478cc twin)	500	1,000	2,500	4,000	5,500	7,000
500 Standard (478cc twin)	500	1,000	2,500	4,000	5,500	7,000
1979						
125H (123cc single)	500	1,000	2,000	3,000	4,000	5,000
250T (239cc single)	750	1,500	2,500	3,500	4,500	5,500
350 Sport/Cafe (344cc twin)	1,000	2,000	3,500	5,000	6,500	8,000
350 Strada/Standard (344cc twin)	1,000	2,000	3,500	5,000	6,500	8,000
500 Sport (478cc twin)	500	1,000	2,500	4,000	5,500	7,000
500 Standard (478cc twin)	500	1,000	2,500	4,000	5,500	7,000
1980						
125T (123cc single)	500	1,000	2,000	3,000	4,000	5,000
250T (239cc single)	750	1,500	2,500	3,500	4,500	5,500
250 2C (239cc twin)	1,000	2,000	3,000	4,000	5,000	6,000
350 Sport/Cafe (344cc twin)	1,000	2,000	3,500	5,000	6,500	8,000
350 Strada/Standard (344cc twin)	1,000	2,000	3,500	5,000	6,500	8,000
500 Sport (478cc twin)	500	1,000	2,500	4,000	5,500	7,000
500 Standard (478cc twin)	500	1,000	2,500	4,000	5,500	7,000
1981						
125T (123cc single)	500	1,000	2,000	3,000	4,000	5,000
250 2C (239cc twin)	1,000	2,000	3,000	4,000	5,000	6,000
350 Sport/Cafe (344cc twin)	1,000	2,000	3,500	5,000	6,500	8,000
350 Strada/Standard (344cc twin)	1,000	2,000	3,500	5,000	6,500	8,000
Camel X1 (478cc twin)	1,000	2,000	3,000	4,000	5,000	6,000
500 Sport (478cc twin)	500	1,000	2,500	4,000	5,500	7,000
500 Standard (478cc twin)	500	1,000	2,500	4,000	5,500	7,000
1982						
125T (123cc single)	500	1,000	2,000	3,000	4,000	5,000
250 2C (239cc twin)	1,000	2,000	3,000	4,000	5,000	6,000
350 Sport/Cafe (344cc twin)	1,000	2,000	3,500	5,000	6,500	8,000
350 Strada/Standard (344cc twin)	1,000	2,000	3,500	5,000	6,500	8,000
Camel X1 (478cc twin)	1,000	2,000	3,000	4,000	5,000	6,000
500 Sport (478cc twin)	500	1,000	2,500	4,000	5,500	7,000
500 Standard (478cc twin)	500	1,000	2,500	4,000	5,500	7,000
1983						
125T (123cc single)	500	1,000	2,000	3,000	4,000	5,000
250 2C (239cc twin)	1,000	2,000	3,000	4,000	5,000	6,000
Kanguro X1 (344ccx single)	1,000	2,000	3,000	4,000	5,000	6,000

	6	5	4	3	2	1
350 Sport/Cafe (344cc twin)	1,000	2,000	3,500	5,000	6,500	8,000
350 Strada/Standard (344cc twin).	1,000	2,000	3,500	5,000	6,500	8,000
Camel X1 (478cc twin).	1,000	2,000	0,000	1,000	5,000	6,000
Camel MK II (478cc twin)	1,000	2,000	3,000	4,000	5,000	6,000
500 Sport (478cc twin)	500	1,000	2,500	4,000	5,500	7,000
500 Standard (478cc twin)	500	1,000	2,500	4,000	5,500	7,000
1984						
Kangurino (125cc single)	300	600	1,200	1,800	2,400	3,000
125T (123cc single).	500	1,000	2,000	3,000	4,000	5,000
250 2C (239cc twin).	1,000	2,000	3,000	4,000	5,000	6,000
350 Sport/Cafe (344cc twin)	1,000	2,000	3,500	5,000	6,500	8,000
350 Strada/Standard (344cc twin).	1,000	2,000	3,500	5,000	6,500	8,000
K2 (344cc twin).	300	600	1,200	1,800	2,400	3,000
Camel MK II (478cc twin)	1,000	2,000	3,000	4,000	5,000	6,000
500 Sport (478cc twin)	500	1,000	2,500	4,000	5,500	7,000
500 Standard (478cc twin)	500	1,000	2,500	4,000	5,500	7,000
1985						
Kangurino (125cc single)	300	600	1,200	1,800	2,400	3,000
Kanguro X2 (344cc twin)	300	600	1,200	1,800	2,400	3,000
K2 (344cc twin).	300	600	1,200	1,800	2,400	3,000
Camel X2 (478cc twin)	300	600	1,200	1,800	2,400	3,000
1986						
Kangurino (125cc single)	300	600	1,200	1,800	2,400	3,000
Kanguro X2 (344cc twin)	300	600	1,200	1,800	2,400	3,000
Excalibur 350 (344cc v-twin)	300	600	1,200	1,800	2,400	3,000
K2 (344cc twin).	300	600	1,200	1,800	2,400	3,000
Camel X2 (478cc twin)	300	600	1,200	1,800	2,400	3,000
Excalibur (507cc twin).	400	800	1,600	2,400	3,200	4,000
1987						
Kangurino (125cc single)	300	600	1,200	1,800	2,400	3,000
Excalibur 350 (344cc v-twin)	300	600	1,200	1,800	2,400	3,000
K2 (344cc twin).	300	600	1,200	1,800	2,400	3,000
Kanguro X3 (344cc twin)	300	600	1,200	1,800	2,400	3,000
Camel X3 (478cc twin)	300	600	1,200	1,800	2,400	3,000
Excalibur (507cc twin).	400	800	1,600	2,400	3,200	4,000
1988						
Coguaro (344cc twin)	300	600	1,200	1,800	2,400	3,000
Excalibur 350 (344cc v-twin)	300	600	1,200	1,800	2,400	3,000
Kanguro X3 (344cc twin)	300	600	1,200	1,800	2,400	3,000
Dart (344cc twin)	300	600	1,200	1,800	2,400	3,000
New Yorker (507cc twin)	400	800	1,600	2,400	3,200	4,000
Coguaro (507cc twin)	400	800	1,600	2,400	3,200	4,000
Excalibur (507cc twin).	400	800	1,600	2,400	3,200	4,000
1989						
Coguaro (344cc twin)	300	600	1,200	1,800	2,400	3,000
Dart (344cc twin)	300	600	1,200	1,800	2,400	3,000
Excalibur 350 (344cc v-twin)	300	600	1,200	1,800	2,400	3,000
Coguaro (507cc twin)	400	800	1,600	2,400	3,200	4,000
New Yorker (507cc twin)	400	800	1,600	2,400	3,200	4,000
1990						
Coguaro (344cc twin)	300	600	1,200	1,800	2,400	3,000
Dart (344cc twin)	300	600	1,200	1,800	2,400	3,000
Excalibur 350 (344cc v-twin)	300	600	1,200	1,800	2,400	3,000
Dart (396cc v-twin)	300	600	1,200	1,800	2,400	3,000
Coguaro (507cc twin)	400	800	1,600	2,400	3,200	4,000
New Yorker (507cc twin)	400	800	1,600	2,400	3,200	4,000
Excalibur (507cc twin).	400	800	1,600	2,400	3,200	4,000
1991						
Dart (344cc twin)	300	600	1,200	1,800	2,400	3,000
Excalibur 350 (344cc v-twin)	300	600	1,200	1,800	2,400	3,000

	6	5	4	3	2	1
Coguaro (507cc twin)	400	800	1,600	2,400	3,200	4,000
Excalibur (507cc twin)	400	800	1,600	2,400	3,200	4,000

MOTOR-PIPER

	6	5	4	3	2	1
1940						
Motopipe 108MC (108cc single)	100	200	300	400	600	800
Motopipe 208MC (208cc single)	100	200	300	400	600	800
1941						
Motopipe 108MC (108cc single)	100	200	300	400	600	800
Motopipe 208MC (208cc single)	100	200	300	400	600	800
Motopipe 250MC (250cc single)	100	200	400	600	800	1,000
1942						
Motopipe 108MC (108cc single)	100	200	300	400	600	800
Motopipe 208MC (208cc single)	100	200	300	400	600	800
Motopipe 250MC (250cc single)	100	200	400	600	800	1,000
1943						
Piper 80M (80cc single)	100	200	300	400	600	800
Motopipe 108MC (108cc single)	100	200	300	400	600	800
Motopipe 208MC (208cc single)	100	200	300	400	600	800
Motopipe 250MC (250cc single)	100	200	400	600	800	1,000
1944						
Piper 80M (80cc single)	100	200	300	400	600	800
Motopipe 108MC (108cc single)	100	200	300	400	600	800
Motopipe 208MC (208cc single)	100	200	300	400	600	800
Motopipe 250MC (250cc single)	100	200	400	600	800	1,000
1945						
Piper 80M (80cc single)	100	200	300	400	600	800
Motopipe 108MC (108cc single)	100	200	300	400	600	800
Motopipe 208MC (208cc single)	100	200	300	400	600	800
Motopipe 250MC (250cc single)	100	200	400	600	800	1,000
1946						
Piper 80M (80cc single)	100	200	300	400	600	800
Motopipe 108MC (108cc single)	100	200	300	400	600	800
Motopipe 208MC (208cc single)	100	200	300	400	600	800
Motopipe 250MC (250cc single)	100	200	400	600	800	1,000
1947						
Piper 80M (80cc single)	100	200	300	400	600	800
Motopipe 108MC (108cc single)	100	200	300	400	600	800
Motopipe 208MC (208cc single)	100	200	300	400	600	800
Motopipe 250MC (250cc single)	100	200	400	600	800	1,000
Piper 350M (350cc single)	100	350	700	900	1,100	1,300
1948						
Piper 80M (80cc single)	100	200	300	400	600	800
Motopipe 108MC (108cc single)	100	200	300	400	600	800
Motopipe 208MC (208cc single)	100	200	300	400	600	800
Motopipe 250MC (250cc single)	100	200	400	600	800	1,000
Piper 350M (350cc single)	100	350	700	900	1,100	1,300
1949						
Pipe 80M (80cc single)	100	200	300	400	600	800
Moto 108M (108cc single)	100	200	300	400	600	800
Moto 208M (208cc single)	100	200	300	400	600	800
Moto 250M (250cc single)	100	300	500	700	1,000	1,300
Pipe 350M (350cc single)	100	300	600	900	1,200	1,500
1950						
Pipe 80M (80cc single)	100	200	300	400	600	800
Moto 108M (108cc single)	100	200	300	400	600	800
Moto 208M (208cc single)	100	200	300	400	600	800
Moto 250M (250cc single)	100	300	500	700	1,000	1,300
Pipe 350M (350cc single)	100	300	600	900	1,200	1,500

	6	5	4	3	2	1
1951						
Pipe 80M (80cc single)	100	200	300	400	600	800
Moto 108M (108cc single)	100	200	300	400	600	800
Moto 208M (208cc single)	100	200	300	400	600	800
Moto 250M (250cc single)	100	300	500	700	1,000	1,300
Pipe 350M (350cc single)	100	300	600	900	1,200	1,500
1952						
Pipe 80M (80cc single)	100	200	300	400	600	800
Moto 108M (108cc single)	100	200	300	400	600	800
Moto 208M (208cc single)	100	200	300	400	600	800
Moto 250M (250cc single)	250	500	800	1,100	1,400	1,700
Pipe 350M (350cc single)	200	400	800	1,000	1,800	2,400
1953						
Pipe 80M (80cc single)	100	200	300	400	600	800
Moto 108M (108cc single)	100	200	300	400	600	800
Moto 208M (208cc single)	100	200	300	400	600	800
Moto 250M (250cc single)	200	400	800	1,000	1,800	2,600
Pipe 350M (350cc single)	300	600	1,000	1,400	2,000	2,600
1954						
Pipe 80M (80cc single)	100	200	300	400	600	800
Moto 108M (108cc single)	100	400	700	900	1,100	1,400
Moto 208M (208cc single)	100	400	700	900	1,100	1,400
Moto 250M (250cc single)	200	400	800	1,000	1,800	2,400
Pipe 350M (350cc single)	300	600	1,000	1,400	2,000	2,600
1955						
Pipe 80M (80cc single)	100	200	300	400	600	800
Moto 108M (108cc single)	100	200	400	600	1,500	2,400
Moto 208M (208cc single)	200	400	800	1,000	1,900	2,800
Moto 250M (250cc single)	1,300	2,000	2,800	3,600	5,900	8,200
Pipe 350M (350cc single)	600	1,000	1,700	2,900	5,000	7,100

MUNCH

	6	5	4	3	2	1
1969						
Mammut 1200 TTS (1,177cc four) (approx 500 made total)	20,000	35,000	50,000	60,000	70,000	100K
1970						
Mammut 1200 TTS	20,000	35,000	50,000	60,000	70,000	100K
1971						
Mammut 1200 TTS	20,000	35,000	50,000	60,000	70,000	100K
1972						
Mammut 1200 TTS	20,000	35,000	50,000	60,000	70,000	100K
1973						
Mammut 1200 TTS	20,000	35,000	50,000	60,000	70,000	100K

MUSTANG

	6	5	4	3	2	1
1945						
Colt (197cc single)	1,900	2,600	3,200	4,400	7,200	10,000
1946						
Colt (125cc single) (235 made)	1,000	2,000	3,500	5,000	7,500	10,000
1947						
Colt (125cc single) (235 made)	1,000	2,000	3,500	5,000	7,500	10,000
Model 2 Colt (320cc single)	1,900	2,600	3,200	4,400	7,200	10,000
1948						
Model 2 Colt (320cc single)	1,900	2,600	3,200	4,400	7,200	10,000
1949						
Model 2 Solo Standard (320cc single)	1,900	2,600	3,200	4,400	7,200	10,000
Model 3 Delivercycle (320cc single)	3,000	6,000	9,000	12,000	16,000	20,000
1950						
Bronco (Model 4 Special) (320cc single)	1,900	2,600	3,200	4,400	7,200	10,000
Pony (Model 4 Standard) (320cc single)	1,500	3,000	5,000	7,000	9,000	11,000
Model 5 Delivercycle (320cc single)	3,000	6,000	9,000	12,000	16,000	20,000
Special 75 (320cc single)	1,000	2,000	4,000	6,000	8,000	10,000

	6	5	4	3	2	1
1951						
Pony (320cc single)	1,500	3,000	5,000	7,000	9,000	11,000
Bronco (Model 4 Special) (320cc single)	1,900	2,600	3,200	4,400	7,200	10,000
Model 4 Solo (320cc single)	1,900	2,600	3,200	4,400	7,200	10,000
Model 5 Delivercycle (320cc single)	3,000	6,000	9,000	12,000	16,000	20,000
Special 75 (320cc single)	1,000	2,000	4,000	6,000	8,000	10,000
1952						
Pony (320cc single)	1,500	3,000	5,000	7,000	9,000	11,000
Bronco (Model 4 Special) (320cc single)	1,900	2,600	3,200	4,400	7,200	10,000
Model 4 Solo (320cc single)	1,900	2,600	3,200	4,400	7,200	10,000
Model 5 Delivercycle (320cc single)	3,000	6,000	9,000	12,000	16,000	20,000
Special 75 (320cc single)	1,000	2,000	4,000	6,000	8,000	10,000
1953						
Pony (320cc single)	1,500	3,000	5,000	7,000	9,000	11,000
Bronco (Model 4 Special) (320cc single)	1,900	2,600	3,200	4,400	7,200	10,000
Model 4 Solo (320cc single)	1,900	2,600	3,200	4,400	7,200	10,000
Model 5 Delivercycle (320cc single)	3,000	6,000	9,000	12,000	16,000	20,000
Special 75 (320cc single)	1,000	2,000	4,000	6,000	8,000	10,000
1954						
Pony (320cc single)	1,500	3,000	5,000	7,000	9,000	11,000
Bronco (Model 4 Special) (320cc single)	1,900	2,600	3,200	4,400	7,200	10,000
Model 5 Delivercycle (320cc single)	3,000	6,000	9,000	12,000	16,000	20,000
Model 7 Delivercycle (320cc single)	3,000	6,000	9,000	12,000	16,000	20,000
Special 75 (320cc single)	1,000	2,000	4,000	6,000	8,000	10,000
1955						
Pony (320cc single)	1,500	3,000	5,000	7,000	9,000	11,000
Bronco (Model 4 Special) (320cc single)	1,900	2,600	3,200	4,400	7,200	10,000
Model 5 Delivercycle (320cc single)	3,000	6,000	9,000	12,000	16,000	20,000
Special 75 (320cc single)	1,000	2,000	4,000	6,000	8,000	10,000
1956						
Model 6 Colt (320cc single)	750	1,500	3,000	5,000	7,000	9,000
Pony (320cc single)	1,500	3,000	5,000	7,000	9,000	11,000
Bronco (Model 4 Special) (320cc single)	1,900	2,600	3,200	4,400	7,200	10,000
Model 5 Delivercycle (320cc single)	3,000	6,000	9,000	12,000	16,000	20,000
Stallion (Model 8 Standard) (320cc single)	2,000	3,100	4,200	5,300	8,300	11,300
Special 75 (320cc single)	1,000	2,000	4,000	6,000	8,000	10,000
1957						
Model 6 Colt (320cc single)	750	1,500	3,000	5,000	7,000	9,000
Stallion (Model 8 Standard) (320cc single)	2,000	3,100	4,200	5,300	8,300	11,300
Pony (320cc single)	1,500	3,000	5,000	7,000	9,000	11,000
Bronco (Model 4 Special) (320cc single)	1,900	2,600	3,200	4,400	7,200	10,000
Special 75 (320cc single)	1,000	2,000	4,000	6,000	8,000	10,000
1958						
Model 6 Colt (320cc single)	750	1,500	3,000	5,000	7,000	9,000
Stallion (Model 8 Standard) (320cc single)	2,000	3,100	4,200	5,300	8,300	11,300
Pony (320cc single)	1,500	3,000	5,000	7,000	9,000	11,000
Special 75 (320cc single)	1,000	2,000	4,000	6,000	8,000	10,000
1959						
Bronco (320cc single)	1,800	2,900	4,200	5,300	7,800	10,300
Stallion (Model 8 Standard) (320cc single)	2,000	3,100	4,200	5,300	8,300	11,300
Pony 5hp (320cc single)	1,500	3,000	5,000	7,000	9,000	11,000
Pony 9.5hp (320cc single)	2,000	4,000	7,000	10,000	13,000	16,000
1960						
Bronco 10.5hp (320cc single)	1,800	2,900	4,200	5,300	7,800	10,300
Pony 5hp (320cc single)	1,500	3,000	5,000	7,000	9,000	11,000
Pony 9.5hp (320cc single)	2,000	4,000	7,000	10,000	13,000	16,000
Thoroughbred 5hp (320cc single)	1,000	2,000	4,000	6,000	8,000	10,000
Thoroughbred 12.5hp (320cc single)	2,100	3,600	5,200	7,000	10,200	13,500
1961						
Deluxe Bronco 5hp (320cc single)	1,500	3,000	4,500	6,000	7,500	9,000

	6	5	4	3	2	1
Deluxe Bronco 10.5hp (320cc single)	1,800	2,900	4,200	5,300	7,800	10,300
Pony 5hp (320cc single)	1,500	3,000	5,000	7,000	9,000	11,000
Pony 9.5hp (320cc single)	2,000	4,000	7,000	10,000	13,000	16,000
Deluxe Stallion 5hp (320cc single)	1,000	2,000	4,000	6,000	8,000	10,000
Deluxe Stallion 12.5hp (320cc single)	2,100	3,600	5,100	6,800	9,400	12,000
Thoroughbred 5hp (320cc single)	1,000	2,000	4,000	6,000	8,000	10,000
Thoroughbred 12.5hp (320cc single)	2,100	3,600	5,200	7,000	10,200	13,500
Trail Machine (320cc single)	1,000	2,000	3,000	4,000	5,000	6,000
1962						
Pony 5hp (320cc single)	1,500	3,000	5,000	7,000	9,000	11,000
Pony 9.5hp (320cc single)	2,000	4,000	7,000	10,000	13,000	16,000
Deluxe Bronco 5hp (320cc single)	1,500	3,000	4,500	6,000	7,500	9,000
Deluxe Bronco 10.5hp (320cc single)	1,800	2,900	4,200	5,300	7,800	10,300
Deluxe Stallion 5hp (320cc single)	1,000	2,000	4,000	6,000	8,000	10,000
Deluxe Stallion 12.5hp (320cc single)	2,100	3,600	5,100	6,800	9,400	12,000
Thoroughbred 5hp (320cc single)	1,000	2,000	4,000	6,000	8,000	10,000
Thoroughbred 12.5hp (320cc single)	2,100	3,600	5,200	7,000	10,200	13,500
Trail Machine (320cc single)	1,000	2,000	3,000	4,000	5,000	6,000
1963						
Deluxe Bronco 5hp (320cc single)	1,500	3,000	4,500	6,000	7,500	9,000
Deluxe Bronco 10.5hp (320cc single)	1,800	2,900	4,200	5,300	7,800	10,300
Pony 5hp (320cc single)	1,500	3,000	5,000	7,000	9,000	11,000
Pony 9.5hp (320cc single)	2,000	4,000	7,000	10,000	13,000	16,000
Deluxe Stallion 5hp (320cc single)	1,000	2,000	4,000	6,000	8,000	10,000
Deluxe Stallion 12.5hp (320cc single)	2,100	3,600	5,100	6,800	9,400	12,000
Thoroughbred 5hp (320cc single)	1,000	2,000	4,000	6,000	8,000	10,000
Thoroughbred 12.5hp (320cc single)	2,100	3,600	5,200	7,000	10,200	13,500
Trail Machine (320cc single)	1,000	2,000	3,000	4,000	5,000	6,000
Model 5 3 Wheel Delivery Cycle (320cc single)	3,000	4,500	5,400	7,300	10,500	14,000
1964						
Deluxe Bronco 5hp (320cc single)	1,500	3,000	4,500	6,000	7,500	9,000
Deluxe Bronco 10.5hp (320cc single)	1,800	2,900	4,200	5,300	7,800	10,300
Pony 5hp (320cc single)	1,500	3,000	5,000	7,000	9,000	11,000
Pony 9.5hp (320cc single)	2,000	4,000	7,000	10,000	13,000	16,000
Deluxe Stallion 5hp (320cc single)	1,000	2,000	4,000	6,000	8,000	10,000
Deluxe Stallion 12.5hp (320cc single)	2,100	3,600	5,100	6,800	9,400	12,000
Thoroughbred 5hp (320cc single)	1,000	2,000	4,000	6,000	8,000	10,000
Thoroughbred 12.5hp (320cc single)	2,100	3,600	5,200	7,000	10,200	13,500
Trail Machine-Rigid Frame (320cc single)	1,000	2,000	3,000	4,000	5,000	6,000
Trail Machine-Rear Suspension (320cc single)	1,000	2,000	3,000	4,000	5,000	6,000
Model 7 3 Wheel Delivery Cycle (320cc single)	3,000	4,500	5,400	7,300	10,500	14,000

MV AGUSTA

	6	5	4	3	2	1
1945						
98 Turismo (98cc single) (1,700 made-4 years)	4,000	8,000	16,000	24,000	32,000	40,000
1946						
98 Turismo (98cc single)	4,000	8,000	16,000	24,000	32,000	40,000
1947						
98 Turismo (98cc single)	4,000	8,000	16,000	24,000	32,000	40,000
1948						
98 Turismo (98cc single)	4,000	8,000	16,000	24,000	32,000	40,000
125 Turismo Serbatoio (125cc single) (2,000 made-2 yrs)	5,000	10,000	15,000	20,000	25,000	30,000
1949						
125A Scooter (125cc single)	600	1,200	2,500	4,000	6,000	8,000
125B Scooter (125cc single)	600	1,200	2,500	4,000	6,000	8,000
125 Turismo Serbatoio (125cc single)	5,000	10,000	15,000	20,000	25,000	30,000
125C Turismo Sport (125cc single)	600	1,200	2,500	4,000	6,000	8,000
125C Turismo (125cc single)	600	1,200	2,500	4,000	6,000	8,000
125 TEL (125cc single)	600	1,200	2,500	4,000	6,000	8,000

	6	5	4	3	2	1
1950						
125A Scooter (125cc single)	600	1,200	2,500	4,000	6,000	8,000
125B Scooter (125cc single)	600	1,200	2,500	4,000	6,000	8,000
CSL Scooter (123cc single)	1,000	2,000	3,000	4,000	5,000	6,000
125 C Turismo (125cc single)	600	1,200	2,500	4,000	6,000	8,000
125C Turismo (125cc single)	600	1,200	2,500	4,000	6,000	8,000
125 TEL (125cc single)	600	1,200	2,500	4,000	6,000	8,000
CGT Scooter 1st series (125cc single)	1,000	2,000	3,000	4,000	5,000	6,000
1951						
CSL Scooter (123cc single)	1,000	2,000	3,000	4,000	5,000	6,000
CGT Scooter 1st series (125cc single)	1,000	2,000	3,000	4,000	5,000	6,000
CGT Scooter 2nd series (125cc single)	1,000	2,000	3,000	4,000	5,000	6,000
DSL Scooter (125cc single)	1,000	2,000	3,000	4,000	5,000	6,000
125C Turismo Sport (125cc single)	600	1,200	2,500	4,000	6,000	8,000
125C Turismo (125cc single)	600	1,200	2,500	4,000	6,000	8,000
125 Turismo D (125cc single)	600	1,200	2,500	4,000	6,000	8,000
125 TEL (125cc single)	600	1,200	2,500	4,000	6,000	8,000
Ovunque Scooter (125cc single)	1,000	2,000	3,000	4,000	5,000	6,000
CGT Scooter (150cc single)	1,000	1,800	2,600	3,400	4,200	5,000
1952						
CGT Scooter 2nd series (125cc single)	1,000	2,000	3,000	4,000	5,000	6,000
125 TEL (125cc single)	600	1,200	2,500	4,000	6,000	8,000
125 Turismo D (125cc single)	600	1,200	2,500	4,000	6,000	8,000
Ovunque Scooter (125cc single)	1,000	2,000	3,000	4,000	5,000	6,000
Sport E (150cc single)	1,000	2,000	3,000	4,000	5,000	6,000
CGT Scooter (150cc single)	1,000	1,800	2,600	3,400	4,200	5,000
Sport Super Lusso E (150cc single)	2,000	4,000	8,000	12,000	16,000	20,000
1953						
125 TEL (125cc single)	600	1,200	2,500	4,000	6,000	8,000
Pullman 1A Serie (125cc single) (27,000 made-4 yrs) . .	1,000	1,800	2,600	3,400	4,200	5,000
150 Turismo TEL (150cc single)	1,000	2,000	3,000	4,000	5,000	6,000
Sport E (150cc single)	600	1,200	2,500	4,000	6,000	8,000
Ovunque Scooter (125cc single)	1,000	2,000	3,000	4,000	5,000	6,000
Monalbero Sport (125 cc single)	5,000	10,000	16,000	23,000	30,000	37,000
CSTL (175cc single)	600	1,200	2,500	4,000	6,000	8,000
1954						
Ovunque Scooter (125cc single)	1,000	2,000	3,000	4,000	5,000	6,000
125 Turismo Rapido (123cc single)	1,000	2,000	3,000	4,000	5,000	6,000
125 Turismo Rapido Sport (123cc single)	1,000	2,000	3,000	4,000	5,000	6,000
Pullman 1A Serie (125cc single)	1,000	1,800	2,600	3,400	4,200	5,000
CST 1A Serie (175cc single) (6,000 made)	1,000	2,000	4,000	6,000	9,000	12,000
CSTL (175cc single)	600	1,200	2,500	4,000	6,000	8,000
CS Disco Volante (175cc single) (4,500 made (3 yrs) . . .	2,000	4,000	8,000	12,000	16,000	20,000
CSS Disco Volante (175cc single)	2,000	4,000	8,000	12,000	16,000	20,000
Monoalbero Sport (125 cc single)	5,000	10,000	16,000	23,000	30,000	37,000
Monoalbero 175 (172cc single)	1,000	2,000	4,000	6,000	8,000	10,000
1955						
125 Turismo Rapido (123cc single)	1,000	2,000	3,000	4,000	5,000	6,000
125 Turismo Rapido Sport (123cc single)	1,000	2,000	3,000	4,000	5,000	6,000
CS Disco Volante (175cc single)	2,000	4,000	8,000	12,000	16,000	20,000
CSTL (175cc single)	600	1,200	2,500	4,000	6,000	8,000
Monoalbero Sport (125 cc single)	5,000	10,000	16,000	23,000	30,000	37,000
Pullman 2A Serie (125cc single)	1,000	1,800	2,600	3,400	4,200	5,000
Superpullman (125cc single) (3,000 made-3 yrs)	600	1,200	2,500	4,000	6,000	8,000
Monoalbero 175 (172cc single)	1,000	2,000	4,000	6,000	8,000	10,000
1956						
Ciclomotore (48cc single)	1,000	1,800	2,600	3,400	4,200	5,000
CSTL (175cc single)	600	1,200	2,500	4,000	6,000	8,000
CS Disco Volante (175cc single)	2,000	4,000	8,000	12,000	16,000	20,000
Pullman 2A Serie (125cc single)	1,000	1,800	2,600	3,400	4,200	5,000

	6	5	4	3	2	1
Superpullman (125cc single)	600	1,200	2,500	4,000	6,000	8,000
125 Turismo Rapido (123cc single)	1,000	2,000	3,000	4,000	5,000	6,000
125 Turismo Rapido Sport (123cc single)	1,000	2,000	3,000	4,000	5,000	6,000
CSS/5V Squalo (175cc)	4,000	8,000	16,000	24,000	32,000	40,000
Monalbero Sport (125 cc single)	5,000	10,000	15,000	20,000	25,000	30,000
1957						
125 Turismo Rapido (123cc single)	1,000	2,000	3,000	4,000	5,000	6,000
125 Turismo Rapido Sport (123cc single)	1,000	2,000	3,000	4,000	5,000	6,000
Superpullman (125cc single)	600	1,200	2,500	4,000	6,000	8,000
Turismo CSTE AB (175cc single)	600	1,200	2,500	4,000	6,000	8,000
Gran Sport Moto Giro (175cc single)	1,000	2,000	4,000	8,000	12,000	16,000
175 Turismo Monoalbero CSGT (172cc single) .	600	1,200	2,500	4,000	6,000	8,000
Grand Prix Sport (250cc single)	1,000	2,000	4,000	6,000	8,000	10,000
Pullman 2A Serie (125cc single)	1,000	1,800	2,600	3,400	4,200	5,000
250 Raid (246cc single)	2,500	5,000	10,000	15,000	20,000	25,000
1958						
Ottantatre Turismo (83cc single) (7,630 made-3 yrs) . . .	600	1,200	2,500	3,500	5,000	7,000
Ottantatre Sport (83cc single) (370 made-3 yrs) . . .	1,000	2,000	4,000	6,000	8,000	10,000
125 Turismo Rapido (123cc single)	1,000	2,000	3,000	4,000	5,000	6,000
125 Turismo Rapido Sport (123cc single)	1,000	2,000	3,000	4,000	5,000	6,000
125 Turismo Rapido America (123cc single) . . .	1,000	2,000	3,000	4,000	6,500	8,000
CS Disco Volante (175cc single)	2,500	5,000	10,000	15,000	20,000	25,000
250 Raid (246cc single)	2,500	5,000	10,000	15,000	20,000	25,000
1959						
Ottantatre Turismo (83cc single)	600	1,200	2,500	3,500	5,000	7,000
Ottantatre Sport (83cc single) (370 made-3 yrs)	1,000	2,000	4,000	6,000	8,000	10,000
TREL Centomila (123cc single) (14,105 made-5 yrs)	600	1,200	2,500	4,000	6,000	8,000
Centauro 2A Serie (150cc)	2,000	4,000	5,500	7,000	8,500	10,000
RS Sport (150cc single) (6,515 made-10 yrs) . . .	1,000	2,000	3,500	5,000	6,500	8,000
235 Tevere (231cc single)	600	1,200	2,500	4,000	6,000	8,000
250 Raid (246cc single)	2,500	5,000	10,000	15,000	20,000	25,000
1960						
Ottantatre Turismo (83cc single)	600	1,200	2,500	3,500	5,000	7,000
Ottantatre Sport (83cc single) (370 made-3 yrs)	1,000	2,000	4,000	6,000	8,000	10,000
Checca Gran Turismo (83cc single) (978 made-3 yrs) . .	1,000	1,800	2,600	3,400	4,200	5,000
Checca Sport (99cc single) (970 made-10 yrs) . .	2,000	4,000	6,000	8,000	10,000	12,000
TREL Centomila (123cc single)	600	1,200	2,500	4,000	6,000	8,000
Centauro 2A Serie (150cc)	2,000	4,000	5,500	7,000	8,500	10,000
Chicco Scooter (155cc single)	1,000	2,000	3,000	4,000	5,000	6,000
RS Sport (150cc single)	1,000	2,000	3,500	5,000	6,500	8,000
235 Tevere (231cc single)	600	1,200	2,500	4,000	6,000	8,000
Transporto Tevere (232cc single)	2,000	4,000	5,500	7,000	8,500	10,000
300 Raid (300cc single)	2,500	5,000	10,000	15,000	20,000	25,000
1961						
Liberty Sport (48cc single)	1,000	2,000	3,000	4,000	5,000	6,000
Checca Gran Turismo (83cc single) (978 made-3 yrs) . .	1,000	1,800	2,600	3,400	4,200	5,000
Checca Sport (99cc single)	2,000	4,000	6,000	8,000	10,000	12,000
TREL Centomila (123cc single)	600	1,200	2,500	4,000	6,000	8,000
Chicco Scooter (155cc single)	1,000	2,000	3,000	4,000	5,000	6,000
RS Sport (150cc single)	1,000	2,000	3,500	5,000	6,500	8,000
Transporto Tevere (232cc single)	2,000	4,000	5,500	7,000	8,500	10,000
300 Raid (300cc single)	2,500	5,000	10,000	15,000	20,000	25,000
Centauro 2A Serie (150cc)	2,000	4,000	5,500	7,000	8,500	10,000
Raid Militare (300cc)	2,000	4,000	5,500	7,000	8,500	10,000
1962						
Liberty Turismo 2A Versione (48cc single) (5,292 made-5 yrs)	600	1,200	2,500	3,500	5,000	7,000
Checca Gran Turismo (83cc single) (978 made-3 yrs) . .	1,000	1,800	2,600	3,400	4,200	5,000
Checca Sport (99cc single)	2,000	4,000	6,000	8,000	10,000	12,000
TREL Centomila (123cc single)	600	1,200	2,500	4,000	6,000	8,000

	6	5	4	3	2	1
124 Checca GTL (123cc single)	600	1,200	2,500	4,000	6,000	8,000
Liberty Sport (48cc single)	1,000	2,000	3,000	4,000	5,000	6,000
Chicco Scooter (155cc single)	1,000	2,000	3,000	4,000	5,000	6,000
RS Sport (150cc single)	1,000	2,000	3,500	5,000	6,500	8,000
Transporto Tevere (232cc single)	2,000	4,000	5,500	7,000	8,500	10,000
1963						
Liberty Sport (48cc single)	1,000	2,000	3,000	4,000	5,000	6,000
Liberty Turismo 2A Versione (48cc single)	600	1,200	2,500	3,500	5,000	7,000
Germano Sport 1A Serie (48cc single)	1,000	2,000	3,000	4,000	5,000	6,000
Germano Turismo G (48cc single)	600	1,200	2,500	4,000	6,000	8,000
Checca Sport (99cc single)	2,000	4,000	6,000	8,000	10,000	12,000
TREL Centomila (123cc single)	600	1,200	2,500	4,000	6,000	8,000
Chicco Scooter (155cc single)	1,000	2,000	3,000	4,000	5,000	6,000
RS Sport (150cc single)	1,000	2,000	3,500	5,000	6,500	8,000
Transporto Tevere (232cc single)	2,000	4,000	5,500	7,000	8,500	10,000
1964						
Ciclomotore Germano Turismo 2A (48cc single)	1,000	2,000	3,000	4,000	5,000	6,000
Liberty Sport (48cc single)	1,000	2,000	3,000	4,000	5,000	6,000
Liberty Turismo 2A Versione (48cc single)	600	1,200	2,500	3,500	5,000	7,000
Germano Sport 1A Serie (48cc single)	1,000	2,000	3,000	4,000	5,000	6,000
Germano Turismo G (48cc single)	600	1,200	2,500	4,000	6,000	8,000
Checca Sport (99cc single)	2,000	4,000	6,000	8,000	10,000	12,000
125 Gran Turismo Lusso (125cc single)	2,000	4,000	5,500	7,000	8,500	10,000
RS Sport (150cc single)	1,000	2,000	3,500	5,000	6,500	8,000
Chicco Scooter (155cc single)	1,000	2,000	3,000	4,000	5,000	6,000
Transporto Tevere (232cc single)	2,000	4,000	5,500	7,000	8,500	10,000
1965						
Ciclomotore Germano Turismo 2A (48cc single)	1,000	2,000	3,000	4,000	5,000	6,000
Liberty Sport (48cc single)	1,000	2,000	3,000	4,000	5,000	6,000
Liberty Turismo 2A Versione (48cc single)	600	1,200	2,500	3,500	5,000	7,000
Checca Sport (99cc single)	2,000	4,000	6,000	8,000	10,000	12,000
Regolarita Privati Serie 1 (123cc single)	2,000	4,000	5,500	7,000	8,500	10,000
125 Gran Turismo Lusso (125cc single)	2,000	4,000	5,500	7,000	8,500	10,000
RS Sport (150cc single)	1,000	2,000	3,500	5,000	6,500	8,000
Transporto Tevere (232cc single)	2,000	4,000	5,500	7,000	8,500	10,000
1966						
Ciclomotore Germano Turismo 2A (48cc single)	1,000	2,000	3,000	4,000	5,000	6,000
Liberty Sport (48cc single)	1,000	2,000	3,000	4,000	5,000	6,000
Liberty Turismo 2A Versione (48cc single)	600	1,200	2,500	3,500	5,000	7,000
Checca Sport (99cc single)	2,000	4,000	6,000	8,000	10,000	12,000
125 GTL (123cc single)	1,000	2,000	3,500	5,000	6,500	8,000
125 GTL 5 Velocity (123cc single)	1,000	2,000	4,000	6,000	8,000	10,000
125 Gran Turismo Lusso (125cc single)	2,000	4,000	5,500	7,000	8,500	10,000
Regolarita Privati Serie 1 (123cc single)	2,000	4,000	5,500	7,000	8,500	10,000
RS Sport (150cc single)	1,000	2,000	3,500	5,000	6,500	8,000
Germano Sport 2A Serie (48cc single)	1,000	1,800	2,600	3,400	4,200	5,000
Transporto Tevere (232cc single)	2,000	4,000	5,500	7,000	8,500	10,000
1967						
Ciclomotore Germano Turismo 2A (48cc single)	1,000	2,000	3,000	4,000	5,000	6,000
Liberty Sport (48cc single)	1,000	2,000	3,000	4,000	5,000	6,000
Checca Sport (99cc single)	2,000	4,000	6,000	8,000	10,000	12,000
125 GTL (123cc single)	1,000	2,000	3,500	5,000	6,500	8,000
125 GTL 5 Velocita (123cc single)	1,000	2,000	4,000	6,000	8,000	10,000
125 Gran Turismo Lusso (125cc single)	2,000	4,000	5,500	7,000	8,500	10,000
125 Scrambler (123cc single)	1,000	2,000	4,000	6,000	8,000	10,000
Regularity Privati Serie 1 (123cc single)	2,000	4,000	5,500	7,000	8,500	10,000
RS Sport (150cc single)	1,000	2,000	3,500	5,000	6,500	8,000
Transporto Tevere (232cc single)	2,000	4,000	5,500	7,000	8,500	10,000
250B (247cc twin)	1,500	3,000	6,000	9,000	12,000	15,000
600 MV Roadster (592cc four) (127 made-4 yrs)	4,000	8,000	16,000	24,000	32,000	40,000

	6	5	4	3	2	1
1968						
Ciclomotore Germano Turismo 2A (48cc single)	1,000	2,000	3,000	4,000	5,000	6,000
Liberty Sport (48cc single)	1,000	2,000	3,000	4,000	5,000	6,000
Checca Sport (99cc single)	2,000	4,000	6,000	8,000	10,000	12,000
125 GTL (123cc single)	1,000	2,000	3,500	5,000	6,500	8,000
125 GTL 5 Velocita (123cc single)	1,000	2,000	4,000	6,000	8,000	10,000
125 Gran Turismo Lusso (125cc single)	2,000	4,000	5,500	7,000	8,500	10,000
125 Scrambler (123cc single)	1,000	2,000	4,000	6,000	8,000	10,000
Regolarita Privati Serie 1 (123cc single)	2,000	4,000	5,500	7,000	8,500	10,000
RS Sport (150cc single)	1,000	2,000	3,500	5,000	6,500	8,000
Transporto Tevere (232cc single)	2,000	4,000	5,500	7,000	8,500	10,000
250B (247cc twin)	1,500	3,000	6,000	9,000	12,000	15,000
600 MV Roadster (592cc four)	4,000	8,000	16,000	24,000	32,000	40,000
1969						
Checca Sport (99cc single)	2,000	4,000	6,000	8,000	10,000	12,000
125 GTL (123cc single)	1,000	2,000	3,500	5,000	6,500	8,000
125 GTL-S Sport (123cc single)	1,000	2,000	3,500	5,000	6,500	8,000
125 Gran Turismo Lusso (125cc single)	2,000	4,000	5,500	7,000	8,500	10,000
125 Scrambler (123cc single)	1,000	2,000	4,000	6,000	8,000	10,000
Regolarita Privati Serie 1 (123cc single)	2,000	4,000	5,500	7,000	8,500	10,000
RS Sport (150cc single)	1,000	2,000	3,500	5,000	6,500	8,000
Turismo GT (150cc single) (3,132 made-2 yrs)	1,000	2,000	3,000	4,000	5,000	6,000
Bicilindrico 250B (250cc) (2,706 made-3 yrs)	1,500	3,000	6,000	9,000	12,000	15,000
600 MV Roadster (592cc four)	4,000	8,000	16,000	24,000	32,000	40,000
1970						
125 GTL (123cc single)	1,000	2,000	3,500	5,000	6,500	8,000
125 GTL-S Sport (123cc single)	1,000	2,000	3,500	5,000	6,500	8,000
125 Turismo GT (123cc single)	1,000	2,000	3,000	4,000	5,000	6,000
Regularity Privati Serie 1 (123cc single)	2,000	4,000	5,500	7,000	8,500	10,000
RSS Sport (150cc single) (6,515 made-4 yrs)	1,000	2,000	3,000	4,000	5,000	6,000
Turismo GT (150cc single)	1,000	2,000	3,000	4,000	5,000	6,000
Bicilindrico 250B Scrambler (250cc) (2,706 made-3 yrs)	1,500	3,000	6,000	9,000	12,000	15,000
350B Twin Sports 1A Serie (350cc twin)	3,000	6,000	9,000	12,000	15,000	18,000
MV Roadster (600cc four)	4,000	8,000	16,000	24,000	32,000	40,000
1971						
125 GTL (123cc single)	1,000	2,000	3,500	5,000	6,500	8,000
125 GTL-S Sport (123cc single)	1,000	2,000	3,500	5,000	6,500	8,000
125 Turismo GT (123cc single)	1,000	2,000	3,000	4,000	5,000	6,000
RSS Sport (150cc single) (6,515 made-4 yrs)	1,000	2,000	3,000	4,000	5,000	6,000
Bicilindrico 250B Scrambler (250cc) (2,706 made-3 yrs)	1,500	3,000	6,000	9,000	12,000	15,000
350B Twin Sports 1A Serie (350cc twin)	3,000	6,000	9,000	12,000	15,000	18,000
750 GT (743cc four) (50 made-4 yrs)	10,000	20,000	40,000	60,000	80,000	100K
750S (743cc four) (402 made)	10,000	20,000	40,000	60,000	80,000	100K
1972						
125 GTL-S Sport (123cc single)	1,000	2,000	3,500	5,000	6,500	8,000
125 Turismo GT (123cc single)	1,000	2,000	3,000	4,000	5,000	6,000
RSS Sport (150cc single) (6,515 made-4 yrs)	1,000	2,000	3,000	4,000	5,000	6,000
Elettronica S (350cc twin)	1,500	3,000	5,000	8,000	10,000	12,000
Scrambler (350cc twin) (217 made)	1,500	3,000	6,000	9,000	12,000	15,000
750 GT (743cc four)	10,000	20,000	40,000	60,000	80,000	100K
750 S 4C75 2A Serie (743cc four) (33 made-3 yrs)	20,000	40,000	60,000	80,000	100K	120K
1973						
125 GTL-S Sport (123cc single)	1,000	2,000	3,500	5,000	6,500	8,000
125 Turismo GT (123cc single)	1,000	2,000	3,000	4,000	5,000	6,000
RSS Sport (150cc single) (6,515 made-4 yrs)	1,000	2,000	3,000	4,000	5,000	6,000
Elettronica S (350cc twin)	1,500	3,000	5,000	8,000	10,000	12,000
750 GT (743cc four)	10,000	20,000	40,000	60,000	80,000	100K
750 S 4C75 2A Serie (743cc four)	20,000	40,000	60,000	80,000	100K	120K
1974						
125 Sport (124cc single)	500	1,000	2,000	3,000	4,000	5,000

	6	5	4	3	2	1
Elettronica S (350cc twin)	1,500	3,000	5,000	8,000	10,000	12,000
750 GT (743cc four)	10,000	20,000	40,000	60,000	80,000	100K
750 S 4C75 2A Serie (743cc four)	20,000	40,000	60,000	80,000	100K	120K
1975						
125 Sport (124cc single)	500	1,000	2,000	3,000	4,000	5,000
Sport SE (124cc single) (2,493 made-3 yrs)	600	1,200	2,500	4,000	6,000	8,000
Sport Ipotesi (350cc twin)	2,000	4,000	5,500	7,000	8,500	10,000
750S America (789cc four) (540 made)	15,000	30,000	50,000	70,000	90,000	110K
1976						
125 Sport (124cc single)	500	1,000	2,000	3,000	4,000	5,000
Sport SE (124cc single) (2,493 made-3 yrs)	600	1,200	2,500	4,000	6,000	8,000
Sport Ipotesi (350cc twin)	2,000	4,000	5,500	7,000	8,500	10,000
Ipotesi GT (350cc twin)	2,000	4,000	8,000	12,000	16,000	20,000
500SS (495cc twin)	2,000	4,000	5,500	7,000	8,500	10,000
750S America (789cc four) (540 made)	15,000	30,000	50,000	70,000	90,000	110K
1977						
City Bike (49cc single)	350	700	1,400	2,100	2,800	3,500
Sport SE (124cc single) (2,493 made-3 yrs)	600	1,200	2,500	4,000	6,000	8,000
Sport Ipotesi (350cc twin)	2,000	4,000	5,500	7,000	8,500	10,000
Ipotesi GT (350cc twin)	2,000	4,000	8,000	12,000	16,000	20,000
750S America (789cc four) (540 made)	15,000	30,000	50,000	70,000	90,000	110K
800S Super America (789cc four)	10,000	20,000	40,000	60,000	80,000	100K
800S Super America Daytona (789cc four)	10,000	20,000	40,000	60,000	80,000	100K
850SS (837cc four)	10,000	20,000	40,000	60,000	80,000	100K
1978						
750S America (789cc four) (540 made)	15,000	30,000	50,000	70,000	90,000	110K
832 Monza (837cc four)	10,000	20,000	40,000	60,000	80,000	100K
850 Magni (837cc four)	10,000	20,000	40,000	60,000	80,000	100K
861 Magni (837cc four)	10,000	20,000	40,000	60,000	80,000	100K
1000S Corona (954cc four)	10,000	20,000	40,000	60,000	80,000	100K
1979						
861S Magni (837cc four)	10,000	20,000	40,000	60,000	80,000	100K
1100 Grand Prix (1,066cc four)	10,000	20,000	40,000	60,000	80,000	100K
1980						
1000 Ago (954cc four)	10,000	20,000	40,000	60,000	80,000	100K

NER-A-CAR

	6	5	4	3	2	1
1921						
Model A (221cc single)	2,500	5,000	10,000	15,000	20,000	25,000
1922						
Model A (221cc single)	2,500	5,000	10,000	15,000	20,000	25,000
1923						
Model A (221cc single)	2,500	5,000	10,000	15,000	20,000	25,000
Model B (285cc single)	2,500	5,000	10,000	15,000	20,000	25,000
1924						
Model A (255cc single)	2,500	5,000	10,000	15,000	20,000	25,000
Model B (285cc single)	2,500	5,000	10,000	15,000	20,000	25,000
Model C (350cc single)	3,500	7,000	14,000	21,000	28,000	35,000
1925						
Model A (255cc single)	2,500	5,000	10,000	15,000	20,000	25,000
Model B (285cc single)	3,000	6,000	12,000	18,000	24,000	30,000
Model C (350cc single)	3,500	7,000	14,000	21,000	28,000	35,000
Model C Sports (350cc single)	3,500	7,000	14,000	21,000	28,000	35,000
1926						
Model A (255cc single)	2,500	5,000	10,000	15,000	20,000	25,000
Model B (285cc single)	3,000	6,000	12,000	18,000	24,000	30,000
Model C (350cc single)	3,500	7,000	14,000	21,000	28,000	35,000
1927						
Model A (255cc single)	2,500	5,000	10,000	15,000	20,000	25,000
Model B (285cc single)	3,000	6,000	12,000	18,000	24,000	30,000

	6	5	4	3	2	1
Model C (350cc single)	3,500	7,000	14,000	21,000	28,000	35,000

NORTON

	6	5	4	3	2	1
1902						
Energette (160cc single)	10,000	25,000	50,000	75,000	100K	125K
1903						
Energette (160cc single)	10,000	25,000	50,000	75,000	100K	125K
1906						
Energette-Peugeot (700cc v-twin)	10,000	20,000	40,000	60,000	80,000	100K
1907						
Energette (347cc v-twin)	10,000	20,000	40,000	60,000	80,000	100K
1908						
Nortonette (2hp single)	10,000	20,000	40,000	60,000	80,000	100K
3.5 hp single	10,000	20,000	40,000	60,000	80,000	100K
1909						
3.5 hp single	10,000	20,000	40,000	60,000	80,000	100K
1910						
3.5 hp single	5,000	10,000	20,000	30,000	40,000	50,000
Big Four (633cc single)	5,000	10,000	20,000	30,000	40,000	50,000
Twin (5hp twin)	5,000	10,000	20,000	30,000	40,000	50,000
1911						
Nortonette (2hp single)	4,000	8,000	16,000	24,000	32,000	40,000
Minature (2.5hp single)	4,000	8,000	16,000	24,000	32,000	40,000
Unapproachable 3.5hp (490cc single)	4,000	8,000	16,000	24,000	32,000	40,000
Big Four (633cc single)	5,000	10,000	20,000	30,000	40,000	50,000
Twin (5hp twin)	5,000	10,000	20,000	30,000	40,000	50,000
Tourist Trophy (5hp twin)	5,000	10,000	20,000	30,000	40,000	50,000
1912						
Minature (2.5hp single)	4,000	8,000	16,000	24,000	32,000	40,000
Unapproachable 3.5hp (490cc single)	4,000	8,000	16,000	24,000	32,000	40,000
Model 9TT Belt (490cc single)	3,000	6,000	12,000	16,000	24,000	30,000
Big Four (633cc single)	5,000	10,000	20,000	30,000	40,000	50,000
1913						
Unapproachable 3.5hp (490cc single)	4,000	8,000	16,000	24,000	32,000	40,000
Model 9TT Belt (490cc single)	3,000	6,000	12,000	16,000	24,000	30,000
Big Four (633cc single)	5,000	10,000	20,000	30,000	40,000	50,000
1914						
Unapproachable 3.5hp (490cc single)	4,000	8,000	16,000	24,000	32,000	40,000
Model 7 BS (490cc single)	3,000	6,000	12,000	16,000	24,000	30,000
Model 8 BRS (490cc single)	3,000	6,000	12,000	16,000	24,000	30,000
Model 9TT Belt (490cc single)	3,000	6,000	12,000	16,000	24,000	30,000
Big Four (633cc single)	5,000	10,000	20,000	30,000	40,000	50,000
1915						
Unapproachable 3.5hp (490cc single)	4,000	8,000	16,000	24,000	32,000	40,000
Model 7 BS (490cc single)	3,000	6,000	12,000	16,000	24,000	30,000
Model 8 BRS (490cc single)	3,000	6,000	12,000	16,000	24,000	30,000
Model 9TT Belt (490cc single)	3,000	6,000	12,000	16,000	24,000	30,000
Big Four (633cc single)	5,000	10,000	20,000	30,000	40,000	50,000
1916						
Unapproachable 3.5hp (490cc single)	4,000	8,000	16,000	24,000	32,000	40,000
Model 7 BS (490cc single)	3,000	6,000	12,000	16,000	24,000	30,000
Model 8 BRS (490cc single)	3,000	6,000	12,000	16,000	24,000	30,000
Model 9TT Belt (490cc single)	3,000	6,000	12,000	16,000	24,000	30,000
Big Four (633cc single)	5,000	10,000	20,000	30,000	40,000	50,000
1917						
Unapproachable 3.5hp (490cc single)	4,000	8,000	16,000	24,000	32,000	40,000
Model 7 BS (490cc single)	3,000	6,000	12,000	16,000	24,000	30,000
Model 8 BRS (490cc single)	3,000	6,000	12,000	16,000	24,000	30,000
Model 9TT Belt (490cc single)	3,000	6,000	12,000	16,000	24,000	30,000
Big Four (633cc single)	3,000	6,000	12,000	16,000	24,000	30,000

	6	5	4	3	2	1
1918						
Unapproachable 3.5hp (490cc single).	4,000	8,000	16,000	24,000	32,000	40,000
Model 7 BS (490cc single)	3,000	6,000	12,000	16,000	24,000	30,000
Model 8 BRS (490cc single)	3,000	6,000	12,000	16,000	24,000	30,000
Model 9TT Belt (490cc single)	3,000	6,000	12,000	16,000	24,000	30,000
Big Four (633cc single)	3,000	6,000	12,000	16,000	24,000	30,000
1919						
Model 7 BS (490cc single)	3,000	6,000	12,000	16,000	24,000	30,000
Model 8 BRS (490cc single)	3,000	6,000	12,000	16,000	24,000	30,000
Model 9TT Belt (490cc single)	3,000	6,000	12,000	16,000	24,000	30,000
Big Four (633cc single)	3,000	6,000	12,000	16,000	24,000	30,000
1920						
Model 7 BS (490cc single)	2,000	4,000	8,000	12,000	16,000	20,000
Model 8 BRS (490cc single)	2,000	4,000	8,000	12,000	16,000	20,000
Model 9 (490cc single)	2,000	4,000	8,000	12,000	16,000	20,000
Model 9TT Belt (490cc single)	2,000	4,000	8,000	12,000	16,000	20,000
Model 16H (490cc single).	2,000	4,000	8,000	12,000	16,000	20,000
Big Four (633cc single)	2,500	5,000	7,500	10,500	12,500	15,000
1921						
Model 7 BS (490cc single)	2,000	4,000	8,000	12,000	16,000	20,000
Model 8 BRS (490cc single)	2,000	4,000	8,000	12,000	16,000	20,000
Model 9 (490cc single)	2,000	4,000	8,000	12,000	16,000	20,000
Model 9TT Belt (490cc single)	2,000	4,000	8,000	12,000	16,000	20,000
Model 16H (490cc single)	2,000	4,000	8,000	12,000	16,000	20,000
Model 17C Colonial Big Four (633cc single)	5,000	10,000	20,000	30,000	40,000	50,000
Big Four (633cc single)	2,500	5,000	7,500	10,500	12,500	15,000
1922						
Model 7 BS (490cc single)	2,000	4,000	8,000	12,000	16,000	20,000
Model 8 BRS (490cc single)	2,000	4,000	8,000	12,000	16,000	20,000
Model 9 (490cc single)	2,000	4,000	8,000	12,000	16,000	20,000
Model 9TT Belt (490cc single)	2,000	4,000	8,000	12,000	16,000	20,000
Model 16H (490cc single).	2,000	4,000	8,000	12,000	16,000	20,000
Model 17C Colonial Big Four (633cc single)	5,000	10,000	20,000	30,000	40,000	50,000
Model 18 (490cc single).	3,000	6,000	10,000	14,000	18,000	22,000
Big Four (633cc single)	2,500	5,000	7,500	10,500	12,500	15,000
1923						
Model 9TT Belt (490cc single)	2,000	4,000	8,000	12,000	16,000	20,000
Model 16H (490cc single).	2,000	4,000	8,000	12,000	16,000	20,000
Model 18 (490cc single).	3,000	6,000	10,000	14,000	18,000	22,000
Model 17C Colonial Big Four (633cc single)	5,000	10,000	20,000	30,000	40,000	50,000
Model 19 (588cc single).	2,100	3,200	6,000	8,000	10,000	12,000
Big Four (633cc single)	2,500	5,000	7,500	10,500	12,500	15,000
1924						
Model 16H (490cc single).	2,000	4,000	8,000	12,000	16,000	20,000
Model 18 (490cc single).	3,000	6,000	10,000	14,000	18,000	22,000
Model 19 (588cc single).	2,500	5,000	7,500	10,500	12,500	15,000
Big Four (633cc single)	2,500	5,000	7,500	10,500	12,500	15,000
1925						
Model 16H (490cc single).	2,000	4,000	8,000	12,000	16,000	20,000
Model 18 (490cc single).	3,000	6,000	10,000	14,000	18,000	22,000
Model 19 (588cc single).	2,500	5,000	7,500	10,500	12,500	15,000
Big Four (633cc single)	2,500	5,000	7,500	10,500	12,500	15,000
1926						
CS1 (490cc single)	4,000	8,000	16,000	24,000	32,000	40,000
Model 16H (490cc single).	2,000	4,000	8,000	12,000	16,000	20,000
Model 18 (490cc single).	3,000	6,000	10,000	14,000	18,000	22,000
Model 19 (588cc single).	2,500	5,000	7,500	10,500	12,500	15,000
Big Four (633cc single)	2,500	5,000	7,500	10,500	12,500	15,000
1927						
CS1 (490cc single)	4,000	8,000	16,000	24,000	32,000	40,000

	6	5	4	3	2	1
Model 16H (490cc single)	2,000	4,000	8,000	12,000	16,000	20,000
Model 18 (490cc single)	3,000	6,000	10,000	14,000	18,000	22,000
Model 19 (588cc single)	2,500	5,000	7,500	10,500	12,500	15,000
Big Four (633cc single)	2,500	5,000	7,500	10,500	12,500	15,000
1928						
CJ (348cc single)	2,000	4,000	6,000	8,000	10,000	12,000
JE (348cc single)	2,500	5,000	10,000	15,000	20,000	25,000
Model 16H (490cc single)	2,000	4,000	8,000	12,000	16,000	20,000
CS1 (490cc single)	4,000	8,000	16,000	24,000	32,000	40,000
ES2 (490cc single)	1,800	3,000	6,000	9,000	12,000	15,000
Model 18 (490cc single)	3,000	6,000	10,000	14,000	18,000	22,000
Model 19 (588cc single)	2,000	4,000	8,000	12,000	16,000	20,000
Big 4 (633cc single)	2,500	5,000	7,500	10,500	12,500	15,000
1929						
CJ (348cc single)	2,000	4,000	6,000	8,000	10,000	12,000
JE (348cc single)	2,500	5,000	10,000	15,000	20,000	25,000
Model 16H (490cc single)	2,000	4,000	8,000	12,000	16,000	20,000
Model 18 (490cc single)	3,000	6,000	10,000	14,000	18,000	22,000
CS1 (490cc single)	4,000	8,000	16,000	24,000	32,000	40,000
ES2 (490cc single)	1,800	2,700	4,100	5,400	7,200	9,000
Model 19 (588cc single)	2,000	4,000	8,000	12,000	16,000	20,000
Big 4 (633cc single)	2,500	5,000	7,500	10,500	12,500	15,000
1930						
CJ (348cc single)	2,000	4,000	6,000	8,000	10,000	12,000
JE (348cc single)	2,500	5,000	10,000	15,000	20,000	25,000
CS1 (490cc single)	3,000	5,000	10,000	15,000	20,000	25,000
ES2 (490cc single)	1,800	3,000	6,000	9,000	12,000	15,000
Model 16H (490cc single)	2,100	3,200	4,700	6,300	8,400	11,000
Model 18 (490cc single)	2,100	3,200	6,000	9,000	12,000	15,000
Model 19 (588cc single)	2,100	3,200	6,000	8,000	10,000	12,000
Model 20 (490cc single)	2,000	4,000	8,000	12,000	16,000	20,000
Model 22 (490cc single)	1,800	3,000	6,000	9,000	12,000	15,000
Big 4 (633cc single)	1,500	2,500	4,000	5,500	7,000	8,500
1931						
CJ (348cc single)	2,000	4,000	6,000	8,000	10,000	12,000
JE (348cc single)	2,500	5,000	10,000	15,000	20,000	25,000
CS1 (490cc single)	3,000	5,000	10,000	15,000	20,000	25,000
ES2 (490cc single)	1,800	3,000	6,000	9,000	12,000	15,000
Model 16H (490cc single)	2,100	3,200	4,700	6,300	8,400	11,000
Model 18 (490cc single)	2,100	3,200	6,000	9,000	12,000	15,000
Model 19 (588cc single)	2,100	3,200	6,000	8,000	10,000	12,000
Model 20 (490cc single)	2,000	4,000	8,000	12,000	16,000	20,000
Model 22 (490cc single)	1,800	3,000	6,000	9,000	12,000	15,000
Big 4 (633cc single)	1,500	2,500	4,000	5,500	7,000	8,500
1932						
CJ (348cc single)	2,000	4,000	6,000	8,000	10,000	12,000
JE (348cc single)	2,500	5,000	10,000	15,000	20,000	25,000
Model 40 International (348cc single)	3,000	4,500	6,800	9,000	12,000	15,000
Model 30 International (490cc single)	3,000	5,000	10,000	15,000	20,000	25,000
ES2 (490cc single)	1,800	3,000	6,000	9,000	12,000	15,000
Model 16H (490cc single)	2,100	3,200	4,700	6,300	8,400	11,000
Model 18 (490cc single)	2,100	3,200	6,000	9,000	12,000	15,000
Model 19 (588cc single)	2,100	3,200	6,000	8,000	10,000	12,000
Model 20 (490cc single)	2,000	4,000	8,000	12,000	16,000	20,000
Big 4 (633cc single)	1,500	2,500	4,000	5,500	7,000	8,500
1933						
CJ (348cc single)	2,000	4,000	6,000	8,000	10,000	12,000
JE (348cc single)	2,500	5,000	10,000	15,000	20,000	25,000
Model 50 (348cc single)	1,900	2,900	4,300	6,000	8,000	10,000
Model 55 (348cc single)	2,500	5,000	10,000	15,000	20,000	25,000

	6	5	4	3	2	1
Model 40 International (348cc single)	3,000	4,500	6,800	9,000	12,000	15,000
Model 30 International (490cc single)	3,000	5,000	10,000	15,000	20,000	25,000
ES2 (490cc single)	1,800	2,700	4,100	5,400	7,200	9,000
Model 16H (490cc single)	2,100	3,200	4,700	6,300	8,400	11,000
Model 18 (490cc single)	2,100	3,200	6,000	9,000	12,000	15,000
Model 19 (588cc single)	2,100	3,200	6,000	8,000	10,000	12,000
Model 20 (490cc single)	2,000	4,000	8,000	12,000	16,000	20,000
Big 4 (633cc single)	1,500	2,500	4,000	5,500	7,000	8,500
1934						
CJ (348cc single)	2,000	4,000	6,000	8,000	10,000	12,000
JE (348cc single)	2,500	5,000	10,000	15,000	20,000	25,000
Model 50 (348cc single)	1,900	2,900	4,300	6,000	8,000	10,000
Model 55 (348cc single)	2,500	5,000	10,000	15,000	20,000	25,000
Model 40 International (348cc single)	3,000	4,500	6,800	9,000	12,000	15,000
Model 30 International (490cc single)	3,000	5,000	10,000	15,000	20,000	25,000
ES2 (490cc single)	1,800	3,000	6,000	9,000	12,000	15,000
Model 16H (490cc single)	2,100	3,200	4,700	6,300	8,400	11,000
Model 18 (490cc single)	1,500	2,000	4,000	6,000	9,000	12,000
Model 19 (588cc single)	2,100	3,200	6,000	8,000	10,000	12,000
Model 20 (490cc single)	2,000	4,000	8,000	12,000	16,000	20,000
Big 4 (633cc single)	1,500	2,500	4,000	5,500	7,000	8,500
1935						
CJ (348cc single)	2,000	4,000	6,000	8,000	10,000	12,000
JE (348cc single)	2,500	5,000	10,000	15,000	20,000	25,000
Model 50 (348cc single)	1,900	2,900	4,300	6,000	8,000	10,000
Model 55 (348cc single)	2,500	5,000	10,000	15,000	20,000	25,000
Model 40 International (348cc single)	3,000	4,500	6,800	9,000	12,000	15,000
Model 30 International (490cc single)	3,000	4,500	8,000	12,000	16,000	20,000
ES2 (490cc single)	1,800	3,000	6,000	9,000	12,000	15,000
Model 16H (490cc single)	2,100	3,200	4,700	6,300	8,400	11,000
Model 18 (490cc single)	1,500	2,000	4,000	6,000	9,000	12,000
Model 19 (588cc single)	2,100	3,200	6,000	8,000	10,000	12,000
Model 20 (490cc single)	2,000	4,000	8,000	12,000	16,000	20,000
Big 4 (633cc single)	1,500	2,500	4,000	5,500	7,000	8,500
1936						
CJ (348cc single)	2,000	4,000	6,000	8,000	10,000	12,000
JE (348cc single)	2,500	5,000	10,000	15,000	20,000	25,000
Model 50 (348cc single)	1,900	2,900	4,300	6,000	8,000	10,000
Model 55 (348cc single)	2,500	5,000	10,000	15,000	20,000	25,000
Model 40 International (348cc single)	4,000	5,000	8,000	10,000	13,000	16,000
Model 30 International (490cc single)	3,000	4,500	8,000	12,000	16,000	20,000
ES2 (490cc single)	1,800	3,000	6,000	9,000	12,000	15,000
Model 16H (490cc single)	2,000	3,000	4,500	6,000	8,000	10,000
Model 18 (490cc single)	1,500	2,000	4,000	6,000	9,000	12,000
Model 19 (588cc single)	2,000	3,000	6,000	8,000	10,000	12,000
Model 20 (490cc single)	2,000	4,000	8,000	12,000	16,000	20,000
Big 4 (633cc single)	1,500	2,500	4,000	5,500	7,000	8,500
1937						
CJ (348cc single)	2,000	4,000	6,000	8,000	10,000	12,000
JE (348cc single)	2,500	5,000	10,000	15,000	20,000	25,000
Model 50 (348cc single)	1,900	2,900	4,300	6,000	8,000	10,000
Model 55 (348cc single)	2,500	5,000	10,000	15,000	20,000	25,000
Model 40 International (348cc single)	3,000	4,500	6,800	9,000	12,000	15,000
Model 30 International (490cc single)	3,000	4,500	8,000	12,000	16,000	20,000
ES2 (490cc single)	1,800	3,000	6,000	9,000	12,000	15,000
Model 16H (490cc single)	2,000	3,000	4,500	6,000	8,000	10,000
Model 18 (490cc single)	1,500	2,000	4,000	6,000	9,000	12,000
Model 19 (588cc single)	2,000	3,000	6,000	8,000	10,000	12,000
Model 20 (490cc single)	2,000	4,000	8,000	12,000	16,000	20,000
Big 4 (633cc single)	1,500	2,500	4,000	5,500	7,000	8,500

	6	5	4	3	2	1
1938						
CJ (348cc single)	2,000	4,000	6,000	8,000	10,000	12,000
JE (348cc single)	2,500	5,000	10,000	15,000	20,000	25,000
Model 50 (348cc single)	1,900	2,900	4,300	6,000	8,000	10,000
Model 55 (348cc single)	2,500	5,000	10,000	15,000	20,000	25,000
Model 40 International (348cc single)	3,000	4,500	6,800	9,000	12,000	15,000
Model 30 International (490cc single)	3,000	4,500	8,000	12,000	16,000	20,000
ES2 (490cc single)	1,800	3,000	6,000	9,000	12,000	15,000
Model 16H (490cc single)	2,000	3,000	4,500	6,000	8,000	10,000
Model 18 (490cc single)	1,500	2,000	4,000	6,000	9,000	12,000
Model 19 (588cc single)	2,000	3,000	6,000	8,000	10,000	12,000
Model 20 (490cc single)	2,000	4,000	8,000	12,000	16,000	20,000
Big 4 (633cc single)	1,500	2,500	4,000	5,500	7,000	8,500
1939						
CJ (348cc single)	2,000	4,000	6,000	8,000	10,000	12,000
JE (348cc single)	2,500	5,000	10,000	15,000	20,000	25,000
Model 50 (348cc single)	1,700	2,600	3,800	6,000	8,000	10,000
Model 55 (348cc single)	2,500	5,000	10,000	15,000	20,000	25,000
Model 40 International (348cc single)	3,000	4,500	6,800	9,000	12,000	15,000
Model 30 International (490cc single)	3,000	4,500	8,000	12,000	16,000	20,000
ES2 (490cc single)	1,800	3,000	6,000	9,000	12,000	15,000
Model 16H (490cc single)	1,800	2,700	4,100	5,400	7,200	9,000
Model 18 (490cc single)	1,500	2,000	4,000	6,000	9,000	12,000
Model 19 (588cc single)	1,800	2,700	6,000	8,000	10,000	12,000
Model 20 (490cc single)	2,000	4,000	8,000	12,000	16,000	20,000
Big 4 (633cc single)	1,500	2,500	4,000	5,500	7,000	8,500
1940						
WD/Model 16H (490cc single)	1,500	2,500	4,000	5,500	7,000	8,500
WD/Big 4 (633cc single)	1,500	2,500	4,000	5,500	7,000	8,500
1941						
WD/Model 16H (490cc single)	1,500	2,500	4,000	5,500	7,000	8,500
WD/Big 4 (633cc single)	1,500	2,500	4,000	5,500	7,000	8,500
1942						
WD/Model 16H (490cc single)	1,500	2,500	4,000	5,500	7,000	8,500
WD/Big 4 (633cc single)	1,500	2,500	4,000	5,500	7,000	8,500
1943						
WD/Model 16H (490cc single)	1,500	2,500	4,000	5,500	7,000	8,500
WD/Big 4 (633cc single)	1,500	2,500	4,000	5,500	7,000	8,500
1944						
WD/Model 16H (490cc single)	1,500	2,500	4,000	5,500	7,000	8,500
WD/Big 4 (633cc single)	1,500	2,500	4,000	5,500	7,000	8,500
1945						
WD/Model 16H (490cc single)	1,500	2,500	4,000	5,500	7,000	8,500
WD/Big 4 (633cc single)	1,500	2,500	4,000	5,500	7,000	8,500
1946						
Manx 40M (348cc single)	5,000	10,000	16,000	24,000	32,000	40,000
Model 40 International (348cc single)	2,800	4,200	6,300	8,400	11,000	14,000
Model 16H (490cc single)	1,500	3,000	4,500	6,000	7,500	9,000
Model 18 (490cc single)	1,500	2,500	4,000	5,500	7,000	8,500
Model 30 International (490cc single)	5,000	10,000	10,000	15,000	20,000	25,000
Manx 30M (498cc single)	5,200	8,000	16,000	24,000	32,000	40,000
Model 19R (596cc single)	1,500	2,500	4,000	5,500	7,000	8,500
Model 19S (596cc single)	1,500	2,500	4,000	5,500	7,000	8,500
Big 4 (633cc single)	1,500	2,500	4,000	5,500	7,000	8,500
1947						
Manx 40M (348cc single)	5,000	10,000	16,000	24,000	32,000	40,000
Model 40 International (348cc single)	2,600	3,900	5,900	7,800	10,000	13,000
Model 50 (348cc single)	1,000	1,500	2,500	4,000	5,500	7,000
Trials (348cc single)	1,000	1,500	2,500	4,000	5,500	7,000
Model 16H (490cc single)	1,500	2,500	4,000	5,500	7,000	8,500

	6	5	4	3	2	1
Model 18 (490cc single)	1,500	2,500	4,000	5,500	7,000	8,500
Model 30 International (490cc single)	5,000	10,000	10,000	15,000	20,000	25,000
ES2 (490cc single)	1,500	3,000	4,500	6,000	9,000	12,000
Trials (498cc single)	1,000	1,500	2,500	4,000	5,500	7,000
Manx 30M (498cc single)	5,200	8,000	16,000	24,000	32,000	40,000
Model 19R (596cc single)	1,500	2,500	4,000	5,500	7,000	8,500
Model 19S (596cc single)	1,500	2,500	4,000	5,500	7,000	8,500
Big 4 (633cc single)	1,500	2,500	4,000	5,500	7,000	8,500
1948						
Manx 40M (348cc single)	5,000	10,000	16,000	24,000	32,000	40,000
Model 40 International (348cc single)	2,600	3,900	5,900	7,800	10,000	13,000
Model 50 (348cc single)	1,000	1,500	2,500	4,000	5,500	7,000
Model 16H (490cc single)	1,500	2,300	3,400	4,500	6,000	7,500
Model 18 (490cc single)	1,500	2,500	4,000	5,500	7,000	8,500
Model 30 International (490cc single)	5,000	10,000	10,000	15,000	20,000	25,000
ES2 (490cc single)	1,500	3,000	4,500	6,000	9,000	12,000
Manx 30M (498cc single)	5,200	8,000	16,000	24,000	32,000	40,000
Model 19R (596cc single)	1,500	2,500	4,000	5,500	7,000	8,500
Model 19S (596cc single)	1,500	2,500	4,000	5,500	7,000	8,500
Big 4 (597cc single)	1,500	2,500	4,000	5,500	7,000	8,500
1949						
Manx 40M (348cc single)	5,000	10,000	16,000	24,000	32,000	40,000
Model 40 International (348cc single)	2,600	3,900	5,900	7,800	10,000	13,000
Model 50 (348cc single)	1,500	2,300	3,400	4,500	6,000	7,500
ES2 (490cc single)	1,500	3,000	4,500	6,000	9,000	12,000
Model 16H (490cc single)	1,500	2,500	4,000	5,500	7,000	8,500
Model 18 (490cc single)	1,500	2,500	4,000	5,500	7,000	8,500
Model 30 International (490cc single)	5,000	10,000	10,000	15,000	20,000	25,000
Model 500T (490cc single)	1,500	2,300	4,000	6,000	8,000	10,000
Dominator Model 7 (497cc twin)	1,500	3,000	4,500	6,000	9,000	12,000
Manx 30M (498cc single)	5,200	8,000	16,000	24,000	32,000	40,000
Model 19R (596cc single)	1,500	3,000	4,500	6,000	7,500	9,000
Model 19S (596cc single)	1,500	3,000	4,500	6,000	7,500	9,000
Big 4 (597cc single)	1,500	3,000	4,500	6,000	7,500	9,000
1950						
Manx 40M (348cc single)	5,000	10,000	16,000	24,000	32,000	40,000
Model 40 International (348cc single)	2,600	3,900	5,900	7,800	10,000	13,000
Model 50 (348cc single)	1,500	2,300	3,400	4,500	6,000	7,500
ES2 (490cc single)	1,500	3,000	4,500	6,000	9,000	12,000
Model 16H (490cc single)	1,500	2,500	4,000	5,500	7,000	8,500
Model 18 (490cc single)	1,500	2,500	4,000	5,500	7,000	8,500
Model 30 International (490cc single)	5,000	10,000	10,000	15,000	20,000	25,000
Model 500T (490cc single)	1,500	2,300	4,000	6,000	8,000	10,000
Dominator Model 7 (497cc twin)	1,500	3,000	4,500	6,000	9,000	12,000
Manx 30M (498cc single)	5,200	8,000	16,000	24,000	32,000	40,000
Model 19R (596cc single)	1,500	3,000	4,500	6,000	7,500	9,000
Model 19S (596cc single)	1,500	3,000	4,500	6,000	7,500	9,000
Big 4 (597cc single)	1,500	3,000	4,500	6,000	7,500	9,000
1951						
Manx 40M (348cc single)	5,000	10,000	16,000	24,000	32,000	40,000
Model 40 International (348cc single)	2,600	3,900	5,900	7,800	11,000	13,000
Model 50 (348cc single)	1,500	2,300	3,400	4,500	6,000	7,500
ES2 (490cc single)	1,500	3,000	4,500	6,000	9,000	12,000
Model 16H (490cc single)	1,500	2,500	4,000	5,500	7,000	8,500
Model 18 (490cc single)	1,500	2,500	4,000	5,500	7,000	8,500
Model 30 International (490cc single)	5,000	10,000	10,000	15,000	20,000	25,000
Model 500T (490cc single)	1,500	2,300	4,000	6,000	8,000	10,000
Dominator Model 7 (497cc twin)	1,500	3,000	4,500	6,000	9,000	12,000
Manx 30M (498cc single)	5,200	8,000	16,000	24,000	32,000	40,000
Model 19R (596cc single)	1,500	3,000	4,500	6,000	7,500	9,000

	6	5	4	3	2	1
Model 19S (596cc single)	1,500	3,000	4,500	6,000	7,500	9,000
Big 4 (597cc single)	1,500	3,000	4,500	6,000	7,500	9,000
1952						
Manx 40M (348cc single)	5,000	10,000	16,000	24,000	32,000	40,000
Model 40 International (348cc single)	2,600	3,900	5,900	7,800	10,000	13,000
Model 50 (348cc single)	1,500	2,300	3,400	4,500	6,000	7,500
ES2 (490cc single)	1,500	3,000	4,500	6,000	9,000	12,000
Model 16H (490cc single)	1,500	2,500	4,000	5,500	7,000	8,500
Model 18 (490cc single)	1,500	2,500	4,000	5,500	7,000	8,500
Model 30 International (490cc single)	5,000	10,000	10,000	15,000	20,000	25,000
Model 500T (490cc single)	1,500	2,300	4,000	6,000	8,000	10,000
Dominator Model 7 (497cc twin)	1,500	3,000	4,500	6,000	9,000	12,000
Dominator Model 88 (497cc twin)	2,500	5,000	10,000	15,000	20,000	25,000
Manx 30M (498cc single)	5,400	8,000	16,000	24,000	32,000	40,000
Model 19R (596cc single)	1,500	3,000	4,500	6,000	7,500	9,000
Model 19S (596cc single)	1,500	3,000	4,500	6,000	7,500	9,000
Big 4 (597cc single)	1,500	3,000	4,500	6,000	7,500	9,000
1953						
Manx 40M (348cc single)	5,000	10,000	16,000	24,000	32,000	40,000
Model 40 International (348cc single)	2,600	3,900	5,900	7,800	10,000	13,000
Model 50 (348cc single)	1,500	2,300	3,400	4,500	6,000	7,500
ES2 (490cc single)	1,500	3,000	4,500	6,000	9,000	12,000
Model 16H (490cc single)	1,500	2,500	4,000	5,500	7,000	8,500
Model 18 (490cc single)	1,500	2,500	4,000	5,500	7,000	8,500
Model 30 International (490cc single)	5,000	10,000	10,000	15,000	20,000	25,000
Model 500T (490cc single)	1,500	2,300	4,000	6,000	8,000	10,000
Dominator Model 7 (497cc twin)	1,500	3,000	4,500	6,000	9,000	12,000
Dominator Model 88 (497cc twin)	2,500	5,000	10,000	15,000	20,000	25,000
Manx 30M (498cc single)	5,400	8,000	16,000	24,000	32,000	40,000
Model 19R (596cc single)	1,500	3,000	4,500	6,000	7,500	9,000
Model 19S (596cc single)	1,500	3,000	4,500	6,000	7,500	9,000
Big 4 (597cc single)	1,500	3,000	4,500	6,000	7,500	9,000
1954						
Manx 40M (348cc single)	5,000	10,000	16,000	24,000	32,000	40,000
Model 40 International (348cc single)	2,600	3,900	5,900	7,800	10,000	13,000
Model 50 (348cc single)	1,500	2,300	3,400	4,500	6,000	7,500
ES2 (490cc single)	1,500	3,000	4,500	6,000	9,000	12,000
Model 16H (490cc single)	1,500	2,500	4,000	5,500	7,000	8,500
Model 18 (490cc single)	1,500	2,500	4,000	5,500	7,000	8,500
Model 30 International (490cc single)	5,000	10,000	10,000	15,000	20,000	25,000
Model 500T (490cc single)	1,500	2,300	4,000	6,000	8,000	10,000
Dominator Model 7 (497cc twin)	1,500	3,000	4,500	6,000	9,000	12,000
Dominator Model 88 (497cc twin)	2,500	5,000	10,000	15,000	20,000	25,000
Manx 30M (498cc single)	6,200	8,000	16,000	24,000	32,000	40,000
Model 19R (596cc single)	1,500	3,000	4,500	6,000	7,500	9,000
Model 19S (596cc single)	1,500	3,000	4,500	6,000	7,500	9,000
Big 4 (597cc single)	1,500	3,000	4,500	6,000	7,500	9,000
1955						
Manx 40M (348cc single)	5,000	10,000	16,000	24,000	32,000	40,000
Model 40 International (348cc single)	2,600	3,900	5,900	7,800	10,000	13,000
Model 50 (348cc single)	1,500	2,300	3,400	4,500	6,000	7,500
ES2 (490cc single)	1,500	3,000	4,500	6,000	9,000	12,000
Model 30 International (490cc single)	5,000	10,000	10,000	15,000	20,000	25,000
Dominator Model 7 (497cc twin)	1,500	3,000	4,500	6,000	9,000	12,000
Dominator Model 88 (497cc twin)	2,500	5,000	10,000	15,000	20,000	25,000
Manx 30M (498cc single)	6,200	8,000	16,000	24,000	32,000	40,000
Model 19R (596cc single)	1,500	3,000	4,500	6,000	7,500	9,000
Model 19S (596cc single)	1,500	3,000	4,500	6,000	7,500	9,000
1956						
Manx 40M (348cc single)	5,000	10,000	16,000	24,000	32,000	40,000

	6	5	4	3	2	1
Model 40 International (348cc single)	2,600	3,900	5,900	7,800	10,000	13,000
Model 50 (348cc single)	1,500	2,300	3,400	4,500	6,000	7,500
ES2 (490cc single)	1,500	3,000	4,500	6,000	7,500	9,000
Model 30 International (490cc single)	5,000	10,000	10,000	15,000	20,000	25,000
Dominator Model 88 (497cc twin)	2,500	5,000	10,000	15,000	20,000	25,000
Manx 30M (498cc single)	6,200	8,000	16,000	24,000	32,000	40,000
Model 19S (596cc single)	1,500	3,000	4,500	6,000	7,500	9,000
Dominator Model 99 (596cc twin)	1,500	3,000	4,500	6,000	9,000	12,000
1957						
Manx 40M (348cc single)	5,000	10,000	16,000	24,000	32,000	40,000
Model 40 International (348cc single)	2,600	3,900	5,900	7,800	10,000	13,000
Model 50 (348cc single)	1,500	2,300	3,400	4,500	6,000	7,500
ES2 (490cc single)	1,500	3,000	4,500	6,000	9,000	12,000
Model 30 International (490cc single)	5,000	10,000	10,000	15,000	20,000	25,000
Dominator Model 88 (497cc twin)	2,500	5,000	10,000	15,000	20,000	25,000
Manx 30M (498cc single)	6,200	8,000	16,000	24,000	32,000	40,000
Dominator Model 77 (596cc twin)	1,500	3,000	4,500	6,000	9,000	12,000
Dominator Model 99 (596cc twin)	1,500	3,000	4,500	6,000	9,000	12,000
Model 19S (596cc single)	1,500	3,000	4,500	6,000	7,500	9,000
1958						
Manx 40M (348cc single)	5,000	10,000	16,000	24,000	32,000	40,000
Model 50 (348cc single)	1,500	2,300	3,400	4,500	6,000	7,500
ES2 (490cc single)	1,500	2,500	4,000	5,500	7,000	8,500
Dominator Model 88 (497cc twin)	1,500	3,000	4,500	6,000	9,000	12,000
Manx 30M (498cc single)	6,300	8,000	16,000	24,000	32,000	40,000
Dominator Model 77 (596cc twin)	1,500	3,000	4,500	6,000	9,000	12,000
Dominator Model 99 (596cc twin)	1,500	3,000	4,500	6,000	9,000	12,000
Model 19S (596cc single)	1,500	3,000	4,500	6,000	7,500	9,000
Nomad (596cc twin)	2,000	4,000	7,000	10,000	13,000	16,000
1959						
Jubilee Deluxe (249cc twin)	1,000	1,500	2,500	4,000	5,500	7,000
Manx 40M (348cc single)	5,000	10,000	16,000	24,000	32,000	40,000
Model 50 (348cc single)	1,500	2,300	3,400	4,500	6,000	7,500
ES2 (490cc single)	1,500	3,000	4,500	6,000	7,500	9,000
Dominator Model 88 (497cc twin)	1,500	3,000	4,500	6,000	9,000	12,000
Manx 30M (498cc single)	6,300	8,000	16,000	24,000	32,000	40,000
Dominator Model 99 (596cc twin)	1,500	3,000	4,500	6,000	9,000	12,000
Nomad (596cc twin)	2,000	4,000	7,000	10,000	13,000	16,000
1960						
Jubilee Deluxe (249cc twin)	1,000	1,500	2,500	4,000	5,500	7,000
Manx 40M (348cc single)	5,000	10,000	16,000	24,000	32,000	40,000
Model 50 (348cc single)	1,500	2,300	3,400	4,500	6,000	7,500
ES2 (490cc single)	1,500	3,000	4,500	6,000	7,500	9,000
Dominator Model 88 (497cc twin)	1,500	3,000	4,500	6,000	9,000	12,000
Dominator Model 88 Deluxe (497cc twin)	1,500	3,000	4,500	6,000	9,000	12,000
Manx 30M (498cc single)	6,300	8,000	16,000	24,000	32,000	40,000
Dominator Model 99 (596cc twin)	1,500	3,000	4,500	6,000	9,000	12,000
Dominator Model 99 Deluxe (596cc twin)	1,500	3,000	4,500	6,000	9,000	12,000
Nomad (596cc twin)	2,000	4,000	7,000	10,000	13,000	16,000
Manxman (646cc twin)	1,800	3,000	4,500	6,000	8,500	11,000
1961						
Jubilee Deluxe (249cc twin)	1,000	1,500	2,500	4,000	5,500	7,000
Jubilee Standard (249cc twin)	1,000	1,500	2,500	4,000	5,500	7,000
Manx 40M (348cc single)	5,000	10,000	16,000	24,000	32,000	40,000
Model 50 (348cc single)	1,500	2,300	3,400	4,500	6,000	7,500
Navigator (349cc twin)	1,000	1,500	2,500	4,000	5,500	7,000
Navigator Deluxe (349cc twin)	1,000	1,500	2,500	4,000	5,500	7,000
ES2 (490cc single)	1,600	3,000	4,500	6,000	7,500	9,000
Dominator Model 88 (497cc twin)	1,500	3,000	4,500	6,000	9,000	12,000
Dominator Model 88 Deluxe (497cc twin)	1,500	3,000	4,500	6,000	9,000	12,000

	6	5	4	3	2	1
Dominator Model 88SS (497cc twin)	1,500	3,000	5,000	8,000	11,000	14,000
Manx 30M (498cc single)	6,300	8,000	16,000	24,000	32,000	40,000
Dominator Model 99 (596cc twin)	1,500	3,000	4,500	6,000	9,000	12,000
Dominator Model 99 Deluxe (596cc twin)	1,500	3,000	4,500	6,000	9,000	12,000
Dominator Model 99SS (596cc twin)	1,500	3,000	4,500	6,000	9,000	12,000
Manxman (646cc twin)	1,800	3,000	4,500	6,000	8,500	11,000
1962						
Jubilee Deluxe (249cc twin)	1,000	1,500	2,500	4,000	5,500	7,000
Jubilee Standard (249cc twin)	1,000	1,500	2,500	4,000	5,500	7,000
Manx 40M (348cc single) (691 from 1946-63)	5,000	10,000	16,000	24,000	32,000	40,000
Model 50 (348cc single)	1,500	2,300	3,400	4,500	6,000	7,500
Navigator (349cc twin)	1,000	1,500	2,500	4,000	5,500	7,000
Navigator Deluxe (349cc twin)	1,000	1,500	2,500	4,000	5,500	7,000
ES2 (490cc single)	1,600	3,000	4,000	6,000	8,000	10,000
Dominator Model 88 (497cc twin)	1,500	3,000	4,500	6,000	9,000	12,000
Dominator Model 88 Deluxe (497cc twin)	1,500	3,000	4,500	6,000	9,000	12,000
Dominator Model 88SS (497cc twin)	1,500	3,000	5,000	8,000	11,000	14,000
Manx 30M (498cc single)	6,300	8,000	16,000	24,000	32,000	40,000
Dominator Model 99 (596cc twin)	1,500	3,000	4,500	6,000	9,000	12,000
Dominator Model 99 Deluxe (596cc twin)	1,500	3,000	4,500	6,000	9,000	12,000
Dominator Model 99SS (596cc twin)	1,500	3,000	4,500	6,000	9,000	12,000
Model 650SS (646cc twin)	1,800	3,000	4,500	6,000	8,500	11,000
Atlas (745cc twin)	1,500	3,000	4,500	6,000	9,000	12,000
1963						
Jubilee Deluxe (249cc twin)	1,000	1,500	2,500	4,000	5,500	7,000
Jubilee Standard (249cc twin)	1,000	1,500	2,500	4,000	5,500	7,000
Manx 40M (348cc single)	5,000	10,000	15,000	20,000	25,000	30,000
Model 50 (348cc single)	1,500	2,300	3,400	4,500	6,000	7,500
Navigator (349cc twin)	1,000	1,500	2,500	4,000	5,500	7,000
Navigator Deluxe (349cc twin)	1,000	1,500	2,500	4,000	5,500	7,000
Electra (400cc twin)	1,000	1,500	2,500	4,000	5,500	7,000
ES2 (490cc single)	1,500	3,000	4,500	6,000	7,500	9,000
Dominator Model 88 (497cc twin)	1,500	3,000	4,500	6,000	9,000	12,000
Dominator Model 88SS (497cc twin)	1,500	3,000	5,000	8,000	11,000	14,000
Manx 30M (498cc single) (1202 from 1946-63)	6,300	8,000	16,000	24,000	32,000	40,000
Model 650SS (646cc twin)	1,400	2,100	4,000	6,000	8,000	10,000
Atlas (745cc twin)	1,500	3,000	4,500	6,000	9,000	12,000
1964						
Jubilee Standard (249cc twin)	1,000	1,500	2,500	4,000	5,500	7,000
Model 50MK II (348cc single)	1,500	2,300	3,400	4,500	6,000	7,500
Navigator (349cc twin)	1,000	1,500	2,500	4,000	5,500	7,000
Electra (400cc twin)	1,000	1,500	2,500	4,000	5,500	7,000
Dominator Model 88SS (497cc twin)	1,500	3,000	5,000	8,000	11,000	14,000
Model 650SS (646cc twin)	1,400	2,100	4,000	6,000	8,000	10,000
Atlas (745cc twin)	1,500	3,000	4,500	6,000	9,000	12,000
Atlas Scrambler (750cc twin)	1,500	3,000	4,500	6,000	9,000	12,000
N15CS (750cc twin)	1,500	3,000	4,500	6,000	9,000	12,000
1965						
Jubilee Standard (249cc twin)	1,000	1,500	2,500	4,000	5,500	7,000
Model 50MK II (348cc single)	1,500	2,300	3,400	4,500	6,000	7,500
Navigator (349cc twin)	1,000	1,500	2,500	4,000	5,500	7,000
Electra (400cc twin)	1,000	1,500	2,500	4,000	5,500	7,000
ES2 MK II (490cc single)	1,300	2,000	3,500	5,000	6,500	8,000
Dominator Model 88SS (497cc twin)	1,500	3,000	5,000	8,000	11,000	14,000
Model 650SS (646cc twin)	1,400	2,100	4,000	6,000	8,000	10,000
Atlas (745cc twin)	1,500	3,000	4,500	6,000	9,000	12,000
NC15S (750cc twin)	1,500	3,000	4,500	6,000	9,000	12,000
1966						
Jubilee Standard (249cc twin)	1,000	1,500	2,500	4,000	5,500	7,000
Model 50MK II (348cc single)	1,500	2,300	3,400	4,500	6,000	7,500

	6	5	4	3	2	1
ES2 MK II (490cc single)	1,000	2,500	4,000	5,500	7,000	8,500
Dominator Model 88SS (497cc twin)	1,500	3,000	5,000	8,000	11,000	14,000
Model 650SS (646cc twin)	1,400	2,100	4,000	6,000	8,000	10,000
Atlas (745cc twin)	1,500	3,000	4,500	6,000	9,000	12,000
NC15S (750cc twin)	1,500	3,000	4,500	6,000	9,000	12,000
1967						
Model 650SS (646cc twin)	1,400	2,100	4,000	6,000	8,000	10,000
Atlas (745cc twin)	1,500	3,000	4,500	6,000	9,000	12,000
Commando (745cc twin)	1,500	2,500	4,000	7,000	10,000	13,000
NC15S (750cc twin)	1,500	3,000	4,500	6,000	9,000	12,000
P11 (750cc twin)	2,000	4,000	8,000	12,000	16,000	20,000
1968						
Model 650SS (646cc twin)	1,400	2,100	4,000	6,000	8,000	10,000
Atlas (745cc twin)	1,500	3,000	4,500	6,000	9,000	12,000
Commando (745cc twin)	1,500	2,500	4,000	7,000	10,000	13,000
P11 (750cc twin)	2,000	4,000	8,000	12,000	16,000	20,000
1969						
Commando 750R (745cc twin)	1,500	3,000	6,000	10,000	14,000	18,000
Commando 750S (745cc twin)	1,500	2,500	5,000	8,000	11,000	14,000
Commando Fastback (745cc twin)	1,500	2,500	5,000	8,000	11,000	14,000
Mercury (750cc twin)	1,500	2,500	4,000	6,000	9,000	12,000
Ranger (750cc twin)	1,500	3,000	6,000	9,000	12,000	15,000
1970						
Commando 750 Roadster (745cc twin)	1,600	2,800	4,000	7,000	10,000	13,000
Commando 750S (745cc twin)	1,500	2,500	5,000	8,000	11,000	14,000
Commando 750SS (745cc twin)	1,500	2,500	5,000	8,000	11,000	14,000
Commando Fastback (745cc twin)	1,500	2,500	5,000	8,000	11,000	14,000
Mercury (750cc twin)	1,500	2,500	4,000	6,000	9,000	12,000
1971						
Commando 750 Production Racer (745cc twin)	2,800	4,000	7,000	10,000	13,000	16,000
Commando 750 Roadster (745cc twin)	1,600	2,800	4,000	7,000	10,000	13,000
Commando 750S (745cc twin)	1,500	2,500	5,000	8,000	11,000	14,000
Commando 750SS (745cc twin)	1,500	2,500	5,000	8,000	11,000	14,000
Commando Fastback (745cc twin)	1,500	2,500	5,000	8,000	11,000	14,000
Commando Fastback LR (745cc twin)	1,500	2,500	5,000	8,000	11,000	14,000
Commando Hi-Rider (745cc twin)	1,600	2,800	4,000	7,000	10,000	13,000
1972						
Commando Hi-Rider (745cc twin)	1,500	2,500	5,000	8,000	11,000	14,000
Commando 750 Interstate Combat (745cc twin)	2,600	3,900	5,900	7,800	11,000	13,000
Commando 750 Production Racer (745cc twin)	2,800	4,000	7,000	10,000	13,000	16,000
Commando 750 Roadster (745cc twin)	1,600	2,800	4,000	7,000	10,000	13,000
Commando Fastback (745cc twin)	1,500	2,500	5,000	8,000	11,000	14,000
Commando Fastback LR (745cc twin)	1,500	2,500	5,000	8,000	11,000	14,000
1973						
Commando Hi-Rider (745cc twin)	1,500	2,500	5,000	8,000	11,000	14,000
Commando 750 Interstate (745cc twin)	2,600	3,900	5,900	7,800	11,000	13,000
Commando 750 Production Racer (745cc twin)	2,800	4,000	7,000	10,000	13,000	16,000
Commando 750 Roadster (745cc twin)	1,600	2,800	4,000	7,000	10,000	13,000
Commando Fastback (745cc twin)	1,500	2,500	5,000	8,000	11,000	14,000
Commando 850 Hi-Rider (828cc twin)	1,500	2,500	5,000	8,000	11,000	14,000
Commando 850 Interstate (828cc twin)	1,500	2,500	5,000	8,000	11,000	14,000
Commando 850 Roadster (828cc twin)	1,500	2,500	5,000	8,000	11,000	14,000
1974						
Commando 850 Hi-Rider (828cc twin)	1,500	2,500	5,000	8,000	11,000	14,000
Commando 850 Interstate (828cc twin)	1,500	2,500	5,000	8,000	11,000	14,000
Commando 850 John Player (828cc twin)	1,500	2,500	5,000	8,000	11,000	14,000
Commando 850 Roadster (828cc twin)	1,500	2,500	5,000	8,000	11,000	14,000
1975						
Commando 850 Hi-Rider (828cc twin)	2,400	3,600	6,000	9,000	12,000	15,000
Commando 850 Interstate (828cc twin)	2,400	3,600	6,000	9,000	12,000	15,000

	6	5	4	3	2	1
Commando 850 John Player (828cc twin)	3,400	5,100	7,700	10,000	14,000	17,000
Commando MK III (828cc twin)	2,400	3,600	6,000	9,000	12,000	15,000
Commando 850 Roadster (828cc twin)	2,400	3,600	6,000	9,000	12,000	15,000
1976						
Commando 850 Roadster (828cc twin)	2,400	3,600	6,000	9,000	12,000	15,000
Commando MK III (828cc twin)	2,400	3,600	6,000	9,000	12,000	15,000
1977						
Commando 850 Roadster (828cc twin)	2,400	3,600	6,000	9,000	12,000	15,000
Commando MK III (828cc twin)	2,400	3,600	6,000	9,000	12,000	15,000
1987						
Classic Rotary (588cc Rotary Twin) (100 made)	3,500	7,000	12,000	17,000	22,000	27,000
1988						
Classic Rotary (588cc Rotary Twin)	3,500	7,000	12,000	17,000	22,000	27,000
1989						
Commander (588cc Rotary Twin)	3,500	7,000	12,000	17,000	22,000	27,000
F1 (588cc Rotary Twin)	3,500	7,000	6,000	17,000	22,000	27,000
1990						
Commander (588cc Rotary Twin)	3,500	7,000	12,000	17,000	22,000	27,000
F1 (588cc Rotary Twin)	3,500	7,000	12,000	17,000	22,000	27,000
1991						
Commander (588cc Rotary Twin)	3,500	7,000	12,000	17,000	22,000	27,000
F1 (588cc Rotary Twin)	3,500	7,000	12,000	17,000	22,000	27,000
1992						
Commander (588cc Rotary Twin)	3,500	7,000	12,000	17,000	22,000	27,000
Commander Rotary F2 (588cc Rotary Twin) (66 made). .	4,000	8,000	16,000	24,000	32,000	40,000
1999						
C52 SM International (652cc single)	750	1,500	3,000	6,000	9,000	12,000

NSU

	6	5	4	3	2	1
1901						
1.5hp single	25,000	50,000	100K	150K	200K	250K
1902						
1.75hp Neckarsulmer (240cc single)	50,000	75,000	100K	150K	175K	200K
1903						
2.5hp Neckarsulmer (331cc single)	10,000	20,000	40,000	60,000	80,000	100K
1904						
2.5hp Neckarsulmer (331cc single)	10,000	20,000	40,000	60,000	80,000	100K
1905						
2.5hp Neckarsulmer (331cc single)	10,000	20,000	40,000	60,000	80,000	100K
Sulmobil (451cc single)	10,000	20,000	40,000	60,000	80,000	100K
1906						
3hp Neckarsulm (402cc single)	10,000	20,000	40,000	60,000	80,000	100K
Model 4PS 3.5hp Neckarsulm (402cc single)	10,000	20,000	40,000	60,000	80,000	100K
Forecar (451cc single)	10,000	20,000	40,000	60,000	80,000	100K
Touring Twin (620cc V-twin)	10,000	20,000	40,000	60,000	80,000	100K
5.5hp Neckarsulm (670cc v-twin).	5,000	10,000	20,000	30,000	40,000	50,000
1907						
Model 4PS 3.5hp Neckarsulm (460cc single)	5,000	10,000	20,000	30,000	40,000	50,000
Touring Twin (620cc V-twin)	10,000	20,000	40,000	60,000	80,000	100K
5.5hp Neckarsulm (670cc v-twin).	5,000	10,000	20,000	30,000	40,000	50,000
1908						
Model 4PS 3.5 HP Single (499cc single)	5,000	10,000	20,000	30,000	40,000	50,000
Touring Twin (620cc V-twin)	10,000	20,000	40,000	60,000	80,000	100K
1909						
Model 4PS 3.5 HP Single (499cc single)	5,000	10,000	20,000	30,000	40,000	50,000
Touring Twin (620cc V-twin)	10,000	20,000	40,000	60,000	80,000	100K
8hp twin (795cc v-twin)	25,000	50,000	75,000	100K	125K	150K
1910						
2hp	2,000	4,000	8,000	12,000	16,000	20,000
3hp v-twin (390cc v-twin)	2,000	4,000	8,000	12,000	16,000	20,000

	6	5	4	3	2	1
Model 4PS 3.5 HP Single (499cc single)	2,000	4,000	8,000	12,000	16,000	20,000
6hp v-twin	5,000	10,000	20,000	30,000	40,000	50,000
7hp Stock Racer v-twin	5,000	10,000	20,000	30,000	40,000	50,000
1911						
Model 2PS (250cc single)	4,000	8,000	16,000	24,000	32,000	40,000
3hp v-twin (390cc v-twin)	2,000	4,000	8,000	12,000	16,000	20,000
Model 4PS 3.5 HP Single (499cc single) . . .	2,000	4,000	8,000	12,000	16,000	20,000
1912						
Model 2PS (250cc single)	4,000	8,000	16,000	24,000	32,000	40,000
Model 4 PS 3.5 HP Single (499cc single) . .	2,000	4,000	8,000	12,000	16,000	20,000
5.75 hp V-twin (496cc v-twin)	3,000	6,000	12,000	18,000	24,000	30,000
1913						
1.5hp single (250cc single)	4,000	8,000	16,000	24,000	32,000	40,000
2.5hp single (331cc single)	2,000	4,000	8,000	12,000	16,000	20,000
Model 4 PS 3.5 HP Single (499cc single) . .	2,000	4,000	8,000	12,000	16,000	20,000
3hp twin (390cc v-twin)	3,500	7,000	14,000	21,000	28,000	35,000
6.5hp twin	3,000	6,000	12,000	18,000	24,000	30,000
1914						
Model 4 PS 3.5 HP Single (499cc single) . .	2,000	4,000	8,000	12,000	16,000	20,000
3.5 Zwiezylinder (twin)	3,500	7,000	14,000	21,000	28,000	35,000
Model 8 (996cc v-twin)	3,000	6,000	12,000	18,000	24,000	30,000
1915						
Model 4PS 3.5 HP Single (499cc single) . .	2,000	4,000	8,000	12,000	16,000	20,000
1916						
Model 4PS 3.5 HP Single (499cc single) . .	2,000	4,000	8,000	12,000	16,000	20,000
1917						
Model 4PS 3.5 HP Single (499cc single) . .	2,000	4,000	8,000	12,000	16,000	20,000
V-twin (500cc v-twin)	2,000	4,000	8,000	12,000	16,000	20,000
1918						
Model 4PS 3.5 HP Single (499cc single) . .	2,000	4,000	8,000	12,000	16,000	20,000
1919						
Model 4PS 3.5 HP Single (499cc single) . .	2,000	4,000	8,000	12,000	16,000	20,000
4 hp V-twin (500cc v-twin)	2,000	4,000	8,000	12,000	16,000	20,000
1920						
Model 3PS (351cc single) (3,280 made-4 yrs)	2,000	4,000	8,000	12,000	16,000	20,000
Zwiezylinder Model 4PS (498cc twin)	2,000	4,000	8,000	12,000	16,000	20,000
1921						
Model 3PS (351cc single)	2,000	4,000	8,000	12,000	16,000	20,000
Zwiezylinder Model 4PS (498cc twin)	2,000	4,000	8,000	12,000	16,000	20,000
Zwiezylinder Model 8PS (996cc twin)	3,000	6,000	12,000	18,000	24,000	30,000
1922						
Model 3PS (351cc single)	2,000	4,000	8,000	12,000	16,000	20,000
Zwiezylinder Model 4PS (498cc twin)	2,000	4,000	8,000	12,000	16,000	20,000
Zwiezylinder Model 8PS (996cc twin)	3,000	6,000	12,000	18,000	24,000	30,000
1923						
Model 3PS (351cc single)	2,000	4,000	8,000	12,000	16,000	20,000
Zwiezylinder Model 4PS (498cc twin)	2,000	4,000	8,000	12,000	16,000	20,000
Zwiezylinder Model 8PS (996cc twin)	3,000	6,000	12,000	18,000	24,000	30,000
1924						
Model 2PS (250cc single)	2,000	4,000	8,000	12,000	16,000	20,000
Zwiezylinder Model 4PS (498cc twin)	2,000	4,000	8,000	12,000	16,000	20,000
Zwiezylinder Model 8PS (996cc twin)	3,000	6,000	12,000	18,000	24,000	30,000
1925						
Zwiezylinder Model 4PS (498cc twin)	2,000	4,000	8,000	12,000	16,000	20,000
Zwiezylinder Model 8PS (996cc twin)	3,000	6,000	12,000	18,000	24,000	30,000
1926						
251S (247cc single)	2,000	4,000	8,000	12,000	16,000	20,000
251TS (247cc single)	2,000	4,000	8,000	12,000	16,000	20,000
Zwiezylinder Model 8PS (996cc twin)	3,000	6,000	12,000	18,000	24,000	30,000

	6	5	4	3	2	1
1927						
251S (247cc single).	2,000	4,000	7,000	10,000	12,500	15,000
251TS (247cc single).	2,000	4,000	7,000	10,000	12,500	15,000
501T (494cc single) (13,605 made-3 yrs)	2,000	4,000	8,000	12,000	16,000	20,000
Zwiezylinder Model 8PS (996cc twin).	3,000	6,000	12,000	18,000	24,000	30,000
1928						
201R (199cc single).	1,000	2,000	4,000	6,000	8,000	10,000
201T (199cc single).	1,000	2,000	4,000	6,000	8,000	10,000
251S (247cc single).	2,000	4,000	6,000	8,000	10,000	12,000
251T (249cc single).	2,000	4,000	6,000	8,000	10,000	12,000
251TS (247cc single).	2,000	4,000	6,000	8,000	10,000	12,000
Model AS (250cc single)	2,000	4,000	6,000	8,000	10,000	12,000
Model AT (250cc single).	2,000	4,000	6,000	8,000	10,000	12,000
501S (494cc single).	2,000	4,000	7,000	10,000	12,500	15,000
501T (494cc single)	2,000	4,000	7,000	10,000	12,500	15,000
Model BS2 (500cc twin).	2,000	4,000	8,000	12,000	16,000	20,000
Model BT2 (500cc twin).	2,000	4,000	8,000	12,000	16,000	20,000
1929						
201R (199cc single).	1,000	2,000	4,000	6,000	8,000	10,000
201T (199cc single).	1,000	2,000	4,000	6,000	8,000	10,000
201TS (199cc single).	1,000	2,000	4,000	6,000	8,000	10,000
251S (247cc single).	2,000	4,000	6,000	8,000	10,000	12,000
251T (249cc single).	2,000	4,000	6,000	8,000	10,000	12,000
251TS (247cc single).	2,000	4,000	6,000	8,000	10,000	12,000
301T (298cc single).	2,000	4,000	6,000	8,000	10,000	12,000
351OT (331cc single).	2,000	4,000	6,000	8,000	10,000	12,000
501S (494cc single).	2,000	4,000	7,000	10,000	12,500	15,000
501T (494cc single)	2,000	4,000	8,000	12,000	16,000	20,000
1930						
175Z (175cc single).	1,000	2,000	4,000	6,000	8,000	10,000
201R (199cc single).	1,000	2,000	4,000	6,000	8,000	10,000
201T (199cc single).	1,000	2,000	4,000	6,000	8,000	10,000
201TS (199cc single).	1,000	2,000	4,000	6,000	8,000	10,000
201Z (200cc single).	1,000	2,000	4,000	6,000	8,000	10,000
251Z (244cc single).	2,000	4,000	6,000	8,000	10,000	12,000
301T (298cc single).	2,000	4,000	6,000	8,000	10,000	12,000
351OT (331cc single).	2,000	4,000	6,000	8,000	10,000	12,000
351TS (346cc single).	2,000	4,000	6,000	8,000	10,000	12,000
501S (494cc single).	2,000	4,000	7,000	10,000	12,500	15,000
501OSL (494cc single) (10,108 made)	2,000	4,000	8,000	12,000	16,000	20,000
501TS (494cc single) (2,738 made-7 yrs).	2,000	4,000	8,000	12,000	16,000	20,000
601TS (592cc single)	2,000	4,000	8,000	12,000	16,000	20,000
1931						
Motosulm (63cc single) (25,000 made-5 yrs)	1,000	2,000	3,500	5,000	6,500	8,000
175Z (175cc single).	1,000	2,000	4,000	6,000	8,000	10,000
201TS (199cc single).	1,000	2,000	4,000	6,000	8,000	10,000
201Z (200cc single).	1,000	2,000	4,000	6,000	8,000	10,000
251Z (244cc single).	2,000	4,000	6,000	8,000	10,000	12,000
351OT (331cc single).	2,000	4,000	6,000	8,000	10,000	12,000
351TS (346cc single).	2,000	4,000	6,000	8,000	10,000	12,000
501SS (494cc single).	2,500	5,000	10,000	15,000	20,000	25,000
501OSL (494cc single).	2,000	4,000	7,000	10,000	12,500	15,000
501TS (494cc single).	2,000	4,000	8,000	12,000	16,000	20,000
601TS (592cc single).	2,000	4,000	8,000	12,000	16,000	20,000
1932						
Motosulm (63cc single)	1,000	2,000	3,500	5,000	6,500	8,000
175Z (175cc single).	1,000	2,000	4,000	6,000	8,000	10,000
201TS (199cc single).	1,000	2,000	4,000	6,000	8,000	10,000
201Z (200cc single).	1,000	2,000	4,000	6,000	8,000	10,000
251Z (244cc single).	2,000	4,000	6,000	8,000	10,000	12,000

	6	5	4	3	2	1
351OT (331cc single)	2,000	4,000	6,000	8,000	10,000	12,000
351TS (346cc single)	2,000	4,000	6,000	8,000	10,000	12,000
501SS (494cc single)	2,500	5,000	10,000	15,000	20,000	25,000
501OSL (494cc single)	2,000	4,000	8,000	12,000	16,000	20,000
501TS (494cc single)	2,000	4,000	8,000	12,000	16,000	20,000
601TS (592cc single)	2,000	4,000	8,000	12,000	16,000	20,000
600SS (593cc single)	2,000	4,000	8,000	12,000	16,000	20,000
1933						
Motosulm (63cc single)	1,000	2,000	3,500	5,000	6,500	8,000
175Z (175cc single)	1,000	2,000	4,000	6,000	8,000	10,000
175ZD (175cc single)	1,000	2,000	4,000	6,000	8,000	10,000
201OSL (198cc single) (18,111 made-7 yrs)	1,000	2,000	4,000	6,000	8,000	10,000
201TS (199cc single)	1,000	2,000	4,000	6,000	8,000	10,000
201ZD (200cc single)	1,000	2,000	4,000	6,000	8,000	10,000
251OSL (244cc single) (65,000 made-16 yrs)	2,000	4,000	6,000	8,000	10,000	12,000
251Z (244cc single)	2,000	4,000	6,000	8,000	10,000	12,000
351OT (331cc single)	2,000	4,000	6,000	8,000	10,000	12,000
501SS (494cc single)	2,500	5,000	10,000	15,000	20,000	25,000
501OSL (494cc single)	2,000	4,000	8,000	12,000	16,000	20,000
501TS (494cc single)	2,000	4,000	8,000	12,000	16,000	20,000
601TS (592cc single)	2,000	4,000	8,000	12,000	16,000	20,000
600SS (593cc single)	2,000	4,000	8,000	12,000	16,000	20,000
OSL601	2,000	4,000	6,000	8,000	10,000	12,000
1934						
Motosulm (63cc single)	1,000	2,000	3,500	5,000	6,500	8,000
201OSL (198cc single)	1,000	2,000	4,000	6,000	8,000	10,000
201TS (199cc single)	1,000	2,000	4,000	6,000	8,000	10,000
201ZD (200cc single)	1,000	2,000	4,000	6,000	8,000	10,000
201ZD Pony (200cc single)	1,000	2,000	4,000	6,000	8,000	10,000
201ZDL (200cc single)	1,000	2,000	4,000	6,000	8,000	10,000
251OSL (244cc single)	2,000	4,000	6,000	8,000	10,000	12,000
351OT (331cc single)	2,000	4,000	6,000	8,000	10,000	12,000
351OSL (346cc single) (19,403 made-7 yrs)	2,000	4,000	6,000	8,000	10,000	12,000
501SS (494cc single)	2,500	5,000	10,000	15,000	20,000	25,000
501OSL (494cc single)	2,000	4,000	8,000	12,000	16,000	20,000
501TS (494cc single)	2,000	4,000	8,000	12,000	16,000	20,000
601TS (592cc single)	2,000	4,000	8,000	12,000	16,000	20,000
600SS (593cc single)	2,000	4,000	8,000	12,000	16,000	20,000
1935						
Motosulm (63cc single)	1,000	2,000	3,500	5,000	6,500	8,000
201OSL (198cc single)	1,000	2,000	4,000	6,000	8,000	10,000
201ZD Pony (200cc single)	1,000	2,000	4,000	6,000	8,000	10,000
251OSL (244cc single)	2,000	4,000	6,000	8,000	10,000	12,000
351OT (331cc single)	2,000	4,000	6,000	8,000	10,000	12,000
351OSL (346cc single)	2,000	4,000	6,000	8,000	10,000	12,000
501OSL (494cc single)	2,000	4,000	8,000	12,000	16,000	20,000
501SS (494cc single)	2,500	5,000	10,000	15,000	20,000	25,000
501TS (494cc single)	2,000	4,000	8,000	12,000	16,000	20,000
601TS (592cc single)	2,000	4,000	8,000	12,000	16,000	20,000
600SS (593cc single)	2,000	4,000	8,000	12,000	16,000	20,000
1936						
Quick (97cc single) (25,000 made-9 yrs)	1,000	2,000	3,500	5,000	6,500	8,000
201OSL (198cc single)	1,000	2,000	4,000	6,000	8,000	10,000
201ZD Pony (200cc single)	1,000	2,000	4,000	6,000	8,000	10,000
251OSL (244cc single)	2,000	4,000	6,000	8,000	10,000	12,000
351OT (331cc single) (3,100 made)	2,000	4,000	6,000	8,000	10,000	12,000
351OSL (346cc single)	2,000	4,000	6,000	8,000	10,000	12,000
501OSL (494cc single)	2,000	4,000	8,000	12,000	16,000	20,000
501SS (494cc single)	2,500	5,000	10,000	15,000	20,000	25,000
501TS (494cc single)	2,000	4,000	8,000	12,000	16,000	20,000

	6	5	4	3	2	1
601TS (592cc single)	2,000	4,000	8,000	12,000	16,000	20,000
1937						
Pony (97cc single)	1,000	2,000	3,500	5,000	6,500	8,000
Quick (97cc single)	1,000	2,000	3,500	5,000	6,500	8,000
201OSL (198cc single)	1,000	2,000	4,000	6,000	8,000	10,000
201ZD Pony (200cc single)	1,000	2,000	4,000	6,000	8,000	10,000
251OSL (244cc single)	2,000	4,000	6,000	8,000	10,000	12,000
351OT (331cc single)	2,000	4,000	6,000	8,000	10,000	12,000
351OSL (346cc single)	2,000	4,000	6,000	8,000	10,000	12,000
501OSL (494cc single)	2,000	4,000	8,000	12,000	16,000	20,000
501SS (494cc single)	2,500	5,000	10,000	15,000	20,000	25,000
601TS (592cc single)	2,000	4,000	8,000	12,000	16,000	20,000
601OSL (592cc single)	2,000	4,000	8,000	12,000	16,000	20,000
1938						
Pony (97cc single)	1,000	2,000	3,500	5,000	6,500	8,000
Quick (97cc single)	1,000	2,000	3,500	5,000	6,500	8,000
201OSL (198cc single)	1,000	2,000	4,000	6,000	8,000	10,000
201ZDB (198cc single)	1,000	2,000	4,000	6,000	8,000	10,000
251OSL (244cc single)	2,000	4,000	6,000	8,000	10,000	12,000
351OT (331cc single)	2,000	4,000	6,000	8,000	10,000	12,000
351OSL (346cc single)	2,000	4,000	6,000	8,000	10,000	12,000
501OSL (494cc single)	2,000	4,000	7,000	10,000	12,500	15,000
601TS (592cc single)	2,000	4,000	8,000	12,000	16,000	20,000
601OSL (592cc single)	2,000	4,000	8,000	12,000	16,000	20,000
1939						
Pony (97cc single)	1,000	2,000	3,500	5,000	6,500	8,000
Quick (97cc single)	1,000	2,000	3,500	5,000	6,500	8,000
201OSL (198cc single)	1,000	2,000	4,000	6,000	8,000	10,000
201ZDB (198cc single)	1,000	2,000	4,000	6,000	8,000	10,000
251OSL (244cc single)	2,000	4,000	6,000	8,000	10,000	12,000
351OT (331cc single)	2,000	4,000	6,000	8,000	10,000	12,000
351OSL (346cc single)	2,000	4,000	6,000	8,000	10,000	12,000
501OSL (494cc single)	2,000	4,000	8,000	12,000	16,000	20,000
601TS (592cc single)	2,000	4,000	8,000	12,000	16,000	20,000
601OSL (592cc single)	2,000	4,000	8,000	12,000	16,000	20,000
1940						
Pony (97cc single)	1,000	2,000	3,500	5,000	6,500	8,000
Quick (97cc single)	1,000	2,000	3,500	5,000	6,500	8,000
201ZDB (198cc single)	1,000	2,000	4,000	6,000	8,000	10,000
251OSL (244cc single)	2,000	4,000	6,000	8,000	10,000	12,000
351OSL (346cc single)	2,000	4,000	6,000	8,000	10,000	12,000
601OSL (592cc single)	2,000	4,000	8,000	12,000	16,000	20,000
1941						
Quick (97cc single)	1,000	2,000	3,500	5,000	6,500	8,000
ZDB 125 (123cc single)	1,000	2,000	3,000	4,000	5,000	6,000
601OSL (592cc single)	2,000	4,000	8,000	12,000	16,000	20,000
1942						
Quick (97cc single)	1,000	2,000	3,500	5,000	6,500	8,000
ZDB 125 (123cc single)	1,000	2,000	3,000	4,000	5,000	6,000
1943						
Quick (97cc single)	1,000	2,000	3,500	5,000	6,500	8,000
ZDB 125 (123cc single)	1,000	2,000	3,000	4,000	5,000	6,000
1944						
Quick (97cc single)	1,000	2,000	3,500	5,000	6,500	8,000
ZDB 125 (123cc single)	1,000	2,000	3,000	4,000	5,000	6,000
1945						
Quick (97cc single)	1,000	2,000	3,500	5,000	6,500	8,000
1946						
Quick (97cc single)	1,000	2,000	3,500	5,000	6,500	8,000

	6	5	4	3	2	1
1947						
ZDB 125 (123cc single)	1,000	2,000	3,000	4,000	5,000	6,000
251OSL (244cc single)	1,000	2,000	3,000	4,500	6,000	8,500
1948						
ZDB 125 (123cc single)	1,000	2,000	3,000	4,000	5,000	6,000
251OSL (244cc single)	1,000	2,000	3,000	4,500	6,000	8,500
1949						
Fox (98cc single) (59,000 made-6 yrs)	500	1,000	2,000	3,000	4,000	5,000
ZDB 125 (123cc single)	1,000	2,000	3,000	4,000	5,000	6,000
251OSL (244cc single)	1,000	2,000	3,000	4,500	6,000	8,500
1950						
Fox (98cc single)	500	1,000	2,000	3,000	4,000	5,000
ZDB 125 (123cc single)	1,000	2,000	3,000	4,000	5,000	6,000
Lambretta (125cc single)	1,000	2,000	3,000	4,000	5,000	6,000
251OSL (244cc single)	1,000	2,000	3,000	4,500	6,000	8,500
351OT (331cc single)	1,000	2,000	4,000	6,000	8,000	10,000
1951						
Fox (98cc single)	500	1,000	2,000	3,000	4,000	5,000
ZDB 125 (123cc single)	1,000	2,000	3,000	4,000	5,000	6,000
Lambretta (125cc single)	1,000	2,000	3,000	4,000	5,000	6,000
Lux (198cc single)	1,000	2,000	3,000	4,000	5,000	6,000
251OSL (244cc single)	1,000	2,000	3,000	4,500	6,000	8,500
Max (247cc single) (83,000 made-4 yrs)	1,500	3,000	6,000	9,000	12,000	15,000
351OT (331cc single)	1,000	2,000	4,000	6,000	8,000	10,000
1952						
Consul 501	1,000	2,000	3,500	5,000	6,500	8,000
Fox (98cc single)	500	1,000	2,000	3,000	4,000	5,000
Lambretta (125cc single)	1,000	2,000	3,000	4,000	5,000	6,000
Lux (198cc single)	1,000	2,000	3,000	4,000	5,000	6,000
251OSL (244cc single)	1,000	2,000	3,000	4,500	6,000	8,500
Max (247cc single)	1,000	2,000	3,000	4,500	6,000	8,500
1953						
Quickly N (50cc single) (1.25 million Quicklys made)	400	800	1,600	2,400	3,200	4,000
Fox (98cc single)	500	1,000	2,000	3,000	4,000	5,000
Lambretta (125cc single)	1,000	2,000	3,000	4,000	5,000	6,000
Lux (198cc single)	1,000	2,000	3,000	4,000	5,000	6,000
Max (247cc single)	1,500	3,000	6,000	9,000	12,000	15,000
OSL 251	1,000	2,000	3,000	4,000	5,000	6,000
1954						
Quickly N (50cc single)	400	800	1,600	2,400	3,200	4,000
Fox (98cc single)	500	1,000	2,000	3,000	4,000	5,000
Lambretta (125cc single)	1,000	2,000	3,000	4,000	5,000	6,000
Lux (198cc single)	1,000	2,000	3,000	4,000	5,000	6,000
Superlux (198cc single)	1,000	2,000	3,000	4,000	5,000	6,000
Max (247cc single)	1,500	3,000	6,000	9,000	12,000	15,000
Sport Max (247cc single)	1,500	3,000	6,000	9,000	12,000	15,000
1955						
Quickly N (50cc single)	400	800	1,600	2,400	3,200	4,000
Quickly S (50cc single)	400	800	1,600	2,400	3,200	4,000
Super Fox (123cc single) (15,000 made-3 yrs)	1,000	2,000	3,000	4,000	5,000	6,000
Superlux (198cc single)	1,000	2,000	3,000	4,000	5,000	6,000
Max (247cc single)	1,500	3,000	6,000	9,000	12,000	15,000
Special Max (247cc single)	1,500	3,000	6,000	9,000	12,000	15,000
Sport Max (247cc single)	1,500	3,000	6,000	9,000	12,000	15,000
OSB 301 Max (301cc single)	1,000	2,000	4,000	6,000	8,000	10,000
1956						
Quickly L (50cc single)	400	800	1,600	2,400	3,200	4,000
Quickly N (50cc single)	400	800	1,600	2,400	3,200	4,000
Quickly S (50cc single)	400	800	1,600	2,400	3,200	4,000
Super Fox (123cc single)	1,000	2,000	3,000	4,000	5,000	6,000

	6	5	4	3	2	1
Prima D (146cc single) (77,000 made-5 yrs)	500	1,000	2,000	3,000	4,000	5,000
Superlux (198cc single)	1,000	2,000	3,000	4,000	5,000	6,000
Maxi (217cc single)	1,000	2,000	3,000	4,500	6,000	7,500
Super Max (247cc single)	1,500	3,000	6,000	9,000	12,000	15,000
Sport Max (247cc single)	1,500	3,000	6,000	9,000	12,000	15,000
OSB 301 Max (301cc single)	1,000	2,000	4,000	6,000	8,000	10,000
1957						
Quickly Cavalino (50cc single)	400	800	1,600	2,400	3,200	4,000
Quickly L (50cc single)	400	800	1,600	2,400	3,200	4,000
Quickly N (50cc single)	400	800	1,600	2,400	3,200	4,000
Quickly S (50cc single)	400	800	1,600	2,400	3,200	4,000
Super Fox (123cc single)	1,000	2,000	3,000	4,000	5,000	6,000
Prima D (146cc single)	500	1,000	2,000	3,000	4,000	5,000
Prima III (146cc single)	500	1,000	2,000	3,000	4,000	5,000
Prima IIIK (146cc single)	500	1,000	2,000	3,000	4,000	5,000
Prima V (146cc single)	500	1,000	2,000	3,000	4,000	5,000
OSB 175 Maxi (175cc single)	1,000	2,000	3,000	4,000	5,000	6,000
Super Max (247cc single)	1,500	3,000	6,000	9,000	12,000	15,000
1958						
Quickly Cavalino (50cc single)	400	800	1,600	2,400	3,200	4,000
Quickly L (50cc single)	400	800	1,600	2,400	3,200	4,000
Quickly N (50cc single)	400	800	1,600	2,400	3,200	4,000
Quickly S (50cc single)	400	800	1,600	2,400	3,200	4,000
Prima D (146cc single)	500	1,000	2,000	3,000	4,000	5,000
Prima III (146cc single)	500	1,000	2,000	3,000	4,000	5,000
Prima IIIK (146cc single)	500	1,000	2,000	3,000	4,000	5,000
Prima IIIKL (146cc single)	500	1,000	2,000	3,000	4,000	5,000
Prima V (146cc single)	500	1,000	2,000	3,000	4,000	5,000
OSB 175 Maxi (175cc single)	1,000	2,000	3,000	4,000	5,000	6,000
Super Max (247cc single)	1,500	3,000	6,000	9,000	12,000	15,000
1959						
Quickly Cavalino (50cc single)	400	800	1,600	2,400	3,200	4,000
Quickly L (50cc single)	400	800	1,600	2,400	3,200	4,000
Quickly N (50cc single)	400	800	1,600	2,400	3,200	4,000
Quickly S (50cc single)	400	800	1,600	2,400	3,200	4,000
Quickly T (50cc single)	400	800	1,600	2,400	3,200	4,000
Quickly TT (50cc single)	400	800	1,600	2,400	3,200	4,000
Prima D (146cc single)	500	1,000	2,000	3,000	4,000	5,000
Prima III (146cc single)	500	1,000	2,000	3,000	4,000	5,000
Prima IIIK (146cc single)	500	1,000	2,000	3,000	4,000	5,000
Prima IIIKL (146cc single)	500	1,000	2,000	3,000	4,000	5,000
Prima V (146cc single)	500	1,000	2,000	3,000	4,000	5,000
OSB 175 Maxi (175cc single)	1,000	2,000	3,000	4,000	5,000	6,000
Super Max (247cc single)	1,500	3,000	6,000	9,000	12,000	15,000
1960						
Quickly Cavalino (50cc single)	400	800	1,600	2,400	3,200	4,000
Quickly L (50cc single)	400	800	1,600	2,400	3,200	4,000
Quickly N (50cc single)	400	800	1,600	2,400	3,200	4,000
Quickly S (50cc single)	400	800	1,600	2,400	3,200	4,000
Quickly S226 (50cc single)	400	800	1,600	2,400	3,200	4,000
Quickly T (50cc single)	400	800	1,600	2,400	3,200	4,000
Quickly TT (50cc single)	400	800	1,600	2,400	3,200	4,000
Quickly TTK (50cc single)	400	800	1,600	2,400	3,200	4,000
Prima D (146cc single)	500	1,000	2,000	3,000	4,000	5,000
Prima III (146cc single)	500	1,000	2,000	3,000	4,000	5,000
Prima IIIK (146cc single)	500	1,000	2,000	3,000	4,000	5,000
Prima IIIKL (146cc single)	500	1,000	2,000	3,000	4,000	5,000
Prima V (146cc single)	500	1,000	2,000	3,000	4,000	5,000
OSB 175 Maxi (175cc single)	1,000	2,000	3,000	4,000	5,000	6,000
Super Max (247cc single)	1,500	3,000	6,000	9,000	12,000	15,000

	6	5	4	3	2	1
1961						
Quickly L (50cc single)	400	800	1,600	2,400	3,200	4,000
Quickly N (50cc single)	400	800	1,600	2,400	3,200	4,000
Quickly S (50cc single)	400	800	1,600	2,400	3,200	4,000
Quickly S23 (50cc single)	400	800	1,600	2,400	3,200	4,000
Quickly S223 (50cc single)	400	800	1,600	2,400	3,200	4,000
Quickly S226 (50cc single)	400	800	1,600	2,400	3,200	4,000
Quickly T (50cc single)	400	800	1,600	2,400	3,200	4,000
Quickly TT (50cc single)	400	800	1,600	2,400	3,200	4,000
Quickly TTK (50cc single).	400	800	1,600	2,400	3,200	4,000
Prima III (146cc single)	500	1,000	2,000	3,000	4,000	5,000
Prima IIIK (146cc single)	500	1,000	2,000	3,000	4,000	5,000
Prima IIIKL (146cc single).	500	1,000	2,000	3,000	4,000	5,000
Prima V (146cc single)	500	1,000	2,000	3,000	4,000	5,000
OSB 175 Maxi (175cc single).	1,000	2,000	3,000	4,000	5,000	6,000
Super Max (247cc single).	1,500	3,000	6,000	9,000	12,000	15,000
1962						
Quickly F23 (50cc single)	400	800	1,600	2,400	3,200	4,000
Quickly N (50cc single)	400	800	1,600	2,400	3,200	4,000
Quickly N23 (50cc single)	400	800	1,600	2,400	3,200	4,000
Quickly S (50cc single)	400	800	1,600	2,400	3,200	4,000
Quickly S23 (50cc single)	400	800	1,600	2,400	3,200	4,000
Quickly S223 (50cc single)	400	800	1,600	2,400	3,200	4,000
Quickly S226 (50cc single)	400	800	1,600	2,400	3,200	4,000
Quickly T (50cc single)	400	800	1,600	2,400	3,200	4,000
Quickly TT (50cc single)	400	800	1,600	2,400	3,200	4,000
Prima III (146cc single)	500	1,000	2,000	3,000	4,000	5,000
Prima IIIK (146cc single)	500	1,000	2,000	3,000	4,000	5,000
Prima IIIKL (146cc single)	500	1,000	2,000	3,000	4,000	5,000
Prima V (146cc single)	500	1,000	2,000	3,000	4,000	5,000
OSB 175 Maxi (175cc single)	1,000	2,000	3,000	4,000	5,000	6,000
Super Max (247cc single).	1,500	3,000	6,000	9,000	12,000	15,000
1963						
Quickly F23 (50cc single)	400	800	1,600	2,400	3,200	4,000
Quickly N23 (50cc single)	400	800	1,600	2,400	3,200	4,000
Quickly S23 (50cc single)	400	800	1,600	2,400	3,200	4,000
Quickly S223 (50cc single)	400	800	1,600	2,400	3,200	4,000
Quickly T (50cc single)	400	800	1,600	2,400	3,200	4,000
Quickly TT (50cc single)	400	800	1,600	2,400	3,200	4,000
Prima III (146cc single)	500	1,000	2,000	3,000	4,000	5,000
Prima IIIK (146cc single)	500	1,000	2,000	3,000	4,000	5,000
Prima IIIKL (146cc single).	500	1,000	2,000	3,000	4,000	5,000
Prima V (146cc single)	500	1,000	2,000	3,000	4,000	5,000
OSB 175 Maxi (175cc single)	1,000	2,000	3,000	4,000	5,000	6,000
Super Max (247cc single).	1,500	3,000	6,000	9,000	12,000	15,000
1964						
Prima III (146cc single)	500	1,000	2,000	3,000	4,000	5,000
Prima IIIK (146cc single)	500	1,000	2,000	3,000	4,000	5,000
Prima IIIKL (146cc single).	500	1,000	2,000	3,000	4,000	5,000
Prima V (146cc single)	500	1,000	2,000	3,000	4,000	5,000
OSSA						
1951						
125 (125cc single) (1,700 made-3 yrs)	2,000	4,000	8,000	12,000	16,000	20,000
1952						
125 (125cc single)	2,000	4,000	8,000	12,000	16,000	20,000
1953						
125 (125cc single)	2,000	4,000	8,000	12,000	16,000	20,000
125A (125cc single) (12,200 made-4 yrs).	1,500	3,000	6,000	9,000	12,000	15,000

	6	5	4	3	2	1
1954						
125A (125cc single)	1,500	3,000	6,000	9,000	12,000	15,000
1955						
Motopedal 50A (50cc single) (5,000 made-4 yrs)	1,000	2,000	3,000	4,000	5,500	7,000
125cc (125cc single)	1,500	3,000	6,000	9,000	12,000	15,000
1956						
Motopedal 50A (50cc single)	1,000	2,000	3,000	4,000	5,500	7,000
125A (125cc single)	1,500	3,000	6,000	9,000	12,000	15,000
1957						
Motopedal 50A (50cc single)	1,000	2,000	3,000	4,000	5,500	7,000
125B (125cc single) (20,000 made-4 yrs)	1,000	2,000	4,000	6,000	8,000	10,000
1958						
Motopedal 50A (50cc single)	1,000	2,000	3,000	4,000	5,500	7,000
125B (125cc single)	1,000	2,000	4,000	6,000	8,000	10,000
150 (150cc single) (20,000 made-6 yrs)	1,000	2,000	4,000	6,000	8,000	10,000
1959						
Motopedal 50B (50cc single) (1,200 made-2 yrs)	1,000	2,000	3,000	4,000	5,000	6,000
125B (125cc single)	1,000	2,000	4,000	6,000	8,000	10,000
150 (150cc single)	1,000	2,000	4,000	6,000	8,000	10,000
1960						
Motopedal 50B (50cc single)	1,000	2,000	3,000	4,000	5,000	6,000
Motopedal 50C (50cc single) (5,000 made-3 yrs)	1,000	2,000	3,000	4,000	5,000	6,000
125B (125cc single)	1,000	2,000	4,000	6,000	8,000	10,000
125C (125cc single) (10,000 made-4 yrs)	1,000	2,000	4,000	6,000	8,000	10,000
150 (150cc single)	1,000	2,000	4,000	6,000	8,000	10,000
175 Gran Turismo 4T (175cc single) (1,000 made-3 yrs)	1,500	3,000	6,000	9,000	12,000	15,000
1961						
Motopedal 50C (50cc single)	1,000	2,000	3,000	4,000	5,000	6,000
125C (125cc single)	1,000	2,000	4,000	6,000	8,000	10,000
150 (150cc single)	1,000	2,000	4,000	6,000	8,000	10,000
175 Gran Turismo 4T (175cc single)	1,500	3,000	6,000	9,000	12,000	15,000
175S (175cc single (9 made-2 yrs)	2,000	4,000	8,000	12,000	16,000	20,000
1962						
Motopedal 50C (50cc single)	1,000	2,000	3,000	4,000	5,000	6,000
125C (125cc single)	1,000	2,000	4,000	6,000	8,000	10,000
150 (150cc single)	1,000	2,000	4,000	6,000	8,000	10,000
160 (160cc single) (2,600 made-3 yrs)	600	900	2,700	5,000	7,400	10,000
175 Gran Turismo 4T (175cc single)	1,500	3,000	6,000	9,000	12,000	15,000
175S (175cc single (9 made-2 yrs)	2,000	4,000	8,000	12,000	16,000	20,000
1963						
Motopedal 50C (50cc single)	1,000	2,000	3,000	4,000	5,000	6,000
Ossita 50D (50cc single) (5,000 made-4 yrs)	500	1,000	2,000	3,000	4,000	5,000
125C (125cc single)	1,000	2,000	4,000	6,000	8,000	10,000
150 (150cc single)	1,000	2,000	4,000	6,000	8,000	10,000
160 (160cc single)	600	900	2,700	5,000	7,400	10,000
Gran Turismo 160 (160cc single) (800 made-2 yrs)	600	900	2,700	5,000	7,400	10,000
175 Gran Turismo 4T (175cc single)	1,500	3,000	6,000	9,000	12,000	15,000
1964						
Ossita 50D (50cc single)	500	1,000	2,000	3,000	4,000	5,000
160 (160cc single)	600	900	2,700	5,000	7,400	10,000
Gran Turismo 160 (160cc single) (14,000 made-6 yrs)	600	900	2,700	5,000	7,400	10,000
Turismo 160 (160cc single)	600	900	2,700	5,000	7,400	10,000
Sport 175 (175cc single) (4,400 made-2 yrs)	600	900	2,700	4,600	6,900	9,200
1965						
Ossita 50D (50cc single)	500	1,000	2,000	3,000	4,000	5,000
Turismo 160 (160cc single)	600	900	2,700	5,000	7,400	10,000
Sport 175 (175cc single)	600	900	2,700	4,600	6,900	9,200
SE 175 (175cc single) (3,000 made-8 yrs)	1,000	2,000	4,000	6,000	8,000	10,000
1966						
Ossita 50D (50cc single)	500	1,000	2,000	3,000	4,000	5,000

	6	5	4	3	2	1
Turismo 160 (160cc single)	600	900	2,700	5,000	7,400	10,000
SE 175 (175cc single).	1,000	2,000	4,000	6,000	8,000	10,000
1967						
Ossita (50cc single) (6,000 made-7 yrs)	400	800	1,600	2,400	3,200	4,000
Turismo 160 (160cc single)	600	900	2,700	5,000	7,400	10,000
SE 175 (175cc single)	1,000	2,000	4,000	6,000	8,000	10,000
Pluma/Plonker 230 (230cc single) (140 made-2 yrs) . . .	700	1,100	3,200	5,700	8,500	11,200
Pioneer/Enduro 230 (230cc single) (700 made-2 yrs)	600	1,000	2,800	5,000	7,400	9,800
Stiletto 230 (230cc single) (360 made-2 yrs)	700	1,200	3,100	5,400	8,000	10,600
Wildfire/Sport 230 (230cc single) (670 made-3 yrs)	800	1,300	3,400	6,100	9,000	12,000
1968						
Ossita (50cc single).	400	800	1,600	2,400	3,200	4,000
Turismo 160 (160cc single)	600	900	2,700	5,000	7,400	10,000
SE 175 (175cc single)	1,000	2,000	4,000	6,000	8,000	10,000
Pioneer/Enduro 230 (230cc single)	600	1,000	2,800	5,000	7,400	9,800
Pluma/Plonker 230 (230cc single)	700	1,100	3,200	5,700	8,500	11,200
Stiletto TT 230 (230cc single).	600	1,000	2,800	4,700	6,900	9,100
Wildfire/Sport 230 (230cc single)	800	1,300	3,400	6,100	9,000	12,000
1969						
Ossita (50cc single).	400	800	1,600	2,400	3,200	4,000
Turismo 160 (160cc single)	600	900	2,700	5,000	7,400	10,000
160 T2 (160cc single) (1,200 made (3 yrs) . .	1,000	2,000	3,500	5,000	6,500	8,000
SE 175 (175cc single)	1,000	2,000	4,000	6,000	8,000	10,000
Stiletto 175 (175cc single)	500	800	2,700	5,000	7,400	9,800
Wildfire/Sport 230 (230cc single)	800	1,300	3,400	6,100	9,000	12,000
Pioneer/Enduro 230 (230cc single)	600	1,000	2,800	5,000	7,400	9,800
Pioneer/Enduro 250 (4,000 made-2 yrs)	700	1,000	2,800	5,000	7,400	9,800
Pluma/Plonker 250 (250cc single) (770 made-3 yrs) . . .	800	1,300	3,600	6,400	9,600	13,000
Stiletto 250 (250cc single) (2,400 made-2 yrs)	700	1,200	3,200	5,700	8,400	12,000
Wildfire/Sport 250 (250cc single) (330 made-3 yrs). . . .	1,100	1,600	4,000	6,800	10,100	13,500
1970						
Ossita (50cc single).	400	800	1,600	2,400	3,200	4,000
160 T2 (160cc single).	1,000	2,000	3,500	5,000	6,500	8,000
SE 175 (175cc single)	1,000	2,000	4,000	6,000	8,000	10,000
Stiletto 175 (175cc single)	500	700	1,600	2,900	4,200	5,500
Dick Mann Replica 250 (250cc single)	2,000	4,000	6,100	8,700	13,700	19,000
Pioneer/Enduro 250 (250cc single)	700	1,000	2,800	5,000	7,400	9,800
Pluma/Plonker 250 (250cc single) (770 made-3 yrs) . . .	800	1,300	3,600	6,400	9,600	13,000
Stiletto 250 (250cc single)	700	1,200	3,200	5,700	8,400	12,000
Wildfire/Sport 250 (250cc single) (330 made-3 yrs). . . .	1,100	1,600	4,000	6,800	10,100	13,500
1971						
Ossita (50cc single).	400	800	1,600	2,400	3,200	4,000
160 T2 (160cc single).	1,000	2,000	3,500	5,000	6,500	8,000
SE 175 (175cc single).	1,000	2,000	4,000	6,000	8,000	10,000
Pioneer 175 (175cc single)	500	700	1,400	2,500	3,800	5,100
Stiletto 175 MX (175cc single) (1,200 made-3 yrs) . . .	500	700	1,600	2,900	4,200	5,500
Dick Mann Replica 250 (250cc single)	2,000	4,000	6,100	8,700	13,700	19,000
Mick Andrews Replica 250 (250cc single) (7,000 made-3 yrs) . . .	1,000	2,000	4,000	6,000	8,000	10,000
Pluma/Plonker 250 (250cc single) (770 made-3 yrs) . . .	800	1,300	3,600	6,400	9,600	13,000
Pioneer/Enduro 250E/AE 71 (250cc single) (4,250 made-1 yr) . . .	500	800	1,700	3,100	4,700	6,300
Stiletto 250 MX (250cc single)	900	1,400	3,300	5,700	8,500	11,300
Stiletto 250 TT (250cc single) (2,400 made-3 yrs) . . .	1,000	1,500	3,600	6,100	9,000	12,000
Wildfire/Sport 250 (250cc single) (330 made-3 yrs). . . .	1,100	1,600	4,000	6,800	10,100	13,500
1972						
Ossita (50cc single).	400	800	1,600	2,400	3,200	4,000
160 T2 (160cc single).	1,000	2,000	3,500	5,000	6,500	8,000
160 T2/72 (160cc single) (1,600 made-2 yrs)	1,000	2,000	3,500	5,000	6,500	8,000
SE 175 (175cc single).	1,000	2,000	4,000	6,000	8,000	10,000

	6	5	4	3	2	1
Pioneer 175 (175cc single)	400	600	1,300	2,400	3,600	4,800
Stiletto 175 MX (175cc single) (1,200 made-3 yrs)	500	700	1,600	2,900	4,200	5,500
Mick Andrews Replica 250 (250cc single) (7,000 made-3 yrs)	1,000	2,000	4,000	6,000	8,000	10,000
Explorer 250 (250cc single)	400	700	1,500	2,700	4,000	5,300
Pioneer/Enduro 250E/AE 72 (250cc single) (5,400 made-2 yrs)	500	800	1,700	3,000	4,500	6,000
Stiletto 250 MX (250cc single)	900	1,400	3,300	5,700	8,500	11,300
Stiletto 250 TT (250cc single) (2,400 made-3 yrs)	1,200	1,700	3,700	6,100	9,000	12,000
1973						
Ossita (50cc single)	400	800	1,600	2,400	3,200	4,000
160 T2/72 (160cc single) (1,600 made-2 yrs)	1,000	2,000	3,500	5,000	6,500	8,000
Pioneer 175 (175cc single)	400	700	1,400	2,500	3,700	4,900
Six Days Replica 175 (175cc single)	500	1,000	2,500	4,000	6,500	8,000
Stiletto 175 MX (175cc single) (1,200 made-3 yrs)	400	700	1,600	2,900	4,200	5,500
Explorer 250 (250cc single)	400	700	1,500	2,700	4,000	5,300
Mick Andrews Replica 250 (250cc single) (7,000 made-3 yrs)	1,000	2,000	4,000	6,000	8,000	10,000
Mick Andrews Replica 250/74 (250cc single) (6,000 made-5 yrs)	500	800	1,700	3,100	4,700	6,300
Pioneer/Enduro 250E/AE 72 (250cc single)	500	800	1,700	3,000	4,500	6,000
Pioneer/Enduro 250E 73 (250cc single) (3,000 made-2 yrs)	500	800	1,700	3,000	4,500	6,000
Six Days Replica 250 (250cc single)	500	800	1,700	3,200	4,500	5,800
Stiletto 250 MX (250cc single)	1,100	1,700	3,700	6,100	9,000	12,000
Stiletto 250 TT (250cc single) (2,400 made-3 yrs)	1,200	1,700	3,900	6,400	9,600	13,000
1974						
Phantom 125 (125cc single) (750 made-2 yrs)	1,500	2,500	4,100	6,100	9,000	12,000
Six Days Replica 175 (175cc single)	500	1,000	2,500	4,000	6,500	8,000
Explorer 250 (250cc single)	400	600	1,300	2,700	4,000	5,300
Mick Andrews Replica 250 (250cc single)	500	800	1,700	3,100	4,700	6,300
Desert Phantom 250 (250cc single) (3,000 made-5 yrs) .	900	1,500	2,600	4,200	6,200	8,200
Phantom 250 AS 74 (250cc single) (2,400 made-1 yr) . .	1,000	1,500	3,600	6,100	9,000	12,000
Pioneer/Enduro 250E 73 (250cc single) (3,000 made-2 yrs)	500	800	1,700	3,000	4,500	6,000
Six Days Replica 250 (250cc single)	400	600	1,700	3,000	4,500	6,000
1975						
Phantom 125 (125cc single)	1,500	2,500	4,100	6,100	9,000	12,000
Enduro Phantom 125 (125cc single) (1,100 made-3 yrs) .	900	1,500	2,600	4,200	6,200	8,200
Phantom 175 (175cc single) (500 made-1 yr)	700	1,100	2,500	4,300	6,400	8,500
Desert Phantom 250 (250cc single)	900	1,500	2,600	4,200	6,200	8,200
Explorer 250 (250cc single)	400	600	1,400	2,700	4,000	5,300
Phantom 250 AS 75 (250cc single) (1,300 made-1 yr) . .	900	1,500	3,600	6,100	9,000	12,000
Mick Andrews Replica 250/74 (250cc single)	500	800	1,700	3,100	4,700	6,300
Mick Andrews Replica 350 (350cc single) (2,400 made-3 yrs)	1,800	2,800	5,500	8,700	12,700	17,000
Super Pioneer 250 (250cc single) (2,600 made-3 yrs) . .	400	700	1,600	3,000	4,500	6,000
Enduro 350 (350cc single)	700	1,100	2,200	3,700	5,500	6,300
1976						
Enduro Phantom 125 (125cc single)	900	1,500	2,600	4,200	6,200	8,200
Super Pioneer 175 (175cc single)	400	600	1,300	2,500	3,800	5,100
Desert Phantom 250 (250cc single)	900	1,500	2,600	4,200	6,200	8,200
Explorer 250 (250cc single)	400	600	1,400	2,700	4,000	5,300
Phantom 250 AS 76 (250cc single) (800 made-1 yr) . . .	1,500	2,100	4,200	6,800	10,100	13,400
Super Pioneer 250 (250cc single) (2,600 made-3 yrs) . .	500	800	1,700	3,100	4,700	6,300
Mick Andrews Replica 250/74 (250cc single)	500	800	1,700	3,100	4,700	6,300
Mick Andrews Replica 350 (350cc single)	1,800	2,800	5,500	8,700	12,700	17,000
Enduro 350 (350cc single)	700	1,100	2,200	3,700	5,500	6,300
Super Pioneer 350 (350cc single) (1,600 made-2 yrs) . .	600	900	2,000	3,600	5,300	7,000
Mountaineer 350 (350cc single)	600	900	2,000	3,700	5,500	7,300

	6	5	4	3	2	1
Yankee SS 500 (500cc single)	3,000	5,500	10,400	15,900	23,300	31,000
1977						
Enduro Phantom 125 (125cc single)	900	1,500	2,600	4,200	6,200	8,200
TR77/B72 (244cc single) (600 made-3 yrs)	700	1,100	2,500	4,400	6,600	8,800
Desert Phantom 250 (250cc single)	800	1,300	2,500	4,200	6,200	8,200
Phantom 250 AS 77 (250cc single) (500 made-1 yr)	1,500	2,300	4,900	7,900	11,700	15,500
Turismo Copa 250 (250cc single) (3,400 made-6 yrs)	700	1,000	2,400	4,200	6,200	8,400
Super Pioneer 250 (250cc single) (2,600 made-2 yrs)	500	800	1,700	3,100	4,700	6,300
STI 250 Short Track (250cc single)	1,000	2,000	3,500	5,000	6,500	8,000
Mick Andrews Replica 250/74 (250cc single)	1,500	2,500	5,300	8,700	12,700	17,000
TR77/B71 (344cc single) (1,700 made-3 yrs)	700	1,000	2,400	4,200	6,200	8,400
Mick Andrews Replica 350 (350cc single)	600	900	1,900	3,400	5,100	6,800
Trials 350/77 (350cc single) (1,700 made-3 yrs)	700	1,100	2,200	3,700	5,500	6,300
Enduro 350 (350cc single)	700	1,100	2,200	3,700	5,500	6,300
Super Pioneer 350 (350cc single) (1,600 made-2 yrs)	600	900	2,000	3,600	5,300	7,000
Mountaineer 350 (350cc single)	600	900	2,000	3,700	5,500	7,300
Mountaineer BLT 350 (350cc single)	3,000	5,000	6,900	9,300	13,800	18,300
Yankee SS 500 (500cc single)	2,000	3,500	9,400	15,900	23,300	31,000
1978						
TR77/B72 (244cc single) (600 made-3 yrs)	700	1,100	2,500	4,400	6,600	8,800
Desert Phantom 250 (250cc single)	800	1,300	2,500	4,200	6,200	8,200
Super Pioneer 250 (250cc single) (1,400 made-3 yrs)	600	900	1,800	3,200	4,700	6,200
Turismo Copa 250 (250cc single)	700	1,000	2,400	4,200	6,200	8,400
Six Days Black (250cc single)	1,500	2,500	4,900	7,900	11,700	15,500
TR77/B71 (344cc single) (1,700 made-3 yrs)	700	1,000	2,400	4,200	6,200	8,400
Mountaineer 350 (350cc single)	600	900	2,000	3,700	5,500	7,300
Mountaineer BLT 350 (350cc single)	3,000	5,000	6,900	9,300	13,800	18,300
Trials 350/77 (350cc single) (1,700 made-3 yrs)	700	1,100	2,200	3,700	5,500	6,300
Yankee SS 500 (500cc single)	3,000	5,500	10,400	15,900	23,300	31,000
1979						
TR77/B72 (244cc single) (600 made-3 yrs)	700	1,100	2,500	4,400	6,600	8,800
Desert 250/79 (250cc single) (900 made-2 yrs)	700	1,000	2,400	4,200	6,200	8,400
TR250 (250cc single)	700	1,000	2,400	4,200	6,200	8,400
Super Pioneer 250 (250cc single) (1,400 made-3 yrs)	600	900	1,800	3,200	4,700	6,200
Turismo Copa 250 (250cc single)	700	1,000	2,400	4,200	6,200	8,400
TR77/B71 (344cc single) (1,700 made-3 yrs)	700	1,000	2,400	4,200	6,200	8,400
Trials 350/77 (350cc single) (1,700 made-3 yrs)	700	1,100	2,200	3,700	5,500	6,300
Yankee SS 500 (500cc single)	3,000	5,500	10,400	15,900	23,300	31,000
1980						
TR-80 Orange 250 (231cc single) (1,600 made-4 yrs)	700	1,000	2,400	4,200	6,200	8,400
Super Pioneer 250 (250cc single) (1,400 made-3 yrs)	600	900	1,800	3,200	4,700	6,200
Desert 250/79 (250cc single) (900 made-2 yrs)	700	1,000	2,400	4,200	6,200	8,400
Turismo Copa 250 (250cc single)	700	1,000	2,400	4,200	6,200	8,400
250 TE (250cc single) (1,050 made-4 yrs)	700	1,000	2,400	4,200	6,200	8,400
TR-80 Yellow Gripper 350 (303cc single) (4,700 made-4 yrs)	700	1,100	2,500	4,400	6,600	8,800
Desert 350 (350cc single) (1,650 made) (4 yrs)	1,500	3,000	4,500	6,000	7,500	9,000
1981						
TR-80 Orange 250 (231cc single)	700	1,000	2,400	4,200	6,200	8,400
Formula 3 250 (244cc single)	700	1,000	2,400	4,200	6,200	8,400
Turismo Copa 250 (250cc single)	700	1,000	2,400	4,200	6,200	8,400
Fuego 250 (250cc single)	600	900	1,800	3,200	4,700	6,200
Super Pioneer 250 (250cc single)	600	900	1,800	3,200	4,700	6,200
250 TE (250cc single) (1,050 made-4 yrs)	700	1,000	2,400	4,200	6,200	8,400
TR-80 Yellow Gripper 350 (303cc single)	700	1,100	2,500	4,400	6,600	8,800
Desert 350 (350cc single)	1,500	3,000	4,500	6,000	7,500	9,000
1982						
TR-80 Orange 250 (231cc single)	700	1,100	2,500	4,400	6,600	8,800
Formula 3 250 (244cc single)	700	1,000	2,400	4,200	6,200	8,400
Turismo Copa 82 (250cc single)	700	1,000	2,400	4,200	6,200	8,400

	6	5	4	3	2	1
Urbe 250 (250cc single) (470 made-2 yrs)	700	1,000	2,400	4,200	6,200	8,400
Fuego 250 (250cc single)	600	900	1,800	3,200	4,700	6,200
Super Pioneer 250 (250cc single)	600	900	1,800	3,200	4,700	6,200
250 TE (250cc single) (1,050 made-4 yrs)	700	1,000	2,400	4,200	6,200	8,400
TR-80 Yellow Gripper 350 (303cc single)	700	1,000	2,400	4,200	6,200	8,400
TR-303 (303cc single) (700 made-2 yrs)	700	1,000	2,400	4,200	6,200	8,400
Desert 350 (350cc single)	1,500	3,000	4,500	6,000	7,500	9,000
1983						
TR-80 Orange 250 (231cc single).	700	1,100	2,500	4,400	6,600	8,800
Guardiana Urbana (244cc single) (160 made-1 yr) . . .	2,000	4,000	6,000	8,000	10,000	12,000
Motoball 250 (244cc single) (30 made-1 yr).	1,500	3,000	6,000	9,000	12,000	15,000
Formula 3 250 (244cc single)	700	1,000	2,400	4,200	6,200	8,400
Turismo Copa 82 (250cc single).	700	1,000	2,400	4,200	6,200	8,400
Urbe 250 (250cc single).	700	1,000	2,400	4,200	6,200	8,400
250 TE (250cc single) (1,050 made-4 yrs)	700	1,000	2,400	4,200	6,200	8,400
TR-80 Yellow Gripper 350 (303cc single)	700	1,000	2,400	4,200	6,200	8,400
TR-303 (303cc single)	700	1,000	2,400	4,200	6,200	8,400
Desert 350 (350cc single)	1,500	3,000	4,500	6,000	7,500	9,000

PANTHER

1904 (Phelan and Moore, predecessor to Panther)

	6	5	4	3	2	1
2.75hp	10,000	20,000	40,000	60,000	80,000	100K
3.5hp Forecar.	10,000	20,000	40,000	60,000	80,000	100K
3.5hp (412cc single)	10,000	20,000	40,000	60,000	80,000	100K
1905						
2.75hp	10,000	20,000	40,000	60,000	80,000	100K
3.5hp (412cc single)	10,000	20,000	40,000	60,000	80,000	100K
1906						
2.75hp	10,000	20,000	40,000	60,000	80,000	100K
3.5hp (412cc single)	10,000	20,000	40,000	60,000	80,000	100K
1907						
3.5hp (412cc single)	10,000	20,000	40,000	60,000	80,000	100K
1908						
3.5hp Standard (465cc single)	10,000	20,000	35,000	50,000	65,000	80,000
1909						
3.5hp Standard (465cc single)	10,000	20,000	35,000	50,000	65,000	80,000
1910						
2.5hp Lightweight (260cc single)	5,000	10,000	20,000	30,000	40,000	50,000
3.5hp Standard (465cc single)	10,000	20,000	35,000	50,000	65,000	80,000
1911						
2.5hp Lightweight (260cc single)	5,000	10,000	20,000	30,000	40,000	50,000
3.5hp Standard (465cc single)	10,000	20,000	35,000	50,000	65,000	80,000
3.5hp Colonial (465cc single)	10,000	20,000	35,000	50,000	65,000	80,000
1912						
2.5hp Lightweight (260cc single)	5,000	10,000	20,000	30,000	40,000	50,000
3.5hp Standard (465cc single)	10,000	20,000	35,000	50,000	65,000	80,000
3.5hp Colonial (465cc single)	10,000	20,000	35,000	50,000	65,000	80,000
1913						
3.5hp Standard (499cc single)	10,000	20,000	35,000	50,000	65,000	80,000
3.5hp Colonial (499cc single)	10,000	20,000	35,000	50,000	65,000	80,000
1914						
3.5hp Standard (499cc single)	10,000	20,000	35,000	50,000	65,000	80,000
3.5hp Colonial (499cc single)	10,000	20,000	35,000	50,000	65,000	80,000
1915						
3.5hp RFC/RAF (499cc single)	4,000	8,000	16,000	24,000	32,000	40,000
1916						
3.5hp RFC/RAF (499cc single)	4,000	8,000	16,000	24,000	32,000	40,000
1917						
3.5hp RFC/RAF (499cc single)	4,000	8,000	16,000	24,000	32,000	40,000

	6	5	4	3	2	1
1918						
3.5hp RFC/RAF (499cc single)	4,000	8,000	16,000	24,000	32,000	40,000
1919						
3.5hp RFC/RAF (499cc single)	4,000	8,000	16,000	24,000	32,000	40,000
1920						
3.5hp RFC/RAF (499cc single)	4,000	8,000	16,000	24,000	32,000	40,000
3.5hp Standard (499cc single)	2,500	5,000	10,000	15,000	20,000	25,000
1921						
3.5hp RFC/RAF (499cc single)	4,000	8,000	16,000	24,000	32,000	40,000
3.5hp Standard (499cc single)	2,500	5,000	10,000	15,000	20,000	25,000
1922						
3.5hp Standard (499cc single)	2,500	5,000	10,000	15,000	20,000	25,000
Model A 4.5hp (555cc single)	2,500	5,000	10,000	15,000	20,000	25,000
Model B 4.5hp (555cc single)	2,500	5,000	10,000	15,000	20,000	25,000
1923						
3.5hp Standard (499cc single)	2,500	5,000	10,000	15,000	20,000	25,000
Model A 4.5hp (555cc single)	2,500	5,000	10,000	15,000	20,000	25,000
Model B 4.5hp (555cc single)	2,500	5,000	10,000	15,000	20,000	25,000
1924 (beginning of Panther)						
Panther (498cc single)	2,000	4,000	8,000	12,000	16,000	20,000
Model A 4.5hp (555cc single)	2,500	5,000	10,000	15,000	20,000	25,000
Model B 4.5hp (555cc single)	2,500	5,000	10,000	15,000	20,000	25,000
1925						
Standard Panther (498cc single)	2,000	4,000	8,000	12,000	16,000	20,000
Panther Cub (498cc single)	2,000	4,000	8,000	12,000	16,000	20,000
Model A 4.5hp (555cc single)	2,500	5,000	10,000	15,000	20,000	25,000
Model B 4.5hp (555cc single)	2,500	5,000	10,000	15,000	20,000	25,000
1926						
Panthette (247cc single)	2,000	4,000	8,000	12,000	16,000	20,000
Standard Panther (498cc single)	2,000	4,000	8,000	12,000	16,000	20,000
Panther Cub (498cc single)	2,000	4,000	8,000	12,000	16,000	20,000
TT Replica (498cc single)	2,500	5,000	10,000	15,000	20,000	25,000
1927						
Panthette (247cc single)	2,000	4,000	8,000	12,000	16,000	20,000
Panther Standard (498cc single)	2,000	4,000	8,000	12,000	16,000	20,000
Panther Cub (498cc single)	2,000	4,000	8,000	12,000	16,000	20,000
TT Replica (498cc single)	2,500	5,000	10,000	15,000	20,000	25,000
1928						
Model 25 (247cc single)	1,500	3,000	6,000	9,000	12,000	15,000
Panthette Sport (247cc single)	2,000	4,000	8,000	12,000	16,000	20,000
Panther Standard (498cc single)	2,000	4,000	8,000	12,000	16,000	20,000
TT Replica (498cc single)	2,500	5,000	10,000	15,000	20,000	25,000
Model 1 (498cc single)	2,000	4,000	8,000	12,000	16,000	20,000
Model 1A (498cc single)	2,000	4,000	8,000	12,000	16,000	20,000
Model 2 Standard (498cc single)	2,000	4,000	8,000	12,000	16,000	20,000
Model 3 (598cc single)	2,000	4,000	8,000	12,000	16,000	20,000
1929						
Model 15 (147cc single)	1,600	2,400	4,000	6,000	8,000	10,000
Model 20 (247cc single)	1,500	3,000	6,000	9,000	12,000	15,000
Model 25 (247cc single)	1,500	3,000	6,000	9,000	12,000	15,000
Panthette Sport (247cc single)	2,000	4,000	8,000	12,000	16,000	20,000
Panther (498cc single)	1,500	3,000	6,000	9,000	12,000	15,000
Model 50 (498cc single)	2,000	4,000	6,000	8,000	10,000	12,000
Model 85 (598cc single)	2,000	4,000	8,000	12,000	16,000	20,000
Model 100 (598cc single)	2,000	4,000	8,000	12,000	16,000	20,000
1930						
Model 15 (147cc single)	1,600	2,400	4,000	6,000	8,000	10,000
Model 20 (247cc single)	1,500	3,000	6,000	9,000	12,000	15,000
Model 25 (247cc single)	1,500	3,000	6,000	9,000	12,000	15,000
Model 50 (498cc single)	2,000	4,000	6,000	8,000	10,000	12,000

	6	5	4	3	2	1
Model 60 (598cc single).	2,000	4,000	8,000	12,000	16,000	20,000
Model 85 (598cc single).	2,000	4,000	8,000	12,000	16,000	20,000
Model 100 (598cc single)	2,000	4,000	8,000	12,000	16,000	20,000
1931						
Model 15 (147cc single).	1,600	2,400	4,000	6,000	8,000	10,000
Model 20 (247cc single).	1,500	3,000	6,000	9,000	12,000	15,000
Model 25 (247cc single).	1,500	3,000	6,000	9,000	12,000	15,000
Model 90 Redwing (490cc single).	2,000	4,000	6,000	8,000	10,000	12,000
Model 50 (498cc single).	2,000	4,000	6,000	8,000	10,000	12,000
Model 55 (498cc single).	2,000	4,000	6,000	8,000	10,000	12,000
Model 60 (598cc single).	2,000	4,000	8,000	12,000	16,000	20,000
Model 100 (598cc single)	2,000	4,000	8,000	12,000	16,000	20,000
1932						
Model 25 (247cc single).	1,500	3,000	6,000	9,000	12,000	15,000
Model 30 (248cc single).	1,500	3,000	6,000	9,000	12,000	15,000
Model 40 (248cc single).	1,500	3,000	6,000	9,000	12,000	15,000
Model 90 Redwing (490cc single).	2,000	4,000	6,000	8,000	10,000	12,000
Model 50 (498cc single).	2,000	4,000	6,000	8,000	10,000	12,000
Model 55 (498cc single).	2,000	4,000	6,000	8,000	10,000	12,000
Model 60 (598cc single).	2,000	4,000	8,000	12,000	16,000	20,000
Model 100 (598cc single)	2,000	4,000	8,000	12,000	16,000	20,000
1933						
Standard Red Panther (248cc single).	2,000	4,000	8,000	10,000	13,000	16,000
Model 10 (248cc single).	1,500	3,000	6,000	9,000	12,000	15,000
Model 20 Red Panther (248cc single).	1,600	2,400	4,000	6,000	7,500	9,000
Model 40 (248cc single).	1,500	3,000	6,000	9,000	12,000	15,000
Model 70 (248cc single).	1,500	3,000	6,000	9,000	12,000	15,000
Model 30 Red Panther (348cc single).	1,600	2,400	4,000	6,000	8,000	10,000
Model 80 (348cc single).	1,600	2,400	4,000	6,000	8,000	10,000
Model 90 Redwing (490cc single).	2,000	4,000	6,000	8,000	10,000	12,000
Model 50 (498cc single).	2,000	4,000	6,000	8,000	10,000	12,000
Model 55 (498cc single).	2,000	4,000	6,000	8,000	10,000	12,000
Model 60 (598cc single).	2,000	4,000	8,000	12,000	16,000	20,000
Model 100 (598cc single)	2,000	4,000	8,000	12,000	16,000	20,000
1934						
Standard Red Panther (248cc single).	2,000	4,000	8,000	10,000	13,000	16,000
Model 10 (248cc single).	1,500	3,000	6,000	9,000	12,000	15,000
Model 20 Red Panther (248cc single).	1,600	2,400	4,000	6,000	7,500	9,000
Model 40 (248cc single).	1,500	3,000	6,000	9,000	12,000	15,000
Model 70 (248cc single).	1,500	3,000	6,000	9,000	12,000	15,000
Model 30 Red Panther (348cc single).	1,600	2,400	4,000	6,000	8,000	10,000
Model 80 (348cc single).	1,600	2,400	4,000	6,000	8,000	10,000
Model 90 Redwing (490cc single).	2,000	4,000	6,000	8,000	10,000	12,000
Model 50 (498cc single).	2,000	4,000	6,000	8,000	10,000	12,000
Model 55 (498cc single).	2,000	4,000	6,000	8,000	10,000	12,000
Model 60 (598cc single).	2,000	4,000	8,000	12,000	16,000	20,000
Model 100 (598cc single)	2,000	4,000	8,000	12,000	16,000	20,000
1935						
Standard Red Panther (248cc single).	2,000	4,000	8,000	10,000	13,000	16,000
Model 20 Red Panther (248cc single).	1,600	2,400	4,000	6,000	7,500	9,000
Model 30 Red Panther (348cc single).	1,600	2,400	4,000	6,000	8,000	10,000
Model 90 Redwing (490cc single).	2,000	4,000	6,000	8,000	10,000	12,000
Model 50 (498cc single).	2,000	4,000	6,000	8,000	10,000	12,000
Model 55 (498cc single).	2,000	4,000	6,000	8,000	10,000	12,000
Model 60 (598cc single).	2,000	4,000	8,000	12,000	16,000	20,000
Model 100 (598cc single)	2,000	4,000	8,000	12,000	16,000	20,000
1936						
Standard Red Panther (248cc single).	2,000	4,000	8,000	10,000	13,000	16,000
Model 20 Red Panther (248cc single).	1,600	2,400	4,000	6,000	7,500	9,000
Model 30 Red Panther (348cc single).	1,600	2,400	4,000	6,000	8,000	10,000

	6	5	4	3	2	1
Model 80 (348cc single).	1,600	2,400	4,000	6,000	8,000	10,000
Model 85 (348cc single).	1,600	2,400	4,000	6,000	8,000	10,000
Model 90 Redwing (490cc single).	2,000	4,000	6,000	8,000	10,000	12,000
Model 100 (598cc single).	2,000	4,000	8,000	12,000	16,000	20,000
1937						
Standard Red Panther (248cc single).	2,000	4,000	8,000	10,000	13,000	16,000
Model 20 Red Panther (248cc single).	1,600	2,400	4,000	6,000	7,500	9,000
Model 30 Red Panther (348cc single).	1,600	2,400	4,000	6,000	8,000	10,000
Model 80 (348cc single).	1,600	2,400	4,000	6,000	8,000	10,000
Model 85 (348cc single).	1,600	2,400	4,000	6,000	8,000	10,000
Model 90 Redwing (490cc single).	2,000	4,000	6,000	8,000	10,000	12,000
Model 100 (598cc single).	2,000	4,000	8,000	12,000	16,000	20,000
1938						
Model 20 Red Panther (248cc single).	1,600	2,400	4,000	6,000	7,500	9,000
Model 30 Red Panther (348cc single).	1,600	2,400	4,000	6,000	8,000	10,000
Model 85 (348cc single).	1,600	2,400	4,000	6,000	8,000	10,000
Model 90 Redwing (490cc single).	2,000	4,000	6,000	8,000	10,000	12,000
Model 95 (498cc single).	1,500	3,000	6,000	9,000	12,000	15,000
Model 100 (598cc single).	2,000	4,000	8,000	12,000	16,000	20,000
1939						
Model 20 Red Panther (248cc single).	1,600	2,400	4,000	6,000	7,500	9,000
Model 70 Redwing (248cc single).	1,600	2,400	4,000	6,000	7,500	9,000
Model 30 Red Panther (348cc single).	1,600	2,400	4,000	6,000	8,000	10,000
Model 95 (498cc single).	1,500	3,000	6,000	9,000	12,000	15,000
Model 100 (598cc single).	2,000	4,000	8,000	12,000	16,000	20,000
1946						
Model 60 (248cc single).	1,000	2,000	3,000	4,000	5,000	6,000
Model 70 (350cc single).	1,000	2,000	3,000	4,000	5,000	6,000
Model 100 (600cc single).	2,000	4,000	6,000	8,000	10,000	12,000
1947						
Model 60 (248cc single).	1,000	2,000	3,000	4,000	5,000	6,000
Model 65 (250cc single).	1,000	2,000	3,000	4,000	5,000	6,000
Model 70 (350cc single).	1,000	2,000	3,000	4,000	5,000	6,000
Model 75 (350cc single).	1,000	2,000	3,000	4,000	5,000	6,000
Model 100 (600cc single).	2,000	4,000	6,000	8,000	10,000	12,000
1948						
Model 60 (248cc single).	1,000	2,000	3,000	4,000	5,000	6,000
Model 65 (250cc single).	1,000	2,000	3,000	4,000	5,000	6,000
Model 70 (350cc single).	1,000	2,000	3,000	4,000	5,000	6,000
Model 75 (350cc single).	1,000	2,000	3,000	4,000	5,000	6,000
Model 100 (600cc single).	2,000	4,000	6,000	8,000	10,000	12,000
1949						
Model 65 (250cc single).	1,000	2,000	3,000	4,000	5,000	6,000
Model 75 (350cc single).	1,000	2,000	3,000	4,000	5,000	6,000
Model 100 (600cc single).	2,000	4,000	6,000	8,000	10,000	12,000
1950						
Model 65 (250cc single).	1,000	2,000	3,000	4,000	5,000	6,000
Model 75 (350cc single).	1,000	2,000	3,000	4,000	5,000	6,000
Model 100 (600cc single).	2,000	4,000	6,000	8,000	10,000	12,000
1951						
Model 65 (250cc single).	1,000	2,000	3,000	4,000	5,000	6,000
Stroud 250 (250cc single).	1,000	2,000	3,000	4,000	5,000	6,000
Model 75 (350cc single).	1,000	2,000	3,000	4,000	5,000	6,000
Stroud 350 (350cc single).	1,000	2,000	3,000	4,000	5,000	6,000
Model 100 (600cc single).	2,000	4,000	6,000	8,000	10,000	12,000
1952						
Model 65 (250cc single).	1,000	2,000	3,000	4,000	5,000	6,000
Stroud 250 (250cc single).	1,000	2,000	3,000	4,000	5,000	6,000
Model 75 (350cc single).	1,000	2,000	3,000	4,000	5,000	6,000
Stroud 350 (350cc single).	1,000	2,000	3,000	4,000	5,000	6,000

	6	5	4	3	2	1
Model 100 (600cc single)	2,000	4,000	6,000	8,000	10,000	12,000
1953						
Model 65 (250cc single).	1,000	2,000	3,000	4,000	5,000	6,000
Model 75 (350cc single).	1,000	2,000	3,000	4,000	5,000	6,000
Model 100 (600cc single)	2,000	4,000	6,000	8,000	10,000	12,000
1954						
Model 65 (250cc single).	1,000	2,000	3,000	4,000	5,000	6,000
Model 75 (350cc single).	900	1,400	2,000	2,700	3,600	4,500
Model 100 (600cc single)	2,000	4,000	6,000	8,000	10,000	12,000
1955						
Model 65 (250cc single).	1,000	2,000	3,000	4,000	5,000	6,000
Model 75 (350cc single).	1,000	2,000	3,000	4,000	5,000	6,000
Model 100 (600cc single)	2,000	4,000	6,000	8,000	10,000	12,000
1956						
Model 10/3 (197cc single).	1,000	2,000	3,000	4,000	5,000	6,000
Model 10/4 (197cc single).	1,000	2,000	3,000	4,000	5,000	6,000
Model 65 (250cc single).	1,000	2,000	3,000	4,000	5,000	6,000
Model 75 (350cc single).	1,000	2,000	3,000	4,000	5,000	6,000
Model 100 (600cc single)	2,000	4,000	6,000	8,000	10,000	12,000
1957						
Model 10/3 (197cc single).	1,000	2,000	3,000	4,000	5,000	6,000
Model 10/4 (197cc single).	1,000	2,000	3,000	4,000	5,000	6,000
Model 65 (250cc single).	1,000	2,000	3,000	4,000	5,000	6,000
Model 75 (350cc single).	1,000	2,000	3,000	4,000	5,000	6,000
Model 100 (600cc single)	2,000	4,000	6,000	8,000	10,000	12,000
1958						
Model 35 (249cc twin).	1,000	2,000	3,000	4,000	5,000	6,000
Model 65 (250cc single).	1,000	2,000	3,000	4,000	5,000	6,000
Model 75 (350cc single).	1,000	2,000	3,000	4,000	5,000	6,000
Model 100 (600cc single)	2,000	4,000	6,000	8,000	10,000	12,000
1959						
Princess Scooter (173cc single)	500	1,000	2,000	3,000	4,000	5,000
Model 35 (249cc twin).	1,000	2,000	3,000	4,000	5,000	6,000
Model 65 (250cc single).	1,000	2,000	3,000	4,000	5,000	6,000
Model 45 (324cc twin).	1,000	2,000	3,000	4,000	5,000	6,000
Model 75 (350cc single).	1,000	2,000	3,000	4,000	5,000	6,000
Model 100 (600cc single)	2,000	4,000	6,000	8,000	10,000	12,000
Model 120 (650cc single)	1,600	2,400	4,000	6,000	8,000	10,000
1960						
Princess Scooter (173cc single)	500	1,000	2,000	3,000	4,000	5,000
Model 35 (249cc twin).	1,000	2,000	3,000	4,000	5,000	6,000
Model 65 (250cc single).	1,000	2,000	3,000	4,000	5,000	6,000
Model 45 (324cc twin).	1,000	2,000	3,000	4,000	5,000	6,000
Model 75 (350cc single).	1,000	2,000	3,000	4,000	5,000	6,000
Model 100 (600cc single)	2,000	4,000	6,000	8,000	10,000	12,000
Model 120 (650cc single)	1,600	2,400	4,000	6,000	8,000	10,000
1961						
Princess Scooter (173cc single)	500	1,000	2,000	3,000	4,000	5,000
Model 35 (249cc twin).	1,000	2,000	3,000	4,000	5,000	6,000
Model 65 (250cc single).	1,000	2,000	3,000	4,000	5,000	6,000
Model 45 (324cc twin).	1,000	2,000	3,000	4,000	5,000	6,000
Model 75 (350cc single).	1,000	2,000	3,000	4,000	5,000	6,000
Model 100 (600cc single)	2,000	4,000	6,000	8,000	10,000	12,000
Model 120 (650cc single)	1,600	2,400	4,000	6,000	8,000	10,000
1962						
Princess Scooter (173cc single)	500	1,000	2,000	3,000	4,000	5,000
Model 35 (249cc twin).	1,000	2,000	3,000	4,000	5,000	6,000
Model 65 (250cc single).	1,000	2,000	3,000	4,000	5,000	6,000
Model 45 (324cc twin).	1,000	2,000	3,000	4,000	5,000	6,000
Model 75 (350cc single).	1,000	2,000	3,000	4,000	5,000	6,000

	6	5	4	3	2	1
Model 100 (600cc single)	2,000	4,000	6,000	8,000	10,000	12,000
Model 120 (650cc single)	1,600	2,400	4,000	6,000	8,000	10,000
1963						
Princess Scooter (173cc single)	500	1,000	2,000	3,000	4,000	5,000
Model 35 (249cc twin)	1,000	2,000	3,000	4,000	5,000	6,000
Model 45 (324cc twin)	1,000	2,000	3,000	4,000	5,000	6,000
Model 100 (600cc single)	2,000	4,000	6,000	8,000	10,000	12,000
Model 120 (650cc single)	1,600	2,400	4,000	6,000	8,000	10,000
1964						
Princess Scooter (173cc single)	500	1,000	2,000	3,000	4,000	5,000
Model 35 (249cc twin)	1,000	2,000	3,000	4,000	5,000	6,000
Model 45 (324cc twin)	1,000	2,000	3,000	4,000	5,000	6,000
Model 120 (650cc single)	1,600	2,400	4,000	6,000	8,000	10,000
1965						
Model 35 (249cc twin)	1,000	2,000	3,000	4,000	5,000	6,000
Model 45 (324cc twin)	1,000	2,000	3,000	4,000	5,000	6,000
Model 120 (650cc single)	1,600	2,400	4,000	6,000	8,000	10,000

PARILLA

	6	5	4	3	2	1
1948						
Compititione (250cc single)	2,500	5,000	10,000	15,000	20,000	25,000
Corsa (250cc single)	2,500	5,000	10,000	15,000	20,000	25,000
Sport (250cc single)	2,500	5,000	10,000	15,000	20,000	25,000
Tourist (250cc single)	2,500	5,000	10,000	15,000	20,000	25,000
1949						
98 (98cc single)	2,000	4,000	6,000	8,000	10,000	12,000
Boxer (250cc single)	2,500	5,000	10,000	15,000	20,000	25,000
Compititione (250cc single)	2,500	5,000	10,000	15,000	20,000	25,000
Corsa (250cc single)	2,500	5,000	10,000	15,000	20,000	25,000
Sport (250cc single)	2,500	5,000	10,000	15,000	20,000	25,000
Tourist (250cc single)	2,500	5,000	10,000	15,000	20,000	25,000
1950						
98 (98cc single)	2,000	4,000	6,000	8,000	10,000	12,000
Boxer (250cc single)	2,500	5,000	10,000	15,000	20,000	25,000
Compititione (250cc single)	2,500	5,000	10,000	15,000	20,000	25,000
Corsa (250cc single)	2,500	5,000	10,000	15,000	20,000	25,000
Sport (250cc single)	2,500	5,000	10,000	15,000	20,000	25,000
Tourist (250cc single)	2,500	5,000	10,000	15,000	20,000	25,000
Motofurgone 3 Wheel (250cc single)	2,500	5,000	10,000	15,000	20,000	25,000
1951						
98 (98cc single)	2,000	4,000	6,000	8,000	10,000	12,000
Boxer (250cc single)	2,500	5,000	10,000	15,000	20,000	25,000
Compititione (250cc single)	2,500	5,000	10,000	15,000	20,000	25,000
Corsa (250cc single)	2,500	5,000	10,000	15,000	20,000	25,000
Sport (250cc single)	2,500	5,000	10,000	15,000	20,000	25,000
Tourist (250cc single)	2,500	5,000	10,000	15,000	20,000	25,000
Motofurgone 3 Wheel (250cc single)	2,500	5,000	10,000	15,000	20,000	25,000
1952						
Leviere Scooter (125cc single)	1,000	2,000	4,000	6,000	8,000	10,000
Lusso 125 (125cc single)	1,500	3,000	6,000	9,000	12,000	15,000
Sport 125 (125cc single)	1,500	3,000	6,000	9,000	12,000	15,000
Super Sport 125 (125cc single)	1,500	3,000	6,000	9,000	12,000	15,000
Turismo 125 (125cc single)	1,500	3,000	6,000	9,000	12,000	15,000
Lusso Veloce (175cc single)	1,000	2,000	3,500	5,000	6,500	8,000
Boxer (250cc single)	2,500	5,000	10,000	15,000	20,000	25,000
Corsa (250cc single)	2,500	5,000	10,000	15,000	20,000	25,000
Sport (250cc single)	2,500	5,000	10,000	15,000	20,000	25,000
Bulldog 3 Wheel (125cc single)	2,500	5,000	10,000	15,000	20,000	25,000
Mastimo Motocarro 3 Wheel (250cc single)	2,500	5,000	10,000	15,000	20,000	25,000

	6	5	4	3	2	1
1953						
Bracco (125cc single)	1,500	3,000	6,000	9,000	12,000	15,000
Turismo 125 (125cc single)	2,000	4,000	6,000	8,000	10,000	12,000
Turismo Special (125cc single)	1,500	3,000	6,000	9,000	12,000	15,000
Bracco (150cc single)	1,000	2,000	4,000	6,000	8,000	10,000
Bulldog 3 Wheel (150cc single)	2,500	5,000	10,000	15,000	20,000	25,000
Leviere Scooter (150cc single)	1,000	2,000	4,000	6,000	8,000	10,000
Lusso (150cc single)	1,000	2,000	4,000	6,000	8,000	10,000
Sport (150cc single)	1,000	2,000	4,000	6,000	8,000	10,000
Fox Turismo (175cc single)	1,000	2,000	3,500	5,000	6,500	8,000
Fox Super Sport (175cc single)	1,000	2,000	3,500	5,000	6,500	8,000
Lusso Veloce 4 Tempi (175cc single)	1,000	2,000	3,500	5,000	6,500	8,000
Boxer (250cc single)	2,500	5,000	10,000	15,000	20,000	25,000
Mastimo Motocarro 3 Wheel (250cc single)	2,500	5,000	10,000	15,000	20,000	25,000
Setter (250cc twin)	3,000	6,000	12,000	18,000	24,000	30,000
Veltro (350cc twin)	3,000	6,000	12,000	18,000	24,000	30,000
1954						
Bracco (125cc single)	1,500	3,000	6,000	9,000	12,000	15,000
Turismo 125 (125cc single)	2,000	4,000	6,000	8,000	10,000	12,000
Turismo Special (125cc single)	1,500	3,000	6,000	9,000	12,000	15,000
Bracco (150cc single)	1,000	2,000	4,000	6,000	8,000	10,000
Bulldog Motofurgen 3 Wheel (150cc single)	2,500	5,000	10,000	15,000	20,000	25,000
Leviere Scooter (150cc single)	1,000	2,000	4,000	6,000	8,000	10,000
Lusso (150cc single)	1,000	2,000	4,000	6,000	8,000	10,000
Sport (150cc single)	1,000	2,000	4,000	6,000	8,000	10,000
Fox Turismo (175cc single)	1,000	2,000	3,500	5,000	6,500	8,000
Fox Super Sport (175cc single)	1,000	2,000	3,500	5,000	6,500	8,000
Lusso Veloce 4 Tempi Sport (175cc single)	1,000	2,000	3,500	5,000	6,500	8,000
MSDS (175cc single)	2,000	4,000	8,000	12,000	16,000	20,000
Turismo Speciale (175cc single)	1,500	3,000	5,000	8,000	11,000	14,000
Boxer (250cc single)	2,500	5,000	10,000	15,000	20,000	25,000
Mastimo Motocarro 3 Wheel (250cc single)	2,500	5,000	10,000	15,000	20,000	25,000
Setter (250cc twin)	3,000	6,000	12,000	18,000	24,000	30,000
Veltro (350cc twin)	3,000	6,000	12,000	18,000	24,000	30,000
1955						
Parillino Sport (49cc single)	1,000	2,000	3,000	4,000	5,000	6,000
Fauno/Phantom (98cc single)	1,000	2,000	3,500	5,000	6,500	8,000
Bracco (125cc single)	1,500	3,000	6,000	9,000	12,000	15,000
Turismo Special (125cc single)	1,500	3,000	6,000	9,000	12,000	15,000
Bracco (150cc single)	1,000	2,000	4,000	6,000	8,000	10,000
Leviere Scooter (150cc single)	1,000	2,000	4,000	6,000	8,000	10,000
Sport 150 (150cc single)	1,000	2,000	4,000	6,000	8,000	10,000
Turismo Special (150cc single)	1,000	2,000	4,000	6,000	8,000	10,000
Bialbero 175 Sport (175cc single)	1,000	2,000	4,000	6,000	8,000	10,000
Fox (175cc single)	1,000	2,000	3,500	5,000	6,500	8,000
Grand Sport (175cc single)	1,000	2,000	4,000	6,000	8,000	10,000
GT Sport (175cc single)	1,000	2,000	4,000	6,000	8,000	10,000
Lusso Special (175cc single)	1,000	2,000	3,500	5,000	6,500	8,000
Lusso Veloce 4 Tempi Sport (175cc single)	1,000	2,000	3,500	5,000	6,500	8,000
MSDS (175cc single)	2,000	4,000	8,000	12,000	16,000	20,000
Turismo Speciale (175cc single)	1,500	3,000	5,000	8,000	11,000	14,000
Bulldog Motofurgen 3 Wheel (250cc single)	2,500	5,000	10,000	15,000	20,000	25,000
Setter (250cc twin)	2,000	4,000	8,000	12,000	16,000	20,000
Veltro (350cc twin)	3,000	6,000	12,000	18,000	24,000	30,000
1956						
Parillino Sport (49cc single)	1,000	2,000	3,000	4,000	5,000	6,000
Fauno/Phantom (98cc single)	1,000	2,000	3,500	5,000	6,500	8,000
Turismo (125cc single)	1,500	3,000	6,000	9,000	12,000	15,000
Leviere Scooter (150cc single)	1,000	2,000	4,000	6,000	8,000	10,000
Fox (175cc single)	1,000	2,000	3,500	5,000	6,500	8,000

	6	5	4	3	2	1
Lusso Special (175cc single)	1,000	2,000	3,500	5,000	6,500	8,000
Lusso Veloce 4 Tempi Sport (175cc single)	1,000	2,000	3,500	5,000	6,500	8,000
Grand Sport (200cc single)	1,000	2,000	4,000	6,000	8,000	10,000
Veltro (350cc twin)	3,000	6,000	12,000	18,000	24,000	30,000
1957						
Parillino Sport (49cc single)	1,000	2,000	3,000	4,000	5,000	6,000
Fauno/Phantom (98cc single)	1,000	2,000	3,500	5,000	6,500	8,000
Turismo (125cc single)	1,000	2,000	4,000	6,000	8,000	10,000
Greyhound Scooter (150cc single)	1,000	2,000	3,000	4,000	5,000	6,000
Grand Sport (175cc single)	1,000	2,000	4,000	6,000	8,000	10,000
Speedster (175cc single)	2,500	5,000	10,000	15,000	20,000	25,000
Wildcat Scrambler (175cc single)	1,000	2,000	4,000	6,000	8,000	10,000
Veltro (350cc twin)	3,000	6,000	12,000	18,000	24,000	30,000
1958						
Parillino/Hornet Sport (49cc single)	1,000	2,000	3,000	4,000	5,000	6,000
Fauno/Phantom (98cc single)	1,000	2,000	3,500	5,000	6,500	8,000
Slughi/Ramjet Scooter (98cc single) . . .	2,000	4,000	6,000	8,000	10,000	12,000
Olimpia/Impala Scooter (125cc single) . .	1,000	2,000	3,000	4,000	5,000	6,000
Sprint (125cc single)	1,000	2,000	3,000	4,000	5,000	6,000
Wildcat Scrambler (125cc single)	1,000	2,000	3,000	4,000	5,000	6,000
Speedster (175cc single)	2,500	5,000	10,000	15,000	20,000	25,000
Wildcat Scrambler (175cc single)	1,000	2,000	4,000	6,000	8,000	10,000
GS (200cc single)	800	1,500	3,000	5,000	8,000	11,000
Clipper (250cc single)	2,000	4,000	6,000	8,000	10,000	12,000
Veltro (350cc twin)	3,000	6,000	12,000	18,000	24,000	30,000
1959						
Parillino/Hornet Sport (49cc single)	1,000	2,000	3,000	4,000	5,000	6,000
Slughi/Ramjet Scooter (98cc single) . . .	2,000	4,000	6,000	8,000	10,000	12,000
Olimpia/Impala Scooter (125cc single) . .	1,000	2,000	3,000	4,000	5,000	6,000
Wildcat Scrambler (125cc single)	1,000	2,000	3,000	4,000	5,000	6,000
Special (175 cc single)	300	600	1,200	1,800	2,400	3,000
GS (200cc single)	800	1,500	3,000	5,000	8,000	11,000
Super Speedster (200cc single)	2,500	5,000	10,000	15,000	20,000	25,000
Wildcat Scrambler (200cc single)	2,000	4,000	6,000	8,000	10,000	12,000
Veltro (350cc twin)	3,000	6,000	12,000	18,000	24,000	30,000
1960						
Parillino/Dart Sport (49cc single)	1,000	2,000	3,000	4,000	5,000	6,000
Slughi/Ramjet Scooter (98cc single) . . .	2,000	4,000	6,000	8,000	10,000	12,000
GS/Sprint (125cc single)	1,000	2,000	3,000	4,000	5,000	6,000
Olimpia/Impala Scooter (125cc single) . .	1,000	2,000	3,000	4,000	5,000	6,000
Wildcat Scrambler (125cc single)	1,000	2,000	3,000	4,000	5,000	6,000
175 (175cc single)	800	1,500	3,000	5,000	8,000	11,000
GS (200cc single)	800	1,500	3,000	5,000	8,000	11,000
Trailmaster (200cc single)	1,000	2,000	4,000	6,000	8,000	10,000
Veltro (350cc twin)	3,000	6,000	12,000	18,000	24,000	30,000
1961						
Parillino/Dart Sport (49cc single)	1,000	2,000	3,000	4,000	5,000	6,000
Wildcat Scrambler (125cc single)	1,000	2,000	3,000	4,000	5,000	6,000
Grandsport Racer (250cc single)	800	1,500	3,000	5,000	8,000	11,000
Trailmaster (250cc single)	2,000	4,000	6,000	8,000	10,000	12,000
Wildcat Scrambler (250cc single)	1,500	3,000	6,000	9,000	12,000	15,000
1962						
Parillino/Dart Sport (49cc single)	1,000	2,000	3,000	4,000	5,000	6,000
Wildcat Scrambler (125cc single)	1,000	2,000	3,000	4,000	5,000	6,000
Wildcat Scrambler (250cc single)	1,500	3,000	6,000	9,000	12,000	15,000
Tourist (250cc single)	2,000	4,000	6,000	8,000	10,000	12,000
Trailmaster (250cc single)	2,000	4,000	6,000	8,000	10,000	12,000
1963						
Parillino/Dart Sport (49cc single)	1,000	2,000	3,000	4,000	5,000	6,000
Wildcat Scrambler (125cc single)	1,000	2,000	3,000	4,000	5,000	6,000

	6	5	4	3	2	1
Wildcat Scrambler (250cc single)	1,500	3,000	6,000	9,000	12,000	15,000
Tourist (250cc single)	2,000	4,000	6,000	8,000	10,000	12,000
Trailmaster (250cc single)	2,000	4,000	6,000	8,000	10,000	12,000
1964						
Parillino/Dart Sport (49cc single)	1,000	2,000	3,000	4,000	5,000	6,000
Wildcat Scrambler (125cc single)	1,000	2,000	3,000	4,000	5,000	6,000
Wildcat Scrambler (250cc single)	1,500	3,000	6,000	9,000	12,000	15,000
Tourist (250cc single)	2,000	4,000	6,000	8,000	10,000	12,000
Trailmaster (250cc single)	2,000	4,000	6,000	8,000	10,000	12,000
1965						
Wildcat Scrambler (125cc single)	1,000	2,000	3,000	4,000	5,000	6,000
Wildcat Scrambler (250cc single)	1,500	3,000	6,000	9,000	12,000	15,000
Tourist (250cc single)	2,000	4,000	6,000	8,000	10,000	12,000
Trailmaster (250cc single)	2,000	4,000	6,000	8,000	10,000	12,000
1966						
Wildcat Scrambler (250cc single)	1,500	3,000	6,000	9,000	12,000	15,000

PENTON

	6	5	4	3	2	1
1968						
Berkshire (100cc single)	1,000	2,000	3,500	5,000	6,500	8,000
Six Day (125cc single)	1,000	2,500	4,000	5,500	7,000	9,000
1969						
Berkshire (100cc single)	1,000	2,000	3,500	5,000	6,500	8,000
Six Day (125cc single)	1,000	2,500	4,000	5,500	7,000	9,000
Jack Piner (152cc single)	1,000	2,000	4,000	6,000	8,000	10,000
1970						
Berkshire (100cc single)	1,000	2,000	3,500	5,000	6,500	8,000
Six Day (125cc single)	1,000	2,500	4,000	5,500	7,000	9,000
1971						
Berkshire (100cc single)	1,000	2,000	3,500	5,000	6,500	8,000
Six Day (125cc single)	1,000	2,500	4,000	5,500	7,000	9,000
1972						
Berkshire (100cc single)	1,000	2,000	3,500	5,000	6,500	8,000
Berkshire Enduro (100cc single)	1,000	2,000	3,500	5,000	6,500	8,000
Six Day (125cc single)	500	1,000	2,000	3,500	5,000	6,500
Six Day Enduro (125cc single)	500	1,000	2,000	3,500	5,000	6,500
Mudlark (125cc single)	1,000	2,000	3,000	4,000	5,000	6,000
Jack Piner (175cc single)	500	1,000	2,500	4,000	5,500	7,000
Jack Piner Enduro (175cc single)	500	1,000	2,500	4,000	5,500	7,000
1973						
Berkshire (100cc single)	1,000	2,000	3,500	5,000	6,500	8,000
Berkshire Enduro (100cc single)	1,000	2,000	3,500	5,000	6,500	8,000
Six Day (125cc single)	500	1,000	2,000	3,500	5,000	6,500
Six Day Enduro (125cc single)	500	1,000	2,000	3,500	5,000	6,500
Mudlark (125cc single)	1,000	2,000	3,000	4,000	5,000	6,000
Jack Piner (175cc single)	500	1,000	2,500	4,000	5,500	7,000
Jack Piner Enduro (175cc single)	500	1,000	2,500	4,000	5,500	7,000
Hare Scrambler (250cc single)	750	1,500	3,000	4,500	6,000	7,500
Hare Scrambler Enduro (250cc single)	750	1,500	3,000	4,500	6,000	7,500
1974						
Berkshire (97cc single)	1,000	2,000	3,500	5,000	6,500	8,000
Berkshire Enduro (97cc single)	1,000	2,000	3,500	5,000	6,500	8,000
Six Day (122cc single)	500	1,000	2,000	3,500	5,000	6,500
Six Day D (122cc single)	500	1,000	2,000	3,500	5,000	6,500
Caf MX (152cc single)	500	1,000	2,000	3,500	5,000	6,500
Jack Piner (171cc single)	500	1,000	2,500	4,000	5,500	7,000
Jack Piner D (171cc single)	500	1,000	2,500	4,000	5,500	7,000
Jack Piner SS (171cc single)	500	1,000	2,500	4,000	5,500	7,000
Hare Scrambler (246cc single)	750	1,500	3,000	4,500	6,000	7,500
Hare Scrambler D (246cc single)	750	1,500	3,000	4,500	6,000	7,500

	6	5	4	3	2	1
Mint (352cc single)	750	1,500	3,000	5,000	7,000	9,000
Mint D (352cc single)	750	1,500	3,000	5,000	7,000	9,000
1975						
Berkshire D (97cc single)	1,000	2,000	3,500	5,000	6,500	8,000
Six Day (122cc single)	500	1,000	2,000	3,500	5,000	6,500
Six Day D (122cc single)	500	1,000	2,000	3,500	5,000	6,500
Hiro (125cc single) (20 made).	2,000	4,000	8,000	12,000	16,000	20,000
Jack Piner (171cc single)	500	1,000	2,500	4,000	5,500	7,000
Jack Piner D (171cc single)	500	1,000	2,500	4,000	5,500	7,000
Jack Piner SS (171cc single)	500	1,000	2,500	4,000	5,500	7,000
Hare Scrambler (246cc single)	750	1,500	3,000	4,500	6,000	7,500
Hare Scrambler D (246cc single)	750	1,500	3,000	4,500	6,000	7,500
Mint (352cc single)	750	1,500	3,000	5,000	7,000	9,000
Mint D (352cc single)	750	1,500	3,000	5,000	7,000	9,000
1976						
MC5 (125cc single)	500	1,000	2,000	3,500	5,000	6,500
Cross Country (125cc single)	500	1,000	2,000	3,500	5,000	6,500
MC5 (175cc single)	500	1,000	2,000	3,500	5,000	6,500
Cross Country (175cc single)	500	1,000	2,000	3,500	5,000	6,500
MC5 (250cc single)	750	1,500	3,000	4,500	6,000	7,500
Cross Country (250cc single)	750	1,500	3,000	4,500	6,000	7,500
MC5 (400cc single)	750	1,500	3,000	5,000	7,000	9,000
Cross Country (400cc single)	750	1,500	3,000	5,000	7,000	9,000
1977						
Woodsman (125cc single)	1,000	2,000	3,500	5,000	6,500	8,000
GS6 (250cc single)	750	1,500	3,000	4,500	6,000	7,500
KR (250cc single).	750	1,500	3,000	4,500	6,000	7,500

POPE

	6	5	4	3	2	1
1911						
Single Model H Lightweight 4 hp (500cc single)	5,000	10,000	25,000	40,000	55,000	70,000
1912						
Single Model H Lightweight 4 hp (500cc single)	5,000	10,000	25,000	40,000	55,000	70,000
Model L (998cc V-Twin)	25,000	40,000	55,000	70,000	85,000	100K
1913						
Single Model H Lightweight 4 hp (500cc single)	5,000	10,000	25,000	40,000	55,000	70,000
Single Model K 4hp (500cc single)	10,000	25,000	50,000	75,000	100K	125K
Model M5 hp (500cc single).	10,000	25,000	50,000	75,000	100K	125K
Model L (998cc V-Twin)	25,000	40,000	55,000	70,000	85,000	100K
1914						
Single Model H Lightweight 4 hp (500cc single)	5,000	10,000	25,000	40,000	55,000	70,000
Single Model K 4hp (500cc single)	10,000	25,000	50,000	75,000	100K	125K
Model M 5hp (500cc single).	10,000	25,000	50,000	75,000	100K	125K
Model L (998cc V-Twin)	25,000	40,000	55,000	70,000	85,000	100K
1915						
Model M5 hp (500cc single).	10,000	25,000	50,000	75,000	100K	125K
Model L (998cc V-Twin)	25,000	40,000	55,000	70,000	85,000	100K
1916						
Model M5 hp (500cc single).	10,000	25,000	50,000	75,000	100K	125K
Model L (998cc V-Twin)	25,000	40,000	55,000	70,000	85,000	100K
1917						
Model L (998cc V-Twin)	25,000	40,000	55,000	70,000	85,000	100K
Model T (998cc V-Twin)	25,000	40,000	55,000	70,000	85,000	100K
1918						
Model L (998cc V-Twin)	25,000	40,000	55,000	70,000	85,000	100K
1919						
Model L (998cc V-Twin)	25,000	40,000	55,000	70,000	85,000	100K
1920						
Model L (998cc V-Twin)	25,000	40,000	55,000	70,000	85,000	100K

	6	5	4	3	2	1
READING						
1906						
Standard (400cc single)	15,000	25,000	50,000	75,000	100K	125K
1907						
Standard (400cc single)	15,000	25,000	50,000	75,000	100K	125K
1908						
Standard Single (400cc single)	15,000	25,000	50,000	75,000	100K	125K
Standard V-Twin (722cc V-Twin)	7,500	15,000	30,000	45,000	60,000	75,000
1909						
Standard Single (400cc single)	15,000	25,000	50,000	75,000	100K	125K
Standard V-Twin (722cc V-Twin)	7,500	15,000	30,000	45,000	60,000	75,000
1910						
Standard Single (400cc single)	15,000	25,000	50,000	75,000	100K	125K
Standard V-Twin (722cc V-Twin)	7,500	15,000	30,000	45,000	60,000	75,000
1911						
Standard Single (400cc single)	15,000	25,000	50,000	75,000	100K	125K
Standard V-Twin (722cc V-Twin)	7,500	15,000	30,000	45,000	60,000	75,000
1912						
Standard Single (400cc single)	15,000	25,000	50,000	75,000	100K	125K
Standard V-Twin (1,160cc V-Twin)	10,000	20,000	40,000	60,000	80,000	100K
1913						
Standard Single (400cc single)	15,000	25,000	50,000	75,000	100K	125K
Standard V-Twin (1,160cc V-Twin)	10,000	20,000	40,000	60,000	80,000	100K
1914						
Standard V-Twin (1,160cc V-Twin)	10,000	20,000	40,000	60,000	80,000	100K
1915						
Standard V-Twin (1,160cc V-Twin)	10,000	20,000	40,000	60,000	80,000	100K
1916						
Standard V-Twin (1,160cc V-Twin)	10,000	20,000	40,000	60,000	80,000	100K
1917						
Standard V-Twin (1,160cc V-Twin)	10,000	20,000	40,000	60,000	80,000	100K
1918						
Standard V-Twin (1,160cc V-Twin)	10,000	20,000	40,000	60,000	80,000	100K
1919						
Standard V-Twin (1,160cc V-Twin)	10,000	20,000	40,000	60,000	80,000	100K
1920						
Standard V-Twin (1,160cc V-Twin)	10,000	20,000	40,000	60,000	80,000	100K
1921						
Standard V-Twin (1,160cc V-Twin)	10,000	20,000	40,000	60,000	80,000	100K
1923						
Standard V-Twin (1,160cc V-Twin)	10,000	20,000	40,000	60,000	80,000	100K
RICKMAN						

Note: Rickman only produced complete motorcycles from 1971-1975.
Other pricing is sample pricing of sales of bikes using Rickman kits/bodywork.

	6	5	4	3	2	1
1967						
Metisse	3,000	5,000	7,000	8,500	10,000	12,000
1969						
Metisse	3,000	5,000	7,000	8,500	10,000	12,000
1972						
Rickman Hodaka 100	600	1,100	2,400	4,800	6,500	8,200
Rickman 125E	300	500	1,100	2,100	3,300	4,500
Rickman 125MX	300	500	1,900	3,200	4,400	5,600
Rickman 250MX	300	500	1,900	3,700	4,900	6,100
1973						
Rickman 125MX	300	500	1,400	2,700	3,800	4,900
Rickman 125SD	300	500	1,100	2,100	3,300	4,500
Rickman 250MX	300	500	1,900	3,700	4,900	6,100
1974						
Rickman 125MX	300	500	1,400	2,700	3,800	4,900

	6	5	4	3	2	1
Rickman 125SD.	300	500	1,100	2,100	3,300	4,500
Rickman 250MXVR	300	500	1,900	3,700	4,900	6,100
Rickman CR Kawasaki 900	2,000	4,000	8,000	12,000	16,000	20,000
1975						
Rickman 125MX	300	500	1,400	2,700	3,800	4,900
Rickman 125SD.	300	500	1,100	2,100	3,300	4,500
Rickman 250MXVR	300	500	1,900	3,700	4,900	6,100
Rickman CR Honda 750	2,000	4,000	8,000	12,000	16,000	20,000
1978						
Rickman 750 2A	800	1,500	2,800	6,900	9,200	12,000
1979						
Rickman 1-1 Honda 750	800	1,500	2,900	6,400	8,200	10,500
Rickman CR Honda 750	800	1,500	2,800	6,900	9,300	12,000
Rickman 1-1 Kawasaki 1000	800	1,500	2,800	6,400	8,700	10,000
Rickman CR Kawasaki 1000	800	1,500	2,800	6,900	9,800	12,500
1980						
Rickman 1-1 Honda 750	800	1,500	2,900	6,400	8,200	10,500
Rickman CR Honda 750	800	1,500	2,800	6,900	9,300	12,000
Rickman 1-1 Kawasaki 1000	800	1,500	2,800	6,400	8,700	10,000
Rickman CR Kawasaki 1000	800	1,500	2,800	6,900	9,800	12,500
1981						
Rickman CRE Honda	800	1,500	2,800	6,900	8,700	10,500
Rickman CRE Kawasaki	800	1,500	2,800	6,900	9,300	12,000
1982						
Rickman CRE Honda	800	1,500	2,800	6,900	9,300	12,000
Rickman CRE Kawasaki	800	1,500	2,800	6,900	8,200	9,500
Rickman CRE Suzuki	800	1,500	2,800	5,300	7,600	10,000
Rickman CRE Honda	800	1,500	2,800	6,400	8,700	10,000
Rickman CRE Kawasaki	800	1,500	2,800	6,400	7,600	8,800
Rickman CRE Suzuki	800	1,500	2,800	5,800	8,200	10,800
ROYAL ENFIELD						
1909						
V-Twin (425cc twin)	5,000	10,000	20,000	30,000	40,000	50,000
1910						
V-Twin (425cc twin)	4,000	8,000	16,000	24,000	32,000	40,000
1911						
Model 160 V-Twin (348cc twin)	4,000	8,000	16,000	24,000	32,000	40,000
1912						
2.5 hp single	2,000	4,000	8,000	12,000	16,000	20,000
Model 160 V-Twin (348cc twin)	4,000	8,000	16,000	24,000	32,000	40,000
Model 180 V-Twin (770cc twin)	4,000	8,000	16,000	24,000	32,000	40,000
1913						
Model 140 V-Twin (425cc twin)	3,000	6,000	12,000	18,000	24,000	30,000
Model 180 V-Twin (770cc twin)	4,000	8,000	16,000	24,000	32,000	40,000
1914						
Single (225cc single)	2,000	4,000	8,000	12,000	16,000	20,000
Model 140 V-Twin (425cc twin)	3,000	6,000	12,000	18,000	24,000	30,000
Model 180 V-Twin (770cc twin)	4,000	8,000	16,000	24,000	32,000	40,000
1915						
Single (225cc single)	2,000	4,000	8,000	12,000	16,000	20,000
Model 150 V-Twin (425cc twin)	4,000	8,000	16,000	24,000	32,000	40,000
Model 180 V-Twin (770cc twin)	4,000	8,000	16,000	24,000	32,000	40,000
1916						
Single (225cc single)	2,000	4,000	8,000	12,000	16,000	20,000
Model 140 V-Twin (425cc twin)	4,000	8,000	16,000	24,000	32,000	40,000
Model 180 V-Twin (770cc twin)	4,000	8,000	16,000	24,000	32,000	40,000
1917						
Single (225cc single)	2,000	4,000	8,000	12,000	16,000	20,000
V-Twin (425cc twin)	4,000	8,000	16,000	24,000	32,000	40,000

	6	5	4	3	2	1
1918						
Single (225cc single)	2,000	4,000	8,000	12,000	16,000	20,000
V-Twin (425cc twin)	4,000	8,000	16,000	24,000	32,000	40,000
1919						
Single (225cc single)	2,000	4,000	8,000	12,000	16,000	20,000
Model 150 V-Twin (425cc twin)	4,000	8,000	16,000	24,000	32,000	40,000
V-Twin (976cc twin)	4,000	8,000	16,000	24,000	32,000	40,000
1920						
Single (225cc single)	2,000	4,000	8,000	12,000	16,000	20,000
V-Twin (976cc twin)	4,000	8,000	16,000	24,000	32,000	40,000
1921						
Single (225cc single)	1,500	3,000	6,000	9,000	12,000	15,000
V-Twin (976cc twin)	4,000	8,000	16,000	24,000	32,000	40,000
1922						
Single (225cc single)	1,500	3,000	6,000	9,000	12,000	15,000
V-Twin (976cc twin)	4,000	8,000	16,000	24,000	32,000	40,000
1923						
Single (225cc single)	1,500	3,000	6,000	9,000	12,000	15,000
V-Twin (976cc twin)	4,000	8,000	16,000	24,000	32,000	40,000
1924						
Model 200 Sports Single (225cc single)	1,500	3,000	6,000	9,000	12,000	15,000
Model 202 (225cc single)	1,500	3,000	6,000	9,000	12,000	15,000
Model 201 Standard Single (225cc single)	1,500	3,000	6,000	9,000	12,000	15,000
Model 201A Open Frame Single (225cc single)	1,500	3,000	6,000	9,000	12,000	15,000
Model 350 Standard Single (346cc single)	1,500	3,000	6,000	9,000	12,000	15,000
Model 351 Sports Single (346cc single)	1,500	3,000	6,000	9,000	12,000	15,000
Model 180 V-Twin (976cc twin)	4,000	8,000	16,000	24,000	32,000	40,000
1925						
Model 200 Sports Single (225cc single)	1,500	3,000	6,000	9,000	12,000	15,000
Model 202 (225cc single)	1,500	3,000	6,000	9,000	12,000	15,000
Model 201A Open Frame Single (225cc single)	1,500	3,000	6,000	9,000	12,000	15,000
Model 201 Standard Single (225cc single)	1,500	3,000	6,000	9,000	12,000	15,000
Model 352 Super Sports (344cc single)	1,500	3,000	6,000	9,000	12,000	15,000
Model 350 Standard Single (346cc single)	1,500	3,000	6,000	9,000	12,000	15,000
Model 351 Sports Single (346cc single)	1,500	3,000	6,000	9,000	12,000	15,000
Model 352 Super Sports (344cc single)	1,500	3,000	6,000	9,000	12,000	15,000
Model 182 V-Twin (976cc twin)	4,000	8,000	16,000	24,000	32,000	40,000
1926						
Model 200 Sports Single (225cc single)	1,500	3,000	6,000	9,000	12,000	15,000
Model 201 Standard Single (225cc single)	1,500	3,000	6,000	9,000	12,000	15,000
Model 201A Open Frame Single (225cc single)	1,500	3,000	6,000	9,000	12,000	15,000
Model 352 Super Sports (344cc single)	1,500	3,000	6,000	9,000	12,000	15,000
Model 350 Standard Single (346cc single)	1,500	3,000	6,000	9,000	12,000	15,000
Model 351 Sports Single (346cc single)	1,500	3,000	6,000	9,000	12,000	15,000
Model 182 V-Twin (976cc twin)	4,000	8,000	16,000	24,000	32,000	40,000
1927						
Model 200 Sports Single (225cc single)	1,500	3,000	6,000	9,000	12,000	15,000
Model 201 Standard Single (225cc single)	1,500	3,000	6,000	9,000	12,000	15,000
Model 201A Open Frame Single (225cc single)	1,500	3,000	6,000	9,000	12,000	15,000
Model 350 Standard Single (346cc single)	1,500	3,000	6,000	9,000	12,000	15,000
Model 351 Sports Single (346cc single)	1,500	3,000	6,000	9,000	12,000	15,000
Model 500 (488cc single)	1,500	3,000	6,000	9,000	12,000	15,000
Model 180 Standard V-Twin (976cc twin)	4,000	8,000	16,000	24,000	32,000	40,000
Model 182 Sports V-Twin (976cc twin)	4,000	8,000	16,000	24,000	32,000	40,000
1928						
Model 200 Sports Single (225cc single)	1,500	3,000	6,000	9,000	12,000	15,000
Model 201 Standard Single (225cc single)	1,500	3,000	6,000	9,000	12,000	15,000
Model 201A Open Frame Single (225cc single)	1,500	3,000	6,000	9,000	12,000	15,000
Model 202 (225cc single)	1,500	3,000	6,000	9,000	12,000	15,000
Model 203 Sports Single (225cc single)	1,500	3,000	6,000	9,000	12,000	15,000

	6	5	4	3	2	1
Model 250 Side Valve Single (225cc single)	1,500	3,000	6,000	9,000	12,000	15,000
Model 350 Standard Single (346cc single)	1,500	3,000	6,000	9,000	12,000	15,000
Model 351 Sports Single (346cc single)	1,500	3,000	6,000	9,000	12,000	15,000
Model 352 Dbl Port Super Sports (346cc single)	1,500	3,000	6,000	9,000	12,000	15,000
Model 355 Sports OHV (346cc single)	1,500	3,000	6,000	9,000	12,000	15,000
Model 500 (488cc single)	1,500	3,000	6,000	9,000	12,000	15,000
Model 180 Standard V-Twin (976cc twin)	4,000	8,000	16,000	24,000	32,000	40,000
Model 182 Sports V-Twin (976cc twin)	4,000	8,000	16,000	24,000	32,000	40,000
1929						
Model 201 Standard Single (225cc single)	1,500	3,000	6,000	9,000	12,000	15,000
Model 201 Standard Single (225cc single)	1,500	3,000	6,000	9,000	12,000	15,000
Model 201A Open Frame Single (225cc single)	1,500	3,000	6,000	9,000	12,000	15,000
Model 202 (225cc single)	1,500	3,000	6,000	9,000	12,000	15,000
Model 203 Sports Single (225cc single)	1,500	3,000	6,000	9,000	12,000	15,000
Model 250 Side Valve Single (225cc single)	1,500	3,000	6,000	9,000	12,000	15,000
Model 350 Standard Single (346cc single)	1,500	3,000	6,000	9,000	12,000	15,000
Model 351 Sports Single (346cc single)	1,500	3,000	6,000	9,000	12,000	15,000
Model 355 Sports OHV (346cc single)	1,500	3,000	6,000	9,000	12,000	15,000
Model 501 Standard Side Valve (488cc single)	1,500	3,000	6,000	9,000	12,000	15,000
Model 502 Deluxe Side Valve (488cc single)	1,500	3,000	6,000	9,000	12,000	15,000
Model 505 Twinport (488cc twin)	2,000	4,000	8,000	12,000	16,000	20,000
Model 182 V-Twin (976cc twin)	4,000	8,000	16,000	24,000	32,000	40,000
1930						
Model A (225cc single)	1,500	3,000	6,000	9,000	12,000	15,000
Model AL (225cc single)	1,500	3,000	6,000	9,000	12,000	15,000
Model B (225cc single)	1,500	3,000	6,000	9,000	12,000	15,000
Model BL (225cc single)	1,500	3,000	6,000	9,000	12,000	15,000
Model CL (346cc single)	1,000	2,000	4,000	6,000	8,000	10,000
Model FL (346cc single)	1,000	2,000	4,000	6,000	8,000	10,000
Model GL (346cc single)	1,000	2,000	4,000	6,000	8,000	10,000
Model DL (488cc single)	2,000	4,000	6,000	8,000	10,000	12,000
Model EL (488cc single)	2,000	4,000	6,000	8,000	10,000	12,000
Model HL (488cc single)	2,000	4,000	6,000	8,000	10,000	12,000
Twinport (488cc twin)	2,000	4,000	8,000	12,000	16,000	20,000
Model KL V-Twin (976cc twin)	4,000	8,000	16,000	24,000	32,000	40,000
1931						
Model C (346cc single)	1,000	2,000	4,000	6,000	8,000	10,000
Model CL (346cc single)	1,000	2,000	4,000	6,000	8,000	10,000
Model CO (346cc single)	1,000	2,000	4,000	6,000	8,000	10,000
Model COL (346cc single)	1,000	2,000	4,000	6,000	8,000	10,000
Model G (346cc single)	1,000	2,000	4,000	6,000	8,000	10,000
Model GL (346cc single)	1,000	2,000	4,000	6,000	8,000	10,000
Model GS (346cc single)	1,000	2,000	4,000	6,000	8,000	10,000
Model HA (488cc single)	2,000	4,000	6,000	8,000	10,000	12,000
Model HAL (488cc single)	2,000	4,000	6,000	8,000	10,000	12,000
Model JA (488cc single)	1,000	2,000	4,000	6,000	8,000	10,000
Model JAL (488cc single)	1,000	2,000	4,000	6,000	8,000	10,000
Model H (570cc single)	2,000	4,000	6,000	8,000	10,000	12,000
Model HL (570cc single)	2,000	4,000	6,000	8,000	10,000	12,000
Model HS (570cc single)	2,000	4,000	6,000	8,000	10,000	12,000
Model K (976cc twin)	4,000	8,000	16,000	24,000	32,000	40,000
Model KL (976cc twin)	4,000	8,000	16,000	24,000	32,000	40,000
Model KS (976cc twin)	4,000	8,000	16,000	24,000	32,000	40,000
1932						
Model Z Cycar (148cc single)	1,000	2,000	3,500	5,000	6,500	8,000
Model A (225cc single)	1,500	3,000	6,000	9,000	12,000	15,000
Model AC (225cc single)	1,500	3,000	6,000	9,000	12,000	15,000
Model C (346cc single)	1,000	2,000	4,000	6,000	8,000	10,000
Model CC (346cc single)	1,000	2,000	4,000	6,000	8,000	10,000
Model CL (346cc single)	1,000	2,000	4,000	6,000	8,000	10,000

	6	5	4	3	2	1
Model CS (346cc single)	1,000	2,000	4,000	6,000	8,000	10,000
Model CSL (346cc single)	1,000	2,000	4,000	6,000	8,000	10,000
Model G Bullet (346cc single)	1,500	6,000	9,000	9,000	12,000	15,000
Model GL (346cc single)	1,000	2,000	4,000	6,000	8,000	10,000
Model LF Bullet (488cc single)	1,000	2,000	4,000	6,000	8,000	10,000
Model LFL (488cc single)	1,000	2,000	4,000	6,000	8,000	10,000
Model J (499cc single)	1,000	2,000	4,000	6,000	8,000	10,000
Model JL (499cc single)	1,000	2,000	4,000	6,000	8,000	10,000
Model JS (499cc single)	1,000	2,000	4,000	6,000	8,000	10,000
Model L (499cc single)	1,000	2,000	4,000	6,000	8,000	10,000
Model LC (499cc single)	1,000	2,000	4,000	6,000	8,000	10,000
Model LL (499cc single)	1,000	2,000	4,000	6,000	8,000	10,000
Model H (570cc single)	2,000	4,000	6,000	8,000	10,000	12,000
Model HL (570cc single)	2,000	4,000	6,000	8,000	10,000	12,000
Model HS (570cc single)	2,000	4,000	6,000	8,000	10,000	12,000
Model K (976cc twin)	4,000	8,000	16,000	24,000	32,000	40,000
1933						
Model Z Cycar (148cc single)	1,000	2,000	3,500	5,000	6,500	8,000
Model A (225cc single)	1,500	3,000	6,000	9,000	12,000	15,000
Model B (250cc single)	1,000	2,000	3,500	5,000	6,500	8,000
Model BO Bullet (250cc single)	1,000	2,000	3,500	5,000	6,500	8,000
Model G Bullet (346cc single)	1,000	2,000	4,000	6,000	8,000	10,000
Model L (499cc single)	1,000	2,000	4,000	6,000	8,000	10,000
Model LF Bullet (499cc single)	1,000	2,000	4,000	6,000	8,000	10,000
Model K (976cc twin)	4,000	8,000	16,000	24,000	32,000	40,000
1934						
Model X (148cc single)	1,000	2,000	3,500	5,000	6,500	8,000
Model Z Cycar (148cc single)	1,000	2,000	3,500	5,000	6,500	8,000
Model A (225cc single)	1,500	3,000	6,000	9,000	12,000	15,000
Model B (250cc single)	1,000	2,000	3,500	5,000	6,500	8,000
Model BO Bullet (250cc single)	1,000	2,000	3,500	5,000	6,500	8,000
Model C (346cc single)	1,000	2,000	4,000	6,000	8,000	10,000
Model G Bullet (346cc single)	1,000	2,000	4,000	6,000	8,000	10,000
Model L (499cc single)	1,000	2,000	4,000	6,000	8,000	10,000
Model LF Bullet (499cc single)	1,000	2,000	4,000	6,000	8,000	10,000
Model K (976cc twin)	4,000	8,000	16,000	24,000	32,000	40,000
1935						
Model T (148cc single)	1,000	2,000	3,000	4,000	5,500	7,000
Model Z Cycar (148cc single)	1,000	2,000	3,500	5,000	6,500	8,000
Model A (225cc single)	1,000	2,000	3,500	5,000	6,500	8,000
Model B (248cc single)	1,000	2,000	3,500	5,000	6,500	8,000
Model S (248cc single)	1,000	2,000	3,500	5,000	6,500	8,000
Model S2 Bullet (248cc single)	1,000	2,000	3,500	5,000	6,500	8,000
Model C (346cc single)	1,000	2,000	4,000	6,000	8,000	10,000
Model G Bullet (350cc single)	1,000	2,000	3,500	5,000	6,500	8,000
Model L (499cc single)	1,000	2,000	4,000	6,000	8,000	10,000
Model LO Bullet (500cc single)	1,000	2,000	4,000	6,000	8,000	10,000
Model K (976cc twin)	4,000	8,000	16,000	24,000	32,000	40,000
1936						
Model Z Cycar (148cc single)	1,000	2,000	3,500	5,000	6,500	8,000
Model T (148cc single)	1,000	2,000	3,000	4,000	5,500	7,000
Model A (225cc single)	1,000	2,000	3,500	5,000	6,500	8,000
Model B (248cc single)	1,000	2,000	3,500	5,000	6,500	8,000
Model S (248cc single)	1,000	2,000	3,500	5,000	6,500	8,000
Model S2 Bullet (250cc single)	1,000	2,000	3,500	5,000	6,500	8,000
Model C (346cc single)	1,000	2,000	3,500	5,000	6,500	8,000
Model G (346cc single)	1,000	2,000	3,500	5,000	6,500	8,000
Bullet (350cc single)	1,000	2,000	3,500	5,000	6,500	8,000
Model H (499cc single)	1,000	2,000	4,000	6,000	8,000	10,000
Model J (499cc single)	1,000	2,000	4,000	6,000	8,000	10,000

	6	5	4	3	2	1
Model JF Bullet (499cc single)	1,000	2,000	4,000	6,000	8,000	10,000
Model L (570cc single)	2,000	4,000	6,000	8,000	10,000	12,000
Model K (976cc twin)	4,000	8,000	16,000	24,000	32,000	40,000
1937						
Model T (148cc single)	1,000	2,000	3,000	4,000	5,500	7,000
Model A (225cc single)	1,000	2,000	3,500	5,000	6,500	8,000
Model B (248cc single)	1,000	2,000	3,500	5,000	6,500	8,000
Model Sport S (248cc single)	1,000	2,000	3,500	5,000	6,500	8,000
Bullet (250cc single)	1,000	2,000	3,500	5,000	6,500	8,000
Model G (346cc single)	1,000	2,000	3,500	5,000	6,500	8,000
Bullet (350cc single)	1,000	2,000	3,500	5,000	6,500	8,000
Model J (499cc single)	1,000	2,000	4,000	6,000	8,000	10,000
Model J2 (500cc single).	1,000	2,000	4,000	6,000	8,000	10,000
Bullet (500cc single)	1,000	2,000	4,000	6,000	8,000	10,000
Model K (1,140cc twin)	3,500	7,000	13,000	19,000	25,000	31,000
Model KX (1,140cc twin)	3,500	7,000	13,000	19,000	25,000	31,000
1938						
Model T (148cc single)	1,000	2,000	3,000	4,000	5,500	7,000
Model A (225cc single)	1,000	2,000	3,500	5,000	6,500	8,000
Model B (248cc single)	1,000	2,000	3,500	5,000	6,500	8,000
Model D (248cc single)	1,000	2,000	3,500	5,000	6,500	8,000
Model Sport S (248cc single)	1,000	2,000	3,500	5,000	6,500	8,000
Bullet (250cc single)	1,000	2,000	3,500	5,000	6,500	8,000
Model C (346cc single)	1,000	2,000	3,500	5,000	6,500	8,000
Model G (346cc single)	1,000	2,000	3,500	5,000	6,500	8,000
Bullet (350cc single)	1,000	2,000	3,500	5,000	6,500	8,000
Model H (499cc single)	1,000	2,000	4,000	6,000	8,000	10,000
Model HM (499cc single)	1,000	2,000	4,000	6,000	8,000	10,000
Model J (499cc single)	1,000	2,000	4,000	6,000	8,000	10,000
Model J1 (499cc single).	1,000	2,000	4,000	6,000	8,000	10,000
Model J2 Bullet (500cc single)	1,000	2,000	4,000	6,000	8,000	10,000
Model K (1,140cc twin)	3,500	7,000	13,000	19,000	25,000	31,000
Model KX (1,140cc twin)	3,500	7,000	13,000	19,000	25,000	31,000
1939						
Model T (148cc single)	1,000	2,000	3,000	4,000	5,500	7,000
Model A (225cc single)	1,000	2,000	3,500	5,000	6,500	8,000
Bullet (250cc single)	1,000	2,000	3,500	5,000	6,500	8,000
Model C (346cc single)	1,000	2,000	3,500	5,000	6,500	8,000
Model CO (346cc single)	1,000	2,000	3,500	5,000	6,500	8,000
Model G Bullet (350cc single).	1,000	2,000	3,500	5,000	6,500	8,000
Model J (499cc single)	1,000	2,000	4,000	6,000	8,000	10,000
Trials (499cc single).	1,000	2,000	4,000	6,000	8,000	10,000
Model L (570cc single)	2,000	4,000	6,000	8,000	10,000	12,000
Model J2 Bullet (500cc single)	1,000	2,000	4,000	6,000	8,000	10,000
Model K (1,140cc twin)	3,500	7,000	13,000	19,000	25,000	31,000
Model KX (1,140cc twin)	3,500	7,000	13,000	19,000	25,000	31,000
1940						
Model A (225cc single)	1,000	2,000	3,500	5,000	6,500	8,000
Bullet (250cc single)	1,000	2,000	3,500	5,000	6,500	8,000
Bullet (350cc single)	1,000	2,000	3,500	5,000	6,500	8,000
Bullet (500cc single)	1,000	2,000	4,000	6,000	8,000	10,000
K (1,140cc twin).	3,500	7,000	13,000	19,000	25,000	31,000
1941						
WD Models (350cc single) (includes C/CO/G/L/J2)	1,000	2,500	4,000	5,500	7,000	8,500
WD/D (246cc single)	1,000	2,500	4,000	5,500	7,000	8,500
1942						
WD Models (350cc single) (includes C/CO/G/L/J2)	1,000	2,500	4,000	5,500	7,000	8,500
WD/D (246cc single)	1,000	2,500	4,000	5,500	7,000	8,500
1943						
WD Models (350cc single) (includes C/CO/G/L/J2)	1,000	2,500	4,000	5,500	7,000	8,500

	6	5	4	3	2	1
WD/D (246cc single)	1,000	2,500	4,000	5,500	7,000	8,500
1944						
WD Models (350cc single) (includes C/CO/G/L/J2)	1,000	2,500	4,000	5,500	7,000	8,500
WD/D (246cc single)	1,000	2,500	4,000	5,500	7,000	8,500
1945						
WD Models (350cc single) (includes C/CO/G/L/J2)	1,000	2,500	4,000	5,500	7,000	8,500
WD/D (246cc single)	1,000	2,500	4,000	5,500	7,000	8,500
1946						
RE (125cc single)	1,000	1,800	2,600	3,400	4,200	5,000
G (350cc single)	1,000	2,500	4,000	5,500	7,000	8,500
J (500cc twin)	2,000	4,000	6,000	8,000	10,000	12,000
1947						
RE (125cc single)	1,000	1,800	2,600	3,400	4,200	5,000
G (350cc single)	1,000	2,500	4,000	5,500	7,000	8,500
J (500cc twin)	2,000	4,000	6,000	8,000	10,000	12,000
1948						
RE (125cc single)	1,000	1,800	2,600	3,400	4,200	5,000
G (350cc single)	1,000	2,500	4,000	5,500	7,000	8,500
J (500cc twin)	2,000	4,000	6,000	8,000	10,000	12,000
J2 (500cc twin)	2,000	4,000	6,000	8,000	10,000	12,000
1949						
RE (125cc single)	1,000	1,800	2,600	3,400	4,200	5,000
G (350cc single)	1,000	2,500	4,000	5,500	7,000	8,500
Bullet (350cc single)	1,000	2,500	4,000	5,500	7,000	8,500
Bullet (500cc single)	1,000	2,500	4,000	5,500	7,000	8,500
J (500cc twin)	2,000	4,000	6,000	8,000	10,000	12,000
J2 (500cc twin)	2,000	4,000	6,000	8,000	10,000	12,000
1950						
RE (125cc single)	1,000	1,800	2,600	3,400	4,200	5,000
G (350cc single)	1,000	2,500	4,000	5,500	7,000	8,500
Bullet (350cc single)	1,000	2,500	4,000	5,500	7,000	8,500
Bullet (500cc single)	1,000	2,500	4,000	5,500	7,000	8,500
J (500cc twin)	2,000	4,000	6,000	8,000	10,000	12,000
J2 (500cc twin)	2,000	4,000	6,000	8,000	10,000	12,000
1951						
RE (125cc single)	1,000	1,800	2,600	3,400	4,200	5,000
RE2 (125cc single)	1,000	1,800	2,600	3,400	4,200	5,000
G (350cc single)	1,000	2,500	4,000	5,500	7,000	8,500
Bullet (350cc single)	1,000	2,500	4,000	5,500	7,000	8,500
Bullet (500cc single)	2,000	3,500	5,000	6,500	8,000	9,500
J (500cc twin)	2,000	4,000	6,000	8,000	10,000	12,000
J2 (500cc twin)	2,000	4,000	6,000	8,000	10,000	12,000
1952						
RE (125cc single)	1,000	1,800	2,600	3,400	4,200	5,000
RE2 (125cc single)	1,000	1,800	2,600	3,400	4,200	5,000
G (350cc single)	1,000	2,500	4,000	5,500	7,000	8,500
Bullet (350cc single)	1,000	2,500	4,000	5,500	7,000	8,500
Bullet (500cc single)	2,000	3,500	5,000	6,500	8,000	9,500
J (500cc twin)	2,000	4,000	6,000	8,000	10,000	12,000
J2 (500cc twin)	2,000	4,000	6,000	8,000	10,000	12,000
1953						
RE2 (125cc single)	1,000	1,800	2,600	3,400	4,200	5,000
Ensign (148cc single)	900	1,400	1,900	2,900	3,500	4,100
Bullet (350cc single)	1,000	2,500	4,000	5,500	7,000	8,500
G (350cc single)	1,000	2,500	4,000	5,500	7,000	8,500
Trials (350cc single)	1,500	3,000	4,500	6,000	7,500	9,000
Bullet (500cc single)	2,000	3,500	5,000	6,500	8,000	9,500
J (500cc twin)	2,000	4,000	6,000	8,000	10,000	12,000
J2 (500cc twin)	2,000	4,000	6,000	8,000	10,000	12,000
Meteor (700cc twin)	1,000	2,000	4,000	6,000	8,000	10,000

	6	5	4	3	2	1
1954						
RE2 (125cc single)	1,000	1,800	2,600	3,400	4,200	5,000
Ensign (148cc single)	900	1,400	1,900	2,900	3,500	4,100
Clipper (250cc single)	1,000	1,700	2,400	3,100	3,800	4,500
S (250cc single)	1,000	1,700	2,400	3,100	3,800	4,500
Bullet (350cc single)	1,000	2,500	4,000	5,500	7,000	8,500
G (350cc single)	1,000	2,500	4,000	5,500	7,000	8,500
Trials (350cc single)	1,500	3,000	4,500	6,000	7,500	9,000
Bullet (500cc single)	2,000	3,500	5,000	6,500	8,000	9,500
J (500cc twin)	2,000	4,000	6,000	8,000	10,000	12,000
J2 (500cc twin)	2,000	4,000	6,000	8,000	10,000	12,000
Meteor (700cc twin)	1,000	2,000	4,000	6,000	8,000	10,000
1955						
Ensign (148cc single)	900	1,400	1,900	2,900	3,500	4,100
Clipper (250cc single)	1,000	1,700	2,400	3,100	3,800	4,500
S (250cc single)	1,000	1,700	2,400	3,100	3,800	4,500
Bullet (350cc single)	1,000	2,500	4,000	5,500	7,000	8,500
Trials (350cc single)	1,500	3,000	4,500	6,000	7,500	9,000
Bullet (500cc single)	2,000	3,500	5,000	6,500	8,000	9,500
J (500cc twin)	2,000	4,000	6,000	8,000	10,000	12,000
J2 (500cc twin)	2,000	4,000	6,000	8,000	10,000	12,000
Meteor (700cc twin)	1,000	2,000	4,000	6,000	8,000	10,000
1956						
Ensign (148cc single)	900	1,400	1,900	2,900	3,500	4,100
Ensign II (150cc single)	900	1,400	1,900	2,900	3,500	4,100
Clipper (250cc single)	1,000	1,700	2,400	3,100	3,800	4,500
Crusader (250cc single)	1,000	1,800	2,600	3,400	4,200	5,000
Bullet (350cc single)	1,000	2,500	4,000	5,500	7,000	8,500
Trials (350cc single)	1,500	3,000	4,500	6,000	7,500	9,000
Bullet (500cc single)	2,000	3,500	5,000	6,500	8,000	9,500
J2 (500cc twin)	2,000	4,000	6,000	8,000	10,000	12,000
Meteor (700cc twin)	1,000	2,000	4,000	6,000	8,000	10,000
Super Meteor (700cc twin)	1,000	2,000	4,000	6,000	8,000	10,000
1957						
Ensign II (150cc single)	900	1,400	1,900	2,900	3,500	4,100
Clipper (250cc single)	1,000	2,000	3,000	3,900	4,800	5,500
Crusader (250cc single)	1,000	2,000	3,000	3,900	4,800	5,500
Bullet (350cc single)	1,000	1,500	3,000	4,500	6,000	7,500
Trials (350cc single)	1,000	2,500	4,000	5,500	7,000	8,500
Bullet (500cc single)	1,000	1,500	3,000	4,500	6,000	7,500
J2 (500cc twin)	1,000	2,500	4,000	5,500	7,000	8,500
Meteor (700cc twin)	1,000	2,000	4,000	6,000	8,000	10,000
Super Meteor (700cc twin)	1,000	2,000	4,000	6,000	8,000	10,000
1958						
Ensign II (150cc single)	900	1,400	1,900	2,900	3,500	4,100
Ensign III (150cc single)	900	1,400	1,900	2,900	3,500	4,100
Crusader (250cc single)	1,000	2,000	3,000	3,900	4,800	5,500
Bullet (350cc single)	1,000	1,500	3,000	4,500	6,000	7,500
Clipper (350cc single)	1,000	1,800	2,600	3,400	4,200	5,000
Trials (350cc single)	1,000	2,500	4,000	5,500	7,000	8,500
Bullet (500cc single)	1,000	1,500	3,000	4,500	6,000	7,500
J2 (500cc twin)	1,000	2,500	4,000	5,500	7,000	8,500
Meteor (700cc twin)	1,000	2,000	4,000	6,000	8,000	10,000
Meteor Air Flow (700cc twin)	1,000	2,000	4,000	6,000	8,000	11,000
Super Meteor (700cc twin)	1,000	2,000	4,000	6,000	8,000	10,000
1959						
Ensign III (150cc single)	900	1,400	1,900	2,900	3,500	4,100
Prince (150cc single)	900	1,400	1,900	2,900	3,500	4,100
Crusader (250cc single)	1,000	2,000	3,000	3,900	4,800	5,500
Bullet (350cc single)	1,000	1,500	3,000	4,500	6,000	7,500

	6	5	4	3	2	1
Clipper (350cc single).	1,000	1,800	2,600	3,400	4,200	5,000
Trials (350cc single).	1,000	2,500	4,000	5,500	7,000	8,500
Bullet (500cc single)	1,000	1,500	3,000	4,500	6,000	7,500
J2 (500cc twin)	1,000	2,500	4,000	5,500	7,000	8,500
Constellation (700cc twin).	2,000	3,500	5,000	6,500	8,000	9,500
Meteor (700cc twin)	1,000	2,000	4,000	6,000	8,000	10,000
Meteor Air Flow (700cc twin)	1,000	2,000	4,000	6,000	8,000	11,000
Meteor Deluxe (700cc twin)	1,000	2,000	4,000	6,000	8,000	10,000
Super Meteor (700cc twin)	1,000	2,000	4,000	6,000	8,000	10,000
1960						
Ensign III (150cc single)	1,000	1,800	2,600	3,400	4,200	5,000
Prince (150cc single)	1,000	2,000	3,000	3,900	4,800	5,500
Crusader (250cc single).	1,000	2,000	3,000	3,900	4,800	5,500
Bullet (350cc single)	1,000	1,500	3,000	4,500	6,000	7,500
Clipper (350cc single).	1,000	1,500	3,000	4,500	6,000	7,500
Trials (350cc single).	1,000	2,500	4,000	5,500	7,000	8,500
Big Head Bullet (500cc single)	2,000	4,000	7,000	10,000	13,000	16,000
Fury (U.S.) (500cc single)	2,000	4,000	7,000	10,000	13,000	16,000
J2 (500cc twin)	1,000	2,500	4,000	5,500	7,000	8,500
Meteor Minor (500cc twin)	1,000	2,500	4,000	5,500	7,000	8,500
Constellation (700cc twin).	2,000	3,500	5,000	6,500	8,000	9,500
Meteor (700cc twin).	2,000	3,500	5,000	6,500	8,000	9,500
Meteor Air Flow (700cc twin)	1,000	2,000	4,000	6,000	8,000	11,000
Meteor Deluxe (700cc twin).	1,000	2,000	4,000	6,000	8,000	10,000
Super Meteor (700cc twin)	1,000	2,000	4,000	6,000	8,000	10,000
1961						
Prince (150cc single)	1,000	2,000	3,000	3,900	4,800	5,500
Crusader (250cc single).	1,000	2,000	3,000	3,900	4,800	5,500
Bullet (350cc single)	1,000	1,500	3,000	4,500	6,000	7,500
Clipper (350cc single).	1,000	1,500	3,000	4,500	6,000	7,500
Trials (350cc single).	1,000	2,500	4,000	5,500	7,000	8,500
Big Head Bullet (500cc single)	2,000	4,000	7,000	10,000	13,000	16,000
Fury (U.S.) (500cc single).	2,000	4,000	7,000	10,000	13,000	16,000
J2 (500cc twin)	1,000	2,500	4,000	5,500	7,000	8,500
Constellation (700cc twin).	2,000	3,500	5,000	6,500	8,000	9,500
Meteor Deluxe (700cc twin).	1,000	2,000	4,000	6,000	8,000	10,000
Super Meteor (700cc twin)	1,000	2,000	4,000	6,000	8,000	10,000
1962						
Crusader (250cc single).	1,000	2,000	3,000	3,900	4,800	5,500
Super 5 (250cc single)	1,000	1,500	3,000	4,500	6,000	7,500
Bullet (350cc single)	1,000	1,500	3,000	4,500	6,000	7,500
Clipper (350cc single).	1,000	1,500	3,000	4,500	6,000	7,500
Big Head Bullet (500cc single)	2,000	4,000	7,000	10,000	13,000	16,000
Fury (U.S.) (500cc single).	2,000	4,000	7,000	10,000	13,000	16,000
Constellation (700cc twin).	2,000	3,500	5,000	6,500	8,000	9,500
Meteor Deluxe (700cc twin).	1,000	2,000	4,000	6,000	8,000	10,000
Super Meteor (700cc twin)	1,000	2,000	4,000	6,000	8,000	10,000
1963						
Continental (250cc single)	1,000	2,000	3,000	4,000	5,000	6,000
Super 5 (250cc single)	1,000	1,500	3,000	4,500	6,000	7,500
Bullet (350cc single)	1,000	1,500	3,000	4,500	6,000	7,500
Clipper (350cc single).	1,000	1,500	3,000	4,500	6,000	7,500
Big Head Bullet (500cc single)	2,000	4,000	7,000	10,000	13,000	16,000
Fury (U.S.) (500cc single).	2,000	4,000	7,000	10,000	13,000	16,000
Interceptor (750cc twin).	2,000	4,000	8,000	12,000	16,000	20,000
1964						
Continental (250cc single)	1,000	2,000	3,000	4,000	5,000	6,000
GT (250cc single).	1,000	2,000	3,000	3,900	4,800	5,500
Olympic (250cc single)	1,000	2,000	3,000	3,900	4,800	5,500
Super 5 (250cc single)	1,000	1,500	3,000	4,500	6,000	7,500

	6	5	4	3	2	1
Turbo Twin (250cc single)	1,000	2,000	3,500	5,000	6,500	8,000
Interceptor (750cc twin)	1,500	3,000	6,000	9,000	12,000	15,000
1965						
Continental (250cc single)	1,000	2,000	3,000	4,000	5,000	6,000
Crusader (250cc single)	1,000	2,000	3,000	3,900	4,800	5,500
GT (250cc single)	1,000	2,000	3,000	3,900	4,800	5,500
Olympic (250cc single)	1,000	2,000	3,000	3,900	4,800	5,500
Turbo Twin (250cc single)	1,000	2,000	3,500	5,000	6,500	8,000
Interceptor (750cc twin)	1,500	3,000	6,000	9,000	12,000	15,000
1966						
Crusader Sports (250cc single)	1,000	1,800	2,600	3,400	4,200	5,000
GT (250cc single)	1,000	1,500	3,000	4,500	6,000	7,500
Turbo Twin (250cc single)	1,000	2,000	3,500	5,000	6,500	8,000
Interceptor (750cc twin)	1,500	3,000	6,000	9,000	12,000	15,000
1967						
Crusader Sports (250cc single)	1,000	2,000	3,000	3,900	4,800	5,500
Interceptor (750cc twin)	1,500	3,000	6,000	9,000	12,000	15,000
1968						
Interceptor (750cc twin)	1,500	3,000	6,000	9,000	12,000	15,000
Interceptor II (750cc twin)	1,500	3,000	6,000	9,000	12,000	15,000
1969						
Interceptor II (750cc twin)	1,500	3,000	6,000	9,000	12,000	15,000
1970						
Interceptor II (750cc twin)	1,500	3,000	6,000	9,000	12,000	15,000
1971						
Interceptor II (750cc twin)	1,500	3,000	6,000	9,000	12,000	15,000

SCOTT

	6	5	4	3	2	1
1911						
Standard Tourer (532cc twin)	2,500	5,000	10,000	15,000	20,000	25,000
1912						
Standard Tourer (532cc twin)	2,500	5,000	10,000	15,000	20,000	25,000
1913						
Standard Tourer (532cc twin)	2,500	5,000	10,000	15,000	20,000	25,000
1914						
Standard Tourer (532cc twin)	2,500	5,000	10,000	15,000	20,000	25,000
1915						
Standard Tourer (532cc twin)	2,500	5,000	10,000	15,000	20,000	25,000
1920						
Standard Tourer (532cc twin)	2,500	5,000	10,000	15,000	20,000	25,000
1921						
Standard Tourer (532cc twin)	2,500	5,000	10,000	15,000	20,000	25,000
1922						
Squirrel (486cc single)	1,500	3,000	6,000	9,000	12,000	15,000
Standard Tourer (532cc twin)	2,500	5,000	10,000	15,000	20,000	25,000
1923						
Squirrel (486cc single)	1,500	3,000	6,000	9,000	12,000	15,000
Standard Tourer (532cc twin)	2,500	5,000	10,000	15,000	20,000	25,000
1924						
Squirrel (486cc single)	1,500	3,000	6,000	9,000	12,000	15,000
Standard Tourer (532cc twin)	2,500	5,000	10,000	15,000	20,000	25,000
Super Squirrel (498cc twin)	2,500	5,000	10,000	15,000	20,000	25,000
Super Squirrel (596cc twin)	2,500	5,000	10,000	15,000	20,000	25,000
1925						
Squirrel (486cc single)	1,500	3,000	6,000	9,000	12,000	15,000
Standard Tourer (532cc twin)	2,500	5,000	10,000	15,000	20,000	25,000
Super Squirrel (498cc twin)	2,500	5,000	10,000	15,000	20,000	25,000
Super Squirrel (596cc twin)	2,500	5,000	10,000	15,000	20,000	25,000
1926						
Squirrel (486cc single)	1,500	3,000	6,000	9,000	12,000	15,000

	6	5	4	3	2	1
Super Squirrel (498cc twin)	2,500	5,000	10,000	15,000	20,000	25,000
Super Squirrel (596cc twin)	2,500	5,000	10,000	15,000	20,000	25,000
FZ Flying Squirrel (498cc twin)	3,000	6,000	9,000	12,000	15,000	18,000
FY Flying Squirrel (596cc twin)	2,500	5,000	10,000	15,000	20,000	25,000
1927						
Squirrel (486cc single)	1,500	3,000	6,000	9,000	12,000	15,000
Super Squirrel (498cc twin)	2,500	5,000	10,000	15,000	20,000	25,000
Super Squirrel (596cc twin)	2,500	5,000	10,000	15,000	20,000	25,000
FZ Flying Squirrel (498cc twin)	3,000	6,000	9,000	12,000	15,000	18,000
FY Flying Squirrel (596cc twin)	2,500	5,000	10,000	15,000	20,000	25,000
1928						
Squirrel (486cc single)	1,500	3,000	6,000	9,000	12,000	15,000
Super Squirrel (498cc twin)	2,500	5,000	10,000	15,000	20,000	25,000
Super Squirrel (596cc twin)	2,500	5,000	10,000	15,000	20,000	25,000
FZ Flying Squirrel (498cc twin)	3,000	6,000	9,000	12,000	15,000	18,000
FY Flying Squirrel (596cc twin)	2,500	5,000	10,000	15,000	20,000	25,000
1929						
Lightweight Squirrel (298cc single)	2,000	4,000	6,000	8,000	10,000	12,000
FZ Flying Squirrel Tourer (498cc twin)	3,000	6,000	9,000	12,000	15,000	18,000
FZ Flying Squirrel Deluxe (498cc twin)	3,000	6,000	9,000	12,000	15,000	18,000
RZ Flying Squirrel TT Replica (498cc twin)	5,000	10,000	20,000	30,000	40,000	50,000
FY Flying Squirrel Tourer (596cc twin)	2,500	5,000	10,000	15,000	20,000	25,000
FY Flying Squirrel Deluxe (596cc twin)	2,500	5,000	10,000	15,000	20,000	25,000
RY Flying Squirrel TT Replica (596cc twin)	5,000	10,000	20,000	30,000	40,000	50,000
Super Squirrel (498cc twin)	2,500	5,000	10,000	15,000	20,000	25,000
Super Squirrel (596cc twin)	2,500	5,000	10,000	15,000	20,000	25,000
1930						
Lightweight Squirrel (298cc single)	2,000	4,000	6,000	8,000	10,000	12,000
FZ Flying Squirrel Tourer (498cc twin)	3,000	6,000	9,000	12,000	15,000	18,000
FZ Flying Squirrel Deluxe (498cc twin)	3,000	6,000	9,000	12,000	15,000	18,000
PZ Flying Squirrel TT Replica (498cc twin)	5,000	10,000	20,000	30,000	40,000	50,000
PZ Flying Squirrel Sprint Special (498cc twin)	4,000	8,000	16,000	24,000	32,000	40,000
FY Flying Squirrel Tourer (596cc twin)	2,500	5,000	10,000	15,000	20,000	25,000
FY Flying Squirrel Deluxe (596cc twin)	2,500	5,000	10,000	15,000	20,000	25,000
PY Flying Squirrel TT Replica (596cc twin)	5,000	10,000	20,000	30,000	40,000	50,000
PY Flying Squirrel Sprint Special (596cc twin)	4,000	8,000	16,000	24,000	32,000	40,000
Super Squirrel (498cc twin)	2,500	5,000	10,000	15,000	20,000	25,000
Super Squirrel (596cc twin)	2,500	5,000	10,000	15,000	20,000	25,000
1931						
Lightweight Squirrel (298cc single)	2,000	4,000	6,000	8,000	10,000	12,000
FZ Flying Squirrel Tourer (498cc twin)	3,000	6,000	9,000	12,000	15,000	18,000
FZ Flying Squirrel Deluxe (498cc twin)	3,000	6,000	9,000	12,000	15,000	18,000
PZ Flying Squirrel TT Replica (498cc twin)	5,000	10,000	20,000	30,000	40,000	50,000
PZ Flying Squirrel Sprint Special (498cc twin)	4,000	8,000	16,000	24,000	32,000	40,000
FY Flying Squirrel Tourer (596cc twin)	2,500	5,000	10,000	15,000	20,000	25,000
FY Flying Squirrel Deluxe (596cc twin)	2,500	5,000	10,000	15,000	20,000	25,000
PY Flying Squirrel TT Replica (596cc twin)	5,000	10,000	20,000	30,000	40,000	50,000
PY Flying Squirrel Sprint Special (596cc twin)	4,000	8,000	16,000	24,000	32,000	40,000
Super Squirrel (498cc twin)	2,500	5,000	10,000	15,000	20,000	25,000
Super Squirrel (596cc twin)	2,500	5,000	10,000	15,000	20,000	25,000
1932						
FZ Flying Squirrel Tourer (498cc twin)	3,000	6,000	9,000	12,000	15,000	18,000
FZ Flying Squirrel Deluxe (498cc twin)	3,000	6,000	9,000	12,000	15,000	18,000
PZ Flying Squirrel TT Replica (498cc twin)	5,000	10,000	20,000	30,000	40,000	50,000
PZ Flying Squirrel Sports (498cc twin)	3,000	6,000	9,000	12,000	15,000	18,000
FY Flying Squirrel Tourer (596cc twin)	2,500	5,000	10,000	15,000	20,000	25,000
FY Flying Squirrel Deluxe (596cc twin)	2,500	5,000	10,000	15,000	20,000	25,000
PY Flying Squirrel TT Replica (596cc twin)	5,000	10,000	20,000	30,000	40,000	50,000
PY Flying Squirrel Sports (596cc twin)	2,500	5,000	10,000	15,000	20,000	25,000
Super Squirrel (498cc twin)	2,500	5,000	10,000	15,000	20,000	25,000

	6	5	4	3	2	1
Super Squirrel (596cc twin)	2,500	5,000	10,000	15,000	20,000	25,000
1933						
LFZ Flying Squirrel Tourer (498cc twin)	3,000	6,000	9,000	12,000	15,000	18,000
LFZ Flying Squirrel Deluxe (498cc twin)	3,000	6,000	9,000	12,000	15,000	18,000
DPZ Flying Squirrel TT Replica (498cc twin)	5,000	10,000	20,000	30,000	40,000	50,000
DPZ Flying Squirrel Sports (498cc twin)	3,000	6,000	9,000	12,000	15,000	18,000
LFY Flying Squirrel Tourer (596cc twin)	2,500	5,000	10,000	15,000	20,000	25,000
LFY Flying Squirrel Deluxe (596cc twin)	2,500	5,000	10,000	15,000	20,000	25,000
DPY Flying Squirrel TT Replica (596cc twin)	5,000	10,000	20,000	30,000	40,000	50,000
DPY Flying Squirrel Sports (596cc twin)	2,500	5,000	10,000	15,000	20,000	25,000
1934						
Flying Squirrel (498cc twin)	3,000	6,000	9,000	12,000	15,000	18,000
Flying Squirrel (596cc twin)	2,500	5,000	10,000	15,000	20,000	25,000
1935						
Flying Squirrel (498cc twin)	3,000	6,000	9,000	12,000	15,000	18,000
Flying Squirrel (596cc twin)	2,500	5,000	10,000	15,000	20,000	25,000
1936						
Flying Squirrel (498cc twin)	3,000	6,000	9,000	12,000	15,000	18,000
Flying Squirrel (596cc twin)	2,500	5,000	10,000	15,000	20,000	25,000
3S (986cc triple) (8-9 made)	25,000	50,000	75,000	100K	125K	150K
1937						
Flying Squirrel (498cc twin)	3,000	6,000	9,000	12,000	15,000	18,000
Flying Squirrel (596cc twin)	2,500	5,000	10,000	15,000	20,000	25,000
1938						
Flying Squirrel (498cc twin)	3,000	6,000	9,000	12,000	15,000	18,000
Flying Squirrel (596cc twin)	2,500	5,000	10,000	15,000	20,000	25,000
1939						
Flying Squirrel (498cc twin)	3,000	6,000	9,000	12,000	15,000	18,000
Flying Squirrel (596cc twin)	2,500	5,000	10,000	15,000	20,000	25,000
Clubman Special (498cc twin)	3,000	6,000	9,000	12,000	15,000	18,000
Clubman Special (596cc twin)	2,500	5,000	10,000	15,000	20,000	25,000
1946						
Flying Squirrel (596cc)	1,500	3,000	6,000	9,000	12,000	15,000
1947						
Flying Squirrel (596cc)	1,500	3,000	6,000	9,000	12,000	15,000
1948						
Flying Squirrel (596cc)	1,500	3,000	6,000	9,000	12,000	15,000
1949						
Flying Squirrel (596cc)	1,500	3,000	6,000	9,000	12,000	15,000
1950						
Flying Squirrel (596cc)	1,500	3,000	6,000	9,000	12,000	15,000
1955						
Birmingham Scott "Brum" Flying Squirrel (596cc twin) . .	750	1,500	3,000	6,000	9,000	12,000
1956						
Birmingham Scott "Brum" Flying Squirrel (596cc twin) . .	750	1,500	3,000	6,000	9,000	12,000
1957						
Birmingham Scott "Brum" Flying Squirrel (596cc twin) . .	750	1,500	3,000	6,000	9,000	12,000
1958						
Birmingham Scott "Brum" Flying Squirrel (596cc twin) . .	750	1,500	3,000	6,000	9,000	12,000
1959						
Birmingham Scott "Brum" Flying Squirrel (596cc twin) . .	750	1,500	3,000	6,000	9,000	12,000
1960						
Birmingham Scott "Brum" Flying Squirrel (596cc twin) . .	750	1,500	3,000	6,000	9,000	12,000
1961						
Birmingham Scott "Brum" Flying Squirrel (596cc twin) . .	750	1,500	3,000	6,000	9,000	12,000
1962						
Birmingham Scott "Brum" Flying Squirrel (596cc twin) . .	750	1,500	3,000	6,000	9,000	12,000
1963						
Birmingham Scott "Brum" Flying Squirrel (596cc twin) . .	750	1,500	3,000	6,000	9,000	12,000

	6	5	4	3	2	1
1964						
Birmingham Scott "Brum" Flying Squirrel (596cc twin) ..	750	1,500	3,000	6,000	9,000	12,000
1965						
Birmingham Scott "Brum" Flying Squirrel (596cc twin) ..	750	1,500	3,000	6,000	9,000	12,000
1966						
Birmingham Scott "Brum" Flying Squirrel (596cc twin) ..	750	1,500	3,000	6,000	9,000	12,000
1967						
Birmingham Scott "Brum" Flying Squirrel (596cc twin) ..	750	1,500	3,000	6,000	9,000	12,000
1968						
Birmingham Scott "Brum" Flying Squirrel (596cc twin) ..	750	1,500	3,000	6,000	9,000	12,000
1969						
Birmingham Scott "Brum" Flying Squirrel (596cc twin) ..	750	1,500	3,000	6,000	9,000	12,000
1971						
Silk (656cc twin) (21 made-5 years)...........	2,500	5,000	10,000	15,000	20,000	25,000
1972						
Silk (656cc twin)	2,500	5,000	10,000	15,000	20,000	25,000
1973						
Silk (656cc twin)	2,500	5,000	10,000	15,000	20,000	25,000
1974						
Silk (656cc twin)	2,500	5,000	10,000	15,000	20,000	25,000
1975						
Silk (656cc twin)	2,500	5,000	10,000	15,000	20,000	25,000
SEARS						
1910						
Auto Cycle Single...................	10,000	18,000	26,000	34,000	42,000	50,000
1911						
Auto Cycle Single...................	10,000	18,000	26,000	34,000	42,000	50,000
1913						
Auto-Cycle Single...................	10,000	18,000	26,000	34,000	42,000	50,000
Sears Leader Single	10,000	18,000	26,000	34,000	42,000	50,000
Invincible Twin 7hp	10,000	20,000	40,000	60,000	80,000	100K
Dreadnaught V-Twin 9hp	10,000	20,000	40,000	60,000	80,000	100K
1914						
Sears Leader Single	10,000	18,000	26,000	34,000	42,000	50,000
Dreadnaught V-Twin 9hp	25,000	50,000	75,000	100K	125K	150K
1915						
Sears Leader Single	10,000	18,000	26,000	34,000	42,000	50,000
Dreadnaught V-Twin 9hp	25,000	50,000	75,000	100K	125K	150K
1916						
Sears Leader Single	10,000	18,000	26,000	34,000	42,000	50,000
Dreadnaught V-Twin 9hp	25,000	50,000	75,000	100K	125K	150K
1948						
Allstate Cushman 3hp...............	1,000	2,500	4,000	5,500	7,000	8,500
1949						
Allstate Cushman 3hp...............	1,000	2,500	4,000	5,500	7,000	8,500
1951						
Allstate Cushman 4hp...............	500	1,000	2,000	3,000	4,000	5,000
Allstate Piaggio Cruisaire (125cc single)	750	1,500	3,000	4,500	6,000	7,500
Allstate Vespa Scooter (125cc single)...........	500	1,000	2,000	3,000	4,000	5,000
1952						
Allstate Cushman 4hp...............	500	1,000	2,000	3,000	4,000	5,000
Allstate Piaggio Cruisaire (125cc single)	750	1,500	3,000	4,500	6,000	7,500
Allstate Vespa Scooter (125cc single)...........	500	1,000	2,000	3,000	4,000	5,000
1953						
Allstate Cushman 4hp...............	500	1,000	2,000	3,000	4,000	5,000
Allstate Piaggio Cruisaire (125cc single)	750	1,500	3,000	4,500	6,000	7,500
Allstate Vespa Scooter (125cc single)...........	500	1,000	2,000	3,000	4,000	5,000
Allstate Puch Standard 175 (175cc single) (6,033 made-both models)	1,000	2,000	3,000	4,000	5,000	6,000

	6	5	4	3	2	1
Allstate Puch Deluxe 175 (175cc single)	1,000	2,500	3,500	4,500	5,500	6,500
Allstate Puch SR250 (250cc single) (57 made)	1,000	2,000	4,000	6,000	8,000	10,000
1954						
Allstate Cushman 4hp.	500	1,000	2,000	3,000	4,000	5,000
Allstate Piaggio Cruisaire (125cc single)	750	1,500	3,000	4,500	6,000	7,500
Allstate Puch 125 (125cc single) (1,610 made)	500	1,000	2,000	3,000	4,000	5,000
Allstate Vespa Scooter (125cc single).	500	1,000	2,000	3,000	4,000	5,000
Allstate Puch Standard 175 (175cc single) (15,549						
made-both models)	1,000	2,000	3,000	4,000	5,000	6,000
Allstate Puch Deluxe 175 (175cc single)	1,000	2,500	3,500	4,500	5,500	6,500
Allstate Puch SG250 (250cc single) (2,455 made)	1,000	2,000	3,000	4,000	5,500	7,000
Allstate Puch SR250 (250cc single) (9,535 made)	1,000	2,000	3,000	4,000	5,500	7,000
1955						
Allstate Cushman 4hp.	500	1,000	2,000	3,000	4,000	5,000
Allstate Piaggio Cruisaire (125cc single)	750	1,500	3,000	4,500	6,000	7,500
Allstate Piaggio Super Cruisaire (125cc single)	1,000	2,000	3,000	4,000	5,000	6,000
Allstate Puch 125 (125cc single) (2 made)	1,000	2,000	4,000	6,000	8,000	10,000
Allstate Vespa Scooter (125cc single).	500	1,000	2,000	3,000	4,000	5,000
Allstate Puch Standard 175 (175cc single) (12,773						
made-both models)	1,000	2,000	3,000	4,000	5,000	6,000
Allstate Puch Deluxe 175 (175cc single)	1,000	2,500	3,500	4,500	5,500	6,500
Allstate Puch SG250 (250cc single) (13,428 made). . . .	1,000	2,000	3,000	4,000	5,500	7,000
Allstate Puch SR250 (250cc single) (3,487 made)	1,000	2,000	3,000	4,000	5,500	7,000
1956						
Allstate Cushman 4hp.	500	1,000	2,000	3,000	4,000	5,000
Allstate Puch (50cc single)	400	800	1,600	2,400	3,200	4,000
Allstate Puch 125 (125cc single) (600 made)	500	1,000	2,000	3,000	4,000	5,000
Allstate Piaggio Super Cruisaire (125cc single)	1,000	2,000	3,000	4,000	5,000	6,000
Allstate Vespa Scooter (125cc single).	500	1,000	2,000	3,000	4,000	5,000
Allstate Puch Standard 175 (175cc single) (9,804						
made-both models)	1,000	2,000	3,000	4,000	5,000	6,000
Allstate Puch Deluxe 175 (175cc single)	1,000	2,500	3,500	4,500	5,500	6,500
Allstate Puch SG250 (250cc single) (6,086 made)	1,000	2,000	3,000	4,000	5,500	7,000
Allstate Puch SR250 (250cc single) (1,260 made)	1,000	2,000	3,000	4,000	5,500	7,000
1957						
Allstate Cushman 4hp.	500	1,000	2,000	3,000	4,000	5,000
Allstate Cushman 4.8hp.	500	1,000	2,000	3,000	4,000	5,000
Allstate Puch (50cc single)	400	800	1,600	2,400	3,200	4,000
Allstate Piaggio Super Cruisaire (125cc single).	1,000	2,000	3,000	4,000	5,000	6,000
Allstate Puch 125 (125cc single) (802 made)	500	1,000	2,000	3,000	4,000	5,000
Allstate Vespa Scooter (125cc single).	500	1,000	2,000	3,000	4,000	5,000
Allstate Puch Standard 175 (175cc single) (9,097						
made-both models)	1,000	2,000	3,000	4,000	5,000	6,000
Allstate Puch Deluxe 175 (175cc single)	1,000	2,500	3,500	4,500	5,500	6,500
Allstate Puch SG250 (250cc single) (3,557 made)	1,000	2,000	3,000	4,000	5,500	7,000
Allstate Puch SR250 (250cc single) (667 made)	1,000	2,000	3,000	4,000	5,500	7,000
1958						
Allstate Cushman 3.2hp.	500	1,000	2,000	3,000	4,000	5,000
Allstate Cushman 4hp.	500	1,000	2,000	3,000	4,000	5,000
Allstate Cushman 4.8hp.	500	1,000	2,000	3,000	4,000	5,000
Allstate Puch (50cc single)	400	800	1,600	2,400	3,200	4,000
Allstate Puch Moped Special (50cc single)	400	800	1,600	2,400	3,200	4,000
Allstate Piaggio Cruisaire (125cc single)	500	1,000	2,000	3,000	4,000	5,000
Allstate Piaggio Super Cruisaire (125cc single)	1,000	2,000	3,000	4,000	5,000	6,000
Allstate Puch 125 (125cc single) (605 made)	500	1,000	2,000	3,000	4,000	5,000
Allstate Vespa Scooter (125cc single).	500	1,000	2,000	3,000	4,000	5,000
Allstate Puch Standard 175 (175cc single) (7,087						
made-both models)	1,000	2,000	3,000	4,000	5,000	6,000
Allstate Puch Deluxe 175 (175cc single)	1,000	2,500	3,500	4,500	5,500	6,500
Allstate Puch SG250 (250cc single) (3,589 made)	1,000	2,000	3,000	4,000	5,500	7,000

	6	5	4	3	2	1
Allstate Puch SR250 (250cc single) (540 made)	1,000	2,000	3,000	4,000	5,500	7,000
1959						
Allstate Cushman 3.2hp.	500	1,000	2,000	3,000	4,000	5,000
Allstate Cushman 4.8hp.	500	1,000	2,000	3,000	4,000	5,000
Allstate Cushman Standard.	500	1,000	2,000	3,000	4,000	5,000
Allstate Piaggio Cruisaire (125cc single)	500	1,000	2,000	3,000	4,000	5,000
Allstate Puch 125 (125cc single) (1,004 made)	500	1,000	2,000	3,000	4,000	5,000
Allstate Vespa Scooter (125cc single).	500	1,000	2,000	3,000	4,000	5,000
Allstate Puch SR175 (175cc single) (5,682 made)	1,000	2,000	3,000	4,000	5,000	6,000
Allstate Puch Scrambler (250cc single)	1,000	2,000	4,000	6,000	8,000	10,000
Allstate Puch SG250 (250cc single) (2,383 made)	1,000	2,000	3,000	4,000	5,500	7,000
Allstate Puch SR250 (250cc single) (531 made)	1,000	2,000	3,000	4,000	5,500	7,000
1960						
Allstate Cushman 4.8hp.	500	1,000	2,000	3,000	4,000	5,000
Allstate Cushman Jetsweep 4.8hp	500	1,000	2,000	3,000	4,000	5,000
Allstate Cushman Standard.	500	1,000	2,000	3,000	4,000	5,000
Allstate Puch (50cc single)	400	800	1,600	2,400	3,200	4,000
Allstate Puch Sport 60 (60cc single)	400	800	1,600	2,400	3,200	4,000
Allstate Piaggio Cruisaire (125cc single)	500	1,000	2,000	3,000	4,000	5,000
Allstate Puch 125 (125cc single) (1,314 made)	500	1,000	2,000	3,000	4,000	5,000
Allstate Vespa Scooter (125cc single).	500	1,000	2,000	3,000	4,000	5,000
Allstate Puch SR175 (175cc single) (3,916 made)	1,000	2,000	3,000	4,000	5,000	6,000
Allstate Puch SG250 (250cc single) (1,985 made)	1,000	2,000	3,000	4,000	5,500	7,000
Allstate Puch SR250 (250cc single) (519 made)	1,000	2,000	3,000	4,000	5,500	7,000
1961						
Allstate Cushman Jetsweep 4.8hp	500	1,000	2,000	3,000	4,000	5,000
Allstate Cushman Standard.	500	1,000	2,000	3,000	4,000	5,000
Allstate Piaggio Cruisaire (125cc single)	500	1,000	2,000	3,000	4,000	5,000
Allstate Puch 125 (125cc single) (199 made)	1,000	2,000	3,000	4,000	5,000	6,000
Allstate Vespa Scooter (125cc single).	500	1,000	2,000	3,000	4,000	5,000
Allstate Puch 150 (150cc single) (241 made)	1,000	2,000	3,000	4,000	5,000	6,000
Allstate Puch SR175 (175cc single) (1,876 made)	1,000	2,000	3,000	4,000	5,000	6,000
Allstate Puch SG250 (250cc single) (1,049 made)	1,000	2,000	3,000	4,000	5,500	7,000
Allstate Puch SR250 (250cc single) (700 made)	1,000	2,000	3,000	4,000	5,500	7,000
1962						
Allstate Cushman Jetsweep 4.8hp	500	1,000	2,000	3,000	4,000	5,000
Allstate Cushman Standard.	500	1,000	2,000	3,000	4,000	5,000
Allstate Puch (50cc single)	400	800	1,600	2,400	3,200	4,000
Allstate Puch Sport 60 (60cc single)	400	800	1,600	2,400	3,200	4,000
Allstate Puch Compact DS (60cc single)	400	800	1,600	2,400	3,200	4,000
Allstate Piaggio Cruisaire (125cc single)	500	1,000	2,000	3,000	4,000	5,000
Allstate Vespa Scooter (125cc single).	500	1,000	2,000	3,000	4,000	5,000
Allstate Puch 150 (150cc single) (900 made)	500	1,000	2,000	3,000	4,000	5,000
Allstate Puch SR175 (175cc single) (1,152 made)	1,000	2,000	3,000	4,000	5,000	6,000
Allstate Puch SG250 (250cc single) (313 made)	1,000	2,000	3,000	4,000	6,500	8,000
Allstate Puch SR250 (250cc single) (824 made)	1,000	2,000	3,000	4,000	5,500	7,000
1963						
Allstate Cushman Jetsweep 4.8hp	500	1,000	2,000	3,000	4,000	5,000
Allstate Cushman Standard.	500	1,000	2,000	3,000	4,000	5,000
Allstate Puch Sport 60 (60cc single)	400	800	1,600	2,400	3,200	4,000
Allstate Puch Compact DS (60cc single)	400	800	1,600	2,400	3,200	4,000
Allstate Piaggio Cruisaire (125cc single)	500	1,000	2,000	3,000	4,000	5,000
Allstate Vespa Scooter (125cc single).	500	1,000	2,000	3,000	4,000	5,000
Allstate Puch 150 (150cc single) (782 made)	500	1,000	2,000	3,000	4,000	5,000
Allstate Puch SR175 (175cc single) (716 made)	1,000	2,000	3,000	4,000	5,000	6,000
Allstate Puch SG250 (250cc single) (369 made)	1,000	2,000	3,000	4,000	6,500	8,000
Allstate Puch SR250 (250cc single) (1,677 made)	1,000	2,000	3,000	4,000	5,500	7,000
1964						
Allstate Puch (50cc single)	400	800	1,600	2,400	3,200	4,000
Sears Puch Campus Moped (50cc single)	500	1,000	1,500	2,000	2,500	3,000

	6	5	4	3	2	1
Allstate Puch Sport 60 (60cc single)	400	800	1,600	2,400	3,200	4,000
Allstate Puch Compact DS (60cc single)	400	800	1,600	2,400	3,200	4,000
Allstate Piaggio Cruisaire (125cc single)	500	1,000	2,000	3,000	4,000	5,000
Allstate Vespa Scooter (125cc single).	500	1,000	2,000	3,000	4,000	5,000
Allstate 150 (150cc single) (2,001 made)	500	1,000	2,000	3,000	4,000	5,000
Allstate Puch SR175 (175cc single) (415 made)	1,000	2,000	3,000	4,000	5,000	6,000
Allstate Puch SG250 (250cc single) (297 made)	1,000	2,000	3,000	4,000	6,500	8,000
Allstate Puch SR250 (250cc single) (2,248 made)	1,000	2,000	3,000	4,000	5,500	7,000
1965						
Sears Cushman Golfster 5hp	500	1,000	2,000	3,000	4,000	5,000
Sears Cushman Golfster 36V	400	800	1,600	2,400	3,200	4,000
Sears Puch Campus Moped (50cc single)	500	1,000	1,500	2,000	2,500	3,000
Sears Puch Sabre (50cc single).	250	500	1,000	1,500	2,000	2,500
Allstate Puch Sport 60 (60cc single)	400	800	1,600	2,400	3,200	4,000
Allstate Puch Compact DS (60cc single)	400	800	1,600	2,400	3,200	4,000
Sears Puch Cheyenne (60cc single)	500	1,000	1,500	2,000	2,500	3,000
Allstate Piaggio Cruisaire (125cc single)	500	1,000	2,000	3,000	4,000	5,000
Allstate Vespa Scooter (125cc single).	500	1,000	2,000	3,000	4,000	5,000
Allstate 150 (150cc single) (1,001 made)	500	1,000	2,000	3,000	4,000	5,000
Allstate Puch SR175 (175cc single) (2,520 made)	1,000	2,000	3,000	4,000	5,000	6,000
Allstate Puch SG250 (250cc single) (189 made)	1,000	2,000	3,000	4,000	6,500	8,000
Allstate Puch SR250 (250cc single) (3,478 made)	1,000	2,000	3,000	4,000	5,500	7,000
1966						
Sears Cushman Golfster 5hp	500	1,000	2,000	3,000	4,000	5,000
Sears Cushman Golfster 36V	400	800	1,600	2,400	3,200	4,000
Sears Puch Sabre (50cc single).	250	500	1,000	1,500	2,000	2,500
Sears Puch Campus Moped (50cc single)	500	1,000	1,500	2,000	2,500	3,000
Sears Puch Compact DS (50cc single)	500	1,000	1,500	2,000	2,500	3,000
Allstate Puch Sport 60 (60cc single)	400	800	1,600	2,400	3,200	4,000
Sears Puch Cheyenne (60cc single)	500	1,000	1,500	2,000	2,500	3,000
Allstate Puch Compact DS (60cc single)	400	800	1,600	2,400	3,200	4,000
Sears 106SS Gilera (106cc single)	1,000	2,000	3,000	4,000	5,000	6,000
Sears Piaggio Cruisaire (125cc single)	500	1,000	2,000	3,000	4,000	5,000
Sears Vespa Scotter (125cc single).	400	800	1,600	2,400	3,200	4,000
Sears Piaggio Cruisaire (150cc single)	500	1,000	2,000	3,000	4,000	5,000
Sears Vespa Sprint Scooter (150cc single)	500	1,000	2,000	3,000	4,000	5,000
Sears Puch SR175 (175cc single) (4,361 made)	1,000	2,000	3,000	4,000	5,000	6,000
Sears Puch SG250 (250cc single) (127 made)	1,000	2,000	3,000	4,000	6,500	8,000
Allstate Puch SR250 (250cc single) (6,673 made)	1,000	2,000	3,000	4,000	5,500	7,000
1967						
Sears Cushman Golfster 5hp	500	1,000	2,000	3,000	4,000	5,000
Sears Cushman Golfster 36V	400	800	1,600	2,400	3,200	4,000
Sears Puch Sabre (50cc single).	250	500	1,000	1,500	2,000	2,500
Sears 106SS Gilera (106cc single)	1,000	2,000	3,000	4,000	5,000	6,000
Sears SR124 Gilera 5V (124cc single)	1,000	2,000	3,000	4,000	5,000	6,000
Sears Puch SR125 (125cc single)	1,000	2,000	3,000	4,000	5,000	6,000
Sears Puch SR175 (175cc single) (24 made)	1,000	2,000	3,500	5,000	6,500	8,000
Sears Puch SG250 (250cc single) (46 made).	1,000	2,000	3,500	5,000	6,500	8,000
Sears Puch SR250 (250cc single) (3,884 made)	1,000	2,000	3,000	4,000	5,500	7,000
1968						
Sears Cushman Golfster 6hp	500	1,000	2,000	3,000	4,000	5,000
Sears Cushman Golfster 36V	400	800	1,600	2,400	3,200	4,000
Sears Puch Sabre (50cc single).	250	500	1,000	1,500	2,000	2,500
Sears SR124 Gilera 5V (124cc single)	1,000	2,000	3,000	4,000	5,000	6,000
Sears Puch SR125 (125cc single)	1,000	2,000	3,000	4,000	5,000	6,000
Sears Puch SG250 (250cc single) (27 made).	1,000	2,000	3,500	5,000	6,500	8,000
Sears Puch SR250 (250cc single) (2,211 made)	1,000	2,000	3,000	4,000	5,500	7,000
1969						
Sears Bird Engineering Runabout 2hp	100	200	300	600	900	1,200
Sears SR124 Gilera 5V (124cc single)	1,000	2,000	3,000	4,000	5,000	6,000

	6	5	4	3	2	1
Sears Puch SR125 (125cc single)	1,000	2,000	3,000	4,000	5,000	6,000
Sears Puch SG250 (250cc single) (20 made)	1,000	2,000	3,500	5,000	6,500	8,000
Sears Puch SR250 (250cc single) (134 made)	1,000	2,000	3,500	5,000	6,500	8,000
1970						
Sears Puch SR250 (250cc single) (139 made)	1,000	2,000	3,500	5,000	6,500	8,000
Sears Bird Engineering Runabout 2hp	100	200	300	600	900	1,200
1971						
Sears Bird Engineering SR 5hp	250	500	1,000	1,500	2,000	2,500
Sears Bird Engineering Runabout 2hp	100	200	300	600	900	1,200

SIMPLEX

	6	5	4	3	2	1
1935						
Direct Drive Servi-Cycle (Black) (80cc single)	5,000	10,000	20,000	30,000	40,000	50,000
1936						
Direct Drive Servi-Cycle (Black) (80cc single)	5,000	10,000	20,000	30,000	40,000	50,000
1937						
Direct Drive Servi-Cycle (Red) (80cc single)	2,500	5,000	10,000	15,000	20,000	25,000
1938						
Direct Drive Servi-Cycle (Blue) (115cc single)	2,500	5,000	10,000	15,000	20,000	25,000
1939						
Direct Drive Servi-Cycle (Lusterous Black) (115cc single)	2,500	5,000	10,000	15,000	20,000	25,000
Glide Ladies Model (115cc single)	2,500	5,000	10,000	15,000	20,000	25,000
1940						
Direct Drive Servi-Cycle (115cc single)	1,000	2,000	4,000	6,000	8,000	10,000
Model G Heel Operated Clutch (115cc single)	1,000	2,000	4,000	6,000	8,000	10,000
1941						
Model G Rocker Clutch (115cc single)	1,000	2,000	4,000	6,000	8,000	10,000
1942						
Model G Rocker Clutch (115cc single)	1,000	2,000	4,000	6,000	8,000	10,000
1943						
Model G Rocker Clutch (115cc single)	1,000	2,000	4,000	6,000	8,000	10,000
Model GA1 Military (115cc single)	1,000	2,000	4,000	6,000	8,000	10,000
1944						
Model G Rocker Clutch (115cc single)	1,000	2,000	4,000	6,000	8,000	10,000
1945						
Model H (115cc single)	1,000	2,000	4,000	6,000	8,000	10,000
1946						
Model H (115cc single)	1,000	2,000	4,000	6,000	8,000	10,000
1947						
Model 1948 (115cc single)	1,000	2,000	4,000	6,000	8,000	10,000
Model H (115cc single)	1,000	2,000	4,000	6,000	8,000	10,000
1948						
Model 1948 (115cc single)	1,000	2,000	4,000	6,000	8,000	10,000
Model J (115c single)	1,000	2,000	4,000	6,000	8,000	10,000
1949						
Model J (115cc single)	1,000	2,000	4,000	6,000	8,000	10,000
Model K (125cc single)	1,000	2,000	4,000	6,000	8,000	10,000
Model L (125cc single)	1,000	2,000	4,000	6,000	8,000	10,000
Model L Fifth Ton 3-Wheel (125cc single)	1,500	3,000	6,000	9,000	12,000	15,000
1950						
Model L (125cc single)	1,000	2,000	4,000	6,000	8,000	10,000
Model L Fifth Ton 3-Wheel (125cc single)	1,500	3,000	6,000	9,000	12,000	15,000
Model M (125cc single)	1,000	2,000	3,000	4,000	5,000	6,000
1951						
Model L (125cc single)	1,000	2,000	4,000	6,000	8,000	10,000
Model L Fifth Ton 3-Wheel (125cc single)	1,500	3,000	6,000	9,000	12,000	15,000
Model M (125cc single)	1,000	2,000	4,000	6,000	8,000	10,000
1952						
Model M (125cc single)	1,000	2,000	4,000	6,000	8,000	10,000
Model M Fifth Ton 3-Wheel (125cc single)	1,500	3,000	6,000	9,000	12,000	15,000

	6	5	4	3	2	1
1953						
Model M Automatic (125cc single)	1,000	2,000	3,500	5,000	6,500	8,000
Model M Fifth Ton 3-Wheel (125cc single)	1,500	3,000	6,000	9,000	12,000	15,000
1954						
Model M Automatic (125cc single)	1,000	2,000	3,500	5,000	6,500	8,000
Model M Fifth Ton 3-Wheel (125cc single)	1,500	3,000	6,000	9,000	12,000	15,000
1955						
Model M Automatic (125cc single)	1,000	2,000	3,500	5,000	6,500	8,000
Model M Quarter Ton 3-Wheel (125cc single)	1,500	3,000	6,000	9,000	12,000	15,000
1956						
Model M Automatic (125cc single)	1,000	2,000	3,500	5,000	6,500	8,000
Model M Quarter Ton 3-Wheel (125cc single)	10,000	20,000	40,000	60,000	80,000	100K
1957						
Model M Automatic (125cc single)	1,000	2,000	3,500	5,000	6,500	8,000
Model 70 Quarter Ton 3-Wheel (125cc single)	10,000	20,000	40,000	60,000	80,000	100K
Model 70 Quarter Ton 3-Wheel (150cc single)	10,000	20,000	40,000	60,000	80,000	100K
Model M Automatic Scooter (125cc single) (under 1,000 made)	500	1,000	2,000	3,000	4,000	5,000
Model M Automatic Scooter (150cc single) (under 1,000 made)	500	1,000	2,000	3,000	4,000	5,000
1958						
Model M Automatic Scooter (125cc single) (under 1,000 made)	500	1,000	2,000	3,000	4,000	5,000
Model M Automatic Scooter (150cc single) (under 1,000 made)	500	1,000	2,000	3,000	4,000	5,000
Model M Automatic Sportster/Sportsman (150cc single)	1,000	2,000	3,500	5,000	6,500	8,000
1959						
Model M Automatic Scooter (125cc single) (under 1,000 made)	500	1,000	2,000	3,000	4,000	5,000
Model M Automatic Scooter (150cc single) (under 1,000 made)	500	1,000	2,000	3,000	4,000	5,000
Model M Automatic Sportster/Sportsman (150cc single)	1,000	2,000	3,500	5,000	6,500	8,000
1960						
Model M Automatic Scooter (125cc single) (under 1,000 made)	500	1,000	2,000	3,000	4,000	5,000
Model M Automatic Scooter (150cc single) (under 1,000 made)	500	1,000	2,000	3,000	4,000	5,000
Model M Automatic Sportster/Sportsman (150cc single)	1,000	2,000	3,500	5,000	6,500	8,000
1961						
Mini Bike-Sportsman (175cc single)	400	800	1,600	2,400	3,200	4,000
1962						
Mini Bike-Sportsman (175cc single)	400	800	1,600	2,400	3,200	4,000
1963						
Mini Bike-Sportsman (175cc single)	400	800	1,600	2,400	3,200	4,000
1964						
Mini Bike-Sportsman (175cc single)	400	800	1,600	2,400	3,200	4,000
1965						
Mini Bike-Sportsman (175cc single)	400	800	1,600	2,400	3,200	4,000
1966						
Mini Bike-Sportsman (175cc single)	400	800	1,600	2,400	3,200	4,000
1967						
Mini Bike-Sportsman (175cc single)	400	800	1,600	2,400	3,200	4,000
1968						
Mini Bike-Sportsman (175cc single)	400	800	1,600	2,400	3,200	4,000
1969						
Mini Bike-Sportsman (175cc single)	400	800	1,600	2,400	3,200	4,000
1970						
Mini Bike-Sportsman (175cc single)	400	800	1,600	2,400	3,200	4,000

	6	5	4	3	2	1
SUNBEAM						
1912						
2.75hp single OV (349cc single)	20,000	50,000	70,000	100K	120K	150K
1913						
2.75hp single SV (349cc single)	5,000	10,000	20,000	30,000	40,000	50,000
3.5hp single SV (499cc single)	5,000	10,000	20,000	30,000	40,000	50,000
6hp JAP V-Twin SV (770cc V-Twin)	5,000	10,000	25,000	40,000	55,000	70,000
1914						
2.75hp single SV (349cc single)	3,000	6,000	12,000	18,000	24,000	30,000
3.5hp single SV (499cc single)	3,000	6,000	12,000	18,000	24,000	30,000
3.5hp TT model SV (499cc single)	3,000	6,000	12,000	18,000	24,000	30,000
6hp JAP V-Twin SV (770cc V-Twin)	5,000	10,000	20,000	30,000	40,000	50,000
1915						
3.5hp single/War GS Model SV (499cc single)	3,000	6,000	12,000	18,000	24,000	30,000
3.5hp TT model SV (499cc single)	3,000	6,000	12,000	18,000	24,000	30,000
6hp JAP V-Twin SV (770cc V-Twin)	5,000	10,000	20,000	30,000	40,000	50,000
6hp AKD V-Twin SV (798cc V-Twin)	5,000	10,000	20,000	30,000	40,000	50,000
1916						
3.5hp single/War GS Model SV (499cc single)	3,000	6,000	12,000	18,000	24,000	30,000
3.5hp TT model SV(499cc single).	3,000	6,000	12,000	18,000	24,000	30,000
4hp French Military SV (550cc single).	3,000	6,000	12,000	18,000	24,000	30,000
6hp AKD V-Twin SV (770cc V-Twin)	5,000	10,000	20,000	30,000	40,000	50,000
8hp MAG V-Twin SV (996cc V-Twin)	5,000	10,000	20,000	30,000	40,000	50,000
1917						
3.5hp single/War GS Model SV (499cc single)	3,000	6,000	12,000	18,000	24,000	30,000
4hp French Military SV (550cc single).	3,000	6,000	12,000	18,000	24,000	30,000
5hp JAP Russian Military SV (654cc V-Twin)	4,000	8,000	16,000	24,000	32,000	40,000
8hp JAP V-Twin SV (996cc V-Twin)	5,000	10,000	20,000	30,000	40,000	50,000
1918						
3.5hp single/War GS Model SV (499cc single)	3,000	6,000	12,000	18,000	24,000	30,000
8hp JAP V-Twin SV (996cc V-Twin)	5,000	10,000	20,000	30,000	40,000	50,000
1919						
3.5hp Standard single (499cc single)	3,000	6,000	12,000	18,000	24,000	30,000
3.5hp Sporting single (499cc single)	3,000	6,000	12,000	18,000	24,000	30,000
8hp JAP V-Twin (996cc V-Twin)	5,000	10,000	20,000	30,000	40,000	50,000
1920						
3.5hp Standard single SV (499cc single)	3,000	6,000	12,000	18,000	24,000	30,000
3.5hp Sporting single SV (499cc single)	3,000	6,000	12,000	18,000	24,000	30,000
8hp JAP V-Twin SV (996cc V-Twin)	5,000	10,000	20,000	30,000	40,000	50,000
1921						
3.5hp Standard SV (499cc single) (2,600 made)	3,000	6,000	12,000	18,000	24,000	30,000
3.5hp Semi-Sporting SV (499cc single).	3,000	6,000	12,000	18,000	24,000	30,000
3.5hp Sporting Solo TT SV (499cc single) (2,600 made)	3,000	6,000	12,000	18,000	24,000	30,000
8hp JAP V-Twin SV (996cc V-Twin)	5,000	10,000	20,000	30,000	40,000	50,000
1922						
3.5hp Standard SV (499cc single)	3,000	6,000	12,000	18,000	24,000	30,000
3.5hp Semi-Sporting SV (499cc single).	3,000	6,000	12,000	18,000	24,000	30,000
3.5hp Sporting Solo TT SV (499cc single)	3,000	6,000	12,000	18,000	24,000	30,000
Longstroke TT SV (492cc single)	3,000	6,000	12,000	18,000	24,000	30,000
4.5hp Single SV (596cc single)	3,000	6,000	12,000	18,000	24,000	30,000
8hp JAP V-Twin SV (996cc V-Twin)	5,000	10,000	20,000	30,000	40,000	50,000
1923						
2.75hp single SV (347cc single)	2,000	4,000	8,000	12,000	16,000	20,000
3.5hp Standard SV (499cc single)	3,000	6,000	12,000	18,000	24,000	30,000
3.5hp Sporting SV (499cc single)	3,000	6,000	12,000	18,000	24,000	30,000
3.5hp Light Solo SV (499cc single)	3,000	6,000	12,000	18,000	24,000	30,000
Longstroke TT SV (492cc single)	3,000	6,000	12,000	18,000	24,000	30,000
4.5hp Single SV (596cc single)	3,000	6,000	12,000	18,000	24,000	30,000
8hp JAP V-Twin SV (996cc V-Twin)	5,000	10,000	20,000	30,000	40,000	50,000

	6	5	4	3	2	1
1924						
Model 1 Touring 2.75hp SV (347cc single)	2,000	4,000	8,000	12,000	16,000	20,000
Model 2 Sports 2.75hp SV (347cc single).	2,000	4,000	8,000	12,000	16,000	20,000
Model 3 Standard 3.5hp SV (499cc single)	2,500	5,000	10,000	15,000	20,000	25,000
Model 4 Deluxe 4.5hp SV (596cc single)	2,500	5,000	10,000	15,000	20,000	25,000
Model 5 Light Solo 3.5hp SV (499cc single)	2,500	5,000	10,000	15,000	20,000	25,000
Model 6 Longstroke SV (492cc single)	2,500	5,000	10,000	15,000	20,000	25,000
Model 7 4.5hp SV (596cc single)	2,500	5,000	10,000	15,000	20,000	25,000
Model 8 Parallel OHV (347cc single)	2,500	5,000	10,000	15,000	20,000	25,000
Model 9 Parallel OHV (493cc single)	5,000	10,000	15,000	20,000	25,000	30,000
Model 10 Sprint OHV (347cc single)	2,000	4,000	8,000	12,000	16,000	20,000
Model 11 Sprint OHV (493cc single)	2,500	5,000	10,000	15,000	20,000	25,000
1925						
Model 1 Touring 2.75hp SV (347cc single)	2,000	4,000	8,000	12,000	16,000	20,000
Model 2 Sports 2.75hp SV (347cc single).	2,000	4,000	8,000	12,000	16,000	20,000
Model 3 Standard 3.5hp SV (499cc single)	2,500	5,000	10,000	15,000	20,000	25,000
Model 4 Deluxe 4.5hp SV (596cc single)	2,500	5,000	10,000	15,000	20,000	25,000
Model 5 Light Solo 3.5hp SV (499cc single)	2,500	5,000	10,000	15,000	20,000	25,000
Model 6 Longstroke SV (492cc single)	2,500	5,000	10,000	15,000	20,000	25,000
Model 7 4.5hp SV (596cc single)	2,500	5,000	10,000	15,000	20,000	25,000
Model 8 Parallel OHV (347cc single)	2,500	5,000	10,000	15,000	20,000	25,000
Model 9 Parallel OHV (493cc single)	5,000	10,000	15,000	20,000	25,000	30,000
Model 10 Sprint OHV (347cc single)	2,000	4,000	8,000	12,000	16,000	20,000
Model 11 Sprint OHV (493cc single)	2,500	5,000	10,000	15,000	20,000	25,000
1926						
Model 1 Touring 2.75hp SV (347cc single)	2,000	4,000	8,000	12,000	16,000	20,000
Model 2 Sports 2.75hp SV (347cc single).	2,000	4,000	8,000	12,000	16,000	20,000
Model 3 Standard 3.5hp SV (499cc single)	2,500	5,000	10,000	15,000	20,000	25,000
Model 4 Deluxe 4.5hp SV (596cc single)	2,500	5,000	10,000	15,000	20,000	25,000
Model 5 Light Solo 3.5hp SV (499cc single)	2,500	5,000	10,000	15,000	20,000	25,000
Model 6 Longstroke SV (492cc single)	2,500	5,000	10,000	15,000	20,000	25,000
Model 7 4.5hp SV (596cc single)	2,500	5,000	10,000	15,000	20,000	25,000
Model 8 Parallel OHV (347cc single)	2,500	5,000	10,000	15,000	20,000	25,000
Model 9 Parallel OHV (493cc single)	5,000	10,000	15,000	20,000	25,000	30,000
Model 10 Sprint OHV (347cc single)	2,000	4,000	8,000	12,000	16,000	20,000
Model 11 Sprint OHV (493cc single)	2,500	5,000	10,000	15,000	20,000	25,000
1927						
Model 1 Touring 2.75hp SV (347cc single)	2,000	4,000	8,000	12,000	16,000	20,000
Model 2 Sports 2.75hp SV (347cc single).	2,000	4,000	8,000	12,000	16,000	20,000
Model 5 Light Solo 3.5hp SV (499cc single)	2,500	5,000	10,000	15,000	20,000	25,000
Model 6 Longstroke SV (492cc single)	2,500	5,000	10,000	15,000	20,000	25,000
Model 7 4.5hp SV (596cc single)	2,500	5,000	10,000	15,000	20,000	25,000
Model 80 OHV (347cc single).	2,000	4,000	8,000	12,000	16,000	20,000
Model 9 Parallel OHV (493cc single)	5,000	10,000	15,000	20,000	25,000	30,000
Model 90 OHV (493cc single).	2,500	5,000	10,000	15,000	20,000	25,000
1928						
Model 1 Touring 2.75hp SV (347cc single)	2,000	4,000	8,000	12,000	16,000	20,000
Model 2 Sports 2.75hp SV (347cc single).	2,000	4,000	8,000	12,000	16,000	20,000
Model 5 Light Solo 3.5hp SV (499cc single)	2,500	5,000	10,000	15,000	20,000	25,000
Model 6 Longstroke SV (492cc single)	2,500	5,000	10,000	15,000	20,000	25,000
Model 7 4.5hp SV (596cc single)	2,500	5,000	10,000	15,000	20,000	25,000
Model 8 Parallel OHV (347cc single)	2,500	5,000	10,000	15,000	20,000	25,000
Model 9 Parallel OHV (493cc single)	5,000	10,000	15,000	20,000	25,000	30,000
Model 90 OHV (493cc single).	2,500	5,000	10,000	15,000	20,000	25,000
1929						
Model 1 Touring 2.75hp SV (347cc single)	1,500	3,000	6,000	9,000	12,000	15,000
Model 2 Sports 2.75hp SV (347cc single).	1,500	3,000	6,000	9,000	12,000	15,000
Model 5 Light Solo 3.5hp SV (499cc single)	2,000	4,000	8,000	12,000	16,000	20,000
Model 6 Longstroke SV (492cc single)	2,000	4,000	8,000	12,000	16,000	20,000
Model 7 4.5hp SV (flat tank) (596cc single)	2,000	4,000	8,000	12,000	16,000	20,000

	6	5	4	3	2	1
Model 8 Parallel OHV (347cc single)	1,500	3,000	6,000	9,000	12,000	15,000
Model 80 OHV (347cc single).	1,500	3,000	6,000	9,000	12,000	15,000
Model 9 Parallel OHV (400cc single)	2,000	4,000	8,000	12,000	16,000	20,000
Model 90 OHV (493cc single)	2,000	4,000	8,000	12,000	16,000	20,000
1930						
Model 1 Touring 2.75hp SV (347cc single)	1,500	3,000	6,000	9,000	12,000	15,000
Model 2 Sports 2.75hp SV (347cc single).	1,500	3,000	6,000	9,000	12,000	15,000
Model 5 Light Solo 3.5hp SV (499cc single)	2,000	4,000	8,000	12,000	16,000	20,000
Model 6 Longstroke SV (492cc single)	2,000	4,000	8,000	12,000	16,000	20,000
Lion SV (492cc single)	1,500	3,000	6,000	9,000	12,000	15,000
Model 7 4.5hp SV (flat tank) (596cc single)	2,000	4,000	8,000	12,000	16,000	20,000
Model 8 Parallel OHV (347cc single)	1,500	3,000	6,000	9,000	12,000	15,000
Model 80 OHV (347cc single).	1,500	3,000	6,000	9,000	12,000	15,000
Model 9 Parallel OHV (493cc single)	2,000	4,000	8,000	12,000	16,000	20,000
Model 90 OHV (493cc single).	2,000	4,000	8,000	12,000	16,000	20,000
Speedway OHV (493cc single)	2,500	5,000	10,000	15,000	20,000	25,000
1931						
Lion SV (492cc single)	1,500	3,000	6,000	9,000	12,000	15,000
Model 7 4.5hp SV (flat tank) (596cc single)	2,000	4,000	8,000	12,000	16,000	20,000
Model 7A SV (598cc single).	1,500	3,000	6,000	9,000	12,000	15,000
Model 9 OHV (493cc twin)	2,000	4,000	8,000	12,000	16,000	20,000
Model 90 OHV (493cc single).	2,000	4,000	8,000	12,000	16,000	20,000
Model 10 OHV (344cc single).	2,000	4,000	8,000	12,000	16,000	20,000
1932						
Model 6A Lion SV (492cc single)	1,500	3,000	6,000	9,000	12,000	15,000
Model 7A Lion SV (598cc single)	1,500	3,000	6,000	9,000	12,000	15,000
Model 7 4.5hp SV (flat tank) (596cc single)	2,000	4,000	8,000	12,000	16,000	20,000
Model 9 OHV (493cc twin)	2,000	4,000	8,000	12,000	16,000	20,000
Model 9A OHV (596cc single).	1,500	3,000	6,000	9,000	12,000	15,000
Model 90 OHV (493cc single).	2,000	4,000	8,000	12,000	16,000	20,000
Model 10 OHV (344cc single).	2,000	4,000	8,000	12,000	16,000	20,000
1933						
Model 14 OHC (250cc single).	2,000	4,000	6,000	8,000	10,000	12,000
Little 90 OHV (250cc single).	2,000	4,000	6,000	8,000	10,000	12,000
Lion SV (492cc single)	1,500	3,000	6,000	9,000	12,000	15,000
Lion SV (598cc single)	1,500	3,000	6,000	9,000	12,000	15,000
Model 8 OHV (347cc single)	1,500	3,000	6,000	9,000	12,000	15,000
Model 80 OHV (347cc single).	1,500	3,000	6,000	9,000	12,000	15,000
Model 9 OHV (493cc single)	2,000	4,000	8,000	12,000	16,000	20,000
Model 90 OHV (493cc single)	2,000	4,000	8,000	12,000	16,000	20,000
Model 9A OHV (596cc single).	1,500	3,000	6,000	9,000	12,000	15,000
Model 95 OHV (493cc single).	2,500	5,000	10,000	15,000	20,000	25,000
1934						
Model 14 Longstroke OHC (250cc single)	2,000	4,000	6,000	8,000	10,000	12,000
Lion SV (492cc single)	1,500	3,000	6,000	9,000	12,000	15,000
Lion SV (598cc single)	1,500	3,000	6,000	9,000	12,000	15,000
Model 8 OHV (347cc single)	1,500	3,000	6,000	9,000	12,000	15,000
Model 9 OHV (493cc single)	2,000	4,000	8,000	12,000	16,000	20,000
Model 9A OHV (596cc single).	1,500	3,000	6,000	9,000	12,000	15,000
Model 95 OHV (493cc single).	2,500	5,000	10,000	15,000	20,000	25,000
Little 95 OHV (250cc single)	2,000	4,000	6,000	8,000	10,000	12,000
1935						
Lion SV (492cc single)	1,500	3,000	6,000	9,000	12,000	15,000
Lion SV (598cc single)	1,500	3,000	6,000	9,000	12,000	15,000
Model 8 OHV (347cc single)	1,500	3,000	6,000	9,000	12,000	15,000
Model 9 OHV (493cc single)	2,000	4,000	8,000	12,000	16,000	20,000
Model 9A OHV (596cc single).	1,500	3,000	6,000	9,000	12,000	15,000
Model 95L OHV (493cc single)	2,500	5,000	10,000	15,000	20,000	25,000
Model 95R OHV (493cc single)	2,500	5,000	10,000	15,000	20,000	25,000
Model 16 OHV (248cc single).	2,000	4,000	6,000	8,000	10,000	12,000

	6	5	4	3	2	1
1936						
Lion SV (492cc single)	1,500	3,000	6,000	9,000	12,000	15,000
Lion SV (598cc single)	1,500	3,000	6,000	9,000	12,000	15,000
Model 8 OHV (347cc single)	1,500	3,000	6,000	9,000	12,000	15,000
Model 8 Sport OHV (347cc single)	1,500	3,000	6,000	9,000	12,000	15,000
Model 9 OHV (493cc single)	2,000	4,000	8,000	12,000	16,000	20,000
Model 9 Sport OHV (493cc single)	2,000	4,000	8,000	12,000	16,000	20,000
Model 9A OHV (596cc single)	1,500	3,000	6,000	9,000	12,000	15,000
Model 14 OHV (250cc single)	1,500	3,000	6,000	9,000	12,000	15,000
Model 14 Sport OHV (250cc single)	1,500	3,000	6,000	9,000	12,000	15,000
1937						
Lion SV (492cc single)	1,500	3,000	6,000	9,000	12,000	15,000
Lion SV (598cc single)	1,500	3,000	6,000	9,000	12,000	15,000
Model 350 OHV (346cc single)	1,500	3,000	6,000	9,000	12,000	15,000
Model 350 OHV Sports (346cc single)	1,500	3,000	6,000	9,000	12,000	15,000
Model 9 500 OHV (493cc single)	2,000	4,000	8,000	12,000	16,000	20,000
Model 9 600 OHV (596cc single)	1,500	3,000	6,000	9,000	12,000	15,000
Light Solo OHC (493cc single)	2,000	4,000	8,000	12,000	16,000	20,000
Light Solo Sports OHC (493cc single)	2,000	4,000	8,000	12,000	16,000	20,000
Model 250 OHV (250cc single)	1,500	3,000	6,000	9,000	12,000	15,000
Model 250 Sports OHV (250cc single)	2,000	4,000	8,000	12,000	16,000	20,000
1938						
Model A23 OHV (246cc single)	1,000	2,000	4,000	6,000	8,000	10,000
Model A23S OHV (246cc single)	1,000	2,000	4,000	6,000	8,000	10,000
Model A24 OHV (347cc single)	1,500	3,000	6,000	9,000	12,000	15,000
Model A24S OHV (347cc single)	1,500	3,000	6,000	9,000	12,000	15,000
Model A25 OHV (493cc single)	1,500	3,000	6,000	9,000	12,000	15,000
Model A26 OHV (493cc single)	1,500	3,000	6,000	9,000	12,000	15,000
Model A27 OHV (493cc single)	1,500	3,000	6,000	9,000	12,000	15,000
Model A28 OHV (596cc single)	1,500	3,000	6,000	9,000	12,000	15,000
Model A29 Lion SV (492cc single)	1,500	3,000	6,000	9,000	12,000	15,000
Model A30 Lion SV (598cc single)	1,500	3,000	6,000	9,000	12,000	15,000
1939						
B23 OHV (246cc single)	1,000	2,000	4,000	6,000	8,000	10,000
B23S OHV (246cc single)	1,000	2,000	4,000	6,000	8,000	10,000
B23T OHV Hi Cam (246cc single)	1,000	2,000	4,000	6,000	8,000	10,000
B24 OHV (347cc single)	2,000	4,000	6,000	8,000	10,000	12,000
B24S OHV (347cc single)	2,000	4,000	6,000	8,000	10,000	12,000
B24T OHV Hi Cam (347cc single)	2,000	4,000	6,000	8,000	10,000	12,000
B25 OHV (498cc single)	2,000	4,000	6,000	8,000	10,000	12,000
B25S OHV (498cc single)	2,000	4,000	6,000	8,000	10,000	12,000
B25T OHV Hi Cam (498cc single)	2,000	4,000	6,000	8,000	10,000	12,000
B28 OHV (598cc single)	1,500	3,000	6,000	9,000	12,000	15,000
B29 Lion SV (492cc single)	1,500	3,000	6,000	9,000	12,000	15,000
B30 Lion SV (598cc single)	1,500	3,000	6,000	9,000	12,000	15,000
1940						
C23 OHC Hi Cam (246cc single)	1,000	2,000	4,000	6,000	8,000	10,000
C24 OHC (347cc single)	2,000	4,000	6,000	8,000	10,000	12,000
C24S OHC (347cc single)	2,000	4,000	6,000	8,000	10,000	12,000
CH24 OHC Hi Cam (347cc single)	2,000	4,000	6,000	8,000	10,000	12,000
C25 OHC (498cc single)	2,000	4,000	6,000	8,000	10,000	12,000
C25S OHC (498cc single)	2,000	4,000	6,000	8,000	10,000	12,000
CH25 OHC Hi Cam (498cc single)	2,000	4,000	6,000	8,000	10,000	12,000
C28 OHC (598cc single)	1,500	3,000	6,000	9,000	12,000	15,000
CH28 OHC (598cc single)	1,500	3,000	6,000	9,000	12,000	15,000
C30 Lion SV (598cc single)	1,500	3,000	6,000	9,000	12,000	15,000
1947						
S7 (487cc twin, shaft drive) (2,104 made-3 yrs)	3,000	4,000	6,000	9,000	12,000	15,000
1948						
S7 (487cc twin, shaft drive)	3,000	4,000	6,000	9,000	12,000	15,000

	6	5	4	3	2	1
1949						
S7 (487cc twin, shaft drive)	3,000	4,000	6,000	9,000	12,000	15,000
1950						
S7 Deluxe (487cc twin, shaft drive) (5,554 made-7 yrs) . .	3,000	4,000	6,000	9,000	12,000	15,000
S8 (487cc twin, shaft drive) (8,530 made-7 yrs)	3,000	4,000	6,000	8,000	10,000	13,000
1951						
S7 Deluxe (487cc twin, shaft drive)	3,000	4,000	6,000	9,000	12,000	15,000
S8 (487cc twin, shaft drive)	3,000	4,000	6,000	8,000	10,000	13,000
1952						
S7 Deluxe (487cc twin, shaft drive)	3,000	4,000	6,000	9,000	12,000	15,000
S8 (487cc twin, shaft drive)	3,000	4,000	6,000	8,000	10,000	13,000
1953						
S7 Deluxe (487cc twin, shaft drive)	3,000	4,000	6,000	9,000	12,000	15,000
S8 (487cc twin, shaft drive)	3,000	4,000	6,000	8,000	10,000	13,000
1954						
S7 Deluxe (487cc twin, shaft drive)	3,000	4,000	6,000	9,000	12,000	15,000
S8 (487cc twin, shaft drive)	3,000	4,000	6,000	8,000	10,000	13,000
1955						
S7 Deluxe (487cc twin, shaft drive)	3,000	4,000	6,000	9,000	12,000	15,000
S8 (487cc twin, shaft drive)	3,000	4,000	6,000	8,000	10,000	13,000
1956						
S7 Deluxe (487cc twin, shaft drive)	3,000	4,000	6,000	9,000	12,000	15,000
S8 (487cc twin, shaft drive)	3,000	4,000	6,000	8,000	10,000	13,000
SUZUKI						
1952						
Power Free E1 (36cc single)	1,500	3,000	6,000	9,000	12,000	15,000
1953						
Diamond Free DF1 (58cc single)	1,500	3,000	6,000	9,000	12,000	15,000
1954						
Colleda CO (90cc single)	1,000	2,000	4,000	6,000	8,000	10,000
SJK Mini Free MF1 (50cc single)	1,000	2,000	3,000	4,000	5,000	6,000
1955						
Colleda Porter Free DH-1 (102cc single)	1,000	2,000	4,000	6,000	8,000	10,000
Cox (123cc single)	1,000	2,000	4,000	6,000	8,000	10,000
Colleda ST (123cc single).	1,000	2,000	4,000	6,000	8,000	10,000
1956						
Porter Free DH-1 (102cc single)	1,000	2,000	4,000	6,000	8,000	10,000
Colleda Cox-2 (123cc single)	1,000	2,000	4,000	6,000	8,000	10,000
Colleda STII (123cc single)	1,000	2,000	4,000	6,000	8,000	10,000
Colleda TT (247cc twin).	1,000	2,000	4,000	6,000	8,000	10,000
1957						
Colleda STIII (123cc single).	1,000	2,000	4,000	6,000	8,000	10,000
1958						
SM1 Suzumoped (50 cc single).	1,000	2,000	3,000	4,000	5,000	6,000
Colleda ST5 (123cc single)	1,000	2,000	3,500	5,000	6,500	8,000
Colleda TM (247cc twin)	1,000	2,000	4,000	6,000	8,000	10,000
1959						
SM2 Suzumoped (50cc single)	1,000	2,000	3,000	4,000	5,000	6,000
Colleda Seltwin SB (123cc twin)	1,000	2,000	3,500	5,000	6,500	8,000
Colleda ST6A (123cc single)	1,000	2,000	3,500	5,000	6,500	8,000
1960						
Selpet 50MA Selpet (48cc single).	1,000	2,000	3,000	4,000	5,000	6,000
Colleda Seltwin 125 SB-2 (123cc twin)	1,000	2,000	3,000	4,000	5,000	6,000
Colleda Seltwin Sports SB-S (150cc twin)	1,000	2,000	3,000	4,000	5,000	6,000
Colleda 250 TB (246cc twin)	1,000	2,000	3,500	5,000	6,500	8,000
1961						
Colleda 250 TB (246cc twin)	1,000	2,000	3,500	5,000	6,500	8,000
1962						
Colleda 125 SK (125cc twin)	1,000	2,000	3,000	4,000	5,000	6,000

	6	5	4	3	2	1
Colleda 125 SL (125cc single)	1,000	2,000	3,000	4,000	5,000	6,000
Colleda 250 TB (246cc twin)	1,000	2,000	3,500	5,000	6,500	8,000
1963						
M30 Selpet (50cc single)	1,000	2,000	3,000	4,000	5,000	6,000
RM63 (50cc single)	11,000	17,000	25,000	33,000	44,000	55,000
RT63 (124cc twin)	10,000	15,000	22,500	30,000	40,000	50,000
S31 (124cc twin)	250	500	1,000	1,500	2,000	2,500
S250 TC Colleda (248cc twin)	500	1,000	2,000	3,000	4,000	5,000
TC250 El Camino (248cc twin)	500	1,000	2,000	3,000	4,000	5,000
1964						
M12 Sports 50 (50cc single)	250	500	1,000	1,500	2,000	2,500
M30 Mokick (50cc single)	250	500	1,000	1,500	2,000	2,500
M31 Mokick (55cc single)	250	500	1,000	1,500	2,000	2,500
K10 (79cc single)	250	500	1,000	1,500	2,000	2,500
K11 Sports 80 (79cc single)	250	500	1,000	1,500	2,000	2,500
T10 (246cc twin)	500	1,000	2,000	3,000	4,000	5,000
1965						
K10 (79cc single)	250	500	1,000	1,500	2,000	2,500
K10D (79cc single)	250	500	1,000	1,500	2,000	2,500
K11 Sports 80 (79cc single)	250	500	1,000	1,500	2,000	2,500
Hillbilly K15 (79cc single)	250	500	1,000	1,500	2,000	2,500
B100 (118cc single)	250	500	1,000	1,500	2,000	2,500
S10 (124cc twin)	300	600	1,200	1,800	2,400	3,000
S32 (149cc twin)	450	900	1,800	2,700	3,600	4,500
T20 (247cc twin)	800	1,800	2,600	3,400	4,200	5,000
X6 Super Six (247cc twin)	1,500	3,000	6,000	10,000	14,000	18,000
1966						
M15 (49cc single)	250	500	1,000	1,500	2,000	2,500
K11 P Challenger (79cc single)	250	500	1,000	1,500	2,000	2,500
A100 (98cc single)	250	500	1,000	1,500	2,000	2,500
B120 (118cc single)	250	500	1,000	1,500	2,000	2,500
S32 II (149cc twin)	450	900	1,800	2,700	3,600	4,500
T20 (247cc twin)	800	1,800	2,600	3,400	4,200	5,000
X6 Super Six (247cc twin)	1,500	3,000	6,000	10,000	14,000	18,000
1967						
RK67 Racer (50cc twin)	9,000	14,000	20,000	27,000	36,000	45,000
M12 Cavalier (50cc single)	250	500	1,000	1,500	2,000	2,500
M15 Collegian (50cc single)	250	500	1,000	1,500	2,000	2,500
M31 Suzi (55cc single)	250	500	1,000	1,500	2,000	2,500
K10 P Corsair (79cc single)	250	500	1,000	1,500	2,000	2,500
K11 P Challenger (79cc single)	250	500	1,000	1,500	2,000	2,500
K15 P Hillbilly (79cc single)	250	500	1,000	1,500	2,000	2,500
A90 (86cc single)	250	500	1,000	1,500	2,000	2,500
A100 Charger (98cc single)	250	500	1,000	1,500	2,000	2,500
AS100 Sierra (98cc single)	250	500	1,000	1,500	2,000	2,500
B100P Magnum (118cc single)	250	500	1,000	1,500	2,000	2,500
BP105 P Bearcat (118cc single)	250	500	1,000	1,500	2,000	2,500
B120 (118cc single)	250	500	1,000	1,500	2,000	2,500
TC120 (118cc single)	250	500	1,000	1,500	2,000	2,500
T125 (124cc twin)	250	500	1,000	1,500	2,000	2,500
T200 (196cc single)	500	1,000	2,000	3,000	4,000	5,000
TC200 Stingray (196cc single)	500	1,000	2,000	3,000	4,000	5,000
T20 Super Six/X-6 Hustler (247cc twin)	750	1,500	2,500	4,000	5,500	7,000
T21 Super (247cc twin)	750	1,500	2,500	4,000	5,500	7,000
TC250 Hustler/X-6 Scrambler (247cc twin)	1,000	2,000	3,000	4,000	5,500	7,000
1968						
AS50 Maverick (49cc single)	250	500	1,000	1,500	2,000	2,500
AC90 (86 single)	250	500	1,000	1,500	2,000	2,500
A100 (98cc single)	250	500	1,000	1,500	2,000	2,500
B120 (118cc single)	250	500	1,000	1,500	2,000	2,500

	6	5	4	3	2	1
KT120 Trail (118cc single).	250	500	1,000	1,500	2,000	2,500
T200/X-5 Invader (196cc single)	500	1,000	2,000	3,000	4,000	5,000
TC200 Stingray (196cc single)	500	1,000	2,000	3,000	4,000	5,000
TC250/X-6 Scrambler (247cc twin)	750	1,500	2,500	4,000	5,500	7,000
TM250 (249cc single).	750	1,500	2,500	4,000	5,500	7,000
T305 (305cc twin).	750	1,500	2,500	4,000	5,500	7,000
TC305 (305cc twin).	750	1,500	2,500	4,000	5,500	7,000
T500 Cobra (492cc twin)	1,000	2,000	3,500	5,000	6,500	8,000
1969						
AS50 Maverick (49cc single)	250	500	1,000	1,500	2,000	2,500
A95 (69cc single)	250	500	1,000	1,500	2,000	2,500
T90 Wolf (89cc twin)	250	500	1,000	1,500	2,000	2,500
A100 (98cc single)	250	500	1,000	1,500	2,000	2,500
AC100 Wolf (98cc single)	250	500	1,000	1,500	2,000	2,500
B120 (118cc single).	250	500	1,000	1,500	2,000	2,500
TC120 Cat (118cc single).	500	1,000	1,500	2,000	2,500	3,000
T125 Stinger (124cc twin).	1,000	2,000	3,000	4,000	5,000	6,000
T250 Hustler (247cc twin).	750	1,500	2,500	4,000	5,500	7,000
TS250 Savage (247cc twin).	750	1,500	2,500	4,000	5,500	7,000
T305 Raider (305cc twin).	750	1,500	2,500	4,000	5,500	7,000
T350 Rebel (315cc twin)	750	1,500	2,500	4,000	5,500	7,000
T500 II Titan (492cc twin)	1,000	2,000	3,500	5,000	6,500	8,000
TR500 (492cc twin)	1,000	2,000	3,500	5,000	6,500	8,000
1970						
AC50 Maverick (49cc single)	250	500	1,000	1,500	2,000	2,500
A95 (69cc single)	250	500	1,000	1,500	2,000	2,500
A100 (98cc single)	250	500	1,000	1,500	2,000	2,500
TC90 Blazer (89cc single).	250	500	1,000	1,500	2,000	2,500
TS90 Honcho (89cc single)	250	500	1,000	1,500	2,000	2,500
B120 (118cc single).	250	500	1,000	1,500	2,000	2,500
TC120 II Cat (118cc single)	500	1,000	1,500	2,000	2,500	3,000
T125 II Stinger (124cc twin)	400	800	1,600	2,400	3,200	4,000
TS250 II Savage (246cc single).	750	1,500	3,000	4,000	5,000	6,000
T250 II Hustler (247cc twin).	750	1,500	3,000	4,000	5,000	6,000
T250 II Scrambler (247cc twin).	750	1,500	3,000	4,000	5,000	6,000
T350 II Rebel (315cc twin)	750	1,500	3,000	4,000	5,000	6,000
TS350 II (315cc twin)	750	1,500	2,500	4,000	5,500	7,000
T500 II Titan (492cc twin)	1,000	2,000	3,500	5,000	6,500	8,000
1971						
AC50 Scrambler (49cc single).	250	500	1,000	1,500	2,000	2,500
TS50R (49cc single)	250	500	1,000	1,500	2,000	2,500
A95 (69cc single)	250	500	1,000	1,500	2,000	2,500
A100 (98cc single)	250	500	1,000	1,500	2,000	2,500
TC90R (89cc single)	250	500	1,000	1,500	2,000	2,500
TS90R (89cc single)	250	500	1,000	1,500	2,000	2,500
TS90T (89cc single)	250	500	1,000	1,500	2,000	2,500
B120 (118cc single).	250	500	1,000	1,500	2,000	2,500
TC120R (188cc single)	250	500	1,000	1,500	2,000	2,500
TS125R (123cc single)	300	600	1,200	1,800	2,400	3,000
TS185R (183cc single)	500	1,000	1,500	2,100	2,800	3,500
T250R (246cc single)	500	1,000	2,000	3,000	4,000	5,000
TS250R (247cc single)	500	1,000	2,000	3,000	4,000	5,000
T350R (315cc twin)	500	1,000	2,000	3,000	4,000	5,000
TM400 (396cc single).	500	1,000	2,000	3,000	4,000	5,000
T500R Titan (492cc twin)	1,000	2,000	3,500	5,000	6,500	8,000
1972						
A50P (49cc single)	200	400	800	1,200	1,600	2,000
AC50 (49cc single)	200	400	800	1,200	1,600	2,000
MT50J Trailhopper (49cc single)	250	500	1,000	1,500	2,000	2,500
T50J Gaucho (49cc single)	250	500	1,000	1,500	2,000	2,500

	6	5	4	3	2	1
A95 (69cc single)	250	500	1,000	1,500	2,000	2,500
A80 (72cc single)	250	500	1,000	1,500	2,000	2,500
A100 (98cc single)	250	500	1,000	1,500	2,000	2,500
RV90J Rover (88cc single)	250	500	1,000	1,500	2,000	2,500
TC90J Blazer (89cc single)	250	500	1,000	1,500	2,000	2,500
TC90 Suitcase (89cc single)	250	500	1,000	1,500	2,000	2,500
TS 90 Suitcase (89cc single)	250	500	1,000	1,500	2,000	2,500
B120 (118cc single)	250	500	1,000	1,500	2,000	2,500
TM250J (249cc single)	400	700	1,400	2,100	2,800	3,500
RV125J Van Van (123cc single)	250	500	1,000	1,500	2,000	2,500
TS125J (123cc single)	300	600	1,200	1,800	2,400	3,000
TS185J Sierra (183cc single)	500	1,000	1,500	2,100	2,800	3,500
GT250 II (247cc twin)	500	1,000	2,000	3,000	4,000	5,000
TS250J Savage (246cc single)	500	1,000	2,000	3,000	4,000	5,000
T250J Hustler (247cc twin)	500	1,000	2,000	3,000	4,000	5,000
GT380J Sebring (371cc triple)	500	1,000	2,000	3,500	5,000	6,500
TM400 Hustler (396cc single)	500	1,000	2,000	3,000	4,000	5,000
TS400J (396cc twin)	500	1,000	2,000	3,000	4,000	5,000
T500 Vallelunga/Sport TT (492cc twin)	1,500	2,000	4,000	6,000	8,000	10,000
TS500J Titan (492cc twin)	1,000	2,000	3,500	5,000	6,500	8,000
GT550J Indy (543cc triple)	500	1,000	2,000	3,000	4,000	5,000
GT750J LeMans (739cc triple)	2,000	4,000	6,000	9,000	12,000	15,000
1973						
A50P (49cc single)	200	400	800	1,200	1,600	2,000
AC50 (49cc single)	200	400	800	1,200	1,600	2,000
RV50S Van Van (49c single)	200	400	800	1,200	1,600	2,000
T50K Gaucho (49cc single)	250	500	1,000	1,500	2,000	2,500
RV90K Rover (88cc single)	250	500	1,000	1,500	2,000	2,500
A100 (98cc single)	250	500	1,000	1,500	2,000	2,500
TC100K Blazer (97cc single)	300	600	1,200	1,800	2,400	3,000
TS100K Honcho (97cc single)	250	500	1,000	1,500	2,000	2,500
A100 (98cc single)	250	500	1,000	1,500	2,000	2,500
B120 (118cc single)	250	500	1,000	1,500	2,000	2,500
TC125K Prospector (123cc single)	250	500	1,000	1,500	2,000	2,500
TM125K Challenger (123cc single)	500	1,000	2,000	3,000	4,000	5,000
TS125K Duster (123cc single)	300	600	1,200	1,800	2,400	3,000
TS185K Sierra (183cc single)	500	1,000	1,500	2,100	2,800	3,500
GT185K Adventurer (184cc twin)	500	1,000	1,500	2,100	2,800	3,500
GT250K (247cc single)	500	1,000	2,000	3,000	4,000	5,000
T250K Hustler (247cc twin)	500	1,000	2,000	3,000	4,000	5,000
TM250K (249cc single)	500	1,000	2,000	3,000	4,000	5,000
TS250K Savage (246cc single)	500	1,000	2,000	3,000	4,000	5,000
GT380K Sebring (371cc triple)	500	1,000	2,000	3,500	5,000	6,500
TM400K Cyclone (396cc single)	500	1,000	2,000	3,000	4,000	5,000
TS400K Apache (396cc twin)	500	1,000	2,000	3,000	4,000	5,000
TS500K Titan (492cc twin)	1,000	2,000	3,500	5,000	6,500	8,000
GT550K Indy (543cc triple)	500	1,000	2,000	3,000	4,000	5,000
GT750K LeMans (739cc triple)	2,000	4,000	6,000	8,000	10,000	12,000
1974						
A50P (49cc single)	200	400	800	1,200	1,600	2,000
AC50 (49cc single)	200	400	800	1,200	1,600	2,000
K50 (49cc single)	200	400	800	1,200	1,600	2,000
RV50 Van Van (49c single)	200	400	500	700	900	1,200
T50L Gaucho (49cc single)	250	500	1,000	1,500	2,000	2,500
TM75 Mini Cross (72cc single)	450	900	1,800	2,700	3,600	4,500
TS75 (74cc single)	500	1,000	1,500	2,000	2,500	3,000
RV90 Rover (88cc single)	250	500	1,000	1,500	2,000	2,500
A100 (98cc single)	250	500	1,000	1,500	2,000	2,500
B120 (118cc single)	250	500	1,000	1,500	2,000	2,500
TC100L Blazer (97cc single)	300	600	1,200	1,800	2,400	3,000

	6	5	4	3	2	1
TM100 Contender (98cc single).	500	1,000	2,000	3,000	4,000	5,000
TS100L Honcho (97cc single).	250	500	1,000	1,500	2,000	2,500
GT100 (100cc twin).	250	500	1,000	1,500	2,000	2,500
K125 (123cc single).	250	500	1,000	1,500	2,000	2,500
TC125 (123cc single)	250	500	1,000	1,500	2,000	2,500
TM125K Challenger (123cc single)	500	1,000	2,000	3,000	4,000	5,000
TS125L Duster (123cc single)	300	600	1,200	1,800	2,400	3,000
TC185L Ranger (183cc single)	500	1,000	1,500	2,000	2,500	3,000
TS185L Sierra (183cc single).	500	1,000	1,500	2,000	2,500	3,000
GT185L Adventurer (184cc twin)	350	700	1,400	2,100	2,800	3,500
GT250L (247cc twin)	500	1,000	2,000	3,000	4,000	5,000
RL250 Exacta (246cc single)	500	1,000	2,000	3,000	4,000	5,000
T250L Hustler (247cc twin)	500	1,000	2,000	3,000	4,000	5,000
TM250L Champion (249cc single)	500	1,000	2,000	3,000	4,000	5,000
TS250L Savage (246cc single)	500	1,000	2,000	3,000	4,000	5,000
GT380L Sebring (371cc triple)	500	1,000	2,000	3,500	5,000	6,500
TM400 Cyclone (396cc single)	500	1,000	2,000	3,000	4,000	5,000
TS400L Apache (396cc twin)	500	1,000	2,000	3,000	4,000	5,000
TS500L Titan (492cc twin)	1,000	2,000	3,500	5,000	6,500	8,000
GT550L Indy (543cc triple)	500	1,000	2,000	3,000	4,000	5,000
GT750L LeMans (739cc triple)	2,000	4,000	6,000	8,000	10,000	12,000
1975						
A50P (49cc single)	200	400	800	1,200	1,600	2,000
K50 (49cc single)	200	400	800	1,200	1,600	2,000
RV50 Van Van (49c single)	200	400	800	1,200	1,600	2,000
TM75 Mini Cross (72cc single)	450	900	1,800	2,700	3,600	4,500
TS75 (74cc single)	500	1,000	1,500	2,000	2,500	3,000
RV90 Rover (88cc single)	250	500	1,000	1,500	2,000	2,500
A100 (98cc single)	250	500	1,000	1,500	2,000	2,500
GT100 (97cc single)	250	500	1,000	1,500	2,000	2,500
TC100M Blazer (97cc single)	300	600	1,200	1,800	2,400	3,000
TM100 (98cc single)	500	1,000	2,000	3,000	4,000	5,000
TS100M Honcho (97cc single)	250	500	1,000	1,500	2,000	2,500
B120 (118cc single)	250	500	1,000	1,500	2,000	2,500
GT125 (123cc twin)	250	500	1,000	1,500	2,000	2,500
RM125M (123cc single).	1,000	2,000	3,500	5,000	6,500	8,000
RV125 (123cc single)	250	500	1,000	1,500	2,000	2,500
TC125 (123cc single)	250	500	1,000	1,500	2,000	2,500
TM125 (123cc single)	500	1,000	2,000	3,000	4,000	5,000
TS125M Duster (123cc single)	300	600	1,200	1,800	2,400	3,000
TC185M Ranger (183cc single).	500	1,000	1,500	2,000	2,500	3,000
TS185M Sierra (183cc single).	500	1,000	1,500	2,000	2,500	3,000
GT185M Adventurer (184cc twin)	350	700	1,400	2,100	2,800	3,500
GT250M (247cc twin)	500	1,000	2,000	3,000	4,000	5,000
TM250M (249cc single).	500	1,000	2,000	3,000	4,000	5,000
T250M Hustler (247cc twin).	500	1,000	2,000	3,000	4,000	5,000
TS250M Savage (246cc single)	500	1,000	2,000	3,000	4,000	5,000
RL250 (246cc single)	500	1,000	2,000	3,000	4,000	5,000
GT380M Sebring (371cc triple)	500	1,000	2,000	3,500	5,000	6,500
TS400M (396cc twin)	500	1,000	2,000	3,000	4,000	5,000
TS500M Titan (492cc twin)	1,000	2,000	3,500	5,000	6,500	8,000
RE5M (497cc single rotary)	1,000	2,500	5,000	7,000	9,000	11,000
GT500M (492cc twin)	1,000	2,000	3,000	4,000	5,000	6,000
GT550M Indy (543cc triple)	500	1,000	2,000	3,000	4,000	5,000
GT750M LeMans (739cc triple)	2,000	4,000	6,000	8,000	10,000	12,000
1976						
A50P (49cc single)	200	400	800	1,200	1,600	2,000
CM50 Mini CRO (49cc single)	200	400	800	1,200	1,600	2,000
RV50 Van Van (49c single)	200	400	800	1,200	1,600	2,000
TM75A Colt (72cc single)	450	900	1,800	2,700	3,600	4,500

	6	5	4	3	2	1
TS75A (74cc single)	500	1,000	1,500	2,000	2,500	3,000
A100 Go-fer (98cc single)	250	500	1,000	1,500	2,000	2,500
RM100A (98cc single)	450	900	1,800	2,700	3,600	4,500
TC100A Blazer (97cc single)	300	600	1,200	1,800	2,400	3,000
TS100A Honcho (97cc single)	250	500	1,000	1,500	2,000	2,500
B120 (118cc single)	250	500	1,000	1,500	2,000	2,500
GT125A (123cc twin)	250	500	1,000	1,500	2,000	2,500
RM125 (123cc single)	500	1,000	2,500	4,000	5,500	7,000
TS125A Duster (123cc single)	300	600	1,200	1,800	2,400	3,000
TC185A Ranger (183cc single)	500	1,000	1,500	2,000	2,500	3,000
TS185A Sierra (183cc single)	500	1,000	1,500	2,000	2,500	3,000
GT185A Adventurer (184cc twin)	350	700	1,400	2,100	2,800	3,500
GT250A (247cc twin)	500	1,000	2,000	3,000	4,000	5,000
RM250 (246cc single)	500	1,000	2,000	3,000	6,500	8,500
T250A Hustler (247cc twin)	500	1,000	2,000	3,000	4,000	5,000
TS250A Savage (246cc single)	500	1,000	2,000	3,000	4,000	5,000
RM370A Cyclone (372cc single)	500	1,500	3,000	4,500	6,000	7,500
GT380A Sebring (371cc triple)	500	1,000	2,000	3,500	5,000	6,500
GS400 (398cc four)	500	1,000	2,000	3,000	4,000	5,000
TS400A (396cc twin)	500	1,000	2,000	3,000	4,000	5,000
GT500A (492cc twin)	1,000	2,000	3,000	4,000	5,000	6,000
RE5A (497cc single rotary)	1,000	2,500	5,000	7,000	9,000	11,000
GT550A Indy (543cc triple)	500	1,000	2,000	3,000	4,000	5,000
GT750A LeMans (739cc triple)	2,000	4,000	6,000	8,000	10,000	12,000
1977						
A50P (49cc single)	200	400	800	1,200	1,600	2,000
RG50 (49cc single)	200	400	800	1,200	1,600	2,000
RV50 Van Van (49c single)	200	400	800	1,200	1,600	2,000
TS75B (74cc single)	500	1,000	1,500	2,000	2,500	3,000
RM80B (79cc single)	450	900	1,800	2,700	3,600	4,500
RV90B (88cc single)	250	500	1,000	1,500	2,000	2,500
GT100 (97cc single)	250	500	1,000	1,500	2,000	2,500
RM100B (98cc single)	450	900	1,800	2,700	3,600	4,500
TC100B Blazer (97cc single)	300	600	1,200	1,800	2,400	3,000
TS100B Honcho (97cc single)	250	500	1,000	1,500	2,000	2,500
B120 (118cc single)	250	500	1,000	1,500	2,000	2,500
GT125 (123cc twin)	250	500	1,000	1,500	2,000	2,500
RM125B (123cc single)	500	1,000	2,500	4,000	5,500	7,000
RV125B Tracker (123cc single)	200	400	800	1,200	1,600	2,000
TS125B (123cc single)	300	600	1,200	1,800	2,400	3,000
TC185B Ranger (183cc single)	500	1,000	1,500	2,000	2,500	3,000
TS185B Sierra (183cc single)	500	1,000	1,500	2,000	2,500	3,000
GT185B Adventurer (184cc twin)	350	700	1,400	2,100	2,800	3,500
GT250B (247cc twin)	500	1,000	2,000	3,000	4,000	5,000
PE250 (246cc single)	400	800	1,600	2,400	3,200	4,000
RM250 (246cc single)	500	1,000	2,000	3,000	6,500	8,500
T250B Hustler (247cc twin)	500	1,000	2,000	3,000	4,000	5,000
TS250B Savage (246cc single)	500	1,000	2,000	3,000	4,000	5,000
RM370B Cyclone (372cc single)	500	1,500	3,000	4,500	6,000	7,500
GT380B Sebring (371cc triple)	500	1,000	2,000	3,500	5,000	6,500
TS400B Apache (396cc twin)	500	1,000	2,000	3,000	4,000	5,000
GS400B (398cc four)	350	700	1,400	2,100	2,800	3,500
GS400XB (398cc four)	300	600	1,200	1,800	2,400	3,000
GT500B (492cc twin)	1,000	2,000	3,000	4,000	5,000	6,000
GT550B Indy (543cc triple)	400	700	1,400	2,100	2,800	3,500
GS550B (549cc four)	400	700	1,400	2,100	2,800	3,500
GT750B LeMans (739cc triple)	2,000	4,000	6,000	8,000	10,000	12,000
GS750B (748cc four)	450	900	1,800	2,700	3,600	4,500
1978						
A50P (49cc single)	150	300	600	900	1,200	1,500

	6	5	4	3	2	1
AC50 (49cc single)	150	300	600	900	1,200	1,500
FY50 Youdy (49cc single)	200	400	600	800	1,000	1,200
FZ50 Youdy (49cc single)	200	400	600	800	1,000	1,200
K50 (49cc single)	150	300	600	900	1,200	1,500
M50 (49cc single)	200	400	600	800	1,000	1,200
RM50 (49cc single)	400	800	1,600	2,400	3,200	4,000
RV50 Van Van (49c single)	200	400	800	1,200	1,600	2,000
TS50 (49cc single)	150	300	600	900	1,200	1,500
DS80 (79cc single)	200	400	800	1,200	1,600	2,000
FR80 (79cc single)	200	400	800	1,200	1,600	2,000
RM80 (79cc single)	200	400	800	1,200	1,600	2,000
RV90 (88cc single)	200	400	800	1,200	1,600	2,000
RV90F (88cc single)	200	400	800	1,200	1,600	2,000
A100 (98cc single)	200	400	800	1,200	1,600	2,000
DS100 (98cc single)	200	400	800	1,200	1,600	2,000
GP100 (98cc single)	200	400	800	1,200	1,600	2,000
RM100 (99cc single)	450	900	1,800	2,700	3,600	4,500
TF100 (98cc single)	200	400	800	1,200	1,600	2,000
TS100C (97cc single)	250	500	1,000	1,500	2,000	2,500
B120 (118cc single)	250	500	1,000	1,500	2,000	2,500
DS125 (123cc single)	250	500	1,000	1,500	2,000	2,500
GP125 (123cc single)	250	500	1,000	1,500	2,000	2,500
RM125C (123cc single)	1,000	2,000	3,000	4,000	5,000	6,000
RV125 (123cc single)	250	500	1,000	1,500	2,000	2,500
TF125 (123cc single)	250	500	1,000	1,500	2,000	2,500
TS125C (123cc single)	250	500	1,000	1,500	2,000	2,500
PE175 (172cc single)	450	900	1,800	2,700	3,600	4,500
DS185 (183cc single)	250	500	1,000	1,500	2,000	2,500
RG185 (183cc single)	250	500	1,000	1,500	2,000	2,500
TF185 (183cc single)	250	500	1,000	1,500	2,000	2,500
TS185C (183cc single)	250	500	1,000	1,500	2,000	2,500
GT250 (247cc twin)	250	500	1,000	1,500	2,000	2,500
GT250X7E (247cc twin)	250	500	1,000	1,500	2,000	2,500
PE250C (246cc single)	450	900	1,800	2,700	3,600	4,500
RG250 (246cc twin)	250	500	1,000	1,500	2,000	2,500
RG250E (246cc twin)	250	500	1,000	1,500	2,000	2,500
RM250C (246cc single)	1,500	2,500	3,500	4,500	6,500	8,500
TS250C (246cc single)	300	600	1,200	1,800	2,400	3,000
DR370C (369cc single)	450	900	1,800	2,700	3,600	4,500
SP370C (369cc single)	400	800	1,600	2,400	3,200	4,000
GT380 Sebring (371cc triple)	500	1,000	2,000	3,500	5,000	6,500
GS400C (398cc four)	400	800	1,600	2,400	3,200	4,000
GS400XC (398cc four)	400	800	1,600	2,400	3,200	4,000
RM400C (402cc single)	1,500	2,500	3,500	4,500	5,500	6,500
GS550C (549cc four)	400	800	1,600	2,400	3,200	4,000
GS550EC (549cc four)	450	900	1,800	2,700	3,600	4,500
GS750C (748cc four)	450	900	1,800	2,700	3,600	4,500
GS750EC (748cc four)	450	900	1,800	2,700	3,600	4,500
GS1000C (997cc four)	1,500	2,500	3,500	4,500	5,500	6,500
1979						
FZ50N (49cc single)	200	400	600	800	1,000	1,200
JR50N (49cc single)	500	1,000	2,500	4,000	5,500	7,000
K50 (49cc single)	150	300	600	900	1,200	1,500
K50D (49cc single)	150	300	600	900	1,200	1,500
Mame-Tan 50E (49cc single)	150	300	600	900	1,200	1,500
OR50N (49cc single)	200	400	800	1,200	1,600	2,000
PV50 EPO (49cc single)	150	300	600	900	1,200	1,500
RM50N (49cc single)	400	800	1,600	2,400	3,200	4,000
X1/ZR50 (49cc single)	150	300	600	900	1,200	1,500
DS80N (79cc single)	200	400	800	1,200	1,600	2,000

	6	5	4	3	2	1
A100 (98cc single)	200	400	800	1,200	1,600	2,000
DS100N (98cc single)	200	400	800	1,200	1,600	2,000
RM100N (99cc single)	450	900	1,800	2,700	3,600	4,500
TS100N (97cc single)	200	400	800	1,200	1,600	2,000
DS125 (123cc single)	250	500	1,000	1,500	2,000	2,500
GP125 (123cc single)	250	500	1,000	1,500	2,000	2,500
RG125 (123cc single)	250	500	1,000	1,500	2,000	2,500
RM125N (123cc single)	1,000	2,000	3,000	4,000	5,000	6,000
TS125N (123cc single)	250	500	1,000	1,500	2,000	2,500
PE175 (172cc single)	450	900	1,800	2,700	3,600	4,500
DS185 (183cc single)	250	500	1,000	1,500	2,000	2,500
TS185N (183cc single)	250	500	1,000	1,500	2,000	2,500
GT200/X-5 (199cc twin)	250	500	1,000	1,500	2,000	2,500
GT250X7E (250cc twin)	250	500	1,000	1,500	2,000	2,500
PE250N (246cc single)	450	900	1,800	2,700	3,600	4,500
RG250 (246cc twin)	250	500	1,000	1,500	2,000	2,500
RM250 (246cc single)	1,500	2,500	3,500	4,500	6,500	8,500
TS250N (246cc single)	500	1,000	1,500	2,000	2,500	3,000
DR370N (369cc single)	450	900	1,800	2,700	3,600	4,500
SP370N (369cc single)	400	800	1,600	2,400	3,200	4,000
GS400E (398cc twin)	400	800	1,600	2,400	3,200	4,000
GSX400E (398cc four)	400	800	1,600	2,400	3,200	4,000
RM400N (402cc single)	1,500	2,500	3,500	4,500	5,500	6,500
GS425EN (423cc twin)	500	1,000	1,500	2,000	2,500	3,000
GS425LN (423cc twin)	500	1,000	1,500	2,000	2,500	3,000
GS425N (423cc twin)	500	1,000	1,500	2,000	2,500	3,000
GS550EN (549cc four)	400	700	1,400	2,100	2,800	3,500
GS550LN (549cc four)	400	700	1,400	2,100	2,800	3,500
GS550N (549cc four)	500	1,000	1,500	2,000	2,500	3,000
GS750EN (748cc four)	400	700	1,400	2,100	2,800	3,500
GS750LN (748cc four)	400	700	1,400	2,100	2,800	3,500
GS750N (748cc four)	500	1,000	1,500	2,000	2,500	3,000
GS850GN (843cc four)	500	1,000	1,500	2,000	2,500	3,000
GS1000EC (997cc four)	450	900	1,800	2,700	3,600	4,500
GS1000EN (997cc four)	450	900	1,800	2,700	3,600	4,500
GS1000LN (997cc four)	450	900	1,800	2,700	3,600	4,500
GS1000N (997cc four)	450	900	1,800	2,700	3,600	4,500
GS1000SN (997cc four)	1,000	2,000	4,000	6,000	8,000	10,000
1980						
DR50T (49cc single)	200	400	800	1,200	1,600	2,000
FA50T (49cc single)	200	400	800	1,200	1,600	2,000
FS50 (49cc single)	200	400	800	1,200	1,600	2,000
FZ50 (49cc single)	200	400	800	1,200	1,600	2,000
JR50T (49cc single)	500	1,000	2,500	4,000	5,500	7,000
OR50 (49cc single)	200	400	800	1,200	1,600	2,000
RM50T (49cc single)	300	600	1,200	1,800	2,400	3,000
RV50 Van Van (49c single)	200	400	800	1,200	1,600	2,000
RM60T (60cc single)	250	500	1,000	1,500	2,000	2,500
DS80T (79cc single)	200	400	800	1,200	1,600	2,000
RM80T (79cc single)	400	800	1,600	2,400	3,200	4,000
DS100T (98cc single)	250	500	1,000	1,500	2,000	2,500
TS100T (97cc single)	250	500	1,000	1,500	2,000	2,500
RM100T (99cc single)	450	900	1,800	2,700	3,600	4,500
DS125 (123cc single)	250	500	1,000	1,500	2,000	2,500
GP125 (123cc single)	250	500	1,000	1,500	2,000	2,500
RG125E (123cc single)	250	500	1,000	1,500	2,000	2,500
TS125T (123cc single)	250	500	1,000	1,500	2,000	2,500
RM125T (123cc single)	1,000	2,000	3,000	4,000	5,000	6,000
PE175T (172cc single)	450	900	1,800	2,700	3,600	4,500
RS175T (174cc single)	300	600	1,200	1,800	2,400	3,000

	6	5	4	3	2	1
DS185T (183cc single)	250	500	1,000	1,500	2,000	2,500
TS185T (183cc single)	300	600	1,200	1,800	2,400	3,000
GT200/X 5 (100ss twin)	250	500	1,000	1,500	2,000	2,500
GT250X7E (246cc twin)	250	500	1,000	1,500	2,000	2,500
PE250T (246cc single)	450	900	1,800	2,700	3,600	4,500
RG250E (246cc twin)	250	500	1,000	1,500	2,000	2,500
RM250T (246cc single)	1,500	2,500	3,500	4,500	6,500	8,500
RS250T (246cc single)	300	600	1,200	1,800	2,400	3,000
TS250T (246cc single)	300	600	1,200	1,800	2,400	3,000
GS250T (247cc twin)	250	500	1,000	1,500	2,000	2,500
GSX250 (249cc twin)	300	600	1,200	1,800	2,400	3,000
GSX250T (249cc twin)	300	600	1,200	1,800	2,400	3,000
GN400T (396cc single)	250	500	1,000	1,500	2,000	2,500
GN400XT (396cc single)	250	500	1,000	1,500	2,000	2,500
GSX400E (398cc four)	400	800	1,600	2,400	3,200	4,000
GSX400S (398cc four)	400	800	1,600	2,400	3,200	4,000
DR400T (399cc single)	500	1,000	1,500	2,000	2,500	3,000
PE400T (399cc single)	500	1,000	2,000	3,000	4,000	5,000
RM400T (396cc single)	1,500	2,500	3,500	4,500	5,500	6,500
SP400T (396cc single)	300	600	1,200	1,800	2,400	3,000
GS450ET (448cc twin)	500	1,000	1,500	2,000	2,500	3,000
GS450LT (448cc twin)	500	1,000	1,500	2,000	2,500	3,000
GS450ST (448cc twin)	500	1,000	1,500	2,000	2,500	3,000
RM465 (464cc single)	500	1,000	1,500	2,000	2,500	3,000
GS500E (486cc four)	500	1,000	1,500	2,000	2,500	3,000
GS550ET (549cc four)	500	1,000	1,500	2,000	2,500	3,000
GS550LT (549cc four)	500	1,000	1,500	2,000	2,500	3,000
GS750ET (748cc four)	500	1,000	1,500	2,000	2,500	3,000
GS750LT (748cc four)	500	1,000	1,500	2,000	2,500	3,000
GS850GLT (843cc four)	500	1,000	1,500	2,000	2,500	3,000
GS1000ET (997cc four)	450	900	1,800	2,700	3,600	4,500
GS1000GLT (997cc four)	450	900	1,800	2,700	3,600	4,500
GS1000GT (997cc four)	450	900	1,800	2,700	3,600	4,500
GS1000ST (997cc four)	450	900	1,800	2,700	3,600	4,500
GS1100ET (1,074cc four)	450	900	1,800	2,700	3,600	4,500
GS1100LT (1,074cc four)	450	900	1,800	2,700	3,600	4,500
GSX1100 Katana (1,074cc four)	1,000	2,000	3,000	4,000	5,000	6,000
1981						
F50MX (49cc single)	200	400	800	1,200	1,600	2,000
FA50X (49cc single)	150	300	600	900	1,200	1,500
FS50X (49cc single)	200	400	800	1,200	1,600	2,000
FZ50X (49cc single)	200	400	800	1,200	1,600	2,000
JR50T (49cc single)	500	1,000	2,500	4,000	5,500	7,000
RV50 Van Van (49c single)	200	400	800	1,200	1,600	2,000
RM60X (60cc single)	250	500	1,000	1,500	2,000	2,500
DS80X (79cc single)	200	400	800	1,200	1,600	2,000
RM80X (79cc single)	300	600	1,200	1,800	2,400	3,000
DS100X (98cc single)	200	400	800	1,200	1,600	2,000
RM100T (99cc single)	350	700	1,400	2,100	2,800	3,500
TS100X (97cc single)	200	400	800	1,200	1,600	2,000
DS125X (123cc single)	200	400	800	1,200	1,600	2,000
GP125 (123cc single)	200	400	800	1,200	1,600	2,000
RM125X (123cc single)	450	900	1,800	2,700	3,600	4,500
TS125X (123cc single)	250	500	1,000	1,500	2,000	2,500
PE175X (172cc single)	350	700	1,400	2,100	2,800	3,500
RS175X (174cc single)	300	600	1,200	1,800	2,400	3,000
TS185X (183cc single)	250	500	1,000	1,500	2,000	2,500
GT200/X-5 (199cc twin)	250	500	1,000	1,500	2,000	2,500
GS250T (249cc twin)	250	500	1,000	1,500	2,000	2,500
GSX250E (249cc twin)	300	600	1,200	1,800	2,400	3,000

	6	5	4	3	2	1
GSX250T (249cc twin)	300	600	1,200	1,800	2,400	3,000
GT250X7E (246cc twin)	300	600	1,200	1,800	2,400	3,000
PE250X (246cc single)	350	700	1,400	2,100	2,800	3,500
RM250X (246cc single)	500	1,000	2,000	3,000	6,500	8,500
RS250T (246cc single)	350	700	1,400	2,100	2,800	3,500
TS250X (246cc single)	250	500	1,000	1,500	2,000	2,500
GN400X (396cc single)	250	500	1,000	1,500	2,000	2,500
GN400T (396cc single)	250	500	1,000	1,500	2,000	2,500
GS400 (398cc twin)	500	1,000	1,500	2,000	2,500	3,000
GSX400E (398cc four)	500	1,000	1,500	2,000	2,500	3,000
GSX400ES (398cc four)	500	1,000	1,500	2,000	2,500	3,000
GSX400F (398cc four)	500	1,000	1,500	2,000	2,500	3,000
GSX400L (399cc twin)	500	1,000	1,500	2,000	2,500	3,000
PE400X (399cc single)	350	700	1,400	2,100	2,800	3,500
GS450E (448cc twin)	250	500	1,000	1,500	2,000	2,500
GS450T (448cc twin)	250	500	1,000	1,500	2,000	2,500
GS450L (448cc twin)	250	500	1,000	1,500	2,000	2,500
GS450S (448cc twin)	250	500	1,000	1,500	2,000	2,500
RM465X (464cc single)	500	1,000	2,000	3,000	4,000	5,000
GS500L (486cc four)	500	1,000	1,500	2,000	2,500	3,000
DR500X (498cc single)	350	700	1,400	2,100	2,800	3,500
SP500X (498cc single)	350	700	1,400	2,100	2,800	3,500
GS550T (549cc four)	300	600	1,200	1,800	2,400	3,000
GS550L (549cc four)	300	600	1,200	1,800	2,400	3,000
GS650E (673cc four)	300	600	1,200	1,800	2,400	3,000
GS650G (673cc four)	300	600	1,200	1,800	2,400	3,000
GS650GT (673cc four)	300	600	1,200	1,800	2,400	3,000
GS750E (748cc four)	300	600	1,200	1,800	2,400	3,000
GS750G (748cc four)	300	600	1,200	1,800	2,400	3,000
GS750GL (748cc four)	300	600	1,200	1,800	2,400	3,000
GS850G (843cc four)	350	700	1,400	2,100	2,800	3,500
GS850GL (843cc four)	350	700	1,400	2,100	2,800	3,500
GS1000GL (997cc four)	450	900	1,800	2,700	3,600	4,500
GS1000G (997cc four)	450	900	1,800	2,700	3,600	4,500
GS1000S Katana (997cc four)	1,000	2,500	5,000	8,000	11,000	14,000
GS1100GL (1,074cc four)	450	900	1,800	2,700	3,600	4,500
GS1100E (1,074cc four)	1,000	2,000	3,000	4,000	5,000	6,000
GSX1100 Katana (1,074cc four)	1,000	2,000	3,000	4,000	5,000	6,000
1982						
CL50 Love (49cc single)	150	300	600	900	1,200	1,500
DS50 (49cc single)	150	300	600	900	1,200	1,500
FA50Z (49cc single)	150	300	600	900	1,200	1,500
FZ50X (49cc single)	200	400	800	1,200	1,600	2,000
JR50X (49cc single)	500	1,000	2,500	4,000	5,500	7,000
RV50 Van Van (49c single)	200	400	800	1,200	1,600	2,000
RM60Z (60cc single)	250	500	1,000	1,500	2,000	2,500
DS80Z (80cc single)	200	400	800	1,200	1,600	2,000
RM80Z (79cc single)	300	600	1,200	1,800	2,400	3,000
DR125Z (123cc single)	200	400	800	1,200	1,600	2,000
DR125S (123cc single)	200	400	800	1,200	1,600	2,000
GN125Z (123cc single)	200	400	800	1,200	1,600	2,000
GP125 (123cc single)	200	400	800	1,200	1,600	2,000
GS125E (123cc single)	200	400	800	1,200	1,600	2,000
RM125Z (123cc single)	1,000	2,000	3,000	4,000	5,000	6,000
SP125Z (123cc single)	200	400	800	1,200	1,600	2,000
TS125ER (123cc single)	250	500	1,000	1,500	2,000	2,500
PE175Z (172cc single)	350	700	1,400	2,100	2,800	3,500
RS175Z (174cc single)	300	600	1,200	1,800	2,400	3,000
GT200/X-5 (199cc twin)	250	500	1,000	1,500	2,000	2,500
DR250Z (249cc single)	300	600	1,200	1,800	2,400	3,000

	6	5	4	3	2	1
GSX250E (249cc twin)	300	600	1,200	1,800	2,400	3,000
GSX250L (249cc twin)	300	600	1,200	1,800	2,400	3,000
GSX250T (249cc twin)	300	600	1,200	1,800	2,400	3,000
GN250Z (246cc single)	250	500	1,000	1,500	2,000	2,500
PE250 (246cc single)	350	700	1,400	2,100	2,800	3,500
RM250Z (246cc single)	1,000	2,000	3,000	4,000	6,500	8,500
SP250Z (246cc single)	300	600	1,200	1,800	2,400	3,000
TS250 ER (246cc single)	250	500	1,000	1,500	2,000	2,500
GS300L (299cc twin)	250	500	1,000	1,500	2,000	2,500
GN400E (396cc single)	250	500	1,000	1,500	2,000	2,500
GN400T (496cc single)	250	500	1,000	1,500	2,000	2,500
GSX400E (398cc four)	500	1,000	1,500	2,000	2,500	3,000
GSX400S (398cc four)	500	1,000	1,500	2,000	2,500	3,000
GSX400F (398cc four)	500	1,000	1,500	2,000	2,500	3,000
GSX400FS Impulse (398cc four)	500	1,000	1,500	2,000	2,500	3,000
GSX400T (399cc twin)	500	1,000	1,500	2,000	2,500	3,000
GS450TX (448cc twin)	250	500	1,000	1,500	2,000	2,500
GS450T (448cc twin)	250	500	1,000	1,500	2,000	2,500
GS450E (448cc twin)	250	500	1,000	1,500	2,000	2,500
GS450L (448cc twin)	250	500	1,000	1,500	2,000	2,500
GS450GA Automatic (448cc twin)	500	1,000	1,500	2,000	2,500	3,000
RM465Z (464cc single)	1,000	2,000	3,000	4,000	5,000	6,000
DR500S (498cc single)	350	700	1,400	2,100	2,800	3,500
GS500L (486cc four)	350	700	1,400	2,100	2,800	3,500
SP500Z (498cc single)	350	700	1,400	2,100	2,800	3,500
GS550L (549cc four)	500	1,000	1,500	2,000	2,500	3,000
GS550M (549cc four)	500	1,000	1,500	2,000	2,500	3,000
GS650E (673cc four)	500	1,000	1,500	2,000	2,500	3,000
GS650G Katana (673cc four)	500	1,000	1,500	2,000	2,500	3,000
GS650GL (673cc four)	500	1,000	1,500	2,000	2,500	3,000
GS650GT (673cc four)	500	1,000	1,500	2,000	2,500	3,000
GS750E (748cc four)	600	900	1,300	2,000	2,800	3,500
GS750GL (748cc four)	600	900	1,300	2,000	2,800	3,500
GS750S Katana (748cc four)	600	900	1,300	2,000	2,800	3,500
GS750T (748cc four)	600	900	1,300	2,000	2,800	3,500
GS850G (843cc four)	600	900	1,300	2,100	2,900	3,600
GS850GL (843cc four)	600	900	1,300	2,100	2,900	3,600
GS1000G (997cc four)	450	900	1,800	2,700	3,600	4,500
GS1000S Katana (997cc four)	1,000	2,500	5,000	8,000	11,000	14,000
GS1100E (1,074cc four)	1,000	2,000	3,000	4,000	5,000	6,000
GS1100G (1,074cc four)	500	1,500	2,500	3,500	4,500	5,500
GS1100GL (1,074cc four)	500	1,500	2,500	3,500	4,500	5,500
GS1100GK (1,074cc four)	500	1,500	2,500	3,500	4,500	5,500
GS1100S Katana (1,074cc four)	1,000	2,000	3,000	4,000	5,000	6,000
1983						
DS50D (49cc single)	150	300	600	900	1,200	1,500
FA50D (49cc single)	150	300	600	900	1,200	1,500
FZ50D (49cc single)	200	400	800	1,200	1,600	2,000
JR50D (49cc single)	500	1,000	2,500	4,000	5,500	7,000
RM60D (60cc single)	250	500	1,000	1,500	2,000	2,500
RM80D (79cc single)	250	500	1,000	1,500	2,000	2,500
DR100D (99cc single)	200	400	800	1,200	1,600	2,000
SP100D (99cc single)	250	500	1,000	1,500	2,000	2,500
DR125D (123cc single)	250	500	1,000	1,500	2,000	2,500
DR125S (123cc single)	200	400	800	1,200	1,600	2,000
GN125D (123cc single)	200	400	800	1,200	1,600	2,000
GP125 (123cc single)	200	400	800	1,200	1,600	2,000
GS125E (123cc single)	200	400	800	1,200	1,600	2,000
RM125D (123cc single)	1,000	2,000	3,000	4,000	5,000	6,000
SP125D (123cc single)	250	500	1,000	1,500	2,000	2,500

	6	5	4	3	2	1
PE175D (172cc single)	350	700	1,400	2,100	2,800	3,500
DR250D (249cc single)	300	600	1,200	1,800	2,400	3,000
GN250D (246cc single)	250	500	1,000	1,500	2,000	2,500
GS250FW (249cc four)	500	1,000	2,000	3,000	4,000	5,000
GSX250 (249cc twin)	300	600	1,200	1,800	2,400	3,000
GSX250L (249cc twin)	300	600	1,200	1,800	2,400	3,000
GSX250T (249cc twin)	300	600	1,200	1,800	2,400	3,000
RG250 Gamma (247cc twin)	300	600	1,200	1,800	2,400	3,000
RM250D (246cc single)	1,500	2,500	3,500	4,500	6,500	8,500
SP250D (246cc single)	300	600	1,200	1,800	2,400	3,000
GS300L (299cc twin)	250	500	1,000	1,500	2,000	2,500
GSX400E (398cc four)	500	1,000	1,500	2,000	2,500	3,000
GSX400FW (398cc four)	500	1,000	1,500	2,000	2,500	3,000
GSX400S (398cc four)	500	1,000	1,500	2,000	2,500	3,000
GSX400T (399cc twin)	500	1,000	1,500	2,000	2,500	3,000
GS450TX (448cc twin)	500	1,000	1,500	2,000	2,500	3,000
GS450E (448cc twin)	500	1,000	1,500	2,000	2,500	3,000
GS450L (448cc twin)	500	1,000	1,500	2,000	2,500	3,000
GS450GA Automatic (449cc twin)	500	1,000	1,500	2,000	2,500	3,000
DR500D (498cc single)	350	700	1,400	2,100	2,800	3,500
RM500D (492cc single)	1,500	2,500	3,500	4,500	5,500	6,500
SP500D (498cc single)	350	700	1,400	2,100	2,800	3,500
GS550L Impulse (549cc four)	500	1,000	1,500	2,000	2,500	3,000
GS550E (549cc four)	500	1,000	1,500	2,000	2,500	3,000
GS550ES (549cc four)	500	1,000	1,500	2,000	2,500	3,000
GR650X Tempter (673cc twin)	500	1,000	1,500	2,000	2,500	3,000
GR650D Tempter (673cc twin)	500	1,000	1,500	2,000	2,500	3,000
GS650G (673cc four)	500	1,000	1,500	2,000	2,500	3,000
GS650M Katana (673cc four)	500	1,000	2,000	3,000	4,000	5,000
GS650GL (673cc four)	500	1,000	1,500	2,000	2,500	3,000
GS650GT (673cc four)	500	1,000	1,500	2,000	2,500	3,000
XN85 Turbo (673cc four) (1,153 made)	2,000	4,000	6,000	8,000	10,000	12,000
GS750T (748cc four)	350	700	1,400	2,100	2,800	3,500
GS750E (748cc four)	350	700	1,400	2,100	2,800	3,500
GS750ES (748cc four)	350	700	1,400	2,100	2,800	3,500
GS750S Katana (748cc four)	500	1,500	2,500	3,500	4,500	5,500
GS850G (843cc four)	600	900	1,300	2,100	2,900	3,600
GS850GL (843cc four)	600	900	1,300	2,100	2,900	3,600
GS1100E (1,074cc four)	1,000	2,000	3,000	4,000	5,000	6,000
GS1100G (1,074cc four)	500	1,500	2,500	3,500	4,500	5,500
GS1100GL (1,074cc four)	500	1,500	2,500	3,500	4,500	5,500
GS1100ES (1,074cc four)	500	1,500	2,500	3,500	4,500	5,500
GS1100S Katana (1,074cc four)	1,000	2,000	3,000	4,000	5,000	6,000
GS1100GK (1,074cc four)	500	1,500	2,500	3,500	4,500	5,500
1984						
CX50D Love (49cc single)	100	200	400	600	800	1,000
FA50E (49cc single)	150	300	600	900	1,200	1,500
50 Ran (49cc single)	100	200	400	600	800	1,000
RG50 Gamma (49cc single)	100	200	400	600	800	1,000
RM80E (79cc single)	150	300	600	900	1,200	1,500
RM80X (79cc single)	200	400	500	700	1,000	1,200
TS80X (79cc single)	200	400	500	700	1,000	1,200
DR100E (99cc single)	200	400	800	1,200	1,600	2,000
DR125E (123cc single)	250	500	1,000	1,500	2,000	2,500
DR125S (123cc single)	200	400	800	1,200	1,600	2,000
GS125E (124cc single)	200	400	800	1,200	1,600	2,000
RM125E (123cc single)	500	1,500	2,500	3,500	4,500	5,500
TS125X (124cc single)	200	400	800	1,200	1,600	2,000
PE175E (172cc single)	300	600	1,200	1,800	2,400	3,000
GS250FW (249cc four)	500	1,000	2,000	3,000	4,000	5,000

	6	5	4	3	2	1
GSX250L (249cc twin)	300	600	1,200	1,800	2,400	3,000
RG250 Gamma (247cc twin)	300	600	1,200	1,800	2,400	3,000
RH250/TS250X (249cc twin)	000	000	1,000	1,000	2,100	2,000
RM250E (246cc single)	1,000	2,000	3,000	4,000	6,500	8,500
GSX400E (398cc four)	500	1,000	1,500	2,000	2,500	3,000
GSX400S (398cc four)	500	1,000	1,500	2,000	2,500	3,000
GSXR400 (398cc four)	500	1,000	1,500	2,000	2,500	3,000
GSX400FW (398cc four)	500	1,000	1,500	2,000	2,500	3,000
GSX500ES (498cc four)	500	1,000	1,500	2,000	2,500	3,000
RM500E (492cc single)	1,500	2,500	3,500	4,500	5,500	6,500
GS550ES (549cc four)	500	1,000	1,500	2,000	2,500	3,000
GR650X Tempter (673cc twin)	500	1,000	1,500	2,000	2,500	3,000
GR650 Tempter (673cc twin)	500	1,000	1,500	2,000	2,500	3,000
GS750EF (748cc four)	350	700	1,400	2,100	2,800	3,500
GS750ES (748cc four)	350	700	1,400	2,100	2,800	3,500
GS750S Katana (748cc four)	500	1,500	2,500	3,500	4,500	5,500
GS850GL (843cc four)	600	900	1,300	2,100	2,900	3,600
GS1150ES (1,135cc four)	500	1,000	2,000	3,000	4,000	5,000
GS1100GK (1,074cc four)	800	1,100	1,500	3,200	4,300	5,500
GS1100EF (1,074cc four)	800	1,100	1,500	3,200	4,300	5,500
GS1100S Katana (1,074cc four)	1,000	2,000	3,000	4,000	5,000	6,000
1985						
FA50F (49cc single)	150	300	600	900	1,200	1,500
JR50F Mini (49cc single)	150	300	600	900	1,200	1,500
RG50 Gamma (49cc single)	100	200	400	600	800	1,000
DS80F Mini (79cc single)	200	400	800	1,200	1,600	2,000
RM80F (82cc single)	150	300	600	900	1,200	1,500
DR100F (99cc single)	200	400	800	1,200	1,600	2,000
DR125 (124cc single)	250	500	1,000	1,500	2,000	2,500
DR125S (124cc single)	250	500	1,000	1,500	2,000	2,500
GN125 (124cc single)	200	400	800	1,200	1,600	2,000
GS125E (124cc single)	200	400	800	1,200	1,600	2,000
RG125 Gamma (124cc single)	250	500	1,000	1,500	2,000	2,500
RM125F (124cc single)	350	700	1,400	2,100	2,800	3,500
DR200 (199cc single)	250	500	1,000	1,500	2,000	2,500
DR200S (199cc single)	250	500	1,000	1,500	2,000	2,500
SX200R (199cc single)	250	500	1,000	1,500	2,000	2,500
GF250F (249cc four)	400	800	1,600	2,400	3,200	4,000
RM250F (246cc single)	350	700	1,400	2,100	2,800	3,500
RG250 Gamma (247cc twin)	300	600	1,200	1,800	2,400	3,000
DR250F (249cc single)	250	500	1,000	1,500	2,000	2,500
SP250F (246cc single)	300	600	1,200	1,800	2,400	3,000
GN250F (246cc single)	200	400	800	1,200	1,600	2,000
TS250X (249cc twin)	300	600	1,200	1,800	2,400	3,000
GS300L (299cc twin)	200	400	800	1,200	1,600	2,000
RG400 Gamma (397cc four) (5002 made)	1,000	2,000	4,000	6,000	8,000	10,000
GSX400E (398cc four)	500	1,000	1,500	2,000	2,500	3,000
GSX400S (398cc four)	500	1,000	1,500	2,000	2,500	3,000
GSXR400 (398cc four)	500	1,000	1,500	2,000	2,500	3,000
GS450L (448cc twin)	500	1,000	1,500	2,000	2,500	3,000
GS450GA (448cc twin)	300	600	1,200	1,800	2,400	3,000
RG500 Gamma (498cc four) (7340 made)	2,500	5,000	10,000	15,000	20,000	25,000
RM500 (492cc single)	500	1,000	1,500	2,000	2,500	3,000
GS550L (549cc four)	300	600	1,200	1,800	2,400	3,000
GS550E (549cc four)	300	600	1,200	1,800	2,400	3,000
GS550ES (549cc four)	300	600	1,200	1,800	2,400	3,000
DR600S (589cc single)	300	600	1,200	1,800	2,400	3,000
SP600F (589cc single)	350	700	1,400	2,100	2,800	3,500
GR650X Tempter (673cc twin)	500	1,000	1,500	2,000	2,500	3,000
GR650 Tempter (673cc twin)	500	1,000	1,500	2,000	2,500	3,000

	6	5	4	3	2	1
GS700E (699cc four)	350	700	1,400	2,100	2,800	3,500
GS700ES (699cc four)	350	700	1,400	2,100	2,800	3,500
GV700GL Madura (699cc four)	350	700	1,400	2,100	2,800	3,500
GSX750S Katana (747cc four)	500	1,500	2,500	3,500	4,500	5,500
GSX750EF (747cc four).	600	900	1,300	2,000	2,800	3,500
GSX750ES (747cc four)	600	900	1,300	2,000	2,800	3,500
GSX-R750 (747cc four)	1,000	2,000	5,000	9,000	13,000	17,000
GS1150E (1,135cc four)	700	1,400	2,100	2,800	3,600	4,500
GS1150ES (1,135cc four).	500	1,000	2,000	3,000	4,000	5,000
GV1200GL Madura (1,165 four)	900	1,200	1,700	2,600	3,600	4,500
1986						
FA50G (49cc single)	100	200	400	600	800	1,000
JR50G Mini (49cc single)	100	200	400	600	800	1,000
K50 (49cc single)	150	300	600	900	1,200	1,500
RB50 GAG GSX-R50 (49cc single)	1,000	2,500	5,000	8,000	11,000	14,000
DS80G Mini (79cc single)	200	400	500	600	700	800
RM80G (79cc single)	200	400	700	800	1,000	1,100
CS90 Gemma Quest (82cc single)	200	400	700	800	1,000	1,100
DR100G (99cc single)	200	400	700	800	900	1,100
DR125 (124cc single).	300	500	800	1,100	1,300	1,500
DR125S (124cc single)	300	500	800	1,100	1,300	1,500
GN125 (124cc single).	200	400	700	800	1,000	1,100
GS125E (124cc single)	200	400	500	700	1,000	1,200
RA125 (124cc single)	200	400	500	700	1,000	1,200
RG125 Gamma (124cc single)	200	400	500	700	1,000	1,200
RM125G (124cc single).	350	700	1,400	2,100	2,800	3,500
SP125G (124cc single)	300	500	800	900	1,100	1,300
DR200G (199cc single)	300	500	800	1,100	1,300	1,600
SP200G (199cc single)	300	500	800	1,200	1,400	1,600
GF250F (249cc four)	400	800	1,600	2,400	3,200	4,000
GF250S (249cc four)	400	800	1,600	2,400	3,200	4,000
GF250S Special (249cc four)	400	800	1,600	2,400	3,200	4,000
GN250 (249cc single).	300	500	800	1,000	1,200	1,400
GSX250E (249cc four)	300	600	1,200	1,800	2,400	3,000
RG250 Gamma Walter Wolf (247cc twin)	300	600	1,200	1,800	2,400	3,000
RM250G (249cc single).	400	600	1,000	1,500	2,000	2,600
NZ250 (249cc twin)	300	600	1,200	1,800	2,400	3,000
NZ250S (249cc twin)	300	600	1,200	1,800	2,400	3,000
GSX400E (398cc four)	500	1,000	1,500	2,000	2,500	3,000
GSX400S (398cc four)	500	1,000	1,500	2,000	2,500	3,000
GSX400X Impulse (398cc four)	500	1,000	1,500	2,000	2,500	3,000
GSX400XS Impulse (398cc four)	500	1,000	1,500	2,000	2,500	3,000
GSXR400 (398cc four)	500	1,000	1,500	2,000	2,500	3,000
RG400 Gamma (397cc four) (863 made)	1,000	2,000	4,000	6,000	8,000	10,000
RG400 Gamma Walter Wolf (397cc four)	1,000	2,000	4,000	6,000	8,000	10,000
GS450L (448cc twin)	400	700	1,000	1,300	1,600	1,900
RG500 Gamma (498cc four) (1,412 made) . .	5,000	10,000	15,000	20,000	25,000	30,000
GS550L (549cc four)	400	700	1,100	1,600	2,200	2,700
GS550ES (549cc four)	400	700	1,100	1,700	2,300	2,900
DR600R Dakar (589cc single)	300	600	1,200	1,800	2,400	3,000
GR650X Tempter (673cc twin)	500	800	1,100	1,400	1,700	2,100
GR650 Tempter (673cc twin)	500	800	1,100	1,500	1,900	2,400
LS650F Savage (673cc single)	700	1,000	1,500	1,600	1,800	2,000
LS650P Savage (673cc single)	700	1,000	1,500	1,600	1,800	2,000
VS700GLF Intruder (699cc twin)	800	1,100	1,500	2,200	2,800	3,400
VS700GLEF Intruder (699cc twin)	800	1,100	1,600	2,300	2,900	3,600
GSX750EF (747cc four).	600	900	1,300	2,000	2,800	3,500
GSX750ES (747cc four)	600	900	1,300	2,000	2,800	3,500
GSX750S Katana (747cc four)	600	900	1,300	2,000	2,800	3,500
GSX750S4 Katana (747cc four).	600	900	1,300	2,000	2,800	3,500

	6	5	4	3	2	1
GSX-R750 (747cc four)	1,000	2,000	4,000	6,000	8,000	10,000
GSX-R750P (747cc four)	500	1,000	2,000	3,000	4,000	5,000
GSX-R750R Ltd Edition (747cc four)	3,000	6,000	9,000	12,000	15,000	18,000
GS850G (844cc four)	500	1,000	2,000	3,000	4,000	5,000
GSX-R1100 (1,074cc four)	1,500	1,900	2,500	3,500	4,500	5,400
GS1100ES (1,074cc four)	1,000	1,300	1,800	2,500	3,400	4,300
GS1150EF (1,135cc four)	1,200	1,600	2,200	3,000	3,700	4,600
GV1200GL Madura (1,165 four)	1,000	1,300	1,800	2,700	3,700	4,650
GV1400GT Cavalcade (1,360cc four)	1,500	2,000	2,600	4,000	5,100	6,300
GV1400GD Cavalcade LX (1,360cc four)	1,500	2,000	2,700	4,000	5,100	6,300
GV1400GC Cavalcade LXE (1,360cc four)	1,700	2,200	2,900	4,000	5,100	6,300
1987						
FA50H (49cc single)	100	200	400	600	800	1,000
JR50H Mini (49cc single)	100	200	400	600	800	1,000
RB50H GAG GSX-R50 (49cc single)	400	500	600	700	800	1,000
RGV50 Gamma Walter Wolf (49cc single)	250	500	1,000	1,500	2,000	2,500
DS80H Mini (79cc single)	200	400	600	700	800	900
RM80 (79cc single)	300	500	800	900	1,100	1,300
DR100H (99cc single)	200	400	700	900	1,100	1,200
DR125H (124cc single)	300	500	800	1,100	1,300	1,500
DR125S (124cc single)	300	500	800	1,100	1,300	1,500
GN125 (124cc single)	200	400	700	800	1,000	1,100
GS125E (124cc single)	200	400	500	700	1,000	1,200
RG125 Gamma (124cc single)	200	400	500	700	1,000	1,200
RM125H (124cc single)	350	700	1,400	2,100	2,800	3,500
SP125H (124cc single)	300	500	800	1,100	1,300	1,500
DR200H (199cc single)	400	600	900	1,200	1,400	1,700
SP200H (199cc single)	300	600	900	1,200	1,500	1,800
GN250 (249cc single)	300	500	800	1,000	1,200	1,400
GSX-R250 (248cc four)	500	1,000	1,500	2,000	2,500	3,000
RG250 Game CH (247cc twin)	300	600	1,200	1,800	2,400	3,000
RGV250 Gamma (247cc twin)	300	600	1,200	1,800	2,400	3,000
RM250 (249cc single)	400	700	1,000	1,600	2,300	2,900
GSX400E (398cc four)	500	1,000	1,500	2,000	2,500	3,000
GSX400S (398cc four)	500	1,000	1,500	2,000	2,500	3,000
GSXR400 (398cc four)	500	1,000	1,500	2,000	2,500	3,000
LS400 Savage (396cc single)	500	1,000	1,500	2,000	2,500	3,000
RG400 (397cc four) (348 made)	1,000	2,000	4,000	6,000	8,000	10,000
GS450L (448cc twin)	400	700	1,000	1,300	1,600	2,000
RG500 Walter Wolf (498cc four) (532 made) . . .	5,000	10,000	15,000	20,000	25,000	30,000
DR600 (589cc single)	300	600	1,200	1,800	2,400	3,000
GR650X Tempter (673cc twin)	500	800	1,100	1,400	1,700	2,100
GR650 Tempter (673cc twin)	500	800	1,100	1,500	1,900	2,400
LS650 Savage (673cc single)	800	1,100	1,500	1,800	2,000	2,300
VS700GLF Intruder (699cc twin)	800	1,100	1,600	2,200	2,900	3,700
VS700GLEF Intruder (699cc twin)	800	1,200	1,600	2,300	3,000	3,800
GSX750SF Katana (747cc four)	600	900	1,300	2,000	2,800	3,500
GSX-R750 (747cc four)	500	1,000	2,500	4,000	5,500	7,000
GSX-R1100 (1,074cc four)	1,500	2,000	2,700	3,700	4,800	5,900
GS1100S Katana (1,074cc four)	700	1,000	1,500	2,500	3,500	4,500
GS1150EF (1,135cc four)	1,200	1,600	2,200	3,000	3,700	4,600
VS1400GLF Intruder (1,360cc twin)	1,300	1,700	2,200	3,500	4,700	5,900
GV1400GD Cavalcade LX (1,360cc four)	1,600	2,000	2,700	3,900	5,000	6,500
GV1400GC Cavalcade LXE (1,360cc four)	1,700	2,200	3,000	4,000	5,100	6,500
1988						
Address Tune (49cc single)	200	300	400	500	600	700
FA50J (49cc single)	100	200	400	600	800	1,000
Hi R (49cc single)	200	300	400	500	600	700
JR50J Mini (49cc single)	100	200	400	600	800	1,000
DS80J Mini (79cc single)	200	400	700	800	900	1,000

	6	5	4	3	2	1
RM80J (79cc single)	300	500	800	1,000	1,200	1,400
DR100J (99cc single)	200	400	700	900	1,100	1,300
DR125J (124cc single)	300	500	800	1,100	1,300	1,500
DR125S (124cc single)	300	500	800	1,100	1,300	1,500
GS125E (124cc single)	200	400	500	700	1,000	1,200
RG125 Gamma (124cc single)	200	400	500	700	1,000	1,200
RM125J (124cc single)	300	700	1,400	2,100	2,800	3,500
SP125J (124cc single)	400	600	900	1,100	1,300	1,600
TS125X (124cc single)	200	400	500	700	1,000	1,200
DR200J (199cc single)	400	600	900	1,300	1,600	1,900
SP200J (199cc single)	400	600	1,000	1,300	1,600	1,900
SX200R (199cc single)	300	500	800	900	1,100	1,100
GN250J (249cc single)	400	600	900	1,200	1,500	1,800
GSX-R250 (248cc four)	500	1,000	1,500	2,000	2,500	3,000
RGV250 Gamma (247cc twin)	300	600	1,200	1,800	2,400	3,000
RM250J (249cc single)	500	800	1,100	1,800	2,400	3,100
TS250X (249cc twin)	300	600	1,200	1,800	2,400	3,000
TV250 Wolf (249cc twin)	300	600	1,200	1,800	2,400	3,000
GSX400F (398cc four)	300	600	1,200	1,800	2,400	3,000
GSXR400 (398cc four)	300	600	1,200	1,800	2,400	3,000
GSXR400SP (398cc four)	300	600	1,200	1,800	2,400	3,000
GS450L (448cc twin)	500	700	1,100	1,400	1,800	2,200
DR600S (589cc single)	300	600	1,200	1,800	2,400	3,000
GSX600F Katana (589cc four)	1,000	1,400	1,900	2,500	3,300	4,000
GR650X Tempter (673cc twin)	500	800	1,100	1,400	1,700	2,100
GR650 Tempter (673cc twin)	500	800	1,100	1,500	1,900	2,400
LS650P Savage (673cc single)	800	1,100	1,600	1,900	2,200	2,500
DR750S Big (727cc single)	450	900	1,800	2,700	3,600	4,500
VS750GLP Intruder (747cc twin)	1,100	1,500	2,000	2,600	3,200	4,000
GSX750F Katana (747cc four)	1,200	1,600	2,200	3,000	4,000	5,300
GSX-R750 (747cc four)	500	1,000	2,500	4,000	5,500	7,000
DRZ800 Paris Dakar (800cc single)	1,000	2,000	3,000	4,000	5,000	6,000
GSX-R1100 (1,074cc four)	1,600	2,100	2,800	3,800	4,900	6,200
GSX1100F Katana (1,074cc four)	1,000	2,000	4,000	6,000	8,000	10,000
VS1400GLP Intruder (1,360cc twin)	1,300	1,700	2,300	3,700	4,800	6,000
GV1400GD Cavalcade LX (1,360cc four)	1,700	2,100	2,800	4,000	5,100	6,500
1989						
FA50K (49cc single)	100	200	400	600	800	1,000
JR50K Mini (49cc single)	100	200	400	600	800	1,000
DS80K Mini (79cc single)	200	400	700	1,000	1,100	1,200
RM80K (79cc single)	300	500	800	1,200	1,500	1,800
DR100K (99cc single)	300	500	800	1,000	1,250	1,500
DR125 (124cc single)	300	500	800	1,100	1,300	1,500
DR125S (124cc single)	300	500	800	1,100	1,300	1,500
GS125E (124cc single)	200	400	500	700	1,000	1,200
RG125 Gamma (124cc single)	200	400	500	700	1,000	1,200
RM125K (124cc single)	500	800	1,100	1,800	2,400	3,000
TS125R (124cc single)	200	400	500	700	1,000	1,200
GN250 (249cc single)	400	600	900	1,200	1,500	1,800
GSF250 Bandit (248cc four)	500	1,000	1,500	2,000	2,500	3,000
GSX-R250R (248cc four)	500	1,000	1,500	2,000	2,500	3,000
GSX-R250R SP (248cc four)	500	1,000	1,500	2,000	2,500	3,000
GSX250S Cobra (248cc four)	500	1,000	1,500	2,000	2,500	3,000
RGV250 Gamma (247cc twin)	300	600	1,200	1,800	2,400	3,000
RM250K (249cc single)	500	800	1,200	2,000	2,800	3,700
RMX250K (249cc single)	500	800	1,100	2,000	2,900	3,900
TV250 Wolf (249cc twin)	300	600	1,200	1,800	2,400	3,000
GSF400 Bandit (399cc four)	900	1,200	1,700	2,400	3,100	3,700
GSX400F (398cc four)	300	600	1,200	1,800	2,400	3,000
GSX-R400R (398cc four)	300	600	1,200	1,800	2,400	3,000

	6	5	4	3	2	1
GSX-R400R SP (398cc four)	300	600	1,200	1,800	2,400	3,000
GS500E (487cc twin)	400	800	1,600	2,400	3,200	4,000
DR800 (585cc single)	000	000	1,200	1,000	2,400	0,000
GR650X Tempter (673cc twin)	500	800	1,100	1,400	1,700	2,100
GR650 Tempter (673cc twin)	500	800	1,100	1,500	1,900	2,400
GSX600F Katana (589cc four)	1,100	1,500	2,000	2,700	3,500	4,400
DR750 Big (727cc single)	450	900	1,800	2,700	3,600	4,500
VS750GLP Intruder (747cc twin)	1,100	1,500	2,100	2,700	3,500	4,300
GSX750F Katana (747cc four)	1,200	1,600	2,200	3,000	4,000	5,300
GSX-R750 (747cc four)	500	1,000	2,500	4,000	5,500	7,000
GSX-R750R (747cc four)	1,700	2,000	2,700	3,600	4,600	5,800
GSX-R750RR (747cc four) (50 made)	2,000	3,000	6,000	12,000	18,000	24,000
GSX1100F Katana (1,074cc four)	1,000	2,000	4,000	6,000	8,000	10,000
GSX-R1100 (1,074cc four)	1,800	2,200	3,000	4,300	5,400	6,600
VS1400GLP Intruder (1,360cc twin)	1,300	1,700	2,300	3,600	5,200	6,500
GV1400GD Cavalcade LX (1,360cc four)	1,800	2,200	2,900	4,000	5,200	6,500
1990						
FA50L (49cc single)	100	200	400	600	800	1,000
JR50L Mini (49cc single)	100	200	400	600	800	1,000
RC50 (49cc single)	200	300	500	600	700	800
Sepia ZZ 50 (49cc single)	200	300	500	600	700	800
DS80L Mini (79cc single)	300	500	800	1,000	1,150	1,300
RM80 (79cc single)	400	600	900	1,300	1,700	2,000
DR100L (99cc single)	300	500	800	1,100	1,300	1,500
DR125S (124cc single)	300	500	800	1,100	1,300	1,500
GS125E (124cc single)	200	400	500	700	1,000	1,200
RG125 Gamma (124cc single)	200	400	500	700	1,000	1,200
RM125L (124cc single)	300	600	1,200	1,800	2,400	3,000
DR250L (249cc single)	500	800	1,100	1,800	2,400	3,000
DR250SL (249cc single)	500	800	1,200	1,800	2,400	3,000
GSF250 Bandit (248cc four)	500	1,000	1,500	2,000	2,500	3,000
GN250 (249cc single)	400	600	900	1,200	1,500	1,800
GSX250F Across (248cc four)	300	600	1,200	1,800	2,400	3,000
GSX-R250 (248cc four)	500	1,000	1,500	2,000	2,500	3,000
RGV250 Gamma (247cc twin)	300	600	1,200	1,800	2,400	3,000
RM250L (249cc single)	600	900	1,300	2,000	3,000	3,900
RMX250L (249cc single)	500	800	1,200	2,000	3,000	4,000
TV250 Wolf (249cc twin)	300	600	1,200	1,800	2,400	3,000
DR350L (349cc single)	300	600	1,200	1,800	2,400	3,000
DR350SL (349cc single)	300	600	1,200	1,800	2,400	3,000
GSF400 Bandit Ltd (399cc four)	900	1,200	1,700	2,400	3,100	3,700
GSX-R400R (398cc four)	300	600	1,200	1,800	2,400	3,000
GSX-R400R SP (398cc four)	300	600	1,200	1,800	2,400	3,000
GS500E (487cc twin)	400	800	1,600	2,400	3,200	4,000
DR650 Djebel (640cc single)	600	900	1,300	2,000	2,700	3,600
DR650RS (640cc single)	400	800	1,600	2,400	3,200	4,000
DR650S (640cc single)	400	800	1,600	2,400	3,200	4,000
GSX600F Katana (589cc four)	1,100	1,500	2,100	2,800	3,700	4,600
VS750GLP Intruder (747cc twin)	1,200	1,600	2,100	2,800	3,700	4,500
GSX750F Katana (747cc four)	1,400	1,800	2,400	3,300	4,400	5,500
GSX-R750 (747cc four)	500	1,000	2,500	4,000	5,500	7,000
DR800S Big (779cc single)	1,000	2,000	3,000	4,000	5,000	6,000
VX800L Maurauder (805cc twin)	1,000	1,350	1,800	2,800	3,700	4,600
GSX1100F Katana (1,074cc four)	1,000	2,000	4,000	6,000	8,000	10,000
GSX1100S (1,074cc four)	1,600	1,900	2,600	4,300	5,400	6,600
GSX-R1100 (1,074cc four)	1,900	2,400	3,100	4,300	5,500	7,000
VS1400GLP Intruder (1,360cc twin)	1,000	2,000	3,000	4,000	5,000	6,000
1991						
AD50 Address (49cc single)	100	200	400	600	800	1,000
AD50W Address (49cc single)	100	200	400	600	800	1,000

	6	5	4	3	2	1
AE50 Hi Up (49cc single)	100	200	400	600	800	1,000
FA50M (49cc single)	150	300	600	900	1,200	1,500
FB50 Birdie (49cc single)	100	200	400	600	800	1,000
DM50 (49cc single)	200	400	600	800	1,000	1,200
DR50W (49cc single)	300	500	800	1,100	1,300	1,500
FZ50 Youdy (49cc single)	100	200	400	600	800	1,000
JR50M Mini (49cc single)	100	200	400	600	800	1,000
PV50 EPO (49cc single)	200	400	600	800	1,000	1,200
TV50 Wolf (49cc single)	300	500	800	1,100	1,300	1,500
A80 (72cc single)	300	500	800	1,100	1,300	1,500
DS80M Mini (79cc single)	300	500	800	1,000	1,100	1,300
FB80 (81cc single)	200	400	600	800	1,000	1,200
RG80 Gamma (79cc single)	300	500	800	1,100	1,300	1,500
RM80 (79cc single)	400	600	900	1,300	1,700	2,100
A100 (99cc single)	300	500	800	1,100	1,300	1,500
AG100 Aggress (99cc single)	200	400	600	800	1,000	1,200
FB100 (99cc single)	200	400	600	800	1,000	1,200
GP100 (98cc single)	300	500	800	1,100	1,300	1,500
RC100D (98cc single)	200	400	600	800	1,000	1,200
DR125S (124cc single)	300	500	800	1,100	1,300	1,500
GN125EM (124cc single)	400	600	1,000	1,200	1,500	1,800
GS125ES (124cc single)	400	600	1,000	1,200	1,500	1,800
GS125R (124cc single)	400	600	1,000	1,200	1,500	1,800
GS125U (124cc single)	400	600	1,000	1,200	1,500	1,800
RG125 Gamma (124cc single)	200	400	700	1,000	1,200	
RM125M (124cc single)	300	600	1,200	1,800	2,400	3,000
TS125R (124cc single)	200	400	500	700	1,000	1,200
TS200R (195cc single)	300	600	1,200	1,800	2,400	3,000
DR250M (249cc single)	500	800	1,200	1,800	2,500	3,100
DR250SM (249cc single)	500	800	1,200	1,800	2,500	3,100
GN250 (249cc single)	400	600	900	1,200	1,500	1,800
GSF250 Bandit Ltd (248cc four)	500	1,000	1,500	2,000	2,500	3,000
GSX250F Across (248cc four)	300	600	1,200	1,800	2,400	3,000
GSX250S Katana (248cc four)	300	600	1,200	1,800	2,400	3,000
RGV250 Gamma (247cc twin)	300	600	1,200	1,800	2,400	3,000
RGV250 Gamma SP (247cc twin)	300	600	1,200	1,800	2,400	3,000
RM250M (249cc single)	700	1,000	1,400	2,200	3,100	4,000
RMX250M (249cc single)	600	900	1,300	2,100	3,100	4,100
DR250S (249cc single)	600	900	1,300	1,900	2,500	3,100
DR250SH (249cc single)	600	900	1,300	1,900	2,500	3,100
DR350M (349cc single)	300	600	1,200	1,800	2,400	3,000
DR350SM (349cc single)	300	600	1,200	1,800	2,400	3,000
GSF400 Bandit V (399cc four)	900	1,200	1,700	2,400	3,100	3,700
GSF400 Bandit Ltd V (399cc four)	900	1,200	1,700	2,400	3,100	3,700
GS400E (399cc twin)	900	1,200	1,700	2,400	3,100	3,700
GSX-R400R (398cc four)	300	600	1,200	1,800	2,400	3,000
GSX-R400R SP2 (398cc four)	300	600	1,200	1,800	2,400	3,000
GS500E (487cc twin)	400	800	1,600	2,400	3,200	4,000
GSX600F Katana (589cc four)	1,200	1,600	2,200	3,000	3,800	4,700
DR650 Djebel (640cc single)	600	900	1,300	2,000	2,700	3,600
DR650RS (640cc single)	400	800	1,600	2,400	3,200	4,000
DR650RSE (640cc single)	400	800	1,600	2,400	3,200	4,000
DR650SM (640cc single)	400	800	1,600	2,400	3,200	4,000
LS650P Savage (640cc single)	800	1,100	1,600	1,900	2,200	2,500
VS750GLP Intruder (747cc twin)	1,200	1,600	2,200	3,000	3,800	4,600
GSX750F Katana (747cc four)	1,600	1,900	2,500	3,300	4,400	5,600
GSX-R750 (747cc four)	500	1,000	2,500	4,000	5,500	7,000
DR800S Big (779cc single)	1,000	2,000	3,000	4,000	5,000	6,000
VX800M Maurauder (805cc twin)	1,000	1,400	1,900	2,700	3,700	4,700
GSX1100G (1,074cc four)	1,600	2,000	2,700	4,000	5,000	6,000

	6	5	4	3	2	1
GSX1100F Katana (1,074cc four)	1,000	2,000	4,000	6,000	8,000	10,000
GSX-R1100 (1,074cc four)	1,900	2,500	3,300	4,500	5,600	7,300
VS1400GLP Intruder (1,360cc twin)	1,000	2,000	3,000	4,000	5,000	6,000
1992						
AD50 Address (49cc single)	100	200	400	600	800	1,000
JR50 Mini (49cc single)	100	200	400	600	800	1,000
RG50 Gamma (49cc single)	300	500	800	1,100	1,300	1,500
DS80 Mini (79cc single)	300	500	800	1,000	1,200	1,400
RM80 (79cc single)	400	600	1,000	1,400	1,800	2,200
DR125S (124cc single)	300	500	800	1,100	1,300	1,500
GN125E (124cc single)	500	700	1,000	1,300	1,600	1,900
RG125F Gamma (124cc single)	200	400	500	700	1,000	1,200
RG125U Wolf (124cc single)	200	400	500	700	1,000	1,200
RM125N (124cc single)	300	600	1,200	1,800	2,400	3,000
RG200 Gamma (195cc single)	300	600	1,200	1,800	2,400	3,000
TS200R (195cc single)	300	600	1,200	1,800	2,400	3,000
TV200 Wolf (195cc single)	300	600	1,200	1,800	2,400	3,000
DR250N (249cc single)	600	900	1,300	1,900	2,500	3,200
DR250SN (249cc single)	700	1,000	1,400	2,000	2,600	3,200
DR250RX Djebel (248cc single)	300	600	1,200	1,800	2,400	3,000
SW1 (249cc single)	250	500	1,000	1,500	2,000	2,500
Goose 250 (249cc single)	300	600	1,200	1,800	2,400	3,000
GN250 (249cc single)	400	600	900	1,200	1,500	1,800
GSX250F Across (248cc four)	300	600	1,200	1,800	2,400	3,000
GSX250S Katana (248cc four)	300	600	1,200	1,800	2,400	3,000
GSN250 SSN Katana (248cc four)	300	600	1,200	1,800	2,400	3,000
RGV250 Gamma (247cc twin)	300	600	1,200	1,800	2,400	3,000
RM250N (249cc single)	800	1,100	1,500	2,300	3,200	4,100
RMX250 (249cc single)	700	1,000	1,400	2,200	3,200	4,200
DR350 (349cc single)	300	600	1,200	1,800	2,400	3,000
DR350S (349cc single)	300	600	1,200	1,800	2,400	3,000
Goose 350 (348cc single)	700	1,000	1,400	2,100	2,800	3,500
GSF400 Bandit (399cc four)	1,000	1,300	1,800	2,500	3,200	3,900
GSX400S Katana (399cc four)	400	800	1,600	2,400	3,200	4,000
GSX-R400 SP (398cc four)	300	600	1,200	1,800	2,400	3,000
LS400 Savage (396cc single)	500	1,000	1,500	2,000	2,500	3,000
GS500E (487cc twin)	400	800	1,600	2,400	3,200	4,000
GSX600F Katana (589cc four)	1,300	1,700	2,200	3,000	3,900	4,800
GSX-R600 (599cc four)	1,600	2,000	2,700	3,900	5,000	6,200
DR650S (640cc single)	400	800	1,600	2,400	3,200	4,000
DR650RSE (640cc single)	400	800	1,600	2,400	3,200	4,000
GSX750F Katana (747cc four)	1,600	2,000	2,700	3,800	4,800	5,800
GSX-R750 (747cc four)	500	1,000	2,500	4,000	5,500	7,000
DR800S Big (779cc single)	1,000	2,000	3,000	4,000	5,000	6,000
VS800FLP Intruder (805cc twin)	400	800	1,600	2,400	3,200	4,000
VX800N Maurauder (805cc twin)	1,100	1,500	2,000	2,900	3,800	4,800
GSX1100G (1,074cc four)	1,700	2,100	2,900	4,000	5,000	6,200
GSX1100F Katana (1,074cc four)	1,000	2,000	4,000	6,000	8,000	10,000
GSX-R1100 (1,074cc four)	2,000	2,700	3,500	4,600	5,700	7,500
VS1400GLP Intruder (1,360cc twin)	1,000	2,000	3,000	4,000	5,000	6,000
1993						
JR50P Mini (49cc single)	100	200	400	600	800	1,000
DS80P Mini (79cc single)	300	500	800	1,000	1,200	1,400
RM80 (79cc single)	400	600	1,000	1,400	1,800	2,200
DR125S (124cc single)	300	500	800	1,100	1,300	1,500
GN125EP (124cc single)	500	700	1,000	1,300	1,600	1,900
RG125F Gamma (124cc single)	200	400	500	700	1,000	1,200
RM125P (124cc single)	300	600	1,200	1,800	2,400	3,000
DR200 Djebel (199cc single)	300	600	1,200	1,800	2,400	3,000
DR250P (249cc single)	600	900	1,300	1,900	2,500	3,200

	6	5	4	3	2	1
DR250RX Djebel (248cc single)	300	600	1,200	1,800	2,400	3,000
DR250SEP (249cc single)	700	1,000	1,400	2,000	2,600	3,200
GN250 (249cc single)	400	600	900	1,200	1,500	1,800
GSF250 Bandit Ltd (248cc four)	500	1,000	1,500	2,000	2,500	3,000
GSX250F Across (248cc four)	300	600	1,200	1,800	2,400	3,000
RGV250 Gamma (247cc twin)	300	600	1,200	1,800	2,400	3,000
RM250P (249cc single)	300	600	1,200	1,800	2,400	3,000
RMX250S (249cc single)	250	500	1,000	1,500	2,000	2,500
RMX250R (249cc single)	250	500	1,000	1,500	2,000	2,500
DR350P (349cc single)	300	600	1,200	1,800	2,400	3,000
DR350S (349cc single)	300	600	1,200	1,800	2,400	3,000
GSF400P Bandit (399cc four)	1,000	1,300	1,800	2,500	3,200	3,900
GSX-R400R (398cc four)	300	600	1,200	1,800	2,400	3,000
GSX-R400R FR (398cc four)	300	600	1,200	1,800	2,400	3,000
GSX-R400R SP (398cc four)	300	600	1,200	1,800	2,400	3,000
GS500E (487cc twin)	400	800	1,600	2,400	3,200	4,000
GSX600F Katana (589cc four)	1,300	1,700	2,200	3,000	3,900	4,800
GSX-R600W (599cc four)	1,600	2,000	2,700	3,900	5,000	6,200
DR650S (640cc single)	400	800	1,600	2,400	3,200	4,000
DR650RSE (640cc single)	400	800	1,600	2,400	3,200	4,000
GSX750F Katana (747cc four)	1,600	2,000	2,700	3,800	4,800	5,800
GSX-R750 (747cc four)	500	1,000	2,500	4,000	5,500	7,000
DR800S Big (779cc single)	1,000	2,000	3,000	4,000	5,000	6,000
VX800P Maurauder (805cc twin)	1,100	1,500	2,000	2,900	3,800	4,800
VS800GL Intruder (805cc twin)	400	800	1,600	2,400	3,200	4,000
GSX1100G (1,074cc four)	1,700	2,100	2,900	4,000	5,000	6,200
GSX1100F Katana (1,074cc four)	1,000	2,000	4,000	6,000	8,000	10,000
GSX-R1100W (1,074cc four)	2,000	2,700	3,500	4,600	5,700	7,500
VS1400GLP Intruder (1,360cc twin)	1,000	2,000	3,000	4,000	5,000	6,000
1994						
JR50R Mini (49cc single)	100	200	400	600	800	1,000
DS80R Mini (79cc single)	300	500	800	1,000	1,200	1,400
RM80R (79cc single)	400	600	1,000	1,400	1,800	2,200
DR125SER (124cc single)	400	600	1,000	1,400	1,800	2,200
GN125ER (124cc single)	500	700	1,000	1,300	1,600	1,900
RG125F Gamma (124cc single)	200	400	500	700	1,000	1,200
RM125 (124cc single)	300	600	1,200	1,800	2,400	3,000
DR200 Djebel (199cc single)	300	600	1,200	1,800	2,400	3,000
DR250RX Djebel (248cc single)	300	600	1,200	1,800	2,400	3,000
DR250SER (249cc single)	700	1,000	1,400	2,000	2,600	3,200
GN250 (249cc single)	400	600	900	1,200	1,500	1,800
GSX250F Across (248cc four)	300	600	1,200	1,800	2,400	3,000
RM250R (249cc single)	250	500	1,000	1,500	2,000	2,500
RMX250R (249cc single)	250	500	1,000	1,500	2,000	2,500
DR350R (349cc single)	300	600	1,200	1,800	2,400	3,000
DR350SER (349cc single)	300	600	1,200	1,800	2,400	3,000
GSX400 Impulse (399cc four)	700	1,000	1,400	2,100	2,800	3,500
GSX400S Impulse (399cc four)	700	1,000	1,400	2,100	2,800	3,500
GSX-R400R (398cc four)	300	600	1,200	1,800	2,400	3,000
GSX-R400R FR (398cc four)	300	600	1,200	1,800	2,400	3,000
VS400 Intruder (399cc v-twin)	300	600	1,200	1,800	2,400	3,000
GS500E (487cc twin)	400	800	1,600	2,400	3,200	4,000
GSX600F Katana (589cc four)	400	800	1,600	2,400	3,200	4,000
GSX-R600 (599cc four)	1,600	2,000	2,700	3,900	5,000	6,200
RF600R (599cc four)	700	1,200	1,900	2,600	3,300	4,000
DR650SER (640cc single)	400	800	1,600	2,400	3,200	4,000
GSX750F Katana (747cc four)	1,000	2,000	3,200	4,400	5,600	6,800
GSX-R750 SP (747cc four)	500	1,000	2,500	4,000	5,500	7,000
DR800S Big (779cc single)	1,000	2,000	3,000	4,000	5,000	6,000
VS800GL Intruder (805cc twin)	400	800	1,600	2,400	3,200	4,000

	6	5	4	3	2	1
RF900R (937cc four)	1,400	2,900	4,300	5,700	7,100	8,500
GSX-R1100W (1,074cc four)	2,000	2,700	3,500	4,600	5,700	7,500
GSX1100SH Katana Final Edition (1,074cc four) . .	1,000	2,000	4,000	6,000	8,000	10,000
VS1400GLP Intruder (1,360cc twin) . . .	1,000	2,000	3,000	4,000	5,000	6,000
1995						
JR50S Mini (49cc single)	200	400	600	800	1,000	1,200
RF50 (49cc single)	200	400	600	700	800	900
RMX50 (49cc single)	200	400	600	800	1,000	1,200
Suzzy 50 (49cc single)	200	400	600	700	800	900
DS80S Mini (79cc single)	300	500	800	1,000	1,200	1,400
RM80S (79cc single)	400	600	1,000	1,400	1,800	2,200
DR125SES (124cc single)	400	600	1,000	1,400	1,800	2,200
GN125ES (124cc single)	500	700	1,000	1,300	1,600	1,900
RG125F Gamma (124cc single)	200	400	500	700	1,000	1,200
RM125S (124cc single)	300	600	1,200	1,800	2,400	3,000
DR200 Djebel (199cc single)	300	600	1,200	1,800	2,400	3,000
DR250RX Djebel (248cc single)	300	600	1,200	1,800	2,400	3,000
DR250SES (249cc single)	700	1,000	1,400	2,000	2,600	3,200
GN250 (249cc single)	400	600	900	1,200	1,500	1,800
GSF250 V Bandit (248cc four)	300	600	1,200	1,800	2,400	3,000
GSF250 Bandit (248cc four)	300	600	1,200	1,800	2,400	3,000
GSX250F Across (248cc four)	300	600	1,200	1,800	2,400	3,000
RGV250 Gamma (247cc twin)	2,000	4,000	8,000	12,000	16,000	20,000
RM250S (249cc single)	250	500	1,000	1,500	2,000	2,500
RMX250S (249cc single)	250	500	1,000	1,500	2,000	2,500
Volty Type I (249cc twin)	700	1,000	1,400	2,100	2,800	3,500
Volty Type II (249cc twin)	700	1,000	1,400	2,100	2,800	3,500
DR350S (349cc single)	300	600	1,200	1,800	2,400	3,000
DR350SES (349cc single)	300	600	1,200	1,800	2,400	3,000
GSF400V Bandit (398cc four)	700	1,000	1,400	2,100	2,800	3,500
GSX400 Impulse (399cc four)	700	1,000	1,400	2,100	2,800	3,500
GSX400S Impulse (399cc four)	700	1,000	1,400	2,100	2,800	3,500
GSX-R400R (398cc four)	300	600	1,200	1,800	2,400	3,000
LS400 Savage (396cc single)	500	1,000	1,500	2,000	2,500	3,000
GS500E (487cc twin)	400	800	1,600	2,400	3,200	4,000
GSX600F Katana (589cc four)	400	800	1,600	2,400	3,200	4,000
GSX-R600 (599cc four)	1,600	2,000	2,700	3,900	5,000	6,200
RF600R (599cc four)	700	1,200	1,900	2,600	3,300	4,000
VS600GL Intruder (598cc v-twin)	700	1,200	1,900	2,600	3,300	4,000
DR650SES (640cc single)	400	800	1,600	2,400	3,200	4,000
LS650P Savage (640cc single)	500	800	1,600	2,400	3,200	4,000
GSX750F Katana (747cc four)	1,000	2,000	3,200	4,400	5,600	6,800
GSX-R750 (747cc four)	500	1,000	2,500	4,000	5,500	7,000
DR800S Big (779cc single)	1,000	2,000	3,000	4,000	5,000	6,000
VS800GL Intruder (805cc twin)	400	800	1,600	2,400	3,200	4,000
RF900R (937cc four)	1,400	2,900	4,300	5,700	7,100	8,500
GSX-R1100W (1,074cc four)	2,000	2,700	3,500	4,600	5,700	7,500
VS1400GLP Intruder (1,360cc twin) . . .	1,000	2,000	3,000	4,000	5,000	6,000
1996						
JR50 Mini (49cc single)	200	400	600	700	800	900
Lets 50 (49cc single)	200	400	600	700	800	900
Lets II/G (49cc single)	200	400	600	700	800	900
TR50 Street Magic (49cc single)	300	500	800	1,000	1,200	1,400
TR50S Street Magic (49cc single) . . .	300	500	800	1,000	1,200	1,400
DS80 Mini (79cc single)	300	500	800	1,000	1,200	1,400
RM80 (79cc single)	400	600	1,000	1,400	1,800	2,200
RM125 (124cc single)	300	600	1,200	1,800	2,400	3,000
Djebel 125 (124cc single)	400	600	1,000	1,400	1,800	2,200
DR125SE (124cc single)	400	600	1,000	1,400	1,800	2,200
GN125E (124cc single)	500	700	1,000	1,300	1,600	1,900

	6	5	4	3	2	1
RG125F Gamma (124cc single)	200	400	500	700	1,000	1,200
DR200 Djebel (199cc single)	300	600	1,200	1,800	2,400	3,000
DR200SE (199cc single)	300	600	1,200	1,800	2,400	3,000
TS200R (195cc single)	300	600	1,200	1,800	2,400	3,000
DR250RX Djebel (248cc single)	300	600	1,200	1,800	2,400	3,000
GN250 (249cc single)	400	600	900	1,200	1,500	1,800
GSX250F Across (248cc four)	300	600	1,200	1,800	2,400	3,000
RGV250 Gamma SE (247cc twin)	2,000	4,000	8,000	12,000	16,000	20,000
RM250 (249cc single)	250	500	1,000	1,500	2,000	2,500
RMX250 (249cc single)	250	500	1,000	1,500	2,000	2,500
Volty Type C (249cc twin)	700	1,000	1,400	2,100	2,800	3,500
DR350 (349cc single)	300	600	1,200	1,800	2,400	3,000
DR350SE (349cc single)	300	600	1,200	1,800	2,400	3,000
GSX400 Impulse (399cc four)	700	1,000	1,400	2,100	2,800	3,500
GSX400S Impulse (399cc four)	700	1,000	1,400	2,100	2,800	3,500
RF400R/RV (398cc four)	700	1,000	1,400	2,100	2,800	3,500
Desperado X (399cc v-twin)	700	1,000	1,400	2,100	2,800	3,500
GS500E (487cc twin)	400	800	1,600	2,400	3,200	4,000
GSF600S Bandit S (599cc four)	400	800	1,600	2,400	3,200	4,000
GSX600F Katana (599cc four)	400	800	1,600	2,400	3,200	4,000
GSX-R600 (599cc four)	1,600	2,000	2,700	3,900	5,000	6,200
RF600R (599cc four)	700	1,200	1,900	2,600	3,300	4,000
DR650SE (640cc single)	400	800	1,600	2,400	3,200	4,000
DR650RSE (640cc single)	400	800	1,600	2,400	3,200	4,000
LS650P Savage (640cc single)	500	800	1,600	2,400	3,200	4,000
GSX750F Katana (747cc four)	1,000	2,000	3,200	4,400	5,600	6,800
GSX-R750 (747cc four)	500	1,000	2,500	4,000	5,500	7,000
Desperado 800 (805cc v-twin)	2,000	2,700	3,500	4,600	5,700	7,500
DR800S Big (779cc single)	1,000	2,000	3,000	4,000	5,000	6,000
VS800GL Intruder (805cc twin)	400	800	1,600	2,400	3,200	4,000
RF900R (937cc four)	1,400	2,900	4,300	5,700	7,100	8,500
GSX-R1100W (1,074cc four)	2,000	2,700	3,500	4,600	5,700	7,500
VS1400GLP Intruder (1,360cc twin)	1,000	2,000	3,000	4,000	5,000	6,000
1997						
JR50V (49cc single)	200	400	600	700	800	900
Lets II G (49cc single)	200	400	600	700	800	900
Lets II L (49cc single)	200	400	600	700	800	900
Street Magic II (49cc single)	300	500	800	1,000	1,200	1,400
DS80V (80cc single)	300	500	800	1,000	1,200	1,400
RM80V (80cc single)	400	600	1,000	1,400	1,800	2,200
DR125SE (124cc single)	400	600	1,000	1,400	1,800	2,200
GN125EV (124cc single)	500	700	1,000	1,300	1,600	1,900
RM125V (124cc single)	300	600	1,200	1,800	2,400	3,000
Vecstar 150 (149cc single)	300	500	800	1,000	1,200	1,400
DR200 Djebel (199cc single)	300	600	1,200	1,800	2,400	3,000
DR200SEV (199cc single)	300	600	1,200	1,800	2,400	3,000
Bandit 250 V (248cc four)	300	600	1,200	1,800	2,400	3,000
DR250R (248cc single)	300	600	1,200	1,800	2,400	3,000
DR250RX Djebel (248cc single)	300	600	1,200	1,800	2,400	3,000
GSX250F Across (248cc four)	300	600	1,200	1,800	2,400	3,000
RGV250 Gamma SP (247cc twin)	2,000	4,000	8,000	12,000	16,000	20,000
RM250V (249cc single)	250	500	1,000	1,500	2,000	2,500
RMX250V (249cc single)	250	500	1,000	1,500	2,000	2,500
Volty Type C (249cc twin)	700	1,000	1,400	2,100	2,800	3,500
DR350SEV (349cc single)	300	600	1,200	1,800	2,400	3,000
DR350V (349cc single)	300	600	1,200	1,800	2,400	3,000
Desperado (399cc v-twin)	600	900	1,300	2,000	2,700	3,500
Desperado X (399cc v-twin)	600	900	1,300	2,000	2,700	3,500
GSF400V Bandit (398cc four)	700	1,000	1,400	2,100	2,800	3,500
GSF400VZ Bandit (398cc four)	700	1,000	1,400	2,100	2,800	3,500

	6	5	4	3	2	1
GSX400 Impulse (399cc four)	700	1,000	1,400	2,100	2,800	3,500
GSX/GW400 Inazuma (399cc four)	700	1,000	1,400	2,100	2,800	3,500
Tempter 400 (000cc single)	700	1,000	1,400	2,100	2,800	3,500
GS500E (487cc twin)	800	1,100	1,500	2,100	2,700	3,250
GSF600SV Bandit (599cc four)	400	800	1,600	2,400	3,200	4,000
GSX600FV Katana (599cc four)	400	800	1,600	2,400	3,200	4,000
GSX-R600 (599cc four)	500	1,000	2,500	4,000	5,500	7,000
DR650SEV (640cc single)	400	800	1,600	2,400	3,200	4,000
LS650PV Savage (640cc single)	500	800	1,600	2,400	3,200	4,000
XF650 Freewind (644cc single)	500	800	1,600	2,400	3,200	4,000
GSX750FV Katana (747cc four)	1,000	2,000	3,200	4,400	5,600	6,800
GSX-R750 (747cc four)	500	1,000	2,500	4,000	5,500	7,000
GSX750 Inazuma (749cc four)	1,000	2,000	3,200	4,400	5,600	6,800
VS800GLV Intruder (805cc twin)	400	800	1,600	2,400	3,200	4,000
VZ800V Maurauder (805cc twin)	600	900	1,300	2,000	2,700	3,500
RF900RV (937cc four)	1,400	2,900	4,300	5,700	7,100	8,500
TL1000S (996cc twin)	1,000	2,000	3,000	4,000	5,000	6,000
GSX-R1100W (1,074cc four)	2,000	2,700	3,500	4,600	5,700	7,500
GSF1200SA Bandit (1,157cc four)	500	1,000	2,000	3,000	4,000	5,000
GSF1200SV Bandit (1,157cc four)	500	1,000	2,500	4,000	5,500	7,000
VS1400GLPV Intruder (1,360cc twin)	1,000	2,000	3,000	4,000	5,000	6,000
1998						
AD50 Address (49cc single)	200	400	600	800	1,000	1,200
JR50W (49cc single)	200	400	600	800	1,000	1,200
DS80W (79cc single)	150	300	600	900	1,200	1,500
RM80W (79cc single)	250	500	1,000	1,500	2,000	2,500
DR125SE (124cc single)	400	600	1,000	1,400	1,800	2,200
RM125W (124cc single)	300	600	1,200	1,800	2,400	3,000
RG150 (147cc single)	300	600	1,200	1,800	2,400	3,000
UC150 Avenis (152cc single)	200	400	600	800	1,000	1,200
DR200 Djebel (199cc single)	300	600	1,200	1,800	2,400	3,000
DR200SEW (199cc single)	300	600	1,200	1,800	2,400	3,000
DR250RX Djebel (248cc single)	300	600	1,200	1,800	2,400	3,000
RM250W (249cc single)	250	500	1,000	1,500	2,000	2,500
RMX250 (249cc single)	250	500	1,000	1,500	2,000	2,500
DR350SEW (349cc single)	300	600	1,200	1,800	2,400	3,000
DR350W (349cc single)	300	600	1,200	1,800	2,400	3,000
GS500EW (487cc twin)	400	800	1,600	2,400	3,200	4,000
GSF600SW Bandit (599cc four)	400	800	1,600	2,400	3,200	4,000
GSX600FW Katana (599cc four)	400	800	1,600	2,400	3,200	4,000
GSX-R600W (599cc four)	500	1,000	2,500	4,000	5,500	7,000
DR650SEW (650cc single)	400	800	1,600	2,400	3,200	4,000
LS650PW Savage (640cc single)	500	800	1,600	2,400	3,200	4,000
XF650 Freewind (644cc single)	500	800	1,600	2,400	3,200	4,000
GSX750FW Katana (747cc four)	500	1,000	2,500	4,000	5,500	7,000
GSX-R750 (747cc four)	500	1,000	2,500	4,000	5,500	7,000
GSX750 Inazuma (749cc four)	1,000	2,000	3,200	4,400	5,600	6,800
VS800GLW Intruder (805cc twin)	400	800	1,600	2,400	3,200	4,000
VZ800W Maurauder (805cc twin)	600	900	1,300	2,000	2,700	3,500
TL1000RW (996cc twin)	1,000	2,000	3,000	4,000	5,000	6,000
TL1000SW (996cc twin)	1,000	2,000	3,000	4,000	5,000	6,000
GSX-R1100W (1,074cc four)	1,000	2,000	3,500	5,000	6,500	8,000
GSF1200SW Bandit (1,157cc four)	500	1,000	2,000	3,000	4,000	5,000
VS1400GLPW Intruder (1,360cc twin)	1,000	2,000	3,000	4,000	5,000	6,000
1999						
JR50X (49cc single)	200	400	600	800	1,000	1,200
DS80X (79cc single)	150	300	600	900	1,200	1,500
RM80X (79cc single)	150	300	600	900	1,200	1,500
RM125X (124cc single)	300	600	1,200	1,800	2,400	3,000
DR200SEX (199cc single)	300	600	1,200	1,800	2,400	3,000

	6	5	4	3	2	1
GZ250X (249cc single)	250	500	1,000	1,500	2,000	2,500
RM250X (249cc single)	250	500	1,000	1,500	2,000	2,500
DR350X (349cc single)	300	600	1,200	1,800	2,400	3,000
DR350SEX (349cc single)	300	600	1,200	1,800	2,400	3,000
GS500EX (487cc twin)	400	800	1,600	2,400	3,200	4,000
DR650SEX (650cc single)	400	800	1,600	2,400	3,200	4,000
GSF600SX Bandit (599cc four)	400	800	1,600	2,400	3,200	4,000
GSX600FX Katana (599cc four)	400	800	1,600	2,400	3,200	4,000
GSX-R600X (599cc four)	400	800	1,600	2,400	3,200	4,000
LS650PX Savage (640cc single)	400	800	1,600	2,400	3,200	4,000
SV650X (645cc twin)	500	1,000	2,000	3,000	4,000	5,000
GSX750FX Katana (747cc four)	400	800	1,600	2,400	3,200	4,000
GSX-R750 (747cc four)	750	1,500	3,000	5,000	7,000	9,000
VS800GL Intruder (805cc twin)	500	1,000	2,000	3,000	4,000	5,000
VZ800V Maurauder (805cc twin)	600	900	1,300	2,000	2,700	3,500
TL1000RX (996cc twin)	1,000	2,000	3,000	4,000	5,000	6,000
TL1000SX (996cc twin)	1,000	2,000	3,000	4,000	5,000	6,000
GSF1200SX Bandit (1,157cc four)	500	1,000	2,000	3,000	4,000	5,000
GSX1300RX Hayabusa (1,298cc four)	1,000	2,000	3,000	4,000	5,000	6,000
VS1400GLPX Intruder (1,360cc twin)	1,000	2,000	3,000	4,000	5,000	6,000
VL1500X Intruder (1,462cc twin)	1,000	2,000	3,000	4,000	5,000	6,000

SWM

	6	5	4	3	2	1
1973						
Six Days (100cc single)	1,000	2,000	4,000	6,000	8,000	10,000
1974						
Six Days (125cc single)	1,000	2,000	4,000	6,000	8,000	10,000
1975						
Six Days (125cc single)	1,000	2,000	4,000	6,000	8,000	10,000
1976						
50ES (50cc single)	1,000	2,000	3,500	5,000	6,500	8,000
Silver Vase (125cc single)	1,000	2,000	4,000	6,000	8,000	10,000
250 Cross (250cc single)	1,000	2,000	4,000	6,000	8,000	10,000
1978						
RS125 GS (125cc single)	200	500	1,100	1,900	2,900	3,900
RS125 MC (125cc single)	200	500	1,400	2,400	3,900	5,400
RS175 GS (175cc single)	200	500	100	1,900	2,900	3,900
RS250 GS (250cc single)	200	500	1,400	2,400	3,900	5,400
RS250 MC (250cc single)	200	500	1,400	2,900	4,400	5,700
320 TL (320cc single)	200	500	1,400	1,900	2,900	3,900
1979						
SWM 50 (50cc single)	200	500	1,000	1,300	1,800	2,300
RS125 GS (125cc single)	200	500	1,400	1,900	2,900	3,900
RS125 MC (125cc single)	200	500	1,400	2,400	3,400	4,400
RS175 GS (175cc single)	200	500	1,400	1,900	2,900	3,900
RS175 MC (175cc single)	200	500	1,400	1,900	2,900	3,900
RS250 GS (250cc single)	200	500	1,400	2,900	3,900	4,900
RS250 MC (250cc single)	200	500	1,400	2,900	4,400	5,700
320 TL (320cc single)	200	500	1,400	1,900	2,900	3,900
RS350 GS (350cc single)	200	500	1,400	2,400	3,400	4,400
1980						
50 Automatic (50cc single)	200	300	700	900	1,500	2,100
50 Cross Boy (50cc single)	200	300	700	900	1,500	2,100
125 Enduro (125cc single)	200	500	1,400	2,400	3,400	4,400
125 MX (125cc single)	200	500	1,400	2,900	3,900	4,900
175 Enduro (175cc single)	200	500	1,400	2,400	3,400	4,400
175 Hare Scrambler (175cc single)	200	500	1,400	2,400	3,400	4,400
250 Enduro (250cc single)	200	500	1,400	2,900	3,900	4,900
250 Hare Scrambler (250cc single)	200	500	1,400	2,900	3,900	4,900
250 MX (250cc single)	200	500	1,400	2,900	4,400	5,700

	6	5	4	3	2	1
320 Trials (320cc single)	200	500	1,400	1,900	2,900	3,900
370 Enduro (370cc single)	200	500	1,400	2,400	3,900	5,400
370 Hare Scrambler (370cc single)	200	500	1,400	2,400	3,900	5,400
370 MX (*370cc single)	200	500	1,400	2,900	4,400	5,700
1981						
RS125 TLNW Trail (125cc single)	200	500	1,400	1,900	2,900	3,900
RS175 GSTF1 (175cc single)	200	500	1,400	2,400	3,400	4,400
RS250 GSTF1 (250cc single)	200	500	1,400	2,400	3,400	4,400
RS250 MCTF4 (250cc single)	200	500	1,400	2,900	4,900	6,900
RS320 TLNW Trail (320cc single)	200	500	1,400	2,400	3,400	4,400
RS440 GSTF1 (440cc single)	200	500	1,400	2,900	4,900	6,900
RS440 MCTF1 (440cc single)	200	500	1,400	3,400	5,400	7,400
1982						
RS80 TLNW Trail (80cc single)	200	500	900	1,400	2,000	2,600
RS125 GSTF3 (125cc single)	200	500	1,400	1,800	2,200	2,600
RS125 TLNW Trail (125cc single)	200	500	1,100	1,500	2,000	2,500
RS175 GSTF3 (175cc single)	200	500	1,400	1,700	2,200	2,700
RS240 TLNW Trail (240cc single)	200	500	1,400	1,900	2,900	3,900
RS250 GSTF3 (250cc single)	200	500	1,400	2,400	3,400	4,400
RS250 MCTF6 (250cc single)	200	500	1,400	2,900	4,900	6,900
RS320 TLNW Trail (320cc single)	200	500	1,400	2,400	3,400	4,400
RS440 GSTF3 (440cc single)	200	500	1,400	2,900	4,900	6,900
RS440 MCTF6 (440cc single)	200	500	1,400	3,400	5,400	7,400
1983						
RS125 GS (125cc single)	200	500	1,400	1,900	2,900	3,900
RS125 MC (125cc single)	200	500	1,400	2,900	3,900	4,900
RS175 GSTF3 (175cc single)	200	500	1,400	1,800	2,200	2,600
RS240 TLNW (240cc single)	200	500	1,400	1,900	2,900	3,900
RS250 GS (250cc single)	200	500	1,400	2,400	4,400	6,400
RS250 MCTF6 (250cc single)	200	500	1,400	2,900	4,900	6,900
RS320 TLNW (320cc single)	200	500	1,400	2,400	3,400	4,400
RS350 TLNW Jumbo (350cc single)	200	500	1,400	2,400	3,400	4,400
RS440 GSTF3 (440cc single)	200	500	1,400	2,900	4,900	6,900
RS440 MCTF6 (440cc single)	200	500	1,400	3,400	5,400	7,400
1984						
MC125 S2 (125cc single)	200	500	1,400	2,900	3,400	3,900
RS240 TLNW (240cc single)	200	500	1,400	1,900	2,900	3,900
GS250 S1 (250cc single)	200	500	1,400	2,400	2,900	3,400
MC250 S2 (250cc single)	200	500	1,400	2,900	3,900	4,900
RS320 TLNW (320cc single)	200	500	1,400	1,900	2,900	3,900
RS350 TLNW (350cc single)	200	500	1,400	2,400	3,400	4,400

THOR

	6	5	4	3	2	1
1900						
Big Twin	3,500	7,000	14,000	21,000	28,000	35,000
1904						
Rambler	3,500	7,000	14,000	21,000	28,000	35,000
1906						
Single	3,500	7,000	14,000	21,000	28,000	35,000
1908						
Model 7 Single 2.25hp	5,000	10,000	20,000	30,000	40,000	50,000
Model 8 Single 2.25hp	5,000	10,000	20,000	30,000	40,000	50,000
1909						
Model 8 Single 2.25hp	5,000	10,000	20,000	30,000	40,000	50,000
Model A Single 3hp	3,500	7,000	14,000	21,000	28,000	35,000
Model B Single 3hp	3,500	7,000	14,000	21,000	28,000	35,000
Model C Single 3.25hp	3,500	7,000	14,000	21,000	28,000	35,000
Model D Single 3.25hp	3,500	7,000	14,000	21,000	28,000	35,000
Model E Twin 6hp	5,000	15,000	25,000	35,000	45,000	55,000
Model F Twin 6hp	5,000	15,000	25,000	35,000	45,000	55,000

	6	5	4	3	2	1
Model G Twin 6hp	5,000	15,000	25,000	35,000	45,000	55,000
Model H Twin 6hp	5,000	15,000	25,000	35,000	45,000	55,000
1910						
Model K Single	5,000	10,000	15,000	20,000	25,000	30,000
Model M Single 4hp	3,500	7,000	14,000	21,000	28,000	35,000
Belt Drive Single	10,000	20,000	30,000	40,000	50,000	60,000
1911						
Model M Single 4hp	3,500	7,000	14,000	21,000	28,000	35,000
Model R Single 4hp	3,500	7,000	14,000	21,000	28,000	35,000
Model T Single 4hp	3,500	7,000	14,000	21,000	28,000	35,000
Model N Single 4hp	3,500	7,000	14,000	21,000	28,000	35,000
Model O V-Twin 7hp (1,000cc V-twin)	5,000	15,000	25,000	35,000	45,000	55,000
1912						
Model K Single	3,500	7,000	14,000	21,000	28,000	35,000
Model W Single	3,500	7,000	14,000	21,000	28,000	35,000
Model U V-Twin (1,000cc)	20,000	40,000	60,000	80,000	100K	120K
1913						
Model K Single	3,500	7,000	14,000	21,000	28,000	35,000
Model U V-Twin (1,000cc)	20,000	40,000	60,000	80,000	100K	120K
1914						
Model U V-Twin 8hp (1,000cc v-twin)	20,000	40,000	60,000	80,000	100K	120K
Model A Twin 9hp (1,200cc v-twin)	5,000	10,000	25,000	40,000	55,000	70,000
1915						
Model SR Twin 7hp (1,000cc v-twin)	5,000	15,000	25,000	35,000	45,000	55,000
Model U Twin 8hp (1,000cc v-twin)	20,000	40,000	60,000	80,000	100K	120K
Model A Twin 12hp (1,200cc v-twin)	5,000	10,000	25,000	40,000	55,000	70,000
1916						
Model U V-Twin (1,000cc)	20,000	40,000	60,000	80,000	100K	120K
1917						
Model A Twin 12hp (1,200cc v-twin)	5,000	10,000	25,000	40,000	55,000	70,000

TRIUMPH

	6	5	4	3	2	1
1902						
Single Cylinder 2.25hp Minerva (1st model)	100K	125K	150K	175K	200K	250K
1903						
2.5hp Single Minerva Engine	100K	125K	150K	175K	200K	250K
1904						
3hp Single	50,000	75,000	100K	150K	175K	200K
1905						
3hp Single	50,000	75,000	100K	150K	175K	200K
1906						
3.5 HP (475cc single)	3,000	6,000	12,000	18,000	24,000	30,000
1907						
3.5 HP (475cc single)	2,000	4,000	8,000	12,000	16,000	20,000
1908						
3.5 HP (500cc single)	3,000	6,000	12,000	18,000	24,000	30,000
1909						
3.5 HP (500cc single)	3,000	6,000	12,000	18,000	24,000	30,000
1910						
3.5 HP (500cc single)	3,000	6,000	12,000	18,000	24,000	30,000
1911						
3.5 HP (500cc single)	3,000	6,000	12,000	18,000	24,000	30,000
1912						
3.5 HP (500cc single)	3,000	6,000	12,000	18,000	24,000	30,000
1913						
Model LW Junior (225cc single)	1,500	2,300	3,400	4,500	6,000	7,500
Model A (550cc single)	2,500	5,000	10,000	15,000	20,000	25,000
Model B (550cc single)	2,500	5,000	10,000	15,000	20,000	25,000
Model C (550cc single)	2,500	5,000	10,000	15,000	20,000	25,000
Model D (550cc single)	2,500	5,000	10,000	15,000	20,000	25,000

	6	5	4	3	2	1
Model E (550cc single)	2,500	5,000	10,000	15,000	20,000	25,000
Model F (550cc single)	2,500	5,000	10,000	15,000	20,000	25,000
1914						
Model LW Junior (225cc single)	1,500	2,300	3,400	4,500	6,000	7,500
Model A (550cc single)	2,500	5,000	10,000	15,000	20,000	25,000
Model B (550cc single)	2,500	5,000	10,000	15,000	20,000	25,000
Model C (550cc single)	2,500	5,000	10,000	15,000	20,000	25,000
Model D (550cc single)	2,500	5,000	10,000	15,000	20,000	25,000
Model E (550cc single)	2,500	5,000	10,000	15,000	20,000	25,000
Model F (550cc single)	2,500	5,000	10,000	15,000	20,000	25,000
Model G (550cc single)	2,500	5,000	10,000	15,000	20,000	25,000
Model H (550cc single)	4,000	8,000	12,000	16,000	20,000	25,000
1915						
Model H War Version (550cc single)	4,000	8,000	12,000	16,000	20,000	25,000
1916						
Model H War Version (550cc single)	4,000	8,000	12,000	16,000	20,000	25,000
1917						
Model H War Version (550cc single)	4,000	8,000	12,000	16,000	20,000	25,000
1918						
Model H War Version (550cc single)	4,000	8,000	12,000	16,000	20,000	25,000
1919						
Model LW Junior (225cc single)	1,500	2,300	3,400	4,500	6,000	7,500
Model H (550cc single)	4,000	8,000	12,000	16,000	20,000	25,000
1920						
Model LW Junior (225cc single)	1,500	2,300	3,400	4,500	6,000	7,500
Model H (550cc single)	4,000	8,000	12,000	16,000	20,000	25,000
Model SD (550cc single)	4,000	8,000	12,000	16,000	20,000	25,000
1921						
Model LW Junior (225cc single)	1,500	2,300	3,400	4,500	6,000	7,500
Model H (550cc single)	4,000	8,000	12,000	16,000	20,000	25,000
Model SD (550cc single)	4,000	8,000	12,000	16,000	20,000	25,000
1922						
Model LW Junior (225cc single)	1,500	2,300	3,400	4,500	6,000	7,500
Model R (500cc single)	2,000	4,000	8,000	12,000	16,000	20,000
Model H (550cc single)	4,000	8,000	12,000	16,000	20,000	25,000
Model SD (550cc single)	4,000	8,000	12,000	16,000	20,000	25,000
1923						
Model LW Junior (249cc single)	1,500	2,300	3,400	4,500	6,000	7,500
Model LS (350cc single)	1,500	3,000	6,000	9,000	12,000	15,000
Model R (500cc single)	2,000	4,000	8,000	12,000	16,000	20,000
Model H (550cc single)	4,000	8,000	12,000	16,000	20,000	25,000
Model SD (550cc single)	4,000	8,000	12,000	16,000	20,000	25,000
1924						
Model LW Junior (249cc single)	1,500	2,300	3,400	4,500	6,000	7,500
Model LS (350cc single)	1,500	3,000	6,000	9,000	12,000	15,000
Model R (500cc single)	2,000	4,000	8,000	12,000	16,000	20,000
Model H (550cc single)	4,000	8,000	12,000	16,000	20,000	25,000
Model SD (550cc single)	4,000	8,000	12,000	16,000	20,000	25,000
1925						
Model LW Junior (249cc single)	1,500	2,300	3,400	4,500	6,000	7,500
Model LS (350cc single)	1,500	3,000	6,000	9,000	12,000	15,000
Model N (494cc single)	2,000	4,000	8,000	12,000	16,000	20,000
Model P (494cc single)	2,000	4,000	8,000	12,000	16,000	20,000
Model R (500cc single)	2,000	4,000	8,000	12,000	16,000	20,000
1926						
Model LS (350cc single)	1,500	3,000	6,000	9,000	12,000	15,000
Model N (494cc single)	2,000	4,000	8,000	12,000	16,000	20,000
Model P (494cc single)	2,000	4,000	8,000	12,000	16,000	20,000
Model R (500cc single)	2,000	4,000	8,000	12,000	16,000	20,000

	6	5	4	3	2	1
1927						
Model W (277cc single)	2,000	4,000	8,000	12,000	16,000	20,000
Model LS (350cc single)	1,500	3,000	6,000	9,000	12,000	15,000
Model N (494cc single)	2,000	4,000	8,000	12,000	16,000	20,000
Model NP (494cc single)	2,000	4,000	8,000	12,000	16,000	20,000
Model IR (499cc single)	2,000	4,000	8,000	12,000	16,000	20,000
Model TT (500cc single)	2,000	4,000	8,000	12,000	16,000	20,000
Model SD (550cc single)	4,000	8,000	12,000	16,000	20,000	25,000
1928						
Model W (277cc single)	2,000	4,000	8,000	12,000	16,000	20,000
Model NP (494cc single)	2,000	4,000	8,000	12,000	16,000	20,000
Model N (494cc single)	2,000	4,000	8,000	12,000	16,000	20,000
Model NL (500cc single)	2,000	4,000	8,000	12,000	16,000	20,000
Model ST (500cc single)	2,000	4,000	8,000	12,000	16,000	20,000
Model TT (500cc single)	2,000	4,000	8,000	12,000	16,000	20,000
Model ND (550cc single)	2,500	5,000	10,000	15,000	20,000	25,000
Model NSD (550cc single)	2,500	5,000	10,000	15,000	20,000	25,000
1929						
Model W (277cc single)	2,000	4,000	8,000	12,000	16,000	20,000
Model WS (277 cc single)	2,000	4,000	8,000	12,000	16,000	20,000
Model CSD (549cc single)	1,000	2,000	3,500	5,000	6,500	8,000
Model CN (498cc single)	2,000	4,000	8,000	12,000	16,000	20,000
Model CO (348cc single)	1,500	3,000	6,000	9,000	12,000	15,000
Model NL (494cc single)	2,000	4,000	8,000	12,000	16,000	20,000
Model ST (498cc single)	2,000	4,000	8,000	12,000	16,000	20,000
Model CTT (550cc single)	2,500	5,000	10,000	15,000	20,000	25,000
Model ND (550cc single)	2,500	5,000	10,000	15,000	20,000	25,000
Model NSD (550cc single)	2,500	5,000	10,000	15,000	20,000	25,000
1930						
Junior (150cc single)	1,000	2,000	3,500	5,000	6,500	8,000
Model WS (277 cc single)	2,000	4,000	8,000	12,000	16,000	20,000
Model CO (350cc single)	1,500	3,000	6,000	9,000	12,000	15,000
Model CN (498cc single)	2,000	4,000	8,000	12,000	16,000	20,000
Model CSD (550cc single)	2,500	5,000	10,000	15,000	20,000	25,000
Model CTT (550cc single)	2,500	5,000	10,000	15,000	20,000	25,000
Model ND (550cc single)	2,500	5,000	10,000	15,000	20,000	25,000
Model NSD (550cc single)	2,500	5,000	10,000	15,000	20,000	25,000
1931						
Junior (150cc single)	1,000	2,000	3,500	5,000	6,500	8,000
Model WA (249cc single)	1,000	2,000	3,500	5,000	6,500	8,000
Model WO (249cc single)	1,000	2,000	3,500	5,000	6,500	8,000
Model NM (343cc single)	1,500	3,000	6,000	9,000	12,000	15,000
Model WL (348cc single)	1,500	3,000	6,000	9,000	12,000	15,000
Model NT (493cc single)	2,000	4,000	8,000	12,000	16,000	20,000
Model CN (498cc single)	2,000	4,000	8,000	12,000	16,000	20,000
Model CSD (550cc single)	2,500	5,000	10,000	15,000	20,000	25,000
Model ND (550cc single)	2,500	5,000	10,000	15,000	20,000	25,000
Model NSD (550cc single)	2,500	5,000	10,000	15,000	20,000	25,000
1932						
Model Z (147cc single)	1,000	2,000	3,500	5,000	6,500	8,000
Model WA (249cc single)	1,000	2,000	3,500	5,000	6,500	8,000
Model NM (343cc single)	1,500	3,000	6,000	9,000	12,000	15,000
Model WL (348cc single)	1,500	3,000	6,000	9,000	12,000	15,000
Model NT (493cc single)	2,000	4,000	8,000	12,000	16,000	20,000
Model CN (498cc single)	2,000	4,000	8,000	12,000	16,000	20,000
Silent Scout B OHV (500cc single)	2,000	4,000	8,000	12,000	16,000	20,000
Sports Scout BS OHV (500cc single)	2,000	4,000	8,000	12,000	16,000	20,000
Silent Scout A (549cc single)	2,500	5,000	10,000	15,000	20,000	25,000
Model CSD (549cc single)	2,500	5,000	10,000	15,000	20,000	25,000
Model CD (500cc single)	2,000	4,000	8,000	12,000	16,000	20,000

	6	5	4	3	2	1
Model ND (549cc single)	2,500	5,000	10,000	15,000	20,000	25,000
Model NSD (550cc single)	2,500	5,000	10,000	15,000	20,000	25,000
1933						
Model XO (147cc single)	1,000	2,000	3,500	5,000	6,500	8,000
Model WO (249cc single)	1,000	2,000	4,000	6,000	8,000	10,000
Model CD (493cc single)	2,000	4,000	8,000	12,000	16,000	20,000
Model NT (493cc single)	2,000	4,000	8,000	12,000	16,000	20,000
Silent Scout B OHV (493cc single)	2,000	4,000	8,000	12,000	16,000	20,000
Sports Scout BS OHV (493cc single)	2,000	4,000	8,000	12,000	16,000	20,000
Model ND (549cc single)	2,500	5,000	10,000	15,000	20,000	25,000
Silent Scout A (549cc single)	2,500	5,000	10,000	15,000	20,000	25,000
1934						
Model XV/1 (150cc single)	1,000	2,000	3,500	5,000	6,500	8,000
Model X05/1 OHV Standard (150cc single)	1,000	2,000	3,500	5,000	6,500	8,000
Model X05/5 OHV Sports (150cc single)	1,000	2,000	3,500	5,000	6,500	8,000
Model X07/1 OHV Standard (175cc single)	1,000	2,500	4,000	6,500	8,000	9,500
Model X07/5 OHV Sports (175cc single)	1,000	2,500	4,000	6,500	8,000	9,500
Model 2/1 OHV 2 Port (250cc single)	1,000	2,500	4,000	6,500	8,000	9,500
Model 2/5 OHV 2 Port MK V 250cc single)	1,000	2,500	4,000	6,500	8,000	9,500
Model 3/1 Side Valve (350cc single)	1,800	2,700	4,100	5,400	7,200	9,000
Model 3/2 OHV 2 Port (350cc single)	1,800	2,700	4,100	5,400	7,200	9,000
Model 3/5 OHV 2 Port MK V (350cc single)	1,800	2,700	4,100	5,400	7,200	9,000
Model 5/2 OHV 2 Port (500cc single)	1,500	3,000	6,000	9,000	12,000	15,000
Model 5/4 OHV 2 Port Deluxe (500cc single)	1,500	3,000	6,000	9,000	12,000	15,000
Model 5/5 OHV Deluxe MK V (500cc single)	1,500	3,000	6,000	9,000	12,000	15,000
Silent Scout B OHV (500cc single)	2,000	4,000	8,000	12,000	16,000	20,000
Sports Scout BS OHV (500cc single)	2,000	4,000	8,000	12,000	16,000	20,000
Model 5/1 Side Valve (550cc single)	2,000	4,000	8,000	12,000	16,000	20,000
Model 5/3 Side Valve Deluxe (550cc single)	2,000	4,000	8,000	12,000	16,000	20,000
Model 6/1 Vertical Twin (650cc twin)	2,000	4,000	8,000	12,000	16,000	20,000
1935						
Model L 2/1 (249cc single)	1,000	2,500	4,000	6,500	8,000	9,500
Model 3/1 (348cc single)	1,800	2,700	4,100	5,400	7,200	9,000
Model 3/2 (350cc single)	1,800	2,700	4,100	5,400	7,200	9,000
Model 5/2 (500cc single)	1,500	3,000	6,000	9,000	12,000	15,000
Model 5/5 (500cc single)	1,500	3,000	6,000	9,000	12,000	15,000
Model 5/10 (500cc single)	1,500	3,000	6,000	9,000	12,000	15,000
Model 5/1 (550cc single)	2,000	4,000	8,000	12,000	16,000	20,000
Model 6/1 (650cc twin)	2,000	4,000	8,000	12,000	16,000	20,000
1936						
Model L 2/1 (249cc single)	1,000	2,500	4,000	6,500	8,000	9,500
Model 3/1 (348cc single)	1,800	2,700	4,100	5,400	7,200	9,000
T70 Tiger (250cc single)	2,000	3,000	4,000	5,000	7,500	9,500
T80 Tiger (350cc single)	3,000	6,000	12,000	18,000	24,000	30,000
T90 Tiger (500cc single)	3,000	6,000	12,000	18,000	24,000	30,000
Model 5/1 (550cc single)	2,000	4,000	8,000	12,000	16,000	20,000
6/1 (650cc twin)	2,000	4,000	8,000	12,000	16,000	20,000
1937						
T70 Tiger (250cc single)	1,000	2,500	4,000	5,500	7,000	8,500
2H (250cc single)	1,000	2,500	4,000	5,500	7,000	8,500
T80 Tiger (350cc single)	2,600	4,000	8,000	12,000	16,000	20,000
3H (350cc single)	2,000	3,000	4,000	5,000	7,500	9,500
3S (350cc single)	2,000	3,000	4,000	5,000	7,500	9,500
T90 Tiger (500cc single)	2,600	4,000	8,000	12,000	16,000	20,000
5H (500cc single)	2,400	3,600	5,400	7,200	9,600	12,000
5T Speed (500cc twin)	4,000	8,000	16,000	24,000	32,000	40,000
6S (600cc twin)	3,600	5,400	8,100	12,000	16,000	20,000
1938						
T70 Tiger (250cc single)	1,000	2,500	4,000	5,500	7,000	8,500
2H (250cc single)	1,000	2,500	4,000	5,500	7,000	8,500

	6	5	4	3	2	1
2HC (250cc single)	1,000	2,500	4,000	5,500	7,000	8,500
T80 Tiger (350cc single)	2,600	4,000	8,000	12,000	16,000	20,000
3H (350cc single)	2,000	3,000	4,000	5,000	7,500	9,500
3S (350cc single)	2,000	3,000	4,000	5,000	7,500	9,500
3SC (350cc single)	1,700	2,600	3,900	5,200	6,900	8,600
T90 Tiger (500cc single)	2,600	4,000	8,000	12,000	16,000	20,000
T100 Tiger (500cc twin)	4,000	8,000	14,000	20,000	26,000	32,000
5H (500cc single)	2,400	3,600	5,400	7,200	9,600	12,000
5T Speed (500cc twin)	4,000	8,000	16,000	24,000	32,000	40,000
6S (600cc twin)	3,600	5,400	8,100	12,000	16,000	20,000
1939						
T70 Tiger (250cc single)	1,000	2,500	4,000	5,500	7,000	8,500
2H (250cc single)	1,000	2,500	4,000	5,500	7,000	8,500
2HC (250cc single)	1,000	2,500	4,000	5,500	7,000	8,500
T80 Tiger (350cc single)	2,600	4,000	8,000	12,000	16,000	20,000
3H (350cc single)	1,800	2,700	4,100	5,400	7,200	9,000
3S (350cc single)	1,800	2,700	4,100	5,400	7,200	9,000
3SC (350cc single)	1,800	2,700	4,100	5,400	7,200	9,000
3SW (343cc single)	1,400	2,200	3,200	4,300	5,800	7,200
T90 Tiger (500cc single)	2,600	4,000	8,000	12,000	16,000	20,000
T100 Tiger (500cc twin)	4,000	8,000	14,000	20,000	26,000	32,000
5H (500cc single)	2,400	3,600	5,400	8,000	11,000	14,000
5S (500cc single)	2,400	3,600	5,400	8,000	11,000	14,000
5T Speed (500cc twin)	4,000	8,000	16,000	24,000	32,000	40,000
6S (600cc twin)	3,600	5,400	8,100	12,000	16,000	20,000
1940						
T70 Tiger (250cc single)	1,000	2,500	4,000	5,500	7,000	8,500
T80 Tiger (350cc single)	2,600	4,000	8,000	12,000	16,000	20,000
3H (350cc single)	1,800	2,700	4,100	5,400	7,200	9,000
3S (350cc single)	1,800	2,700	4,100	5,400	7,200	9,000
3SE (350cc single)	1,800	2,700	4,100	5,400	7,200	9,000
T100 Tiger (500cc twin)	4,000	8,000	14,000	20,000	26,000	32,000
5S (500cc single)	2,400	3,600	5,400	7,200	9,600	12,000
5SE (500cc single)	2,400	3,600	5,400	7,200	9,600	12,000
5T Speed (500cc twin)	4,000	8,000	16,000	24,000	32,000	40,000
1941						
WD/3HW (350cc single)	2,000	3,000	4,000	6,000	8,000	10,000
WD/3SW (350cc single)	2,000	3,000	4,000	6,000	8,000	10,000
WD/5SW (500cc single)	2,400	3,600	5,400	7,200	9,600	12,000
1942						
WD/3HW (350cc single)	2,000	3,000	4,000	6,000	8,000	10,000
WD/3SW (350cc single)	2,000	3,000	4,000	6,000	8,000	10,000
WD/5SW (500cc single)	2,400	3,600	5,400	7,200	9,600	12,000
1943						
WD/3HW (350cc single)	2,000	3,000	4,000	6,000	8,000	10,000
WD/3SW (350cc single)	2,000	3,000	4,000	6,000	8,000	10,000
WD/5SW (500cc single)	2,400	3,600	5,400	7,200	9,600	12,000
1944						
WD/3HW (350cc single)	2,000	3,000	4,000	6,000	8,000	10,000
WD/3SW (350cc single)	2,000	3,000	4,000	6,000	8,000	10,000
WD/5SW (500cc single)	2,400	3,600	5,400	7,200	9,600	12,000
1945						
WD/3HW (350cc single)	2,000	3,000	4,000	6,000	8,000	10,000
WD/3SW (350cc single)	2,000	3,000	4,000	6,000	8,000	10,000
WD/5SW (500cc single)	2,400	3,600	5,400	7,200	9,600	12,000
1946						
3T (350cc single)	1,700	3,000	6,000	9,000	12,000	15,000
T100 Tiger (500cc twin)	3,200	5,000	8,000	12,000	16,000	20,000
5T Speed (500cc twin)	3,600	5,000	8,000	12,000	16,000	20,000

	6	5	4	3	2	1
1947						
3T (350cc single)	1,700	3,000	6,000	9,000	12,000	15,000
T100 Tiger (500cc twin)	3,200	5,000	8,000	12,000	16,000	20,000
5T Speed (500cc twin)	3,600	5,000	8,000	12,000	16,000	20,000
1948						
3T (350cc single)	1,700	2,600	4,000	6,000	8,000	10,000
Grand Prix (500cc twin)	6,200	10,000	14,000	21,000	28,000	35,000
T100 Tiger (500cc twin)	3,000	6,000	12,000	18,000	24,000	30,000
TR5 Trophy (500cc twin)	5,000	10,000	15,000	20,000	25,000	30,000
5T Speed (500cc twin)	4,000	6,000	8,000	12,000	16,000	20,000
1949						
3T (350cc single)	1,700	2,600	4,000	6,000	8,000	10,000
Grand Prix (500cc twin)	6,200	10,000	14,000	21,000	28,000	35,000
TR5 Trophy (500cc twin)	5,000	10,000	15,000	20,000	25,000	30,000
T100 Tiger (500cc twin)	3,000	6,000	12,000	18,000	24,000	30,000
TRW (500cc twin)	1,200	2,000	4,000	6,000	8,000	10,000
5T Speed (500cc twin)	1,500	4,000	7,000	10,000	14,000	18,000
6T Thunderbird (650cc twin)	3,000	7,000	14,000	21,000	28,000	35,000
1950						
3T (350cc single)	1,700	2,600	4,000	6,000	8,000	10,000
Grand Prix (500cc twin)	6,200	10,000	14,000	21,000	28,000	35,000
T100 Tiger (500cc twin)	3,000	6,000	12,000	18,000	24,000	30,000
TR5 Trophy (500cc twin)	5,000	10,000	15,000	20,000	25,000	30,000
TRW (500cc twin)	1,200	2,000	4,000	6,000	8,000	10,000
5T Speed (500cc twin)	1,500	4,000	7,000	11,000	15,000	19,000
6T Thunderbird (650cc twin)	3,000	7,000	14,000	21,000	28,000	35,000
1951						
3T (350cc single)	1,700	2,600	4,000	6,000	8,000	10,000
T100 Tiger (500cc twin)	3,000	6,000	12,000	18,000	24,000	30,000
TR5 Trophy (500cc twin)	5,000	10,000	15,000	20,000	25,000	30,000
TRW (500cc twin)	1,200	2,000	4,000	6,000	8,000	10,000
5T Speed (500cc twin)	3,400	5,100	7,700	11,000	14,000	18,000
6T Thunderbird (650cc twin)	4,000	6,000	10,000	15,000	20,000	25,000
1952						
T100 Tiger (500cc twin)	3,000	6,000	12,000	18,000	24,000	30,000
TR5 Trophy (500cc twin)	5,000	10,000	15,000	20,000	25,000	30,000
TRW (500cc twin)	1,200	2,000	4,000	6,000	8,000	10,000
5T Speed (500cc twin)	3,400	5,100	7,700	1,000	14,000	18,000
6T Thunderbird (650cc twin)	4,000	6,000	10,000	15,000	20,000	25,000
1953						
T15 Terrier (150cc single)	2,000	4,000	6,000	8,000	10,000	12,000
T100 Tiger (500cc twin)	3,000	6,000	12,000	18,000	24,000	30,000
T100C Tiger (500cc twin) (under 600 made)	3,000	6,000	12,000	18,000	24,000	30,000
TR5 Trophy (500cc twin)	5,000	10,000	15,000	20,000	25,000	30,000
TRW (500cc twin)	1,200	2,000	4,000	6,000	8,000	10,000
5T Speed (500cc twin)	3,400	5,100	7,700	1,000	14,000	18,000
6T Thunderbird (650cc twin)	4,000	6,000	10,000	15,000	20,000	25,000
1954						
T15 Terrier (150cc single)	2,000	4,000	6,000	8,000	10,000	12,000
T100 Tiger (500cc twin)	3,000	5,000	8,000	12,000	16,000	20,000
TR5 Trophy (500cc twin)	5,000	10,000	15,000	20,000	25,000	30,000
TRW (500cc twin)	1,200	2,000	4,000	6,000	8,000	10,000
5T Speed (500cc twin)	3,200	4,800	7,200	9,600	13,000	16,000
T110 Tiger (650cc twin)	2,000	5,000	8,000	11,000	14,000	17,000
6T Thunderbird (650cc twin)	4,000	6,000	10,000	15,000	20,000	25,000
1955						
T15 Terrier (150cc single)	2,000	4,000	6,000	8,000	10,000	12,000
T100 Tiger (500cc twin)	2,800	4,200	6,300	9,000	12,000	15,000
TR5 Trophy (500cc twin)	5,000	10,000	15,000	20,000	25,000	30,000
TRW (500cc twin)	1,200	2,000	4,000	6,000	8,000	10,000

	6	5	4	3	2	1
5T Speed (500cc twin)	2,000	3,000	6,000	9,000	12,000	15,000
T110 Tiger (650cc twin)	2,000	5,000	8,000	11,000	14,000	17,000
6T Thunderbird (650cc twin)	3,000	6,000	9,000	12,000	15,000	18,000
1956						
T15 Terrier (150cc single)	2,000	4,000	6,000	8,000	10,000	12,000
T100 Tiger (500cc twin)	2,800	4,200	6,300	9,000	12,000	15,000
TR5 Trophy (500cc twin)	5,000	10,000	15,000	20,000	25,000	30,000
TRW (500cc twin)	1,200	2,000	4,000	6,000	8,000	10,000
5T Speed (500cc twin)	3,200	4,800	7,200	9,600	13,000	16,000
T110 Tiger (650cc twin)	2,000	5,000	8,000	11,000	14,000	17,000
TR6 Trophy (650cc twin)	2,200	5,000	8,000	12,000	16,000	20,000
6T Thunderbird (650cc twin)	3,000	6,000	9,000	12,000	15,000	18,000
1957						
T20 Tiger Cub (200cc single)	1,000	1,500	3,000	4,500	6,000	7,500
T20C Tiger Cub (200cc single)	1,000	1,500	3,000	4,500	6,000	7,500
T100 Tiger (500cc twin)	2,800	4,200	6,300	9,000	12,000	15,000
TR5 Trophy (500cc twin)	3,200	4,800	7,200	9,600	13,000	16,000
TRW (500cc twin)	1,200	2,000	4,000	6,000	8,000	10,000
5T Speed (500cc twin)	3,200	4,800	7,200	9,600	13,000	16,000
T110 Tiger (650cc twin)	2,000	5,000	8,000	11,000	14,000	17,000
TR6 Trophy (650cc twin)	2,200	5,000	8,000	12,000	16,000	20,000
6T Thunderbird (650cc twin)	3,000	6,000	9,000	12,000	15,000	18,000
1958						
Tigress Scooter (175cc single)	2,000	4,000	6,000	8,000	10,000	12,000
T20 Tiger Cub (200cc single)	1,000	1,500	3,000	6,000	9,000	12,000
T20C Tiger Cub (200cc single)	1,000	1,500	3,000	4,500	6,000	7,500
TW2/2S Tigress Scooter (250cc twin)	2,000	4,000	6,000	8,000	10,000	12,000
3TA Twenty One (350cc twin)	1,200	2,000	3,500	5,000	7,500	9,000
T100 Tiger (500cc twin)	2,800	4,200	6,300	9,000	12,000	15,000
TR5 Trophy (500cc twin)	3,200	4,800	7,200	9,600	13,000	16,000
TRW (500cc twin)	1,200	2,000	4,000	6,000	8,000	10,000
5T Speed (500cc twin)	3,000	4,500	6,800	9,000	12,000	15,000
T110 Tiger (650cc twin)	2,000	5,000	8,000	11,000	14,000	17,000
TR6 Trophy (650cc twin)	2,200	5,000	8,000	12,000	16,000	20,000
6T Thunderbird (650cc twin)	3,000	6,000	9,000	12,000	15,000	18,000
1959						
Tigress Scooter (175cc single)	2,000	4,000	6,000	8,000	10,000	12,000
T20 Tiger Cub (200cc single)	1,000	1,500	3,000	4,500	6,000	7,500
T20C Tiger Cub (200cc single)	1,000	1,500	3,000	4,500	6,000	7,500
TW2/2S Tigress Scooter (250cc twin)	2,000	4,000	6,000	8,000	10,000	12,000
3TA Twenty One (350cc twin)	1,000	1,500	3,000	6,000	9,000	12,000
T100 Tiger (500cc twin)	2,600	3,900	5,900	7,800	10,000	13,000
TRW (500cc twin)	1,200	2,000	4,000	6,000	8,000	10,000
5TA Speed (500cc twin)	2,800	4,200	6,300	8,400	11,000	14,000
T110 Tiger (650cc twin)	2,000	5,000	8,000	11,000	14,000	17,000
T120 Bonneville (650cc twin)	4,300	6,300	10,000	15,000	21,000	28,000
TR6 Trophy (650cc twin)	2,200	5,000	8,000	12,000	16,000	20,000
6T Thunderbird (650cc twin)	3,000	6,000	9,000	12,000	15,000	18,000
1960						
Tigress Scooter (175cc single)	2,000	4,000	6,000	8,000	10,000	12,000
T20 Tiger Cub (200cc single)	1,000	1,500	3,000	4,500	6,000	7,500
T20S Tiger Cub (200cc single)	1,000	1,500	3,000	4,500	6,000	7,500
TW2/2S Tigress Scooter (250cc twin)	2,000	4,000	6,000	8,000	10,000	12,000
3TA Twenty One (350cc twin)	1,000	1,500	3,000	6,000	9,000	12,000
T100A Tiger (500cc twin)	2,600	3,900	5,900	7,800	10,000	13,000
TRW (500cc twin)	1,200	2,000	4,000	6,000	8,000	10,000
5TA Speed (500cc twin)	2,800	4,200	6,300	8,400	11,000	14,000
T110 Tiger (650cc twin)	2,000	5,000	8,000	11,000	14,000	17,000
T120 Bonneville (650cc twin)	3,000	6,000	10,000	14,000	18,000	22,000
TR6 Trophy (650cc twin)	2,200	3,300	5,000	6,600	10,000	14,000

	6	5	4	3	2	1
6T Thunderbird (650cc twin)	3,000	6,000	9,000	12,000	15,000	18,000
1961						
Tigress Scooter (175cc single)	2,000	4,000	6,000	8,000	10,000	12,000
T20 Tiger Cub (200cc single)	1,000	1,500	3,000	4,500	6,000	7,500
T20S/L Tiger Cub (200cc single)	1,000	1,500	3,000	4,500	6,000	7,500
T20T Tiger Cub (200cc single)	1,000	1,500	3,000	4,500	6,000	7,500
TW2/2S Tigress Scooter (250cc twin)	2,000	4,000	6,000	8,000	10,000	12,000
3TA Twenty One (350cc twin)	1,200	2,000	4,000	6,000	8,000	10,000
T100A Tiger (500cc twin)	2,400	3,600	5,400	7,200	9,600	12,000
TRW (500cc twin)	1,200	2,000	4,000	6,000	8,000	10,000
5TA Speed (500cc twin)	1,000	1,500	3,000	6,000	9,000	12,000
T110 Tiger (650cc twin)	2,000	5,000	8,000	11,000	14,000	17,000
T120 Bonneville (650cc twin)	3,000	6,000	10,000	14,000	18,000	22,000
T120C Bonneville (650cc twin)	2,500	5,000	8,000	11,000	15,000	19,000
T120R Bonneville (650cc twin)	4,000	7,000	13,000	17,000	21,000	25,000
TR6 Trophy (650cc twin)	2,000	3,000	4,500	6,000	10,000	14,000
6T Thunderbird (650cc twin)	3,000	6,000	9,000	12,000	15,000	18,000
1962						
Tina Scooter (100cc single)	1,000	2,000	3,000	4,000	5,000	6,000
Tigress Scooter (175cc single)	2,000	4,000	6,000	8,000	10,000	12,000
T20 Tiger Cub (200cc single)	1,000	1,500	3,000	4,500	6,000	7,500
T20S/H Tiger Cub (200cc single)	1,000	1,500	3,000	4,500	6,000	7,500
T20S/S Tiger Cub (200cc single)	1,000	1,500	3,000	4,500	6,000	7,500
TR20 Tiger Cub (200cc single)	1,000	1,500	3,000	4,500	6,000	7,500
TW2/2S Tigress Scooter (250cc twin)	2,000	4,000	6,000	8,000	10,000	12,000
3TA Twenty One (350cc twin)	1,200	2,000	4,000	6,000	8,000	10,000
T100SS Tiger (500cc twin)	2,400	3,600	5,400	7,200	9,600	12,000
TRW (500cc twin)	1,200	2,000	4,000	6,000	8,000	10,000
5TA Speed (500cc twin)	2,800	4,200	6,300	8,400	11,000	14,000
T120 Bonneville (650cc twin)	3,000	6,000	10,000	14,000	18,000	22,000
T120R Bonneville (650cc twin)	3,000	6,000	10,000	14,000	18,000	22,000
TR6 Trophy (650cc twin)	2,000	3,000	4,500	6,000	10,000	14,000
6T Thunderbird (650cc twin)	3,000	6,000	9,000	12,000	15,000	18,000
1963						
Tina Scooter (100cc single)	1,000	2,000	3,000	4,000	5,000	6,000
Tigress Scooter (175cc single)	2,000	4,000	6,000	8,000	10,000	12,000
T20 Tiger Cub (200cc single)	1,000	1,500	3,000	4,500	6,000	7,500
T20S/H Tiger Cub (200cc single)	1,000	1,500	3,000	4,500	6,000	7,500
T20S/S Tiger Cub (200cc single)	1,000	1,500	3,000	4,500	6,000	7,500
TW2/2S Tigress Scooter (250cc twin)	2,000	4,000	6,000	8,000	10,000	12,000
T90 Tiger (350cc twin)	1,000	1,500	3,000	4,500	6,000	7,500
3TA Twenty One (350cc twin)	1,200	1,800	3,000	4,000	6,000	8,000
T100SC Tiger (500cc twin)	2,200	3,300	5,000	6,600	9,000	12,000
T100SR Tiger (500cc twin)	2,200	3,300	5,000	6,600	8,800	11,000
T100SS Tiger (500cc twin)	2,200	3,300	5,000	6,600	8,800	11,000
TRW (500cc twin)	1,200	2,000	4,000	6,000	8,000	10,000
5TA Speed (500cc twin)	2,200	3,300	5,000	6,600	9,000	12,000
T120 Bonneville (650cc twin)	3,600	5,400	8,100	11,000	14,000	18,000
T120C Bonneville (650cc twin)	3,000	5,000	8,000	12,000	16,000	20,000
T120R Bonneville (650cc twin)	3,600	5,400	8,100	11,000	14,000	18,000
TR6 Trophy (650cc twin)	2,000	3,000	4,500	6,000	10,000	14,000
6T Thunderbird (650cc twin)	3,000	6,000	9,000	12,000	15,000	18,000
1964						
Tina Scooter (100cc single)	1,000	2,000	3,000	4,000	5,000	6,000
Tigress Scooter (175cc single)	2,000	4,000	6,000	8,000	10,000	12,000
T20 Tiger Cub (200cc single)	1,000	1,500	3,000	4,500	6,000	7,500
T20S/H Tiger Cub (200cc single)	1,000	1,500	3,000	4,500	6,000	7,500
T20S/S Tiger Cub (200cc single)	1,000	1,500	3,000	4,500	6,000	7,500
T90 Tiger (350cc twin)	1,000	1,500	3,000	4,500	6,000	7,500
3TA Twenty One (350cc twin)	1,200	1,800	3,000	4,000	6,000	8,000

	6	5	4	3	2	1
T100SC Tiger (500cc twin)	2,000	3,000	4,500	6,000	9,000	12,000
T100SR Tiger (500cc twin)	2,000	3,000	4,500	6,000	8,000	10,000
T100SS Tiger (500cc twin)	2,000	3,000	4,500	6,000	8,000	10,000
5TA Speed (500cc twin)	2,000	3,000	4,500	6,000	9,000	12,000
T120 Bonneville (650cc twin)	3,200	4,800	7,000	10,000	13,000	16,000
T120 Bonneville Thruxton (650cc twin)	4,100	6,200	9,200	12,000	16,000	21,000
T120C Bonneville (650cc twin)	3,000	5,000	8,000	12,000	16,000	20,000
T120R Bonneville (650cc twin)	2,000	4,000	7,000	10,000	13,000	16,000
T120TT Bonneville TT Special (650cc twin) . . .	3,600	5,400	8,100	12,000	16,000	20,000
TR6 Trophy (650cc twin)	2,000	3,000	4,500	6,000	9,000	12,000
TR6S/C Trophy (650cc twin)	2,000	3,000	4,500	6,000	9,000	12,000
TR6S/R Trophy (650cc twin)	2,000	3,000	4,500	6,000	9,000	12,000
TRW (500cc twin)	2,000	3,000	4,500	6,000	9,000	12,000
6T Thunderbird (650cc twin)	3,000	6,000	9,000	12,000	15,000	18,000
1965						
T10 Scooter (100cc single)	1,000	2,000	3,000	4,000	5,000	6,000
T20 Tiger Cub (200cc single)	1,000	1,500	3,000	4,500	6,000	7,500
T20S/H Tiger Cub (200cc single)	1,000	1,500	3,000	4,500	6,000	7,500
T20S/M Tiger Cub (200cc single)	1,000	2,000	4,000	5,500	7,000	8,500
T20S/S Tiger Cub (200cc single)	1,000	1,500	3,000	4,500	6,000	7,500
T90 Tiger (350cc twin)	1,000	1,500	3,000	4,500	6,000	7,500
3TA Twenty One (350cc twin)	1,200	1,800	3,000	4,000	6,000	8,000
T100SC Tiger (500cc twin)	2,000	3,000	4,500	6,000	9,000	12,000
T100SR Tiger (500cc twin)	2,000	3,000	4,500	6,000	8,000	10,000
T100SS Tiger (500cc twin)	2,000	3,000	4,500	6,000	8,000	10,000
5TA Speed (500cc twin)	2,000	3,000	4,500	6,000	9,000	12,000
T120 Bonneville (650cc twin)	3,600	5,400	8,100	11,000	14,000	18,000
T120 Bonneville Thruxton (650cc twin)	4,100	6,200	9,200	12,000	16,000	21,000
T120C Bonneville (650cc twin)	3,000	5,000	8,000	12,000	16,000	20,000
T120R Bonneville (650cc twin)	3,600	5,400	8,100	11,000	14,000	18,000
T120TT Bonneville TT Special (650cc twin) . . .	3,000	5,000	8,000	12,000	16,000	20,000
TR6 Trophy (650cc twin)	2,000	3,000	4,500	6,000	9,000	12,000
TR6S/C Trophy (650cc twin)	2,000	3,000	4,500	6,000	9,000	12,000
TR6S/R Trophy (650cc twin)	2,000	3,000	4,500	6,000	9,000	12,000
TRW (500cc twin)	2,000	3,000	4,500	6,000	9,000	12,000
6T Thunderbird (650cc twin)	3,000	6,000	9,000	12,000	15,000	18,000
1966						
T10 Scooter (100cc single)	1,000	2,000	3,000	4,000	5,000	6,000
T20 Tiger Cub Bantam (200cc single)	1,000	2,000	3,000	4,000	5,500	7,000
T20S/H Tiger Cub (200cc single)	1,000	1,500	3,000	4,500	6,000	7,500
T20S/M Tiger Cub (200cc single)	1,000	2,000	4,000	5,500	7,000	8,500
T20S/S Tiger Cub (200cc single)	1,000	1,500	3,000	4,500	6,000	7,500
T90 Tiger (350cc twin)	1,000	1,500	3,000	4,500	6,000	7,500
3TA Twenty One (350cc twin)	1,200	1,800	3,000	4,000	6,000	8,000
T100C Tiger (500cc twin)	1,800	2,700	4,100	5,400	7,200	9,000
T100R Tiger Daytona (500cc twin)	1,900	3,000	6,000	9,000	12,000	15,000
5TA Speed (500cc twin)	2,500	3,800	5,600	7,500	10,000	13,000
T120 Bonneville (650cc twin)	1,900	3,000	6,000	9,000	12,000	15,000
T120R Bonneville (650cc twin)	3,600	5,400	8,100	12,000	16,000	20,000
T120TT Bonneville TT Special (650cc twin) . . .	3,000	5,000	8,000	12,000	16,000	20,000
TR6 Trophy (650cc twin)	2,000	3,000	5,000	8,000	11,000	14,000
TR6C Trophy (650cc twin)	1,900	3,000	6,000	9,000	12,000	15,000
TR6R Trophy (650cc twin)	2,000	3,000	5,000	8,000	11,000	14,000
TR6S/C Trophy (650cc twin)	1,900	3,000	6,000	9,000	12,000	15,000
TR6S/R Trophy (650cc twin)	2,000	3,000	5,000	8,000	11,000	14,000
6T Thunderbird (650cc twin)	2,000	3,000	5,000	8,000	11,000	14,000
1967						
T10 Scooter (100cc single)	1,000	2,000	3,000	4,000	5,000	6,000
T20S/C Tiger Cub (200cc single)	1,000	2,000	4,000	5,500	7,000	8,500
T90 Tiger (350cc twin)	1,000	1,500	3,000	4,500	6,000	7,500

	6	5	4	3	2	1
T100 Tiger (500cc twin)	1,800	2,700	4,050	5,400	7,200	9,000
T100R Tiger Daytona (500cc twin)	1,900	3,000	6,000	9,000	12,000	15,000
T120 Bonneville (65cc twin)	1,500	3,000	6,000	9,000	12,000	15,000
T120R Bonneville (650cc twin)	3,200	4,800	6,500	9,000	12,000	15,000
T120TT Bonneville TT Special (650cc twin)	3,000	5,000	8,000	12,000	16,000	20,000
TR6 Trophy (650cc twin)	2,000	3,000	5,000	8,000	11,000	14,000
TR6C Trophy (650cc twin)	1,900	3,000	6,000	9,000	12,000	15,000
TR6R Trophy (650cc twin)	1,900	3,000	6,000	9,000	12,000	15,000
1968						
T10 Scooter (100cc single)	1,000	2,000	3,000	4,000	5,000	6,000
T20S/C Tiger Cub (200cc single)	1,000	2,000	4,000	5,500	7,000	8,500
TR25W Trophy (250cc single)	800	1,300	2,000	3,000	4,000	5,500
T90 Tiger (350cc twin)	1,000	1,500	3,000	4,500	6,000	7,500
T100C Tiger (500cc twin)	2,000	3,000	6,000	9,000	12,000	15,000
T100R Tiger Daytona (500cc twin)	1,900	3,000	6,000	9,000	12,000	15,000
T100S Tiger (500cc twin)	1,800	2,700	4,050	5,400	7,200	9,000
T120 Bonneville (650cc twin)	1,000	2,500	6,500	9,000	12,000	15,000
T120R Bonneville (650cc twin)	2,000	4,000	7,000	10,000	13,000	16,000
TR6 Trophy (650cc twin)	2,000	4,000	7,000	10,000	13,000	16,000
TR6C Trophy (650cc twin)	2,000	4,000	7,000	10,000	13,000	16,000
TR6R Trophy (650cc twin)	1,000	2,500	6,500	9,000	12,000	15,000
1969						
T10 Scooter (100cc single)	1,000	2,000	3,000	4,000	5,000	6,000
TR25W Trophy (250cc single)	800	1,300	2,000	3,000	4,000	5,500
T90 Tiger (350cc twin)	1,000	1,500	3,000	4,500	6,000	7,500
T100C Tiger (500cc twin)	2,000	3,000	6,000	9,000	12,000	15,000
T100R Tiger Daytona (500cc twin)	1,900	3,000	6,000	9,000	12,000	15,000
T100S Tiger (500cc twin)	1,800	2,700	4,050	5,400	7,200	9,000
T120 Bonneville (650cc twin)	1,000	2,500	6,500	8,000	10,000	12,000
T120R Bonneville (650cc twin)	2,000	4,000	7,000	10,000	13,000	16,000
TR6 Trophy (650cc twin)	1,000	2,500	6,500	8,000	10,000	12,000
TR6C Trophy (650cc twin)	2,000	4,000	7,000	10,000	13,000	16,000
TR6R Trophy (650cc twin)	2,000	4,000	7,000	10,000	13,000	16,000
T150 Trident (750cc triple)	1,000	2,500	6,500	8,000	10,000	12,000
1970						
T10 Scooter (100cc single)	1,000	2,000	3,000	4,000	5,000	6,000
T25SS Street Scrambler (250cc single)	800	1,300	2,000	3,000	4,000	5,500
T25T Blazer (250cc single)	800	1,300	2,000	3,000	4,000	5,500
TR25W Trophy (250cc single)	800	1,300	2,000	3,000	4,000	5,500
T100C (500cc twin)	2,000	3,000	6,000	9,000	12,000	15,000
T100R Tiger Daytona (500cc twin)	1,000	2,500	6,500	9,000	12,000	15,000
T100S Tiger (500cc twin)	1,800	2,700	4,050	5,400	7,200	9,000
T120 Bonneville (650cc twin)	2,000	4,000	7,000	10,000	13,000	16,000
T120R Bonneville (650cc twin)	3,600	5,400	8,100	11,000	14,000	18,000
T120RT Bonneville (U.S.) (650cc twin)	1,000	2,500	6,500	9,000	12,000	15,000
TR6 Trophy (650cc twin)	1,800	2,700	4,100	6,000	8,000	10,000
TR6C Trophy (650cc twin)	2,000	4,000	7,000	10,000	13,000	16,000
TR6R Trophy (650cc twin)	1,000	2,500	6,500	9,000	12,000	15,000
T150 Trident (750cc triple) (350 made)	1,000	2,500	6,500	9,000	12,000	15,000
1971						
T25SS Street Scrambler (250cc single)	800	1,300	2,000	3,000	4,000	5,500
T25T Blazer (250cc single)	800	1,300	2,000	3,000	4,000	5,500
T100C (500cc twin)	1,000	2,500	6,500	8,000	10,000	12,000
T100R Tiger Daytona (500cc twin)	1,000	2,500	6,500	8,000	10,000	12,000
T120 Bonneville (650cc twin)	1,000	2,500	6,500	8,000	10,000	12,000
T120R Bonneville (650cc twin)	1,000	2,500	4,000	6,000	8,000	10,000
TR6C Trophy (650cc twin)	1,800	2,700	4,100	5,400	7,200	9,000
T150 Trident (750cc triple)	1,000	2,000	4,000	6,000	8,000	10,000
1972						
T100R Tiger Daytona (500cc twin)	1,000	2,500	6,500	8,000	10,000	12,000

	6	5	4	3	2	1
T120R Bonneville (650cc twin)	1,000	2,500	4,000	6,000	8,000	10,000
T120RV Bonneville (650cc twin)	1,000	2,500	4,000	6,000	8,000	10,000
T120V Bonneville (650cc twin)	1,000	2,500	4,000	6,000	8,000	10,000
TR6C Trophy (650cc twin)	1,800	2,700	4,100	5,400	7,200	9,000
TR6CV Trophy (650cc twin)	1,800	2,700	4,100	5,400	7,200	9,000
TR6R Trophy Sports (650cc twin)	1,900	2,800	4,200	5,600	7,400	9,300
T150 Trident (750cc triple)	1,000	2,500	4,000	6,000	8,000	10,000
T150V Trident (750cc triple)	1,000	2,500	4,000	6,000	8,000	10,000
1973						
T100R Tiger Daytona (500cc twin)	1,000	2,500	6,500	8,000	10,000	12,000
TR5T Adventurer (500cc twin)	1,000	2,500	4,000	6,000	8,000	10,000
T120R Bonneville (650cc twin)	1,000	2,500	4,000	6,000	8,000	10,000
T120RV Bonneville (650cc twin)	1,000	2,500	4,000	6,000	8,000	10,000
T120V Bonneville (650cc twin)	1,000	2,500	4,000	6,000	8,000	10,000
TR6C Trophy (650cc twin)	1,800	2,700	4,100	5,400	7,200	9,000
TR6CV Trophy (650cc twin)	1,800	2,700	4,100	5,400	7,200	9,000
TR6R Trophy Sports (650cc twin)	1,900	2,800	4,200	5,600	7,400	9,300
T140RV Bonneville (750cc twin)	1,000	2,000	3,000	6,000	8,000	10,000
T140V Bonneville (750cc twin)	1,000	2,000	3,000	6,000	8,000	10,000
T150V Trident (750cc triple)	1,000	2,500	4,000	6,000	8,000	10,000
TR7RV Tiger (750cc twin)	1,000	2,500	4,000	6,000	8,000	10,000
X75 Hurricane (750cc triple)	3,000	6,000	12,000	17,000	23,000	29,000
1974						
T100R Tiger Daytona (500cc twin)	1,000	2,500	6,500	8,000	10,000	12,000
TR5MX Avenger (500cc twin)	1,000	2,500	4,000	6,000	8,000	10,000
TR5T Adventurer (500cc twin)	1,000	2,500	4,000	6,000	8,000	10,000
T120R Bonneville (650cc twin)	2,000	3,000	4,000	6,000	8,000	10,000
T120RV Bonneville (650cc twin)	2,000	3,000	4,000	6,000	8,000	10,000
T120V Bonneville (650cc twin)	2,000	3,000	4,000	6,000	8,000	10,000
T140RV Bonneville (750cc twin)	1,000	2,000	3,000	6,000	8,000	10,000
T140V Bonneville (750cc twin)	1,000	2,000	3,000	6,000	8,000	10,000
T150V Trident (750cc triple)	1,000	2,500	4,000	6,000	8,000	10,000
TR7RV Tiger (750cc twin)	1,000	2,500	4,000	6,000	8,000	10,000
1975						
T120RV Bonneville (650cc twin)	2,000	3,000	4,000	6,000	8,000	10,000
T120V Bonneville (650cc twin)	2,000	3,000	4,000	6,000	8,000	10,000
T140RV Bonneville (750cc twin)	1,000	2,000	3,000	6,000	8,000	10,000
T140V Bonneville (750cc twin)	1,000	2,000	3,000	6,000	8,000	10,000
T150V Trident (750cc triple)	1,000	2,500	4,000	6,000	8,000	10,000
T160 Trident (750cc triple)	1,000	2,500	6,500	8,000	10,000	12,000
TR7RV Tiger (750cc twin)	1,000	2,500	4,000	6,000	8,000	10,000
1976						
T140V Bonneville (750cc twin)	1,000	2,000	3,000	6,000	8,000	10,000
T160 Trident (750cc triple)	1,000	2,500	6,500	8,000	10,000	12,000
TR7RV Tiger (750cc twin)	1,000	2,500	4,000	6,000	8,000	10,000
1977						
T140J Bonneville Silver Jubilee (750cc twin)	1,000	2,500	6,500	9,000	12,000	15,000
T140V Bonneville (750cc twin)	1,000	2,000	3,000	6,000	8,000	10,000
TR7RV Tiger (750cc twin)	1,000	2,000	3,000	6,000	8,000	10,000
1978						
T140E Bonneville (750cc twin)	1,000	2,000	3,000	6,000	8,000	10,000
T140V Bonneville (750cc twin)	1,000	2,000	3,000	6,000	8,000	10,000
TR7RV Tiger (750cc twin)	1,000	2,000	3,000	6,000	8,000	10,000
1979						
T140D Bonneville (750cc twin)	2,000	4,000	6,000	8,000	10,000	12,000
T140E Bonneville (750cc twin)	1,000	2,000	3,000	6,000	8,000	10,000
TR7RV Tiger (750cc twin)	1,000	2,000	3,000	6,000	8,000	10,000
1980						
T140 Executive Bonneville (750cc twin)	1,000	2,000	3,000	6,000	8,000	10,000
T140D Bonneville (750cc twin)	1,000	2,000	3,000	6,000	8,000	11,000

	6	5	4	3	2	1
T140E Bonneville (750cc twin)	1,000	2,000	3,000	6,000	8,000	10,000
T140ES Bonneville Electro (750cc twin)	1,000	2,000	3,000	6,000	8,000	10,000
TR7RV Tiger (750cc twin)	1,000	2,000	3,000	6,000	8,000	10,000
1981						
T140 Executive Bonneville (750cc twin)	1,000	2,000	3,000	6,000	8,000	10,000
T140 Royal Bonnelville (750cc twin) (250 made)	2,000	4,000	6,000	8,000	10,000	12,000
T140E Bonneville (750cc twin)	1,000	2,000	3,000	6,000	8,000	10,000
T140ES Bonneville Electro (750cc twin)	1,000	2,000	3,000	6,000	8,000	10,000
TR65 Thunderbird (650cc twin)	1,000	2,000	3,000	6,000	8,000	10,000
TR7T Tiger Trail (750cc twin)	1,000	2,000	3,500	7,000	10,000	13,000
1982						
TR65 Thunderbird (650cc twin)	1,000	2,000	3,000	6,000	8,000	10,000
T140ES Bonneville (750cc twin)	1,000	2,000	4,000	6,000	8,000	10,000
T140ES Royal (750cc twin)	2,000	3,000	5,000	7,100	9,000	12,000
T140ES Executive (750cc twin)	2,000	3,000	5,000	7,100	9,000	12,000
TRVT Tiger Trail (750cc twin)	1,000	2,000	3,500	7,000	10,000	13,000
T140W TSS (749cc twin) (438 made-2 yrs)	2,000	3,000	5,000	7,100	9,000	12,000
TSX (749cc twin) (371 made-2 yrs)	2,000	3,000	5,000	7,100	9,000	12,000
1983						
TR65 Thunderbird (650cc twin)	1,000	2,000	3,000	6,000	8,000	10,000
T140ES Bonneville (750cc twin)	1,000	2,000	3,000	6,000	8,000	10,000
T140TSX (750cc twin)	2,500	3,300	4,300	6,300	8,300	11,000
T140TSS Eight Valve (750cc twin)	2,000	3,000	5,000	8,000	11,000	14,000
T140ES Executive (750cc twin)	2,000	3,000	5,000	7,100	9,000	12,000
T140W TSS (749cc twin) (438 made-2 yrs)	2,000	3,000	5,000	7,100	9,000	12,000
TSX (749cc twin) (371 made-2 yrs)	2,000	3,000	5,000	7,100	9,000	12,000
1995						
Tiger SE (885cc triple)	550	1,100	2,200	3,300	4,400	5,500
Trident 900SA (885cc triple)	550	1,100	2,200	3,300	4,400	5,500
Sprint SD (885cc triple)	550	1,100	2,200	3,300	4,400	5,500
Thunderbird SJ (885cc triple)	550	1,100	2,200	3,300	4,400	5,500
Speed Triple SG (885cc triple)	550	1,100	2,200	3,300	4,400	5,500
Daytona 900SC (885cc triple)	550	1,100	2,200	3,300	4,400	5,500
Super III SH (885cc triple)	550	1,100	2,200	3,300	4,400	5,500
Daytona 1200VS (1,180cc four)	1,000	2,000	3,000	4,000	5,000	6,000
Trophy 900SB (885cc four)	550	1,100	2,200	3,300	4,400	5,500
Trophy 1200VA (1,200cc four)	1,000	2,000	3,000	4,000	5,000	6,000
1996						
Tiger (885cc triple)	550	1,100	2,200	3,300	4,400	5,500
Trident 900 (885cc triple)	550	1,100	2,200	3,300	4,400	5,500
Sprint (885cc triple)	550	1,100	2,200	3,300	4,400	5,500
Thunderbird (885cc triple)	550	1,100	2,200	3,300	4,400	5,500
Adventurer (885cc triple)	550	1,100	2,200	3,300	4,400	5,500
Speed Triple (885cc triple)	550	1,100	2,200	3,300	4,400	5,500
Daytona 900 (885cc triple)	550	1,100	2,200	3,300	4,400	5,500
Daytona Spr III (885cc triple)	550	1,100	2,200	3,300	4,400	5,500
Trophy 900 (885cc four)	550	1,100	2,200	3,300	4,400	5,500
Daytona 1200 (1,180cc four)	1,000	2,000	3,000	4,000	5,000	6,000
Trophy 1200 (1,200cc four)	1,000	2,000	3,000	4,000	5,000	6,000
1997						
Adventurer (885cc triple)	550	1,100	2,200	3,300	4,400	5,500
Sprint (885cc triple)	550	1,100	2,200	3,300	4,400	5,500
T509 Speed Triple (885cc triple)	550	1,100	2,200	3,300	4,400	5,500
Thunderbird (885cc triple)	550	1,100	2,200	3,300	4,400	5,500
Tiger (885cc triple)	550	1,100	2,200	3,300	4,400	5,500
Trident (885cc triple)	550	1,100	2,200	3,300	4,400	5,500
Trophy 3 (885cc triple)	550	1,100	2,200	3,300	4,400	5,500
Daytona 4 (955cc triple)	550	1,100	2,200	3,300	4,400	5,500
T595 Daytona (955cc four)	550	1,100	2,200	3,300	4,400	5,500
Trophy 4 (1,180cc four)	1,000	2,000	3,000	4,000	5,000	6,000

	6	5	4	3	2	1
1998						
Adventurer (885cc triple)	550	1,100	2,200	3,300	4,400	5,500
Trident (885cc triple)	550	1,100	2,200	3,300	4,400	5,500
Tiger (885cc triple)	550	1,100	2,200	3,300	4,400	5,500
Speed Triple 509 (885cc triple)	550	1,100	2,200	3,300	4,400	5,500
Sprint Executive (885cc triple)	550	1,100	2,200	3,300	4,400	5,500
Sprint SS (885cc triple)	550	1,100	2,200	3,300	4,400	5,500
Thunderbird (885cc triple)	550	1,100	2,200	3,300	4,400	5,500
Thunderbird Sport (885cc triple)	550	1,100	2,200	3,300	4,400	5,500
Trophy 900 (885cc four)	550	1,100	2,200	3,300	4,400	5,500
Daytona (955cc triple)	550	1,100	2,200	3,300	4,400	5,500
Trophy 1200 (1,180cc four)	1,000	2,000	3,000	4,000	5,000	6,000
1999						
Adventurer (885cc triple)	550	1,100	2,200	3,300	4,400	5,500
Legend (885cc triple)	550	1,100	2,200	3,300	4,400	5,500
Thunderbird Sport (885cc triple)	550	1,100	2,200	3,300	4,400	5,500
Tiger (885cc triple)	550	1,100	2,200	3,300	4,400	5,500
Trophy 900 (885cc four)	550	1,100	2,200	3,300	4,400	5,500
Daytona 955i (955cc triple)	550	1,100	2,200	3,300	4,400	5,500
Speed Triple (995cc triple)	550	1,100	2,200	3,300	4,400	5,500
Sprint ST (955cc triple)	550	1,100	2,200	3,300	4,400	5,500
Daytona 1200 (1,180cc four)	1,000	2,000	3,000	4,000	5,000	6,000
Trophy 1200 (1,180cc four)	1,000	2,000	3,000	4,000	5,000	6,000

URAL/IMZ/KMZ/DNEPR

	6	5	4	3	2	1
1941						
M72 (746cc twin)	2,000	4,000	6,000	8,000	10,000	12,000
1942						
M72 (746cc twin)	2,000	4,000	6,000	8,000	10,000	12,000
1943						
M72 (746cc twin)	2,000	4,000	6,000	8,000	10,000	12,000
1944						
M72 (746cc twin)	2,000	4,000	6,000	8,000	10,000	12,000
1945						
M72 (746cc twin)	2,000	4,000	6,000	8,000	10,000	12,000
1946						
M72 (746cc twin)	2,000	4,000	6,000	8,000	10,000	12,000
1947						
M72 (746cc twin)	2,000	4,000	6,000	8,000	10,000	12,000
1948						
M72 (746cc twin)	2,000	4,000	6,000	8,000	10,000	12,000
1949						
M72 (746cc twin)	2,000	4,000	6,000	8,000	10,000	12,000
1950						
M52 (496cc twin) (500 made-8 yrs)	1,000	2,000	4,000	6,000	8,000	10,000
M72 (746cc twin)	2,000	4,000	6,000	8,000	10,000	12,000
1951						
M52 (496cc twin)	1,000	2,000	4,000	6,000	8,000	10,000
M72 (746cc twin)	2,000	4,000	6,000	8,000	10,000	12,000
1952						
M52 (496cc twin)	1,000	2,000	4,000	6,000	8,000	10,000
M72 (746cc twin)	2,000	4,000	6,000	8,000	10,000	12,000
1953						
M52 (496cc twin)	1,000	2,000	4,000	6,000	8,000	10,000
M72 (746cc twin)	2,000	4,000	6,000	8,000	10,000	12,000
1954						
M52 (496cc twin)	1,000	2,000	4,000	6,000	8,000	10,000
M72 (746cc twin)	2,000	4,000	6,000	8,000	10,000	12,000
M72K (746cc twin)	2,000	4,000	6,000	8,000	10,000	12,000

	6	5	4	3	2	1
1955						
M52 (496cc twin)	1,000	2,000	4,000	6,000	8,000	10,000
M72 (746cc twin)	2,000	4,000	6,000	8,000	10,000	12,000
M72K (746cc twin)	2,000	4,000	6,000	8,000	10,000	12,000
1956						
M52 (496cc twin)	1,000	2,000	4,000	6,000	8,000	10,000
M72H (746cc twin)	2,000	4,000	6,000	8,000	10,000	12,000
M72K (746cc twin)	2,000	4,000	6,000	8,000	10,000	12,000
M72M (746cc twin)	1,000	2,000	4,000	6,000	8,000	10,000
1957						
M52 (496cc twin)	1,000	2,000	4,000	6,000	8,000	10,000
M61 (649cc twin)	2,000	4,000	6,000	8,000	10,000	12,000
M72H (746cc twin)	2,000	4,000	6,000	8,000	10,000	12,000
M72K (746cc twin)	2,000	4,000	6,000	8,000	10,000	12,000
M72M (746cc twin)	1,000	2,000	4,000	6,000	8,000	10,000
1958						
M53 (496cc twin)	1,000	2,000	4,000	6,000	8,000	10,000
M61 (649cc twin)	2,000	4,000	6,000	8,000	10,000	12,000
K750 (746cc twin)	2,000	4,000	6,000	8,000	10,000	12,000
M72H (746cc twin)	2,000	4,000	6,000	8,000	10,000	12,000
M72K (746cc twin)	2,000	4,000	6,000	8,000	10,000	12,000
M72M (746cc twin)	1,000	2,000	4,000	6,000	8,000	10,000
1959						
M61 (649cc twin)	2,000	4,000	6,000	8,000	10,000	12,000
K750 (746cc twin)	2,000	4,000	6,000	8,000	10,000	12,000
M72H (746cc twin)	2,000	4,000	6,000	8,000	10,000	12,000
M72K (746cc twin)	2,000	4,000	6,000	8,000	10,000	12,000
M72M (746cc twin)	1,000	2,000	4,000	6,000	8,000	10,000
1960						
M61 (649cc twin)	2,000	4,000	6,000	8,000	10,000	12,000
K750 (746cc twin)	2,000	4,000	6,000	8,000	10,000	12,000
M72K (746cc twin)	2,000	4,000	6,000	8,000	10,000	12,000
M72M (746cc twin)	1,000	2,000	4,000	6,000	8,000	10,000
1961						
M61 (649cc twin)	2,000	4,000	6,000	8,000	10,000	12,000
M62 (649cc twin)	1,000	2,000	4,000	6,000	8,000	10,000
K750 (746cc twin)	2,000	4,000	6,000	8,000	10,000	12,000
1962						
M61 (649cc twin)	2,000	4,000	6,000	8,000	10,000	12,000
M62 (649cc twin)	1,000	2,000	4,000	6,000	8,000	10,000
K750 (746cc twin)	2,000	4,000	6,000	8,000	10,000	12,000
1963						
M61 (649cc twin)	2,000	4,000	6,000	8,000	10,000	12,000
M62 (649cc twin)	1,000	2,000	4,000	6,000	8,000	10,000
K750 (746cc twin)	2,000	4,000	6,000	8,000	10,000	12,000
K750M (746cc twin)	1,000	2,000	4,000	6,000	8,000	10,000
1964						
M62 (649cc twin)	1,000	2,000	4,000	6,000	8,000	10,000
K750M (746cc twin)	1,000	2,000	4,000	6,000	8,000	10,000
MB750 (746cc twin)	1,000	2,000	4,000	6,000	8,000	10,000
1965						
M62 (649cc twin)	1,000	2,000	4,000	6,000	8,000	10,000
M63 (649cc twin)	1,000	2,000	4,000	6,000	8,000	10,000
K750M (746cc twin)	1,000	2,000	4,000	6,000	8,000	10,000
MB750 (746cc twin)	1,000	2,000	4,000	6,000	8,000	10,000
1966						
M63 (649cc twin)	1,000	2,000	4,000	6,000	8,000	10,000
K750M (746cc twin)	1,000	2,000	4,000	6,000	8,000	10,000
MB750 (746cc twin)	1,000	2,000	4,000	6,000	8,000	10,000

	6	5	4	3	2	1
1967						
M63 (649cc twin)	1,000	2,000	4,000	6,000	8,000	10,000
K750M (746cc twin)	1,000	2,000	4,000	6,000	8,000	10,000
MB750 (746cc twin)	1,000	2,000	4,000	6,000	8,000	10,000
1968						
K650/MT8 (649cc twin)	1,000	2,000	4,000	6,000	8,000	10,000
M63 (649cc twin)	1,000	2,000	4,000	6,000	8,000	10,000
M66 (649cc twin)	1,000	2,000	4,000	6,000	8,000	10,000
K750M (746cc twin)	1,000	2,000	4,000	6,000	8,000	10,000
MB750 (746cc twin)	1,000	2,000	4,000	6,000	8,000	10,000
1969						
K650/MT8 (649cc twin)	1,000	2,000	4,000	6,000	8,000	10,000
M66 (649cc twin)	1,000	2,000	4,000	6,000	8,000	10,000
K750M (746cc twin)	1,000	2,000	4,000	6,000	8,000	10,000
MB750 (746cc twin)	1,000	2,000	4,000	6,000	8,000	10,000
1970						
K650/MT8 (649cc twin)	1,000	2,000	4,000	6,000	8,000	10,000
M66 (649cc twin)	1,000	2,000	4,000	6,000	8,000	10,000
K750M (746cc twin)	1,000	2,000	4,000	6,000	8,000	10,000
MB750 (746cc twin)	1,000	2,000	4,000	6,000	8,000	10,000
1971						
M66 (649cc twin)	1,000	2,000	4,000	6,000	8,000	10,000
MT9 (649cc twin)	1,000	2,000	3,500	5,000	6,500	8,000
K750M (746cc twin)	1,000	2,000	4,000	6,000	8,000	10,000
MB750 (746cc twin)	1,000	2,000	4,000	6,000	8,000	10,000
1972						
M66 (649cc twin)	1,000	2,000	4,000	6,000	8,000	10,000
MT9 (649cc twin)	1,000	2,000	3,500	5,000	6,500	8,000
K750M (746cc twin)	1,000	2,000	4,000	6,000	8,000	10,000
MB750 (746cc twin)	1,000	2,000	4,000	6,000	8,000	10,000
1973						
M66 (649cc twin)	1,000	2,000	4,000	6,000	8,000	10,000
M67 (649cc twin)	1,000	2,000	3,500	5,000	6,500	8,000
MT9 (649cc twin)	1,000	2,000	3,500	5,000	6,500	8,000
MT10 (649cc twin)	1,000	2,000	3,500	5,000	6,500	8,000
K750M (746cc twin)	1,000	2,000	4,000	6,000	8,000	10,000
MB750 (746cc twin)	1,000	2,000	4,000	6,000	8,000	10,000
MB750M (746cc twin)	1,000	2,000	4,000	6,000	8,000	10,000
MW750 (746cc twin)	1,000	2,000	4,000	6,000	8,000	10,000
MW750M (746cc twin)	1,000	2,000	4,000	6,000	8,000	10,000
1974						
M66 (649cc twin)	1,000	2,000	4,000	6,000	8,000	10,000
M67 (649cc twin)	1,000	2,000	3,500	5,000	6,500	8,000
MT9 (649cc twin)	1,000	2,000	3,500	5,000	6,500	8,000
MT10 (649cc twin)	1,000	2,000	3,500	5,000	6,500	8,000
K750M (746cc twin)	1,000	2,000	4,000	6,000	8,000	10,000
MB750M (746cc twin)	1,000	2,000	4,000	6,000	8,000	10,000
MT12 (746cc twin)	1,000	2,000	4,000	6,000	8,000	10,000
MW750 (746cc twin)	1,000	2,000	4,000	6,000	8,000	10,000
MW750M (746cc twin)	1,000	2,000	4,000	6,000	8,000	10,000
1975						
M66 (649cc twin)	1,000	2,000	4,000	6,000	8,000	10,000
M67 (649cc twin)	1,000	2,000	3,500	5,000	6,500	8,000
MT9 (649cc twin)	1,000	2,000	3,500	5,000	6,500	8,000
MT10 (649cc twin)	1,000	2,000	3,500	5,000	6,500	8,000
K750M (746cc twin)	1,000	2,000	4,000	6,000	8,000	10,000
MB750M (746cc twin)	1,000	2,000	4,000	6,000	8,000	10,000
MT12 (746cc twin)	1,000	2,000	4,000	6,000	8,000	10,000
MW750 (746cc twin)	1,000	2,000	4,000	6,000	8,000	10,000
MW750M (746cc twin)	1,000	2,000	4,000	6,000	8,000	10,000

	6	5	4	3	2	1
1976						
M67 (649cc twin)	1,000	2,000	3,500	5,000	6,500	8,000
M67.36 (649cc twin)	1,000	2,000	3,500	5,000	6,500	8,000
MB650 (649cc twin).	1,000	2,000	3,500	5,000	6,500	8,000
MT9 (649cc twin)	1,000	2,000	3,500	5,000	6,500	8,000
MT10 (649cc twin)	1,000	2,000	3,500	5,000	6,500	8,000
MT10.36 (649cc twin).	1,000	2,000	3,500	5,000	6,500	8,000
K750M (746cc twin).	1,000	2,000	4,000	6,000	8,000	10,000
MB750M (746cc twin).	1,000	2,000	4,000	6,000	8,000	10,000
MT12 (746cc twin)	1,000	2,000	4,000	6,000	8,000	10,000
MW750 (746cc twin)	1,000	2,000	4,000	6,000	8,000	10,000
MW750M (746cc twin)	1,000	2,000	4,000	6,000	8,000	10,000
1977						
M67.36 (649cc twin)	1,000	2,000	3,500	5,000	6,500	8,000
MB650 (649cc twin).	1,000	2,000	3,500	5,000	6,500	8,000
MT10.36 (649cc twin).	1,000	2,000	3,500	5,000	6,500	8,000
K750M (746cc twin).	1,000	2,000	4,000	6,000	8,000	10,000
MB750M (746cc twin).	1,000	2,000	4,000	6,000	8,000	10,000
MT12 (746cc twin)	1,000	2,000	4,000	6,000	8,000	10,000
MW750 (746cc twin)	1,000	2,000	4,000	6,000	8,000	10,000
MW750M (746cc twin)	1,000	2,000	4,000	6,000	8,000	10,000
1978						
M67.36 (649cc twin)	1,000	2,000	3,500	5,000	6,500	8,000
MB650 (649cc twin).	1,000	2,000	3,500	5,000	6,500	8,000
MT10.36 (649cc twin).	1,000	2,000	3,500	5,000	6,500	8,000
MT12 (746cc twin)	1,000	2,000	4,000	6,000	8,000	10,000
1979						
M67.36 (649cc twin)	1,000	2,000	3,500	5,000	6,500	8,000
MB650 (649cc twin).	1,000	2,000	3,500	5,000	6,500	8,000
MT10.36 (649cc twin).	1,000	2,000	3,500	5,000	6,500	8,000
MT12 (746cc twin)	1,000	2,000	4,000	6,000	8,000	10,000
1980						
M67.36 (649cc twin)	1,000	2,000	3,500	5,000	6,500	8,000
MB650 (649cc twin).	1,000	2,000	3,500	5,000	6,500	8,000
MT10.36 (649cc twin).	1,000	2,000	3,500	5,000	6,500	8,000
MT12 (746cc twin)	1,000	2,000	4,000	6,000	8,000	10,000
1981						
M67.36 (649cc twin)	1,000	2,000	3,500	5,000	6,500	8,000
MB650 (649cc twin).	1,000	2,000	3,500	5,000	6,500	8,000
MT10.36 (649cc twin).	1,000	2,000	3,500	5,000	6,500	8,000
MT12 (746cc twin)	1,000	2,000	4,000	6,000	8,000	10,000
1982						
M67.36 (649cc twin)	1,000	2,000	3,500	5,000	6,500	8,000
MB650 (649cc twin).	1,000	2,000	3,500	5,000	6,500	8,000
MT10.36 (649cc twin).	1,000	2,000	3,500	5,000	6,500	8,000
MT12 (746cc twin)	1,000	2,000	4,000	6,000	8,000	10,000
1983						
M67.36 (649cc twin)	1,000	2,000	3,500	5,000	6,500	8,000
MB650 (649cc twin).	1,000	2,000	3,500	5,000	6,500	8,000
MT10.36 (649cc twin).	1,000	2,000	3,500	5,000	6,500	8,000
MT12 (746cc twin)	1,000	2,000	4,000	6,000	8,000	10,000
1984						
M67.36 (649cc twin)	1,000	2,000	3,500	5,000	6,500	8,000
MB650 (649cc twin).	1,000	2,000	3,500	5,000	6,500	8,000
MT10.36 (649cc twin).	1,000	2,000	3,500	5,000	6,500	8,000
MT11 (649cc twin)	1,000	2,000	3,500	5,000	6,500	8,000
MT16 (649cc twin)	1,000	2,000	3,500	5,000	6,500	8,000
MT12 (746cc twin)	1,000	2,000	4,000	6,000	8,000	10,000
IMZ 8.103-40A Tourist w/sidecar (649cc twin)	1,000	2,000	3,500	5,000	6,500	8,000

	6	5	4	3	2	1
1985						
M67.36 (649cc twin)	1,000	2,000	3,500	5,000	6,500	8,000
MB650M (649cc twin)	1,000	2,000	3,500	5,000	6,500	8,000
MT11 (649cc twin)	1,000	2,000	3,500	5,000	6,500	8,000
MT16 (649cc twin)	1,000	2,000	3,500	5,000	6,500	8,000
IMZ 8.103-40A Tourist w/sidecar (649cc twin)	1,000	2,000	3,500	5,000	6,500	8,000
1986						
MB650M (649cc twin)	1,000	2,000	3,500	5,000	6,500	8,000
MT11 (649cc twin)	1,000	2,000	3,500	5,000	6,500	8,000
MT16 (649cc twin)	1,000	2,000	3,500	5,000	6,500	8,000
IMZ 8.103-40A Tourist w/sidecar (649cc twin)	1,000	2,000	3,500	5,000	6,500	8,000
1987						
MB650M (649cc twin)	1,000	2,000	3,500	5,000	6,500	8,000
MT11 (649cc twin)	1,000	2,000	3,500	5,000	6,500	8,000
MT16 (649cc twin)	1,000	2,000	3,500	5,000	6,500	8,000
IMZ 8.103-40A Tourist w/sidecar (649cc twin)	1,000	2,000	3,500	5,000	6,500	8,000
1988						
MB650M (649cc twin)	1,000	2,000	3,500	5,000	6,500	8,000
MT11 (649cc twin)	1,000	2,000	3,500	5,000	6,500	8,000
MT16 (649cc twin)	1,000	2,000	3,500	5,000	6,500	8,000
IMZ 8.103-40A Tourist w/sidecar (649cc twin)	1,000	2,000	3,500	5,000	6,500	8,000
1989						
MB650M (649cc twin)	1,000	2,000	3,500	5,000	6,500	8,000
MT11 (649cc twin)	1,000	2,000	3,500	5,000	6,500	8,000
MT16 (649cc twin)	1,000	2,000	3,500	5,000	6,500	8,000
IMZ 8.103-40A Tourist w/sidecar (649cc twin)	1,000	2,000	3,500	5,000	6,500	8,000
1990						
MB650M (649cc twin)	1,000	2,000	3,500	5,000	6,500	8,000
MT11 (649cc twin)	1,000	2,000	3,500	5,000	6,500	8,000
MT16 (649cc twin)	1,000	2,000	3,500	5,000	6,500	8,000
IMZ 8.103-40A Tourist w/sidecar (649cc twin)	1,000	2,000	3,500	5,000	6,500	8,000
1991						
MB650M (649cc twin)	1,000	2,000	3,500	5,000	6,500	8,000
MT11 (649cc twin)	1,000	2,000	3,500	5,000	6,500	8,000
MT16 (649cc twin)	1,000	2,000	3,500	5,000	6,500	8,000
IMZ 8.103-40A Tourist w/sidecar (649cc twin)	1,000	2,000	3,500	5,000	6,500	8,000
1992						
MT11 (649cc twin)	1,000	2,000	3,500	5,000	6,500	8,000
MT16 (649cc twin)	1,000	2,000	3,500	5,000	6,500	8,000
IMZ 8.103-40A Tourist w/sidecar (649cc twin)	1,000	2,000	3,500	5,000	6,500	8,000
1993						
MT11 (649cc twin)	1,000	2,000	3,500	5,000	6,500	8,000
MT16 (649cc twin)	1,000	2,000	3,500	5,000	6,500	8,000
IMZ 8.103-40A Tourist w/sidecar (649cc twin)	1,000	2,000	3,500	5,000	6,500	8,000
1994						
MT11 (649cc twin)	1,000	2,000	3,500	5,000	6,500	8,000
MT16 (649cc twin)	1,000	2,000	3,500	5,000	6,500	8,000
IMZ 8.103-40A Tourist w/sidecar (649cc twin)	1,000	2,000	3,500	5,000	6,500	8,000
IMZ 8.107A Sportsman w/sidecar (649cc twin)	1,000	2,000	3,500	5,000	6,500	8,000
IMZ-8.123A Solo (649cc twin)	1,000	2,000	3,000	4,000	5,000	6,000
IMZ 8.503A Utility w/sidecar (649cc twin)	1,000	2,000	3,500	5,000	6,500	8,000
1995						
MT11 (649cc twin)	1,000	2,000	3,500	5,000	6,500	8,000
MT16 (649cc twin)	1,000	2,000	3,500	5,000	6,500	8,000
IMZ 8.103-40A Tourist w/sidecar (649cc twin)	1,000	2,000	3,500	5,000	6,500	8,000
IMZ 8.107A Sportsman w/sidecar (649cc twin)	1,000	2,000	3,500	5,000	6,500	8,000
IMZ-8.123A Solo (649cc twin)	1,000	2,000	3,000	4,000	5,000	6,000
IMZ 8.503A Utility w/sidecar (649cc twin)	1,000	2,000	3,500	5,000	6,500	8,000
1996						
MT11 (649cc twin)	1,000	2,000	3,500	5,000	6,500	8,000

	6	5	4	3	2	1
MT16 (649cc twin)	1,000	2,000	3,500	5,000	6,500	8,000
IMZ 8.103-40 Tourist Italia/Tourist w/sidecar (649cc twin)	1,000	2,000	3,500	5,000	6,500	8,000
IMZ 8.107A Sportsman Italia/Sportsman w/sidecar (649cc twin)	1,000	2,000	3,500	5,000	6,500	8,000
IMZ-8.123A Solo (649cc twin)	1,000	2,000	3,000	4,000	5,000	6,000
IMZ 8.503 Utility w/sidecar (649cc twin)	1,000	2,000	3,500	5,000	6,500	8,000
1997						
MT11 (649cc twin)	1,000	2,000	3,500	5,000	6,500	8,000
MT16 (649cc twin)	1,000	2,000	3,500	5,000	6,500	8,000
IMZ 8.103-40 Deco/Tourist Italia/Tourist w/sidecar (649cc twin)	1,000	2,000	3,500	5,000	6,500	8,000
IMZ 8.107 Sportsman w/sidecar (649cc twin)	1,000	2,000	3,500	5,000	6,500	8,000
IMZ-8.123 Solo (649cc twin)	1,000	2,000	3,000	4,000	5,000	6,000
1998						
MT11 (649cc twin)	1,000	2,000	3,500	5,000	6,500	8,000
MT16 (649cc twin)	1,000	2,000	3,500	5,000	6,500	8,000
IMZ-8.103-10 Bavarian/Deco/Italia Classic w/sidecar (649cc twin)	1,000	2,000	3,500	5,000	6,500	8,000
IMZ 8.103-40 Tourist Classic w/sidecar (649cc twin)	1,000	2,000	3,500	5,000	6,500	8,000
IMZ 8.107 Sport Classic w/sidecar (649cc twin)	1,000	2,000	3,500	5,000	6,500	8,000
IMZ-8.123 Bavarian/Deco/Solo Classic (649cc twin)	1,000	2,000	3,000	4,000	5,000	6,000

VELOCETTE

	6	5	4	3	2	1
1907						
2hp	10,000	20,000	40,000	60,000	80,000	100K
1909						
2.5hp (276cc single)	10,000	20,000	40,000	60,000	80,000	100K
1910						
2.5hp (276cc single)	10,000	20,000	40,000	60,000	80,000	100K
SV (499cc single)	10,000	20,000	40,000	60,000	80,000	100K
1911						
2.5hp (276cc single)	10,000	20,000	40,000	60,000	80,000	100K
1912						
2.5hp (276cc single)	10,000	20,000	40,000	60,000	80,000	100K
Ladies Model	10,000	20,000	40,000	60,000	80,000	100K
1913						
206cc single	10,000	20,000	30,000	40,000	50,000	60,000
220cc single	10,000	20,000	30,000	40,000	50,000	60,000
1914						
220cc single Belt Drive	10,000	20,000	30,000	40,000	50,000	60,000
220cc 2 speed Chain Drive	10,000	20,000	30,000	40,000	50,000	60,000
220cc Ladies Model	10,000	20,000	30,000	40,000	50,000	60,000
1919						
Model D1 (220cc single)	4,000	8,000	16,000	24,000	32,000	40,000
Model DL1 Ladies (220cc single)	4,000	8,000	16,000	24,000	32,000	40,000
Model D2 (220cc single)	4,000	8,000	16,000	24,000	32,000	40,000
Model DL2 Ladies (220cc single)	4,000	8,000	16,000	24,000	32,000	40,000
1921						
Model D3 (220cc single)	4,000	8,000	16,000	24,000	32,000	40,000
Model DL3 (220cc single)	4,000	8,000	16,000	24,000	32,000	40,000
1922						
E2 (220cc single)	2,000	4,000	8,000	12,000	16,000	20,000
E3 (220cc single)	2,000	4,000	8,000	12,000	16,000	20,000
EL (220cc single)	2,000	4,000	8,000	12,000	16,000	20,000
EL2 (220cc single)	2,000	4,000	8,000	12,000	16,000	20,000
EL3 (220cc single)	2,000	4,000	8,000	12,000	16,000	20,000
Sports Model S3 (249cc single)	2,500	5,000	10,000	15,000	20,000	25,000
1923						
Model G2 (249cc single)	2,500	5,000	10,000	15,000	20,000	25,000
Model G3 (249cc single)	2,500	5,000	10,000	15,000	20,000	25,000

	6	5	4	3	2	1
Model GC2 (249cc single)	2,500	5,000	10,000	15,000	20,000	25,000
Model GC3 (249cc single)	2,500	5,000	10,000	15,000	20,000	25,000
Model GS2 (249cc single)	2,500	5,000	10,000	15,000	20,000	25,000
Model GS3 (249cc single)	2,500	5,000	10,000	15,000	20,000	25,000
Model GSC3 (249cc single)	2,500	5,000	10,000	15,000	20,000	25,000
Model GSS3 (249cc single)	2,500	5,000	10,000	15,000	20,000	25,000
Model B2 (249cc single)	2,500	5,000	10,000	15,000	20,000	25,000
Model B3 (249cc single)	2,500	5,000	10,000	15,000	20,000	25,000
1924						
Model AC (249cc single)	2,500	5,000	10,000	15,000	20,000	25,000
Model AC2 (249cc single)	2,500	5,000	10,000	15,000	20,000	25,000
Model AC3 (249cc single)	2,500	5,000	10,000	15,000	20,000	25,000
Model K (349cc single)	7,000	11,000	16,000	21,000	28,000	35,000
1925						
Model H and H variations (349cc single)	7,000	11,000	16,000	21,000	28,000	35,000
Model E Ladies (249cc single)	2,500	5,000	10,000	15,000	20,000	25,000
Model K (349cc single)	7,000	11,000	16,000	21,000	28,000	35,000
Model AC (249cc single)	2,500	5,000	10,000	15,000	20,000	25,000
KSS (348cc single)	2,500	5,000	10,000	15,000	20,000	25,000
KTT (348cc single)	7,000	11,000	16,000	21,000	28,000	35,000
1926						
KSS (348cc single)	2,500	5,000	10,000	15,000	20,000	25,000
KTT (348cc single)	7,000	11,000	16,000	21,000	28,000	35,000
1927						
KS (348cc single)	3,000	6,000	9,000	12,000	15,000	18,000
KSS (348cc single)	2,500	5,000	10,000	15,000	20,000	25,000
KTT (348cc single)	7,000	11,000	16,000	21,000	28,000	35,000
1928						
Model U (249cc single)	2,000	4,000	6,000	8,000	10,000	12,000
KE (348cc single)	3,000	6,000	9,000	12,000	15,000	18,000
KES (348cc single)	3,000	6,000	9,000	12,000	15,000	18,000
KSS (348cc single)	2,500	5,000	10,000	15,000	20,000	25,000
KTT (348cc single)	7,000	11,000	16,000	21,000	28,000	35,000
1929						
Model USS (249cc single)	2,000	4,000	6,000	8,000	10,000	12,000
KN (348cc single)	2,000	4,000	8,000	12,000	16,000	20,000
KSS (348cc single)	3,000	6,000	9,000	12,000	15,000	18,000
KTT (348cc single)	7,000	11,000	16,000	21,000	28,000	35,000
1930						
GTP (249cc single)	1,000	2,000	4,000	6,000	8,000	10,000
KSS (348cc single)	2,500	5,000	10,000	15,000	20,000	25,000
KTT (348cc single)	7,000	11,000	16,000	21,000	28,000	35,000
1931						
GTP (249cc single)	1,000	2,000	4,000	6,000	8,000	10,000
KSS (348cc single)	3,000	6,000	9,000	12,000	15,000	18,000
KTT (348cc single)	7,000	11,000	16,000	21,000	28,000	35,000
1932						
GTP (249cc single)	1,000	2,000	4,000	6,000	8,000	10,000
KSS (348cc single)	2,500	5,000	10,000	15,000	20,000	25,000
KTT (348cc single)	7,000	11,000	16,000	21,000	28,000	35,000
1933						
MOV (248cc single)	1,000	2,000	4,000	6,000	8,000	10,000
GTP (249cc single)	1,000	2,000	4,000	6,000	8,000	10,000
KSS (348cc single)	2,500	5,000	10,000	15,000	20,000	25,000
KTT (348cc single)	7,000	11,000	16,000	21,000	28,000	35,000
MAC (349cc single)	3,000	6,000	9,000	12,000	15,000	18,000
1934						
MOV (248cc single)	1,000	2,000	4,000	6,000	8,000	10,000
GTP (249cc single)	1,000	2,000	4,000	6,000	8,000	10,000
KSS (348cc single)	2,500	5,000	10,000	15,000	20,000	25,000

	6	5	4	3	2	1
KTT (348cc single)	7,000	11,000	16,000	21,000	28,000	35,000
MAC (349cc single)	3,000	6,000	9,000	12,000	15,000	18,000
1935						
MOV (248cc single)	1,000	2,000	4,000	6,000	8,000	10,000
GTP (249cc single)	1,000	2,000	4,000	6,000	8,000	10,000
KSS (348cc single)	2,500	5,000	10,000	15,000	20,000	25,000
KTT (348cc single)	7,000	11,000	16,000	21,000	28,000	35,000
MAC (349cc single)	3,000	6,000	9,000	12,000	15,000	18,000
MSS (495cc single)	1,500	3,000	6,000	10,000	14,000	18,000
1936						
MOV (248cc single)	1,000	2,000	4,000	6,000	8,000	10,000
GTP (249cc single)	1,000	2,000	4,000	6,000	8,000	10,000
KSS (348cc single)	2,500	5,000	10,000	15,000	20,000	25,000
KTT (348cc single)	7,000	11,000	16,000	21,000	28,000	35,000
MAC (349cc single)	3,000	6,000	9,000	12,000	15,000	18,000
MSS (495cc single)	1,500	3,000	6,000	10,000	14,000	18,000
1937						
MOV (248cc single)	1,000	2,000	4,000	6,000	8,000	10,000
GTP (249cc single)	1,000	2,000	4,000	6,000	8,000	10,000
KSS (348cc single)	2,500	5,000	10,000	15,000	20,000	25,000
KTT (348cc single)	7,000	11,000	16,000	21,000	28,000	35,000
MAC (349cc single)	3,000	6,000	9,000	12,000	15,000	18,000
MSS (495cc single)	1,500	3,000	6,000	10,000	14,000	18,000
1938						
MOV (248cc single)	1,000	2,000	4,000	6,000	8,000	10,000
GTP (249cc single)	1,000	2,000	4,000	6,000	8,000	10,000
KSS (348cc single)	2,500	5,000	10,000	15,000	20,000	25,000
KTT (348cc single)	7,000	11,000	16,000	21,000	28,000	35,000
MAC (349cc single)	3,000	6,000	9,000	12,000	15,000	18,000
MSS (500cc single)	1,500	3,000	6,000	10,000	14,000	18,000
1939						
MOV (248cc single)	1,000	2,000	4,000	6,000	8,000	10,000
KTT MK VIII (348cc single)	7,000	11,000	16,000	21,000	28,000	35,000
KSS (348cc single)	2,500	5,000	10,000	15,000	20,000	25,000
MAC (349cc single)	3,000	6,000	9,000	12,000	15,000	18,000
MSS (500cc single)	1,500	3,000	6,000	10,000	14,000	18,000
1940						
MAC (WD) (349cc single)	2,000	3,000	4,500	6,000	8,000	10,000
1941						
MAF (349cc single)	2,000	3,000	4,500	6,000	8,000	10,000
1946						
KSS (348cc single)	2,000	3,000	4,500	6,000	8,000	10,000
MAC (349cc single)	1,400	2,100	4,000	6,000	8,000	10,000
GTP (249cc single)	2,000	3,000	4,500	6,000	8,000	10,000
1947						
KTT MK VIII (348cc single)	7,000	11,000	16,000	21,000	28,000	35,000
KSS MK II (348cc single)	2,000	3,000	8,000	13,000	18,000	23,000
MAC (349cc single)	1,400	2,100	4,000	6,000	8,000	10,000
1948						
LE (150cc twin, shaft drive)	1,000	1,800	2,600	4,000	5,500	7,000
KSS MK II (348cc single)	2,000	3,000	8,000	13,000	18,000	23,000
KTT MK VIII (348cc single)	7,000	11,000	16,000	21,000	28,000	35,000
MAC (349cc single)	1,400	2,100	4,000	6,000	8,000	10,000
1949						
LE (150cc twin, shaft drive)	1,000	1,800	2,600	4,000	5,500	7,000
KTT MK VIII (348cc single)	7,000	11,000	16,000	21,000	28,000	35,000
MAC (349cc single)	1,400	2,100	4,000	6,000	8,000	10,000
1950						
LE (150cc twin, shaft drive)	1,000	1,800	2,600	4,000	5,500	7,000
KTT MK VIII (348cc single)	7,000	11,000	16,000	21,000	28,000	35,000

	6	5	4	3	2	1
MAC (349cc single)	1,400	2,100	4,000	6,000	8,000	10,000
1951						
LE (200cc twin, shaft drive)	800	1,500	3,000	4,500	6,000	7,500
KTT MK VIII (348cc single)	7,000	11,000	16,000	21,000	28,000	35,000
MAC (349cc single)	1,400	2,100	4,000	6,000	8,000	10,000
1952						
LE (200cc twin, shaft drive)	800	1,500	3,000	4,500	6,000	7,500
KTT MK VIII (348cc single)	7,000	11,000	16,000	21,000	28,000	35,000
MAC (349cc single)	1,400	2,100	4,000	6,000	8,000	10,000
1953						
LE (200cc twin, shaft drive)	800	1,500	3,000	4,500	6,000	7,500
KTT MK VIII (348cc single)	7,000	11,000	16,000	21,000	28,000	35,000
MAC (349cc single)	1,400	2,100	4,000	6,000	8,000	10,000
1954						
LE (200cc twin, shaft drive)	800	1,500	3,000	4,500	6,000	7,500
MAC (349cc single)	1,400	2,100	4,000	6,000	8,000	10,000
MSS (499cc single)	1,000	2,000	4,000	6,000	8,000	10,000
1955						
LE (200cc twin, shaft drive)	800	1,500	3,000	4,500	6,000	7,500
MAC (349cc single)	1,400	2,100	4,000	6,000	8,000	10,000
MSS (499cc single)	1,000	2,000	4,000	6,000	8,000	10,000
1956						
LE (200cc twin, shaft drive)	800	1,500	3,000	4,500	6,000	7,500
MAC (349cc single)	1,400	2,100	4,000	6,000	8,000	10,000
Viper (349cc single)	1,000	2,000	4,000	6,000	8,000	10,000
MSS (499cc single)	1,000	2,000	4,000	6,000	8,000	10,000
Venom (499cc single) (5,721 made, 15 years)	2,000	4,000	8,000	12,000	16,000	20,000
1957						
LE (200cc twin, shaft drive)	800	1,500	3,000	4,500	6,000	7,500
Valiant (200cc twin, shaft drive)	1,400	2,100	4,000	5,500	7,000	8,500
MAC (349cc single)	1,400	2,100	4,000	6,000	8,000	10,000
Viper (349cc single)	1,000	2,000	4,000	6,000	8,000	10,000
MSS (499cc single)	1,000	2,000	4,000	6,000	8,000	10,000
Venom (499cc single)	2,000	4,000	8,000	12,000	16,000	20,000
1958						
LE (200cc twin, shaft drive)	800	1,500	3,000	4,500	6,000	7,500
Valiant (200cc twin, shaft drive)	1,400	2,100	4,000	5,500	7,000	8,500
MAC (349cc single)	1,400	2,100	4,000	6,000	8,000	10,000
Viper (349cc single)	1,000	2,000	4,000	6,000	8,000	10,000
MSS (499cc single)	1,000	2,000	4,000	6,000	8,000	10,000
Venom (499cc single)	2,000	4,000	8,000	12,000	16,000	20,000
1959						
LE (200cc twin, shaft drive)	800	1,500	3,000	4,500	6,000	7,500
Valiant (200cc twin, shaft drive)	1,400	2,100	4,000	5,500	7,000	8,500
Veeline (200cc twin, shaft drive)	1,400	2,100	4,000	5,500	7,000	8,500
MAC (349cc single)	1,400	2,100	4,000	6,000	8,000	10,000
Viper (349cc single)	1,000	2,000	4,000	6,000	8,000	10,000
MSS (499cc single)	1,000	2,000	4,000	6,000	8,000	10,000
Venom (499cc single)	2,000	4,000	8,000	12,000	16,000	20,000
1960						
LE (200cc twin, shaft drive)	800	1,500	3,000	4,500	6,000	7,500
Valiant (200cc twin, shaft drive)	1,400	2,100	4,000	5,500	7,000	8,500
Veeline (200cc twin, shaft drive)	1,400	2,100	4,000	5,500	7,000	8,500
Viceroy Scooter (249cc twin)	1,000	2,000	3,000	4,000	5,000	6,000
MAC (349cc single)	1,400	2,100	4,000	6,000	8,000	10,000
Viper (349cc single)	1,000	2,000	4,000	6,000	8,000	10,000
MSS (499cc single)	1,000	2,000	4,000	6,000	8,000	10,000
Venom (499cc single)	2,000	4,000	8,000	12,000	16,000	20,000
1961						
Voletta (192cc twin)	800	1,500	3,000	4,500	6,000	7,500

	6	5	4	3	2	1
LE (200cc twin, shaft drive)	800	1,500	3,000	4,500	6,000	7,500
Valiant (200cc twin, shaft drive)	1,400	2,100	4,000	5,500	7,000	8,500
Viceroy Scooter (249cc twin)	1,000	2,000	3,000	4,000	5,000	6,000
Viper (349cc single)	1,600	2,400	4,000	6,000	8,000	10,000
MSS (499cc single)	1,600	2,400	4,000	6,000	8,000	10,000
MSS Scrambler (499cc single)	1,600	2,400	4,000	6,000	9,000	12,000
Venom (499cc single)	2,000	4,000	8,000	12,000	16,000	20,000
1962						
LE (200cc twin, shaft drive)	800	1,500	3,000	4,500	6,000	7,500
Valiant (200cc twin, shaft drive)	1,400	2,100	4,000	5,500	7,000	8,500
Veeline (200cc twin, shaft drive)	1,400	2,100	4,000	5,500	7,000	8,500
Viceroy Scooter (249cc twin)	1,000	2,000	3,000	4,000	5,000	6,000
Viper (349cc single)	1,600	2,400	4,000	6,000	8,000	10,000
MSS (499cc single)	1,600	2,400	4,000	6,000	8,000	10,000
MSS Scrambler (499cc single)	1,600	2,400	4,000	6,000	9,000	12,000
Venom (499cc single)	1,500	3,000	6,000	9,000	12,000	15,000
1963						
LE (200cc twin, shaft drive)	800	1,500	3,000	4,500	6,000	7,500
Valiant (200cc twin, shaft drive)	1,400	2,100	4,000	5,500	7,000	8,500
Vogue (200cc twin, shaft drive)	1,400	2,100	4,000	6,000	8,000	10,000
Viceroy Scooter (249cc twin)	1,000	2,000	3,000	4,000	5,000	6,000
Viper (349cc single)	1,600	2,400	3,600	5,000	7,500	9,000
MSS (499cc single)	1,600	2,400	4,000	6,000	8,000	10,000
MSS Scrambler (499cc single)	1,600	2,400	4,000	6,000	9,000	12,000
Venom (499cc single)	1,500	3,000	6,000	9,000	12,000	15,000
1964						
LE (200cc twin, shaft drive)	800	1,500	3,000	4,500	6,000	7,500
Valiant (200cc twin, shaft drive)	1,400	2,100	4,000	5,500	7,000	8,500
Vogue (200cc twin, shaft drive)	1,400	2,100	4,000	6,000	8,000	10,000
Viper (349cc single)	1,600	2,400	4,000	6,000	8,000	10,000
MSS (499cc single)	1,600	2,400	4,000	6,000	8,000	10,000
MSS Scrambler (499cc single)	1,600	2,400	4,000	6,000	9,000	12,000
Thruxton (499cc single)	5,000	10,000	15,000	21,000	28,000	35,000
Venom (499cc single)	1,500	3,000	6,000	9,000	12,000	15,000
1965						
LE (200cc twin, shaft drive)	800	1,500	3,000	4,500	6,000	7,500
Vogue (200cc twin, shaft drive)	1,400	2,100	4,000	6,000	8,000	10,000
MSS Scrambler (349cc single)	1,600	2,400	3,600	5,000	7,500	9,000
Viper (349cc single)	1,600	2,400	3,600	5,000	7,500	9,000
MSS (499cc single)	1,600	2,400	4,000	6,000	8,000	10,000
MSS Scrambler (499cc single)	1,600	2,400	4,000	6,000	9,000	12,000
Thruxton (499cc single)	5,000	10,000	15,000	21,000	28,000	35,000
Venom (499cc single)	1,500	3,000	6,000	9,000	12,000	15,000
1966						
LE (200cc twin, shaft drive)	800	1,500	3,000	4,500	6,000	7,500
Vogue (200cc twin, shaft drive)	1,400	2,100	4,000	6,000	8,000	10,000
MSS Scrambler (349cc single)	1,600	2,400	3,600	5,000	7,500	9,000
Viper Clubman (349cc single)	1,600	2,400	3,600	5,000	7,500	9,000
MK II Venom (499cc single)	1,500	3,000	5,000	8,000	11,000	14,000
MSS (499cc single)	1,600	2,400	4,000	6,000	8,000	10,000
MSS Scrambler (499cc single)	1,600	2,400	4,000	6,000	9,000	12,000
Thruxton (499cc single)	5,000	10,000	15,000	21,000	28,000	35,000
1967						
LE (200cc twin, shaft drive)	800	1,500	3,000	4,500	6,000	7,500
Vogue (200cc twin, shaft drive)	1,400	2,100	4,000	6,000	8,000	10,000
MSS Scrambler (349cc single)	1,600	2,400	3,600	5,000	7,500	9,000
Viper Clubman (349cc single)	1,600	2,400	3,600	5,000	7,500	9,000
MK II Venom (499cc single)	1,500	3,000	5,000	8,000	11,000	14,000
MSS (499cc single)	1,600	2,400	4,000	6,000	8,000	10,000
MSS Scrambler (499cc single)	1,600	2,400	4,000	6,000	9,000	12,000

	6	5	4	3	2	1
Thruxton (499cc single)	5,000	10,000	15,000	21,000	28,000	35,000
1968						
LE (200cc twin, shaft drive)	800	1,500	3,000	4,500	6,000	7,500
Vogue (200cc twin, shaft drive)	1,400	2,100	4,000	6,000	8,000	10,000
MSS Scrambler (349cc single)	1,600	2,400	3,600	5,000	7,500	9,000
Viper Clubman (349cc single)	1,600	2,400	3,600	5,000	7,500	9,000
MK II Venom (499cc single)	1,500	3,000	5,000	8,000	11,000	14,000
MSS (499cc single)	1,600	2,400	4,000	6,000	8,000	10,000
MSS Scrambler (499cc single)	1,600	2,400	4,000	6,000	9,000	12,000
Thruxton (499cc single)	5,000	10,000	15,000	21,000	28,000	35,000
1969						
LE (200cc twin, shaft drive)	800	1,500	3,000	4,500	6,000	7,500
MSS Scrambler (349cc single)	1,600	2,400	3,600	5,000	7,500	9,000
Viper Clubman (349cc single)	1,600	2,400	3,600	5,000	7,500	9,000
MK II Venom (499cc single)	1,500	3,000	5,000	8,000	11,000	14,000
Thruxton (499cc single)	5,000	10,000	15,000	21,000	28,000	35,000
1970						
LE (200cc twin, shaft drive)	800	1,500	3,000	4,500	6,000	7,500
MK II Venom (499cc single)	1,500	3,000	5,000	8,000	11,000	14,000
Thruxton (499cc single)	5,000	10,000	15,000	21,000	28,000	35,000
VESPA						
1946						
Vespa 98 (98cc single) (338 made)	2,500	5,000	10,000	15,000	20,000	25,000
1947						
Corsa Circuito 98 (98cc single)	2,500	5,000	10,000	15,000	20,000	25,000
Serie II 98 (98cc single) (1,400 made)	2,500	5,000	10,000	15,000	20,000	25,000
1948						
Corsa Circuito 98 (98cc single)	2,500	5,000	10,000	15,000	20,000	25,000
Serie II 98 (98cc single) (18,079 made)	2,500	5,000	10,000	15,000	20,000	25,000
V1T Vespa 125 Bacchetta (125cc single) (34,999 made) .	1,500	3,000	6,000	9,000	12,000	15,000
1949						
Corsa 125 Alloy Frame (125cc single)	1,500	3,000	6,000	9,000	12,000	15,000
Vespa 125 (125cc single)	1,500	3,000	6,000	9,000	12,000	15,000
Circuito 125 (125cc single)	1,500	3,000	6,000	9,000	12,000	15,000
V2TVespa 125 Bacchetta (125cc single) (52,096 made) .	1,500	3,000	6,000	9,000	12,000	15,000
1950						
V30T/V33T Vespa 125 (125cc single)	2,000	4,000	7,000	9,000	11,000	13,500
V14T/V15T Vespa 125 Bacchetta (125cc single) (17,000 made)	1,500	3,000	6,000	9,000	12,000	15,000
1951						
V30T/V33T Vespa 125 (125cc single)	2,000	4,000	7,000	9,000	11,000	13,500
Vespa 125 Six Days (125cc single)	1,500	3,000	6,000	9,000	12,000	15,000
1952						
V30T/V33T Vespa 125 (125cc single)	2,000	4,000	7,000	9,000	11,000	13,500
1953						
VM1T/VM2T Vespa 125 (125cc single) (91,787 made) . .	1,000	2,000	3,000	4,000	5,000	6,000
VU1T Vespa 125 U (125cc single) (6,000 made)	1,000	2,000	3,500	5,000	6,500	8,000
1954						
VM2T/VN1T Vespa 125 (125cc single) (97,393 made) . .	1,000	2,000	3,000	4,000	5,000	6,000
VL1T Vespa 150 (150cc single) (7,172 made)	1,000	2,000	3,000	4,000	5,000	6,000
1955						
VN1T Vespa 125 (125cc single) (27,099 made)	1,000	2,000	3,000	4,000	5,000	6,000
VL1T/VL2T Vespa 150 (150cc single) (56,795 made) . . .	1,000	2,000	3,000	4,000	5,000	6,000
Vespa 150 Side Car (150cc single)	1,000	2,000	4,000	6,000	8,000	10,000
VS1T Vespa 150 GS (150cc single) (12,299 made)	750	1,500	2,500	4,000	5,500	7,000
1956						
VN2T Vespa 125 (125cc single) (46,468 made)	1,000	2,000	3,000	4,000	5,000	6,000
VL2T/VL3T Vespa 150 (150cc single) (65,721 made) . . .	1,000	2,000	3,000	4,000	5,000	6,000
Vespa 150 TAP (150cc single) (600 made-4 yrs)	750	1,500	2,500	4,000	5,500	7,000

	6	5	4	3	2	1
VS2T Vespa 150 GS (150cc single) (10,009 made). . . .	750	1,500	2,500	4,000	5,500	7,000
1957						
VN2T/VNA1T Vespa 125 (125cc single) (88,329 made) .	1,000	2,000	3,000	4,000	5,000	6,000
VL3T/VB1T Vespa 150 (150cc single) (56,417 made) . .	1,000	2,000	3,000	4,000	5,000	6,000
VGL1T Vespa 150 GL (150cc single) (9,841 made) . .	1,000	2,000	3,000	4,000	5,000	6,000
VS3T Vespa 150 GS (150cc single) (11,999 made). . . .	750	1,500	2,500	4,000	5,500	7,000
Vespa 150 TAP (150cc single)	750	1,500	2,500	4,000	5,500	7,000
1958						
VNA1T/VNA2T Vespa 125 (125cc single) (96,705 made).	1,000	2,000	3,000	4,000	5,000	6,000
VB1T/VBA1T Vespa 150 (150cc single) (59,838 made). .	1,000	2,000	3,000	4,000	5,000	6,000
VGL1T Vespa 150 GL (150cc single) (5,767 made) . .	1,000	2,000	3,000	4,000	5,000	6,000
VS4T/VS5T Vespa 150 GS (150cc single) (17,051 made)	750	1,500	2,500	4,000	5,500	7,000
Vespa 150 TAP (150cc single)	750	1,500	2,500	4,000	5,500	7,000
1959						
VNA2T/VNB1T Vespa 125 (125cc single) (24,697 made).	1,000	2,000	3,000	4,000	5,000	6,000
VBA1T Vespa 150 (150cc single) (72,003 made).	1,000	2,000	3,000	4,000	5,000	6,000
VGLA1T Vespa 150 GL (150cc single) (14,999 made) . .	1,000	2,000	3,000	4,000	5,000	6,000
Vespa 150 TAP (150cc single)	750	1,500	2,500	4,000	5,500	7,000
VS5T Vespa 150 GS (150cc single) (17,764 made). . . .	750	1,500	2,500	4,000	5,500	7,000
1960						
VNB1T Vespa 125 (125cc single) (64,410 made).	1,000	2,000	3,000	4,000	5,000	6,000
VBA1T/VBB1T Vespa 150 (150cc single) (51,589 made).	1,000	2,000	3,000	4,000	5,000	6,000
VGLA1T Vespa 150 GL (150cc single) (15.226 made) . .	1,000	2,000	3,000	4,000	5,000	6,000
VS5T Vespa 150 GS (150cc single) (34,062 made). . . .	750	1,500	2,500	4,000	5,500	7,000
1961						
VNB1T/VNB2T/VNB3T Vespa 125 (125cc single) (62,575 made).	1,000	2,000	3,000	4,000	5,000	6,000
VNL1T Vespa 125 GT Gran Turismo (125cc single). . .	1,000	2,000	3,000	4,000	5,000	6,000
VBB1T Vespa 150 (150cc single) (80,612 made).	1,000	2,000	3,000	4,000	5,000	6,000
VGLA1T/VGLB1T Vespa 150 GL (150cc single) (11,771 made).	1,000	2,000	3,000	4,000	5,000	6,000
VS5T Vespa 150 GS (150cc single) (22,618 made). . . .	750	1,500	2,500	4,000	5,500	7,000
Vespa 150 VBA (150cc single)	750	1,500	2,500	4,000	5,500	7,000
1962						
VNB3T/VNB4T Vespa 125 (125cc single) (45,284 made).	1,000	2,000	3,000	4,000	5,000	6,000
VNL1T Vespa 125 GT Gran Turismo (125cc single). . . .	1,000	2,000	3,000	4,000	5,000	6,000
VBB1T/VBB2T Vespa 150 (150cc single) (59,027 made).	1,000	2,000	3,000	4,000	5,000	6,000
VGLB1T/VLA1T Vespa 150 GL (150cc single) (10,250 made).	1,000	2,000	3,000	4,000	5,000	6,000
VSB1T Vespa 160 GS (160cc single) (28,969 made) . . .	2,000	4,000	7,000	9,000	11,000	13,500
1963						
V5A1T Vespa 50 Normale (50cc single) (5,959 made) . .	500	1,000	2,000	3,000	4,000	5,000
V5SA1T Vespa 50S (50cc single) (1,003 made)	500	1,000	2,000	3,000	4,000	5,000
V9A1T Vespa 90 (90cc single) (1,983 made)	500	1,000	2,000	3,000	4,000	5,000
VNB4T/VNB5T Vespa 125 (125cc single) (42,853 made).	1,000	2,000	3,000	4,000	5,000	6,000
VNT1T Vespa 125 GT Gran Turismo (125cc single) . . .	1,000	2,000	3,000	4,000	5,000	6,000
VBB2T Vespa 150 (150cc single) (42,519 made)	1,000	2,000	3,000	4,000	5,000	6,000
VLA1T Vespa 150 GL (150cc single) (51,144 made) . . .	1,000	2,000	3,000	4,000	5,000	6,000
VSB1T Vespa 160 GS (160cc single) (18,279 made) . . .	2,000	4,000	7,000	9,000	11,000	13,500
1964						
V5A1T Vespa 50 Normale (50cc single) (54,385 made) .	500	1,000	2,000	3,000	4,000	5,000
V5SA1T Vespa 50S (50cc single) (8,374 made)	500	1,000	2,000	3,000	4,000	5,000
V9A1T Vespa 90 (90cc single) (14,564 made)	500	1,000	2,000	3,000	4,000	5,000
VNB5T/VNB6T Vespa 125 (125cc single) (42,623 made).	1,000	2,000	3,000	4,000	5,000	6,000
VNT1T Vespa 125 GT Gran Turismo (125cc single) . . .	1,000	2,000	3,000	4,000	5,000	6,000
VBB2T Vespa 150 (150cc single) (42,524 made)	1,000	2,000	3,000	4,000	5,000	6,000
VLA1T Vespa 150 GL (150cc single) (20,905 made) . . .	1,000	2,000	3,000	4,000	5,000	6,000
VSB1T Vespa 160 GS (160cc single) (12,749 made) . . .	2,000	4,000	7,000	9,000	11,000	13,500
VSC1T Vespa 180 SS Super Sport (180cc single) (3,020 made)	1,000	2,000	4,000	6,000	8,000	10,000

	6	5	4	3	2	1
1965						
V5A1T Vespa 50 Normale (50cc single) (40,228 made)	500	1,000	2,000	3,000	4,000	5,000
V5SA1T Vespa 50S (50cc single) (4,521 made)	500	1,000	2,000	3,000	4,000	5,000
V5SS1T Vespa 50SS Super Sprint (50cc single) (191 made)	500	1,000	2,000	3,000	4,000	5,000
V9A1T Vespa 90 (90cc single) (3,994 made)	500	1,000	2,000	3,000	4,000	5,000
V9SS1T Vespa 90SS Super Sprint (90cc single) (1,261 made)	1,000	2,000	3,000	4,000	5,000	6,000
VNB6T Vespa 125 (125cc single) (27,983 made)	1,000	2,000	3,000	4,000	5,000	6,000
VNT1T Vespa 125 GT Gran Turismo (125cc single)	1,000	2,000	3,000	4,000	5,000	6,000
VMA1T Vespa 125 Primavera (125cc single) (7,391 made)	1,000	2,000	3,000	4,000	5,000	6,000
VNC1T Vespa 125S Super (125cc single) (3,419 made)	1,000	2,000	3,000	4,000	5,000	6,000
VBB2T Vespa 150 (150cc single) (32,502 made)	1,000	2,000	3,000	4,000	5,000	6,000
VLA1T Vespa 150 GL (150cc single) (2,845 made)	1,000	2,000	3,000	4,000	5,000	6,000
VLB1T Vespa 150 Sprint (150cc single) (25,477 made)	1,000	2,000	3,000	4,000	5,000	6,000
VBC1T Vespa 150 Super (150cc single) (3,294 made)	1,000	2,000	3,000	4,000	5,000	6,000
VSC1T Vespa 180 SS Super Sport (180cc single) (16,599 made)	1,000	2,000	4,000	6,000	8,000	10,000
1966						
V5A1T Vespa 50 Normale (50cc single) (53,883 made)	500	1,000	2,000	3,000	4,000	5,000
V5A1T Vespa 50L (50cc single) (2,971 made)	500	1,000	2,000	3,000	4,000	5,000
V5SA1T Vespa 50S (50cc single) (5,421 made)	500	1,000	2,000	3,000	4,000	5,000
V5SS1T Vespa 50SS Super Sprint (50cc single) (1,014 made)	500	1,000	2,000	3,000	4,000	5,000
V9A1T Vespa 90 (90cc single) (2,600 made)	500	1,000	2,000	3,000	4,000	5,000
V9SS1T Vespa 90SS Super Sprint (90cc single) (2,613 made)	1,000	2,000	3,000	4,000	5,000	6,000
VNB6T Vespa 125 (125cc single) (1,588 made)	1,000	2,000	3,000	4,000	5,000	6,000
VNL2T Vespa 125 GT Gran Turismo (125cc single) (5,752 made)	1,000	2,000	3,000	4,000	5,000	6,000
VMA1T Vespa 125 Primavera (125cc single) (6,388 made)	1,000	2,000	3,000	4,000	5,000	6,000
VNC1T Vespa 125S Super (125cc single) (14,623 made)	1,000	2,000	3,000	4,000	5,000	6,000
VBB2T Vespa 150 (150cc single) (6.687 made)	1,000	2,000	3,000	4,000	5,000	6,000
VLB1T Vespa 150 Sprint (150cc single) (12,751 made)	1,000	2,000	3,000	4,000	5,000	6,000
VBC1T Vespa 150 Super (150cc single) (39,117 made)	1,000	2,000	3,000	4,000	5,000	6,000
VSC1T Vespa 180 SS Super Sport (180cc single) (5,952 made)	1,000	2,000	4,000	6,000	8,000	10,000
1967						
V5A1T Vespa 50 Normale (50cc single) (35,516 made)	500	1,000	2,000	3,000	4,000	5,000
V5A1T Vespa 50L (50cc single) (37,442 made)	500	1,000	2,000	3,000	4,000	5,000
V5SA1T Vespa 50S (50cc single) (10,539 made)	500	1,000	2,000	3,000	4,000	5,000
V5SS1T Vespa 50SS Super Sprint (50cc single) (189 made)	500	1,000	2,000	3,000	4,000	5,000
V9A1T Vespa 90 (90cc single) (1,250 made)	500	1,000	2,000	3,000	4,000	5,000
V9SS1T Vespa 90SS Super Sprint (90cc single) (149 made)	1,000	2,000	3,000	4,000	5,000	6,000
VNL2T Vespa 125 GT Gran Turismo (125cc single) (18,838 made)	1,000	2,000	3,000	4,000	5,000	6,000
VMA1T Vespa 125 Primavera (125cc single) (6,191 made)	1,000	2,000	3,000	4,000	5,000	6,000
VNC1T Vespa 125S Super (125cc single) (4,700 made)	1,000	2,000	3,000	4,000	5,000	6,000
VBB2T Vespa 150 (150cc single) (199 made)	1,000	2,000	3,000	4,000	5,000	6,000
VLB1T Vespa 150 Sprint (150cc single) (24,105 made)	1,000	2,000	3,000	4,000	5,000	6,000
VBC1T Vespa 150 Super (150cc single) (18,082 made)	1,000	2,000	3,000	4,000	5,000	6,000
VSC1T Vespa 180 SS Super Sport (180cc single) (6,958 made)	1,000	2,000	4,000	6,000	8,000	10,000
1968						
V5A1T Vespa 50 Normale (50cc single) (34,786 made)	500	1,000	2,000	3,000	4,000	5,000
V5A1T Vespa 50L (50cc single) (45,836 made)	500	1,000	2,000	3,000	4,000	5,000
V5SA1T Vespa 50S (50cc single) (4,638 made)	500	1,000	2,000	3,000	4,000	5,000

	6	5	4	3	2	1
V5SS1T Vespa 50SS Super Sprint (50cc single) (395 made)	500	1,000	2,000	3,000	4,000	5,000
V9A1T Vespa 90 (90cc single) (3,873 made)	500	1,000	2,000	3,000	4,000	5,000
V9SS1T Vespa 90SS Super Sprint (90cc single) (374 made)	1,000	2,000	3,000	4,000	5,000	6,000
VNL2T Vespa 125 GT Gran Turismo (125cc single) (10,798 made)	1,000	2,000	3,000	4,000	5,000	6,000
VNL2T Vespa 125 GTR Gran Turismo Sport Veloce (125cc single) (750 made)	1,000	2,000	3,000	4,000	5,000	6,000
VMA2T Vespa 125 Primavera MK I (125cc single) (8,673 made)	1,000	2,000	3,000	4,000	5,000	6,000
VNC1T Vespa 125S Super (125cc single) (1,330 made)	1,000	2,000	3,000	4,000	5,000	6,000
VLB1T Vespa 150 Sprint (150cc single) (25,923 made)	1,000	2,000	3,000	4,000	5,000	6,000
VBC1T Vespa 150 Super (150cc single) (19,243 made)	1,000	2,000	3,000	4,000	5,000	6,000
VSD1T Vespa 180 Rally (180cc single) (4,327 made)	1,000	2,000	3,000	4,000	5,000	6,000
VSC1T Vespa 180 SS Super Sport (180cc single) (4,067 made)	1,000	2,000	4,000	6,000	8,000	10,000
1969						
V5A1T Vespa 50 Normale (50cc single) (27,286 made)	500	1,000	2,000	3,000	4,000	5,000
V5A1T Vespa 50L (50cc single) (35,293 made)	500	1,000	2,000	3,000	4,000	5,000
V5A1T Vespa 50R (50cc single) (2,502 made)	500	1,000	2,000	3,000	4,000	5,000
V5SA1T Vespa 50S (50cc single) (4,645 made)	500	1,000	2,000	3,000	4,000	5,000
V5SS1T Vespa 50SS Super Sprint (50cc single) (295 made)	500	1,000	2,000	3,000	4,000	5,000
V5A3T Vespa 50 Elestart (50cc single) (19 made)	1,000	2,000	4,000	6,000	8,000	10,000
V5A2T Vespa 50 Special (50cc single) (1,014 made)	500	1,000	2,000	3,000	4,000	5,000
V9A1T Vespa 90 (90cc single) (4,710 made)	500	1,000	2,000	3,000	4,000	5,000
V9SS1T Vespa 90SS Super Sprint (90cc single) (276 made)	1,000	2,000	3,000	4,000	5,000	6,000
VNL2T Vespa 125 GT Gran Turismo (125cc single) (4,445 made)	1,000	2,000	3,000	4,000	5,000	6,000
VNL2T Vespa 125 GTR Gran Turismo Sport Veloce (125cc single) (6,588 made)	1,000	2,000	3,000	4,000	5,000	6,000
VMA2T Vespa 125 Primavera MK I (125cc single) (4,717 made)	1,000	2,000	3,000	4,000	5,000	6,000
VNC1T Vespa 125S Super (125cc single) (69 made)	1,000	2,000	3,000	4,000	5,000	6,000
VLB1T Vespa 150 Sprint (150cc single) (19,064 made)	1,000	2,000	3,000	4,000	5,000	6,000
VLB1T Vespa 150 Sprint Veloce (150cc single) (4,383 made)	1,000	2,000	3,000	4,000	5,000	6,000
VBC1T Vespa 150 Super (150cc single) (19,752 made)	1,000	2,000	3,000	4,000	5,000	6,000
09C Motovespa 160 (160cc single)	1,000	2,000	3,000	4,000	5,000	6,000
VSD1T Vespa 180 Rally (180cc single) (6,208 made)	1,000	2,000	3,000	4,000	5,000	6,000
1970						
V5A1T Vespa 50 Normale (50cc single) (5,376 made)	500	1,000	2,000	3,000	4,000	5,000
V5A1T Vespa 50L (50cc single) (6,447 made)	500	1,000	2,000	3,000	4,000	5,000
V5A1T Vespa 50R (50cc single) (33,212 made)	500	1,000	2,000	3,000	4,000	5,000
V5SA1T Vespa 50S (50cc single) (5,348 made)	500	1,000	2,000	3,000	4,000	5,000
V5SS1T Vespa 50SS Super Sprint (50cc single) (332 made)	500	1,000	2,000	3,000	4,000	5,000
Vespa 50 Pedal Model (50cc single) (7,754 made)	500	1,000	2,000	3,000	4,000	5,000
V5A3T Vespa 50 Elestart (50cc single) (2,675 made)	500	1,000	2,000	3,000	4,000	5,000
V5A2T Vespa 50 Special (50cc single) (32,241 made)	500	1,000	2,000	3,000	4,000	5,000
V9A1T Vespa 90 (90cc single)	500	1,000	2,000	3,000	4,000	5,000
V9SS1T Vespa 90SS Super Sprint (90cc single) (459 made)	1,000	2,000	3,000	4,000	5,000	6,000
VNL2T Vespa 125 GT Gran Turismo (125cc single) (3,765 made)	1,000	2,000	3,000	4,000	5,000	6,000
VNL2T Vespa 125 GTR Gran Turismo Sport Veloce (125cc single) (5,550 made)	1,000	2,000	3,000	4,000	5,000	6,000

	6	5	4	3	2	1
VMA2T Vespa 125 Primavera MK I (125cc single) (6,032 made)	1,000	2,000	3,000	4,000	5,000	6,000
VLB1T Vespa 150 Sprint (150cc single) (23,933 made)	1,000	2,000	3,000	4,000	5,000	6,000
VLB1T Vespa 150 Sprint Veloce (150cc single) (5,369 made)	1,000	2,000	3,000	4,000	5,000	6,000
VBC1T Vespa 150 Super (150cc single) (25,125 made)	1,000	2,000	3,000	4,000	5,000	6,000
09C Motovespa 160 (160cc single)	1,000	2,000	3,000	4,000	5,000	6,000
VRD1T Vespa Rally (175cc single)	1,000	2,000	3,000	4,000	5,000	6,000
VSD1T Vespa 180 Rally (180cc single) (6,272 made)	1,000	2,000	3,000	4,000	5,000	6,000
1971						
V5A1T Vespa 50 Normale (50cc single) (2,301 made)	500	1,000	2,000	3,000	4,000	5,000
V5A1T Vespa 50R (50cc single) (33,895 made)	500	1,000	2,000	3,000	4,000	5,000
V5SA1T Vespa 50S (50cc single) (3,380 made)	500	1,000	2,000	3,000	4,000	5,000
V5SS2T Vespa 50 Sprinter (50cc single) (159 made)	500	1,000	2,000	3,000	4,000	5,000
V5SS1T Vespa 50SS Super Sprint (50cc single) (102 made)	500	1,000	2,000	3,000	4,000	5,000
V5A3T Vespa 50 Elestart (50cc single) (1,136 made)	500	1,000	2,000	3,000	4,000	5,000
V5A2T Vespa 50 Special (50cc single) (31,268 made)	500	1,000	2,000	3,000	4,000	5,000
V9A1T Vespa 90 (90cc single) (8,183 made)	500	1,000	2,000	3,000	4,000	5,000
V9SS2T Vespa 90R (90cc single) (359 made)	500	1,000	2,000	3,000	4,000	5,000
V9SS1T Vespa 90SS Super Sprint (90cc single) (170 made)	1,000	2,000	3,000	4,000	5,000	6,000
VNL2T Vespa 125 GT Gran Turismo (125cc single) (2,207 made)	1,000	2,000	3,000	4,000	5,000	6,000
VNL2T Vespa 125 GTR Gran Turismo Sport Veloce (125cc single) (5,006 made)	1,000	2,000	3,000	4,000	5,000	6,000
VMA2T Vespa 125 Primavera MK I (125cc single) (7,403 made)	1,000	2,000	3,000	4,000	5,000	6,000
VLB1T/VLB2T Vespa 150 Sprint (150cc single) (18,676 made)	1,000	2,000	3,000	4,000	5,000	6,000
VLB1T Vespa 150 Sprint Veloce (150cc single) (4,286 made)	1,000	2,000	3,000	4,000	5,000	6,000
VBC1T Vespa 150 Super (150cc single) (25,679 made)	1,000	2,000	3,000	4,000	5,000	6,000
09C Motovespa 160 (160cc single)	1,000	2,000	3,000	4,000	5,000	6,000
VRD1T Vespa Rally (175cc single)	1,000	2,000	3,000	4,000	5,000	6,000
VSD1T Vespa 180 Rally (180cc single) (5,537 made)	1,000	2,000	3,000	4,000	5,000	6,000
1972						
V5A1T Vespa 50R (50cc single) (34,551 made)	500	1,000	2,000	3,000	4,000	5,000
V5A3T/V5B2T Vespa 50 Elestart (50cc single) (979 made)	500	1,000	2,000	3,000	4,000	5,000
V5A2T/V5B1T Vespa 50 Special (50cc single) (35,911 made)	500	1,000	2,000	3,000	4,000	5,000
V5SA1T Vespa 50S (50cc single) (4,118 made)	500	1,000	2,000	3,000	4,000	5,000
V5SS2T Vespa 50 Sprinter (50cc single) (203 made)	500	1,000	2,000	3,000	4,000	5,000
V9A1T Vespa 90 (90cc single) (13,184 made)	500	1,000	2,000	3,000	4,000	5,000
V9SS2T Vespa 90R (90cc single) (2,917 made)	500	1,000	2,000	3,000	4,000	5,000
VNL2T Vespa 125 GT Gran Turismo (125cc single) (2,491 made)	1,000	2,000	3,000	4,000	5,000	6,000
VNL2T Vespa 125 GTR Gran Turismo Sport Veloce (125cc single) (6,193 made)	1,000	2,000	3,000	4,000	5,000	6,000
VMA2T Vespa 125 Primavera MK I (125cc single) (10,641 made)	1,000	2,000	3,000	4,000	5,000	6,000
VLB2T Vespa 150 Sprint (150cc single) (19,722 made)	1,000	2,000	3,000	4,000	5,000	6,000
VLB1T Vespa 150 Sprint Veloce (150cc single) (5,289 made)	1,000	2,000	3,000	4,000	5,000	6,000
VBC1T Vespa 150 Super (150cc single) (30,905 made)	1,000	2,000	3,000	4,000	5,000	6,000
09C Motovespa 160 (160cc single)	1,000	2,000	3,000	4,000	5,000	6,000
VRD1T Vespa Rally (175cc single)	1,000	2,000	3,000	4,000	5,000	6,000
VSD1T Vespa 180 Rally (180cc single) (3,535 made)	1,000	2,000	3,000	4,000	5,000	6,000
VSE1T Vespa Rally 200 (200cc single) (3,592 made)	1,000	2,000	3,000	4,000	5,000	6,000

	6	5	4	3	2	1
1973						
V5A1T Vespa 50R (50cc single) (27,547 made)	500	1,000	2,000	3,000	4,000	5,000
V5B2T Vespa 50 Elestart (50cc single) (825 made)	500	1,000	2,000	3,000	4,000	5,000
V5B1T Vespa 50 Special (50cc single) (35,958 made)	500	1,000	2,000	3,000	4,000	5,000
V5SA1T Vespa 50S (50cc single) (4,076 made)	500	1,000	2,000	3,000	4,000	5,000
V5SS2T Vespa 50 Sprinter (50cc single) (150 made)	500	1,000	2,000	3,000	4,000	5,000
V9A1T Vespa 90 (90cc single) (12,583 made)	500	1,000	2,000	3,000	4,000	5,000
V9SS2T Vespa 90R (90cc single) (216 made)	500	1,000	2,000	3,000	4,000	5,000
VNL2T Vespa 125 GT Gran Turismo (125cc single) (3,268 made)	1,000	2,000	3,000	4,000	5,000	6,000
VNL2T Vespa 125 GTR Gran Turismo Sport Veloce (125cc single) (3,975 made)	1,000	2,000	3,000	4,000	5,000	6,000
VMA2T Vespa 125 Primavera MK I (125cc single) (16,314 made)	1,000	2,000	3,000	4,000	5,000	6,000
VLB2T Vespa 150 Sprint (150cc single) (28,818 made)	1,000	2,000	3,000	4,000	5,000	6,000
VLB1T Vespa 150 Sprint Veloce (150cc single) 4,013 made)	1,000	2,000	3,000	4,000	5,000	6,000
VBC1T Vespa 150 Super (150cc single) (38,988 made)	1,000	2,000	3,000	4,000	5,000	6,000
09C Motovespa 160/GT160 (160cc single)	1,000	2,000	3,000	4,000	5,000	6,000
VRD1T Vespa Rally (175cc single)	1,000	2,000	3,000	4,000	5,000	6,000
VSD1T Vespa 180 Rally (180cc single) (610 made)	1,000	2,000	3,000	4,000	5,000	6,000
VSE1T Vespa Rally 200 (200cc single) (7,104 made)	1,000	2,000	3,000	4,000	5,000	6,000
1974						
V5A1T Vespa 50R (50cc single) (30,157 made)	500	1,000	2,000	3,000	4,000	5,000
V5B1T Vespa 50 Special (50cc single) (44,121 made)	500	1,000	2,000	3,000	4,000	5,000
V5SA1T Vespa 50S (50cc single) (5,051 made)	500	1,000	2,000	3,000	4,000	5,000
V5SS2T Vespa 50 Sprinter (50cc single)	500	1,000	2,000	3,000	4,000	5,000
V5B2T Vespa 50 Startle (50cc single) (1,275 made)	500	1,000	2,000	3,000	4,000	5,000
V9A1T Vespa 90 (90cc single) (20,122 made)	500	1,000	2,000	3,000	4,000	5,000
V9SS2T Vespa 90R (90cc single) (20 made)	500	1,000	2,000	3,000	4,000	5,000
VNL2T Vespa 125 GTR Gran Turismo Sport Veloce (125cc single) (7,833 made)	1,000	2,000	3,000	4,000	5,000	6,000
VMA2T Vespa 125 Primavera MK II (125cc single) (25,597 made)	1,000	2,000	3,000	4,000	5,000	6,000
VLB2T Vespa 150 Sprint (150cc single) (5,997 made)	1,000	2,000	3,000	4,000	5,000	6,000
VLB1T Vespa 150 Sprint Veloce (150cc single) 39,990 made)	1,000	2,000	3,000	4,000	5,000	6,000
VBC1T Vespa 150 Super (150cc single) (59,119 made)	1,000	2,000	3,000	4,000	5,000	6,000
09C Motovespa GT160/GTi160 (160cc single)	1,000	2,000	3,000	4,000	5,000	6,000
VSE1T Vespa Rally 200 (200cc single) (10,240 made)	1,000	2,000	3,000	4,000	5,000	6,000
1975						
V5A1T Vespa 50R (50cc single) (16,280 made)	500	1,000	2,000	3,000	4,000	5,000
V5B1T/V5B3T Vespa 50 Special (50cc single) (56.076 made)	500	1,000	2,000	3,000	4,000	5,000
V5SA1T Vespa 50S (50cc single) (4,496 made)	500	1,000	2,000	3,000	4,000	5,000
V5SS2T Vespa 50 Sprinter (50cc single) (178 made)	500	1,000	2,000	3,000	4,000	5,000
V5B2T/V5B4T Vespa 50 Elestart (50cc single) (639 made)	500	1,000	2,000	3,000	4,000	5,000
V9A1T Vespa 90 (90cc single) (13,807 made)	500	1,000	2,000	3,000	4,000	5,000
VNL2T Vespa 125 GTR Gran Turismo Sport Veloce (125cc single) (5,478 made)	1,000	2,000	3,000	4,000	5,000	6,000
VMA2T Vespa 125 Primavera MK II (125cc single) (29,980 made)	1,000	2,000	3,000	4,000	5,000	6,000
VNL3T Vespa 125 TS Turismo Sport (125cc single) (5,978 made)	1,000	2,000	3,000	4,000	5,000	6,000
VLB1T Vespa 150 Sprint Veloce (150cc single) (35,132 made)	1,000	2,000	3,000	4,000	5,000	6,000
VBC1T Vespa 150 Super (150cc single) (71,059 made)	1,000	2,000	3,000	4,000	5,000	6,000
09C Motovespa GT160 (160cc single)	1,000	2,000	3,000	4,000	5,000	6,000
VSE1T Vespa Rally 200 (200cc single) (6,755 made)	1,000	2,000	3,000	4,000	5,000	6,000

	6	5	4	3	2	1
1976						
V5A1T Vespa 50R (50cc single) (15,416 made)	500	1,000	2,000	3,000	4,000	5,000
V5B3T Vespa 50 Special (50cc single) 49,609 made)	500	1,000	2,000	3,000	4,000	5,000
V5SA1T Vespa 50S (50cc single) (2,875 made)	500	1,000	2,000	3,000	4,000	5,000
V5SS2T Vespa 50 Sprinter (50cc single) (199 made)	500	1,000	2,000	3,000	4,000	5,000
V5B4T Vespa 50 Elestart (50cc single) (250 made)	500	1,000	2,000	3,000	4,000	5,000
V9A1T Vespa 90 (90cc single) (28,947 made)	500	1,000	2,000	3,000	4,000	5,000
VNL2T Vespa 125 GTR Gran Turismo Sport Veloce (125cc single) (4,276 made)	1,000	2,000	3,000	4,000	5,000	6,000
VMB1T Vespa 125 Primavera ET3 (125cc single) (7,824 made)	1,000	2,000	3,000	4,000	5,000	6,000
VMA2T Vespa 125 Primavera MK III (125cc single) (20,635 made)	1,000	2,000	3,000	4,000	5,000	6,000
VNL3T Vespa 125 TS Turismo Sport (125cc single) (10,738 made)	1,000	2,000	3,000	4,000	5,000	6,000
VLB1T Vespa 150 Sprint Veloce (150cc single) (45,699 made)	1,000	2,000	3,000	4,000	5,000	6,000
VBC1T Vespa 150 Super (150cc single) (58,017 made)	1,000	2,000	3,000	4,000	5,000	6,000
09C Motovespa GT160 (160cc single)	1,000	2,000	3,000	4,000	5,000	6,000
VSE1T Vespa Rally 200 (200cc single) (5,253 made)	1,000	2,000	3,000	4,000	5,000	6,000
1977						
V5A1T Vespa 50R (50cc single) (12,474 made)	500	1,000	2,000	3,000	4,000	5,000
V5B3T Vespa 50 Special (50cc single) (56,990 made)	500	1,000	2,000	3,000	4,000	5,000
V5SA1T Vespa 50S (50cc single) (5,375 made)	500	1,000	2,000	3,000	4,000	5,000
V5SS2T Vespa 50 Sprinter (50cc single) (50 made)	500	1,000	2,000	3,000	4,000	5,000
V9A1T Vespa 90 (90cc single) (21,293 made)	500	1,000	2,000	3,000	4,000	5,000
VNL2T Vespa 125 GTR Gran Turismo Sport Veloce (125cc single) (3,982 made)	1,000	2,000	3,000	4,000	5,000	6,000
VMB1T Vespa 125 Primavera ET3 (125cc single) (17,884 made)	1,000	2,000	3,000	4,000	5,000	6,000
VMA2T Vespa 125 Primavera MK III (125cc single) ((22,329 made)	1,000	2,000	3,000	4,000	5,000	6,000
VNX1T Vespa PX125 (125cc single) (3,903 made)	200	500	800	1,200	1,600	2,000
VNL3T Vespa 125 TS Turismo Sport (125cc single) (11,425 made)	1,000	2,000	3,000	4,000	5,000	6,000
VLB1T Vespa 150 Sprint Veloce (150cc single) (55,458 made)	1,000	2,000	3,000	4,000	5,000	6,000
VBC1T Vespa 150 Super (150cc single) (67,344 made)	1,000	2,000	3,000	4,000	5,000	6,000
09C Motovespa GT160 (160cc single)	1,000	2,000	3,000	4,000	5,000	6,000
VSX1T Vespa P200E (200cc single) (1,940 made)	200	500	800	1,200	1,700	2,200
VSE1T Vespa Rally 200 (200cc single) (6,315 made)	1,000	2,000	3,000	4,000	5,000	6,000
1978						
V5A1T Vespa 50R (50cc single) (8,095 made)	200	400	600	800	1,100	1,400
V5B3T Vespa 50 Special (50cc single) (72,207 made)	200	400	600	800	1,100	1,400
V5SA1T Vespa 50S (50cc single) (4,701 made)	200	400	600	800	1,100	1,400
V5SS2T Vespa 50 Sprinter (50cc single) (118 made)	200	400	600	800	1,100	1,400
V9A1T Vespa 90 (90cc single) (22,088 made)	100	300	500	900	1,300	1,700
V9B1T Vespa 100 Sport (100cc single) (2,663 made)	100	300	500	900	1,300	1,700
VNL2T Vespa 125 GTR Gran Turismo Sport Veloce (125cc single) (2,146 made)	1,000	2,000	3,000	4,000	5,000	6,000
VMB1T Vespa 125 Primavera ET3 (125cc single) (24,892 made)	200	500	800	1,200	1,600	2,000
VMA2T Vespa 125 Primavera MK III (125cc single) (16,507 made)	200	500	800	1,200	1,600	2,000
VNL3T Vespa 125 TS Turismo Sport (125cc single) (600 made)	1,000	2,000	3,000	4,000	5,000	6,000
VNX1T Vespa PX125 (125cc single) (27,780 made)	200	500	800	1,200	1,600	2,000
VLB1T Vespa 150 Sprint Veloce (150cc single) (18,043 made)	200	500	800	1,200	1,600	2,000
VBC1T Vespa 150 Super (150cc single) (73,383 made)	200	500	800	1,200	1,600	2,000

	6	5	4	3	2	1
VLX1T Vespa PX150 (150cc single) (66,526 made) . . .	200	500	800	1,200	1,600	2,000
VBX1T Vespa PS150 (150cc single) (9,718 made)	200	500	800	1,200	1,600	2,000
00C Motovespa GT100 (100cc single)	200	500	800	1,200	1,600	2,000
VSX1T Vespa P200E (200cc single) (13,185 made) . . .	200	500	800	1,200	1,700	2,200
VSE1T Vespa Rally 200 (200cc single) (1,508 made) . . .	200	500	800	1,200	1,700	2,200
1979						
V5A1T Vespa 50R (50cc single) (8,064 made)	200	400	600	800	1,100	1,400
V5B3T Vespa 50 Special (50cc single) (77,701 made) . .	200	400	600	800	1,100	1,400
V5SA1T Vespa 50S (50cc single) (9,505 made)	200	400	600	800	1,100	1,400
V5SS2T Vespa 50 Sprinter (50cc single) (29 made) . . .	200	400	600	800	1,100	1,400
V9A1T Vespa 90 (90cc single) (33,199 made)	100	300	500	900	1,300	1,700
V9B1T Vespa 100 Sport (100cc single) (7,452 made) . .	100	300	500	900	1,300	1,700
VNX1T Vespa PX125 (125cc single) (42,149 made) . . .	200	500	800	1,200	1,600	2,000
VMB1T Vespa 125 Primavera ET3 (125cc single) (24,341 made)	200	500	800	1,200	1,600	2,000
VMA2T Vespa 125 Primavera MK III (125cc single) (7,958 made)	200	500	800	1,200	1,600	2,000
VLB1T Vespa 150 Sprint Veloce (150cc single) (446 made)	200	500	800	1,200	1,600	2,000
VBC1T Vespa 150 Super (150cc single) (4,686 made) . .	200	500	800	1,200	1,600	2,000
VLX1T Vespa PX150 (150cc single) (68,252 made) . . .	200	500	800	1,200	1,600	2,000
VBX1T Vespa PS150 (150cc single) (41,858 made) . . .	200	500	800	1,200	1,600	2,000
09C Motovespa GT160 (160cc single)	200	500	800	1,200	1,600	2,000
VSX1T Vespa P200E (200cc single) (21,331 made) . . .	200	500	800	1,200	1,700	2,200
VSE1T Vespa Rally 200 (200cc single) (500 made). . .	200	500	800	1,200	1,700	2,200
1980						
V5A1T Vespa 50R (50cc single) (8,781 made)	200	400	600	800	1,100	1,400
V5B3T Vespa 50 Special (50cc single) (94,607 made) . .	200	400	600	800	1,100	1,400
V5SA1T Vespa 50S (50cc single) (9,376 made)	200	400	600	800	1,100	1,400
V8A1T Vespa P80X (80cc single) (371 made)	100	300	500	900	1,300	1,700
V9A1T Vespa 90 (90cc single) (22,774 made)	100	300	500	900	1,300	1,700
V9B1T Vespa 100 Sport (100cc single) (9,867 made) . .	100	300	500	900	1,300	1,700
VNX1T Vespa PX125 (125cc single) (55,443 made) . . .	200	500	800	1,200	1,600	2,000
VMB1T Vespa 125 Primavera ET3 (125cc single) (24,214 made)	200	500	800	1,200	1,600	2,000
VMA2T Vespa 125 Primavera MK III (125cc single) (7,567 made)	200	500	800	1,200	1,600	2,000
VLX1T Vespa PX150 (150cc single) (104,255 made) . . .	200	500	800	1,200	1,600	2,000
VBX1T Vespa PS150 (150cc single) (33,827 made) . . .	200	500	800	1,200	1,600	2,000
VSX1T Vespa P200E (200cc single) (36,774 made) . . .	200	500	800	1,200	1,700	2,200
1981						
V5A1T Vespa 50R (50cc single) (5,065 made)	200	400	600	800	1,100	1,400
V5B3T Vespa 50 Special (50cc single) (107,055 made) .	200	400	600	800	1,100	1,400
V5SA1T Vespa 50S (50cc single) (8,648 made)	200	400	600	800	1,100	1,400
V8A1T Vespa P80X (80cc single) (349 made)	100	300	500	900	1,300	1,700
V8X1T Vespa PX80E (80cc single) (16,250 made)	100	300	500	900	1,300	1,700
V9A1T Vespa 90 (90cc single) (32,624 made)	100	300	500	900	1,300	1,700
V9B1T Vespa 100 Sport (100cc single) (4,268 made) . .	100	300	500	900	1,300	1,700
VNX1T Vespa PX125 (125cc single) (65,183 made) . . .	200	500	800	1,200	1,600	2,000
VNX2T Vespa PX125E (125cc single) (10,194 made) . . .	200	500	800	1,200	1,600	2,000
VMB1T Vespa 125 Primavera ET3 (125cc single) (29,658 made)	200	500	800	1,200	1,600	2,000
VMA2T Vespa 125 Primavera MK III (125cc single) (13,485 made)	200	500	800	1,200	1,600	2,000
VLX1T Vespa PX150 (150cc single) (106,265 made) . . .	200	500	800	1,200	1,600	2,000
VLX1T Vespa PX150E (150cc single) (16,898 made) . . .	200	500	800	1,200	1,600	2,000
VBX1T Vespa PS150 (150cc single) (84,798 made) . . .	200	500	800	1,200	1,600	2,000
VSX1T Vespa P200E (200cc single) (43,279 made) . . .	200	500	800	1,200	1,700	2,200
1982						
V5A1T Vespa 50R (50cc single) (2,649 made)	200	400	600	800	1,100	1,400

	6	5	4	3	2	1
V5B3T Vespa 50 Special (50cc single) (58,795 made) ..	200	400	600	800	1,100	1,400
V5SA1T Vespa 50S (50cc single) (4,679 made)	200	400	600	800	1,100	1,400
V5X1T Vespa PK50 (50cc single) (1,738 made)	200	400	600	800	1,100	1,400
V5X2T Vespa PK50S (50cc single) (27,391 made)	200	300	600	800	1,100	1,400
V8X5T Vespa PK80S (80cc single) (2,060 made). ...	100	300	500	900	1,300	1,700
V8A1T Vespa P80X (80cc single) (2,588 made)	100	300	500	900	1,300	1,700
V8X1T Vespa PX80E (80cc single) (23,256 made) ...	100	300	500	900	1,300	1,700
V9A1T Vespa 90 (90cc single) (12,999 made)	100	300	500	900	1,300	1,700
V9B1T Vespa 100 Sport (100cc single) (1,772 made) ..	100	300	500	900	1,300	1,700
V9X1T Vespa PK100S (100cc single) (14,999 made). ..	100	300	500	900	1,300	1,700
VMX1T Vespa PK125 (125cc single) (1,749 made). ...	200	500	800	1,200	1,600	2,000
VMX5T Vespa PK125S (125cc single) (12,966 made) ..	200	500	800	1,200	1,600	2,000
VNX1T Vespa PX125 (125cc single) (2,684 made)	200	500	800	1,200	1,600	2,000
VNX2T Vespa PX125E (125cc single) (76,657 made) ...	200	500	800	1,200	1,600	2,000
VMB1T Vespa 125 Primavera ET3 (125cc single) (14,759 made)	200	500	800	1,200	1,600	2,000
VMA2T Vespa 125 Primavera MK III (125cc single) (15,750 made).....................	200	500	800	1,200	1,600	2,000
VBX1T Vespa PS150 (150cc single) (33,052 made) ...	200	500	800	1,200	1,600	2,000
VLX1T Vespa PX150E (150cc single) (92,037 made). ..	200	500	800	1,200	1,600	2,000
VSX1T Vespa P200E (200cc single) (43,385 made) ...	200	500	800	1,200	1,700	2,200
VSX1T Vespa PX200E (200cc single) (5,841 made) ...	200	500	800	1,200	1,700	2,200
1983						
V5A1T Vespa 50R (50cc single) (58 made).	200	400	600	800	1,100	1,400
V5B3T Vespa 50 Special (50cc single) (70 made) ...	200	400	600	800	1,100	1,400
V5SA1T Vespa 50S (50cc single) (18,228 made).	200	400	600	800	1,100	1,400
V5X1T Vespa PK50 (50cc single) (7,510 made)	200	400	600	800	1,100	1,400
V5X2T Vespa PK50S (50cc single) (88,797 made) ...	200	400	600	800	1,100	1,400
V5X2T Vespa PK50S Elestart (50cc single) (5,303 made)	200	400	600	800	1,100	1,400
V5S1T Vespa PK50SS (50cc single) (3,927 made). ...	200	400	600	800	1,100	1,400
V5S1T Vespa PK50SS Elestart (50cc single) (646 made)	200	400	600	800	1,100	1,400
V8X1T Vespa PX80E Arcobaleno (80cc single) (258 made).	100	300	500	900	1,300	1,700
V8X5T Vespa PK80S (80cc single) 1,968 made.	100	300	500	900	1,300	1,700
V8X5T Vespa PK80S Elestart (80cc single) (2,743 made)	100	300	500	900	1,300	1,700
V8A1T Vespa P80X (80cc single) (5,511 made)	100	300	500	900	1,300	1,700
V8X1T Vespa PX80E (80cc single) (5,101 made).	100	300	500	900	1,300	1,700
V9A1T Vespa 90 (90cc single) (5,999 made)	100	300	500	900	1,300	1,700
V9B1T Vespa 100 Sport (100cc single) (4,975 made) ..	100	300	500	900	1,300	1,700
V9X1T Vespa PK100S (100cc single) (12,836 made). ..	100	300	500	900	1,300	1,700
V9X1T Vespa PK100S Elestart (100cc single) (78 made).	250	500	1,000	1,500	2,000	2,500
V1X1T Vespa PX100E (100cc single) (10,003 made). ..	100	300	500	900	1,300	1,700
VMB1T Vespa 125 Primavera ET3 (125cc single) (632 made).	200	500	800	1,200	1,600	2,000
VMA2T Vespa 125 Primavera MK III (125cc single) (3,851 made).	200	500	800	1,200	1,600	2,000
VMX1T Vespa PK125 (125cc single) (741 made).	200	500	800	1,200	1,600	2,000
VMX5T Vespa PK125S (125cc single) (27,232 made) ..	200	500	800	1,200	1,600	2,000
VMX5T Vespa PK125S Elestart (125cc single) (6,294 made).	200	500	800	1,200	1,600	2,000
VAM1T Vespa PK125S Automatica (125cc single) (43 made).	200	500	800	1,200	1,600	2,000
VAM1T Vespa PK125S Automatica Elestart (125cc single) (69 made).	200	500	800	1,200	1,600	2,000
VNX2T Vespa PX125E (125cc single) 47,447 made. ..	200	500	800	1,200	1,600	2,000
VNX2T Vespa PX125E Arcobaleno (125cc single) (14,889 made).	200	500	800	1,200	1,600	2,000
VLX1T Vespa PX150E (150cc single) (47,792 made). ..	200	500	800	1,200	1,600	2,000
VLX1T Vespa PX150E Arcobaleno (150cc single) (5,006 made).	200	500	800	1,200	1,600	2,000

	6	5	4	3	2	1
VBX1T Vespa PS150 (150cc single) (26,910 made)	200	500	800	1,200	1,600	2,000
VSX1T Vespa PX200E (200cc single) (19,067 made)	200	500	800	1,200	1,700	2,200
VSY1T Vespa PX200E Arcobaleno (200cc single) (4,220 made)	200	500	800	1,200	1,700	2,200
1984						
V5SA1T Vespa 50S (50cc single) (2,079 made)	200	400	600	800	1,100	1,400
V5X1T Vespa PK50 (50cc single) (3,658 made)	200	400	600	800	1,100	1,400
V5X2T Vespa PK50S (50cc single) (53,665 made)	200	400	600	800	1,100	1,400
VA51T Vespa PK50S Automatica (50cc single) (251 made)	200	400	600	800	1,100	1,400
VA51T Vespa PK50S Automatica Elestart (50cc single) (593 made)	200	400	600	800	1,100	1,400
V5X2T Vespa PK50S Elestart (50cc single) (2,152 made)	200	400	600	800	1,100	1,400
V5S1T Vespa PK50SS (50cc single) (501 made)	200	400	600	800	1,100	1,400
VAS1T Vespa PK50SS Automatica (50cc single)	200	400	600	800	1,100	1,400
VAS1T Vespa PK50SS Automatica Elestart (50cc single)	200	400	600	800	1,100	1,400
V5S1T Vespa PK50SS Elestart (50cc single) (409 made)	200	400	600	800	1,100	1,400
V8X1T Vespa PX80E Arcobaleno (80cc single) (3,440 made)	100	300	500	900	1,300	1,700
V8X1T Vespa PX80E Arcobaleno Elestart (80cc single) (266 made)	100	300	500	900	1,300	1,700
V8X5T Vespa PK80S (80cc single) (502 made)	100	300	500	900	1,300	1,700
V8X5T Vespa PK80S Elestart (80cc single) (45 made)	100	300	500	900	1,300	1,700
VA81T Vespa PK80S Automatica Elestart (80cc single) (475 made)	100	300	500	900	1,300	1,700
V8A1T Vespa P80X (80cc single)	100	300	500	900	1,300	1,700
V9A1T Vespa 90 (90cc single) (3,999 made)	100	300	500	900	1,300	1,700
V9B1T Vespa 100 Sport (100cc single) (14,048 made)	100	300	500	900	1,300	1,700
V9X1T Vespa PK100S (100cc single) (10,421 made)	100	300	500	900	1,300	1,700
V9X1T Vespa PK100S Elestart (100cc single) (50 made)	250	500	1,000	1,500	2,000	2,500
VA91T Vespa PK100A Automatica (100cc single)	100	300	500	900	1,300	1,700
V1X1T Vespa PK100E (100cc single) (14,999 made)	100	300	500	900	1,300	1,700
VMX1T Vespa PK125 (125cc single) (4,043 made)	200	500	800	1,200	1,600	2,000
VMS1T Vespa PK125ETS (125cc single) (6,594 made)	200	500	800	1,200	1,600	2,000
VMX5T Vespa PK125S (125cc single) (10,614 made)	200	500	800	1,200	1,600	2,000
VMX5T Vespa PK125S Elestart (125cc single) (1,512 made)	200	500	800	1,200	1,600	2,000
VAM1T Vespa PK125S Automatica (125cc single) (2,221 made)	200	500	800	1,200	1,600	2,000
VAM1T Vespa PK125S Automatica Elestart (125cc single) (7,687 made)	200	500	800	1,200	1,600	2,000
VNX1T Vespa PX125E (125cc single) (564 made)	200	500	800	1,200	1,600	2,000
VNX2T Vespa PX125E Arcobaleno (125cc single) (28,955 made)	200	500	800	1,200	1,600	2,000
VNX2T Vespa PX125E Arcobaleno Elestart (125cc single) (4,100 made)	200	500	800	1,200	1,600	2,000
VBX1T Vespa PS150 (150cc single) (7,715 made)	200	500	800	1,200	1,600	2,000
VLX1T Vespa PX150E (150cc single) (33,904 made)	200	500	800	1,200	1,600	2,000
VLX1T Vespa PX150E Arcobaleno (150cc single) (25,918 made)	200	500	800	1,200	1,600	2,000
VLX1T Vespa PX150E Arcobaleno Elestart (150cc single) (1,408 made)	200	500	800	1,200	1,600	2,000
VSX1T Vespa PX200E (200cc single) (6,922 made)	200	500	800	1,200	1,700	2,200
VSX1T Vespa PX200E Arcobaleno (200cc single) (14,048 made)	200	500	800	1,200	1,700	2,200
VSX1T Vespa PX200E Arcobaleno Elestart (200cc single) (4,427 made)	200	500	800	1,200	1,700	2,200
1985						
V5SA1T Vespa 50S (50cc single) (2,487 made)	200	400	600	800	1,100	1,400
V5X1T Vespa PK50 (50cc single) (2,306 made)	200	400	600	800	1,100	1,400

	6	5	4	3	2	1
V5X2T Vespa PK50S (50cc single) (49,735 made)	200	400	600	800	1,100	1,400
V5X2T Vespa PK50S Elestart (50cc single) (1,578 made)	200	400	600	800	1,100	1,400
VA51T Vespa PK50S Automatica Elestart (50cc single) (97 made)	200	400	600	800	1,100	1,400
V5S1T Vespa PK50SS (50cc single) (930 made)	200	400	600	800	1,100	1,400
V5S1T Vespa PK50SS Elestart (50cc single)	200	400	600	800	1,100	1,400
V5X3T Vespa PK50XL (50cc single) (12,130 made) . . .	200	400	600	800	1,100	1,400
V5X3T Vespa PK50XL Elestart (50cc single) (60 made) .	200	400	600	800	1,100	1,400
V8X1T Vespa PX80E Arcobaleno (80cc single) (1,807 made)	100	300	500	900	1,300	1,700
V8X1T Vespa PX80E Arcobaleno Elestart (80cc single) (282 made)	100	300	500	900	1,300	1,700
V8X5T Vespa PK80S (80cc single) (110 made).	100	300	500	900	1,300	1,700
VA81T Vespa PK80S Automatica (80cc single) (1,229 made)	100	300	500	900	1,300	1,700
VA81T Vespa PK80S Automatica Elestart (80cc single) (22 made)	100	300	500	900	1,300	1,700
V9A1T Vespa 90 (90cc single) (1,999 made)	100	300	500	900	1,300	1,700
V9B1T Vespa 100 Sport (100cc single) (32,100 made) .	100	300	500	900	1,300	1,700
V9X1T Vespa PK100S (100cc single) (13,119 made). . .	100	300	500	900	1,300	1,700
V9X1T Vespa PK100S Elestart (100cc single) (19 made).	250	500	1,000	1,500	2,000	2,500
V1X1T Vespa PX100E (100cc single) (17,999 made). . .	100	300	500	900	1,300	1,700
VMX1T Vespa PK125 (125cc single) (741 made)	200	500	800	1,200	1,600	2,000
VMS1T Vespa PK125ETS (125cc single) (5,115 made) .	200	500	800	1,200	1,600	2,000
VMX5T Vespa PK125S (125cc single) (10,449 made) . .	200	500	800	1,200	1,600	2,000
VMX5T Vespa PK125S Elestart (125cc single) (873 made)	200	500	800	1,200	1,600	2,000
VNX2T Vespa PX125E Arcobaleno (125cc single) (20,346 made)	200	500	800	1,200	1,600	2,000
VNX2T Vespa PX125E Arcobaleno Elestart (125cc single) (2,930 made)	200	500	800	1,200	1,600	2,000
VNX5T Vespa PX125T5 Pole Position (125cc single) (14,988 made).	200	500	800	1,200	1,600	2,000
VNX5T Vespa PX125T5 Elestart (125cc single) (1,030 made)	200	500	800	1,200	1,600	2,000
VBX1T Vespa PS150 (150cc single) (9,399 made)	200	500	800	1,200	1,600	2,000
VLX1T Vespa PX150E (150cc single) (15,372 made). . .	200	500	800	1,200	1,600	2,000
VLX1T Vespa PX150E Arcobaleno (150cc single) (22,758 made)	200	500	800	1,200	1,600	2,000
VLX1T Vespa PX150E Arcobaleno Elestart (150cc single) (2,650 made)	200	500	800	1,200	1,600	2,000
VSX1T Vespa PX200E (200cc single) (3,711 made) . . .	200	500	800	1,200	1,700	2,200
VSX1T Vespa PX200E Arcobaleno (200cc single) (25,706 made)	200	500	800	1,200	1,700	2,200
VSX1T Vespa PX200E Arcobaleno Elestart (200cc single) (3,885 made)	200	500	800	1,200	1,700	2,200
1986						
V5SA1T Vespa 50S (50cc single) (2,317 made)	200	400	600	800	1,100	1,400
V5X1T Vespa PK50 (50cc single) (885 made)	200	400	600	800	1,100	1,400
V5X2T Vespa PK50S (50cc single) (885 made).	200	400	600	800	1,100	1,400
V5X2T Vespa PK50S Elestart (50cc single) (288 made) .	200	400	600	800	1,100	1,400
VA51T Vespa PK50S Automatica Elestart (50cc single) (1,429 made)	200	400	600	800	1,100	1,400
V5S1T Vespa PK50SS (50cc single) (611 made)	200	400	600	800	1,100	1,400
V5S1T Vespa PK50SS Elestart (50cc single) (150 made)	200	400	600	800	1,100	1,400
V5X3T Vespa PK50XL (50cc single) (89,862 made) . . .	200	400	600	800	1,100	1,400
V5X3T Vespa PK50XL Elestart (50cc single) (3,625 made)	200	400	600	800	1,100	1,400
VA52T Vespa PK50XL Plurimatic/Automatica (50cc single) (300 made)	200	400	600	800	1,100	1,400

	6	5	4	3	2	1
VA52T Vespa PK50XL Plurimatic Elestart (50cc single) (133 made)	200	400	600	800	1,100	1,400
VCCQT Vespa PK50XLO (50cc single) (1,372 made) . . .	200	400	600	800	1,100	1,400
V8X1T Vespa PX80E Arcobaleno (80cc single) (1,100 made)	100	300	500	900	1,300	1,700
V8X1T Vespa PX80E Arcobaleno Elestart (80cc single) (324 made)	100	300	500	900	1,300	1,700
V8X5T Vespa PK80S (80cc single) (469 made).	100	300	500	900	1,300	1,700
VA81T Vespa PK80S Automatica Elestart (80cc single) (237 made)	100	300	500	900	1,300	1,700
V9A1T Vespa 90 (90cc single) (1,499 made)	100	300	500	900	1,300	1,700
V9B1T Vespa 100 Sport (100cc single) (5,698 made) . .	100	300	500	900	1,300	1,700
V9X1T Vespa PK100S (100cc single) (6,139 made) . . .	100	300	500	900	1,300	1,700
V9X1T Vespa PK100S Elestart (100cc single) (7 made) .	250	500	1,000	1,500	2,000	2,500
V9X2T Vespa PK100XL (100cc single) (149 made). . . .	100	300	500	900	1,300	1,700
VMX1T Vespa PK125S (125cc single) (240 made)	200	500	800	1,200	1,600	2,000
VMX5T Vespa PK125S Elestart (125cc single) (614 made)	200	500	800	1,200	1,600	2,000
VMX6T Vespa PK125XL (125cc single) (7,173 made) . .	200	500	800	1,200	1,600	2,000
VMX6T Vespa PK125XL Elestart (125cc single) (74 made)	200	500	800	1,200	1,600	2,000
VNX2T Vespa PX125E Arcobaleno (125cc single) (13,849 made)	200	500	800	1,200	1,600	2,000
VNX2T Vespa PX125E Arcobaleno Elestart (125cc single) (1,967 made)	200	500	800	1,200	1,600	2,000
VNX5T Vespa PX125T5 Pole Position (125cc single) (8,049 made)	200	500	800	1,200	1,600	2,000
VNX5T Vespa PX125T5 Elestart (125cc single) (2,291 made)	200	500	800	1,200	1,600	2,000
VBX1T Vespa PS150 (23,099 made)	200	500	800	1,200	1,600	2,000
VLX1T Vespa PX150E Arcobaleno (150cc single) (45,350 made)	200	500	800	1,200	1,600	2,000
VLX1T Vespa PX150E Arcobaleno Elestart (150cc single) (284 made)	200	500	800	1,200	1,600	2,000
VSX1T Vespa PX200E (200cc single) (28 made).	200	500	800	1,200	1,700	2,200
VSX1T Vespa PX200E Arcobaleno (200cc single) (32,490 made)	200	500	800	1,200	1,700	2,200
VSX1T Vespa PX200E Arcobaleno Elestart (200cc single) (3,201 made)	200	500	800	1,200	1,700	2,200
1987						
V5SA1T Vespa 50S (50cc single) (1,903 made)	200	400	600	800	1,100	1,400
V5X1T Vespa PK50 (50cc single) (309 made)	200	400	600	800	1,100	1,400
V5S1T Vespa PK50SS (50cc single) (98 made)	200	400	600	800	1,100	1,400
V5X3T Vespa PK50XL (50cc single) (58,325 made) . . .	200	400	600	800	1,100	1,400
V5X3T Vespa PK50XL Elestart (50cc single) (3,259 made)	200	400	600	800	1,100	1,400
VA52T Vespa PK50XL Plurimatic/Automatica (50cc single) (3,026 made)	200	400	600	800	1,100	1,400
VA52T Vespa PK50XL Plurimatic Elestart (50cc single) (3,135 made)	200	400	600	800	1,100	1,400
V5S2T Vespa PK50XLS (50cc single) (2,496 made) . . .	200	400	600	800	1,100	1,400
VA53T/VA51T Vespa PK50XLS Plurimatic (50cc single) (569 made)	200	400	600	800	1,100	1,400
VA53T Vespa PK50XLS Plurimatic Elestart (50cc single).	200	400	600	800	1,100	1,400
V8X1T Vespa PX80E Arcobaleno (80cc single) (527 made)	100	300	500	900	1,300	1,700
V8X1T Vespa PX80E Arcobaleno Elestart (80cc single) (152 made)	100	300	500	900	1,300	1,700
V9B1T Vespa 100 Sport (100cc single) (1,012 made) . .	100	300	500	900	1,300	1,700
V9X1T Vespa PK100S (100cc single) (8,555 made) . . .	100	300	500	900	1,300	1,700
V9X2T Vespa PK100XL (100cc single) (243 made). . . .	100	300	500	900	1,300	1,700
VNR1T Vespa Cosa 125 (125cc single) (507 made) . . .	200	500	800	1,200	1,600	2,000

	6	5	4	3	2	1
VNR1T Vespa Cosa 125 Elestart (125cc single) (611 made)	200	500	800	1,200	1,600	2,000
VMX6T Vespa PK125XL (125cc single) (17,910 made). .	200	500	800	1,200	1,600	2,000
VMX6T Vespa PK125XL Elestart (125cc single) (1,186 made)	200	500	800	1,200	1,600	2,000
VVM1T Vespa PK125XL Plurimatic (125cc single) (2 made)	200	500	800	1,200	1,600	2,000
VVM1T Vespa PK125XL Plurimatic Elestart (125cc single) (34 made)	200	500	800	1,200	1,600	2,000
VNX2T Vespa PX125E Arcobaleno (125cc single) (3,470 made)	200	500	800	1,200	1,600	2,000
VNX2T Vespa PX125E Arcobaleno Elestart (125cc single) (2,837 made)	200	500	800	1,200	1,600	2,000
VNX5T Vespa PX125T5 Pole Position (125cc single) (6,835 made)	200	500	800	1,200	1,600	2,000
VNX5T Vespa PX125T5 Elestart (125cc single) (554 made)	200	500	800	1,200	1,600	2,000
VBX1T Vespa PS150 (150cc single)	200	500	800	1,200	1,600	2,000
VLX1T Vespa PX150E Arcobaleno (150cc single) (33,631 made)	200	500	800	1,200	1,600	2,000
VLX1T Vespa PX150E Arcobaleno Elestart (150cc single) (212 made)	200	500	800	1,200	1,600	2,000
VSX1T Vespa PX200E Arcobaleno (200cc single) (21,353 made)	200	500	800	1,200	1,700	2,200
VSX1T Vespa PX200E Arcobaleno Elestart (200cc single) (2,623 made)	200	500	800	1,200	1,700	2,200
1988						
V5SA1T Vespa 50S (50cc single) (1,861 made)	200	400	600	800	1,100	1,400
V5X3T Vespa PK50XL (50cc single) (13,399 made) . . .	200	400	600	800	1,100	1,400
V5X3T Vespa PK50XL Elestart (50cc single) (1,754 made)	200	400	600	800	1,100	1,400
VA52T Vespa PK50XL Plurimatic/Automatica (50cc single) (489 made)	200	400	600	800	1,100	1,400
VA52T Vespa PK50XL Plurimatic Elestart (50cc single) (3,482 made)	200	400	600	800	1,100	1,400
V5X4T Vespa PK50XL Rush (50cc single) (45,736 made)	200	400	600	800	1,100	1,400
V5X4T Vespa PK50XL Rush Elestart (50cc single) (2,025 made)	200	400	600	800	1,100	1,400
V5S2T Vespa PK50XLS (50cc single) (3,973 made) . . .	200	400	600	800	1,100	1,400
VA53T Vespa PK50XLS Plurimatic Elestart (50cc single).	200	400	600	800	1,100	1,400
V8X1T Vespa PX80E Arcobaleno (80cc single) (824 made)	100	300	500	900	1,300	1,700
V8X1T Vespa PX80E Arcobaleno Elestart (80cc single) (336 made)	100	300	500	900	1,300	1,700
V9B1T Vespa 100 Sport (100cc single) (399 made) . . .	100	300	500	900	1,300	1,700
V9X2T Vespa PK100XL (100cc single) (271 made). . . .	100	300	500	900	1,300	1,700
VNR1T Vespa Cosa 125 (125cc single) (2,360 made) . .	200	500	800	1,200	1,600	2,000
VNR1T Vespa Cosa 125 Elestart (125cc single) (6,430 made)	200	500	800	1,200	1,600	2,000
VMX6T Vespa PK125XL (125cc single) (9.968 made) . .	200	500	800	1,200	1,600	2,000
VMX6T Vespa PK125XL Elestart (125cc single) (842 made)	200	500	800	1,200	1,600	2,000
VVM1T Vespa PK125XL Plurimatic (125cc single) (18,799 made)	200	500	800	1,200	1,600	2,000
VVM1T Vespa PK125XL Plurimatic Elestart (125cc single) (822 made)	200	500	800	1,200	1,600	2,000
VNX2T Vespa PX125E Arcobaleno (125cc single) (1,157 made)	200	500	800	1,200	1,600	2,000
VNX2T Vespa PX125E Arcobaleno Elestart (125cc single) (2,656 made)	200	500	800	1,200	1,600	2,000

	6	5	4	3	2	1
VNX5T Vespa PX125T5 Pole Position (125cc single) (2,392 made)	200	500	800	1,200	1,600	2,000
VNX6T Vespa PX125T5 Elestart (125cc single) (327 made)	200	500	800	1,200	1,600	2,000
VLR1T Vespa Cosa 150 (150cc single)	200	500	800	1,200	1,600	2,000
VBX1T Vespa PS150 (150cc single)	200	500	800	1,200	1,600	2,000
VLX1T Vespa PX150E Arcobaleno (150cc single) (27,626 made)	200	500	800	1,200	1,600	2,000
VLX1T Vespa PX150E Arcobaleno Elestart (150cc single) (159 made)	200	500	800	1,200	1,600	2,000
VSR1T Vespa Cosa 200 (200cc single).	200	500	800	1,200	1,700	2,200
VSX1T Vespa PX200E Arcobaleno (200cc single) (9,005 made)	200	500	800	1,200	1,700	2,200
VSX1T Vespa PX200E Arcobaleno Elestart (200cc single) (2,384 made)	200	500	800	1,200	1,700	2,200
1989						
V5SA1T Vespa 50S (50cc single) (1,514 made)	200	400	600	800	1,100	1,400
V5X5T Vespa PK50N Nuova (50cc single) (43,464 made)	200	400	600	800	1,100	1,400
V5P1T Vespa PK50N Speedmatic (50cc single) (4,515 made)	200	400	600	800	1,100	1,400
V5X3T Vespa PK50XL (50cc single) (7,821 made)	200	400	600	800	1,100	1,400
V5X3T Vespa PK50XL Elestart (50cc single) (1,248 made)	200	400	600	800	1,100	1,400
VA52T Vespa PK50XL Plurimatic Elestart (50cc single) (3,667 made)	200	400	600	800	1,100	1,400
VA52T Vespa PK50XL Plurimatic/Automatica (50cc single) (70 made)	200	400	600	800	1,100	1,400
V5X4T Vespa PK50XL Rush (50cc single) (15,322 made)	200	400	600	800	1,100	1,400
V5S2T Vespa PK50XLS (50cc single) (3,463 made) . . .	200	400	600	800	1,100	1,400
VA53T Vespa PK50XLS Plurimatic Elestart (50cc single).	200	400	600	800	1,100	1,400
V8X1T Vespa PX80E Arcobaleno (80cc single) (752 made)	100	300	500	900	1,300	1,700
V8X1T Vespa PX80E Arcobaleno Elestart (80cc single) (547 made)	100	300	500	900	1,300	1,700
V9B1T Vespa 100 Sport (100cc single) (623 made) . . .	100	300	500	900	1,300	1,700
V9X2T Vespa PK100XL (100cc single) (223 made). . . .	100	300	500	900	1,300	1,700
VNR1T Vespa Cosa 125 (125cc single) (365 made) . . .	200	500	800	1,200	1,600	2,000
VNR1T Vespa Cosa 125 Elestart (125cc single) (4,333 made)	200	500	800	1,200	1,600	2,000
VMX6T Vespa PK125XL (125cc single) (13,665 made). .	200	500	800	1,200	1,600	2,000
VMX6T Vespa PK125XL Elestart (125cc single) (925 made)	200	500	800	1,200	1,600	2,000
VVM1T Vespa PK125XL Plurimatic (125cc single) (199 made)	200	500	800	1,200	1,600	2,000
VVM1T Vespa PK125XL Plurimatic Elestart (125cc single) (723 made)	200	500	800	1,200	1,600	2,000
VNX2T Vespa PX125E Arcobaleno (125cc single) (924 made)	200	500	800	1,200	1,600	2,000
VNX2T Vespa PX125E Arcobaleno Elestart (125cc single) (2,588 made)	200	500	800	1,200	1,600	2,000
VNX5T Vespa PX125T5 Pole Position (125cc single) (2,622 made)	200	500	800	1,200	1,600	2,000
VNX5T Vespa PX125T5 Elestart (125cc single) (271 made)	200	500	800	1,200	1,600	2,000
VLR1T Vespa Cosa 150 (150cc single)	200	500	800	1,200	1,600	2,000
VBX1T Vespa PS150 (150cc single) (27,099 made) . . .	200	500	800	1,200	1,600	2,000
VLX1T Vespa PX150E Arcobaleno (150cc single) (21,986 made)	200	500	800	1,200	1,600	2,000
VLX1T Vespa PX150E Arcobaleno Elestart (150cc single) (88 made)	200	500	800	1,200	1,600	2,000
VSR1T Vespa Cosa 200 (200cc single).	200	500	800	1,200	1,700	2,200

	6	5	4	3	2	1
VSX1T Vespa PX200E Arcobaleno (200cc single) (10,549 made)	200	500	800	1,200	1,700	2,200
VSX1T Vespa PX200E Arcobaleno Elestart (200cc single) (1,961 made)	200	500	800	1,200	1,700	2,200
1990						
V5P2T Vespa 50 Automatica (50cc single) (7,963 made) .	200	400	600	800	1,100	1,400
V5SA1T Vespa 50S (50cc single) (1,773 made)	200	400	600	800	1,100	1,400
V5X5T Vespa PK50N Nuova (50cc single) (13 made) . .	200	400	600	800	1,100	1,400
V5P1T Vespa PK50N Speedmatic (50cc single) (408 made)	200	400	600	800	1,100	1,400
V5X3T Vespa PK50XL (50cc single) (10,876 made) . . .	200	400	600	800	1,100	1,400
V5X3T Vespa PK50XL Elestart (50cc single) (1,754 made)	200	400	600	800	1,100	1,400
VA52T Vespa PK50XL Plurimatic Elestart (50cc single) (4,085 made)	200	400	600	800	1,100	1,400
V5N1T Vespa PK50XLFL (50cc single) (56,890 made) . .	200	400	600	800	1,100	1,400
V5S2T Vespa PK50XLS (50cc single) (3,855 made) . . .	200	400	600	800	1,100	1,400
V8X1T Vespa PX80E Arcobaleno (80cc single) (3,632 made)	100	300	500	900	1,300	1,700
V8X1T Vespa PX80E Arcobaleno Elestart (80cc single) (4,421 made)	100	300	500	900	1,300	1,700
V9B1T Vespa 100 Sport (100cc single) (671 made) . . .	100	300	500	900	1,300	1,700
V9X2T Vespa PK100XL (100cc single) (206 made) . . .	100	300	500	900	1,300	1,700
VNR1T Vespa Cosa 125 (125cc single) (508 made) . . .	200	500	800	1,200	1,600	2,000
VNR1T Vespa Cosa 125 Elestart (125cc single) (5,937 made)	200	500	800	1,200	1,600	2,000
VMX7T Vespa PK125FL2 Elestart (125cc single) (2,462 made)	200	500	800	1,200	1,600	2,000
VMX7T Vespa PK125FL2 Plurimatic (125cc single) (1,945 made)	200	500	800	1,200	1,600	2,000
VVM2T Vespa PK125FL2 Plurimatic (125cc single) (455 made)	200	500	800	1,200	1,600	2,000
VMX6T Vespa PK125XL (125cc single) (4,930 made) . .	200	500	800	1,200	1,600	2,000
VMX6T Vespa PK125XL Elestart (125cc single) (3,599 made)	200	500	800	1,200	1,600	2,000
VVM1T Vespa PK125XL Plurimatic (125cc single) (2,949 made)	200	500	800	1,200	1,600	2,000
VNX2T Vespa PX125E Arcobaleno (125cc single) (1,248 made)	200	500	800	1,200	1,600	2,000
VNX2T Vespa PX125E Arcobaleno Elestart (125cc single) (3,050 made)	200	500	800	1,200	1,600	2,000
VNX5T Vespa PX125T5 Pole Position (125cc single) (1,169 made)	200	500	800	1,200	1,600	2,000
VNX5T Vespa PX125T5 Elestart (125cc single) (400 made)	200	500	800	1,200	1,600	2,000
VLR1T Vespa Cosa 150 (150cc single)	200	500	800	1,200	1,600	2,000
VBX1T Vespa PS150 (150cc single) (1,199 made) . . .	200	500	800	1,200	1,600	2,000
VLX1T Vespa PX150E Arcobaleno (150cc single) (20,950 made)	200	500	800	1,200	1,600	2,000
VLX1T Vespa PX150E Arcobaleno Elestart (150cc single) (5,271 made)	200	500	800	1,200	1,600	2,000
VSR1T Vespa Cosa 200 (200cc single)	200	500	800	1,200	1,700	2,200
VSX1T Vespa PX200E Arcobaleno (200cc single) (7,197 made)	200	500	800	1,200	1,700	2,200
VSX1T Vespa PX200E Arcobaleno Elestart (200cc single) (4,050 made)	200	500	800	1,200	1,700	2,200
1991						
V5P2T Vespa 50 Automatica (50cc single) (2,804 made) .	200	400	600	800	1,100	1,400
V5SA1T Vespa 50S (50cc single) (2,036 made)	200	400	600	800	1,100	1,400
V5X3T Vespa PK50XL (50cc single) (13,032 made) . . .	200	400	600	800	1,100	1,400

	6	5	4	3	2	1
V5X3T Vespa PK50XL Elestart (50cc single) (2,399 made)	200	400	600	800	1,100	1,400
VA52T Vespa PK50XL Plurimatic Elestart (50cc single) (3,386 made)	200	400	600	800	1,100	1,400
V5N2T Vespa PK50XLHP (50cc single)	200	400	600	800	1,100	1,400
V5S2T Vespa PK50XLS (50cc single) (2,334 made) . . .	200	400	600	800	1,100	1,400
V8X1T Vespa PX80E Arcobaleno (80cc single) (3,776 made)	100	300	500	900	1,300	1,700
V8X1T Vespa PX80E Arcobaleno Elestart (80cc single) (1,599 made)	100	300	500	900	1,300	1,700
V9B1T Vespa 100 Sport (100cc single) (727 made) . . .	100	300	500	900	1,300	1,700
VNR1T Vespa Cosa 125 (125cc single) (124 made) . . .	200	500	800	1,200	1,600	2,000
VNR1T Vespa Cosa 125 Elestart (125cc single) (1,759 made)	200	500	800	1,200	1,600	2,000
VMX7T Vespa PK125FL2 Elestart (125cc single) (2,848 made)	200	500	800	1,200	1,600	2,000
VMX7T Vespa PK125FL2 Plurimatic (125cc single) (2,688 made)	200	500	800	1,200	1,600	2,000
VVM2T Vespa PK125FL2 Plurimatic (125cc single) (383 made)	200	500	800	1,200	1,600	2,000
VMX6T Vespa PK125XL (125cc single) (306 made) . . .	200	500	800	1,200	1,600	2,000
VMX6T Vespa PK125XL Elestart (125cc single) (108 made)	200	500	800	1,200	1,600	2,000
VVM1T Vespa PK125XL Plurimatic (125cc single) (5,599 made)	200	500	800	1,200	1,600	2,000
VNX2T Vespa PX125E Arcobaleno (125cc single) (22,857 made)	200	500	800	1,200	1,600	2,000
VNX2T Vespa PX125E Arcobaleno Elestart (125cc single) (1,547 made)	200	500	800	1,200	1,600	2,000
VNX5T Vespa PX125T5 Pole Position (125cc single) (333 made)	200	500	800	1,200	1,600	2,000
VLR1T Vespa Cosa 150 (150cc single)	200	500	800	1,200	1,600	2,000
VLX1T Vespa PX150E Arcobaleno (150cc single) (6,259 made)	200	500	800	1,200	1,600	2,000
VLX1T Vespa PX150E Arcobaleno Elestart (150cc single) (6,438 made)	200	500	800	1,200	1,600	2,000
VSR1T Vespa Cosa 200 (200cc single)	200	500	800	1,200	1,700	2,200
VSX1T Vespa PX200E Arcobaleno (200cc single) (3,432 made)	200	500	800	1,200	1,700	2,200
VSX1T Vespa PX200E Arcobaleno Elestart (200cc single) (3,237 made)	200	500	800	1,200	1,700	2,200
1992						
V5P2T Vespa 50 Automatica (50cc single) (1,736 made) .	200	400	600	800	1,100	1,400
V5SA1T Vespa 50S (50cc single) (2,171 made)	200	400	600	800	1,100	1,400
V5X5T Vespa PK50FL2 (50cc single)	200	400	600	800	1,100	1,400
V5P1T Vespa PK50FL2 Speedmatic (50cc single)	200	400	600	800	1,100	1,400
V5X3T Vespa PK50XL (50cc single) (6,596 made)	200	400	600	800	1,100	1,400
V5X3T Vespa PK50XL Elestart (50cc single) (921 made).	200	400	600	800	1,100	1,400
VA52T Vespa PK50XL Plurimatic Elestart (50cc single) (368 made)	200	400	600	800	1,100	1,400
V5S2T Vespa PK50XLS (50cc single) (2,765 made) . . .	200	400	600	800	1,100	1,400
V8X1T Vespa PX80E Arcobaleno (80cc single) (2,942 made)	100	300	500	900	1,300	1,700
V8X1T Vespa PX80E Arcobaleno Elestart (80cc single) (1,701 made)	100	300	500	900	1,300	1,700
V9B1T Vespa 100 Sport (100cc single) (366 made) . . .	100	300	500	900	1,300	1,700
VNR1T Vespa Cosa 125 (125cc single) (382 made) . . .	200	500	800	1,200	1,600	2,000
VNR1T Vespa Cosa 125 Elestart (125cc single) (51 made)	200	500	800	1,200	1,600	2,000
VMX7T Vespa PK125FL2 Elestart (125cc single) (2,869 made)	200	500	800	1,200	1,600	2,000

	6	5	4	3	2	1
VMX7T Vespa PK125FL2 Plurimatic (125cc single) (1,853 made)	200	500	800	1,200	1,600	2,000
VVM2T Vespa PK125FL2 Plurimatic (125cc single) (477 made)	200	500	800	1,200	1,600	2,000
VMX6T Vespa PK125XL (125cc single) (1,954 made)	200	500	800	1,200	1,600	2,000
VMX6T Vespa PK125XL Elestart (125cc single) (647 made)	200	500	800	1,200	1,600	2,000
VVM1T Vespa PK125XL Plurimatic (125cc single)	200	500	800	1,200	1,600	2,000
VNX2T Vespa PX125E Arcobaleno (125cc single)	200	500	800	1,200	1,600	2,000
VNX2T Vespa PX125E Arcobaleno Elestart (125cc single) (1,215 made)	200	500	800	1,200	1,600	2,000
VNX5T Vespa PX125T5 Pole Position (125cc single) (92 made)	200	500	800	1,200	1,600	2,000
VLR1T Vespa Cosa 150 (150cc single)	200	500	800	1,200	1,600	2,000
VLX1T Vespa PX150E Arcobaleno (150cc single) (7,098 made)	200	500	800	1,200	1,600	2,000
VLX1T Vespa PX150E Arcobaleno Elestart (150cc single) (4,337 made)	200	500	800	1,200	1,600	2,000
VSR1T Vespa Cosa 200 (200cc single)	200	500	800	1,200	1,700	2,200
VSX1T Vespa PX200E Arcobaleno (200cc single) (8,103 made)	200	500	800	1,200	1,700	2,200
VSX1T Vespa PX200E Arcobaleno Elestart (200cc single) (1,872 made)	200	500	800	1,200	1,700	2,200
1993						
V5P2T Vespa 50 Automatica (50cc single)	200	400	600	800	1,100	1,400
V5SA1T Vespa 50S (50cc single)	200	400	600	800	1,100	1,400
V5X5T Vespa PK50FL2 (50cc single)	200	400	600	800	1,100	1,400
V5P1T Vespa PK50FL2 Speedmatic (50cc single)	200	400	600	800	1,100	1,400
V5X3T Vespa PK50XL (50cc single)	200	400	600	800	1,100	1,400
V5X3T Vespa PK50XL Elestart (50cc single)	200	400	600	800	1,100	1,400
VA52T Vespa PK50XL Plurimatic Elestart (50cc single)	200	400	600	800	1,100	1,400
V5S2T Vespa PK50XLS (50cc single)	200	400	600	800	1,100	1,400
V8X1T Vespa PX80E Barcarole (80cc single)	100	300	500	900	1,300	1,700
V8X1T Vespa PX80E Arcobaleno Elestart (80cc single)	100	300	500	900	1,300	1,700
V9B1T Vespa 100 Sport (100cc single)	100	300	500	900	1,300	1,700
VNR1T Vespa Cosa 125 (125cc single)	200	500	800	1,200	1,600	2,000
VNR1T Vespa Cosa 125 Elestart (125cc single)	200	500	800	1,200	1,600	2,000
VMX7T Vespa PK125FL2 Elestart (125cc single)	200	500	800	1,200	1,600	2,000
VMX7T Vespa PK125FL2 Plurimatic (125cc single)	200	500	800	1,200	1,600	2,000
VVM2T Vespa PK125FL2 Plurimatic (125cc single)	200	500	800	1,200	1,600	2,000
VMX6T Vespa PK125XL (125cc single)	200	500	800	1,200	1,600	2,000
VMX6T Vespa PK125XL Elestart (125cc single)	200	500	800	1,200	1,600	2,000
PX125 Classic (125cc single)	200	500	800	1,200	1,600	2,000
VNX2T Vespa PX125E Arcobaleno Elestart (125cc single)	200	500	800	1,200	1,600	2,000
VNX5T Vespa PX125T5 Pole Position (125cc single)	200	500	800	1,200	1,600	2,000
VLR1T Vespa Cosa 150 (150cc single)	200	500	800	1,200	1,600	2,000
VLX1T Vespa PX150E Arcobaleno (150cc single)	200	500	800	1,200	1,600	2,000
VLX1T Vespa PX150E Arcobaleno Elestart (150cc single)	200	500	800	1,200	1,600	2,000
PX150 Classic (150cc single)	200	500	800	1,200	1,600	2,000
VSR1T Vespa Cosa 200 (200cc single)	200	500	800	1,200	1,700	2,200
VSX1T Vespa PX200E Arcobaleno (200cc single)	200	500	800	1,200	1,700	2,200
VSX1T Vespa PX200E Arcobaleno Elestart (200cc single)	200	500	800	1,200	1,700	2,200
PX200 Classic (200cc single)	200	500	800	1,200	1,700	2,200
1994						
V5X5T Vespa PK50FL2 (50cc single)	200	400	600	800	1,100	1,400
V5P1T Vespa PK50FL2 Speedmatic (50cc single)	200	400	600	800	1,100	1,400
VNR1T Vespa Cosa 125 (125cc single)	200	500	800	1,200	1,600	2,000
VNR1T Vespa Cosa 125 Elestart (125cc single)	200	500	800	1,200	1,600	2,000

	6	5	4	3	2	1
VMX7T Vespa PK125FL2 Elestart (125cc single). . . .	200	500	800	1,200	1,600	2,000
VMX7T Vespa PK125FL2 Plurimatic (125cc single) . . .	200	500	800	1,200	1,600	2,000
VVM2T Vespa PK125FL2 Plurimatic (125cc single) . . .	200	500	800	1,200	1,600	2,000
PX125 Classic (125cc single).	200	500	800	1,200	1,600	2,000
VLR1T Vespa Cosa 150 (150cc single).	200	500	800	1,200	1,600	2,000
PX150 Classic (150cc single).	200	500	800	1,200	1,600	2,000
VSR1T Vespa Cosa 200 (200cc single).	200	500	800	1,200	1,700	2,200
PX200 Classic (200cc single).	200	500	800	1,200	1,700	2,200
1995						
V5X5T Vespa PK50FL2 (50cc single)	200	400	600	800	1,100	1,400
V5P1T Vespa PK50FL2 Speedmatic (50cc single) . . .	200	400	600	800	1,100	1,400
VNR1T Vespa Cosa 125 (125cc single).	200	500	800	1,200	1,600	2,000
VNR1T Vespa Cosa 125 Elestart (125cc single) . . .	200	500	800	1,200	1,600	2,000
VMX7T Vespa PK125FL2 Elestart (125cc single). . . .	200	500	800	1,200	1,600	2,000
VMX7T Vespa PK125FL2 Plurimatic (125cc single) . . .	200	500	800	1,200	1,600	2,000
VVM2T Vespa PK125FL2 Plurimatic (125cc single) . . .	200	500	800	1,200	1,600	2,000
PX125 Classic (125cc single).	200	500	800	1,200	1,600	2,000
VLR1T Vespa Cosa 150 (150cc single).	200	500	800	1,200	1,600	2,000
PX150 Classic (150cc single).	200	500	800	1,200	1,600	2,000
VSR1T Vespa Cosa 200 (200cc single).	200	500	800	1,200	1,700	2,200
PX200 Classic (200cc single).	200	500	800	1,200	1,700	2,200
1996						
ZAPC1600 Vespa ET2 50 (50cc single).	200	400	600	800	1,100	1,400
ZAPC3840 Vespa ET4 50 (50cc single).	200	400	600	800	1,100	1,400
V5X5T Vespa PK50FL2 (50cc single)	200	400	600	800	1,100	1,400
V5P1T Vespa PK50FL2 Speedmatic (50cc single) . . .	200	400	600	800	1,100	1,400
VMX7T Vespa PK125FL2 Plurimatic (125cc single) . . .	200	500	800	1,200	1,600	2,000
VVM2T Vespa PK125FL2 Plurimatic (125cc single) . . .	200	500	800	1,200	1,600	2,000
PX125 Classic (125cc single).	200	500	800	1,200	1,600	2,000
ZAPM1900 ET4 125 (125cc single).	200	500	800	1,200	1,600	2,000
PX150 Classic (150cc single).	200	500	800	1,200	1,600	2,000
PX200 Classic (200cc single).	200	500	800	1,200	1,700	2,200
1997						
ZAPC1600 Vespa ET2 50 (50cc single).	200	400	600	800	1,100	1,400
ZAPC3840 Vespa ET4 50 (50cc single).	200	400	600	800	1,100	1,400
ZAPM1900 ET4 125 (125cc single).	200	500	800	1,200	1,600	2,000
PX125 Disco (125cc single).	200	500	800	1,200	1,600	2,000
PX150 Disco (150cc single).	200	500	800	1,200	1,600	2,000
PX200 Disco (200cc single).	200	500	800	1,200	1,700	2,200
1998						
ZAPC1600 Vespa ET2 50 (50cc single).	200	400	600	800	1,100	1,400
ZAPC3840 Vespa ET4 50 (50cc single).	200	400	600	800	1,100	1,400
ZAPM1900 ET4 125 (125cc single).	200	500	800	1,200	1,600	2,000
PX125 Disco (125cc single).	200	500	800	1,200	1,600	2,000
PX150 Disco (150cc single).	200	500	800	1,200	1,600	2,000
PX200 Disco (200cc single).	200	500	800	1,200	1,700	2,200
1999						
PX 125 Catalized (125cc single)	200	500	800	1,200	1,600	2,000
PX125 Disco (125cc single).	200	500	800	1,200	1,600	2,000
ET4 150 (150cc single)	200	500	800	1,200	1,600	2,000
PX150 Disco (150cc single).	200	500	800	1,200	1,600	2,000
PX200 Disco (200cc single).	200	500	800	1,200	1,700	2,200

VINCENT

	6	5	4	3	2	1
1934						
Series A Comet (499cc single)	5,000	10,000	20,000	35,000	50,000	65,000
Series A Meteor (499cc single)	5,000	10,000	20,000	35,000	50,000	65,000
1935						
Series A Comet (499cc single)	5,000	10,000	20,000	35,000	50,000	65,000
Series A Comet Special (499cc single)	5,000	10,000	20,000	35,000	50,000	65,000

	6	5	4	3	2	1
Series A Meteor (499cc single)	5,000	10,000	20,000	35,000	50,000	65,000
Series A TT Replica (499cc single)	10,000	15,000	25,000	35,000	50,000	65,000
1936						
Series A Comet (499cc single)	5,000	10,000	20,000	35,000	50,000	65,000
Series A Comet Special (499cc single)	5,000	10,000	20,000	35,000	50,000	65,000
Series A Meteor (499cc single)	5,000	10,000	20,000	35,000	50,000	65,000
Series A TT Replica (499cc single)	10,000	15,000	25,000	35,000	50,000	65,000
Series A Rapide (998cc twin)	50,000	100K	200K	300K	400K	500K
1937						
Series A Comet (499cc single)	5,000	10,000	20,000	35,000	50,000	65,000
Series A Comet Special (499cc single)	5,000	10,000	20,000	35,000	50,000	65,000
Series A Meteor (499cc single)	5,000	10,000	20,000	35,000	50,000	65,000
Series A TT Replica (499cc single)	10,000	15,000	25,000	35,000	50,000	65,000
Series A Rapide (998cc twin)	50,000	100K	200K	300K	400K	500K
1938						
Series A Comet (499cc single)	5,000	10,000	20,000	35,000	50,000	65,000
Series A Meteor (499cc single)	5,000	10,000	20,000	35,000	50,000	65,000
Series A TT Replica (499cc single)	10,000	15,000	25,000	35,000	50,000	65,000
Series A Rapide (998cc twin)	50,000	100K	200K	300K	400K	500K
1939						
Series A Comet (499cc single)	5,000	10,000	20,000	35,000	50,000	65,000
Series A Meteor (499cc single)	5,000	10,000	20,000	35,000	50,000	65,000
Series A Rapide (998cc twin)	50,000	100K	200K	300K	400K	500K
1940-1945 (no production)						
1946						
Series B Rapide (998cc twin)	5,000	10,000	25,000	40,000	55,000	70,000
Series B Rapide Touring (998cc twin)	5,000	10,000	25,000	40,000	55,000	70,000
1947						
Series B Rapide (998cc twin)	5,000	10,000	25,000	40,000	55,000	70,000
Series B Rapide Touring (998cc twin)	5,000	10,000	25,000	40,000	55,000	70,000
1948						
Series B Black Shadow (998cc twin)	20,000	50,000	80,000	110K	140K	170K
Series B Black Shadow Touring (998cc twin)	20,000	50,000	80,000	110K	140K	170K
Series B Rapide (998cc twin)	5,000	10,000	20,000	30,000	40,000	50,000
Series B Rapide Touring (998cc twin)	5,000	10,000	20,000	30,000	40,000	50,000
Series C Black Lightning (998cc twin)	50,000	100K	150K	200K	250K	300K
Series C Black Shadow (998cc twin)	15,000	30,000	50,000	75,000	100K	125K
Series C Black Shadow Touring (998cc twin)	15,000	30,000	50,000	75,000	100K	125K
Series C Rapide (998cc twin)	5,600	10,000	25,000	40,000	55,000	70,000
Series C Rapide Touring (998cc twin)	5,600	10,000	25,000	40,000	55,000	70,000
1949						
Series B Meteor (499cc single)	4,200	6,300	10,000	20,000	30,000	40,000
Series C Comet (499cc single)	3,000	7,000	14,000	21,000	28,000	35,000
Series C Comet Touring (499cc single)	3,000	7,000	14,000	21,000	28,000	35,000
Series C Grey Flash (499cc single)	15,000	30,000	60,000	90,000	120K	150K
Series B Black Shadow (998cc twin)	20,000	50,000	80,000	110K	140K	170K
Series B Black Shadow Touring (998cc twin)	20,000	50,000	80,000	110K	140K	170K
Series B Rapide (998cc twin)	5,600	8,400	15,000	30,000	45,000	60,000
Series B Rapide Touring (998cc twin)	5,600	8,400	15,000	30,000	45,000	60,000
Series C Black Lightning (998cc twin)	50,000	100K	150K	200K	250K	300K
Series C Black Shadow (998cc twin)	15,000	30,000	50,000	75,000	100K	125K
Series C Black Shadow Touring (998cc twin)	15,000	30,000	50,000	75,000	100K	125K
Series C White Shadow (15 made-4 yrs) 998cc twin)	150K	200K	250K	300K	350K	400K
Series C Rapide (998cc twin)	5,600	10,000	25,000	40,000	55,000	70,000
Series C Rapide Touring (998cc twin)	5,600	10,000	25,000	40,000	55,000	70,000
1950						
Series B Meteor (499cc single)	4,200	6,300	10,000	20,000	30,000	40,000
Series C Comet (499cc single)	3,000	7,000	14,000	21,000	28,000	35,000
Series C Comet Touring (499cc single)	3,000	7,000	14,000	21,000	28,000	35,000
Series C Grey Flash (499cc single)	15,000	30,000	60,000	90,000	120K	150K

	6	5	4	3	2	1
Series B Black Shadow (998cc twin)	20,000	50,000	80,000	110K	140K	170K
Series B Black Shadow Touring (998cc twin)	20,000	50,000	80,000	110K	140K	170K
Series D Rapide (998cc twin)	5,600	8,400	15,000	30,000	45,000	60,000
Series B Rapide Touring (998cc twin)	5,600	8,400	15,000	30,000	45,000	60,000
Series C Black Lightning (998cc twin)	50,000	100K	150K	200K	250K	300K
Series C Black Shadow (998cc twin)	15,000	30,000	50,000	75,000	100K	125K
Series C Black Shadow Touring (998cc twin)	15,000	30,000	50,000	75,000	100K	125K
Series C White Shadow (15 made-4 yrs) 998cc twin)	150K	200K	250K	300K	350K	400K
Series C Rapide (998cc twin)	5,600	10,000	25,000	40,000	55,000	70,000
Series C "Red" Rapide (998cc twin) (75 made)	20,000	40,000	60,000	80,000	100K	120K
Series C Rapide Touring (998cc twin)	5,600	10,000	25,000	40,000	55,000	70,000
1951						
Series C Comet (499cc single)	3,000	7,000	14,000	21,000	28,000	35,000
Series C Comet Touring (499cc single)	3,000	7,000	14,000	21,000	28,000	35,000
Series C Grey Flash (499cc single)	15,000	30,000	60,000	90,000	120K	150K
Series C Black Lightning (998cc twin)	50,000	100K	150K	200K	250K	300K
Series C Black Shadow (998cc twin)	15,000	30,000	50,000	75,000	100K	125K
Series C Black Shadow Touring (998cc twin)	15,000	30,000	50,000	75,000	100K	125K
Series C White Shadow (15 made-4 yrs) 998cc twin)	150K	200K	250K	300K	350K	400K
Series C Rapide (998cc twin)	5,600	10,000	25,000	40,000	55,000	70,000
Series C "Red" Rapide (998cc twin) (25 made)	20,000	40,000	60,000	80,000	100K	120K
Series C Rapide Touring (998cc twin)	5,600	10,000	25,000	40,000	55,000	70,000
1952						
Series C Comet (499cc single)	3,000	7,000	14,000	21,000	28,000	35,000
Series C Comet Touring (499cc single)	3,000	7,000	14,000	21,000	28,000	35,000
Series C Black Lightning (998cc twin)	50,000	100K	150K	200K	250K	300K
Series C Black Shadow (998cc twin)	50,000	75,000	100K	125K	150K	175K
Series C Black Shadow Touring (998cc twin)	15,000	30,000	50,000	75,000	100K	125K
Series C White Shadow (15 made-4 yrs) 998cc twin)	150K	200K	250K	300K	350K	400K
Series C Rapide (998cc twin)	5,600	10,000	25,000	40,000	55,000	70,000
Series C "Red" Rapide (998cc twin)	20,000	40,000	60,000	80,000	100K	120K
Series C Rapide Touring (998cc twin)	5,600	10,000	25,000	40,000	55,000	70,000
1953						
Series C Comet (499cc single)	3,000	7,000	14,000	21,000	28,000	35,000
Series C Comet Touring (499cc single)	3,000	7,000	14,000	21,000	28,000	35,000
Series C Black Lightning (998cc twin)	50,000	100K	150K	200K	250K	300K
Series C Black Shadow (998cc twin)	15,000	30,000	50,000	75,000	100K	125K
Series C Black Shadow Touring (998cc twin)	15,000	23,000	50,000	75,000	100K	125K
Series C Rapide (998cc twin)	5,600	10,000	25,000	40,000	55,000	70,000
Series C Rapide Touring (998cc twin)	5,600	10,000	25,000	40,000	55,000	70,000
1954						
Firefly	3,000	7,000	14,000	21,000	28,000	35,000
Series C Comet (499cc single)	3,000	7,000	14,000	21,000	28,000	35,000
Series C Comet Touring (499cc single)	3,000	7,000	14,000	21,000	28,000	35,000
Series D Black Knight (998cc twin)	15,000	23,000	40,000	60,000	80,000	100K
Series C Black Lightning (998cc twin)	50,000	100K	150K	200K	250K	300K
Series D Black Prince (998cc twin)	15,000	25,000	50,000	75,000	100K	125K
Series C Black Shadow (998cc twin)	25,000	50,000	75,000	100K	150K	200K
Series C Black Shadow Touring (998cc twin)	15,000	30,000	50,000	75,000	100K	125K
Series C Rapide (998cc twin)	5,600	10,000	25,000	40,000	55,000	70,000
Series C Rapide Touring (998cc twin)	5,600	10,000	25,000	40,000	55,000	70,000
1955						
Series C Black Lightning (998cc twin)	50,000	100K	150K	200K	250K	300K
Series D Black Knight (998cc twin)	15,000	23,000	40,000	60,000	80,000	100K
Series D Black Prince (998cc twin)	25,000	50,000	75,000	100K	125K	150K
Series D Black Shadow (998cc twin)	15,000	23,000	40,000	60,000	80,000	100K
Series D Rapide (998cc twin)	5,600	10,000	25,000	40,000	55,000	70,000

	6	5	4	3	2	1
WHIZZER						

Note: Whizzer only made its own motorbikes from 1949 to 1952.
Other prices represent motorbikes utilizing Whizzer motors sold
during this time and prices realized on these machines at recent sales.

	6	5	4	3	2	1
1939						
Motorbike	2,000	3,500	5,000	6,500	8,000	10,000
1940						
Schwinn DX	1,500	2,500	3,500	4,500	5,500	7,000
1945						
Assembled	500	1,000	2,000	3,000	4,000	5,000
1946						
Schwinn	1,000	2,000	3,500	5,000	7,500	9,000
Monark	500	1,000	2,000	3,000	4,000	5,000
Hiawatha	700	1,000	1,300	1,800	2,500	3,500
1947						
Schwinn	1,000	2,000	3,500	5,000	7,500	9,000
Model H	700	1,000	1,300	1,800	2,500	3,500
Cycle Truck	500	1,000	2,000	3,000	4,000	5,000
1948						
Schwinn H	500	1,000	2,000	3,000	4,000	5,000
Pacemaker	2,000	4,000	5,000	7,500	10,000	12,500
Model J	1,500	2,500	3,500	4,500	5,500	7,000
Model WZ	1,000	2,000	3,000	4,000	5,000	6,000
1949						
Schwinn	2,000	3,500	5,000	6,500	8,000	10,000
Sportsman	1,000	2,000	3,000	4,000	5,000	6,000
Model J	1,500	2,500	3,500	4,500	5,500	7,000
Model WZ	1,000	2,000	3,000	4,000	5,000	6,000
Wasp	800	1,500	2,200	2,900	3,600	5,000
1950						
Schwinn	800	1,500	2,200	2,900	3,600	5,000
Roadmaster	700	1,000	1,300	1,800	2,500	3,500
Sportsman	1,000	2,000	3,000	4,000	5,000	6,000
1951						
Pacemaker	1,000	2,000	3,000	4,000	5,000	6,000
Ambassador	2,000	3,500	5,000	6,500	8,000	10,000
Special	2,000	3,500	5,000	6,500	8,000	10,000
Sportsman	1,000	2,000	3,000	4,000	5,000	6,000
1952						
Schwinn	1,500	3,000	4,500	6,000	7,500	9,000
Pacemaker	1,000	2,000	3,000	4,000	5,000	6,000
Sportsman	1,000	2,000	3,000	4,000	5,000	6,000
1953						
British Tandem	1,500	3,000	4,500	6,000	7,500	9,000
1954						
Special (138cc)	500	1,000	2,000	3,000	4,000	5,000
1955						
Road Runner	1,500	3,000	4,500	6,000	7,500	9,000
Pacemaker	1,000	2,000	3,000	4,000	5,000	6,000
1956						
Sportsman	1,000	2,000	3,500	5,000	6,500	8,000
Red Ryder	1,000	2,000	3,000	4,000	5,000	6,000
1957						
Delivery Cycle	400	800	1,600	2,400	3,200	4,000
Schwinn B6	1,000	1,800	2,600	3,400	4,200	5,000
1960						
Wasp (6 made)	1,000	2,000	3,000	4,000	5,000	6,000

	6	5	4	3	2	1
YAMAHA						
1955						
YA1 (123cc single)	3,000	6,000	12,000	18,000	24,000	30,000
1956						
YA1 (123cc single)	2,000	4,000	8,000	12,000	16,000	20,000
YA2 (123cc single)	2,000	4,000	8,000	12,000	16,000	20,000
YC1 (175cc single)	1,000	2,000	4,000	6,000	8,000	10,000
1957						
YA1 (123cc single)	2,000	4,000	8,000	12,000	16,000	20,000
YA2 (123cc single)	2,000	4,000	8,000	12,000	16,000	20,000
YD1 (250cc twin)	1,000	2,000	4,000	6,000	8,000	10,000
1958						
YA1 (123cc single)	2,000	4,000	8,000	12,000	16,000	20,000
YD1 (250cc twin)	1,000	2,000	4,000	6,000	8,000	10,000
YD2 (250cc twin)	500	1,500	2,500	3,500	4,500	5,500
1959						
YA3 (123cc single)	450	900	1,800	2,700	3,600	4,500
YD2 (250cc twin)	500	1,500	2,500	3,500	4,500	5,500
YDS1 (250cc twin)	500	1,500	2,500	3,500	4,500	5,500
1960						
YA3 (125cc single)	450	900	1,800	2,700	3,600	4,500
YD2 (250cc twin)	500	1,500	2,500	3,500	4,500	5,500
YD3 (250cc twin)	500	1,500	2,500	3,500	4,500	5,500
YDS1 (250cc twin)	500	1,500	2,500	3,500	4,500	5,500
1961						
MF1 (50cc single)	400	800	1,600	2,400	3,200	4,000
MF2 (50cc single)	400	800	1,600	2,400	3,200	4,000
YA2 (125cc single)	400	800	1,600	2,400	3,200	4,000
YA3 (125cc single)	450	900	1,800	2,700	3,600	4,500
YC1 (175cc single)	400	800	1,600	2,400	3,200	4,000
YD2 (250cc twin)	500	1,500	2,500	3,500	4,500	5,500
YD3 (250cc twin)	500	1,500	2,500	3,500	4,500	5,500
YDS1 (250cc twin)	500	1,500	2,500	3,500	4,500	5,500
1962						
MJ2 (55cc single)	350	700	1,400	2,100	2,800	3,500
YA5 (125cc single)	450	900	1,800	2,700	3,600	4,500
YD3 (250cc twin)	500	1,500	2,500	3,500	4,500	5,500
YDS2 (250cctwin)	500	1,500	2,500	3,500	4,500	5,500
1963						
YG1 (73cc single)	350	700	1,400	2,100	2,800	3,500
YG1T (73cc single)	350	700	1,400	2,100	2,800	3,500
YDT1 (250cc twin)	500	1,500	2,500	3,500	4,500	5,500
1964						
MJ2S (55cc single)	350	700	1,400	2,100	2,800	3,500
MJ2T Trail (55cc single)	350	700	1,400	2,100	2,800	3,500
YJ1 (60cc single)	350	700	1,400	2,100	2,800	3,500
MG1T (73cc single)	350	700	1,400	2,100	2,800	3,500
YG1 (73cc single)	350	700	1,400	2,100	2,800	3,500
YA5 (125cc single)	350	700	1,400	2,100	2,800	3,500
YA6 (125cc single)	350	700	1,400	2,100	2,800	3,500
YD3 (250cc twin)	500	1,500	2,500	3,500	4,500	5,500
YDS2 (250cc twin)	1,500	2,500	4,000	5,000	6,000	7,000
YDS3 (250cc twin)	1,500	3,000	4,500	6,000	7,500	9,000
YDT1 (250cc twin)	1,000	2,000	3,000	4,000	5,000	6,000
1965						
U5 (50cc single)	250	500	1,000	1,500	2,000	2,500
MJ2T (55cc single)	350	700	1,400	2,100	2,800	3,500
YJ2S (60cc single)	250	500	1,000	1,500	2,000	2,500
YGS1 (73cc single)	300	600	1,200	1,800	2,400	3,000

	6	5	4	3	2	1
MG1B (80cc single)	350	700	1,400	2,100	2,800	3,500
YL1 (98cc twin)	450	900	1,800	2,700	3,600	4,500
TD1B (250cc twin)	3,000	6,000	9,000	12,000	15,000	18,000
TD1C (250cc twin)	3,000	6,000	9,000	12,000	15,000	18,000
YD3C Big Bear Scrambler (250cc twin)	1,000	2,000	3,000	4,500	6,000	7,500
YDS3 (250cc twin)	1,500	3,000	4,500	6,000	7,500	9,000
YM1 (305cc twin)	500	1,000	2,000	3,000	4,000	5,000
1966						
US Step Thru (50cc single)	250	500	1,000	1,500	2,000	2,500
MJ2T Omaha Trail (55cc single)	250	500	1,000	1,500	2,000	2,500
YJ2 Riverside (60cc single)	250	500	1,000	1,500	2,000	2,500
YGK Rotary Jet (73cc single)	400	800	1,600	2,400	3,200	4,000
YGTK Trailmaster (73cc single)	250	500	1,000	1,500	2,000	2,500
MJ1T Omaha Trail (80cc single)	250	500	1,000	1,500	2,000	2,500
YL1 (98cc twin)	450	900	1,800	2,700	3,600	4,500
YA6 Santa Barbara (125cc single)	300	600	1,200	1,800	2,400	3,000
TD1 Daytona Road Racer (247cc single)	3,000	6,000	9,000	12,000	15,000	18,000
YDS3 Catalina (250cc twin)	1,000	2,000	3,000	4,000	5,000	6,000
YDS3C Big Bear (250cc twin)	1,500	2,500	3,500	4,500	5,500	6,500
YDSM Ascot Scrambler (250cc twin)	1,500	2,500	3,500	4,500	5,500	6,500
YM1 Big Bear Scrambler (305cc twin)	1,500	2,500	3,500	4,500	5,500	6,500
1967						
U5 Newport (50cc single)	250	500	1,000	1,500	2,000	2,500
YJ2 Campus (60cc single)	250	500	1,000	1,500	2,000	2,500
YG1K Rotary Jet (73cc single)	400	800	1,600	2,400	3,200	4,000
MG1T Omaha Trail (80cc single)	250	500	1,000	1,500	2,000	2,500
YL1 (98cc twin)	450	900	1,800	2,700	3,600	4,500
YL1E Twin Jet Electric (98cc single)	300	600	1,200	1,800	2,400	3,000
YL2C Trailmaster (98cc single)	300	600	1,200	1,800	2,400	3,000
YA6 Santa Barbara (125cc single)	500	500	1,000	1,500	2,000	2,500
YCS1 Bonanza (180cc twin)	300	600	1,200	1,800	2,400	3,000
TD1 Daytona (247cc single)	3,000	6,000	9,000	12,000	15,000	18,000
DT1 Enduro (250cc single)	1,000	2,000	4,000	6,000	8,000	10,000
YDS3 Catalina (250cc twin)	1,000	2,000	3,000	4,000	5,000	6,000
YDS3C Big Bear (250cc twin)	1,500	2,500	3,500	4,500	5,500	6,500
YDS5 Catalina Electric (250cc twin)	400	800	1,600	2,400	3,200	4,000
YM1 Cross Country (305cc twin)	500	1,000	2,000	3,000	4,000	5,000
YM2C (305cc twin)	500	1,000	2,000	3,000	4,000	5,000
YR1 Grand Prix (350cc single)	1,000	2,000	3,000	4,000	5,000	6,000
1968						
U5 Newport (50cc single)	250	500	1,000	1,500	2,000	2,500
YJ2 Campus (60cc single)	250	500	1,000	1,500	2,000	2,500
YG5T (73cc single)	250	500	1,000	1,500	2,000	2,500
YL1 (98cc twin)	450	900	1,800	2,700	3,600	4,500
YL2CM (98cc single)	250	500	1,000	1,500	2,000	2,500
YAS1C (125cc twin)	300	600	1,200	1,600	2,400	3,000
YCS1C (180cc twin)	350	700	1,400	2,100	2,800	3,500
TD1 Daytona (247cc twin)	3,000	6,000	9,000	12,000	15,000	18,000
DT1 Enduro (250cc single)	1,000	2,000	4,000	6,000	8,000	10,000
YDS5 Catalina Electric (250cc twin)	400	800	1,600	2,400	3,200	4,000
YM1 Cross Country (305cc twin)	500	1,000	2,000	3,000	4,000	5,000
YR2 Grand Prix (350cc single)	500	1,000	2,000	3,000	4,000	5,000
YR2C Street Scrambler (350cc single)	500	1,000	2,000	3,000	4,000	5,000
1969						
U5 Step Thru (50cc single)	250	500	1,000	1,500	2,000	2,500
YJ2 (60cc single)	250	500	1,000	1,500	2,000	2,500
G5S (73cc single)	250	500	1,000	1,500	2,000	2,500
YG5T (73cc single)	250	500	1,000	1,500	2,000	2,500
U7E (75cc single)	250	500	1,000	1,500	2,000	2,500
L5T Trail (98cc single)	250	500	1,000	1,500	2,000	2,500

	6	5	4	3	2	1
YL1 (98cc twin)	450	900	1,800	2,700	3,600	4,500
YL2 (98cc single)	250	1,000	1,500	2,000	2,000	4,500
AT1 Trail (125cc single)	500	1,000	2,500	4,000	5,500	7,000
AS2C Twin Scrambler (125cc twin)	500	1,000	1,500	2,000	2,500	3,000
YAS1-C Street Scrambler (125cc twin) . .	500	1,000	1,500	2,000	2,500	3,000
CT1 Trail (175cc single)	450	900	1,800	2,700	3,600	4,500
YCS1-C Street Scrambler (180cc twin) . .	250	500	1,000	1,500	2,000	2,500
DT1B Trail (250cc single)	1,500	3,000	4,500	6,000	7,500	9,000
YDS6C Street Scrambler (350cc single) .	1,000	2,000	4,000	6,000	8,000	10,000
YM1 (305cc twin)	400	800	1,600	2,400	3,200	4,000
R3 (347cc twin)	450	900	1,800	2,700	3,600	4,500
YR2-C Street Scrambler (350cc single) . .	500	1,000	2,000	3,000	4,000	5,000
1970						
G6SB (73cc single)	250	500	1,000	1,500	2,000	2,500
HS1 (90cc single)	250	500	1,000	1,500	2,000	2,500
HT1 Enduro (90cc single)	400	800	1,600	2,400	3,200	4,000
L5TA (98cc single)	250	500	1,000	1,500	2,000	2,500
YL1E (98cc twin)	450	900	1,800	2,700	3,600	4,500
YL2 (98cc single)	250	500	1,000	1,500	2,000	2,500
AS2C (125cc twin)	500	1,000	1,500	2,000	2,500	3,000
AT1B Enduro (125cc single).	1,000	2,000	3,000	4,000	5,000	6,000
AT1BMX (125cc single)	1,500	2,500	3,500	4,500	5,500	6,500
CT1B Enduro (175cc single)	1,000	2,000	3,000	4,000	5,000	6,000
CS3C (198cc twin)	500	1,000	1,500	2,000	2,500	3,000
DS6B (247cc twin)	250	500	1,000	1,500	2,000	2,500
DT1C Enduro (247cc single)	1,500	3,000	4,500	6,000	7,500	9,000
DT1CM (247cc single)	500	1,500	3,000	5,000	7,000	9,000
TD2 (247cc twin)	3,000	6,000	9,000	12,000	15,000	18,000
RT1 Enduro (250cc single)	500	1,500	3,000	4,500	6,000	7,500
R2C (347cc twin)	400	800	1,600	2,400	3,200	4,000
R5 (347cc twin)	500	1,000	2,000	3,000	4,000	5,000
RT1M (360cc single)	500	1,500	3,000	5,000	7,000	9,000
XS1 (654cc twin)	1,500	3,000	5,000	8,000	11,000	14,000
1971						
JT1 (60cc single)	1,500	2,500	3,500	4,500	5,500	6,500
JT1L (60cc single)	1,500	2,500	3,500	4,500	5,500	6,500
G6SB (73cc single)	250	500	1,000	1,500	2,000	2,500
HS1B (90cc single)	250	500	1,000	1,500	2,000	2,500
HT1B Enduro (90cc single)	400	800	1,600	2,400	3,200	4,000
HT1MX (90cc single)	250	500	1,000	1,500	2,000	2,500
AT1C Enduro (125cc single)	1,000	2,000	3,000	4,000	5,000	6,000
AT1MX (125 single)	1,500	2,500	3,500	4,500	5,500	6,500
CT1C Enduro (173cc single)	1,000	2,000	3,000	4,000	5,000	6,000
CS3B (198cc twin)	500	1,000	1,500	2,000	2,500	3,000
TD2B (247cc twin)	3,000	6,000	9,000	12,000	15,000	18,000
DT1E Enduro (250cc single)	1,500	3,000	4,500	6,000	7,500	9,000
DT1MX (250cc single)	1,000	2,500	4,000	5,500	7,000	8,500
R5B (347cc twin)	500	1,000	2,000	3,000	4,000	5,000
RT1B Enduro (360cc single)	1,500	2,500	3,500	4,500	5,500	6,500
RT1MX (360cc single)	500	1,000	2,500	4,000	5,500	7,000
XS1B (654cc twin)	1,500	3,000	4,500	6,000	8,000	10,000
1972						
JT2 (60cc single)	500	1,500	2,500	3,500	4,500	5,500
G7S (73cc single)	250	500	1,000	1,500	2,000	2,500
U7E (75cc single)	250	500	1,000	1,500	2,000	2,500
LS2 (98cc single)	250	500	1,000	1,500	2,000	2,500
LT2 Enduro (98cc single)	500	1,000	1,500	2,000	2,500	3,000
LT2M (98cc single)	450	900	1,800	2,700	3,600	4,500
AT2 Enduro (125cc single)	400	800	1,600	2,400	3,200	4,000
AT2M (125cc single)	450	900	1,800	2,700	3,600	4,500

	6	5	4	3	2	1
CT2 Enduro (173cc single)	500	1,000	1,500	2,000	2,500	3,000
CS5 (198cc twin)	500	1,000	1,500	2,000	2,500	3,000
DS7 (247cc twin)	450	900	1,800	2,700	3,600	4,500
DT2 Enduro (247cc single)	450	900	1,800	2,700	3,600	4,500
DT2MX (247cc single)	1,000	2,000	3,000	4,000	5,500	7,000
TD3 (247cc single)	2,000	4,000	8,000	12,000	16,000	20,000
R5C (347cc twin)	500	1,000	2,000	3,000	4,000	5,000
RT2 Enduro (360cc single)	500	1,500	2,500	3,500	4,500	5,500
RT2MX (360cc single)	500	1,000	2,500	4,000	5,500	7,000
XS2 (654cc twin)	1,000	2,000	3,500	5,000	7,000	9,000
1973						
FS1-E (49cc single)	500	1,100	2,200	3,300	4,400	5,500
RD60 (60cc single)	250	500	1,000	1,500	2,000	2,500
GT1 (73cc single)	500	1,000	1,500	2,000	2,500	3,000
GTMX (73cc single)	350	700	1,400	2,100	2,800	3,500
LT3 (98cc single)	350	700	1,400	2,100	2,800	3,500
LTMX (98cc single)	400	800	1,600	2,400	3,200	4,000
AT3 (125cc single)	500	1,000	1,500	2,000	2,500	3,000
ATMX (125cc single)	350	700	1,400	2,100	2,800	3,500
CT3 (173cc single)	250	500	1,000	1,500	2,000	2,500
DT3 (247cc single)	350	700	1,400	2,100	2,800	3,500
MX250 (247cc single)	500	1,500	2,500	3,500	4,500	5,500
RD250A (247cc twin)	450	900	1,800	2,700	3,600	4,500
TA250 (247cc twin)	2,000	4,000	6,000	8,000	10,000	12,000
RD350 (347cc twin)	1,000	2,000	4,000	6,000	8,000	10,000
TZ350 (347cc twin)	3,000	6,000	9,000	12,000	15,000	18,000
MX360 (360cc single)	500	1,000	2,500	4,000	5,500	7,000
RT3 (360cc single)	300	600	1,200	1,800	2,400	3,000
MX500 (500cc single)	1,000	2,000	3,000	4,000	5,000	6,000
SC500 (500cc single)	1,000	2,000	3,000	4,500	6,000	7,500
TX500 (500cc twin)	400	800	1,600	2,400	3,200	4,000
TX650 (654cc twin)	750	1,500	2,500	4,000	5,500	7,000
TX750 (743cc twin)	750	1,500	2,500	4,000	5,500	7,000
1974						
FS1-E (49cc single)	500	1,100	2,200	3,300	4,400	5,500
RD60A (60cc single)	250	500	1,000	1,500	2,000	2,500
GT80A (73cc single)	500	1,000	1,500	2,000	2,500	3,000
GTMXA (73cc single)	500	1,000	1,500	2,000	2,500	3,000
TY80A (73cc single)	500	1,000	2,500	4,000	5,500	7,000
YZ80A (73cc single)	350	700	1,400	2,100	2,800	3,500
DT100A (98cc single)	250	500	1,000	1,500	2,000	2,500
MX100A (98cc single)	450	900	1,800	2,700	3,600	4,500
DT125A (123cc single)	300	600	1,200	1,800	2,400	3,000
MX125A (123cc single)	450	900	1,800	2,700	3,600	4,500
TA125A (125cc twin)	2,000	4,000	6,000	8,000	10,000	12,000
YZ125A (125cc single)	1,000	2,000	3,000	4,000	5,000	6,000
DT175A (171cc single)	300	600	1,200	1,800	2,400	3,000
MX175A (171cc single)	500	1,000	2,000	3,000	4,000	5,000
RD200A (195cc twin)	250	500	1,000	1,500	2,000	2,500
DT250A (246cc single)	300	600	1,200	1,800	2,400	3,000
MX250A (246cc single)	500	1,500	2,500	3,500	4,500	5,500
RD250A (247cc twin)	450	900	1,800	2,700	3,600	4,500
TY250A (247 cc twin)	1,000	2,000	4,000	5,500	7,000	8,500
TZ250A (247cc twin)	2,000	4,000	8,000	12,000	16,000	20,000
YZ250A (247cc single)	1,000	2,000	4,000	6,000	8,000	10,000
RD350A (347cc twin)	1,000	1,800	2,600	3,400	4,200	5,000
RD350B (347cc twin)	300	600	1,200	1,800	2,400	3,000
TZ350A (347cc twin)	2,000	4,000	8,000	12,000	16,000	20,000
DT360A (352cc single)	400	800	1,600	2,400	3,200	4,000
MX360A (352cc single)	500	1,000	2,000	3,000	4,000	5,000

	6	5	4	3	2	1
YZ360A (360cc single)	2,000	4,000	6,000	8,000	10,000	12,000
SC500A (500cc single)	1,000	2,000	3,000	4,500	6,000	7,500
TX500A (500cc twin)	350	700	1,400	2,100	2,800	3,500
TX650A (654cc twin)	1,000	2,000	3,000	4,000	5,000	6,000
TZ700A (698cc four)	3,000	7,000	11,000	15,000	19,000	23,000
TX750 (743cc twin)	500	1,000	2,000	3,000	4,000	5,000
1975						
FS1-E (49cc single)	500	1,100	2,200	3,300	4,400	5,500
TY50 (50cc single)	200	400	800	1,200	1,600	2,000
RD60 (60cc single)	250	500	1,000	1,500	2,000	2,500
GT80B (73cc single)	500	1,000	1,500	2,000	2,500	3,000
GTMXB (73cc single)	250	500	1,000	1,500	2,000	2,500
TY80B (73cc single)	300	700	1,400	2,100	2,800	3,500
YZ80B (73cc single)	350	700	1,400	2,100	2,800	3,500
DT100B (98cc single)	250	500	1,000	1,500	2,000	2,500
DT100B5 (98cc single)	250	500	1,000	1,500	2,000	2,500
MX100B (98cc single)	300	700	1,400	2,100	2,800	3,500
RS100 (98cc single)	250	500	1,000	1,500	2,000	2,500
DT125B (123cc single)	250	500	1,000	1,500	2,000	2,500
MX125B (123cc single)	300	700	1,400	2,100	2,800	3,500
RD125B (125cc twin)	250	500	1,000	1,500	2,000	2,500
TA1 (125cc twin)	2,000	4,000	6,000	8,000	10,000	12,000
TY125 (125cc twin)	500	1,000	1,500	2,000	2,500	3,000
YZ125B (125cc single)	1,000	2,000	3,000	4,000	5,000	6,000
DT175B (171cc single)	250	500	1,000	1,500	2,000	2,500
MX175B (171cc single)	300	700	1,400	2,100	2,800	3,500
TY175B (171cc single)	400	800	1,600	2,400	3,200	4,000
RD200B (195cc twin)	250	500	1,000	1,500	2,000	2,500
DT250B (246cc single)	500	1,000	1,500	2,000	2,500	3,000
MX250B (246cc single)	500	1,000	2,000	3,000	4,000	5,000
RD250B (247cc twin)	500	1,000	1,500	2,000	2,500	3,000
TY250B (247cc single)	500	1,000	2,000	3,000	4,000	5,000
TZ250B (247cc twin)	3,000	6,000	9,000	12,000	15,000	18,000
YZ250B (247cc single)	1,000	2,000	3,500	5,000	6,500	8,000
RD350B (347cc twin)	1,000	1,800	2,600	3,400	4,200	5,000
TZ350B (347cc twin)	2,000	4,000	8,000	12,000	16,000	20,000
YZ360B (360cc twin)	1,000	2,500	4,000	5,500	7,000	8,500
DT400B (397cc single)	350	700	1,400	2,100	2,800	3,500
MX400B (397cc single)	500	1,500	2,500	3,500	4,500	5,500
XS500B (499cc twin)	400	800	1,600	2,400	3,200	4,000
XS650B (654cc twin)	1,000	2,000	3,000	4,000	5,000	6,000
TZ750B (750cc four)	4,000	7,000	14,000	21,000	28,000	35,000
1976						
FS1-E (49cc single)	500	1,100	2,200	3,300	4,400	5,500
GT80C (73cc single)	500	1,000	1,500	2,000	2,500	3,000
GTMXC (73cc single)	250	500	1,000	1,500	2,000	2,500
LB80IIAC (73cc single)	250	500	1,000	1,500	2,000	2,500
LB80IIHC (73cc single)	250	500	1,000	1,500	2,000	2,500
YZ80C (73cc single)	350	700	1,400	2,100	2,800	3,500
RS100C (97cc single)	250	500	1,000	1,500	2,000	2,500
DT100C (98cc single)	250	500	1,000	1,500	2,000	2,500
YZ100C (98cc single)	500	1,000	1,500	2,000	2,500	3,000
DT125C (123cc single)	250	500	1,000	1,500	2,000	2,500
MX125C (123cc single)	250	500	1,000	1,500	2,000	2,500
RD125C (125cc twin)	250	500	1,000	1,500	2,000	2,500
YZ125C (125cc single)	1,000	2,000	3,000	4,000	5,000	6,000
YZ125X (125cc single)	500	1,000	1,500	2,000	2,500	3,000
DT175C (171cc single)	250	500	1,000	1,500	2,000	2,500
TY175C (171cc single)	400	800	1,600	2,400	3,200	4,000
YZ175C (174cc single)	1,500	3,000	4,500	6,000	7,500	9,000

	6	5	4	3	2	1
RD200C (195cc twin)	250	500	1,000	1,500	2,000	2,500
DT250C (246cc single)	500	1,000	1,500	2,000	2,500	3,000
TY250C (247cc twin)	400	800	1,600	2,400	3,200	4,000
TZ250C (247cc twin)	3,000	6,000	9,000	12,000	15,000	18,000
YZ250C (247cc single)	750	1,500	3,000	4,500	6,000	7,500
XS360C (358cc twin)	250	500	1,000	1,500	2,000	2,500
DT400C (397cc single)	350	700	1,400	2,100	2,800	3,500
RD400C (399cc twin)	1,500	3,000	4,500	6,000	8,000	10,000
YZ400C (399cc single)	500	1,000	2,000	3,000	4,000	5,000
TT500C (499cc single)	500	1,500	2,500	3,500	4,500	5,500
XS500C (499cc twin)	350	700	1,400	2,100	2,800	3,500
XT500C (499cc single)	1,000	2,000	4,000	6,000	8,000	10,000
XS650C (654cc twin)	500	1,000	2,000	3,000	4,000	5,000
XS750C (747cc triple)	500	1,000	2,000	3,000	4,000	5,000
TZ750C (750cc four)	4,000	7,000	14,000	21,000	28,000	35,000
1977						
FS1-E (49cc single)	500	1,100	2,200	3,300	4,400	5,500
GTMXD (73cc single)	250	500	1,000	1,500	2,000	2,500
LB80 2D (73cc single)	250	500	1,000	1,500	2,000	2,500
YZ80D (73cc single)	250	500	1,000	1,500	2,000	2,500
DT100D (98cc single)	250	500	1,000	1,500	2,000	2,500
YZ100D (98cc single)	350	700	1,400	2,100	2,800	3,500
DT125D (123cc single)	250	500	1,000	1,500	2,000	2,500
YZ125D (125cc single)	1,000	2,000	3,000	4,000	5,000	6,000
IT175D (171cc single)	500	1,000	1,500	2,000	2,500	3,000
TY250D (243cc twin)	400	800	1,600	2,400	3,200	4,000
DT250D (243cc twin)	500	1,000	1,500	2,000	2,500	3,000
IT250D (246cc single)	350	700	1,400	2,100	2,800	3,500
TY250D (247cc twin)	400	800	1,600	2,400	3,200	4,000
TZ250D (247cc twin)	3,000	6,000	9,000	12,000	15,000	18,000
YZ250D (247cc single)	750	1,500	3,000	4,500	6,000	7,500
XS360D (358cc twin)	250	500	1,000	1,500	2,000	2,500
XS400D (392cc twin)	250	500	1,000	1,500	2,000	2,500
DT400D (397cc single)	350	700	1,400	2,100	2,800	3,500
IT400D (399cc single)	350	700	1,400	2,100	2,800	3,500
RD400D (399cc twin)	1,500	3,000	4,500	6,000	8,000	10,000
YZ400D (399cc single)	500	1,000	2,000	3,000	4,000	5,000
TT500D (499cc single)	800	1,800	2,600	3,400	4,200	5,000
XS500D (499cc twin)	500	1,000	1,500	2,000	2,500	3,000
XT500D (499cc single)	1,500	3,000	4,500	6,000	7,500	9,000
XS650D (654cc twin)	500	1,500	2,500	3,500	4,500	5,500
XS750D (747cc triple)	450	900	1,800	2,700	3,600	4,500
TZ750D (750cc four)	4,000	7,000	14,000	21,000	28,000	35,000
1978						
FS1-E (49cc single)	500	1,100	2,200	3,300	4,400	5,500
LB50 PE (49cc single)	200	400	800	1,200	1,600	2,000
GT80E (73cc single)	250	500	1,000	1,500	2,000	2,500
LB80 2AE (73cc single)	250	500	1,000	1,500	2,000	2,500
YZ80E (73cc single)	250	500	1,000	1,500	2,000	2,500
DT100E (98cc single)	250	500	1,000	1,500	2,000	2,500
YZ100E (98cc single)	350	700	1,400	2,100	2,800	3,500
DT125E (123cc single)	500	1,000	1,500	2,000	2,500	3,000
YZ125E (125cc single)	1,000	2,000	3,000	4,000	5,000	6,000
DT175E (171cc single)	500	1,000	1,500	2,000	2,500	3,000
IT175E (171cc single)	500	1,000	1,500	2,000	2,500	3,000
DT250E (246cc single)	500	1,000	1,500	2,000	2,500	3,000
IT250E (246cc single)	350	700	1,400	2,100	2,800	3,500
TZ250E (247cc twin)	3,000	6,000	9,000	12,000	15,000	18,000
YZ250E (247cc single)	750	1,500	3,000	4,500	6,000	7,500
XS400-2E (392cc twin)	250	500	1,000	1,500	2,000	2,500

	6	5	4	3	2	1
XS400E (392cc twin)	250	500	1,000	1,500	2,000	2,500
DT400E (392cc twin)	350	700	1,400	2,100	2,800	3,500
IT400E (397cc single)	350	700	1,400	2,100	2,800	3,500
RD400E (399cc twin)	1,500	3,000	4,500	6,000	8,000	10,000
YZ400E (399cc single)	500	1,000	2,000	3,000	4,000	5,000
SR500 (500cc twin)	1,000	2,000	3,000	4,000	5,000	6,000
TT500E (499cc single)	800	1,800	2,600	3,400	4,200	5,000
XS500E (499cc twin)	250	500	1,000	1,500	2,000	2,500
XT500E (499cc single)	1,500	3,000	4,500	6,000	7,500	9,000
XS650E (654cc twin)	500	1,500	2,500	3,500	4,500	5,500
XS650SE (654cc twin)	500	1,500	2,500	3,500	4,500	5,500
XS750E (747cc triple)	450	900	1,800	2,700	3,600	4,500
XS750SE (747cc triple)	450	900	1,800	2,700	3,600	4,500
TZ750E (750cc four)	4,000	7,000	14,000	21,000	28,000	35,000
XS1100E (1,101cc four)	1,500	2,500	3,500	4,500	5,500	6,500
1979						
LB50 PF (49cc single)	200	400	800	1,200	1,600	2,000
QT50F (49cc single)	200	400	800	1,200	1,600	2,000
GT80F (73cc single)	250	500	1,000	1,500	2,000	2,500
GTMXF (73cc single)	250	500	1,000	1,500	2,000	2,500
YZ80F (73cc single)	250	500	1,000	1,500	2,000	2,500
DT100F (98cc single)	250	500	1,000	1,500	2,000	2,500
MX100F (98cc single)	250	500	1,000	1,500	2,000	2,500
YZ100F (98cc single)	350	700	1,400	2,100	2,800	3,500
DT125F (123cc single)	250	500	1,000	1,500	2,000	2,500
RS125 (125cc single)	250	500	1,000	1,500	2,000	2,500
YZ125F (125cc single)	1,000	2,000	3,000	4,000	5,000	6,000
DT175F (171cc single)	250	500	1,000	1,500	2,000	2,500
IT175F (171cc single)	500	1,000	1,500	2,000	2,500	3,000
MX175F (171cc single)	250	500	1,000	1,500	2,000	2,500
DT250F (246cc single)	500	1,000	1,500	2,000	2,500	3,000
IT250F (246cc single)	350	700	1,400	2,100	2,800	3,500
YZ250F (247cc single)	750	1,500	3,000	4,500	6,000	7,500
XS400-2F (392cc twin)	250	500	1,000	1,500	2,000	2,500
IT400F (399cc single)	350	700	1,400	2,100	2,800	3,500
RD400F (399cc twin)	1,500	3,000	4,500	6,000	8,000	10,000
RD400F Daytona Special (399cc twin)	1,500	3,000	4,500	6,000	8,000	10,000
YZ400F (399cc single)	500	1,000	2,000	3,000	4,000	5,000
SR500 (500cc twin)	1,000	2,000	3,000	4,000	5,000	6,000
TT500 (499cc single)	500	1,000	2,000	3,000	4,000	5,000
XT500F (499cc twin)	1,500	3,000	4,500	6,000	7,500	9,000
XS650-2F (654cc twin)	500	1,500	2,500	3,500	4,500	5,500
XS750-2F (747cc triple)	500	1,500	2,500	4,000	5,500	7,000
XS1100F (1,101 cc four)	1,000	2,000	3,000	4,000	5,000	6,000
XS1100SF (1,101cc four)	1,000	2,000	3,000	4,000	5,000	6,000
1980						
LB50 PF (49cc single)	150	300	600	900	1,200	1,500
LC50G (49cc single)	150	300	600	900	1,200	1,500
QT50G (49cc single)	150	300	600	900	1,200	1,500
QT502G (49cc single)	250	500	1,000	1,500	2,000	2,500
YZ50G (49cc single)	500	1,000	2,000	3,000	4,000	5,000
GT80G (73cc single)	200	400	800	1,200	1,600	2,000
MX80G (73cc single)	250	500	1,000	1,500	2,000	2,500
YZ80G (73cc single)	250	500	1,000	1,500	2,000	2,500
DT100G (98cc single)	200	400	800	1,200	1,600	2,000
MX100G (98cc single)	250	500	1,000	1,500	2,000	2,500
YZ100G (88cc single)	250	500	1,000	1,500	2,000	2,500
DT125G (123cc single)	250	500	1,000	1,500	2,000	2,500
IT125G (125cc single)	250	500	1,000	1,500	2,000	2,500
YZ125G (125cc single)	1,000	2,000	3,000	4,000	5,000	6,000

	6	5	4	3	2	1
DT175G (171cc single)	200	400	800	1,200	1,600	2,000
IT175G (171cc single)	500	1,000	1,500	2,000	2,500	3,000
MX175G (171cc single)	250	500	1,000	1,500	2,000	2,500
IT250G (246cc single)	350	700	1,400	2,100	2,800	3,500
YZ250G (247cc single)	750	1,500	3,000	4,500	6,000	7,500
XT250G (249cc single)	250	500	1,000	1,500	2,000	2,500
SR250G (250cc single)	250	500	1,500	2,000	2,500	
RD250LC (247cc twin)	1,000	2,000	3,000	5,000	7,000	9,000
TT250G (250cc single)	350	700	1,400	2,100	2,800	3,500
RD350LC (347cc twin)	1,000	2,000	4,000	6,000	8,000	10,000
XS400G (392cc twin)	500	1,000	1,500	2,000	2,500	3,000
XS400SG (392cc twin)	500	1,000	1,500	2,000	2,500	3,000
IT425G (425cc single)	350	700	1,400	2,100	2,800	3,500
YZ465G (465cc single)	1,000	2,000	3,000	4,000	5,000	6,000
SR500 (500cc twin)	1,000	2,000	3,000	4,000	5,000	6,000
TT500G (499cc single)	500	1,000	2,000	3,000	4,000	5,000
XT500G (499cc single)	1,500	3,000	4,500	6,000	7,500	9,000
XJ650G (653cc four)	500	1,000	1,500	2,000	2,500	3,000
XS650G (654cc twin)	500	1,000	2,000	3,000	4,000	5,000
XS650SG (654cc twin)	500	1,000	2,000	3,000	4,000	5,000
XS850G (826cc triple)	1,000	2,000	3,000	4,000	5,000	6,000
XS1100G (1,101cc four)	500	1,500	2,500	3,500	4,500	5,500
XS1100LG Midnight Special (1,101cc four)	500	1,500	2,500	3,500	4,500	5,500
XS1100SG (1,101cc four)	500	1,500	2,500	3,500	4,500	5,500
1981						
LB50 PH (49cc single)	150	300	600	900	1,200	1,500
LC50H (49cc single)	150	300	600	900	1,200	1,500
MJ50J (49cc single)	150	300	600	900	1,200	1,500
PW50 Y-Zinger Mini (49cc single)	200	400	800	1,200	1,600	2,000
QT50H (49cc single)	150	300	600	900	1,200	1,500
YZ60H (60cc single)	150	300	600	900	1,200	1,500
MX80H (73cc single)	200	400	800	1,200	1,600	2,000
YZ80H (79cc single)	200	400	800	1,200	1,600	2,000
DT80H (79cc single)	150	300	600	900	1,200	1,500
DT100H (98cc single)	150	300	600	900	1,200	1,500
MX100H (98cc single)	150	300	600	900	1,200	1,500
YZ100H (88cc single)	250	500	1,000	1,500	2,000	2,500
DT125H (123cc single)	150	300	600	900	1,200	1,500
IT125H (125cc single)	500	1,000	1,500	2,000	2,500	3,000
YZ125H (125cc single)	350	700	1,400	2,100	2,800	3,500
DT175H (171cc single)	150	300	600	900	1,200	1,500
IT175H (171cc single)	350	700	1,400	2,100	2,800	3,500
MX175H (171cc single)	200	400	800	1,200	1,600	2,000
SR185H Exciter (185cc single)	250	500	1,000	1,500	2,000	2,500
IT250H (246cc single)	400	800	1,600	2,400	3,200	4,000
SR250T Exciter (250cc single)	250	500	1,000	1,500	2,000	2,500
TT250H (250cc single)	350	700	1,400	2,100	2,800	3,500
XT250H (249cc single)	200	400	800	1,200	1,600	2,000
YZ250H (247cc single)	750	1,500	3,000	4,500	6,000	7,500
RD250LC (247cc twin)	1,000	2,000	3,000	5,000	7,000	9,000
RD350LC (347cc twin)	1,000	2,000	4,000	6,000	8,000	10,000
XS400 Special II (400cc twin)	250	500	1,000	1,500	2,000	2,500
XS400S (400cc twin)	250	500	1,000	1,500	2,000	2,500
IT465H (465cc single)	400	800	1,600	2,400	3,200	4,000
YZ465H (465cc single)	750	1,500	3,000	4,500	6,000	7,500
SR500 (500cc twin)	1,000	2,000	3,000	4,000	5,000	6,000
TT500H (500cc single)	500	1,000	2,000	3,000	4,000	5,000
XT500H (500cc single)	500	1,000	2,000	3,000	4,000	5,000
XJ550 Maxim (550cc four)	250	500	1,000	1,500	2,000	2,500
XJ550R Seca (550cc four)	250	500	1,000	1,500	2,000	2,500

	6	5	4	3	2	1
XS650 Special II (650cc twin)	500	1,000	2,000	3,000	4,000	5,000
XS650S (650cc twin)	500	1,000	2,000	3,000	4,000	5,000
XJ650 Maxim (650cc four)	500	1,000	1,500	2,000	2,500	3,000
XJ650L Midnight Maxim (650cc four)	250	500	1,000	1,500	2,000	2,500
XV750 Virago (750cc twin)	500	1,000	1,500	2,000	2,500	3,000
XJ750R Seca (750cc four)	500	1,000	1,500	2,000	2,500	3,000
XS850S (850cc triple)	1,000	2,000	3,000	4,000	5,000	6,000
XS850L Midnight Special (850cc triple)	1,000	2,000	3,000	4,000	5,000	6,000
XS850 Venturer (850cc triple)	1,000	2,000	3,000	4,000	5,000	6,000
XV920R (920cc twin)	500	1,000	2,000	3,000	4,000	5,000
XS1100SH Eleven Special (1,100cc four)	500	1,000	2,000	3,000	4,000	5,000
XS1100LH Midnight Special (1,100cc four)	500	1,500	2,500	3,500	4,500	5,500
XS1100 Venturer (1,100cc four)	500	1,500	2,500	3,500	4,500	5,500
1982						
LB50 PJ (49cc single)	150	300	600	900	1,200	1,500
MJ50J (49cc single)	150	300	600	900	1,200	1,500
PW50J Y-Zinger (49cc single)	150	300	600	900	1,200	1,500
QT50J (49cc single)	150	300	600	900	1,200	1,500
YZ60J (60cc single)	250	500	1,000	1,500	2,000	2,500
DT80J (79cc single)	150	300	600	900	1,200	1,500
MX80H (73cc single)	150	300	600	900	1,200	1,500
YZ80J (79cc single)	250	500	1,000	1,500	2,000	2,500
DT100J (98cc single)	150	300	600	900	1,200	1,500
MX100J (98cc single)	150	300	600	900	1,200	1,500
YZ100J (98cc single)	250	500	1,000	1,500	2,000	2,500
XT125J (123cc single)	200	400	800	1,200	1,600	2,000
YZ125J (123 cc single)	500	1,000	1,500	2,000	2,500	3,000
IT175J (171cc single)	500	1,000	1,500	2,000	2,500	3,000
SR185J Exciter (185cc single)	150	300	600	900	1,200	1,500
XT200J (200cc single)	250	500	1,000	1,500	2,000	2,500
IT250J (246cc single)	350	700	1,400	2,100	2,800	3,500
SR250J Exciter (250cc single)	200	400	800	1,200	1,600	2,000
TT250H (250cc single)	200	400	800	1,200	1,600	2,000
XT250J (250cc single)	250	500	1,000	1,500	2,000	2,500
YZ250J (250cc single)	350	700	1,400	2,100	2,800	3,500
RD250LC (247cc twin)	1,000	2,000	3,000	5,000	7,000	9,000
RD350LC (347cc twin)	1,000	2,000	4,000	6,000	8,000	10,000
XS400S Heritage Special (400cc twin)	250	500	1,000	1,500	2,000	2,500
XS400 Maxim (400cc twin)	200	400	800	1,200	1,600	2,000
XS400R Seca (400cc twin)	250	500	1,000	1,500	2,000	2,500
IT465J (465cc single)	500	1,000	1,500	2,000	2,500	3,000
YZ490J (490cc single)	400	800	1,600	2,400	3,200	4,000
XT500J (500cc single)	500	1,000	1,500	2,000	2,500	3,000
XZ550R Vision (550cc twin)	500	1,000	1,500	2,000	2,500	3,000
XJ550 Maxim (550cc four)	250	500	1,000	1,500	2,000	2,500
XJ550R Seca (550cc four)	500	1,000	1,500	2,000	2,500	3,000
XS650S Heritage Special (650cc twin)	500	1,000	2,000	3,000	4,000	5,000
XJ650 Maxim (650cc four)	500	1,000	1,500	2,000	2,500	3,000
XJ650R Seca (650cc four)	500	1,000	1,500	2,000	2,500	3,000
XJ650L Seca Turbo (650cc four)	1,000	2,000	3,000	4,000	5,000	6,000
XV750 Virago (750cc twin)	350	700	1,400	2,100	2,800	3,500
XJ750 Maxim (750cc four)	350	700	1,400	2,100	2,800	3,500
XJ750R Seca (750cc four)	350	700	1,400	2,100	2,800	3,500
XV920 Virago (920cc twin)	1,000	2,000	3,000	4,000	5,000	6,000
XV920R Seca (920cc twin)	1,000	2,000	3,000	4,000	5,000	6,000
XJ1100 Maxim (1,100cc four)	450	900	1,800	2,700	3,600	4,500
1983						
CA50K Riva (49cc single)	100	200	400	600	800	1,000
RX50K (49cc single)	150	300	600	900	1,200	1,500
RX50MK (49cc single)	150	300	600	900	1,200	1,500

	6	5	4	3	2	1
PW50K (49cc single)	150	300	600	900	1,200	1,500
QT50K (49cc single)	150	300	600	900	1,200	1,500
YZ60J (60cc single)	150	450	900	1,300	1,700	2,100
CV80K Riva (79cc single)	100	200	400	600	800	1,000
DT80K (79cc single)	150	300	600	900	1,200	1,500
PW80K (79cc single)	150	300	600	900	1,200	1,500
YZ80J (79cc single)	150	300	600	900	1,200	1,500
DT100K (98cc single)	150	300	600	900	1,200	1,500
MX100K (98cc single)	150	300	600	900	1,200	1,500
YZ100K (98cc single)	250	500	1,000	1,500	2,000	2,500
XT125K (123cc single)	150	300	600	900	1,200	1,500
YZ125K (123 cc single)	400	800	1,600	2,400	3,200	4,000
IT175K (171cc single)	500	1,000	1,500	2,000	2,500	3,000
XC180K Riva (180cc single)	100	200	400	600	800	1,000
XC180ZK Riva (180cc single).	100	200	400	600	800	1,000
XT200K (200cc single)	150	300	600	900	1,200	1,500
IT250K (246cc single)	350	700	1,400	2,100	2,800	3,500
XT250K (250cc single)	150	300	600	900	1,200	1,500
YZ250K (250cc single)	350	700	1,400	2,100	2,800	3,500
RD250LC (247cc twin)	1,000	2,000	3,000	5,000	7,000	9,000
RD350LC (347cc twin)	1,000	2,000	4,000	6,000	8,000	10,000
XS400 Maxim (400cc twin)	250	500	1,000	1,500	2,000	2,500
XS400R Seca (400cc twin)	250	500	1,000	1,500	2,000	2,500
IT490K (490cc single)	350	700	1,400	2,100	2,800	3,500
YZ490J (490cc single)	400	800	1,600	2,400	3,200	4,000
XJ500K (500cc single)	200	400	800	1,200	1,600	2,000
XV500K Virago (500cc single)	250	500	1,000	1,500	2,000	2,500
XT550K (550cc single)	200	400	800	1,200	1,600	2,000
XJ550 Maxim (550cc four)	500	1,000	1,500	2,000	2,500	3,000
XJ550R Seca (550cc four)	350	700	1,400	2,100	2,800	3,500
XZ550R Vision (550cc twin)	400	800	1,600	2,400	3,200	4,000
XT600 Tenere (595cc single)	400	800	1,600	2,400	3,200	4,000
TT600 (600cc single)	350	700	1,400	2,100	2,800	3,500
XS650S Heritage Special (650cc twin)	500	1,000	2,000	3,000	4,000	5,000
XJ650 Maxim (650cc four)	350	700	1,400	2,100	2,800	3,500
XJ650L Seca Turbo (650cc four)	1,000	2,000	3,000	4,000	5,000	6,000
XV750 Virago (750cc twin)	500	1,000	1,500	2,000	2,500	3,000
XJ750 Maxim (750cc four)	350	700	1,400	2,100	2,800	3,500
XV750M Midnight Virago (750cc twin)	400	800	1,600	2,400	3,200	4,000
XJ750M Midnight Maxim (750cc four).	400	800	1,600	2,400	3,200	4,000
XJ750R Seca (750cc four)	450	900	1,800	2,700	3,600	4,500
XJ900R Seca (900cc four)	450	900	1,800	2,700	3,600	4,500
XV920 Virago (920cc twin)	1,000	2,000	3,000	4,000	5,000	6,000
XV920M Midnight Virago (920cc twin)	1,000	2,000	3,000	4,000	5,000	6,000
XVZ12T Venture (1,200cc four)	500	1,000	2,500	4,000	5,500	7,000
XVZ12TD Venture Royale (1,200cc four)	500	1,500	3,000	4,500	6,000	7,500
1984						
CA50L Riva (49cc single)	100	200	400	600	800	1,000
CV50L Riva (49cc single)	100	200	400	600	800	1,000
QT50L (49cc single)	100	200	400	600	800	1,000
RX50L (49cc single)	100	200	400	600	800	1,000
CV80L Riva (79cc single)	100	200	400	600	800	1,000
YZ80J (79cc single)	250	500	1,000	1,500	2,000	2,500
YZ125L (123 cc single)	250	500	1,000	1,500	2,000	2,500
XC180L Riva (180cc single)	100	200	400	600	800	1,000
XC180ZL Riva (180cc single)	100	200	400	600	800	1,000
IT200L (200cc single)	350	700	1,400	2,100	2,800	3,500
YZ250L (250cc single)	300	600	1,200	1,800	2,400	3,000
RZ350 (350cc twin)	2,000	4,000	6,000	9,000	12,000	15,000
IT490L (490cc single)	350	700	1,400	2,100	2,800	3,500

	6	5	4	3	2	1
YZ490L (490cc single)	400	800	1,600	2,400	3,200	4,000
RD500LC (499cc four)	1,500	3,000	6,000	9,000	12,000	15,000
RZ500 (500cc four)	2,500	5,000	10,000	15,000	20,000	25,000
RZV500R (500cc four)	2,000	4,000	8,000	12,000	16,000	20,000
XT500 (499cc single)	400	800	1,600	2,400	3,200	4,000
FJ600 (600cc four)	350	700	1,400	2,100	2,800	3,500
TT600 (600cc single)	300	600	1,200	1,800	2,400	3,000
XV700 Virago (700cc twin)	350	700	1,400	2,100	2,800	3,500
XV1000 Virago (1,000cc twin)	500	1,500	2,500	3,500	4,500	5,500
FJ1100 (1,100cc four)	1,500	2,500	3,500	5,000	8,000	11,000
XVZ12LR/R Venture (1,200cc four)	750	1,500	3,000	4,500	6,000	7,500
XVZ12D Royale (1,200cc four)	1,000	2,000	3,500	5,000	6,500	8,000
1985						
CA50N Riva (49cc single).	100	200	400	600	800	1,000
CV50N Riva (49cc single).	100	200	400	600	800	1,000
PW50N Y-Zinger Mini (49cc single)	100	200	400	600	800	1,000
QT50L (49cc single)	100	200	400	600	800	1,000
PW80N Y-Zinger Mini (80cc single)	100	200	400	600	800	1,000
YZ80 (80cc single)	150	300	600	900	1,200	1,500
XC125N Riva (125cc single)	100	200	400	600	800	1,000
YZ125 (125cc single)	250	500	1,000	1,500	2,000	2,500
XC180N Riva (180cc single)	100	200	400	600	800	1,000
XC180ZN Riva (180cc single).	100	200	400	600	800	1,000
BW200N (200cc single).	100	200	400	600	800	1,000
IT200N (200cc single).	250	500	1,000	1,500	2,000	2,500
YZ250 (250cc single)	300	600	1,200	1,800	2,400	3,000
XT350 (350cc single)	350	700	1,400	2,100	2,800	3,500
TY350 (350cc single)	300	600	1,200	1,800	2,400	3,000
RZ350 (350cc twin)	2,000	4,000	6,000	9,000	12,000	15,000
YZ490 (490cc single)	300	600	1,200	1,800	2,400	3,000
RD500LC (499cc four)	1,500	3,000	6,000	9,000	12,000	15,000
RZ500 (500cc four)	2,500	5,000	10,000	15,000	20,000	25,000
RZV500R (500cc four)	2,000	4,000	8,000	12,000	16,000	20,000
TT600 (600cc single)	300	600	1,200	1,800	2,400	3,000
XT600 (600cc single)	300	600	1,200	1,800	2,400	3,000
FJ600 (600cc four)	350	700	1,400	2,100	2,800	3,500
XJ700 Maxim (700cc four)	350	700	1,400	2,100	2,800	3,500
XV700 Virago (700cc twin)	350	700	1,400	2,100	2,800	3,500
XJ700X Maxim X (700cc four)	500	1,000	2,000	3,000	4,000	5,000
FZ750 (750cc four)	500	1,500	2,500	3,500	4,500	5,500
XV1000 Virago (1,000cc twin)	500	1,500	2,500	3,500	4,500	5,500
FJ1100 (1,100cc four)	1,500	2,500	3,500	5,000	8,000	11,000
VMX12 V-Max (1,200cc four)	2,000	4,000	6,000	8,000	10,000	12,000
XVZ12D Venture Royale (1,200cc four)	1,000	2,000	3,500	5,000	6,500	8,000
1986						
CA50S Riva (49cc single).	100	200	400	600	800	1,000
CE50S Jog (49cc single)	100	200	400	600	800	1,000
PW50S Y-Zinger Mini (50cc single)	100	200	400	600	800	1,000
QT50S (49cc single)	100	200	400	600	800	1,000
BW80S Big Wheel (80cc single)	100	200	400	600	800	1,000
CV80S Riva (80cc single).	100	200	400	600	800	1,000
YZ80S (80cc single)	150	300	600	900	1,200	1,500
XC125S Riva (125cc single)	100	200	400	600	800	1,000
YZ125S (125cc single)	250	500	1,000	1,500	2,000	2,500
BW200S (200cc single)	100	200	400	600	800	1,000
IT200S (200cc single).	250	500	1,000	1,500	2,000	2,500
TT225S (225cc single)	250	500	1,000	1,500	2,000	2,500
YZ250S (250cc single)	300	600	1,200	1,800	2,400	3,000
TT350S (350cc single)	500	1,000	1,500	2,000	2,500	3,000
TY350S (350cc single)	350	700	1,400	2,100	2,800	3,500

	6	5	4	3	2	1
XT350S (350cc single)	500	1,000	1,500	2,000	2,500	3,000
YZ490 (490cc single)	350	700	1,400	2,100	2,800	3,500
RD500LC (499cc four)	1,500	3,000	6,000	9,000	12,000	15,000
TT600S (600cc single)	350	700	1,400	2,100	2,800	3,500
XT600S (600cc single)	300	600	1,200	1,800	2,400	3,000
YX600 Radian (600cc four)	400	800	1,600	2,400	3,200	4,000
SRX600 SRX (600cc single)	350	700	1,400	2,100	2,800	3,500
FZ600 (600cc four)	400	800	1,600	2,400	3,200	4,000
XJ700 Maxim (700cc four)	450	900	1,800	2,700	3,600	4,500
XV700S Virago (700cc twin)	400	800	1,600	2,400	3,200	4,000
XV700C Virago (700cc twin)	450	900	1,800	2,700	3,600	4,500
FZ700 Fazer (700cc four)	350	700	1,400	2,100	2,800	3,500
FZX700 (700cc four)	350	700	1,400	2,100	2,800	3,500
XJ700X Maxim X (700cc four)	450	900	1,800	2,700	3,600	4,500
FZ750 (750cc four)	500	1,500	2,500	3,500	4,500	5,500
XV1100 Virago (1,100cc twin)	500	1,500	2,500	3,500	4,500	5,500
FJ1200 (1,200cc four)	1,500	2,500	3,500	4,500	5,500	6,500
VMX12 V-Max (1,200cc four)	2,000	4,000	6,000	8,000	10,000	12,000
XVZ13D Venture Royale (1,300cc four)	1,000	2,000	3,500	5,000	6,500	8,000
1987						
CE50T Riva (49cc single)	100	200	400	600	800	1,000
PW50T Y-Zinger Mini (50cc single)	100	200	400	600	800	1,000
QT50T (49cc single)	100	200	400	600	800	1,000
SH50T Razz (49cc single)	100	200	400	600	800	1,000
YSR50 (50cc single)	550	1,100	2,200	3,300	4,400	5,500
BW80T Big Wheel (80cc single)	100	200	400	600	800	1,000
CV80T Riva (80cc single)	100	200	400	600	800	1,000
YZ80 (80cc single)	300	500	800	900	1,000	1,200
XC125T Riva (125cc single)	100	200	400	600	800	1,000
YZ125 (125cc single)	400	600	1,000	1,400	1,800	2,300
BW200T Big Wheel (200cc single)	100	200	400	600	800	1,000
TW200 Trailway (200cc single)	300	600	1,200	1,800	2,400	3,000
XC200T Riva (200cc single)	150	300	600	900	1,200	1,500
TT225T (225cc single)	400	600	1,000	1,300	1,600	2,000
SRX250 SRX (250cc single)	600	800	1,200	1,500	1,800	2,200
YZ250 (250cc single)	500	700	1,100	1,700	2,300	2,900
BW350T Big Wheel (350cc single)	100	200	400	600	800	1,000
RD350F2 (347cc twin)	2,000	4,000	6,000	8,000	10,000	12,000
TT350T (350cc single)	400	600	1,000	1,500	2,000	2,500
XT350T (350cc single)	400	600	1,000	1,500	2,000	2,500
YZ490 (490cc single)	500	800	1,100	1,700	2,300	3,000
XV535 (535cc twin)	800	1,100	1,600	1,900	2,300	2,700
XT600T (600cc single)	500	700	1,000	1,600	2,200	2,800
YX600 Radian (600cc four)	350	700	1,400	2,100	2,800	3,500
FZ600 (600cc four)	600	900	1,300	2,000	2,800	3,600
XV700C Virago (700cc twin)	1,000	1,400	2,000	2,500	3,000	3,700
FZX700 Fazer (700cc four)	1,100	1,500	2,100	2,700	3,400	4,200
FZ700 (700cc four)	1,100	1,400	1,900	2,800	3,700	4,600
FZR750RT (750cc four)	1,000	2,000	4,000	6,000	8,000	10,000
FZR1000 (1,000cc four)	1,400	1,800	2,400	3,400	4,500	5,800
XV1100 Virago (1,100cc twin)	1,200	1,700	2,200	3,000	3,800	4,800
FJ1200 (1,200cc four)	1,200	1,700	2,250	3,300	4,400	5,700
XVZ13 Venture (1,300cc four)	1,600	2,100	2,800	4,400	5,700	7,300
XVZ13D Venture Royale (1,300cc four)	1,800	2,500	3,400	4,700	6,100	7,500
1988						
DT50 DT L/C (50cc single)	200	400	700	800	1,000	1,100
CG50U Jog (49cc single)	100	200	400	600	800	1,000
SH50U Razz (49cc single)	100	200	400	600	800	1,000
YSR50U (50cc single)	550	1,100	2,200	3,300	4,400	5,500
BW80U Big Wheel (80cc single)	100	200	400	600	800	1,000

	6	5	4	3	2	1
YZ80 Mini (80cc single)	300	500	900	1,100	1,300	
XC125U Riva (125cc single)	100	200	400	600	800	1,000
VZ123 (125cc single)	400	700	1,000	1,500	2,000	2,500
BW200U Big Wheel (200cc single)	100	200	400	600	800	1,000
TW200U Trailway (200cc single)	300	600	1,200	1,800	2,400	3,000
XC200U Riva (200cc single)	150	300	600	900	1,200	1,500
XV250 Route 66 (250cc twin)	600	900	1,300	1,500	1,800	2,100
YZ250 (250cc single)	500	800	1,200	1,800	2,400	3,100
BW350U Big Wheel (350cc single)	100	200	400	600	800	1,000
RD350F2 (347cc twin)	2,000	4,000	6,000	8,000	10,000	12,000
XT350 (350cc single)	500	700	1,000	1,500	2,000	2,600
FZR400 (400cc four)	1,000	1,400	1,900	2,600	3,300	4,000
FZR400S (400cc twin)	1,100	1,600	2,100	2,700	3,400	4,100
YZ490 (490cc single)	500	900	1,300	1,800	2,400	3,100
XV535 Virago (535cc twin)	800	1,200	1,600	2,000	2,500	2,900
XT600 (600cc single)	500	800	1,150	1,700	2,300	3,000
YX600 Radian (600cc four)	350	700	1,400	2,100	2,800	3,500
FZ600 (600cc four)	1,000	1,400	1,900	2,500	3,100	3,700
XV750 Virago (750cc twin)	1,300	1,700	2,300	2,800	3,300	3,800
FZ750 (750cc four)	1,100	1,500	2,100	3,000	3,900	4,900
FZR750 (750cc four)	1,100	1,500	2,100	3,000	3,900	4,900
FZR1000 (1000cc four)	1,400	1,900	2,550	3,500	4,600	5,900
XV1100 Virago (1,100cc twin)	1,300	1,700	2,300	3,100	4,000	5,000
VMX12 V-Max (1,200cc four)	2,000	2,500	3,000	4,000	6,000	8,000
XVZ13 Venture (1,300cc twin)	1,600	2,100	2,900	4,500	5,800	7,400
XVZ13D Venture Royale (1,300cc four)	2,000	2,600	3,450	4,800	6,200	7,600
1989						
CG50W Jog (49cc single)	100	200	400	600	800	1,000
CW50W Zuma (49cc single)	100	200	400	600	800	1,000
DT50W (50cc single)	200	400	700	800	1,000	1,100
SH50W Razz (49cc single)	100	200	400	600	800	1,000
YSR50W (50cc single)	550	1,100	2,200	3,300	4,400	5,500
YZ80 Mini (80cc single)	300	500	800	1,000	1,200	1,500
XC125W Riva (125cc single)	100	200	400	600	800	1,000
YZ125 (125cc single)	500	800	1,100	1,700	2,400	3,100
XC200W Riva (200cc single)	150	300	600	900	1,200	1,500
TW200W Trailway (200cc single)	300	600	1,200	1,800	2,400	3,000
XV250 Route 66 (250cc twin)	700	1,000	1,400	1,700	2,100	2,500
YZ250 (250cc single)	600	900	1,300	2,100	2,900	3,700
YZ250WR (250cc single)	600	900	1,300	2,100	2,900	3,900
RD350F2 (347cc twin)	2,000	4,000	6,000	8,000	10,000	12,000
XT350 (350cc single)	500	800	1,100	1,600	2,200	2,800
FZR400 (400cc four)	1,100	1,500	2,100	2,900	3,700	4,600
FZR400S (400cc twin)	1,200	1,700	2,300	3,000	3,900	4,800
YZ490 (490cc single)	600	900	1,300	2,000	2,700	3,500
XT600 (600cc single)	500	900	1,200	1,900	2,600	3,300
YX600 Radian (600cc four)	350	700	1,400	2,100	2,800	3,500
FZR600 (600cc four)	1,000	1,500	2,000	2,900	3,900	4,900
FZX750 Fazer (750cc four)	1,000	2,000	3,000	4,000	5,000	6,000
FZR750R OW01 (749cc four)	3,000	6,000	12,000	18,000	24,000	30,000
XV750 Virago (750cc twin)	1,200	1,800	2,400	3,000	3,600	4,300
FZR1000 (1,000cc four)	1,600	2,000	2,700	4,000	5,500	7,600
XV1100 Virago (1,100cc twin)	1,200	1,800	2,400	3,300	4,300	5,500
FJ1200 (1,200cc four)	1,400	1,900	2,600	3,700	5,000	6,400
VMX12 V-Max (1,200cc four)	2,000	2,500	3,000	4,000	6,000	8,000
XVZ13D Venture Royale (1,300cc four)	2,000	2,600	3,500	4,900	6,300	7,800
1990						
DT50A (50cc single)	300	500	800	1,000	1,200	1,400
CG50A Jog (49cc single)	100	200	400	600	800	1,000
CW50TA Zuma II (49cc single)	100	200	400	600	800	1,000

	6	5	4	3	2	1
PW50A Y-Zinger Mini (50cc single)	200	300	400	500	600	700
SH50A Razz (49cc single)	100	200	400	600	800	1,000
YSR50 (50cc single)	550	1,100	2,200	3,300	4,400	5,500
BW80A Big Wheel (80cc single)	300	500	800	900	1,000	1,100
YZ80 Mini (80cc single)	400	600	900	1,100	1,300	1,600
RT100 (100cc single)	300	500	800	1,000	1,100	1,300
XC125A Riva (125cc single)	100	200	400	600	800	1,000
YZ125 (125cc single)	500	800	1,200	1,800	2,500	3,300
RT180 (180cc single)	300	500	800	1,000	1,250	1,600
XC200A Riva (200cc single)	150	300	600	900	1,200	1,500
TW200A (200cc single)	300	600	1,200	1,800	2,400	3,000
XV250 Route 66 (250cc twin) .	700	1,000	1,500	1,900	2,300	2,700
YZ250 (250cc single)	700	1,000	1,400	2,200	3,000	3,900
YZ250WR (250cc single)	700	1,000	1,400	2,300	3,200	4,100
XT350 (350cc single)	500	800	1,200	1,700	2,300	2,900
FZR400 (400cc four)	1,100	1,600	2,200	2,900	3,900	4,900
YZ490 (490cc single)	700	1,000	1,400	2,100	2,800	3,600
XV535 (535cc twin)	900	1,200	1,700	2,300	2,900	3,700
XT600 (600cc single)	600	1,000	1,300	2,000	2,900	3,800
YX600 Radian (600cc four)	800	1,100	1,500	2,200	2,900	3,700
FZ600R (600cc four)	1,100	1,600	2,100	3,100	4,100	5,200
XV750 Virago (750cc twin) .	1,400	1,800	2,400	3,000	3,700	4,500
FZR1000 (1,000cc four) .	1,500	2,200	2,900	4,500	6,000	7,900
XV1100 Virago (1,100cc twin) .	1,400	1,800	2,400	3,500	4,600	5,800
FJ1200 (1,200cc four).	1,500	2,200	2,700	4,000	5,300	6,700
VMX12 V-Max (1,200cc four) .	2,000	2,500	3,000	4,000	6,000	8,000
XVZ13D Venture Royale (1,300cc four) .	2,100	2,700	3,600	5,100	6,400	8,000
1991						
CG50B Jog (49cc single)	100	200	400	600	800	1,000
PW50B Y-Zinger Mini (50cc single)	200	300	400	500	700	800
SH50B Razz (49cc single)	100	200	400	600	800	1,000
YSR50 (50cc single)	550	1,100	2,200	3,300	4,400	5,500
PW80B Y-Zinger Mini (80cc single)	200	400	700	800	900	1,000
YZ80 Mini (80cc single)	400	600	900	1,200	1,400	1,700
XC125B Riva (125cc single)	100	200	400	600	800	1,000
YZ125 (125cc single)	600	900	1,300	2,000	2,700	3,500
RT180 (180cc single)	300	500	800	1,100	1,400	1,600
TW200B (200cc single)	300	600	1,200	1,800	2,400	3,000
XC200B Riva (200cc single)	150	300	600	900	1,200	1,500
WR200R (200cc single) .	800	1,100	1,500	2,200	2,900	3,600
YZ250 (250cc single)	800	1,100	1,500	2,300	3,100	4,000
WR250Z (250cc single) .	800	1,100	1,500	2,400	3,200	4,200
XT350 (350cc single)	600	900	1,300	1,900	2,500	3,200
WR500Z (500cc single) .	800	1,100	1,500	2,500	3,500	4,500
XT600 (600cc single)	700	1,000	1,500	2,100	3,000	4,000
FZR600 (600cc four)	500	1,500	2,500	3,500	4,500	5,500
FZR750RT OW01 (750cc four (500 made)	3,500	7,000	14,000	21,000	28,000	35,000
XV750 Virago (750cc twin) .	1,300	1,900	2,500	3,200	3,900	4,700
FZR1000 (1,000cc four) .	1,700	2,300	3,000	4,500	6,000	8,100
XV1100 Virago (1,100cc twin) .	1,400	1,900	2,500	3,600	4,700	6,100
FJ1200 (1,200cc four).	1,600	2,200	2,900	4,100	5,500	7,050
VMX12 V-Max (1,200cc four) .	2,400	3,000	4,000	5,000	6,500	8,500
XVZ13D Venture Royale (1,300cc four) .	2,100	2,800	3,700	5,200	6,700	8,200
1992						
CY50D Jog (49cc single)	100	200	400	600	800	1,000
PW50D Y-Zinger Mini (50cc single)	200	400	600	700	800	900
SH50D Razz (49cc single)	100	200	400	600	800	1,000
YSR50 (50cc single)	550	1,100	2,200	3,300	4,400	5,500
PW80D Y-Zinger Mini (80cc single)	200	400	700	800	1,000	1,100
YZ80 Mini (80cc single)	400	600	1,000	1,300	1,600	1,900

	6	5	4	3	2	1
RT100 (100cc single)	300	500	800	1,000	1,300	1,500
XC125D Riva (125cc single)	100	200	400	600	800	1,000
YZ106 (106cc single)	700	1,000	1,100	2,200	6,000	0,700
RT180 (180cc single)	400	600	900	1,200	1,500	1,800
TW200D (200cc single)	300	600	1,200	1,800	2,400	3,000
WR200D (200cc single)	800	1,100	1,500	2,200	2,900	3,600
XT225 Serow (225cc single)	600	900	1,300	1,800	2,400	3,000
YZ250 (250cc single)	900	1,200	1,600	2,500	3,400	4,300
WR250D (250cc single)	900	1,200	1,600	2,500	3,400	4,300
XT350 (350cc single)	700	1,000	1,400	2,000	2,700	3,400
WR500ZD (500cc single)	800	1,100	1,500	2,500	3,500	4,500
XT600 (600cc single)	800	1,100	1,600	2,400	3,300	4,200
XJ600 Seca II (600cc four)	1,000	1,500	1,900	2,600	3,300	4,000
FZR600 (600cc four)	1,200	1,700	2,400	3,300	4,300	5,300
FZR600VH (600cc four)	1,400	1,900	2,600	3,700	4,800	6,000
XV750 Virago (750cc twin)	1,400	1,900	2,500	3,200	4,000	5,000
TDM850 (850cc twin)	1,500	2,000	2,700	4,000	5,300	6,800
FZR1000 (1,000cc four)	1,900	2,400	3,200	4,600	6,400	8,300
XV1100 Virago (1,100cc twin)	1,400	1,900	2,600	3,700	4,800	6,400
FJ1200 (1,200cc four)	1,700	2,300	3,000	4,200	5,600	7,500
VMX12 V-Max (1,200cc four)	2,400	3,000	4,000	5,000	6,500	8,500
FJ1200A (1,200cc four)	1,900	2,500	3,300	5,000	6,800	8,700
XVZ13D Venture Royale (1,300cc four)	2,200	2,900	3,900	5,300	6,900	8,500
1993						
CY50E Jog (49cc single)	100	200	400	600	800	1,000
PW50E Y-Zinger Mini (50cc single)	200	400	600	700	800	900
SH50E Razz (49cc single)	100	200	400	600	800	1,000
PW80E Y-Zinger Mini (80cc single)	200	400	700	800	1,000	1,100
YZ80 (80cc single)	400	600	1,000	1,300	1,600	1,900
RT100 (100cc single)	300	500	800	1,000	1,300	1,500
XC125E Riva (125cc single)	100	200	400	600	800	1,000
YZ125 (125cc single)	700	1,000	1,400	2,200	3,000	3,700
RT180 (180cc single)	400	600	900	1,200	1,500	1,800
TW200E (200cc single)	300	600	1,200	1,800	2,400	3,000
XT225 Serow (225cc single)	600	900	1,300	1,800	2,400	3,000
YZ250 (250cc single)	900	1,200	1,600	2,500	3,400	4,300
WR250 (250cc single)	900	1,200	1,600	2,500	3,400	4,300
XT350 (350cc single)	700	1,000	1,400	2,000	2,700	3,400
WR500 (500cc single)	800	1,100	1,500	2,500	3,500	4,500
XV535 (535cc twin)	800	1,200	1,700	2,300	3,400	4,300
XT600 (600cc single)	800	1,100	1,600	2,400	3,300	4,200
XJ600S Seca II (600cc four)	1,000	1,500	1,900	2,600	3,300	4,000
FZR600R (600cc four)	1,200	1,700	2,400	3,300	4,300	5,300
XV750 Virago (750cc twin)	1,400	1,900	2,500	3,200	4,000	5,000
TDM850 (850cc twin)	1,500	2,000	2,700	4,000	5,300	6,800
FZR1000 (1,000cc four)	1,900	2,400	3,200	4,600	6,400	8,300
GTS1000A (1,000cc four)	2,000	3,000	4,200	5,300	6,400	7,500
XV1100 Virago (1,100cc twin)	1,400	1,900	2,600	3,700	4,800	6,400
FJ1200A (1,200cc four)	1,900	2,500	3,300	5,000	6,800	8,700
VMX12 V-Max (1,200cc four)	2,400	3,000	4,000	5,000	6,500	8,500
XVZ13D Venture Royale (1,300cc four)	2,200	2,900	3,900	5,300	6,900	8,500
1994						
CY50F Jog (49cc single)	100	200	400	600	800	1,000
PW50F Y-Zinger Mini (50cc single)	200	400	600	700	800	900
SH50F Razz (49cc single)	100	200	400	600	800	1,000
PW80F Y-Zinger Mini (80cc single)	200	400	700	800	1,000	1,100
YZ80 (80cc single)	400	600	1,000	1,300	1,600	1,900
RT100 (100cc single)	300	500	800	1,000	1,300	1,500
XC125F Riva (125cc single)	100	200	400	600	800	1,000
YZ125 (125cc single)	700	1,000	1,400	2,200	3,000	3,700

	6	5	4	3	2	1
TW200F (200cc single)	300	600	1,200	1,800	2,400	3,000
XT225 (225cc single)	600	900	1,300	1,800	2,400	3,000
YZ250 (250cc single)	900	1,200	1,600	2,500	3,400	4,300
WR250Z (250cc single)	900	1,200	1,600	2,500	3,400	4,300
XT350 (350cc single)	700	1,000	1,400	2,000	2,700	3,400
XV535 (535cc twin)	800	1,200	1,700	2,300	3,300	4,300
XV535S (535cc twin)	800	1,200	1,700	2,300	3,300	4,300
XT600 (600cc single)	800	1,100	1,600	2,400	3,300	4,200
XJ600S Seca II (600cc four)	1,000	1,500	1,900	2,600	3,300	4,000
FZR600R (600cc four)	1,200	1,700	2,400	3,300	4,300	5,300
XV750 Virago (750cc twin)	1,400	1,900	2,500	3,200	4,000	5,000
YZF750R (750cc four)	1,000	2,000	3,000	4,000	5,000	6,000
FZR1000 (1,000cc four)	1,900	2,400	3,200	4,600	6,400	8,300
GTS1000A (1,000cc four)	2,000	3,000	4,200	5,300	6,400	7,500
XV1100 Virago (1,100cc twin)	1,400	1,900	2,600	3,700	4,800	6,400
VMX12 V-Max (1,200cc four)	2,400	3,000	4,000	5,000	6,500	8,500
1995						
CY50G Jog (49cc single)	100	200	400	600	800	1,000
PW50G Y-Zinger Mini (50cc single)	200	400	600	700	800	900
SH50G Razz (49cc single)	100	200	400	600	800	1,000
PW80G Y-Zinger Mini (80cc single)	200	400	700	800	1,000	1,100
YZ80 (80cc single)	400	600	1,000	1,300	1,600	1,900
RT100 (100cc single)	300	500	800	1,000	1,300	1,500
XC125G Riva (125cc single)	100	200	400	600	800	1,000
YZ125 (125cc single)	700	1,000	1,400	2,200	3,000	3,700
RT180 (180cc single)	300	500	800	1,100	1,400	1,800
TW200G (200cc single)	300	600	1,200	1,800	2,400	3,000
XT225 (225cc single)	600	900	1,300	1,800	2,400	3,000
YZ250 (250cc single)	900	1,200	1,600	2,500	3,400	4,300
XV250 (250cc twin)	500	900	1,400	1,900	2,400	3,000
WR250Z (250cc single)	900	1,200	1,600	2,500	3,400	4,300
XT350 (350cc single)	700	1,000	1,400	2,000	2,700	3,400
XV535 (535cc twin)	800	1,200	1,700	2,300	3,300	4,300
XV535S (535cc twin)	800	1,200	1,700	2,300	3,300	4,300
XT600E (600cc single)	800	1,100	1,600	2,400	3,300	4,200
XJ600S Seca II (600cc four)	1,000	1,500	1,900	2,600	3,300	4,000
FZR600R (600cc four)	1,200	1,700	2,400	3,300	4,300	5,300
YZF600R (600cc four)	800	1,500	2,300	3,100	3,900	4,700
XV750 Virago (750cc twin)	1,400	1,900	2,500	3,200	4,000	5,000
TRX850 (849cc twin)	750	1,500	3,000	4,500	6,000	7,500
FZR1000 (1,000cc four)	1,900	2,400	3,200	4,600	6,400	8,300
XV1100 Virago (1,100cc twin)	1,400	1,900	2,600	3,700	4,800	6,400
VMX12 V-Max (1,200cc four)	2,400	3,000	4,000	5,000	6,500	8,500
1996						
CY50H Jog (49cc single)	100	200	400	600	800	1,000
PW50H Y-Zinger Mini (50cc single)	200	400	600	700	800	900
SH50H Razz (49cc single)	100	200	400	600	800	1,000
PW80H Y-Zinger Mini (80cc single)	200	400	700	800	1,000	1,100
YZ80 (80cc single)	400	600	1,000	1,300	1,600	1,900
RT100 (100cc single)	300	500	800	1,000	1,300	1,500
XC125H Riva (125cc single)	100	200	400	600	800	1,000
YZ125 (125cc single)	700	1,000	1,400	2,200	3,000	3,700
RT180 (180cc single)	300	500	800	1,100	1,400	1,800
TW200H (200cc single)	300	600	1,200	1,800	2,400	3,000
XT225 (225cc single)	600	900	1,300	1,800	2,400	3,000
YZ250 (250cc single)	900	1,200	1,600	2,500	3,400	4,300
WR250Z (250cc single)	900	1,200	1,600	2,500	3,400	4,300
XV250 (250cc twin)	500	900	1,400	1,900	2,400	3,000
XT350 (350cc single)	700	1,000	1,400	2,000	2,700	3,400
XV535 (535cc twin)	800	1,200	1,700	2,300	3,300	4,300

	6	5	4	3	2	1
XV535S (535cc twin)	800	1,200	1,700	2,300	3,300	4,300
XJ600S Seca II (600cc four)	1,000	1,500	1,900	2,600	3,300	4,000
FZR600R (600cc four)	1,200	1,700	2,400	3,300	4,300	5,300
YZF600R (600cc four)	800	1,500	2,300	3,100	3,900	4,700
SZR660 (659cc single)	1,000	2,000	3,000	4,000	5,000	6,000
XV750 Virago (750cc twin)	1,400	1,900	2,500	3,200	4,000	5,000
YZF750R (750cc twin)	1,000	2,000	3,500	5,000	6,500	8,000
TRX850 (849cc twin)	750	1,500	3,000	4,500	6,000	7,500
XV1100 Virago (1,100cc twin)	1,400	1,900	2,600	3,700	4,800	6,400
XV1100 Virago Special (1,100cc twin)	1,400	2,000	2,700	3,800	4,900	6,600
VMX12 V-Max (1,200cc twin)	2,400	3,000	4,000	5,000	6,500	8,500
XVZ13A Royal Star (1,300cc four)	1,000	2,000	4,000	6,000	8,000	10,000
XVZ13AT Royal Star Classic (1,300cc four)	2,000	4,000	6,000	8,000	11,500	13,000
1997						
CW50J Zuma (49cc single)	150	300	600	900	1,200	1,500
CY50J Jog (49cc single)	150	300	600	900	1,200	1,500
PW50J Y-Zinger Mini (50cc single)	100	200	400	600	800	1,000
SH50J Razz (49cc single)	150	300	600	900	1,200	1,500
PW80J Y-Zinger Mini (80cc single)	200	400	600	800	1,000	1,200
YZ80J (80cc single)	300	600	1,200	1,800	2,400	3,000
RT100J (100cc single)	200	400	800	1,200	1,600	2,000
XC125J Riva (125cc single)	300	600	1,200	1,800	2,400	3,000
YZ125J (125cc single)	500	1,000	2,000	3,000	4,000	5,000
RT180J (180cc single)	250	500	1,000	1,500	2,000	2,500
TW200J (200cc single)	300	600	1,200	1,800	2,400	3,000
XT225J (225cc single)	400	800	1,600	2,400	3,200	4,000
WR250ZJ (250cc single)	900	1,200	1,600	2,500	3,400	4,300
XV250J Virago (250cc twin)	400	800	1,600	2,400	3,200	4,000
YZ250J (250cc single)	500	1,500	2,500	3,500	4,500	5,500
XT350J (350cc single)	450	900	1,800	2,700	3,600	4,500
XV535J Virago (535cc twin)	500	1,000	2,000	3,000	4,000	5,000
XV535SJ Virago (535cc twin)	500	1,000	2,000	3,000	4,000	5,000
FZR600RJ (600cc four)	500	1,000	2,000	3,000	4,000	5,000
XJ600SJ Seca II (600cc four)	500	1,500	2,500	3,500	4,500	5,500
YZF600RJ (600cc four)	800	1,500	2,300	3,100	3,900	4,700
SZR660 (659cc single)	1,000	2,000	3,000	4,000	5,000	6,000
XV750J Virago (750cc twin)	1,000	2,500	4,000	5,500	7,000	8,500
YZF750RJ (750cc twin)	1,000	2,000	4,000	6,000	8,000	10,000
TRX850 (849cc twin)	750	1,500	3,000	4,500	6,000	7,500
YZF1000RJ (1,000cc four)	750	1,500	3,000	4,500	6,000	7,500
XV1100J Virago (1,100cc twin)	1,000	2,000	3,500	5,000	6,500	8,000
XV1100SP Virago Special (1,100cc twin)	1,000	2,000	4,000	6,000	8,000	10,000
VMX12J V-Max (1,200cc four)	1,000	2,000	4,000	6,000	8,000	10,000
XVZ13AJ Royal Star (1,300cc four)	2,000	4,000	6,000	8,000	11,500	13,000
XVZ13ATJ Royal Star Touring (1,300cc four)	2,000	4,000	6,000	8,000	10,000	12,000
XVZ13LTJ Royal Star Deluxe (1,300cc four)	1,500	3,000	6,000	9,000	12,000	15,000
1998						
CW50K Zuma II (49cc single)	150	300	600	900	1,200	1,500
CY50K Jog (49cc single)	150	300	600	900	1,200	1,500
PW50K1 Y-Zinger Mini (50cc single)	100	200	400	600	800	1,000
SH50K Razz (49cc single)	150	300	600	900	1,200	1,500
PW80K1 Y-Zinger Mini (80cc single)	200	400	600	800	1,000	1,200
YZ80K1 (80cc single)	300	600	1,200	1,800	2,400	3,000
RT100K (100cc single)	200	400	800	1,200	1,600	2,000
XC125K Riva (125cc single)	300	600	1,200	1,800	2,400	3,000
YZ125K1 (125cc single)	500	1,000	2,000	3,000	4,000	5,000
RT180K (180cc single)	250	500	1,000	1,500	2,000	2,500
TW200K (200cc single)	300	600	1,200	1,800	2,400	3,000
XT225K (225cc single)	400	800	1,600	2,400	3,200	4,000
XV250K Virago (250cc twin)	400	800	1,600	2,400	3,200	4,000

	6	5	4	3	2	1
YZ250K1 (250cc single).	500	1,500	2,500	3,500	4,500	5,500
XT350K (350cc single).	450	900	1,800	2,700	3,600	4,500
WR400F (400cc single).	1,000	2,000	3,000	4,000	5,000	6,000
YZ400FK (400cc single)	1,000	2,000	3,000	4,000	5,000	6,000
XV535K Virago (535cc twin)	500	1,000	2,000	3,000	4,000	5,000
FZR600RK (600cc four).	500	1,000	2,000	3,000	4,000	5,000
XJ600SK Seca II (600cc four).	500	1,500	2,500	3,500	4,500	5,500
YZF600RK (600cc four).	800	1,500	2,300	3,100	3,900	4,700
SZR660 (659cc single)	1,000	2,000	3,000	4,000	5,000	6,000
XVS65AK V-Star Classic (650cc V-twin)	1,000	2,000	3,000	4,000	5,000	6,000
XVS65K V-Star Custom (650cc V-twin)	500	1,500	2,500	3,500	4,500	5,500
YZF750RK (750cc twin).	1,000	2,500	4,000	5,500	7,000	8,500
TRX850 (849cc twin)	1,000	2,000	4,000	6,000	8,000	10,000
YZF1000RK (1,000cc single).	750	1,500	3,000	4,500	6,000	7,500
XV1100K Virago (1,100cc twin).	750	1,500	3,000	4,500	6,000	7,500
XV1100SK Virago Special (1,100cc twin).	1,000	2,000	3,500	5,000	6,500	8,000
VMX12K V-Max (1,200cc four)	1,000	2,000	4,000	6,000	8,000	10,000
XVZ13AK Royal Star (1,300cc four).	1,000	2,000	4,000	6,000	8,000	10,000
XVZ13ATK Royal Star Touring (1,300cc four).	2,000	4,000	6,000	8,000	11,500	13,000
XVZ13 LTK Royal Star Deluxe (1,300cc four).	2,000	4,000	6,000	8,000	10,000	12,000
1999						
CW50L Zuma II (49cc single).	150	300	600	900	1,200	1,500
CY50L Jog (49cc single).	150	300	600	900	1,200	1,500
PW50L1 Y-Zinger Mini (50cc single)	100	200	400	600	800	1,000
SH50L Razz (49cc single)	150	300	600	900	1,200	1,500
PW80L1 Y-Zinger Mini (80cc single)	200	400	600	800	1,000	1,200
YZ80L1 (80cc single)	300	600	1,200	1,800	2,400	3,000
RT100L (100cc single)	200	400	800	1,200	1,600	2,000
XC125L Riva (125cc single).	300	600	1,200	1,800	2,400	3,000
YZ125L1 (125cc single)	500	1,000	2,000	3,000	4,000	5,000
TW200L (200cc single).	300	600	1,200	1,800	2,400	3,000
TTR225L (223cc single).	250	500	1,000	1,500	2,000	2,500
XT225L (225cc single)	400	800	1,600	2,400	3,200	4,000
TTR250L (249cc single).	300	600	1,200	1,800	2,400	3,000
XV250L Virago (250cc twin)	400	800	1,600	2,400	3,200	4,000
YZ250L1 (250cc single).	500	1,500	2,500	3,500	4,500	5,500
XT350L (350cc single)	450	900	1,800	2,700	3,600	4,500
WR400FL (400cc single).	1,000	2,000	3,000	4,000	5,000	6,000
YZ400FL (400cc single).	1,000	2,000	3,000	4,000	5,000	6,000
XV535L Virago (535cc twin)	500	1,000	2,000	3,000	4,000	5,000
YZF-R6L (598cc four).	1,000	2,000	3,000	4,000	5,000	6,000
FZR600RL (600cc four).	500	1,000	2,000	3,000	4,000	5,000
YZF600RL (600cc four).	800	1,500	2,300	3,100	3,900	4,700
SZR660 (659cc single) (made through 2001-Italy)	1,000	2,000	3,000	4,000	5,000	6,000
XVS65L V-Star 650 Custom (649cc twin)	1,000	2,000	3,000	4,000	5,000	6,000
XVS65AL V-Star 650 Classic (649cc twin)	1,000	2,000	3,000	4,000	5,000	6,000
TRX850 (849cc twin) (made through 2000-Japan) . . .	1,000	2,000	4,000	6,000	8,000	10,000
YZF-R1L (998cc four).	750	1,500	3,000	4,500	6,000	7,500
XVS11L V-Star 1100 (1,063cc twin).	1,000	2,000	3,000	4,000	5,000	6,000
XV1100L Virago (1,100cc twin)	750	1,500	3,000	4,500	6,000	7,500
VMX12L V-Max (1,200cc four)	1,000	2,000	4,000	6,000	8,000	10,000
XV13TFL Royal Star Venture (1,300cc four)	1,000	2,000	4,000	6,000	8,000	10,000
XVZ13AL Royal Star Boulevard (1,300cc four)	1,000	2,000	4,000	6,000	8,000	10,000
XVZ13ATL Royal Star Classic (1,300cc four)	2,000	4,000	6,000	8,000	11,500	13,000
XVZ13LTL Royal Star Deluxe (1,300cc four)	2,000	4,000	6,000	8,000	10,000	12,000
XV16AL Road Star (1,602cc twin)	900	1,800	3,300	4,800	6,300	7,800
XV16ATL Royal Star Silverado (1,602cc twin).	1,000	2,000	3,500	5,000	6,500	8,000

	6	5	4	3	2	1
YANKEE						
1970						
Boss Scrambler Twin 500	1,500	3,000	4,500	6,000	7,500	9,000
Boss ISDT Twin 500	800	1,800	2,500	3,200	5,300	7,500
1971						
Boss Scrambler Twin 500	1,500	3,000	4,500	6,000	7,500	9,000
Boss ISDT Twin 500	800	1,800	2,500	3,200	5,300	7,500
1972						
Boss ISDT Twin 500	800	1,800	2,500	3,200	5,300	7,500
1973						
Z Twin 500	1,500	3,000	4,500	6,000	7,500	9,000
1974						
Scrambler Single	1,000	3,000	5,000	7,000	9,000	11,000
Z Twin 500	1,500	3,000	4,500	6,000	7,500	9,000
ZUNDAPP						
1921						
Z22 (211cc single)	2,500	5,000	10,000	15,000	20,000	25,000
1922						
Z22 (211cc single)	2,500	5,000	10,000	15,000	20,000	25,000
Z2G (211cc single)	2,500	5,000	10,000	15,000	20,000	25,000
1923						
Z22 (211cc single)	1,500	3,000	6,000	9,000	12,000	15,000
Z2G (211cc single)	1,500	3,000	6,000	9,000	12,000	15,000
Z249 (249cc single)	1,500	3,000	6,000	9,000	12,000	15,000
1924						
K211 (211cc single)	1,000	2,000	4,000	6,000	8,000	10,000
Z22 (211cc single)	1,500	3,000	6,000	9,000	12,000	15,000
Z2G (211cc single)	1,500	3,000	6,000	9,000	12,000	15,000
K249 (249cc single)	2,500	5,000	10,000	15,000	20,000	25,000
Z249 (249cc single)	2,500	5,000	10,000	15,000	20,000	25,000
1925						
K211 (211cc single)	1,000	2,000	4,000	6,000	8,000	10,000
K249 (249cc single)	2,500	5,000	10,000	15,000	20,000	25,000
EM250 (249cc single)	1,000	2,000	4,000	6,000	8,000	10,000
1926						
EM250 (249cc single)	1,000	2,000	4,000	6,000	8,000	10,000
1927						
EM250 (249cc single)	1,000	2,000	4,000	6,000	8,000	10,000
1928						
EM300 (298cc single)	1,500	3,000	6,000	9,000	12,000	15,000
Z300 (298cc single)	1,500	3,000	6,000	9,000	12,000	15,000
1929						
Z300 (298cc single)	1,500	3,000	6,000	9,000	12,000	15,000
1930						
Record 1 (198cc single)	1,000	2,000	4,000	6,000	8,000	10,000
Record 2 (198cc single)	1,000	2,000	4,000	6,000	8,000	10,000
200S (197cc single)	1,000	2,000	4,000	6,000	8,000	10,000
S300 (298cc single)	1,500	3,000	6,000	9,000	12,000	15,000
S500 (499cc single)	2,500	5,000	10,000	15,000	20,000	25,000
S500S (499cc single)	2,500	5,000	10,000	15,000	20,000	25,000
1931						
Record 1 (198cc single)	1,000	2,000	4,000	6,000	8,000	10,000
Record 2 (198cc single)	1,000	2,000	4,000	6,000	8,000	10,000
200S (197cc single)	1,000	2,000	4,000	6,000	8,000	10,000
S500 (499cc single)	2,500	5,000	10,000	15,000	20,000	25,000
S500S (499cc single)	2,500	5,000	10,000	15,000	20,000	25,000
1932						
B170 (169cc single)	1,000	2,000	4,000	6,000	8,000	10,000
DB175 (175cc single)	1,000	2,000	4,000	6,000	8,000	10,000

	6	5	4	3	2	1
B200 (198cc single).	1,000	2,000	4,000	6,000	8,000	10,000
S300 (298cc single).	1,500	3,000	6,000	9,000	12,000	15,000
S350 (345cc single).	2,000	4,000	8,000	12,000	16,000	20,000
1933						
DB175 (175cc single).	1,500	3,000	6,000	9,000	12,000	15,000
DE200 (197cc single) (200 made)	1,500	3,000	6,000	9,000	12,000	15,000
DL200 (197cc single) (850 made)	1,500	3,000	6,000	9,000	12,000	15,000
K200 Kardan (197cc single) (2,700 made)	1,000	2,000	3,500	5,000	6,500	8,000
OK200 Kardan (197cc single) (250 made)	1,000	2,000	4,000	6,000	8,000	10,000
K400 Kardan (398cc twin) (214 made) . .	1,000	2,000	4,000	6,000	8,000	10,000
K500 Kardan (498cc twin) (1,850 made) .	1,500	3,000	6,000	9,000	12,000	15,000
K600 Kardan (598cc four) (26 made) . . .	2,000	4,000	8,000	12,000	16,000	20,000
K800 Kardan (791cc four) (185 made) . .	10,000	20,000	30,000	40,000	50,000	60,000
1934						
DE200 (197cc single) (900 made)	1,500	3,000	6,000	9,000	12,000	15,000
DL200 (197cc single) (5,150 made). . . .	1,500	3,000	6,000	9,000	12,000	15,000
K200 Kardan (197cc single) (1,900 made)	1,000	2,000	3,500	5,000	6,500	8,000
K500 Kardan (498cc twin) (2,700 made) .	1,500	3,000	6,000	9,000	12,000	15,000
K800 Kardan (791cc four) (162 made) . .	10,000	20,000	30,000	40,000	50,000	60,000
1935						
DB200 (198cc single) (1,600 made) . . .	1,500	3,000	6,000	9,000	12,000	15,000
DBK200 (197cc single) (190 made). . . .	1,500	3,000	6,000	9,000	12,000	15,000
DE200 (197cc single) (7,501 made) . . .	1,500	3,000	6,000	9,000	12,000	15,000
DK200 (197cc single) (2,500 made) . . .	1,500	3,000	6,000	9,000	12,000	15,000
DL200 (197cc single) (500 made).	1,500	3,000	6,000	9,000	12,000	15,000
K200 Kardan (197cc single).	1,000	2,000	3,500	5,000	6,500	8,000
KK200 Kardan (197cc single) (2,200 made)	1,500	3,000	6,000	9,000	12,000	15,000
K350 Kardan (347cc single) (2,500 made)	1,500	3,000	6,000	9,000	12,000	15,000
K500 Kardan (498cc twin) (1,060 made) .	1,500	3,000	6,000	9,000	12,000	15,000
K800 Kardan (797cc four) (1,759 made) .	4,000	8,000	16,000	24,000	32,000	40,000
1936						
DB200 (198cc single) (17,000 made). . .	1,500	3,000	6,000	9,000	12,000	15,000
DBK200 (197cc single) (2,960 made). . .	1,500	3,000	6,000	9,000	12,000	15,000
DBL200 (197cc single) (700 made)	1,500	3,000	6,000	9,000	12,000	15,000
KK200 Kardan (197cc single) (1,100 made)	1,500	3,000	6,000	9,000	12,000	15,000
K350 Kardan (347cc single) (900 made) .	1,500	3,000	6,000	9,000	12,000	15,000
KK350 Kardan (347cc single) (350 made)	1,500	3,000	6,000	9,000	12,000	15,000
K500 Kardan (498cc twin) (1,740 made) .	1,500	3,000	6,000	9,000	12,000	15,000
KS500 Kardan Sport (498cc twin) (1,107 made)	2,000	4,000	8,000	12,000	16,000	20,000
K800 Kardan (797cc four) (570 made) . .	4,000	8,000	16,000	24,000	32,000	40,000
1937						
DB200 (198cc single) (14,550 made). . .	1,500	3,000	6,000	9,000	12,000	15,000
DBK200 (197cc single) (4,200 made) . . .	1,500	3,000	6,000	9,000	12,000	15,000
KK200 Kardan (197cc single) (1,100 made)	1,500	3,000	6,000	9,000	12,000	15,000
DB250 (245cc single) (701 made)	1,500	3,000	6,000	9,000	12,000	15,000
KK350 Kardan (347cc single) (152 made)	1,500	3,000	6,000	9,000	12,000	15,000
K500 Kardan (498cc twin) (2,700 made) .	1,500	3,000	6,000	9,000	12,000	15,000
KS500 Kardan Sport (498cc twin) (6,78 made) .	2,000	4,000	8,000	12,000	16,000	20,000
KKS500 Kardan Sport (498cc twin)	2,000	4,000	8,000	12,000	16,000	20,000
K800 Kardan (797cc four) (2,149 made) .	4,000	8,000	16,000	24,000	32,000	40,000
1938						
DB200 (198cc single) (14.850 made). . .	1,500	3,000	6,000	9,000	12,000	15,000
DBK200 (197cc single) (1,000 made). . .	1,500	3,000	6,000	9,000	12,000	15,000
DB250 (245cc single) (1,050 made) . . .	1,500	3,000	6,000	9,000	12,000	15,000
DBK250 (247cc single) (2,919 made) . .	1,500	3,000	6,000	9,000	12,000	15,000
DS350 (346cc single) (794 made)	1,500	3,000	6,000	9,000	12,000	15,000
K500 Kardan (498cc twin) (2,549 made) .	1,500	3,000	6,000	9,000	12,000	15,000
KS500 Kardan Sport (498cc twin) (437 made) . . .	2,000	4,000	8,000	12,000	16,000	20,000
KKS500 Kardan Sport (498cc twin)	2,000	4,000	8,000	12,000	16,000	20,000
KS600 Kardan (598cc twin) (100 made)	2,000	4,000	8,000	12,000	16,000	20,000

	6	5	4	3	2	1
KS600WH Kardan (598cc twin) (310 made)	2,000	4,000	8,000	12,000	16,000	20,000
K800 Kardan (797cc four) (2,246 made)	4,000	8,000	16,000	24,000	32,000	40,000
1939						
DB125 (123cc single)	1,000	2,000	4,000	6,000	8,000	10,000
DL125 (123cc single)	1,000	2,000	4,000	6,000	8,000	10,000
DS125 (123cc single)	1,000	2,000	4,000	6,000	8,000	10,000
DB200 (198cc single) (8,957 made)	1,500	3,000	6,000	9,000	12,000	15,000
DB250 (245cc single) (500 made)	1,500	3,000	6,000	9,000	12,000	15,000
DBK250 (247cc single) (4,414 made)	1,500	3,000	6,000	9,000	12,000	15,000
DS350 (346cc single) (1,942 made)	1,500	3,000	6,000	9,000	12,000	15,000
K500 Kardan (498cc twin) (1,165 made)	1,500	3,000	6,000	9,000	12,000	15,000
KS500 Kardan Sport (498cc twin)	2,000	4,000	8,000	12,000	16,000	20,000
KS600 Kardan (598cc twin) (5,595 made)	2,000	4,000	8,000	12,000	16,000	20,000
KS600WH Kardan (598cc twin) (86 made)	2,000	4,000	8,000	12,000	16,000	20,000
KS750 Kardan Sport (750cc twin) (2 made)	5,000	10,000	15,000	20,000	25,000	30,000
1940						
DB125 (123cc single)	1,000	2,000	4,000	6,000	8,000	10,000
DL125 (123cc single)	1,000	2,000	4,000	6,000	8,000	10,000
DS125 (123cc single)	1,000	2,000	4,000	6,000	8,000	10,000
DB200 (198cc single)	1,500	3,000	6,000	9,000	12,000	15,000
DB250 (245cc single)	1,500	3,000	6,000	9,000	12,000	15,000
DBK250 (247cc single)	1,500	3,000	6,000	9,000	12,000	15,000
DS350 (346cc single)	1,500	3,000	6,000	9,000	12,000	15,000
K500 Kardan (498cc twin)	1,500	3,000	6,000	9,000	12,000	15,000
KS600 Kardan (598cc twin) (8,687 made)	2,000	4,000	8,000	12,000	16,000	20,000
KS600WH Kardan (598cc twin) (4 made)	2,000	4,000	8,000	12,000	16,000	20,000
KS750 Kardan Sport (750cc twin) (7 made)	5,000	10,000	15,000	20,000	25,000	30,000
1941						
KS600 Kardan (598cc twin) (6,618 made)	2,000	4,000	8,000	12,000	16,000	20,000
KS600WH Kardan (598cc twin) (248 made)	2,000	4,000	8,000	12,000	16,000	20,000
KS750 Kardan Sport (751cc twin) (289 made)	5,000	10,000	15,000	20,000	25,000	30,000
1942						
KS750 Kardan Sport (751cc twin) (7,228 made)	5,000	10,000	20,000	30,000	40,000	50,000
1943						
KS750 Kardan Sport (751cc twin) (7,131 made)	5,000	10,000	20,000	30,000	40,000	50,000
1944						
KS750 Kardan Sport (751cc twin) (3,515 made)	5,000	10,000	20,000	30,000	40,000	50,000
1945						
KS750 Kardan Sport (751cc twin) (115 made)	5,000	10,000	20,000	30,000	40,000	50,000
1946						
KS750 Kardan Sport (751cc twin) (205 made)	5,000	10,000	20,000	30,000	40,000	50,000
1947						
KS750 Kardan Sport (751cc twin) (76 made)	5,000	10,000	20,000	30,000	40,000	50,000
1948						
KS750 Kardan Sport (751cc twin) (68 made)	5,000	10,000	20,000	30,000	40,000	50,000
1950						
DB201 (198cc single)	1,000	2,000	3,500	5,000	6,500	8,000
KS601 (592cc twin)	1,500	3,000	6,000	9,000	12,000	15,000
1951						
DB201 (198cc single)	1,000	2,000	3,500	5,000	6,500	8,000
DB202 (198cc single)	1,000	2,000	3,500	5,000	6,500	8,000
KS601 (592cc twin)	1,500	3,000	6,000	9,000	12,000	15,000
1952						
DB202 (198cc single)	1,000	2,000	3,500	5,000	6,500	8,000
DB203 (198cc single)	1,000	2,000	3,500	5,000	6,500	8,000
DB204 Norma (198cc single)	1,000	2,000	3,500	5,000	6,500	8,000
KS601 (592cc twin)	1,500	3,000	6,000	9,000	12,000	15,000
KS601 Kardan Sport (592cc twin)	1,500	3,000	6,000	9,000	12,000	15,000
1953						
Bella R150 (147cc single)	1,000	2,000	3,000	4,000	5,000	6,000

	6	5	4	3	2	1
Norma Luxsus DB234 (198cc single)	1,000	2,000	3,500	5,000	6,500	8,000
DB203 (198cc single)	1,000	2,000	3,500	5,000	6,500	8,000
DB204 Norma (198cc single)	1,000	2,000	3,500	5,000	6,500	8,000
DB205 Elastic 200 (198cc single)	1,000	2,000	3,500	5,000	6,500	8,000
B250 (247cc single)	1,000	2,000	4,000	6,000	8,000	10,000
DB255 Elastic 250 (246cc single)	1,000	2,000	4,000	6,000	8,000	10,000
KS601 (592cc twin)	1,500	3,000	6,000	9,000	12,000	15,000
KS601 Kardan Sport (592cc twin)	1,500	3,000	6,000	9,000	12,000	15,000
1954						
Bella R150 (147cc single)	1,000	2,000	3,000	4,000	5,000	8,000
Norma Luxsus DB234 (198cc single)	1,000	2,000	3,500	5,000	6,500	8,000
DB205 Elastic 200 (198cc single)	1,000	2,000	3,500	5,000	6,500	8,000
DB255 Elastic 250 (246cc single)	1,000	2,000	4,000	6,000	8,000	10,000
KS601 (592cc twin)	1,500	3,000	6,000	9,000	12,000	15,000
KS601 Kardan Sport (592cc twin)	1,500	3,000	6,000	9,000	12,000	15,000
1955						
Bella R150 (147cc single)	1,000	2,000	3,000	4,000	5,000	6,000
Bella 151 (147cc single)	1,000	2,000	3,000	4,000	5,000	6,000
200S (197cc single)	1,000	2,000	3,000	4,000	5,000	6,000
Bella 201 (198cc single)	1,000	2,000	3,500	5,000	6,500	8,000
Norma Luxsus DB234 (198cc single)	1,000	2,000	3,500	5,000	6,500	8,000
DB205 Elastic 200 (198cc single)	1,000	2,000	3,500	5,000	6,500	8,000
DB255 Elastic 250 (246cc single)	1,000	2,000	4,000	6,000	8,000	10,000
KS601 (592cc twin)	1,500	3,000	6,000	9,000	12,000	15,000
KS601 Kardan Sport (592cc twin)	1,500	3,000	6,000	9,000	12,000	15,000
1956						
Bella R154 (147cc single)	1,000	2,000	3,000	4,000	5,000	6,000
Bella 151 (147cc single)	1,000	2,000	3,000	4,000	5,000	6,000
200S (197cc single)	1,000	2,000	3,000	4,000	5,000	6,000
201S (197cc single)	1,000	2,000	3,000	4,000	5,000	6,000
DB200	1,000	2,000	3,000	4,000	5,000	6,000
250S Trophy (245cc single)	1,000	2,000	4,000	6,000	8,000	10,000
DB255 Elastic 250 (246cc single)	1,000	2,000	4,000	6,000	8,000	10,000
KS601 (592cc twin)	1,500	3,000	6,000	9,000	12,000	15,000
KS601 Kardan Sport (592cc twin)	1,500	3,000	6,000	9,000	12,000	15,000
1957						
Bella R154 (147cc single)	1,000	2,000	3,000	4,000	5,000	6,000
200S (197cc single)	1,000	2,000	3,000	4,000	5,000	6,000
201S (197cc single)	1,000	2,000	3,000	4,000	5,000	6,000
250S Trophy (245cc single)	1,000	2,000	4,000	6,000	8,000	10,000
Super Sabre (250cc)	500	1,000	2,500	4,000	5,500	7,000
KS601 (592cc twin)	1,500	3,000	6,000	9,000	12,000	15,000
KS601 Kardan Sport (592cc twin)	1,500	3,000	6,000	9,000	12,000	15,000
Bella R203 (198cc single)	1,000	2,000	3,000	4,000	5,000	6,000
1958						
Bella R154 (147cc single)	1,000	2,000	3,000	4,000	5,000	6,000
200S (197cc single)	1,000	2,000	3,000	4,000	5,000	6,000
201S (197cc single)	1,000	2,000	3,000	4,000	5,000	6,000
250S Trophy (245cc single)	1,000	2,000	4,000	6,000	8,000	10,000
KS601 Kardan Sport (592cc twin)	1,500	3,000	6,000	9,000	12,000	15,000
1959						
Falconette (70cc)	500	1,000	1,500	2,000	2,500	3,000
250S Trophy (245cc single)	1,000	2,000	4,000	6,000	8,000	10,000
Super Sabre (250cc)	500	1,000	2,500	4,000	5,500	7,000
1960						
Bella R204 (203cc single)	1,000	2,000	3,000	4,000	5,000	6,000
250S Trophy (245cc single)	1,000	2,000	4,000	6,000	8,000	10,000
Super Sabre (250cc)	500	1,000	2,500	4,000	5,500	7,000
1961						
Bella 175S (174cc single)	1,000	2,000	3,000	4,000	5,000	6,000

	6	5	4	3	2	1
Bella R203 (198cc single).	1,500	3,000	6,000	9,000	12,000	15,000
Bella R204 (203cc single).	1,500	3,000	6,000	9,000	12,000	15,000
250S Trophy (245cc single).	1,000	2,000	4,000	6,000	8,000	10,000
Super Sabre (250cc)	500	1,000	2,500	4,000	5,500	7,000
1962						
Bella 175S (174cc single).	1,000	2,000	3,000	4,000	5,000	6,000
Bella R203 (198cc single).	1,500	3,000	6,000	9,000	12,000	15,000
250S Trophy (245cc single).	1,000	2,000	4,000	6,000	8,000	10,000
1963						
514-320 KS100 (98cc single).	500	1,000	2,000	3,000	4,000	5,000
Bella 175S (174cc single).	1,000	2,000	3,000	4,000	5,000	6,000
Bella R203 (198cc single).	1,500	3,000	6,000	9,000	12,000	15,000
250S Trophy (245cc single).	1,000	2,000	4,000	6,000	8,000	10,000
1964						
Roller Super (49cc single).	500	1,000	1,500	2,000	2,500	3,000
514-320 KS100 (98cc single).	500	1,000	2,000	3,000	4,000	5,000
Bella 175S (174cc single).	1,000	2,000	3,000	4,000	5,000	6,000
Bella R203 (198cc single).	1,500	3,000	6,000	9,000	12,000	15,000
250S Trophy (245cc single).	1,000	2,000	4,000	6,000	8,000	10,000
1965						
Roller Super (49cc single).	500	1,000	1,500	2,000	2,500	3,000
514-320 KS100 (98cc single).	500	1,000	2,000	3,000	4,000	5,000
1966						
Roller Super (49cc single).	500	1,000	1,500	2,000	2,500	3,000
514-320 KS100 (98cc single).	500	1,000	2,000	3,000	4,000	5,000
1967						
C50 Sport (49cc single).	500	1,000	1,500	2,000	2,500	3,000
Roller Super (49cc single).	500	1,000	1,500	2,000	2,500	3,000
517 KS 50 (49cc single).	500	1,000	1,500	2,000	2,500	3,000
514-320 KS100 (98cc single).	500	1,000	2,000	3,000	4,000	5,000
1968						
C50 Sport (49cc single).	500	1,000	1,500	2,000	2,500	3,000
Roller Super (49cc single).	500	1,000	1,500	2,000	2,500	3,000
517 KS 50 (49cc single).	500	1,000	1,500	2,000	2,500	3,000
50 Racer (50cc single)	500	1,000	1,500	2,000	2,500	3,000
514-320 KS100 (98cc single).	500	1,000	2,000	3,000	4,000	5,000
518 KS100 (100cc single).	500	1,000	2,000	3,000	4,000	5,000
1969						
C50 Sport (49cc single).	500	1,000	1,500	2,000	2,500	3,000
RS50 Roller Super (49cc single)	500	1,000	1,500	2,000	2,500	3,000
517 KS 50 (49cc single).	500	1,000	1,500	2,000	2,500	3,000
50 Super Combinette (50cc single)	500	1,000	1,500	2,000	2,500	3,000
GS100 Scrambler (98cc single).	500	1,000	2,000	3,000	4,000	5,000
514-320 KS100 (98cc single).	500	1,000	2,000	3,000	4,000	5,000
518 KS100 (100cc single).	500	1,000	2,000	3,000	4,000	5,000
1970						
KS100 (98cc single).	500	1,000	2,000	3,000	4,000	5,000
1971						
KS50 Super Sport (50cc single).	1,000	2,000	3,000	4,000	5,000	6,000
KS100 (98cc single).	500	1,000	2,000	3,000	4,000	5,000
KS125 Sport (124cc single).	500	1,000	2,500	4,000	5,500	7,000
1972						
KS50 Super Sport (50cc single).	1,000	2,000	3,000	4,000	5,000	6,000
KS125 Sport (124cc single).	500	1,000	2,500	4,000	5,500	7,000
MC125	500	1,000	2,500	4,000	5,500	7,000
1973						
GS125 (123cc single).	550	1,100	2,200	3,300	4,400	5,500
KS125 Sport (124cc single).	500	1,000	2,500	4,000	5,500	7,000
1974						
KS125 Sport (124cc single).	500	1,000	2,500	4,000	5,500	7,000

	6	5	4	3	2	1
1975						
KS125 Sport (124cc single)	500	1,000	2,500	4,000	5,500	7,000
1976						
KS125 Sport (124cc single)	500	1,000	2,500	4,000	5,500	7,000
KS175 (163cc single)	400	800	1,600	2,400	3,200	4,000
KS350 (344cc twin)	2,000	4,000	8,000	12,000	16,000	20,000
1977						
KS125 Sport (124cc single)	500	1,000	2,500	4,000	5,500	7,000
KS175 (163cc single)	400	800	1,600	2,400	3,200	4,000
1978						
KS175 (163cc single)	400	800	1,600	2,400	3,200	4,000
1979						
KS175 (163cc single)	400	800	1,600	2,400	3,200	4,000
1980						
KS175 (163cc single)	400	800	1,600	2,400	3,200	4,000
1981						
KS175 (163cc single)	400	800	1,600	2,400	3,200	4,000
1982						
KS175 (163cc single)	400	800	1,600	2,400	3,200	4,000